Edition Axel Menges

Peter Joseph Lenné

Katalog der Zeichnungen

bearbeitet von
Harri Günther und Sibylle Harksen

Wasmuth

Herausgegeben von Heinz Schönemann, Stiftung
Schlösser und Gärten Potsdam-Sanssouci.

Die Publikation wurde ermöglicht durch die L-Bank
Landeskreditbank Baden-Württemberg.

Begleitpublikation zu der Ausstellung:
»Peter Joseph Lenné, Landschaftsarchitekt und Stadtplaner. 1789–1866«
Deutsches Architekturmuseum, Frankfurt am Main,
21. Mai bis 8. August 1993
L-Bank Landeskreditbank Baden-Württemberg, Stuttgart,
6. September bis 24. Oktober 1993

Ausstellungskonzeption: Stefan Koppelkamm

ISBN 3-8030-2805-1 (Buchhandelsausgabe)
ISBN 3-8030-2806-X (Katalogausgabe)

Photographien der Pläne in der Plankammer der
Stiftung Schlösser und Gärten Potsdam-Sanssouci:
Jochen Littkemann, Berlin
Satz: Fotosatz Fritz, Fellbach
Reproduktionen: Hang Ngai Graphic Arts Co., Ltd.,
Hong Kong
Druck und Bindearbeiten: Everbest Printing Co., Ltd.,
Hong Kong

Gestaltung: Axel Menges
Layout: Helga Danz

Inhalt

Heinz Schönemann

Lenné und die neue Gartenzeit

Die zurückliegenden Jahrzehnte brachten eine neue Bewertung der Gartenkunst. Fortschritte in der Forschung zu Aufklärung und Romantik belebten die gartenhistorischen Untersuchungen vor allem zum Landschaftsgarten. Sie lösten die Betrachtung der Kunstformen in Garten und Landschaft aus ihrer »grünen« Exterritorialität am Rande der Historiographie. Zunehmend wurde erkannt, daß sich Gartenkunst weder als elitäre Sonderform noch als triviale Parallele der allgemeinen Kunstgeschichte entwickelt.
Die besondere Voraussetzung der Gartenkunst, ihr Angewiesensein auf die Naturbedingungen und das Werden und Vergehen von natürlichem Material, betonen noch ihren Kunstcharakter. Philosophie, Literatur und Landschaftsmalerei sind nicht nur Wegbereiter der Gartenkunst, die Architektur leiht ihr nicht allein Ordnungen und Regeln, die Bildhauerei ihren Schmuck – Gärten schaffen der Philosophie anschauliche Räume für ihre Weltentwürfe, regen literarische Gleichnisse an, überführen die Sensationen der Malerei in verfügbare Erlebnisbereiche, geben Baukunst und Skulpturen das Umfeld für ihre geistige Ausstrahlung. Die Vermenschlichung der Natur kann ihr Alternativmodell im Garten haben. Gärten geben ein »concentrirtes Bild« (Lenné) des Erhaltenswerten wie auch des Veränderungsbedürftigen.
Die Gartenarchitektur am Ende des 18. Jahrhunderts stellte ein Experimentierfeld für unterschiedlichsten architektonischen Ausdruck dar. Das zeigt sich in der Forderung nach enzyklopädischer Vielfalt der architektonischen Formen. Sie erbrachte damit auch Vorleistungen für die Architektur, die seit eben dieser Zeit durch das Nebeneinander regulärer und irregulärer Systeme gekennzeichnet ist. Bei der Auflösung der von der Symmetrie bestimmten architektonischen Formensynthese des Barock wurde in erster Linie die aus einer Rangfolge resultierende Unterordnung der einzelnen Elemente aufgehoben, nicht unbedingt ihre symmetrische Bindung. Andererseits war gerade das Infragestellen der Symmetrieachse eines der Kennzeichen der Entwicklung. Die neugewonnene additive Gleichstellung der Teile galt gleichermaßen für einen veränderten Umgang mit den klassischen Ordnungen wie für den Einsatz unregelmäßiger Kompositionsweisen. Am geläufigsten erscheint hier der Gegensatz als Klassizismus und Neugotik. In der Gartenkunst verbirgt sich dieser Epochenschritt hinter der Ablösung der architektonisch bestimmten Barockgärten durch den von gewachsenen Strukturen bestimmten Landschaftsgarten. Vom Landschaftsgarten gingen in stärkerem Maß Auflösungskräfte auf reguläre Architekturbindungen aus als umgekehrt architektonische Bindungen auf den Garten. Selbst in die Stadtraumentwicklung drangen landschaftliche Tendenzen ein. Dennoch wurden Bestandteile des barocken Gefüges, Achsen, Alleen, geformte Plätze, in ihrem autonomen Wesen erkannt und als freie Elemente selbst in die landschaftliche Gestaltung hineingenommen. Aus der Bindung an die Architektur ergaben sich formale Inseln im Gartenraum. Bei Projekten für Platz- und Festanlagen liegt der Vergleich mit der römischen Antike nahe. Mit Hilfe der Gartenkunst gelang die Befreiung der Architektur aus den dynastischen Zusammenhängen. Andererseits entstand ein neues Bedürfnis nach Ordnungs- und Organisationsformen mit veränderter Sinngebung.

Es ist nicht allein Zufall der Jahreszahl, wenn Peter Joseph Lennés 200. Geburtstag mit dem Bicentenaire der Französischen Revolution zusammenfällt. Lennés Kindheit und Jugend in den von den Wirkungen der Revolution direkt erreichten Rheinlanden, der Einfluß des frankophilen Vaters und seine eigenen Pariser Studien verbanden den Entwicklungsweg des späteren Potsdamer Gartendirektors untrennbar mit dem welthistorischen Ereignis.
Als Hofgärtner in Poppelsdorf, Brühl und Bonn übten Lennés Vorfahren seit dem 17. Jahrhundert ihren Beruf in fürstlichen Diensten aus. Doch mit dem zu Ende gehenden 18. Jahrhundert verlor eine solche Position in der feudalen Pyramide an Ansehen, zumal auch das soziale Netz der patriarchalischen Abhängigkeit unsicherer wurde.
Schon Lennés Vater nahm neben seiner Hofgärtnerstelle das Amt eines Vorstehers des Botanischen Gartens der Bonner Universität an und erteilte dort auch Botanikunterricht. Für den Sohn hatte er nach dessen 1808 beendeter Gärtnerlehre den Übergang zur wissenschaftlichen Botanik im Sinn, wozu er ihm 1811/12 einen Paris-Aufenthalt ermöglichte.
In Paris stand damals die botanische Wissenschaft in besonders hohem Ansehen. Die vom »furor hortensis« getragenen Leistungen und Kenntnisse englischer Amateure, neue Methoden der Landwirtschaft und Landeskultur überall auf den britischen Inseln und auf dem europäischen Kontinent, Expeditionen in die »Neue Welt« und nicht zuletzt die Blumenmode der Damen des Empire sorgten für den Aufschwung dieser Disziplin. Auf der Grundlage des Vernunftkults der Revolution war mit dem Jardin des Plantes in Paris eine Institution für Forschung und Lehre der Botanik entstanden, ähnlich anderen wissenschaftlichen Ausbildungsstätten und zugleich dem Publikum zur Belehrung und Unterhaltung geöffnet. Der junge Lenné kam als Hospitant zu André Thouin, dem Leiter des Jardin des Plantes, wo er beste Voraussetzungen fand, seine botanischen Kenntnisse zu vervollkommnen und zu systematisieren. Er war darüber hinaus von der sich damals in Paris entwickelnden Entwurfslehre der Baukunst und Gartenplanung angezogen und widmete sich neben den botanischen Studien ebenso entschieden der Ausbildung seiner gestalterischen Fähigkeiten. An der École polytechnique besuchte er »einen cursus der Architectur unter Durand«. Der 1760 als Sohn eines Architekten in Paris geborene Jean-Nicolas-Louis Durand war Schüler von Etienne-Louis Boullée gewesen. Durch ihn war er mit der Welt der Revolutionsarchitekten verbunden. Doch gehörte er deutlich zur zweiten Generation; auch war er nach Temperament und Fähigkeiten in viel stärkerem Maß Theoretiker und Lehrer als schöpferischer Architekt. Seine Publikationen gehören zu den Standardwerken der Architekturtheorie. 1792 veröffentlichte er »Vues pittoresques des princip. édifices de Paris«, dem 1800 sein umfangreiches Werk »Recueil et parallèle des édifices de tout genre, anciens et modernes, remerquables par leur beauté, par leur grandeur, ou par leur singularité, et dessinés, sur une même échelle« folgte, das als »Le grand Durand« bekannt geworden ist. Es bot eine weitgespannte Übersicht antiker und moderner Bauten aus dem Blickwinkel der Revolutionsarchitekten, die in freier Modifikation gezeichnet waren, um sie mit den Proportionstheorien des Autors in Übereinstimmung zu bringen.
1795 übernahm Durand ein Lehramt an der von Napoleon neu gegründeten École polytechnique und veröffent-

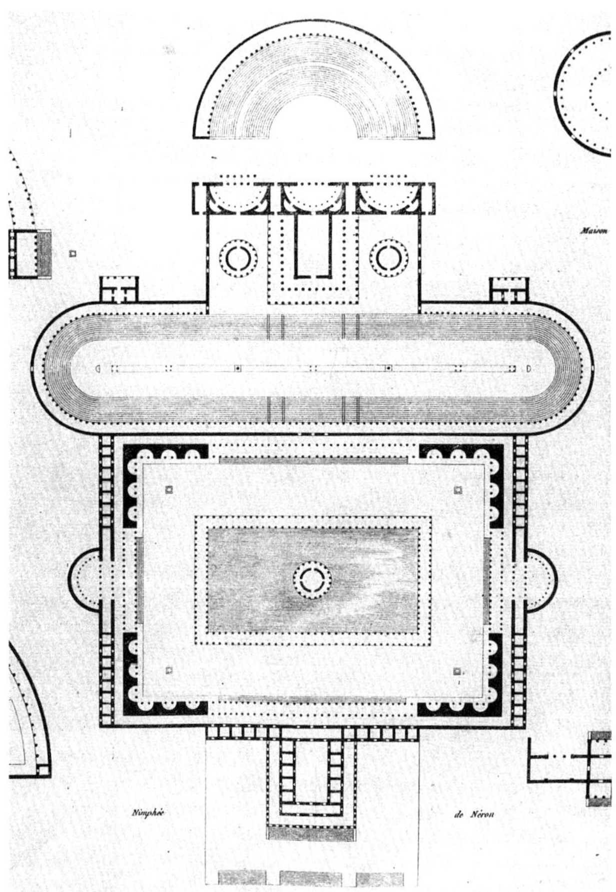

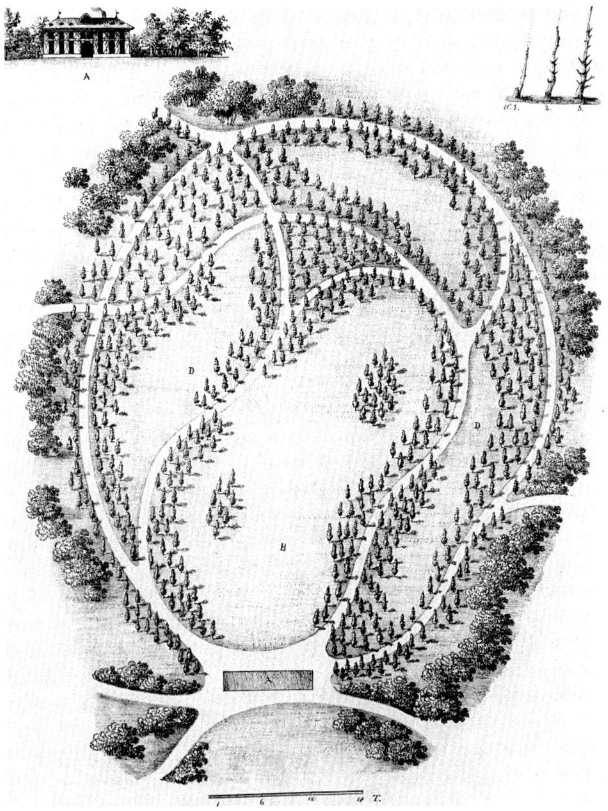

lichte seine dort gehaltenen Lektionen ab 1802 als »Précis des leçons d'architecture, données à l'École polytechnique«. Parallel dazu sind die Bemühungen von Gabriel Thouin, vormals Jardinier du roi, dann Administrateur du Muséum, zu sehen, die formalen Möglichkeiten des gartenkünstlerischen Ausdrucks in ein ähnliches System zu bringen.
Lenné nutzte seine Situation im Hause Thouin, auch mit Gabriel Thouin in Beziehung zu treten, der in dieser Zeit an Plänen arbeitete, die barocken Parkanlagen und Schlösser von Versailles in eine Ideallandschaft mit Wohn- und Produktionsstätten, Landwirtschaft, Forsten und Gärten einzubeziehen, um ein Musterbild künftigen menschlichen Gemeinwesens zu schaffen.
Das Verlangen nach freier Entfaltung der Persönlichkeit war durchdrungen von den moralischen Kategorien des »contrat social« und anderer utopischer Entwürfe; in der Landes- und Gartenplanung fand es Ausdruck durch die Begegnung ungebundener Naturhaftigkeit mit geometrischen Idealkonstruktionen. Die »grandeur nature« diente zur Spiegelung menschlicher Empfindungen, Gefühle und Verhaltensmuster.
Nach der Rückkehr aus Paris unternahm Lenné eine Studienreise, die ihn zuerst durch die malerische Schweiz führte, deren Reichtum wechselnder Landschaftsformationen von Samuel Gessner für die Wiedergabe differenzierter Stimmungen erschlossen war. Vergleichbar den Malern der Kopenhagener Schule, die ihr Bildvokabular an den Küsten der Ostsee, auf Rügen und in den Mittelgebirgen der Elbe ausbildeten, festigte Lenné hier die Grundlagen seines Motivschatzes für künftig zu gestaltende Gartenszenen.
Im weiteren Verlauf der Reise nutzte er dann die ehemaligen dynastischen Bindungen seines Geburtsortes nach Bayern und Österreich, um in München in Beziehung zu Friedrich Ludwig Sckell zu treten und schließlich in Wien sich noch einmal auf beiden Seiten seiner erstrebten Profession, der wissenschaftlichen Botanik und dem Garten- und Landschaftsentwurf, zu schulen und zu erproben.
In München studierte er Sckells Arbeiten am Ausbau des Englischen Gartens, wobei ihn besonders das Phänomen der über den Gartengefilden der Isarniederung erscheinenden Stadtsilhouette beeindruckt haben mag. Lenné erlebte bei Sckell aber auch das direkte Eingreifen des Landschaftsgestalters in die Stadtplanung und dessen Zusammenarbeit mit dem Architekten Karl von Fischer. Von Sckells bei der Entfestigung Münchens aufgestellter Forderung nach »regulairen und rechtwinkelichten« Vorstädten war ein Ideenwettbewerb zur Maxvorstadt ausgegangen. Als Ergebnis öffneten Sckell und Fischer die Stadt in die Landschaft, wobei sie das gerichtete Straßenschema als geometrisches Grundmuster mit frei geformten Gartenräumen und Baumpflanzungen durchzogen.
1812 war das Gesicht des Karolinenplatzes bereits zu erkennen, mit dem die vorhandenen Straßen zur Innenstadt und nach Nymphenburg in das neue Quartier einbezogen wurden; er war umgeben von Gebäuden in parkähnlich gestalteten Grundstücken, die vor den Häusern bis zum Platzrund reichten. Lenné konnte am praktischen Beispiel das geplante Zusammenwachsen von geordneter Landschaft und Architektur bei der Vergrößerung der Stadt beobachten.
Die bei der Bearbeitung der Pläne Lennés für Potsdam und Umgebung gelungene Lokalisierung des Gartens Meyer lenkte den Blick auf die Planung für den Brückenkopf der Langen Brücke am sogenannten Leipziger Dreieck in Potsdam, bei der die Mitarbeit Schinkels und des Kronprinzen anzunehmen ist. Sie zeigt einen Rundplatz, der dem Zusammentreffen des Alten Königsweges, der Straße nach Wittenberg (über Michendorf) und der stadteinwärts gerichteten Brücke Gestalt gibt. Mit dem Obelisk in der Platzmitte, den in Gartengrundstücken dem Platz zugewandten Häusern und vor ihnen angeordneten Schmuckbeeten ist er deutlich nach der Münchner Erinnerung gebildet.
Die Hofgärtnerexistenz in Schönbrunn erfüllte Lenné nicht. Es war für ihn nicht mehr selbstverständlich, den Vorfahren in dieser Laufbahn zu folgen. Seine Vorstellungen kamen eher denen Karl Friedrich Schinkels nahe, der ebenfalls am Anfang seines Weges seinem Lehrer Friedrich Gilly als freier Architekt oder in einem Lehramt der Baukunst nacheifern wollte. Deshalb lockte ihn die Entwurfsarbeit in der Laxenburger Gartenverwaltung, wo er 1814/15 einen großen Umgestaltungsplan für den dortigen Park zeichnete. Doch selbst der ihm dazu verliehene klangvolle Titel »Kaiserlicher Garten-Ingenieur« konnte ihn auf Dauer nicht in österreichischen Hofdiensten halten.
Lenné verließ Schönbrunn und Laxenburg im Juli 1815 nach Abschluß des Wiener Kongresses und begab sich in die Unsicherheit einer freien Betätigung in seine Heimat zurück. Man wird fragen, worauf seine Hoffnungen bei diesem Schritt gegründet waren; denn schon ein halbes Jahr später war er in Preußen angestellt.
Von Anfang an befand er sich hier außerhalb der bestehenden Hofgärtnerhierarchie und wuchs schnell in seine eigentliche Berufung: die Garten- und Landschaftsgestaltung zuerst der beiden Residenzstädte und deren Umgebung, dann des ganzen preußischen Landes.
Hinter dieser Entwicklung ist der Einfluß des Staatskanzlers Karl August von Hardenberg zu vermuten, für den Lenné bereits im Herbst 1816 in Glienicke tätig wurde. Hardenberg hatte Preußen gemeinsam mit Wilhelm von Humboldt auf dem Wiener Kongreß vertreten und muß wohl schon dort in nähere Beziehung zu Lenné gekommen sein. Hardenberg hat auch Lennés Englandreise 1822 veranlaßt und dessen Bestrebungen zur Gründung des »Vereins zur Beförderung des Gartenbaues in den preußischen Staaten« (1822) sowie der Gärtnerlehranstalt in Schöneberg und Potsdam (1823) und der Landesbaumschule in Potsdam gefördert, mit denen sich Lenné aus den Grenzen des Hofgärtneramtes löste.
Lennés »vornehme Bekannten«, von denen der Vater am 11. April 1817 schrieb, dürften die Köpfe der preußischen Delegation zum Wiener Kongreß gewesen sein. Der junge Gartenkünstler war auf den Kern der Reformer gestoßen, die eine allseits anstehende Änderung der Verhältnisse durch umfassende Verbesserung und Veredelung der objektiven und subjektiven Lebensumstände in den preußischen Landen auf der Grundlage des Verfassungsversprechens des Monarchen erreichen wollten.Sie waren die Auftraggeber, die Lenné brauchte und fand, Partner, die »das Geistreiche seiner Vorschläge« verstanden und Anlässe für ihre Realisierung schufen.
Lenné hatte der gesicherten Position in Laxenburg eine Anstellung »als Gartengehilfe auf Probe« beim Hofgärtner des Neuen Garten in Potsdam vorgezogen, obwohl er vorerst nur beauftragt wurde, von den königlichen Gärten Aufnahmen und Zeichnungen anzufertigen«. Sein berühmter erster Umgestaltungsentwurf »Plan von San, Souci und dessen Umgebungen nebst Project fliessen-

1. Jean-Nicolas-Louis Durand. »Palais Romains. Nimphée de Néron«. (Jean-Nicolas-Louis Durand. Recueil et parallèle des édifices de tout genre, anciens et modernes, remarquables par leur beauté, par leur grandeur, ou par leur singularité, et dessinés, sur une même échelle. Paris 1800)
2. Gabriel Thouin. »Jardin fruitier sujet à la taille en quenouilles«. (Gabriel Thouin. Plans raisonnés de toutes les espèces des jardins. Paris 1820)

des und springendes Wasser dahinzubringen, so wie auch die Promenaden zu verschönern«, der die Lehren Gabriel Thouins auf Potsdam anwendete, wird mehr der Demonstration seiner Fähigkeiten für den König gegolten haben; dies trifft wohl auch auf die gleichzeitigen Vorschläge für den Neuen Garten zu, die Friedrich Wilhelm III. ablehnte und nach denen erst in den folgenden Jahren gearbeitet werden konnte. In Glienicke dagegen ging es bereits im Oktober 1816 an die Realisierung. Hier traf Lenné erstmals mit Karl Friedrich Schinkel zusammen, und es ergab sich ihre einmalige Partnerschaft, die nur mit den glanzvollen Jahren des Zusammenwirkens von Humphrey Repton und John Nash verglichen werden kann.

Schinkel war bereits seit 1814 in Glienicke tätig, sein Arbeitsfeld erweiterte sich auf die umfassende Erneuerung des Schlosses, nachdem Hardenberg den Besitz erworben hatte. Wilhelm von Humboldt hatte Schinkel der Königin Luise vorgestellt und ihm eine Anstellung in Staatsdiensten verschafft. Wenn Hardenberg in seinen Staatstheorien das Gemeinwesen mit einem Baum verglich, ist es wohl nicht abwegig, bei ihm und Humboldt weitreichende Pläne der Landesgestaltung durch den Einsatz Schinkels und die Anwerbung Lennés vorauszusetzen. Beim Umbau des Billard-Hauses zum Kasino von Glienicke im Sommer 1824 erkannten sich Schinkel und Lenné zum ersten Mal auch in ihrer Beeinflussung durch Durand, indem Schinkel den parallel zum Jungfernsee gelagerten Bau mit seitlich angesetzten Pergolen, mit »Gegenständen der Natur bei der Komposition von Gebäuden«, verlängerte. Durch eine weitere Pergola, dem Gebäude zum abfallenden Ufer vorgelagert, entstand trotz der geringen Höhe des Hanges die Andeutung einer Terrassenanlage wie in italienischen Renaissancegärten.

Schinkels frühe Kenntnis von Durand bestätigt sich aus einem ersten, 1800 datierten Museumsprojekt. Er verrät sein Interesse, die durch Durand vermittelten Synthesen und Systeme der von den französischen Revolutionsarchitekten ausgesprochenen Ideen griechischer und römischer Inspiration bis hin zu Renaissanceformen und solchen mittelalterlichen Charakters aufzunehmen. Dahinter stand die Vorbildwirkung des hochorganisierten Systems der architektonischen Ausbildung in Frankreich, die sich nicht nur durch intensive Grundlagenschulung auszeichnete, sondern den besten Schülern der Akademie Gelegenheit gab, einige Jahre als Stipendiaten in Rom zu verbringen.

Schinkel genoß in seiner Entwicklung die besonders günstigen Umstände des damaligen Berlin, wo in den Jahren zwischen dem Tod Friedrichs II. 1786 und der Niederlage von Jena und Auerstadt 1806 der Kunstgesinnung eine verhältnismäßig große Freiheit eingeräumt wurde.

Hervorragende Vertreter des neuen europäischen Stils, Friedrich Wilhelm von Erdmannsdorff, Carl Gotthard Langhans, Johann Gottfried Schadow, David Gilly und dessen Sohn Friedrich Gilly, gaben Schinkel die einmalige Möglichkeit, den Gang der idealen französischen Architektenausbildung durch persönliche Initiative und aus eigenen Mitteln nachvollziehen zu können.

Von seinen Ersparnissen und einer kleinen Erbschaft finanzierte er sich dann ab Mai 1803 einen Studienaufenthalt in Italien, der bis März 1805 dauerte. Der »selbstverständliche und dominierende Blick des Architekten auf die Baukunst, deren ästhetische, konstruktive und historische Phänomene« machte deutlich, daß sich Schinkel durch sein Training in Berlin auf die Lektionen in Italien wohl vorbereitet hatte. Von nicht zu unterschätzender Bedeutung war bei dieser Vorbereitung die reichhaltige Bibliothek David Gillys, aus der er ebenso Kenntnis von den Lektionen Durands erhalten haben kann wie aus Friedrich Gillys Paris-Nachrichten. Lenné hatte diese Kenntnisse unter ungleich günstigeren Umständen aus erster Hand erwerben können. Deshalb wird ihre von Hardenberg organisierte Begegnung in Glienicke und die daraus folgende Zusammenarbeit unter dem nachfolgenden Besitzer, dem Prinzen Karl, für Schinkel so faszinierend gewesen sein; man kann in der Folge fast von einem gemeinsamen Werk sprechen, bei dem es schwierig wird, die unmittelbaren Leistungen jedes einzelnen in allen Fällen auseinanderzuhalten. Im gegenseitigen Ansporn entwickelten Gartengestalter und Architekt ein ganzes System, durch Bauwerke das Gefüge der Umwelt zu bestimmen und gleichzeitig »Elemente der Natur« in die Gebäude einzubeziehen. Dieses System läßt in regulären wie in offenen Planungen ein verbindliches Raster erkennen. Schinkel und Lenné fanden sich in dem philosophischen Programm der »Verschoenerung« von Natur und Gesellschaft, das die Umsetzung der Natur-, Moral- und Staatstheorien der großen Denker ihrer Zeit in Landschafts- und Siedlungsmodellen anstrebte. Beider Arbeitsweise war sehr intensiv. Sie nutzten auch Freizeit und Geselligkeit, um ihre Ideen zu vervollkommnen. Aus den seltenen Überlieferungen ihrer dienstlichen und privaten Kontakte läßt sich auf einen ununterbrochenen Dialog sowohl über aktuelle als auch über fernerliegende gemeinsame Vorhaben und auf Meinungsaustausch auch jeweils über die Aufträge des anderen schließen. Von diesen Vorgängen schweigen die Akten; sie erhellen sich für die Nachwelt nur aus einer spürbaren gegenseitigen Beeinflussung und gelegentlichem »Etappenwechsel« von einem zum anderen. Dabei kommen sie immer wieder auf Grundmuster Durands zurück, die wie das Hippodrom als bevorzugter Gartenraum eingesetzt werden oder wie die Exedra als Ort der Besinnung, der Überschau, aber auch des Rückblicks auf Garten- und Raumformen dienen.

In Potsdam begann Lenné mit der Umgestaltung des Neuen Gartens, in dem sich zum ersten Mal im Berliner Raum die neue Gartenzeit gezeigt hatte. Seine Leistung hob den nach dem Tod Friedrich Wilhelms II. vernachlässigten empfindsamen Garten weitgehend auf. Wo Eyserbeck eine Gartenszene an die andere gefügt hatte, setzte Lenné ein großes Gesamtbild durch.

Danach führte die Gemeinsamkeit mit Schinkel hin zum Idealfall Charlottenhof. Hier konnten beide in einem umschlossenen Gebiet die Vision einer Welt der Vernunft realisieren. Die von der Architektur vorgegebene Spannung aus Palast und Hütte (Schloß und Gärtnerhaus) setzt sich im Garten als Bild harmonischer Zuordnung der Glieder der Gesellschaft fort. Am Hauptweg, der die Gartenlandschaft umfaßt und zugleich erschließt, reihen sich, wie mit dem Zirkelschlag fixiert, die Bereiche menschlichen Tuns. In der weiten Landschaft lassen die der Aktivität und der Kontemplation dienenden Kleinformen eine eigene Ordnung entstehen, die als geistiges Prinzip in der Schloßachse besonders konsequent ausgeführt ist. Straffe Abfolge der Gartenräume läßt jedoch keine Dominanz des Hauses aufkommen; sie wird durch Hervorhebung der Terrasse eher herabgemindert als verstärkt. Von der Terrasse bietet sich der einzige Blick über die Gartengrenzen; die ferne Kuppel des Neuen Palais erscheint als Hinweis auf die Vergangenheit.

3. Nach Karl Friedrich Schinkel. Das Schloß Charlottenhof im Park Sanssouci, Potsdam. (Karl Friedrich Schinkel. Sammlung architektonischer Entwürfe. Heft 18. Berlin 1831)

Nach Schinkels Tod ergaben sich für Lenné andere, kompliziertere und lockerere Formen der Zusammenarbeit mit dessen Schülern und Nachfolgern. Offen bleiben die Umstände der Zusammenarbeit Lennés mit Friedrich August Stüler. Obwohl Stüler seit 1831 private Aufträge annahm, sind die im Zusammenhang mit Lennés Gartenplänen überlieferten Baudaten skeptisch zu betrachten und bedürfen in jedem konkreten Fall der Überprüfung.

Lennés Aktivitäten gingen bald über den Potsdamer und Berliner Raum hinaus und umfaßten sowohl die preußischen Staaten als auch ihre Nachbargebiete. Ausschlaggebend für seine bevorzugte Beschäftigung mit mecklenburgischen Adelssitzen dürfte die Tätigkeit für den Schweriner Großherzog gewesen sein, wobei nach dem Zeugnis Georg Adolph Demmlers Lenné immer voranging. Demmler war von der »Berliner Einmischung« nicht durchweg begeistert. Lennés Vorschläge für Schwerin, die mit der Einbeziehung des barocken Kreuz-Kanals in die landschaftliche Gestaltung größte Nähe zu Gabriel Thouins Versailles-Plan erreichten, konnte er aufnehmen und bei der Formung der Ufer des Schweriner Sees weiterführen. Im Gegensatz dazu mußte er erleben, wie Stüler in seiner Nachfolge den demokratischen Charakter der eben fertiggestellten stadtseitigen Schloßfassade wieder aufhob.

Mit den schwerwiegenden Problemen der wachsenden Städte sah sich Lenné zuerst in Magdeburg konfrontiert. Seit 1817 war dort August Wilhelm Francke Oberbürgermeister, dem die Stadt ihr Heraustreten aus dem Festungsgürtel, den Bau der Eisenbahnlinien Potsdam–Magdeburg und Magdeburg–Halle, die Entwicklung der Elbschiffahrt und nicht zuletzt ihre Grünanlagen verdankt. Francke wandte sich schon 1824 an Lenné um Rat für die gärtnerische Gestaltung der Glacis, der Plätze um vier innerstädtische Kirchen und die Anlage eines neuen Friedhofs. Lenné erkannte sofort die besondere Gunst der Situation, um mit einem Volksgarten nicht nur der Erholung und der Bildung der Einwohner zu dienen, sondern ihnen das »concentrirte Bild« eines erstrebenswerten städtischen Gemeinwesens vor Augen zu stellen, in dem »die Zeit wieder zu tagen beginnt, welche den Musen und Grazien vertraut«.

Den Blick aus dem Kloster-Berge-Garten auf den Elbstrom gerichtet und über dem Wasser die ehrwürdigen Türme der Stadt Magdeburg vor Augen, erinnerte er sich an den Englischen Garten mit der Silhouette von München als Bild irdischer Zuflucht und überirdischer Verheißung. Auch in der langen Sicht über die Wiesen und Weiden des Gutsparks von Basedow taucht am Horizont die Stadt Malchin auf, während die Distanzen des Vorder- und Mittelgrunds von mittelalterlicher Ruine und vorzeitlichem Großsteingrab beherrscht werden. Über die parallele Geländewelle zieht sich ein Eichenhain mit einer zweiten Findlingsgruppe und läßte an Georg Friedrich Kerstings Gedächtnisbilder von 1815 denken. Lennés Übereinstimmung mit dem Geist und der Kunst seiner Zeit erwies sich hier in der direkten Übereinstimmung der Bilder – ebenso wie bei der Formung der Kuranlagen von Swinemünde, wo sich sein Erläuterungsbericht wie eine Fortsetzung der Kommentare Clemens Brentanos und Heinrich von Kleists zu Caspar David Friedrichs »Mönch am Meer« liest. »Herrlich ist es, in einer unendlichen Einsamkeit am Meeresufer … auf eine unbegrenzte Wasserwüste hinauszuschauen. Dazu gehört gleich wohl, daß man dahingegangen sei, daß man zurück muß, daß man hinüber möchte, daß man es nicht kann, daß man alles zum Leben vermißt und die Stimme des Lebens dennoch … vernimmt … « schrieb Kleist in den »Berliner Abendblättern« am 13. 10. 1810. Und Lenné erläuterte am 4. 10. 1824 seinen Verschönerungsplan, den Küstenwald »als Schutzpflanzung … gegen den heftigen Nord- und Nord-Ost-Wind … zu erhalten, … als auch die Dünen, welche ihrer Natur nach immer ein trauriges Ansehen darbieten, zu verstecken. Dagegen erscheint … ein Fahrweg … sehr wünschenswert … ein Höhepunkt der Düne … scheint mir vor allem der Hervorhebung und der Verbindung mit dem … Fahrweg würdig zu sein … Der seltene Blick von dieser Höhe in die unendliche Ostsee … rechtfertig(t) … dieses Unternehmen.«

Jörg Wacker

»Überall ist Lenné's Augenmerk auf Landes-Kultur und Landes-Verschönerung gerichtet . . .« Der Lebenslauf von Lenné, verfaßt anläßlich seiner Ernennung zum Ehrenmitglied der Akademie der Künste zu Berlin

»Lenné, Peter Joseph, Königl.: Preuß. Garten-Director ist den 29sten September 1789 in Bonn geboren, woselbst sein Vater Peter Joseph Lenné als Kurfürstl. Hofgärtner und Vorstand des botanischen Gartens, der zu der vom letzten Kurfürsten von Cöln Maximilian Franz 1784 gestifteten Universität gehört, angestellt war. Lenné, der Vater, genoß schon eines gewissen Rufes als Landschafts Gärtner.
Seit dem Jahre 1665 wo Augustin Lenné aus Lüttich nach Bonn als Kurfürstlicher Hofgärtner berufen wurde, ist diese Stellung in den Händen von vier Vorfahren Lennés gewesen. Lenné machte die Gymnasial-Studien in seiner Vaterstadt. Frühzeitig durch die Stellung seines Vaters auf botanische Studien hingewiesen, fand er darin bei dem Universitätslehrer Dr. Crefeld wirksame Unterstützung. Nach Beendigung der üblichen Lehrjahre in der practischen Gärtnerei, reiste Lenné im April 1811 nach Paris, wo er bei dem Director des botanischen Gartens und der Agricultur Schule, Thouin, einem Freunde seines Vaters freundliche Aufnahme und Förderung seiner wissenschaftlichen Bestrebungen fand. In Paris beschäftigten Lenné neben Botanik, die reichen ihm gebotenen Hilfsmittel benutzend, die Naturwissenschaften im weiteren Sinne und machte er hier außerdem einen cursus der Architectur unter Durand. Im Sommer 1812 kehrte Lenné in seine Heimath zurück und besuchte demnächst die besten Gärtnereien Deutschlands und der Schweiz. Er befindet sich im Spätherbst in Wien, in dem Familien-Kreis des Kaiserl. Gartendirectors Boos, eines Jugendfreundes seines Vaters. In Wien ist sein Streben vorzüglich dem Studium der Botanik gewidmet, um sich für eine Professur in dieser Wissenschaft oder zur Stellung als Director eines botanischen Gartens vorzubereiten. 1814 erhielt er hier, unter Verleihung des Titels eines Kaiserl. Garten-Ingenieurs durch den Schloßhauptmann von Riedel den Auftrag, einen Plan zur Vergrößerung und Verschönerung des Gartens von Laxenburg zu entwerfen. Als Lenné diesen Plan, nach welchem späterhin die Anlagen, jedoch ohne seine Mitwirkung zur Ausführung kamen, vollendet hatte, folgte er im Juli 1815 der Aufforderung seines Vaters zur Rückkehr in sein Vaterland, das nunmehr Preußens Scepter angehörte. Dort beschäftigten ihn zunächst der Entwurf über die Umwandlung der damals zerstörten Festungswerke der Stadt Coblenz in Anlagen und zur Erweiterung der Stadt, wonach auch die jetzige Schloßstraße daselbst ihre Ausführung erhalten hat. Hierdurch wurde Lenné zuerst in seinem Vaterlande bekannt, und als der König Friedrich Wilhelm III zu dieser Zeit, die durch den Krieg in Verfall gerathenen Königl. Gärten zeitgemäß herzustellen beschloß, wurde er auf Antrag des damaligen Königl. Hof-Marschalls von Maltzahn, im Frühjahr 1816 nach Potsdam berufen. Der erste Auftrag des Königs betraf ein Project zur Umgestaltung des unter Friedrich Wilhelm II angelegten sogenannten neuen Gartens. Während dieser Beschäftigung wünschte der Staats Kanzler, Fürst Hardenberg von Lenné die Anlage eines pleasure-ground in der nächsten Umgebung seines damaligen Landhauses Klein Glienicke. Die Ausführung erfolgte und gilt diese Anlage noch jetzt als der Hauptschmuck des nun im Besitz des Prinzen Carl von Preussen befindlichen Parks Glienicke. Das Gelingen desselben vermehrte und befestigte das ihm von dem Könige geschenkte Vertrauen. Zunächst wurde der Lustgarten am Schlosse zu Potsdam, dann Sanssouci und die Pfaueninsel umgeschaffen und im Jahre 1826 die Erweiterung und Arrondirung von Sanssouci durch die südlich und nordwestlich nach dem Belvedere zu gelegenen Anlagen, bewirkt. In dieselbe Zeit fällt die Schöpfung von Charlottenhof und die Anlage der russischen Kolonie. Durch letztere wurde eine Verbindung zwischen den neuen Garten und Sanssouci angebahnt. Als der Prinz von Preussen nach seiner Vermählung auch ein Schloß als Sommer-Residenz in Potsdam's Nähe zu etabliren beabsichtigte, brachte Lenné hierzu den Babertsberg in Vorschlag. Die Genehmigung erfolgte, und so entstanden vom Jahre 1833 an, nach und nach unter seiner Leitung, die großartigen Anlagen, die jetzt mit denen von Glienicke im Zusammenhange stehen. Es lag der Wunsch nahe die vielen älteren und neueren Schmuck-Anlagen in Potsdam's Umgebung landschaftlich zu verbinden, wozu Lenné bereits 1833 den Plan entwarf, der sich schon damals der Zustimmung des jetzt regierenden Königs, damaligen Kronprinzen zu erfreuen hatte, unter dessen Regierung die Ausführung begann und fortgesetzt wird. Der leitende Gedanke war, die Havel als einen See mit einem großen Park in einer Ausdehnung von fast zwei deutschen Meilen, von dem Karlsberge bei Baumgartenbrück an, bis zur Pfaueninsel zu umgeben. Das Werk wurde 1840 begonnen. Die Ufer der Havel wurden statt der düsteren Kiefer mit Laubholz bepflanzt. Sakrow wurde angekauft und mit neuen Bau- und Garten-Anlagen geschmückt, das Amt Bornstaedt vom Domainenfiscus abgezweigt und als Krondomaine übernommen zum großen Theil zu Park-Anlagen umgeschaffen, der Ruinenberg mit den Anlagen in Verbindung gebracht und ein Wildpark und eine Fasanerie ins Leben gerufen. Das Eicher Feld, Lindstaedt und das Vorwerk Bornim werden ausgeschmückt und die neuen Anlagen beim Pfingstberge mit der Villa Caprarola wurden begonnen. So bilden die ganzen Umgebungen Potsdam's ein einziges harmonisches Ganzes als dessen Schlußstein die seit einigen Jahren in Angriff genommenen Umgebungen des neuen Orangeriehauses zu betrachten sind, die eine terrassenförmige Verbindung von Sans Souci mit dem Belvedere herstellen. Vom Jahre 1820 bis 1830 sind unter Lenné's Leitung die Umgestaltungen der Anlagen in Charlottenburg und Schoenhausen ausgeführt. Der Thiergarten bei Berlin, ein vor 1832 mit Alleen durchschnittener Wald wird zu dieser Zeit zu einem Volksgarten umgestaltet. Lenné leitet die Ausführung die bis 1840 dauert. Während dieser Zeit und später entstehen Lenné's großartige Pläne zur Erweiterung und Verschönerung Berlin's durch Bau-Anlagen und Anlage öffentlicher Schmuckplätze, sowohl nach dem Köpniker Felde als auch nach dem westlich von Berlin gelegenen ehemaligen Pulvermühlen-Terrain. Die Fasanerie wird nach Potsdam verlegt und es entsteht nach Lenné's Entwurfe und unter seiner Leitung der zoologische Garten. Im Jahre 1844 wurde der Entschluß gefaßt, nach einem Entwurfe Lenné's vom Jahre 1839, Berlin an der Südseite mit einem Schifffahrts Kanal zu versehen, in Ausführung zu bringen. Dieses gab Veranlassung den Thiergarten in der Richtung nach Charlottenburg zu erweitern und es entstand der Hippodrom als Ersatz des früher zu Reitübungen benutzten Exercirplatzes, der in einen geräumigen Schmuckplatz umge-

1. Der Lebenslauf von Peter Joseph Lenné, verfaßt anläßlich seiner Ernennung zum Ehrenmitglied der Königlichen Akademie der Künste zu Berlin am 30. April 1853. (Akademie der Künste, Berlin)

Lenné, Peter Joseph, Königl. Preuß. Garten-Director ist den 29t September 1789 in Bonn geboren, woselbst sein Vater Peter Joseph Lenné als Kurfürstl. Hofgärtner und Vorstand des botanischen Gartens, der zu der vom letzten Kurfürsten von Cöln Maximilian Franz 1784 gestifteten Universität gehört, angestellt war. Lenné, der Vater, genoß schon eines geachteten Rufes als Landschafts-Gärtner.

Seit dem Jahre 1665 wo Augustin Lenné aus Lüttich nach Bonn berufen wurde, ist diese Stellung in den Händen von vier Vorfahren Lenné's gewesen. Lenné machte die Gymnasial-Studien in seiner Vaterstadt. Frühzeitig durch die Stellung seines Vaters auf botanische Studien hingewiesen, fand er darin bei dem Universitäts-Lehrer Dr. Crefeld wirksame Unterstützung. Nach Beendigung der üblichen Lehrjahre in der practischen Gärtnerei, reiste Lenné im April 1811 nach Paris, wo er bei dem Director des botanischen Gartens und der Agricultur-Schule, Thouin, einem Freunde seines Vaters freundliche Aufnahme und Förderung seiner wissenschaftlichen Bestrebungen fand. In Paris beschäftigte Lenné neben Botanik, die reichen ihm gebotenen Hilfsmittel benutzend, die Naturwissenschaften im weiteren Sinne und machte er hier außerdem einen cursus der Architectur unter Durand. Im Sommer 1812 kehrte Lenné in seine Heimath zurück und besuchte demnächst die besten Gärtnereien Deutschlands und der Schweiz. Er befand sich im Spätherbst in Wien, in dem Familien-Kreis des Kaiserl. Garten-Directors Boos, eines Jugendfreundes seines Vaters. In Wien ist sein Streben vorzüglich dem Studium der Botanik gewidmet, um sich für eine Professur in dieser Wissenschaft oder zur Stellung als Director eines botanischen Gartens vorzubereiten. 1814 erhielt er hier, unter Verleihung des Titels eines Kaiserl. Garten-Ingenieurs durch den Schloßhauptmann von Riedel den Auftrag, einen Plan zur Vergrößerung und Verschönerung des Gartens von Laxenburg zu entwerfen. Als Lenné diesen Plan, nach welchem späterhin die Anlagen, jedoch ohne seine Mitwirkung zur Ausführung kamen, vollendet hatte, folgte er im Juli 1815 der Aufforderung seines Vaters zur Rückkehr in sein Vaterland, das nunmehr Preußens Scepter angehörte. Dort beschäftigte ihn zunächst der Entwurf über die Umwandlung der damals zerstörten Festungswerke der Stadt Coblenz in Anlagen und zur Erweiterung der Stadt, wonach auch die jetzige Schloßstraße daselbst ihre Ausführung erhalten hat. Hierdurch wurde Lenné zuerst in seinem Vaterlande bekannt, und als der König Friedrich Wilhelm III zu dieser Zeit, die durch den Krieg in Verfall gerathenen Königl. Gärten zeitgemäß herzustellen beschloß, wurde er auf Antrag des damaligen Königl. Hof-Marschalls von Maltzahn, im Frühjahr 1816 nach Potsdam berufen. Der erste Auftrag des Königs betraf ein Project zur Umgestaltung des unter Friedrich Wilhelm II angelegten sogenannten neuen Gartens. Während dieser Beschäftigung wünschte der Staats-Kanzler, Fürst Hardenberg von Lenné die Anlage eines pleasure-ground in der nächsten Umgebung seines damaligen Landhauses Klein Glienicke. Die Ausführung erfolgte und gilt diese Anlage noch jetzt als der Hauptschmuck des nun im Besitz des Prinzen Carl von Preussen befindlichen Parks Glienicke.

Das Gelingen desselben vermehrte und befestigte das ihm von dem Könige geschenkte Vertrauen. Zunächst wurde der Lustgarten am Schlosse zu Potsdam, dann Sanssouci und die Pfaueninsel umgeschaffen und im Jahre 1826 die Erweiterung und Abrundung von Sanssouci durch die südlich und nordwestlich nach dem Belvedere zu gelegenen Anlagen, bewirkt. In dieselbe Zeit fällt die Schöpfung von Charlottenhof und die Anlage der russischen Kolonie. Durch letztere wurde eine Verbindung zwischen dem neuen Garten und Sanssouci angebahnt. Als der Prinz von Preussen nach seiner Vermählung auch ein Schloß als Sommer-Residenz in Potsdam's Nähe zu etabliren beabsichtigte, brachte Lenné hierzu den Babertsberg in Vorschlag. Die Genehmigung erfolgte, und so entstanden vom Jahre 1833 an, nach und nach unter seiner Leitung die großartigen Anlagen, die jetzt mit denen von Glienicke im Zusammenhange stehen. Es lag der Wunsch nahe die vielen älteren und neueren Schmuck-Anlagen in Potsdam's Umgebung landschaftlich zu verbinden, wozu Lenné bereits 1833 den Plan entwarf, der sich schon damals der Zustimmung des jetzt regierenden Königs, damaligen Kronprinzen zu erfreuen hatte, unter dessen Regierung die Ausführung begann und fortgesetzt wird. Der leitende Gedanke war, die Havel als einen See mit einem großen Park in einer Ausdehnung von fast zwei deutschen Meilen, von dem Brauhausberge bei Baumgartenbrück an, bis zur Pfaueninsel zu umgeben. Der Park wurde 1840 begonnen. Die Ufer der Havel wurden statt der düsteren Kiefer mit Laubholz bepflanzt. Sakrow wurde angekauft und mit neuen Bau- und Garten-Anlagen geschmückt, das Amt Bornstaedt vom Domainenfiscus abgezweigt und als Krondomaine übernommen zum großen Theil zu Park-Anlagen umgeschaffen, der Ruinenberg mit den Anlagen in Verbindung gebracht und ein Wildpark und eine Fasanerie ins Leben gerufen. Das Kiefer Feld, Lindstaedt und das Vorwerk Bornim werden ausgeschmückt und die neuen Anlagen beim Pfingstberge mit der Villa Capravola wurden begonnen. So bilden die ganzen Umgebungen Potsdam's ein einziges harmonisches Ganze, als dessen Schlußstein die seit einigen Jahren in Angriff genommenen Umgebungen des neuen Orangeriehauses zu betrachten sind, die eine terrassenförmige Verbindung von Sans Souci mit dem Belvedere herstellen.

Vom Jahre 1820 bis 1830 sind unter Lenné's Leitung die Umgestaltungen der Anlagen in Charlottenburg und Schoenhausen ausgeführt. Der Thiergarten bei Berlin, ein vor 1832 mit Alleen durchschnittener Wald wird zu dieser Zeit zu einem Volksgarten umgestaltet. Lenné leitet die Ausführung die bis 1840 dauert. Während dieser Zeit und später entstehen Lenné's großartige Pläne zur Erweiterung und Verschönerung Berlin's durch Bau-Anlagen und Anlage öffentlicher Schmuckplätze, sowohl nach dem Köpnicker Felde als auch nach dem westlich von Berlin gelegenen ehemaligen Pulvermühlen-terrain. Die Fasanerie wird nach Potsdam verlegt und es entsteht nach Lenné's Entwurfe und unter seiner Leitung der zoologische Garten. Im Jahre 1844 wurde der Entschluß gefaßt, nach einem Entwurfe Lenné's vom Jahre 1839, Berlin an der Südseite mit einem Schifffahrts-Kanal zu versehen, in Ausführung zu bringen. Dieses gab Veranlassung den Thiergarten in der Richtung nach Charlottenburg zu erweitern und es entstand der Hippodrom als Ersatz des früher zu Reitübungen benutzten Exercierplatzes, der in einen geräumigen Schmuckplatz umgewandelt wurde.

Überall ist Lenné's Augenmerk auf Landes-Kultur und Landes-Verschönerung gerichtet, für die Läuterung des Geschmacks bei Anlagen wirkend und die Begründung eines, dem deutschen Leben zusagenden, von Nachahmung ausländischer Werke freien Gartenstyls anstrebend.

Lenné wurde Gründer der seit 1823 ins Leben getretenen Landesbaumschule und der Gärtner-Lehranstalt und ist ordentliches Mitglied des Landes-Oeconomie-Collegii.

Um seine Verdienste im bleibenden Andenken zu erhalten wurde im August 1839 auf Befehl Friedrich Wilhelm III einer neuen mit dem Thiergarten in Verbindung stehenden Straße der Name „Lenné-Straße" gegeben. Sein Monarch hat ihn in huldvoller Anerkennung seiner Verdienste mit dem rothen Adler-Orden II Klasse mit Eichenlaub decorirt und als einen rührenden Beweis des Allerhöchsten Wohlwollens am Todestage seines erhabenen Vaters den 7t Juni 1848 Lenné's Büste, inmitten der von ihm geschaffenen Anlagen von Sanssouci aufstellen lassen.

Lenné ist Mitglied vieler naturforschenden, botanischen und oeconomischen Gesellschaften des In- und Auslandes.

wandelt wurde. Überall ist Lenné's Augenmerk auf Landes-Kultur und Landes-Verschönerung gerichtet, für die Läuterung des Geschmacks bei Anlagen wirkend und die Begründung eines, dem deutschen Leben zusagenden, von Nachahmung ausländischer Werke freien Gartenstyls anstrebend.
Lenné wurde Gründer der seit 1823 ins Leben getretenen Landesbaumschule und der Gärtner-Lehranstalt und ist ordentliches Mitglied des Landes-Oeconomie-Kollegii.
Um seine Verdienste im bleibenden Andenken zu erhalten wurde im August 1839 auf Befehl Friedrich Wilhelm III. einer neuen mit dem Thiergarten in Verbindung stehenden Straße der Name »Lenné-Straße« gegeben.
Sein Monarch hat ihn in huldvoller Anerkennung seiner Verdienste mit dem rothen Adler-Orden II Klasse mit Eichenlaub decorirt und als einen rührenden Beweis des Allerhöchsten Wohlwollens am Todestage seines erhabenen Vaters den 7ten Juni 1848 Lenné's Büste, inmitten der von ihm geschaffenen Anlagen von Sanssouci aufstellen lassen.
Lenné ist Mitglied vieler naturforschenden botanischen und oeconomischen Gesellschaften des In- und Auslandes.«

Wer formulierte diesen sieben senkrechte Halbseiten bis zum Blattrand beschriebenen und nur vier Absätze enthaltenden Lebenslauf? Welche Umstände führten zur Wahl Lennés zum Ehrenmitglied in die Akademie der Künste, und welche Zusammenhänge gab es zwischen Lennés Leben und dieser Einrichtung?
Vier Jahre nach der 1692 in Wien entstandenen Kunstakademie gründete der brandenburgische Kurfürst Friedrich III. 1696 in Berlin die »Academie der Mahl-, Bild- und Baukunst«, wobei er dem Vorbild der 1648 in Paris als höfische Anstalten gebildeten Académie royale de Peinture et de Sculpture sowie der 1671 ins Leben gerufenen Académie royale d'Architecture folgte. Eigene Räume erhielt die Akademie über dem 1691 von Johann Arnold Nering an der Straße Unter den Linden fertiggestellten Marstall, der 1695–97 aufgestockt und bis an die damalige Letzte Straße, der späteren Dorotheenstraße, erweitert wurde. Die von vier Rektoren kollegial geleitete, strenge und anspruchsvolle Unterrichtsanstalt, seit 1704 »Königlich Preussische Academie der Künste und Mechanischen Wissenschaften« genannt, erfreute sich bei ihren Schülern sowie dem Mitgliederkollegium großer Beliebtheit und vergrößerte rasch das öffentliche Ansehen der Kunst. Als der Marstall im Jahr 1743 abbrannte, kamen jedoch die unter der Regierung Friedrich Wilhelm I. ohnehin verringerten Arbeitsmöglichkeiten fast zum Erliegen, und Mitte des 18. Jahrhunderts war die Akademie nur noch eine unbedeutende Zeichenschule, die nach dem Wiederaufbau des abgebrannten Flügels durch Johann Boumann d. Ä. zusammen mit der 1700 gegründeten Akademie der Wissenschaften die Räumlichkeiten an der Straße Unter den Linden nutzte.[1]
Erst unter Friedrich Wilhelm II. konnte nach Reformbestrebungen durch ein neues, zweites Statut von 1790 die Bedeutung der Kunstakademie wieder steigen. Die Leitung übernahm als höchstes Gremium der Akademische Senat mit wöchentlichen vertraulichen Sitzungen und das Kuratorium, geleitet von einem vom König ernannten amtierenden Staatsminister. Die Mitglieder des Senats, oft höchste Staatsbeamte und Inhaber der höheren akademischen Lehrämter und Funktionsstellen außerhalb der Akademie, sowie ordentliche Assessoren garantierten durch die Verpflichtung zum Unterricht und das Vorschlagsrecht für die Neubesetzung wichtiger

2. Unbekannter Künstler. Das Konferenzzimmer der Königlichen Akademie der Künste zu Berlin im Marstall. Mitte des 19. Jahrhunderts. (Akademie der Künste, Berlin)
3. Karl Begas. Peter Joseph Lenné. 1830. (Staatliche Museen zu Berlin – Preußischer Kulturbesitz. Nationalgalerie)

Führungspositionen außerhalb der Akademie ein hohes künstlerisches Niveau. Ab 1790 unterschied man zwischen ordentlichen, außerordentlichen und auswärtigen ordentlichen Mitgliedern, Ehrenmitgliedern und akademischen Künstlern im Kunsthandwerk. Der Paragraph 34 des Statutes legte fest: »Zu Ehrenmitgliedern der Akademie können Personen von Stande und Ansehen, Gelehrte u.s.w., aufgenommen werden, welche sich als Liebhaber oder Kenner für die schönen Künste interessieren, und das Beste der Akademie auf eine oder die andere Weise zu befördern suchen ...«[2] Alle Mitglieder der Akademie hatten zu einem bestimmten Handwerk ständige Verbindung zu halten und durch vorbildliche Tätigkeit über die Hebung des Publikumsgeschmacks zu berichten. Das gab den Anstoß für die spätere Gründung einer Vielzahl an die Akademie gebundenen Lehranstalten.
Mit der wachsenden Bedeutung der Akademie, die 1809 in »Königliche Akademie der Künste zu Berlin« umbenannt wurde, erfolgte auch eine räumliche Ausdehnung im Marstall, so daß sich für den weitläufigen Gebäudekomplex, den das Straßenkarree Unter den Linden, Universitäts-, Charlotten- und Dorotheenstraße umschließt, im ersten Viertel des 19. Jahrhunderts die Bezeichnung Akademieviertel einbürgerte.[3] Reformbestrebungen nach der Revolution von 1848 änderten zwar einige Verfahrensweisen, nicht aber das Statut aus dem Jahr 1790.
Schon lange vor der Wahl Lennés zum Ehrenmitglied der Akademie, deren Direktor 1816–50 der Bildhauer Johann Gottfried Schadow war, verbanden den Potsdamer Gartendirektor enge Freundschaften und Beziehungen mit bedeutenden Mitgliedern der Akademie. Die in Potsdam geborenen Brüder, die Bildhauer Carl Friedrich Wichmann, seit 1806 in der Akademie und Ludwig Wilhelm Wichmann, seit 1819 in der Akademie und ab 1832 im Senat, gingen im Hause Lennés ein und aus. Zu den besonders innigen Freunden des Ehepaares Lenné gehörte der Berliner Komponist und Musikwissenschaftler Karl Friedrich Zelter,[4] der 1806 Ehrenmitglied und Beisitzer der Akademie wurde. Er leitete nach dem Tod von Christian Friedrich Carl Fasch die Singakademie, die seit 1791 bestand und ab 1793 im Runden Saal der Akademie der Künste ihre Proben abhielt. 1807 erweiterte Zelter die Singakademie durch ein Collegium musicum für ältere Musik. 1809 gründete er die Berliner Liedertafel und erhielt auf Empfehlung von Johann Wolfgang von Goethe und auf Betreiben des damaligen Leiters des Kultur- und Unterrichtswesens und Gründers der Berliner Universität, Wilhelm von Humboldt, eine Berufung zum Professor für Musik an die Akademie der Künste. 1822 schuf Zelter innerhalb der Universität ein Institut für Kirchen- und Schulmusik. Es ist zweifellos das Verdienst von Zelter, daß Friedrich Wilhelm III. 1833 an der Akademie der Künste den Aufbau einer Sektion Musik genehmigte, die seitdem neben der Sektion Bildende Kunst besteht.[5] Häufiger Gast bei Lenné in Sanssouci war auch der aus Heinsberg bei Aachen stammende Maler Karl Joseph Begas, seit 1822 Akademiemitglied. Er malte zwei Porträts von Lenné, das erste 1830 und das zweite um 1850. Der in Düsseldorf geborene Peter Cornelius war schon seit vielen Jahren ein Duzfreund Lennés. Als Historienmaler ab 1819 Leiter der Kunstakademie in Düsseldorf, wurde Cornelius 1820 auswärtiges Mitglied der Berliner Akademie und 1825 Direktor der Akademie der Bildenden Künste in München, bis ihn nach Zerwürfnissen mit dem bayrischen König Ludwig I. Friedrich Wilhelm IV. 1841 nach Berlin berief. Ebenfalls herzlich aufgenommen bei den Lennés wurde der Zeichner Johann Gottlieb Samuel Roesel, ein Schüler der Berliner Akademie, seit 1794 Lehrer für Ornamentzeichnen an der Bauakademie, 1822 zum Professor ernannt und seit 1824 Mitglied der Akademie der Künste. Franz Krüger, seit 1825 Akademiemitglied, zeichnete 1837 die Vorlage für das als Lithographie bekannte Brustbild von Lenné. Nicht zuletzt waren der Komponist und Musikdirektor Karl Gottfried Wilhelm Taubert, seit 1839 Akademiemitglied, sowie die Familie des Musikprofessors Heinrich Ludwig Egmont Dorn, der seit 1849 in der Akademie war, Gäste in Lennés Wohnung in Sanssouci.[6]
Doch neben den privaten gab es auch dienstliche Verbindungen zur Akademie und ihren Mitgliedern. Zuerst wäre der König Friedrich Wilhelm IV. als Protektor des Instituts zu nennen, bei dem Lenné oft zu Projekterläuterungen im Schloß Sanssouci erschien. Eine besonders fruchtbare Zusammenarbeit entwickelte sich mit dem zu zeitig verstorbenen Karl Friedrich Schinkel, seit 1811 Akademiemitglied, aus den Gestaltungsaufgaben in Glienicke für den Staatskanzler Karl August von Hardenberg und in Charlottenhof für den damaligen Kronprinzen. Danach folgten als Planungspartner die Schüler des Architekten: Friedrich August Stüler, seit 1841 in der Akademie und seit 1844 im Senat, sowie Johann Heinrich Strack, seit 1849 in der Akademie und seit 1852 im Senat. Der Bildhauer und Akademieprofessor Christian Daniel Rauch, seit 1811 in der Akademie und seit 1819 im Senat, fertigte im Auftrag des Königs im Sommer 1847 eine Marmorbüste Lennés.[7]
Nicht unbedeutend für die Beziehungen Lennés zur Akademie war die Verbindung mit Peter Christoph Wilhelm Beuth, Akademiemitglied seit 1828. Er leitete seit 1819 die Technische Deputation für Gewerbe, 1821–45 die Technische Schule (seit 1827 Gewerbeinstitut genannt) und in enger Zusammenarbeit mit Schinkel 1831 bis 1845 die Bauakademie. Beuth gründete 1821 den Verein zur Förderung des Gewerbefleißes in Preußen und war auch Mitglied des Vereins zur Beförderung des Gartenbaues in den Königlich Preußischen Staaten.[8] Dieser Verein führte bis 1853 alljährlich im Juni in den Räumen der Akademie eine Blumenausstellung durch.[9]
In der ordentlichen Versammlung des Senats der Akademie am 17. April 1852 wurde angeregt, »S. K. H. den Prinzen Carl v. Preußen zum Ehrenmitglied der Akademie bei Gelegenheit seiner silbernen Hochzeit zu ernennen«,[10] und in der am 24. April folgenden Plenarversammlung wurde dieser Vorschlag von den fünfunddreißig anwesenden Mitgliedern angenommen. Nach der Bestätigung durch das übergeordnete Ministerium überbrachte eine Deputation von vierzehn Mitgliedern der Akademie, die »den Zweck hat, die schönen Künste in den Königlichen Staaten zur Ehre des Preußischen Volkes auf alle Weise zu fördern« am 25. Mai 1852 in Schloß Glienicke dem »Prinzen Friedrich Carl Alexander von Preußen in Anerkennung der Beschäftigung von Künstlern und Sammlung von Kunstwerken«[11] das Ehrenmitgliedspatent.
Ein Jahr später erhielten die ordentlichen Mitglieder der Akademie, die seit März 1850 von dem in Potsdam geborenen Geschichtsmaler Friedrich Wilhelm Herbig geleitet wurde, nach der mündlichen Mitteilung in der ordentlichen Versammlung des Senats am 2. April 1853 mit Schreiben vom 9. April die Aufforderung, schriftlich

Vorschläge zur Wahl neuer Akademiemitglieder einzureichen. Da die Wahl in der Plenarversammlung am 30. April stattfinden sollte, war der 22. April als Termin vorgegeben. In der Sitzung am 23. April »schritt der Senat zu der ihm zustehenden Vorwahl aus den eingegangenen Anträgen, worüber ein besonderes Protokoll aufgenommen worden (ist)«. Der Unterzeichnende, Ernst Heinrich Toelken, als Kunsthistoriker seit 1827 Sekretär der Akademie und seit 1843 im Senat, fügte auf dem Rand des Senatssitzungsprotokolles noch hinzu: »Hierzu das Protokoll über die Vorwahlversammlung im Senate am 23. April 1853 E. H. T.«[12] Leider fehlt dieses zweimal erwähnte Protokoll, das Auskunft geben könnte über die Person, die Lenné zur Wahl vorschlug, in den ordnungsgemäß geführten Akten im Archiv der Akademie der Künste in Berlin. So wird hier die Frage aufgeworfen, ob die Aufnahme des 63jährigen Lenné als Ehrenmitglied in die Akademie nur noch »eine gesellschaftliche Notwendigkeit der Zeit« oder eine echte Würdigung seiner Arbeiten war. Lenné hatte als bürgerlicher Beamter im Dienstverhältnis als Potsdamer Gartendirektor für den König und dessen Familie, für adelige und einflußreiche bürgerliche Persönlichkeiten sowie für Bürger und Anwohner mit der weitsichtig konzipierten Anlage von Parks, Gärten und Grünflächen bereits große Gedanken verwirklicht und künstlerisch Bedeutendes geleistet. Er stand auf der Höhe seines Schaffens. Welche Lenné nahestehende Person hatte seine Wahl vorgeschlagen? Unter den oben genannten Freunden und Bekannten wären die Akademiemitglieder Rauch, Wichmann oder Begas zu vermuten.

Über den Ablauf der Plenar- und Wahlversammlung der Akademie am »30sten April 1853 zu gewöhnlicher Zeit v. 12 Uhr an« berichtet das Protokoll: »Der Zweck dieser Plenar-Versammlung war die Wahl ordentlicher einheimischer, auswärtiger und Ehrenmitglieder der Königlichen Akademie der Künste. Auf die ergangene Aufforderung waren die in Berlin anwesenden ordentlichen Mitglieder in großer Mehrzahl erschienen, 37 nach der nebenstehenden Liste. Das [wahrscheinlich nicht mehr vorhandene – J. W.] Verzeichnis der von dem akademischen Senat nach den eingegangenen Vorschlägen zur Wahl des Plenums zu bringenden wurde den Anwesenden in mehreren Abschriften mitgetheilt ... Die gesetzmäßige Majorität von 2/3 wurde nach kurzer Verhandlung auf 25 festgestellt, und die wesentlichen Punkte des Wahlreglements von 1831 nebst der späteren Feststellung [von 1845 – J. W.] der gültigen Stimmenzahl statt 3/4 auf 2/3 der anwesenden ordentlichen Mitglieder verlesen, worauf zuerst zur Wahl der ordentlichen Mitglieder geschritten wurde ..., abgestimmt wurde durch Kugelung ... Es war 3 Uhr geworden. Die Resultate der Wahl wurden verlesen ...«[13]

Von den sieben einheimischen Kandidaten für die ordentliche Mitgliedschaft wurden gewählt: der »Geschichts- und Genremaler« Adolph Menzel, der Landschaftsmaler Eduard Pape, der Bildhauer Friedrich Anton Hermann Schievelbein und der Medailleur und Steinschneider Carl Fischer. Bei dieser Wahl ausgeschieden waren der Geschichtsmaler Carl Gottfried Pfannschmidt, der Landschaftsmaler Eduard August Hildebrandt und der Architekt Georg Heinrich Friedrich Hitzig, die jedoch 1855 in die Akademie aufgenommen wurden.[14]

Von den ebenfalls sieben vorgeschlagenen auswärtigen, »d.h. nicht preußischen« Kandidaten für die ordentliche Mitgliedschaft entschieden die abgegebenen Stimmen für den Genre- und Interieurmaler Aurel Robert aus dem schweizerischen La Chaux-de-Fonds, den Dresdener Kupferstecher Moritz Steinla und den Leipziger Musikdirektor Moritz Hauptmann. Das Wahlgremium stimmte gegen den Bildhauer John Gibson aus Rom, den Kapellmeister Pietro Raimondi, ebenfalls aus Rom, den Komponisten Formentel Halévy aus Paris und den Komponisten und Organisten Henry William Horsley aus London. Gibson wurde 1855 in die Akademie aufgenommen.[15]

Folgende Ehrenmitglieder wurden neben Lenné (der 26 Für- und 9 Gegenstimmen erhielt) aus sieben zur Abstimmung gebrachten Kandidaten gewählt: Prinz Adalbert Heinrich Wilhelm von Preußen (wegen des zur Ansicht vorliegenden Werkes »Reise nach Brasilien« mit eigenen Zeichnungen), der Königliche Kammerherr und Ober-Zeremonienmeister Rudolf Maria Bernhard von Stillfried-Rattowitz aus Berlin, der Komponist und Musiker Alexis von Lwoff aus St. Petersburg und der Geheime Obertribunalrat Carl Julius Ferdinand Schnaase aus Berlin. Eine Ablehnung erhielten der Berliner Kaufmann und Galeriebesitzer Louis Ravené und der Komponist und Musiker Georg Karl Benjamin Ritschl, zugleich evangelischer Bischof in Stettin, die die Akademie jedoch zwei Jahre später aufnahm.[16]

Nach der formellen schriftlichen Bitte der Akademie vom 2. Mai 1853 an das Königliche Ministerium der geistlichen, Unterrichts- und Medizinal-Angelegenheiten um Genehmigung des Wahlergebnisses[17] bestätigte am 23. Mai der Kultusminister Karl Otto von Raumer mit einer Verfügung die neugewählten Mitglieder.[18] Abgesehen von dem 1788 aufgenommenen Philosophen und Gartentheoretiker Christian Cajus Laurenz Hirschfeld, war somit Lenné der erste Gartenkünstler, der Ehrenmitglied der Akademie wurde.

In der ordentlichen Versammlung des Senates der Akademie am 4. Juni 1853 ist im Protokoll unter Punkt 4 vermerkt: »... Da inzwischen des Prinzen Adalbert König. Hoh. sich gnädigst bereiterklärt die Wahl anzunehmen, so können nunmehr die Anschreiben an sämtliche Gewählte erlassen und demnächst durch die Zeitungen bekanntgemacht werden.«[19] Lenné und alle anderen gewählten Mitglieder erhielten vom Sekretär der Akademie, Toelken, im Schreiben vom 6. Juni bezeichnenderweise die Mitteilung, daß sie »einstimmig zum Ehren-Mitgliede gewählt worden sind. Die Akademie ersucht Ew. Hochwohlg. demnächst um bald. gefällige Mittheilung einer Notiz über Ihr Leben und Bildungsgang, um dieselbe nach akademischem Gebrauch in ihrem Archiv aufzubewahren und demnächst das Patent Ihrer Ernennung auszufertigen.«[20] Umgehend muß Lenné geantwortet haben, denn im Protokoll der Senatssitzung vom 18. Juni notierte Toelken unter Punkt 9: »Schreiben von Garten-Direktor Lenné zu Sanssouci vom 13. d. M. Dank für seine Wahl zum Ehren-Mitgliede mit Uebersendung der Notizen über sein Leben.[21] Diese Notizen sind nicht auffindbar.

Die Ausfertigung des »deklarativen Diploms« zog sich über die Sommermonate hin. Erst im Frühherbst empfing Lenné in Sanssouci mit einem Begleitschreiben vom 22. September, das Toelken an acht Personen gleichlautend schickte, »das Patent Ihrer Aufnahme zum Ehren-Mitgliede der Königl. Akademie der Künste, vollzogen von Sr. Exc. dem Herrn Curator und von den Mitgliedern des akademischen Senats, welche Ihnen und der Akademie zu dieser in der Plenar-Versammlung am 30sten April d. J. getroffenen Wahl aufrichtigst Glück

4. Friedrich Jentzen nach Franz Krüger. Peter Joseph Lenné. 1837. (Stiftung Schlösser und Gärten Potsdam-Sanssouci)

wünschen. Ihre geneigte Mitteilung vom ... [13. Juni d. J. – J. W.], wofür wir ergebenst danken, bleibt im Archiv der Ak. niedergelegt.«[22]

Dem Prinzen Adalbert überbrachten das Diplom im Oktober 1853 der Vicedirektor, der Sekretär und ausgewählte Mitglieder. Auch ein Jahr später überreichte eine Deputation der Akademie das Patent der Ehrenmitgliedschaft für »Seine Königliche Hoheit dem Durchlauchtigsten Fürsten und Herrn Friedrich Wilhelm Ludwig, Prinz von Preußen und Durchlauchtigste Fürstin und Frau Marie Luise Auguste Catharina, Prinzessin von Preußen, geb. Herzogin von Sachsen« am Vortage ihrer silbernen Hochzeit am 12. Juni 1854 im Schloß Babelsberg.[23]

Von Lennés vermutlich umfangreichen »Notizen« vom 13. Juni 1853 hatte ein Kanzlist der Akademie der Künste den Lebenslauf abgeschrieben, denn »der ganze Duktus läßt keinen Zweifel daran, daß er [Lenné – J. W.] das Schreiben [selbst – J. W.] verfaßt hat.«[24] Auffällig ist gleich auf der ersten Seite eine auf den breiten Rand geschriebene eigenhändige Ergänzung Lennés: »als Kurfürstlicher Hofgärtner«. Lenné hielt es für sehr wichtig, auf die lange Tradition seines gehobenen Gärtnerberufs hinzuweisen. Der Nachtrag bezieht sich auf seinen Ur-Urgroßvater Augustin Le Nain (?) aus der Lütticher Gegend, der 1665 eine Anstellung als kurkölnischer Hofgärtner in Poppelsdorf bei Bonn erhielt. Der dritte Sohn,

Hubert Le Nen (?) hatte ebenfalls diese Stelle inne. »Später änderten dessen Söhne den Familiennamen, der auf das französische Adjektiv nain (zwergenhaft, klein; lateinisch nanus) zurückgeht, in Lenné um und verdeckten damit das Verkleinernde des Namens.«[25] Der Nachfolger im Poppelsdorfer Hofgarten, Johann Cunibert Lenné (1714–1787), hatte zwölf Kinder (fünf Töchter und sieben Söhne), zwei davon erlernten wieder den Gärtnerberuf. Johann Heinrich Lenné (1769–1825) leitete den Poppelsdorfer Hofgarten. Der ältere Bruder Peter Joseph Lenné d. Ä. (1756–1821) wurde 1784 Hofgärtner in Brühl und 1788 unter dem Kölner Kurfürsten Maximilian Franz in der Residenzstadt Bonn Vorsteher des 1786 gegründeten Botanischen Gartens. In seinem Lebenslauf betont Lenné besonders, daß sein Vater »schon eines gewissen Rufes als Landschafts Gärtner« genoß.

Aus der am 21. Juni 1786 geschlossenen Ehe zwischen Lenné d. Ä. und Anna Catharina geb. Potgeter (?–1814) gingen vier Söhne und vier Töchter hervor. Nur ein Sohn, der am 29. September 1789 im elterlichen Haus Am alten Zoll hinter dem kurfürstlichen Schloß als zweites Kind geborene Peter Joseph Lenné, wurde Gärtner. Der Vater, der selbst am zur Universität gehörenden Botanischen Garten unterrichtete, war sehr um eine gute Ausbildung seines Sohnes bemüht. Er machte den jungen Peter Joseph schon während der Schulzeit auf dem städtischen Gymnasium mit botanischen Studien bei dem ehemaligen Universitätslehrer Johann Heinrich Crevelt, von Lenné »Crefeld« geschrieben, vertraut. Der seit 1782 in Bonn praktizierende Arzt unterrichtete an der 1784 eingerichteten Universität nur für kurze Zeit. Der aufgeschlossene Mann beschäftigte sich sehr mit schöngeistigen Dingen, sammelte Kunstwerke, Antiquitäten und Naturmerkwürdigkeiten, dichtete und war als bekannter aufgeklärter Humanist 1787 Mitgründer und später Direktor der Lesegesellschaft. Nach einer naturwissenschaftlichen Lehrtätigkeit von 1800 bis 1804 an einer kurzlebigen Zentralschule führte der Junggeselle neben seiner kärglichen Praxis wissenschaftliche Unterhaltungen und schrieb naturgeschichtliche Abhandlungen.[26]

Der jugendliche Peter Joseph Lenné absolvierte bei seinem Onkel, dem kurfürstlichen Hofgärtner Joseph Clemens Weyhe (1749–1813) in Brühl vom 15. September 1805 bis 15. September 1808 seine Lehrzeit im dortigen Lustgarten. Weyhe hatte die zweitälteste Schwester Lennés d. Ä., Johanna Gertrud, geheiratet.

Die von Lenné unerwähnte Reise im Jahr 1809 als 20jähriger Geselle nach Süddeutschland, deren Stationen unbekannt sind, scheint nicht bedeutend gewesen zu sein. Um so wichtiger war die zweite Studienreise vom Frühjahr 1811 bis zum Sommer 1812 nach Paris. Lennés Vater, der 1811 wegen Veränderungen in dem 1798–1814 französisch verwalteten Koblenz die Direktion der Landesbaumschule übernehmen hatte müssen, schickte den Sohn zur weiteren botanischen Ausbildung zu einem Freund, dem Professor der Botanik und Leiter des Jardin des Plantes, André Thouin, der auch Mitglied der Académie des Sciences war. Unter dem berühmten Botaniker René Louiche Desfontaines, der sich mit der Pflanzenwelt des Atlasgebirges beschäftigte, arbeitete Lenné als Gehilfe. In seinem Lebenslauf spricht Lenné nicht von den wahrscheinlichen Kontkakten zu André Thouins jüngerem Bruder Gabriel Thouin, »der mit diesem eine bescheidene Behausung im Jardin des Plantes teilte.«[27] Dieser bedeutende Gartengestalter und Vertreter des »romantischen Gartens« soll Lenné grundlegende Kenntnisse der Gartenkunst vermittelt haben.[28] An der École polytechnique belegte Lenné bei Jean-Nicolas-Louis Durand, dem Begründer der rationalen Architekturtheorie, Übungen zur Entwurfsmethodik architektonischer Flächen- und Raumordnungen, welche seinen späteren gartenkünstlerischen Gestaltungswillen entscheidend prägten.

1812 zu seinen Eltern nach Koblenz zurückgekehrt, reiste Lenné noch im selben Jahr über die Schweiz und über Süddeutschland, wo er die Parkgestaltungen von Friedrich Ludwig Sckell in Aschaffenburg und München kennenlernte, nach Wien. Der Gärtnergeselle fand Aufnahme beim Direktor der kaiserlichen Hofgärten, Franz Boos, einem Jugendfreund seines Vaters, was Lenné im Lebenslauf ausdrücklich als weitreichende Verbindung und Beziehung betonte. Lenné vertiefte hier seine naturwissenschaftlichen Kenntnisse im botanischen Garten in Schönbrunn, den Joseph Franz von Jacquin d. J. leitete, mit dem Ziel, Botaniker zu werden.

Doch im Jahr 1814 ging Lenné, wohl wegen der für ihn unbefriedigenden Umstände im botanischen Garten, in die Gartenverwaltung nach Laxenburg. Hier hatte unter Kaiser Franz I. der schon 1798 zum Oberaufseher für das Bau- und Gartenwesen berufene und ab 1807 zum Schloßhauptmann sämtlicher kaiserlicher Schlösser beförderte Johann Michael Sebastian Riedl, ein künstlerisch begabter und einflußreicher Mann, 1798–1809 den von ihm eifrig betriebenen Bau der Franzensburg im Rittergau geleitet. In diesem neuerworbenen Gelände im Norden des Parks führte Riedl nach Vorgaben besonders der zweiten Frau des Kaisers, Maria Theresia von Neapel-Sizilien, die Gartenanlagen aus.[29] Als »Kaiserlicher Garten-Ingenieur« zeichnete der damals erst 26jährige Lenné einen umfangreichen Plan zur landschaftlichen Umgestaltung des Laxenburger Parks, der jedoch nur in Teilen ausgeführt wurde.

Im Juli 1815 kehrte Lenné aus »Wien, wo sich ihm eine große Zukunft zu eröffnen schien«, [30] zu seinem Vater ins Rheinland zurück, das nach dem Wiener Kongreß eine Provinz des Königreichs Preußen im Deutschen Bund geworden war, wo er sich mit der Umgestaltung der Festungswerke der Stadt Koblenz und mit der Anlage von Privatgärten des Adels beschäftigte.

Durch die Napoleonischen Kriege und deren wirtschaftliche Folgen waren die Gärten des preußischen Königs Friedrich Wilhelm III. in Berlin und Potsdam stark in Mitleidenschaft gezogen und vernachlässigt worden. Zudem unterstanden die Gärten in Potsdam seit 1790 dem Oberhofbaurat Johann Gottlob Schulze, der sich hauptsächlich mit Obstbau beschäftigte und von dem keine gartenkünstlerischen Erneuerungen zu erwarten waren. Der Hofmarschall Burchard Friedrich von Maltzahn, dem Schulze unterstand, suchte schon länger nach einem geeigneten Gartenkünstler. Auf einer Inspektionsreise durch die Rheinprovinzen traf der preußische Oberlandforstmeister Georg Ludwig Hartig mit Weyhe und Lennés Vater zusammen und empfahl eine Bewerbung des jungen Lenné beim preußischen König. Lenné folgte diesem Vorschlag am 17. Januar 1816 (es war also keine »Berufung«!) und wurde am 16. Februar eingestellt, »wobei die Probezeit als Gartengeselle bis Michaelis [29. September – J. W.] des gleichen Jahres dauern sollte.«[31]

Die erste Aufgabe Lennés, der eine Wohnung im Grünen Haus am Heiligen See bezog, bestand darin, Veränderungszeichnungen für ausgewählte Partien des viel zu

5. Christian Daniel Rauch. Peter Joseph Lenné. 1847. (Staatliche Museen zu Berlin – Preußischer Kulturbesitz. Nationalgalerie)
6. Karl Begas. Peter Joseph Lenné. Um 1850. (Staatliche Museen zu Berlin – Preußischer Kulturbesitz. Nationalgalerie)

dicht gewordenen, unter Friedrich Wilhelm II. angelegten Neuen Gartens anzufertigen. Es folgten die Arbeiten in Glienicke und gleichzeitig damit die ersten Planungen einer landschaftlichen Modernisierung in Sanssouci, die der sparsame König jedoch zunächst ablehnte. Als Garteningenieur zog Lenné 1817 in das Gartenkassenhaus am Fuß der Weinbergterrassen in Sanssouci. Schon 1818 ernannte ihn v. Maltzahn mit einer ausführlichen Instruktion zum Mitglied der Gartendirektion. Am 3. Januar 1820 heiratete Lenné in der katholischen Kirche St. Peter und Paul in Potsdam die neun Jahre jüngere Louise Friederike Voß (1798–1855), die ältere der beiden Töchter des für den Küchengarten (den heutigen Marlygarten) in Sanssouci verantwortlichen Hofgärtners Joachim Heinrich Voß (1764–1843). Mit seiner Ernennung zum Gartendirektor im Jahr 1824 war Lenné »dem Gartendirektor Schulze gleichgestellt, wobei die Schwierigkeiten in der Zusammenarbeit noch zunahmen.«[32]
Nachdem Schulze 1828 in den Ruhestand gegangen war, erhielt der damals 39jährige Lenné, der nun mit seiner Frau in das Haus der Gartendirektion umzog, als alleiniger Gartendirektor auch die Verantwortung für die großen Anzuchtgärtnereien, Orangerien, Fruchttreibereien und Baumschulen. Um den damit verbundenen Aufgaben neben der Fülle entwurfsplanerischer Arbeiten nachkommen zu können, stellte er die begabtesten Absolventen der 1823 gegründeten Gärtner-Lehranstalt in den Dienst der Gartendirektion und betraute sie mit der Anfertigung von Reinzeichnungen nach seinen Skizzen und später mit selbständigen Entwürfen und Projektierungen. 1828 begann August Gottfried Klengel (1809 bis 1843), der ab 1833 die Lennéschen Neugestaltungen im Berliner Tiergarten als Inspektor beaufsichtigte, seine Tätigkeit für Lenné. Ihm folgte 1830 Gerhard Koeber (? bis 1852), der 1843 die Leitung des Tiergartens übernahm. 1836 kam schließlich Gustav Hermann Meyer (1816 bis 1877) hinzu, der besonders ab 1840 eine Vielzahl der Lennépläne zeichnete. 1870 berief die Stadt Berlin Meyer zu ihrem ersten Gartendirektor; in dieser Funktion erwarb er sich besonders bei der Anlage und Weiterentwicklung der Volksparks Friedrichshain, Treptower Park und Humboldthain große Verdienste.[33] Nicht zu vergessen sind an dieser Stelle auch die Sanssouci-Hofgärtner, besonders die Sellos, Ludwig Christian Sello (1775 bis 1837), Hermann Sello (1800–1876), Emil Sello (1816 bis 1893), und von der Pfaueninsel Joachim Ferdinand Fintelmann (1774–1863), die immer wieder die Lennéschen Planungen auszuführen und die Anlagen zu pflegen hatten.
Im Jahr 1826 entstand die russische Kolonie Alexandrowka mit ihren Gartenanlagen, im selben Jahr kam auch Charlottenhof zur Ausführung und 1827 der Hopfengarten. Auf dem Babelsberg begann 1833 die Realisierung der Parkanlagen für den Prinzen Wilhelm. Mit keiner Silbe erwähnt Lenné in seinem Lebenslauf, daß er wegen der Kluft zwischen den gegebenen finanziellen Mitteln des Prinzen und dem künstlerischen Anspruch der Prinzessin Augusta 1843 von Hermann Ludwig Heinrich von Pückler-Muskau verdrängt wurde. Von Anfang an hatte der gartenkünstlerische Autodidakt Pückler dem Gartendirektor abneigend gegenübergestanden und beißende Kritik an Lennés Arbeiten geübt. Erst um 1855, als Pückler sich zurückgezogen hatte, griff Lenné mit Gustav Meyer durch die Umgestaltung von kleineren Teilen wieder in Babelsberg ein.[34]
Auf Betreiben des Kronprinzen Friedrich Wilhelm schuf Lenné schon 1833 einen Plan zur Verschönerung der Umgebung von Potsdam, der nach der Thronbesteigung Friedrich Wilhelms 1840 zur Grundlage aller weiteren landschaftlichen Gestaltungen wurde. Unter der ständigen Förderung des Monarchen wuchs eine italienisierend-romantisch gestaltete Kulturlandschaft mit zusammenhängenden Gärten und in Sichtbeziehungen stehenden Baulichkeiten an den Havelufern und auf den Erhebungen im Bereich der gesamten Insel Potsdam heran. Lenné und sein Büro hatten eine unübersehbare Anzahl von Einzelprojekten für ein »harmonisches Ganzes« zu bearbeiten. In engster Zusammenarbeit mit dem Oberforstmeister August Pachelbel-Gehag (1795 bis 1857) bezog Lenné das große Waldgebiet des Wildparks in seine Gestaltung ein und ließ die neu angelegten Uferstraßen entlang der Havel, die Waldränder und die Hügelkuppen zur Auflockerung mit einheimischen Laubhölzern bepflanzen. Auch in Sanssouci, dem Herzstück aller Anlagen, erfolgten Neugestaltungen und Erweiterungen: 1842 entstand der Paradiesgarten und 1846/47 der Marlygarten, 1851–60 kamen die Anlagen an der Neuen Orangerie mit dem Sizilianischen und Nordischen Garten sowie 1859 Lindstedt hinzu. Nach dem Tod von Friedrich Wilhelm IV. wurden alle weiteren großangelegten Verschönerungsprojekte aufgegeben. Die Ausnahme bildete die nach 1862 geschaffene parkartige Verbindung vom Neuen Garten zum Pfingstberg, auf dessen Kuppe die »Villa Caprarola«, gemeint ist das Belvedere, einen grandiosen Ausblick über das Erreichte bot.
Neben Potsdam war Berlin die Hauptwirkungsstätte von Lenné. Zu den städtebaulichen Gesamtplanungen von 1840 und 1843 und den Plänen für das Köpenicker Feld zwischen Spree und Landwehrgraben sowie für die Schöneberger und die Tempelhofer Feldmark am Fuß des Kreuzbergs kamen Pläne für zahlreiche Stadtplätze und Gartenanlagen. 1844 fand die Eröffnung des nach Lennés Entwurf eingerichteten Zoologischen Gartens statt, der lange Zeit für die Anlage von Gärten dieser Art richtungsweisend blieb. Die umfangreichste Arbeit Lennés in Berlin waren die Planungen für den Tiergarten, die von 1818 bis fast an sein Lebensende andauerten und auch die angrenzenden Bereiche betrafen. Allerdings erwähnte Lenné nicht, daß der Tiergarten bereits unter Friedrich II. durch Knobelsdorff Spazierwege erhalten hatte und für die Bevölkerung geöffnet worden war.[35]
In seinem Lebenslauf nannte Lenné nicht die Dienstreisen, die er als leitender Angestellter des preußischen Hofes unternahm. Friedrich Wilhelm III. schickte ihn mit einem vom Hardenbergschen Ministerium erhaltenen Stipendium von August bis Oktober 1822 nach England. Dort besichtigte Lenné die durch William Kent, dem genialen Begründer des landschaftlichen Gartenstils, gestalteten Privatgärten Claremont, Ashridge, Stowe und Woburn sowie die von dem berühmten Humphry Repton geschaffene Anlage Caton Hall. Neben den im Stadtgebiet von London liegenden Parkanlagen St. James Park, Hyde Park, Green Park, Kensington Park und dem im Entstehen begriffenen Regent's Park besuchte Lenné die königlichen Gärten in Kensington, Kew und Windsor.[36] 1830/31 reiste er zur Erweiterung seiner Kenntnisse nach Süddeutschland und Westeuropa sowie 1837 nach Brüssel und Paris.[37] Der italiensüchtige Friedrich Wilhelm IV. beurlaubte Lenné zweimal für Reisen nach Italien. 1844 besuchte Lenné in Oberitalien die terrassierten Gärten auf der Isola Bella im Lago Maggiore und die botanischen Gärten in Monza und Padua.[38]

1847 besichtigte er in Neapel die Gärten des Palazzo Reale, des königlichen Lustschlosses Capodimonte, der Villa Floridiana und den Camposanto, weiterhin den Schloßpark in Caserta sowie in Rom die Gärten der Villen Borghese, Pincio, Albani, Doria Pamphili, Ludovisi, Medici, Mellini, Mattei und Massani.[39]
Die Bemerkung Lennés im Lebenslauf, daß er sich um »... die Begründung eines, dem deutschen Leben zusagenden, von Nachahmung ausländischer Werke freien Gartenstyls« bemühe, ist nicht nationalistisch gemeint, sondern eine vorsichtige Äußerung des Wunsches nach einem Zusammenschluß der Königreiche und Großherzogtümer in einem vereinten deutschen Staatsgebilde. »Dieser Passus ist speziell auf die Preußische Akademie der Künste gemünzt. Aus dem gleichen Grund erwähnt Lenné seine zahlreichen Arbeiten außerhalb Preußens und die dafür erhaltenen Orden nicht.«[40]
Lenné gehörte zu den elf Persönlichkeiten, die mit Hilfe des Ministers für geistliche, Unterrichts- und Medizinalangelegenheiten Karl von Altenstein 1822 den »Verein für die Beförderung des Gartenbaues in den Königlich Preußischen Staaten« ins Leben riefen, und er war von Beginn an bis 1858 mit zweijähriger Unterbrechung dessen stellvertretender Vorsitzender. Mit Unterstützung des auch für die Schulausbildung verantwortlichen Ministers v. Altenstein, des Innenministers Friedrich von Schuckmann, des königlichen Hofmarschalls v. Maltzahn sowie des »Vereins mit dem langen Namen«[41] gelang es Lenné 1823 nach zähen Verhandlungen mit dem König, die als Aktiengesellschaft geführte Landesbaumschule am Wildpark und die daran gekoppelte Gärtner-Lehranstalt zu Schöneberg und Potsdam zu gründen. Diese Lehranstalt war die erste öffentliche deutsche Schule dieser Art; die Ausbildung dauerte zwei, drei oder vier Jahre und führte zu einem Abschluß als Gärtner, Kunstgärtner oder Gartenkünstler. Bis zu seinem Tod war Lenné Direktor, obwohl er nie selbst unterrichtete. In dieser Zeitspanne hatten 276 Schüler die Ausbildung durchlaufen.[42] Das praxisbezogene Studium erfolgte in den Potsdamer Hofgärten und in der bis 1893 existierenden Landesbaumschule, die schon 1826 ein großes Sortiment an Obstgehölzen mit »480 Sorten Äpfel, 300 Sorten Birnen, 120 Sorten Kirschen, 74 Sorten Pflaumen«[43] sowie mehrere hundert Arten von Ziergehölzen kultivierte und für Lennés spätere Parkplanungen das umfangreiche Material lieferte. 1847 wurde Lenné, der immer eine ökonomisch-wissenschaftlich betriebene Landwirtschaft im Sinne von Albrecht Thaer forderte und mit seinen »Verschönerungen« stets auch eine Ertragssteigerung beabsichtigte, zum Mitglied des 1842 gegründeten Königlichen Landesökonomie-Kollegium berufen, dem fördernden Mittelpunkt des landwirtschaftlichen Vereinswesens.
An Ehrungen hat es dem erfolgreichen Gartendirektor schon zu Lebzeiten nicht gefehlt. König Friedrich Wilhelm III. schenkte ihm am 15. Juni 1838 das Grundstück Kanonenweg Nr. 1 an der Ecke Schulgartenstraße südlich des Tiergartens und dazu 7.000 Taler für ein geplantes Haus, das nach Entwürfen von Friedrich Ludwig Persius errichtet wurde. Am 19. August 1839 ordnete der König die Umbenennung des Kanonenwegs in Lennéstraße an. Am 18. Januar 1832 erhielt Lenné für seine Verdienste den Roten Adlerorden 4. Klasse, am 18. Januar 1836 den der 3. Klasse mit Schleife und am 26. September 1850 den der 2. Klasse mit Eichenlaub, wobei jeweils der vorherige Orden zurückgegeben werden mußte. Friedrich Wilhelm IV. ließ nach der von Rauch gearbeiteten und auf den 31. Juli 1847 datierten Marmorbüste Lennés eine Marmorherme fertigen und diese am 7. Juni 1848 im Hopfengarten des Parkes Sanssouci aufstellen.
Ein Jahr nach seiner Wahl zum Ehrenmitglied der Akademie ernannte der preußische König Lenné zum General-Gartendirektor, Ehrung und Dank zugleich für die geleistete Arbeit. Die philosophische Fakultät der Universität Breslau ehrte Lenné 1861 mit der Ehrenpromotion zum Doctor Philosophiae artium liberalium magister honoris causa, der ersten für einen Gartenkünstler. Auffallend spät würdigte der Magistrat der Stadt Potsdam den berühmten Lenné. Am 29. Juni 1863 verlieh er ihm die Ehrenbürgerschaft (wobei die Urkunde beschämenderweise auf »Herrn Peter Paul Lenné« ausgestellt wurde) und benannte die Straße am Südrand von Sanssouci in Lennéstraße um.
Noch im Herbst 1865 nahm der kinderlos gebliebene Lenné, der seinen Lebensabend im vertrauten Rheinland verbringen wollte, in Koblenz den Bau seines Alterssitzes in Augenschein. Doch nach kurzer Krankheit erlag er am 23. Januar 1866 um 7 Uhr in Sanssouci einem Gehirnschlag. Noch am gleichen Tag ging an den Senat der Königlichen Akademie der Künste in Berlin über Lennés Tod eine Mitteilung mit der Bemerkung: »Die Beerdigung findet am Freitag den 26. dmts. Nachmitt. 3 Uhr statt.«[44] Aus der Gartendirektion, wo Lenné aufgebahrt war, bewegte sich der Trauerzug zum Bornstedter Kirchhof unmittelbar nördlich der neuen Orangerie von Sanssouci, wo er auf dem 1844 eingerichteten Privatfriedhof der Gärtnerfamilie Sello neben seiner 1855 verstorbenen Frau die letzte Ruhe fand, versehen mit den Sakramenten der katholischen Kirche. Dem Trauerzug vorangetragen wurde ein von Mitarbeitern und Freunden vorbereitetes Geschenk zu seinem fünfzigsten Dienstjubiläum am 16. Februar 1866, ein silberner Lorbeerkranz mit fünfzig vergoldeten Blättern und zwei Schleifen. Auf den Blättern sind die Namen der bedeutendsten Schöpfungen Lennés eingraviert, und die beiden Schleifen tragen die Schriftzüge Landesbaumschule und Gärtnerlehranstalt.
Lennés außerordentlich reiches Schaffen hatte eine kaum zu überschätzende Bedeutung für den Werdegang der Gartenkunst und des Städtebaus im 19. Jahrhundert. Dieses erkennend, hatte die Akademie der Künste in ihrem Nachruf über Lenné vermerkt, »... daß seine gestaltende Hand noch auf Jahrhunderte hinaus erkennbar sein wird.«[45]

7. B. Krumm. Peter Joseph Lenné. Um 1860. (Pfarrarchiv Arenberg)
8. Die Nachricht vom Tod Peter Joseph Lennés vom 23. Januar 1866 an den Senat der Königlichen Akademie der Künste zu Berlin. (Akademie der Künste, Berlin)

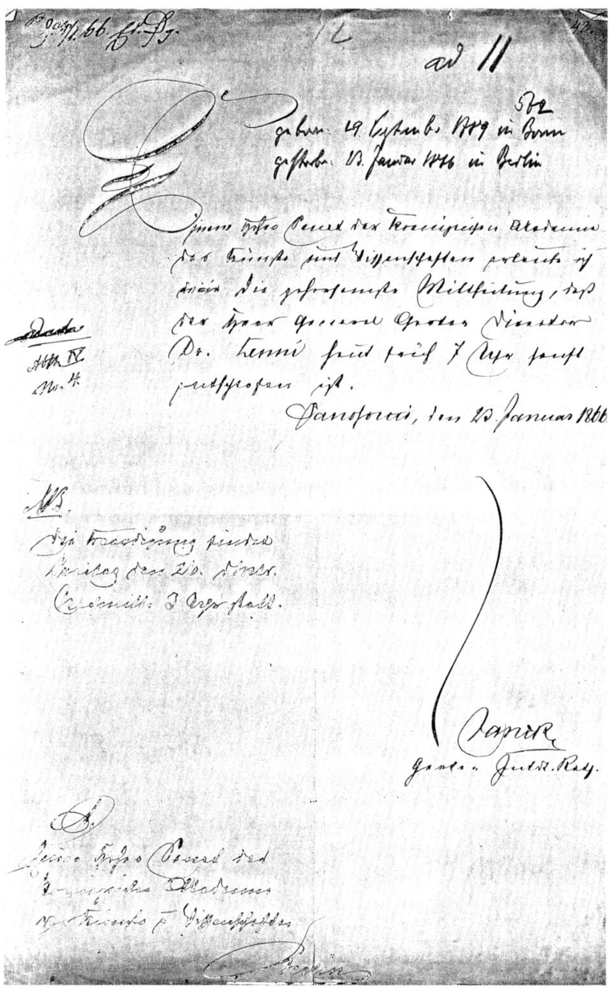
ad 11

geboren 29. September 1789 in Bonn
gestorben 23. Januar 1866 in Berlin

Einem Hohen Senat der Königlichen Akademie der Künste und Wissenschaften erlaube ich mir die schmerzliche Mittheilung, daß der Herr General Garten Direktor Dr. Lenné heut früh 7 Uhr sanft entschlafen ist.

Sanssouci, den 23 Januar 1866

Jahnke

Anmerkungen

1 Reinhart Strecke: »Ein ansehnlicher und bequemer Ort.« Die Akademie und ihre Gebäude. In: »... zusammenzukommen, um von den Künsten zu räsonieren.« Materialien zur Geschichte der Preussischen Akademie der Künste. Akademie-Katalog 156. Berlin 1991. S. 12–15, 22.

2 Norbert Kampe: »... daß ein jeder zu gedachter Academie gehörender Künstler privilegiert und berechtiget sein soll.« Statuten und Reformen. Ebd. S. 34–46.

3 Reinhart Strecke: A.a.O. S. 12.

4 Harri Günther: Peter Joseph Lenné. Gärten/Parke/Landschaften. Berlin 1985. S. 20.

5 Klaus Ebbeke: »Bey der Akademie der Künste, einen öffentlichen Lehrer der gesamten Tonkunst anzustellen ...«. Zu den Musikbeispielen in der Ausstellung. In: Materialien zur Geschichte der Preussischen Akademie der Künste. A.a.O. S. 160–162.

6 Harri Günther: A.a.O. S. 19.

7 Ebd. S. 20.

8 Florian von Buttlar: Peter Joseph Lenné. Volkspark und Arkadien. Berlin 1989. Katalog-Nr. 78. S. 205.

9 Acta betreffend die Conferenz-Protokolle der Königlichen Akademie der Künste zu Berlin von 1853 und 1854 (Senatssitzungsprotokolle). Generalia. Nr. 4, Vol. II.

10 Acta betreffend die Conferenz-Protokolle der Königlichen Akademie der Künste zu Berlin von 1851 bis 1852 (Senatssitzungsprotokolle). Generalia. Nr. 4. Vol. I.

11 Acta betreffend die Concepte der Berichte der Königlichen Academie der Künste zu Berlin von 1852. Generalia. Nr. 6. Vol. VIII.

12 Acta betreffend die Conferenz-Protokolle der Königlichen Akademie der Künste zu Berlin von 1853 und 1854. A.a.O.

13 Ebd.

14 Ebd.

15 Ebd.

16 Ebd.

17 Acta betreffend die Conzepte der Berichte der Königlichen Academie der Künste zu Berlin von 1853. Generalia. Nr. 6. Vol. IX.

18 Acta der Ernennung der ordentlichen, außerordentlichen und Ehrenmitglieder der Königlichen Akademie der Künste zu Berlin von 1829 bis 1865. Specialia. IV. Abt. Nr. 4.

19 Acta betreffend die Conferenz-Protokolle der Königlichen Akademie der Künste zu Berlin von 1853 und 1854. A.a.O.

20 Acta betreffend die Concepte der Berichte der Königlichen Academie der Künste zu Berlin von 1853. A.a.O.

21 Acta betreffend die Conferenz-Protokolle der Königlichen Akademie der Künste zu Berlin von 1853 und 1854. A.a.O.

22 Acta betreffend die Concepte der Berichte der Königlichen Academie der Künste zu Berlin von 1853. A.a.O.

23 Acta betreffend die Conferenz-Protokolle der Königlichen Akademie der Künste zu Berlin von 1853 und 1854. A.a.O.

24 Peter Joseph Lenné: Lebenslauf 1853. Mit Anmerkungen von Clemens Alexander Wimmer. In: Peter Joseph Lenné. Volkspark und Arkadien. Berlin 1989. S. 14. Anm. 1.

25 Harri Günther: A.a.O. S. 12.

26 Max Braubach: Die erste Bonner Hochschule. Maxische Akademie und Kurfürstliche Universität 1774/77 bis 1798. Academica Bonnensia. Bd. 1. Bonn 1966. S. 177 f. – Ders.: Dr. Johann Heinrich Crevelt. Ein Gönner des jungen Beethoven – Mitgründer und Direktor der Bonner Lesegesellschaft. In: Festschrift für Hermann Wandersleb zur Vollendung des 75. Lebensjahres. Bonn 1970. S. 79–90.

27 Florian von Buttlar: A.a.O. Katalog-Nr. 38. S. 197.

28 Harri Günther: A.a.O. S. 13.

29 Joseph Zykan: Laxenburg. Wien und München 1969. S. 38 ff.

30 Gerhard Hinz: Peter Joseph Lenné. Das Gesamtwerk des Gartenarchitekten und Städteplaners. Hildesheim, Zürich und New York 1989. S. 473.

31 Harri Günther: A.a.O. S. 11.

32 Ebd. S. 16.

33 Harri Günther: Gustav Meyers Stellung in der Gartenkunst des 19. Jahrhunderts. In: Entwicklung der Volksparke. Berlin 1979. S. 6–20.

34 Heinrich Hamann: Der Park Babelsberg. Potsdam 1984. S. 6–13.

35 Peter Joseph Lenné: Lebenslauf 1853. Mit Anmerkungen von Clemens Alexander Wimmer. A.a.O. S. 14. Anm. 5.

36 Peter Joseph Lenné: Allgemeine Bemerkungen über die Brittischen Parks und Gärten. Fragmente aus dem Reise-Journal. In: Verhandlungen des Vereins zur Beförderung des Gartenbaues in den Königlich Preußischen Staaten. Bd. 1. 1824. S. 27 ff.

37 Harri Günther: A.a.O. S. 19.

38 Peter Joseph Lenné: Auszug aus dem Sitzungs-Protokoll des Vereins zur Beförderung des Gartenbaues in der 224sten Versammlung de dato Berlin den 27sten Oktober 1844, Punkt II (Reisebericht aus Italien). In: Verhandlungen des Vereins zur Beförderung des Gartenbaues in den Königlich Preußischen Staaten. Bd. 18. 1847. S. 25–27.

39 Peter Joseph Lenné: Auszug aus dem Sitzungs-Protokoll des Vereins zur Beförderung des Gartenbaues in den Königl. Preuß. Staaten; aufgenommen in der 255sten Versammlung zu Berlin am 16. Januar 1848, Punkt IX (Reisebericht aus Italien). Ebd. Bd. 19. 1849. S. 290–293.

40 Peter Joseph Lenné: Lebenslauf 1853. Mit Anmerkungen von Clemens Alexander Wimmer. A.a.O. S. 14. Anm. 6.

41 Harri Günther: A.a.O. S. 26.

42 Theodor Echtermeyer: Die Königliche Gärtner-Lehranstalt am Wildpark bei Potsdam 1824–1899. Festschrift zur Erinnerung an das fünfundsiebenzigjährige Bestehen. Berlin 1899. S. 135–150.

43 Harri Günther: A.a.O. S. 29.

44 Nachricht vom Tode Lennés vom 23. Januar 1866 an den Senat der Königlichen Akademie der Künste und Wissenschaften zu Berlin. Specialia. IV. Abt. Nr. 4.

45 Nekrolog für Lenné. In: Katalog der Berliner Akademie-Ausstellung vom Jahre 1866. S. XIII/XIV.

Harri Günther

Lenné in Potsdam

Die Entwurfsarbeiten der vom preußischen König Friedrich Wilhelm II. (1744–1797) gegründeten Gartendirektion waren zu Beginn des 19. Jahrhunderts ganz zum Stillstand gekommen. Hofgärtner Johann August Eyserbeck (1762–1801) hatte bis zu seinem Tod der vom Oberhofbaurat Schulze geleiteten Direktion noch Leben und fortwährende Gartenlust verliehen. Danach war sie nur noch Verwaltung und Pflanzenbau, obgleich überall in Europa neue Gedanken und neue Formen die Gärten veränderten und zu Neuanlagen reizten.
Nicht nur der Gartenintendant von Massow hatte feststellen müssen, daß die Gärten nicht mehr in ihrem veralteten Zustand belassen werden konnten, nachdem eine frische Gedanken- und Formenwelt – in Potsdam am sichtbarsten im Neuen Garten – aufgekommen war. Bloßes Festhalten am Alten wäre einem unproduktiven Zurückgehen gleichzusetzen gewesen. Da unter den Berliner und Potsdamer Hofgärtnern zunächst keine fähigen Gartenarchitekten zu finden waren, hielt man in den preußischen Provinzen Ausschau.
Bei einer Forstinspektion des Rheinlands war dem Oberlandforstmeister Georg Ludwig Hartig ein junger gewandter Gärtner aufgefallen: Peter Joseph Lenné. Gleich zu Beginn des Jahres 1816 konnte er als »Gartengeselle« in Sanssouci angestellt werden, zunächst nur auf ein Jahr zur Probe. Schon 1818 wurde er Mitglied der Gartendirektion, 1824 wurde er als Gartendirektor mit dem Oberhofbaurat Schulze »koordiniert«, und ab 1828 war er alleinverantwortlich für die preußischen Gärten. Lenné hatte sich unter Überwindung beachtlicher Schwierigkeiten, die in Sanssouci nie aufhören sollten, durchgesetzt und schließlich die Anlagen in seinem Sinn geprägt. 1854 ernannte ihn Friedrich Wilhelm IV. zum General-Gartendirektor, 1863 wurde er Ehrenbürger von Potsdam. An äußerlichen Ehren hat es Lenné bis zu seinem Tod im Jahr 1866 wahrlich nicht gefehlt.
Seit dem Beginn seines Schaffens in Potsdam ging Lenné in seinen Bemühungen stets weit über die Grenzen der eigentlichen Aufgabe hinaus. So bezogen sich schon die Pläne der ersten Jahre nie ausschließlich auf den zu bearbeitenden Garten, sondern darüber hinaus auch auf die ihn umgebende Landschaft.
Diese Bemühungen faßte Lenné wohl zuerst im »Verschönerungsplan der Umgebung von Potsdam« von 1833 zusammen. In dieser Gesamtschau der Potsdamer Umgebung bilden die Parkanlagen der preußischen Könige, die unter landeskulturellen Gesichtspunkten bearbeiteten Wälder, der Wildpark südwestlich der Sanssouci-Gärten und neu zu schaffende Parks die lebenskräftigsten Teile.
Es war naheliegend, daß für Lenné bei seinem Amtsantritt die Sanssouci-Gärten im Vordergrund standen. So bearbeitete er zuerst den sehr großen Gesamtplan einschließlich der unmittelbar angrenzenden Ländereien sowie zwei Detailpläne des Obeliskportals und des Teehauses. Da Lenné nicht Denkmalpflege betrieb, sondern den alten Rokokogarten in einen Landschaftspark umwandeln wollte, löste er in seinem Plan das Achsensystem auf und schuf an stelle des Hauptweges eine lange Sichtschneise, deren seitliche Blickbeziehungen vielfach diagonal geführt werden, um eine größere Breite des Gartens vorzutäuschen.
Lenné hat auf diese Pläne nicht nur eine unendliche Mühe verwendet, er hat auch die den künstlerischen Forderungen seiner Zeit angemessenste Lösung gefunden. Um so schwerer mag für ihn deshalb die Entscheidung Friedrich Wilhelms III. gewogen haben, die Pläne nicht ausführen zu lassen. Sparsamkeit und die Neigung, am Vorhandenen möglichst wenig zu ändern, mögen die Ursache für diesen Entschluß gewesen sein. Es war in der Tat ein kühnes Begehren des 30jährigen Lenné, die Hauptallee des Parks herauszunehmen und die einzelnen Gartenteile aus der Verbindung mit den Gebäuden zu lösen. Dafür sollte die bildhafte Wirkung in den Vordergrund treten, indem aus Rasen, Baum- und Buschgruppen malerische, aus Vorder-, Mittel- und Hintergrund bestehende Parkbilder heranwachsen.
Ungeachtet der Ablehnung des Königs entstanden in den folgenden Jahren immer wieder neue Pläne für die Sanssouci-Gärten.
Einem Besuch des russischen Zaren gingen 1820 Veränderungsvorschläge für die Umgebung des Neuen Palais voraus, die ebenso wie andere Teile des Parks während der Napoleonischen Kriege und des Wiener Kongresses arg vernachlässigt worden war.
Auch der Gartenraum vor den Neuen Kammern, dessen Abgeschlossenheit zwar erhalten bleibt, verändert sich unter dem Einfluß englischen Gedankenguts.
Die Mode des englischen Blumengartens, des sogenannten Pleasure-Ground, verbunden mit gruppenartigen Gehölzpflanzungen, zieht in die Sanssouci-Gärten ein und bleibt bis in unser Jahrhundert erhalten. Gleichzeitig erhalten sich aber auch teppichbeetartige Blumenpflanzungen, so zum Beispiel im Parterre am Neuen Palais.
1826 beginnt die umfangreiche Planungsarbeit für die südliche Erweiterung des friderizianischen Gartens: den Park von Charlottenhof. Dieser neue Parkteil nimmt keine Beziehung zur umgebenden Landschaft auf, sondern schirmt sich ganz von der Außenwelt ab. Vom kleinen Schloß Charlottenhof führt ein breiter Weg östlich zum Teehaus und westlich zum Neuen Palais und verbindet beide Anlagen. Meisterhaft geführte Sichtbeziehungen zum Neuen Palais und zum Rehgarten machen aus den Teilen ein Ganzes.
Die Bearbeitung der Einzelheiten – der unmittelbaren Umgebung des Schlößchens, des Blumengartens, des Dichterhains, der Römischen Bäder mit ihren aufs liebevollste ausgearbeiteten Sondergärten – sollte noch viele Jahre dauern.
Die Wünsche des kronprinzlichen Bauherrn, des späteren Königs Friedrich Wilhelm IV., wurden vor allem in den sich westlich an Schloß Charlottenhof anschließenden Flächen spürbar. Davon blieb freilich vieles nur Phantasie und Plan.
Zur gleichen Zeit wird das Gelände bis an die Zufahrt zum Neuen Palais durchgearbeitet. Ein fast 200 m langer Kreuzkanal, seitlich von alleeartigen Baumpflanzungen gerahmt, prägte den Gesamteindruck südlich des Neuen Palais. Ende des 19. Jahrhunderts wurden der Kanal zugeschüttet und die heutige Lindenallee gepflanzt. Aber auch nördlich dieses ausgedehnten Gebäudekomplexes hatte sich gleichzeitig mit dem Heranwachsen der Charlottenhofer Anlagen das Gelände verändert: Aus den Hopfenflächen war ein bezaubernder Landschaftsgarten entstanden; nur der Name Hopfengarten erinnert noch an die ehemalige Nutzung. Weiträumig geführte Wege, ein kleiner See, der von Lindstedt sein Wasser erhielt, ein Wasserfall, leicht schwingende Bodenbewegungen, neue Pflanzungen und vorhandene Altbäume machten diesen Parkteil so

reizvoll, daß Friedrich Wilhelm IV. dessen Schöpfer eine von Rauch geschaffene Büste setzen ließ. See und Gräben schüttete man Ende des 19. Jahrhunderts leider zu.
Die Arbeiten in und um Sanssouci setzten sich bis in den Wildpark fort, der nicht nur Jagdgebiet sein sollte, sondern zugleich Teil einer kunstvoll gestalteten Landschaft. Die Planungen für die Fläche westlich des Neuen Palais bis nach Eiche zeigen dies ebenso deutlich wie die für den Ruinenberg und die Fluren bis Bornstedt und Bornim. Hier entstand nicht nur eine neue Straße, die in geschmeidigen Formen entlang des Bornstedter Sees führte, sondern es wurden auch in östlicher Richtung, zum Neuen Garten, wegbegleitende Pflanzungen angelegt, so daß man glauben mußte, sich stets in einer Parklandschaft aufzuhalten.
Mit den neuen Bauten der Orangerie und der geplanten Triumphstraße traten italienisierende Formen in Lennés Schaffen in den Vordergrund; die Eindrücke der Italienreisen von 1844 und 1847 wurden fruchtbar. Vom Triumphtor am Fuß des Winzerberges sollte über einen Viadukt eine Prachtstraße zur Sanssouci-Kolonnade führen und von dort weiter zur Orangerie. Gebaut wurden nur das Triumphtor und die Orangerie, wobei Lenné vor allem auf den Orangerieterrassen, die an der Maulbeerallee nie ganz fertiggestellt werden konnten, italienische Formen anklingen ließ.
Hier herrscht nicht die Komposition aus Baum, Wiese und Wasser wie im Landschaftspark, sondern die gebaute Einheit von Garten und Haus, die den weiten Landschaftspark zu Füßen des Hügels überstrahlt.
Der sich westlich anschließende Paradiesgarten nahm erneut italienische Gartenmotive auf und umhüllte sie mit einem paradiesischen Blumenflor, wie er bis dahin in den Sanssouci-Gärten nie erblühte. Der fast gleichzeitig entstehende Nordische und Sizilianische Garten, östlich der Orangerie gelegen, sammelt um regelmäßige Grundrisse nordische und südländische Pflanzen – Fichten und Tannen, Palmen und Agaven –, die in ihren Gegensätzen ganz besondere Reize bieten.
Neben dieser ein halbes Jahrhundert währenden Arbeit an den Sanssouci-Gärten und deren Umgebung waren auch ganz sachliche, praktische Aufgaben zu lösen. War die frühe Umgestaltung des Lustgartens noch eine künstlerisch anregende Verpflichtung, so blieb die Gestaltung des Bassinplatzes oder der verschiedenen Stadtplätze, sogar die der Badeanstalt auf dem Tornow, doch mehr handwerkliche Arbeit.
Ähnliches kann man auch zu den zahlreichen Entwürfen für die russische Kolonie Alexandrowka sagen, in der Lenné nach dem Vorbild des Andreaskreuzes eine schlüssige Form für die Anlage der Blockhäuser und Gärten zu finden suchte. Trotz aller Mühen: Eine Räumlichkeit, die Voraussetzung für die Lebendigkeit des Gartens ist, konnte nicht erzwungen werden. Auch ein Lenné vermochte diesem Gebilde kein Leben einzuhauchen.
Weitere Arbeiten an und in den Parks der unmittelbaren Umgebung waren mit denen in Sanssouci verwoben. Für den Neuen Garten entstanden die frühesten Pläne schon zu Beginn der Lennéschen Tätigkeit in Potsdam, ein Menschenleben später wurde immer noch geändert und neu geschaffen. Die Arbeiten fanden noch einmal einen Höhepunkt mit der Erschließung des Pfingstberges, der durch das phantasievolle Bauwerk des Belvederes eine künstlerische Überhöhung erfuhr.
Der Blick umfaßt von hier die von der Havel geprägte Landschaft und macht deutlich, warum Lenné schon 1842 so viele Mühen für Sacrow aufwandte: Dieser langgestreckte Landschaftspark mit seinen zahlreichen Sichtschneisen und der beherrschenden Heilandskirche war ein wichtiger Bestandteil der »Verschönerung der Insel Potsdam«. Dem gleichen Zweck dienten auch Lennés jahrelange Bemühungen um die Anlage des Babelsberger Parks, der Abschluß der Potsdamer Landschaft im Osten sein sollte, ehe diese in die Parforce-Heide und die Höhen des Teltow ausklingt.
Lenné hat nicht nur Erfolge errungen und erkämpft, auch der Kelch des Verzichts blieb ihm nicht erspart. War die Anlage des Babelsberger Parks zuerst ganz seine Idee, so wurde er in einer Ungunst der Stunde völlig ausgeschaltet und mußte die Arbeiten dem Fürsten Pückler überlassen, der freilich ebenso ein Meisterwerk ohne Vergleich herausschälte, das jedoch in den Einzelheiten dem Lennéschen Maß fremd ist.
Zu den spätesten Arbeiten in den Außenbezirken von Sanssouci gehören die Entwürfe für den Garten des Schlosses Lindstedt. Am Rand einer wasserreichen Niederung gelegen, über deren Einbeziehung in den Park bereits Erwägungen angestellt worden waren, hatte Lenné einen regelmäßigen Garten geschaffen, der in seinen klaren Formen ganz im Gegensatz zu ähnlichen früheren Entwürfen wie zum Beispiel in Caputh steht. Die Anlagen um Lindstedt sollten so durchgearbeitet werden, daß eine Abgrenzung zur Dorfflur von Eiche zu erkennen war, ohne jedoch trennend zu wirken. Über den Abfluß des Bornstedter Sees, den Teufelsgraben, suchen die Anlagen Verbindung zu denen am Drachenberg und Belvedere und lassen das Parkgebiet in eine verschönerte Landschaft übergehen.
Zur Lösung seiner umfangreichen Aufgaben – die genannten sind nur ein bescheidener Teil seines Gesamtschaffens – hatte Lenné stets sehr zuverlässige Mitarbeiter zur Seite. Hatten diese Gartenarchitekten unter seiner Leitung genügend Erfahrungen gesammelt und ihr Können vervollkommnet, wurden sie mit führenden Stellungen in der Unterhaltung und Weiterentwicklung eines Parks betraut. August Gottfried Klengel und Gerhard Koeber übernahmen den Berliner Tiergarten; dem dritten bedeutenden Mitarbeiter Lennés, Gustav Meyer, wurde eine Hofgärtnerstellung in Sanssouci übertragen, zu der auch die Betreuung des Marlygartens gehörte. Die Entwürfe zu diesem berühmten Garten kamen zwar aus Lennés Entwurfsbüro, waren aber von Meyer bearbeitet worden; Zeitgenossen meinen, daß sie allein von Meyer herrühren. 1870 berief die Stadt Berlin Meyer zum ersten Gartendirektor.

Heinz Schönemann

Lenné in Berlin

Lenné begann in Berlin wie in Potsdam mit Modernisierungsvorschlägen für die große Gartenfläche westlich der Stadt. Hatte er in Potsdam die Umgestaltung des friderizianischen Sanssouci ins Auge gefaßt, wandte er sich in Berlin dem Tiergarten zu. In beiden Fällen erstrebte er, die Anlagen an einer langgestreckten Achse in einen Ort erlebnisreicher Spaziergänge und anregenden Aufenthalts zu verwandeln.
Für den Tiergarten tauchte damals schon die Idee des Volksparks auf, einer »neuen Welt« außerhalb der ständisch geordneten Stadt, wo alle Schichten der Bevölkerung sich als gleiche Glieder einer freien Gemeinschaft begegnen sollten. Nicht an arkadischen Müßiggang war dabei gedacht, nicht an bukolische Scheintätigkeiten, sondern an die feiertägliche Erhebung aus dem Alltagsgetriebe, das Zusammensein in Freundes- und Familienkreisen, Unterhaltung und Erbauung – der Garten als »moralische Anstalt« für eine Gesellschaft, die sich technischen, ökonomischen und sozialen Neuerungen ungeahnten Ausmaßes gegenübersah. Über einen Planungs- und Ausführungszeitraum von dreißig Jahren hat Lenné diese Idee im Berliner Tiergarten durchgesetzt, und ihre Grundstruktur bewährt sich noch immer.
Während der gleichen Zeit aber hörte der Tiergarten auf, vor der Stadt zu liegen. Berlin begann seine Entwicklung zur Millionenstadt, die den Gartengestalter Lenné in den Wirbel der Stadtplanung hineinzog, in Auseinandersetzungen um Ordnungsprinzipien angesichts anarchischen Wachstums. Seine Partnerschaft mit Karl Friedrich Schinkel hatte sich auch auf stadtplanerische Aufgaben ausgedehnt. Er übernahm Schinkels Erfahrungen und Gedanken, mußte während dessen Krankheit an seine Stelle treten und ihn nach seinem Tod ersetzen. Die Kämpfe um einen geordneten Stadtorganismus beanspruchten dann auch den größten Teil seiner Berlin zugewendeten Kraft.
Lenné könnte der eigentliche Planer des modernen Berlins genannt werden. Sein im April 1840 dem Ministerium des Innern eingereichtes Projekt »Schmuck- u. Grenzzüge v. Berlin mit nächster Umgegend« hätte zum Ausgangspunkt aller Berliner Stadtplanung werden sollen. Dieses Projekt sah einen halbkreisförmig geführten Boulevard vor, mit dem Lenné die Ausdehnung nach Norden und Osten festlegte. Als südliche Grünbegrenzung dachte er damals an den Landwehrgraben, der zum Schiffahrtsweg ausgebaut werden sollte. Für das dazwischen liegende Köpenicker Feld schlug er eine Parzellierung und Erschließung durch den Luisenstädtischen Kanal als Verbindung zwischen Landwehrgraben und Spree vor. Man erkennt das Bestreben, einen ökonomischen und ästhetischen Bedürfnissen gleichermaßen genügenden Übergang der Stadt zur umliegenden Landschaft zu sichern, durch Verkehrsführung dem Wachstum der Stadt bestimmte Richtungen anzuweisen und durch Grünzüge innerhalb der entstehenden Wohn- und Arbeitsquartiere Erholungsräume zu schaffen.
»Überall war es bei vorliegendem Projekt mein Bemühen, die Verteilung des gegebenen Raumes so zu leiten, daß neben dem Nutzen, welcher der Gemeinde aus den neuen Anlagen geschafft werden soll, auch dem Vergnügen der Einwohner sein Recht widerfahre. Denn je weiter ein Volk in seiner Kultur und in seinem Wohlstande fortschreitet, desto mannigfaltiger werden auch seine sinnlichen und geistigen Bedürfnisse. Dahin gehören dann auch die öffentlichen Spazierwege, deren Anlage und Vervielfältigung in einer großen Stadt nicht allein des Vergnügens wegen, sondern auch aus Rücksicht auf die Gesundheit dringend empfohlen werden muß.
Wie sehr Berlin Mangel daran leidet, ist bekannt. Außer der Promenade Unter den Linden und außer dem Tiergarten besitzt die Hauptstadt keinen öffentlichen Spaziergang, wo der fleißige Handwerker, der tätige Fabrikarbeiter nach überstandenem Tagewerk sich abends und sonntags ergehen könnte. Dieser Mangel zeigt sich im ganzen nördlichen und südlichen Teil, also gerade in denjenigen Gegenden unserer Stadt, welche der Hauptsitz der Gewerbe treibenden Klasse sind, die nach vollbrachtem Tagewerk weder Zeit haben noch aufgelegt sein mögen, den Spaziergang nach dem fernliegenden Tiergarten einzuschlagen. – Mit dem oben angedeuteten Kreise wird der Grenzzug der Residenz Berlin vollendet, und wie sie schon jetzt in architektonischer Beziehung den ersten Rang unter Europas Hauptstädten einnimmt, so wird sie dereinst auch in Rücksicht auf landschaftlichen Schmuck, Großartigkeit und Mannigfaltigkeit der zur Gesundheit seiner Bewohner und zum öffentlichen Vergnügen bestimmten genußreichen Einrichtungen und Anlagen nicht ihresgleichen haben.« (Peter Joseph Lenné: Erläuterung zum Projekt »Schmuck- u. Grenzzüge v. Berlin mit nächster Umgegend«. 1840.)
Anläßlich der Hundertjahrfeier der Thronbesteigung Friedrich II. beschloß der Berliner Magistrat am 20. Mai 1840 die Anlage eines »Erholungsplatzes ... unter dem Namen Friedrichshain« nach dem Vorschlag von Lenné. Der nach Verzögerung beim Geländeerwerb ab 1846 durch Lennés Schüler Gustav Meyer angelegte Friedrichshain hat auf Beschluß des Bürgerkomitees von 1848 an seinem Südrand der Beisetzung von 183 Opfern des 18. März gedient und erschien bei der Enthüllung von Christian Daniel Rauchs Friedrichsdenkmal Unter den Linden wie dessen mahnendes Gegenbild. »Mit Allerhöchster Genehmigung« ließ ein Chronist die Beunruhigung der Herrschenden erkennen: »Das Gerücht von einer Demonstration der Gewerbetreibenden und Arbeiter nach dem Friedrichshaine erwies sich als eine leere Befürchtung, welche wahrscheinlich von böswilligen Menschen erfunden war.« In ähnlicher Antithese stand Adolph Menzels »Aufbahrung der Märzgefallenen« von 1848 zu Franz Krügers 1844 vollendeter »Huldigung Friedrich Wilhelm IV.« Aber Lennés Vorschlag für die Friedrichehrung als »genußreiche Einrichtung« vor allem für »fleißige Handwerker« und »tätige Fabrikarbeiter« war entstanden, bevor sich die Ultramontanen Christian Daniel Rauchs Denkmal für einen König, der »die widerstrebenden Elemente der Herrschaft und der Freiheit miteinander zu versöhnen gewußt« (Alexander von Humboldt 1840 in der Akademie der Wissenschaften), unter veränderten Umständen zu eigen machen konnten.
Für die Verkehrserschließung gab Lenné offensichtlich den traditionellen Wasserwegen zwischen Havel und Spree den Vorzug und suchte sie in die Stadt zu ziehen. Er maß ihnen als Anreiz für Industrieansiedlungen und zur Abwicklung des zunehmenden Handels größere Bedeutung bei als den Landstraßen und wurde mit dem durch die Entwicklung von Eisenindustrie, Maschinenbau und Einsatz der Dampfkraft forcierten Ausbau des Eisenbahnnetzes erst konfrontiert, als inzwischen in die Stadt geführte Bahnlinien die Realisierung seiner Pläne zu stören begannen. Das noch 1840 zwischen Lenné und Schinkel diskutierte Projekt für den Aufbau der

Stadtgestalt nördlich des Brandenburger Tors fiel dem Hamburger Bahnhof und seinen ausgedehnten Eisenbahnanlagen zum Opfer. Lenné konnte auch mit der Formgebung des Humboldthafens nicht verhindern, daß hier die Stadt von Verkehrs- und Lagerflächen auseinandergerissen wurde. Leider erhielt er danach keine Möglichkeit mehr, seine Gedanken zur Einordnung der Bahnanlagen in den Stadtorganismus durchzusetzen, obwohl Lenné gerade auf diesem Feld noch einmal seine schöpferische Phantasie und planerische Vielfalt unter Beweis stellte. Er wollte die zwischen Landwehrkanal und Kreuzberg ungegliedert wuchernde Stadt von der Hasenheide bis nach Charlottenburg mit einem zusammenhängenden Grünraum durchziehen, gebildet aus von Schmuckplätzen unterbrochenen Boulevards. Dieser Plan erscheint wie eine Paraphrase auf die historisch gewachsene steinerne Straßenachse zwischen Frankfurter und Brandenburger Tor nördlich der Spree.
Lennés gestalterische Mittel in diesem Grünzug nahmen die Intentionen der Gartenstadt-Bewegung vorweg; er verfolgte aber darüber hinaus das ideelle Vorhaben eines Ehren- und Gedächtnisweges der Freiheitskriege. Der als Mittelpunkt des Ganzen ausersehene Wahlstatt-Platz geriet jedoch mitten zwischen die Streckenführungen und Güterumschlagplätze der Potsdamer und Anhalter Bahn, die hier von Süden in die Stadt vorstießen. Lenné reagierte auf die unabänderliche Situation mit der Teilung des Wahlstatt-Platzes in eine östliche und eine westliche Hälfte, zwischen denen auf tieferem Niveau parallel zu den Bahnlinien Wirtschaftsstraßen und Hafenbecken vorgesehen waren. Der durchlaufende Straßenzug sollte an dieser Stelle bei Wahrung der Sichtachse unterbrochen und durch rampenartig geführte Zubringerwege mit dem von Alleen umgebenen Verkehrsknoten verbunden werden. Von beiden Seiten des Platzes hätte sich wie von einer Aussichtsplattform der Anblick des pulsierenden Warenaustausches zwischen Schiene, Straße und Kanal, das Erlebnis von rauchenden und pfeifenden Lokomotiven, wehenden Segeln und den mannigfaltigsten Fuhrwerken ergeben. Lenné erbrachte damit den Beweis, daß auch für die neuen, technisch bedingten Anlagen der Stadtentwicklung ästhetische Lösungen zu finden waren.
Lenné hatte an der Pariser École polytechnique »einen cursus der Architectur unter Durand« besucht, also aus erster Hand Unterweisung in der normativen Entwurfsmethode erhalten, die Jean-Nicholas-Louis Durand in seinen »leçons d'architecture« vermittelte. So hatte er den Paris-Aufenthalt genutzt, seine gründliche gärtnerische Ausbildung nicht allein um ein botanisches Studium zu erweitern, sondern auf die Aufnahme von Erfahrungen der Gebiets- und Landesplanung und die Übung in architektonisch bestimmter Flächen- und Raumordnung auszudehnen.
Er verfügte damit über Fähigkeiten, die nach seiner Berufung an die preußische Garten-Intendantur geradezu zwangsläufig zur Begegnung und zu gemeinsamen Aufgaben mit Karl Friedrich Schinkel führten. Im gegenseitigen Ansporn entwickelten Gartengestalter und Architekt ein ganzes System, durch Bauwerke das Gefüge der Umwelt zu bestimmen und gleichzeitig »Elemente der Natur« in die Gebäude einzubeziehen. Dieses System läßt in regulären wie in offenen Planungen ein verbindliches Raster erkennen. Schinkels mittelbarer Bezug auf die aus Publikationen empfangenen Grundmuster Durands traf darin, aber auch in bevorzugten Motiven (Hippodrom und Exedra) auf Lennés unmittelbare Kenntnis.
Es ergab sich eine einmalige Partnerschaft, die nur mit den glanzvollen Jahren des Zusammenwirkens von Humphry Repton und John Nash verglichen werden kann. Schinkel und Lenné fanden sich in dem philosophischen Programm der »Verschoenerung« von Natur und Gesellschaft, das die Umsetzung der Natur-, Moral- und Staatstheorien der großen Denker ihrer Zeit in Landschafts- und Siedlungsmodellen anstrebte.
Das in königlichen und prinzlichen Gärten vor der Stadt erprobte Zusammenspiel setzten die beiden bei der Umgestaltung der Berliner Stadtmitte fort. Aus Lennés Anteil an der Neubewertung des Lustgartens nach Schinkels Museumsbau, der erstrebten Lösung des Schlosses aus seiner barocken Dominanz durch den diagonalen Bezug von Museum und Bauschule in einer Architekturlandschaft am Kupfergraben, entstanden die Projekte zur Anordnung von Einkaufspassagen auf der Schloßfreiheit. Schinkel hatte seit seinem Vorschlag zur Neugestaltung des Stadtkerns von 1817 den Gedanken an ein Kaufhaus in der Innenstadt nicht aufgegeben. Unter Berufung auf Pariser und Londoner Erfahrungen hatte er erneut 1831/32 den Bau eines »schönen Kaufhauses« auf der Schleusenbrücke an Stelle der Mühlen des Friedrichswerders betrieben, als er seinen Plan für die Umgebung der künftigen Bauschule vorlegte. Lenné hielt das Interesse des Königs an dieser Vorstellung wach und kam zwanzig Jahre später bei der Planung des Schinkelplatzes darauf zurück.
Auch in Lennés Plänen für die Außenbezirke der Stadt wirkten seine langjährigen Beziehungen zu Schinkel nach. Wie sich Schinkel 1817 bei seinem Vorschlag für die Gestaltung des königlichen Gartens gegenüber der Neuen Wache von Lenné hatte anregen lassen, nahm Lenné dessen auf größere Zusammenhänge städtebaulicher Räume abzielende Planung aus dem gleichen Jahr auf; »durch diesen Plan sollten eine Menge nicht mehr zu ertragender Kreuz- und Quergriffe und zerstreute einzelne Bestimmungen über die Formen der Stadt vertilgt werden«.
Schinkel entwarf das Bild einer neugeordneten, neugestalteten Stadt, einer organisch gegliederten und harmonisch durchbildeten Stadtlandschaft; er wollte die einzelnen Bezirke der Innenstadt miteinander verbinden, die Friedrichstadt, das Friedrichswerder, die Gebiete des alten Cölln und des alten Berlins mit einer von West nach Ost durchgehenden Verkehrsader verbinden, die Wasserwege regulieren und die Hafenanlagen ausbauen. Schinkel hat bis zu seinem Tod auf einen geschlossenen Stadtorganismus hingewirkt und war bemüht, auch das ungeplante Wuchern der Wohn- und Arbeitsstätten vor den Toren durch markante Bauten in eine geordnete dreidimensionale Gestalt zu bringen. Bewunderer und Kritiker haben angemerkt, daß hinter derartigen Projekten immer die Visionen des Landschaftsmalers erschienen und Schinkels soziale Reformvorstellungen nicht sogleich zu erkennen gaben.
Lenné war dagegen bereits mit der unaufhaltsamen Expansion der Stadt konfrontiert, vor allem mit dem Höhenwachstum von Fabrikgebäuden und Wohnzellen, »ungeheuern Baumassen ... für's nackteste Bedürfnis«, wie sie Schinkel in Manchester beunruhigt hatten. Er mußte dieser Entwicklung seine hoffnungsvolle Erwartung entgegensetzen, durch Verbesserung der Umwelt die berechtigten Wünsche und Ansprüche der Menschen erfüllen zu können; es bedurfte seiner ganzen visionären Vorausschau, durch festzulegende Ausdehnungstendenzen und Verkehrsströme und Akzentuie-

rung der für die Bebauung vorzuschlagenden Flächen Natur und Architektur aufeinander abzustimmen, die stadträumliche Einheit zu wahren und die sozialen Funktionen der Stadt zu gewährleisten.
Lenné schuf in Berlin auch zahlreiche private Gärten für Angehörige des Königshauses und für einige Künstler, Wissenschaftler und Staatsbeamte, mit denen er dienstlich verbunden war. Die vor der Stadt gelegenen Gärten waren in der Mehrzahl Gemeinschaftsarbeiten mit Schinkel, der die Bauten entwarf. Auch bei den ersten Anlagen in der Stadt, in der Stadtmitte und am Rand des Tiergartens stammten die Häuser oft noch von Schinkel selbst. Hinter Schinkels Singakademie war 1831 ein Garten für den gemeinsamen Bekannten August Ludwig Kerll entstanden. Er wurde bei den Vorarbeiten für unseren Katalog wiederentdeckt und dürfte das letzte erhaltene Zeugnis von Lennés Tätigkeit in der Berliner Innenstadt sein.
Lennés Hausgärten stellten nicht verkleinerte Schloßparks dar, sondern strebten die Fortsetzung des Wohnbereichs in den Freiraum an; besonders bemerkenswert ist der zusammenhängend gestaltete Doppelgarten Begas/Stier auf dem Karlsbad, eine Anlage, wie man sie erst Generationen später erwarten würde. Von diesen Gärten ist so gut wie nichts erhalten geblieben.
Der einzige Garten, den Lenné für einen Angehörigen der neuen Unternehmerklasse gestaltet hat, entstand um 1850 für den Fabrikanten August Borsig. Noch vor der Gründung seines eigenen Unternehmens war Borsig 1835 Mitglied des Vereins zur Beförderung des Gartenbaus geworden; daraus kann man auf eine persönliche Neigung zur Gartenkultur schließen. Aber auch der gesellschaftliche Rang des Vereins dürfte ihn angezogen haben, denn als er neben seiner neuen Fabrik in Moabit einen eigenen Garten anlegen ließ, war das zugleich ein Ausdruck unternehmerischer Repräsentation und Darstellung der Leistungsfähigkeit seiner Eisengießereien und Maschinenfabriken. Die Treibhäuser, in denen Borsig exotische Pflanzen züchtete, waren in ästhetisch und technisch hervorragendem Eisenguß hergestellt und wurden von den Industrieabwässern erwärmt. Hier blühte 1852 die erste Victoria regia Berlins. Bezeichnend für das von Profitinteressen überlagerte Verhältnis zur eigenen Kunst ist der Umgang von Borsigs Erben mit Villa und Garten. 1898 legten sie die Fabrik in Moabit still, weil in Tegel ein besseres Gelände gefunden worden war, 1900 wurden die Werkanlagen beseitigt, 1911 auch die Villa abgebrochen und das Gelände für den Mietwohnungsbau parzelliert. Von Lennés zauberhafter Gartenschöpfung mit dem Blick über den Spreebogen blieb keine Spur.
Nach dem Mißbrauch von Palais und Garten des Prinzen Albrecht als Hauptquartier der Gestapo wurde das kriegszerstörte Palais eingeebnet. Der Garten, bei dem Lenné meisterhaft eine sommerliche Erweiterung des Hauses mit der Fernsicht nach dem Kreuzberg verbunden hatte, fiel noch Jahre später, belastet vom Odium des Ortes, einer verfehlten Stadtplanung zum Opfer. Selbst wenn man hier inzwischen die Vergangenheit nicht mehr auszulöschen sucht, sondern sich ihren mahnenden Spuren stellen will – der Gang der Geschichte läßt sich nicht zurückdrehen, und Lennés Meisterwerk ist unwiederbringlich dahin.
Auch von den anderen Arbeiten Lennés in Berlin ist fast nichts erhalten. Das ist nicht erst eine Folge der schnellen und rücksichtslosen industriellen Entwicklung der Stadt und auch nicht nur eine Folge von Kriegszerstörungen. Von Anfang an standen dem »Außenseiter« Lenné unüberwindliche Schwierigkeiten entgegen. Deren geringste war die Eigensinnigkeit des Königs, mit der Lenné schon in dessen Kronprinzenzeit, damals noch im Zusammenwirken mit Schinkel, umzugehen gelernt hatte. Umständlicher war schon dem Ressortgeist der Regierungsämter zu begegnen. Aber gerade hier fand Lenné seine Verbündeten, Angehörige und Nachfolger der Beamtengeneration aus den Zeiten von Stein und Hardenberg, Schüler Fichtes und Hegels, die eine wohlgeordnete Staatsverwaltung für geeignet hielten, zur »Lösung der gesellschaftlichen Aufgaben, die in den unentwickelten ökonomischen Verhältnissen noch verborgen lag ..., ein neues vollkommeneres System der gesellschaftlichen Ordnung zu erfinden« (Friedrich Engels). Noch 1835 hatte der Geheime Regierungsrat Lüdemann an Lenné geschrieben: »In der Ueberzeugung daß Euer Hochwohlgeboren vielbewährter Kunstsinn auch diesem Projekte einen leitenden Gedanken zu Grunde legen kann, um in allen Beziehungen den Anforderungen der Schönheit und Zweckmäßigkeit zu entsprechen, erlaube ich mir, mit Bezug auf die früher gemachte Zusage, bei allen die Verschönerung Berlins betreffenden Angelegenheiten mir eine geneigte Mitwirkung schenken zu wollen ... In der Hoffnung der Gewährung meines Wunsches habe ich einen Plan des fraglichen Terrains anfertigen lassen und überreiche ihn mit der Bitte, auf denselben mit kunstgeübter Hand, gütigst die Andeutungen zu geben, nach welchen die Ausführung des Projects in schöner und zweckmäßiger Art erfolgen und den Beifall Sr. Majestät des Königs erhalten würde«.
Doch die Überzeugung Hegels, »daß der Mensch sich auf den Kopf, das ist auf den Gedanken stellt und die Wirklichkeit nach diesem erbaut ...«, scheiterte an den Realitäten der zwischen Restauration und Manchestertum zerrissenen Entwicklung. Sie war durch »Anforderung der Schönheit und Zweckmäßigkeit« nicht zu steuern, und die mit Lennés »kunstgeübter Hand« vorgegebene Parzellierung der Baugründe führte zu der berüchtigten Blockrandbebauung des steinernen Berlins. Gegen die Gewinnsucht von Bodenspekulanten, Terraingesellschaften und Eisenbahnunternehmen blieben dem königlichen Gartendirektor, dem die »sinnlichen und geistigen Bedürfnisse«, das »öffentliche Vergnügen« ein wesentlicher Faktor für seine Planungen waren, keine Mittel.

Sibylle Harksen

Lenné in Stadt und Land

Nach dem Wiener Kongreß, den Lenné in Wien erlebt hatte, blieb Deutschland noch über ein halbes Jahrhundert ein Agrarland, in dem fast 60 Prozent der Bevölkerung in der Landwirtschaft tätig waren. Der Weg zur industriellen Produktion, der mit der teilweisen Auflösung feudaler Wirtschaftsstrukturen verbunden war, zog auch den großen Potsdamer Gartendirektor Lenné an, dessen Aufgabengebiet ganz unerwartet all die plötzlich auftretenden Probleme einschließen mußte. Es waren nicht allein die Hofgärten zu versorgen, zu modernisieren, neu anzulegen oder zu erweitern, sondern hellwach die Probleme der Zeit zu erkennen, aufzugreifen und zu lösen. Lenné stand diesen Aufgaben, die nicht nur ein Übermaß an Arbeit nach sich zogen, sondern der Fülle seiner künstlerischen Phantasie bedurften, ganz aufgeschlossen gegenüber.
Die weitreichenden Veränderungen in der Landwirtschaft spiegeln sich in seinen Umgestaltungen ganzer Gutsflächen zu »aufgeschmückten Landschaften« wider, so beim Betheschen Gut Reichenbach, wo Kunst und Wirtschaftlichkeit ein untrennbares Ganzes bilden. Hinter diesen Bestrebungen standen sehr enge Verbindungen zu den großen Landwirten der Zeit, etwa Albrecht Thaer, und auch zu den »Ökonomischen Gesellschaften«. Die Wirtschaftlichkeit der Güter mußte durch gesteigerte Erträge, Aufhebung der Brache und vielfach auch der Schafzucht, besonders der Merinoschafzucht, gehoben werden. In diesem Zusammenhang ist auch die Erweiterung des Obstbaus zu sehen, für den die Potsdamer Landesbaumschule das Ausgangsmaterial lieferte. Besonders eng verbunden durch die gemeinsame Leidenschaft für Obstbaumzucht war Lenné mit dem auf Althaldensleben und Hundisburg sitzenden Johann Gottolob Nathusius. Ihr Briefwechsel ist zum Teil erhalten und gibt Einblick in die Art, wie sie Obstgehölze und Obstkerne hin- und herschickten und sich über die Ergebnisse ihrer Pflanzungen austauschten. Bei seiner Tätigkeit für die Verschönerung von Kunersdorf war Lenné an einem Ort tätig, an dem Thaer gewirkt hatte. Der Besitzer von Kunersdorf, Graf Itzenplitz, war interessiert an der modernen Landwirtschaft, deren Entwicklung er in Holland und England studiert hatte. In die gleichen Kreise kam Lenné beim Grafen Arnim auf Neuensund. Diese landwirtschaftlich außergewöhnlich interessierten Auftraggeber stellten auch die Mitglieder des 1823 gegründeten »Vereins zur Beförderung des Gartenbaues in den Königlich Preußischen Staaten«.
Die Vielfalt der Entwürfe für Gutsgärten läßt immer wieder die Verbindung von Park und offener Landschaft erkennen, so daß der Park vielfach, wie in Erdmannsdorf, nur zur Vorderbühne eines tiefen Landschaftsbildes wird. Im Plan festgelegte Punkte bestimmen den Ausgangspunkt und verpflichten den Besitzer, »Herr der Aussichten« zu bleiben. Die Pflege solcher Parkanlagen wurde dann zu einem ähnlich schwierigen Problem wie die Neuanlage. Auffallend bleibt immer wieder die Form der Blumenbeete, die meist nicht nur in der Nähe der Schlösser liegen, sondern sich auch mit deren Innenräumen, z.B. dem Gartensaal, verbanden. Vielfach wurden barocke Beetformen, z.B. Kreise und Muscheln, aufgenommen, jedoch ganz anders bepflanzt. Gegen die Jahrhundertmitte setzte darum auch der Wandel in der Pflanzenauswahl ein; sowohl Wildformen, Neuzüchtungen und Neueinführungen wurden gartenwürdig.

Die Lennésche Gartenkunst orientierte sich jedoch nicht nur an den Wünschen des Adels, sondern griff auch die Sehnsüchte und Wünsche des Bürgertums auf. Die Flora in Köln, die Planungen für Krankenhausgärten (Aachen, Sonnenburg) und Kurbäder (Bad Freienwalde, Bad Neuenahr, Bad Oeynhausen) sind dafür beispielgebend, weil sich hier eine aufsteigende Gesellschaftsschicht neue Ausdrucksmöglichkeiten schuf. Der Magdeburger Friedrich-Wilhelm-Garten (Klosterberge-Garten) war der erste Entwurf, der aufhorchen ließ. Die Öffnung auch der Königlichen Gärten für die Bevölkerung war für Lenné ein wesentliches Anliegen. So wies er bei der Wiederherstellung des Schloßparks Brühl ausdrücklich auf die Nutzung des Buchwaldes als Erholungsort für die Kölner Bevölkerung hin. Lenné wollte in solchen Gärten nicht nur belehren, indem er die verschiedensten Gartenstile und Pflanzen verwendete, sondern vor allem Menschen zusammenführen.
Lenné lebte in einer Zeit, in der für die Städte neue Grünbereiche entstanden, weil die Befestigungsanlagen aufgelassen wurden. Schon in jungen Jahren, als er 1815 nach weiten Ausbildungsreisen ins Rheinland zurückkehrte, traf er auf dieses Problem, da er den Auftrag erhielt, sich mit den in Koblenz durch Beseitigung der Befestigung geschaffenen Möglichkeiten der Grün- und Stadtplanung zu befassen. Solche von ihm offenkundig besonders geschätzten Aufträge erhielt er im Lauf seines Lebens immer wieder. In Magdeburg hat er vergeblich versucht, einen einheitlichen Grüngürtel zu schaffen, in Frankfurt an der Oder waren die Gegebenheiten günstiger, so daß ihm hier eine bis heute für die Stadt bestimmende Anlage gelang. Das bedeutendste Projekt dieser Art war der Wettbewerb, der im Jahr 1858 für die Bebauung des ehemaligen Befestigungsringes in Wien ausgeschrieben wurde. Lenné erhielt den dritten Preis. Gegen sein Projekt sprach, daß er die Grünanlage gegenüber den Forderungen des Verkehrs begünstigte, und das war schon im Jahr 1858 nicht mehr möglich.
Die Wirksamkeit von Lenné außerhalb Potsdams und Berlins gleicht einem See, in dem ein hineingeworfener Stein Ringe zieht. Von dem heimischen Zentrum aus bewegten sich die Kreise in die Mark Brandenburg, nach Mecklenburg und weiter nach Osten. Im Westen gingen sie in die Provinz Sachsen und erreichten dann in der Rheinprovinz sowie in Bayern und Österreich die Ausgangspunkte seiner bewundernswert erfolgreichen Laufbahn.

Sibylle Harksen

Lenné als Zeichner

Die in verschiedenen Archiven und Museen aufbewahrten Zeichnungen geben einen reichen Einblick in das Schaffen Lennés. Wir verstehen dabei unter einer Zeichnung Lennés nicht nur die eigenhändigen, sondern auch die von Mitarbeitern geschaffenen, die seinen Gestaltungsvorschlag für eine Gartenanlage wiedergeben. Wie aus einem Antrag auf eine Planstelle für Gerhard Koeber hervorgeht, hat Lenné nach 1830 nur noch selten selbst gezeichnet. 1834 schrieb er: »Die meisten Aufnahmen und Gartenpläne sind seit 1–3 Jahren unter meiner Leitung von ihm angefertigt worden.«
Lenné ließ seine Mitarbeiter nach Konzepten arbeiten, die für die Potsdamer Gärten nicht erhalten sind. Aber in seinem in die Plankammer in Potsdam gelangten Privatnachlaß finden sich zahlreiche solcher Entwürfe vor allem für Berliner Privatgärten und für Gutsgärten des brandenburgischen Adels. Lenné hatte die Gewohnheit, in ein Aufmaß des Geländes, das ihm geliefert worden war, mit schwungvollen Bleistiftstrichen die gewünschten Veränderungen, vor allem die neue Wegeführung einzuzeichnen. Danach mochten dann seine Mitarbeiter wohl in der Lage sein, den neuen Entwurf anzufertigen. Noch seltener als Konzepte sind Bepflanzungspläne erhalten, die wohl fast immer mitgeliefert wurden.
Es ist zu bedauern, daß Lenné nur am Anfang seiner Laufbahn selbst gezeichnet hat, denn er war ein hervorragender Zeichner. Das Erlernen des Zeichnens war für einen Gärtner der Zeit üblich, aber nicht jeder brachte es zu einer solchen Vollendung wie Lenné. Er gab die Gartenanlagen so wieder, wie es auch bei Architekturentwürfen üblich war, schräg von oben gesehen, so als ob man ein Modell vor sich hätte. Dabei wurde jeder Baum und Strauch sorgsam einzeln mit seinem Schatten abgebildet. Es ist die seit dem 18. Jahrhundert voll entwickelte barocke Tradition der Architektur- und Gartenzeichnung, die hier noch weiterwirkte und auf besonders lebendige Weise verwendet wurde. Man meint in der Tat, in den Gärten umherwandeln zu können. Die geschickte farbige Gestaltung in grünen, braunen und gelben Tönen mit raffinierten Abschattierungen fördert diese Illusion. So sehen die großen Pläne für den Park von Sanssouci von 1816 aus, die Friedrich Wilhelm III. zur Umgestaltung des Gartens bewegen sollten. Es sind ausgesprochene Schaustücke. Doch als Lenné der leitende Gartenkünstler Preußens geworden war, wurde er durch seine umfangreiche Tätigkeit an solcher Kleinarbeit gehindert. Die beiden wichtigsten Mitarbeiter, die für ihn zeichneten, waren Gerhard Koeber und Gustav Meyer. Die früheste datierte Koeber-Zeichnung ist von 1825. Um 1845 wurde Koeber dann von Meyer abgelöst. Aber die Zeichentätigkeit der beiden für Lenné überschnitt sich etwas, wobei es vorgekommen zu sein scheint, daß Meyer den Maßstab in Plänen anbrachte, die sonst von Koeber stammen.
Die Datierung der Pläne wurde dadurch erleichtert, daß meist englisches Whatman-Papier benutzt wurde, in dessen Wasserzeichen das Herstellungsjahr erscheint. Wenn für eine Zeichnung der Teil des Blattes mit Wasserzeichen genommen wurde, wissen wir dadurch den frühest möglichen Zeitpunkt für ihre Entstehung. Der Spielraum danach ist aber groß, da die Papiere häufig lange lagen, bis sie verwendet wurden.
Wir haben uns bemüht, jeden Plan einem bestimmten Zeichner zuzuschreiben. Nur selten sind sie signiert, von Koeber hin und wieder, von Meyer kaum. Daneben erscheinen noch einige andere Zeichner, die wohl nur aushilfsweise herangezogen wurden. Da sie alle in der seit 1824 bestehenden Gärtnerlehranstalt Zeichenunterricht erhielten, war selbstverständlich immer ein gemeinsamer Stil vorhanden, der die Zuschreibung erschwert. Verhältnismäßig zuverlässig sind die Handschriften der Maßstäbe, die aber eben auch von anderer Hand hinzugefügt sein können.
Während der Tätigkeit Lennés trat eine Wandlung des Stils der Gartenzeichnung ein, die an den Plänen der Plankammer genau zu verfolgen ist. Die noch von barocker Tradition bestimmte Zeichnung aus der Vogelschau mit Details wird abgelöst von einer mehr die große Übersicht anstrebenden Weise, wo die Baum- und Buschgruppen nur in Komplexen angegeben werden; hierbei kann sogar auf die Federvorzeichnung verzichtet werden. Es ist die Entwicklung, die dann schließlich im 20. Jahrhundert dazu führte, daß der einzelne Baum nur noch als Punkt mit Kreis erscheint. Von der plastisch-perspektivischen, schaufreudigen Art geht man zur reinen Grundrißzeichnung über. Es ist eine Entwicklung, die von der künstlerischen Zeichnung zur rein technischen führte. Das beginnt in Potsdam in den vierziger Jahren des 19. Jahrhunderts. Späte Koeber-Zeichnungen haben schon die neue Art, Meyer beginnt gleich mit ihr.
Wieweit Lennés Potsdamer Mitarbeitern die Möglichkeit blieb, auch eigene Ideen anzubringen, ist nicht zu entscheiden. Denkbar wäre das im Park Charlottenhof, der Hermann Sello unterstand. Sello hat den größten Teil der Zeichnungen für diesen Parkteil angefertigt. Auch sein Bruder Emil Sello mag beim Neuen Garten in Details Entscheidungsfreiheit gehabt haben. Durch den Verlust der gesamten Akten der Gartenintendantur im Zweiten Weltkrieg fehlen hier die notwendigen archivalischen Unterlagen.

Zum Katalog

Das Gesamtverzeichnis der Pläne von Lenné, das hier vorgelegt wird, läßt noch immer Möglichkeiten offen, daß unbekannte Pläne zusätzlich auftauchen. Das liegt vor allem an der Arbeitsweise von Lenné und an den Ereignissen der Nachkriegszeit.
Lenné arbeitete mit Skizzen, die er nicht signierte, erst die Reinzeichnungen versah er mit seiner Unterschrift. Diese Skizzen sind allerdings nicht sehr häufig erhalten. Sie sind zudem nur für den Kenner der Materie zu erkennen, vor allem wenn es sich um Einzeichnungen in ältere, von anderen signierte Pläne handelt. So werden sie in Museen und Archiven nicht vorgelegt, wenn nach Plänen von Lenné gefragt wird. Nur genaue Forschungen am Ort, für den der Entwurf bestimmt ist, können solche Zeichnungen zutage fördern, und das war uns nur in seltenen Fällen möglich. Unbekannt bleiben in der Regel auch die in Akten eingehefteten Pläne, die man erst bei Studien zu dem Objekt findet. Auch haben die Mitarbeiter von Lenné Zeichnungen behalten, und bis heute tauchen sie aus Nachlässen auf, wie erst vor kurzem der Plan zu Bosemb in den Masuren, wo niemand jemals einen Lennégarten vermutet hatte.
Unheilvoll wirkte sich auf den Bestand von Lennézeichnungen weniger der Zweite Weltkrieg aus als die Verhältnisse danach. Was auf Gütern an etwa noch vorhandenen Entwürfen unterging, werden wir nie erfahren. Die Potsdamer Pläne waren zum größten Teil in die Sowjetunion gebracht worden. Von dort kehrte nur ein Teil wieder zurück. Der andere Teil blieb als Anschauungsmaterial im Institut für Architektur in Moskau, wo ihn ein deutscher Student noch 1978 sah. Über ihren Verbleib ist nichts bekannt. Darunter waren so wichtige Pläne wie der erste für Babelsberg von 1833. Da es kein Verzeichnis der Pläne im Besitz der Schlösser und Gärten vor 1945 gibt, ist es nicht möglich, festzustellen, was fehlt. Auf jeden Fall wurden vor allem große, besonders gut gezeichnete Pläne in die Sowjetunion mitgenommen.
Die Pläne, die sich in der Berliner Bau- und Finanzdirektion befanden, kamen, soweit sie erhalten sind, in das Landesarchiv Berlin. Die verlorengegangenen sollen nach 1945 zusammen mit Akten als Heizmaterial benutzt worden sein, aber zuweilen finden sich auch aus solchen Beständen wieder Blätter an.
Den Plänen ist eine kurze Geschichte des Objektes vorangestellt. Hierfür mußte zum großen Teil auf vorhandene Literatur zurückgegriffen werden. Nur in seltenen Fällen wurde an Ort und Stelle nachgeforscht. So bleibt hier für weitere Forschungen noch ein reiches Tätigkeitsfeld.
Der größte Bestand an Lennéplänen befindet sich in der Plankammer der Stiftung Schlösser und Gärten Potsdam-Sanssouci. Das ergibt sich daraus, daß hier die für das preußische Königshaus bestimmten Pläne liegen und daraus, daß Lenné seinen Privatnachlaß an Zeichnungen der Plankammer vermacht hat.
Die Potsdamer Gärten wurden in vielen Zeichnungen, Aquarellen und Ölgemälden wiedergegeben, meist auf Wunsch Friedrich Wilhelms IV. So war es hier möglich, Ansichten der Gärten im Zustand der Lennézeit zu bringen. Die Ansichten von anderen Orten sind häufig, was die Wiedergabe der Gärten betrifft, nicht zufriedenstellend, geben aber immerhin einen Eindruck der Situation.

Sibylle Harksen

1. Königreich Preußen

1.1. Potsdam

Insel Potsdam

Die von der Havel mit ihren Seen sowie den Hügeln der Endmoränen umgebene Insel Potsdam bot die günstigsten Voraussetzungen für eine Landesverschönerung. Meist waren die Sandberge mit Kiefernwäldern überzogen, die aber sehr durch die Abholzungen der napoleonischen Besatzungszeit gelitten hatten. Lenné, der immer ein großes Ganzes erstrebte, muß bald, sicherlich spätestens Anfang der zwanziger Jahre, gesehen haben, welche Aufgabe sich ihm hier bot. Durch die Verschönerungen der schon vorhandenen königlichen Gartenanlagen und der Umgebung neuer Schlösser für die königlichen Prinzen wie Babelsberg und Glienicke wurden einzelne Ansatzpunkte geschaffen, die nun miteinander verbunden werden mußten. Schon zur Zeit Friedrich Wilhelms III. im Jahr 1833 legte Lenné seinen grundlegenden, von Koeber gezeichneten Plan vor.
In großem Umfang konnte Lenné die Arbeiten fortsetzen lassen, als 1840 Friedrich Wilhelm IV. an die Regierung kam. Am 11.12.1840 teilte der Minister Ladenberg Lenné mit, daß der König die Havelbucht von Sacrow und die Havelufer weiter bis Caputh mit Laubwäldern bepflanzen lassen möchte, vor allem mit Weiden, Trauerweiden, Pappeln und Birken. Auch die Chausseen sollten bepflanzt werden. Eine ganze Kommission, bei der die Forstverwaltung eine gewichtige Stimme hatte, befaßte sich mit der Angelegenheit, und so entstanden im Lauf der Jahre rings um Potsdam bewaldete Hügel und geschmückte Felder.
Lenné konnte bei seiner Arbeitsüberlastung nicht immer zur Stelle sein. Zwei Mitarbeiter waren vor allem bei der Verschönerung der Insel Potsdam von Bedeutung: der Vermessungsrevisor Gütschow und der Gärtner Hermann Sello. Gütschow hat 1842 die auf alten Karten beruhende Zeichnung geliefert, in die Lenné seine Planungen hineinverbesserte. Aber auch die Humbertsche Karte der Insel Potsdam aus dem Jahr 1799 wurde für diese Zwecke benutzt. Daneben zeichnete Gütschow noch zahlreiche Wegekarten. Die große Karte von 1842 ist schon seit langer Zeit verschollen. Sie dürfte das wichtigste Dokument der Tätigkeit Lennés zur Landesverschönerung gewesen sein. Von Hermann Sello stammen viele signierte Detailpläne. Er scheint eine gewisse Selbständigkeit gehabt zu haben, wenn auch sicher jeder Entwurf Lenné vorgelegt worden ist. In späteren Jahren erscheint Sello immer bei den Besprechungen. Da Hermann Sello Lenné um 10 Jahre überlebte, hat er in seinem Sinn dessen Werk fortsetzen können.

Gesamtplanungen

1
Insel Potsdam. 1833

»Verschoenerungs-Plan der Umgebung von Potsdam entworfen von Lenné«
Plangrenzen: Grube, Pfaueninsel, Drewitz, Schwielowsee.
Signiert: »gezeichnet v. Gerh: Koeber I. J. 1833.«
Bezifferter Maßstab in Rheinischen Ruten.
Kupferstich im Zentrum: Möllendorf/Bembé. Potsdam 1826/27 (Seiler: Gartenkunst und Plan ... In: 72. dt. Geodätentag 1988), umgebende Landschaft mit Feder in Schwarz angefügt, laviert in Grün. 70 x 109,5 cm.
Planslg. Nr. 3639.
Siehe Tafelteil.

Sehr deutlich heben sich die landschaftsbeherrschend gelegenen Parkanlagen von den meist flachen, als Wiesen oder Ackerland genutzten Flächen ab, wobei vor allem die Stadt Potsdam von kunstvoll gestalteten Parks und Wäldern umgeben wird. Überklebungen, z.B. Park Babelsberg, Glienicke, Boettcherberg und am Templin, weisen auch spätere Gestaltungen auf, die 1833, beim Entwurf des Verschönerungsplanes, noch nicht ausgeführt, auch in der gezeigten Form noch nicht einmal geplant gewesen sein dürften.
Im nordöstlichen Bereich betont Lenné den Königswald und die sich anschließenden Parkanlagen von Sacrow, Pfaueninsel, Kleinglienicke und Babelsberg. Im Süden beabsichtigte er, einen Teil des Potsdamer Forstes zwischen dem Tornow und Caputh, den Wildpark und die Umgebung des Carlsberges parkartig zu erschließen. Mit diesen Planungen sollte nicht nur vom Wasser aus der wirtschaftlich genutzte Forst ein parkartiges Aussehen erhalten, sondern auch im Sinne der Romantik als schöner Wald erlebbar werden.

2
Insel Potsdam. 1842 und 1869

Hinz schreibt in seinem Kapitel über die Insel Potsdam: »Alle Anpflanzungen und Aufforstungen erfolgten nach einem von Lenné im Jahr 1842 angefertigten Plan ›Zur

1. Johann Gabriel Friedrich Poppel und Georg Michael Kurz. Havelpartie bei Potsdam, vom Pfingstberg aus gesehen. Um 1855. (Stiftung Schlösser und Gärten Potsdam-Sanssouci)

Verschönerung der Insel Potsdam‹, der leider verlorengegangen zu sein scheint.« Dieser von Hinz erwähnte Plan ist zweifellos die Karte »von einem Theile der Halbinsel Potsdam«, die in den Akten zur Verschönerung der Insel Potsdam erwähnt wird und den Nordteil der Insel umfaßte. Aus den Akten geht hervor, daß Lenné diesen Plan am 23.10.1842 von dem Vermesser Gütschow erhielt. Im weiteren wird berichtet, daß die Entwürfe auf der Karte lindgrün eingetragen sind, vorhandene Pflanzungen dunkelgrün. Im dritten Band der Verschönerungsakten taucht die Karte im Jahr 1857 wieder auf und zwar, weil sie gesucht wird. Es wird festgestellt, daß Hofgärtner Sello die Karte erhalten hatte, und er wird mehrfach gemahnt, sie zurückzugeben, zuletzt am 12.7.1859. Sie muß aber noch vorhanden gewesen sein, denn die hier veröffentlichte Karte bezieht sich auf die Gütschow-Lennésche von 1842.
Diese Karte, die drei Jahre nach dem Tod von Lenné entstand, wird von uns behandelt wegen des Bezugs auf die verlorengegangene von 1842 und vor allem wegen ihrer anschaulichen Wiedergabe der Verschönerungsarbeiten Lennés. Die Karte ist unten rechts von Emil und Hermann Sello abgezeichnet, womit sie zweifellos ihre Bedeutung unterstreichen wollten.
Die Karte von Gütschow-Lenné mag durchaus noch an schwer auffindbarer Stelle vorhanden sein, denn sie dürfte nur von Gütschow signiert sein, nicht von Lenné und somit nicht ohne weiteres bei einer Suche nach Arbeiten von Lenné als die gesuchte erkannt werden. Sie mag aber auch zu den Verlusten des Zweiten Weltkrieges gehören.

»Karte von der Halbinsel Potsdam«
Plangrenzen: Schlänitzsee, Nedlitz, Jungfernsee, Heiliger See, Gemarkung Caputh, Schwielowsee, Werder, Zernsee.
Signiert: »Im Jahre 1869 nach der Gütschowschen Karte de 1842 und den Grundsteuer-Gemarkungskarten gezeichnet durch den Königl. Feldmeßer u. Kataster Sekretair Kohles.«
Bezifferter Maßstab in Ruten.
Feder in Schwarz, farbig laviert. Auf Leinen aufgezogen und mit blauem Band eingefaßt. 131,6 x 111 cm.
Planslg. Nr. 14504.
Siehe Tafelteil.

Der Plan zeigt die Gemarkungen und Flurstücke, die Gemarkungen rot abgegrenzt. Die von Lenné auf der Insel Potsdam besonders bearbeiteten Teile sind sehr farbkräftig und sehr liebevoll eingezeichnet.
Um den Kern der Sanssouci-Gärten sind im Norden vor allem der Eichkamp und das parkartig behandelte Stück südlich der Nedlitzer Brücke hervorgehoben. Seitlich schließt sich die Feldflur des Gutes Bornim an. Es folgt anschließend der Pfingstberg, der Neue Garten und die Russische Kolonie. Alle drei Anlagen sind untereinander verbunden. In der Stadt Potsdam heben sich der Bassinplatz, die Plantage, der Wilhelmplatz sowie der Garten am Stadtschloß besonders ab. Beim Wildpark zeigt es sich, daß vor allem der nördliche Teil parkartig eingetragen wurde. Dazu gehören die sehr schönen Partien um das Bayrische Haus, die verbindenden Wege zur Landesbaumschule, zum Großen Entenfang und zum Kellerberg; auch der Große Stern und die Partien um Kuhfort gehören dazu.
Der Abflußgraben von den Gräben am Neuen Palais zum Zernsee ist seitlich von Baumgruppen begleitet, die den flachen Naßwiesen nach Eiche Relief geben. Ehrenpfortenberg, der Kahle Berg, der Kleine Herzberg, der Zachlensberg sind betont, das Katharinenholz mit sehr schön geführten Wegen durchzogen. Der Düstere Teich, die Naßwiesen und der Park am Schloß Lindstedt werden somit zu einer Einheit und leiten nach den Sanssoucigärten über. Westlich des Neuen Palais ist die alte Lindenallee eingetragen, die einen großen, hippodromartigen Freiraum schneidet. Südlich sind in Verbindung zur Gärtnerlehranstalt parkartige Teile geschaffen, zwischen denen sich teichartig erweiterte Gräben hinziehen. Damit ist der Übergang zu den zur Fasanerie zu sehenden Flächen gegeben. Der Park Charlottenhof zeigt sich mit dem großen Kreuzkanal, den sehr freien Flächen um die Fasanerie, dem Karpfenteich westlich vom Schloß Charlottenhof sowie der italienischen Partie vor den Römischen Bädern. Das Gelände um das Belvedere ist sehr zurückhaltend bearbeitet, um so reicher der Hopfengarten mit seinen vielfachen Wasserzügen. Die übrigen Partien dieses Parkes mit den Sanssouci-Terrassen sind farblich besonders hervorgehoben. Es schließt sich das Ruinenberggelände mit dem sehr geschickten Übergangsstück zur Russischen Kolonie an.

3

Insel Potsdam. Um 1845

»Neuer Plan von der Insel Potsdam auf Sr. Königl: Maj. von Preussen Allerhöchsten Befehl aufgenommen im Jahre 1799. wozu die vorhandenen Vermessungen der Eleven der Königl: Ingenieur Academie zu Potsdam wie auch die Aufnahmen des Ingen. Lieut. v. Reiche benutzt worden. von C. J. von Humbert.«
Plangrenzen: Werder, Marquardt, Pfaueninsel, Caputh.
Signiert: »Gestochen v. Jäck in Berlin 1800.«
Eigenhändige Einzeichnungen von Lenné
Kupferstich, Wasser in Grün laviert, Einzeichnungen Feder in Rot und Bleistift. Auf Leinen aufgezogen und grün eingefaßt. 95,5 x 91,2 cm.
Planslg. Nr. 11067.

Auf der Karte wurden Eintragungen vorgenommen, die teils bereits ausgeführte Anlagen zeigen, teils Projektierungen darstellen, deren Verwirklichung unter Umständen entweder gar nicht oder auch in anderer Form erfolgte. Die Eisenbahnlinie ist nicht mit der roten Linie zwischen zwei gestrichelten identisch, sondern mit einer ganz zarten roten Linie. In das grün gerahmte Wildparkgebiet wird ein Wegenetz projektiert, von dem ein geringer Teil vorhanden ist, der andere sich meist den Höhenlinien anpaßt. Die Wildparkpläne von 1840 sahen andere Wegeführungen vor. Das sehr unterschiedlich ausgebildete Terrain westlich des Neuen Palais, um den Kahlen Berg, Lindstedt, Pannenberg und Katharinenholz wird als Ganzes behandelt und von leicht geschwungenen Wegen durchzogen, von denen ein Teil ausgeführt wurde; die nördlichen Teile des Parkes Sanssouci sind in den Formen von 1830 eingetragen, jedoch durch weitere Veränderungen offensichtlich im Zusammenhang mit dem Ruinenberggelände an deren Umgestaltung angeschlossen. Ein Anschluß zur eingezeichneten Kolonie Alexandrowka und zum Pfingstberg ist gegeben. Planungen um die neue Orangerie sind ebenfalls berücksichtigt. Besonders genau erweist sich die Behandlung des östlichen Ufers des Jungfernsees von der Fähre bis über die Römerschanze.

4
Insel Potsdam. Um 1850

Angaben siehe Kat.-Nr. 3. Ein weiteres Exemplar des Humbertschen Planes wurde von Lenné für Einzeichnungen benutzt.
Kupferstich, laviert in Grün und Rot, Einzeichnungen Feder in Braun und Bleistift. Auf Leinen aufgezogen. 94,4 x 90,6 cm.
Planslg. Nr. 11064.
Siehe Tafelteil.

Die Einzeichnungen (zweifellos zum großen Teil von Hermann Sello) sind in vielen Punkten eine Weiterentwicklung aus dem Plan Planslg. Nr. 11067 (Kat.-Nr. 3). Die Eisenbahnlinie ist in der ausgeführten Linienführung eingetragen. Das grün abgesetzte Wildparkgelände wird von einem Wegesystem erschlossen, das ebenso wie auch die Sternanlage fast der Ausführung entspricht. Von größter Bedeutung ist der Plan für die Teile vom Neuen Palais, Golm, Eiche, Bornim, Raubfang, die Nedlitzer Umgebung vom Jungfernsee bis zum Fahrländersee. Hier werden die Absichten der Verschönerung der Insel Potsdam deutlich. Ein Wegesystem verbindet die einzelnen Teile, die, falls sie nicht bewaldet sind, zur Aufforstung vorgesehen werden. Die ehrwürdige Lindenallee vom Raubfang zum Gut Bornim zeigt mit den Lennéschen Heckenpflanzungen die großräumige, beispielgebende Gliederung dieser Flächen. In keinem anderen bis jetzt bekannten Plan sind die Teile im Norden Potsdams so deutlich und überzeugend dargestellt. Die Bearbeitung des Ruinenberggeländes läßt bereits die neuen Straßen entlang des Bornstedter Sees und nach Osten das Verbindungsstück bis zur Kolonie Alexandrowka erkennen. Im Gegensatz zum Plan Kat.-Nr. 3 bleibt das östliche Ufer des Jungfernsees ohne wesentliche Bearbeitung. Viele nach 1800 entstandene Veränderungen sind so gut und in der alten Zeichnungsweise eingetragen, daß sie nicht ohne weiteres als solche erkennbar werden.

5
Die Golmer Weinberge. 1847

Plangrenzen: Nördliche Ortslage Golm, Golmer Fichten, Ehrenpfortenberg, Wiesen südlich der Reiherbergstraße, Geiselbergstraße und angrenzende Grundstücke.
Signiert: »Lenné 1847«.
Zeichner: Kartograph.
Bezifferter Maßstab in Ruten.
Feder in Grau und Braun, laviert in Grau, Blau und Rosa. 47,2 x 68,8cm.
Planslg. Nr. 8249.
Quellen u. Lit. zu Kat.-Nr. 1–5:
STAM, Lenné-Nachlaß. Nr. 35 c. – BLAP. Rep. 2 A III D. Nr. 15016–15019. – Haeberlin. S. 49–52. – Hinz 1937/89. S. 105–114. – Günther. S. 99–126. – Michael Seiler und Jörg Wacker: Insel Potsdam. Berlin 1991. – Hans-Joachim Giersberg: Die Potsdamer Kulturlandschaft. Zur Geschichte ihrer Gestaltung vom 17. bis zum 19. Jahrhundert. In: Peter Joseph Lenné. Beiträge zur Lenné-Forschung. Berlin und München 1992. S. 9–33.

Die Geländeaufnahme zeigt die Dorflage von Golm mit den jeweiligen Gehöften und deren Grundstücksgrenzen, die Straßen und Grabensysteme und vor allem den über dem Dorfe liegenden Reiherberg. Die als Weinberg genutzten Flächen sind eingetragen und deren Bestellung bewertet. Der Ehrenpfortenberg wird auf diesem Plan noch als Pannberg bezeichnet. Offensichtlich steht der Plan in Verbindung mit der Verschönerung der Insel Potsdam, speziell der Landschaft zwischen Golm und Eiche.
Auf der Karte von 1869 (Kat.-Nr. 2) wird die Verschönerung des Reiherberges ausgewiesen, für die der Plan offenkundig die Vermessungsgrundlage bot. Der Berg wurde neu bepflanzt und erhielt ein hochführendes Wegesystem, das oben auf einen oblongen Weg führt. Die Abhänge blieben Obstgärten. Heute ist die Anlage stark verwildert.

Der Kahle Berg

Der Kahle Berg behielt seinen Namen auch nach der Verschönerung zu Recht, denn Friedrich Wilhelm IV. hatte bestimmt: »daß die Kuppe des Kahlen Berges nicht bepflanzt würde, dagegen um so reicher die Gipfel der benachbarten Hügel.« So wurde die Aussicht nicht durch Bäume behindert, denn hier war schon seit 1842 durch Persius ein (nicht erhaltenes) Rundtempelchen geplant, das dann 1854 durch Hesse ausgeführt wurde.

6
Der Kahle Berg. Um 1860

Plangrenzen: Felder zu Golm gehörend – der Große Herzberg, der Zachelsberg, Bornimscher Weg mit Düsterem Teich, Straße nach Golm.
Signiert: »H. Sello«.
Bezifferter Maßstab in Ruten.
Wasserzeichen von 1856.
Feder in Grau und Schwarz, Bleistift, laviert in Grün mit wenig Braun und Rot. 48,8 x 69 cm.
Planslg. Nr. 8297.
Quellen: BLAP. Rep. 2 A III F. Nr. 14705. – Hinz 1937/89. S. 112. – Börsch-Supan. S. 119.

Der Feldweg westlich vom Kahlen Berg und Kleinem Herzberg wird durch eine Allee mit beiden letzteren verbunden; auch die Verbindung zum Großen Herzberg wird ausgebaut und südlich mit Hecken begrenzt. Der Große Herzberg erschließt sich mit einem gegabelten Weg, der mit den anderen Wegen in das langgestreckte Hanggebiet der Zachelsberge und der Windmühlenberge mündet. Auch diese Flächen waren wohl von geschwungenen Wegen erschlossen, jedoch ist hier der Plan abgerissen. Der Zachels- und Windmühlenberg laufen am Düsteren Teich aus, dessen Umgebung von weich geschwungenen Wegen zugängig gemacht wird. Offensichtlich sind nach Fertigstellung des Planes weitere Wege eingefügt worden. Der Abfluß des Kleinen Düsteren Teiches, auch Düsterer Fließ genannt, wird auf beiden Seiten von Wegen begleitet, die am südlichen Querweg (oberhalb Lindstedt zum Kahlen Berg) enden. Dichte Hecken- und Baumpflanzungen fassen den breiten Bornimer Weg ein, der in seiner Nord-Süd-Richtung als wirksame Winschutzpflanzung dient. Die sich westlich anschließenden Felder sind mit schmalen Hecken in Ostwestrichtung eingefaßt.
Der Kahle Berg ist organisch mit dem Wegesystem verbunden und zeigt sich nur in den unteren Teilen, beson-

ders an den Wegekreuzungen bepflanzt. Der nördliche Teil dagegen, der Kleine Herzberg, überzieht sich mit einer dichten Gehölzpflanzung, in der die Schießplätze liegen. Durch diesen Teil führen keine Wege, jedoch sind in gestrichelter Zeichenart die Möglichkeiten solcher Verbindungen angedeutet. Infolge der Höhenunterschiede sind die Sichtverbindungen Lindstedt – Kahler Berg – Wildpark gewährleistet.

Der Wildpark und das Gelände westlich des Neuen Palais

Der im Westen von Potsdam gelegene Wildpark war schon im 17. Jahrhundert das Jagdgebiet der Kurfürsten. Sternschneisen durchzogen den Wald, der von Friedrich Wilhelm I. als Wildgarten genutzt wurde. Die folgenden Herrscher interessierten sich nicht für ihn, erst Friedrich Wilhelm IV. ließ ihn wieder als Wildgarten pflegen und in die Verschönerung der Insel Potsdam einbeziehen.
Im ersten großen Entwurf für den Wildpark aus dem Jahr 1840 läßt Friedrich Wilhelm IV. seinen phantastischen Neigungen den Lauf. Etwa an Stelle des Großen Sterns sollte eine aufwendige Fasanerie eingefügt werden. Dazu kam auf dem Großen Entenfängerberg ein Belvedere, das nicht nur hier, sondern auch auf der Karte von Humbert (Kat.-Nr. 3) eingezeichnet ist. Der Gedanke, die Fasanerie im Wildpark unterzubringen, wurde bald aufgegeben, aber von der Idee des Belvederes berichtete Persius in seinem Tagebuch noch am 5.8.1843: »Auf dem höchsten Punkt des Entenfängerberges wollen S. M. ein kleines Belvedere errichten, wofür S. M. selbst eine kleine niedliche Skizze entworfen haben.« Das schien notwendig, denn vorläufig konnte der Tee nur unter einem Zelt eingenommen werden. Statt des Belvederes entstand dann auf dem Schäfereiberg im Jahr 1847 das von Ludwig Hesse erbaute Bayrische Häuschen.
Lenné nahm schließlich nur zurückhaltende Änderungen in der Wegeführung vor und behielt den Großen Stern bei. Aber er verbesserte den Baumbestand durch Anpflanzungen von Laubwald. Der Wildpark wurde durch Gebäude verschönt, die Ludwig Persius 1841 entwarf: die drei Pförtnerhäuser sowie ein Hegemeister- und ein Wildmeisterhaus mitten im Wald. Eine Umgehungsstraße vom Neuen Palais zum Entenfang und damit zur Fähre nach Werder wurde angelegt, um die Möglichkeit zu schaffen, der Bevölkerung den Weg durch den Wildpark zu verbieten. Im Potsdamschen Wochenblatt vom 5.10.1842 wurde mitgeteilt, daß die Kommunikationswege geschlossen sind, und der neue Umgehungsweg zu nutzen ist.
Das Erreichte wurde in einer vom Berliner Lithographischen Institut als Farblithographie um 1848 herausgegebenen Karte dokumentiert: »Situationsplan vom Königlichen Wildpark von Sanssouci bei Potsdam.«

7
Wildpark mit Fasanerie. 1840

Plangrenzen: Havel, Kleiner Entenfang, Kuhfort, Eiche, Neues Palais, Straße nach Brandenburg, Alt-Geltow.
Signiert: »13/11.1840, Lenné.«
Zeichner: Gerhard Koeber.
Beziffferter Maßstab in Dezimalruten.
Feder in Grau, laviert in Grün bis Blaugrün, Orange, Blau und Rosa, ein ovales Stück westlich des Neuen Palais durch kräftigere Farben hervorgehoben. Auf Seidenpapier. 67,8 x 118,4 cm.
Planslg. Nr. 3709.

Das Gelände des Wildparks wird parkartig umgestaltet, ein Teil der alten Alleen entfernt und eine sehr umfangreiche, streng regelmäßig aufgebaute Fasanerie eingefügt. Auch das Gebiet westlich der Communs des Neuen Palais schließt sich in die parkartige Gestaltung ein, so daß sich gerade hier – nach Entfernung der alten Lindenallee – ein sehr weiter Freiraum bildet.
Die Einzäunung des ehemaligen Wildparks bleibt fast im früheren Umfang erhalten, während das teilweise sehr hügelige Gelände durch geschickt gelegte, der Bewegung des Bodens angepaßte Wege erschlossen wird. Auf den bewaldeten Höhen des Großen Entenfängerberges bethront der sog. Teeplatz den Aussichtshügel, die Umgebung bleibt jedoch waldartig erhalten. Erst weiter östlich wandelt sich das Gelände parkartig, Nutzflächen immer durch Baumschläge abschirmend.
Um die Fasaneriegebäude nordöstlich des Kellerberges ordnen sich ganz regelmäßig die Fasanenquartiere, gerahmt von dichten Hecken, teilweise auch von kräftigen Baumschlägen begleitet, so daß die Fasanerie im Freiraum nicht so stark als Fremdkörper wirkt wie in der Planung. Südwestlich der Communs wird eine weitere Fasanerieanlage in ein parkartig gestaltetes Gebiet, charakterisiert durch einen seeartig gestreckten Wasserlauf, eingefügt und durch einen Zaun von der Umgebung abgegrenzt.
Der Plan wurde nicht ausgeführt.

8
Wildpark mit Fasanerie. 1840

Plangrenzen: Wie Nr. 7.
Signiert: »den 13ten November 1840. Lenné«.
Zeichner: Gerhard Koeber.
Beziffferter Maßstab in Dezimalruten.
Wasserzeichen von 1838.
Feder in Grau, laviert in Grün bis Blaugrün, Blau, Orange und Rosa. Auf Leinen aufgezogen. 64,2 x 120,6 cm.
Plansig. Nr. 3710.
Siehe Tafelteil.

Das Gelände des ehemaligen Wildparks zeigt bis auf einige Kleinigkeiten die gleiche Gestaltung wie in dem vorangegangenen Plan. Verändert ist nur die Situation westlich der Communs, wo die langgestreckte Fläche zwar auch locker mit Bäumen und Baumgruppen gerahmt, der Entwässerungsgraben jedoch nicht seeartig erweitert und in gerader Linie in Richtung Schlagbrücke fortgeführt wird. Auf das kleine Fasaneriegebäude mit seinen Nebenanlagen ist verzichtet worden.
Der Plan wurde nicht ausgeführt.

9
Wildpark. 1842

»Karte von dem Königl Wildgarten so wie von dem Ueberreste der Pirschheide und den Feldmarken Alt- und Neu Geltow angefertigt im Jahre 1842 durch Gütschow Vermessungs Revisor«. »(Copia)«

2. Karl Graeb. Der Tempel auf dem Kahlen Berg, Potsdam. Um 1856. (Stiftung Schlösser und Gärten Potsdam-Sanssouci)
3. Nach Ludwig Ferdinand Hesse. Das Bayrische Haus im Wildpark, Potsdam. Um 1855. (Stiftung Schlösser und Gärten Potsdam-Sanssouci)

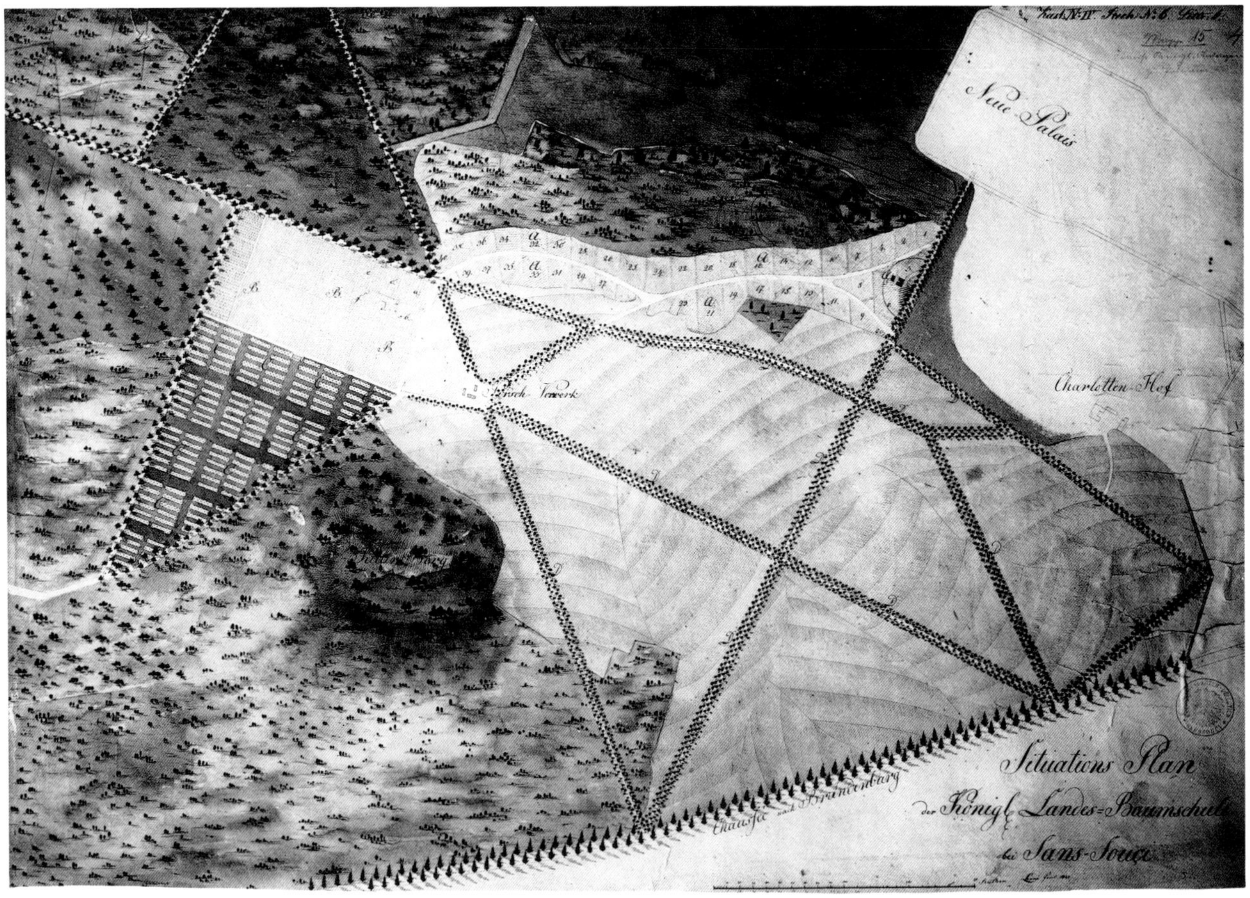

4. Peter Joseph Lenné. Die Gärtnerlehranstalt und Baumschule im Wildpark, Potsdam. 1821. (Stiftung Schlösser und Gärten Potsdam-Sanssouci)

Plangrenzen: Alt-Geltow, Kuhfort, Neues Palais, Havelufer, Wentorf.
Zeichner: Gütschow und Einzeichnungen aus der Gartendirektion.
Bezifferter Maßstab in Dezimalruten.
Bleistift, laviert in Grün. Auf Leinen aufgezogen.
99 x 131 cm.
Planslg. Nr. 9148.
Siehe Tafelteil.

Das zum Wildpark gehörende Gelände ist grau gerandet, die Waldflächen in unterschiedlich intensiv grünen Tönen gehalten, auch die jüngsten Schonungen vermerkt.
Das Torgebäude an den jeweiligen drei Zugängen sowie die Hegemeisterwohnung weisen auf die Nutzung hin. Die spätere Wegeführung ist noch nicht eingetragen, jedoch zeigen die Teile um den Jagdstern erhebliche Veränderungen. Die Landesbaumschule (1842 nach Alt-Geltow verlegt) ist noch eingetragen, desgleichen andere Ackerflächen. Die Pirschheide weist die bisherige Wegeeinteilung auf. Der Anschluß der Flächen an die unmittelbare Umgebung des Neuen Palais läßt auf Absichten schließen, diese Partie parkartig zu behandeln.

Gärtnerlehranstalt und Baumschule am Wildpark

Lennés Interesse galt im hohen Maß der Anzucht von Bäumen, speziell auch Obstbäumen. Für seine Verschönerung der Insel Potsdam waren Baumschulen eine Grundvoraussetzung. Seit 1820 muß er sich genaue Vorstellungen über eine Verbesserung der Situation und die Gründung einer Gärtnerlehranstalt erarbeitet haben. Anfänglich stieß er bei den zuständigen Verwaltungsstellen auf wenig Verständnis. Doch mit Hilfe des 1822 gegründeten »Vereins zur Beförderung des Gartenbaus im Preußischen Staate« und des Gartenintendanten Burchard von Maltzahn gelang es dann doch.
Am 21.10.1823 wurde Lenné zum Direktor der Landesbaumschule und Gärtnerlehranstalt berufen. Das Gebäude der Gärtnerlehranstalt aus dem Jahr 1869 steht noch zwischen Neuem Palais und Bahnhof Wildpark, doch seine Umgebung ist vollständig verändert.

10
Gärtnerlehranstalt und Baumschule am Wildpark. 1821

»Situations Plan der Königl. Landes-Baumschule bei Sans-Souci«
Plangrenzen: Lindenallee westlich vom Neuen Palais, Parkteil Charlottenhof, Straße nach Brandenburg.
Signiert: »Lenné fecit 1821«.
Bezifferter Maßstab in Ruten.
Feder, laviert.
Ehemals in Potsdam. Seit 1945 verschollen, jedoch Photographie vorhanden.

Im Anschluß an die Parkanlagen des Neuen Palais und Charlottenhof (weiß ausgespart) liegt das Gelände des Wildparks, dessen alte Alleen noch in Teilen erhalten sind. Einige von ihnen laufen am Vorwerk Pirschheide zusammen. Der südlich davon gelegene Kellerberg, von dem besonders schöne Ausblicke zum Schwielowsee möglich sind, wird besonders hervorgehoben. Für den Ausbau der Landesbaumschule ist vorgesehen, Ziergehölze und Waldbäume südlich der Niederungen, die zu den Eicher Wiesen gehören, anzupflanzen. Bei einer späteren Nutzung des Planes sind an der Allee zum Neuen Palais die Gebäude der Gärtnerlehranstalt dazugezeichnet; Bleistifteintragungen deuten auf weitere Veränderungen hin. Westlich des Pirschheide-Vorwerks sind die Obstbaumschule, südlich davon die Sortensammlung der Obstbäume eingetragen.

11
Gärtnerlehranstalt und Baumschule am Wildpark. Um 1825

Plangrenzen: Südtor Neues Palais, Gärtnerlehranstalt, Wildpark (Birkenallee, Baumschulgelände, Kastanienallee, Eicher Wiesen).
Feder, aquarelliert.
Ehemals in Potsdam. Seit 1945 verloren, jedoch durch Photographie belegt.
Lit. zu Kat.-Nr. 10 u. 11: Hans-Joachim Dreger: Die Königliche Landesbaumschule zu Potsdam und Alt-Geltow. In: Peter Joseph Lenné. Beiträge zur Lenné-Forschung. Berlin und München 1992. S. 147–170.

Das Gelände westlich der Gärtnerlehranstalt ist im Gegensatz zu den nördlich anschließenden Eicher Wiesen hainartig dargestellt. Die Wege sind seitlich dicht bepflanzt. Die ovale hell getönte Fläche ist ein Baumschulgelände. Westlich ist der sog. Eichelkamp ausgewiesen, der als Baumschule genutzt wird. An der »Allee zum Neuen Palais« ist das geplante Gebäude der Gärtnerlehranstalt eingezeichnet, doch in einer von der späteren Ausführung ganz abweichenden Form.

12
Umgehungsstraße vom Neuen Palais zum Entenfang. 1841

»Situationsplan eines Theils der Straße von Potsdam nach dem Entenfange, Behufs Regulierung derselben.«
Plangrenzen: Großer und Kleiner Entenfängerberg.
Signiert: »Aufgenommen und gezeichnet durch den Conducteur Seyffarth.«
Beziffertar Maßstab in Ruten.
Feder in Grau und Rot, laviert in Grau, Grün, Blau und Braun. Auf Leinen aufgezogen. 37,5 x 54,7 cm.
Planslg. Nr. 8361.

Ein Straßenabschnitt kurz vor dem Entenfang zu Füßen des Entenfängerberges ist eingemessen und mit Meßpunkten zu einem Höhennivellement versehen, um eine Regulierung zu ermöglichen.

13
Umgehungsstraße vom Neuen Palais zum Entenfang. 1841

»Längen Nivellement eines Theils der Straße von Potsdam nach dem Entenfang.«
Plangrenzen: Wie Kat.-Nr. 10.
Zeichner: Wohl wie Kat.-Nr. 10.
Beziffertar Maßstab in Fuß.
Wasserzeichen von 1838.
Feder in Grau und Rot, laviert in Grün. Auf Leinen aufgezogen. 37,5 x 54,9 cm.
Planslg. Nr. 8362.

Höhennivellement der vorangegangenen Aufnahme.

14
Entenfang. 1840 und 1842

»Situations Plan von sämmtlichen zum Entenfänger-Dienste gehörigen Grundstücken. Sammt den dazwischen liegenden Forstdienst-Wiesen, so wie des großen und kleinen Entenfänger Gebiets.«
Plangrenzen: Kleiner Entenfänger, Werderscher Damm, Westseite des Wildparkes, Großer Entenfänger.
Signiert: »Reducirt und aus älteren Karten zusammengesetzt im Februar 1840 durch Krause II.«
Einzeichnungen von Hermann Sello.
Beziffertar Maßstab in Ruten.
Feder in Schwarz, Bleistift, farbig laviert. 52,5 x 60,2 cm.
Planslg. Nr. 8360.

In den Situationsplan wurden am Abzweig vom Werderschen Weg zum Kleinen Entenfang eine Gebäudegruppe und ein umfangreicher Garten eingefügt. Es handelt sich um das von Ludwig Persius nach einem Brand 1842 neu errichtete Entenfängeretablissement. Eine Pergola, an die sich ein langgestreckter Obstgarten anschließt, rahmt die Vorfläche des Wohnhauses. Die Schauseite zum Wildpark wird durch eine Rasenfläche um Baumpflanzungen vereinheitlicht, durch Sichtbeziehungen zum Kapellenberg, Golmer Berg und zum Waldrand vermerkt.

15
Entenfang. Um 1840

»Königlicher Entenfang bei Potsdam«
Plangrenzen: Eine Seespitze.
Feder in Grau, laviert in Grün, Braun und Blau. 49,7 x 56,1 cm.
Planslg. Nr. 8359.

Seitlich der schmalen, künstlich angelegten Seespitze sind Bretter- und Rohrwände angebracht. Die sich verjüngende Seespitze ist kurz vor dem Abschluß erst mit Netzen, dazu kastenartig mit Brettern überdeckt. In diesen Abschnitt werden die Enten gelockt und schließlich gefangen.

16
Entenfang. 1856

»Karte derjenigen Ländereien A aus dem Königl. Wildpark B dem Königl. Chatoullen-Gute Bornstedt C der Königl. Landesbaumschule u. u. D. von Mariannhof und Alt-Geltow welche noch nachträglich zu den Golmer Meliorationen und Deichverband herangezogen werden sollen«
Plangrenzen: Entenfänger, Geltower Damm, Altgeltow, Randzüge des Wildparks.
Signiert: »Angefertigt im Dezember 1856 durch Gütschow Vermessungs Revisor«.
Beziffertar Maßstab ohne Angabe der Maßeinheit.
Feder in Grau, laviert in Grün, Blau und Braun. 66,4 x 99,8 cm.
Planslg. Nr. 8363.

Das sehr nasse Gelände ist mit Entwässerungsgräben zur besseren Nutzung der Wiesen und Baumschulflächen durchzogen.

17
Entenfang. 1872

Plangrenzen: Allee Neues Palais, Havel, Wildpark, Großer Entenfang, Havel.
Signiert: »H. Sello 72«.
Beziffeter Maßstab in Ruten.
Wasserzeichen von 1869.
Feder in Grau und Schwarz, laviert in Grün, Blau und Braun. 55,8 x 77,2 cm.
Plansig. Nr. 8364.

Der Plan ist die Vorstufe zum folgenden Plan, bei dem das Erforderliche gesagt ist. Bis auf geringfügige Abweichungen fällt auf, daß die Bepflanzung der großen Wiesen viel lichter ist, auch bleibt die Nutzung zur Ackerwirtschaft ausgeprägter.

18
Entenfang. 1872

Plangrenzen: Wie Kat.-Nr. 14.
Zeichner: Hermann Sello.
Bezifferter Maßstab in Ruten.
Feder in Grau, Bleistift, laviert in Grün, Blau, Braun und Rot. Auf Leinen aufgezogen. 56,8 x 92,8 cm.
Planslg. Nr. 8365.

Die unter Lenné begonnenen Verschönerungen westlich des Neuen Palais finden in diesem Plan ihre Fortsetzung.
Die Lindenallee westlich des Neuen Palais ist bis zur Havel verlängert und endet dort in einem Zirkelplatz. Ein solcher, offensichtlich auch kreisförmig bepflanzt, liegt westlich der Gebäude am Kuhfort-Damm. Im westlichen Teil der Allee sind mit Bleistift weitere Zirkel und Pflanzungen eingetragen. Der nördliche Rand des Wildparks und die an die Eisenbahnstraße grenzenden Flächen werden parkartig behandelt. Die Alleen im Wildpark sind regelmäßig bepflanzt, die Jagen-Wege aufgehoben, dafür geschwungene Spazierwege eingetragen. Die ausgedehnten, sehr nassen Flächen zeigen sich teils mit schnurgeraden Entwässerungsgräben durchzogen, teils belebt mit langgestreckten, seeartig erweiterten Wasserzügen, wie sie Lenné in ausgeprägter Form verwendet hatte. Die Baumpflanzungen sind sogar einzeln gezeichnet, aber als Gruppen gedacht und lassen sehr großräumige Freiflächen entstehen, ohne daß gestaffelte Tiefenzüge aufkommen. Die Flächen um Gallin (Wildpark-West) teilen sich in regelmäßige Quartiere zur Aufforstung von Laub- und Nadelholz. Der Große Entenfänger liegt zwischen dichtstehenden Bäumen, er ist durch lange, geschwungene Wasserzüge und Gräben mit den nordwestlicheren Gräben verbunden. Offensichtlich spätere Einzeichnungen mit roter Tusche legen auf eine etwas höher gelegene Fläche (Kienhorst – Kiehnwerder) einen Zirkelplatz, der axial zu anderen Wegen Verbindung sucht.

19
Das Gelände westlich des Neuen Palais. Um 1865

Plangrenzen: Nördliche Feldfluren des Dorfes Eiche mit Düsterem Teich, der westliche Teil des Parks Sanssouci, der nördliche Teil des Wildparks.
Signiert: »H. Sello.«
Bezifferter Maßstab in Ruten.
Wasserzeichen von 1863.
Feder in Grau, Bleistift, laviert in Grün und Hellocker.
Auf Leinen aufgezogen. 55,5 x 77 cm.
Planslg. Nr. 3711.
Siehe Tafelteil.

Die Höhen nördlich des Dorfes Eiche sind – soweit nicht Nutzacker – mit Wegen durchzogen; Plateaus oder Tempel betonen die Höhen, die hübsche Aussichten ermöglichen. Vorhandene Straßen werden bepflanzt, um besonders in der Nähe von Lindstedt den Eindruck der »geschmückten Feldflur« zu erzielen. Nordöstlich von Lindstedt sind ausgedehnte Anlagen vorgesehen, die sich mit denen am Belvedere verbinden.
Die Neupflanzung der vierreihigen Lindenallee westlich der Communs wird vorgesehen, die im ersten Drittel einen ovalen, von einem Weg mit acht Rondellen umgebenen Freiraum durchschneidet. Die Allee endet in einer runden Pflanzung. Der südlich des Palaisgrabens fließende Abzugsgraben erweitert sich an der Potsdam-Magdeburger Eisenbahn teichartig, läuft dann in Gräben weiter ins Golmer Luch.
Der Wildpark, durch die Eisenbahn von den Gestaltungen westlich der Communs getrennt, wird unter Beibehaltung der meisten Wege ebenfalls parkartig behandelt.

20
Das Gelände westlich des Neuen Palais. Um 1865

Plangrenzen: Wiesen und Äcker der Gemarkung Eiche, desgl. die des Amtes Bornstedt, die Communs des Neuen Palais, Gärtnerlehranstalt mit Landesbaumschule, Nordgrenze des Wildparks.
Zeichner: Gustav Meyer.
Bezifferter Maßstab in Ruten und Zoll.
Feder in Grau, laviert in Grün, Grau, Blau und Rosa. 96,8 x 65,7 cm.
Planslg. Nr. 3712.
Siehe Tafelteil.
Quellen und Lit. zu Kat.-Nr. 7–20: STAM. Lenné-Nachlaß. Nr. 35 c. – BLAP. Rep 2 A III F. Nr. 14699, 14700 und 15166–15170. – Haeberlin. S. 225–238. – Schupke: Die Pirschheide, geschichtlich, forstlich und baulich. In: Mittn. d. Ver. f. d. Geschichte Potsdams. 1866. S. 361–376.

Das Gebiet westlich der Communs wird einer Verschönerung unterzogen, bei der außer den Nutzflächen der Landesbaumschule drei langgestreckte Flächen, dicht abgepflanzt, ausgespart bleiben. Der südlich des Palaisgrabens ins Golmer Luch führende Wasserlauf erweitert sich an der Potsdam-Magdeburger Eisenbahn teichartig. Kräftige Pflanzungen lassen etwa 40 m breite Sichten frei, die zum Teil bis in den Wildpark hineinreichen. Die Reste der Lindenallee, die Fortsetzung der Hauptachse des Parkes Sanssouci ins Golmer Luch, werden durch ergänzende Pflanzungen zu großen Baumgruppen.

Der Tornow

Friedrich Wilhelm IV. war von der Idee, den Tornow in die Verschönerung der Insel Potsdam einzubeziehen, fasziniert. Unbeeinträchtigt von den realen Möglichkei-

ten, zeichnete er als Kronprinz Ideen, die ein auf Substruktionen zu errichtendes Schloß Belriguardo zeigen, das sowohl einen Blick in die Landschaft gestattet, als auch ein Blickpunkt von den Terrassen des Schlosses Sanssouci ist. 1823 erhielt Schinkel den Auftrag, Entwürfe für Belriguardo anzufertigen. Das Projekt wurde aber nach der Thronbesteigung Friedrich Wilhelms IV. nie ernsthaft zur Ausführung vorgesehen.
Der Tornow war in viele kleine Teile zerteilt, die verschiedenen Besitzern gehörten, der größte Teil davon dem Gut Potsdam. Seit 1841 bemühte sich der König um Erwerbung von Land auf dem Tornow. Die Besitzerin des Gutes, Frau Wendler, geb. Kaehne, weigerte sich zu verkaufen. Als willig erwies sich der Berliner Weinhändler Drucker, dessen Grundstück durch einen Strohmann im Dezember 1841 aufgekauft wurde. Im Januar 1842 wies dieser Ansorge darauf hin, daß jetzt der Bankier Jakobsen auch verkaufen würde, der einen beträchtlichen Teil des Tornow besaß. Die Verhandlungen zerschlugen sich aber, und der Tornow wurde nicht in die Verschönerungsplanung einbezogen.
Das von Drucker erworbene Gelände wurde sofort der Gartenintendantur übergeben, und schon im Dezember 1841 legte Lenné seinen ersten Plan zur Gestaltung des Geländes vor. Er sah einen Pavillon am Wasser und eine Badeanstalt vor. Auch dieses Projekt ist nicht verwirklicht worden. Nach 1845 wurde nur die Idee einer Badeanstalt noch einmal aufgegriffen.
Auf dem Tornow waren schon immer Badestellen gewesen. Der Bankier Jakobsen besaß eine Badeanstalt, der Fischermeister Fackert ein Badezelt. Aus den polizeilichen Anforderungen ergab sich die Form der von Lenné vorgeschlagenen Anlage, die auf Zeichnungen Friedrich Wilhelms IV. beruht (Staatliche Museen Berlin. Handzeichnungssammlung. V – 1 – A – 63). Ein Wasserbecken, das nur durch zwei Kanalstücke mit dem freien Wasser verbunden war, sollte architektonisch gerahmt werden. Sonst waren die Badegelegenheiten mit Brettereinzäunungen umgeben, und noch 1844 mußte sich Fischermeister Fackert verpflichten, »seine Bade-Anstalt so einzurichten, daß die Badenden nicht Veranlassung haben aus den Badeverhältnissen in den freien Strom zu schwimmen«. Diese häßlichen Arrangements sollten nun vermieden werden. Daß es nicht geschah, hängt sicher mit den Ereignissen des Jahres 1848 zusammen. Schließlich etablierte sich hier ein Kaffeehaus an der Stelle, wo noch heute die Fähre vom Potsdamer Kiewitt her anlegt.

21
Der Tornow. Um 1840/41

»Situationsplan vom Tornow bei Potsdam«
Plangrenzen: Zufahrt zum Hermannswerder mit dem Judengraben, Hermannswerder, Chaussee nach Brandenburg (Zeppelinstraße), Havelufer.
Zeichner: Gerhard Koeber.
Maßstab in Dezimalruten.
Wasserzeichen von 1838.
Feder in Grau, aquarelliert in Grün, Blaßbraun, Blau und Rosa. 58,8 x 79,7 cm.
Planslg. Nr. 3668.

Im Plan werden die einzelnen Grundstücke (Grenzen, Gebäude und Namen der Besitzer) ausgewiesen, darunter auch das für das geplante Bad Tornow.

22
Der Tornow. 1841

»Etablissement Tornow bei Potsdam 1840 od. 41 von F. W. IV. erworben (s. dasselbe mit projekt. Badeanstalt)«
Plangrenzen: Grenzen des von Friedrich Wilhelm IV. erworbenen Wassergrundstücks.
Signiert: »Lenné Dez. 1841.«
Zeichner: Gerhard Koeber.
Bezifferter Maßstab in Dezimalruten.
Wasserzeichen von 1838.
Feder in Grau, laviert in Grün bis Blaugrün, Grau und Rosa. 38,1 x 50,5 cm.
Planslg. Nr. 3669.

Die Niederungswiesen weisen keinerlei Bepflanzung auf. Das Gelände an der Gebäudegruppe ist annähernd rechteckig aufgeteilt. Die einzelnen Quartiere sind ringsherum gleichmäßig mit Bäumen abgepflanzt. Offensichtlich handelt es sich um einen Zustandsplan.

23
Der Tornow. 1841

»Etablissement Tornow bei Potsdam«
Plangrenzen: Grenzen des von Friedrich Wilhelm IV. erworbenen Wassergrundstücks.
Signiert: »Lenné Dez. 1841.«
Zeichner: Gerhard Koeber.
Wasserzeichen von 1839.
Legende: »1) Haus 2) projectierte Badeanstalt 3) projectierter Pavillon am Wasser 4) Mühlen«.
Feder in Grau, laviert in Grün, Blau, Blaßbraun und Rot. 34,6 x 48,5 cm.
Planslg. Nr. 3670.
Siehe Tafelteil.

Die Nutzgartenteile und alten Gebäude des erworbenen Grundstücks bleiben teilweise erhalten, werden jedoch dicht abgepflanzt. Von der Landungsstelle führen leicht geschwungene Wege zur alten Nutzanlage und zur Badeanstalt, die in diesem Plan wesentlich verkleinert in das Innere des Geländes hineingezogen worden ist. Breite, kanalartige Wasserläufe verbinden das Badebecken mit der Havel; unmittelbar am Badebecken und durch Pergolen, halbkreisförmige Ausbuchtungen und Treppen verbunden, liegt ein regelmäßiges Gebäude. Von diesem führt ein schmaler, sich später windender Weg zu einem Pavillon am Wasser, der von einer fast regelmäßigen Gartenanlage umgeben ist.
Die Gebäude und Nutzflächen sind meistens dicht umpflanzt. Auffallend ist die fast ausschließliche Verwendung von Bäumen trauerweidenartigen Charakters.

24
Der Tornow. 1842

Signiert: »Lenné 1842«.
Zeichner: Gerhard Koeber.
Bezifferter Maßstab in Dezimalruten.
Feder in Grau, laviert in Grün, Blaßbraun, Blau und Rosa. 39,9 x 59,7 cm.
Planslg. Nr. 3671.

Wie Kat.-Nr. 23.

25
Der Tornow. Nach 1845

»Project zu einer Badeanstalt und Garten auf dem Tornow bei Potsdam.«
Plangrenzen: Grenzen des von Friedrich Wilhelm IV. erworbenen Wassergrundstücks.
Zeichner: Gustav Meyer.
Bezifferter Maßstab in Ruten.
Wasserzeichen von 1845.
Feder in Grau, laviert in Grün bis Graugrün, Blau, Grau und Blaßbraun. 52,6 x 72,2 cm.
Planslg. Nr. 3672.

Das Badebassin hat fast quadratische Formen und wird in der Mitte kanalartig mit der Havel verbunden. Das Badehaus nimmt die Schmalseite des Beckens ein und spannt eine breite Treppe zwischen die zwei Gebäudeteile. Die sich hinter einer dichten Abpflanzung anschließenden Rasenflächen sind im Vergleich zum vorangegangenen Entwurf erweitert.

26
Der Tornow. Nach 1845

»Project zu einer Badeanstalt und Garten auf dem Tornow bei Potsdam.«
Plangrenzen: Grenzen des von Friedrich Wilhelm IV. erworbenen Wassergrundstücks.
Zeichner: Gustav Meyer.
Bezifferter Maßstab in Ruten.
Wasserzeichen von 1845.
Feder in Grau, laviert in Grün bis Blaugrün, Blau, Grau und Blaßbraun. 49,4 x 70,2 cm.
Planslg. Nr. 3673.
Siehe Tafelteil.
Quellen zu Kat.-Nr. 21–26: BLAP. Rep. 2 A III D. Nr. 15838, 15839. – BLAP. Rep. 2 A I P. Nr. 1057, 1058.

Die Niederungswiesen sind in ein langgestrecktes Badebassin verwandelt, dessen Ufer regelmäßig geführt wird und an zwei Stellen zur Havel geöffnet ist. Ein langgestrecktes Badehaus verbindet sich mit einer breiten Treppenanlage unmittelbar an der Wasserfläche. Während das Bad nicht abgepflanzt ist, öffnet sich die anschließende Gartenpartie mit offenen Rasenflächen, durch die ein geschwungener Weg von der Landungsstelle zu einem durch eine Pergola erheblich erweiterten Gebäude führt.

Stadt Potsdam

Für die Stadt Potsdam selbst hat Lenné keine wesentlichen Entwicklungsanstöße gegeben. Die Aufträge, die auch hier fast immer vom König kamen, befaßten sich mit der Neugestaltung der großen Stadtplätze und mit der Pflanzung von Straßenbäumen. Auch der Lustgarten mußte der neuen Zeit angepaßt werden. Mit zwei Entwürfen für Gebiete am Rand der Stadt, zum einen für die Straßenkreuzung hinter der Langen Brücke (Leipziger Dreieck, Kat.-Nr. 56), zum anderen für das Gelände zwischen Luisenplatz und Obeliskportal (Kat.-Nr. 57), versuchte Lenné, in die Stadtplanung einzugreifen. Es ist sicher kein Zufall, daß beide Pläne nicht ausgeführt wurden.
Wir kennen nur drei Entwürfe für Potsdamer Privatgärten. Es ist anzunehmen, daß Lenné mehr entworfen hat, uns aber die Zeichnungen nicht erhalten geblieben sind.

Lustgarten

Der Lustgarten am Stadtschloß geht schon auf das 17. Jahrhundert zurück, war aber von Friedrich Wilhelm I. fast ganz zum Paradeplatz gemacht worden, eine Maßnahme, die Friedrich II. teilweise zurücknahm. Lennés Vorschläge bringen eine Auflockerung der strengen Ach-

5. Julius Schlegel. Potsdam, vom Park Babelsberg aus gesehen. 1862. (Stiftung Schlösser und Gärten Potsdam-Sanssouci)
6. Johann Heinrich Hintze. Das Stadtschloß und der Lustgarten in Potsdam. Um 1840. (Stiftung Schlösser und Gärten Potsdam-Sanssouci)

sengliederung des Gartens des 18. Jahrhunderts. Der Lustgarten wurde schon beeinträchtigt, als hier 1844 die Bahnstrecke Potsdam-Magdeburg angelegt wurde. Nach dem Abbruch des im Zweiten Weltkrieg ausgebrannten Stadtschlosses wurden die Reste des Lustgartens beseitigt.

27
Lustgarten. Um 1810, mit Einzeichnungen um 1829

»Plan vom Lust-Garten zu Potsdam«
Plangrenzen: Havel, ehemalige Regierungsgebäude, Exerzierplatz vor dem Marstall, Schloß, Kolonnade an der Havel.
Bleistifteinzeichnungen Lennés in den älteren Plan.
Feder in Grau, Bleistift, laviert in Grün, Grau, Blau und Rosa. 33 x 41 cm.
Planslg. Nr. 3640.

Mit groben Bleistiftstrichen sind in den alten Gartenplan Veränderungen eingetragen worden, die u.a. die in die Havel vorspringende, halbkreisförmige Fläche mit einem Weg erschließen und eine teilweise Umgestaltung der Bepflanzung vorsehen.

28
Lustgarten. 1829

»Plan des Koeniglichen Lustgartens zu Potsdam.«
Plangrenzen: Wie Kat.-Nr. 27.
Signiert: »vermeßen und aufgetragen von H. Barthold«.
Bezifferter Maßstab in Dezimalruten.
Feder in Braun, laviert in Grün, Braun, Gelb, Rot und Rosa, Notizen in Bleistift. 56,7 x 62,4 cm.
Planslg. Nr. 3641.

Vermessungsaufnahme. Die Pflanzungen um den Karpfenteich mit Neptungruppe ziehen sich auseinander, die Gehölzgruppen werden vergrößert. Die Standorte der Plastiken, Blumenbeete und Gartenbänke sind aufgenommen.

29
Lustgarten. 1829

»Plan des Koeniglichen Lustgartens zu Potsdam.«
Plangrenzen: Wie Kat.-Nr. 27.
Signiert: »fec G Koeber 1829«. »Copia aufgen. von Barthold. 1829.«
Bezifferter Maßstab in Dezimalruten.
Feder in Schwarz, Quadratnetz in Bleistift, laviert in Grün, Braun, Braungelb, Blaugrün, Blaßocker und Rosa. 52 x 57,9 cm.
Planslg. Nr. 3642.
Siehe Tafelteil.

Die Pflanzungen um den Karpfenteich, in den die Neptungruppe eingezeichnet ist, werden vereinfacht, die Gehölzgruppen dagegen etwas schwerer und vergrößert. Die Standorte der Blumenbeete (besonders im westlichen Teil) und der Plastiken sind festgehalten. Zustandsplan 1829, Neuzeichnung der Vermessungsaufnahmen.

30
Lustgarten. Um 1830

»Plan des Lustgartens zu Potsdam«
Plangrenzen: Wie Kat.-Nr. 27.
Zeichner: Schülerarbeit nach einem älteren Lennéplan.
Feder in Braun, laviert in Grün bis Grüngelb, Grau, Blau und Rosa. 36,8 x 49 cm.
Planslg. Nr. 3643.

Die streng barocken Formen des Karpfenteiches sind sehr vereinfacht und mit einem neuen Rand pyramidenförmiger Bäume und einigen Gruppen umpflanzt. Die drei Hauptalleen werden erhalten, die umfangreichen dazwischenliegenden Flächen jedoch mit geschwungenen Wegen durchzogen und mit dichten, zum Teil recht großen Pflanzungen, auch Einzelbäumen und Baumgruppen, besetzt. Die Fläche vor dem Stadtschloß und den Bäumen ist in Rasenspiegel umgewandelt.
Der Plan wurde teilweise ausgeführt.

31
Lustgarten. Vermutlich 1831

»Nivellements Profile vom K. Lustgarten in Potsdam«
Plangrenzen: Marstall, Stadtschloß, Havelkolonnade, nördlicher Teil des Lustgartens, westlicher Exerzierplatzabschluß.
Signiert: »Lenné f«.
Zeichner: Eigenhändig.
Bezifferter Maßstab in Rheinischen Fuß.
Feder in Grau, Rotbraun und Blau, laviert in Grau, Hellocker, Rosa und Grün. 67,8 x 49,1 cm.
Planslg. Nr. 3644.

Nivellementsprofile in westöstlicher und nordsüdlicher Richtung.

32
Lustgarten. 1831

»Zeichnung der Aufnahme der abgestorbenen Bäume im Lustgarten zu Potsdam. 1831.«
Plangrenzen: Südlicher Teil des Lustgartens, Regierungsgebäude, Exerzierplatz vor dem Marstall, Rasenfläche vor dem Karpfenteich.
Zeichner: Gerhard Koeber.
Bezifferter Maßstab in Dezimalruten.
Feder in Grau, laviert in Braun, Grün und Rosa. 24,4 x 37,7 cm.
Planslg. Nr. 3645.

Aufnahme der abgestorbenen Bäume eines Teiles der drei Alleen und der großen Baummassiv-Gruppe. Von rd. 300 Bäumen leben nur noch 91 Stück. Um einen Kern von je 60 Bäumen wächst alleeartig ein Rand, der sich mit drei Alleen in den Lustgarten fortsetzt.

33
Lustgarten. 1831

»Exerzier-Platz.«
Plangrenzen: Wie Kat.-Nr. 32.
Zeichner: Gerhard Koeber.

Feder in Braun, laviert in Grün, Braun und Rosa. 23,7 x 34,9 cm.
Planslg. Nr. 3646.
Siehe Tafelteil.

Die Neupflanzung nimmt das nördliche Ende der drei Alleen auf und überzieht die ganze Fläche in einer gleichmäßigen Baumordnung, die nur in der breiteren Mittelallee etwas zurückspringt.
Der Plan wurde ausgeführt.

34
Lustgarten. 1831

»Bepflanzungs-Plan des Lustgartens zu Potsdam 1831.«
Plangrenzen: Wie Kat.-Nr. 32.
Signiert: »den 17.9.31 AGK«.
Zeichner: August Gottfried Klengel.
Bezifferter Maßstab in Dezimalruten.
Feder in Braun. Auf Seidenpapier. 17,2 x 40,2 cm.
Planslg. Nr. 3647.

Durchzeichnung der Kat.-Nr. 33.

35
Lustgarten. 1832

»Plan des Lustgartens in Potsdam«
Plangrenzen: Wie Kat.-Nr. 32.
Signiert: »gez. von A. G. Klengel 1832«.
Lithographie. 18,1 x 24,5 cm.
Plansig. Nr. 13151.

In der Ausgestaltung entspricht der Plan dem von 1829 unter Berücksichtigung der Neupflanzungen von 1831 (vgl. Kat.-Nr. 34).

36
Lustgarten. Um 1835

»Plan des Königlichen Lustgartens zu Potsdam.«
Plangrenzen: Marstall, Stadtschloß, Havelkolonnade, südlicher Teil des Lustgartens, Regierungsgebäude.
Zeichner: Gerhard Koeber.
Bezifferter Maßstab in Dezimalruten.
Wasserzeichen von 1831.
Feder in Schwarz, laviert in Grün, Grau, Grünblau, Hellocker und Hellrosa. 51,2 x 56,4 cm.
Plansig. Nr. 3648.

Die 1831/32 ausgeführten Pflanzungen der beiden großen Baummassive finden Aufnahme, die Wegeführung ist wie bisher beibehalten. Geringfügige Änderungen sind an Umfang und Standort der Gehölze und der Blumenbeete, auch der Gartenbänke, zu bemerken.

37
Lustgarten. Um 1845

Plangrenzen: Am Kanal, Stadtschloß, Freundschaftsinsel, Hinzenberg, Zeppelinstraße.
Zeichner: Gustav Meyer.
Wasserzeichen von 1843.
Feder in Braun, sehr blaß laviert in Grün, Blau und Rosa, wenig Bleistift. Auf Leinen aufgezogen. 55,2 x 75,8 cm.
Plansig. Nr. 3649.

Der Lustgarten wird in seinem Zustand um 1831 gezeigt, im westlichen Teil Bleistiftzeichnungen, die sich wohl auf die Anlage der Reitbahn beziehen und wahrscheinlich späteren Datums sind. Im südlichen Vorgelände des Lustgartens ist die neue Eisenbahnbrücke und eine möglicherweise vorgesehene, jedoch nicht ausgeführte weitere Trassenführung eingezeichnet. Der Plan ist das Teilstück eines nicht zustandegekommenen Planwerks über Potsdam und Umgebung.

38
Lustgarten. Um 1860

»Pospect zur Anlage einer Reitbahn im Königl. Lustgarten zu Potsdam.« »Copia«
Plangrenzen: Südwestlicher Teil des Lustgartens, Regierungsgebäude, Exerzierplatz, westlicher Teil des Lustgartens.
Zeichner: Gustav Meyer?
Bezifferter Maßstab in Ruten.
Feder in Braun, Bleistift. Auf Seidenpapier. 39,5 x 46,2 cm.
Plansig. Nr. 3650.
Lit. zu Kat.-Nr. 24–35: Hinz 1937/89. S. 94–97.

In den westlichen Teil des Lustgartens wird unter schonender Beibehaltung des Baumbestandes eine Reitbahn gelegt. Um zwei kreisförmige Reitplätze läuft ein ovaler, breiter, alleeartig bepflanzter Weg, der von Osten und Norden her einen Zugang hat.

Stadtplätze und Straßen

Friedrich Wilhelm I. hatte bei seinem Ausbau der Stadt Potsdam drei Plätze anlegen lassen: den Bassinplatz (1734–45), die Nauensche Plantage (Wilhelmplatz 1722 bis 1724) und die Plantage an der Garnisonskirche (1720–22). Alle drei Plätze litten unter dem sumpfigen Boden, und es war immer schwierig, sie instandzuhalten.
Lenné hat zehn Pläne zur Umgestaltung des Bassinplatzes vorgelegt; ausgeführt wurde der von 1825 (Kat.-Nr. 39). Er verkleinerte das große Bassin und sorgte für Abzug des Wassers. Erhalten blieb die kleine Insel mit der Gloriette aus der Zeit Friedrich Wilhelms I. Das Bassin wurde 1871–76 zugeschüttet.
Der Wilhelmplatz hatte als Mittelpunkt 1845 ein Denkmal Friedrich Wilhelms III. erhalten. Lenné behielt die barocken Diagonalwege, die für die Erschließung eines so großen Platzes in der Stadt am günstigsten waren, in veränderter Form bei. Von der Anlage Lennés ist nichts erhalten.
Die Plantage an der Garnisonskirche diente als Exerzierplatz und wurde von Lenné nur seitlich bepflanzt. Der Platz verschwand teilweise nach 1968.
Für die Gestaltung von Straßen wurde Lenné zugezogen, wenn es sich um Alleen handelte, die auf wichtige Blickpunkte zuführten. Es ging dabei aber nicht nur um ihre Bepflanzung, sondern auch um die Platzräume an ihren Ausgangspunkten. Das gilt vor allem für den Plan (Kat.-Nr. 56), der sich dem Platz zu Füßen des Brau-

7. Johann Friedrich Nagel. Der Bassinplatz in Potsdam. Um 1796. (Stiftung Schlösser und Gärten Potsdam-Sanssouci)

hausberges widmet. Schinkel hatte in einem Gutachten 1834 auf die Bedeutung dieser Stelle hingewiesen: »Die Teltower Vorstadt, am Fuße und am Abhange des Brauhausberges ungemein vorteilhaft gelegen, hat in neuester Zeit durch mehrere Gebäude von gefallender Form sehr gewonnen. Es würde sehr zu bedauern sein, wenn diese Verschönerungen durch den beabsichtigten Bau [eines Magazins] gleichsam wieder aufgehoben werden sollten ...« Als Lenné um 1840 an der Gestaltung des Platzes arbeitete, mag die in seinem Plan enthaltene Idee der repräsentativen Eckbauten durchaus mit Schinkel abgesprochen gewesen sein.

39
Bassinplatz. 1825

Plangrenzen: Am Bassin, Junkerstraße (heute Gutenbergstraße), An der Mauer, Löffelbrücke (heute Hebbelstraße), Charlottenstraße.
Signiert: »Lenné fecit 1825.«
Zeichner: Eigenhändig.
Bezifferter Maßstab in Rheinischen Fuß.
Feder in Grau und Schwarz, laviert in Blaßblau, Blau, Grün, Grau, Blaßrot und Rosa. Auf Leinen aufgezogen. 54,8 x 45 cm.
Plansig. Nr. 3651.
Siehe Tafelteil.

Der Bassinplatz wird dicht mit Bäumen bepflanzt, nur zwei größere rechteckige Plätze für das Marktgeschehen und zwei Blickachsen in nordsüdlicher und westöstlicher Richtung auf die Gloriette, ein 1739 erbauter Pavillon, bleiben frei. Diese bildet den Mittelpunkt einer ovalen mit Bäumen bepflanzten Insel, die in einem kreisförmigen Wasserbecken (60 m Durchmesser) liegt. Der Zufluß wird kanalartig geführt und setzt sich nach Westen in einem hakenförmigen Graben mit Rasenböschungen fort.
Der Plan wurde ausgeführt.

40
Bassinplatz. 1825

»Verschoenerungs Plan des Bassinplatzes in Potsdam, nach dem früheren von Seiner Majestät dem Königе Allerhöchst genehmigten Project.«
Plangrenzen: Wie Kat.-Nr. 39.
Signiert: »Lenné«, »G. Koeber.«
Bezifferter Maßstab in Dezimalruten.
Feder in Grau und Blau, laviert in Grün, Blau, Braun und Rosa. 50,4 x 38,8 cm.
Plansig. Nr. 3652.
Siehe Tafelteil.

Die Baumpflanzung ist so vorgesehen, daß westlich ein sehr großer Platz mit Öffnung zur Brandenburger Straße entsteht. Ein kleinerer, fast quadratischer Platz liegt östlich der Gloriette, die auf einer ovalen, mit Bäumen bepflanzten Insel steht. Kanal und ovales Bassin sind mit einem schmalen Rasenstreifen umzogen.

41
Bassinplatz. Nach 1828

»Project zur Verschoenerung des Bassinplatzes in Potsdam. 1825.«
Plangrenzen: Wie Kat.-Nr. 39.
Signiert: »scizziert v. G Koeber.«
Bezifferter Maßstab in Rheinischen Fuß.
Wasserzeichen von 1827.
Feder in Grau bis Schwarz, laviert in Grün, Grünblau, Grau, Gelb und Rosa. 53,1 x 40,9 cm.
Plansig. Nr. 3653.
Siehe Tafelteil.

Der Bassinplatz ist in Flucht der Straßen von einer alleeartigen Bepflanzung umgeben; innerhalb liegt das sehr große, in Ostwestrichtung gestreckte Bassin (208 m lang, 125 m breit) mit der Gloriette auf ovaler Insel. Die

Zwickel des rechteckigen Stadtplatzes sind mit Rasenflächen und Gebüschgruppen ausgefüllt. Die Gloriette ist Blickpunkt sowohl von den Straßenzugängen als auch von der Französischen Kirche.

42
Bassinplatz. 1825

»Bassinplatz in Potsdam 1825«
»Ausgezogen aus dem Situationsplan der Stadt Potsdam«
Plangrenzen: Wie Kat.-Nr. 39.
Signiert: »Lenné«.
Zeichner: August Gottfried Klengel.
Bezifferter Maßstab in Rheinischen Ruten.
Feder in Grau und Schwarz. 45,8 x 38,7 cm.
Planslg. Nr. 3654.

Umzeichnung des Planes von 1825 (Kat.-Nr. 39). In der Umzeichnung ist in Achse der Brandenburger Straße ein Gebäude in Bleistiftstrichen eingezeichnet.

43
Bassinplatz. 1828

»Der Bassinplatz zu Potsdam«
»Ausgezogen aus dem Situationsplan der Stadt Potsdam«
Plangrenzen: Wie Kat.-Nr. 39.
»Ist ausgeführt und befinden sich die desfallsigen Verhandelungen in den Acten betr. den Bassin No 22. Vol. II fol: 22 ppp.« (Diese Akten wurden nicht aufgefunden.)
Signiert: »Lenné 1828.«
Zeichner: August Gottfried Klengel.
Bezifferter Maßstab in Rheinischen Ruten.
Feder in Grau und Schwarz. 46,1 x 38,3 cm.
Planslg. Nr. 3665.

Umzeichnung des Planes von 1825, Kat.-Nr. 39.

44
Bassinplatz. Wohl 1838

»Nivellementsplan des Bassinplatzes in Potsdam«
Plangrenzen: Wie Kat.-Nr. 39.
Zeichner: Gerhard Koeber.
Bezifferter Maßstab in Dezimalfuß.
Feder in Grau, Rot, Blau und Grün. 39,7 x 28,2 cm.
Planslg. Nr. 3656.

Nivellementsplan.

45
Bassinplatz. Wohl 1838

»Situations- und Nivellementsplan über den gegenwärtigen Zustand des Bassinplatzes in Potsdam«
Plangrenzen: Wie Kat.-Nr. 39.
Signiert: »Lenné«; »gez. G. Koeber.«
Bezifferter Maßstab in Rheinischen Fuß zu den Höhen und Dezimalruten zu den Längen.
Wasserzeichen von 1837.
Feder in Grau, Orange und Blau, laviert in Hellrosa, Blau und Braun. 49 x 35,4 cm.
Planslg. Nr. 3657.

46
Bassinplatz. Wohl 1838

Plangrenzen: Wie Kat.-Nr. 39.
Zeichner: Gerhard Koeber.
Bezifferter Maßstab in Dezimalruten.
Wasserzeichen von 1834.
Feder in Grau, Orange, Braun und Blau, laviert in Blau und Hellrosa. 54 x 40,7 cm.
Planslg. Nr. 3658.

Nivellementsplan.

47
Bassinplatz. 1838

»Neues Project 1838«
»nach dem Project vom Jahre 1825«
Plangrenzen: Wie Kat.-Nr. 39.
Zeichner: Gerhard Koeber.
Maßstab ohne Angaben.
Feder in Grau. Auf Seidenpapier. 37,5 x 49,7 cm.
Planslg. Nr. 3659.

Die rechte Hälfte zeigt eine Skizze des Planes von 1825 ohne die hakenförmige Fortsetzung des Grabens, den östlichen Platz in fast quadratischer Form. Die linke Hälfte des Planes beläßt als neue Entwurfsskizze den breiten westlichen Platz, erweitert dagegen das Bassin fast teichartig und zeigt an Stelle des früher nahezu quadratischen, östlichen Platzes einen ovalen, gerahmt durch einen Baumrand. Die Restflächen am Bassin und dessen Zulauf werden von Strauchgruppen aufgelockert.

48
Bassinplatz. 1838

»Verschönerungsplan zu dem Bassinplatze in Potsdam, nach dem neuern weniger kostspieligen Project.«
Plangrenzen: Wie Kat.-Nr. 39.
Signiert: »Lenné 1838«, »G. Koeber gez.«
Bezifferter Maßstab in Dezimalruten.
Wasserzeichen von 1837.
Feder in Grau und Blau, laviert in Grün, Blau, Braun und Rosa. 50,6 x 38,8 cm.
Planslg. Nr. 3660.

Auf der Westseite liegt ein breiter, mit Bäumen gerandeter Platz, der von der Brandenburger Straße her eine schmale, achsenartige Beziehung zur Gloriette frei läßt. Diese liegt auf einer rundlichen Insel genau in Achse der Kreutz-Straße (heute Benkert-Straße), die durch sich anschließende Baumpflanzungen betont wird. Das Bassin ist teichartig erweitert, die Platzfläche bis zur Französischen Kirche in ovaler Form von Bäumen umstellt. Die kleinen Restflächen und der Bassin- und Kanalrand werden von Rasen- und Strauchflächen begrünt.

49
Wilhelmplatz (Platz der Einheit). 1831

»Nivellements-Profile vom Wilhelms Platz in Potsdam.«
Plangrenzen: Friedrich-Ebert-Straße, Charlottenstraße.
Signiert: »fecit et proj: G Koeber.«

Bezifferter Maßstab in Ruten und Fuß.
Wasserzeichen von 1827.
Feder in Grau, Blau und Rot. 42,7 x 50,2 cm.
Plansig. Nr. 9622.

Der Plan zeigt vier Querprofile des Platzes.

50
Wilhelmplatz (Platz der Einheit). 1831

»Situations-Plan des Wilhelmsplatzes in Potsdam. 1831.«
Plangrenzen: Wie Kat.-Nr. 48.
Signiert: »fec: et proj: G Koeber.«
Bezifferter Maßstab in Ruten.
Wasserzeichen von 1828.
Feder in Grau und Rot. 50,2 x 38,7 cm.
Plansig. Nr. 9623.

Über den Platzgrundriß (»Seite am Canal« unten) sind Meßpunkte, mit Zahlenangaben versehen, gelegt.

51
Wilhelmplatz (Platz der Einheit). 1862

Plangrenzen: Friedrich-Ebert-Straße, Charlottenstraße.
Signiert: »Lenné 23/6 62.«
Zeichner: Gustav Meyer.
Bezifferter Maßstab in Ruten.
Wasserzeichen von 1861.
Feder in Grau und Orange, laviert in Grün, Blaugrün, Grau, Blaßocker, Blau und Rosa, Bleistifteinbesserungen. 52,2 x 75,8 cm.
Plansig. Nr. 3661.
Siehe Tafelteil.

Der rechteckige Platz wird von zwei Reihen Bäumen umgeben, auch die Diagonalwege und der Querweg sind in der gleichen Art bepflanzt. Die kreisförmige Platzmitte betont ein Denkmal und ist dicht abgepflanzt. Am Ufer des Stadtkanals zieht sich ebenfalls eine Baumreihe entlang.
Der Plan wurde ausgeführt.

52
Plantage. 1850

»Situations- und Nivellementsplan von der Plantage in Potsdam«
Plangrenzen: Garnisonskirche, Kanal, Exerzierhaus.
Signiert: »aufgenommen durch Meyer Juli 1850«.
Bezifferter Maßstab in Ruten und Fuß.
Wasserzeichen von 1846.
Feder in Grau und Rot, laviert in Blaßrosa, Grau und Blau. 69 x 47,8 cm.
Plansig. Nr. 3662.

Situations- und Nivellementsplan.

53
Plantage. 1850

»Nivellementsplan von der Plantage zu Potsdam«
Plangrenzen: Wie Kat.-Nr. 49.
Zeichner: Gustav Meyer.
Bezifferter Maßstab in Fuß.
Feder in Grau und Rot, laviert in Blaßrosa, Grau und Blau, Bleistift. 65,5 x 32,5 cm.
Plansig. Nr. 3663.

Nivellementsplan.

54
Plantage. 1850

»Situations-Plan von der Plantage zu Potsdam.«
Plangrenzen: Wie Kat.-Nr. 49.
Signiert: »Lenné 1850«.
Zeichner: Gustav Meyer.
Bezifferter Maßstab in Ruten.
Wasserzeichen von 1846.
Feder in Grau, laviert in Grün, Blau und Rosa, Anmerkungen über Materialien und Bepflanzung in Bleistift. 59 x 40,5 cm.
Plansig. Nr. 3664.
Siehe Tafelteil.

Vor dem Exerzierhaus ist die doppelte Baumreihe noch durch eine dichte Abpflanzung verstärkt, während die Rasenflächen an den übrigen Seiten nur locker mit Baum- und Buschgruppen bepflanzt sind. Ein gestreckter, rechteckiger Platz bleibt in der Mitte frei. Zwischen Kanal und Grünflächen führt eine alleeartige Baumbepflanzung hindurch.
Der Plan wurde ausgeführt.

55
Berliner Straße mit Glienicker Brücke. Um 1835

»Situations Plan von der Anfahrt zur neuen Glienicker Brücke auf der Potsdamer Seite.«
Plangrenzen: Havel, Grundstück an der Berlin-Potsdamer Chaussee, Havel, alte und neue Havelbrücke.
Signiert: »Gezeichnet von Prüfer, Conducteur.«
Einzeichnungen von Lenné.
Bezifferter Maßstab in Ruten.
Wasserzeichen von 1829.
Feder in Grau, Bleistift, laviert in Blau, Orange, Violett, Grau und Hellgrün. 62,9 x 81,6 cm.
Plansig. Nr. 10978.
Siehe Tafelteil.

1831–34 war nach dem Entwurf von Karl Friedrich Schinkel eine neue Brücke über die Havel erbaut worden, die ein Teil der Straße von Potsdam nach Berlin ist. Der Übergang der alten Straßenführung zur neuen Brücke zieht Veränderungen des Radius, der Alleebepflanzung und auch der Uferführung am Ansatz der Brücke mit beiden Exedren nach sich. Am Weg zum Neuen Garten sind mit Bleistift die Grundrisse zu dem von Schinkel geplanten Brückenwärterhaus eingetragen.

56
Leipziger Dreieck. Um 1840

»Situations Plan von einem Theile der Teltowschen Vorstadt zu Potsdam, insbesondere von dem daselbst belegenen Holzhändler Büchlerschen Grundstücks.«

Plangrenzen: Teltower Vorstadt mit den am Obelisk (Meilenstein) abgehenden Straßenflächen der Leipziger Straße, Havel Ufer, Damm von der Havel zur Saarmunder Straße (Heinrich-Mann-Allee).
Zeichner: Gerhard Koeber.
Beziffeter Maßstab in Ruten.
Wasserzeichen von 1837.
Feder in Schwarz und Grau, Bleistift, laviert in Grün, Blau und Rosa. 65 x 48,5 cm.
Planslg. Nr. 10987.
Siehe Tafelteil.
Quelle: Lenné-Nachlaß. Nr. 4. Miscellanea. Fol. 130/131.

Schon 1825 hatte Lenné zwei mit A und B bezeichnete Pläne für den Kommunikationsdamm bei der Langen Brücke angefertigt. Es ging dabei um die Sichten auf Schloß und Stadt im Zusammenhang mit dem Neubau der Brücke 1822–25. 1824/25 hatte Schinkel die beiden Torhäuser erbaut, an denen der Damm in Richtung Teltower Vorstadt ansetzte. Diese beiden Pläne Lennés sind nicht erhalten. Ihre Fortsetzung in Richtung Teltower Vorstadt bildet der vorliegende Plan.
Beabsichtigt ist, die Einfahrt zum Damm der Langen Brücke zu verändern. Dazu sollten an der Einfahrt auf jeder Seite je ein repräsentatives Gebäude sowie ein kleiner Vorgarten geschaffen werden. Auch der Obelisk (Meilenstein) ist axial zur Langen Brücke zu versetzen. Angedeutet wird eine Straßenbepflanzung der »Alten Königstraße.« Bleistiftzeichnungen auf der Ostseite des Dammes lassen bauliche Vorstellungen erkennen, die offenkundig von Friedrich Wilhelm IV. einskizziert sind. Der Plan wurde nicht ausgeführt.

57
Straßenplanung am Obeliskportal. Um 1840

Plangrenzen: Weinberg (Weinbergstraße), Zum Obeliscus (Schopenhauerstraße und Hegelallee), Brandenburger Tor mit Luisenplatz, Allee nach Sanssouci, Park Sanssouci.
Zeichner: Gerhard Koeber.
Beziffeter Maßstab in Ruten.
Wasserzeichen von 1837.
Feder in Schwarz und Rot, laviert in Blau, Grün und Rot. 49,2 x 39 cm.
Planslg. Nr. 9798.
Siehe Tafelteil.

Südlich des Obelisken zieht sich in leichtem Bogen eine geplante Straße durch den späteren Friedensgarten, damals noch Gemüse- (Hopfen) Garten, bis zum Parkeingang, später Grünes Gitter. Die an die Straße grenzenden Flächen sind so aufgeteilt, daß südlich sechs, nördlich drei Grundstücke zur Bebauung entstehen, die teils mit offensichtlich repräsentativen Gebäuden ausgewiesen sind. Der Wassergraben, der die Flächen nördlich der Mauer-Straße (Hegelallee) entwässert, beginnt erst in Höhe des Obeliskportals. Die Flächen vor diesem Portal sind von einem fast kreisförmigen Weg erschlossen. Die alleeartige Bepflanzung der Straßen ist ausgewiesen. Obwohl es sich nur in geringem Maße um Gestaltung von Parkgelände und Straßenbepflanzung handelt, ist der Plan, der einen ganz neuen Straßendurchbruch zeigt, zweifellos in der Gartendirektion entstanden. Er wurde gegenstandslos, als sich Friedrich Wilhelm IV. 1845 entschloß, die neue Kirche nicht am Charlottenhof, sondern am Marlygarten zu errichten.

58
Kiezstraße. Um 1843

»Vier Nivellements-Quer-Profile von der Kietzstraße in Potsdam.«
Signiert: »K.«
Zeichner: Gerhard Koeber.
Beziffeter Maßstab in Fuß.
Feder in Grau und Blau, laviert in Graubraun und Blau. 27 x 48,8 cm.
Planslg. Nr. 9750.

Vier Straßenquerprofile von Haus zu Haus mit Hausnummernangabe zeigen das Gefälle einschließlich Rinnstein, Treppen und Bepflanzung.
Die an der Havelbucht gelegene Kiezstraße gehört zu den gut erhaltenen Straßen des alten Potsdam und dürfte noch heute die damals von Lenné festgelegte Bepflanzung zeigen.

59
Nauener Tor mit anschließenden Alleen. Um 1850

Plangrenzen: Mittelstraße, Communication (Hegelallee, Straße der Jugend und angrenzende Grundstücke), Seidenfabrikant Stiefsche Wiesen (Hebbelstraße).
Zeichner: Gustav Meyer.
Beziffeter Maßstab in Ruten.
Wasserzeichen von 1844.
Feder in Grau, Bleistift, laviert in Grün und Rosa. 47,7 x 67,4 cm.
Planslg. Nr. 10499.
Lit.: Börsch-Supan. S. 106.

Der Plan nimmt die Communication am Nauener Tor auf, wohl unter Berücksichtigung der vorhandenen Alleebepflanzung. Auf der Nordseite sind die jeweiligen Grundstücke einschließlich der zwei Windmühlen eingetragen.
Offensichtlich ist diese Situationsaufnahme die Grundlage für die Neugestaltung des nördlichen Vorplatzes am Nauener Tor zur Spandauer Straße (Friedrich-Ebert-Straße) der Bepflanzung östlich des Nauener Tores. Die gesamte Allee ist wichtig, da sie axial auf den Campanile der Friedenskirche zuläuft.
Persius geht in seinem Tagebuch auf diese Planung ein. Er berichtet am 6. 6. 1844: »Das dem Waysenhaus gehörende Grundstück am Nauener Tor ... Befahl S M den Ankauf dieses Grundstücks. Damit in der Folge die Anlage der Promenade längs der Stadtmauer ventlilierbar sei.« Und am 23. 6. 1844: »Die Breite der zu erwerbenden Parcellen soll sich nach der Breite der Allee vom Jägerthore richten...«
Die Allee wurde zwar ausgeführt, aber ihre Beeinträchtigung durch die parallel verlaufende Stadtmauer blieb bis um 1900 bestehen.

Kasernen

Für drei militärische Bauten in Potsdam kennen wir Gartenentwürfe von Lenné. Der weitaus früheste ist der zu dem schon 1911 abgerissenen Kadettenhaus in der Saarmunder Straße (Heinrich-Mann-Allee). 1819 hatte Schinkel das Gutachten für den geplanten Bau abgegeben. Nach Schinkels Angaben entstanden 1825 die Entwürfe für die Kaserne des Lehrinfanteriebataillons (Unteroffiziersschule) in der Jägerallee. Lenné entwarf die kleine Gartenanlage, die aber nicht erhalten ist, wenn auch das Gebäude noch steht (Kat.-Nr. 62). Der dritte Entwurf für eine Kaserne an der Kolonie Alexandrowka wurde nicht ausgeführt, weil der Kasernenbau unterblieb. Hier hatte Lenné auch nur darauf geachtet, daß das Gebäude so abgepflanzt wurde, daß es seine »Neue Anlage«, den Weg von Sanssouci zum Neuen Garten, nicht störte.

Kadettenanstalt

Das Potsdamer Kadettenhaus an der Saarmunder Straße war aus verschiedenen älteren Gebäuden, die in erster Linie dem Waisenhaus gehörten, entstanden.
1820/21 wurde der Hauptbau, das »Lehrgebäude«, als ein Umbau aus dem alten Mädchenwaisenlazarett errichtet. Gleichzeitig erbaute man das Kommandanturhaus. Der dabei neu organisierte Gebäudekomplex sollte nun auch Gartenanlagen erhalten. Über den Vorgang gibt eine Akte im Lenné-Nachlaß Auskunft, zu der die beiden Pläne gehören. Das Konzept zu den Erläuterungen Lennés ist dort auch abgeheftet. Lenné mußte sich weitgehend nach den Forderungen des Direktors der Kadettenanstalt richten. Die Anlage war sehr reich an Alleebäumen, 800 Stück wurden im ganzen gepflanzt: Eichen, Ahorn und Kastanien.
Der Plan Lennés wurde ausgeführt. 1911 wurde der Gebäudekomplex weitgehend neu erbaut; heute wird es zu Verwaltungszwecken genutzt. Von der Anlage Lennés blieben nur einzelne Bäume.

60
Kadettenanstalt. 1820

Plangrenzen: Alte Königsstraße (Friedrich-Engels-Straße), Kirchhofstraße, Saarmunder Straße (Heinrich-Mann-Allee).
Signiert: »Lenné fecit. 1820«.
Zeichner: Eigenhändig.
Bezifferter Maßstab in Rheinischen Ruten.
Feder in Grau, laviert in Grün bis Gelbgrün und Rosa, Bleistiftkorrekturen. 50,4 x 78,3 cm.
Lenné-Nachlaß. Nr. 35 a. Fol. 1.

Mittelpunkt des Planes ist die seitlich mit drei Reihen Bäumen bepflanzte Laufbahn der Kadetten.
Die im westlichen Teil genannten Gärten sind nicht gestaltet. Nördlich folgen Holzstall und Nebengebäude, das ausgesparte Rechteck des Paradeplatzes, Krankenhaus und Ökonomiegebäude. Großen Raum nehmen die Gärten der Kadetten der ersten und zweiten Kompanie ein, die an der Nordseite mit »Schattengängen« umzogen sind.
Südlich der Laufbahn folgen Lehr- und Wohnungsgebäude, zu denen im Umriß sehr bewegte Gartenflächen gehören; ihr Umriß ergibt sich zum Teil aus den Bedingungen zweier Einfahrten. Von drei Gebäuden gehen Sichtlinien, von Bepflanzungen freigehalten, zur Straße. Über die mit Bäumen und Büschen bepflanzten Flächen sind mit weichem Bleistift neue Wegeführungen eingezeichnet, die eine Vergrößerung der Rasenflächen zur Folge hätten. Im östlichen Teil liegen drei große, verschieden geformte Gärten der leitenden Herrn von der Kadettenanstalt. Sie sind lebhaft, sehr locker mit Bäumen verschiedenster Physiognomie und Sträuchern bepflanzt. Bleistifteinzeichnungen verändern das Wegesystem und die Form der drei Gärten.

61
Kadettenanstalt. 1820

»Croquis des Spielplatzes hinter dem Königl. Cadetten Gebaeude.«
Plangrenzen: Grenzen des Spielplatzes, Außenmauer, Haus des Obristen mit Eingang, Hofmauer.
Signiert: »fecit von Puttkamer.«
Eigenhändige Einzeichnungen Lennés in die von Puttkamer signierte Aufnahme der Gebäude und Grundstücksgrenzen.
Bezifferter Maßstab in Ruten.
Feder in Grau und Braun, laviert in Grün, Grau und Rosa, Bleistiftkorrekturen. 52,9 x 67,7 cm.
Lenné-Nachlaß. Nr. 35 a. Fol. 1.
Quellen u. Lit. zu Kat.-Nr. 60 u. 61: Lenné-Nachlaß. Nr. 35 a – F. v. Haslingen: Geschichte des Kadettenhauses in Potsdam. Berlin 1906.

Das unregelmäßig geformte Gelände gliedert sich in einen fast quadratischen Spielplatz, der regelmäßig mit Bäumen umpflanzt ist. Aus den zwei, zum Teil bebauten Seiten besteht die äußere Reihe aus Spitzpappeln. Die übrigen Flächen sind ganz regelmäßig mit Laubbäumen bepflanzt, nur vor dem Weberhaus bleibt eine fast rechteckige Freifläche. Die Rückseite dieses Hauses und die sich anschließende Mauer sind mit höherem Strauchwerk abgepflanzt. Ein Teil des Hofes am Haus des Obristen wird als ein Ziergarten genutzt, der Eingang befindet sich neben dem Gartenhaus. Der Garten hat eine nierenförmige Mittelfäche; die zwischen Umgehungsweg und Grenzmauer freien Rasenstücke folgen in der Form den Wegerändern.

62
Kaserne des Lehrinfanteriebataillons. Um 1826

»Grundriß von der Caserne der Schul-Abtheilung.«
Plangrenzen: Jägerallee, Grundstücksgrenzen.
Zeichner: Gerhard Koeber.
Bezifferter Maßstab in Preußischen Ruten.
Feder in Schwarz, laviert in Braun, Grau, Grün und Rosa. 42,5 x 48,2 cm.
Plansig. Nr. 3665.
Siehe Tafelteil.

Die Restflächen des Kasernenhofes sind dicht mit Gehölzen abgepflanzt, nur im Norden und vor der Kaserne liegen einige lockere Gebüschgruppen. Eine halbkreisförmige Rasenfläche mit zwei ebensolchen Rundbänken ist etwas außerhalb der Eingangsachse angeordnet.

63
Kaserne mit Kolonie Alexandrowka. 1861

Plangrenzen: Schragen, Kapellenberg, Kolonie Alexandrowka, Südteil der Jägerallee.
Signiert: »Lenné im März 1861.«

Zeichner: Gustav Meyer.
Feder in Grau, laviert in Grün, Grau und Rosa. 46,8 x 34,2 cm.
Plansig. Nr. 3666.
Siehe Tafelteil.

Südlich der auf die Kolonie Alexandrowka zuführenden Pappelallee wird eine Kaserne eingeordnet, die, eine große, bisher landwirtschaftlich genutzte Fläche teilweise ausfüllend, dicht umpflanzt ist. Der breit bepflanzte Verbindungsweg zwischen Sanssouci und dem Neuen Garten bleibt in der alten Führung erhalten. Südlich davon liegt, von einer Pflanzung abgeschirmt, der Reitplatz, an dessen Südseite ein schmaler Wasserlauf sich teichartig erweitert.
Die Kolonie Alexandrowka hat die Form eines Andreaskreuzes. Zwölf Blockhäuser und in der Mitte das des Aufsehers liegen an den Diagonalwegen und am nördlichen und südlichen äußeren Halbkreis. Nördlich schließt sich der Kapellenberg mit der russischen Kirche und dem Haus des Priesters an.
Kaserne und Planung um die Kaserne wurden so nicht ausgeführt.

Privatgärten

64
Garten Jacobs. 1835

Der Zuckerfabrikant Ludwig Friedrich Otto Jacobs besaß 1834 und 1835 Grundstücke, die sich längs des Jungfernsees am Nedlitzerweg (jetzt Bertinistraße) erstreckten. Ein altes Kaffeehaus wurde von Ludwig Persius zur Villa umgebaut, die durch ihren Turm in der Landschaft bis zur Pfaueninsel wirksam wurde.
Der Garten wurde ausgeführt. Die Villa brannte 1981 ab, wurde abgerissen und der Garten aufgeteilt.

»Verschönerungs Project des dem Herrn Jacobs/vormals Bertini zugehörenden Grundstücks.«
Plangrenzen: Garten nördlich des Jacobs'schen Wohnhauses, Jungfernsee, Eingang Bertinistraße, Südgrenze des Grundstücks.
Signiert: »gez: G. Koeber. 35.«
Einzeichnungen von Hermann Sello.
Beziffeter Maßstab in Dezimalruten.
Feder in Grau, laviert in Grün, Grau, Hellocker und Rosa, der obere Teil der Zeichnung in Bleistift zugefügt. 68,6 x 38,6 cm.
Plansig. Nr. 3667.
Siehe Tafelteil.
Lit.: Julius Haeckel: Vier Villen um Potsdam. Villa Henkel, Templin, Villa Ingenheim, Villa Alexander (Jacobs). In: Mittn. d. Ver. f. Potsdamsche Geschichte. N. F. 5. 1911. S. 24–62.

Zwischen Wohnhaus und Wasser senkt sich eine Rasenfläche, belebt durch ein großes Teppichbeet, Einzelbäume und Baumgruppen, die das wirtschaftlich genutzte Land abdecken. Während die Partien am Wasser parkartig gehalten sind, wird der übrige Teil des langgestreckten Gartens als Wein-, Kirsch- und Obstgarten genutzt. Südlich des Hauses folgt ein regelmäßiger, durch Pergolen gegliederter Nutzgarten, den Höhenunterschied des Geländes geschickt auswertend. Der Plan wurde erneut von Hermann Sello benutzt. Seine Bleistiftskizzen deuten eine Erweiterung nach Nordwesten an: Inmitten eines landschaftlich gestalteten Rahmens liegt ein regelmäßiger Kern, ein kreisförmiger Gartenteil, dem sich auf dem nach Süden ansteigenden Gelände terrassenartige Nutzpflanzungen anschließen.
Ein aufklappbares Deckblatt zeigt die Gestaltungsmöglichkeit der parkartigen Partien am Haus bei Erhaltung der Wirtschaftsgebäude, die auf dem Hauptplan der besseren Lösung wegen nicht eingezeichnet sind.

65
Garten Meyer. Um 1840

»Situationsplan von dem Grundstücke des Königlichen Geheimen-Ober-Regierungsraths Herrn Meyer.«
Plangrenzen: Straßenkreuzung, im Süden Max-Planck-Straße.
Zeichner: Eigenhändig.
Beziffeter Maßstab in Fuß.
Feder in Braun, Bleistifteinzeichnungen. 39,5 x 29,6 cm.
Plansig. Nr. 13152.
Siehe Tafelteil.

Das an einem leicht ansteigenden Hang liegende Grundstück ist an den Grenzen dicht abgepflanzt. Hinter dem Wohnhaus entwickelt sich eine Gartenpartie in der Art eines Pleasure-Ground, deren Räumlichkeit von drei Eckpflanzungen gebildet wird. Die Blickachse setzt sich weiter fort, ist aber in der Tiefe locker bepflanzt, da sich in Folge des Höhenanstiegs die Pflanzungen optisch zusammenziehen. Die seitliche Partie zum »Alten Wohnhaus« baut sich ähnlich auf.
Der Garten wurde ausgeführt und ist auf dem Berghausschen Stadtplan von 1845 eingezeichnet. Er muß aber bald wieder verschwunden sein; nach den Zerstörungen des Zweiten Weltkriegs wurde die Straßenkreuzung zu Füßen des Brauhausberges so verändert, daß das Grundstück vollkommen in einer Anlage vor der Schwimmhalle aufgegangen ist.

66
Villa Tiedke, Reiterweg 1. 1856

Der Kammerdiener Tiedke hatte vom König das Grundstück erhalten, und Persius hatte das Haus 1844/45 erbaut. Es hatte also schon 10 Jahre gestanden, als Meyer das Aufmaß anfertigte, zweifellos damit dann ein Gartenentwurf gemacht werden konnte. Der Entwurf ist nicht bekannt.

»Situations Plan vom Grundstück des Königl. Kammerdiener Tiedke«
Plangrenzen: Grundstücksgrenzen, Jägerallee, Kolonie Alexandrowka.
Signiert: »aufgemessen und berechnet im November 1856 von Meyer, Königl: Garten-Conducteur.«
Beziffeter Maßstab in Ruten.
Feder in Grau, laviert in Grün und Rosa. Auf Leinentransparentpapier. 34,2 x 29,6 cm.
Plansig. Nr. 10504.
Lit.: Börsch-Supan. S. 151.

Der Plan zeigt die Grundstücksgrenzen (Zaun, Mauer, Pfeiler und Pergola), die Gebäude und die Zugänge von der Jägerallee und der Kolonie Alexandrowka.

8. Ernst Ziller. Das Wohnhaus Meyer in Potsdam. 1824. (Potsdam-Museum, Potsdam)
9. Julius Schlegel. Die Terrasse vor dem Schloß Sanssouci, Potsdam. Um 1850. (Stiftung Schlösser und Gärten Potsdam-Sanssouci)

Park Sanssouci

Immer wieder hat sich Lenné mit der Verschönerung und Erweiterung des Parkes Sanssouci befaßt, seit er 1816 seinen ersten großen Verschönerungsplan vorlegte. Darin war er vor allem mit der Beseitigung der großen Achse als Gehweg nach Ansicht Friedrich Wilhelms III. zu weit gegangen. Er hat dann verstanden, nach und nach Veränderungen vorzunehmen, die den Park dem Zeitgeschmack anpaßten, ohne in das Grundsystem des friderizianischen Gartens einzugreifen. Das endgültig Erreichte wird in dem von Gustav Meyer gezeichneten Plan von 1853 dokumentiert (Kat.-Nr. 83).
Grund zu Veränderungen im Park gab vor allem auch die durch das Pumpwasserwerk 1842 geschaffene Möglichkeit, Fontänen anzulegen. Das ist in überreichem Maß geschehen, doch hier waren vor allem wohl die Wünsche Friedrich Wilhelms IV. ausschlaggebend.
Die Erweiterungen des friderizianischen Gartens vom zweiten bis dritten Viertel des 19. Jahrhunderts, vor allem Charlottenhof, der Hopfengarten, der Marlygarten und der Sizilianische Garten sind sämtlich von Lenné gestaltet worden.

Erste Planungen

67
Park Sanssouci. 1816

»Plan von Sans, Souci und dessen Umgebungen, nebst Project fliessendes und springendes Wasser dahinzubringen, so wie auch die Promenaden zu verschönern.«
Plangrenzen: Belvedere, Dorf Bornstedt, Ruinenberg, Stadt Potsdam, Brandenburger Vorstadt, Gut Charlottenhof, Communs am Neuen Palais.
Signiert: »Entworfen und gezeichnet von P: J: Lenné. 1816.«
Feder in Schwarz und Grau, laviert in Grün, Braun, Blaßocker und Rosa. Auf Leinen aufgezogen. 89 x 193 cm.
Planslg. Nr. 3674.
Siehe Tafelteil.

Lennés Planungen zeigen eine Neuformung des friderizianischen Gartens nach den zeitgenössischen Anschauungen der Gartenkunst. Vom alten regelmäßigen Garten bleiben lediglich die Terrassen (auf der obersten, vor den Seitenflügeln des Schlosses, sieht Lenné zwei Fontänen vor), das Fontänenbecken (jedoch in anderer Form) im Parterre, der Garten zwischen Bildergalerie und Puttenmauer, die radialen Lindenpflanzungen am Obelisk, die Zugangsallee von Süden und die Boskетts am Neuen Palais und den Communs erhalten. Da das Parterre am Neuen Palais (120 m Tiefe) einer Rasenfläche weichen muß, liegt dieses Schloß isoliert am Ende des Parkes, aus dem nur zwei Wege den seitlichen Zugang ermöglichen. Lenné verwandelt die fast 2000 m lange Hauptallee in eine 34 m breite Sichtschneise, durch deren seitliche Gehölzpflanzungen sich die Wege schlängeln. Außer dieser Hauptsicht führen untergeordnete vom Teehaus zum Belvedere und in das Gelände südwestlich des Parks, dem späteren Charlottenhof. Weitere Blickbeziehungen sind auf kleinere Partien beschränkt.
Die schmalen, den östlichen Teil des Hopfengartens entwässernden Gräben werden zusammengefaßt und fast bis an die Rampen südlich der Neuen Kammern geführt, wo sie an einem Gebäude enden. Sie münden im Westen in einen kleinen See, der sich von der einstigen Hauptallee bis zum Freundschaftstempel ausdehnt. Auch der Graben vom Obelisk bis zum Teehaus wird in malerischen Formen geführt, an einigen Stellen auch seeartig erweitert.
Die Gehölzpflanzungen sind sehr dicht gezeichnet, ohne dabei die alten Boskettpflanzungen aufzunehmen. Da es sich nicht um Solitäre oder kleinere Gruppen handelt, erscheinen die Pflanzungen sehr gemischt: Laubholz, Gehölze mit Trauerweidencharakter und ein hoher Anteil an Nadelgehölzen. Nur nördlich des Teehauses werden fast einzeln stehende Laubbäume vorgesehen.
Die Wege schlängeln sich meist in Ost-West-Richtung, um über die Schmalheit des Gartens hinwegzutäuschen. Sie decken sich auch nicht mehr mit Sichtbeziehungen.
Der Plan wurde nicht ausgeführt.

68
Bildergalerie. 1816

»Quer Profil Der vor der Bilder Gallerie bei Sans Souci belegenen Garten Fläche.«
Plangrenzen: Schnitt Bildergalerie, Puttenmauer.
Bezifferter Maßstab in Fuß.
Wasserzeichen von 1801.
Feder in Grau, farbig laviert. 33,5 x 57,8 cm.
Planslg. Nr. 11990.

Dem Zustand mit der grottierten Mauer und der Puttenmauer wird die Planung Lennés gegenübergestellt. Beide Mauern sollen entfernt und der Hang im leichten Schwung verlängert werden, wie es auf dem Plan Kat.-Nr. 67 vorgesehen ist.

69
Park Sanssouci. 1816

»Project, die zwischen den Terrassen und dem Obeliscus, zu Sans-Souci gelegene Hecken-Partie, zu verschönern.«
Plangrenzen: Nördlichste Sanssouci-Terrasse, Bildergalerie, Winzerberg, Obelisk, Sanssouci-Graben, Nordgrenze Marlygarten, Große Fontäne.
Signiert: »von P. J Lenné: Garten-Ingenieur.«
Zeichner: Eigenhändig.
Bezifferter Maßstab in Rheinischen Ruten.
Feder in Schwarz, laviert in Grün, Gelbbraun, Braun, Rosa und Rot. 46,4 x 64,1 cm.
Planslg. Nr. 3675.
Siehe Tafelteil.

Lenné nimmt die begehbare Hauptachse des alten Gartens heraus und verwandelt sie entsprechend der Auffassung landschaftlicher Gartenkunst in eine Sichtachse um. Lediglich der gerade Zufahrtsweg vom Obelisk bis zum halbkreisförmig ausgebuchteten Portal bleibt bestehen, dann gabelt sich der Weg, um der Führung des Wasserlaufs auf der Südseite zu folgen. Auf der Nordseite erschließt sich der Weg die Flächen vor der Neptungrotte und Bildergalerie und hat auf der Südostseite der Rampe fünf Plastiken zum Ziel.
Das kleine ovale Parterre vor der Neptungrotte wird in eine Rasenfläche umgewandelt und eine Sicht zu einer

Plastik im Süden, am Rande des Marlygartens, eingefügt. Ganz ähnlich ist es vor der Bildergalerie, wo die alten Laubengänge und die Marmorputtenmauer verschwunden sind und dafür ein ansteigender Rasenplan vorgesehen ist, über den zwei Sichten nach Süden laufen, von denen eine von einem Rondell mit acht Plastiken aufgefangen wird. Die Sanssouci-Terrassen bleiben erhalten, nur für die Rampe ist eine neue Pflanzung aus rund- und kegelkronigen Bäumen vorgesehen.
Die weiten Wiesenflächen werden sehr sparsam mit Gehölzgruppen und Einzelbäumen bepflanzt, um den Park weiträumiger erscheinen zu lassen, als er an dieser Stelle ist. Bemerkenswert bleibt die Verwendung zahlreicher Bäume mit Trauerweidencharakter, z.T. streng aufrecht wachsenden gegenübergestellt. Auch sind die Sichten im Verhältnis zur Länge recht breit.
Die Fontäne vor der Bildergalerie ist verschwunden, das Fontänenbecken vor den Terrassen in ovaler Form belassen, jedoch auf die wertvollsten Gartenplastiken des 18. Jahrhunderts verzichtet. Auch das Gelände südlich des Grabens wird als zum Park gehörend in die Gestaltung einbezogen, wobei der Stichgraben der Allee zugeschüttet ist.
Der Plan wurde nicht ausgeführt.

70
Park Sanssouci. 1816

»Project die bei dem Eingange von Sans Souci gelegene Wiese und Wasserleitung zu verschönern.«
Plangrenzen: Sanssouci-Graben, Zugangsallee mit Gartendirektion und Gartenkassenhaus, südliche Parkgrenze, Teehaus.
Signiert: »P Lenné 1816.«
Zeichner: Eigenhändig.
Bezifferter Maßstab ohne Angabe der Maßeinheit.
Feder in Grau und Schwarz, laviert in Grün, Braun, Rosa und Grünbraun. 37,2 x 60,6 cm.
Planslg. Nr. 3676.
Siehe Tafelteil.

Unter der Erhaltung der alten, vom Grünen Gitter herführenden Lindenallee (1960/61 und 1965/66 mit Kastanien erneuert) sieht der Plan vor, die Stichgräben zwischen der doppelten Baumreihe zu verfüllen. Der Grabenlauf bleibt erhalten, jedoch geben ihm Ausbuchtungen und kleine Inseln in einzelnen Partien ein fast seeartiges Gepräge. Durch dichte Abpflanzungen nach Süden (Ökonomieweg), nördlich des Grabens und durch sparsame Gruppenbepflanzungen von kulissenartiger Wirksamkeit entsteht ein gestreckter Wiesenraum, der nicht durch Bodenbewegung, sondern nur durch räumliche Pflanzungen belebt wird. Die Bepflanzung ist sehr geschlossen, Einzelbäume oder Gruppen werden nur wenig verwendet.
Das Teehaus verliert seine eigenen Gartenbereiche und ordnet sich ganz im Sinne der zeitgemäßen Gartenkunst zum Blickpunkt im Landschaftsgarten ein. Fein gestrichelte Linien weisen auf die Hauptsichten hin. Die ehemaligen Boskett-Teile des friderizianischen Gartens an der Nordseite des Grabens werden in kurvenreichen Gehölzpflanzungen, die sich gegen Wiesenflächen abheben, aufgelöst. Geschwungene Wege gehen den alten des 18. Jahrhunderts nach, führen auch durch sehr artenreiche, stark mit Nadelgehölzen durchwachsene Pflanzungen hindurch.
Die Ausführung des Plans wurde zunächst von Friedrich Wilhelm III. abgelehnt, später erfolgte jedoch eine Realisierung von Teilen.

71
Östlicher Lustgarten. 1819

»Litt M. No 17. in betreff die projectirten Verschönerung dieser Parthie siehe Plan A. mit eingereicht gewesen«
Plangrenzen: Sanssouci-Rampe, Puttenmauer (Marmorwand), Neptungrotte, Pflanzungen am Obeliskportal, Marlygarten, Nordmauer, sog. Bullenwiese.
Zeichner: Eigenhändig.
Feder in Grau bis Braun, laviert in Grau bis Braun, Grün und Rot. 26,3 x 32,7 cm.
Planslg. Nr. 9152.
Siehe Tafelteil.

Auf der Rampe sind nur vier Reihen Bäume vorgesehen. In den Heckenquartieren vor der Puttenmauer und der Neptungrotte befindet sich eine regelmäßige Obstbaumpflanzung. Gleichlaufend zum Hauptweg zieht sich vor den Hecken ein Rasenstreifen mit regelmäßiger Baumpflanzung. Die kleine Fontäne ist nicht eingezeichnet, dafür zwei fast halbkreisförmige Rasenstücke. Auch das Mohrenrondell ist als Rasenstück ausgewiesen. Das Parterre am Obeliskportal besteht aus zwei ovalen, schrägliegenden Rasenflächen, deren Mitte besonders betont ist. Vor der Marlygartenmauer zieht sich dichtes Strauchwerk hin, am Graben sind einige Gehölzgruppen vorgesehen.

72
Park Sanssouci. 1819

Plangrenzen: Maulbeerallee, Anschnitte des Heckenquartiers, Ökonomieweg, Parterre am Neuen Palais.
Signiert: »Lenné fecit 1819«.
Zeichner: Eigenhändig.
Bezifferter Maßstab in Ruten.
Feder, laviert in Grün und Grau. 51,2 x 79,2 cm.
Staatsarchiv Oldenburg. Best. 271/25. Nr. 53.

Das dargestellte Gelände des Planes reicht im Gegensatz zum folgenden Plan (Kat.-Nr. 73) nur bis an die mittleren Rondelle im Westen des Heckenquartiers, läßt folglich die Fläche vor den Neuen Kammern weg. Die Wegeführung beider Planungen ist etwas unterschiedlich, besonders im nördlichen Teil werden die Wege in der Folge etwas mehr. Beiden Plänen ist die sehr elegant geschwungene Form der Wegeführung eigen. Auch die Ausbildung der Wegekreuzungen, oft mit Solitärbäumen im Mittelpunkt, erscheint neu und auffallend. Die von Gebäuden bzw. Wegekreuzungen ausgehenden Sichten sind in dünnen Linien in den Plan eingezeichnet.

73
Park Sanssouci. 1819

»Situations-Plan des Sans-Souci-Gartens von den Neuen Kammern bis zum Neuen Palais 1819.«
Plangrenzen: Maulbeerallee, Neue Kammern, Ökonomieweg, Parterre am Neuen Palais.

10. Johannes Rabe. Die Große Fontäne im Park Sanssouci, Potsdam. 1845. (Stiftung Schlösser und Gärten Potsdam-Sanssouci)

Signiert: »Lenné 1819«.
Zeichner: Eigenhändig.
Feder in Grau, Bleistift, laviert in Hellgrau, Hellgelb, Grün und Rosa. 57 x 93 cm.
Planslg. Nr. 3677.
Siehe Tafelteil.

Dichte Gehölzmassen sind hellgrau, Flächen mit lockerem Baumbestand hellgelb, Flächen ohne Gehölzwuchs hellgrün eingezeichnet.
Die Gestaltung der weiteren Umgebung des Neuen Palais steht im Gegensatz zu dem folgenden Blatt von 1819/20; sie deckt sich dagegen mit dem Verschönerungsplan von 1820, so daß der »Situationsplan« nicht nur eine Situation, sondern vielmehr in gewissen Maßen auch Planungen darstellt. Diese beziehen sich auf die weitere Umgebung des Neuen Palais, die Sichten im Rehgarten und möglicherweise auch auf die Behandlung der Flächen seitlich der Wege in den Heckenquartieren. Die Darstellung des Gartens vor den Neuen Kammern kann in dieser Form als eine Vorstufe der späteren Lenné-Planungen angesehen werden.

74
Park Sanssouci. 1819/20

»Grundriß von einem Theile des Gartens zu Sans Souci in dem gegenwärtigen Zustande.«
Plangrenzen: Nördlicher Palaisgraben, Rehgarten, südlicher Palaisgraben, Parterre am Neuen Palais.
Zeichner: Eigenhändig.
Bezifferter Maßstab in Rheinischen Ruten.
Feder in Grau, laviert in Gelb, Braun, Grün und Rosa. 36,5 x 43,9 cm.
Planslg. Nr. 3678.
Siehe Tafelteil.

Der »Grundriß« ist die Bestandsaufnahme zum folgenden Verschönerungsplan von 1820 und zeigt, daß sich der Zustand dieses Parkteils seit 1772 (Saltzmann-Plan) nur wenig verändert hat.
Möglicherweise wurden die Wasserpartien um den Freundschaftstempel, nördlich und südlich des Hauptweges, die schneisenartige Sicht zum Hauptweg, der Schlängelweg vom Antiken- zum Freundschaftstempel schon von Eyserbeck eingefügt, auch die geraden Wege nördlich und südlich des Antikentempels mit Rasen überzogen.
Bald nach 1790 legte Gartendirektor Schulze eine Baumschule nördlich des Palaisgrabens an, die jedoch die Abpflanzung des Weges zur Sonnenlaube und zum Freundschaftstempel nicht angriff, ja sogar im Nutzgelände die alte Bepflanzung des schon vorhandenen Weges beließ.

75
Park Sanssouci. 1820

»Verschönerungs-Plan von einem Theile des Gartens zu Sans Souci«
Plangrenzen: Nördliches Heckenquartier, nördliche Parkgrenze, südlicher Parkabschluß am Palaisgraben, Parterre am Neuen Palais.
Signiert: »Lenné fecit 1820 d: 31t: Au:«.
Zeichner: Eigenhändig.
Bezifferter Maßstab in Rheinischen Ruten.
Feder in Grau, laviert in Grün, Gelb, Graubraun und Rosa. 44,3 x 48,5 cm.
Planslg. Nr. 3679.
Siehe Tafelteil.

Die alleeartige Bepflanzung des Hauptweges und des Parterres (hier bereits einheitlich in Laubholz, jedoch oh-

ne abschließende Hecke) wird beibehalten, erstmalig auch die Bepflanzung der rechteckigen Parterrekanten mit kleineren Bäumen vorgesehen. Von den Heckengärten werden nur vier Teile übernommen.
Die Bepflanzung setzt sich aus großen schweren Gruppen und Einzelbäumen, dazwischen zahlreiche mit Trauerweidencharakter, zusammen. Nadelgehölze sind sparsam und nie vereinzelt verwendet.
Die Bedeutung des Entwurfs liegt in der optischen Einbeziehung des Freundschafts- und Antikentempels mittels 230 m bzw. 155 m langer und 25 m breiter Sichten zum Hauptweg. Weitere Sichten werden angedeutet, auch wenn sie sich nicht auf Gebäude beziehen, sondern nur Parkräume eröffnen oder die von Gartendirektor Schulze geförderte Baumschule ins Blickfeld rücken.
Die Wegeführung ist zum Teil völlig neu, zum Teil geht sie behutsam den Formen des 18. Jahrhunderts (z.B. Ostteil der nördlichen Heckenquartiere) nach. Der quer durch den Park führende Wassergraben wird landschaftlich behandelt und in einzelnen Partien seeartig erweitert.
Teile des Planes, vor allem die Öffnung der Sichten, sind ausgeführt worden.

Gesamtpläne

76
Park Sanssouci. Um 1825

»Plan vom Park Sanssouci b. Potsdam«
Plangrenzen: Belvedere, Bornstedt, Ruinenberg, Obeliskportal, Havelbucht, Allee zum Neuen Palais, Allee nach Golm.
Zeichner: Der Grundplan ist vermutlich von Hermann Fintelmann gezeichnet. Lenné hat den Plan dann mehrfach, wenigstens dreimal, zu Eintragungen verwendet. Locker in Grün bis Braun ist die neue Sanssouci-Anlage eingezeichnet und ebenso eine Veränderung östlich des Belvedere auf dem Klausberg. Dann wurde Charlottenhof in Bleistift einskizziert und der Hopfengarten in Feder.
Feder in Grau, laviert in Grün, Braun und Rosa, Bleistift und Federeinbesserungen. Auf Leinen aufgezogen. 29,6 x 42 cm.
Lenné berichtete, daß er zuweilen Pläne besonders klein zu zeichnen pflegte, um Friedrich Wilhelm III. über die Kosten zu täuschen. Bis jetzt war kein Plan bekannt, dessen Größe nicht im Verhältnis zum wiedergegebenen Gelände stand. Hier ist es aber der Fall, denn für das gesamte Gelände von Sanssouci ist der Maßstab ausgesprochen ungünstig.
Planslg. Nr. 15074.
Siehe Tafelteil.

Der Grundplan zeigt Situation und Planungen von Lenné Anfang der 20er Jahre. Weinberg und Belvedere schließen sich mit einer vierreihigen Allee und Wegen an die Maulbeerallee an. Die weiteren Teile nördlich der Maulbeerallee sind als Zustand erfaßt, auch der dünn bewaldete Ruinenberg mit acht Schneisen. Die Bepflanzung vor dem Obelisk ist nicht strahlenförmig eingezeichnet, die Partien vor der Neptungrotte und Bildergalerie sind ebenso landschaftlich umgestaltet wie der Nutzgarten vor den Neuen Kammern. Der gesamte Rehgarten bis zum Freundschafts- und Antikentempel zeigt in Wegeführung und Verlauf der Wasserflächen bereits die Lennésche Formgebung, in die verschiedene Einzelpläne (z.B. am Freundschafts- und Antikentempel) eingegangen sind. Entlang des Grabens an der Südseite des Parks erhielten sich noch die Nutz- und Baumschulflächen, die der Hofgärtner Handtmann besitzt. Das Parterre vor dem Neuen Palais ist entsprechend des Planes von 1822 ausgeführt. Die späteren Erweiterungsflächen für den Charlottenhof und den Hopfengarten sind im Zustand der Aufnahme eingetragen.
Nach Fertigstellung des Planes sind die dichten Gehölzgruppen eingefügt worden, die den Plan plastischer wirken lassen und Freiflächen, Haine und dichte Gehölzgruppen unterscheiden. Die zweite Wiederverwendung in weichen Bleistiftstrichen läßt die ersten Gedanken für die Eintragung des Ökonomieweges von der Teehausbrücke bis zu den Heckengärten am Neuen Palais erkennen. Dazu gehört ebenfalls die Anbindung an die Wege im Rehgarten und die ersten, zum Teil auch bestehen bleibenden Wegeführungen im Charlottenhof einschließlich Schloß, Terrasse und Karpfenteich. Auch der Maschinenteich ist bereits vorgesehen.
Die dritte Wiederverwendung zeigt die Wege und Wasserflächen im Hopfengarten und deren Anbindung an die Wegeführungen im Rehgarten, die teilweise harte Veränderungen erfuhren. Gleiches trifft auf die Wege am Drachenhaus und Belvedere zu.

77
Park Sanssouci. 1828

»Plan der Garten-Anlagen zu Sans Souci und Charlottenhof. Sr: Majestaet dem Könige allerunterthaenigst überreicht vom Gartendirector Lenné 1828«
Plangrenzen: Belvedere, Dorf Bornstedt, Ruinenberg, Winzerberg, Brandenburger Vorstadt, Charlottenhof, Gärtnerlehranstalt, Allee westlich der Communs.
Zeichner: Gerhard Koeber.
Bezifferter Maßstab in Dezimalruten.
Feder in Grau und Schwarz. Auf Leinen aufgezogen. 65 x 86,5 cm.
Planslg. Nr. 3680.

Der Plan, der das bis 1828 erworbene Gelände umfaßt, stellt zum Teil gegenwärtige Situationen, zum Teil aber auch Planungen dar, die nicht immer ausgeführt wurden. Außer den Sanssouci-Terrassen und Laubengängen vor der Bildergalerie ist der östliche friderizianische Garten bis auf einige Relikte schon in landschaftliche Formen umgewandelt, auch die Stichgräben zugeschüttet. Der Rehgarten erfuhr wenige Veränderungen, die Anlagen östlich des Neuen Palais entsprachen den Plänen von 1820, das Parterre dem von 1822.
Der 1827 erworbene Hopfengarten wird in seiner frühesten Gestaltungsform gezeigt: im Nordwesten ein kleiner See mit dem benachbarten Eichenwäldchen, das als Insel von zwei Kanälen umflossen wird, weite Wiesen von drei Wegen durchzogen, der Hopfenkrug und das (erst 1835 gekaufte) Vogelsche Grundstück noch ausgespart. Auch der Park Charlottenhof wird in einem Anfangsstadium dargestellt, ehe das Hippodrom und die Fasanerie eingeplant waren. Der große Umgehungsweg ist in der heutigen Führung eingezeichnet, ebenso Schloß Charlottenhof mit Terrasse, Wasserbecken und Kastanienquincunx. Die nordwestlich geplante Orangerie wurde nie gebaut, der abschließende Karpfenteich Ende des 19. Jahrhunderts wieder zugeschüttet. Der Blumengarten und das Wasserbecken fehlen noch, auch der Ge-

bäudekomplex der Römischen Bäder ist nur vage angedeutet, während der Maschinenteich nahezu die ausgeführte Form hat. Die Insel wurde in anderen Umrißlinien hergestellt, die kleinere Insel auch südlicher aufgetragen. Der südöstliche Teil des Gartens mit einem Zufahrtsweg zum Schloß stellt eine nie ausgeführte Planungsphase dar, da die Grundstücke noch nicht erworben waren.
Auch die 1823 gegründete Landesbaumschule, in deren Gebäude die Gärtnerlehranstalt untergebracht war, ist mit ihrer nächsten, später vielfach geänderten Umgebung eingetragen.
Der Ruinenberg gliedert sich durch 8 Gestelle; auf der Nordseite des Hügels ist mehr Nadelholz eingetragen als auf den anderen Seiten. Die fast öde, sandige Fläche bis zum Schloß Sanssouci wird nur durch die Baumschulremise (später Einsiedelei) unterbrochen.
Sieben Weinterrassen und große, der Obstkultur dienende Flächen füllen das Gelände des sog. Weinbergs. Die sich nordwestlich der Neuen Kammern an die Orangerie anschließenden Gebiete werden noch von drei Teilen eines Weinberges überzogen, denen das in Verbindung mit dem Hopfengarten landschaftlich umgewandelte Terrain des Drachenhauses und das Belvedere mit seinen Weinterrassen folgt.

78
Park Sanssouci. 1828

»Plan der Garten-Anlage Sanssouci und Charlottenhof«
Plangrenzen: Belvedere, Dorf Bornstedt, Ruinenberg, Winzerberg, Brandenburger Vorstadt, Charlottenhof, Gärtnerlehranstalt, Allee westlich der Communs.
Zeichner: Gerhard Koeber.
Bezifferter Maßstab in Dezimalruten.
Feder in Grau und Schwarz, wenig Braun. 60,1 x 81,7 cm.
Planslg. Nr. 3681.

Der Plan zeigt nahezu die gleiche Gestaltung wie der von Kat.-Nr. 77, jedoch sind geringfügige Abweichungen äußerst zahlreich. So fehlen beim Vergleich mit dem vorhergehenden Plan die Beschriftungen der einzelnen Gebäude, sogar das Drachenhaus als Baulichkeit; auch der Baumschlag ist anders ausgeführt.
Von Bedeutung bleibt nur, daß im Hopfengarten der Seeabfluß nach Süden in den Palaisgraben lediglich aus einem Lauf besteht (wie ausgeführt), und der nach Osten fließende Graben südlich am Hopfenkrug vorbeiführt.

79
Park Sanssouci. 1829

»Plan von Sans Souci 1829«
Plangrenzen: Belvedere, Dorf Bornstedt, Ruinenberg, Winzerberg, Brandenburger Vorstadt, Charlottenhof, Gärtnerlehranstalt, Allee westlich der Communs.
Zeichner: Gerhard Koeber.
Feder in Grau, Bleistift. Auf Seidenpapier. 64,2 x 79,6 cm.
Planslg. Nr. 3682.

Der Plan kann als grobe Nachzeichnung des Planes von 1828 gelten, die Einzeichnungen und Numerierung der Planquadrate deuten auf technische Absichten. Die mit Bleistift eingetragenen Verstärkungen lassen Vorhaben im Hopfengarten vermuten, wo als eine der wenigen Veränderungen im Vergleich zum vorangegangenen Plan ein neuer Weg auf den Hügel am kleinen See eingetragen ist.
Eine weitere Veränderung findet sich auf der Südwestseite des Quincunx am Charlottenhof: Die eingezeichneten Gebäude sind nicht ausgeführt worden. Auch die Gebäudegruppe der Römischen Bäder zeigt sich in abgewandelter, ebenfalls nicht ausgeführter Form. Die »Wasserlaube« ist dagegen bereits eingezeichnet.

80
Park Sanssouci. 1836

»Plan von Sans-Souci und Charlottenhof.«
Plangrenzen: Hopfengarten, Belvedere, Dorf Bornstedt, Ruinenberg, Brandenburger Vorstadt, Charlottenhof, Gärtnerlehranstalt, Allee am westlichen Palaisgraben.
Signiert: »1836 Entworfen v. Lenné. Gez. u. lith. v. G. Koeber.« »Lithographisches Institut zu Berlin.«
Bezifferter Maßstab in Dezimalruten.
Lithographie, laviert in Blau und Blaßrot. 53,5 x 70,4 cm.
Planslg. Nr. 3683.
Siehe Tafelteil.

Der Plan enthält teils sehr genaue Angaben zum Zustand, teils sehr weitreichende Planungen, die – wenn überhaupt – erst in den folgenden Jahrzehnten ausgeführt wurden. Einige Planungen, z.B. zur Orangerie und zur Wasserversorgung, sind erst später in die Lithographie eingezeichnet worden. Zu den eingezeichneten Planungen gehören: Wasserversorgungsnetz vom Waswerk an der Havel zum Ruinenberg und zu den jeweiligen Fontänen und Baulichkeiten; Projekt der Orangerie; alleeartige Verbindung vom Belvedere zur Orangerie und Überarbeitung der Umgebung des Belvederes; Veränderung des Parterres an der Großen Fontäne; Erhaltung der Sichtbeziehung vom Teehaus zum Belvedere; großer See im Parkteil Charlottenhof; Wegesystem im Parkteil Charlottenhof; Bauten zwischen Schloß und Hippodrom.

81
Park Sanssouci. 1845

Plangrenzen: Belvedere, Mühlenberg, Schloß Sanssouci, Große Fontäne, Ökonomieweg, südlicher Rehgarten, Neues Palais, westlicher Palaisgraben.
Zeichner: Gustav Meyer.
Bezifferter Maßstab in Ruten.
Feder in Grau, laviert in Blau und Grauviolett. Auf Seidenpapier. 44 x 100,2 cm.
Planslg. Nr. 3684.

Der Plan zeigt teils einen Zustand um 1840, teils beabsichtigte Veränderungen, die jedoch nicht in dieser Form ausgeführt wurden. Durch Farbgebung wird der Teich im Hopfengarten, der sein Wasser von den Lindstedter Wiesen erhält, hervorgehoben. Der Abfluß des Sees verläuft südlich zum Palaisgraben und östlich durch den Hopfengarten entlang der Maulbeerallee zum Rehgarten, so daß infolge der Fließgeschwindigkeit ein Faulig-werden des Wassers verhindert werden sollte. Der Wasserlauf erweitert sich streckenweise teichartig, belebt von einer ovalen Insel.

Im westlichen Teil des Gärtnereigeländes an der Maulbeerallee ist mit Bleistift eine kleine Gebäudegruppe eingetragen, die erst viele Jahrzehnte später in veränderter Form gebaut wurde. Zahlreiche Gehölzgruppen sind sehr schematisch eingezeichnet.

82
Park Sanssouci. Um 1845

Plangrenzen: Lindstedt, Belvedere, Dorf Bornstedt, Winzerberg, Brandenburger Vorstadt, Palaisgraben (Ökonomieweg), Allee westlich der Communs.
Zeichner: Gustav Meyer.
Beziffertes Maßstab in Ruten.
Wasserzeichen von 1841.
Feder in Grau, laviert in Grün, Grünblau und Rosa, Bleistift. Auf Leinen aufgezogen. 113 x 141,5 cm.
Planslg. Nr. 3685.
Siehe Tafelteil.

Das Rastersystem auf dem Plan deutet darauf hin, daß er als Vorarbeit im Rahmen einer Vergrößerung o. ä. zu bewerten ist. Im Vergleich zu vorangegangenen Plänen sind die Partien um das Belvedere sehr vereinfacht, die übrigen Flächen nördlich der Maulbeerallee bereits für die ersten Projektierungen der Orangerie vorgesehen. Vor der Neptungrotte und den Neuen Kammern wird der friderizianische Zustand im Gegensatz zu den vorangegangenen Plänen wieder angestrebt; auch an der Großen Fontäne erweitert sich der Freiraum, wobei allerdings die südliche Zugangsachse unterbrochen wird.
Wichtig sind die mit Bleistift eingetragenen Grundrisse des Marlygartens und des Friedensgartens, die der Ausführung bis auf einige Abweichungen (Pergola Friedensgarten, Teile des Marlygartens nördlich der Friedenskirche) entsprechen. Auch der Garten der Villa Liegnitz ist genau eingezeichnet.
Gehölzflächen werden nur grob, dunkelgrün getönt, festgehalten, Einzelbäume oder Hainpflanzungen dagegen kaum angedeutet. Während die Parterregestaltung von 1822 am Neuen Palais beibehalten wird, füllt ein sehr reiches, historisierendes Parterremuster die Freifläche der Kleinen Reitbahn. Der Hopfengarten und seine Wasserflächen sind bis auf ganz geringfügige Abweichungen so dargestellt, wie sie schließlich ausgeführt wurden.
Der Plan ist das Teilstück eines nicht zustande gekommenen Planwerks über Potsdam und Umgebung.

83
Park Sanssouci. 1853

»Die Koeniglichen Gaerten und Parkanlagen bei Potsdam im Jahre 1853.«
Plangrenzen: Düsterer Teich, Bornim, Ruinenberg, Eisenbahnlinie, Pirschheide.
Signiert: »Aufgemessen gezeichnet sowie einen Theil der Situation und den Baumschlag gestochen: G. Meyer Königl. Garten-Conducteur. Schrift H. Herzberg, Situation gestochen: E. Reyher.«
Beziffertes Maßstab in Ruten.
Stahlstich. 76,3 x 104,5 cm.
Plansig. Nr. 11814.
Siehe Tafelteil.

In dem Plan ist der Zustand des Parks im Jahr 1850 festgehalten. Da der Plan von Gustav Meyer aufgenommen wurde, ist er die wichtigste Zustandsdokumentation für diesen Zeitabschnitt.
Er ist der einzige veröffentlichte Plan eines nicht zustande gekommenen Planwerks über Potsdam und Umgebung.

84
Park Sanssouci. 1850

Probeabdruck des vorhergehenden ohne Schrift und Titel: »8. Probedruck v. Dietze d. 1ten August 1850.« Aus dem Besitz von Emil Sello, der den Plan zu Einzeichnungen genutzt hat. Zum Teil farbig laviert, mit Reviereinteilung des Jahres 1865.
Plansig. Nr. 11816.
Lit. zu Kat.-Nr. 67–84: Hinz 1937/89. S. 47–54. – Günther. S. 31–39. – Wimmer 1990. Nr. 74.

Der Plan wurde mehrfach zu Einzeichnungen verwendet, die sich vor allem auf das sehr große Revier des Hofgärtners Emil Sello (1816–1893) beziehen. Emil Sello war seit 1860 Hofgärtner, seit 1864 am Neuen Palais, bis dahin bearbeitete er die Neuanlagen am Ruinenberg usw.
Eingetragen sind die Gartenreviere und die Namen der Revierleiter.
Westlich des Neuen Palais wurden die Flächen bis zu den Besitzgrenzen in Parkanlagen verwandelt und umfangreiche Pflanzungen, Baumgruppen, Einzelbäume und Remisen eingezeichnet (vgl. Kat.-Nr. 19 und 20). Eine Umgehungsstraße mit seitlichen Wegeanschlüssen führt westlich des Palaisgrabens bis zur Straße nach Eiche. In Verlängerung der Allee Mopke – Nordtor ist ein breiter Weg bis zu einem Mausoleumsstandort (für Friedrich III.) auf der Höhe südöstlich von Lindstedt vorgesehen.
Das Katharinenholz wird von teils heute noch erkennbaren Wegen erschlossen, die an die Lindstedter Chaussee, die Katharinenholzstraße, die Teufelsbrücke und die nordwestlichen Partien der Belvedereanlagen anschliessen. Auch die gestalterischen Flächen zum Düsteren Teich werden von Wegen erschlossen, ebenso der Kahle Berg einbezogen.
Veränderungen im Entwässerungssystem, im 19. Jahrhundert unvorstellbar wichtig, sind erkennbar nordwestlich des Neuen Palais, nordwestlich der Gärtnerlehranstalt und an der Grenze des Hopfengartens zur Selloschen Gärtnerei.
Im Hopfengarten wird die Avenue zum späteren Lindstedter Tor eingetragen und Veränderungen des Wegesystems eingezeichnet: ein schwacher Bogenweg von der Lennébüste südwestlich zu einem Boskett nördlich des Heckentheaters, Wege und kleine Plätze (später Kaiserin Ruhesitz genannt), eine Verbindung vom Weg südlich des Drachenberges in den Hopfengarten (später wurde hier ein Tor eingebaut, 1945 zerstört), ein leicht geschlängelter Weg vom Drachenhaus zum sog. Pumpentor, mehrere Wege vom sog. Klapptor in westlicher und östlicher Richtung in den Park (offensichtlich in Zusammenhang mit der Verfüllung der Gräben und Wasserläufe). Eine Sichtbeziehung vom Belvedere und dessen Allee zur Heiliggeistkirche ist eingezeichnet.

11. F. A. Borchel. Die Rampe auf der Westseite des Schlosses Sanssouci, Potsdam. Um 1845. (Stiftung Schlösser und Gärten Potsdam-Sanssouci)

Neue Kammern

Die Neuen Kammern entstanden aus der Orangerie Knobelsdorffs, die 1770–75 zu einem Schloß mit Festsälen und Gästezimmern umgebaut wurde. Das rechteckige Gelände vor dem Gebäude war mit in Diagonalen gepflanzten Kirschbäumen besetzt.
Lenné hat das alte Kirschquartier zu einer besonders reizvollen kleinen Anlage umgestaltet. 1937 wurde der alte Kreuzweg wiederhergestellt, wobei die Bäume des Lennéschen Pleasure-Grounds blieben. Sie wurden dann beseitigt, als hier um 1955/56 ein Rosengarten angelegt wurde, der nach 1963 wieder aufgelöst worden ist.

85
Neue Kammern. Um 1820

Plangrenzen: Neue Kammern, Hexentreppe-Kalksteinmauer, Übergang zu den südlichen Heckenquartieren, Grenzpflanzung zur Felsentortreppe.
Signiert: »Lenné.«
Zeichner: Eigenhändig.
Bezifferter Maßstab in Ruten.
Feder in Grau und Braun, laviert in Grün, Rot, Grau und Braun. 36,3 x 41,8 cm.
Plansig. Nr. 9153.
Siehe Tafelteil.

Im Gartenbereich vor den Neuen Kammern werden alte Wege (E) herausgenommen, die in geschwungener Form von der Rampe zum südlichen Abschlußweg führten. Dieser wird nun in leicht geschwungener Form, besonders im Osten, verändert. Neue Wege (B) ziehen sich leicht bogenförmig vor der Rampe, nehmen Seitenwege von der Terrasse der Neuen Kammern auf und enden am Ausgang zur Gärtnerei (später Sizilianischer Garten) und der Hexentreppe. Nach Süden gehen von diesen Ausgangspunkten ebenfalls leicht geschwungene Wege aus. Seitlich der Hexentreppe läuft ein schnurgerader Weg bis ins ehemalige Heckenquartier. Ziemlich gleichmäßig verteilt, wenn auch in verschiedener Größe, werden mit Buschwerk eingefaßte Gruppen hochstämmiger Bäume, die teilweise einen Kern anderer Laubgehölze (A) haben. Solche Gehölzgruppen findet man auch gesondert, vor allem in den Randpartien. Neben Solitärbäumen (ebenfalls mit A signiert) zeichnet sich dieser Pleasure-Ground durch Orangen (C) aus, deren Kübel auf Wunsch Friedrich Wilhelms III. versenkt und mit Blumen, auch einjährigen Kletterpflanzen, eingehüllt wurden. Es sollte der Eindruck erreicht werden, die Orangen wüchsen im freien Grunde. Der Blick vom südlichen Zugang wird in der Rüsternallee (F) freigehalten, die die Sicht versperrende Gruppe in der Mitte ist mit Absicht durchgestrichen. Der Pleasure-Ground ist offensichtlich ringsherum eingezäunt (F), um Wildschäden zu verhindern.

86
Neue Kammern. Um 1820

»Neue Kammern«
Plangrenzen: Wie Kat.-Nr. 85.
Signiert: »Lenné«.
Zeichner: Eigenhändig.
Feder in Braun, laviert in Grün, Braun und Rosa. 36,6 x 39,6 cm.
Plansig. Nr. 3686.
Siehe Tafelteil.

Vom Süden, von der Rüsternallee her, führt je ein Weg westlich zur Gärtnerei, östlich zur Felsentreppe, während ein bogenförmiger Weg beide mit der Rampe zu den Neuen Kammern verbindet. Parallel zur Felsentreppe läuft ein Weg von der Terrasse bis zum Fuß der Rampe; das Gegenstück dazu im Westen abgepflanzt. Der ganze Garten ist dicht mit Einzelbäumen durchstellt; einzelne Partien werden durch dichte Gebüschränder zu großen Gruppen zusammengefaßt. Nadelgehölze und Solitäre mit Hängecharakter sind ganz sparsam verwendet.
Ein Teil der Solitärbäume, etwa 75 Stück, hat am Wurzelansatz eine büschelartige Signatur. Lenné ließ die in Kübeln stehenden Orangenbäume in das Erdreich einsenken und umpflanzen: Der Eindruck, die Orangen wüchsen im freien Erdreich, sollte erzielt werden.
Der Plan wurde ausgeführt und damit ein früher Pleasure-Ground geschaffen.

87
Neue Kammern. 1833

»Nivellement Profil des Weges vom weissen Thorwege abwärts in Sans Souci.«
Plangrenzen: Felsentreppe östlich der Neuen Kammern.
Signiert: »aufg. G Koeber 28/7 33.«
Bezifferter Maßstab in Ruten.
Feder in Grau und Grün, wenig Bleistift. 42 x 64,7 cm.
Plansig. Nr. 13153.

Das Nivellement zeigt den Weg, der parallel zur Felsentreppe unmittelbar an der Mauer vom oberen Eingang der Neuen Kammern in den Park führt.

88
Neue Kammern. Nach 1845

»Vor den Neuen Kammern«, auf der Rückseite »Neue Kammern, Feigengarten«
Plangrenzen: Ostseite Orangerie, Mühlenberg, Garten vor den Neuen Kammern, Gewächshausanlagen westlich der Neuen Kammern.
Zeichner: Emil Sello.
Bezifferter Maßstab in Dezimalruten.
Wasserzeichen von 1836.
Feder in Grau, wenig Bleistift, laviert in Grün und Grau. Auf Leinen aufgezogen. 66,8 x 99,7 cm.
Plansig. Nr. 3687.

Die Fläche vor den Neuen Kammern ist bis ins Detail ausgearbeitet. Die sich westlich anschließenden Gewächshäuser, Nutzgartenflächen, Gebäude und das Wohnhaus des Hofgärtners sind zwar genau, jedoch nur in Umrissen eingezeichnet.
Nördlich der durch Punkte angedeuteten Bäume der Maulbeerallee liegt die Historische Mühle mit anschliessendem Mühlenhaus und einem nördlich davon eingeordneten Gebäude, aus dem später das Schweizerhaus wird. Westlich folgt das Felsentor (erst nach 1840 in einen zusammenhängenden Bogen umgebaut), die aus

Fachwerk bestehende Orangerie mit davorliegender Terrasse; nördlich der Orangerie noch eine Windmühle.
Von Süden führt je ein Weg westlich zur Gärtnerei, östlich zur Felsentreppe; ein bogenförmiger Weg verbindet beide mit der Rampe zu den Neuen Kammern. Regelmäßig bepflanzt bleiben ein Streifen vor der Terrassenmauer, davor eine Reihe mit einem grünen Punkt angedeutete Rundbeete, in Achse der Rampe eine halbkreisförmige Hecke mit ebensolchen Rundbeeten.
Der östliche Gartenteil sieht zwei große Gehölzgruppen (je etwa 22 m Durchmesser) vor, in der Mitte zum Teil hohl, auch mehrere Einzelbäume.
Die Gruppen im westlichen Teil sind kleiner, dafür sind mehrere Einzelbäume eingezeichnet. Zahlreiche kleine Rundbeete betonen auch hier den Charakter des Pleasure-Grounds. Die gereihten Punkte im Süden kennzeichnen die Rüstern, die vom einstigen Laubengang stehengeblieben waren.

89
Neue Kammern. Nach 1845

Plangrenzen: Neue Kammern, Felsentreppe, Reste der Rüsternallee, westliche Abpflanzung zur Gärtnerei (später Sizilianischer Garten).
Zeichner: Emil Sello.
Bezifferter Maßstab in Dezimalruten.
Wasserzeichen von 1845.
Feder in Grau, laviert in Grün und Grau, Bleistift. 37,3 x 49,5 cm.
Planslg. Nr. 3688.
Siehe Tafelteil.
Lit. zu Kat.-Nr. 85–89: Günther. S. 39–42.

Die Fläche vor den Neuen Kammern (ca. 1,25 ha groß) ist nach Westen dicht abgeschirmt, darunter zahlreiche Pyramidenpappeln; im Süden von den stehengebliebenen Rüstern des einstigen Laubenganges begrenzt. Der Teil der Felsentreppe ist ebenso dicht wie im Westen abgepflanzt, während der südöstliche Teil mit einer großen und drei kleinen Gehölzgruppen und mehreren Gebüschen besetzt ist; fünf Nadelbäume wachsen auf den offenen Flächen.
Die mittlere Rasenfläche wird von einer großen, ovalen Gehölzgruppe betont, zu der je eine kleinere im Süden und Nordwesten das Gegenspiel bilden. Einzelbäume sind sparsam verteilt und lassen genügend Rasenflächen frei, auf denen in Nähe der Terrassenmauer, der bogenförmigen Abpflanzung am Ende der Rampe und am westlichen Ausgang kleine Rundbeete zur Wirkung kommen.
Die strahlen- und bogenförmigen gestrichelten Linien beziehen sich auf zwei Festpunkte an der Terrassenmauer; sie haben möglicherweise zur Entwässerung des Gebäudes Beziehung.
Der Plan wurde ausgeführt und der Garten vor den Neuen Kammern in einen Pleasure-Ground verwandelt. 1937 erfolgte die Rekonstruktion des Achsenkreuzes.

Anlagen am Neuen Palais

Das Halbrundparterre vor dem Neuen Palais war in friderizianischer Zeit ganz schmucklos. Lenné gestaltete es als Blumenparterre, dessen Anlage auf den Blick von den Sälen des Obergeschosses des Neuen Palais berechnet war.
Zur Zeit der Nutzung durch den Kronprinzen (Friedrich III.) mit seiner Familie wurden Privatgärten, vor allem zum Spielen für die königlichen Kinder, gefordert. Sie entstanden nordöstlich des Neuen Palais in den Heckenquartieren. Lenné dürfte hier nur begrenzt interessiert gewesen sein. Die Pläne sind von Emil Sello gezeichnet worden, der auch die Ausführung leitete und nach dem Tode Lennés selbständig weiterführte. Die Gärten wurden im Lauf der Zeit mehrfach verändert und seit 1918 nach und nach beseitigt.

12. Unbekannter Künstler. Das Parterre vor dem Neuen Palais im Park Sanssouci, Potsdam. 1869. (Stiftung Schlösser und Gärten Potsdam-Sanssouci)

90
Parterre am Neuen Palais. 1822

Links »Situations-Plan des Halbzirkels vor dem König: neuen Palais zu Sans Souci« und rechts »Verschönerungs-Plan des Halbzirkels vor dem König: neuen Palais zu Sans Souci.«
Plangrenzen: Ausgang vom Parterre in die Hauptallee, Südseite des Parterres, Ostfassade des Neuen Palais, nördliche Abpflanzung des Parterres.
Signiert: «Lenné fecit 1822«.
Zeichner: Eigenhändig.
Bezifferter Maßstab in Rheinischen Fuß.
Feder in Grau, laviert in Grün, Braun und Blaßrosa, Blumenbeete getupft. 38 x 66,8 cm.
Planslg. Nr. 3690.
Siehe Tafelteil.
Lit.: Günther. S. 39.

Den westlichen Abschluß des Parks Sanssouci bildet das Neue Palais, vor dessen Ostseite um 1769 ein »Halbzirkel«, ein Parterre, angelegt wurde. Der Situationsplan 1822 deutet noch mit sieben Baumpaaren den auf den Halbzirkel zuführenden Hauptweg an, der alleeartig bepflanzt ist. Diese Allee setzt sich am Rand des Halbzirkels in einem anderen Rhythmus fort: Waren es am Hauptweg nur Laubbäume, so wechseln hier Laub- mit Nadelbaum. Auch die anschließenden Boskett-Teile weisen einen starken Bestand an Immergrünen auf.
Die Parterreflächen sind mit Rasen überzogen, über den von den Ecken her schmale Wege zur Mitte führen, um dort eine vermutlich noch von Eyserbeck herrührende Strauchpflanzung zu umschließen. Der von Lenné vorgeschlagene Verschönerungsplan sieht auch für die Randbepflanzung nur Laubgehölze vor (1959/60 wegen Überalterung gefällt), die samt den davorstehenden Plastiken von einem Rasenstreifen zusammengehalten werden. Zwischen den Plastiken gliedern sich noch schmale Blumenbeete ein. Aus den Parterreflächen werden die Strauchpflanzungen entfernt und neben ganz wenigen locker gestellten Baum- und Strauchgruppen eine Fülle von teppichbeetartigen Blumenpflanzungen in regelmäßigen Mustern eingefügt. Lenné bereichert damit die spätbarocke Parterreanlage mit den Motiven des in England modern gewordenen Pleasure-Grounds.
Der Plan wurde teilweise ausgeführt. Anmerkung rechts unten: »Die Ausführung dieses Plans ist genehmigt, siehe Acta Sanssouci Garten betr. No 25. Vol V. fol 168« (Akten nicht erhalten).

91
Parterre am Neuen Palais. 1846

Plangrenzen: Parkteile um den Antiken- und Freundschaftstempel, südliches Heckenquartier, Sandhof, nördliches Heckenquartier und Palais-Graben
Signiert: »Lenné im Mai 1846«.
Zeichner: Gustav Meyer.
Bezifferter Maßstab in Rheinischen Ruten.
Feder in Grau, laviert in Blaugrün, Grau, Blau und Rosa, wenig Bleistift. 51,8 x 61,8 cm.
Planslg. Nr. 3691.
Siehe Tafelteil.

Der Entwurf von 1846 sieht ein axial gelegenes Wasserbecken vor dem Mittelrisalit des Schlosses und ein Tapis vert vor, das die ungewöhnliche Breite des Weges im Parterre mildert. Unmittelbar vor dem Schloß liegen im Parterre betont flächige, überaus reiche Teppichbeete, die ganz besonders für die Aussicht aus dem ersten Stock berechnet sind. Die Beetformen der übrigen Fläche ähneln sehr stark denen des Entwurfs von 1822, sie sind nur etwas aufgelockerter und mehr für die Verwendung von Blütensträuchern gedacht. Beiderseits des Hauptwegs im Parterre ist eine alleeartige Pflanzung kleinerer Bäume vorgesehen, die auch in späteren Plänen immer wieder auftauchen. Der breite Querweg vor dem Schloß wird nach Nord und Süd ebenfalls mit Rasenquadraten und Teppichmustern abgeschlossen.
Die Heckengärten auf der Nordseite sind noch erhalten (vgl. Kat.-Nr. 75), auch an der Wegeführung ist nur wenig verändert worden. Ähnlich verhält es sich mit der Wegeführung zum Freundschaftstempel.
Der Plan wurde nicht ausgeführt.

92
Parterre am Neuen Palais. 1846

Plangrenzen: Siehe Kat.-Nr. 91.
Zeichner: Gustav Meyer.
Bezifferter Maßstab in Ruten.
Wasserzeichen von 1843.
Feder in Grau, laviert in Grün, Blau und Rosa. 41,9 x 50 cm.
Planslg. Nr. 12028.

Dieser Entwurf gleicht bis auf die Mittelfläche des Halbzirkels dem vorangegangenen Plan. Der Halbzirkel füllt sich durch ein ungewöhnlich großes Wasserbecken mit neun Springstrahlen. Die restlichen Flächen der früheren Rasenanlage sind teilweise durch Bleistifteinzeichnungen von Gebüschen ausgefüllt.
Der Plan wurde nicht ausgeführt.

93
Parterre am Neuen Palais. 1853

Plangrenzen: Ausgang vom Parterre in die Hauptallee, südliche Abpflanzung des Parterres, Westseite des Parterres, nördliche Abpflanzung des Parterres.
Signiert: »Lenné«.
Zeichner: Eigenhändig.
Beschriftung von Lenné: »Die hier projectirte Anlage eines Rasenstreifens im Halbzirkel hat des Königs Majestaet am 2ten November auszuführen befohlen. 3.11.53. Lenné«.
Bezifferter Maßstab in Ruten.
Feder in Braun, Bleistift, laviert in Grün, Graubraun und Rot, Buschwerk im angrenzenden Rehgarten in Bleistift. 48,8 x 33,1 cm.
Planslg. Nr. 3692.

Der auf der Ostseite des Neuen Palais gelegene Halbzirkel ist 1833 in der Rundung einheitlich mit Laubbäumen bepflanzt, vor denen die Plastiken stehen. Eine Rasenfläche bedeckt das gesamte Parterre, dessen breiter Mittelweg von kleineren Bäumen begleitet wird.
Der Lennésche Vorschlag geht dahin, die innere Reihung der Baumpflanzung und die davorstehenden Plastiken auf einem Rasenstreifen zu vereinen, wie es bereits 1822 vorgesehen, aber wohl nicht ausgeführt worden war.

94
Neues Palais. 1839

»Rosen-Garten im Treillage Salon bei dem Neuen Palais.«
Plangrenzen: Unmittelbare Umgebung des Treillage-Salons, südlich des Neuen Palais.
Signiert: »Gerhard Koeber 1839.«
Bezifferter Maßstab in Ruten.
Feder in Schwarz, Bleistift. 35 x 41,9 cm.
Planslg. Nr. 12089.

Die Umgebung des Treillage-Salons sowohl zur Mopke als auch zur Avenue wird mit einer flachen Hecke, vor der ganz schmal wachsende Gehölze stehen, eingefaßt. Um den Salon führt ein Weg, der in das Gartenkabinett mündet. Den inneren Rand bildet ein schmales Beet, auf dem jenseits von den Nischen ein Busch steht. Die große ovale Innenfläche setzt sich aus einem Mittelbeet mit Plastiksockel und zwei Seitenbeeten, ebenfalls kreisrund, zusammen. Für die übrigen Flächen, durch Wege getrennt, werden vier Muster vorgeschlagen, von denen No I mit einem muschelartigen Muster bereits ausgeführt ist.

95
Freundschaftstempel. 1831

»Vorschlag No 3. zur Aufstellung eines antiken Hundes in der Garten Partie beim Freundschaftstempel.«
Plangrenzen: Freundschaftstempel, Weg zum Sonnentempel, Palaisgraben, südöstlicher Zugang zum Parterre.
Signiert: »Lenné f.«
Zeichner: Gerhard Koeber.
Bleistift, Sockel für Hund Feder in Rot. 29 x 26,2 cm.
Planslg. Akte 158. Fol. 118. – Schriftwechsel: Fol. 113–116, 119.

Dazu gehört eine Anweisung des Hofmarschallamtes vom 23.6.1831 an Lenné über die Aufstellung des »Bronce-Abguß des antiken Hundes«. Er sollte links vor dem Freundschaftstempel auf einer Rasenzunge stehen. Der Plan wurde ausgeführt.

96
Antikentempel. 1828

»Plan der Parthie beim Antiquentempel in Sans Souci«
Plangrenzen: Unmittelbare Umgebung des Antikentempels bis zum Halbzirkel am Neuen Palais.
Signiert: »Lenné fec: 28«
Zeichner: Gerhard Koeber.
Bezifferter Maßstab in Ruten.
Ehemals in Potsdam. Seit 1945 verschollen, jedoch Photographie vorhanden.

Nördlich des Antikentempels führen drei Wege nach Norden, die zusammen mit anderen Wegen vor dem Tempel einen verhältnismäßig großen Platz ergeben, der locker (aus graphisch-optischen Gründen) mit einigen Bäumen besetzt ist. Nach Süden und Westen bleibt das abschirmende Boskett zum Neuen Palais erhalten. Am Fuß des Antikentempels sind Kirschlorbeer, Alpenrosen, Hortensien, Rosen, immerblühende Veilchen und Vergißmeinnicht vorgesehen; östlich unter Bäumen Rosen und Heliotrop mit Singrün (Immergrün) eingefaßt.

97
Privatgarten am Neuen Palais. 1863

Plangrenzen: Nordseite Parterre am Neuen Palais, Heckentheater, nördlicher Palaisgraben, Antiken-Tempel.
Signiert: »Lenné. 1863.«
Zeichner: Gustav Meyer.
Bezifferter Maßstab ohne Angabe der Maßeinheit.
Wasserzeichen von 1861.
Feder in Grau, laviert in Lichtgrün und Blaugrün, Hellocker und Rosa, wenig Bleistift. 57,4 x 81,8 cm.
Planslg. Nr. 3689.
Siehe Tafelteil.

Die vier nördlichen Heckenquartiere am Neuen Palais werden für die Kronprinzessin Friedrich (Viktoria) neu gestaltet. Der schmale östliche Heckengarten nimmt das Teehäuschen mit halbkreisförmiger Pergola auf. Der lange Gang zwischen beiden Heckenquartieren wird zum Kegeln genutzt. Der große westliche Garten ist an der Innenseite der Hecken locker mit Strauchwerk abgepflanzt. In der Achse des Teehauses folgt ein regelmäßig mit Gehölzen umpflanztes Rasenoval, dem sich eine langgestreckte Rasenfläche mit einem Bassin anschließt. Eine rechteckige Rasenfläche, an den Ecken mit Gehölzen und Blumenbeeten geschmückt, fängt mit einem Sitzplatz den Blick auf. Der restliche Zwickel des Gartens füllt sich mit einem gedehnten, nierenförmigen Beet.
Ein Gartengebäude, dessen dazugehörender kreisrunder Blumengarten mit zentralem Wasserbecken sich dem oben genannten Garten anfügt, nimmt eine neue Achsenbeziehung, durch eine Vase inmitten der Ausbuchtung unterbrochen, in den nördlichen Heckengarten auf. Sie hat eine Plastik mit davorliegender Rasenfläche und reichem Blumenbeet als Endpunkt.
Nach Westen folgt eine rechteckige Rasenfläche mit zentralem Rundbeet und Sitznischen an drei Seiten; nach Osten bis in den weiteren Heckengarten ein langes Rasenstück, dessen Wege an beiden Seiten mit Gehölzen bepflanzt sind. Die Fläche zwischen Heckengärten, Heckentheater und Palaisgraben wird von einem Rasenstück mit Blumenbeeten als Rand ausgefüllt.

98
Privatgarten am Neuen Palais. 1863

Plangrenzen: Schießstände Katharinenholz, Freundschaftstempel, Ökonomieweg, Wasserflächen an der Eisenbahnlinie, Düsterer Teich.
Zeichner: Emil Sello.
Wasserzeichen von 1861.
Feder in Grau, Bleistift, laviert in Blaßviolett. 67 x 100,8 cm.
Planslg. Nr. 12032.

Angedeutet sind die Weinberganlagen um das Belvedere, die Wege und Wasserflächen im Hopfengarten sowie die Gärten 1 bis 4 und 6 bis 7 am Neuen Palais.
Zu den beiden nördlichen Heckengärten ist ein regelmäßiger Ziergarten eingetragen, die beiden südlichen Gärten gehen auf den Lenné-Entwurf von 1863 (Kat.-Nr. 97) zurück, verändern aber den östlichen Garten, zu diesem entfällt der Gartenpavillon, dafür entsteht erneut eine regelmäßige Gartenanlage in Verlängerung der Hauptachse. Die Kegelbahn wird seitlich eingefügt.

99
Privatgärten am Neuen Palais. 1863

Plangrenzen: Communs Neues Palais, Gartentheater, Antikentempel, Friedrichstempel, Treillage-Salon.
Zeichner: Emil Sello.
Bezifferter Maßstab ohne Angabe der Maßeinheit.
Wasserzeichen von 1861.
Bleistift. 99,3 x 127,8 cm.
Planslg. Nr. 12029.

Die Mopke gliedert sich in Nähe des Sandhofes durch Strauch- und Baumpflanzungen. Von den Privatgärten ist Garten 1 durchgearbeitet, wobei die Gestaltung nahezu Kat.-Nr. 100 entspricht. Das Parterre am Neuen Palais zeigt sich im reichsten Zierbeetschmuck, der nach dem Plan von 1822 (Kat.-Nr. 90) angelegt wurde. Offensichtlich erwog man eine noch üppigere Teppichbeetausfüllung. Der Mittelweg ist wie auf Kat.-Nr. 91 mit je einer Reihe Bäumen besetzt. Der westliche Zugang zum Parterre sollte offenbar verändert werden, wie es mehrmals geplant, jedoch nie ausgeführt wurde. Der Treillage-Salon auf der Südseite des Neuen Palais füllt sich bis auf einen Randweg gänzlich mit einem großen Zierbeet (vgl. Kat.-Nr. 94), während vor den Nischen der Treillage kleine Bäumchen stehen.

100
Privatgarten am Neuen Palais. 1863

Plangrenzen: Umfassungshecke des Gartens.
Bezifferter Maßstab in Ruten.
Feder in Grau, Bleistift, Braunstift. Auf Pergamentpapier. 39,3 x 37 cm.
Planslg. Nr. 12108.

Der unvorteilhafte Grundriß des Heckengartens wird von drei größeren Gartenteilen ausgefüllt: Der erste ist der ovale Kinderspielplatz mit Schaukeln und Kletterstangen, der dem Gartenhäuschen zugeordnet ist. Dieser verbindet sich durch ein langes Rasenstück mit einer rechteckigen Gartenfläche, an deren Außenseite sieben Nischen liegen, deren eine als Zugang vom Neuen Palais verwendet wird. Der dritte Gartenteil baut sich vom Nordzugang her mit einem kreisrunden Beet auf, an das sich ein weiterer Ziergarten mit sehr merkwürdigem Grundriß anschließt. An den Rand des Spielplatzes wurde dann ein Weg eingefügt und gleichmäßig mit Bäumen bepflanzt, die Mitte von Büschen betont. Der Weg um das Gartenhaus ist mit Pflanzungen überzogen, die beiden Längswege regelmäßig mit Bäumen bepflanzt, die Mitte der Rasenstücke mit Vasen und Plastiken besetzt. Auch die rechteckige Gartenfläche weist gleichmäßige Bepflanzung auf. Der kreisrunde Garten (am Rande mit braunem Farbstift eine besondere Ausgestaltung dieses Beetes) mit regelmäßiger Bepflanzung. Vielfache Bleistift-Verbesserungen.

101
Privatgarten am Neuen Palais. 1864/65

»Umwandlung der wüsten von Hecken umschlossenen ehemaligen Obstquartiere am Neuen Palais in Schmuck- und Nutzgarten nach Angaben Ihrer Koeniglichen Hoheit der Kronprinzessin in den Jahren 1863–1864 und 1865.«
Plangrenzen: Heckengärten 1 bis 5.
Signiert: »Emil Sello. Im Winter von 1864 zu 1865.«
Bezifferter Maßstab in Ruten.
Feder in Grau, farbig laviert. 42,2 x 52,9 cm.
Planslg. Nr. 12110.

Die nördlichen Gärten sind zusammenhängend als Nutzgärten für Kinder mit zahlreichen Beeten, Wein- und Obstspalieren gestaltet. Alle Achsen sind sehr betont, die Endpunkte jenseits als Lauben gestaltet. Im östlichen Garten zieht sich – von einem Pergolakomplex ausgehend – eine Kegelbahn an der Südseite entlang. Die südlichen Gärten behalten den gleichen Aufbau, nur der südöstliche Teil des Blumengartens wird in Nierenform verändert. Ein mit Sträuchern bepflanzter Querweg teilt eine Festungsanlage für die kronprinzlichen Kinder von einem Zierbeet ab.

102
Privatgarten am Neuen Palais. 1865

»Plan der nach speciellen Angaben Ihrer Königlichen Hoheit der Kronprinzessin in den Jahren 1863, 64 und 65 ausgeführten neuen Gaerten.«
Plangrenzen: Heckengärten 1 bis 5.
Signiert: »E. Sello. im Januar 1865.«
Bezifferter Maßstab in Ruten.
Wasserzeichen von 1863.
Feder in Grau, farbig laviert, Bleistift. 46,2 x 56,5 cm.
Planslg. Nr. 12111.

Die nördlichen Gärten sind zusammenhängend als Nutzgärten für Kinder mit zahlreichen Beeten, Wein- und Obstspalieren gestaltet. Die Achsen sind sehr betont, als Endpunkte jeweils Lauben eingefügt. Die südlichen Gärten behalten die bisherige Form, wobei der Ziercharakter eher mehr hervorgehoben wird. Die Form des Blumengartens hat sich zugunsten größerer Flächigkeit verändert, auch sind neue Gartenpavillons vorgesehen. Der südöstliche Garten wurde gänzlich in einen Ziergarten mit Blumenbeeten verwandelt, die Längsachse endet in einer Rundlaube.

103
Privatgarten am Neuen Palais. 1865

Plangrenzen: Heckengärten 1 bis 5 und Antikentempel.
Signiert: »April 1865«.
Zeichner: Emil Sello.
Bezifferter Maßstab in Fuß.
Wasserzeichen von 1861.
Feder in Grau, farbig laviert. 52,5 x 41,9 cm.
Planslg. Nr. 12109.
Lit. zu Kat.-Nr. 97–103: Heinrich Wagener: Die kronprinzlichen Anlagen beim Neuen Palais im Park von Sanssouci. In: Mittn. d. Ver. f. Geschichte Potsdams. 1. 1875. S. 194 bis 200, 292–295.

Die nördlichen Heckengärten werden ganz regelmäßig als Nutzgärten für Kinder mit zahlreichen Beeten, Wein- und Obstspalieren gestaltet, die stark betonten Achsen enden in Lauben oder exedraartigen Sitzplätzen, die südlichen Gärten behalten ihre regelmäßige Gestaltung; zwischen Spielplatz und nierenförmigem Blumengarten ist eine erweiterte Pergola mit Gartenhaus eingefügt.

13. Peter Joseph Lenné. Die Partie beim Antikentempel im Park Sanssouci, Potsdam. 1828. (Stiftung Schlösser und Gärten Potsdam-Sanssouci)

14. Nach Karl Blechen. Der Hopfengarten im Park Sanssouci, Potsdam. Um 1835. (Stiftung Schlösser und Gärten Potsdam-Sanssouci)

Bahnhof Wildpark

Die 1846 nahe der Fasanerie vorbeigeführte Eisenbahnlinie Potsdam – Magdeburg hatte an der Zufahrtsstraße vom Wildpark zum Neuen Palais einen Bahnhof erhalten, der vor allem für die königliche Familie und ihre Gäste gedacht war. Das im italienischen Villenstil errichtete Gebäude diente auch als Gaststätte und wurde zu einem beliebten Ausflugsort der Potsdamer. Lenné hatte den Garten entworfen. Gebäude und Garten verschwanden, als bei einer Verbreiterung der Gleisanlage 1868/69 ein neues Stationsgebäude näher an der Straße errichtet werden mußte.

104
Bahnhof Wildpark. Um 1848

Plangrenzen: Fußweg (heute Werderscher Weg), Vorgelände des Wildparks, Weg nach Werder (heute Geschwister-Scholl-Straße).
Bezifferter Maßstab in Ruten.
Feder in Grau, laviert in Blaugrün, Grün, Grau und Rosa.
50,4 x 64,8 cm.
Planslg. Nr. 3713.
Siehe Tafelteil.

Der kleine Vorplatz der Station Wildpark wird nach Osten dicht abgepflanzt, während die anderen Flächen neben einer breiten Vorfahrt zum Stationsgebäude mit Rasen und lockeren Gebüschgruppen überzogen sind. Nördlich des Perrons können regelmäßige Pflanzungen als Pergolaberankung gedeutet werden.

Hopfengarten

Im Winkel zwischen der Straße zum Neuen Palais und der Maulbeerallee lagen nordöstlich vom Park Sanssouci Ländereien, die für die Hopfenzucht genutzt wurden. Die Nähe zum Park und zum Neuen Palais ließ es angenehm erscheinen, den schmalen Garten Sanssouci hier zu erweitern. 1827 beschloß Friedrich Wilhelm III. den Ankauf des Geländes, und im selben Jahr begann Lenné die von ihm schon längst gewünschten Anlagen. Im sumpfigen Gelände ergab sich ein Teich und ein kleiner Wasserfall. Sie verliehen dem Hopfengarten seinen besonderen Reiz, den er verlor, als die Teiche zusammen mit dem Palaisgraben 1880/81 zugefüllt wurden.

105
Hopfengarten. 1827

»Verschönerungsplan für die Allerhöchst befohlene Anlage beim Hopfenkruge mit Ausschließung der dem Vogel und Schleihahn zugehörigen Grundstücke.«
Plangrenzen: Maulbeerallee mit nördlichem Geländeabschluß, Teile der Gärtnerei, Südgrenze des Hopfengartens mit Palaisgraben (Ostseite).
Signiert: »Lenné«.
Zeichner: Vermutlich eigenhändig.
Bezifferter Maßstab ohne Angabe der Maßeinheit.
Feder, aquarelliert.
Ehemals in Potsdam. Seit 1945 verschollen, jedoch Photographie vorhanden.

Im Nordosten des Grundstücks sind die noch nicht angekauften Grundstücke von Vogel und Schleihahn eingezeichnet. Die Fläche des Hopfengartens wird unter Berücksichtigung des künftigen Ankaufs des Grundstücks von Schleihahn bearbeitet. Der Teich an der Nordwestseite hat Verbindung zum Graben am Neuen Palais und entlang der Maulbeerallee in verbreiterter Form über das Schleihahnsche Grundstück quer durch den Garten. Großzügig geführte Wege erschließen das weiträumige Parkgelände, das nur sparsam bepflanzt ist. Besonders an den Rändern und den Wegekreuzungen sind Pflanzgruppen oder Haine vorgesehen. Der dichte Eichenbestand südlich des Teiches wird von Wegen begrenzt; eine kleine Bastion ragt in den Teich hinein. Ein dunkel nachgezogener Weg führt durch den nördlichen Teil des Gartens.

106
Hopfengarten. 1827

»Plan des ehem. Hopfenkrugs.«
Plangrenzen: Wie Kat.-Nr. 105.
Zeichner: Vermutlich Gerhard Koeber.
Bezifferter Maßstab in Ruten.
Feder, aquarelliert.
Ehemals in Potsdam. Seit 1945 verschollen, jedoch Photographie vorhanden.

Der Plan ist infolge des Ankaufs des Schleihahnschen Grundstücks entstanden (das erst 1835 angekaufte Vogelsche bleibt weiterhin unberücksichtigt), bezieht nun auch die Flächen nördlich der Maulbeerallee ein. Die Formen und die Führung der Wasserflächen bleiben erhalten. Die eingetragene Wegeführung erschließt in weitem Bogen das Gelände, ein weiterer, dunkelgetönter Wegeverlauf verlegt eine bedeutende Wegekreuzung östlich des Teiches, in dessen Nähe sich dichte Pflanzungen ansammeln. Der vorhandene Eichenbestand wird wiederum von Wegen erschlossen, wobei zum Teich ein altanartiger Sitzplatz eingebaut ist.

107
Hopfengarten. 1831

»Zur Aufstellung des Scheibenwerfers in der neuen Anlage zunächst dem Neuen Palais.«
Plangrenzen: Südwestliche Ecke des Hopfengartens zwischen Heckentheater und Mopke-Nordtor.
Signiert: »Lenné f.«
Zeichner: Gerhard Koeber.
Bleistift. 29 x 26,4 cm.
Planslg. Akte 158. Fol. 117. – Schriftwechsel: Fol. 113–116, 119.

Der Schriftwechsel erwähnt beim Ankauf des Abgusses des antiken Hundes und auch des Diskuswerfers, daß Rauch die Skulpturen beschafft hat. Der Diskuswerfer sollte an der Wegegabelung in der Südwestecke des Hopfengartens stehen.
Der Plan wurde ausgeführt.

108
Hopfengarten. Um 1850

Plangrenzen: Nördlicher Palaisgraben, Allee nördlich der Mopke, Belvedere und Drachenhaus.
Zeichner: Gustav Meyer.
Unbezifferter Maßstab ohne Angabe der Maßeinheit.
Wasserzeichen von 1848.
Feder in Grau, laviert in Grün, Grau, Braun und Blau. 31,9 x 44 cm.
Planslg. Nr. 3693.
Siehe Tafelteil.

Nördlich der Maulbeerallee liegen um das Drachenhaus, das Belvedere und dessen Weinbergterrassen wenig erschlossene Gehölzflächen. Südlich der Allee füllt ein See den nordwestlichen Hopfengarten. Die östliche Fortsetzung des Sees entwässert das tiefer liegende Gelände an der Maulbeerallee, eine bachartige Verbindung führt bis zum Palaisgraben. Die Wege laufen zum Teil fast parallel zur Maulbeerallee und enden westlich am Nordeingang zur Mopke.
Rote Signaturen weisen Standorte von Plastiken (Schäfer, Diskuswerfer, Lenné, Minerva, Vase), auch einen Wasserfall aus.

109
Hopfengarten. 1863

»Hopfengarten Sanssouci«
Plangrenzen: Maulbeerallee, östlicher Teil des Hopfengartens, Heckenquartier und Gartentheater, Allee nördlich der Mopke.
Signiert: »Zu dem Kostenanschlage vom 17. December 1863 Meyer«.
Zeichner: Gustav Meyer.
Unbezifferter Maßstab ohne Angabe der Maßeinheit.
Feder in Grau und Rot, wenig Bleistift, laviert in Grün und etwas Blau. 32,7 x 39 cm.
Planslg. Nr. 3694.
Lit. zu Kat.-Nr. 107–109: L. Schneider: Der Bornstedter Hopfengarten. In: Mittn. d. Ver. f. Potsdamer Gesch. 1875. S. 78–80. – Hinz 1837/89. S. 62–65. – Günther. S. 64 bis 68.

Wege-, Wasser-, Wiesen- und Gehölzflächen entsprechen annähernd denen der Kat.-Nr. 108. Rotgestrichelte Einzeichnungen, A und B, deuten wahrscheinlich Absichten an, vergrößerte Wasserflächen anzulegen oder Vertiefungen zu schaffen, da auch ein Teil des Palaisgrabens einbezogen wird.

Schleihahnsches Grundstück

Die Familie Schleihahn hatte den Hopfengarten besessen, der 1827 an Friedrich Wilhelm III. verkauft wurde, um den Park Sanssouci im Nordwesten zu vergrößern. Das Wohnhaus des Frotteurs Schleihahn lag am nördlichen Abhang des Drachenbergs und wurde offenkundig angekauft, um die Verschönerung der Umgebung von Sanssouci in Richtung Lindstedt und Katharinenholz fortzusetzen. Das geschah aber dann nicht, sondern das Gelände blieb unter dem Namen »Schleihahnsches Grundstück« im Besitz der Krone, und nur sein Garten wurde neu gestaltet.
Es gehört heute noch zu den Schlössern und Gärten Potsdam-Sanssouci. Das alte Wohnhaus steht noch; der von Persius in seinem Tagebuch 1844 erwähnte Umbauplan blieb unausgeführt.

110
Schleihahnsches Grundstück. Um 1842

»Situations Plan von dem Grundstücke des Frotteurs Schleihahn nahe am Drachenhaus Bei Potsdam.«
Plangrenzen: Grundstücksgrenzen mit der unmittelbaren Umgebung der Ackerstücke und dem Weg von dem Abzugsgraben.
Signiert: »Hermann Sello«.
Bezifferter Maßstab in Ruten.

Bleistift, laviert in Grün und Blaßrosa, Beschriftung in schwarzer Feder. 35,2 x 50,8 cm.
Planslg. Nr. 12227.
Lit.: Börsch-Supan. S. 35, 46, 135, 140.

Das Grundstück wird in regelmäßig aufgeteilte Nutzflächen geordnet, die auch mit Obstbäumen und Sträuchern besetzt sind. Die unmittelbare Umgebung von Wohnhaus und Wirtschaftsgebäude wird ebenfalls regelmäßig, jedoch ganz als Ziergarten angelegt. Zum Wohnhaus ordnet sich (in Bleistift eingetragen) eine Laube. Die recht große Hoffläche wird in einen Ziergarten, um ein Mittelbeet vier Teilstücke, verwandelt, deren Querachse in runden Gartensitzen endet. Gleichlaufend zum Weg liegt eine Kegelbahn.

Hofgärtnerei

Nach 1841 wurde an der Nordseite des Parks an der Maulbeerallee unterhalb des Hügels, auf dem später die Orangerie entstehen sollte, eine große, neue Gärtnerei angelegt.
Der Hofgärtner Hermann Sello erhielt hier ein Wohnhaus, das Persius aus dem alten Fasanenmeisterhaus umbaute. 1847 wurde daneben für die Witwe von Persius, Sellos Schwester, durch Ludwig Hesse ein Wohnhaus errichtet. Um sein Haus legte Sello reiche Gärten an, die später zusammen mit dem Blick auf die sich darüber erhebende Orangerie an italienische Anlagen erinnerten. Das Haus von Sello wurde beim Bau der Jubiläumsterrasse 1913 nach Westen versetzt und ist so in veränderter Form erhalten geblieben, während die es umgebenden Gärten verschwanden.

111
Hofgärtnerei. 1846

Plangrenzen: Maulbeerallee, Gärtnereianlage (jetzige Alte Häuser), Rehgarten, Villa Persius und Gärtnereigelände.
Signiert: »H. Sello 1846.«
Beziffertet Maßstab in Ruten.
Feder in Grau; laviert in Grün und Rosa, Bleistifteinzeichnungen. Auf Leinen aufgezogen und mit grünem Band eingefaßt. 58,5 x 78,5 cm.
Planslg. Nr. 5055.
Siehe Tafelteil.

Kern der Anlage ist das Sellosche Hofgärtnerhaus und das durch üppige Pergolen verbundene Kutscherhaus mit kleinen Stallungen. Nach Osten folgen Gewächshäuser, teils noch Weinhäuser aus friderizianischer Zeit. Im Westen wird die Gärtnerei mit der Villa Persius abgeschlossen.
Vor diesen Gebäuden und Gewächshäusern baut sich axial zum Zugang des Hofgärtnerhauses eine ganz regelmäßige Zieranlage auf. Hier wurden in verschwenderischer, überquellender Fülle Blumen und Zierblattpflanzen kultiviert, die in Verbindung mit Hecken, Laubengängen, Pergolen und der italienisierenden Architektur der Gebäude Eindrücke von Italien erreichten.
Mittelpunkt des Ziergartens ist ein sehr großes Rondell, dessen drei Beetkreise ebenso wie die Ränder mit den schönsten Zierpflanzen besetzt wurden. Nach Ost und West folgen je drei Reihen Beete mit nahezu gleichem Grundriß, das Ganze zusammengehalten von Pergolen.
Weiter östlich des heute noch vorhandenen Weges zur Maulbeerallee entwickelt sich vor den Gewächshäusern ebenfalls eine vielgliedrige Beetanlage, die westlich des Hofgärtnerhauses ihre Entsprechung findet. Auffallend sind immer wieder die vielgliedrigen Beetformen, überhöht von Lauben und Weingehängen.
Nach Süden folgt mehr oder weniger lichter Baumbestand des Rehgartens, der sich mit einem Mittelweg und zwei halbkreisförmigen Wegen dem Gartengelände verbindet. Der von Osten kommende, durch die Gärtnerei zur Maulbeerallee führende Weg ist heute noch vorhanden, während anstelle des Hofgärtnerhauses sich die Jubiläumsterrasse (1913) bis zum Neuen Stück senkt.
Den Höhenunterschied zur Maulbeerallee gleichen zwei heckengefaßte Diagonalwege aus. Die Maulbeerallee wird ergänzt, die Bäume mit Weingirlanden verbunden, italienisches Rohr, Artischocken und Cardi gepflanzt. Die zwischen den Diagonaltreppen liegende Fläche erhält nahezu die gleichen Schmuckelemente wie der übrige Garten. Sie richten sich auf den halbrunden Vorbau des Hofgärtnerhauses aus.

112
Hofgärtnerei. 1846

Plangrenzen: Maulbeerallee, westlicher Teil der Gärtnerei, Rehgarten, westlicher Teil der Gärtnerei.
Zeichner: Hermann Sello.
Bezifferter Maßstab in Ruten.
Wasserzeichen von 1831.
Bleistift, wenig Feder in Braun, Feder in Grau. 31 x 41,5 cm.
Planslg. Nr. 5056.

Aus dem Zugang zum Hofgärtnerhaus und Stallgebäude entwickelt sich eine konzentrische Gartenanlage. Eine sehr große Laube – offensichtlich mit Kletterpflanzen berankt – bildet den Kern, um den sich schalenförmig vier Reihen Beete legen. Seitlich davon, an einer Achse, je ein quadratischer Garten. Westlich des Selloschen Hauses sind mit Bleistift ebenfalls Ziergärten mit vielfältigem Grundriß eingezeichnet. Der Übergang zum Rehgarten wird durch einen senkrechten und einen halbkreisförmigen Weg eingeleitet; die sich anschließenden Flächen zeigen dichte Bepflanzung.

113
Hofgärtnerei. 1846

Plangrenzen: Maulbeerallee, Villa Persius, Rehgarten, westlicher Teil der Gärtnerei.
Signiert: »H. Sello«.
Bleistift, Feder in Grau, laviert in Grün. 33,9 x 47,8 cm.
Planslg. Nr. 5057.

Das zentrale Motiv der Gärtnerei wird dem östlichen Eingang des Paradiesgartens zugeordnet. Eine lange Pergola führt bis zur Maulbeerallee. An diese Pergola schließt sich der große, aus vier Viertelkreisen bestehende Garten an, dessen Nordsüdachse in einem Gartengebäude endet. Dieser kreisförmige Garten wird noch von einem Rundweg umgeben, der mit einem Laubengang durch dichte Anpflanzungen an den Randweg des Rehgartens führt.

15. Johannes Rabe. Die Hofgärtnerei im Park Sanssouci, Potsdam. 1857. (Stiftung Schlösser und Gärten Potsdam-Sanssouci)

Die zur Maulbeerallee gerichtete Pergola zieht sich an der Nordgrenze der Gärtnerei bis zur Villa Persius hin und verbindet sich mit den dortigen Pergolen. Der gesamte Garten wird in ganz regelmäßige Flächen aufgeteilt, nur die unmittelbare Umgebung des Rundgartens wird locker mit Baumgruppen umstellt.

Die Maulbeerallee und der südlich sich anschließende Streifen bis zu den Pergolen wird mit Baumreihen bepflanzt, deren einzelne Bäume untereinander mit Weinfestons verbunden sind. Im Paradiesgarten sind nur der von einer Pergola gefaßte Eingang und der Weg zum Stibadium angedeutet.

114

Hofgärtnerei. 1846

Plangrenzen: Maulbeerallee mit Paradiesgarten, Garten an der Villa Persius, Rehgarten, westlicher Teil der Gärtnerei.
Zeichner: Hermann Sello.
Bezifferter Maßstab in Ruten und Fuß.
Feder in Grau, Bleistift, laviert in Grün und Rosa. 53,2 x 65,4 cm.
Planslg. Nr. 5382.

Die Südseite des Paradiesgartens wird von einer Pergola gerahmt, die in anderer Form als geschwungener Weg mit einer Laube und als gerader Weg zum Stibadium führt. Dort sind seitlich mit Bleistift Abpflanzungen und Wege (zum Mühlenberg) eingetragen. Die Maulbeerallee und der südlich bis zur Gartenmauer reichende Streifen zeigen gleichmäßige, mit Weinfestons verbundene Baumreihen, wobei die Alleebäume auf einem Rasenstreifen stehen.

Die Gärtnereimauer ist von einer Pergola verdeckt. Eine solche führt die Maulbeerallee, ohne unmittelbare Verbindung zum Paradiesgarten aufzunehmen. Auf diese Pergolaachse baut sich der große Garten auf, dessen Viertelkreise mit sechs Beeten sich auf einen viereckigen Platz beziehen. Ein umfassender Rundweg verbindet sich im Osten durch einen Laubengang mit dem Rehgarten, im Westen mit dem anschließenden Gartenteil. Dieser ordnet sich einem Querweg zu, der auf den Zugang zum Paradiesgarten ausgerichtet ist. Der östliche Teil zeigt die Villa Persius mit den vielen Pergolen und regelmäßigen Gärten, zum Rehgarten ist die Gärtnerei dicht bepflanzt.

Der Plan wurde zum zweiten Mal verwendet und in Fortsetzung der Villa Persius ein Wirtschaftsgebäude eingetragen, das über die Gartenmauer zur Maulbeerallee hinausgreift.

115

Hofgärtnerei. 1846

Plangrenzen: Maulbeerallee mit Paradiesgarten, Mauer, westlicher Teil des Gärtnereigeländes, Nordseite des Rehgartens, Gärtnerei.
Zeichner: Hermann Sello.
Bezifferter Maßstab in Fuß.
Feder in Grau, Grün, Rosa; laviert in Hellbraun. 32,8 x 42 cm.
Planslg. Nr. 5383.
Siehe Tafelteil.
Lit. zu Kat.-Nr. 111–115: Börsch-Supan. S. 148.

Der Eingang zum Paradiesgarten ist Ausgangspunkt eines doppelten Laubengangs, dessen Tiefenzug im südlichen Drittel von zwei halbkreisförmigen Laubengängen erweitert wird.

Westlich schließen sich Nutzflächen an, während auf der Ostseite das Zentralmotiv des Gartens, diesmal auf einen Pergola-Block bezogen, eingeordnet wird. Ein Achteck mit Mittellaube fügt sich einer langen Querachse; sechs Beetreihen nehmen den Pflanzenschmuck auf.

Die unmittelbare Umgebung wird als Wiese ausgeführt, die Grenze zum Rehgarten durch dichte Abpflanzungen geschaffen. Diese Abpflanzung durchstößt einen Laubengang, von dem aus ein halbkreisförmiger Weg den Achteckgarten berührt und am westlichen Laubengang wieder in einen Hauptweg mündet.
Die Maulbeerallee ist regelmäßig bepflanzt, und die Bäume sind mit Weinfestons verbunden. Auch die schrägen Flächen zur Straße sind ähnlich behandelt.

Charlottenhof mit Römischen Bädern, Meierei und Hippodrom

In dem im Süden an den friderizianischen Garten angefügten Parkteil Charlottenhof vereinten sich Karl Friedrich Schinkel und Peter Joseph Lenné zu einem gemeinsamen Werk. 1825 hatte Friedrich Wilhelm III. das Gelände angekauft, um es dem Kronprinzen Friedrich Wilhelm (IV.) zu schenken. Schinkel baute 1826–29 das alte, barocke Gutshaus um und legte zusammen mit Lenné die Blickbeziehungen in den Garten fest. Hermann Sello stand Lenné zur Seite und hat auch einen großen Teil der Pläne gezeichnet. Als das Schlößchen 1829 fertig war, war auch seine Umgebung schon angelegt, doch zog sich die Fertigstellung des Gartens mit den Nebenbauten der Römischen Bäder (Schinkel und Persius 1829–36) und der Meierei (Persius 1833/34) noch bis 1836 hin.
Das Grundstück zwischen Charlottenhof und der Fasanerie wurde erst später angekauft und hier 1836 der Hippodrom geschaffen. Das zwischen Charlottenhof und dem Hippodrom geplante antike Landhaus bzw. die dort vorgesehene Orangerie wurden nicht ausgeführt.
Der Parkteil Charlottenhof wird im Zustand der Lennézeit erhalten. Verschwunden sind aber der jenseits des Dichterhains gelegene Karpfenteich und das »italienische Kulturstück« vor den Römischen Bädern.

116
Charlottenhof. 1825

Plangrenzen: Heckenquartiere am Neuen Palais, südwestlicher Teil des Rehgartens, Schafgraben, Straße nach Werder, Westgrenze des Parks Charlottenhof.
Signiert: »Lenné fec: 1825.«
Zeichner: Eigenhändig.
Bezifferter Maßstab in Dezimalruten.
Feder in Grau, laviert in Grün, Gelblichgrün, Braun, Rosa, die neuen Anlagen an dem zu erbauenden Schloß Charlottenhof und die Einbesserung in Bleistift. 61 x 56,8 cm.
Planslg. Nr. 3695.
Siehe Tafelteil.

Friedrich Wilhelm III. schenkte das sich südlich an den Park Sanssouci anschließende Gelände 1826 dem Kronprinzen. Bei der Übergabe war der Lenné Plan als Vorschlag für die landschaftliche Gestaltung des Geländes gedacht.
Dieses neuerworbene Gelände ist mit dem alten Park durch einen breiten, fast halbkreisförmig geführten Umgehungsweg verbunden, der am Heckenquartier des Neuen Palais und an der Einmündung des sog. Schafgrabens in den Palaisgraben anschließt. Sichten, durch Baumgruppen gerahmt, verbinden die Gärten fast nahtlos. Architektonischer Kernpunkt ist das alte Gutshaus, dessen vorgesehener Umbau mit dem anschließenden Terrassengarten wahrscheinlich vom Kronprinzen mit Bleistiftstrichen eingetragen ist. Eine alte Gutsallee, in Schloßnähe hainartig erweitert, verbindet das Gebäude mit der nach Werder führenden Straße.
Die etwa 70 ha große Parkfläche wird nur durch einige Wege erschlossen, die den Blick immer wieder zum Parkinneren lenken. Dichte Abpflanzungen schirmen die Grundstücksgrenzen gegen die Umgebung völlig ab. Lenné versucht, das südöstlich der Heckenquartiere etwas vertieft liegende Gelände in einen See zur Belebung der Parkwiesen zu verwandeln.
Der Plan war wohl nicht zur Ausführung vorgesehen, bildet jedoch die Grundlage für alle folgenden Arbeiten.

117
Charlottenhof. 1825

»Charlottenhof«
Plangrenzen: Heckenquartier und südlicher Teil des Rehgartens, Schafgraben, südliche und westliche Parkgrenzen.
Signiert: »H. Sello«.
Bezifferter Maßstab ohne Angabe der Maßeinheit.
Feder in Grau, wenig Bleistift, laviert in Blaßgrün, Grünblau, Braun und Rosa. Auf Leinen aufgezogen. 69 x 56,5 cm.
Planslg. Nr. 3697.
Siehe Tafelteil.

Zwischen Rehgarten und Park Charlottenhof bildet der stellenweise seeartig erweiterte, gewunden verlaufende Graben eine Übergangszone. Beide Parkteile verbindet der geschwungene Umgehungsweg. Im Gegensatz zur sehr dichten Randbepflanzung bleiben die weiten Wiesenflächen nur locker mit Baumgruppen und Einzelbäumen bepflanzt. Schloß Charlottenhof wird südlich von einem ausgedehnten Hain abgedeckt, während von allen anderen Seiten Wiesenflächen bis an das Gebäude heranreichen.

118
Charlottenhof. 1825

Plangrenzen: Nördlicher Palaisgraben, westlicher Teil des Rehgartens, Schafgraben, Straße nach Werder, Straße Am Neuen Palais.
Zeichner: Wohl Hermann Sello, Umgebung des Schlosses Gerhard Koeber.
Feder in Grau und Braun, Bleistift, laviert in Blaßgrün, Braun und Rosa. Auf Leinen aufgezogen. 61,6 x 79,2 cm.
Planslg. Nr. 3696.
Siehe Tafelteil.

Südlich des friderizianischen Gartens sind die Neuplanungen, begrenzt von anliegenden Privatgrundstücken, eingetragen, wobei besonders die seeartige Erweiterung des Grabens am Neuen Palais bearbeitet wurde. Vom Park Charlottenhof ist bereits der große Umgehungsweg und die Abpflanzung zu den westlichen Nachbargrundstücken eingetragen. Die Umgebung des Schlosses Charlottenhof wurde mit hainartigen Pflanzungen überzogen, in denen westlich des Schlosses ein rundes Fontänenbecken liegt. Östlich des Schlosses ziehen sich Rasenflächen bis zum erweiterten Schafgraben. Die großen Rasenflächen innerhalb des Umgehungsweges sind fast nur am Rande mit Baumgruppen besetzt. Auch im Rehgarten werden die vorhandenen Wasserläufe – in Bleistiftstrichen – erweitert, um das dem Landschaftsgarten fehlende Wasser einzufügen und die Fließgeschwindigkeit des vorhandenen zu erhöhen.

119
Charlottenhof. 1826

Plangrenzen: Palaisgraben, östliche Parkgrenze, Straße nach Werder, westliche Parkgrenze.
Zeichner: Gerhard Koeber.
Feder in Grau, Beschriftung in Braun, Bleistift, laviert in Blaßgrün. Auf Leinen aufgezogen. 49,5 x 71,8 cm.
Planslg. Nr. 3698.
Siehe Tafelteil.

Das Wegesystem ist streckenweise leicht verändert, jedoch werden die ersten Querwege über die große Wiese vor dem Schloß Charlottenhof eingefügt. Die Ostwestachse des Schlosses Charlottenhof wird herausgearbeitet, nach Osten folgen Terrasse mit Exedra und Maschinenhaus mit dem Pumpwerk am seeartig erweiterten Schafgraben, der Blumengarten fehlt noch. Nach Westen schließen sich der Dichterhain, nicht ausgeführte Orangerieplanungen sowie der Karpfenteich mit Exedra an.
An der östlichen Parkgrenze folgt an der nördlichen Seite des Maschinenteichs die Anlage der sogenannten Römischen Bäder in einer neueren Planungsstufe, zu der auch der Verbindungsweg über die große Wiese nach Westen gehört. Die Einzeichnung des Hippodroms muß zu einer späteren Wiederverwendung des Planes gehören, da der gestreckte Grundriß des Freiraums erst nach mehreren Überarbeitungen gewählt wurde.
Vgl. dazu Kat.-Nr. 120.

120
Charlottenhof. 1835

Plangrenzen: Palaisgraben (Ökonomieweg), östliche Parkgrenze, Grundstücke südlich Schloß Charlottenhof, Hippodrom, Parkgrenze westlich des Umgehungsweges.
Zeichner: Hermann Sello?
Maßstab ohne Angabe der Maßeinheit.
Feder in Braun, Bleistift, laviert in Grün, Baum- und Buschgruppen z. T. braun schraffiert. Auf Leinen aufgezogen. 50,7 x 72,4 cm.
Planslg. Nr. 3701.
Siehe Tafelteil.

Die Wegeführung wird nun in einer der Ausführung schon nahen Form eingezeichnet, auch die Querachse der Umgebung des Schlosses Charlottenhof gleicht sehr den vorangegangenen Darstellungen. Auffallend ist die Eintragung gewisser gewässerähnlicher Umrisse auf den Wiesenflächen, die auf mutmaßliche Bodenbewegungen schließen lassen. Auch an eine Verbindung des großen, im Nordwesten geplanten Sees zum Schafgraben an den späteren Römischen Bädern ist gedacht.
Der Plan fand nochmals Verwendung zur Einzeichnung des Hippodroms, das in einer sehr frühen Entwurfsphase eingetragen ist.

121
Hippodrom. 1835

Plangrenzen: Unmittelbare Umgebung des Hippodroms, an der Ostseite Karpfenteich mit Exedra als Zugang zum Charlottenhof.
Zeichner: Hermann Sello.
Bezifferter Maßstab ohne Angabe der Maßeinheit.
Feder in Grau, wenig Bleistift, das Hippodrom selbst laviert in Grün bis Grüngelb, die Baulichkeit in Rosa. 41,1 x 31,5 cm.
Planslg. Nr. 3699.
Siehe Tafelteil.

Das Hippodrom wird von drei Wegen und sechs Baumreihen verschiedener Höhe und Kronenform gebildet; nur der Kern ist dicht abgepflanzt. Die langgestreckte innere Platzfläche, mit zwei runden Wasserbecken betont, wird nach Norden und Süden von je einem Gebäude fortgesetzt. Zwei gleichlaufende Wege führen zum Karpfenteich mit Exedra, von dort weiter zum Charlottenhof.
Das Blatt enthält zwei Anmerkungen von Friedrich Wilhelm IV., auch die Bleistifteinbesserungen stammen zum Teil von ihm:
»der Abstand der Baumreihen von einander ist 20 Fuß u. die Breite der Wege 10 Fuß. Das ist viel zu viel. Ich verlange nur 10 Fuß Abstand bei den Baumreihen u. höchstens 6 Fuß Breite bei den Wegen. Dadurch wird der Hyppodrom im Umfang weit geringer. Der innere Raum ist richtig 300 Fuß lang soll aber 100 Fuß breit sein. Doch bitte ich GHR Schinkel um freundl. Gutachten wegen dieser Maaße.«
»In der Waldung um den Hyppodrom denke ich mir eine Art Labyrinth von nur wenigen Wegen, die nicht zu verschlungen, so, daß man mit der Localität bekannt ziemlich grade hinkommen kann, unbekannt mit derselben aber sehr irre geführt werden kann.«

122
Charlottenhof. 1835

Plangrenzen: Tiroler Berg, Römische Bäder, Maschinenteich und östliche Parkgrenzen, Straße nach Werder, Parkteile westlich des Hippodroms.
Zeichner: Hermann Sello.
Bezifferter Maßstab in Ruten.
Feder in Grau, laviert in Grün bis Grünblau, Grau und Rosa. Einbesserungen in Bleistift. Auf Leinen aufgezogen. 62,9 x 99,8 cm.
Planslg. Nr. 3702.
Siehe Tafelteil.

Der Plan zeigt vor allem die Bearbeitung der Parkteile zwischen Hippodrom und Maschinenteich sowie der sich südlich anschließenden Flächen.
In Veränderung zur Kat.-Nr. 120 schließt sich an den Dichterhain westlich des Schlosses Charlottenhof ein Gartenbereich an, dessen architektonischer Kern eine geplante, jedoch nicht ausgeführte Orangerie ist. Um ein quadratisches Rasenstück legen sich nach Nord und Süd halbkreisförmige Wege mit entsprechenden Beetflächen. Nach Westen schließen Hecken und der sogenannte Karpfenteich diesen Bereich ab.
Der Zugang zum Hippodrom erfolgt seitlich, jedoch ist eine Ostwestachse aufgenommen, die in einem vom

Wassergraben umflossenen Rundteil endet. Südlich vom Hippodrom wird ein neuer Eingang vorgesehen, von dem aus Diagonalwege den Park erschließen. Der östliche dieser beiden Wege setzt sich nach Südwesten im sogenannten Werderschen Weg fort, dessen angrenzendes Gelände offensichtlich zur Parkerweiterung vorgesehen ist. Auch die noch nicht zum Park gehörenden, auf dem Plan dicht abgepflanzten Flächen südlich der Zufahrt zum Schloß Charlottenhof sind zum Teil in eine künftige, wohl wirtschaftlichen Zwecken dienende Nutzung einbezogen.

123
Charlottenhof. Um 1830

Plangrenzen: Meierei, Ostseite des Gartens, Schafgraben, östlicher Teil des Umgehungsweges.
Zeichner: Hermann Sello.
Bleistift, laviert in Grün bis Gelbgrün und Blaßrosa, stark verblaßt. 21,8 x 36,2 cm.
Planslg. Nr. 3703.

Die Gartenpartien um die Gebäudegruppen der Römischen Bäder, auch jenseits des Schafgrabens, sind weitestgehend durchgearbeitet. Der Maschinenteich wird in sehr bewegten Uferlinien dargestellt und umfließt entgegen der späteren Ausführung auch die Gartenteile östlich der Wasserlaube.
An der östlichen Parkgrenze liegen noch einige schmale Nutzflächen, von einem durchgehenden Weg erschlossen; sie sind jedoch zum Park hin mit größeren Baumgruppen und Einzelbäumen abgepflanzt.

124
Meierei. 1834

Plangrenzen: Unmittelbare Umgebung der Meierei einschließlich des östlich sich anschließenden Geländes mit der Viehmäster-Straße (Lennéstraße).
Signiert: »Koschny: 15/10.34«.
Bezifferter Maßstab in Ruten.
Feder in Schwarz, farbig laviert, Beschriftung in Bleistift.
27,2 x 41,4 cm.
Planslg. Nr. 13155.
Siehe Tafelteil.

Nach Norden führen Wege zum Ökonomieweg; der Zugang von der Viehmäster-Straße (Lennéstraße) ist zugepflanzt und nur eine Wegeverbindung durch die mit Obstbäumen bepflanzten Gartenwege möglich. Um die Meierei ist das Gelände parkartig gestaltet, die Ostseite betont dicht gepflanzt. Aus der Stellung der Exedra ergibt sich, daß die Anlage in Verbindung zu den Teilen nördlich der Römischen Bäder steht, die Grundstücke nördlich der Viehmäster-Straße (Lennéstraße) sind noch in Privatbesitz.

125
Meierei. 1834

Plangrenzen: Ökonomieweg mit nördlichem Parallelweg, Selloweg, Brücke zur Meierei, Meierei, Grabenverlauf westlich der Meierei.
Zeichner: J. E. Koschny.
Feder in Schwarz, laviert in Grau, Bleistifteinzeichnungen.
24,2 x 37,3 cm.
Planslg. Nr. 13156.
Siehe Tafelteil.

Nördlich der Meierei zeigt sich die Fläche in einer sehr kleinteiligen Bepflanzung, die durch einen geschwungenen Weg erschlossen ist. Der Plan sieht vor, den geraden Schafgraben seeartig zu erweitern, so daß eine sehr ausgebuchtete Wasserfläche mit einer Insel entsteht. Die Pflanzungen sind so geordnet, daß optische Verbindungen zwischen den vom Ökonomieweg getrennten Parkteilen anscheinend besonders beachtet sind. Eine Gärtnerei oder ein Wirtschaftshof westlich der Meierei ist nicht abzulesen, auch eine Brücke nicht ein-

16. Julius Tempeltei nach Johann Gottlob Samuel Rösel. Das Schloß Charlottenhof im Park Sanssouci, Potsdam. Um 1835. (Stiftung Schlösser und Gärten Potsdam-Sanssouci)

17. Johannes Rabe. Das Schloß Charlottenhof im Park Sanssouci, Potsdam. 1846. (Stiftung Schlösser und Gärten Potsdam-Sanssouci)

gezeichnet. Am Rand der Gehölzgruppe nordwestlich der Meierei steht ein kleines Gebäude mit seitlichen Anbauten, am westlichen Seeufer eine Plastik, das Wegesystem nördlich des Ökonomieweges entspricht offensichtlich dem Zustand um die Mitte des 19. Jahrhunderts.

126
Charlottenhof. 1835

Plangrenzen: Straße nach Werder, Straße Am Neuen Palais, Umgehungsweg Charlottenhof, Karpfenteich mit Exedra.
Zeichner: Hermann Sello.
Feder in Grau, Bleistift, laviert in Grün und Rosa. Auf Leinen aufgezogen. 27,2 x 29,6 cm.
Planslg. Nr. 3700.

Der Zugang zum Hippodrom erfolgt nicht mehr axial vom Karpfenteich, sondern seitlich von geschwungenen, die Umgebung des Hippodroms durchziehenden Wegen. Der östliche Zugang führt um ein rundes Wasserbecken, das ebenso wie die beiden auf der Westseite an tiefer gelegenen Örtlichkeiten angelegt wird.
Fünf Baumreihen formen den Rand des Hippodroms, dessen innerer Weg mehrere Rasenflächen, dazu ein Gebäude mit zwei Wasserbecken zusammenfaßt.

127
Charlottenhof. 1835

Plangrenzen: Palaisgraben, östliche Parkgrenze mit Schafgraben, südliche Parkgrenze mit Straße nach Werder, Straße Am Neuen Palais.
Signiert: »H. Sello.«
Bezifferter Maßstab in Ruten.
Feder in Grau, laviert in Grün bis Grünblau, Grau und Rosa, Einbesserungen in Bleistift. Auf Leinen aufgezogen. 56,8 x 81 cm.
Planslg. Nr. 3704.
Siehe Tafelteil.

Zur Umgebung ist der Park dicht abgepflanzt, während innerhalb des Umgehungsweges neben den Wasserflächen sich nur wenig bepflanzte große Wiesenflächen erstrecken. Am Südende des Parks liegt eine regelmäßig aufgebaute Gruppe von Gebäude- und Gartenteilen: Hippodrom, Karpfenteich mit Exedra, Orangerie mit Gärten nach Nord und Süd, Dichterhain, Schloß Charlottenhof mit Wasserbecken und Terrasse, Rosengarten und Maschinenhaus am Maschinenteich.
Damit vergleichbar liegt am Nordende des Maschinenteichs das Gärtnerhaus mit Teepavillon, Terrasse und kleinen Gärten. Hinter den ebenfalls zu dieser Gebäudegruppe gehörenden Römischen Bädern ordnet sich wieder ein regelmäßiger Gartenteil mit drei rechteckigen Becken ein, während das «Italienische Kulturstück« dieses erlebnisreiche Gebiet nach Westen abschließt. Östlich des Schafgrabens fügt sich noch einmal ein Gebäude mit regelmäßigen Gärten ein.
Bleistifteintragungen deuten auf Erweiterungsabsichten hin, die sich bis zum Hofgärtnerhaus erstrecken.

128
Charlottenhof. 1839

»Plan von Charlottenhof oder Siam.«
Plangrenzen: Palaisgraben (Ökonomieweg), östliche Parkgrenze, Grundstücke südlich Schloß Charlottenhof, Straße nach Werder, westliche Parkgrenze.
Signiert: »Gez. u. lith. v. G Koeber. 1839.« »Königl. lith. Institut zu Berlin.«
Bezifferter Maßstab in Ruten.

Lithographie, laviert in Grün, Blau, Rosa, Ziegelrot und Braun. 47,9 x 66,1 cm.
Planslg. Nr. 3705.
Siehe Tafelteil.

Ein breiter Umgehungsweg, an dessen Außenseiten die Partien um die Römischen Bäder, das Schloß Charlottenhof und das Hippodrom liegen, erschließt das Parkgelände. Die Fläche innerhalb des Umgehungsweges wird mit dichten Baumgruppen, lockeren Pflanzungen und Einzelbäumen aufgegliedert. Die Niederung im Nordwesten ist für die künftige Anlage eines Sees vorgesehen. Nach außen hin ist der gesamt Garten dicht abgepflanzt und nimmt keinen Bezug auf die Umgebung.
Sehr reiche, kleinteilige Gärten umgeben die Gebäudegruppen der Römischen Bäder. Zum Park hin liegt das »Italienische Kulturstück« mit italienischen Nutzpflanzen: Mais, Wein, Feigen und ähnlichem. Von der Gebäudegruppe und der Wasserlaube wird der große Garten mit dem Fontänenbecken eingeschlossen. Jenseits der Wasserlaube liegt der sogen. Bauerngarten mit ländlichen Motiven. Nördlich der Gebäudegruppe ordnet sich ein Nutzgarten mit drei Wasserbecken (für Goldfische, Schildkröten und ähnliches) ein.
Das Schloß Charlottenhof bildet mit der Gartenterrasse und dem Wasserbecken einen eigenen Bereich, an den sich zum Maschinenteich hin ein Rosengarten mit dem Maschinenhaus (Pumpwerk zur Wasserversorgung) einfügt. Nach Westen schließt sich eine Baumpflanzung mit einem Wasserbecken an, die ihren Abschluß in einer exedraförmigen Heckenpflanzung mit einem davor liegenden sogenannten Karpfenteich findet.
In sich abgeschlossen liegt das Hippodrom, nur auf versteckten Zugangswegen zu erreichen.
Teilpläne zeigen Schloß Charlottenhof mit Terrasse und Wasseranlagen sowie den großen Garten samt Wasserlaube und Teeterrasse an den Römischen Bädern.

129
Charlottenhof. Um 1850

Plangrenzen: Palaisgraben, östliche Parkgrenze, Grundstücke südlich Schloß Charlottenhof, Straße nach Werder, westliche Parkgrenze.
Zeichner: Gustav Meyer.
Bezifferter Maßstab in Ruten.
Feder in Grau, Wasserleitung in Rot, wenig Bleistift. Seidenpapier auf Papier aufgezogen. 65,7 x 90,8 cm.
Planslg. Nr. 13157.

Vorarbeit zu Kat.-Nr. 130.

130
Charlottenhof. Um 1850

»Fasanerie u. Charlottenhof.«
Plangrenzen: Wie Kat.-Nr. 129.
Zeichner: Gustav Meyer.
Wasserzeichen von 1846.
Feder in Grau, Schwarz und Rot, laviert in Grün, Blau, Blaßbraun und Rot. Auf Leinen aufgezogen. 56,6 x 86,8 cm.
Planslg. Nr. 3706.

Die Partien bis zum Hippodrom entsprechen etwa dem »Plan von Charlottenhof oder Siam« (Kat.-Nr. 128). Eingezeichnete dünne rote Striche zeigen den Verlauf der Wasserleitungen. Auch ist eine Verbindung zur Hauptallee in der Nähe des Teehauses angedeutet.
Westlich des Hippodroms und ohne unmittelbare Verbindung zu diesem ist die Fasanerie eingeordnet, die eine Sichtbeziehung zum Freundschaftstempel aufnimmt. Das sich nordwestlich anschließende Gelände ist von geschwungenen Wegen durchzogen, die zwischen großen und kleineren Gehölzflächen hindurchführen;

18. Johannes Rabe. Die Römischen Bäder im Park Sanssouci, Potsdam. 1845. (Stiftung Schlösser und Gärten Potsdam-Sanssouci)

19. Wilhelm Grüzmacher nach Karl Friedrich Schinkel. Die große Laube der Römischen Bäder im Park Sanssouci, Potsdam. (Karl Friedrich Schinkel. Sammlung architektonischer Entwürfe. Heft 24. Berlin 1835)

auch dicht umpflanzte größere Freiräume, die wahrscheinlich wie die übrigen Flächen der Fasanerienutzung dienten, werden deutlich. Das kanalartige Bassin erhält östlich einen Zufluß vom Palais-Graben her. Ein nordwestlicher Abfluß vergrößert sich teichartig und fließt nach Westen ab. Die alleeartige Bepflanzung des Kanals wird nach Süden hin stark verengt und endet in einem kreisförmigen Platz.
Der Plan ist das Teilstück eines nicht zustande gekommenen Planwerks über Potsdam und Umgebung.

131
Römische Bäder. Um 1865

Plangrenzen: Italienisches Kulturstück, Wirtschaftshof, Meierei, Graben mit Wasserlaube.
Zeichner: Gustav Meyer.
Bezifferter Maßstab ohne Angabe der Maßeinheit.
Feder und Pinsel in Grau, Bleistifteinzeichnungen. Auf gelbem Seidenpapier. 49 x 73 cm.
Planslg. Nr. 13158.
Lit. zu Kat.-Nr. 116–131: Haeberlin. S. 98–115. – Hinz 1937/89. S. 55–61. – Günther. S. 42–64. – Heinz Schönemann: Ein utopisches Gesellschaftsmodell bei Karl Friedrich Schinkel: Charlottenhof und die Römischen Bäder. In: Protokoll des Kolloquiums anläßlich des 100jährigen Erscheinens der Engels'schen Schrift »Die Entwicklung des Sozialismus von der Utopie zur Wissenschaft«. Potsdam 1980. S. 35–38. – Heinz Schönemann: Schloß Charlottenhof und die Römischen Bäder. Ein utopisches Gesellschaftsmodell. In: Das Werk Karl Friedrich Schinkels und seine Bedeutung. Bauinformation DDR. Berlin 1981. S. 122–127.

Das »Italienische Kulturstück« ist nur noch in seinem südlichen Teil eingezeichnet, der nördliche Rand mit einer Gehölzpflanzung versehen. Der mit einem starken Gehölzstreifen ummantelte Wirtschaftshof (ursprünglich teilweise Weinhäuser) hat bereits die noch heute bestehende Größe, die Goldfisch- und Schildkrötenbecken sind verschwunden, dafür die Anfänge einer Gärtnerei (kleines Gewächshaus und Mistbeete) zu erkennen. Der sogenannte Koniferenweg von der Meiereibrücke zu den Römischen Bädern ist eingetragen, seitlich die Gärtnerei durch eine Gehölzpflanzung versteckt. Das Viridarium hat eine Strauchreihe als Mauerbegleitung; um das Fontänenbecken zieht sich eine Folge muschelartiger Beete, ein weiteres Rundbeet ist ebenfalls eingetragen.

Fasanerie

Die Fasanerie liegt am Südwestende des Parks Sanssouci und wurde von Lenné auf Wunsch Friedrich Wilhelms IV. durch ein großes Wasserbecken von Süden mit den Anlagen vor dem Neuen Palais verbunden. Das Fasaneriegebäude, vor allem das Wohnhaus für den Fasanenmeister, wurde 1842–44 von Persius erbaut, der Garten wurde 1841/42 angelegt.
1880 wurde das Wasserbecken zugeschüttet.

132
Fasanerie. 1837

»Entwurf für die Fasanerie beim Neuen Palais«
Plangrenzen: Südliches Heckenquartier und kleine Reitbahn am Neuen Palais, westlicher Teil des Umgehungsweges, Straße nach Brandenburg, Straße Am Neuen Palais, Gärtnerlehranstalt.
Signiert: »Emil Sello. Kunstgärtner. Sans-Souci den 15ten Febr. 1837.«
Feder in Grau, laviert in Grün, Grau und Rosa. Auf Karton aufgezogen. 49,9 x 66,4 cm.
Planslg. Nr. 3707.
Siehe Tafelteil.

Das sich westlich an den Umgehungsweg anschließende Gelände wird von einem buchtenreichen, langgestreckten See beherrscht, der inmitten weiter Wiesenflächen liegt. Zwei Hauptwege erschließen das Gelände diagonal, kleinere Querwege nehmen die Verbindung zum Umgehungsweg und der Gärtnerlehranstalt auf. Nutzflächen füllen den südlichen Abschluß zur Straße, dem sich die offensichtlich vorhandene Gebäudegruppe der Fasanerie mit ihren Nutzflächen zuordnet. Eine dichte Abpflanzung trennt das wirtschaftlich genutzte Land vom Park.
Der Plan wurde nicht ausgeführt.

20. Johannes Rabe. Die Fasanerie im Park Sanssouci, Potsdam. 1845. (Stiftung Schlösser und Gärten Potsdam-Sanssouci)

133
Fasanerie. 1842

»Plan von der neuen Fasanerie zunächst Charlottenhof«
Plangrenzen: Karpfenteich, Hippodrom, Straße nach Brandenburg, Straße Am Neuen Palais, Ökonomieweg.
Signiert: »Lenné 1842.«
Zeichner: Vermutlich Gerhard Koeber.
Bezifferter Maßstab.
Feder, aquarelliert.
Ehemals in Potsdam. Seit 1945 verschollen, jedoch Photographie vorhanden.

Der Plan zeigt die Abgrenzung der zum Hofjagdamt gehörenden Fasanerie. Das mit leicht geschwungenen Wegen durchzogene Gelände hat als regelmäßige Einfügungen das Hippodrom, die Fasanerie mit einem regelmäßigen Garten nach Süden und die lange, teils einseitig bepflanzte Allee mit dem wichtigen Kreuzkanal. Dieser, beginnend am Ökonomieweg, liegt in einem von Bäumen umrandeten Rasenspiegel. Die Querarme setzen sich in Rasenspiegeln fort, ohne Verbindung nach den Römischen Bädern aufzunehmen. Ein nordwestlicher Wassergraben zum Querarm ist teichartig erweitert. Große Nutzflächen dienen der Anzucht von Fasanenfutter. Die Sicht vom Freundschaftstempel zur Fasanerie ist, locker gerandet, berücksichtigt.

134
Fasanerie. 1848

»Situations-Plan von dem Canale, welcher das Bassin in der Fasanerie mit dem Canale auf der Südseite des Neuen Palais communicirt.«
Plangrenzen: Parterre vor dem Neuen Palais, Palaisgraben, Fasanerie, Querarm des Bassins und südliche Abpflanzung, westliche Fasanerieteile, Neues Palais.
Zeichner: Gustav Meyer.
Bezifferter Maßstab in Ruten.
Feder in Grau, laviert in Grün bis Grau, Blaßblau und Rosa. 41,4 cm x 68 cm.
Planslg. Nr. 3708.
Siehe Tafelteil.
Lit. zu Kat.-Nr. 132–134: Haeberlin. S. 122–127. – Hinz 1937/89. S. 69–71.

Südlich an den Palaisgraben schließt sich ein Kanal bis zum Bassin in der Fasanerie an. Dieser Kanal wird zuerst durch die Heckenquartiere südlich des Neuen Palais, dann durch eine doppelte Baumreihe gerahmt. Baumpflanzungen und eine gestreckte Rasenfläche betonen die Querachse. Nach Süden setzen sich diese Baumpflanzungen fort, wobei die bisherige Breite um zwei weitere Baumreihen und zwei Heckenreihen verringert wird. Dichte Abpflanzungen lassen keine Verbindung zu den Parkteilen zu.
Der Plan wurde anläßlich der Verbreiterung des Kanals von 50 Fuß auf 90 Fuß gezeichnet.

Ruinenberg

Der Ruinenberg war zur Zeit der napoleonischen Besatzung stark abgeholzt worden. Seit 1842 begannen dann die Bemühungen, ihn zu verschönern.
Neben die künstlichen Ruinen, die Knobelsdorff als Point de vue von Schloß Sanssouci hatte errichten lassen, wurde ein Aussichtsturm gesetzt (Persius 1845).
Der Berg wurde neu bepflanzt und Wege mit Sichten in die Havellandschaft angelegt. Eingeschlossen sind Koppeln, die noch bis 1945 als Felder oder Baumschulflächen genutzt wurden.
Zehn Jahre später wurden noch einmal neue Wege angelegt, von denen Hinz berichtet, ohne daß wir heute die zugehörigen archivalischen Belege besitzen. Das wird aber durch das Adjutantenjournal Friedrich Wilhelms IV. bestätigt, in dem im Jahr 1852 berichtet wird, daß der König die neuen Wege auf dem Ruinenberg befahren hat (STAM).

135
Ruinenberg. Nach 1829

Auf der Rückseite: »Projecte die Anlagen auf dem Ruinenberg betreffend.«
Plangrenzen: Pappelallee, Jägerallee, Bildergalerie und Windmühlen, Dorfflur Bornstedt.
Zeichner: Kartograph, Bleistift Lenné.
Maßstab ohne Angaben.
Wasserzeichen von 1829.
Bleistift, Feder in Grau, Bornstedt laviert in Grün, Rosa, Blau und Grau. Auf Leinen aufgezogen. 66,1 x 84,3 cm.
PlansIg. Nr. 3714.

Mit Reißfeder sind u. a. die vorhandenen Grundstücks-, Wege- und Straßenführungen eingezeichnet; mit Bleistift die künftigen Planungen einer »geschmückten Feldflur«, bei der die Wege und Nutzflächen von Grünstreifen eingefaßt werden. Die geplante Straße am Bornstedter See ist neben Querverbindungen nach Nord und Süd auch mit dem Ruinenberggelände verbunden, dieses jedoch erst andeutungsweise mit Wegen erschlossen. Nach Osten führt der geplante Voltaireweg bis zur Jägerallee. Von der Baumschule (spätere Einsiedelei) ab erschließen Nordsüdwege die Flächen über den vorhandenen, nach Bornstedt führenden Weg hinaus bis zur geplanten Pappelallee.

136
Ruinenberg. 1842

Plangrenzen: Unmittelbares Ruinenberggelände, östlich bis zum Voltaireweg (Königsweg).
Zeichner: Gerhard Koeber.
Feder, aquarelliert.
Ehemals in Potsdam. Seit 1945 verschollen.
Lit.: Hinz 1937/89. Abb. 38.

Das Ruinenberggelände ist nur sparsam mit sehr großen, locker gerandeten Baumgruppen besetzt. Die Hauptachse des Schlosses Sanssouci wird von einer wuchtigen Baumgruppe aufgefangen; die Blickbeziehung zu den künstlichen Ruinen am Wasserreservoir deshalb nur ganz schmal und von wenigen Baumgruppen gehalten. Auf den auslaufenden Hängen des Ruinenberges liegen 13 sog. Koppeln, mit Hecken eingefaßte Felder. Östlich des Berges breitet sich ein sehr großes Exerzierfeld aus, seitlich um je einen Halbkreis erweitert. Der westliche hat durch eine Allee Verbindung zum Wasserreservoir.

137
Ruinenberg. Nach 1841

Plangrenzen: Pappelallee, Russische Kolonie, Schloß Sanssouci, Dorflage Bornstedt.
Zeichner: Gustav Meyer, die kräftigen Grüntöne nachträglich.
Bezifferter Maßstab in Ruten.
Wasserzeichen von 1841.
Feder in Grau, Bleistift, laviert in Grün und Rosa. Auf Leinen aufgezogen. 63,1 x 96,7 cm.
Planslg. Nr. 3715.
Siehe Tafelteil.

Das südliche Ruinenberggelände wurde nach 1841 aus dem Sandacker in eine nach gartenkünstlerischen Grundsätzen gestaltete Parklandschaft verwandelt, wobei Straßen und Felder, Nutzwiesen und Baumschulen dicht abgepflanzt werden, um den Eindruck eines aus-

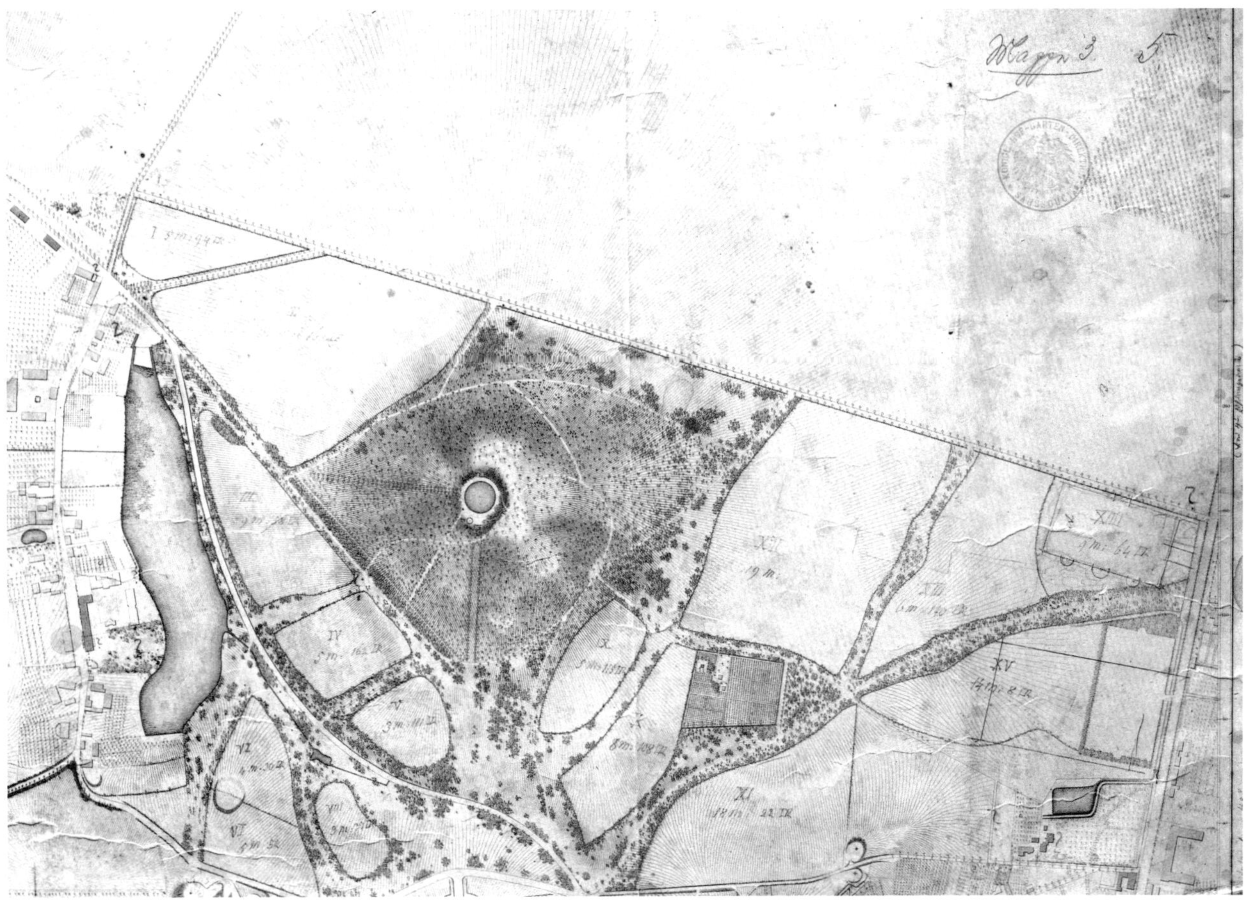

21. Peter Joseph Lenné. Der Ruinenberg in Potsdam. 1842. (Stiftung Schlösser und Gärten Potsdam-Sanssouci)

gedehnten Parks zu erwecken. Nördlich des Schlosses Sanssouci führt in angenehm geschwungenem Bogen die neue Straße nach Bornstedt, beiderseits mit Sträuchern und Bäumen etwa 18 m breit abgepflanzt. Die seitlich davon liegenden Nutzflächen werden mit fast ebenso breiten Querriegeln in wirtschaftliche Größenordnungen eingeteilt. Auf der Ostseite wird der Voltaireweg bis zur Jägerallee mit einem 18 m breiten Streifen aus Wiesen und Gehölzen gefaßt, um beinahe bis zum Neuen Garten in einer Parklandschaft fahren zu können. Das noch als Baumschule (12 Quartiere) genutzte Gelände der späteren Einsiedelei ist dicht abgepflanzt. Vielfach sind oft kaum zu entziffernde Baumarten (Eiche, Ahorn usw.) angegeben. Der Kern und der nördliche Teil des Ruinenberges sind bis auf die Wegeführung noch nicht durchgearbeitet, der Anbau an das friderizianische Amphitheater erst angedeutet, ebenso der Überlauf der Wasserbehälter in der Sicht, offensichtlich auch kaum bepflanzt. Unmittelbar an der Pappelallee wird eine Reitstrecke mit Hindernissen (Graben, Wall, Hecke) eingebaut.

138
Ruinenberg. Nach 1841

Plangrenzen: Pappelallee, Jägerallee, Schloß Sanssouci, Dorflage Bornstedt.
Zeichner: Wohl Gustav Meyer.
Feder.
Ehemals in Potsdam. Seit 1945 verschollen, jedoch Photographie vorhanden.

Der Plan zeigt weitgehend den gleichen Zustand wie Kat.-Nr. 137. Er unterscheidet zwischen vorhandenem Grün und Planungen. Zu den Planungen gehören die Pflanzungen östlich des Bornstedter Sees bis zur alten Bornstedter Straße am Fuß des Ruinenberges. Eingeschlossen sind hier die sog. Koppeln, deren Fläche in Quadratruten angegeben ist. Der Gutsgarten am Gut Bornstedt ist eingezeichnet. Die Achse Schloß Sanssouci – Ruinenberg zeigt sich nur im südlichen Teil durchgearbeitet, die Viehtränke fehlt noch. Sehr wichtig wird die Grünverbindung zum Neuen Garten, der sog. Voltaireweg (Königsweg). Die Flächen östlich des Ruinenberges gliedern sich in große Koppeln, die sog. Einsiedelei und die sorgfältig ausgearbeitete Grünverbindung zur Jägerallee (Neuer Garten).

139
Ruinenberg. 1862

Plangrenzen: Wasserbecken Ruinenberg, Voltaireweg, Schloß Sanssouci, Mittelbau der Orangerie.
Zeichner: Gustav Meyer.
Bezifferter Maßstab in Ruten.
Wasserzeichen von 1857.
Feder in Grau, wenig Rot. 46,9 x 65,3 cm.
Plansig. Nr. 3716.
Lit. zu Kat.-Nr. 135–139: Haeberlin. S. 42–44. – L. Schneider: Der Ruinenberg. In Mitt. d. Ver. für Potsdamer Geschichte. 1872. S. 144–158. – Julius Haeckel: Über den Ruinenberg. Ebd. 1939. S. 449–469. – Börsch-Supan. S. 136.

Ausgewiesen werden die auf diesen Flächen liegenden Koppeln, Felder, Baumschulen und Nutzflächen sowie Baumbestände, Gruppen und Zierwiesen.
Der Plan wurde aus technischen Gründen (Aufmaß usw.) angefertigt.

Triumphstraße mit Weinberg und Orangerie

Die Triumphstraße ist eines der großen, nicht vollendeten Projekte Friedrich Wilhelms IV. Sie sollte sich vom Mühlenberg über die Orangerie bis zum Belvedere auf dem Klausberg hinziehen. Ausgeführt wurden der Weinberg mit dem Triumphtor, die Mühlenterrassen und die Orangerie. 1847 beginnen die Weinbergsplanungen, und 1850 wurde das Triumphtor errichtet (Hesse). Der Orangeriebau, hoch über der Maulbeerallee gelegen, zog sich lange hin (Persius und Stüler 1851–60). Die Terrassen entstanden 1855, ihre geplante Gestalt mit Gartenanlage sieht man auf einem Aquarell von Carl Graeb.

22. Julius Schlegel. Der Bornstedter See und der Ruinenberg in Potsdam. Um 1857. (Stiftung Schlösser und Gärten Potsdam-Sanssouci)

140
Orangerie. Um 1855

»... zur Anlage eines Wasser-Reservoirs auf dem Plateau zwischen Bornstedt und dem Kgl. Weinberg.«
Plangrenzen: Bornstedt, die alte Orangerie, Gärtnerei mit dem Selloschen Hofgärtnerhaus.
Zeichner: Gustav Meyer.
Feder, Bleistift, aquarelliert.
Ehemals in Potsdam. Seit 1945 verschollen, jedoch Photographie vorhanden.

Der Orangeriebau ist noch im Entwurfsstadium gezeichnet mit schmalen Pflanzenhallen, nach Norden offenen Pavillons und ohne Mittelbau. Hinter dem Ost- und West-Pavillon nimmt ein Halbzirkel mit Fontänenbecken die Pavillonmaße auf, nach Norden von einem rechteckigen Rasenstück mit sechs Bäumen gefolgt, das eine Nische mit Plastik abschließt. Entsprechend der ganzen Länge der Pflanzenhallen ist ein regelmäßiges Wasserreservoir vorgesehen, das ringsum dicht bepflanzt ist. Bastionsartig ragt ein Halbkreis in die Wasserfläche, über die eine Pergola zu einem wiederum halbkreisförmigen Platz mit einer Plastik führt. Vor der Orangerie ist eine Terrasse und ein Wasserbecken angedeutet.

141
Orangerie. 1859

Plangrenzen: Orangerie, Seitenflügel, Maulbeerallee.
Signiert: »Lenné in Sanssouci 1859«.
Zeichner: Gustav Meyer.
Feder, aquarelliert.
Ehemals in Potsdam. Seit 1945 verschollen.
Lit.: Hinz 1937/89. Abb. 18.

Zwischen den Seitenflügeln der Orangerie und dem kreisrunden Wasserbecken sind auf der obersten Terrasse zwei Rasenstreifen in sehr reichverzierte Beetflächen ausgelegt. Der vorspringende mittlere Teil ist mit Rasenspiegeln und einem exedraähnlichen Vorsprung mit einer Plastik überzogen. Auch die nächstfolgende Terrasse ist ebenso bearbeitet, wobei sich die Flächen auf die Seitenflügel, die Wasserbecken und die vorspringende Terrassenlänge beziehen. Südlich folgen auf der nächsten Terrasse bogenförmige Abschlüsse. Der mittlere Zugang öffnet sich über Treppen, Schrägen und halbkreisförmige seitliche Wege, die vom Wasserbecken in vierpaßähnlicher Fläche ausgehen. Die Vorfahrt erfolgt über einen im sanften Bogen von der Maulbeerallee zum Westflügel führenden Weg.
Der Plan weicht vom ausgeführten Zustand noch erheblich ab.

142
Orangerie. 1860

»Situations-Plan von den Terrassen-Anlagen vor dem Orangerie Gebäude. Hesse XII.60.«
Plangrenzen: Orangerie-Mittelbau, Ostflügel und Gartenanlagen bis zur Maulbeerallee, Maulbeerallee, Gartenanlagen und Westflügel.
Zeichner: Ludwig Ferdinand Hesse.
Bezifferter Maßstab in Fuß und ein zweiter bezifferter Maßstab ohne Angabe der Maßeinheit.
Feder in Grau und Rot, laviert in Grün und Blau mit etwas Grau, wenig Bleistift. 51,7 x 73,3 cm.
Planslg. Nr. 3717.

Auf der ersten Orangerieterrasse füllen je ein langgestreckter Rasenstreifen mit drei Plastiken, ein dreiteiliges mit reichem Teppichbeet-Muster geziertes Rasenparterre und die von Rasenflächen umgebene Fontänenanlage die mit einer Balustrade abgegrenzte Fläche.
Die zweite Terrasse ist mit reich verzierten Rasenflächen überzogen, nur die zurückspringenden Ecken nehmen Wasserbecken auf. Eine Balustrade grenzt die Terrasse ab, in deren vorspringendem Mittelteil Rasenspiegel und zwei an die obere Terrasse angelehnte Wasserbecken liegen.
Das zur Maulbeerallee abfallende Gelände gliedert sich durch teilweise sehr breite Wege, zwischen denen geometrisch gestaltete Zierflächen, z. T. mit Büschen bepflanzt, eingefügt sind. Der halbkreisförmig vorspringende Mittelteil wird von einer ebensolchen Rasenfläche und Wasserbecken eingenommen. In roten Linien sind teilweise vorhandene, teilweise geplante Baulichkeiten, Wegeführungen und Leitungen eingezeichnet.
Schwarze, z. T. gestrichelte Linien weisen Wasserleitungen aus.

143
Orangerie. Um 1865

Plangrenzen: Orangerie-Mittelbau, Ostseite der Orangerieterrassen, Maulbeerallee, Westseite der Orangerieterrassen.
Zeichner: Gustav Meyer.
Bezifferter Maßstab in Rheinischen Fuß.
Wasserzeichen von 1859.
Feder in Grau, laviert in Grün und Blau, Bleistift, Blau- und Rotstift. 48 x 68,6 cm.
Planslg. Nr. 3718.
Siehe Tafelteil.

Vor der Südseite der Orangerie liegen zwei lange, schmale Rasenflächen mit je zwei Vasen und einer größeren Plastik. Die Flächen vor der Balustrade werden von je drei reich mit Teppichbeet-Mustern versehenen Rasenparterres ausgefüllt. Den nach Süden vorspringenden Teil nehmen ein großes Wasserbecken und Rasenflächen ein.
Die tiefer liegende Terrasse, deren südlicher Abschluß eine bis zum Treppenlauf durchgehende Balustrade bildet, ist mit Rasenflächen, z. T. mit üppigen Teppichbeet-Mustern, überzogen; nur in den zurückspringenden Ecken blinken rechteckige Wasserbecken.
Der halbkreisförmig nach Süden führende Treppenlauf schließt Rasenflächen mit Wasserbecken auf zwei Terrassen ein. Das Gelände südlich der zweiten Terrasse ist noch nicht bearbeitet; die Planungsarbeiten sind andeutungsweise mit Bleistift eingezeichnet.
Der Plan wurde teilweise ausgeführt.

144
Orangerie. Um 1865

Plangrenzen: Rundes Fontänenbecken vor der Orangerie, östlicher Treppenlauf, halbkreisförmiges Fontänenbecken mit Löwenköpfen, westlicher Treppenlauf.

Beziffterter Maßstab in Fuß.
Wasserzeichen von 1860.
Feder in Grau, laviert in Blaßbraun, Grün, Blau und Rosa.
27,4 x 33,7 cm.
Planslg. Nr. 3719.

Der Plan wurde zur Festlegung des Aufstellungsortes für Kübelpflanzen gezeichnet.
Auf der obersten Terrasse zwischen den Fontänenbecken stehen Granatbäume und Neuseeländischer Hanf, an der Balustrade zwei Orangen; auf der mittleren Terrasse in Nähe des Mauerwerks ebenfalls Neuseeländischer Hanf und Orangen, auf den Rasenquadraten Orangen, Hanfpalmen und Palmlilien; auf der halbkreisförmigen tiefer liegenden Fläche und zwischen den Stellen mit Weingirlanden sind Agaven eingetragen.

145
Mühlenberg. 1843

»Der Mühlenberg«. »(Capleck's Wbg.)«. »(Schiebel's Wbg.)«
Plangrenzen: Mühlenberge, Weg zur Unteroffiziersschule, Am Mühlenberg, Aufgang nach dem Mühlenberg.
Signiert: »Lenné 1843.«
Zeichner: Gustav Meyer.
Bezifferter Maßstab in Ruten.
Feder in Grau, laviert in Grün, Braun und Rosa. 33,8 x 40,6 cm.
Planslg. Nr. 13154.

An den »Königlichen Weinberg«, den Winzerberg, schließen sich seitlich des Aufgangs zum Mühlenberg zwei weitere Grundstücke an, die ebenfalls als Weinberg genutzt werden. Der Plan ist eine Aufnahme der Grundstücke und Gebäude, seitlich ist ein Schnitt von der Straße zum Mühlenberg eingetragen.
Der Plan stellt eine Aufnahme des Zustands dar. Offenkundig wurde er im Zusammenhang mit der Planung für ein Denkmal Friedrichs II. auf dem Mühlenberg benötigt. Persius hat 1844 einen Schnitt für die Anlage vorgelegt, an der er in Nachfolge von Schinkel arbeitete.

146
Triumphstraße. 1848

»Zum Berichte des Garten-Director Lenné vom 1ten Januar 1848.«
Plangrenzen: Südostseite des Ruinenberges, Triumphstraße, Obelisk, Obeliskportal, Gärten an der Neptungrotte und Bildergalerie, Kavalierhaus.
Signiert: »Lenné 1848.«
Zeichner: Gustav Meyer.
Bezifferter Maßstab in Ruten und Rheinischen Fuß.
Wasserzeichen von 1846.
Feder in Grau und Rot, laviert in Blaßgelb, Rosa und Grau, gärtnerische Anlagen in Bleistift einskizziert. 64 x 99,1 cm.
Planslg. Nr. 3720.

In rein technischer Ausführung – nur die Flächen zwischen Theater und Kavalierhaus und südöstlich des Ruinenberges sind in Bleistift angedeutet – wird die Triumphstraße vom Obelisk bis zum Sanssouci-Plateau, der Fußgängerviadukt und das Offene Theater dargestellt.
Die beträchtlichen freien Ränder des Planes nehmen Schnitte und Profile ein.
Der Plan wurde nicht ausgeführt.

147
Triumphstraße. 1848

»Viaduct nach SansSouci«, nachträglich vermerkt: »2. Ber. von Lenné 1. Jan 1848«
Plangrenzen: Offenes Theater, Obelisk, Garten an der Neptungrotte und Bildergalerie, Kavalierhaus und Abpflanzung.
Zeichner: Gustav Meyer.
Maßstab ohne Angaben.
Feder in Grau, laviert in Blaugrün und Grau bis Rosagrau.
49,6 x 75,5 cm.
Planslg. Nr. 3721.
Siehe Tafelteil.

Auf der freien oberen Fläche des Planes Ansichten der Viadukte und des Theaters. Bereits in Höhe des Obelisks beginnt neben der alten Straße nach Bornstedt die Triumphstraße, die ohne Triumphtor und architektonische Einbeziehung des Winzerberges nach Westen abbiegt. Das Winzerhaus ist in simplem Grundriß mit anschließender Terrasse an die Weinbergterrassen angelehnt. An der ersten Krümmung der Triumphstraße ermöglicht ein Fußgängerviadukt den Übergang über die alte Straße zum Durchgang hinter der Bildergalerie. In die zweite Krümmung fügt sich ohne Abpflanzung das Offene Theater ein, hinter dem ein befahrbarer Viadukt das Sanssouci-Plateau erreicht. Der Freiraum zwischen Viadukt, Theater, Bildergalerie und Kavalierhaus ist in einfachen Formen, jedoch mit Fontäne, gestaltet.
Der Plan wurde nicht ausgeführt.

148
Triumphstraße. 1848

»Viaduct bei Sans Souci 1848«
Plangrenzen: Südostseite des Ruinenberges, Winzerberg, Obelisk, Obeliskportal, Garten vor der Bildergalerie, Kavalierhaus und Plateau von Sanssouci.
Zeichner: Gustav Meyer.
Bezifferter Maßstab in Ruten.
Feder in Grau und Rot, laviert in Grüngrau und Grau, auch Rosa und Blau. 51,8 x 71,8 cm.
Planslg. Nr. 3722.
Siehe Tafelteil.
Lit. zu Kat.-Nr. 145–148: Günther. S. 79–80.

Am südlichen Rande der Triumphstraße liegen südlich der alten, auch weiterhin bestehenden Straße die Pflanzungen vor dem Obeliskportal, die Gärten vor der Neptungrotte, die Bildergalerie und die Baumreihen auf den Rampen. Hinter dem Portal des Triumphtores steigen über einer flächigen Pflanzung die vier Weinterrassen des Winzerberges auf, an dessen Westseite sich das Winzerhaus mit einer langen Weinpergola anlehnt. Unmittelbar hinter dem Triumphtor, zuerst parallel der alten Straße, hebt sich in halbkreisförmigen Schleifen die Triumphstraße, an deren erster Krümmung ein Gebäude mit dem Viadukt für Fußgänger, der zum Durchgang hinter der Bildergalerie führt, steht. In der zweiten Krümmung liegt hinter einer Pflanzung das Offene Theater.

23. Karl Graeb. Der Paradiesgarten im Park Sanssouci, Potsdam. Um 1852. (Stiftung Schlösser und Gärten Potsdam-Sanssouci)
24. Johannes Rabe. Der Paradiesgarten im Park Sanssouci, Potsdam. Um 1850. (Stiftung Schlösser und Gärten Potsdam-Sanssouci)

Über einen Viadukt, der die alte Straße nach Bornstedt und zur Jägerallee überspannt, wird die Höhe und der Zugang zum Sanssouci-Plateau erreicht. Der Freiraum (53 x 147 m) zwischen Viadukt, Theater, Bildergalerie und Kavalierhaus wird neben der Straße in Ziergartenformen mit Fontänen gestaltet. Auf den freien Randflächen Wegeprofile.
Der Plan wurde nicht ausgeführt.

Paradiesgarten

Am südwestlichen Abhang des Hügels, auf dem später die Orangerie errichtet wurde, entstand seit 1840 ein kleiner ummauerter Gartenbereich.
Persius schreibt nach einer Promenade, auf der er den König durch den Garten von Sanssouci begleitete, am 23.10.1841 in seinem Tagebuch: »Se. Majest. geben ausführl. Beschreibung einer Anlage welche am Schluß des Orangenhauses ausgeführt werden soll. Nutzgärten sollen mit Weinspalieren u Pflanzen ächten Castanien u Nußbäumen abwechseln. An der Straße soll die Anlage mit einer einseitigen Pergola abgeschlossen werden. Krummer weg soll durch die Anlage bis zur Höhe führen, daneben Quelle in einem gemauerten Gerinne ... Gt. Beute u. Herrm waren gegenwärtig. Hermann Sello empfängt die direct. Befehle wegen der obigen Gartenanlage.« Das »Paradeisgärt'l« war besonders reich mit seltenen Gewächsen bepflanzt. Im 1844 von Ludwig Persius errichteten Stibadium fand man an einem Fontänenbecken kühle Stille. Besonders wirkungsvoll war die vom Hügel herabkommende Kaskade, auf deren Stufen seitlich farbige Glasvasen standen.
Die Anlage ist erhalten, aber gärtnerisch ganz verändert, da sie als botanischer Lehrgarten der Universität genutzt wird.

149
Paradiesgarten. Um 1865

Plangrenzen: Nordöstlicher Teil des Hopfengartens mit Maulbeerallee, nordwestlicher Grenzweg am Paradiesgarten, Orangerie, östliche Begrenzung des Paradiesgartens.
Besitzvermerk »Sello«.
Zeichner: Gustav Meyer.
Feder in Grau, laviert in Blaugrün, Blau, Grau, Hellocker und Rosa. 53,6 x 68,6 cm.
Planslg. Nr. 3723.
Siehe Tafelteil.
Lit.: Haeberlin. S. 119–122. – Börsch-Supan. S. 55.

Vom Westflügel der Orangerie, der jedoch in anderer Form ausgeführt wurde, überbrückt eine Baulichkeit den Höhenunterschied zum tiefer liegenden Paradiesgarten. Drei Wege, einer davon an einer schmalen, langgestreckten Halle entlang, führen zum Kern des locker umpflanzten Gartens: der Kaskade, dem von Laubengängen umgebenen Impluvium und Wasserbecken. Zur Maulbeerallee grenzt eine Pergola den Garten ab, der im südlichen Teil aus zahlreichen regelmäßigen Beetanlagen zur Aufnahme der nach künstlerischen Gesichtspunkten geordneten Blatt- und Blumenpflanzungen besteht. Jenseits der Maulbeerallee wird das Motiv regelmäßiger Pflanzungen fortgeführt, an das sich im Osten ein Gebäude der Gärtnerei anschließt. Der verbreiterte Bachlauf entwässert Teile des Hopfengartens.
Der Plan wurde teilweise ausgeführt.

Nordischer und Sizilianischer Garten

Vor einer alten Orangerie lagen westlich der Neuen Kammern die Obstbaumpflanzungen und Treibereien, die Lenné 1860 in den Sizilianischen Garten verwandelte. Die regelmäßige Anlage, die nach Norden zur Maulbeerallee von einer skulpturengeschmückten Mauer begrenzt wird, sollte an italienische Gärten erinnern. Die hier im Sommer aufgestellten Palmen verstärken diesen Eindruck.
Über dem Sizilianischen Garten erhebt sich jenseits der Maulbeerallee der Nordische Garten, dessen Nadelgehölze einen Gegensatz zum südlich gelegenen Garten bilden.

150
Sizilianischer Garten. 1860

Plangrenzen: Sizilianischer Garten, Ostflügel der Neuen Orangerie, Pflanzungen hinter dem Nordischen Garten, Mühlenhaus/Historische Windmühle.

25. Johannes Rabe. Der Sizilianische Garten im Park Sanssouci, Potsdam. 1854. (Stiftung Schlösser und Gärten Potsdam-Sanssouci)

Signiert: »Lenné im März 1860«.
Zeichner: Gustav Meyer.
Bezifferter Maßstab in Ruten.
Feder in Grau, aquarelliert. Ca. 51 x 73 cm.
Technische Fachhochschule Berlin. Historisches Archiv.
Aus dem Besitz der Vereinigung ehemaliger Schüler der Potsdamer Königl. Gärtnerlehranstalt.

Der Plan dürfte eine Vorarbeit zu dem in Sanssouci verwahrten Plan sein.
Nördlich des Nordischen Gartens bleibt die dichte Bepflanzung erhalten. Leichte Abänderungen sind u.a. in der Wegeführung, der Abpflanzung zum Wirtschaftsgelände nördlich der Straße »An der Orangerie« und in der Verbindung zum Mühlenberg zu finden. Im Nordischen Garten zeigen sich die Laubengang-Halbkreise kleiner, die Bepflanzung des Mittelbeetes und der Flächen vor dem Garten einfacher als im folgenden Plan. Zwischen Felsentor und der Schlafenden Ariadne liegen an antike Vorbilder anklingende kaskadenartige Wasserspiele.
Der Sizilianische Garten ist bereits wie im späteren Plan dargestellt. Der westliche Anschluß, der im folgenden Plan fehlt, sieht eine sehr aufgelockerte Bepflanzung vor. Vom gegenwärtigen Standort der Judenlaube aus gabelt sich der Weg zu den Gewächshausanlagen bzw. nach Nordwesten zu einer architektonischen Anlage mit einem abschließenden Gebäude auf quadratförmigem Grundriß. Da diese westliche Partie ganz anders, d. h. viel einfacher, ausgeführt wurde, ist anzunehmen, daß die gegenwärtige Form erst nach Abschluß der Pläne gefunden wurde.

151
Nordischer und Sizilianischer Garten. 1860

»Sanssouci. Nordischer u. Sizilian. Garten.«
Plangrenzen: Ostflügel Orangerie, Straße nach Bornstedt, Felsentor, Westflügel Neue Kammern, Südseite Sizilianischer Garten, Ausfahrt Gärtnerei »Alte Häuser«.
Signiert: »Lenné im Dezember 1860.«
Zeichner: Gustav Meyer.
Bezifferter Maßstab in Fuß.
Feder in Grau, laviert in Blaugrün, Grau, Blau und Blaßrot. 65,4 x 63,1 cm.
Planslg. Nr. 3724.
Siehe Tafelteil.
Lit. zu Kat.-Nr. 150–151: Hinz 1937/89. S. 76. – Günther. S. 75–77. – Wimmer 1990. Nr. 73.

An der Stelle der alten Orangerie entsteht ein regelmäßiger Garten, in dem fast ausschließlich Nadelgehölze kultiviert werden. Seitlich begrenzen zwei geschwungene, mit Laubengängen überzogene Treppen den Garten. Der Südhang löst sich in zahlreiche schmale Terrassen auf, deren Gliederung jedoch unter der Bepflanzung verschwindet. Die flache südliche Hälfte des Gartens nimmt Nadelgehölze in Einzelpflanzungen auf. Ein reich bepflanztes Mittelbeet betont die Rasenebene, deren Rand überaus üppig in manschettenartige Blumenformbeete aufgelöst ist.
Eine Allee grenzt den Nordischen Garten nach Norden ab. Das dahinter liegende Gelände ist waldartig bepflanzt, einige Wege führen organisch zum Ausgang an der Orangerie. Nur die Mitte wird als Achse betont und nimmt eine Exedra auf.
Die schmale Fläche zwischen der Pergola des Nordischen Gartens und der dreireihigen Bepflanzung der Maulbeerallee gliedert sich in Rechtecke, deren Grundriß von den Treppenläufen abzuleiten ist.
Der Sizilianische Garten schließt sich axial an den Nordischen Garten an, teilt sich jedoch in drei getrennte Gartenteile auf. Beherrschend wirkt das von einem hohen Laubengang umzogene Mittelbeet, dessen Bepflanzung teppichbeetartig reich ausgeführt ist. Die sich seitlich anschließenden Gartenteile ordnen sich um ein Fontänenbecken, wobei die Ränder der Rasenstücke bandartig bepflanzt sind. Breite Wege mit aufwendigen Treppen verbinden den Garten mit dem nördlich der Maulbeer-Allee. Die westlichen Partien des Sizilianischen Gartens sind noch nicht völlig durchgearbeitet.

Villa Liegnitz

Es handelt sich um ein Grundstück, das zwischen der heutigen Lennéstraße (im Plan unerklärlicherweise Louisenstraße angegeben) und der Allee in Sanssouci liegt. Am 13.7.1840 wurde es der Fürstin von Liegnitz, der zweiten Gemahlin Friedrich Wilhelms III. zur Erbauung eines Wohnsitzes zur Verfügung gestellt. Das bescheidene Haus des Timm wurde von Albert Schadow für die Fürstin umgebaut. Lenné entwarf den Garten, Koeber führte ihn aus.

152
Villa Liegnitz. 1840

»Situations Plan des in Sanssouci belegenen, dem verstorbenen Königl Geheimen Kämmerer Herrn Timm zugehörigen Grundstückes.«
Signiert: »aufgenommen v. G. Koeber. 4/140.«
Bezifferter Maßstab in Ruten.
Wasserzeichen von 1838.
Feder in Grau, zarte Farblavierungen an den Grundstücksgrenzen. 46,7 x 31,6 cm.
Planslg. Nr. 9904.
Lit.: A. Schadow: Die Villa der Fürstin von Liegnitz im Garten von Sanssouci bei Potsdam. Berlin 1862. – Haeberlin. S. 69.

Außer dieser Grundstücksaufnahme gibt es keine Gartenzeichnung aus der Erbauungszeit der Villa.

Marlygarten

Friedrich Wilhelm I. hatte vor den Toren von Potsdam zu Füßen des späteren Weinbergs von Sanssouci einen Küchengarten anlegen lassen, den Friedrich II. unverändert bestehen ließ. So war er als rechteckige Anlage mit regelmäßiger Beeteinteilung bei Regierungsantritt Friedrich Wilhelms IV. noch vorhanden, der dann hier für seine erst am Charlottenhof geplante neue Kirche, die Friedenskirche (Persius und Stüler 1845–50), den passenden Ort fand.
Das bewegte Gelände des Gartens wurde von Lenné mit Hilfe des Erdaushubs des östlich der Kirche angelegten Friedensteiches geschaffen. 1847 waren die Arbeiten beendet. Eine kleine Anhöhe mit einer Florafigur von Wolf wurde als Teeplatz benutzt. Der orginellste Schmuck des Gartens war eine blauweiße Säule aus Glasstäben (Josephinenhütte, 1849, nach Entwurf von Hesse).
1973 konnte der Marlygarten überarbeitet und 1985 das wundervolle Blumenbeet am Floraberg wiederhergestellt werden: Form des Beetes und Leuchtkraft der Blumen lassen etwas vom ehemaligen Reiz dieses Gartens aufleben. Es blieb mit leichter versenkter Mittellinie und vor- und zurückspringenden Baumgruppen Typ vieler späterer Anlagen bis zur Bürgerwiese in Dresden, wenn hier auch die Ausstattung zurückhaltender sein mußte.

153
Marlygarten. 1846

»Verschönerungs Plan für die Garten-Anlage an der Friedens Kirche.«
Plangrenzen: Bildergalerie, Obelisk, Dreikönigstor, Südseite Marlygarten, Gartendirektionsgebäude.
Signiert: »Lenné Januar 1846.«
Zeichner: Gustav Meyer.
Bezifferter Maßstab.
Feder, aquarelliert.
Ehemals in Potsdam. Seit 1945 verschollen, jedoch Photographie vorhanden.

Die Hecken im Holländischen Garten und vor der Neptungrotte sind angedeutet, die Alleen auf den Rampen, am Obeliskportal und vor der Gartendirektion ebenfalls.

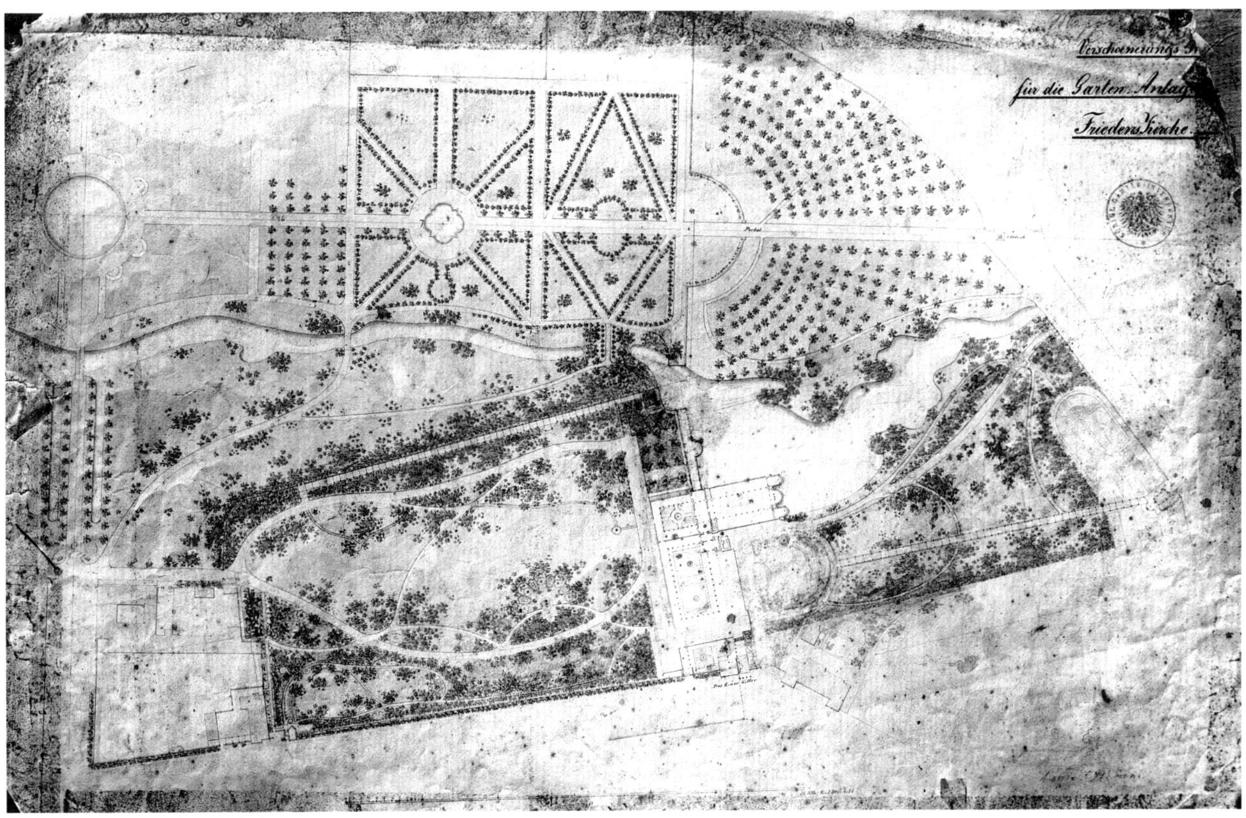

26. Peter Joseph Lenné. Der Marlygarten im Park Sanssouci, Potsdam. 1846. (Stiftung Schlösser und Gärten Potsdam-Sanssouci)

Die Bedeutung des Planes liegt in der Darstellung der landschaftlich bearbeiteten Partien. Die nördliche Marlygartenmauer ist hinter dichten Pflanzungen verborgen; die von zwei Wegen erschlossene Fläche verhältnismäßig dicht mit Bäumen und vielfachen Pflanzungen versehen. Der Marlygarten zeigt sich als fein durchgearbeiteter Pleasure-Ground voller Zierlichkeiten. Auch der Friedensgarten läßt solche Feinheiten erkennen. Am bemerkenswertesten erscheint die lange Pergola vom Vorgarten des Marlyschlosses bis zum östlichen Tor.

154
Marlygarten. Um 1855

Plangrenzen: Nordseite des Marlygartens, Friedensteich und Friedensgarten mit Kabinettshaus, Ananashaus, Villa Liegnitz, Gärtnerei vor der Gartendirektion.
Zeichner: Gustav Meyer.
Bezifferter Maßstab in Fuß.
Feder in Grau, laviert in Grün, Blaugrün, Blaßblau, Blaßbraun und Rosa. 47,2 x 68 cm.
Planslg. Nr. 3725.
Siehe Tafelteil.

Der Marlygarten wird von zwei Haupt- und mehreren Nebenwegen erschlossen, die zu zahlreichen Sichten und Gartenräumen des als bezaubernden Pleasure-Ground gestalteten Gartens führen. Eine überaus reiche Zahl von kleinen Blumenbeeten und der ausgebreitete Blumenfächer am Teeplatz machen den besonderen Schmuck des Inneren aus. An der Nordseite wird der Garten hinter einer Abpflanzung von einem Spaliergang begrenzt, der im Westen an der Nische mit einer Plastik, im Osten an einem Laubengang und dem verwinkelten Zugang zur Christuspforte endet. Gegenüber dem Platanenhain (mit Fontäne) liegt ein üppig ausgeschmückter Sitzplatz. Während der Vorhof der Kirche als schlichte Grünfläche gehalten ist, füllen sehr verzierte Flächen sowohl den Garten des Kreuzgangs als auch den an der Pfarrwohnung. Südlich der Zugangsallee liegen die Nutzflächen des Ananasreviers, denen sich die Villa Liegnitz mit ihrem Garten anschließt. Die gegenüberliegende Villa Illaire hat mit dem Gartenpavillon einen eigenen Gartenbereich mit zahlreichen Pergolen, der sich auf den kleinen Teich bezieht. Nach Westen folgt das Gärtnerhaus und die Gärtnerei an der Gartendirektion. Der Plan wurde ausgeführt.

155
Marlygarten. Um 1860

Plangrenzen: Marlygarten-Mauer, Gebäudekomplex der Friedenskirche, Villa Illaire.
Zeichner: Gustav Meyer.
Bezifferter Maßstab in Ruten.
Feder in Grau, laviert in Braun und Blaßblau. 45,6 x 56,8 cm.
Planslg. Nr. 3726.
Siehe Tafelteil.

Wegesystem und Gehölzpflanzungen wie im vorangegangenen Plan, nur sind die zahlreichen kleinen Blumenbeete nicht eingezeichnet. Verändert sind das Einfahrtstor neben dem Schulhaus auf der Südostseite, die Größe des Kreuzes im Garten des Kreuzganges, der Weg an der Südmauer, die Bepflanzung der schmalen Durchsichten an der bis 1945 vorhandenen milchblauen Glassäule, das kleine Gewächshaus an der Nordwestseite. Die Größe und Form der Pflanzungen ist genau.

156
Marlygarten. Um 1860

»Marly«
Plangrenzen: Große Fontäne, Holländischer Garten, Obelisk, Elisabethhaus-Friedensgarten, Gartendirektion, Stichgräben.
Besitzvermerk »Rosenberg«.
Zeichner: Gustav Meyer.
Feder in Grau und Blau, Bleistift. Auf Seidenpapier. 39,5 x 63,4 cm.
Planslg. Nr. 3727.
Lit. zu Kat.-Nr. 153–156: Haeberlin. S. 193–196. – Hinz 1937/89. S. 72, 73. – Günther. S. 68–74.

Die Parkpartien außerhalb der Marlygarten-Mauer sind nur in dünnen Strichen angerissen. Die Darstellung des Marlygartens stimmt mit dem vorangegangenen Plan u. a. nicht überein in: der Wegeschlinge südöstlich der Fontäne an der Villa Illaire, der geöffneten Pflanzung an der Glassäule. Größe und Form der Pflanzungen nähern sich dem kolorierten Plan.

Königliche Anlagen und Gutsgärten vor der Stadt

Neuer Garten

Friedrich Wilhelm II. hatte sich seit 1786 östlich von Potsdam am Heiligen See das Marmorpalais von Carl von Gontard und Carl Gotthard Langhans erbauen und den Garten dazu von Johann Ludwig Eyserbeck aus Dessau anlegen lassen.
Am Anfang des 19. Jahrhunderts war der Garten so zugewachsen, daß es eine der ersten Aufgaben Lennés in Potsdam war, einen Umgestaltungsplan zu erarbeiten. Dieser Plan von 1816 ist seit 1945 verschollen. Der Plan von 1828 zeigt die Veränderungen, die Lenné vorgenommen hat, um den Garten Eyserbecks großzügig umzugestalten. Eine Bereicherung war dann noch die Anlage eines Parterres vor dem Schloß im Jahr 1846.
Der Garten wird im Zustand der Lennézeit erhalten. 1913 bis 1916 wurde am Ufer des Jungfernsees das Schloß Cecilienhof von Paul Schultze-Naumburg für die kronprinzliche Familie eingefügt. Die Partie zwischen dem Eingang und der Bibliothek wurde bis auf einen schmalen Uferstreifen nach 1945 vom Garten abgetrennt.

157
Neuer Garten. 1816

»Plan vom Neuen Garten, nebst dessen Umgebungen.«
Plangrenzen: Zufahrt von Sanssouci, Oberweinberge am Pfingstberg, Jungfernsee, Heiliger See, Berliner Straße.
Signiert: »Entworfen und gezeichnet von P. J. Lenné 1816.«
Bezifferter Maßstab in Ruten.
Feder, aquarelliert. 98,5 x 129,5 cm.
Verschollen. Hing 1945 im Marmorpalais. GK I. Nr. 40306.

Die Wege dieses langen, schmalen Gartens werden betont entlang der Ränder geführt, so daß die einstigen schmalen Teilgrundstücke vereinigt sind. Geschickt gesetzte Querspiegel schaffen lange Diagonalsichten. Neben dem Graben an Behlerts Brücke bildet die Gotische Bibliothek das Gegenstück zum Maurischen Tempel an der Nordseite des Sees. Entlang der Pyramidenpappel-Allee behalten die Holländischen Häuser ihre eigenen Gärten; das Weiße Haus erhält einen Ring von Bäumen, südlich schließt sich Wirtschaftsland an. Gärtnerei und Orangerie sind nach Norden abgepflanzt, nach Süden in Wiesenflächen eingebettet. Vor dem Marmorpalais bleibt eine weite Rasenfläche, die Alleepflanzung zum Schindelhaus besteht weiterhin. Aus der Eyserbeck-Zeit erhält sich der sehr schöne Freiraum mit der Gedenkurne für die Gräfin Ingenheim. Nach Osten steht die Pyramide weit sichtbar. Im Innern ist nur eine ganz spärliche Bepflanzung vorgesehen, die sich dann in den nördlichen Partien wieder verdichtet. Nordöstlich des Grünen Hauses liegt eine Nutzfläche, dicht von Gehölzen umstellt, dem am Quapphorn mit der Ermitage wieder dunklere Pflanzungen folgen. Selbst der Hasengraben, das Verbindungsstück zwischen Heiligem See und Jungfernsee, erhält geschwungene Uferlinien. Die Ostseite des Heiligen Sees ist an einzelnen Stellen ebenso bepflanzt wie die dort stehenden Windmühlen.

158
Neuer Garten. Nach 1816

»Plan zur Verschönerung einer Partie im König. Neuen Garten.«
Plangrenzen: Straße Am Neuen Garten, Grotte, Grünes Haus.
Signiert: »Lenné«.
Zeichner: Eigenhändig.
Bezifferter Maßstab in Ruten.
Feder, aquarelliert.
Ehemals in Potsdam. Seit 1945 verschollen, jedoch Photographie vorhanden.

Im Vergleich zum Plan von 1816 werden die Wiesenflächen etwas verkleinert und auch mehr Nadelgehölze verwendet. Die Wege teilen und schließen sich wieder an der Westgrenze des Gartens am Aha. Die nördlich folgende Fläche ist hainartig dargestellt. Im Plan von 1816 ist die Wegeführung schlichter, das bedeutende Wegedreieck sehr stark mit Bäumen eingemantelt, so daß ein sehr großes Gehölzstück entsteht. In den südlichen Teilen sind geplante Gehölzpflanzungen nur schematisch, fahl getönt, eingetragen. Der Teich südlich der Grotte bleibt an der tiefsten Stelle erhalten, bekommt jedoch eine andere Form.

159
Neuer Garten. 1828

»Plan vom Neuen Garten.«
Plangrenzen: Einfahrt Neuer Garten, Westgrenze, Straße Am Neuen Garten, Jungfernsee, Hasengraben, Heiliger See, Behlerts Brücke.
Signiert: »Lenné 1828.«
Zeichner: Gerhard Koeber.
Bezifferter Maßstab in Ruten.
Feder in Grau und Braun, laviert in Grün, Grau und Rosa.
48,2 x 68,1 cm.
Planslg. Nr. 3351.
Siehe Tafelteil.

27. Julius Schlegel. Der Marlygarten und die Friedenskirche im Park Sanssouci, Potsdam. 1858. (Stiftung Schlösser und Gärten Potsdam-Sanssouci)
28. Peter Joseph Lenné. Der Neue Garten in Potsdam. 1816. (Stiftung Schlösser und Gärten Potsdam-Sanssouci)

Eine locker mit Bäumen bestandene Rasenfläche, nur in Gebäudenähe mit zwei Blumenbeeten geschmückt, nimmt die Architektur des Marmorpalais mit seinen beiden weit vorspringenden Flügeln auf. Die seitlich begrenzenden Wege rühren noch aus der Zeit der Weingärten her, weshalb auch der nördliche seine alleeartige Bepflanzung behielt.
Nach Süden bilden Küche, Orangerie und holländische Häuser eine vom Wasser überschaubare Abfolge von Gebäuden, denen sich südöstlich zum Wasser leicht fallende Parkräume anschließen. Die Bibliothek gibt dem Park am Südende des Sees noch einmal architektonisches Gewicht.
Westlich der holländischen Häuser grenzt eine dichte Nadelholzpflanzung die Wirtschaftsfläche am Weißen Haus ab, dem nordwestlich das Gärtnereigelände folgt. Die nördlich sich anschließenden Parkteile vergrößern in diagonaler Richtung die Tiefe des Parks, der erst am Ufer des Jungfernsees mit der Architektur der Meierei, der Grotte und der Eremitage bauliche Erlebniswerte erhält.
In der Tiefenachse des Heiligen Sees fängt das Grüne Haus den Blick auf, während der Maurische Tempel das Gegenstück zur Bibliothek bildet. Die Flächen nordöstlich des Grünen Hauses werden als Baumschule und Wirtschaftsland genutzt.

160
Neuer Garten. Um 1830/40

»Plan vom Neuen Garten nebst dessen Umgebungen.«
Plangrenzen: Eisenhartstraße, Vorgelände des Pfingstberges, Jungfernsee, Berliner Vorstadt, Behlerts Brücke.
Zeichner: Gerhard Koeber.
Beziffeter Maßstab in Rheinischen Ruten.
Feder in Grau, Schwarz und Braun. 62,2 x 83,8 cm.
Planslg. Nr. 3352.
Siehe Tafelteil.

Die Teile des Parks südlich der Linie Marmorpalais – Gärtnerei entsprechen dem vorangegangenen Plan, wobei die bisherigen Laubholzsignaturen jetzt als Nadelholz dargestellt sind. Dies trifft teilweise auch für die sich nördlich anschließenden Flächen zu, wobei dort Veränderungen in der Wegeführung, z. B. in Nähe der Ingenheim-Vase und ganz besonders in Fortsetzung bis zur Grotte, zu bemerken sind. Ähnliches findet sich auch im Gebiet zwischen Grünem Haus und Maurischem Tempel, in dem der zierlich leicht geschwungene Fahrweg zugunsten eines steilen Uferweges entfällt.
Das Ostufer des Heiligen Sees zeigt die Anfänge der Bebauung und die Standorte der für den Neuen Garten wichtigen Windmühlen.

161
Neuer Garten. 1834

»Theil des Neuen Garten bei Potsdam.«
Plangrenzen: Küche am Heiligen See, Ostufer des Neuen Gartens bis zur Bibliothek, Straße Am Neuen Garten.
Signiert: »Emil Sello den 12. Mai 1834.«
Feder in Grau, laviert in Grün, Hellgrau und Rosa, Beschriftung Bleistift. 46,2 x 59,6 cm.
Planslg. Nr. 3360.

Zustandsplan des Neuen Gartens. Die Wegeführung weist keine Veränderungen auf. Im Vergleich zum 18. Jahrhundert ist der Nadelholzbestand schon stark zurückgegangen, und Laubhölzer sind vorherrschend geworden.

162
Neuer Garten. Um 1835

»Parthie der ehem. Hirschbucht zunächst der Meierei im Neuen Garten.«
Plangrenzen: Westgrenze Neuer Garten, Jungfernsee, Baumschulgelände, Grünes Haus, Heiliger See.
Zeichner: Emil Sello.
Beziffeter Maßstab in Rheinischen Dezimalruten.
Feder in Grau und Rot, laviert in Grün, Braun und Rot. 39,6 x 28,1 cm.
Planslg. Nr. 3361.

29. Nach Ludwig Rohbock. Das Marmorpalais im Neuen Garten, Potsdam. Um 1850. (Stiftung Schlösser und Gärten Potsdam-Sanssouci)

30. Wilhelm Barth. Die Meierei im Neuen Garten, Potsdam. 1844. (Stiftung Schlösser und Gärten Potsdam-Sanssouci)

Gebäude, Baumgruppen und Wegesystem entsprechen dem Zustand. Wieder einmal wird der Vorschlag aufgenommen, die Vertiefung in der Wiesenfläche südöstlich der Grotte in einen kleinen See, der einen geschwungenen Verbindungskanal zum Jungfernsee hat, zu verwandeln. Ausgeführt wurde das Vorhaben jedoch nicht. Genau eingezeichnet ist die sogenannte Hirschbucht, in der Rot- und Rehwild gehalten wurde.
In leichten roten Strichen geführte Wege deuten auf Änderungsabsichten, die jedoch nicht verwirklicht worden sind.

163
Neuer Garten. 1841

»Aufnahme eines Theiles des Neuen Gartens an der Drehbrücke.«
Plangrenzen: Grünes Haus, Baumschule, Ufer zum Jungfernsee, Drehbrücke, Hasengraben, Heiliger See.
Signiert: »am 20ten März 1841 v. Emil Sello.«
Skizze mit Detailmaßen ohne Maßstab.
Wasserzeichen von 1836.
Bleistift. 46,5 x 30,7 cm.
Planslg. Nr. 3363.

Aufmaß des Gartengeländes zwischen Drehbrücke und Grünem Haus, bei dem die Gehölzgruppen lediglich angedeutet sind. Das Baumschulgelände nordöstlich des Grünen Hauses ist in seiner ganzen Ausdehnung eingezeichnet.

164
Neuer Garten. Um 1841

Plangrenzen: Grünes Haus, nördliche Gartenteile, Drehbrücke, Hasengraben, Heiliger See.
Signiert: »Lenné«.
Zeichner: Emil Sello.
Maßstab ohne Angabe der Maßeinheit.
Wasserzeichen von 1831.
Bleistift, Feder in Grau. 49 x 34,3 cm.
Planslg. Nr. 3362.

Zustandsplan des Gartengeländes zwischen Drehbrücke und Grünem Haus. Die Gehölzpflanzungen und Einzelbäume, auch die Baumschulflächen sind nur sehr ungenau eingezeichnet.
Unten ist hingeschrieben »Therme Themistokles«, im Plan ist die Herme durch ein Kreuz eingezeichnet.

165
Neuer Garten. 1846

Plangrenzen: Westgrenze des Neuen Gartens zwischen Gärtnerei und Schindelhaus, Verbindungsweg zum Marmorpalais, Heiliger See und Marmorpalais, Orangerie.
Signiert: »Lenné im Mai. 1846.«
Zeichner: Gustav Meyer.
Bezifferter Maßstab in Ruten.
Feder in Grau, laviert in Grün, Blau und Rosa, Bleistift. Auf Leinen aufgezogen. 44,8 x 59,1 cm.
Planslg. Nr. 3364.
Siehe Tafelteil.

Das mit Baumgruppen und Einzelbäumen mehr oder weniger dicht eingefaßte Wiesengelände westlich des Marmorpalais und das auf das Palais abgestimmte Parterre sind Ziel der Planung. Lenné unterwirft damit seine Planung von 1816 einer zeitgemäßen Änderung, die jetzt ein straff gefaßtes Parterre einfügt.
Im Schloßhof bleiben die alten Pyramidenpappeln erhalten, während ein langgestrecktes Rasenstück mit Wasserbecken und Plastik den Raum füllt. In der Breite der Schloßflügel setzten sich reichgeschmückte Beete in

den Park fort, zwischen denen eine schmale dichte Pflanzung ein langgestrecktes Parterre rahmen. Diese Signatur wiederholt sich auch neben dem Rand (Blumenbeet) der Rasenfläche des Parterres, am westlichen Ende ein Fontänenbecken einschließend. Eine zur Öffnung des Schloßhofes stehende Halbrundbank wird westlich dicht abgepflanzt.
Nachträgliche Bleistifteinzeichnungen (Wege, Fontänenbecken) weisen auf die Planungen des Jahres 1864 hin.
Der Plan wurde ausgeführt.

166
Neuer Garten. Um 1846

Plangrenzen: Jägerallee, Am Schragen, Nedlitzer Straße, Flur der Nauener Vorstadt, Jungfernsee, Berliner Vorstadt, Bassinplatz.
Zeichner: Gustav Meyer.
Feder in Schwarz, Bleistift, aquarelliert in Blaßgrün und Blau. 50,5 x 81,8 cm.
Planslg. Nr. 3353.

Der Plan ist ein Teilstück eines nicht zustande gekommenen Planwerks über Potsdam und Umgebung.
Der Bassinplatz zeigt sich in seinen östlichen Partien gänzlich verschieden zu den Plänen von 1838, offensichtlich in einem damals noch vorhandenen Zustand.
Die Kolonie Alexandrowka ist entsprechend der Pläne von 1826 eingearbeitet, desgleichen ist die Villa Tiedge eingetragen. Bleistiftkorrekturen auf dem Kapellenberg deuten auf eine genaue Überprüfung. Das Pfingstberggelände läßt die Nordfront erkennen, in Bleistift noch einmal vergrößert daneben gezeichnet. Die Zufahrten zum Pfingstbergschloß sind bereits bearbeitet, auch das dazugehörende Nordparterre. Der Südosthang mit dem Pomonatempel und weiter bis zur Großen Weinmeisterstraße bleibt noch unbearbeitet. Das Verbindungsstück zum Neuen Garten ist bearbeitet. Genau aufgenommen wurde der Neue Garten, auch die Parterre-Neugestaltung von 1846 bereits eingearbeitet. Zu den Gehölzflächen und Gehölzgruppen sind Bleistiftverbesserungen zu erkennen, die teils vorhandene Pflanzungen erheblich vergrößern (zum Beispiel westlich des Marmorpalais), teils zusätzliche oder gar verkleinerte Gruppen bezeichnen.
Zu einigen Bauten gibt es am Rande vergrößerte Grundrisse, Bleistifteintragungen deuten auf Rückfragen und Hinweise der Bearbeiter.

167
Neuer Garten. 1864

»Fontainen und Bewässerungsanlage bei dem Marmor-Palais im Neuen Garten bei Potsdam.«
Plangrenzen: Westgrenze des Neuen Gartens zwischen Gärtnerei und Schindelhaus, Verbindungsweg zum Marmorpalais, Heiliger See und Marmorpalais, Orangerie.
Signiert: »Lenné.« »Für die Bassin-Bau Anlagen und Röhrenleitungen projektiert Gottgetreu Februar 1864.«
Feder in Grau, laviert in Grün, Blau und Rosa. 47 x 56,1 cm.
Planslg. Nr. 3365.
Lit. zu Kat.-Nr. 157–167: Hinz 1937/89. S. 34–39. – Harri Günther: Der Neue Garten. In: Cecilienhof und der Neue Garten. Potsdam-Sanssouci 1985. S. 12–21.

Die Veränderungen im Vergleich zu Kat.-Nr. 165 liegen um das vorgesehene, sehr umfangreiche Fontänenbecken, das sich – verbunden durch zwei kurze Wegstücke – westlich an das Parterre anfügt.
Auf einer von Tritonen gehaltenen Schale speien Delphine Wasser in ein Becken, das von einem breiten Weg und vier großen halbrunden Sitzbänken eingefaßt wird.
Zwei geschwungene Wege unterbrechen die Rasenfläche und schaffen eine Verbindung zu den seitlichen Zugangswegen.
Der Plan wurde nicht ausgeführt.

Pfingstberg

Schon Friedrich Wilhelm II. hatte 1793 den Wunsch gehabt, auf der Höhe des Pfingstbergs ein gotisches Schlößchen zu errichten und die Gartenanlagen bis zum Neuen Garten hinunterzuziehen. Friedrich Wilhelm IV. nahm die Idee auf und plante eine großartige Belvedereanlage, von der nur das eigentliche Belvedere verwirklicht worden ist (1849–52 und 1860–62 von Stüler und Hesse). Von hier hat man einen wunderbaren Blick auf die Havellandschaft und auf die Schöpfungen von Lenné.
Lenné reichte am 22. September 1849 Plan, Erläuterungsbericht und Kostenanschlag für die neuen Anlagen auf dem Pfingstberg ein. Er hatte sich aber mit der Gestaltung des Geländes schon seit 1830 befaßt. Von 1845 an ist auf elf Plänen die Entwicklung der Pfingstbergidee zu verfolgen. Ausgeführt wurde dann erst der Plan von 1862.
Das Belvedere ist im Verfall begriffen, die Anlagen werden nur notdürftigst gepflegt.

168
Pfingstberg. Um 1830

»Plan vom Pfingstberge«
Plangrenzen: Eingangstor zum Pfingstberggelände am Pomonatempel, östliche Grundstücksgrenzen, Große Weinmeisterstraße, westliche Grundstücksgrenze.
Zeichner: Eigenhändig.
Bezifferter Maßstab in Ruten.
Bleistift. 66 x 26,0 cm.
Planslg. Nr. 3728.
Siehe Tafelteil.

Das handtuchartige schmale Gelände wird mit geschwungenen Wegen erschlossen, die wenig Rücksicht auf die Höhenverhältnisse nehmen. Die Gehölzgruppen verteilen sich ziemlich gleichmäßig seitlich der Wege, die meist Rasenflächen einschließen.
Der Plan wurde nicht ausgeführt.

169
Pfingstberg. Um 1845

Plangrenzen: Straße nach Spandau, Weinberggrundstücke, Neuer Garten, Russische Kolonie.
Zeichner: Gustav Meyer.
Bezifferter Maßstab in Ruten.
Feder in Grau, Grundstücksgrenzen laviert in Rosa, Grau und Grün. 54,9 x 46,1 cm.
Planslg. Nr. 3729.

31. Julius Schlegel. Das Belvedere auf dem Pfingstberg, Potsdam. 1857. (Stiftung Schlösser und Gärten Potsdam-Sanssouci)

Die einzelnen Grundstücke sind namentlich ausgewiesen, das für den künftigen Bau vorgesehene Gelände rosa gerahmt. Auch die Standorte der inzwischen abgebrochenen Mühlen sind angegeben.

170
Pfingstberg. Um 1845

»Pfingstberg.«
Plangrenzen: Eingangstor zum Pfingstberggelände mit Pomonatempel, östliche Grundstücksgrenzen, Neuer Garten, westliche Grundstücksgrenze mit jüdischem Friedhof.
Zeichner: Eigenhändig und Gustav Meyer?
Bezifferter Maßstab in Ruten.
Wasserzeichen von 1844.
Bleistift, Feder in Grau. 75,3 x 49,6 cm.
Planslg. Nr. 3730.

Um die Gebäude am Fuß des Pfingstberges (Große Weinmeisterstraße) sind Parkanlagen skizziert, deren Wege an die nördlich bereits vorhandenen anschließen. Der nördliche Teil bleibt wirtschaftlich genutzt (Obstbau), während der südliche in Parkanlagen verwandelt wird. Diese leiten zum Verbindungsstück zum Neuen Garten, dem sogenannten Birkenwäldchen, über.

171
Pfingstberg. Um 1847

»Situations-Plan von dem Königlichen, neuacquerirten Areal auf dem Pfingstberge.« »Copie von dem, den Akten des Verkaufs-Contractes beigelegten Situationsplane.«
Plangrenzen: Östliche Zufahrt und östliche Grundstücksgrenzen, Pomonatempel, westliche Zufahrt, Straße nach Nauen.
Zeichner: Gustav Meyer.
Bezifferter Maßstab in Ruten.
Wasserzeichen von 1846.
Feder in Grau, Grundstücksgrenzen laviert in Rosa, Grau, Grün und Gelb. 48 x 60,5 cm.
Planslg. Nr. 3731.

Eingezeichnet ist – rosa begrenzt – das neuerworbene Gelände zum Nordflügel des Schlosses, das die Zufahrt von der Nauener Straße ermöglicht.

172
Pfingstberg. Um 1847

»Nivellements Plan zu dem projectirten Wege von der Chausseé unterhalb des Elsmannschen Weinberges nach dem Pfingstberge hinauf.«
Zeichner: Gustav Meyer.
Bezifferter Maßstab in Rheinischen Fuß.
Wasserzeichen von 1845.
Feder in Schwarz, Rot und Grün, laviert in Grauviolett und ein wenig Rosa. 48 x 59 cm.
Planslg. Nr. 3732.

Nivellement der westlichen Zufahrt zum Pfingstberg.

173
Pfingstberg. Nach 1848

Plangrenzen: Neuer Garten, Weinmeisterstraße, Grundstücke südlich des Pfingstberges, Nedlitzer Straße, Nordseite des Pfingstberges.
Zeichner: Gustav Meyer.
Bezifferter Maßstab in Ruten.
Wasserzeichen von 1848.
Feder in Grau, Bleistift, laviert in Grau, Grün und Rosa. 98,8 x 66,3 cm.
Planslg. Nr. 3733.

Eingearbeitet sind die nördlichen Grundstücksgrenzen und der vom Westen her neu angelegte Zufahrtsweg. Im

Anschluß an den Nordflügel des Belvedere breitet sich ein Rasenparterre aus. Die angrenzenden südlichen Ländereien sind nur in den Grundstücksgrenzen angedeutet.

174
Pfingstberg. 1847

Plangrenzen: Ostseite des Pfingstberges, Grundstücke zum Neuen Garten, Straße nach Nauen.
Zeichner: Gustav Meyer.
Feder in Grau und Rot, Bleistift, laviert in Grün, Rot und Grau. 27,6 x 33,3 cm.
Planslg. Nr. 3734.

Zum vorhandenen Nordflügel des Pfingstbergschlosses wird von der Straße nach Nauen eine geschwungene Zufahrt geführt, die weitere Geländeankäufe nördlich und westlich des Bauwerkes erforderlich macht. Die Gestaltung des Geländes nach Süden ist bis auf einige Andeutungen in Bleistiftstrichen nicht eingezeichnet.

175
Pfingstberg. Um 1855 oder 1860

»Pfingstberg.«
Plangrenzen: Gelände nördlich des Schlosses, östliche Zufahrtsverbindungsflächen zum Neuen Garten, westliche Zufahrt.
Zeichner: Gustav Meyer.
Bezifferter Maßstab ohne Angabe der Maßeinheit.
Wasserzeichen von 1853.
Feder in Grau, Schwarz und Rot, Bleistift. 65,4 x 53,1 cm.
Planslg. Nr. 3735.

Vorgenommen ist die östliche und westliche Anfahrt, auch die Erschließung des Geländes mit schmalen Fußgängerwegen. Das östliche versenkte Rasenparterre am Schloß ist, wie ausgeführt, eingezeichnet.
Erweitert wird die Anlage durch ein ähnliches versenktes Rasenparterre auf der Nordseite. Die baulichen Planungen des Gebäudes sind in schwarzer Tusche eingetragen, die unterhalb der Baulichkeiten liegenden Gartenteile teils in Tusche, teils in Bleistift. Die als Verbindungsstück zum Neuen Garten zu betrachtenden Flächen sind bis auf die vorhandenen Gebäude erst andeutungsweise durch Wege erschlossen.

176
Pfingstberg. 1862

»Pfingstberg« (auf der Rückseite).
Plangrenzen: Nordseite des Pfingstberggeländes, Verbindungsstück zum Neuen Garten, Neuer Garten, Westseite des Pfingstberggeländes.
Zeichner: Gustav Meyer.
Bezifferter Maßstab in Ruten.
Wasserzeichen von 1861.
Bleistift, Feder in Schwarz und Rot. 75,6 x 54,3 cm.
Planslg. Nr. 3736.

In den Plan, der Gebäude und Wege enthält, wurden offensichtlich zur Veränderung der Wegeführung neue Höhenpunkte eingezeichnet. Außer diesen Höhenpunkten sind auch solche an den Grundstücksgrenzen und in der südlichen Achse der Schloßgebäude eingetragen.

177
Pfingstberg. 1862

»Pfingstberg.«
Plangrenzen: Belvedere, östliche Parkgrenze, Neuer Garten, westliche Parkgrenze.
Bezifferter Maßstab in Ruten.
Wasserzeichen von 1861.
Feder in Grau und Schwarz, laviert in Grün und Rosa. 47,3 x 33,4 cm.
Planslg. Nr. 3737.

Anlaß des Entwurfs ist der Versuch, einen Weg mit angenehmer Steigung vom Neuen Garten zum Belvedere zu entwickeln, bei dem sich vertretbare Erdbewegungen ergeben. Der hier eingezeichnete Vorschlag konnte wegen des erheblichen Abtrags nicht empfohlen werden.

178
Pfingstberg. 1862

Plangrenzen: Waldartige Partien nördlich des Belvederes, nordöstliche Grundstücksgrenzen bis zum Neuen Garten, südwestliche Grundstücksgrenzen bis zum Friedhof.
Signiert: »Lenné im Dezember 1862.«
Zeichner: Gustav Meyer.
Bezifferter Maßstab in Ruten.
Wasserzeichen von 1861.
Feder in Grau, laviert in Blaugrün, kräftigerem Grün, Rosa und Ziegelrot. 65,0 x 50,2 cm.
Planslg. Nr. 3738.
Siehe Tafelteil.

Um das Belvedere liegen nach Norden, Osten und Süden sehr reiche Zieranlagen, die südlich zum Schinkelschen Pomonatempel überleiten. Vor diesem breitet sich kreisförmig wiederum eine füllige Teppichbeetpflanzung aus, über die der weite Blick zur Stadt Potsdam führt. Die zur Großen Weinmeisterstraße stark abfallenden Flächen sind nach den Grenzen hin dicht bepflanzt, im Inneren öffnen sich gestreckte Freiräume, die Ausblicke auf die Stadt oder den Neuen Garten gewähren. Am nordöstlichen Außenbereich bleibt eine Obstpflanzung erhalten. Ein ausgeklügeltes Wegesystem leitet, in gedehnten Schleifen den Höhenunterschied überwindend, von der Straße bis zum Vorhof des Belvederes; schmalere Fußwege erschließen weitere Flächen. Im Verbindungsstück zum Neuen Garten (östl. Große Weinmeisterstraße) setzt sich die Wegeverbindung vom Belvedere her fort. Das handtuchartige schmale Grundstück wird von einem langen Rasenstück ausgefüllt, in das die Gehölze der Randpflanzung vorspringen.
Der Plan wurde ausgeführt.

179
Pfingstberg. Nach 1862

Plangrenzen: Belvedere, östliche Zufahrt, östliche Parkgrenze, Große Weinmeisterstraße, westliche Parkgrenze.
Zeichner: Gustav Meyer.

Bezifferter Maßstab in Ruten.
Feder in Grau, wenig Schwarz und Rot, Bleistift. 74,6 x 52,4 cm.
Planslg. Nr. 3739.

Der nördliche Teil des Pfingstberggeländes ist dicht mit Gehölzen bepflanzt, zwischen denen, die Höhenverhältnisse ausnutzend, ein Fahrweg und mehrere Fußwege hangabwärts führen. Sehr aufwendig außerhalb der Schloßachse rundet sich ein wuchtiges Zierparterre, das sich dem Pomonatempel zuordnet. Das südlich davor liegende Oval ist die Signatur für ein Wasserreservoir. Weiter südlich wird das Gelände noch wirtschaftlich genutzt. Pflanzungen zwischen den Bauwerken sind nur angedeutet, lediglich zur Straße grenzt eine Pergola, unterbrochen von einem Gartensitz, den Park ab.

180
Pfingstberg. 1865

»Parkanlage auf dem Pfingstberge.«
Plangrenzen: Wie Kat.-Nr. 179.
Zeichner: Gustav Meyer.
Bezifferter Maßstab in Fuß.
Feder, grün aquarelliert.
Ehemals in Potsdam. 1978 durch Photographie aus der damaligen Sowjetunion belegt.
Lit. zu Kat.-Nr. 168–180: Haeberlin. S. 223–228. – Hinz 1937/89. S. 40–41.

Der Plan unterscheidet sich von Kat.-Nr. 179 durch eine fast dichte Bewaldung, die auf die schönen Freiräume des anderen Entwurfes verzichtet; auch die Obstpflanzungen sind ganz wesentlich ausgedehnt. Unterhalb der opulenten Zieranlage südlich des Pomonatempels ist das kleine Nutzwasserbecken für die Wasserversorgung des Neuen Gartens eingetragen. Im sog. Birkenwäldchen, dem Verbindungsstück zum Neuen Garten, ist die lockere Bepflanzung und reizvolle Wegeführung zugunsten verhältnismäßig erstarrter Formen verändert.

Russische Kolonie Alexandrowka

Die Russische Kolonie Alexandrowka ließ Friedrich Wilhelm III. als ein Denkmal der Freundschaft mit Rußland vor dem Nauener Tor anlegen. Die Planung begann 1826. 1827 zogen bereits die ersten Kolonisten ein.
An einer Wegekreuzung in Form eines Andreaskreuzes, die sich aus den vorhandenen Straßen ergab, liegen Holzhäuser im russischen Stil. Auf einer Anhöhe nördlich der Kolonie wurde eine kleine Kirche als russische Kirche nach Plänen von Stassow erbaut und 1829 eingeweiht. Im zugehörenden Popenhaus war ein Zimmer für den König reserviert.
Die Anlage ist erhalten und wird rekonstruiert.

181
Russische Kolonie. 1826

»Project zu einer Russischen Colonie vor dem Nauener Thor bei Potsdam.«
Plangrenzen: Kapellenberg, östliche Grenze der Kolonie, Eingang Neuer Garten, Südspitze der Kolonie, Jägerallee.
Signiert: «Lenné 1826.«
Zeichner: Eigenhändig.
Bezifferter Maßstab in Rheinischen Dezimalruten.
Feder in Grau und Schwarz. 56,2 x 40,8 cm.
Planslg. Nr. 3740.
Siehe Tafelteil.

Um ein zentrales, von einem runden Platz gefaßtes Gebäude (Kapelle) liegen vier Blockhauseinheiten. Die sich nach Süden anschließende Allee nimmt auf jeder Seite vier Blockhäuser auf, denen langgestreckte Gartengrundstücke zugeordnet sind. Nach Norden dehnt sich das langsam ansteigende Gelände, später Kapellenberg genannt, aus. Es ist mit dichten Gruppen und locker stehenden Bäumen, aus Laub- und Nadelholz bestehend, besetzt. An der höchsten Stelle erweitert sich der Weg vor einer dichten Nadelholzpflanzung zu einem Aussichtspunkt auf Potsdam.
Auffallend ist die sehr starre, fast herzförmige Aufgliederung durch Alleen, unter denen die Platanenallee nach dem Neuen Garten besondere Signaturen zeigt.

182
Russische Kolonie. 1826

»Project zu einer russischen Colonie vor dem Nauener Thor bei Potsdam.«
Plangrenzen: Kapellenberg, östliche Grenze der Kolonie, Eingang Neuer Garten, Jägerallee.
Signiert: »Lenné 1826.«
Zeichner: Eigenhändig.
Bezifferter Maßstab in Rheinischen Fuß.
Feder in Grau und Schwarz, Verbesserungen in Rötel und Bleistift. 64,1 x 41,3 cm.
Planslg. Nr. 3741.
Siehe Tafelteil.

Seitlich einer Allee liegen je sechs Blockhäuser mit den dazugehörigen großen Hausgärten, die wiederum von einer Allee begrenzt werden. Die Mittelallee führt, zunächst in einen Halbkreis mündend, auf eine Treppenanlage als Zugang zur Russischen Kapelle, die auf dem höchsten Punkt des kleinen Hügels vorgesehen ist. Von den beiden Seitenalleen sind halbkreisförmige Zugänge zur Kapelle gezogen, die nördlich weiter zum Judenfriedhof leiten. Der südliche Zugang von der Allee nach dem Neuen Garten ist halbkreisförmig ausgelegt. Außer den starren Alleebepflanzungen werden vor allem im nördlichen Teil am Kapellenberg dichte Nadelgehölzpflanzungen vorgesehen, denen bis zu den wieder geschlossenen Randpflanzungen Wiesenflächen folgen.

183
Russische Kolonie. 1826

»Project zu einer Russischen Colonie bei Potsdam vor dem Nauener Thor.«
Plangrenzen: Kapellenberg, östliche Grenze der Kolonie, Eingang Neuer Garten, Jägerallee.
Signiert: »Lenné fec: 26.«
Zeichner: Eigenhändig.
Bezifferter Maßstab in Rheinischen Dezimalruten.
Feder in Grau und Rot, laviert in Grün, Braun, Blaßgelb und Rosa, Einbesserungen in Bleistift. 61,1 x 41,8 cm.
Planslg. Nr. 3742.
Siehe Tafelteil.

Im Grundriß nimmt die Kolonie die Form des Andreaskreuzes auf; eine Kapelle bildet den Mittelpunkt der Anlage. Die zwölf Blockhäuser stehen an den Außenseiten und der nördlichen und der südlichen Querachse. Die Mittelallee ist als Weg nicht bis zum südlichen Halbrund durchgezogen, sondern endet in einem vermutlich mit einem Denkmal geschmückten Halbrund. Im Norden hat diese Mittelallee die wahrscheinlich als Variante eingezeichnete Kapelle auf dem kleinen Hügel zum Ziel. Ein breiter Weg verbindet die östliche Allee der Kolonie mit der Allee nach Nauen, ein Zugangsweg zum Judenfriedhof bleibt erhalten.

184

Russische Kolonie. 1827

»Die Russische Colonie/am Pfingstberg/b./Potsdam«
Plangrenzen: Kapellenberg, Alleen um die Russische Kolonie.
Signiert: »Lenné.«
Zeichner: Gerhard Koeber.
Bezifferter Maßstab in Ruten.
Feder in Schwarz über Bleistift, laviert in Grün, Braun, Grau und Rosa. 62,9 x 23,6 cm.
Staatliche Museen zu Berlin – Preußischer Kulturbesitz. Kupferstichkabinett.

In einem hippodromartigen Grundriß schneiden sich zwei Alleen (Andreaskreuz). Gleichzeitig wird der gesamte äußere Rand von Alleen eingefaßt, wobei die auf der Westseite von Potsdam nach Nauen führt. Zwölf Wohnhäuser werden eingefügt: das Aufseherhaus am Schnittpunkt der Achsen, je zwei Häuser an den Halbkreisen und je vier Häuser an den Diagonalalleen. Der Zugang zum Kapellenberg erfolgt seitlich von den Alleen nördlich der Kolonie. Nach Süden, nach Potdam, breitet sich eine weitläufige Freifläche aus, die seitlich von lockeren Gehölzpflanzungen begrenzt wird. Auffallend ist die vielfache Verwendung von Pyramidenpappeln. Die lichte Pflanzung macht es möglich, die Kapelle als Blickpunkt in der Landschaft, besonders nach Osten und Süden wirken zu lassen.
Die Lage des Popenhauses und der Grundriß der Kirche weichen von der Ausführung ab.

185

Russische Kolonie. Um 1828

»Russische Colonie. und Pfingstberg. (Vor der Erbauung des Belvedère's.)«
Plangrenzen: Neuer Garten, Alleestraße, Südseite der Kolonie, Jägerallee, Nordseite Pfingstberg.
Zeichner: Hermann Fintelmann.
Bezifferter Maßstab in Rheinischen Ruten.
Feder in Grau, laviert in Grün mit Gelb bis Gelbgrau, Grau und Rosa. 107,8 x 79,6 cm.
Planslg. Nr. 3743.
Siehe Tafelteil.

Die Kolonie ist in Form eines Andreaskreuzes aufgebaut mit dem Haus des Aufsehers in der Mitte; die weiteren Blockhäuser liegen an den Diagonalalleen bzw. dem nördlichen oder südlichen Halbkreis. Auffallend ist am Ansatz des nördlichen Halbkreises ein Wassergraben, der sich in der Mitte kreisförmig erweitert. Das Kapellenberggelände wird von den Außenalleen erschlossen, die zu der an der höchsten Stelle liegenden russischen Kirche führen. Seitlich davon ist das Blockhaus einschließlich Garten des Priesters zugeordnet. Die Bepflanzung des Kapellenberges verdichtet sich nach außen und läßt im Inneren freie Flächen offen.
Die Verbindung vom Kapellenberg zum Pfingstberg erfolgt über den schmalen Zugang seitlich des Judenfriedhofs. Das Pfingstberggelände ist noch in mehr oder weniger regelmäßige Nutzgartenteile untergliedert. Auf der Höhe liegen neben zwei Windmühlen noch ein Gartenhaus und der Pomonatempel von Schinkel. Das Verbindungsstück zum Neuen Garten ist bereits parkartig gestaltet, jedoch in strengerer Form als bei den späteren Planungen.

32. Wolfgang v. Motz. Die Kapelle in der Russischen Kolonie Alexandrowka, Potsdam. Um 1829. (Stiftung Schlösser und Gärten Potsdam-Sanssouci)
33. Ferdinand Berger nach Karl Friedrich Schinkel. Das Schloß Babelsberg in Potsdam. (Karl Friedrich Schinkel. Sammlung architektonischer Entwürfe. Heft 26. Berlin 1838)

186
Russische Kolonie. Um 1828

Plangrenzen: Gelände des Kapellenberges, östliche Allee der Kolonie, südliche Abpflanzung, Jägerallee.
Zeichner: August Gottfried Klengel.
Bezifferter Maßstab ohne Maßeinheit.
Feder in Schwarz, Bleistift. 66,8 x 32,6 cm.
Plansig. Nr. 3744.

Vorstufe zur Wiederholung der Kat.-Nr. 187. Die mit Bleistift skizzierte Veränderung an der Südseite der Kolonie (Durchfahrt zum Neuen Garten) ist in jenem Plan berücksichtigt.
Auf dem sogenannten Kapellenberg sind der Umfang des Plateaus und die Baumgruppen in schwarzer Tusche eingetragen, während die Wegeführung und die Stellung der Gebäude nur mit Bleistiftstrichen skizziert ist.

187
Russische Kolonie. Um 1828

»Colonie Alexandrowka bei Potsdam.«
Plangrenzen: Gelände des Kapellenberges, östliche Allee der Kolonie, südliche Abpflanzung, Jägerallee.
Signiert: »p: Lenné. 1828.« »A. G. KL.«
Zeichner: August Gottfried Klengel.
Bezifferter Maßstab in Fuß.
Feder in Grau. 67 x 36,7 cm.
Plansig. Nr. 3745.

Die in der Form eines Andreaskreuzes aufgebaute Kolonie ordnet die Blockhäuser und die dazu gehörenden Hausgärten an die Diagonalwege sowie an den nördlichen und südlichen abschließenden Halbkreis. Das Aufseherhaus liegt in der Mitte am Schnittpunkt der Alleen. Die Anlage ist sehr nach Süden vorgezogen, so daß sich das Gelände des sogenannten Kapellenberges vergrößert, dessen Erschließung nun nicht mehr axial, sondern von den Seitenalleen her erfolgt. Die russische Kapelle betont die Kuppe des kleinen Hügels, nordöstlich das Wohnhaus des Priesters. Die Bepflanzung wird an die Ränder verschoben, um die Blickbeziehungen zu erweitern.
Im Süden ist die Kolonie zu den anschließenden Grundstücken abgepflanzt, wobei die erforderlichen Verbindungswege zwischen Sanssouci und dem Neuen Garten wenig beachtet werden.

188
Russische Kolonie. Um 1828

»Colonie Alexandrowka b/Potsdam.«
Plangrenzen: Gelände des Kapellenberges, östliche Allee der Kolonie, südliche Abpflanzung, Jägerallee.
Zeichner: August Gottfried Klengel.
Bezifferter Maßstab in Fuß.
Feder in Grau, Gebäude laviert in Hellkarminrot. Auf Seidenpapier aufgezogen. 65,9 x 37 cm.
Plansig. Nr. 3746.
Lit. zu Kat.-Nr. 181–188: v. Puttkammer: Die Russische Colonie Alexandrowka bei Potsdam. In: Mittn. d. Ver. f. Potsdamer Geschichte. 1867. S. 98–99. – Hinz 1937/89. S. 98 bis 99.

Wiederholung der Kat.-Nr. 187. Berücksichtigt sind jedoch die mit Bleistift eingetragenen Veränderungen jenes Planes, die die Ausmaße der Pflanzungen auf dem Kapellenberg betreffen.

Babelsberg

Der Babelsberg liegt östlich von Potsdam über der zum Tiefen See erweiterten Havel. Hier wurde von Schinkel 1834/35 für den späteren Kaiser Wilhelm I. und seine lebhaft daran interessierte Frau Augusta ein Schlößchen errichtet, das Strack 1844–49 erweiterte.
Der große Plan, den Lenné 1830 für den Park zeichnete, ist seit 1945 verschollen. Er war nicht ausgeführt worden. Ein Zustandsplan des ersten von Lenné entworfenen Gartens ist nicht vorhanden. 1843–47, dann bis 1857 nur noch gelegentlich, leitete Fürst Pückler die Gestaltung des Babelsberges und veränderte dabei teilweise auch das von Lenné Geschaffene. Später fand Pückler kaum noch Interesse an Babelsberg, empfahl für diese Aufgabe jedoch Gustav Meyer. Der Park Babelsberg gehörte nicht zur Hofgartendirektion, sondern war Besitz Wilhelms I.
Schon vor 1900 war der Park Babelsberg mehr und mehr zugewachsen und zum Wald geworden. Die Bemühungen, wieder einen Park daraus werden zu lassen, begannen 1960. 1970–74 wurde der Pleasure-Ground vor dem Schloß rekonstruiert. Die Arbeiten am gesamten Park werden fortgesetzt.

189
Babelsberg. 1833

»Project zur Verschönerung der Babelsberge bei Potsdam«
Plangrenzen: Havelufer, Allee nach Glienicke, Grundstücksgrenzen nach Süden.
Signiert: »Lenné 1833«.
Bezifferter Maßstab in Ruten.
Feder, laviert in Grün. 50 x 65 cm.
Ehemals in Potsdam. Seit 1945 verschollen. 1978 durch Photographie aus der ehemaligen Sowjetunion belegt.

Das im regelmäßigen Grundriß eingetragene Schloß liegt auf einer Anhöhe mit einer ebenso regelmäßigen unmittelbaren Umgebung. Es bildet den Mittelpunkt eines weiten kreisförmigen Weges, der auf die vorhandene Bodenbewegung nur bedingt Rücksicht nimmt. Radialwege werden teilweise von Gehölzpflanzungen begleitet, die ausgedehnten Zwischenräume hainartig bepflanzt. Nach Osten, zur Straße nach Kleinglienicke, ist die Parkgrenze dicht abgepflanzt; sonst öffnen sich sehr breite, von dichten Gehölzen oder Hainen gerahmte Wiesen zur Havel und zur weiteren Landschaft.
Der Entwurf, der nicht ausgeführt wurde, berücksichtigt die Bewegung des Geländes kaum. Der Grundriß des Schlosses in ganz regelmäßigen Formen, seitlich mit Pergola, entspricht den von Friedrich Wilhelm (IV.) inspirierten Entwürfen für das Schloß als klassizistische Villa, wie er ähnlich auf einer Zeichnung Schinkels erscheint (Schinkel-Werk. Sievers 1955. Abb. 133. S. 216. Nr. 6). Erstaunlich ist, daß Lenné noch 1833 diesen Grundriß verwendet hat, denn in diesem Jahr beginnen die Planungen im gotischen Stil, die einen völlig anderen Grundriß erforderten.

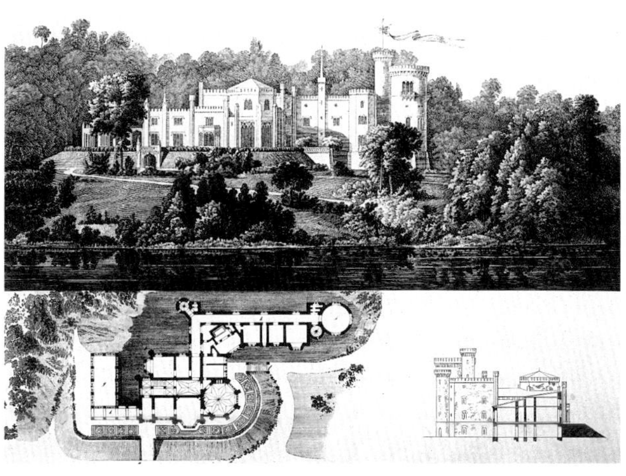

34. Johann Heinrich Hintze. Das Schloß Babelsberg in Potsdam. Um 1835. (Stiftung Schlösser und Gärten Potsdam-Sanssouci)

190
Babelsberg. 1835

»Herbst 1835 Babelsberg.«
Plangrenzen: Südseite des Blumengartens am Schloß, Zufahrtsweg am Schloß, Schloß.
Zeichner: Gerhard Koeber.
Bezifferter Maßstab ohne Angabe der Maßeinheit.
Bleistift. 44 x 53 cm.
Planslg. Nr. 3747.

Zwischen Zufahrtsweg und Höhenrücken wird der Blumengarten, der sogenannte Pleasure-Ground, eingefügt, der in der Tiefenansicht vom Teesalon des Schlosses zu überblicken ist. Ein stark geschwungener schmaler Weg, der sich vor einem Querweg gabelt, erschließt die langgestreckte Fläche. In Gebäudenähe fängt ein nahezu halbrunder Weg den Tiefenzug auf und schafft einen Zugang zum Zufahrtsweg bzw. zu einem östlich gelegenen Sitzplatz.
Die Bepflanzung sieht ungewöhnlich viele kleine Gruppen von Beeten und Bäumen vor.

191
Babelsberg. 1835

»Durchschnitts-Profil von der Havel aus über den Baberts-Berg bei Potsdam«, »aufgenommen im Sptbr. 1835.«
Zeichner: Gerhard Koeber.
Bezifferter Maßstab in Dezimalruten.
Feder in Schwarz und Rot, laviert in Grün, Bräunlich und Rosa. Auf Leinen aufgezogen. 33,8 x 64,2 cm.
Planslg. Nr. 3748.

Das Profil zeigt einen Schnitt durch das Gelände von der Havel über den sogenannten Bowling-Green bis zur Schloßterrasse, den steil ansteigenden Höhenzug bis zum Plateau und weiterhin bis zur Parkgrenze.

192
Babelsberg. Um 1835

Plangrenzen: Allee nach Glienicke, Südgrenze des Parks mit der alten Trift nach Neuendorf, Havelufer.
Zeichner: Gerhard Koeber.
Bezifferter Maßstab ohne Angabe der Maßeinheit.
Wasserzeichen von 1829 und 1831 (Papier gestückelt).
Bleistift, Feder in Grau, Sichten Feder in Rot. 66,6 x 92 cm.
Planslg. Nr. 5297.

Im Gegensatz zum verlorengegangenen Plan von 1833 weist dieser Plan das in die Gestaltung einbezogene Gelände in völlig anderer, jedoch der Ausführung entsprechender Form aus. Die noch nicht angekauften Privatgrundstücke und Fiskusländereien sind nicht voll berücksichtigt, jedoch wird auf einigen Flächen die Wegeführung unter dem Gesichtspunkt des Ankaufs vorgesehen.
Im Plan ist vor allem die Führung des Hauptwegs vom Nordende der Allee nach Glienicke entlang des hohen Havelufers zum Schloß und – unter Einbeziehung des Bowling-Greens – weiter zur Lennéhöhe und von dort an der damaligen Südgrenze bis zum Aussichtspunkt auf Potsdam (späterer Standort der Victoriasäule) herausgearbeitet. Querverbindungen leiten zur späteren Fürstenhöhe und weiter bis zum Aussichtspunkt über dem Schloß. Von den Aussichtspunkten, zu denen auch ein noch nicht deutbares Gebäude im heutigen Pleasure-Ground gehört, sind genau bezeichnete Sichten auf Potsdam und Umgebung eingetragen.
Der Schloßgrundriß entspricht der Ausführung; der Marstall ist als geplant eingezeichnet und noch nicht durch Wege erreichbar.

193
Babelsberg. 1841

»Situations-Plan eines Theiles des Prinzlichen Parks auf dem Babelsberge (der ehemaligen Blumschen, Eichbaumschen und Reichertschen Grundstücke).«
Plangrenzen: Kleines Schloß, Wiesen entlang der Havel, Mühlenberg.
Signiert: »E. Gebhardt. 1841.«
Bleistifteinbesserungen von Lenné?
Bezifferter Maßstab in Rheinischen Fuß.
Feder in Grau, laviert in Grün, Gelb und Rosa, Einbesserungen in Bleistift. 50,5 x 64,4 cm.
Planslg. Nr. 3749.

In dem Situationsplan wird unter teilweiser Nutzung der vorhandenen Wege ein weit ausschwingender Zugang zur Mühle geschaffen; breite Gehölzgruppen füllen die Flächen seitlich der Wege.
In Verbindung mit den vorhandenen Gebäuden ist ein fast regelmäßiger Garten vorgesehen, der nach Süden von einem Laubengang eingefaßt wird. Auch zur Havel breitet sich ein regelmäßiger Gartenhof aus, der Beziehung zu einem kleinen Landvorsprung in die Havel aufnimmt.

194
Babelsberg. Um 1850

Plangrenzen: Allee nach Glienicke, Südgrenze des Parks mit der alten Trift nach Neuendorf, Parkerweiterungen um Hofgärtnerei und Havelhaus, Havelufer, Kanal zum Griebnitzsee.
Zeichner: Gustav Meyer.
Bezifferter Maßstab in Ruten.
Wasserzeichen von 1845.
Feder in Grau, Schwarz, Blau und Rosa, laviert in Grün und Blau. Auf Leinen aufgezogen. 66,5 x 99,7 cm.
Planslg. Nr. 5298.
Siehe Tafelteil.

Der Plan zeigt ursprünglich einen Zustand um 1850, in den dann spätere Veränderungen und Erweiterungen hineingezeichnet wurden. Die Flächen des Parks sind um Fiskusgelände und frühere Privatgrundstücke erweitert, außerdem vorgesehene und bereits ausgeführte Ankäufe (Gelände der Hofgärtnerei, Kutscherhaus, Havelhaus) einbezogen. Das Wegesystem des um 1835 entstandenen Planes (Kat.-Nr. 192) ist beibehalten, jedoch erheblich erweitert. Veränderungen (spätere Einzeichnungen, Radierstellen, auch Überlagerungen verschiedener Absichten) sind deutlich ablesbar. Berücksichtigt werden das Schloß mit seinen Erweiterungsbauten, die Voltaireterrassen, das Küchengebäude, der Pleasure-Ground, das Wasserwerk und die Versorgungsleitungen, desgleichen das Wasserreservoir mit dem »Schwarzes Meer« genannten See und dessen Abfluß, die Anlagen um den Marstall und das Kleine Schloß sowie das Matrosen- und das Kavalierhaus. Der Flatowturm und die Hofgärtnerei sind als Baulichkeiten eingetragen, die dazu gehörende Parkplanung ist als Vorentwurf zu betrachten.
Der Plan ist das Teilstück eines nicht zustande gekommenen Planwerks über Potsdam und Umgebung.

195
Babelsberg. Um 1855

Plangrenzen: Allee nach Glienicke, Russische Kolonie, Feldflächen, Schwarzer Damm, Havelufer.
Zeichner: Gustav Meyer.
Bezifferter Maßstab ohne Angabe der Maßeinheit.
Feder in Grau, Bleistift. Auf Transparentpapier. 68,4 x 94 cm.
Planslg. Nr. 13159.

Der Plan zeigt die südliche Erweiterung des Parks; die alte Parkgrenze ist deutlich eingezeichnet. In den südöstlichen Teilen sind große Wiesenflächen zu erkennen, durch die sich leicht geschwungene Wege ziehen, vielfach dem Höhenprofil angepaßt. Die Bepflanzung ballt sich in dichten Gruppen, abklingend in hainartigen Pflanzungen um die Wegekreuzungen; auffallend sind kreisrunde Rondelle. An die Hofgärtnerei mit ihren Anzuchtflächen, Gewächshäusern, Treibmauern und einer projektierten Orangerie (?) schließt sich ein hippodromartiges Gelände an, dessen Hauptwege mit Parkwegen organisch Verbindung aufnehmen. Die südwestlichen Teile zeigen sehr große flächenfüllende Bepflanzungen, die kaum Durchsichten ermöglichen. Vom Becken des Flatowturms führt ein Überlauf zu einem See, der ganz der Lennéschen Formensprache entspricht, und weiter bis zur Havel. In der Umgebung des Sees sind auch die Freiflächen wieder wesentlich größer, wobei der kleine Mühlenhügel noch nicht in die Gestaltung einbezogen ist. Die alte Lindenallee an der südlichen Parkspitze endet in einem Rondell, das wiederum in Verbindung mit

35. Karl Graeb. Das Wasserwerk im Park Babelsberg, Potsdam. Um 1844. (Stiftung Schlösser und Gärten Potsdam-Sanssouci)

weiteren Straßen und mit dem anschließenden Grundstück steht. Ein großes Gebäude liegt hier in einem parkähnlich angelegten Grundstück. Die äußerst elegant geschwungenen Wege sind fast ausschließlich auf der Außenseite bepflanzt, so daß eine deutliche Abschirmung besteht. Auch zur Nuthe ist ein ähnlich gestalteter Garten zu erkennen.

196
Babelsberg. Um 1862/65

Plangrenzen: Wie Kat.-Nr. 195.
Zeichner: Gustav Meyer, Bleistifteinzeichnungen von Lenné.
Beziffefter Maßstab in Ruten.
Feder in Grau, laviert in Grün, Blau und Rosa, Bleistifteinzeichnungen. Seidenpapier, auf Papier aufgezogen. 67,5 x 102,2 cm.
Plansig. Nr. 7008.
Quellen u. Lit. zu Kat.-Nr. 189–196: STAM. Hist. Abt. II. 2.2.1. Nr. 3446, 3447. – BLAP. Pr. Br. Rep. 37. Nr. 815, 929, 1070. – Haeberlin. S. 148–154. – Die Kunstdenkmale des Kreises Teltow. Bearb. v. H. E. Kubach u. J. Seeger. Berlin 1941. S. 43–59. – Hinz 1937/89. S. 88–93. – J. Sievers: Die Arbeiten von Karl Friedrich Schinkel für den Prinzen Wilhelm, späteren König von Preußen. Berlin 1955. – Heinrich Hamann: Der Park Babelsberg. Potsdam-Sanssouci 1984. – Günther. S. 103–107.

Der Plan stellt eine Weiterentwicklung des vorangegangenen Planes dar. Das Wegesystem ist ganz wesentlich vereinfacht worden. Da sich somit auch die Bepflanzung verringert, entstehen auffallend größere Freiräume, besonders in den östlichen und südlichen Partien. Mit Bleistift ist der südliche Weg über den kleinen Mühlenberg eingetragen und somit auch dieses Gelände in die Parkgestaltung einbezogen. In der Gärtnerei sind geringfügige Veränderungen vorgenommen, an Stelle der geplanten Orangerie ist eine zweite Treibmauer eingetragen. Um den Flatowturm wurde die dichte Bepflanzung beibehalten. Trotz der erweiterten Freiflächen ist eine Sichtachse vom Flatowturm nach Osten nicht zu erkennen. Die beiden Grundstücke südlich des Parks sind erneut, jedoch in veränderter Form bearbeitet.

Lindstedt

Nordwestlich des Neuen Palais liegt Lindstedt, ein kleines Gut, das 1828 von Kronzprinz Friedrich Wilhelm (IV.) erworben wurde. Aus diesem Jahr stammt wohl die Karte (Kat.-Nr. 197), die den Besitz kartographisch aufnimmt. Lenné ordnet in seinem ersten Plan für Lindstedt (Kat.-Nr. 198) ein schloßartiges Gebäude auf dem Eichkamp ein, während der alte Gutshof unberührt bleibt. In einer Skizze von Persius von 1844 nach Angaben Friedrich Wilhelm IV. (Börsch-Supan. Abb. 144) wird immer noch an der Vorstellung von einer italienischen Villa auf der Höhe festgehalten. Das wandelte sich dann zur Planung einer antiken Villa an Stelle des Gutshofes.
In den Gartenplänen der Zeit um 1840 für Lindstedt wird immer nur die den Gutshof umgebende Natur durch Wege und Teiche geordnet. Nach langen Planungen wurde dann 1859/60 das Gutshaus zu einem Schlößchen umgebaut (Arnim, Hesse, Stüler) und mit einem regelmäßigen, abgeschlossenen Garten umgeben (Kat.-Nr. 205).
Die Entwurfszeichnungen für die Umgebung von Lindstedt wurden zum Teil mehrfach genutzt. Vor allem wurde in einem Teil von ihnen nachträglich das ausgeführte Schloß eingezeichnet. Dadurch ist die Festlegung der zeitlichen Abfolge der Pläne erschwert.
1909 wurde der nördliche Teil des Gartens verändert. Nach 1945 diente er bis 1975 für botanische Lehrzwecke und verwilderte danach. Seit 1985 wird der Garten rekonstruiert, der nördliche Teil, der jetzt als Kleingartenanlage genutzt wird, soll auch wiederhergestellt werden.

197
Lindstedt. 1828

»Uebersichts Carte von dem Sr Königl Hoheit dem Kronprinzen gehörigen Gute Lindstedt.«
Plangrenzen: Kahler Berg, Kleiner Herzberg, Bornim, Katharinenholz, Straße Bornim nach Potsdam, Neue Welt, Teufelsgraben, Belvedere, Palaisgraben.
Zeichner: Kartograph, Einzeichnungen von Hermann Sello.
Beziffefter Maßstab in Ruten.
Feder in Grau und Braun, farbig laviert, Bleistifteinzeichnungen. Auf Leinen aufgezogen und mit grünem Band eingefaßt. 40,2 x 50,9 cm.
Plansig. Nr. 3771.
Siehe Tafelteil.

In die Übersichtskarte sind die vorgesehenen Verschönerungsarbeiten eingetragen, die vor allem die Feldflur Eiche mit dem Kahlen Berg in Verbindung mit dem Park Sanssouci zeigen. Vorhandene Wege weisen eine alleeartige Bepflanzung auf, die Feldfluren sind durch Heckenpflanzungen getrennt und somit wirtschaftlich verbessert. Um den Kahlen Berg sind Pflanzungen angedeutet, ebenso um den Düsteren Teich. Von hier aus erschließen neue Wege diese landschaftlich so schöne Partie. Das Katharinenholz, in dem zahlreiche Schießstände liegen, verbindet sich durch ein Wegesystem mit dem der Flur Eiche. Eine leicht geschwungene Verbindung führt zu einem – mit zittriger Feder eingezeichneten – hippodromartigen Gebilde auf einer leichten Anhöhe in der Nähe der sog. Neuen Welt. Es erinnert an den an ein Hippodrom anschließenden großen Speisesaal der Villa des Hadrian bei Tivoli. Dabei handelt es sich wohl um eine spätere Einzeichnung Friedrich Wilhelm IV. Schloß und Park Lindstedt nehmen in etwas gewollter Form Verbindung zu diesem Wegesystem auf. Die lockeren, hainartigen Waldbestände greifen auch über den Teufelsgraben, über den die Teufelsbrücke einen kunstvollen Übergang bildet.

198
Lindstedt. Um 1835

»Plan der Anlagen bei Lindstedt.«
Plangrenzen: Allee nach Bornim, Katharinenholz, Belvedere und Drachenhaus auf dem Klausberg, Hopfengarten, Straße nach Eiche, Feldmark bis zum Pannenberg, dortige Häuser.
Zeichner: Gerhard Koeber.
Beziffefter Maßstab in Dezimalruten.
Feder in Grau und Schwarz, auch Rot, laviert in Grün, Blaßbraun, Blaugrün und Blaßgelb. 49,7 x 41,2 cm.
Plansig. Nr. 3750.

Der Plan sieht eine parkartige Auflösung des Waldbestandes vor, der, den Geländebewegungen folgend, von Wegen erschlossen wird. Der Pannenberg, an dessem Fuß einige Häuser liegen, wird als Aussichtspunkt, gekrönt von einigen Bäumen, herausgearbeitet. Nur durch die Maulbeerallee getrennt, geht das Gelände nahtlos in den Hopfengarten über, wobei die vom Düsteren Teich herrührenden Wasserläufe geschickt einbezogen werden.
Um die Gebäudegruppe Lindstedt wird kein besonderer Park vorgesehen. Die sog. Rieselwiesen heben sich – etwas erweitert – durch rote Grenzschattierungen als eigener Bezirk heraus, der durch zum Teil sehr breit ausgehobene Gräben sein charakteristisches Gepräge erhält. Eigenartigerweise findet der Abfluß des sog. Teufelsgrabens keine Berücksichtigung.
Östlich der Gebäudegruppe Lindstedt ist auf der Höhe des sog. Eichkamp das Projekt eines schloßartigen Gebäudes vorgesehen, dessen Fronten sich in Richtung Lindstedt mit seinen Gräben und Wiesen sowie auf das parkartige Gelände des östlichen Katharinenholzes wenden.
Der Plan wurde nicht ausgeführt.

199
Lindstedt. 1840

Plangrenzen: Grenze der Äcker von Eiche, Bornim, Allee nach Potsdam, Neue Welt/Katharinenholz, Teufelsgraben, Hopfengarten.
Signiert: »gez: G. Koeber.« »fec: Lenné. Dez: 1840.«
Bezifferter Maßstab in Dezimalruten.
Wasserzeichen von 1838.
Feder in Grau, laviert in Grün bis Grünblau, Blau und Rosa. Gartengelände am Gut Grau und Blau schraffiert. 53,6 x 76,3 cm.
Planslg. Nr. 3751.
Siehe Tafelteil.

Der Gebäudegruppe Lindstedt werden klar abgegrenzte Nutzflächen zugewiesen, auch kein eigener Park ausgeführt. Die Rieselwiesen bleiben ungestaltet, dafür ziehen sich an deren westlichem Rand ein sehr schöner bis zum Düsteren Teich und weiter nach Bornim führender Weg, im Sinne der Landesverschönerung bepflanzt. Auch das Katharinenholz, in dem mehrere Schießstände liegen, wird mit einigen geschwungenen Fahrwegen erlebbar gemacht. Am Hang zwischen Lindstedt und Teufelsgraben ermöglicht ein kleiner Rundbau den Blick auf Eiche mit dem Kahlen Berg und südlich bis zum Neuen Palais.

200
Lindstedt. Nach 1840

»Karte von Lindstädt.«
Plangrenzen: Communs, Grenze der Äcker von Eiche, Düsterer Teich, Arnimsche Forstäcker, Katharinenholz, Belvedere mit Weinterrassen, Parterre des Neuen Palais.
Zeichner: Gerhard Koeber.
Bezifferter Maßstab in Ruten.
Wasserzeichen von 1840.
Feder in Grau bis Schwarz und Blau, laviert in Grau und Blau. 53,9 x 83,9 cm.
Planslg. Nr. 3752.

Das Gehöft Lindstedt liegt mit seiner unmittelbar der Gebäudegruppe zugehörenden Nutzfläche am Rand der sog. Rieselwiesen, deren Gräben, zum Teil vom Düsteren Teich herführend, die Wiesen entwässern und auch das Wasser des sog. Teufelsgraben aufnehmen. Sie speisen den Teich im Hopfengarten und füllen von da aus das Grabensystem im Park Sanssouci. Um den Düsteren Teich zeigt sich eine einfache, parkartige Gestaltung, die ebenso wie der Hopfengarten Ausgangspunkte für die Planungen der dazwischenliegenden Gebäude sind. Südlich von Lindstedt schließen sich Äcker, Laub- und Nadelholzflächen an.

201
Lindstedt. Nach 1840

»Charte von Lindstedt.«
Plangrenzen: Wie Kat.-Nr. 202.
Signiert: »vermessen, chartirt und berechnet im Sommer 1830, durch E. Teichelmann. Vervollständigt ... im Sommer 1840 durch Krause II.«
Einzeichnungen von Lenné und Hermann Sello.
Bezifferter Maßstab in Ruten.
Feder in Schwarz, farbig laviert, Bleistiftzeichnungen. Auf Leinen aufgezogen. 68,9 x 125 cm.
Planslg. Nr. 3772.

Der Plan ist mehrfach verwendet worden. Er zeigt ursprünglich das Aufmaß der Flächen um das Gut Lindstedt. Dabei wurde besonderer Wert auf die Entwässerung der Flächen gelegt, die der Abfluß vom Düsteren Teich durchzieht. Im südlichen, überaus nassen Teil ist die Einzeichnung eines großen Sees mit einer Insel zu erkennen, sie rührt von der Hand Lennés her. In Teilen der Flur Eiche sind in Bleistiftstrichen Wege und Heckenpflanzungen an den Feldschlägen zu erkennen. Um den Düsteren Teich sind Wege und waldartige Bestände eingetragen. Ein Wegesystem, teils als Ruheplatz erweitert, zieht sich beiderseits des Abflusses nach Süden und bindet an vorhandene Wege an. Um Schloß und Park Lindstedt sind teils Radialwege erkennbar, teils geschwungene Wege angedeutet, die sich im Katharinenholz verlaufen.

202
Lindstedt. Nach 1840

»Lindstaedt.«
Plangrenzen: Straße zum Neuen Palais, Flurgrenze der Äcker nach Eiche, Düsterer Teich, Weg nach Bornim, Katharinenholz, Belvedere, Maulbeerallee, Hopfengarten.
Zeichner: Hermann Sello.
Bezifferter Maßstab ohne Angaben der Maßeinheit.
Feder in Grau, Bleistift, laviert in Grün und Bräunlich. Auf Leinen aufgezogen. 40,5 x 70,9 cm.
Planslg. Nr. 3754.

Die sehr feuchten Rieselwiesen zwischen Düsterem Teich und Straße am Neuen Palais werden als Einheit aufgefaßt. Die Wasserläufe, teils bachartig schmal, teils teichartig erweitert, setzen sich in den Hopfengarten fort, der in Kat.-Nr. 201 einskizzierte See ist hier ausgeführt. Das sich leicht senkende Gelände wird im Westen von einem Weg entlang der Ackerflächen von Eiche begleitet, in Ostwestrichtung jedoch von steifen Querwe-

36. Johannes Rabe. Das Schloß Lindstedt in Potsdam. Um 1860. (Stiftung Schlösser und Gärten Potsdam-Sanssouci)

gen durchschnitten, die lediglich im Südosten Verbindung zu den Anlagen am Belvedere aufnehmen.
Der kleine Park des Schlosses Lindstedt nimmt kaum Beziehung zur Landschaft auf, grenzt sich vielmehr durch Abpflanzungen und Pergolen ab. Der Grundriß entspricht etwa dem von 1859, wobei die sich nördlich an die Pergola anschließenden Teile nicht aufgenommen sind.
Mit Bleistift eingetragene Planungen zeigen ein geschickt mit den Anlagen am Belvedere verbundenes Wegesystem, dessen Ausgangspunkt östlich der Pergola an der Querachse des Gartens liegt.

203
Lindstedt und Eiche. Um 1845/50

Plangrenzen: Gut Lindstedt und Feldmark Eiche.
Zeichner: Gustav Meyer.
Bezifferter Maßstab in Ruten.
Feder in Grau, Bleistift, einige Partien in Blaßgrün und Rosa laviert. Auf Leinen aufgezogen. 139,5 x 135,2 cm.
Planslg. Nr. 13160.

Das Blatt zeigt die Lindstedter Wiesen und die nach Westen anschließende Feldmark Eiche mit dem Dorf. Das Blatt ist nicht vollständig ausgeführt; grün laviert ist Lindstedt mit dem daneben liegenden Gelände und der Kahle Berg. Die Besitzer der Grundstücke sind angegeben. Der Plan ist das Teilstück eines nicht zustande gekommenen Planwerks über Potsdam und Umgebung.

204
Lindstedt. 1858

»Project zu den Gartenanlagen um die neuen Baulichkeiten zu Lindstedt.«
Plangrenzen: Unmittelbare Umgebung des Parks an der Straße nach Bornim.
Signiert: »Lenné 1858«.
Zeichner: Gustav Meyer.
Feder, aquarelliert in Grün. 65 x 50 cm.
Ehemals in Potsdam. 1978 in der ehemaligen Sowjetunion gesehen.

Südlich des Schlosses liegt eine langgestreckte Rasenfläche, die am Rand mit versetzten Bäumen gefaßt ist. Südlich folgt ein mit vier Bäumen und einer Plastik besetztes Querstück. Nach drei Seiten sind exedraförmige Ausbrechungen vorgesehen. Nutzflächen liegen, gut eingegrünt, seitlich dieses Zierrasens. Die unmittelbare Umgebung des Schlosses wird sehr aufwendig: nach Süden ein kabinettartiger Freiraum; nach Westen dichte Abpflanzungen mit einem Freiraum, der die alten vier Linden und ein Fontänenbecken aufnimmt; nach Osten ein von Pergolen eingefaßtes parterreartiges Stück, dessen Achse sich im gegenüberliegenden Wald fortsetzt. Nach Norden wird die hippodromartige Form durch einen Laubengang gebildet, dessen nördlicher Abschluß durch einen großen Querzug unterbrochen wird. Abgeschirmt von dieser Kunstform ordnen sich vier Nutzflächen ein. Ein weiterer Gartensalon fügt sich an den östlich vom Schloß liegenden Gartenteil an. Sehr schön geschwungene Wege mit vielen Baumgruppen und Einzelbäumen schließen ein Feld westlich des Schlosses ein und führen dann zum Kahlen Berg.

205
Lindstedt. 1859

»Lindstedt.«
Plangrenzen: Wiesenflächen westlich von Lindstedt, nördliche Grundstücksgrenze, Weg nach Bornim, südliche Grundstücksgrenze.
Signiert: »Lenné im November 1859.«
Zeichner: Gustav Meyer.
Bezifferter Maßstab in Ruten.
Wasserzeichen von 1858.
Feder in Grau und Schwarz, laviert in Grün, Grau, Blau und Blaßbraun. 55 x 76,9 cm.
Planslg. Nr. 3753.
Siehe Tafelteil.

Unmittelbar an den Waldrand des Weges nach Bornim schließt sich der sehr regelmäßig aufgebaute Park Lindstedt an, dessen beherrschendes Element das Schloß ist. Vor der Südseite des Schlosses erstreckt sich ein langes Rasenstück, dessen seitliche Wege die Breite der Schloßtreppe aufnehmen. Halbkreisförmige Wegeabschlüsse fangen den Tiefenzug, betont von alleeartigen Bepflanzungen, auf. Nach Norden setzt sich die Achse in einem langen Weg fort, der an einem mehrere Stufen hohen, halbkreisförmigen Platz endet. Das seitlich sich anschließende Gelände ist locker bepflanzt, an der Ostseite des Parks fügt sich noch ein kleiner »Küchengarten« ein. Die Querachse des Parks liegt an einem runden Fontänenbecken nördlich des Schlosses. Nach Osten wird der Freiraum von Pergolen, dem Säulengang und einem Laubengang gerahmt, die einen regelmäßigen, aus Rasenflächen bestehenden Garten einschließen. Westlich fügen sich dichtere Pflanzungen an, die platzartige Wegeflächen umgeben.
Der Plan wurde teilweise ausgeführt.

206
Lindstedt. 1859

»Nivellementsprofile für die projectirte Terraingestaltung um die Villa Lindstedt.«
Signiert: »Lenné im November 1859.«
Zeichner: Gustav Meyer.
Bezifferter Maßstab in Ruten und Fuß.
Feder in Grau und wenig Rot, laviert in Grau und Braun.
38 x 55,3 cm.
Planslg. Nr. 5736.

Nivellements zu Kat.-Nr. 205. Dort sind die Schnittpunkte eingezeichnet.

207
Schloß Lindstedt. 1860

»Schloß – Lindstedt.«
Plangrenzen: Grunstücksgrenzen mit den unmittelbar anschließenden Wegen.
Signiert: »Sans Souci im februar 1860 Lenné«.
Zeichner: Gustav Meyer.
Bezifferter Maßstab in Ruten.
Feder, aquarelliert.
Ehemals in Potsdam. 1978 in der ehemaligen Sowjetunion gesehen.

Die Gartenfläche ist ganz regelmäßig gestaltet, lediglich die Grundstücksgrenzen sind mit bewegten Gehölzwänden dicht bepflanzt, nur nach Westen bleiben Durchsichten frei. Südlich des Schlosses liegt ein langgestreckter Rasenspiegel, seitlich von Baumreihen begleitet, die am Südende je eine Plastik aufnehmen. Unmittelbar um das Schlößchen fügen sich ganz regelmäßig ineinander verschachtelte, reich ausgestaltete Beete ein. Die Querachse von der Exedra am Waldhang im Osten endet in einem mit vier Altbäumen besetzten, dicht abgepflanzten Platz. Eine rechteckige Rasenfläche unterstreicht den Tiefenzug. Nach Norden, von einem Laubengang zum Schloß begrenzt, folgt der Küchengarten in Form eines Hippodroms. Um eine Rasenfläche legen sich drei Reihen Bäume, die im Süden bis an den Laubengang, im Norden an einen exedraähnlichen Sitzplatz reichen.

208
Lindstedt. Um 1863

»Lindstädt.«
Plangrenzen: Westseite des Grundstückes, Laubengang, Ostseite des Grundstückes mit Zufahrt, südliche Abpflanzung.
Zeichner: Gustav Meyer.
Bezifferter Maßstab in Ruten.
Wasserzeichen von 1862.
Feder in Schwarz, laviert in Grün, Blaugrün, Bräunlich und Rosa. 31,1 x 49,1 cm.
Planslg. Nr. 3755.
Lit. zu Kat.-Nr. 197–208: Günther. S. 121–123.

Vor die Südseite des Schlosses legt sich ein rechteckiges, alleeartig bepflanztes Rasenstück. In die südliche Abpflanzung fügen sich drei mit Plastiken betonte Ni-

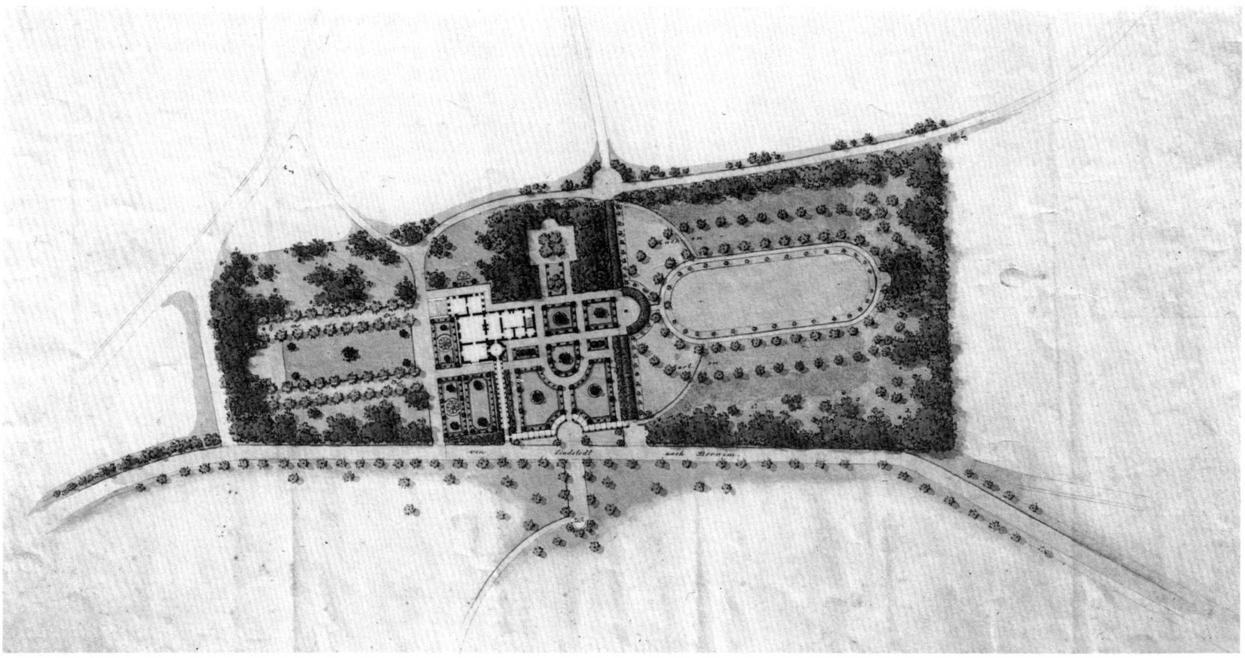

37. Peter Joseph Lenné. Das Schloß Lindstedt in Potsdam. 1860. (Stiftung Schlösser und Gärten Potsdam-Sanssouci)

schen ein. Die westliche Grenze nach Eiche ist mit locker abgepflanzten, in Verbindung zur umgebenden Landschaft stehenden Wegen zu schaffen. Nördlich des Schlosses mit dem Säulengang liegt ein regelmäßiger, axial geordneter Garten, der nach Westen dicht abgepflanzt, auf den übrigen zwei Seiten von Laubgängen gerahmt ist.
Zustandsplan, der wegen der beiden seit 1945 verschollenen Lindstedt-Pläne von 1858 und 1860 von Bedeutung ist.

Sacrow

Die in den Jungfernsee, den Sacrower See und die Havel hineinragende Landspitze Sacrow hatte eine besonders wichtige Lage in der Havellandschaft. Daher kaufte Friedrich Wilhelm IV. 1840 das Gut Sacrow, ließ aber den Gutsbetrieb einstellen und das Land zum Forst schlagen. Laubwälder wurden angelegt und eine Kirche errichtet, die Heilandskirche (Persius 1841–44), die mit ihrem Glockenturm dem Landschaftsbild seinen stimmungsvollen Höhepunkt gab.

209
Sacrow. 1842

»Verschoenerungs-Plan vom Park zu Sacrow«
Plangrenzen: Sacrower See, Ortslage Sacrow, Havelufer.
Signiert: »Lenné 1842.«
Zeichner: Gerhard Koeber.
Beschriftet »NB: Die colorirt angegebene Fläche ist der von S: Maj. übernommene Theil von Sacrow der jedoch nur in der Umgebung der neu erbauten Kirche und an der Nordseite des Schlosses zur Ausführung gehörten. 23.7.42 Lenné.«
Beziffferter Maßstab in Dezimalruten.
Wasserzeichen von 1838.
Feder in Grau, laviert in Grün, Grau, Blau und Rot. 44 x 64,5 cm.
Planslg. Nr. 3756.
Siehe Tafelteil.

Optischer Kern der Parkanlage ist das Schloß einschließlich der davor gelegenen rundlichen Zieranlage. Vom Gebäude aus verbinden sich vier breite Sichten mit der umgebenden Landschaft. Ein geschwungenes Wegesystem erschließt die einzelnen Parkteile, in denen einige regelmäßige Alleen erhalten geblieben sind. Zum Ort hin grenzt eine dichte Pflanzung den Park ab, während Pflanzungen im Parkinneren weniger raumfüllend als vielmehr sichtbegleitend sind.

210
Sacrow. 1843

»Situationsplan von der Kirche und einem Theile des Königl. Parkes zu Sacrow.«
Signiert: »Lenné Oct. 1843«.
Zeichner: Eigenhändig (Schrift von Gustav Meyer).
Beziffferter Maßstab in Ruten.
Wasserzeichen von 1843.
Feder in Grau und Braun, Bleistift. 52,1 x 35,3 cm.
Planslg. Nr. 3757.
Siehe Tafelteil.

Seitlich der alleeartigen Hauptachse vom Schloß zur Exedra an der Havel sind Gehölzpflanzungen eingetragen, zwischen denen in gestrichelten Linien die Durchsichten nach dem Jägerhof, nach Glienicke und nach der Babertsmühle (Babelsberg) angedeutet sind. Die Pflanzung ist sehr detailliert dargestellt und weist zahlreiche pyramidenpappelähnliche Bäume auf. Die Kirche und die Exedra am Wasser zeigen sich als beherrschende Architektureinbauten.

211
Sacrow. Um 1845

»Grundriss von der Kirche und einem Theile des Königl: Parkes zu Sacrow.«
Plangrenzen: Allee zur Exedra an der Havel, Havelufer mit Kirche.
Signiert: »Lenné«.
Zeichner: Gerhard Koeber (Schrift von Gustav Meyer).
Eine lange Anmerkung zum Wasserstand.
Beziffferter Maßstab in Ruten.
Feder in Braun, Rot, Gelb und Grün, laviert in Grün, Graugrün und Blau. 53,6 x 36,6 cm.
Planslg. Nr. 3758.
Siehe Tafelteil.

Die zwei Pläne beziehen sich auf die Behandlung des Ufers an der Havel-Exedra, an der ein Teil des seitlich vorgelagerten Geländes mit Binsen und Schilf bewachsen ist. Die Vorschläge sehen offenbar eine Erhöhung und verschiedenartige Ausbildung des Ufergeländes vor.

212
Sacrow. 1845

»(Project) Bepflanzungsplan für einen Theil des Königl. Parkes zu Sacrow.«
Plangrenzen: Schloß Sacrow, Havelbucht, projektierter Pavillon, Havelufer, Fährhaus.
Beziffferter Maßstab ohne Angabe der Maßeinheit.
Feder in Grau, Grün und Orange, Bleistift. 16,2 x 44,6 cm.
Planslg. Nr. 3759.

Bepflanzungsplan für einen Teil des Parks Sacrow mit grün eingezeichneten und numerierten Baumgruppen. Angaben zu Pflanzenarten sind nicht vorhanden.

213
Sacrow. 1847

»Situationsplan von dem Park zu Sacrow.«
Plangrenzen: Sacrower See, Ortslage Sacrow, Havelufer.
Signiert: »vermessen 1841 durch Pfeiffer, vervollständigt 1847 durch Starcke, Gartenkünstler.«
Zeichner: Gustav Meyer.
Beziffferter Maßstab ohne Angaben der Maßeinheit.
Wasserzeichen von 1844.
Feder in Grau, Bleistift, laviert in Rosa und Blau. 47,2 x 68 cm.
Planslg. Nr. 3760.

Nur in einem Teil des Parkgeländes sind die 1842 konzipierten Wege eingetragen. In den Partien, die sich an das Fährhaus anschließen, zeichnen sich noch keine

38. Siegfried Massmann. Die Heilandskirche in Sacrow, Potsdam. Um 1850. (Stiftung Schlösser und Gärten Potsdam-Sanssouci)

Gestaltungen ab. Das Wegesystem ist in diesem Plan unübersichtlicher und kleinteiliger als in dem von 1842. Der Plan stellt offenbar ein neues Aufmaß dar und berücksichtigt dabei vor allem die Gehölzgruppen im westlichen Teil des Parks.

214
Sacrow. 1847

Plangrenzen: Sacrower See, Gemüsegärten, Havelbucht Der Kessel, Teile vom sog. Horn, Havelufer, westliche Parkgrenze.
Zeichner: Gustav Meyer.
Feder, aquarelliert. Ca. 29 x 37 cm.
Wimmer: »Es handelt sich um eine ins Reine gezeichnete Nadelstichkopie des in Potsdam verwahrten (Planslg. Nr. 3760) Situationsplans von 1841, korrigiert 1847. Die rechts anschließende Halbinsel ist gegenüber dem Vorbild weggelassen. Der Plan ist genordet. Titel, Signatur und Maßleiste sind möglicherweise im Photo abgeschnitten.«
Ehemals in Potsdam. Seit 1945 verschollen, jedoch Photographie vorhanden.
Lit. zu Kat.-Nr. 209–214: Hinz 1937/89. S. 105–108. – Günther. S. 109–112. – Wimmer 1990. Nr. 73.

Entgegen dem Idealentwurf von 1842 bleibt die Gestaltung innerhalb der bis 1945 verbliebenen Grenzen, behält auch die Nutzflächen im Park und westlich des Schlosses bei.
Ein weit geschwungener Umgehungsweg führt von der westlichen Parkgrenze (Tagelöhnergärten) in großzügigem Schwung bis zum Havelufer und weiter bis zur Heilandskirche, setzt sich am südöstlichen Ufer fort bis zum Fährhaus. Infolge der großen, rechteckigen Nutzflächen und den Grenzpflanzungen ist der westliche Park dichter und mit eingeschränkteren Wiesen als die östlichen Partien. Hier werden die Wiesen gestreckter, so daß die bekannten Sichtbeziehungen möglich werden. Einzelne Baumgruppen lenken den Blick.
Der mittlere Teil mit der Allee zur Exedra bleibt recht dicht, ist nur an den Rändern aufgelockert. Die Wegeführung läßt die sonst übliche Eleganz vermissen. Die zwei nach Glienicke geplanten Sichten dürften kaum möglich gewesen sein. Die schon 1842 vorgesehene Erweiterung des sog. Kessels in einem malerisch geschwungenen Uferrand unterbleibt; die rechtwinklig geführte Straße bildet die Grenze. Sowohl vom Schloß als auch von der Straße führen Wege zur Heilandskirche.

Bornstedt

Die Umgebung des Dorfes Bornstedt mit dem Bornstedter See war im Zusammenhang mit den Neuanpflanzungen auf dem Ruinenberg und den Ausblicken, die sich von dort in die Landschaft ergaben, besonders wichtig. «Das geschmückte Bornstedter Feld« nannten die Zeitgenossen dessen Äcker.
Der Umbau des Amtsgebäudes war schon geplant, als es 1846 abbrannte. Heinrich Haeberlin baute es bis 1848 im Villenstil wieder auf. Er veröffentlichte 1851 den Bau in den »Architektonischen Entwürfen zu Wirtschaftsgebäuden«. Dort ist ein Garten eingezeichnet, der nie existiert hat. Er wurde so ausgeführt, wie ihn Koschny für Lenné gezeichnet hat.

215
Bornstedt. Um 1850

»Situations Plan von der Hoflage des Königl: Amtes Bornstedt.«
Plangrenzen: Westseite der Dorfstraße vom Ortsschulzengrundstück bis zur Kirche, dem Schulhaus und Schulgarten, dem Bornstedter See, Grundstücke südlich des Gutes.
Signiert: »Haeberlin.«
Zeichner: Die Hoflage von Haeberlin, der in Bleistift dazugezeichnete Garten von J. E. Koschny.
Bezifferter Maßstab in Fuß.
Feder in Schwarz, Sepia, laviert in Blaßrosa, Bleistiftzeichnungen. 36,4 x 50,2 cm.
Planslg. Nr. 8400.

Ein Staketenzaun grenzt den Garten von den Hofflächen des Gutes ab. Trotz der Wirtschaftsfläche am Amtshaus richtet sich der Garten auf dieses Gebäude aus. Es werden vier Sichtfenster zum See offengehalten und die südliche Bepflanzung so eingeordnet, daß die Sicht zum Schloß Sanssouci gewährleistet ist. Die seitlichen Ränder sind, von leichten Vorpflanzungen belebt, dicht abgepflanzt, nur die längliche Mittelfläche, von Wegen begrenzt und einem Querweg durchzogen, bleibt frei. An der Südseite sind zwei kleine Hügelchen eingefügt. Lockere Baum- und Gebüschpflanzungen, von einzelnen, vorgepflanzten Bäumen begleitet, bilden den Rand. Von anderer Hand ist gegenüber dem Schulhaus eine Planung der Kirche eingezeichnet, deren Querschiff mit einer Kolonnade mit der Dorfstraße verbunden ist. Der Campanile schließt sich südlich an die Kolonnade an. Das Seeufer zeigt über die Gutsflächen hinaus noch Baumpflanzungen, die zwar meist auf Nutzgartengelände stehen, jedoch Wirtschaftsgebäude verdecken sollen.

Bornim

An Bornstedt schließt sich im Nordwesten Bornim an, wo zur Zeit Kurfürst Friedrich Wilhelms ein barockes Lustschloß mit regelmäßigem Garten entstanden war. Davon war nichts mehr vorhanden. Friedrich Wilhelm IV. ließ 1844–46 von Persius ein neues Amtshaus errichten, zu dem Lenné einen Obst- und Gemüsegarten entwarf. Persius veröffentlichte die Nordansicht der Gebäude und den Grundriß mit Garten (Allgem. Bauzeitung II. 1846). Der dort abgebildete, ausgeführte Garten zeigt nur geringe Abweichungen vom Entwurf. Jetzt erinnern nur noch einige Bäume an die sinnvoll erdachte Anlage.

216
Bornim. 1844

»Bornim.«, Rückseite »Bornimer Garten.«
Plangrenzen: Unmittelbare Umgebung des Amtes Bornim.
Signiert: »H. Sello.«
Bezifferter Maßstab in Dezimalruten.
Bleistift, laviert in Grün und Blaßrosa. 43 x 48,7 cm.
Plansig. Nr. 3761.
Siehe Tafelteil.

Um die Wohn- und Wirtschaftsgebäude des Amtes Bornim teilt ein leicht geschwungener Weg parkartig lockere Anpflanzungen, die jedoch mehr abschließen als Übergänge zur umgebenden Nutzpflanzung vermitteln. Das übrige, streng quadratisch aufgeteilte Gelände wird von einer Hecke eingeschlossen. Die einzelnen Quartiere sind zum Teil sehr dicht, zum Teil nur am Rand mit Bäumen besetzt. Bleistifteintragungen lassen die Nutzung (Kartoffeln, Türkischer Weizen, Baumschule, Kohl u. a.) erkennen.

Caputh

Schloß Caputh, südwestlich von Potsdam am Templiner See gelegen, war ursprünglich in königlichem Besitz gewesen. Als Lenné den Garten anlegte, besaß es die Familie von Thümen, für die Lenné auch in Blankensee südlich von Berlin einen Garten geschaffen hatte. Auf einer Zeichnung von Rösel aus dem Jahr 1829 (Günther. S. 123) sieht man die jungen, von Lenné gepflanzten Bäume.

217
Caputh. Um 1828

»Verschönerungs-Plan des Schloßgartens zu Caput.«
Plangrenzen: Havel und nördliche Gartengrenzen, Vorfahrt zum Schloß und dazugehörende Gebäude, Gemüsefelder, südliche Parkgrenze mit Graben.
Signiert: »Lenné«.
Zeichner: Hermann Sello?
Bezifferter Maßstab in Ruten.
Feder in Grau, Bleistift, laviert in Grün, Blau und Rosa, Anmerkung über Materialien und Bepflanzung in Bleistift.
35,7 x 46,9 cm.
Plansig. Nr. 3762.
Siehe Tafelteil.

Geschwungene Wege gliedern das Gelände zwischen Schloß und Wasser. Teile der Flächen sind dicht mit Bäumen umpflanzt und dienen dem Gemüseanbau, so daß eigentlich kaum von einer Parkgestaltung gesprochen werden kann. Die nördlichen Teile des Gartens sind locker mit Bäumen durchstellt, drei Gebäude sowie die Gartengrenzen sind dicht abgepflanzt. Der südlich des Gartens liegende Abfluß wird von einer Brücke überquert, die zu einem Rundplatz führt. Wie in anderen Teilen des Gartens werden hier sehr viele säulenförmige Bäume verwendet.

39. Wilhelm Barth. Das Schloß Caputh. 1844. (Stiftung Schlösser und Gärten Potsdam-Sanssouci)

40. Karl Friedrich Schinkel. Entwurf zur Neugestaltung des Tiergartens in Berlin im Bereich des Brandenburger Tors. 1835. (Staatliche Museen zu Berlin – Preußischer Kulturbesitz. Nationalgalerie)

1.2. Berlin

Tiergarten und Zoologischer Garten

Der vor dem Brandenburger Tor gelegene Tiergarten war schon im 18. Jahrhundert ein beliebtes Wanderziel der Berliner Bürger. Georg Wenzeslaus von Knobelsdorff hatte sich um die Verschönerung des von Sternanlagen und Alleen durchzogenen Waldgebiets bemüht. Schinkel zeichnete 1814 einen nicht erhaltenen Plan. Er teilte am 14.1.1815 dem Hofgärtner Steiner in Charlottenburg mit, daß er mit den Aufzeichnungen des mit ihm gemeinschaftlich an Ort und Stelle entworfenen Plans zur Verschönerung des Tiergartens fertig sei. 1816 befaßte sich der gerade nach Potsdam gekommene junge Lenné mit einem Vorschlag zur Umgestaltung des Tiergartens und zeichnete 1818 einen Plan, der 1819 dem König mit Erläuterungen vorgelegt wurde. Hier mögen die Anfänge der gemeinsamen Arbeit liegen, die Schinkel und Lenné bei den verschiedensten Projekten immer wieder zusammenführte. 1835 hat Schinkel eine Zeichnung für das Gelände direkt hinter dem Brandenburger Tor vorgelegt. Dazu gehört eine Ansicht des Platzes vor dem Tor mit Blick in die große Allee. Wir wissen nicht, warum Schinkel diesen Plan zeichnete, der tief in die gärtnerischen Belange eingriff. Zweifellos tat er es mit Wissen und Zustimmung Lennés.
Erst 1832 konnte Lenné an die Ausführung der Tiergartenpläne denken. Er fertigte dazu eine neue große Zeichnung an und lieferte dann nach und nach noch Blätter für die sieben Partien, in die die Ausführung geteilt wurde. Die Arbeiten zogen sich von 1833 bis 1840 hin. Es ist uns eine außergewöhnlich reiche Zahl von Plänen Lennés und seiner Mitarbeiter dafür erhalten.
Als 1840 Friedrich Wilhelm IV. zur Regierung kam, griff er entscheidend in die Verschönerung des Tiergartens ein. Schon 1839 hatte er Ideen für eine »Symmetrische Anlage« gezeichnet, die dann 1840 in der Nähe des Großen Sterns realisiert wurde. Er regte auch die Gestaltung des Hippodroms im Westen nahe der Charlottenburger Chaussee (heute Straße des 17. Juni) an. Die Planungen für das Hippodrom gehen zusammen mit denen für den Neuen See, der als größtes Gewässer des Tiergartens aus dem zur Fasanerie gehörenden Elsbruch entstand. Der Tiergarten wandelte sich im Lauf von hundert Jahren nur wenig. Das Hippodrom wurde 1875 durch die Stadtbahn zerschnitten, da es zwischen den Stationen Tiergarten und Zoologischer Garten lag. Vollständig entschwand es aber erst nach dem Zweiten Weltkrieg. Entscheidender war der Ausbau der Charlottenburger Chaussee im Jahr 1938 zur Ostwestachse mit der an den Großen Stern versetzten Siegessäule im Zentrum. Es war der Anfang der Teilung des Tiergartens durch Autotrassen. Während des Zweiten Weltkriegs und in den Jahren danach wurden fast alle Bäume des Tiergartens zerstört. Dadurch wurde eine Neubepflanzung des gesamten Terrains notwendig.

Der Zoologische Garten wurde 1834 von Lenné mitten im Tiergarten auf einem fast ganz vom Wasser umflossenen Gelände vorgesehen. Als das nicht genehmigt worden war, blieb das Projekt ruhen, bis 1841 ein Teil der Fasanerie zur Verfügung gestellt wurde und der Zoo dann schließlich 1844 eröffnet werden konnte. Die Nutzung und neuere Bauten beeinträchtigten bald die ursprünglichen Ideen Lennés. Der Zoo dient heute noch seinem Zweck.

218
Tiergarten. 1818

»Skizze des Thiergartens bei Berlin«
Plangrenzen: Spreebogen, Brandenburger Tor, Tiergartenstraße, Fasaneriegelände, Charlottenburger Tor.
Signiert: »fec. Lenné«.
Zeichner: Eigenhändig.
Bleistift, Feder in Grau, laviert in Grün, Gelbgrün, Grau und Braun. Gerahmt. Ca. 82 x 175 cm.
Plankammer Charlottenburg.
Siehe Tafelteil.

Der Plan spart die Exerzierplätze am Brandenburger Tor, den Park Bellevue und die Fasanerie aus. Der Bestand an alten vorhandenen Alleen bleibt bestehen. Die weitläufigen waldartigen Partien sind noch kaum aufgelockert, auch liegen die Wege ohne Freiraum in diesen dichten Waldteilen. Die meist kurzen Wegstücke haben noch keinen durchgehenden Zug. Die Wasserläufe ziehen sich bereits seeartig erweitert besonders durch die östlichen und westlichen Teile.

219
Tiergarten. 1818

»Plan vom Thiergarten bey Berlin«
Plangrenzen: Spreebogen, Brandenburger Tor, Tiergartenstraße, Fasaneriegelände, Charlottenburger Tor.
Signiert: »Entworfen und Gezeichnet von P. J. Lenné 1818«.
Bezifferter Maßstab in Ruten.
Feder aquarelliert.
Ehemals in Potsdam. Seit 1945 verschollen, jedoch Photographie vorhanden.

Das barocke Alleengerüst bleibt erhalten und bietet bleibende Orientierungshilfen. Die Waldbestände behalten bis auf ausgedehnte Partien südöstlich des Brandenburger Tores ihre Dichte. Entlang der geschwungenen, oft seeartig ausgebuchteten Wasserzüge werden verhältnismäßig offene Flächen geschaffen, am Rand hainartige Übergänge vorgesehen. Nur wenige sehr lange, nicht zu breite Sichtachsen sind erkennbar, z. B. südlich der Bellevueallee oder südlich der Charlottenburger Chaus-

41. Johann Heinrich Stürmer. Der Tiergarten in Berlin. Um 1835. (Stiftung Schlösser und Gärten Potsdam-Sanssouci)

see im Westen des Tiergartens. Die Wegeführung durchzieht in sehr fein geschwungenen Zügen die weiteren Waldflächen und durchschneidet verhältnismäßig selten die ohnehin schmalen Freiflächen.

220
Tiergarten. 1832 (Klappe von 1834)

»Verschönerungs-Plan vom Königl. Thiergarten bei Berlin.«
Plangrenzen: Spreeufer, Brandenburger Tor, Tiergartenstraße, Fasaneriegelände.
Signiert: »Sanssouci d. 31[t] October 1832 L«.
Zeichner: Eigenhändig.
Feder in Grau und Schwarz, laviert in Grün, Braun und Rot, Bleistifteinzeichnungen. 58,4 x 77,5 cm.
Plansig. Nr. 7382.

Unter Erhaltung des alten Alleensystems und der Einfügung geschwungener Wege, besonders im mittleren und westlichen Teil des Tiergartens, erhält der Tiergarten einen offeneren Charakter. Große zusammenhängende Gehölzpartien mit geschwungenen Rändern wechseln mit lichten Wiesenflächen, die nur teilweise mit lockerem Baumbestand überzogen sind.
Zur Entwässerung des Tiergartens sind vorhandene Gräben und Senken in Wasserzüge, teils mit Inseln belebt, verwandelt.
Der Plan enthält in der Gegend der Rousseauinsel eine nachträgliche Einzeichnung, durch die eine von Wasserarmen umschlossene Halbinsel entsteht. Die darüber geklebte Klappe enthält dann den genau gezeichneten Entwurf: die erste Planung am Zoo (Seiler). Wie es zu dieser Idee kam, geht aus einem Brief hervor, den Lenné am 7.12.1833 an Dr. Lichtenstein, einen der Initiatoren des Berliner Zoos, schrieb: »Mein hochgeehrter Freund! Sie haben bei unserm neulichen Zusammentreffen in der Versammlung des Gartenbauvereins eine Idee angeregt, welche mich auf das lebhafteste interessiert, nämlich die Einrichtung einer Menagerie im Tiergarten nach Art derjenigen welche im Regent's-Park in London auf so eklatante Weise zustande gekommen ist; ich habe nicht gesäumt, meinen Verschönerungsplan des Tiergartens hieraus einzurichten und glaube, Raum und Örtlichkeit auf die entsprechende Weise dazu ermittelt zu haben ...« Der Plan wurde nicht genehmigt, weil in der Gegend das Denkmal Friedrich Wilhelms III. errichtet werden sollte. Auch das Fasaneriegelände wird in die Planung einbezogen und in seiner Gestaltung wie der Tiergarten behandelt. Schwere Gehölzgruppen wechseln mit offenen Flächen. Die teichartigen Gräben erweitern sich zu geschwungenen Wasserzügen.
Der Plan ist eine Vorskizze zu Kat.-Nr. 221. Die Einzeichnung hingegen in der Gegend der Rousseauinsel und die daraus entstandene aufgeklebte Klappe ist eine Vorarbeit für den Verschönerungsplan des Tiergartens von 1834 (Kat.-Nr. 222).

221
Tiergarten. 1832

»Verschoenerungs Plan vom Koenigl: Thiergarten bei Berlin.«
Plangrenzen: Spreebogen, Alt-Moabit, Brandenburger Tor, Potsdamer Platz, Potsdamer Straße.
Signiert: »Lenné 1832.«
Zeichner: Gerhard Koeber und J. E. Koschny.
Bezifferter Maßstab in Ruten.
Feder in Grau, laviert in Grün, Blau und Rosa. 61 x 86,5 cm.
Plankammer Charlottenburg. Nr. 3551.
Siehe Tafelteil.

Nach 14 Jahren legt Lenné einen neuen Plan vor, der wiederum die alten Alleen bis auf kleine Ausnahmen beibehält. Beispielsweise wird der nordwestliche Teil der Bellevueallee wegen des seeartig erweiterten Wasserlaufs in eine Sichtachse verwandelt. Wie schon aus der Kat.-Nr. 220 hervorgeht, werden lange schmale Wiesenflächen mit sehr lockerem Baumbestand vorgesehen. Die Gräben erweitern sich zu seeartig ausgebuchteten Wasserzügen. Während das ausgedehnte Tiergartengelände von sanft geschwungenen Wegen durchzogen wird, führt durch das frühere Fasaneriegelände nur ein simpler Rundweg. Die Gehölzgruppen sind lockerer und lichter als auf dem Entwurf. Bellevue ist im Zustand vor den Lennéschen Verschönerungen von Koschny eingezeichnet, der auch die Fasanerie nachträglich angefügt hat. Ebenfalls von Koschny ist eine Klappe angefertigt die im Teil zwischen Hofjägerallee und Charlottenburger Chaussee auf die ursprüngliche Zeichnung von Koeber aufgeklebt worden ist.

222
Tiergarten. 1834

»Verschoenerungs-Plan vom Thiergarten bei Berlin.«
Plangrenzen: Spreebogen, Brandenburger Tor, Potsdamer Platz, Schafgraben, Fasaneriegelände.
Signiert: »Lenné fec: 34.« »gez: G. Koeber. 1834.«
Bezifferter Maßstab in Ruten.
Feder in Grau, laviert in Grün, Blau und Rosa, wenig Bleistifteinzeichnungen im westlichen Teil. Auf Leinen aufgezogen und mit grünem Seidenband eingefaßt. 58,6 x 82,9 cm.
Plankammer Charlottenburg. Nr. 3553.
Siehe Tafelteil.

Der »Verschoenerungs-Plan« von 1834 trennt farblich die Tiergartenflächen von den nur mittelbar dazugerechneten wie dem Fasaneriegelände, dem Park Bellevue, der Tiergartenmühle oder den angrenzenden Flächen, besonders im Süden. An der östlichen Seite sind beachtliche Veränderungsvorschläge bereits am Brandenburger Tor zu erkennen: Von einem kreisförmigen Platz führt nach Norden eine baumbestandene Straße zum Exercier-Platz, nach Süden leicht geschwungen zur Tiergartenstraße. Hier sind dann wie in der Verlängerung der Bellevueallee weitere Villengrundstücke eingezeichnet. Die Flächen südlich des Platzes vor den Zelten sind dichter bewaldet, die Sicht nach der Bellevueallee nach Nordwesten ist breiter, auch wurden die Wasserflächen erweitert. Das ausgedehnte Quartier zwischen Großer Sternallee und Bellevueallee wird gänzlich verändert. Die Wasserzüge erhalten einen anderen Verlauf, so daß eine langgestreckte Insel entsteht, auf der der Zoologische Garten eingerichtet wird. Die Zugänge liegen an den Enden einer langen Sicht, an deren Randwegen, meist im Grün verborgen, die Tierkäfige eingefügt sind. Auch das Fasaneriegelände, besonders die Wasserzüge, erfährt Veränderungen. Gleiches trifft auf die Fläche zwischen Charlottenburger Chaussee und Hofjägerallee zu.

223
Tiergarten. 1834/35

Plangrenzen: Spreebogen, Brandenburger Tor, Tiergartenstraße, Schleusengelände.
Zeichner: Eigenhändig, Bellevue von Hermann Sello.
Bezifferter Maßstab in Ruten.
Feder in Grau, laviert in Grün, Braun und Rosa. Gerahmt mit drei Klappen. Ca. 50 x 125 cm.
Erste Klappe: zwischen Bellevueallee und Großer Sternallee; zweite Klappe: nördlich der Straße des 17. Juni; dritte Klappe: zwischen Bellevueallee und Kleiner Querallee.
Radierstellen und Überzeichnungen am Neuen See.
Plankammer Charlottenburg.

Farblich ganz blaß getönt zeigen sich die nur mittelbar zum Tiergarten gehörenden Flächen (Bellevue, Graefescher Garten). Vielfach verändert wird die Wegeführung. Im Gegensatz zum Plan von 1834 (Kat.-Nr. 222) bleiben die alten Alleen südlich des Exercier-Platzes erhalten, nur wenige geschwungene Wege durchziehen diese Partien, auch das Venus-Bassin behält seine Form.
An die Stelle der Zooflächen zwischen Bellevueallee und Großer Sternallee treten wieder dichter Baumbestand und schmale amöbenartige Wasserzüge. Auch in den südwestlichen Teilen werden große Wasserflächen und langgezogene seeartige Gräben eingezeichnet, vermutlich um das sehr nasse Gelände zu entwässern. An den sehr ruhig geschwungenen Ufern folgen nur ganz schmale Wiesenstreifen, ansonsten Wald- oder Hainflächen.
Der Platz vor den Zelten sieht eine Gebäudeplanung sowie eine architektonische Randplanung vor. Der Platz vor dem Brandenburger Tor wird muschelartig ausgeformt, die Baumreihen folgen seiner Grundform.

224
Tiergarten. Partien Nr. 1–6. 1839

»Die neuen Anlagen im Thiergarten bei Berlin so weit solche bis Ende 1838 ausgeführt waren ...«
Bezifferter Maßstab in Ruten.
Lithographie. 48,5 x 27,9 cm.
Planslg. Nr. 7419.

Die bis Ende des Jahres 1838 überarbeiteten Teilabschnitte des Tiergartens sind übersichtlich dargestellt. Die nicht bearbeiteten Teile um den Kleinen Stern und den Platz vor den Zelten bleiben weiß ausgespart.
Mit unendlichen Schwierigkeiten hatten nach veränderten Teilplänen die Ausführungsarbeiten unter dem Lennéschüler August Gottfried Klengel im Frühjahr 1833 zwischen Charlottenburger Chaussee, Schafgraben und Fasanerieallee begonnen. Der zweite Abschnitt wurde durch die Hofjägerallee begrenzt (1834), der dritte lag nördlich der Charlottenburger Chaussee, östlich von der Brücken-Allee (jetzt Altonaer Straße), westlich vom Graefeschen und Bankier Schicklerschen Garten begrenzt (1834). 1835 setzten die Veränderungen im vierten Abschnitt zwischen Hofjägerallee und Großer Sternallee ein sowie im anschließenden Teil bis zur Bellevueallee. 1835 folgten Umgestaltungen im sechsten östlichen Teil bis zum Brandenburger Tor. Der letzte Abschnitt begann 1838 nördlich der Charlottenburger Chaussee vom Spreeweg bis zur Großen Querallee und am Dreieck zwischen Bellevueallee und Großer Querallee.

225
Tiergarten. 1840

»Der Thiergarten bei Berlin im Jahre 1840.«
Plangrenzen: Spree, Brandenburger Tor, Potsdamer Tor, Potsdamer Straße, Südgrenze der Grundstücke Tiergartenstraße, Fasaneriegelände.

Signiert: »Nach den Originalplänen des Königl. Gartendirektors pp Herrn Lenné gez. u. lith v. G. Koeber.«
Bezifferter Maßstab in Ruten.
Lithographie. 55 x 86,4 cm.
Planslg. Nr. 3594.

Der Plan ist als Schauplan gedacht und stellt teils gegenwärtige Situationen, teils Planungen dar. Er faßt die bisherigen Arbeiten zusammen. Der gewollte Bestand der alten Alleen bleibt erhalten, auch die Situation am Brandenburger Tor, am Platz vor den Zelten und in der Bellevue-Umgebung hat sich kaum verändert. Neue Vorstellungen werden z. B. südöstlich der Charlottenburger Chaussee dargestellt. Der dichte Baumbestand südöstlich des Brandenburger Tores wird hainartig aufgelichtet, der Rundweg in schlichterer Form wieder vorgeschlagen, das Venus-Bassin in einem fast barocken Grundriß aufgenommen. Die an der Südseite der Tiergartenstraße gelegenen Grundstücke sind mit ihren Gebäuden und den der Straße zu gelegenen Gartenteilen eingezeichnet.

226
Tiergarten. Nach 1840

Plangrenzen: Spreebogen, Brandenburger Tor, Leipziger Platz, Tiergartenstraße, Zoologischer Garten, Landwehrgraben.
Zeichner: Gerhard Koeber.
Bezifferter Maßstab in Ruten.
Feder, laviert.
Ehemals in Potsdam. Seit 1945 verschollen, jedoch Photographie vorhanden.

Der große Übersichtsplan zeigt Situationen und Planungen gleichzeitig. Die Behandlung der Flächen nördlich der Charlottenburger Chaussee entspricht im großen und ganzen den vorangegangenen Plänen. Südlich der Allee ist die Eingangssituation des Planes von 1836 (Kat.-Nr. 248) aufgenommen, ebenso das Venus-Bassin. Der Zwischenraum zur kreisförmigen Anlage wird von einem regelmäßigen Hain (an Stelle des zunächst vorgesehenen Wasserbeckens) ausgefüllt. Die opulenten Villenplanungen sind in einer Verlängerung der Tiergartenstraße südlich des Neuen Sees eingeordnet. Diese Wasserflächen mit sehr bewegten Ufern und zahlreichen Inseln haben große Ausmaße angenommen. Ein weitläufiges Wegesystem durchzieht diese Partien und verbindet sie mit dem Fasaneriegelände.
Vorzeichnung zu Kat.-Nr. 227.

227
Tiergarten. Nach 1840

»Verschönerungs Entwurf des Königl. Thiergartens bei Berlin.«
Plangrenzen: Spreebogen, Brandenburger Tor, Tiergarten, Zoologischer Garten, Landwehrgraben.
Signiert: »entworfen v. Lenné«. »gez: u. lith v. G: Koeber«.
Bezifferter Maßstab in Ruten.
Lithographie. 23,2 x 31,2 cm.
Planslg. Nr. 7420.

Der Plan entspricht im wesentlichen Kat.-Nr. 226. Die Grenzen sind etwas enger, der Leipziger Platz entfällt, die Gärten der Tiergartenstraße sind nur angedeutet, und im Westen endet der Plan mit der Tiergartengrenze.

228
Tiergarten. 1860

»Theil des Thiergartens bei Berlin zwischen der Louisen-Insel und Fasanerie-Allee.«
Plangrenzen: Charlottenburger Chaussee, Brandenburger Tor, Tiergartenstraße, Fasanerieallee.
Signiert: »Zum Bericht vom 29. December 1860. Lenné Generaldirektor.«
Bezifferter Maßstab in Ruten.
Feder in Grau, Blau und Rot, laviert in Blaßgrün und Blau.
Landesarchiv Berlin. Pr. Br. Rep. 42. VIII. Nr. 1/8.

Die streng symmetrischen Teile südöstlich des Brandenburger Tores sind in einer veränderten, jedoch wiederum symmetrischen Art dargestellt. Die Teile um den Flora-Platz behalten nahezu die gleiche Gestaltung. Entlang der Wasserzüge des übrigen Geländes sind sehr breite, lichte Haine geschaffen, die sich in ausgedehnten Flächen bis zur Charlottenburger Chaussee hinziehen. Die Wasserzüge sind verhältnismäßig schmal und lassen die sonst verwendete buchtenreiche Form vermissen. Auch das Wegesystem zeigt sich sehr vereinfacht ohne die übliche schwungvolle Führung.

229
Tiergarten. Partien Nr. 1–4. 1833

»Verschönerungs Plan der neuen Anlagen im Thiergarten bei Berlin.«
Plangrenzen: Nordwestlicher Tiergartenrand (Partie 1), Große Sternallee (Partie 4), Abschnitt zwischen Hofjäger- und Fasanerieallee (Partie 2), Schafgraben (Partie 1).
Signiert: »Lenné«. »Koschny. gez.«
Bezifferter Maßstab in Ruten.
Feder in Grau, laviert in Grün, Blau und Braun. 53,2 x 68 cm.
Landesarchiv Berlin. Pr. Br. Rep. 42. VIII. Nr. 1/10.

Die vorhandenen Alleen bleiben bestehen. Die Auflichtung der waldartigen Bestände und die Trockenlegung der versumpften Wiesen wird deutlich. Die östlichen Teile bleiben dicht bestockt, die westlichen (nasseren) haben nur einen hainartigen Baumbestand. Hier sind auch die Gräben, die Verbindung über die Schönberger Wiesen zur Spree haben, seeartig erweitert. Auch der Schafgraben nimmt ausgedehnte seeartige Flächen mit zwei Inseln ein, von denen die östliche über eine Brücke zugänglich ist.

230
Tiergarten. Partie Nr. 1. 1833

Plangrenzen: Charlottenburger Chaussee, Fasanerieallee, Schafgraben, Fasaneriegelände.
Signiert: »Lenné«.
Zeichner: J. E. Koschny.
Bezifferter Maßstab in Ruten.
Feder, aquarelliert.
Ehemals in Potsdam. Seit 1945 verschollen, jedoch Photographie vorhanden.

42. Adolph von Menzel. Der ehemalige Schafgraben (heute Landwehrkanal) in Berlin. 1843. (Staatliche Museen zu Berlin – Preußischer Kulturbesitz. Nationalgalerie)

Der Teilplan zu Kat.-Nr. 229 zeigt im Gegensatz zu diesem wesentlich dichtere, größere Gehölzgruppen. Die hainartig bepflanzten Wiesenflächen lassen teilweise unbepflanzte, schmale Sichten offen. Auch die seeartig erweiterten Gräben haben ausdrucksvollere Formen erhalten. Im Schafgraben liegt nur noch eine nicht zugängliche Brücke.

231
Tiergarten. Partie Nr. 1. 1833

»Parthie No 1«
Plangrenzen: Charlottenburger Chaussee, Fasanerieallee, Landwehrgraben.
Zeichner: J. E. Koschny.
Bezifferter Maßstab in Zoll.
Feder in Braun, laviert in Braun, Bleistift. Auf Leinen aufgezogen und mit grünem Seidenband eingefaßt. 49 x 67,3 cm.
Planslg. Nr. 3605.

Der Landwehrgraben wird in den tiefer liegenden Teilen des Elsbruches seeartig erweitert und von zwei Inseln belebt. Der parallel zur Charlottenburger Chaussee laufende Graben dehnt sich flußartig, im nordsüdlichen Teil mit zahlreichen Ausbuchtungen, ohne unmittelbare Verbindung zum Landwehrgraben zu haben. Neben mehreren waldartigen Teilen überziehen hainartig gestellte Bäume dicht die übrigen Flächen. Nur nordöstlich der beiden Inseln reicht eine Wiesenfläche bis an das buchtenreiche Gewässer, das in dieser Perspektive größer wirkt, als es ist.
Ein breiter Weg – der sog. Große Weg – erschließt das Ufer, zur Wasserseite hin meist nur durchsichtig von einzelnen Bäumen begleitet. Erhöhungen seitlich des Weges ermöglichen einen Überblick über die bruchartige Landschaft.
Der Plan enthält noch die von Gewässern fast umschlossene Partie, die Lenné für den Zoologischen Garten vorgeschlagen hatte. Bei der Ausführung wurde auf den nördlichen Wasserlauf verzichtet, wodurch die halbinselartige Wirkung entfiel.

232
Tiergarten. Partie Nr. 1. 1833

»Plan des zwischen der Chaussée, dem Landwehrgraben und der Fasanen-Allée belegenen Theils vom Thiergarten.«
Plangrenzen: Wie Kat.-Nr. 231.
Zeichner: J. E. Koschny.
Bezifferter Maßstab in Ruten.
Wasserzeichen von 1828.
Feder in Schwarz und Grau, laviert in Grün, Grau, Blaßbraun und Blau. 40,8 x 62 cm.
Planslg. Nr. 3603.
Siehe Tafelteil.

Reinzeichnung des vorangegangenen Planes mit geringfügigen Änderungen. Es entfällt ein Querweg mit Brücke über den nördlichen Graben, auch sind die Wege vielfach eleganter geschwungen als in der Vorlage. Verzichtet wurde auf Querwege, die zu den Hauptwegen führen, sowie auf den erhöhten Sitzplatz westlich des buchtenreichen Grabens in der großen Wiese.

233
Tiergarten. Partie Nr. 2. 1834

»Situations Plan zur Verschönerung eines Theils im Thiergarten, begrenzt vom Landwehrgraben, der Hofjäger und Fasanerie-Allée 1834.«
Plangrenzen: Großer Stern, Hofjägerallee, Hofjäger-Etablissement, Landwehrgraben, Fasanerieallee.
Zeichner: J. E. Koschny.
Bezifferter Maßstab in Ruten.
Feder in Grau und Schwarz, Bleistift, laviert in Grün, Grau, Braun, Hellbraun und Rosa. 53,2 x 35,9 cm.
Planslg. Nr. 3602.
Siehe Tafelteil.

Der nördliche Teil dieser dreieckigen Fläche ist im Gegensatz zum südlichen waldartig dicht, nur von kleinen Wiesenflächen aufgelockert. Querwege, die beide Alleen verbinden, ziehen sich durch die Freiräume. Eine langgestreckte, aus einer sumpfigen Partie entstandene buchtenreiche Wasserfläche verbindet sich an zwei Stellen mit dem Landwehrgraben. Zwei eiserne Brücken aus dem Charlottenburger Park sollen zwischen beiden Wasserflächen die Wegeführung gewährleisten.

234
Tiergarten. Partie Nr. 2. 1834

»Parthie No 2«
Plangrenzen: Hofjägerallee, Landwehrgraben, Fasanerieallee.
Zeichner: J. E. Koschny.
Bezifferter Maßstab ohne Angabe der Maßeinheit.
Feder in Braun und Grün, laviert in Braun, Bleistift. Auf Leinen aufgezogen und mit grünem Seidenband eingefaßt. 48,8 x 50,5 cm.
Planslg. Nr. 3606.

Das sumpfige Gebiet südlich des Großen Weges wird in einen seeartigen Wasserlauf verwandelt, der unter zwei Brücken an den Enden der langgestreckten Insel Verbindung mit dem Landwehrgraben hat. Den dichten waldartigen Teilen folgen lockere, dann – besonders zum Wasser hin – hainartige Pflanzungen. Erwähnenswert ist die häufige Verwendung von Bäumen vom Typ der Trauerweiden. Der Große Weg nimmt weniger Bezug auf den Wasserlauf, sondern setzt den ausgeglichenen Schwung des bisherigen Verlaufs fort.

235
Tiergarten. Partien Nr. 1–3. Wohl 1835

Plangrenzen: Nördlicher Teil des Tiergartens zwischen den Charlottenburger Torhäusern und der Brückenallee, Hofjägerallee, Landwehrgraben.
Lithographie. 33 x 22,2 cm.
Planslg. Nr. 7423.

Übersicht über die ersten drei Teilabschnitte der Tiergarten-Umgestaltung: 1. Abschnitt zwischen den Häusern an der Charlottenburger Chaussee und der Fasanerieallee (1833); 2. Abschnitt zwischen Fasanerie- und Hofjägerallee (1834); 3. Abschnitt nördlich der Charlottenburger Chaussee zwischen der Brücken-Allee und dem Landwehrgraben im Westen (1835).

43. Schmidt nach A. Forst. Die Luiseninsel im Tiergarten, Berlin. Um 1830. (Stiftung Schlösser und Gärten Potsdam-Sanssouci)

236
Tiergarten. Partie Nr. 4 und 5. 1835

»Situations-Plan von dem gegenwärtigen Zustande, des zwischen der Hof-Jäger-, Bellevue-Allée, Charlottenburger Chaussée und Thiergarten-Strasse belegenen Theils des Königl. Thiergartens zu Berlin.«
Plangrenzen: Großer Stern, Charlottenburger Chaussee, Bellevueallee, Tiergartenstraße, Hofjägerallee.
Signiert: »Lenné fec: 1835.« »gez. G. Koeber.«
Bezifferter Maßstab in Ruten.
Bleistift, Feder in Grau, laviert in Grün und Blau. 36,5 x 49,7 cm.
Landesarchiv Berlin. Pr. Br. Rep. 42. VIII. Nr. 1/2.

Der Situationsplan zeigt die vorhandenen Alleen sowie auch das kleine Sternwegesystem an der Tiergartenstraße.
Offene Flächen sind kaum vorhanden, die Wasserläufe sind schmal mit fast gleichlaufender Uferführung. Nur die Luiseninsel und die Rousseauinsel liegen in breiteren Wasserflächen. Der bereits vorhandene Reitweg wird im Anschluß an die Hofjägerallee etwas nördlicher projektiert.

237
Tiergarten. Partien Nr. 4 und 5. 1835

»Plan zu dem zwischen der Charlottenburger Chaussée, Thiergartenstrasse Hofjäger und Bellevue Allée belegenen Theil des Königl: Thiergartens bei Berlin.«
Plangrenzen: Großer Stern, Charlottenburger Chaussee, Bellevueallee, Tiergartenstraße, Hofjägerallee.
Signiert: »Gez. G. Koeber. 35.«
Bezifferter Maßstab in Ruten.
Wasserzeichen von 1832.
Feder in Grau, laviert in Grün und Braun. 40 x 53,5 cm.
Planslg. Nr. 7383.

Die sehr dichte Bepflanzung öffnet sich meist nur entlang der Wege zu lichten Hainen. In das bereits vorhandene Wegesystem soll unter teilweiser Nutzung einer alten Allee ein Reitweg von der Hofjägerallee zur Charlottenburger Chaussee eingefügt werden. Ein projektierter Fahrweg ermöglicht in sanften Schwingungen entlang der Gewässer, am Rande dichter Gehölzmassen, die Verbindung von der Hofjägerallee zur Tiergartenstraße.

238
Tiergarten. Partien Nr. 4 und 5. 1835

»Verschoenerungs-Plan zu dem zwischen der Charlottenburger Chaussée, Thiergarten-Strasse, Hofjäger und Bellevue-Allee belegenen Theil des Königl: Thiergartens bei Berlin.« »No: II.«
Plangrenzen: Charlottenburger Chaussee, Bellevueallee, Tiergartenstraße, Hofjägerallee.
Signiert: »Lenné fec. 1835.« »gez. G. Koeber.«
Bezifferter Maßstab in Ruten.
Feder in Grau, Bleistift, laviert in Grün bis Braun und Blau. 38 x 50,9 cm.
Landesarchiv Berlin. Pr. Br. Rep. 42. VIII. Nr. 1/4.

Die großen, dichten Baumbestände werden aufgelockert, so daß südlich der Wege und Wasserflächen lichte Freiräume entstehen. Sie sind vielfach locker mit Bäumen bestellt. Zur Charlottenburger Chaussee und Bellevueallee sind breite Sichten vorgesehen. Bis auf die Allee wird die Wegeführung verändert. Es entstehen weitgeschwungene Wege, die in auffälliger Abfolge die Parkflächen erschließen. Die Gräben – meist in versumpftem Gebiet – werden seeartig mit bewegten Ufern ausgebaut. Fast gleichlaufend zur Charlottenburger Chaussee und zur Bellevueallee wird – vermutlich auf sehr nassem Gelände – ein Wasserzug, teils seeartig verbreitert, eingefügt. Die Rousseauinsel und die Luiseninsel bleiben erhalten.

239
Tiergarten. Partien Nr. 4 und 5. 1835

»Verschönerungs Plan zu dem zwischen der Charlottenburger Chaussée, Thiergarten-Strasse, Hofjäger und Bellevue-Allée belegenen Theil des Königl: Thiergartens bei Berlin.«
Plangrenzen: Wie Kat.-Nr. 238.
Signiert: »Lenné 1835.« »gez: G. Koeber.«
Beziffterter Maßstab in Ruten.
Bleistift, Feder in Grau. Hauptwege laviert in Blaßrot und Blaßgelb. 39 x 51 cm.
Landesarchiv Berlin. Pr. Br. Rep. 42. VIII. Nr. 1/3.

Nach einer kaum noch leserlichen Bleistiftnotiz geht es vor allem um die Reit- und Fahrwege. Der nicht ausgeführte Entwurf verzichtet im Gegensatz zum vorangegangenen Plan auf den Wasserlauf parallel zur Charlottenburger Chaussee und zur Bellevueallee. Die übrigen Wasserflächen entsprechen ungefähr denen im vorangegangenen Entwurf. Die Wegeführung nimmt große Schwünge auf, wobei die Freiflächen seitlich der Wege erweitert werden.

240
Tiergarten. Partien Nr. 4 und 5. 1835

»Verschönerungs Plan zu dem zwischen der Charlottenburger Chaussée, großen Stern Allée, Thiergarten Strasse, großen Quer und Bellevue Allée belegenen Theil des Königlichen Thiergartens bei Berlin.«
Plangrenzen: Wie Kat.-Nr. 238.
Signiert: »fec: Lenné«. »gez. G. Koeber. 35.«
Bezifferter Maßstab in Ruten.
Feder in Grau, laviert in Grün bis Braun und Blau. 36 x 50,3 cm.
Landesarchiv Berlin. Pr. Br. Rep. 42 VIII. Nr. 1/7.

Die Ähnlichkeit zum vorangegangenen Plan ist – abgesehen von der lebhaften Tönung des Teils zwischen Charlottenburger Chaussee, Bellevueallee, Großer Querallee und Großer Sternallee – überraschend, doch bleiben nicht unwichtige Veränderungen. Die besonderen Veränderungen beziehen sich auf den hervorgehobenen, kräftiger getönten Planteil.
Der Verlauf des Grabens südlich der Großen Sternallee wird regenwurmartig gekrümmt, dazu wird eine zusätzliche Brücke vorgesehen. Auch nördlich der Allee verändert sich der Wasserlauf. Er wird in seinen Ausbuchtungen ausgeprägter und um die Rousseauinsel erweitert; östlich wird eine Brücke eingebaut. Die hainartig behandelten Flächen, besonders südlich der Großen Sternallee, werden vergrößert. Hier verändert sich ebenfalls die Wegeführung. Die im vorangegangenen Plan als »projectiert« bezeichneten Wege werden in einem einzigen zusammengefaßt.

241
Tiergarten. Partie Nr. 4. 1835

»Situations: Plan vom gegenwärtigen Zustande des zwischen der Hofjäger Allée, grosse Stern Allée und Thiergarten Strasse belegenen Theils des Königlichen Thiergartens bei Berlin.« »Verschoenerungs Plan zu obiger Partie.« »No III.«
Plangrenzen: Charlottenburger Chaussee, Rousseauinsel, Tiergartenstraße, Hofjägerallee.
Signiert: »Lenné fec: 1835.« »gez. G. Koeber. 35.«
Bezifferter Maßstab in Ruten.
Situationsplan: Bleistift, Feder in Grau, laviert in Grün.
Verschönerungsplan: Feder in Grau, laviert in Grün und Blau. 53,3 x 37,4 cm.
Landesarchiv Berlin. Pr. Br. Rep. 42. VIII. Nr. 1/1.

Das Blatt enthält zwei Zeichnungen, oben die vorgefundene Situation, unten den vorgesehenen Verschönerungsplan.
Der Verschönerungsplan ist wie häufig in kräftigen Farben gehalten, um sich von dem blaß wiedergegebenen Zustand abzuheben.
Der Situationsplan weist dicht bewaldetes Gebiet aus, das von wenigen, recht simpel geführten Wegen durchzogen wird. Auch die zur Rousseauinsel führenden Gräben verlaufen im wesentlichen fast gerade und ohne rechten Schwung.
Der »Verschoenerungs Plan zu obiger Partie« erweitert den Wasserlauf nördlich der Großen Sternallee zu einem See mit recht bewegten Ufern, ohne die Verbindung zu den Wasserflächen der Rousseauinsel aufzunehmen. Dichte Gruppen und hainartige Partien wechseln auffällig ab. Ähnliches trifft auf die Wasserflächen südlich der Allee zu, wo ein seeartiger, breiter Wasserzug mit stark ausgebuchteten Uferlinien vorgesehen ist, der an der Tiergartenstraße eine verhältnismäßig umfangreiche Insel einschließt. Die drei Zugänge von der Hofjägerallee bleiben bestehen, jedoch wird die Wegeführung völlig neu entworfen.

242
Tiergarten. Partie Nr. 5. 1839

Plangrenzen: Charlottenburger Chaussee, Kleine Sternallee, Teich mit Rousseauinsel und nach Nordwesten führender Wasserlauf.
Zeichner: Gerhard Koeber.
Bezifferter Maßstab in Ruten.
Feder in Grau, laviert in Grün, Braun und Blau, Bleistiftnotizen. 37,9 x 44,6 cm.
Planslg. Nr. 3611.

Die Fläche im Winkel zwischen der Charlottenburger Chaussee und der Kleinen Sternallee ist ganz locker bewaldet. Als Quersicht schließt sich eine hainartig bepflanzte Wiesenfläche an, die von der lichten Anpflanzung der »Symmetrischen Anlage« begrenzt wird. Ihr folgt in leichtem Schwung der Große Weg, weich zwischen einem Hain hingleitend, der bis zum Abfluß des Sees mit der Rousseauinsel reicht.
Die »Symmetrische Anlage«, der spätere Rosengarten, ist auf besonderen Wunsch des Kronprinzen Friedrich Wilhelm als langgestreckter Freiraum entworfen und ausgeführt worden. In sieben, in den schmaleren Teilen in fünf Reihen gepflanzte Gehölze füllen den großen mit Hecken eingefaßten Freiraum, der an antike Haine bei Plinius erinnert. An Exedren erinnernde Ausbuchtungen fangen die Längsachse auf, während an den Querachsen kleinere Freiräume, teils mit Plastiken besetzt, liegen, deren Grundriß vom Kreis über den Halbkreis bis zum Vierpaß und Rechteck reicht. Vielfältige Schmuckbeete bereichern die Nebenräume bzw. Ränder der Anlage.

243
Tiergarten. Partie Nr. 5. 1839

Plangrenzen: Wie Kat.-Nr. 242.
Zeichner: Gerhard Koeber.
Bezifferter Maßstab in Ruten.
Wasserzeichen von 1837.
Feder in Grau, laviert in Grün und Grau. 37,7 x 59,2 cm.
Planslg. Nr. 7384.
Siehe Tafelteil.

Erneute Reinzeichnung des vorangegangenen Plans.

244
Tiergarten. Partie Nr. 5. 1839

»Plan zur Einrichtung einer symmetrischen Garten-Partie vom Thiergarten bei Berlin, in der Anlage No. 5.«
Plangrenzen: Charlottenburger Chaussee, Kleine Sternallee, Teich mit Rousseauinsel, nach Nordwesten führender Wasserlauf.
Signiert: »Nach dem Entwurf Sr. Königlichen Hoheit des Kronprinzen angefertigt von Lenné 1839.«
Zeichner: Gerhard Koeber.
Bezifferter Maßstab in Ruten.
Feder, aquarelliert.
Ehemals in Potsdam. Seit 1945 verschollen, jedoch Photographie vorhanden.

Die dreieckige Fläche ist im Winkel zwischen der Kleinen Sternallee und der Charlottenburger Chaussee dicht bewaldet; nach Südwesten folgt eine lockere, teils sehr offene Pflanzung. Ganz fest ummantelt erstreckt sich die »symmetrische Gartenpartie«, der leicht bestockte Flächen mit geschwungenen Wegen entlang eines Wasserlaufs und der Rousseauinsel folgen. Die langgestreckte symmetrische Anlage ist sechsreihig bepflanzt und in einzelne Abschnitte gegliedert, die durch Ausbuchtungen – meist halbkreisförmig – betont sind. Der nördliche Teil ist am intensivsten gestaltet.

245
Tiergarten. Partie Nr. 6. 1834

»Verschönerungs Plan No 3.«
Plangrenzen: Flora-Allee, Exercier-Platz, Brandenburger Tor, Tiergartenstraße.
Signiert: »Lenné fec. 34«. »gez. G. Koeber 34«.
Bezifferter Maßstab in Ruten.
Feder, aquarelliert.
Ehemals in Potsdam. Seit 1945 verschollen, jedoch Photographie vorhanden.

Vom Brandenburger Tor gehen zwei seitlich ausschwingende Alleen zum Exercier-Platz bzw. zur Tiergartenstraße. An deren Ostseiten liegen außer dem Zirkus 14 Villengrundstücke, deren Gärten ganz unterschiedlich gestaltet sind. Der Vorplatz des Brandenburger Tores bleibt in Kreisform ohne Bepflanzung; die folgende, im überzogenen Halbkreis gezeichnete Fläche wird regelmäßig mit Bäumen bepflanzt. Je zwei exedraartige Nischen nehmen einen Solitärbaum auf. Die Fläche zwischen Exercier-Platz und Bellevueallee hat wiederum eine veränderte Wegeführung, auch die hainartige Lichtung, durch die nun ein geschwungener Weg führt, wird schmaler. Die südlichen Partien zur Bellevueallee bleiben dicht bewaldet. Nur die als Gegenstück zur nördlichen Fläche leicht geschwungene Sicht verbreitert sich und leitet über zum Venus-Bassin, das nun zu einem See mit ungewohnt plumper Uferführung wird.
Der Plan wurde nicht ausgeführt.

246
Tiergarten. Partie Nr. 6. 1835

»Situations Plan vom gegenwärtigen Zustande eines Theils des Königl: Thiergartens zunächst dem Brandenburger Thore.« »Verschoenerungs-Plan No: 1.« »Verschoenerungs-Plan No: 2.«
Plangrenzen: Flora-Platz, Königlicher Holzplatz, Brandenburger Tor, Tiergartenstraße.
Signiert: »fec. Lenné«.
Zeichner: Gerhard Koeber.
Bezifferter Maßstab in Ruten.
Feder, aquarelliert.
Ehemals in Potsdam. Seit 1945 verschollen, jedoch Photographie vorhanden.

Der gewestete Plan zeigt die vorgefundene Situation und darunter rechts und links die beiden Verschönerungspläne.
Im Situationsplan ist der alte, mit regelmäßigen Alleen, dem Flora-Platz und dem Venus-Bassin versehene Zustand dargestellt. Dazu gehört auch der nördlich gelegene Exercier-Platz einschließlich einiger Gebäude und das Brandenburger Tor.
Der erste Verschönerungsplan verzichtet gänzlich auf die alten barocken Gartenachsen. Erhalten bleiben u. a. die Charlottenburger Chaussee, der Flora-Platz und die Bellevuestraße. Das Venus-Bassin macht einem hainartigen Freiraum Platz, der sich als leicht gebogenes Band bis zum Brandenburger Tor zieht. Auch nördlich der Charlottenburger Chaussee ist ein vergleichbarer Freiraum herausgearbeitet worden. Vor dem Brandenburger Tor wird ein kreisrunder Platz eingefügt, von dem südlich und nördlich eine leicht geschwungene Allee ausgeht. Diese trennt einen breiten Geländerand ab, der in Villengrundstücke aufgeteilt ist. Das Innere dieser Tiergartenpartie ist von wenigen, leicht geschwungenen Wegen erschlossen.
Der zweite Verschönerungsplan verändert das Venus-Bassin in einen See, der sehr lahme Uferformen zeigt. Das Wegesystem ist verändert, dem des ersten Planes jedoch vergleichbar. Vor dem Brandenburger Tor liegt ein regelmäßig mit Bäumen besetzter, fächerförmiger Platz, von dem wiederum nach Süden und Norden eine Allee ausgeht, die jedoch keine Villengrundstücke vorsieht. Der Zirkus bleibt erhalten.

247
Tiergarten. Partie Nr. 6. 1836

»Situations Plan vom gegenwärtigen Zustande eines Theils des Königl: Tiergartens zunächst dem Brandenburger Thore.«
Plangrenzen: Terrain östlich der Großen Querallee, Spree, Exercier-Platz, Brandenburger Tor, Tiergartenstraße.
Signiert: »Lenné fct: 36.«
Zeichner: Gerhard Koeber.
Bezifferter Maßstab in Ruten.

Bleistift, wenig Feder in Schwarz. 43,5 x 46,7 cm.
Landesarchiv Berlin. Pr. Br. Rep. 42. VIII. Nr. 1/6.

Die alten großen und kleinen Alleen sind einschließlich einiger Rondelle noch erhalten. Kleine, anscheinend unbegründet schlängelnde Wege durchziehen den ganz dichten Gehölzbestand. Die Wasserzüge bleiben schmal, ohne besonders bewegte Ufer.

248
Tiergarten. Partie Nr. 6. 1836

»Verschönerungs Plan zu dem zwischen der Thiergarten Straße, grossen Quer-Allee, Exercier Platz und Brandenburger Thor belegenen Theil des Königl: Thiergartens bei Berlin.«
Plangrenzen: Wie Kat.-Nr. 247, östlich jedoch bis zum Leipziger Platz einschließlich Gärten in der Wilhelmstraße.
Signiert: »Lenné fecit 1836«. »gez: G. Koeber.«
Bezifferter Maßstab in Ruten.
Bleistift, Feder in Grau, Gebäude laviert in Rosa. 53,8 x 61 cm.
Landesarchiv Berlin. Pr. Br. Rep. 42. VIII. Nr. 1/9.

Die von den Zelten ausgehenden Alleen wie auch die östlich folgenden bleiben erhalten. Zwei halb in den Baumrand des Exercier-Platzes eingebaute Rondelle sind Ausgangspunkte weiterer Alleen, die sich mit der Charlottenburger Chaussee und den südlichen Alleen verzahnen. Ein sehr schön geschwungener Weg erschließt die Flächen nördlich der Charlottenburger Chaussee.
Südlich dieser Straße, in Anbindung an die Fläche vor dem Brandenburger Tor, wird eine locker bepflanzte pentagonale Fläche mit acht Alleen vorgesehen, an deren Hauptachse sich eine riesige kreisförmige Anlage anfügt. Deren Rand ist durch kleine Rondelle mit den anschließenden Alleen verbunden. Der Flora-Platz erhält ein Fontänenbecken; Venus-Bassin und ein weiteres Bassin mit historisierendem Grundriß bilden eine Hauptachse, die nach Osten in einer Lichtung ausläuft. Der vom Brandenburger Tor durch die pentagonale und kreisförmige Fläche führende Achsenweg schwingt westlich zum Südende der Großen Querallee.
Zwischen Brandenburger Tor und Leipziger Platz ist auch die Gestaltung der sieben Gärten an der Wilhelmstraße aufgenommen.

249
Tiergarten. Partie Nr. 6. 1836

»... Exercier-Platz und Brandenburger Thor belegenen Theil des Königl. Thiergartens bei Berlin.«
Plangrenzen: Mittlerer Teil des Tiergartens um den Kleinen Stern, Spree, Exercier-Platz, Brandenburger Tor, Potsdamer Tor, Potsdamer Straße, Tiergartenstraße.
Zeichner: Gerhard Koeber.
Feder in Grau. Auf Seidenpapier. 49 x 53,4 cm.
Planslg. Nr. 3597.

Der Eingang zum Tiergarten wird auf beiden Seiten von Diagonalwegen zu einem Rondell geführt, das sich im Süden zu einer kreisrunden Anlage und dann in geschwungener Form bis zur Südseite der Großen Querallee fortsetzt. Der südöstliche Teil des Tiergartens erhält durch das Achteck und die kreisrunde, durch sechs Rondelle unterbrochene Anlage (in den Erläuterungen vom 23.12.1836: »Dieser enthält in der Mitte einen großen, mit Ruhesitzen versehenen Platz und in der Peripherie sechs ähnliche kleinere Kreise zu demselben Zwecke«) einen starren Charakter, der auch in dem im üppig barocken Sinn erweiterten Venus-Bassin zu finden ist. Der alte Flora-Salon wirkt daneben ganz bescheiden. Der westlich folgende Teil ist in Baumgruppen aufgelöst. Die im Winkel zwischen Tiergartenstraße und Großer Querallee sehr buchtenreich ausgebaute Wasserfläche mit drei Inseln soll – Bleistifteinzeichnungen deuten darauf hin – verändert werden. Nördlich der Charlottenburger Chaussee folgt dem Hain am Brandenburger Tor waldartiger Bestand. Die alten Alleen bleiben erhalten, werden aber von einem geschwungenen Querweg durchzogen.

250
Tiergarten. Partie Nr. 6. 1836

Plangrenzen: Exercier-Platz, Brandenburger Tor, Tiergartenstraße, Große Querallee.
Signiert: »Koschny gez. 1836.«
Bezifferter Maßstab in Ruten.
Feder in Schwarz und Braun, laviert in Grün mit Braun und Gelb. 40,2 x 51,6 cm.
Planslg. Nr. 3598.

Lenné wollte in der der Stadt nahe gelegenen Partie Nr. 6 einen Teil der bestehenden regelmäßigen Anlage beibehalten.
Der hainartige Bestand, der vom Brandenburger Tor her wie bisher durch eine diagonale, sich dreifach teilende Allee erschlossen wird, erhält einen fast kreisförmigen Randweg. Dieser schließt sich durch Rondelle an bereits vorhandene Alleen an. Der dichte waldartige Mittelteil behält seine alten Alleen, desgleichen der Flora-Salon. Nur das Venus-Bassin wird in drei sehr barock wirkende Bassins verändert. Die Partien bis zur Großen Querallee werden wieder lichter, hainartiger, ein ganz leicht geschwungener Nordsüdweg läßt den Auwaldcharakter erlebbar werden. Der Wasserweg, der sich gleichlaufend zur Großen Querallee dahinschlängelt, ist teils seeartig erweitert, teils grabenartig schmal. Bleistifteintragungen deuten auf vorzunehmende Veränderungen in der Führung und Form des Wasserlaufs und einzelner Wege hin.

251
Tiergarten. Partie Nr. 6. 1836

Plangrenzen: Flora-Allee, Exercier-Platz, Brandenburger Tor, Bellevueallee.
Signiert: »Gez: G. Koeber.«
Bezifferter Maßstab in Ruten.
Feder in Grau, Bleistift, laviert in Grün mit Gelb, Grau und Rosa. 40 x 54,2 cm.
Planslg. Nr. 3599.
Siehe Tafelteil.

Nördlich der Charlottenburger Chaussee sind die bis zu einer sechsreihigen Allee liegenden Flächen mit geraden Wegen durchzogen, die von Rondellen ausgehen bzw. in Verbindung mit den Wegen vom Flora-Rondell oder

Venus-Bassin stehen. Die Bepflanzung verteilt sich locker, jedoch ziemlich gleichmäßig. Der Zirkus liegt frei im südöstlichen Rand des Exercier-Platzes.
Die südwestlichen Teile um das Venus-Bassin bleiben in ihrer bisherigen Form erhalten. Die sich östlich anschließenden Partien werden neu gestaltet. Eine kreisförmige Anlage richtet sich axial auf das Venus-Bassin aus. An der Peripherie des Kreises in gleichen Abständen eingezeichnete Rondelle nehmen die Verbindung zu Radialwegen oder Achsen auf. Die Restfläche zum Brandenburger Tor füllt sich mit Sternwegen, die von einem Rondell ausgehen, das in einer Achse zur Bellevueallee liegt.
Die mit diesem Plan vorgeschlagenen Neugestaltungen sind zart hellgrün getönt und mit licht gestellten Bäumen durchsetzt, während die alten Teile waldartig dunkel sind. Bleistifteintragungen lassen weitere Absichten erkennen, die sich auch auf die Gestaltung des Eingangs zum Tiergarten am Brandenburger Tor beziehen.
Wie auch bei den beiden vorhergehenden Plänen ist der Vorschlag von Schinkel von 1835 für den Platz vor dem Brandenburger Tor im Tiergarten im Grundriß in den Plan eingezeichnet.
Von den drei Plänen zur Partie Nr. 6 wurde keiner ausgeführt, sondern von jedem etwas übernommen. So entfiel das Rondell in seiner exakten Form, und das Venus-Bassin erhielt einen gemäßigteren Grundriß.

252
Tiergarten. Partie Nr. 6. Nach 1836

»Flora-Platz.«
Plangrenzen: Flora-Salon mit den angrenzenden nordsüdlichen Alleen.
Zeichner: Gerhard Koeber.
Beziffertер Maßstab in Ruten.
Feder in Grau, laviert in Grün, Hellbraun und Rosa, mit schwarzem Strich umrandet. 51,2 x 51,9 cm.
Planslg. Nr. 3581.

Für die kreisrunde Fläche um die Flora-Statue ist ein großes, teppichartiges Blumenbeet vorgesehen. Zwischen den vier Lappen des Musters sind freiwachsende Sträucher oder kleeblattförmige Beete angeordnet.

253
Tiergarten. Partie Nr. 7. 1837

»Plan von dem zwischen der Chaussée, den Zelten und dem Exercier-Platz gelegenen Theile des Thiergartens«
Plangrenzen: Spreebogen, Exercier-Platz, Brandenburger Tor, Charlottenburger Chaussee, Bellevueallee.
Signiert: »Lenné«.
Zeichner: Eigenhändig.
Bezifferter Maßstab in Ruten.
Feder, aquarelliert.
Ehemals in Potsdam. Seit 1945 verschollen.
Lit.: Hinz 1937/89. Abb. 49.

Der große Exercier-Platz ist mehrreihig mit Baumpflanzungen umgeben. Der Zwickel zwischen Zelten-Allee und Spree ist locker mit Bäumen bepflanzt, die schmale Wiesenflächen offen lassen. In den übrigen Teilen bleiben die alten Alleen zum Reiten und Fahren erhalten, jedoch sind unabhängig davon weitschwingende, sehr ausgedehnte Wiesenflächen eingebracht. In diesen, besonders auch in den östlichen Teilen ähnelt die Wegeführung der im Neuen Garten in Potsdam (Plan von 1816, Kat.-Nr. 157). Die Wege schwingen am Rand der Gehölzbestände oder durchschneiden diese leicht, so daß Licht und Schatten doppelt wirksam werden. Leichte Vorpflanzungen lockern die Gehölzränder auf. Zwischen den von dem Platz vor den Zelten ausgehenden Alleen sind die Freiräume durch lockere Baumgruppen unterteilt. In der Achse der Eichenallee ist ein »rustiques Gebäude« zum Schutz gegen Regen eingeordnet.

254
Tiergarten. Partie Nr. 7. 1837

»Situations Plan des gegenwärtigen Zustandes von dem zwischen Bellevue, den Zelten, grossen Quer-Allée und Charlottenburger Chaussée belegenen Theil des Königlichen Thiergartens bei Berlin.«
Plangrenzen: Bellevue, Spree, Große Querallee, Partien südlich der Charlottenburger Chaussee.
Signiert: »Lenné«. »gez. G. Koeber 37«.
Bezifferter Maßstab in Ruten.
Feder, aquarelliert.
Ehemals in Potsdam. Seit 1945 verschollen, jedoch Photographie vorhanden.

Der Situationsplan zeigt die vorhandenen Alleen, mehr oder weniger dichte Waldbestände und wenige, sehr einfach geführte Wege.

255
Tiergarten. Partie Nr. 7. 1837

»Verschoenerungs Plan zu dem zwischen Bellevue , den Zelten, grossen Quer-Allée und Charlottenburger Chaussée belegenen Theil des Königlichen Thiergartens bei Berlin. Project No: 2.«
Plangrenzen: Wie Kat.-Nr. 254.
Signiert: »Lenné«. »gez. G. Koeber. 37.«
Bezifferter Maßstab in Ruten.
Bleistift, Feder in Schwarz, Gebäude laviert in Rosa. 43,1 x 56,7 cm.
Landesarchiv Berlin. Pr. Br. Rep. 42. VIII. Nr. 1/5.

Erhalten bleiben die Alleen, die Alleen an den Zelten mit halbkreisförmigen Zwischenräumen. Zwei licht geschwungene Wege durchziehen die Flächen, die seitlich der Wege stark aufgelichtet werden. Das Dreieck zwischen Bellevueallee und Charlottenburger Chaussee wird stark aufgelockert und bekommt fast zur Hälfte einen hainartigen Charakter. Der vorhandene kleine Wasserzug erweitert sich seeartig. Sorgfältig ist das zwischen zwei Spreearmen gegenüber den Zelten gelegene »Grundstück des Freitag« eingezeichnet.

256
Zeltaufstellung im Tiergarten. 1839

»Situations Plan zur Aufstellung eines Zeltes im Königlichen Thiergarten bei Berlin.«
Plangrenzen: Baumschule Bellevueallee/Querallee, Fläche zwischen Großer Querallee, Tiergartenstraße, Großer Sternallee.

Signiert: »Lenné«. »gez. G. Koeber«.
Bezifferter Maßstab in Ruten.
Feder, aquarelliert.
Ehemals in Potsdam. Seit 1945 verschollen, jedoch Photographie vorhanden.

Erstes Projekt. Östlich der Baumschule wird axial an einem kleinen Querweg in einer fast kreisförmigen Ausbuchtung der Standort des Zeltes ausgewiesen.
Zweites Projekt. Westlich der Luiseninsel ist ein Platz mit regelmäßiger Bepflanzung geplant, an dessen Südseite auf einer quadratförmigen Fläche das Zelt vorgesehen ist. Der Standort ist nach allen Seiten an das Wegesystem angeschlossen.

257
Tiergarten. 1838

»Karte von der Königlichen Fasanerie bei Berlin«
Plangrenzen: Landwehrgraben, Fasanerieallee mit vorgelagerten Flächen, Fasaneriegebäude, Alleebepflanzung zur Lützower Gemarkung.
Signiert: »aufgenommen von Passow 1838.«
Maßstab ohne Angabe der Maßeinheit.
Lithographie, laviert in Grün, Gelb, Braun, Blau, Rosa und Gelb. Auf Leinen aufgezogen und mit grünem Seidenband eingefaßt. 35,1 x 51,4 cm.
Planslg. Nr. 3607.
Siehe Tafelteil.

Am südlichen Ende der Fasanerieallee (ein Abschnitt davon mit Fichten bepflanzt) liegen Wohnhaus und Wirtschaftsgebäude der Fasanerie, östlich nur kleinere Wiesen und gemischte Waldbestände.
Nördlich der Gebäude breitet sich ein ausgedehntes Waldgelände aus, das von Alleen und einem geschwungenen Weg, der an der kleinen Erhöhung des »Heinrichberges« vorüberführt, erschlossen wird. Der »Große Hopfenbruchgraben«, teilweise teichartig erweitert, und der Markau'sche Graben entwässern dieses Niederungsgelände zum Landwehrgraben. Nutzgebäude liegen teils im dichten Waldbestand, teils auf höher gelegenen Wiesenflächen.

258
Tiergarten. Nach 1840

»Copie von einem Projecte v. Jahre 1840. (zum Thiergarten bei Berlin gehörig.)«
Plangrenzen: Chaussee von Charlottenburg nach Berlin, Hofjägerallee, ehemaliger Hofjägergarten und Fasaneriegelände.
Zeichner: Gerhard Koeber.
Bezifferter Maßstab in Schritt.
Feder in Grau, laviert in Grün und Blau. Auf Seidenpapier. 20,9 x 30,2 cm.
Planslg. Nr. 3604.

Das südwestliche Teilstück des Tiergartens mit den wasserreichen Partien des Neuen Sees setzt sich nach Süden mit dem von Wegen erschlossenen Fasaneriegelände fort. Dieses wird südlich von fünf Villengrundstücken begrenzt, deren Häuser zur Fasanerie hin liegen. Auch östlich der Fasanerieallee sind auf Tiergartengelände acht Villengrundstücke vorgesehen.

259
Tiergarten. 1844

»Project zur Schiffbarmachung des Landwehrgrabens bei Berlin insoweit dasselbe das Gehege der vormaligen Fasanerie betrifft.«
Plangrenzen: Tiergarten- und Fasaneriegelände.
Signiert: »Lenné im Januar 1844«.
Bezifferter Maßstab in Ruten.
Feder, aquarelliert, Bleistift.
Ehemals in Potsdam. Seit 1945 verschollen, jedoch Photographie vorhanden.

Um den Landwehrgraben schiffbar zu machen, sind der bisherige Lauf sowie die Grundstücke, Alleebepflanzungen und Wege aufgenommen.

260
Tiergarten. Um 1840

»Project zur Schiffbarmachung des Landwehrgrabens bei Berlin insoweit es die bisherige Fasanerie betrifft.«
Plangrenzen: Privatgrundstücke an der Südseite des Tiergartens, Fasaneriegelände, Charlottenburger Chaussee, Hofjägerallee.
Signiert: »Copie«.
Zeichner: Gerhard Koeber.
Bezifferter Maßstab in Ruten.
Feder in Grau, Pinsel in Rot, Bleistift, laviert in Grau, Blau, Grün, Rosa und Gelb. 77,5 x 102 cm.
Planslg. Nr. 3612.

Östlich der Fasanerieallee sind die einzelnen Grundstücke um das Hofjäger-Etablissement und südlich des Landwehrgrabens eingetragen, desgleichen südlich des geplanten »Schiffscanals«.
Westlich der Fasanerieallee ist die Situation des »Fasanerie Geheges« dargestellt, westlich der beiden Chausseehäuser die der jeweiligen Grundstücke. Die Flächen zwischen dem sog. Großen Weg sowie dem »Landwehr-Graben« und dem geplanten »Schiffscanal«, das sog. Elsholz, sind in den Neuen See umgewandelt. Diese Wasserfläche mit sehr bewegten Ufern und mehreren Inseln ist an zwei Stellen mit dem geplanten Kanal verbunden. Die Wegeführung, mehrfach geändert durch Eintragungen mit Bleistift und roter Tinte, verbindet sehr geschickt den Großen Weg mit den Inselpartien und den Fasaneriewegen.

261
Tiergarten. 1842

»Verschoenerungs Plan des zwischen dem Landwehrgraben und projectirten Schiffscanal belegenen Theils der ehemaligen Fasanerie bei Berlin.«
Plangrenzen: Großer Weg des Tiergartens, Fasanerieallee, Zoologischer Garten, Teile des Fasaneriegeländes, Charlottenburger Chaussee.
Signiert: »Entworfen vom Gartendirektor Lenné 1842 im October«. »gezeichnet G. Koeber«.
Bezifferter Maßstab in Dezimalruten.
Feder in Grau, laviert in Grün bis Blaugrün, Grau, Braun, Blaßblau und Rosa. 55,4 x 62,2 cm.
Planslg. Nr. 3609.
Siehe Tafelteil.

Der Landwehrgraben soll südlich des Großen Weges zu einem ausgedehnten, buchtenreichen »Neuen See« erweitert werden. Viele Inseln beleben diese Wasserfläche, mehrere Brücken ermöglichen die Fortsetzung des Wegenetzes, auch über den projektierten Schiffskanal hinweg in das Gelände des späteren Hippodroms und des Zoologischen Gartens. Bestimmte Wege werden als Reit- oder Reit-Fahrweg ausgewiesen. Das »Schweizer Haus« ist Kern zahlreicher Sichten, die sowohl über das Wasser als auch über lange Wiesen führen.

262
Zoologischer Garten. 1841

»Einrichtungs Plan des zoologischen Gartens in der Königl. Fasanerie bei Berlin.«
Plangrenzen: Gelände des Zoologischen Gartens.
Signiert: »Lenné 1841«.
Bezifferter Maßstab in Ruten.
Feder, aquarelliert.
Ehemals Preuß. Bau- und Finanzdirektion, Berlin.
Lit.: Hinz 1936.

Die Flächen des Zoologischen Gartens sind durch die Fasanerieallee und einen weiter westlich gelegenen Zugang mit dem Tiergarten verbunden. Das Terrain ist an den Rändern dicht zugepflanzt. Eine Fülle von Wegen, darunter sehr breite Fahr- und Promenadenwege, erschließt in weiten Schwüngen das Gelände, während schmalere Wege vor allem in den östlichen Teilen die waldartigen Partien durchziehen. Das Verwaltungsgebäude liegt auf der Südseite am Kurfürstendamm. Die vielen Tiergehege liegen zum Teil seitlich der Wege, zum Teil auch mitten auf einem Platz.

263
Tiergarten und Zoologischer Garten. 1841

Plangrenzen: Großer Weg, Fasanerieallee, Zoologischer Garten, Hippodrom.
Signiert: «Lenné 1841.« »gez: G. Koeber.«
Bezifferter Maßstab in Dezimalruten.
Wasserzeichen von 1838.
Feder in Grau und Braun, Bleistift, laviert in Grün bis Blaugrün, Grau, Braun und Rosa. 56,9 x 74,2 cm.
Planslg. Nr. 3608.
Siehe Tafelteil.

Der Neue See mit seinen Inseln und vielfältigen Uferformen hat an zwei Stellen Verbindung mit dem Schiffskanal. Zwei kleine Hügel, der östliche von einem Gebäude überhöht, ermöglichen den Blick über die wechselnden Seeufer und die im Vergleich zu vorangehenden Plänen sparsame Bepflanzung.
Westlich des Schiffskanals liegt – teilweise im ehemaligen Fasaneriegelände – das Hippodrom, von einer breiten Allee eingefaßt. Der Hippodrominnenraum wird von einer dichten Abpflanzung gerandet, das Innere wird von Rasenflächen und zwei parallel verlaufenden Alleen gegliedert, deren äußere Reihe ebenso wie die dichte Abpflanzung beiderseits in der Mitte vorspringen. Während die östliche Seite des Hippodroms in das Parkgefüge der Fasanerie u. a. durch eine Reitbahn mit Hindernissen eingebunden ist, umgeben projektierte Villengrundstücke (Grundrisse siehe Kat.-Nr. 266) die übrigen Seiten, auch südlich der Lindenallee nach Charlottenburg. Der Zoologische Garten, hier Menagerie genannt, schließt sich südöstlich an, mit dem Haupteingang an der Fasanerieallee. Weit geschwungene Wege, im Südwesten fast zu regelmäßig, führen durch die parkartigen Teile, in denen die Tierhäuser eingebettet sind. Der ursprünglich vorhandene Markausche Graben bleibt zwar erhalten, erhält jedoch eine neue Führung und wird teilweise seeartig erweitert.

264
Hippodrom. 1844

»Hippodrom auf dem Lützower Felde/Zum Bericht des pp Lenné vom 9t December 1844.«
Plangrenzen: Grenzen des Hippodroms und östlich Übergang zum Tiergarten (heute Fläche zwischen den Straßen Hertzallee, Fasanenstraße, Müller-Breslau-Straße).
Signiert: »Lenné Dez. 1844«.
Bezifferter Maßstab in Ruten.
Feder, aquarelliert, Bleistift.
Ehemals in Potsdam. Seit 1945 verschollen, jedoch Photographie vorhanden.

Das Hippodrom ist durch Alleen an die Charlottenburger Chaussee angeschlossen. Eine breite Allee umgibt das Hippodrom und ist als große Reitbahn vorgesehen. Abpflanzungen bzw. Parzellen grenzen eine kleine Reitbahn ab, die auch für Hindernisrennen genutzt werden soll. Jenseits des Schiffskanals ist eine große Baumschule geplant, deren östlich benachbartes Gelände zum Neuen See und weiteren Tiergartenpartien gehört.

265
Hippodrom. 1845

Plangrenzen: Charlottenburger Chaussee, Tiergarten, Neuer See, Zoologischer Garten, Hippodrom.
Signiert: »Lenné 1845 im October«.
Bezifferter Maßstab in Ruten.
Feder, Bleistift, aquarelliert.
Ehemals Preuß. Bau- und Finanzdirektion, Berlin.

Der Aufbau des Hippodroms entspricht dem in der Kat.-Nr. 264, jedoch wird nach Westen eine regelmäßige, rechteckige Baumpflanzung mit einem halbkreisförmigen Abschluß angefügt. Diesseits des Landwehrkanals wird das dicht bewaldete Gelände bis zur Fasanerieallee mit sehr lebhaft geführten Wegen erschlossen. Das Zoo-Gelände ist fahl getönt und an das nördliche Wegesystem angeschlossen. Der Landwehrkanal umfließt die Schleuseninsel und leitet zum sehr buchtenreichen Neuen See und dessen lockerer Bepflanzung über.

266
Tiergarten und Zoologischer Garten. 1845

Plangrenzen: Charlottenburger Chaussee, Fasanerieallee, Zoologischer Garten, Hippodrom.
Zeichner: Gerhard Koeber.
Maßstab ohne Angabe der Maßeinheit.
Feder in Grau, Bleistift, laviert in Grün und Rosa. Auf Seidenpapier. 50,7 x 74,8 cm.
Planslg. Nr. 3601.

44. Nach Johann Heinrich Strack. Der Eingang zum Zoologischen Garten in Berlin. Um 1860. (Stiftung Schlösser und Gärten Potsdam-Sanssouci)
45. Heinrich Mützel. Der Zoologische Garten, Berlin. 1849. (Märkisches Museum, Berlin)

Der Neue See hat nur in der Nähe der Fasanerieallee Verbindung mit dem Landwehrkanal. Nahe der Charlottenburger Chaussee erweitert sich der Landwehrkanal und umfließt eine große Insel, an deren Nordseite eine Schleuse, an der Südseite dagegen eine Brücke vorgesehen ist. Diese offensichtlich später in Rot eingezeichneten Veränderungen ziehen andere Wegeführungen nach sich. Auch die Ufer und Wege am Neuen See sind in roten Linien verändert.
Das Hippodrom fügt sich mit einer Querachse an die in Verbindung zur Schleuse stehende Brücke. Eine große Reitbahn, in ziemlich weiten Abständen alleeartig bepflanzt, legt sich um die rahmende Pflanzung dieses langgestreckten Freiraums, der als kleine Reitbahn verwendet werden soll. Östlich schließt sich dicht bepflanztes parkähnliches Gelände bis zur Fasanerieallee an.
Mit Bleistift sind Veränderungen des ursprünglich vorgesehenen Wegesystems eingetragen.
Bäume bestocken die Flächen des Zoologischen Gartens, der ehemaligen Fasanerie. Das Wegesystem, teils geschwungen, teils kurzatmig gekrümmt, erschließt nicht nur das Gelände, sondern verbindet auch die jeweiligen Tierhäuser, die meist an oder in einer platzartigen Freifläche liegen.
Auf der Rückseite des Blattes sind vier Grundstücke eingezeichnet: zwei Villengrundstücke und zwei rechteckige Flächen als Grünanlage. Es handelt sich um Vorschläge für Grundrisse der Villen, die in Kat.-Nr. 263 am Hippodrom vorgesehen sind. Am 31.10.1845 erhielt Lenné die Anweisung, daß die geplanten sechs Baustellen für Villen fortzufallen hätten, wie es dann hier in Kat.-Nr. 266 geschehen ist.

267
Zoologischer Garten. Um 1845

»Zoolog. Garten«
Plangrenzen: Gelände des Zoologischen Gartens.
Zeichner: Gustav Meyer.
Maßstab in Ruten.
Wasserzeichen von 1843.
Feder in Grau, laviert in Blau und Rosa. 36,7 x 62,6 cm.
Planslg. Nr. 3596.

Der Haupteingang des Zoologischen Gartens liegt an der Fasanerieallee. Nach Osten erschließt ein breiter Weg entlang der Grenze das Gelände. Die Gebäude für die Tiere sind teils an diesem Haupteingang, teils an Nebenwegen in dem parkartig gestalteten Gelände untergebracht.
Westlich der Fasanerieallee schließen sich bis zu einem Graben kleinteilige Flächen mit Tierhäusern an; westlich des Grabens bildet eine regelmäßige Anlage (offensichtlich Voliere) den Mittelpunkt, dem sich südlich eine ebenso regelmäßige, aber langgestreckte Fläche anfügt. Das Gelände ist in verkleinertem Umfang (vor allem westlich) als Zoo ausgebaut worden.

268
Tiergarten. 1845

Plangrenzen: Charlottenburger Chaussee, Neuer See, Fasanerieallee, Gelände des Zoologischen Gartens, Rest des Fasaneriegeländes.
Zeichner: J. E. Koschny.
Bezifferter Maßstab in Ruten.
Wasserzeichen von 1843.
Feder in Grau, Bleistift, laviert in Grün, Blau und Rosa. 53,3 x 72,6 cm.
Planslg. Nr. 3610.

Der Teil des Elsbruches südlich des Großen Weges ist in den Neuen See verwandelt worden, der zwei sehr große Inseln einschließt, so daß drei Brücken erforderlich werden. Die Bepflanzung ordnet sich meist auf den Inselvorsprüngen ein, infolgedessen durchläuft das sehr elegant geführte Wegesystem eine wechselhafte Szenerie. Zur Chaussee nach Charlottenburg sind waldartige Bestände angedeutet.
Südlich des Schiffskanals schließt sich ein Boulevard mit alleeartiger Bepflanzung an, der von der Fasanerieallee gekreuzt wird. Diese führt zu einem Rondell mit den Ein-

gangsgebäuden zum Zoologischen Garten, dessen Grenzen angedeutet sind. Das sich nordwestlich anschließende Gelände wird vor allem von einem breiten, von einer Insel des Neuen Sees herführenden Weg erschlossen, der bis zur Lindenallee nach Charlottenburg führt.

269
Zoologischer Garten. 1845

»Plan des zoologischen Gartens bei Berlin 1845.«
Plangrenzen: Gelände des Zoologischen Gartens.
Signiert: »Entworfen von Lenné.« »Druck v. H. Boes.« »Metallograph: v. C. Brügner.« »Nach einer genauen örtlichen Vermessung des Zoologischen Gartens durch den Königl. Garten-Obergehilfen Kühne berechnet 86 Morgen 162,5 Ruthen. Lenné Gartendirektor«.
Beziffeter Maßstab in Ruten.
Der Plan ist gesüdet.
Metallographie, wenig Bleistift. 14 x 30,3 cm.
Landesarchiv Berlin. Pr. Br. Rep. 42. VIII. Nr. 9.

Das verhältnismäßig dicht mit Bäumen bestandene Gelände zeigt nur auf der West- und der Ostseite ausgedehnte Lichtungen. In weiten Schwüngen geführte Wege verbinden den Zoologischen Garten mit dem Tiergarten und dem Verwaltungsgebäude am Kurfürstendamm. Für Wassertiere ist ein kleiner See geschaffen, der Markhoffsche Graben ist als Büffelteich hergerichtet. Die Tiergelasse liegen zum Teil seitlich der Wege, zum Teil auf Rundplätzen.

270
Neuer See. 1847

Plangrenzen: »Fasanerie-Allee«, »neuer Schiffs Canal«, »Landwehr-Graben«, »grosser Weg«.
Signiert: »fec. G. Koeber Thierg: 14 März 1847.« »Für die Richtigkeit dieses Situations Planes der Gartendirektor Lenné Sans Souci den 13ten März 1847«.
Zeichner: Gerhard Koeber.
Bezifferter Maßstab in Ruten.
Der Plan ist gesüdet.
Feder in Grau, laviert in Blaßblau und Ocker. Auf Leinen aufgezogen und mit blauem Glanzpapier eingefaßt. 33,8 x 43,5 cm.
Landesarchiv Berlin. Pr. Br. Rep. 42. VIII. Nr. 1/11.

Zwischen dem Schiffskanal und dem Landwehrgraben liegt der Neue See, der von letzterem durchflossen wird. Nördlich führt der Große Weg vorbei zur Fasanerieallee. Uferlinien des Sees, Wege sowie besondere Sitzplätze sind deutlich ablesbar.

271
Denkmal Friedrich Wilhelms III. 1849

»Project zur Aufstellung des Denkmals Friedrich Wilhelms III. im Thiergarten bei Berlin.«
Plangrenzen: Große Querallee und Umgebung der Luiseninsel.
Signiert: »Lenné Juni 1849«.
Zeichner: Gustav Meyer.
Bezifferter Maßstab in Ruten.
Feder, aquarelliert.
Ehemals in Potsdam. Seit 1945 verschollen, jedoch Photographie vorhanden.
Quellen u. Lit. zu Kat.-Nr. 218–271: Lenné-Nachlaß. Nr. 15 f. Fol. 1–75. – Ebd. Nr. 15 h. Fol. 1–106. 1842 bis 1868. – STAM. 2.2.1. Nr. 31789. Tiergarten. 1811–1840. – STAM. Nr. 31970. Tiergarten. 1841–1862. – STAM. Nr. 31811. Tiergarten-Personal. 1831 bis 1913. – STAM. Rep. 151. C I. Erhaltung u. Verschönerung des Tiergartens. – Ferdinand Meyer: Der Berliner Tiergarten. Berlin 1892. – Hinz 1937/89. S. 139–173. – Schinkel-Werk. Rave 1948. S. 32. – Michael Seiler: Peter Joseph Lennés erster Entwurf für den Berliner Zoo ... In: Bongo. Zoo Report Berlin. Jg. 135 (1978). H. 3. 1979. S. 63–74. – Wendland. S. 113 bis 153, 169–174. – Rave/Wirth. Bauwerke Berlin. 1955. – Dorothee Nehring: Stadtparkanlagen in der ersten Hälfte des 19. Jahrhunderts. Hannover 1979. – Plessen. Gartenkunst. S. 148–155, 179–181. – Folkwin Wendland: Der große Tiergarten Berlin. Manuskript. Berlin 1985.

Unmittelbar an der Großen Querallee liegt die Wasserfläche mit der alten (kleinen) und neuen (großen) Luiseninsel. An der Nordseite wird auf einem regelmäßigen Grundriß – die Balustrade ragt halbkreisförmig in den See – das Denkmal für Friedrich Wilhelm III. aufgestellt. Breite Wege führen über die Insel und erschließen die sehr intensiv gestaltete nähere und weitere Umgebung des Denkmals.

Straßen am Tiergarten

Im Norden wurde der Tiergarten von der Spree und ihren Wiesen begrenzt; hier befand sich nur an den Zelten ein Stück Straße. Aber im Osten lief vom Brandenburger Tor die heutige Ebertstraße, damals Brandenburgische Kommunikation, längs der Mauer nach Süden und diente als Reitweg zum Tiergarten (Kat.-Nr. 274). Sie endete an der Ecke Schulgarten- und Lennéstraße, wo das Wohnhaus Lennés stand. Die Lennéstraße war aus dem alten »Kanonenweg« hervorgegangen. Sie führte zum Kemperplatz, um gegenüber der Tiergartenstraße fortgesetzt zu werden. Diese südlich am Tiergarten entlanglaufende Straße war die bedeutendste am Tiergarten.
Hier hatten sich schon seit der Zeit um 1800 wohlhabende Bürger Landhäuser erbaut. In dem von Gerhard Koeber gezeichneten großen Tiergartenplan (Kat.-Nr. 225) sind die Ansätze der Gärten an der Straße mit aufgenommen worden. An der südlichen Seite dieser Tiergartengrundstücke entstand am Kanal die Grabenstraße (Reichpietschufer), an deren westlichem Ende sich der Moritzhof befand, wo Lenné eine neue Straße plante, die spätere Von-der-Heydt-Straße (Kat.-Nr. 276).

272
Lennéstraße am Tiergarten. 1838

Plangrenzen: Lennéstraße (ehemaliger Kanonenweg), Schulgartenstraße.
Zeichner: Gerhard Koeber, Bleistifteinzeichnungen von Lenné.
Bezifferter Maßstab in Ruten.
Wasserzeichen von 1837.
Feder in Grau, Bleistift. 34,4 (58) x 85,7 cm.
Planslg. Nr. 3592.

46. Eduard Gärtner. Das Wohnhaus von Peter Joseph Lenné in Berlin. 1842. (Märkisches Museum, Berlin)
47. Karl Graeb. Die Lennéstraße in Berlin. Um 1860. (Staatliche Museen zu Berlin – Preußischer Kulturbesitz. Nationalgalerie)

Die Straße wird unregelmäßig von Bäumen begleitet. Nach Norden Übergang zum Baumbestand des Tiergartens, im südöstlichen Teil eine regelmäßige Hainpflanzung bis an die Grundstücksgrenzen. Lenné legte am 23.10.1838 einen Kostenanschlag »Über die Baumpflanzungen längs ... des sogenannten Kanonenweges« vor. Laut Kabinettsorder vom 19.8.1839 wurde die Straße in Lennéstraße umbenannt.
Lenné hat sein künftiges Wohnhaus (Kat.-Nr. 273) an der Ecke Lennéstraße/Schulgartenstraße einskizziert und das Halbrund davorgezeichnet, in das er die ursprünglich vorhandene Grundstücksgrenze zu verwandeln wünschte.

273
Wohnhaus von Lenné. 1838

»Lenné zu Berlin«
Plangrenzen: Schulgartenstraße, Lennéstraße.
Zeichner: Ludwig Persius.
Bezifferter Maßstab in Ruten.
Feder in Schwarz, Bleistift. 31,5 x 29,5 cm.
Planslg. Nr. 15071.
Siehe Tafelteil.

Lenné hatte am 1.5.1838 an den Minister von Alvensleben geschrieben, daß er einen langgehegten Wunsch realisieren wolle: »nemlich den an dem Orte welcher jetzt und für die Folge meine Tätigkeit vorzugsweise in Anspruch nimmt – ich bin jede Woche ein Paar Tage beschäftigt – mir ein Eigentum mit einer passenden Wohnung zu erwerben ... habe nemlich eine Parzelle angekauft und beabsichtige dort ein Haus zu bauen ... Erlaube ich mir beiliegend sub A den Situationsplan des Grundstücks, sub B den vom Hochbau-Inspektor Persius entworfenen Bauriß ... zu überreichen.« Am 15.6.1838 ordnete Friedrich Wilhelm III. an, daß Lenné das Grundstück nachträglich geschenkt werden sollte und dazu 7000 Taler zur Errichtung des Hauses.
Unsere Skizze ist zweifellos nicht der dem König überreichte Bauriß, denn dieser dürfte sorgfältig gezeichnet gewesen sein und vor allem auch eine Ansicht enthalten haben. Die repräsentative Vorderansicht des Hauses, hinter der sich drei Räume befanden, sehen wir auf einer Zeichnung von Eduard Gärtner (Märkisches Museum), einer Vorzeichnung zu seinem Gemälde, das sich im Besitz von Marion Blöcker, Usingen, befindet.
Die Rückfront, von der wir keine Ansicht besitzen, zeigte an den Ecken zwei halbrunde Veranden mit Treppe, die diese Seite des Gebäudes auflockerten und die Verbindung zu dem sehr kleinen Garten schufen. An der Straßenecke hat Lenné die Abrundung des Grundstücks eingezeichnet, durch die er Gelegenheit erhielt, einen hoch aufgeschütteten Blumenhügel anzulegen, der weit in die Brandenburgerstraße (jetzt Ebertstraße) hineinleuchten sollte.
Das Haus wurde im Zweiten Weltkrieg zerstört.

274
Brandenburgerstraße (jetzt Ebertstraße). 1844

Plangrenzen: Brandenburger Tor, Schulgartenstraße, Lennéstraße, Tiergarten, Chaussee von Charlottenburg.
Signiert: »N B. Die nachträglich angegebenen Straßenbreiten gründen sich auf Vermessung des Feldmesser Lanz«.
Zeichner: Gerhard Koeber.
Bezifferter Maßstab in Ruten.
Wasserzeichen von 1842.
Feder in Grau, laviert in Grün und Rosa. 43,2 x 55,2 cm.
Planslg. Nr. 3589.
Quellen: STAM. 2.2.1. Nr. 31750. Fol. 28–33, 51–55, 72 bis 74.

Gleichlaufend zur Mauer am Brandenburger Tor werden zwischen einer fünfreihigen Straßenbepflanzung eine chaussierte Fahrbahn, zwei Reitwege und ein Fußweg vorgesehen. Die Baumbepflanzung ist bis zum Tiergartenzugang gegenüber dem Brandenburger Tor eingetragen. An der Ecke Schulgartenstraße/Lennéstraße ist das Wohnhaus Lennés mit Grundstücksgrenzen eingezeichnet.

275
In den Zelten. 1838

»Grundstück des Zimmermeister Heinrich Schellhorn im Thiergarten neben den Zelten.«
Plangrenzen: Porzellangraben, Beersches Grundstück (Holzplatz der Porzellanfabrik), Straße von den Zelten nach dem Exercier-Platz, Schmagersches Grundstück.
Signiert: »A. G. Klengel 1838.«
Bezifferter Maßstab in Fuß.
Feder in Grau, laviert in Grün, Braun, Grau und Rosa. 49,2 x 60 cm.
Planslg. Nr. 3601.
Lit.: Waldemar Kuhn: Robert Lorenz und die Straßen in den Zelten. In: Jb. f. brandenburg. Landesgesch. 16. 1965. S. 86–96.

Der Plan zeigt eine Aufnahme des Schellhornschen Grundstücks zwischen den 1838 vorhandenen Gebäuden (Zu den Zelten 5 im Westen, 1847–59 von Bettina von Arnim bewohnt, und dem um 1791 errichteten Beerschen Landhaus im Osten), um eine Bebauung der Grundstücke genehmigen zu lassen. Dazu war nicht zuletzt auch die Mitarbeit Lennés im Zusammenhang mit dem Tiergartenprojekt erforderlich.

276
Grabenstraße und Moritzhof. Um 1846

»Project zur Einrichtung einer Bade-Anstalt und Anlage einer Straße durch Moritz-Hof bei Berlin«
Plangrenzen: Lützower Wegstraße, Rückseite der Grundstücke an der Tiergartenstraße.
Zeichner: Vermessungsrevisor Meyer.
Bezifferter Maßstab in Ruten.
Wasserzeichen von 1844.
Feder in Grau, laviert in Grün, Braun, Rosa und Blau. 26,5 x 33,3 cm.
Planslg. Nr. 3617.
Siehe Tafelteil.
Quellen: Lenné-Nachlaß. Nr. 15 g. Vol. II. Fol. 144 ff.

Lenné hatte vielfach bei Besprechungen zur Errichtung einer Badeanstalt bei Moritzhof, die dann schließlich doch nicht ausgeführt wurde, mitgewirkt. Die auf dem Plan durchzogene Straße wurde angelegt (jetzt Von-der-Heydt-Straße). Die Besitzer der Grundstücke der Tiergartenstraße sind angegeben, darunter bei Nr. 30/31 »Gabain jetzt Kerll« (siehe Kat.-Nr. 351).

277
Charlottenburger Chaussee. Um 1842

»Charte von der Charlottenburger Feldmark d: III[te] Section vermessen im Jahre 1825 für Menzelius von Beussel. – Nach einer Copie des Reg: Feldmesser Schrader.«
Plangrenzen: Lützower Feldmark mit dem südlichen Spreebogen, westliche Tiergartengrenze, Lützower Feldmark westlich des Fasaneriegeländes.
Zeichner: Wohl Vermessungsrevisor Meyer.
Bezifferter Maßstab in Ruten.
Wasserzeichen von 1839.
Feder in Grau, laviert in Grün, Blau und Rotbraun. 44,8 x 62,9 cm.
Planslg. Nr. 7422.

Innerhalb der Plangrenzen werden die jeweiligen Grundstücke ausgewiesen, um Unterlagen für künftige Planungen zu besitzen.

278
Am Knie (jetzt Ernst-Reuter-Platz)

»Chaussee- und Straßen-Kreuzungen bei Buder's Garten zu Charlottenburg.«
Plangrenzen: »Boulevard« (Hardenbergstraße), Mühlen-Straße (jetzt Bismarckstraße), Neue Berliner Straße (jetzt Otto-Suhr-Allee), Marchstraße, Charlottenburger Chaussee (jetzt Straße des 17. Juni), Kurfürstenallee (nicht mehr vorhanden).
Signiert: »Lenné 1856.«
Zeichner: Gustav Meyer.
Bezifferter Maßstab ohne Angabe der Maßeinheit.
Feder in Grau, laviert in Grün und Rosa, wenig Bleistift. 40 x 52,4 cm.
Plankammer Charlottenburg. Nr. 3926.

Die Kreuzung soll als Platz mit teilweiser halbkreisförmiger Alleebepflanzung ausgebildet werden. Die Charlottenburger Chaussee hat eine Bepflanzung mit je vier Reihen an den Seiten. Die Kurfürstenallee, die zum Hippodrom am Tiergarten führte, ist in üblicher Weise bepflanzt; nach 1945 wurde sie als Straße herausgenommen; die Fläche gehört zum Gelände der Technischen Universität. Je Seite mit zwei Baumreihen ist die Neue Berliner Straße besetzt; die Marchstraße ist einreihig bepflanzt, wobei Einzelbäume keine klare Entscheidung erkennen lassen. Die Hardenbergstraße soll als Boulevard verbreitert und teils einreihig, teils zweireihig bepflanzt werden.

279
Kemperplatz. 1856

»Situation der Baumbestände zwischen der Lennéstraße, kl: Querallée und Bellevueallée im Thiergarten.«
Plangrenzen: Kreuzung Bellevuestraße/Bellevueallee, Tiergartenstraße, Kleine Querallee, Lennéstraße.
Signiert: »Henning Thiergarten d. 16 Octbr 1856.«
Bezifferter Maßstab in Ruten.
Wasserzeichen von 1855.
Feder in Grau, Bleistifteinbesserungen, laviert in Grün. 35,4 x 53,2 cm.
Planslg. Nr. 3593.
Siehe Tafelteil.
Lit. zu Kat.-Nr. 272–279: Hartwig Schmidt: Das Tiergartenviertel. Berlin 1981.

Anzahl und Art der vorhandenen Bäume, auch deren Stammumfang, sind aufgenommen und eingezeichnet.

Im selben Jahr wurde in der gleichen Art die Verschönerung der Kreuzung »Am Knie« (jetzt Ernst-Reuter-Platz) geplant (Kat.-Nr. 278).

Stadtbaupläne und die Verschönerung der Stadt

Nach den Befreiungskriegen war es allen Einsichtigen klar, daß man das Anwachsen der Stadt Berlin beeinflussen und leiten mußte. 1817, 1823 und 1832/33 legte Schinkel Planungen für die Innenstadt vor, mit denen er sich aber nicht durchsetzen konnte.
Mit den Planungen im Weichbild Berlins war ein Mitglied der Oberbaudeputation, Johann Carl Ludwig Schmid, beauftragt worden, der 1825 einen Bebauungsplan vorlegte. Es ist wohl derselbe »Bebauungsplan für die Umgebungen Berlins«, der dann am 12.11.1829 von den Leitern der Oberbaudeputation – u. a. Schinkel – unterschrieben an das Ministerium des Innern gegeben wurde. Schmid zeigte sich im weiteren Verlauf seiner Aufgabe nicht gewachsen. Man warf ihm zu Recht vor, daß seine Planungen zu sehr ins Detail gingen und sich in einzelnen Straßenprojekten verloren. Schließlich befaßte er sich fast nur noch mit Baugenehmigungen.
Lennés Kritik am Schmid-Plan setzte vor allem an dessen Mangel an Grünflächen ein. Davon ausgehend, mag Lenné zu seinem großen Einfluß auf die Stadtplanung gelangt sein. 1839 legte er einen Bebauungsplan für das Pulvermühlengelände in Moabit vor und arbeitete gleichzeitig an einem Bebauungsplan für das Köpenicker Feld. Schinkel trat nur noch als Gutachter auf, als es darum ging, den Plan Lennés für Moabit in Hinsicht auf praktische Durchführbarkeit zu verbessern.
Zweifellos hat der Kronprinz, seit 1840 König Friedrich Wilhelm IV., den Einfluß Lennés gefördert. Wenn Lenné die Erbauung seines Hauses in Berlin 1838 damit begründete, daß es an dem Ort errichtet wird, »welcher jetzt und für die Folge meine Tätigkeit vorzugsweise in Anspruch nimmt«, meinte er neben seinen Arbeiten für den Tiergarten zweifellos die Stadtplanung. Bis in den Anfang der sechziger Jahre dauerten hier sein Einfluß und seine Kämpfe um planvolles Bauen.

Schmuck- und Grenzzüge

280
Schmuck- und Grenzzüge. 1840

»Grundriss von Berlin mit nächster Umgegend bearbeitet von den trigonometrischen und topographischen Abtheilungen des Kön. Pr. grossen Generalstabes.«
Plangrenzen: Stadtgrenzen von Berlin bis nach Moabit, Jüdischer Friedhof, Große Frankfurter Straße, Stralauer Platz, Tempelhofer Berg, Schöneberg.
Signiert: »Herausgegeben beim Kö: Pr. lithograph: Institute 1827.«
Einzeichnungen: Gerhard Koeber.
Bezifferter Maßstab in Ruten.
Lithographie, Einzeichnungen Feder in Orange, laviert in Grün und Blau. Auf Leinen aufgezogen. 58,9 x 65,3 cm.
Plankammer Charlottenburg. Nr. 3815.

Lenné hatte die Angewohnheit, seine Vorschläge für die Berliner Stadt- und Grünplanungen in die vom Generalstab herausgegebenen Stadtpläne einzeichnen zu lassen. Dabei wurden unterschiedliche Auflagen benutzt. Wenn im Westen Gebiete erscheinen sollten, die im Plan nicht mehr enthalten waren, wurde er angestückelt. All das geschah mit großer Kunst, so daß Original und Anfügung sowie Einzeichnung kaum vom Druck zu trennen sind.
Zu den Lennéschen Vorhaben, die als aquarellierte Federzeichnungen in die Karte eingetragen sind, gehören die Anlage einer fast halbkreisförmigen Allee als Grünzug von der Spree beim Stralauer Platz über das Landsberger Tor bis zum Invalidenhaus, die Planungen für das Köpenicker Feld mit der Verbindung zwischen Spree und Landwehrgraben und der Fortsetzung als Allee bis zum Belle-Alliance-Platz (jetzt Mehring-Platz) sowie die Gestaltungsvorschläge für den östlichen Teil des Tiergartens (Exercier-Platz).

281
Schmuck- und Grenzzüge. 1840

»Berlin und Umgebung«
Plangrenzen: Charlottenburg, Jungfernheide, Gesundbrunnen, Weißensee, Lichtenberg, Ricksdorf, Tempelhof, Schmargendorf.
Signiert: »Berlin 1838«.
Einzeichnungen: Gerhard Koeber.
Bezifferter Maßstab in Schritt.
Farblithographie, z. T. überklebt, Einzeichnungen Feder in Grau, laviert in Grün, Blau und Rosa, Bleistift. Auf Leinen aufgezogen. 161 x 177,5 cm.
Plankammer Charlottenburg. Nr. 3820.

Der riesige Plan ist der einzige der gedruckten Berliner Stadtpläne der Zeit, der die umliegenden Dörfer wiedergibt. Insofern war er besonders geeignet, die Planungen aufzunehmen. Andererseits hatte er als Farblithographie den Nachteil, daß sich diese nicht deutlich genug abheben. So wurde er nur für die Vorarbeiten zu dem folgenden Plan (Kat.-Nr. 282) benutzt, der wieder die Karte des Generalstabs verwendet.
Nördlich der Spree wird der Kleine Tiergarten von einer Wasserstraße geschnitten, die von der Spree abgeht und einen größeren Hafen sowie regelmäßige Wasserbecken berührt. Östlich davon folgen der Neue Exercier-Platz mit seinen Nebenanlagen und das Pulvermühlengelände bis zur Charité.
Diese Planung setzt sich südlich im Spreebogen fort und bindet den Exercier-Platz mit den Baulichkeiten am östlichen wie am westlichen Ende ein. Es folgt dann der Tiergarten in der Planung dieser Zeit bis zur Tiergartenstraße, also auch mit den westlichen Partien um den Neuen See. Südlich des Landwehrkanals ist eine Planung für den Zoologischen Garten eingetragen, an den sich – mit Bleistift eingezeichnet – ein Hippodrom anschließt. Auch westlich des Neuen Sees sind mit Bleistiftstrichen Ideen zu Änderungen festgehalten. Die Parkanlagen von Bellevue, an der Wilhelmstraße und südlich der Leipziger Straße sind ebenfalls berücksichtigt.

282
Schmuck- und Grenzzüge. 1840

»Projectirte Schmuck: u. Grenzzüge v. Berlin mit nächster Umgegend bearbeitet von dem Kön: Garten Director Lenné.«

Plangrenzen: Der Norden Berlins mit Alt-Moabit, Invalidenhaus, Frankfurter Tor, Oberbaumbrücke, Hasenheide, Schöneberg, Charlottenburg.
Einzeichnungen: Gustav Meyer.
Bezifferter Maßstab in Ruten.
Lithographie, zwischen Schöneberg und Charlottenburg auf angesetztem Papier mit Feder gezeichnet, Einzeichnungen Feder in Schwarz, laviert in Grün, Blau und Rosa. Auf Leinen aufgezogen. 56,5 x 86,8 cm.
Benutzt wurde die Karte des Generalstabs (siehe Kat.-Nr. 280), Titel und Jahreszahl wurden entfernt. Es handelt sich vermutlich um ein Exemplar der Auflage von 1835.
Plankammer Charlottenburg. Nr. 3817.
Siehe Tafelteil.

Von den Zeichnungen für die Schmuck- und Grenzzüge ist diese die bedeutendste. Zu ihr gehört der berühmte Erläuterungsbericht von Lenné, den Hinz 1937 in seinen wesentlichen Passagen veröffentlicht hat.
Nördlich der Spree spannt sich, ausgehend vom Stralauer Platz, ein Grüngürtel, dargestellt als vierreihige Allee mit Mittelstreifen, bis zum Mittelbau des Invalidenhauses. Der Invalidengarten wird in diese Ordnung einbezogen. Zwischen Landsberger Tor und Königstor ist eine große Parkanlage vorgesehen, die sich fast halbkreisförmig an die Akzisemauer anlehnt. Diese Grünanlage, aus der später der Friedrichshain werden wird, ist locker mit Baumgruppen bepflanzt; Wege führen zu einem regelmäßigen, zentral gelegenen Platz. Von der Invalidenbrücke, ausgehend von zwei Torhäusern, ordnet sich eine wichtige Achse nach Süden bis zum Exercier-Platz in der Nähe des Brandenburger Tores ein. Nördlich der Invalidenstraße bleiben noch freie Flächen, denen sich Kasernen und das Gefängnis anschließen. Ebenfalls in regelmäßigen Formen wird ein Hafenbecken geplant, von breiten Alleen eingefaßt und mit Alt-Moabit verbunden. Der nördliche Grünmantel setzt sich südlich der Spree im Luisenstädtischen Kanal einschließlich des Hafenbeckens fort, stets von Alleen begleitet. Auch die Erschließung des Köpenicker Feldes ist vorgesehen, ebenso der Ausbau des Landwehrkanals. Die südwestliche Veränderung des Tiergartens mit dem Neuen See westlich der Fasanerieallee ist berücksichtigt. Auf dem Fasaneriegelände ist eine später nicht ausgeführte Gestaltung des Zoologischen Gartens eingetragen; die später westlich geplanten Erweiterungen standen anscheinend noch nicht zur Diskussion.
Es sind Idealvorstellungen, die Lenné hier in Übereinstimmung mit Friedrich Wilhelm IV. aufgezeichnet hat. Nur wenig konnte verwirklicht werden. Eine wirkungsvolle Ausnutzung des Spreebogens gelang zum Teil mit dem Königsplatz. Die große Achse nach Norden über die Spree hinweg sowie die anschließenden Straßen entfielen. Das Gefängnis und die Kaserne in Moabit wurden gebaut, wenn auch in anderer Form. Im Süden waren die Planungen erfolgreicher. So wurde der Luisenstädtische Kanal angelegt, der vom Köpenicker Feld in den aus Floß- und Schafgraben entstandenen Landwehrkanal überging. Baumpflanzungen verschönten seine Uferstraßen. Aber die sowohl vom König als auch von Lenné besonders geliebte Idee, die Stadt im weiten Bogen vom Norden über den Osten bis zum Köpenicker Feld mit einem grünen Band in Form eines Boulevards zu umziehen, entfiel, obwohl gerade das für die Erschließung der später dort entstehenden Stadtviertel wichtig gewesen wäre. So ist der Plan ein Dokument für die Grenzen, die selbst einem König gesetzt waren.

283
Schmuck- und Grenzzüge. 1843

»Schmuck- und Bauanlagen der Residenz Berlin/Auf Befehl Sr. Majestät des Königs angefertigt von Lenné im Februar 1843.«
Plangrenzen: Moabit mit dem Kleinen Tiergarten, Frankfurter Tor, Oberbaumbrücke, Tempelhofer Berg, Kreuzberg, Tiergarten/Großer Stern.
Einzeichnungen: Gerhard Koeber.
Bezifferter Maßstab in Ruten.
Lithographie, westlich von Schöneberg ein Stück Papier angefügt, auf dem sich der Titel befindet, Einzeichnungen Feder in Grau, Wasser laviert in Blau. Auf grüne Seide aufgezogen, die als Rand nach vorn umgeschlagen und mit Blattgold dekoriert ist. 50,6 x 62,1 cm.
Benutzt wurde die Karte des Generalstabs (siehe Kat.-Nr. 280), Titel und Jahreszahl wurden entfernt. Es handelt sich vermutlich um ein Exemplar der Auflage von 1836.
Plankammer Charlottenburg. Nr. 3818.

Der Kleine Tiergarten ist regelmäßig geordnet. Vier Rondelle mit betonter Mitte geben der Anlage etwas Starres. Südlich von Alt-Moabit liegt hinter den Grundstücken ein großer Hafen, dessen Ufer fast landschaftlich gestaltet sind; Zu- und Abflüsse bzw. Verbindungsmöglichkeiten zur Spree sind vorhanden, ein Ringweg sorgt für die Anbindung an das Straßennetz. Das Pulvermühlengelände ist ganz regelmäßig an einer Achse von der Invalidenbrücke zum Exercier-Platz südlich der Spree aufgebaut. Die westliche Achse bezieht sich auf das Spreebecken und das Zellengefängnis. Dieser Bau wird durch einen Grünstreifen vom Neuen Exercier-Platz getrennt, so daß in Richtung Invalidenhaus noch ungestaltete Flächen bleiben. Erhalten bleiben als Grünflächen der Invalidengarten und weiter östlich noch der Georgenkirchhof. Auf den ringförmigen Grünzug (vgl. Kat.-Nr. 280) und den Friedrichshain (vgl. Kat.-Nr. 282) wird verzichtet. Erst südlich des Frankfurter Tores wird innerhalb der Zollmauer unbebautes Gelände erschlossen und in Verlängerung der Langen Gasse eine hippodromförmige Grünanlage (Detailplan siehe Kat.-Nr. 310) eingefügt. Südlich der Spree ist eine Planung des Köpenicker Feldes eingetragen, bei der die Führung des Luisenstädtischen Kanals, die Wasserbecken und vorgesehenen Plätze von großer Bedeutung sind. Die Gärten am Kriegsministerium und am Prinz-Albrecht-Palais werden ebenso berücksichtigt wie die Gärten der Wilhelmstraßenpalais. Der Tiergarten weist sehr aufgelockerte Partien auf; östlich des Flora-Platzes liegen das Venus-Bassin in ganz regelmäßiger Form und inmitten lichter Haine ein regelmäßiges Wegesystem. Im Süden ist die Berlin-Potsdam-Anhalter Bahn eingezeichnet.

Königsplatz, Exercier-Platz und Moabit

Bei den Zeichnungen für die Bebauung des Gebiets im Spreebogen, jenseits der Siegesallee und nordöstlich des Brandenburger Tores sowie auf der anderen Seite der Spree bis zum Gelände der Pulvermühlenmagazine in Moabit verbinden sich die Planungen von Lenné und Schinkel besonders eng. Lenné hatte 1839 einen Bebauungsplan für das Gebiet gezeichnet. Die zuständigen Minister beschlossen am 5.5.1840, daß Schinkel um eine Modifizierung des Planes gebeten werden sollte. Er sollte auf den Lennéschen Plan Rücksicht nehmen, aber zur Erleichterung der Durchführung die Besitz- und Terrainverhältnisse beachten. Daraufhin zeichnete Schinkel seinen bekannten Plan vom Juli 1840, der die Grundprinzipien des Entwurfs von Lenné übernahm, vor allem die große Nordsüdachse, die den Blick vom Tiergarten zum späteren Königsplatz und dann über die Spree hinweg auf eine Kirche als Endpunkt lenkt. Lenné gab seinen Plan am 9. 5. 1840 an Schinkel weiter, der sich am 10. 5. dazu äußerte. Im Juli 1840 wurde nach Vergleich der Pläne von den Zuständigen festgestellt: »Die Übereinstimmung beider Künstler dürfte für Zweckmäßigkeit sprechen.«

Im weiteren erscheint der Plan in den Sitzungen des Staatsministeriums als der »Lenné-Schinkelsche Bebauungsplan«. Lenné hatte inzwischen einen zweiten Plan eingereicht, der neben einigen unbedeutenden Veränderungen eine entscheidende aufweist – die Kirche wird in die Mitte der Anlage geschoben und eine Toranlage bildet den neuen Endpunkt der Straße. Nach wie vor waren die zuständigen Ministerien mit den Ideen Lennés nicht ganz glücklich, denn »Man kann über die Annahme eines Plans nicht wohl blos nach dem größeren oder geringeren ästhetischen Wert entscheiden.« Schwierigkeiten machten vor allem neben dem Kriegsministerium die privaten Besitzer von Grundstücken, vor allem der Holzhändler Seeger, der 1839 einen eigenen Parzellierungsplan eingereicht hatte.

Schließlich wurde am 14.11.1842 der Bebauungsplan vom König genehmigt. Es ging jetzt erst einmal um das dem Fiskus gehörende Gelände der Pulvermühlen, wo eine Kaserne und ein Gefängnis errichtet werden sollten, im Anschluß daran dann der neue Exerzierplatz. Am 20.12.1842 teilte der König den Ministern mit, daß dem Exerzierplatz eine veränderte Lage anzuweisen sei, weil die Besitzer der Privatgrundstücke unmäßige Forderungen stellten. Er sollte sich jetzt nicht mehr quer zur Achse, sondern parallel daneben erstrecken. Dadurch kommt das Gefängnis westlich von ihm in den Kleinen Tiergarten.

Hier spielt nun die kleine Szene, von der Varnhagen berichtet. Er hatte von ihr in einer Gesellschaft bei der Frau Olfers erfahren, wo Herr von Griesheim am 11.8.1843 davon Mitteilung machte. Der Minister des Innern, Graf von Arnim, hatte dem König in Sanssouci den Bebauungsplan vorgelegt. Der König erklärte alles für falsch, wider seinen Willen, seine Befehle, seine Anordnungen. Schließlich wird Lenné geholt; er bestätigt, daß alles den Anordnungen des Königs entspreche. Der König meinte schließlich, das sei wohl möglich; »Aber ausgeführt muß es doch nun anders werden, ganz umgekehrt, hier soll die Kaserne stehen, hier das Gefängnis.« Das spiegelt sich dann in einem Bericht vom 28.7.1843, in dem angeordnet wird, daß »auf dieser Stelle die neue Kaserne errichtet werden solle; die Straf-Anstalt sei dagegen auf dem für die Kaserne vorgeschlagenen Platze und zwar so zu erbauen daß die mit dem Meridian zusammenfallende Hauptfront der Anstalt – wie bei dem Muster Gefängnis zu London – gegen Westen gekehret werden«. Zwar, wird fortgefahren, seien die Kosten der neuen Stellung des Gefängnisses höher, aber dafür würden bei der Kaserne weniger Kosten entstehen.

So wurden dann in der Tat Kaserne, Gefängnis und Exerzierplatz ausgeführt. Die anderen Teile des Bebauungsplanes verblieben vorläufig. Inzwischen änderten sich die Bedingungen für seine Ausführung. Am rechten Spreeufer war 1845–47 der Hamburger Bahnhof entstanden, neben dem Gefängnis und genau am Endpunkt der geplanten Nordsüdachse. Lenné stellte sich auf die neuen Verhältnisse ein und legte 1852 einen Plan vor, der an Stelle der Nordsüdachse den Humboldt-Hafen entstehen ließ. Von dieser Planungsphase sind in Potsdam keine Entwürfe vorhanden. Der in den Akten erwähnte Bebauungsplan von 1852 konnte bis jetzt in keinem Exemplar nachgewiesen werden. Dagegen ist aber 1859 in den Akten ein Entwurf abgeheftet, der anläßlich der Forderung nach einer Kadettenanstalt in dieser Gegend gezeichnet wurde. Der von Lenné im Dezember 1859 signierte Plan dürfte wohl der letzte sein, den Lenné für Moabit entworfen hat.

284
Königsplatz und Exercier-Platz. 1839

Plangrenzen: Königsfeld, Invalidenstraße, Louisenstraße, Neue Wilhelmstraße, Charlottenburger Chaussee, Große Querallee.
Signiert: »Lenné Oct. 1839« (Signatur nach einem Wasserschaden abgeschnitten).
Zeichner: Gerhard Koeber.
Bezifferter Maßstab ohne Angabe der Maßeinheit.
Wasserzeichen von 1838.
Feder in Grau und Rot, Bleistift, laviert in Grau, Rosa, Blaßbraun und Blaßblau. 70,6 x 60 cm.
Planslg. Nr. 3590.

Der Paradeplatz nördlich der Allee In den Zelten ist in seiner hippodromartigen Form regelmäßig mit Bäumen, meist zweireihig bepflanzt. Nach Norden schließen sich ein ebenso bepflanzter Halbkreis und eine Allee an, die vor einer Kirche endet. Die westliche Allee führt zu einem projektierten Tor, das gleichzeitig Eingang zur rechteckigen freien Fläche des Königsplatzes ist. Die sich westlich anschließenden Ländereien sind als »Begräbnisplätze« vorgesehen. Der größte Teil der projektierten Straßen ist mit Straßenbäumen bepflanzt. Auch die Spree wird beiderseits von einer Allee begleitet. Im Westteil erweitert sie sich zu einem Hafen, an dem ein »Markt und Ausladeplatz« liegt. Südlich der Charité und westlich des Invalidenhauses, auch in dessen Hof, liegen kleinteilige, meist regelmäßig angelegte Grünflächen.

285
Königsplatz und Exercier-Platz. 1839

Plangrenzen: Wie Kat.-Nr. 284.
Signiert: »Lenné fec: Octob: 1839.«
Zeichner: Gerhard Koeber.
Bezifferter Maßstab ohne Angabe der Maßeinheit.
Wasserzeichen von 1837.
Feder in Grau und Rot, Bleistift, laviert in Grau, Rosa und Grün. 64,5 x 48,9 cm.
Beschr. unten links: »N B. Erläuterungs-Bericht hierzu vom 4.11.39 in den Acten ›den Thiergarten betr.‹ vol. IX. fol. 155 bis 157. L.« (Der Bericht konnte nicht aufgefunden werden).
Planslg. Nr. 3591.
Siehe Tafelteil.

Der Exercier-Platz, dem sich nach Norden ein weiterer halbkreisförmiger Freiraum anschließt, erhält eine hippo-

48. Johann Gabriel Friedrich Poppel und Georg Michael Kurz nach Julius Gottheil. Der Königsplatz in Berlin. Um 1850. (Stadtarchiv Berlin)

dromartige Form. Alle Ränder sind straff mit Bäumen bepflanzt. Die Doppelallee nach Norden setzt sich jenseits der Spree fort und wendet vor einer Kirche. Die Diagonalalleen führen östlich zur Brücke an der Carlstraße (jetzt Reinhardtstraße), westlich bis zu einem projektierten Tor an der Invalidenstraße. Dieses Tor ist ein Teil des seitlichen Eingangs zum Königsfeld, das östlich bis zu den regelmäßigen Grünanlagen des Invalidenhauses reicht. Die übrigen Straßen fügen sich meist diagonal zu den drei Hauptachsen ein. Am westlichen Teil des Spreebogens erweitert sich das Spreebett hafenartig, wobei die großen Flächen als Ausladeplatz und für den Markt vorgesehen sind.
Bleistifteintragungen lassen Planänderungen vermuten.

286
Königsplatz und Exercier-Platz. 1840

»Plan von dem bei Berlin liegenden zum Verkauf bestimmten Etablissement der Königlichen Pulver-Fabrik.«
Plangrenzen: Moabit, Kleiner Tiergarten, Invalidenstraße, Friedrichstraße, Alter Exercier-Platz.
Bezifferter Maßstab in Ruten.
Lithographie, aquarelliert, Feder in Rot. 59,8 x 89,2 cm.
Planslg. Nr. 7424.
Siehe Tafelteil.

In den Plan wurde mit roter Feder die zweite Planung Lennés für das Pulvermühlengelände eingezeichnet, bei der die Kirche vom Endpunkt der Straße in die Mitte gerückt ist. Im Spreebogen liegt über dem neu als Platz gestalteten Exercier-Platz die Straße, die über eine Brücke zum jenseitigen Ufer der Spree führt. Dort am Fluß ordnet Lenné den Platz mit der Kirche ein. Die Straße führt hinter deren Chor auf eine neu geplante Toranlage zu. Die Spree erweitert sich westlich zu einem Hafen. Das Mustergefängnis ist verdoppelt, einmal an Moabit angrenzend und darüber neben dem kleinen Tiergarten. Der Plan ist eine Vorarbeit für diesen Stadtteil im großen Plan der Schmuck- und Grenzzüge von 1840, der auch diese von dem ersten Lenné-Schinkelschen Vorschlag abweichende Lage der Kirche bringt.

287
Pulvermühlengelände. 1841

»Plan der dem Kaufmann Herrn C. H. Seeger zwischen dem Pank. Fluss dem Artillerie-Laboratorium und der Pulvermühlen Straße belegenen Grundstücke«
Plangrenzen: Artillerie-Laboratorium, Panke, Pulvermühlenstraße, Pulvermühlengelände.
Signiert: «Aufgenommen und nach vorhandenem Plan eingetragen im Dcbr. 1841 durch Fleischer Conducteur«.
Bezifferter Maßstab in Ruten.
Feder in Grau, farbig laviert, Bleistift. Auf Leinen aufgezogen. 47,9 x 66,3 cm.
Planslg. Nr. 3636.

Es handelt sich um das Gelände jenseits des Spreebogens, auf dem später der Humboldthafen angelegt wurde. Sein hervorragendster Teil war ein Weinberg (ursprünglich der »Menadiersche Weinberg«). Hier gehört er dem Kaufmann Seeger, der auch das umliegende Gelände angekauft hatte. Das Blatt entstand zur Zeit der Verhandlungen mit Seeger wegen des Ankaufs des Gebietes für die Lenné-Schinkelsche Planung. In den Stadtplan Berlins von Reimer aus dem Jahr 1850 ist diese Planung aufgenommen. Sie wurde nicht ausgeführt.

288
Königsplatz. 1842

Plangrenzen: Spreebogen, Stadtmauer mit dem Brandenburger Tor, Charlottenburger Chaussee, Spreebogen.
Signiert: »Lenné 1842«.
Bezifferter Maßstab in Ruten.
Feder, aquarelliert.
Ehemals in Potsdam. Seit 1945 verschollen, jedoch Photographie vorhanden.

Vorarbeit zu Kat.-Nr. 289, wobei es um die Umgestaltung des Exercier-Platzes zu einem Stadtplatz geht. Der Platz wird von mehrfachen Baumreihen eingefaßt. Auch die Wege, Alleen und Flächen sind alleeartig bepflanzt. An den quadratischen Platz schließen sich an beiden

Seiten Halbkreise an, deren Mittelteil wegen der Verbindung zur Architektur (im Westen Kroll'sches Etablissement, im Osten Raczinski-Palais) wiederum ganz gleichmäßig aufgeteilt ist. Südlich des Kroll'schen Etablissements liegt ebenfalls eine regelmäßige Partie, auf der gegenüberliegenden Ostseite der Zirkus.

289
Königsplatz. Um 1844

»Bebauungs- und Einrichtungs-Plan des Exercier-Platzes im Thiergarten bei Berlin.«
Plangrenzen: Spreebogen, Charlottenburger Chaussee, Querallee.
Bezeichnet: »Copia«.
Zeichner: Gustav Meyer, Bleistifteinzeichnungen wohl Lenné.
Bezifferter Maßstab in Ruten.
Wasserzeichen von 1842.
Feder in Schwarz, Bleistift, laviert in Grün, Grau, Rosa und Blau. 46 x 54,6 cm.
Planslg. Nr. 3600.
Siehe Tafelteil.

Die Flächen zwischen Charlottenburger Chaussee und der Allee am Exercier-Platz sind in Wiesen mit umfangreichen Gehölzgruppen umgewandelt worden.
Der sich nördlich anschließende Exercier-Platz wird zu einem Stadtplatz verkleinert; Bleistifteintragungen deuten darauf hin, dem Übungsplatz eine gartenkünstlerische Grundform zu geben und Zwickel in den Ecken zu bepflanzen. Die Partien um den Kroll'schen Wintergarten sind in ganz regelmäßige Gartenteile gegliedert, ebenso fast spiegelbildlich die Partien im Osten an der Raczinski'schen Bildergalerie, der noch kleine stimmungsvolle Gärten zugeordnet sind. Alleeartige Pflanzungen und Baumreihen bilden den Abschluß dieses hippodromartigen Freiraums. Lediglich der Zirkus liegt außerhalb, von Baumgruppen abgedeckt. Nördlich des Exercier-Platzes setzen zwei rechteckige Grünstreifen, die eine breite Allee begleiten, den Freiraum fort; seitliche Bebauung bildet die Randung. Eine vierreihige Baumpflanzung nimmt den Tiefenzug der »neu zu eröffnenden Hauptstrassen« von Süden her auf und führt zu einer Brücke über die Spree.

290
Pulvermühlengelände. Um 1845

»Situationsplan des neuen Exercierplatzes hinter den ehemaligen Pulvermühlen Terrain bei Berlin«
Plangrenzen: Magazin Nr. 2, Laboratorium, Exercier-Platz, Turmstraße, Mustergefängnis, Ulanenkaserne, Birkenstraße.
Zeichner: Gerhard Koeber.
Bezifferter Maßstab in Ruten.
Wasserzeichen von 1844.
Feder in Grau, Bleistift. 61 x 48 cm.
Planslg. Nr. 7390.

Nördlich der Turmstraße liegen die Magazine 2 und 3, verbunden durch (teils mit Bäumen bepflanzte) Straßen, südlich schließt das etwas bewegte Gelände mit den Artillerieschuppen ab. In den nördlichen Teil wird der große Exercier-Platz mit anschließendem Laboratorium eingefügt, abgegrenzt mit dichten Baumpflanzungen. In der Folge verlegt man die Turmstraße etwas nach Süden, dem Exercier-Platz folgend. Auf dem Artillerieschuppengelände soll im Osten das Mustergefängnis und genau in der Achse des Exercier-Platzes eine Ulanenkaserne gebaut werden.

291
Pulvermühlengelände. 1843

»Theilweiser BebauungsPlan vom Etablissement der Königlichen Pulverfabrik bei Berlin; behufs der Anlage des neuen Schiffs-Canals.«
Plangrenzen: Kleiner Tiergarten, projektierter Schiffskanal, Exercier-Platz, Strafanstalt, Spree.
Zeichner: Gustav Meyer.

49. Eduard Biermann. Das Stadtgefängnis in Moabit, Berlin. 1846. (Stiftung Schlösser und Gärten Potsdam-Sanssouci)

Wasserzeichen von 1841.
Feder in Grau, Bleistiftkorrekturen, laviert in Grün, Grau, Blau und Rosa. 76 x 56,9 cm.
Planslg. Nr. 5465.
Siehe Tafelteil.

Der projektierte Schiffskanal, auf beiden Ufern von einer Baumreihe begleitet, führt nordsüdlich durch das Gebiet der ehemaligen Pulverfabrik. Er wird von der Straße nach Moabit und der sog. Birkenallee überquert. Unmittelbar am kleinen Hafen an der Spree schließen sich axial ganz regelmäßige neue Stadtteile an, fast immer mit Bäumen bepflanzt. Von einem zentralen, mit einem Stadttor versehenen Platz führen drei Straßen nach Westen, die mittlere auf einen kleinen Hafen, die nördliche nach Moabit. Eine etwas breitere Straße richtet sich nach Norden unmittelbar auf eine große Kaserne aus, dreiseitig von Straßen und Gehölzflächen umgeben. Von einer Querstraße getrennt, folgt die Musterstrafanstalt. Der rechteckige Exercier-Platz schließt sich nördlich an.

292
Pulvermühlengelände. 1859

»Situationsplan zur Erbauung eines neuen Kadetten-Hauses auf dem vorm. Pulvermühlen Terrain zu Berlin.«
Plangrenzen: Exercier-Platz, Berlin-Spandauer Schiffahrtskanal, Invalidenhaus, Charité, Spreebogen mit Königsplatz.
Signiert: »Entworfen von Lenné Sans Souci im Dezember 1859«.
Zeichner: Gustav Meyer.
Bezifferter Maßstab in Ruten.
Feder in Grau, laviert in Grün, Blau, Grau und Rosa. 70,5 x 60,6 cm.
STAM. Rep. 93 B. Nr. 1699. Fol. 230–232.
Quellen und Lit. zu Kat.-Nr. 284–292: Lenné-Nachlaß. Nr. 15 g. Vol. I. – STAM. Rep. 93 B. Nr. 1645 und 1646. Verlegung Pulverfabrik von Moabit ... (1823–1845). – STAM. Rep. 93 B. Nr. 1647–1652 (1846–1862) – STAM. Rep. 93 B. Nr. 1699, 1700 (1858 bis 1860). Ausführung des Bebauungsplanes für das ehemalige Pulvermühlen-Terrain. – STAM. 2.2.1. Nr. 28628 (1842–1853). Die Umgestaltung und Bebauung des Exercier-Platzes im Tiergarten ... und des auf dem rechten Spreeufer belegenen Terrains ... – Hinz 1937/89. S. 181. – Schinkel-Werk. Rave 1948. S. 29 bis 31. – Aribert Kutschmar: Berliner Städtebauprojekte von Peter Joseph Lenné. In: Berliner Heimat. 1.1961. S. 12 bis 18. – Wendland. S. 150. – Schinz. S. 118–121. – Geist/Kürvers. S. 395–401. – Manfred Hecker: Die Planung des Pulvermühlenterrains. Zum Konflikt zwischen Lenné und Schinkel. In: Berlin. Von der Residenzstadt zur Industriemetropole. TU Berlin. 1981. S. 453–463.

An den Exercier-Platz schließt sich die Ulanenkaserne an, die mit den seitlichen Grünflächen die Breite des Exercier-Platzes einnimmt. Aufgabe der Planung ist die Einbindung der zu erbauenden Kadettenanstalt, die axial zum Kasernenterrain in ein Straßendreieck eingebunden wird. Die Freiflächen werden regelmäßig aufgeteilt, die Gartenseite wird in drei umfangreiche, durch drei vierreihige Alleen geteilte Rasenstücke aufgelockert. Vor dem Kadettenhaus entsteht in der Breite des Mittelbaus ein großer, nach Westen halbkreisförmig ausgebuchteter Platz, der von zwei Straßen durchkreuzt wird.
Die Kadettenanstalt wurde nicht gebaut.

Kleiner Tiergarten

Der Kleine Tiergarten sollte ursprünglich den Tiergarten nach Norden erweitern. Schon im 18. Jahrhundert wurde der Plan aufgegeben, und so blieb er ein schmaler, vom eigentlichen Tiergarten durch Privatgrundstücke getrennter Bereich im späteren Stadtteil Moabit.
Die Planungen zur Verschönerung des Kleinen Tiergartens durch Lenné hatten sich lange hingezogen. Am 12.11.1833 reichte Lenné zum ersten Mal einen Plan ein, der jedoch nicht mehr vorhanden ist. Er wurde nicht ausgeführt. Eine neue Situation entstand, als 1834 nach einem Entwurf von Karl Friedrich Schinkel an der heutigen Straße Alt-Moabit in der Mitte der Anlage die Johanniskirche erbaut wurde. Die gärtnerischen Bemühungen beschränkten sich zunächst auf die Gestaltung der Umgebung der Kirche (siehe Kat.-Nr. 296). Auf dem Friedhof der Kirche, der von einer Hecke umgeben worden war, wurden Birken, Ahorn und Pappeln gepflanzt. 1849 ließ Lenné neue Pläne für den Kleinen Tiergarten zeichnen. Auch diese scheinen nicht ausgeführt worden zu sein, denn immer bringen die Stadtpläne der Zeit nur ungeordnetes Gelände.

293
Kleiner Tiergarten. 1838

»Brouillon Karte von den hinter der Linden Plantage im Königlichen kleinen Thiergarten belegenen Wiesen.«
Plangrenzen: Straße von Martinique nach Berlin, Privatgrundstücke, Spree, Privatgrundstücke.
Signiert: »aufgenommen von Passow 1825 copirt G. Koeber 1838«.
Bezifferter Maßstab in Ruten.
Wasserzeichen von 1829.
Feder in Grau und Rot, laviert in Grün mit Grau, Hellbraun und Blau. 43,9 x 28 cm.
Planslg. Nr. 3613.

Es sind die um die Holländische Lindenplantage in der Nähe des Kleinen Tiergartens gelegenen Grundstücke aufgenommen, eingetragen sind die Besitzer und die Nutzung.

294
Kleiner Tiergarten. 1839

»Skizze zum Verschoenerungs Plan des Kleinen Thiergartens und des Environs der Kirche zu Moabit.«
Plangrenzen: Fläche des Kleinen Tiergartens zwischen Turmstraße und Alt-Moabit.
Zeichner: Gerhard Koeber.
Bezifferter Maßstab in Ruten.
Feder in Grau, laviert in Grün mit Grau, Hellbraun und Rosa. Unregelmäßig beschnitten. Etwa 26,5 x 82 cm.
Planslg. Nr. 3616.
Siehe Tafelteil.

Den Endpunkt der von der Spree herführenden Straße bildet die nach dem Entwurf von Karl Friedrich Schinkel 1834 erbaute Johanniskirche.
Regelmäßig angelegte Flächen um die Kirche werden von langgestreckten Baumpflanzungen gerahmt, in denen quadratische Flächen offen bleiben. Vor einer nördlich abschließenden Pflanzung liegen weitere regelmäßi-

ge Partien, die sowohl zum Pfarrhaus als auch zur Schule gehören, der sich ein Begräbnisplatz anschließt. Die nördlich folgenden Teile sind ebenfalls regelmäßig geordnet, teils mit Bäumen bepflanzt, teils als Wiesen gehalten.
Der Plan wurde nicht ausgeführt.

295
Kleiner Tiergarten. 1839

Plangrenzen: Fläche des Kleinen Tiergartens zwischen Turmstraße und Alt-Moabit.
Signiert: »Lenné«.
Zeichner: Gerhard Koeber.
Bezifferter Maßstab in Ruten.
Feder, aquarelliert.
Ehemals in Potsdam. Seit 1945 verschollen, jedoch Photographie vorhanden.

Infolge mehrerer Querstraßen zerfällt die Fläche des Kleinen Tiergartens in mehrere Abschnitte. Die Kirche ist in den südlichen Teil eines hippodromartigen Gartenteils eingebunden, der bis auf vier Quadrate ganz regelmäßig mit Bäumen bepflanzt ist. Nach Norden schließen sich Zierflächen an, die hinter dem Halbkreis bis zur Turmstraße dicht abgepflanzt sind. Die sich westlich anschließenden Partien sind völlig mit ganz regelmäßigen, dichten Baumpflanzungen überzogen (in Kat.-Nr. 294 nur teilweise vorgesehen). In den jeweiligen Quartieren liegen Zierflächen in Form von Halbkreisen, Kreisen und Rechtecken.

296
Kleiner Tiergarten. 1841

»Terrain um die Kirche in Moabit«
Plangrenzen: Turmstraße, Schulgrundstück, Alt-Moabit, Pfarrgrundstück.
Zeichner: Gerhard Koeber.
Bezifferter Maßstab in Ruten.
Feder in Grau, laviert in Grün, Hellbraun und Rosa. 34,4 x 42,3 cm.
Planslg. Nr. 3615.
Siehe Tafelteil.

In Achse der Brückenstraße erhebt sich die Kirche, deren mit zwei Rasenflächen ausgefüllter Vorplatz durch eine Hecke von der Straße abgegrenzt wird. Eine mit Bäumen gerandete Rasenfläche umgibt die Kirche von drei Seiten, wobei eine große Buschgruppe sowie eine Baumgruppe die Grünflächen füllen. Der sich nördlich anschließende Kirchhof wird von einem Kreuzweg aufgeteilt, dessen Achse mit Bäumen bepflanzt ist. Sowohl hinter dem Schulhaus (Osten) als auch hinter dem Pfarrhaus (Westen) liegen größere Rasenflächen, von denen nur die am Pfarrhaus mit Bäumen besetzt ist.

297
Kleiner Tiergarten. 1849

»Verschönerungs Plan des Kleinen Thiergartens bei Berlin zum Bericht vom 25ten Juli 1849 Lenné.«
Plangrenzen: Fläche des Kleinen Tiergartens zwischen Turmstraße und Alt-Moabit.
Zeichner: Eigenhändig.
Bezifferter Maßstab in Ruten.
Bleistift.
Ehemals in Potsdam. Seit 1945 verschollen, jedoch Photographie vorhanden.

Die Fläche um die Johanniskirche wird einschließlich Pfarr- und Schulhaus regelmäßig von einer Allee eingefaßt. An das abgegrenzte Pfarrgrundstück folgt westlich die eigentliche Tiergartenfläche. Sie wird von Wegen erschlossen, die in geschwungener Führung bis zu einem Wegerondell und weiter bis zur westlichen Spitze des Kleinen Tiergartens führen. Die Bepflanzung ordnet sich geschwungen den Rändern zu, so daß eine Mittelsicht freibleibt. Auch auf der Ostseite zeigt sich die durch Nutzflächen zerteilte Partie von einem sich gabelnden Weg durchzogen.

298
Kleiner Tiergarten. 1849

Titel unleserlich.
Plangrenzen: Fläche des Kleinen Tiergartens zwischen Turmstraße und Alt-Moabit und der Ulanenkaserne im Osten.
Zeichner: Wohl Gerhard Koeber.
Feder, aquarelliert.
Ehemals Preuß. Bau- und Finanzdirektion. Berlin.
Lit. zu Kat.-Nr. 293–298: Hinz 1937/89. S. 175–176. – Wendland. S. 153–156. – Rave/Wirth. Bauwerke Berlin 1955. S. 189–190. – Vroni Heinrich-Hampf: Der Kleine Tiergarten in Moabit. In: Berlin. Von der Residenzstadt zur Industriemetropole. TU Berlin. 1981. S. 465–474. – Wimmer 1990. Nr. 24–37.

Reinzeichnung von Kat.-Nr. 297, die jedoch geringfügige Veränderungen aufweist. Hierzu gehört besonders die Wegeführung im östlichen Teil, die jetzt in gegabelter Form auf drei kleinere Grünblöcke der nur durch eine Straße getrennten Ulanenkaserne ausgerichtet ist.

Köpenicker Feld

Das Köpenicker Feld (Luisenstadt bzw. Kreuzberg/Neukölln) liegt im Südosten der Stadt zwischen Spree und Landwehrgraben. Schon Friedrich Wilhelm I. hatte es beim Neubau der Zollmauer von 1732–34 zur Stadt ziehen lassen, indem er zwischen dem Halleschen und dem Cottbusser Tor eine geradlinige Mauer errichten ließ. Seine Felder und Wiesen waren aber weitgehend unbebaut geblieben. Seit Beginn des 19. Jahrhunderts nahm die private Bautätigkeit hier mehr und mehr zu. So konzentrierte sich das Interesse der Stadtplanung vor allem auf dieses Gebiet. Im Schmid-Plan hat es eine wichtige Stellung, ja es ist das einzige Gebiet der Gesamtplanung, das schon 1826 im Stadtplan von Selter mit der vorgesehenen Straßenführung aufgenommen wurde. Die Planungen für das Köpenicker Feld stellen eine der umfangreichsten Bemühungen dar, das wilde Wachstum der Stadt auf den leeren Flächen innerhalb und außerhalb der Stadtmauer zu verhindern. Friedrich Wilhelm IV., damals noch Kronprinz, interessierte sich dafür und entwarf einen Plan, den Schinkel in einem Gutachten von 1835 unterschiedlich bewertete. 1839 ging die Planung für das Köpenicker Feld an Lenné

50. W. Loeillot. Die Johanneskirche im kleinen Tiergarten in Moabit, Berlin. 1838. (Stadtarchiv Berlin)

über, der sie über die Mauer hinaus nach Süden bis an den Landwehrgraben erweiterte. Friedrich Wilhelm IV. hat dann seit 1840 immer wieder in die Planungen eingegriffen.
Immerhin sind hier trotz zunehmender Bodenspekulation und dichter Mietskasernenbebauung wenigstens die Grundprinzipien des Planes von Lenné verwirklicht worden: der sich in einem Bogen durchziehende Luisenstädtische Kanal mit zwei Hafenbecken (1926 zugeschüttet) und die beiden Plätze mit den Kirchen St. Michael und St. Thomas.

299
Köpenicker Feld. 1840

»Bebauungs-Plan für das Koepenicker Feld.«
Plangrenzen: Landwehrgraben, Belle-Alliance-Platz, Lindenstraße, Spree, Schlesisches Tor.
Signiert: »entworfen vom Gartendirektor Lenné 1 Januar 1840.« »gez. G. Koeber 31/12.39.«
Bezifferter Maßstab in Ruten.
Der Plan ist gesüdet.
Feder in Grau, Blau und Orange, laviert in Grau und Rosa. Auf Seidenpapier. 58,8 x 78 cm.
Planslg. Nr. 5462.
Siehe Tafelteil.

Im Zuge des Ausbaus des Landwehrgrabens zu einem Schiffskanal wird zur Erweiterung des Köpenicker Feldes und zur Erschließung der Flächen der sogenannte Luisenstädtische Kanal durch die kaum bebaute Feldflur gelegt. Östlich des Belle-Alliance-Platzes knickt der Luisenstädtische Kanal fast in einem rechtwinkligen Bogen ab und erweitert sich an der Orangenstraße zu einem quadratförmigen Becken, dem in etwa 400 m Entfernung ein rundes Bassin folgt, mit einer Kirche als optischem Abschluß (St. Michael, 1850–56 von Soller erbaut). In einem ähnlichen Bogen knickt der Kanal erneut ab und mündet an der heutigen Schillingbrücke in die Spree.
Das Gelände östlich des Kanals wird durch breite Straßen erschlossen. In Fortsetzung der Orangenstraße (Oranienstraße) bildet sich eine Platzsituation aus, von der acht Straßen ausgehen. Nach Osten folgt ein kleiner Rundplatz, nach Norden eine regelmäßige Platzanlage mit einer Kirche (St. Thomas, 1864–69 von Adler erbaut), die in Achse des Kanalabschnittes zur Spree steht. Auch jenseits der Spree ist eine optische Fortsetzung in Form einer vierreihigen Allee vorgesehen. Der Kanal ist teils zweireihig, teils einreihig mit Bäumen bepflanzt, die bei der Erweiterung zum Becken wirkungsvolle Freiräume abgrenzen.

300
Köpenicker Feld. 1840

»Bebauungs Plan für das Koepenicker Feld. Entworfen von Gartendirector Lenné. 1. Januar 1840.«
Plangrenzen: Wie Kat.-Nr. 299.
Signiert: »gez: G. Koeber«.
Bezifferter Maßstab in Ruten.
Der Plan ist gesüdet.
Feder in Grau, laviert in Grün, Blau, Grau und Rosa. 63,5 x 81,1 cm.
Geheimes Staatsarchiv, Berlin. PK. XI. HA. E 50097.

Der Plan ist die Reinzeichnuing von Kat.-Nr. 299 und entspricht ihm im wesentlichen. Der Belle-Alliance-Platz ist hier gänzlich eingetragen, auch die Führung des Luisenstädtischen Kanals südlich dieses Platzes ist noch eingezeichnet. Auffallenderweise fehlt die in der Vorzeichnung eingetragene Kirche St. Michael sowie der sie umgebende Platz. Dafür ist nach Norden, zur Köpenicker Straße, eine Verbindungsstraße eingezeichnet. Auch der Platz an der Kirche St. Thomas (Mariannenplatz) wird jetzt um je ein Rasenfeld verbreitert. Der östlich des großen Rundplatzes mit seinen acht Straßen liegende kleine Platz ist nun nach Süden und Norden an vorhandene Straßen angebunden, so daß die Flächen nördlich davon erschlossen sind.

301
Köpenicker Feld. 1841

»Bebauungs Plan für das Cöpnicker Feld.«
Plangrenzen: Wie Kat.-Nr. 299.
Signiert: »Lenné 1841.«
Zeichner: Vermessungsrevisor Meyer und Gerhard Koeber, mit Einzeichnungen Friedrich Wilhelms IV. von 1844.
Bezifferter Maßstab in Ruten.
Der Plan ist gesüdet.
Feder in Grau, laviert in Rosa, Grau, Grün und Blau, Bleistifteinzeichnungen. 61,5 x 78,8 cm.
Planslg. Nr. 5463.
Siehe Tafelteil.

Südöstlich des Belle-Alliance-Platzes biegt der Luisenstädtische Kanal vom Landwehrgraben nach Norden ab und erweitert sich an der Stadtmauer neben dem Cottbusser Tor zu einem breiten Becken. Die den Kanal und das Becken seitlich begleitenden Straßen öffnen sich an der Kreuzung Kanal-/Orangenstraße (Oranienstraße) zu einem großen, mit Bäumen eingefaßten Platz, in den mehrere Straßen einlaufen. Die gerade Strecke des Kanals mündet wiederum in einem großen Becken (seitlich des Exerzierhauses), dessen nördlicher, optischer Abschluß eine Kirche (St. Michael) mit kleiner Grünfläche wird. Der halbkreisförmige Platzabschluß leitet mit einer kurzen Straße zur Köpenicker Straße über.
Vom letztgenannten Becken, dem sog. Engel-Becken, biegt der Kanal in einem Viertelkreis zur Spree ab. Optisch setzen sich die den Kanal begleitenden, mit Bäumen bepflanzten Straßen auch nördlich der Spree in einer vierreihigen Allee fort. Dieser nordsüdliche Kanalabschnitt erweitert sich südlich in den Mariannenplatz, nördlich im nach Osten abbiegenden Straßenzwickel mit einer runden Grünfläche, südlich mit einer Kirche (St. Thomas), hinter der sich die Straße bis an die Stadtmauer fortsetzt.
Das Köpenicker Feld wird von meist rechtwinklig angelegten Straßen erschlossen, wobei einige Diagonalstraßen (z. B. die Dresdener Straße) erhalten bleiben. Quadratische Plätze sind eingefügt. Südöstlich des Mariannenplatzes ist als Bleistiftskizze zwischen einem vorgesehenen Platz (der spätere Lausitzer Platz mit dem Köpenicker Tor) an der Stadtmauer und dem Landwehrgraben eine sehr aufwendige Anlage um ein hafenartiges Wasserbecken dazugezeichnet. Die weichen Striche verraten, daß hier Friedrich Wilhelm IV. zum Bleistift gegriffen hat. Aus dem im Lenné-Nachlaß erhaltenen Schriftwechsel Lennés mit dem Ministerium des Inneren

51. L. Oeder nach einer Photographie von F. A. Borchel. Die Michaelskirche auf dem Köpenicker Feld, Berlin. Um 1870. (Stiftung Schlösser und Gärten Potsdam-Sanssouci)

betreffs der Anlage im Köpenicker Feld geht hervor, daß am 24.3.1844 beschlossen wurde, die Badeplätze am Landwehrgraben zu beseitigen und stattdessen ein Badebassin zu bauen, das zwischen Cottbusser und Schlesischem Tor liegen sollte. Lenné wird gebeten, einen Plan vorzulegen. An dieser Stelle unseres Planes hat dann der König seine großzügige Anlage eines Bassins hineingezeichnet, die über alles hinausging, was man in Berlin den Bürgern zu bieten gewohnt war. Lenné legte am 13.8.1845 einen Plan vor, der offenkundig auf der Zeichnung des Königs beruhte. Ausgeführt wurde er nicht. Im wesentlichen wurde die Bebauung des Köpenicker Feldes sonst so ausgeführt, wie Lenné sie geplant hatte.

302
Köpenicker Feld. 1841

»Bebauungs Plan für das Coepniker-Feld.«
Plangrenzen: Wie Kat.-Nr. 299.
Zeichner: Vermessungsrevisor Meyer und Gerhard Koeber.
Beziffeter Maßstab in Ruten.
Der Plan ist gesüdet.
Feder in Grau, laviert in Rosa, Grau, Grün und Blau. 65,2 x 97,1 cm.
Geheimes Staatsarchiv, Berlin. PK. XI. HA. C 50011.

Der Plan stimmt im wesentlichen mit Kat.-Nr. 301 überein. Die westlich von der Friedrichstraße abzweigenden Nebenstraßen sind kaum angedeutet.

303
Schleuse zwischen Landwehrkanal und Spree gegenüber dem Stralauer Platz. 1843

Plangrenzen: Spree, Bethanienufer.
Zeichner: Vermessungsrevisor Meyer, Einzeichnung in Bleistift von Friedrich Wilhelm IV.
Wasserzeichen von 1842.
Feder in Grau, laviert in Grün, Blau und Rosa, Einbesserungen in Bleistift. 29,1 x 46,4 cm.
Planslg. Nr. 3620.

Die Erbauung der Schleuse erforderte größere Verhandlungen, weil sich der König selbst bei diesen technischen Anlagen einmischte. Lenné hatte ihm in Potsdam vorgetragen, welche Schwierigkeiten sich aus seinen Vorstellungen ergeben würden, und berichtete am 22.3.1843: »Se. Majestät der König hatte hierauf die Gnade, die hierbei liegende Bleistiftzeichnung, welche ich mir ergebenst zurückerbitte, Eigenhändig, als Andeutung wie Allerhöchstdieselben Sich die Brücke und Einfahrten in den Schiffs-Kanal gedacht haben, zu entwerfen. Die Anlage von zwei Einfahrt Kanälen scheint hiernach nicht die Absicht Sr. Majestät des Königs gewesen zu sein.«

304
Schleuse zwischen Landwehrkanal und Spree gegenüber dem Stralauer Platz. 1843

Plangrenzen: Wie Kat.-Nr. 303.
Zeichner: Gustav Meyer.
Beziffeter Maßstab in Ruten.
Wasserzeichen von 1841.
Feder in Grau, laviert in Rosa, Grün und Blau. 42,3 x 26,8 cm.
Planslg. Nr. 3619.
Quellen zu Kat.-Nr. 303 u. 304: Lenné-Nachlaß. Nr. 15 g. Vol. I. Fol. 145.

Reinzeichnung der Einbesserungen von Kat.-Nr. 303.

305
Tempelhofer und Schöneberger Ufer (Urbanufer). 1846

»Ufer-Straße an der linken Seite des Kanals bei Berlin.«
»Zum Bericht der Leistung (?) v. 5t Mai 1846.«
Signiert: »Lenné 1846.«
Zeichner: Gustav Meyer.
Beziffeter Maßstab in Fuß.
Wasserzeichen von 1845.
Feder in Grau, laviert in Grün, Grau, Blau und Rosa. 50,5 x 71,6 cm.
Planslg. Nr. 3618.
Siehe Tafelteil.
Quellen zu Kat.-Nr. 305: Lenné-Nachlaß. Nr. 15 g. Vol. II. Fol. 129–133 ff.
Quellen und Lit. zu Kat.-Nr. 299–305: Lenné-Nachlaß. 15 g. Vol. I u. II. – STAM. Rep. 93 D. Lit. GC. Tit. XI. Nr. 49: Bebauung des Köpenicker Feldes ... 1825–1846. – STAM. Rep. 93 D. Lit. GC. Tit. XI. ad Nr. 49,1: Entwurf eines Bebauungsplanes für die Umgebungen Berlins. Bd. 1–6. 1827–1844. – STAM. Rep. 93 D. Lit. GC. Tit. XI. ad Nr. 49,3: Bebauungsplan Köpenicker Feld 1825. – STAM. Rep. 93 D. Lit. GC. Tit. XI. ad Nr. 49,4: Umarbeitung des Bebauungsplanes für das Köpenicker Feld 1836–1840. – STAM. 2.2.1. Nr. 28595 (1828–1832) u. 28596 (1833 bis 1836). Bauangelegenheiten in Berlin. – STAM. Rep. 93 B. Nr. 1595: Entwurf und Ausführung ... Bebauungsplan ... Berlin ... 1824. – SM. Bauten in Berlin. Stadtplanung: Stellungnahme Schinkels vom 27.1.1835 »Motive für den projectirten Plan zur Bebauung des Cöpenicker Felds«. Vollständig zit. bei Rave 1948. – Hinz 1937/89. S. 177–188. – Schinkel-Werk. Rave 1948. S. 27–28. – Schinz. S. 115 bis 118. – Geist/Kürvers. S. 395–396. – Wendland. S. 217 bis 219. – Die Bauwerke und Kunstdenkmäler von Berlin. Der Bezirk Kreuzberg. Karten und Pläne bearb. v. Manfred Hecker. Berlin 1980. – Manfred Hecker: Die Luisenstadt – ein Beispiel der liberalistischen Stadtplanung und baulichen Entwicklung Berlins zu Beginn des 19. Jahrhunderts. In: Berlin zwischen 1789 und 1848. Ausst. Akad. d. Künste. Berlin 1981. – Jürgen Wenzel: Peter Joseph Lenné – Stadtplaner in weltbürgerlicher Absicht. In: Buttlar 1989. S. 69–81. – Ulrich Reinisch: Peter Joseph Lennés Wirken als Stadtplaner von Berlin. In: Peter Joseph Lenné. Beiträge zur Lennéforschung. Hrsg. v. Brandenburg. Landesamt für Denkmalpflege. Berlin u. München 1992. S. 34–85.

Für die Projektierung der Straße entlang des Kanals werden zwei Vorschläge unterbreitet:
1. Eine leicht gewölbte Fahrbahn, an deren Rand Straßenbäume stehen. Der sich anschließende Fußgängerweg ist zum Kanal von einer niedrigen, geschnittenen Hecke begrenzt, zur anderen Seite mit höheren, freiwachsenden Sträuchern.
2. Zur Kanalseite liegt neben der leicht gewölbten Fahrbahn ein etwas breiterer Fußweg, der zum Wasser hin

52. Eduard Biermann. Das Krankenhaus Bethanien mit dem Luisenstädtischen Kanal auf dem Köpenicker Feld, Berlin. 1846. (Stiftung Schlösser und Gärten Potsdam-Sanssouci)
53. Friedrich Wilhelm Klose. Das Krankenhaus Bethanien auf dem Köpenicker Feld, Berlin. Um 1850. (Stiftung Schlösser und Gärten Potsdam-Sanssousi)
54. Wilhelm Barth. Berlin, von der Hasenheide aus gesehen. Um 1805. (Stiftung Schlösser und Gärten Potsdam-Sanssouci)

ebenfalls mit Bäumen und einer niedrigen, geschnittenen Hecke abgegrenzt ist. Die andere Seite ist als ebenso breiter Reitweg projektiert, dessen Außenseite mit Bäumen und freiwachsenden Sträuchern bepflanzt ist.

Mariannenplatz mit Bethanien

Der Mariannenplatz ist der größte der neuangelegten Plätze des Köpenicker Feldes. An seiner Westseite wurde 1845–47 durch Theodor Stein die von Friedrich Wilhelm IV. gestiftete Diakonissenanstalt mit dem Krankenhaus Bethanien erbaut.

306
Mariannenplatz mit Bethanien. 1851

»Normal-Kranken-Anstalt in Berlin«
Plangrenzen: Fläche des Krankenhauses Bethanien (Adalbertstraße, Bethanienufer, Mariannenplatz, Waldemarstraße).
Signiert: »Copie.«
Zeichner: Gustav Meyer.
Bezifferter Maßstab in Ruten.
Feder in Grau, laviert in Grün, Braun, Rosa und Blau. Bleistifteinbesserungen. 45,1 x 60,2 cm.
Planslg. Nr. 3586.
Siehe Tafelteil.

Den Hof des Krankenhauses füllen zwei kleine und zwei große mit Büschen besetzte Gartenflächen, die mit Hecken eingefaßt werden. Nördlich des Hauses folgen regelmäßige, sich nach der Architektur ausrichtende Zieranlagen, südlich Nutzflächen, die dicht umpflanzt sind. Ein sanft geschwungener Weg führt entlang der Grundstücksgrenzen zu einem Pavillon und vereinigt sich mit Wegen, die vom Haus herkommen.
Es handelt sich wohl um einen Situationsplan, der Lenné vorgelegt wurde, damit er Gelegenheit erhielt, den Hof und die Umgebung von Bethanien neu zu gestalten. Die flüchtigen Bleistiftstriche deuten an, wie Lenné den Bereich im Westen auf die Architektur beziehen will. Im Stadtplan von Schropp aus dem Jahr 1856 ist die Anlage Lennés eingezeichnet, so daß man annehmen kann, daß sie ausgeführt wurde.

307
Mariannenplatz mit Bethanien. 1853

»Entwurf zur Einrichtung des Mariannen-Platzes in Berlin«
Plangrenzen: Bethanien-Krankenhaus, Bethanienufer, Schiffahrtskanal, Mariannenplatz, Mariannenstraße.
Zeichner: Gustav Meyer.
Bleistift. Auf Seidenpapier. 41 x 54 cm.
Planslg. Nr. 3585.

Die Fläche des Mariannenplatzes wird von zwei inneren Alleen und je einer Außenreihe eingefaßt. Die langgestreckte Fläche gliedert sich entsprechend der Krankenhausfassade in drei Rasenflächen, die mit Bäumen und Büschen besetzt sind. Nur die mittlere Fläche ist etwas reicher mit einem Blumenbeet verziert. Der Plan wurde nicht ausgeführt.

308
Mariannenplatz mit Bethanien. 1853

Plangrenzen: Wie Kat.-Nr. 307.
Signiert: »den 10. Juli 1853«.
Zeichner: Gustav Meyer.
Bezifferter Maßstab in Ruten.
Feder in Grau, Bleistift, laviert in Grün und Rosa. Auf Seidenpapier. 25 x 68 cm.
Planslg. Nr. 3584.

Östlich des Krankenhauses liegt neben den regelmäßigen Flächen der Vorfahrt der langgestreckte Mariannenplatz, der nach Süden halbkreisartig zur Mariannenstraße abgeschlossen ist. Nach Norden geht er in das Straßensystem am Bethanienufer über. Innerhalb des chaussierten bzw. gepflasterten Fahrdamms sind zwei

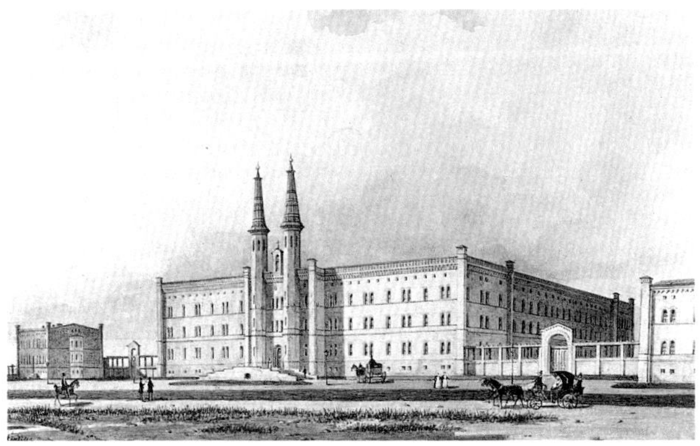

rechteckige Flächen ausgewiesen, von drei Seiten mit Bäumen eingefaßt, dazu in den Ecken je ein Baum. Auch das hippodromartige Kernstück ist mit Bäumen gerahmt. Das Mittelstück betonen ein Stern- und vier Kreisbeete, die anschließenden abgerundeten Flächen kleinere Bäume und Büsche. Die dichte Abpflanzung nimmt nach Süden drei, nach Norden zwei Nischen auf.

309
Mariannenplatz mit Bethanien. 1853

Plangrenzen: Wie Kat.-Nr. 307.
Signiert: »Sans Souci den 10ten Juli 1853 Lenné.«
Zeichner: Gustav Meyer.
Bezifferter Maßstab in Ruten.
Feder, aquarelliert.
Ehemals Preuß. Bau- und Finanzdirektion, Berlin.
Quellen und Lit. zu Kat.-Nr. 306–309: Lenné-Nachlaß. Nr. 15 k. Fol. 1–24. 1851–1855. – Hinz 1937/89. S. 188. – Geist/Kürvers. S. 409–413.

Der Plan ist die Reinzeichnung von Kat.-Nr. 308, hat aber einige Abweichungen: Er wird ergänzt durch die Einzeichnung der Kirche St. Thomas am Nordende des Platzes, hinzu kommen dreieckige Blumenformbeete und weggelassen wird die Bepflanzung des Halbkreises im Süden an der Mariannenstraße.
Der Plan wurde im wesentlichen ausgeführt.

310
Stralauer Vorstadt. 1843

»Bebauungs-Plan des Stadttheils zwischen der Spree, den Frankfurter Linden und der Krautgasse, mit besonderem Bezug auf die Bebauung des Köpenicker Feldes bearbeitet von ...«
Plangrenzen: Frankfurter Linden (jetzt Frankfurter Allee), Frankfurter Tor, Stralauer Tor, Spree.
Zeichner: Gerhard Koeber
Bezifferter Maßstab, Maßeinheit abgerissen.
Feder in Grau und Rot, Baumreihen grün gestippt, Bleistift. Auf gelbem, stark angerissenem Seidenpapier.
47,2 x 67,5 cm.
Planslg. Nr. 5464.
Quellen: Lenné-Nachlaß. Nr. 15 g. Vol. I. Fol. 128–130.

Der Plan weist aus: bereits bestehende Straßen und Plätze, wegzulassende und beizubehaltende, auch zu modifizierende Straßen, neu zu projektierende Straßen, für die Eisenbahngesellschaft beizubehaltende Straßen. Zwischen den Frankfurter Linden (Frankfurter Allee) und der Spree werden vorhandene Straßen erweitert und neue eingefügt, so daß eine Bebauung der Flächen möglich ist. Vom Frankfurter Tor zieht sich ein Grünzug bis zu einem hippodromartigen Platz nach Süden; nach Westen setzt sich die Allee fort, um hinter einem Rondell bis zur Spree abzuknicken.
Der Plan wurde nicht ausgeführt.

Schlächterwiese, Hasenheide, Tempelhofer und Schöneberger Feldmark

Die großen Stadtplanungen des zweiten Viertels des 19. Jahrhunderts bezogen von vornherein im Süden der Stadt die Gegend von der Hasenheide bis nach Charlottenburg jenseits des Landwehrkanals mit ein. Ihr Zentrum lag hier in der Bebauung des Tempelhofer und Schöneberger Feldes zu Füßen des Kreuzbergs und der anschließenden Höhen. Das war jedoch das Gebiet, wo sich die Güterbahnhöfe der Potsdamer und der Anhaltischen Bahn ansiedelten. Daraus entstand ein Konflikt, in dem der Stadtplaner Lenné von vornherein der Unterlegene war. Die wachsende Industrie und die Versorgung der wachsenden Bevölkerung fielen zu schwer ins Gewicht gegen die Wünsche nach Schönheit und Stadtgrün.
1844 arbeitet Lenné an Planungen für diesen Stadtteil. Sein wesentliches Element sollte eine sich von Ost nach West durchziehende Verkehrsverbindung sein, die als Boulevard mit zwei Baumreihen auf jeder Seite gestaltet wurde und durch begrünte Flächen unterbrochen war.

Diese Anlage hatte ihr Zentrum am Wahlstattplatz, fast genau in der Mitte der beiden späteren Schienenstränge.
Am 7.5.1856 wurde mitgeteilt, daß König Friedrich Wilhelm IV. die Pläne genehmigt hatte. Ihre Veröffentlichung wird jedoch unter Hinweis auf die Notwendigkeit, Terrain für die Güterbahnhöfe reserviert zu halten, vom Ministerium für Handel, Gewerbe und öffentliche Arbeiten abgelehnt. Am 9.1.1857 wird Lenné mitgeteilt, daß der Bebauungsplan wegen der Zunahme des Güterverkehrs geändert werden müsse. Schließlich fand am 2.2.1857 eine Besprechung aller Beteiligten auf dem Potsdamer Bahnhof statt, bei der Lenné eine Skizze für Abänderung des Bebauungsplanes vorlegte, von der er meinte, daß sie sowohl den Bedürfnissen der Eisenbahn als auch der Schönheit der Straßenführung Rechnung tragen könne. Es wurde aber im weiteren keine Einigung erzielt, obwohl Lenné eine Umgehung der Bahn vorschlug.
Die Bebauung des Geländes zog sich dann noch lange hin. Erst nach dem Tod von Lenné schritt sie voran, zu einer Zeit, als nur noch die Ausnutzung des Baugrundes eine Rolle spielte und der Versuch, ästhetische Prinzipien und Fragen der Gesunderhaltung der Bevölkerung bei der Bebauung Berlins Gewicht zu verleihen, dem Profitstreben geopfert wurde.

311
Hasenheide. 1828

»Plan von der Hasenheide bei Berlin zur Regulirung der Grenzen aufgen: von Passow 1828.«
Plangrenzen: Hasenheide mit den Gemarkungsgrenzen Tempelhof und Rixdorf.
Signiert: »aufgen. von Passow 1828.«
Bezifferter Maßstab in Ruten.
Feder in Grau, Umrandung in Rot, Grau, Grün und Hellbraun, Gebäude in Rot. Auf Seidenpapier. 35,6 x 43,6 cm.
Plansig. Nr. 3623.
Quellen und Lit.: Lenné-Nachlaß. Nr. 15 e. Fol. 1–21 (1835 bis 1838). – Hinz 1937/89. S. 137–138.

Aufnahme des Geländes zum Zweck der Grenzfestlegungen.

312
Landwehrkanal. Um 1850

»Der Landwehrgraben vom Cottbusser bis zum Hallischen Tore.«
Plangrenzen: Cottbusser Tor, Torbecken, Gitschiner Straße, Hallisches Tor, Gitschiner Straße, Cottbusser Tor, Wiesen der Stadt Berlin, Johannistisch, Pionierstraße (Blücherstraße).
Zeichner: Vermessungsrevisor Meyer.
Feder in Grau, laviert in Grün, Blau, Rosa und Hellocker, Feder in Rot. Auf Seidenpapier. 44 x 104,5 cm.
Plansig. Nr. 7387.

Der sehr geschwungen verlaufende Landwehrgraben wird am Wassertor nach Süden verschoben und zwischen Cottbusser Brücke und Hallischem Tor in einem ganz sanft geführten Bogen der Schiffahrtsnutzung angepaßt.

313
Urban-Schlächterwiesen. Um 1855

Plangrenzen: Landwehrkanal, Belle-Alliance-Platz, Cottbusser Damm, Hasenheide, Pionierübungsplatz, Kreuzberg, späteres Gelände des Anhalter Bahnhofs.
Zeichner: Vermessungsrevisor Meyer.
Feder in Grau, laviert in Grün, Blau, Rosa und Hellocker, Einbesserungen in Bleistift. Auf Seidenpapier. 59,3 x 83,7 cm.
Plansig. Nr. 7386.
Quellen zu Kat.-Nr. 312 u. 313: Lenné-Nachlaß. Nr. 15 g. Vol. II. Fol. 224–228, 260–261, 264.

Die eindrucksvolle Wasserachse Engelbecken–Oranienplatz–Wassertor wird nach Süden, nach den sogenannten Schlächterwiesen fortgesetzt und öffnet sich zu einem langgestreckten, mit Grünflächen betonten Freiraum, der mit einer Kirche (Melanchthonkirche, 1906 von Armin Kröger erbaut), bebaut werden sollte und dicht von Bäumen eingefaßt geplant worden war.
Die Straße setzt sich dann als Allee bis zum Kaiser-Friedrich-Platz mit der Zweiten Garnisonkirche fort. Östlich und westlich der verlängerten Wasserachse »Am Urban«, der Grimmstraße und Bärwaldstraße, erweitern sich die Straßen zu langgestreckten Plätzen, vierreihig mit Bäumen bepflanzt. Ihre südlichen, platzartigen Erweiterungen nehmen die Urbanstraße auf, während die nördliche, untergeordnete Dieffenbachstraße am Hohenstaufenplatz in einem stark bepflanzten Freiraum aufgefangen wird. Dieser Teil der Planung wurde ausgeführt, nachdem er in den Hobrechtplan übernommen worden war.
Der Kaiser-Friedrich-Platz ist der Ausgangspunkt der breiten, mit vier Baumreihen bepflanzten Allee (Gneisenaustraße–Yorkstraße), die nach Westen führt und dann von der Belle-Alliance-Straße gekreuzt wird. Damit ist ein städtebaulich und städtehygienisch großartiger Grünzug begründet, der westlich der Belle-Alliance-Straße mit dem Wartenbergplatz und dem Wahlstattplatz eine weite Raumöffnung erfährt. Die Fortsetzung verläuft dann in der Bülowstraße, der Kleiststraße und der Tauentzienstraße, räumlich unterbrochen vom Dennewitzplatz, vom Nollendorfplatz und vom Wittenbergplatz. Damit war nach Westen ein markanter Straßenzug abgesteckt, der die weitere Erschließung des Geländes ermöglichte.
Auch diese großartige Lösung wurde von Hobrecht übernommen, aber infolge des Ausbaus der Eisenbahnanlage des Anhalter und Potsdamer Bahnhofs nicht ausgeführt, sondern durch das südliche Abknicken der Yorkstraße überbrückt.
Die Fluren zwischen der Hasenheide und dem Kreuzberg-Monument sind nicht außer acht gelassen, aber noch nicht bearbeitet.
Der Plan ist gesüdet.

314
Schöneberg. 1849

»A. Situation von dem neben dem Hafen an der Schoeneberger Straße belegenen Markt-Platz«
Plangrenzen: Schiffahrtskanal, Berlin-Potsdam-Magdeburger Eisenbahn.
Zeichner: Gerhard Koeber.
Bezifferter Maßstab in Ruten.

55. Unbekannter Künstler. Berlin, vom Kreuzberg aus gesehen. Um 1835. (Staatliche Museen zu Berlin – Preußischer Kulturbesitz. Nationalgalerie)

Der Plan ist gesüdet.
Feder in Grau und Blau, laviert in Rosa, Blau und Grün. Schwarz umrandet. 36,4 x 40 cm.
Planslg. Nr. 5467.
Siehe Tafelteil.
Quellen: Lenné-Nachlaß. Nr. 15 g. Vol. II. Fol. 150–151, 154.

Der neben der Eisenbahn liegende Hafen des Schifffahrtskanals ist von einer freien, zum Abhalten des Marktes vorgesehenen Fläche umgeben, die mit einer doppelten Baumreihe eingefaßt ist. Die zwischen den zwei Bahnlinien (Berlin–Magdeburg und Berlin–Wittenberg) liegenden Bauflächen sind rötlich angelegt.

315
Tempelhofer und Schöneberger Feldmark. Wohl 1844

Plangrenzen: Belle-Alliance-Platz, Chaussee nach Cottbus, Feldmark Schöneberg, Potsdamer Chaussee, Hirschelstraße, Stadtmauer mit Anhaltischem Tor.
Signiert: »Lenné«.
Zeichner: Gustav Meyer.
Bezifferter Maßstab in Ruten.
Der Plan ist gesüdet.
Feder in Grau und Rot, laviert in Grau, Blau und Rosa, Bleistifteinbesserungen. 68 x 53 cm.
Planslg. Nr. 5466.
Siehe Tafelteil.

Die vom Landwehrgraben zum Landwehrkanal (Schiffskanal) ausgebaute Wasserstraße erweitert sich in der Achse Schöneberger Straße–Askanischer Platz zu einer großen rechteckigen Wasserfläche als Hafen und Umschlagplatz für Eisenbahngüter. Nach Süden schließen sich zwei kleine Grünflächen an, so daß von diesem rechteckigen Platz zehn Straßen abgehen. Die Flächen der Tempelhofer und Schöneberger Feldmark werden mit geradlinig verlaufenden Straßen erschlossen, wobei der in Kat.-Nr. 319 vorgesehene Grünzug in Form einer einfachen Straße, unterbrochen von drei Plätzen, geplant ist. Ausgehend vom Askanischen Platz, wird die Schöneberger Straße axial der durch drei Plätze betonten Ostweststraße gleichgestellt, wenn nicht sogar überbewertet. Aus der letzteren entstand der spätere Straßenzug Gneisenaustraße–Yorkstraße–Bülowstraße. Die Bebauung südwestlich des Askanischen Platzes ist im wesentlichen abgeschlossen, im südöstlichen Teil werden Straßen vorgesehen, die sich organisch mit denen der Feldmark verbinden.
Der nicht fertig gezeichnete Plan ist wohl eine der ersten Zeichnungen für das Gebiet zwischen Kreuzberg und Schöneberg.

316
Tempelhofer und Schöneberger Feldmark. Um 1845

Plangrenzen: Bendlerstraße, Landwehrkanal, Hallisches Tor, Pionierstraße, Militärfiskus, Kreuzberg, Kolonnenstraße, Neu-Schöneberg, Genthiner Straße, Nollendorfstraße.
Zeichner: Vermessungsrevisor Meyer.
Der Plan ist gesüdet.
Feder in Grau und Rot, laviert in Grün, Rosa und Blau. Auf Seidenpapier. 55,6 x 90,6 cm.
Planslg. Nr. 7388.

Östlich der Belle-Alliance-Straße werden die Friedhöfe von Straßen eingefaßt, wobei die Zossener Straße bis an die Hügel östlich des Kreuzbergs führt.
Westlich der Belle-Alliance-Straße folgt bis zur Potsdamer Straße ein Straßensystem, dessen Kern der Wahlstattplatz wird. Die Potsdam–Magdeburger und die Anhaltische Eisenbahn zerschneiden das Gelände und sind mit ihren späteren Erweiterungen die Ursache, daß

56. Julius Schneider. Der Landwehrkanal im Bereich der Schöneberger Feldmark, Berlin. Um 1855. (Stiftung Schlösser und Gärten Potsdam-Sanssouci)

die eindrucksvolle Straßen- und Platzfolge unterbrochen und nur mühsam durch das Abknicken der Yorkstraße verbunden wird. Die Anlage des Wahlstattplatzes und dessen Verbindungen bestanden nur kurze Zeit. Infolgedessen wird die Schöneberger Straße mit dem Dennewitzplatz vorherrschend.
Westlich der Potsdamer Straße folgt der Nollendorfplatz, der noch keine unmittelbare Verbindung zum Lützowplatz hat.
Die Bendlerstraße jenseits des Landwehrkanals wird nach Süden fortgesetzt und erschließt mit der westlich folgenden Genthiner Straße die Flächen zwischen Potsdamer Straße, Lützowplatz und Lützowstraße.

317
Tempelhofer und Schöneberger Feldmark. Wohl 1857/58

Plangrenzen: Landwehrkanal, Militairstraße (Möckernstraße), Großgörschenstraße, Potsdamer Straße.
Zeichner: Vermessungsrevisor Meyer.
Feder in Grau, laviert in Grün, Blau, Rosa und Hellocker. Auf französischem Transparentpapier. 61 x 45 cm.
Planslg. Nr. 7389.
Siehe Tafelteil.

Die Schöneberger Straße überquert den Landwehrkanal, der sich nach Norden zu zwei Hafenbecken erweitert. Vom östlichen Becken und dem Landwehrkanal geht ein Stichkanal nach Süden, der von der Brücke der Teltowstraße verengt wird. Offensichtlich sollte dieser – nicht ausgeführte – Kanal der Umschlaghafen für die Eisenbahn sein: Die Bedeutung des Industriegeländes nimmt zu.
Um diese Gelände freizuhalten, werden längs der Bahn zwei gleichlaufende Straßen vorgesehen, die platzartig an die Bülowstraße und die Yorkstraße angebunden sind. Die Schöneberger Straße verläuft bis zum Dennewitzplatz und nimmt die Kurfürstenstraße und Steglitzer Straße auf, während die geplante Flottwellstraße die Straßen vom Schöneberger Ufer bis zur Lützowstraße auffängt.
Östlich der Gleiskörper wird ein Teil der Militairstraße (Möckernstraße) beibehalten und erweitert, nach Süden fortgeführt und mit einer parallelen Verbindung in Richtung Gewächshaus des Botanischen Gartens an die Potsdamer Straße angeschlossen. Der Wilmersdorfer Weg südlich des Botanischen Gartens wird nach Osten in Richtung Yorkstraße verlängert, so daß Bahn- und Hafengelände mehr oder weniger umgangen werden können.
Eine andere Lösung des Problems, die Güterbahnhöfe zu umgehen, bringt ein 1857 datierter Plan in den Akten des Landesarchivs in Potsdam (Rep. 30. Berlin. C. Tit. 20. Nr. 624).

318
Tempelhofer und Schöneberger Feldmark. 1850/51

»Charte von demjenigen Theile Section IV des Bebauungsplanes von den Umgebungen Berlins welcher zwischen dem Halleschen und Potsdamer Thore belegen ist.«
Plangrenzen: Belle-Alliance-Platz, Kolonnenstraße, Potsdamer Straße, Landwehrkanal.
Signiert: »1850/51 Meyer Koenigl. Vermessungsrevisor.«
Beziffeter Maßstaß in Ruten.
Feder, aquarelliert, Bleistift. 143,7 x 96 cm und 148,8 x 84,7 cm.
Geheimes Staatsarchiv, Berlin. PK. XI. HA. Karte A 50034 a/b.

Die Fläche zwischen den obengenannten Straßen wird städtebaulich erschlossen, die so entstehenden Quartiere sind dunkelgetönt begrenzt. Die großartige städtebauliche Lösung mit einer vierreihigen Allee einschließlich Mittelpromenade sieht drei großräumige Platzanlagen vor. Infolge des erweiterten Eisenbahnbaus in Verbindung mit dem Anhalter Bahnhof wird diese Planung zerstört.
Von dem Plan wurde um 1857 eine verkleinerte Ausführung gezeichnet (Kat.-Nr. 319), die genaue Beschreibung findet sich dort.

319
Tempelhofer und Schöneberger Feldmark. Um 1857

»Coupon aus der vierten Abteilung des Bebauungsplanes für die Umgebungen Berlins.«
Plangrenzen: Kreuzberg mit dem Nationaldenkmal der Befreiungskriege, Botanischer Garten, Potsdamer Straße,

Landwehrkanal, Belle-Alliance-Platz, Chaussee von Cottbus.
Zeichner: Vermessungsrevisor Meyer, die Grünanlagen in der Gartendirektion eingezeichnet.
Bezifferter Maßstab in Ruten.
Wasserzeichen von 1855.
Feder in Grau, laviert in Rosa, Grün, Blau und Gelbbraun, Einbesserungen in Bleistift und Orangestift. 49,7 x 67,9 cm.
Planslg. Nr. 5468.
Siehe Tafelteil.
Quellen und Lit. zu Kat.-Nr. 312–319: Lenné-Nachlaß. Nr. 15 g. Vol. 11. 15 n. – BLAP. Rep. 30. Berlin. C. Tit. 20. Nr. 624, 625, 585. – Hinz 1937/89. S. 188–191.

Die Tempelhofer und Altschöneberger Feldmark sind in nordsüdlicher Richtung von den Straßen nach Potsdam und Cottbus sowie von den Schienenkörpern der Berlin–Anhalter und der Berlin–Potsdam–Magdeburger Eisenbahn durchquert. Ein breiter, mit vier Baumreihen bepflanzter Grünzug durchzieht in Ostwestrichtung die Feldmark und endet zunächst in der Potsdamer Straße, unterbrochen durch drei Plätze. Später wird aus diesem Grünzug der Straßenzug Gneisenaustraße–Yorkstraße–Bülowstraße, freilich durch Erweiterungen des Eisenbahnkörpers stark beeinträchtigt.
An der Kreuzung der Militairstraße fügt sich ein Rundplatz ein, zwischen den beiden Eisenbahnlinien eine sehr große, regelmäßige Grünanlage in Nordsüdrichtung. Ein sechseckiger, gleichmäßig bepflanzter Platz ist in den Grünzug eingespannt und nach Süden mit zwei Diagonalstraßen an weitere Straßenzüge angeschlossen. Nach Norden folgt eine tiefe, mit Bäumen gerandete Grünfläche, die eine Kirche als Raumabschluß hat. Drei Straßen, getrennt durch ein Schulgebäude, verbinden sie mit dem Tempelhofer Ufer und der Schöneberger Straße.
Nur angedeutet ist eine möglicherweise wegen der Berlin–Potsdam–Magdeburger Eisenbahn aufgegebene hippodromartige Fläche, die von der Schöneberger Straße durchschnitten wird und nach Süden mit dem breiten Grünzug und dem sechseckigen Platz kurz vor der Potsdamer Straße verbunden ist.
1859 übernahm James Hobrecht die Stadtplanung von Berlin. Inwieweit er sich dabei mit Lenné einigte, wissen wir nicht. Jedenfalls hat er in seinem Plan der Tempelhofer und Schöneberger Feldmark von 1861 die Planung Lennés, wie wir sie hier vorliegen haben, genau übernommen (bei ihm Abt. 3), obwohl sie durch die Entwicklung der Bahnlinien überholt war.

Einzelne Plätze und Gärten

Friedrichshain

320
Friedrichshain. Um 1840/42

Als Lenné in einen Plan von Berlin seine Entwürfe unter dem Titel »Projectirte Schmuck: u. Grenzzüge v. Berlin mit nächster Umgegend« einzeichnete (Kat.-Nr. 282), führte er im Norden einen breiten Boulevard um die Stadt, der im Nordosten eine Parkanlage, den späteren Friedrichshain, durchquert. Damals, im Jahr 1840, war die Anlegung des Volksgartens, der in Erinnerung an die Thronbesteigung Friedrichs II. hundert Jahre zuvor Friedrichshain genannt werden sollte, von der Berliner Stadtverordnetenversammlung bereits beschlossen. Der von Gerhard Koeber gezeichnete Plan folgt in etwas abgewandelter Form den Ideen der Einzeichnung in den Schmuck- und Grenzzügen.
Erst 1846 begannen unter der Leitung von Gustav Meyer die Arbeiten am Westteil der Anlage, die 1848 vollendet wurden. 1874–76 führte Gustav Meyer den Ostteil aus. Nach dem Zweiten Weltkrieg entstanden aus den Flakbunkern des Krieges die beiden Bunkerberge.

Plangrenzen: Am Friedrichshain, Virchowstraße, Landsberger Allee, Friedensstraße.
Zeichner: Gerhard Koeber.
Bezifferter Maßstab in Ruten.
Feder, aquarelliert. Unregelmäßig beschnitten.
Ehemals Slg. Wolfram Konwiarz. Berlin.
Lit.: Wendland. S. 243–246. – Wimmer 1990. Nr. 1.

Vom Platz am Landsberger Tor führt eine vierreihige Allee zu einem großen Rondell und mündet, westlich abbiegend, in eine weitere vierreihige Querallee. Neben dieser wichtigen Allee erschließt ein breiter Weg die Randpartien im Süden und Westen. Verhältnismäßig kleine Gehölzgruppen, aber eine Fülle von Hainpflanzungen überziehen neben weiteren Wegen die Fläche, so daß sehr viele Zwischensichten möglich werden, die auch in dünnen Strichen eingezeichnet sind; Zielpunkte – vor allem die Kirchtürme der Stadt – sind am Rande angegeben. Die Lage auf und am Hang des Mühlenbergs ermöglichte diese Ausblicke. In der Wegeführung und in der Breite der Wege kommt Lennés Gedanke zum Ausdruck, die Menschen zusammenzuführen und wieder zu trennen.

Plätze und Gärten an öffentlichen Gebäuden

321
Lustgarten. 1828

Als Lustgarten wird noch immer der Platz vor dem 1824 bis 1830 durch Karl Friedrich Schinkel errichteten Museum (jetzt »Altes Museum«) bezeichnet. Auch Schinkel hatte 1828 zwei Pläne zur Bepflanzung des Lustgartens gezeichnet (SM. 21. C 161 und 162), die aber einige Monate nach Lennés Plan entstanden. Schinkel verarbeitete die Anregungen Lennés, der ihm den »Gartenkünstler Klengel« für die Ausführung empfahl. Sie wurde dann aber von dem Gärtner Herrmann Fintelmann übernommen, mit dem Schinkel immer unmittelbar verhandelte.

»Project zur Ausschmückung des Lustgartens in Berlin 1828 N° 1«
Plangrenzen: Packhof und ehemaliges Orangeriegebäude, Friedrichsbrücke, Dom, Schloß, Schloßfreiheit, Spree mit der neuen Schloßbrücke.
Zeichner: Wohl August Gottfried Klengel.
Bezifferter Maßstab in Ruten.
Wasserzeichen von 1821.
Feder in Dunkelbraun. 60,2 x 48 cm.
Planslg. Nr. 3570.

In der Längsrichtung wird der Lustgarten durch Bäume eingefaßt. Die große langgestreckte Fläche teilt sich durch eine auf den Dom ausgerichtete Querachse, die im Westen nischenartig abgerundet ist. Sowohl in der

57. Unbekannter Künstler. Der Lustgarten in Berlin mit dem Alten Museum und dem Dom. Um 1835. (Stiftung Schlösser und Gärten Potsdam-Sanssouci)
58. Friedrich Wilhelm Klose. Der Mühlgraben in Berlin. Um 1855. (Stiftung Schlösser und Gärten Potsdam-Sans-souci)
59. Unbekannter Künstler. Der Opernplatz in Berlin mit dem Universitätsgebäude. Um 1850. (Märkisches Museum, Berlin)

Mitte als auch an den Ecken der Flächen sind Plastiken aufgestellt. Die Bepflanzung besteht aus sehr großen Büschen und den Baumreihen an den Längsseiten.
Der Plan wurde nicht ausgeführt.

322
Lustgarten. 1828

»Project zur Ausschmückung des Lustgartens in Berlin. 1828. N° 2.«
Plangrenzen: Wie Kat.-Nr. 321.
Zeichner: Wohl August Gottfried Klengel.
Bezifferter Maßstab in Ruten.
Wasserzeichen von 1821.
Feder in Dunkelbraun, wenig Bleistift. 60,3 x 48,1 cm.
Planslg. Nr. 3571.
Siehe Tafelteil.
Quellen und Lit. zu Kat.-Nr. 321 u. 322: Lenné-Nachlaß. Nr. 4. Fol. 203, 206; Nr. 15 c. Fol. 1–29. – Hinz 1937/89. S. 135–136. – Schinkel-Werk. Rave 1948. S. 106–123. – Wendland. S. 46–51.

Die Längsseiten des Lustgartens sind mit pyramidenförmigen Bäumen bepflanzt. Die Längsachse ist auf das Museum ausgerichtet, die Querachse auf den Dom. In den halbkreisförmigen Ausbuchtungen seitlich der Längsachse, in der Mitte der vier Kompartimente und vor dem Schloß sind Plastiken vorgesehen. Die kürzeren Teile der Grünflächen haben nur in der Mitte, die anderen jeweils an den Enden eine Buschgruppe.

323
Schloß. 1847

Vor die Nordfront des Schlosses wurde 1842–45 eine Terrasse gelegt, nur der östliche Teil der Fassade blieb frei. Die Bauleitung hatte Albert Schadow. Man blickte von der Terrasse auf den Lustgarten und das Alte Museum.

»Die Königliche Schlossterrasse in Berlin.«
Plangrenzen: Schloßfassade.
Signiert: »Bethge. 1847.«
Bezifferter Maßstab in Ruten.
Wasserzeichen von 1846.
Feder in Schwarz, laviert in Rosa, Blaßblau und verschiedenen Grüntönen. Mit schwarzem Ornamentband gerahmt, auf Leinen aufgezogen und mit blauem Seidenband eingefaßt. 65,8 x 76,9 cm.
Planslg. Nr. 7425.
Siehe Tafelteil.

Die Terrassen bestehen aus einem breiten Mittelweg, der von jeder Seite über Stufen zugänglich ist, und zwei Grünstreifen. Drei verschiedene Muster gliedern den Mittelweg.
Die Grünstreifen sind in zum Teil leicht versenkte und mit einem Teppichmuster überzogene rechteckige Kompartimente unterteilt. Die ebenen Kompartimente sind mit pyramidenförmigen und schmalkronigen Bäumen bepflanzt, wobei letztere leicht erhöht stehen. Seitlich der Stufenaufgänge und vor Teilen des Bauwerks stehen Nadelgehölze.

324
Schloßfreiheit. 1852

Plangrenzen: Zeughaus, Lustgarten, Schloß, Bauakademie, Münze.
Signiert: »Lenné im März 1852.«
Zeichner: Gustav Meyer.
Bezifferter Maßstab in Rheinischen Fuß.
Wasserzeichen von 1850.
Feder in Grau, laviert in Grau, Blaßblau und Blaugrün. 37 x 46,2 cm.
Planslg. Nr. 3572.
Siehe Tafelteil.
Lit.: Ludwig Dehio: Friedrich Wilhelm IV. von Preußen. Ein Baukünstler der Romantik. Berlin 1961. S. 53–54, Abb. 40.

Schinkel schrieb in einem Gutachten (SM. Nach 1832), das sich mit der Bebauung der Innenstadt befaßt: »Die enge und gefährliche Passage zwischen Schloß und Schleusenbrücke würde in den schönsten Teil der Stadt verwandelt, die Schleusenbrücke würde in der ganzen Breite der neuen Straße angelegt, statt der Mühle stünde ein schönes Kaufhaus da.« Mit unserem Plan wird die Idee aufgegriffen: Wandelgänge zwischen einer Säulenarchitektur nehmen das Gelände der Werderschen Mühlen ein. Vorbild dürfte wohl die Passage »Sillems Basar« (1842–45) am Jungfernstieg in Hamburg gewesen sein. Obwohl es sich um eine Zeichnung Lennés handelt, ist der gärtnerische Anteil sehr gering. Er beschränkt sich auf zwei Buschgruppen und die Anlage des Schinkelplatzes vor der Bauakademie. Zweifellos haben die städtebaulichen Bestrebungen Lennés und die Vorstellungen des Königs die Anfertigung des Grundrisses veranlaßt. Zu ihm gehört eine Zeichnung Friedrich Wilhelms IV. (Staatl. Museen Berlin. Handzeichnungssammlung), die erkennen läßt, wie hinter den Säulenhallen das Schloß auftaucht, von dessen Fenstern aus man auf die Anlage blicken sollte.
Die Planungen für die nie ausgeführte Passage zogen sich bis 1855 hin. In diesem Jahr lebten sie wieder auf, und man erkundigte sich nach der Rentabilität des Basars in Hamburg. Minister v.d. Heydt rät aber dem König, für den Bau auf politisch ruhigere Zeiten zu warten, und empfiehlt die Gründung einer Aktiengesellschaft.

Opernplatz (Bebelplatz)

1843 wurde von der Kgl. Bibliothek um eine gärtnerische Gestaltung des Opernplatzes gebeten, damit die Reiter auf dem sandigen Platz nicht mehr soviel Staub aufwirbeln konnten, der dann in die Bibliotheksräume eindrang. Lenné zeichnete einen Plan, der aber nicht sofort ausgeführt wurde. Nach dem Brand des Opernhauses und seinem Wiederaufbau im Jahr 1845 bat Langhans, den Plan den neuen Verhältnissen anzupassen, weil jetzt die zum Platz orientierte Seitenfront des Opernhauses verändert war. Unser Plan entstand vor dem Brand, wurde dann aber auf die neue Platzbegrenzung bezogen ausgeführt.

325
Opernplatz (Bebelplatz). 1843

»Plan vom Opern Platz zu Berlin«
Plangrenzen: Bibliothek, Oper, Unter den Linden.
Zeichner: Gerhard Koeber.
Bezifferter Maßstab in Ruten.
Feder in Grau, laviert in Grün und Rosa. 38,5 x 48,9 cm.
Planslg. Nr. 3573.

Eine Rasenfläche, die von vier Diagonalwegen geteilt wird, füllt den Opernplatz aus. Ein kreisrundes Beet bildet die Mitte, östlich und westlich steht in Halbkreisen je eine Plastik. Zwei Baumblöcke grenzen die Schmalseiten zur Straße ab.

326
Opernplatz (Bebelplatz). 1853

Plangrenzen: Westseite des Opernplatzes, Bibliothek.
Signiert: »Zum Marginal Bericht vom 28.8.53 C. Henning.«
Zeichner: C. Henning.
Bezifferter Maßstab in Ruten.
Feder in Grau, laviert in Grün, Grau und Rot. 24,3 x 67,2 cm.
Planslg. Nr. 7385.
Lit. zu Kat.-Nr. 325 u. 326: Wendland. S. 68.

Vor der Bibliothek zieht sich eine läuferartige, aus drei Teilen bestehende Grünfläche hin. Kern des Mittelstücks ist ein von sechs Büschen umgebenes blütenförmiges Blumenbeet. Beiderseits folgen von je einem Beet unterbrochene Strauchpflanzungen. Die Endpunkte bilden wiederum blütenartige Teppichbeete.
Die spiegelbildlich gestalteten Endstreifen werden ebenfalls von je drei teppichbeetartigen Blumenpflanzungen belebt, unterbrochen von lockerem Strauchwerk.

Luisenplatz (Robert-Koch-Platz)

1834–36 hatte Schinkel das Neue Tor am Luisenplatz errichtet. 1839 zeichnete Lenné einen »Plan für die Bepflanzung des Louisenplatzes«, der nicht erhalten ist (ehemals Preuß. Bau- und Finanzdirektion, keine Photographie bekannt). Diese Anlage wurde während der Revolution von 1848 in der Nacht zum 19. März zerstört. 1852 zeichnete Lenné einen neuen Plan, der ausgeführt wurde.

327
Luisenplatz. 1852

»Entwurf für den Louisenplatz am Neuen Thore in Berlin; in Betreff dessen Wiederaufschmückung angefertigt durch Lenné im Juni 1852.«
Plangrenzen: Invalidenstraße, Luisenplatz.
Zeichner: Gustav Meyer.
Bezifferter Maßstab in Ruten.
Feder, aquarelliert. 55 x 27 cm.
Ehemals Preuß. Bau- und Finanzdirektion, Berlin.

Der Platz wird bis auf die hindurchführende Straße von zwei rechteckigen Flächen ausgefüllt, die mit einem geflochtenen Gitter eingefaßt sind. Die äußeren Quadrate sind mit Bändern aus Sträuchern gerahmt, unterbrochen durch großblättrige Staudenbepflanzung. Hinter dem sog. Neuen Tor wird der breite Zugang zur Invalidenstraße von je vier Baumreihen eingefaßt.
Rechts ist eine Ansicht von zwei Feldern des Schuppenflechtgitters gezeichnet.

328
Luisenplatz. 1852

»Entwurf für den Louisenplatz am Neuen Thore in Berlin in Betreff dessen Wiederaufschmückung angefertigt durch Lenné im Juni 1852.«
Plangrenzen: Wie Kat.-Nr. 327.
Zeichner: Gustav Meyer.
Bezifferter Maßstab in Ruten.
Feder in Grau, Bleistift. Auf Seidenpapier. 58 x 39,2 cm.
Plansig. Nr. 3577.
Quellen und Lit. zu Kat.-Nr. 327 u. 328: STAM. 2.2.1. Nr. 28672. Fol. 36–42 (1852/53). – Schinkel-Werk. Rave 1948. S. 95–103. – Wendland. S. 272. – Wimmer 1990. Nr. 53.

Der Plan ist eine Durchzeichnung von Kat.-Nr. 327.

Gärten an der Charité

Die Charité – das erste große Krankenhaus Berlins – hatte sich seit 1710 in der nordwestlichen Ecke der ummauerten Stadt entwickelt. Für die mehrfach umgebaute und erweiterte »Alte Charité« sollte Lenné 1822 den Hof neu gestalten. Dafür ist eine Skizze und die dazugehörige Reinzeichnung vorhanden (Kat.-Nr. 329 u. 330). Aber auf den Stadtplänen der Zeit danach sieht man, daß nicht nach diesem Entwurf gearbeitet wurde, sondern daß Lenné einen neuen Entwurf gezeichnet haben muß, der die vier Felder im Hof durch Wege unterteilte. Dieser Plan ist nicht erhalten.

Südlich der Alten Charité lag ein von der Charitéstraße, der Schumannstraße und der Luisenstraße umschlossener Garten. 1834 erhielt Lenné den Auftrag, ihn zu verschönern. Hierfür sind in den Akten der Charité der Entwurf (Kat.-Nr. 331) und die Erläuterungen dazu erhalten. In Potsdam befindet sich der Bepflanzungsplan (Kat.-Nr. 332) und im Lenné-Nachlaß die Bepflanzungsliste. Lenné hatte den Gärtner Louis Eyserbeck für die Ausführung empfohlen, der dann in seinem Zeichenheft den Garten wiedergegeben hat (Kat.-Nr. 400).
1831–34 war von Ludwig Ferdinand Hesse die »Neue Charité« erbaut worden. Hier hat Eyserbeck mit Billigung Lennés die Gartenanlage selbständig entworfen. Die Zeichnung dazu befindet sich ebenfalls bei den Akten der Charité, ebenso die von Lenné begutachtete Pflanzenliste.
1844 bat die Leitung der Charité Lenné, den Platz zwischen Alter und Neuer Charité zu verschönern. Die Erläuterungen dazu und das Pflanzenverzeichnis befinden sich in den Akten der Charité. Lenné hatte für die Ausführung den Gartenkünstler Seeger vorgeschlagen, der nach seiner Ausbildung in der Gärtnerlehranstalt im Garten von Schloß Charlottenburg arbeitete. Der Plan dazu ist nicht vorhanden, doch sieht man die Anlage auf den Stadtplänen der Zeit.
Die Lennéschen Gärten der Charité verschwanden bei der späteren Bebauung des Geländes.

329
Alte Charité. 1822

»Der große Hof der Königlichen Charité«
Plangrenzen: Dreiseitige Umbauung der Hoffläche, deren vierte Seite von einer Mauer abgeschlossen wird.
Zeichner: Graiß?, Einbesserungen durch Lenné.
Bezifferter Maßstab in Ruten.
Feder in Schwarz, Neuplanung in Bleistift. 28,4 x 29,4 cm.
Plansig. Nr. 3582.

Die strenge Aufteilung der vier rechteckigen Hofflächen wird zwar im Grundsatz beibehalten, den einzelnen Teilen wird jedoch eine leicht geschwungene Form gegeben, teilweise wird auch Buschwerk verwendet. Infolge der Veränderung der Rasenpartien bleibt Raum für Grünflächen am Fuß des Gebäudes und für eine Abpflanzung der Mauer, an der fünf Pyramidenpappeln den Mittelweg auffangen.

330
Alte Charité. 1822

Plangrenzen: Wie Kat.-Nr. 329.
Signiert: »Lenné fecit 1822.«
Zeichner: Eigenhändig.
Bezifferter Maßstab in Ruten.
Feder in Grau, laviert in Grün, Grau und Rosa. 29,1 x 33,1 cm.
Archiv der Humboldt-Universität, Berlin. Acta betr. die Gärten und Anlagen bei der Königlichen Charité. Nr. 2012. Fol. 3.

Leicht veränderte Reinzeichnung von Kat.-Nr. 329. Der Charitéhof wird von einer kreuzförmigen Alleepflanzung von Laubbäumen ausgefüllt. Die vom Haus ausgehende

60, 61. Karl Friedrich Schinkel. Das Neue Tor und der Luisenplatz in Berlin. 1832. (Staatliche Museen zu Berlin – Preußischer Kulturbesitz. Nationalgalerie)
62. Finden nach Stock. Die Charité in Berlin. 1838. (Stadtarchiv Berlin)

Mittelallee führt auf einen halbrunden, mit fünf Pyramidenpappeln betonten Ruhesitz. Die in den entsprechenden vier Quartieren liegenden Rasenflächen sind – da für Männer und Frauen zu nutzen – nochmals mit einer ganz schmalen Abpflanzung eingeschlossen. Die an das Gebäude grenzenden Teile werden von je einem Blumenbeet belebt.

331
Alte Charité. 1834

Plangrenzen: Südflügel der Alten Charité, Luisenstraße, Schumannstraße, Charitéstraße.
Zeichner: Gerhard Koeber.
Bezifferter Maßstab in Fuß.
Wasserzeichen von 1829.
Feder in Grau, laviert in Grün, Braun und Rosa. 35,5 x 38 cm.
Archiv der Humboldt-Universität, Berlin. Acta betr. die Gärten und Anlagen bei der Königlichen Charité. Nr. 2018. Fol. 63.

Unmittelbar am Gebäude liegen hinter Hecken zwei regelmäßige Privatgärten. Der Zugang zu diesen erfolgt von drei Seiten, so daß sich drei breite Wegeschleifen ergeben, die zwei größere Gartenfreiräume einschließen. Die Bepflanzung setzt sich aus dichten, meist langgezogenen Gruppen und kleinen Hainen zusammen. Eine gleichlaufend zum Gebäude stehende Baumreihe dürfte bereits vorhanden gewesen sein.

332
Alte Charité. 1834

»Situations-Plan des neu anzulegenden Charite Gartens.«
Plangrenzen: Wie Kat.-Nr. 331.
Zeichner: Gerhard Koeber.
Bezifferter Maßstab in Fuß.
Feder in Grau und Rot, laviert in Blaßgrün und Rosa, Bleistift. 51,7 x 62,4 cm.
Planslg. Nr. 3583.
Siehe Tafelteil.
Quellen und Lit. zu Kat.-Nr. 329–332: Lenné-Nachlaß. Nr. 15 d. Fol. 1–17. 1833/34. – Archiv der Humboldt-Universität. Berlin. Acta betr. die Gärten und Anlagen bei der Königlichen Charité. Nr. 2012 u. 2018. – Hinz 1937/89. S. 136. – Wendland. S. 270–271. – Klaus Dietrich Gandert: Die geschichtliche Entwicklung der Gartenanlagen der Charité. In: Wiss. Zeitschr. d. Univ. Berlin Math.-nat. Reihe. 36. 1987. S. 27–39.

Zwei verschieden große geschwungene Flächen füllen den Charitégarten aus; zwischen den Rundwegen und der Straße liegt eine dichte Abpflanzung.
In Ziffern ist die vorgesehene Bepflanzung in Gruppen, Hainen und Einzelbäumen eingetragen. Spitzahorn, Birken, Pappeln, Obstbäume und -sträucher werden namentlich genannt (Bleistifteintragung). Die Erläuterungen zu den Ziffern befinden sich im Lenné-Nachlaß.

333
Belle-Alliance-Platz (Mehringplatz). 1863

»Der Belle alliance Platz«
Plangrenzen: Rand des Belle-Alliance-Platzes mit Einmündung der Wilhelm-, Friedrich- und Lindenstraße.
Signiert: »C. Henning Thierg 8/3 63.« »Copie«.
Bezifferter Maßstab in Ruten.
Wasserzeichen von 1846.
Feder in Grau, laviert in Grün, Grünblau, Blau, Bräunlich und Rosa. 43,2 x 54,4 cm.
Planslg. Nr. 3578.
Siehe Tafelteil.
Lit: Wendland. S. 109–110.

Um ein zentrales Wasserbecken legen sich zwei halbkreisförmige Rasenflächen, deren Rand gleichmäßig mit kleineren Gehölzen besetzt ist. Gehölzgruppen unterschiedlicher Größe betonen die Verlängerung der Friedrichstraße.

334
Dönhoffplatz. 1845

»Situations-Plan des Dönhof-platzes zu Berlin 1845«
Plangrenzen: Leipziger Straße, Commandantenstraße, Krausenstraße, Jerusalemer Straße.
Zeichner: Gerhard Koeber.

63. Eduard Barth. Der Leipziger Platz in Berlin. Um 1830. (Staatliche Museen zu Berlin – Preußischer Kulturbesitz. Nationalgalerie)

Bezifferter Maßstab in Ruten.
Wasserzeichen von 1841.
Feder in Grau und Rot, laviert in Grau, Braun, Grün und Rot. 39,1 x 50,1 cm.
Planslg. Nr. 3579.

Situation des Dönhoffplatzes, der an drei Seiten von einer doppelten Baumreihe umgeben ist.

335
Dönhoffplatz. 1853

»Dönhofs-Platz in Berlin«
Zeichner: Gerhard Koeber.
Bezifferter Maßstab in Rheinischen Fuß.
Feder in Blau und Bleistift. Auf Seidenpapier. 26,5 x 38,6 cm.
Planslg. Nr. 3580.
Lit. zu Kat.-Nr. 334 u. 335: Wendland. S. 107–108.

Die Freifläche vor einem projektierten, langgestreckten Gebäude (Markthalle?) wird entsprechend der zweireihigen Baumpflanzung so geformt, daß axial vor dem Gebäude zwei Rundbeete (Brunnen?) liegen. Baumreihen mit je einem kleinen Brunnen betonen das Ende der Seitenflügel.

Leipziger Platz

1823/24 hatte Schinkel die Häuser des Potsdamer Tors erbaut. Bei dieser Gelegenheit hatte er schon eine einfache Gestaltung des Leipziger Platzes mit Statuen vorgeschlagen (SM. 45 c. 62). Schinkels Plan wurde vom König verworfen. Danach erhielt Lenné den Auftrag und reichte 1824 zwei Entwürfe ein, deren Verbleib nicht bekannt ist. Dagegen haben wir die zwei Pläne aus dem Jahr 1828, die wahrscheinlich Kopien der Pläne von 1824 sind.

336
Leipziger Platz. 1828

»Leipziger Platz«
Plangrenzen: Randbebauung des Leipziger Platzes, Potsdamer Tor, Vorplatz zur Leipziger Straße.
Signiert: »Lenné 1828«.
Zeichner: Graiß.
Bezifferter Maßstab in Rheinischen Ruten.
Wasserzeichen von 1826.
Feder in Grau und Schwarz, Bleistift. 50,4 x 38,2 cm.
Planslg. Nr. 3574.
Siehe Tafelteil.

Jede Platzhälfte ist mit einem Zaun eingefaßt, in dessen äußeren vier Einbuchtungen eine Laterne steht, umgeben von zwei Bäumen und etwas Strauchwerk. Je eine weitere, fast halbkreisförmige Einbuchtung liegt, betont durch jeweils drei Bäume, in der Mitte des Platzes. Gehölzgruppen, eine große in der Mitte, zwei kleinere zum Rand gelegen, füllen die Fläche, kleineres Strauchwerk verteilt sich entlang des Randes. Die sich vor dem Potsdamer Tor erweiternde Fläche wird von je vier Bäumen eingerahmt.
Bleistifteinzeichnungen lassen eine geplante Wegeführung erkennen, die vom Rand her die Rasenfläche erschließt und um die Gehölzgruppen herumführt.

337
Leipziger Platz. 1828

»Plan des Leipziger Platzes zu Berlin.«
Plangrenzen: Wie Kat.-Nr. 336.
Signiert: »gez. von Graiß.«
Bezifferter Maßstab in Rheinischen Fuß.
Feder in Grau, Bäume laviert in Grün. 50,6 x 37,6 cm.
Planslg. Nr. 3575.

Der Plan gleicht dem vorangegangenen bis auf wenige Ausnahmen. Die Einzäunung des Platzes ist entfallen, dafür werden, entlang des Randes regelmäßig verteilt, streng kegelförmige Bäume (Eichen oder Pappeln) vorgesehen.
Der Plan wurde ausgeführt.

338
Leipziger Platz. 1856

»Entwurf für den Leipziger Platz in Berlin.«
Plangrenzen: Grenzen des Platzes, Potsdamer Tor, Leipziger Straße.
Signiert: »Entworfen im November 1856 Lenné«.

Zeichner: Gustav Meyer.
Bezifferter Maßstab in Fuß.
Feder, aquarelliert.
Ehemals Preuß. Bau- und Finanzdirektion, Berlin.
Quellen und Lit. zu Kat.-Nr. 336–338: STAM. 2.2.1. Nr. 28581. Ehemals Rep. 89 B. Geh. Zivilk. Tit. VII. Landbausachen. Nr. 84, 10: Bau des Potsdamer Tors und Verschönerung des Leipziger Platzes. 1822–1828. – Hinz 1937/89. S. 129–130. – Schinkel-Werk. Rave 1948. S. 88 bis 95, 129–133. – Wendland. S. 92–93. – Wimmer 1990. Nr. 55.

Der Leipziger Platz ist spiegelbildlich geteilt. Jede Fläche wird von kleinkronigen, mit Festons untereinander verbundenen Bäumen gerahmt. Nur die Ausbuchtungen an den vier Denkmälern sind durch größere Bäume betont. In der rechteckigen Mittelfläche liegt ein großes rhombenförmiges Beet; vier Gehölzgruppen füllen die Zwickel. Auch die vier größeren Rasenflächen haben je eine große Gehölzgruppe. Vier lilienförmige Beete, wie sie Lenné häufig in Ziergärten verwendete, unterbrechen auf jeder Seite die Länge des Randes.
Über die Ausführung des Planes ist nichts bekannt.

Privatgärten

339
Bülowscher, später Schicklerscher Garten am Tiergarten. 1818

Der Bülowsche Garten lag zwischen der Charlottenburger Chaussee und der Spree auf dem Gelände der ehemaligen Wulff'schen Kattunbleiche. Auf einer Zeichnung von Siebecke von 1821 im Stadtarchiv Berlin ist noch der alte Bleichplatz und die Gartenanlage des 18. Jahrhunderts zu sehen. Dieses Aufmaß diente wohl als Unterlage für die nach dem Plan von Lenné durchgeführte Neuanlage des Gartens.
Der Staatsminister Graf Bülow führte lange Verhandlungen wegen Überlassung zweier kleiner Parzellen des Tiergartens, um den Garten nach Osten und Süden abzurunden. Im Westen begrenzte ihn das Gelände der Porzellanmanufaktur, unten im Osten der Graefesche Garten (Kat.-Nr. 347 u. 348). Heute liegt hier die Straße Siegmunds-Hof, die zum Bahnhof Tiergarten führt.
Schon 1823 gingen Haus und Garten an den Bankier Schickler über. Auf den Stadtplänen der Zeit um 1840 ist das Grundstück stets eingezeichnet.

»Bülows Garten im Thiergarten den 10ten Sept. 18«
Plangrenzen: Spree, »nach dem Trödel Damm«, Grundstücksgrenzen.
Zeichner: Eigenhändig.
Bleistift. 75,8 x 55 cm.
Planslg. Nr. 3621.
Quellen: BLAP. Rep. 30. Berlin. B. Tit. 40. Nr. 183. Acta wegen Regulirung und Revision der Grenzen des im Thiergarten belegenen...die sog. Kattunbleiche. 1808/21. – Lenné-Nachlaß. Nr. 4. Fol. 53, 54, 84.

Die Gartenfläche teilt sich in eine südliche Nutzfläche und einen nördlich gelegenen, parkartigen Teil, der sich aus vier größeren, im Umriß sehr bewegten Flächen zusammensetzt. Vom Wohnhaus führt eine Sicht über Rasenflächen bis zu dem an der Spree liegenden Gartenhaus, eine weitere nordöstlich über einen kleinen Teich, an einem Hügel vorbei in die »Wilmersdorfer und Lützower Wiesen«. In der westlichen Achse des Hauses steht eine Plastik, in der östlichen ein versteckter Gartensitz. Im Nordwesten ist ein kurzes Stück Allee, das bei der Planung offensichtlich vorhanden war.
Der umfangreiche südliche Teil besteht aus vier regelmäßigen Nutzflächen. Der östlich daran vorbeiführende Weg zum Wohnhaus ist beiderseits dicht abgepflanzt, nur die das Wirtschaftsgebäude umgebende Fläche bleibt bis auf ein ovales Zierstück frei.

Garten des Prinzen Albrecht

1829 wurde beschlossen, dem Prinzen Albrecht von Preußen für seine eigene Hofhaltung den Barockbau des Ansbachischen Palais zur Verfügung zu stellen. 1830–32 wurde das Palais von Karl Friedrich Schinkel zu diesem Zweck umgebaut.
Schon 1820, als das Luisenstift das Palais nutzte, hatte Lenné einen Gartenplan gezeichnet. Damals wurden auch schon Gartenarbeiten durchgeführt. Prinz Albrecht hat dann noch benachbarte Teilgrundstücke zugekauft, so daß Lenné 1830 an eine neue, grundlegende Planung des Gartens gehen konnte. Über die Zusammenarbeit mit Schinkel wissen wir nichts, können sie aber voraussetzen.

64. Johann Friedrich Nagel. Die Wulff'sche Kattunbleiche am Tiergarten, Berlin. Um 1790. (Stiftung Schlösser und Gärten Potsdam-Sanssouci)

340
Garten des Prinzen Albrecht. 1820

»Palais und Garten des Prinzen Albrecht zu Berlin«
Plangrenzen: Grundstücksgrenzen.
Signiert: »Lenné fecit 1820«.
Bezifferter Maßstab in Ruten.
Feder in Grau, laviert in Grün bis Gelb, Grau und Rosa.
41,9 x 29,8 cm.
Plansig. Nr. 3624.
Siehe Tafelteil.

Im Anschluß an den baulich reich gegliederten Vorhof des Palais erweitert sich das Grundstück trichterförmig, wobei der äußerste Teil – hinter dichter Abpflanzung – einen von Obstbäumen gegliederten Nutzgarten aufnimmt. Leicht geschwungene Wege führen entlang der dicht abgepflanzten Grundstücksgrenzen. Nebenwege zerteilen die Gartenfläche in drei fast ovale Rasenstücke, die mit Strauchwerk und Bäumen besetzt sind. Nur unmittelbar am Gebäude liegen zwei kleine Zierbeete. Zwei Durchsichten, die durch die dichten Ränder und die feste Mittelpflanzung gebildet werden, gehen vom Palais durch den Garten.

341
Garten des Prinzen Albrecht. 1829

»Palais und Garten Sr. K. H. des Prinz Albrecht«
Plangrenzen: Schmales Grundstück an der Westseite der südlichen Wilhelmstraße, gegenüber Kochstraße.
Signiert: »f GK. 29«.
Zeichner: Gerhard Koeber.
Bezifferter Maßstab in Ruten.
Wasserzeichen von 1826.
Feder in Grau, laviert in Grün, Grau, Ocker und Rosa.
63,2 x 43 cm.
Plansig. Nr. 3625.

Der Plan wurde wohl als Bestandsplan – nach den Lennéschen Veränderungen von 1820 vor der Übernahme des Grundstücks durch den Prinzen Albrecht – angefertigt und war Grundlage für den Plan von 1830.
Eine nur einen Durchblick nach Norden freigebende dichte Randbepflanzung faßt den Garten ein, dessen Innenraum von einer langgestreckten Wiese gefüllt wird. Nach Westen teilt sich der Tiefenzug durch eine kräftige Pflanzung, die in südlicher Richtung zu einem Hügel führt und in nördlicher Richtung von einer dichten Abpflanzung aufgefangen wird, welche einen sechsteiligen Nutzgarten dem Blick entzieht.

342
Garten des Prinzen Albrecht. Wohl 1829

»Nivellements Plan zum Gart. d. Pr. Albrecht v. Pr. in Berlin ehem. Ansbach. Pal. Garten«
Signiert: »fec. G. Koeber«.
Bezifferter Maßstab in Ruten und Fuß.
Wasserzeichen von 1818.
Feder in Grau, Grün und Rot. 49 x 70,7 cm.
Plansig. Nr. 7426.

Drei Schnitte, die das abfallende Gelände deutlich machen.

343
Garten des Prinzen Albrecht. 1830

»Verschönerungs-Plan zum Garten beim Palais Sr: K: H: des Prinzen Albrecht zu Berlin.«
Plangrenzen: Wie Kat.-Nr. 341 und Grundstückserweiterung nach Süden.
Signiert: »Lenné 1830.« »Gez. A. G. Klengel. 1830«.
Bezifferter Maßstab in Fuß.
Feder in Schwarz, laviert in Grün, Gelb, Hellocker, Blaugrün und Rosa, z. T. gehöht in Rot. 79,8 x 55,4 cm.
Oben nach Wasserschaden um 1955 beschnitten.
Plansig. Nr. 3626.
Siehe Tafelteil.

Die Vorfahrt in Form eines gestreckten Hufeisens faßt eine Rasenfläche ein, deren Mitte und Treppenfuß durch Blumenpflanzungen und Blütensträucher betont sind. Auch die Zwickel zwischen Vorfahrt und Gebäude sind durch Blumen und Sträucher betont.
Vor dem Gebäude fängt eine halbkreisartig vorgezogene Terrasse über einem sich senkenden Rasengrün drei Blickachsen des Gartens auf: eine südwestliche, von Blütensträuchern gerahmt; eine westliche, die über einen regelmäßigen Rosengarten zu einem Hügel führt, überhöht von einem luftigen graublauen Zelt; eine nordwestliche, die an dem mit neugotischem Zinnenkranz versehenen Marstall endet.
Weit über den Garten hinaus reicht die »Aussicht nach dem Kreuzberg« mit dem 20 m hohen Nationaldenkmal für die Befreiungskriege, das nach Schinkels Entwurf 1821 ausgeführt wurde.
Die Fläche vor dem Gebäude ist wie ein Pleasure-Ground ausgestattet. Kübelpflanzen, Blumenbeete und Blütensträucher ordnen sich sowohl zum Haus als auch zum südlich abschließenden Wintergarten. Eine Terrasse davor und zwei lichte Lauben bilden den Übergang zum Blumensalon an der Südseite des Hauses. Hier wie am Wintergarten finden sich reiche Blumenpflanzungen, meist in regelmäßiger Form. Die Wegeführung leitet an einem Baum mit einer runden Sitzbank vorbei zu einer Statue, die sich ebenso wie der Blütenflor in einem Teich spiegelt. Ein breiter Wassergraben, von einer Brücke überspannt, zieht sich entlang der Südgrenze. Etwa in der Mitte dieses Weges lenkt eine Exedra, mit einem bunten Velarium überspannt, den Blick quer durch den Garten über ein Aha zum Palais des Kriegsministers.
Der westliche Teil der Anlage wird vom Küchengarten (vier Quartiere, von Obstbäumen eingefaßt) und den großen Stallungen ausgefüllt, wobei der Zugang als Ökonomieweg entlang der Nordseite des Gartens verläuft.
Ein zweiter Entwurf für den Pleasure-Ground am Haus (als Klappe aufgeklebt) vereinfacht den ersten Entwurf: vom Teich durch einen Weg getrennt ein runder, sich um eine Plastik ordnender Blumengarten. Von zwei Zelten – gemeint sind heitere Gartenschirme – läßt sich auch die nach Norden fortgeführte Blumenpracht bewundern, ein bei Lenné höchst seltenes Motiv.
Spätere Eintragungen mit Bleistift oder Reißfeder deuten auf Veränderungen an den beiden Zelten, in der südöstlichen Gartenecke (Maschinenhaus?) und im Küchengarten (Reitbahn).
Dieser mit viel Liebe und Phantasie erdachte Plan wurde nur in Teilen ausgeführt.

65. Ferdinand Marohn. Das Palais des Prinzen Albrecht in Berlin. Um 1840. (Stiftung Schlösser und Gärten Potsdam-Sanssouci)

344
Garten des Prinzen Albrecht. Um 1831

»Project vom Anspachschen Palais Garten – Theil beim Schlosse«
Plangrenzen: Gartenpartie am Palais.
Zeichner: August Gottfried Klengel.
Bleistift auf Seidenpapier. 29,5 bzw. 24,6 x 47,2 cm.
Plansig. Nr. 3628.

Unmittelbar an die Gartenfront des Palais schließt sich eine regelmäßige Zieranlage an. Die seitlichen Abschnitte sind durch reiche Teppichbeete geschmückt, die mittlere Anlage mit einer Fontäne ist im Gegensatz dazu in ganz schlichten Formen gehalten. Nur die Ränder, die einen Höhenunterschied erkennen lassen, werden von Einzelpflanzen betont.
Die Zeichnung zeigt die im Plan von Groebenschütz (Kat.-Nr. 346) festgehaltene ausgeführte Form der Terrasse.

345
Garten des Prinzen Albrecht. Um 1831

»Parthie aus dem Anspachschen Palais Garten«
Plangrenzen: Wintergarten am Palais.
Zeichner: Eigenhändig, Beschriftung durch August Gottfried Klengel.
Bleistift. Auf Seidenpapier. 38,8 x 25 cm.
Plansig. Nr. 3629.

Vor dem halbrunden Abschluß des Wintergartens und seitlich davor herunterführenden Treppen liegt eine Gehölzpflanzung, an die sich ein Weg anschließt. Der Plan ist eine Vorzeichnung zu Kat.-Nr. 346.

346
Garten des Prinzen Albrecht. 1835

»Plan des Gartens Sr. Königl. Hoheit des Prinzen Albrecht von Preußen zu Berlin«
Plangrenzen: Wie Kat.-Nr. 341 und Grundstückserweiterung nach Süden.
Signiert: »Aufgenommen und gezeichnet von B. Groebenschütz 1835«.
Bezifferter Maßstab in Fuß.
Wasserzeichen von 1833.
Feder in Schwarz, Grün und Braun, laviert in Grau, Rosa und Blau. 63,7 x 43,9 cm.
Plansig. Nr. 7391.
Quellen und Lit. zu Kat.-Nr. 340–346: Lenné-Nachlaß. Nr. 15 a, b. – Hinz 1937/89. S. 128. – Schinkel-Werk. Sievers 1954. S. 118–226. – Wendland. S. 96–103.

Zustandsplan nach den Ausführungen der Lennéschen Planungen von 1830.
Die einzelnen Ökonomiegebäude sind untereinander verbunden und setzen sich mit dem Wintergarten bis an das Wohngebäude fort.
Der als Pleasure-Ground gestaltete Hang vor dem Wohngebäude ist mit Fontäne und Treppen sowie straff gezogenen Hecken um zwei sternartigen Blumenbeeten wesentlich strenger als im ursprünglichen Entwurf.
Die Wegeführung läßt den wohligen Schwung des Entwurfs kaum spüren, ist auch geringfügig vereinfacht. Die Baumpflanzungen sind schütterer, verdecken aber den großen Marstall und die zusätzliche Halle. Infolgedessen mußte der Wirtschaftsgarten östlich bis zum kleinen Hügel verschoben werden, vor dem eine kleine Rebpflanzung die Sonne auffängt.
Nord- und Südseite sind dicht abgepflanzt und verstärken die Raumwirkung des Gartens.
Der Teich liegt in der vom Wintergarten ausgehenden Sicht und ist gleichzeitig dem ganz regelmäßig angelegten Blumengarten zugeordnet, der mit der Front des Wintergartens eine Einheit bildet.

Graefescher Garten

Das Grundstück liegt am Rand des Tiergartens, nördlich der Charlottenburger Chaussee.
Der Generalstabsarzt Karl Ferdinand v. Graefe, der Vater des berühmten Augenarztes, hatte das Grundstück 1824 erworben. Sein Haus, die Villa Finkenherd, ließ er von Schinkel erbauen, Lenné betraute er mit der Anlage des Gartens. Lenné hat den Graefeschen Garten, wie auch den anschließenden Bülowschen Garten (Kat.-Nr. 339), als zur Tiergartengestaltung zugehörig betrachtet.

347
Graefescher Garten. Um 1824

»Plan eines Stücks von 14 m 12 IR von dem, im Thiergarten am Poetensteige belegenen Elsbruch u. der ehemal. Hofjaeger-Dienst-Wiese«
Plangrenzen: Wilmersdorfer und Lützower Wiesen, Entwässerungsgraben, Poetensteig oder Judenallee nördlich der Charlottenburger Chaussee, Weg zum Treideldamm am Schicklerschen Grundstück.
Bezifferter Maßstab in Ruten.
Feder in Grau, Grün, laviert in Gelb und Rot. 35,4 x 58,4 cm.
Plansig. Nr. 7392.

Im feuchten Wiesengelände ist ein Grundstück mit Wohnungen ausgespart, zu dem noch zwei weitere Gebäude, etwas nördlich gelegen, gehören.

348
Graefescher Garten. Um 1824

»Plan eines Stücks von 14 rm IR von dem in dem Königlichen Thiergarten am Poeten Steige belegenen Elsbruche und den ehemal. Hofjaeg. Dienst Wiese«
Plangrenzen: Wilmersdorfer und Lützower Wiesen, Entwässerungsgraben, Poetensteig oder Judenallee.
Signiert: »aufgenomm. v.: Passow«.
Zeichner: Bleistifteinzeichnungen von Lenné.
Bezifferter Maßstab in Rheinischen Ruten.
Feder in Grau, Bleistift, laviert in Blau, Gelb und Rot. 41,4 x 64,5 cm.
Plansig. Nr. 7393.
Quellen und Lit. zu Kat.-Nr. 347 u. 348: Rave/Wirth. Bauwerke Berlin. 1955. S. 143–146. – Wendland. S. 176 bis 179. – Schinkel-Werk. Rave 1981. S. 209–212. – Walter Hoffmann-Axthelm: Die Familie von Graefe und ihre Villa Finkenherd im Berliner Tiergarten. In: Mittn. d. Vereins f. d. Gesch. Berlins. 1970. S. 299–301, 322–334.

In ein rein technisches Aufmaß sind Wohn- und Wirtschaftsgebäude eingetragen. Um die Gebäude und im westlichen Teil des Grundstücks sind Einzelbäume angeordnet. Diese Studie ist die Grundlage für den Garten, den wir dann ausgeführt auf den Stadtplänen um 1840 und auf Plänen des Tiergartens sehen.

349
Garten des Prinzen Carl von Preußen. Um 1828

1826 erhielt Prinz Carl von Preußen das barocke Palais am Wilhelmsplatz zugewiesen. Noch im selben Jahr besichtigte er es zusammen mit Schinkel, der es dann 1827/28 für den Prinzen umgebaut hat. Stüler war Bauleiter. Er hat unsere Zeichnung mit den Gebäudeumrissen angefertigt, damit Lenné seine Gartenvorstellungen einskizzieren konnte.

»Garten des Palais Sr. K. H. des Prinzen Carl von Preußen.«
Plangrenzen: Wilhelmsplatz, Grundstücksgrenzen.
Signiert: »Stüler«.
Zeichner: Garten von Lenné.
Bezifferter Maßstab in Fuß.
Wasserzeichen von 1823.
Bleistift. 40,2 x 49,4 cm.
Planslg. Nr. 3633.
Siehe Tafelteil.
Quellen und Lit.: Lenné-Nachlaß. Nr. 3. Fol. 25a, 26a. – Schinkel-Werk. Sievers 1942. S. 169–248. – Wendland. S. 89.

Der Garten ordnet sich teils dem Palais, teils einem Sitzplatz an der Schmalseite zu. Der Weg von der Einfahrt zur Eisgrube ist alleeartig bepflanzt und schließt den Gartenraum ab. Ein kleines Fontänenbecken liegt in der Achse eines terrassenartigen Vorbaus zu einem baumumstandenen Sitzplatz. Einzelbäume, Baumgruppen und Sträucher bedecken die Freiflächen auffallend dicht.

350
Garten Begas und Stier. 1829

Der Garten lag an der Nordseite der Straße Am Karlsbad, die etwa parallel zum Landwehrkanal verläuft. Die Straße erhielt ihren Namen von der dort gelegenen Badeanstalt. Der Architekt Wilhelm Stier und der Maler Karl Begas ließen sich hier ihre Häuser bauen. 1859 mietete der Stadtplaner James Hobrecht das im Garten Begas stehende Atelier als Baubüro.

»Garten des Prof. Begas zu Berlin. 1829.«
Plangrenzen: Grundstücksgrenzen sowie Nachbargrundstücke.
Signiert: »Reinplan gez. von AGKL«.
Zeichner: August Gottfried Klengel, Einzeichnungen von Lenné.
Bezifferter Maßstab in Ruten und Werck Schuh.
Feder in Grau, Bleistift. 36,6 x 52cm.
Planslg. Nr. 3630.
Siehe Tafelteil.
Lit.: Wendland. S. 184–186.

Ein größeres Grundstück wird für die beiden Villenbauten geteilt, der Garten wird jedoch als ein Ganzes betrachtet. Reiche Zierbeete fügen sich nur in unmittelbare Nähe der Häuser, während die anderen Flächen in den schwingenden Wegeformen des Landschaftsgartens behandelt werden. Die Vorfahrten sind verhältnismäßig dicht bepflanzt, die Gartenseite ist dagegen sehr locker gehalten, um Ausblicke auf den Tiergarten und über den Kanal auf die Türme Berlins zu rahmen.

351
Garten Kerll. 1831

August Ludwig Kerll, der 1826 mit Schinkel in Italien gewesen war, bewohnte das am Bauhof (jetzt Clara-Zetkin-Straße) gelegene Haus bis etwa 1836. Die Fenster der Vorderfront seines Hauses blickten auf die Anlagen zwischen der Rückseite der Singakademie und der Universität. Das Kerllsche Grundstück ging bis zur nächsten Parallelstraße im Norden, der Bauhofgasse (jetzt Bauhofstraße) durch. Das ist die »Straße«, die Lenné auf seiner Skizze verzeichnet. Der »Garten«, den er rechts andeutet, ist der heute noch vorhandene, nicht bebaute Garten des Magnusschen Hauses, Kupfergraben 7. Die Bauten auf dem Grundstück sind im Zweiten Weltkrieg zerstört worden, so daß der Garten heute als Durchgang zwischen Clara-Zetkin-Straße und Bauhofstraße dient. Von den Lennéschen Pflanzungen dürften noch zwei Bäume herrühren, von denen besonders die alte Kastanie mit ihrer weit überhängenden Krone an die einstige Gartenschönheit erinnert. Später bewohnte Kerll das von Gilly erbaute, vorher den Gabains gehörende Landhaus Tiergartenstraße 30/31. Es war ihm durch seine Frau, eine geborene Gabain, zugefallen.

»Garten des Geh OberFinanzrath Kerl zu Berlin«
Plangrenzen: Straßen und Grundstücksgrenzen.
Signiert: »Reinplan fec. A G Klengel d 19/31.«
Zeichner: Umriß in Feder von August Gottfried Klengel, Bleistifteinzeichnungen von Lenné. Die Anmerkung über den Reinplan bezieht sich offenkundig darauf, daß Klengel nach der Skizze den Reinplan gezeichnet hat, der nicht erhalten ist.
Bezifferter Maßstab in Ruten.
Feder in Braun, Bleistift. 34,6 x 22,3 cm.
Planslg. Nr. 3634.
Siehe Tafelteil.
Lit.: Wendland. S. 257–258.

Die sehr verwinkelte Fläche des teilweise umbauten Grundstücks füllt sich mit einem amöboid geformten Rasenstück, dessen breites Teichbeet einer berankten Pergolalaube zugeordnet ist. Der Rand des Grundstücks läuft in schwingenden Linien.

352
Garten des Grafen Friedrich Wilhelm von Redern. Um 1835

Karl Friedrich Schinkel hatte 1830–35 das alte Palais Kamecke für den im Berliner Kunstleben engagierten Grafen Redern umgebaut. Im Stil eines Florentiner Palazzo erbaut, beherrschte es die Ecke Unter den Linden/Pariser Platz und ließ mit seiner wehrhaften Front nicht ahnen, daß sich hinter seinen Mauern ein von Lenné angelegter Garten verbarg. Später entstand hier das Hotel Adlon.

»Hausgarten des Grafen von Rödern in Berlin.«
Plangrenzen: Grundstücksverlauf.
Zeichner: Eigenhändig.
Bezifferter Maßstab in Fuß.
Bleistift, Beschriftung Feder in Braun. 47,8 x 34,3 cm.
Planslg. Nr. 3637.
Siehe Tafelteil.
Lit.: Wendland. S. 70–71. – Schinkel-Werk. Rave 1981. S. 226–236.

Der an das Haus anschließende rechteckige Garten wird von einem Weg eingefaßt, der beiderseits mit Bäumen bepflanzt ist. Der Zugang erfolgt von der Mitte und führt auf ein Brunnenbecken zu. Die sich anschließende rundliche Fläche ist ebenso wie die anderen Rasenstücke verhältnismäßig dicht mit Gehölzen bepflanzt. Am Ende des Gartens, leicht angehöht, erhebt sich ein Gartenhaus, ebenfalls mit Gehölzen eingegrünt.

353
Garten des Freiherrn von Stein zum Altenstein. Um 1839

Der Freiherr von Altenstein (1770–1840) war Minister der Geistlichen, Unterrichts- und Medizinal-Angelegenheiten. Er regte die Gründung des »Vereins zur Beförderung des Gartenbaues in den preußischen Staaten« an. Zu den elf Gründungsmitgliedern im Jahr 1822 gehörte auch Lenné. Altenstein hatte diesen dann auch zu den Beratungen zugezogen, die 1823 zur Gründung der Gärtnerlehranstalt in Schöneberg und Potsdam sowie der Landesbaumschule in Potsdam führten. Das Grundstück Hauptstraße 17 in Schöneberg hatte Altenstein 1838 erworben.

»Situations Plan von dem Sr: Exellenz dem Koenigl- Staats-Minister von Altenstein zugehörigem Grundstück zu Neu Schöneberg.«
Plangrenzen: Grundstücksgrenzen.
Signiert: »aufgenommen von G. Koeber.«
Zeichner: Bleistifteinzeichnungen von Lenné.
Bezifferter Maßstab in Fuß.
Wasserzeichen von 1816.
Feder in Schwarz, Bleistift. 71,3 x 47 cm.
Planslg. Nr. 3627.
Siehe Tafelteil.
Lit.: Wendland. S. 364–365.

Von Gerhard Koeber aufgenommener Situationsplan des Gartens. Er besteht aus einer Vielzahl kleiner, verschachtelter Flächen, die mit Laub- und Nadelbäumen bepflanzt sind. Bleistifteintragungen verändern das vorhandene Wegenetz und fassen mehrere kleine Flächen zu größeren Partien zusammen. Damit entfällt eine etwa 40 m lange Obstbaumallee, so daß der Garten trotz Kegelbahn und Ställen einheitlicher wird.

354
Garten des Oberhofmarschalls von Maltzahn. Um 1836

»Garten Sr Exellenz des Herrn Hofmarschall B. v. Maltzahn zu Berlin«
Plangrenzen: Wohnhaus an der Oberwallstraße, Grundstücksgrenzen.
Zeichner: Feder von August Gottfried Klengel, Bleistifteinzeichnungen von Lenné.
Bezifferter Maßstab in Ruten.
Feder in Grau, Bleistift. 19,8 x 32,1 cm.
Planslg. Nr. 3635.
Lit.: Wendland. S. 57–58.

Der Zugang zu dem zwischen Oberwallstraße und Festungsgraben gelegenen Grundstück liegt seitlich von einem mit Robinien bepflanzten Rondell. Der abgeknickte langgestreckte Garten ist zum Festungsgraben mit zwei Kastanienreihen begrenzt. Die Rasenflächen sind mit Platanen besetzt.

355
Garten Karl Heinrich Ludwig von Borstel. Um 1840/43

»Situations-Plan vom Garten des General von Borstel Excellenz«
Plangrenzen: Grundstücksgrenzen.
Signiert: »C. Henning.«
Zeichner: Bleistifteinzeichnungen von Lenné.
Bezifferter Maßstab in Dezimalruten.
Feder in Grau, Bleistift. 50,8 x 38,8 cm.
Planslg. Nr. 3631.
Siehe Tafelteil.

Das am Leipziger Platz gelegene langgestreckte Grundstück, beiderseits zur Hälfte von einer Pergola begrenzt, wird von Wegen erschlossen, die in leicht geschwungener Form den Grundstücksgrenzen folgen. Bleistifteinzeichnungen ändern den Wegeverlauf in der dem Gewächshaus zugeordneten Fläche. Ein sehr großes Rundbeet sorgt für den Blumenschmuck des Gartens. Auch die Bepflanzung mit sehr großen Buschgruppen und Einzelbäumen füllt den Gartenraum mehr als bisher.

356
Garten Borsig. Um 1850

1845 kaufte sich August Borsig das in Moabit gelegene Grundstück, auf dem Heinrich Strack seit 1849 ein Wohnhaus und einige Neubauten, vor allem Gewächshäuser, errichtete.

»Situations Plan des in Alt Moabit No 5 belegenen Grundstücks dem Herrn A. Borsig gehörig;«
Plangrenzen: Spree, Privatgrundstücke, Weg von Berlin nach Moabit (Alt-Moabit), Stromstraße.
Signiert: »aufgenommen durch Goslich im November 1845.«
Zeichner: Garten von Lenné.
Bezifferter Maßstab in Fuß.
Feder in Grau, laviert in Blau, Braun und Rosa, Garten in Bleistift einskizziert. 82,5 x 53,3 cm.
Planslg. Nr. 3622.
Siehe Tafelteil.
Lit.: Wendland. S. 158–159. – Michael Seiler: Der Borsigsche Garten und die Gewächshäuser Moabit. In: Berlin. Von der Residenzstadt zur Industriemetropole. TU Berlin. 1981. S. 487–493. – Buttlar 1989. Nr. 100–119.

In dem Situationsplan vom November 1845 ist in Bleistift skizzenhaft die Neugestaltung eingetragen. Die Einfahrt

66. Johannes Maximilian Kolb nach einer Photographie von J. Rabe. Die Fabrik und die Villa von August Borsig in Moabit, Berlin. 1882. (Stiftung Schlösser und Gärten Potsdam-Sanssouci)

an der Westseite bleibt erhalten und der Teil zwischen Straße, Wohnhaus und geplantem Glashaus wird parkartig mit zwei großen geschwungenen Flächen gestaltet. Formale Beetanlagen in Hausnähe und Baum- und Buschpflanzungen gliedern die Neugestaltung.
Nach Süden liegt vor Haus und Glashaus eine regelmäßige Anlage mit drei beherrschenden Rundbeeten, an die sich bis zu den Niederungsteilen des Gartens an der Spree eine Rasenfläche anschließt, seitlich durch kulissenartige Abpflanzungen räumlich vertieft. Eine viereckige Wasserfläche mit Insel – noch vom Vorbesitzer vorhanden – bleibt erhalten, während ein eiförmiger Teich umgestaltet und in sehr belebten Formen ganz wesentlich vergrößert wird.
Brücken und eine Plastik beleben den Garten. Eine Pergola rahmt die Südostecke des Gartens an einem Aussichtshügel, überhöht von einem Gartengebäude. Zwei weitere Hügel in Spreenähe und an der Moabiter Einfahrt bleiben erhalten.
Der Garten wurde im wesentlichen so ausgeführt.

357
Garten Schumann. 1846

Die von der Familie Schumann geführte Porzellanfabrik wurde 1832 nach Moabit an die Spree verlegt. Sie machte der Königlichen Porzellanfabrik erfolgreich Konkurrenz, indem sie ihren Stil nachahmte, aber in einer volkstümlichen Art, häufig mit kräftig bunter Blumenmalerei. Die Fabrik lag an der Straße Alt-Moabit zwischen Stromstraße und Kirchstraße und umfaßte die Nummern 103 bis 105. Der Garten mit Villa an der Spree nahm die Nummern 99 bis 102 ein. Der Titel der Zeichnung ist irreführend, der Entwurf gilt nicht der Fabrik, sondern nur dem Garten der Villa.
Die Signatur auf dem Gartenplan scheint darauf hinzuweisen, daß Koeber den Garten selbständig entworfen hat. Die Bleistiftkorrekturen stammen aber wohl von Lenné. Die Ansicht des Gartens von der Spree aus ist auf einem Porzellanbild wiedergegeben (Keramos. 1988. Nr. 122). 1886 erwarb Carl Bolle das Gelände für seine Meierei, womit der Garten wohl verschwand.

»Schumanns Porzellanfabrik in Moabit«
Plangrenzen: Grundstücksgrenzen, Spreeufer.
Signiert: »fec. G Koeber 11/46«.
Bezifferter Maßstab in Ruten.
Wasserzeichen von 1843.
Feder in Grau, aquarelliert in Grün, Rosa und Blau, Bleistifteinbesserungen. 56,3 x 43 cm.
Planslg. Nr. 15126.

Unmittelbar an der Spree liegt das Wohnhaus, umgeben von reichem Beetschmuck und Außenanlagen. An der Eingangsseite der Häuser zieht sich in fast gerader Linie ohne belebende seitliche Kulissenbildung eine Sichtachse durch den ganzen Garten. Verschlungene, etwas steif geführte Wege erschließen den Garten, der von mehreren Sitzplätzen, darunter ein leicht erhöhter am kleinen Hafen an der Spree, betrachtet werden kann. Verstreut sind zierliche Blumenbeete eingefügt. Seitlich, nur von einem Randweg zugänglich, liegt eine kreisrunde Anlage, die mit Gesträuch eingefaßt ist.
Bleistiftkorrekturen verbessern das Wegesystem durch Ergänzung und Entfernung, fügen der Hauptachse eine Plastik und ein sehr umfangreiches Blumenbeet ein.

358
Garten v. Witzleben. Wohl 1824

General Jakob von Witzleben (1783–1837) war Generaladjutant Friedrich Wilhelms III. Er hatte an den Befreiungskriegen teilgenommen und wurde 1816 ins Kriegsministerium berufen. Als Generaladjutant begleitete er den König auf Reisen und zu Manövern. Daraus entsprang eine enge Freundschaft, die ergab, daß der König alle Staatsangelegenheiten mit ihm besprach. 1834 wurde Witzleben Staats- und Kriegsminister. Er fiel den

Zeitgenossen durch Bildung und musikalische Begabung auf, auch verkehrte er im Kreis um Wilhelm von Humboldt.
1823 hatte Friedrich Wilhelm III. Witzleben 20 000 Taler zum Ankauf einer Besitzung bei Charlottenburg am Lietzensee geschenkt. Nach 1830 erhielt er eine Besitzung in der Provinz Posen, Lischkowo, dann in Witzleben umbenannt, für die Lenné ebenfalls einen Verschönerungsplan lieferte (Kat.-Nr. 477).
Der Plan ist nicht datiert und könnte auch später als 1824 entstanden sein, denn am 18.3.1828 bat Witzleben Lenné um Bäume für seinen Garten, um die Sandberge im Charlottenburger Land zu bepflanzen.
Der Garten wurde nach dem Tod v. Witzlebens verkauft. 1910 erwarb die Stadt Charlottenburg das Gelände und ließ hier zu der Randbebauung mit Mietshäusern von E. Barth den Lietzenseepark anlegen.

Plangrenzen: Grundstücksgrenzen des sich um den Lietzensee ziehenden Geländes.
Zeichner: Eigenhändige Einzeichnungen von Lenné in das Aufmaß eines Geometers.
Bezifferter Maßstab in Ruten.
Feder in Grau, laviert in Grün, Blau und Braun, Gartenskizze Bleistift. 57,2 x 45,1 cm.
Plankammer Charlottenburg. Nr. 3920.
Siehe Tafelteil.
Quellen und Lit.: Lenné-Nachlaß. Nr. 4. Fol. 240/41. – Hinz 1937/89. S. 130. – Wendland. S. 378. – Wimmer 1990. Nr. 45.

Auf dem Hang am Westufer des Sees wird etwa in der Mitte, mehr zum See gelegen, ein Gebäude geplant. Sehr schön geschwungene Wege erschließen das Terrain, indem sie eine Geländestufe nutzen. Zugänge sind von der Süd- und Nordseite möglich, wobei der Weg an zwei vorhandenen kleinen Gebäuden vorbeiführt. Baumgruppen und eine Fülle von hainartigen Pflanzungen sind vorgesehen. Auch entlang der Seeufer sind Pflanzungen eingetragen.

Königliche Anlagen und Gutsgärten vor der Stadt

Glienicke (Klein-Glienicke)

1814 erwarb Fürst Hardenberg Glienicke und beauftragte Schinkel mit der Verschönerung des Gutshauses sowie Lenné mit der Anlage eines Pleasure-Ground. Dafür ist ein Entwurf von 1816 vorhanden (Kat.-Nr. 359). 1822 starb der Fürst, seine Erben verkauften Gutshaus und Park 1824 an den Prinzen Karl von Preußen. Schinkel und später Persius erhielten den Auftrag, die schon vorhandenen Gebäude zu Schloß und Kasino umzubauen sowie kleinere Parkbauten einzufügen. Lennés Tätigkeit nahm großzügigere Formen an, auch durch Erweiterung des Geländes, als nach dem Regierungsantritt Friedrich Wilhelms IV. die Vergrößerung des Parks durch zum Forst gehörige Gebiete möglich war. Von besonderer Bedeutung war die Einbeziehung der Landschaft an den Gewässern der Havel. Wir wissen von Konferenzen des Prinzen mit Schinkel und Lenné. Der Maler August Wilhelm Schirmer wurde hinzugezogen, um das Bild des Parks zu formen. Lenné und Schirmer faßten dann in gemeinsamen Berichten ihre Vorstellungen zusammen. Der Park Glienicke wurde ausgeführt.

359
Glienicke. 1816

Plangrenzen: Fläche des Pleasure-Ground an der Königstraße.
Zeichner: Eigenhändig.
Feder in Grau, laviert in Gelb und Blau, Bleistiftänderungen zu Wegen und Pflanzen. 34,8 x 49,2 cm.
Plankammer Charlottenburg. Nr. 2433.
Siehe Tafelteil.

Villa mit Nebengebäude, Gewächshaus, Kleine Neugierde und Billardhaus liegen an der Peripherie des Gartens, der von einem Randweg und weiteren elegant geführten Wegen erschlossen wird. Die Wege (gelegentlich bei der Ausführung leicht verändert) passen sich der Bodenmodellierung genau an, leiten auch zu Punkten, an denen der Blick nach draußen geht oder das Raumerlebnis im Garten besonders erlebbar wird. Sehr dichte, verschieden geformte Pflanzungen begleiten die Wege, oft einseitig, aber auch auf beiden Seiten. Vom sogenannten »Lennéhügel« westlich der Kleinen Neugierde am Südrand des Pleasure-Ground gehen drei Blickachsen aus: zur späteren Villa Schöningen, zur späteren Villa Jacobs und zum Fontänenbecken im Nordwesten des Pleasure-Ground. Südwestlich der Villa rieselt eine kleine Quelle unter Gehölzen in einen zierlichen Teich.

360
Glienicke. 1817, spätere Eintragungen meist 1824/25

Plangrenzen: Havelufer, Parkgrenze zum Forst vor der Erweiterung von 1841, Königstraße.
Zeichner: Unbekannt, Bleistifteinzeichnungen von Lenné, an der Sacrower Spitze von Hermann Sello.
Bezifferter Maßstab in Ruten.
Feder in Schwarz, Bleistift, laviert in Gelb, Grüngelb, Grün, Rosa und Blau. 75 x 40 cm.
Plankammer Charlottenburg. Nr. 2419.
Siehe Tafelteil.

Das Gelände wurde wohl von einem Geometer aufgemessen, in dessen Situationsplan Lenné seine Vorstellungen eintrug. Der Pleasure-Ground wurde von dem Zeichner in einer sehr trocken-technischen Zeichenmanier dargestellt. Der nördliche Teil des Terrains ist genau durchgearbeitet. Sehr wuchtige Baumgruppen, im Übergang zu den Wiesen mit hainartigen Pflanzungen leicht aufgelockert, nehmen die Hälfte der Fläche ein. Zur Pfaueninsel öffnet sich eine überaus breite Sicht, eine kleinere läßt die Moorlake erlebbar werden.
Im Pleasure-Ground finden sich Hinweise zu Pflanzennamen.

361
Glienicke. Um 1825

»Glienickerhof«
Plangrenzen: Blumenhof des Schlosses.
Zeichner: Gebäude vom Baubüro, Einzeichnungen wohl von Lenné.
Unbezifferter Maßstab ohne Angabe der Maßeinheit.
Gebäude Feder, laviert in Blaßrot, Bepflanzungseinzeichnungen Bleistift. 47,7 x 50,4 cm.
Plankammer Charlottenburg. Nr. 2315.

Vor der Innenhofseite der Villa befindet sich eine breite, mit Kletterpflanzen begrünte Veranda. Den Übergang zum Kavalierhaus bildet eine lockere, durchsichtige Pergola. Eine schmale heckenartige Pflanzung verdeckt das Kavalierhaus, während Orangeriepflanzen in Kübeln der Hecke noch Rhythmus geben. Diese Reihung wird von der Ildefonsogruppe unterbrochen, die die Mittelachse des Hofes betont. Der Hofraum ist regelmäßig mit Büschen bepflanzt.

362
Glienicke. 1825

»Plan der Garten u. Parckanlagen zu Klein Glienicke.«
Plangrenzen: Sacrower Horn, Forst, Königstraße, Havel.
Zeichner: Gerhard Koeber.
Bezifferter Maßstab in Ruten.
Feder und Bleistift.
Ehemals in Potsdam. Seit 1945 verschollen, jedoch Photographie vorhanden.

Vom umgebenden Wald hebt sich ganz deutlich die bisher (1824/25) bearbeitete oder noch zu gestaltende Fläche ab. Villa, Pleasure-Ground mit Gewächshaus und das schon vorhandene Kasino sind ablesbar. Zum Forst zeigt sich eine dichte Abpflanzung, ebenso auch zur Havel, an der schon jetzt ein Uferweg vorgesehen ist. Neben breiten Öffnungen zur Havel besteht immer wieder die Möglichkeit, unter den Bäumen herauszuschauen. Ein sehr klug gezogenes Wegesystem paßt sich dem Gelände an, soweit nicht besondere Bodenbewegungen vorgesehen sind, und erschließt die langgestreckte Fläche. Die Wege werden von dichten, wuchtigen Baumgruppen, lockeren Hainpflanzungen und Einzelbäumen begleitet. So entstehen charakteristische Parkräume, die nie völlig abgeschlossen sind, sondern sich während des Gehens zu neuen Freiräumen öffnen, während die zurückliegenden sich wieder schließen. Am Sacrower Horn bleibt der waldartige Bewuchs noch erhalten, es deutet sich jedoch bereits eine Sicht zur Pfaueninsel an.

363
Glienicke. 1830

»Brouillon-Zeichnung zur Vergrößerung des Parks zu Klein-Glienicke. 1830.«
Plangrenzen: Östliche Grenze des Parks, Gelände des Böttcherbergs, Havel, Königstraße, Havel.
Zeichner: Gerhard Koeber, einige Bleistifteinbesserungen von Lenné.
Bezifferter Maßstab in Ruten.
Feder in Grau, laviert in Grün, Braun und Rosa, wenig Bleistifteinbesserungen. 48,5 x 42,2 cm.
Plankammer Charlottenburg. Nr. 2416.

In blassen Grüntönen wird die bereits vorhandene Parkanlage dargestellt – wenn auch nicht immer gänzlich fehlerfrei. Die gewünschte Erweiterung nach Osten in den Forst ist kräftiger laviert. Die Königstraße (Chaussee nach Berlin) ist alleeartig bepflanzt und das sich nördlich anschließende Terrain mit weich geschwungenen Wegen durchzogen. Es sollen anscheinend keine wirksamen Wiesenflächen herausgearbeitet, sondern dieser waldartige Teil des Parks erschlossen werden. Wiesenstreifen begleiten die Wege, wobei die Waldränder in bewegter Linie zurückgedrängt werden. Fast alle Wege münden an einer der höchsten, als Aussichtsfläche gedachten Höhe des Parks. Sie ist mit Pyramidenpappeln betont. Von hier aus setzen sich Wege nach Nikolskoe und zur Königstraße fort. Für die Einfügung des Wegesystems dürften kaum Bodenbewegungen vorgesehen sein. Sie folgen vielmehr dem Gelände und nutzen dessen Vorteile aus, wie etwa der Weg von Moorlake durch die Geländerinne zum Aussichtspunkt.
Das Gelände des Böttcherbergs wird mit in den Park einbezogen, wobei die vielen offenen Flächen im Gegensatz zu den dichten Beständen jenseits der Straße auffallen. Auch hier paßt sich die Wegeführung, die vor allem zum Befahren gedacht ist, dem Gelände an.

364
Glienicke. 1831

»Situations Plan des Parks und projectirten Wildgarten bei dem Prinzlichen Schloße zu Glienicke.«
Plangrenzen: Havel, Moorlake, Weg zur Überfahrt, Pfaueninsel, Chaussee nach Berlin, Gelände des Böttcherbergs.
Signiert: »Lenné 1831.«
Zeichner: J. E. Koschny.
Feder in Grau und Schwarz, kräftig farbig laviert in Grün, Braun, Blaugrün, Ocker und Rosarot. 39,1 x 52,3 cm.
Planslg. Nr. 3783.
Siehe Tafelteil.

Das Gelände teilt sich in den »projectirten Wildgarten«, dessen Grenze mit orangenfarbiger Strichellinie abgegrenzt ist, und den Park.
Der projektierte Wildgarten nimmt etwa drei Viertel der Gesamtfläche ein. Die langgestreckten, sich auch in der Bepflanzung der Bodenbewegung anpassenden Freiräume sind seitlich durch zurückweichende Pflanzungen erweitert. Die Grenzen des Wildgartens sind fast überall dicht zugepflanzt.
Der Park wird lichter, offener gehalten, wobei vor allem im südlichen Teil ausgedehnte Rasenflächen von kleinen, mit Baumgruppen besetzten Höhen überragt werden. Sehr kleinteilig ist die südwestliche Umgebung des Schlosses mit den Nebengebäuden durchgearbeitet, die schon zu dieser Zeit als Pleasure-Ground genutzt wird. Von dem projektierten Wildpark wurde nur ein Drittel ausgeführt.

365
Glienicke. 1837

Plangrenzen: Havel, östliche Parkgrenze, Königstraße.
Zeichner: Unbekannt, Bleistifteinzeichnungen von Lenné.
Bezifferter Maßstab in Ruten.
Feder in Grau und Blau, laviert in Grau, Blau, Hellbraun und Rot. Bleistifteinzeichnungen. 50,8 x 79,4 cm.
Plankammer Charlottenburg. Nr. 2417.

Die als Nadelstich-Kopie eines unbekannten Plans entstandene Zeichnung zeigt Gebäude, Wege, einige Andeutungen zu Gehölzen sowie die technischen Einzeichnungen für Wasserleitungen und Wasserreservoirs. Vom Pumpwerk gehen zwei Leitungen aus: eine zur Villa, die andere zu einem Hauptreservoir. Von diesen beiden Leitungen versorgen Stichleitungen den Park.

67. Ernst Hasse. Das Schloß Glienicke in Berlin. Um 1850. (Stiftung Schlösser und Gärten Potsdam-Sanssouci)
68. Julius Schoppe. Die »Kaiser-Nikolaus-Pinie« in Glienicke, Berlin. Um 1828. (Stiftung Schlösser und Gärten Potsdam-Sanssouci)

Lenné hat im Südosten zwei Teiche eingezeichnet und Bepflanzung um sie einskizziert. Er hat auch sonst im Plan Bleistiftskizzen angebracht. Der Plan wirkt seltsam durch die Kombination von exakten Wasserleitungseinzeichnungen und diesen in ganz unterschiedlicher Intensität angebrachten Einbesserungen.

366
Glienicke. 1840

Plangrenzen: Sacrower Horn, östliche Parkgrenze, Gelände des Böttcherbergs, Königstraße, Havel.
Zeichner: Gerhard Koeber, Einzeichnungen von Lenné.
Bezifferter Maßstab in Ruten.
Wasserzeichen von 1839.
Bleistift, laviert in Grün und Blaßbraun. 51,6 x 43,5 cm.
Plankammer Charlottenburg. Nr. 2418.

Die mit Bleistift gezeichnete Skizze zeigt das Gelände des bereits ausgeführten Parks und die Zugänge, die Prinz Karl Weihnachten 1840 zum Geschenk erhielt. Es handelt sich hauptsächlich um das Forstterrain östlich der bestehenden Parkgrenzen. Die Skizze diente vermutlich als Vorarbeit für einen nicht mehr vorhandenen Plan, den Koschny für den König als Geschenk für den Prinzen Karl gezeichnet hatte. Der Verbleib dieses Plans ist seit alter Zeit unbekannt.

367
Glienicke. Um 1845

Plangrenzen: Havel, Moorlake, Forstflächen, Dorf Glienicke mit anschließendem Forst, Glienicker Brücke (Potsdamer Seite).
Zeichner: Gustav Meyer.
Bezifferter Maßstab in Ruten.
Feder in Grau, laviert in Grün, Blau und Grau, wenig Bleistift. 97 x 130,8 cm.
Plankammer Charlottenburg.

Aufmaß des Parks Glienicke mit Baulichkeiten, Baum- und Strauchgruppen, Einzelbäumen, Blumenbeeten, Wegeführungen, auch Wasserleitungen, Wasserflächen, Wasserbecken und Wegeverlauf.

368
Glienicke und Babelsberg. Um 1845

Plangrenzen: Havel, Sacrow mit Heilandskirche, Forst, Park Glienicke, Dorf Glienicke, Park Babelsberg, Glienicker Brücke mit Villa Schöningen auf der Potsdamer Seite.
Zeichner: Gustav Meyer.
Wasserzeichen von 1844.
Feder in Grau, wenig Bleistift, laviert in Grün bis Grünblau, Blaßrosa und Grau. Auf Leinen aufgezogen. 50,4 x 71,5 cm.
Plankammer Charlottenburg. Nr. 2421.

Die Stichvorlage – als solche ist der Plan gemacht – weist in den Parkanlagen Einzelbäume, Gruppen und Hainpflanzungen, auch Blumenbeete aus. Die Wegeführungen sind ebenso eingetragen wie die Wasserleitungen, Bassins, Fontänen und Seen. Die Grundstücksgrenzen sind meist dunkel umrandet. Der Park Babelsberg ist mit aufgenommen. Der Gartengrundriß der Villa Schöningen ist grob angedeutet.
Der Plan gehört zu den Zeichnungen, die Meyer zu einem Planwerk für Potsdam und Umgebung anfertigte (siehe Kat.-Nr. 83). Er ist eine Verkleinerung von Kat.-Nr. 367.

369
Glienicke. Um 1833

»Project zum Pfarrgehöfte in Klein Glienicke« »4.«
Plangrenzen: Grundstücksgrenzen, Maulbeer-Straße (heute Wilhelm-Leuschner-Straße), Nachbargrundstücke von Anhoff und Boettger.

Signiert: »Lenné«.
Zeichner: Gerhard Koeber.
Bezifferter Maßstab in Ruten.
Feder in Grau, laviert in Grün, Blaßbraun und Blaßrosa.
34,6 x 29,1 cm.
Plankammer Charlottenburg.

Die bescheidene Hoffläche am Predigerhaus hat zur Straße eine leichte, mit zwei Bäumen betonte Abpflanzung und auf der Hofseite ein Rasenoval mit einer großen Buschgruppe. Der sich anschließende Nutzgarten zeigt sechs Flächen für Gemüse, regelmäßig von zwei Reihen Obstbäumen eingefaßt. Wiese und Acker liegen seitlich.
Da das Pfarrhaus auf dem Grundstück gebaut wurde, mag der Garten wohl in dieser Weise angelegt gewesen sein.

370
Glienicke. Um 1839

Rückseite nachträglich: »Chaussee Projekt von Glienicke zur Pfaueninsel«
Plangrenzen: Havel, Königstraße, neue Chaussee.
Zeichner: Gerhard Koeber?
Bezifferter Maßstab in Ruten.
Wasserzeichen von 1837.
Bleistift, Feder in Rot. 57,5 x 80,5 cm.
Plankammer Charlottenburg. Nr. 2420.

Der Entwurf zeigt die wichtige Uferstraße von Glienicke zur Pfaueninsel. Sie wurde mit geringen Abweichungen ausgeführt.

371
Glienicke. 1848

»Situations- und Nivellements Plan des Weges von dem Schulhause zu Nikolskoe bis zum Park Sr. Königl. Hoheit des Prinzen Carl.«
Plangrenzen: Nikolskoe, Glienicke Torhaus (spätere Einsiedelei).
Zeichner: Gustav Meyer.
Bezifferter Maßstab in Zoll.
Wasserzeichen von 1845.
Feder in Grau, wenig Rot, laviert in Grün, Grau und Rosa, Bleistifteinzeichnungen. 55 x 75,3 cm.
Plankammer Charlottenburg.
Quellen u. Lit. zu Kat.-Nr. 359–371: Lenné-Nachlaß. 24. Vol. I u. II. 1824–47. – Hinz 1937/89. S. 78–87. – Schinkel-Werk. Sievers 1942. S. 19–74. – Wendland. S. 352. – Michael Seiler: Die Entwicklungsgeschichte des Landschaftsgartens Klein-Glienicke. Diss. Hamburg 1986. – Schloß Glienicke. Bewohner Künstler Parklandschaft. Staatl. Schlösser und Gärten Berlin. 1987 (Ausstellungskat. mit Aufsatzteil und grundlegendem Kat. der Gartenzeichnungen). – Wimmer 1990. Nr. 57–64.

Die 1848 geplante und 1851 ausgeführte Straße war für den Besuch des Gottesdienstes in Nikolskoe von Glienicke aus notwendig geworden. Oben ist der Situationsplan der Straße mit Kirche und Schulhaus und dem anschließenden Park Glienicke zu sehen. Meyer hat die Bepflanzung des Geländes locker angedeutet. Unten ist das Nivellement dazu aufgezeichnet.

Nikolskoe

Nikolskoe wurde zur Verschönerung der Landschaft an der Glienicker Seite des Havelufers gegenüber der Pfaueninsel angelegt. Die russischen Reminiszenzen in Name und Art der Gebäude sind eine Huldigung der Tochter Friedrich Wilhelms III. – Charlotte –, die als Gattin Nikolaus I. Zarin von Rußland war. 1819 wurde ein russisches Blockhaus errichtet, 1834–37 folgte die Kirche St. Peter und Paul. Ihr Baumeister war Friedrich August Stüler, der vor allem für die Lage in der Landschaft wesentliche Anregungen von Schinkel und Lenné erhalten hatte.
Für Nikolskoe sind zahlreiche Pläne erhalten, denn es war schwierig, die Forderung nach wirkungsvoller Lage über der Havel mit der Nutzbarkeit vor allem von Pfarrhaus und Schulhaus zu verbinden. Michael Seiler hat 1989 die Planungsgeschichte dargestellt.

372
Nikolskoe. 1833

Plangrenzen: Sacrow mit Sacrower See, Pfaueninsel, Stolpe, Pohlesee, Stölpchen See, Griebnitzsee.
Signiert: »fec: G Koeber.« »Lenné«.
Bezifferter Maßstab in Ruten.
Feder in Grau und Schwarz, laviert in Grün und Rosa.
33,5 x 44,1 cm.
Plankammer Charlottenburg. Nr. 2200.1.

Sacrow zeigt noch die alten Gutsgebäude und den waldartigen Park vor den später ausgeführten Umgestaltungen. Die Wegeführung dürfte den Vorschlägen von Lenné entsprechen. Auch die Pfaueninsel läßt das Wegesystem vor der Neuplanung von 1834 erkennen. Eingetragen sind die »Neue Chaussee« und die Gebäude an der Fährstelle zur Pfaueninsel, die Schule in Nikolskoe, die Kirche und die Schule in Moorlake, der Telegraph auf dem Böttcherberg sowie die Kirche und das Predigerhaus in Klein-Glienicke.
Die Zeichnung enthält zwei Vorschläge für Kirche, Predigerhaus und Schulhaus. Sie gehört zu einem Schreiben des Hofmarschalls vom 14.4.1833 (Seiler 1889, S. 38). Zum einen soll die Kirche und das Schulhaus in Moorlake entstehen, zum anderen die Kirche am Böttcherberg und das Schulhaus in Nikolskoe. Das Predigerhaus ist in Klein-Glienicke vorgesehen, wo es dann auch gebaut wurde (siehe Kat.-Nr. 369).

373
Nikolskoe. 1833

»Situations-Plan der Königl: Nikolskoe.«
Plangrenzen: Hohes Havelufer, Kirche und Schulhaus, Blockhaus, Nikolskoe, Havelufer.
Signiert: »aufgenommen v. Legeler. 1832.« »JE Koschny die Reinplan«. »gez. G. Koeber«.
Zeichner: Wilhelm Legeler und J. E. Koschny.
Bezifferter Maßstab in Ruten.
Wasserzeichen von 1830.
Feder in Grau und Rot, Bleistift. 67,4 x 81,1 cm.
Plankammer Charlottenburg. Nr. 2200.

Nördlich des Weges zur Pfaueninsel sind zwei Vorschläge für ein Predigerhaus eingetragen; Kirche, Schulhaus und dazugehörender Garten entsprechen Kat.-Nr. 370. Südwestlich des Blockhauses ordnet sich nun ein kleiner Nutzgarten ein, südöstlich ein Wirtschaftshof, der dicht mit Nadelgehölz umpflanzt ist. Die Partien um das Blockhaus sind feiner durchgearbeitet. Dies ist wohl der Anteil, den Koschny gezeichnet hat.

374
Nikolskoe. 1833

Plangrenzen: Hohes Havelufer, Kirche, Gebäude Nikolskoe, Havelufer.
Zeichner: J. E. Koschny.
Bezifferter Maßstab in Ruten.
Feder in Schwarz, Bleistift, laviert in Grün und Graubraun. 32,7 x 46,4 cm.
Plankammer Charlottenburg. Nr. 2206.

Auf der Höhe des Havelufers liegt die Kirche, mit der breitgelagerten Fassade zum Hang hin ausgerichtet. Südlich davor ordnet sich die Schule ein, dazu ein rechteckiger Garten. Diese Fläche setzt sich aus vier quadratischen Teilen und zwei Flächen neben dem Haus zusammen. Nördlich davon, zum Uferhang hin, sind (zur Auswahl) zwei Standorte für das Predigerhaus mit dazugehörigen Gärten eingetragen. Westlich, an einem zum Ufer hinabführenden Weg, liegt die Gebäudegruppe Nikolskoe, die der Anlage den Namen gab.

375
Nikolskoe. 1833

Plangrenzen: Wie Kat.-Nr. 374.
Signiert: »Lenné«.
Zeichner: J. E. Koschny, Bleistiftergänzungen von Lenné.
Bezifferter Maßstab in Ruten.
Wasserzeichen von 1829.
Feder in Grau, Ergänzungen in Bleistift. 33,7 x 23,5 cm.
Plankammer Charlottenburg. Nr. 2203.

Die unmittelbare Umgebung des Blockhauses (mit Feder gezeichnet) ist dicht mit Laub- und Nadelgehölzen abgepflanzt. Mit Bleistift deutet sich der Weg zur Pfaueninsel an; Kirche, Schulhaus und Schulgarten sind verhältnismäßig dicht am Blockhaus vorgesehen. Östlich davon liegen an Wegen (in Bleistift angedeutet) zwei Standorte für das Predigerhaus, wobei das nordöstliche deutlich hervorgehoben wird.
Auf dem Plan ist angemerkt: »Zum Schreiben vom 16/4. an den Obförster Kienast gehörig«.

376
Nikolskoe. 1833

Plangrenzen: Wie Kat.-Nr. 374.
Zeichner: Gerhard Koeber.
Bezifferter Maßstab in Ruten.
Wasserzeichen von 1829.
Feder in Grau, wenig Bleistift. 41,1 x 29,5 cm.
Plankammer Charlottenburg. Nr. 2202.

Veränderte Reinzeichnung von Kat.-Nr. 375. Die Bepflanzung hat nun parkartigen Charakter. Nur wenig Nadelgehölz wird erkennbar, dafür sehr viel rundkronige Laubbäume und Pyramidenpappeln. Von der Kirche aus lassen zwei breite Sichten den Blick zur Pfaueninsel offen. Östlich der Kirche ordnet sich das Predigerhaus mit einem dicht abgepflanzten Nutzgarten ein, die andere Wegseite läßt noch genügend Freiraum. Auch die Kirche, deren breite Fassade zur Havel liegt, hat einen wirkungsvollen Freiraum. Das südlich zugeordnete Schulhaus sowie dessen Garten sind von Gehölzen eingemantelt, nur die Nordseite des Hauses bleibt frei. Ein alleeartig bepflanzter Weg führt zum Blockhaus, dessen Wirtschaftshof eine rechteckige Form hat.

377
Nikolskoe. 1833

Plangrenzen: Wie Kat.-Nr. 374.
Signiert: »fec G. Köber.« Dazu unten eine kaum noch leserliche Bleistiftnotiz: »fec Mai 33 G. Koeber«.
Bezifferter Maßstab in Ruten.
Wasserzeichen von 1829.
Feder in Grau, laviert in Grau. 48,2 x 30 cm.
Plankammer Charlottenburg. Nr. 2201.

Die Kirche liegt nun weiter nördlich, südlich davon Schul- und Predigerhaus. Zu den beiden letzten gehört ein großer Nutzgarten in Form eines Hippodroms. Eine Hecke teilt die Anlage in zwei Einzelgärten. Der Hang zur Havel ist nur noch ganz locker bepflanzt, einige Bäume hainartig eingestreut. Nach Nordosten deuten zwei gestrichelte Linien die Aussicht zur Pfaueninsel an. Das unterhalb der Kirche liegende Blockhaus ist dicht abgepflanzt. Ein Weg trennt den gesondert liegenden Wirtschaftshof vom Hauptgebäude ab.

378
Nikolskoe. 1836

»Situations-Plan von Nikolskoe.«
Plangrenzen: Uferweg von der Pfaueninsel nach Potsdam, Überfahrt zur Pfaueninsel, Höhenweg, Blockhaus Nikolskoe.
Signiert: »aufgenommen von Legeler.«
Zeichner: Wilhelm Legeler.
Bezifferter Maßstab in Ruten.
Feder in Grau, laviert in Grün, Grau, Hellbraun und Gelb. 35,6 x 53,9 cm.
Plankammer Charlottenburg. Nr. 2204.

Der Plan zeigt die Situation des Nordhanges zur Havel als Vorarbeit für Kat.-Nr. 379. Die Bepflanzung überzieht einheitlich den Hang, unterbrochen von dem Schlängelweg, der von den Stallungen an der Überfahrt bis zur Kirche führt. Der Uferweg von Potsdam wird schon von den durch Fintelmann gepflanzten Bäumen begleitet.

379
Nikolskoe. 1836

»Allgemeiner Situations Plan der Umgebung bei Nikolskoë.«
Plangrenzen: Uferweg von der Pfaueninsel nach Potsdam, Wirtschaftsgebäude, Überfahrt zur Pfaueninsel, Höhenweg, Wirtschaftsgebäude Nikolskoe.
Signiert: »Lenné«. »Koschny fec.«

Bezifferter Maßstab in Dezimalruten.
Feder in Schwarz, laviert in Grün bis Gelbgrün, Rosa und Gelb. 36,2 x 60,4 cm.
Planslg. Nr. 3784.
Siehe Tafelteil.

Der Nordhang zur Havel trägt in den unteren Partien dichte Bepflanzung, zum Teil mit Nadelhölzern durchsetzt. Der obere Hang ist lichter gehalten, vermutlich um Ausblicke auf die Pfaueninsel und die Havel zu ermöglichen. Zum Wirtschaftsgebäude an der Überfahrt führt ein geschwungener Weg hangaufwärts bis zur Kirche und den dazugehörenden Gebäuden, die auch vom Höhenweg aus erreichbar sind.
Die Bezeichnung auf dem Plan oben rechts »ad. 3,a« weist auf den Zusammenhang hin, in dem er gezeichnet ist. In der Akte 36 der Plankammer ist ein Schreiben abgeheftet, in dem Lenné dem Hofmarschall von Massow am 21.2.1836 mitteilt, daß er ihm Pläne und Kostenanschlag zu Nikolskoe überreicht. Unter »3,a« erscheint der allgemeine Situationsplan.
Der Plan wurde ausgeführt.

380
Nikolskoe. 1836

Plangrenzen: Umgebung der Kirche.
Zeichner: Gerhard Koeber.
Bleistift. 42,2 x 25,4 cm.
Planslg. Nr. 7394.

Vom Kirchplateau führen seitlich der exedraartigen Aussichtsfläche je eine Treppe herab zu einer weiteren Aussichtsplattform, die sich östlich und westlich in leichten Halbkreisen ausdehnt. Der westliche Zugang bleibt erhalten, im Osten wird ein zusätzlicher eingefügt. Rasenpartien nehmen die Längsrichtung der Kirche auf, werden jedoch durch Wege getrennt, die sich den neuen Halbkreisen zuordnen. Buschwerk grenzt den Freiraum des aufsteigenden Hanges ab.
Es handelt sich um eine Bleistiftskizze des Kirchengrundrisses und der um die Kirche herum zu planenden Anlagen. Ohne Zweifel ist das Blatt eine Vorarbeit zu dem in der Akte 36 unter »3,b« aufgeführten »speciellen Situations Plan der Neuen Kirche, welcher zugleich die projectirten Anlagen und Pflanzungen der Umgebung nachweist«.

381
Nikolskoe. 1837

»Nivellements Profile des, die Kirche bei Nikolskoe umgebenden Terrains.«
Plangrenzen: Unmittelbare Umgebung der Kirche St. Peter und Paul.
Signiert: »fec: G. Koeber.« »Lenné«.
Bezifferter Maßstab in Fuß.
Feder in Grau, laviert in Rosa, Grün und Braun. 51,5 x 42,9 cm.
Plankammer Charlottenburg. Nr. 2211.

Der Plan ist die Reinzeichnung zu Kat.-Nr. 280.

382
Nikolskoe. 1837

Plangrenzen: Unmittelbare Umgebung des im Forstgrund liegenden Schulgehöftes mit anschließendem Garten und Begräbnisplatz.
Zeichner: Gerhard Koeber.
Bezifferter Maßstab in Ruten.

69. Maximilian Rosch. Die Kirche St. Peter und Paul in Nikolskoe, Berlin. 1838. (Stiftung Schlösser und Gärten Potsdam-Sanssouci)

Wasserzeichen von 1836.
Feder in Grau, laviert in Braun, Blaßgrün und Rosa. 27,3 x 44,1 cm.
Planslg. Nr. 7395.

Skizze zum nachfolgenden Plan, die in den Maßen genau übereinstimmt. Unterschiedlich ist nur die Einzeichnung der Gehölze und Baumgruppen. Auf der Skizze sind diese mehr oder weniger dicht, fast gleichmäßig aufgetragen. Auf dem Plan entstanden Gartenräume. Auch unterschiedliche Baumtypen (Hochstämme und Heister, rund- und spitzkronige Bäume) können abgelesen werden.

383
Nikolskoe. 1837

»Situations-Plan des Schulgehöftes, Gartens und Kirchhofes bei Nikolskö.«
Plangrenzen: Wie Kat.-Nr. 382.
Signiert: »Lenné 1837«. »gez. G. Koeber.«
Bezifferter Maßstab in Ruten.
Wasserzeichen von 1834.
Feder in Grau, laviert in Blaßgrün, Hellbraun und Rosa, Gartenanlagen in Bleistift. 33,2 x 38,7 cm.
Quellen u. Lit. zu Kat.-Nr. 372–383: Plankammer-Akte 36. – Hinz 1937/89. S. 46. – Wendland. S. 359–360. – Wimmer 1990. Nr. 65–71. – Michael Seiler: Die landschaftsgärtnerische Gestaltung der Umgebung von Nikolskoe. In: Evangelische Kirche St. Peter und Paul auf Nikolskoe 1837–1987. Hrsg. v. Wilfried M. Heidmann. Berlin 1989. S. 37–47.

Begräbnisplatz und Gartenland sind durch den waldartigen Baumbestand dicht abgeschlossen. Ein breiter Weg führt in einem flachen Viertelkreis zum Begräbnisplatz, vor dem er sich halbkreisförmig erweitert.
An der Schmalseite liegen Wohnhaus, Schule und Stallung. Der Weg, gleichlaufend zu den Gebäuden geführt, wird hier platzartig von Bäumen gerahmt. Der Baumbestand lockert sich parkartig auf und läßt vor allem vor dem Wohnhaus eine Freifläche entstehen, von der der Blick über die Kirche zur Havel gleitet.
Der Plan wurde ausgeführt.

Pfaueninsel

Die in den Gewässern der Havel zwischen Berlin und Potsdam gelegene Insel hatte schon Friedrich Wilhelm II. verlockt, sich auf ihr ein Schlößchen zu errichten und sie gärtnerisch gestalten zu lassen (1794–96). Auch Friedrich Wilhelm III. liebte die Insel, wobei er ihre Nutzung als Tiergarten berücksichtigen mußte. 1829/30 wurde das große Palmenhaus errichtet, in dem Lenné eine Sammlung verschiedener Palmenarten anlegte.
Auf der Pfaueninsel war der mit Lenné befreundete Ferdinand Fintelmann tätig. Er dürfte mehr Entscheidungsfreiheit gehabt haben, als üblich war. 1828 zeichnete er den »Situations Plan der Königl: Pfauen-Insel«, der als Grundlage für weitere Planbearbeitungen in der Gartendirektion diente. Der Fintelmann-Plan wurde in unseren Katalog nicht aufgenommen, da er wohl einen von Lenné beeinflußten Gartenzustand aufzeichnete, aber doch weitgehend unabhängig von der Gartendirektion entstanden ist.

384
Pfaueninsel. 1829

»Pfaueninsel. (Potsdam.) 1829.«
Plangrenzen: Ufer der Pfaueninsel.
Zeichner: J. E. Koschny.
Bezifferter Maßstab in Ruten.
Feder in Grau, wenig Bleistift. Mit schwarzem Doppelstrich gerahmt. Laviert in Grün, Gelb, Graubraun, Hellocker, Blau und Rosa. 50,2 x 72,3 cm.
Planslg. Nr. 3782.
Siehe Tafelteil.

Vom Schlößchen aus verlaufen zwei große Sichten in Ostwestrichtung, getrennt durch einen schmalen Riegel aus Laubgehölzen. In diese Pflanzungen stellt Lenné sehr geschickt die verschiedensten Baulichkeiten (Käfige und Zwinger für Affen und Löwen, das Kavalierhaus, die Fasanerie), in jene der Südseite die Russische Rutschbahn, das Wasserreservoir, den Wasservogelteich, die Voliere sowie Zwinger und Bärengrube. Die Umgebung des Schlößchens bleibt ganz schlicht, nur ein Blumengarten bringt Blütenfülle. Der südliche Steilhang zur Havel nimmt die kleinen Gewächshäuser und Gartenflächen auf, dazu das Gebäude für die Dampfmaschine und am östlichen Ende der Insel den Jagdschirm.
Größere Flächen, teilweise landwirtschaftlich genutzt, liegen im nordöstlichen Teil der Insel, wo neben der Büffelbucht noch die Meierei als Staffagegebäude zwischen Bäumen eingebettet ist.
Die Gebäude haben Ziffern, die Legende dazu befindet sich links oben.

385
Pfaueninsel. Um 1830

»Situations-Plan der Königl. Pfauen-Insel«.
Plangrenzen: Ufer der Pfaueninsel.
Zeichner: Gerhard Koeber.
Feder in Braun und Grau, Korrekturen in Bleistift. 51,3 x 78 cm.
Planslg. Nr. 3781.

Im großen und ganzen entspricht dieser Plan dem von 1829, jedoch sind Wasserleitungen und Sichtbeziehungen eingetragen, auch sind die Bleistiftkorrekturen des 1829er Planes (z.B. Wegeführungen) in den süd- und nordöstlichen Inselpartien eingearbeitet.
Einzelne, hier nur mit Bleistift sorgsam eingezeichnete Gartenteile weisen auf Abweichungen vom Plan 1829 hin. Sie beziehen sich auf Wegeänderungen, Wechsel von Laub- und Nadelgehölzen, auf die neue Anlegstelle sowie Details im Gärtnereinutzungsgelände.

386
Pfaueninsel. 1834

»Die Pfaueninsel«
Plangrenzen: Ufer der Pfaueninsel.
Signiert: »Gez. G. Koeber 1834«.
Bezifferter Maßstab in Ruten.
Feder, aquarelliert. 52 x 67 cm.
Ehemals in Potsdam. Seit 1945 verschollen, jedoch Photographie vorhanden.

70. Wilhelm Barth. Die Pfaueninsel in Berlin. Um 1824. (Stiftung Schlösser und Gärten Potsdam-Sanssouci)

Der Plan wiederholt ziemlich genau den Planzustand von 1828. Nur wenige Veränderungen sind wahrzunehmen, zum Beispiel die Wegeführung am südlichen Ufer der Insel. Auch sind die neuen Bauwerke – Palmenhaus, Lamahaus, Fregattenhafen – eingezeichnet. Die Nutzflächen auf der Insel sind besonders hervorgehoben. Offensichtlich wurde der Plan später benutzt, um die Parkwasserleitung einzutragen. Erläuterungen dazu sind seitlich des Titels angebracht.

387
Pfaueninsel. Um 1850

Plangrenzen: Ufer der Pfaueninsel, Ufer von Nikolskoe.
Zeichner: Gustav Meyer.
Bezifferter Maßstab in Ruten.
Feder in Grau, laviert in Grün, Blaugrün, Blau und Rosa.
Auf Leinen aufgezogen. 65,9 x 71,2 cm.
Planslg. Nr. 7396.
Quellen u. Lit. zu Kat.-Nr. 384–387: STAM. Lenné-Nachlaß. Nr. 7,5 (Bewässerungsanlage 1834: Fol. 1–14). – Hinz 1937/89. S. 42–46. – Wendland. S. 354–361. – Michael Seiler. In: Plessen. Gartenkunst. S. 110–125. – Ders.: Der Pfaueninsel-Rosengarten. In: Buttlar 1989. S. 125–137. – Ders.: Lennés Wirken auf der Pfaueninsel. Ebd. S. 171 bis 188.

Dieser Pfaueninselplan ist Teil eines Aufmaßes der Gärten um Potsdam und sollte Grundplan zu einem umfassenden Gartenwerk sein. In diese Reihe gehören u.a. der Sanssouci-Plan aus der Zeit um 1845 und der Babelsberg-Plan von 1850 (siehe Kat.-Nr. 83).
Geometrisch genau sind die Gebäude und die Wegeführungen eingemessen, desgleichen die Trassen der Wasserleitungen. Nur im Südosten der Insel fehlen die Wege bzw. sind nur andeutungsweise eingetragen. Verschiedene Färbungen der Gehölzflächen deuten auf unterschiedliche Gehölzzusammensetzung hin. In den blaugrün getönten Partien dürften mehr Nadelgehölze eingestreut sein.
Deutlich heben sich die parkartig genau durchgearbeiteten Teile der Insel von den Flächen im Nordosten ab, die der Landwirtschaft vorbehalten waren.

Charlottenburg

Schloß Charlottenburg war als westlicher Endpunkt seit 1695 an der sich von der Stadt Berlin her durch den Tiergarten ziehenden Achse entstanden. In friderizianischer Zeit wurde von Knobelsdorff ein Flügel angefügt. Ergänzende Bauten folgten bis ins 19. Jahrhundert.
Der barocke Garten des Schlosses – eine französisch beeinflußte strenge Parterreanlage, für die die Gunst der Lage am Wasser genutzt wurde – erstreckte sich bis zur Spree. 1697 war er begonnen worden, nach 1705 veränderte Pitzler die Planungen. Zur Zeit Friedrich Wilhelms II. gestaltete der aus Anhalt stammende Johann August Eyserbeck den Garten im Sinn der englisch beeinflußten Anhaltischen Anlagen um. Friedrich Wilhelm III. ließ dies fortsetzen, wobei die Wasserläufe verändert wurden.
Für Charlottenburg hat Lenné 1819 einen seiner berühmten frühen Verschönerungspläne gezeichnet, deren Ausführung der sparsame und auf Erhalt des Vorhandenen bedachte Friedrich Wilhelm III. so nicht zu genehmigen pflegte. Zusammen mit dem für Charlottenburg seit 1801 zuständigen Gärtner Rudolf Steiner paßte Lenné dann seine Planungen den Wünschen des Königs an.
1825 wurde nach Plänen von Schinkel eine kleine Villa in der südöstlichen Ecke des Gartens erbaut, in der Friedrich Wilhelm III. mit seiner zweiten Gemahlin, der Fürstin von Liegnitz, wohnte. Für sie entwarf Lenné 1830 einen kleinen abgeschlossenen Garten, der 1834/35 ausgeführt wurde. Er lag zwischen Knobelsdorff-Flügel und Luisenplatz und war mit dem Schinkelpavillon durch einen an der Schmalseite des Flügels entlangführenden Weg verbunden.
Hinz berichtet, daß 1841 der Schloßhof und der Luisenplatz nach Plänen von Lenné neu gestaltet wurde. Dafür sind jedoch keine Pläne bekannt. 1865 ließ Lenné eine Bestandsaufnahme des Schloßplatzes zeichnen.

Bis zum Zweiten Weltkrieg blieb der Charlottenburger Schloßpark im wesentlichen in der Gestalt erhalten, die ihm Lenné gegeben hatte. Nur im Norden wurde durch die Berlin - Hamburger Eisenbahn seit dem Jahr 1846 die Verbindung zur Spree abgeschnitten. Seine weitgehende Zerstörung im und nach dem Zweiten Weltkrieg gab Gelegenheit, vor allem im Parterre wieder auf die barocke Gestaltung zurückzugreifen.

388
Charlottenburg. 1819

»Verschoenerungs Plan von Charlottenburg«
Plangrenzen: Belvedere, Spree, Schloß, westliche Allee.
Signiert: »Lenné fecit 1819«.
Zeichner: Eigenhändig.
Bezifferter Maßstab in Fuß.
Feder, aquarelliert.
Ehemals in Potsdam. Seit 1945 verschollen, jedoch Photographie vorhanden.

Das barocke Gefüge wird aufgelöst, und nur noch wenige Alleen, z.B. an den Rändern beim Mausoleum oder am Parterre und Karpfenteich, bleiben erhalten. Auch das regelmäßige Wegesystem verändert sich zugunsten fast gleichbreiter Spazierwege, die, leicht geschwungen, meist am Rand, selten quer zu den Sichten verlaufen. Diese behalten teilweise die korrekten Freiräume bei, jedoch bilden sich auch zahlreiche Diagonalsichten heraus, die dem verhältnismäßig schmalen Parkgrundriß das Beengte nehmen. Die Gehölzpflanzungen sind meist schmal und in Nordsüdrichtung angeordnet. Sehr viele Einzelbäume, auch Nadelgehölze, begrenzen Sichten oder begleiten Wege.

389
Charlottenburg. 1828

»Plan No. 2.«
Plangrenzen: Südufer des Karpfenteichs, Parterre-Alleen, Schloß.
Signiert: »Lenné 1828«.
Zeichner: Gerhard Koeber.
Bezifferter Maßstab in Ruten.
Feder, aquarelliert.
Ehemals in Potsdam. Seit 1945 verschollen, jedoch Photographie vorhanden.

Das schmale, langgestreckte Parterre vor dem Mittelbau des Schlosses wird seitlich von Alleen begleitet. Von diesen führen – vor allem auf der Ostseite – Verbindungswege zu mehr oder weniger parallel verlaufenden Längswegen. Vier Querwege verbinden beide Parterreseiten. Die Bepflanzung folgt mehr oder weniger dicht den Wegen, betont auch die Kreuzungen durch dunkle Baumgruppen.

390
Charlottenburg. 1830

»Verschönerung eines Theils vom Schlosse zu Charlottenburg für ihre Durchlaucht die Frau Fürstin von Liegnitz«
Plangrenzen: Gartenfläche vor dem Ostflügel des Schlosses.
Signiert: »gez. v. Koeber«.
Feder, aquarelliert.
Ehemals in Potsdam. Seit 1945 verschollen, jedoch Photographie vorhanden.

Vor dem östlichen Teil des Knobelsdorff-Flügels liegt ein sehr großes halbkreisförmiges Zierbeet. Innerhalb der Rasenfläche liegen wie in einem Pleasure-Ground mehrere Zierbeete in Vierpaßform. Selbst der Rand ist mit Zierbeeten betont, zu denen auch kleine Bäumchen mit Festons gehören. Die weiteren Flächen waren von Sträuchern und Bäumen ausgefüllt, zwischen denen noch Rasenflächen ausgespart sind.
Der Garten wurde nicht nach diesem Plan angelegt. Lenné muß einen neuen gezeichnet haben, der aber nicht erhalten ist.

391
Charlottenburg. 1833

»Königlicher Schloßgarten zu Charlottenburg aufgenommen im Jahr MDCCCXXXIII«
Plangrenzen: Spreebogen, Spree, Schloßstraße, Westgrenze des Parks Kirchenacker.
Bezifferter Maßstab in Ruten.
Feder, aquarelliert.
Ehemals in Potsdam. Seit 1945 verschollen, jedoch Photographie vorhanden.

Zustandsplan des Parks, der auch das östliche und nördliche Spreeufer zeigt. Die alten Alleen bleiben erhalten, die Wege entsprechen jedoch nur teilweise dem Plan von 1819 (Kat.-Nr. 388). Die Verteilung der Baumbestände wird sehr verallgemeinert, nur in den nördlichen Teilen aussagekräftiger. In sehr bewegten Uferzügen wird eine Verbindung von der Spree über den Flußbogen hinweg gezeigt, der See bildet die nördliche Durchgangsmöglichkeit.

392
Charlottenburg. 1865

»Situations-Plan vom Schloßplatz zu Charlottenburg.«
Plangrenzen: Garten vor dem Knobelsdorff-Flügel, Schloßstraße, Garten vor der Orangerie.
Signiert: »Lenné 17/3 1865.«
Zeichner: Gustav Meyer.
Bezifferter Maßstab in Ruten.
Feder in Grau, laviert in Grün, Blau und Rosa. 39,4 x 43,4 cm.
Plankammer Charlottenburg. Nr. 1557.
Lit. zu Kat.-Nr. 388–392: Hinz 1937/89. S. 118–126. – Wendland. S. 366–376. – Die Bauwerke und Kunstdenkmäler von Berlin. Schloß Charlottenburg. Bearb. v. Margarete Kühn. Berlin 1970. – Clemens Alexander Wimmer: Die Gärten des Charlottenburger Schlosses. Berlin 1985. – Wimmer 1990. Nr. 39–43.

Am Ende der Schloßstraße liegen vier Rasenspiegel, seitlich mit Bäumen eingefaßt. Vor dem Ehrenhof des Schlosses setzen zwei Rasenspiegel mit je zwei Nadelgehölzen die Reihe fort. Auf den Flächen vor den Seitenflügeln des Schlosses sind die vorhandenen Bestände aufgenommen; vor dem östlichen Flügel ist ein Teil des Gartens der Fürstin Liegnitz eingezeichnet.

Bellevue

Bellevue liegt im östlichen Teil eines Spreebogens, damals in ein Wiesengelände eingebettet und mit schönen Blicken in die Spreelandschaft. Im Süden endete die Anlage am Großen Stern des Tiergartens und ist im Zusammenhang mit diesem zu sehen.
1784 hatte Prinz Ferdinand von Preußen das Gelände erworben, auf dem er 1785 durch Michael Philipp Boumann ein Schloß erbauen ließ. Der zugehörige Landschaftsgarten, dessen Schöpfer wohl August Eyserbeck war, entstand 1786–90.
1833 überreichte Lenné dem Prinzen August, an den das Schloß nach dem Tod seines Vaters, des Prinzen Ferdinand, gekommen war, einen Verschönerungsplan mit Erläuterungsbericht für Bellevue. Vorläufig scheiterte die Ausführung aber an Streitigkeiten über die Kosten in Zusammenhang mit der Tiergartenplanung. 1839 wurde ein neuer Plan vorgelegt, doch erst nach dem Tod des Prinzen August wurde für Lennés Pläne der Weg frei, da Friedrich Wilhelm IV. Schloß und Garten erbte. Auch unter dem den Plänen Lennés immer aufgeschlossenen König konnte dessen Entwurf nicht ganz verwirklicht werden. So entfielen vor allem die großen gewundenen Seeflächen.
Nur zur Tiergartenseite blieb bis heute der alte Zustand, ansonsten wurden die Sichten in die Landschaft verbaut. Als Folge des Zweiten Weltkriegs wurde der Park weitgehend zerstört. Bei der Rekonstruktion nach 1959 wurde auf den Lennéschen Zustand kaum zurückgegriffen, und der zum Stern gelegene Teil kam wieder zum Tiergarten.

393
Bellevue. 1833

Plangrenzen: Parkgrenze, Tiergarten, Spree.
Signiert: »fec. Lenné«.
Zeichner: Gerhard Koeber.
Bezifferter Maßstab in Ruten.
Feder in Grau, laviert in Grün, Braun, Grau und Rosa.
57,5 x 48,7 cm.
Landesarchiv Berlin. Pr. Br. Rep. 42. VIII. Nr. 1/12.

Ein Umgehungsweg erschließt das Parkterrain; weitere Wege folgen meist Pflanzungen, die Sichten begrenzen. Von der Gartenfassade des Schlosses strahlen vier Sichten aus, von denen die Blickbeziehung über den langen Wasserzug die wichtigste ist. Der seeartig erweiterte Graben verbindet Tiergarten und Spree, wobei er an den Brücken stets sehr zusammengezogen ist. Im südlichen Teil sind Gebäude, darunter eine Orangerie, und Nutzgartenflächen eingefügt, die von dichten Pflanzungen, in denen die Pyramidenpappeln besonders auffallen, umgeben sind. Bemerkenswert ist der Gegenzug zwischen den langgezogenen offenen Flächen zu den dichten Gehölzgruppen und den Hainen. Letztere setzen die Begrenzungen der Gruppen fort oder lockern den Übergang zur Freifläche auf.

Friedrichsfelde

Das barocke Schlößchen in Friedrichsfelde kam 1762 in den Besitz des Prinzen Ferdinand von Preußen. Auf ihn folgten mehrere Besitzer, bis die Familie von Treskow 1816 Schloß und Gut erwarb und hier bis 1945 ansässig war.
Zur Zeit des Prinzen Ferdinand, der den Garten erweitern und verschönern ließ, war dieser sehr langgestreckt, mit einer Mittelallee und je einer seitlichen Allee sowie einem Boskett als Abschluß.
Carl Sigismund von Treskow (1787–1846) war Mitglied des Vereins zur Förderung des Gartenbaus. Er beauftragte Lenné 1821 mit der Umgestaltung des Gartens, der dann ausgeführt und im wesentlichen bis zum Zweiten Weltkrieg erhalten war.
Nach dem Krieg verkamen Park und Schloß, bis ab 1954 die Anlage in einen Tierpark verwandelt wurde. Bei der Wiederherstellung des Gartens wurde sowohl auf die barocke Anlage wie auf die Lennés zurückgegriffen, ohne daß eine genaue Rekonstruktion beabsichtigt war.

394
Friedrichsfelde. 1822

Plangrenzen: Landschaftliche Partien nördlich des Schlosses, Kanalsystem, Zufahrtsallee zum Schloß, Nordparterre.
Signiert: »Lenné fecit 1822«.
Zeichner: Eigenhändig.
Bezifferter Maßstab.
Feder aquarelliert.
Ehemals im Besitz der Familie v. Treskow. Seit 1945 verschollen.
Lit.: Rave. S. 154. – Hinz 1939. S. 72. – Hinz 1989. S. 228. – Wendland. S. 321–337. – Wimmer 1990. Nr. 44. – Christiane Köhler: Die Entwicklung des Parkes Friedrichsfelde. In: Buttlar 1989. S. 166–170.

Das Nordparterre bleibt von den alten Alleen begrenzt; schmale Baumpflanzungen, zum Teil durchgehend, zum Teil in Gruppen, ziehen sich einschließlich der Wege entlang dieser Alleen. Östlich des Schlosses liegt sehr offenes Wiesengelände, durch das nur wenige, leicht geschwungene Wege führen. Baumpflanzungen kleben dicht an diesen Wegen. Auf den offenen Flächen wachsen nur wenige Baumgruppen. Der sich durch das Gelände ziehende Graben wird nur wenig verbreitert. Das Südparterre wird ähnlich dem Nordparterre behandelt und ist mit einem Weg durch den kaum berücksichtigten Kanalgarten an die landschaftlichen Partien angeschlossen.

Schönhausen

1691 erwarb Kurfürst Friedrich III. Schönhausen und ließ Schloß und Garten verschönern. Als Friedrich II. 1740 zur Regierung kam, wies er seiner Gemahlin Elisabeth Christine das Schloß als Wohnsitz an. Sie ließ in späteren Jahren den barocken Garten umgestalten und erweitern.
Eine der Bewohnerinnen, die Herzogin von Cumberland, Schwester der Königin Luise, wünschte größere Veränderungen. Da ihr Schwager Friedrich Wilhelm III. ihr immer wohlgesonnen war, wurde Lenné herangezogen. 1827 überreichte er einen Plan mit Erläuterungsbericht (bei Hinz abgedruckt). In dem Begleitbrief an den Gartenintendanten von Maltzahn weist Lenné darauf hin, »daß derjenige Teil der Bewohner Berlins, welche vom Tiergarten entfernt wohnen, im Schloßgarten zu Schön-

hausen seine Erholung findet«. Der König genehmigte Lennés Plan wie meist mit Änderungen. Immerhin waren hier die Neuanpflanzungen dadurch einfach, daß der Hofgärtner Busch immer in Schönhausen eine Baumschule unterhalten hatte, aus der nun die Gehölze entnommen werden konnten. 1829–31 entstand der neue Park, der barocke Elemente übernahm, aber vor allem die Lage an der Panke nutzte. Diese Bindung an die Landschaft ging später verloren. Doch Schloß und Park haben die Zeiten überlebt und werden gepflegt.

395
Schönhausen. 1828

Plangrenzen: Straße nach Pankow, Grenzen des Parks einschließlich der Wirtschaftsgebäude auf der Westseite.
Signiert: »Lenné 28«.
Zeichner: Gerhard Koeber.
Bezifferter Maßstab in Ruten.
Feder, aquarelliert.
Ehemals in der Bau- und Finanzdirektion Berlin. Seit 1945 verschollen.

Der Barockpark war inzwischen mit modischen Schlängelwegen durchzogen worden. Die alte Wegeführung wird bis auf die Alleen aufgelöst. In weichen Schwüngen geführte breite Wege durchziehen die dichten Baummassen seitlich der Rasenfläche vor dem Schloß und laufen dann mehr oder weniger dicht an den Parkgrenzen entlang. Dabei bleiben immer wieder beträchtliche Sichten in das Parkinnere und in die Umgebung frei. Der südliche Rand, bisher als Forst genutzt, wird nun zum Park geschlagen und ermöglicht einen breiten Randweg. Schmalere Wege schaffen Zutritt für die weiteren Flächen. Drei große Freiräume sind vorgesehen: der Bereich vor dem Schloß, das Gelände seitlich der hier teichartig erweiterten Panke und die vom Park umschlossenen »Bauernwiesen«. Die Pflanzungen setzen sich aus großen, schweren Gruppen zusammen, dazu sehr ausgedehnte Haine, so daß reizvolle Übergänge geschaffen sind. Am Ende der Schloßwiese ist als Querriegel ein ausgebuchteter See eingefügt, der in enger Verbindung zu den vom Osten her durchflossenen Wasserstücken und -gräben steht. Im südlichen Teil wird die Panke seeartig erweitert und erhält am Ufer einen erhöhten Sitzplatz.
Der Plan wurde nur in ganz wenigen Partien ausgeführt.

396
Schönhausen. 1831

Plangrenzen: Parkgrenzen einschließlich der Wirtschaftsgebäude westlich des Schlosses.
Signiert: »Koeber 1831«.
Lit. zu Kat.-Nr. 395 u. 396: Hinz 1937/89. S. 130–135. – Wendland. S. 297. – Günther. S. 147, 149.

Die barocken Alleen sind erhalten geblieben, die übrigen Flächen landschaftlich behandelt. Erweitert ist der Park um den breiten Gehölzstreifen südlich der »Bauernwiesen«. Vor dem Schloß liegt ein Pleasure-Ground, von dem vier Sichten ausgehen: Buchholz, Blankenburg, Malchow und Heinersdorf. Die nördlichen Teile sind als Reste barocker Boskettpartien sehr dicht. Eine Querachse führt in den Nutzgarten auf ein Orangeriegebäude. Die südlichen Teile zeigen größere Freiräume. In diesen liegt die seeartige Erweiterung der Panke, die den ganzen Garten durchfließt. Die Zeichnung weist in den südlichen Partien wenige dichte Baumgruppen, dafür um so mehr lockere Haine aus. Die Flächen südlich der »Bauernwiesen«, die neu zum Park gekommen sind, ermöglichen die Einfügung eines Umgehungsweges, der die gesamte Anlage umzieht.
Der Plan zeigt offenkundig den Zustand nach den Verschönerungen durch Lenné.

Buchholz

Karl Friedrich Heinrich Lottum, Graf von Wylich war 1813 Preußischer Bevollmächtigter für Verpflegungssachen im Russischen Hauptquartier gewesen, 1818 wurde er Innenminister und Finanzminister. Er war seit 1824 Mitglied des Vereins zur Förderung des Gartenbaus. Außer dem Garten in Buchholz hatte er sich auch in Lissa einen Garten anlegen lassen (Kat.-Nr. 500).
Als Graf Lottum sich in dem Dorf nordöstlich von Berlin einen Sommersitz zulegte, hieß dieses Französisch-Buchholz, denn hier hatte der Große Kurfürst Hugenotten angesiedelt, die sich meist der Gärtnerei widmeten. Einen dieser alten Gärten kaufte der Graf. Er lag an der durch das Dorf führenden Straße und trägt auf einem Plan des Dorfes aus dem Jahr 1730 die Nummer 14 (heute Hauptstraße 61). Zu einer Parkanlage wurde der Garten erst, als es dem Grafen gelang, ein quer zu ihm liegendes Gelände in der Pankeniederung zu erwerben. Am besten erkennt man die Situation auf Kat.-Nr. 399, da nur hier das schmale ursprüngliche Grundstück und die Erweiterung aufgezeichnet sind.
Am 12. 7. 1827 hatte Graf Lottum an Lenné geschrieben, daß er in Buchholz ein an seinen Garten anschließendes Gelände von 18 Morgen gekauft hätte, teils Elsbruch. Er wünschte sich nun eine Grasnutzung mit Gängen, um ihn mit dem Garten in Verbindung zu setzen. Er bittet Lenné um Hilfe, damit die von ihm so glücklich geleitete kleine Anlage erweitert wird. Am 28. 9. 1827 schrieb Lottum aus London an Lenné und bedauert, »daß die schönen Anlagen und improvements im Buchholzer Garten vor sich gehen, ohne daß ich daran Theil nehmen kann, hoffe jedoch, oder bin vielmehr da Sie sich der Sache so thätig angenommen haben, überzeugt etwas freundliches zu finden.«
1904 wurde das Gelände parzelliert und bebaut, so daß heute nur noch einige große Bäume und Straßennamen wie »Parkstraße« an den Garten erinnern.

397
Buchholz. 1827

»Plan zur Verschönerung des dem Herrn Staatsminister Grafen v. Lottum zugehörigen Elsbruchs zu Franz: Buchholz.«
Plangrenzen: Park Buchholz ohne Verbindung zur Umgebung.
Zeichner: Hermann Sello? Einbesserungen in Bleistift von Lenné.
Maßstab ohne Angabe der Maßeinheit.
Feder in Grau, Braun und Schwarz, laviert in Grüngelb, Graubraun und Grünblau, Einbesserungen in Bleistift.
35,7 x 51 cm.
Plansig. Nr. 3476.

Der Plan zeigt nur den neu erworbenen Elsbruch, unten links ist in Bleistift der Ansatz des Straßengrundstücks angedeutet. Das Gelände wird auf drei Seiten von ziemlich geradlinigen Gräben der Panke-Niederung umgeben, von denen einer in spitzem Winkel in das Gelände, parallel zu den Grenzen des Wirtschaftsgartens, eingreift.
Große Wiesenflächen werden von dichten Gehölzpflanzungen gerahmt, während Einzelbäume hainartig den Übergang zur Freifläche bilden. Ein leicht geschwungener, teichartig erweiterter Graben zieht sich durch ein schmales, von dichten Gehölzpflanzungen begrenztes Wiesenstück und wird weiter von locker gepflanzten Einzelbäumen begleitet.
Der Plan wurde ein zweites Mal verwendet, um eine neuerliche Erweiterung des Grundstücks einzutragen. Infolge dieser Vergrößerung mußte der Kanal geradlinig nach außen verschoben und im rechten Winkel an der Brücke des Obstgartens angeschlossen werden. Auch die Wegeführung und Pflanzung verschoben sich, so daß die Gartenräume gestreckter werden.
Zahlreiche Gehölznamen zur Bepflanzung sind vermerkt.

398
Buchholz. 1827

»Plan zur Verschönerung des dem Herrn Staatsminister Grafen v. Lottum zugehörigen Elsbruchs zu Frz. Buchholz«
Plangrenzen: Wie Kat.-Nr. 397.
Signiert: »Lenné 1827.«
Zeichner: Hermann Sello?
Bezifferter Maßstab in Ruten.
Feder in Schwarz, laviert in Grün mit Grau, Grünblau, Braun und Blaßgelb, Anmerkungen und Einbesserungen in Bleistift. 40,3 x 59,8 cm.
Plansig. Nr. 3474.

Dieser Plan ist die Reinzeichnung von Kat.-Nr. 397 in seiner ersten Fassung ohne die kleine Erweiterung. Die in diesem Plan eingezeichneten und mehrfach veränderten Wege ziehen sich in eleganten Schwingungen durch das Gelände. Die Pflanzungen sind wesentlich leichter und zurückgedrängt, Einzelbäume lockern sehr vieles auf. Der Ansatz des Gartengrundstücks ist nur daran zu erkennen, daß an dem Ort, wo er erfolgen mußte und wo später der verbindende Teich erscheint, die Wiesenflächen frei geblieben sind.
Bleistifteintragungen deuten auf erneute Veränderungen hin, die auch in Kat.-Nr. 397 teilweise nachgetragen sind.

399
Buchholz. 1829

»Besitzung des Königl. u. Geh. St. Minister v. Lottum Exell. zu Fr. Buchholz.«
Plangrenzen: Wie Kat.-Nr. 397 und Straßengrundstück.
Signiert: »Lenné 1829.«
Zeichner: Eigenhändig.
Bezifferter Maßstab in Ruten.
Feder in Braun und Schwarz, laviert in Grün, Blaugrün und Braun, Einbesserungen und Anweisung zur Bepflanzung in Bleistift. 42,7 x 35,6 cm.
Plansig. Nr. 3475.
Siehe Tafelteil.

Quellen u. Lit. zu Kat.-Nr. 397–399: Lenné-Nachlaß. Nr. 1. Fol. 50. – Ebd. Nr. 4. Fol. 172. – Hinz 1939. S. 74–75, – Ders. 1989. S. 231–232. – Wendland. S. 311–312. – Günther. S. 159 bis 160.

Vor dem – nicht mitgezeichneten – Haus liegt das schmale Straßengrundstück, das seitlich mit lockeren Gehölzgruppen bepflanzt ist. Begleitende führende Wege werden zu den Nachbargrundstücken dicht abgepflanzt. Blickpunkt bleibt auch für diesen Garten ein kleiner Teich, der gleichzeitig die Nahtstelle zum Park bildet und auch von dort zum Point de vue verschiedener Parksichten wird.
Ganz sanft geschwungene Wege ziehen sich entlang des Grenzgrabens, wobei jeweils in den Ecken Sitzplätze eingefügt sind. Im Innern des Parks verbinden sich nur wenige Wege, so daß sehr große, meist langgestreckte Wiesen entstehen. Dies wird von verhältnismäßig wenigen, aber umfangreichen Gehölzgruppen unterstützt. Nur einige hainartige Pflanzungen lockern die Übergänge auf. Außer den Grenzgräben zieht sich ein teichartiger erweiterter Graben schräg durch das Parkgelände. Bleistifteintragungen deuten auf erneute Wegeveränderungen in der Nähe des Obstgartens. In Bleistift sind sehr viele Gehölznamen zur Bepflanzung vermerkt.

Das Zeichenheft des Louis Eyserbeck von 1835

400
Charité. 1834

»Plan der neuen Gartenanlage zur Königl: Charité.«
Plangrenzen: Charité, Louisenstraße, Schumannstraße, Charitéstraße.
Zeichner: Louis Eyserbeck.
Bezifferter Maßstab in Ruten.
Feder in Grau und Braun, Bleistift, laviert in Grün, Hellbraun und Rosa. 23,8 x 37,8 cm.
Plansig. Nr. 3785.

Das Blatt ist das erste eines Heftes mit dem Titel »Garten-Pläne entworfen vom Herrn Gartendirector Lenné ausgeführt von L. Eyserbeck. Berlin 1835«, das acht Blatt umfaßt. Vor den letzten beiden ist noch einmal ein Vorsatz mit dem Titel »Privat Garten-Pläne entworfen und gezeichnet von L. Eyserbeck«, diese gehen also nicht auf einen Entwurf Lennés zurück.
Das Heft gehört nicht zum alten Lenné-Bestand, sondern wurde um 1930 angekauft. Die angeblich von Lenné entworfenen Gärten entsprechen nicht ganz dessen Stil. Offenkundig ist das aber teilweise durch den Zeichenstil Eyserbecks verursacht, denn für das hier aufgeführte Charité-Blatt ist durch die Akten belegt, daß Lenné den Garten entworfen und daß Eyserbeck ihn ausführte. Außerdem gibt es eine Zeichnung für den Garten im alten Lenné-Bestand (Kat.-Nr. 329).
Außer dem Charité-Plan bezeichnet Eyserbeck noch zwei Gärten in seinem Heft als Berliner Arbeiten Lennés: »H. Rentier Flesch Orangenb. St.« (Plansig. Nr. 3786) und »Blumengarten des Zimmermeister Herrn Hensel gehörig. Louisen Straße No. 10. 1/5 1835« (Plansig. Nr. 3787). Für beide gibt es aber keine Zeichnungen von Lenné, und es hat sich auch kein Beleg dafür finden lassen, daß sie von Lenné entworfen wurden.

71. Aus Duncker 1857/58. Das Schloß Baruth. (Stiftung Schlösser und Gärten Potsdam-Sanssouci)

1.3. Provinz Brandenburg

In der Provinz Brandenburg fand Lenné bald zahlreiche Auftraggeber. Einerseits lag sie nahe an seinen Wohnsitzen in Potsdam und Berlin, andererseits saßen hier Adlige, die im Staatsdienst tätig waren und bald von dem besonderen Können Lennés Kenntnis nahmen. Die Reihe der verschönten Gutsgärten beginnt mit Neuhardenberg im Jahr 1821 und endet mit Neuensund und Neumühle im Jahr 1840. Schwer ist zu erklären, warum die Gärten alle in den 20er und 30er Jahren entstanden sind. Es ist, als ob sich 1840 die Zahl der möglichen Auftraggeber erschöpft hätte.
Mit ihrer Lage im Oderbruch oder auf den Höhen in der Nähe des Flusses zeichnen sich durch wohlgelungene landschaftliche Einbindung Criewen, Görlsdorf, Hohenlübbichow und Zuetzen aus. Aber auch sonst bot die märkische Landschaft mit ihren feuchten Wiesen und Sandhügeln Möglichkeiten, die Lenné zu nutzen wußte. Eine im ganzen verschönte Landschaft entstand in Boitzenburg.
Auch für brandenburgische Städte war Lenné tätig. In Bad Freienwalde legte er seit 1821 den Garten am Gesundbrunnen an. Wiederum spielte die Landschaft des Oderbruchs eine wichtige Rolle. In Neuruppin verschönte er die Anlagen an der Dominikanerkirche. In großem Maßstab war Lenné für Frankfurt an der Oder tätig, wo unter seiner Leitung die Wallanlagen in eine die Stadt im Halbkreis umziehende Parkanlage umgewandelt wurden, ein bis heute für die Stadt bestimmender Eingriff.

401
Baruth. 1838

»Brouillon-Karte von dem Hochgräflich Baruther Schloßgarten«.
Plangrenzen: Grundstücksgrenzen an den Bürgergärten der Stadt und an Wiesen- und Ackerflächen.
Signiert: »aufgenommen im Jahre 1838 von O: Reder.«
Zeichner: Reder mit Einzeichnungen von Lenné.
Bezifferter Maßstab in Ruten.
Feder in Grau, Bleistift. 66 x 97,7 cm.
Planslg. Nr. 3445.
Siehe Tafelteil.
Lit.: Duncker. Bd. 1. Nr. 16. – Hinz 1939. S. 88. – Hinz 1989. S. 249, 250. – Rave. S. 146.

Das langgestreckte Grundstück leidet unter sehr hohem Grundwasserstand, der die Ursache für die zahlreichen, teilweise rechtwinklig geführten Gräben in und um den Park ist. Der südliche Teil des Parks weist ungewöhnlich große Wiesenflächen aus, die, durch einen breiten Graben getrennt, in Acker- und Nutzungsflächen übergehen. Zur Mitte des Parks verdichtet sich die Bepflanzung zu hohen Baumgruppen, von denen auch drei in der Mitte der Wiese stehen. Die Parkgrenze ist teilweise mit langgezogenen Gruppen abgedeckt, aber auch, vor allem an der südlichen Spitze, nur mit kleineren, meist spitzkronigen Bäumen besetzt. Während in diesem Teil nur ein breiter Randweg die Fläche umzieht, ist der nördliche Teil mit sehr lebhaft geschwungenen Wegen durchzogen, die besonders die Flächen um die zwei Teiche mit ihren bewegten Ufern erschließen. Die Bepflanzung ist auffallend dicht, so daß sich, unterstützt durch kleinere Einpflanzungen, zusammenhängende Freiräume ergeben.
Eine besonders reich motivierte Gestaltung zeigt sich in der Nähe der Gebäudegruppen. Eine lange Pergola schließt diesen Gartenraum, der durch ein großes rundes Teppichbeet aus Kreisen und Lilien charakterisiert wird, nach Osten ab. Das gleiche Motiv hatte Lenné bereits im Babelsberger Pleasure-Ground verwendet. Ein kleiner, leicht geschwungener Weg ermöglicht die Querverbindung durch den schmalen Gartenzaun, der hinter einer Abpflanzung einen runden, mit Pappeln bestandenen Platz öffnet.

Berkenbrügge, Krs. Arnswalde (Brzeziny; choscz.)

Zum Besitzer Bethe siehe Reichenbach (Kat.-Nr. 464, 465). Bethe hat den Plan für Berkenbrügge in den Verhandlungen des Vereins für Gartenbau veröffentlicht. Sein Besitz liegt am Westende des Straßendorfes. Vorgesehen ist nicht ein Park, sondern eine geschmückte Feldflur. Das wurde nicht ausgeführt, aber es entstand ein Park, der sich bis zum Kleinen Carpin-See erstreckt.

402
Berkenbrügge. 1825

»Berkenbrege Bethe gehörig«
Plangrenzen: Dorf, Kleiner Carpin-See, Feldfluren.
Radierung. 53,5 x 43 cm.
Planslg. Nr. 3454.
Siehe Tafelteil.
Lit.: C. G. Bethe: Über Trift- und Feld-Pflanzungen ... In: Verhandlungen des Vereins zur Beförderung des Gartenbaus. 2. 1826. Taf. XII.

Am Ende des Dorfes liegen Kirche und Schloß, an die sich, fast gleichlaufend zum Bach, der zum See führt, die Feldflur anschließt. In Nähe des Baches begrenzen umfangreiche Obstbaumpflanzungen die Wiesenflächen. Wege, leicht geschwungen, führen in lockerer Form durch den Bestand. Die Feldflur wird von malerischen Baumgruppen belebt und von einem bogenförmig geführten Weg abgeschlossen. Die dazu gehörende Pflanzung, die sich beiderseits des Weges entlangzieht, besteht aus wuchtigen Laubgehölzgruppen, lockeren Nadelholzbeständen und Obstbäumen.

Blankensee, Krs. Jüterbog

Der Auftraggeber Lennés war Hans Hermann von Thümen. Er lieferte Lenné ein sehr genaues Aufmaß seines Gutshofes (Kat.-Nr. 403), aus dem hervorgeht, vor welche Schwierigkeit Lenné gestellt war. Der hinter dem Schloß zu planende Garten war von diesem durch den Hof mit seinen Gebäuden getrennt. Andererseits bestanden durch die Lage an der Nieplitz reichliche Möglichkeiten, die Anlage durch Wasserläufe interessant zu gestalten. Der Garten wurde nach der vorhandenen Entwurfsskizze ausgeführt.
Später wurden die Hofgebäude abgerissen, so daß jetzt der Garten mit dem Wohnhaus verbunden ist, doch zeichnet sich ihre Lage immer noch in dem unbepflanzten Gelände ab. Die Thümens verkauften das Gut, und das Wohnhaus mit Garten wurde von Hermann Sudermann erworben, der hier von 1902–28 wohnte und den Garten durch verschiedene Anlagen erweiterte.
Die Lennésche Gestaltung ist in Teilen noch ganz deutlich zu erkennen. Die mit hochstämmigen Linden eingefaßte Vorfahrt ist in Teilen noch vorhanden, ebenso die gleichlaufend zur Nieplitz gepflanzte Allee. Sudermann veränderte den Park durch mehrere Einbauten, zu denen ein Monopteros, eine Gartenhalle und ein sog. Italienischer Garten mit einer kleinen Schaufassade zählen.

403
Blankensee. 1832.

»Hr. von Thümen zu Blankensee 1832«
Plangrenzen: Situationsplan Blankensee.
Maßstab ohne Angabe der Maßeinheit.
Feder in Grau, laviert in Grün, Gelblich, Hellbraun und Dunkelgrau. 39,9 x 40,5 cm.
Planslg. Nr. 3455.

Gut und Wohnhaus liegen auf einer vom Kanal umflossenen Fläche: Weitere Gräben, die das Gelände durchziehen, stehen in Verbindung mit einem seeartigen Gewässer, der Nieplitz. Die Gutsgebäude werden von Wirtschaftsflächen umgeben, an die sich Dorfgärten und die Dorflage anschließen. Ein Park ist nicht vorhanden.

404
Blankensee. 1832

»v. Thümen zu Blankensee bei Potsdam.«
Plangrenzen: Anlagen um die Nieplitz, Parkgelände.
Zeichner: Gerhard Koeber.
Maßstab ohne Angabe der Maßeinheit.
Bleistift. Auf festem Papier aufgezogenes Seidenpapier. 35,8 x 40 cm.
Planslg. Nr. 3456.
Siehe Tafelteil.
Lit. zu Kat.-Nr. 403 u. 404: Hinz 1939. S. 70. – Hinz 1989. S. 224. – Rave. S. 147.

Vor dem Gutshaus liegt eine leicht ausgebuchtete, große Vorfahrt, die zur Nieplitz mit Hochstämmen (Linden), verbunden durch Pflanzgirlanden, begrenzt ist. Die anschließenden Gewässer sind seeartig, mit ausgebuchtetem Ufer und Insel, behandelt. Vertiefte Partien werden mit dem Flußlauf verbunden und ein kleiner Uferweg über Insel und Brücken geführt. Seitlich der Nieplitz wird eine alleeartige Pflanzung eingefügt und das Gelände zur Dorfflur in zwei große, nach außen geschlossene Gartenräume gegliedert. Eine Brücke führt in den Hauptteil des Parks, der seitlich zu den Wirtschaftsgebäuden dicht abgepflanzt ist. Fünf gestreckte Baummassive beleben den fast quadratischen Gartenraum, den locker gestellte Einzelbäume an den Wegen füllen. Diese führen an der Brücke zu einem Rondell mit einer Architektur.

Blumberg, Krs. Niederbarnim

Im Jahr 1836 kaufte Friedrich Ludwig von Arnim Blumberg. Im Briefwechsel mit seinem Bruder Adolph Heinrich von Arnim berichtete er davon. Am 17.5.1836 erwähnt er das vorgefundene Haus, die »alte Baraque«, und schreibt: »Ich darf daher hoffen bei schönerer Jahreszeit und in späterer Zeit bei dem Vorschreiten des neuen Hausbaues und der Park-Anlagen (zu welchem Behuf bereits Lenné & Consorten das Terrain recoqunoscirt haben) ...«
Der Zustand des Gartens, den Lenné mit seinen Mitarbeitern im Mai 1836 rekognosziert hatte, ist auf einem Plan von Rittergut und Dorf aus dem Jahr 1824 festgehalten. Es ist ein von Wasserläufen und Alleen durchzogenes Gelände mit einer kleinen regelmäßigen Anlage am Haus. Die Alleen hat Lenné in dem Plan, der uns vorliegt, übernommen, vor allem die Mittelallee des alten hinter dem Schloß gelegenen Gartens.
Der Park wurde nach der Planung Lennés ausgeführt. Währenddessen wurde durch Stüler das neue Schloß erbaut. Noch am 28.7.1842 schreibt Arnim an seinen Bruder: »Im Begriff abermals zu einer Conferenz mit meinen Baumeistern, von denen ich jetzt fast unzertrennlich bin nach Blumeberg zu fahren ...«
Blumberg wurde schon vor dem Zweiten Weltkrieg stark beeinträchtigt. Der Bau von Stüler wurde so verändert,

daß er nicht mehr zu erkennen war, der Park wurde zum Teil parzelliert. An dem noch vorhandenen Parkteil werden Rekonstruktionsarbeiten durchgeführt.

405
Blumberg. 1836

»Blumberg bei Berlin dem Gr. v. Arnim gehörig.«
Plangrenzen: Gutsfluren, Dorflage und Schloß.
Zeichner: Gerhard Koeber.
Bezifferter Maßstab in Ruten.
Feder in Grau und Rot, laviert in Grün mit Braun. Auf festes Papier aufgezogenes Seidenpapier. 60,8 x 80,2 cm.
Planslg. Nr. 3457.
Siehe Tafelteil.
Quellen und Lit.: BLAP. Pr. Br. Rep. 37. Boitzenburg. Nr. 4196. Briefwechsel Graf Adolf Heinrich v. Arnim mit seinem Bruder. – Rave. S. 147. – Hinz 1939. S. 76, 77. – Hinz 1989. S. 232, 233. – Die Kunstdenkmale der Prov. Brandenburg. Krs. Niederbarnim. Berlin 1939. Abb. 331. Plan von 1824.

Vor dem Schloß breitet sich – eingeengt durch die Dorflage – eine Rasenfläche mit einer regelmäßigen Strauchpflanzung aus. Breite Wege führen in mehreren Bögen um und durch die ganze Parkanlage, zu deren Mittelpunkt ein weiter See wird. Die recht bewegten Uferlinien dieses Gewässers und eine höchst raffinierte Uferbepflanzung lassen das Gewässer noch größer erscheinen, als es ist. Beibehalten wurden einige gerade, offensichtlich mit Pyramidenpappeln bepflanzte Wegeabschnitte. Um diese vorhandene strenge Bepflanzung nicht aus dem Rahmen fallen zu lassen, wurden mit der gleichen Pflanzenart Übergänge geschaffen. Gleichzeitig bilden diese schmalen, durchsichtigen Bäume den Vordergrund und damit den Maßstab beim Durchschreiten des Parks. Die ungewöhnlich ausgedehnten Freiräume des Parks randen sich mit dichten Laubgehölzgruppen, an den Grenzen auch in langen Strecken gepflanzt, und zahlreichen Pyramidenpappeln – ein Kontrast, wie er sich stärker nicht denken läßt. Wie so häufig werden besonders Wegkreuzungen dicht bepflanzt, um vom Dunklen auf die hellen Flächen sehen zu können.

Boitzenburg, Krs. Templin

Boitzenburg befand sich von 1526 bis 1945 im Besitz der Familie von Arnim. Adolph Heinrich von Arnim-Boytzenburg erhielt 1812 die zum Fideikomiß vereinigten Boitzenburger Güter und verwaltete sie ab 1827 selbständig. Er war einer der reichsten jungen Adligen Preußens. Nachdem sein Studium abgeschlossen war, ging er in den Staatsdienst, wo er verschiedene Ämter übernahm, bevor er 1842 Innenminister wurde. Arnim spielte während der ganzen Regierungszeit Friedrich Wilhelms IV. eine bedeutende Rolle. Er gab den Auftrag zur Umgestaltung des zum Teil noch barocken Gartens in Boitzenburg sofort, nachdem er mündig geworden war.
Der Plan von 1827 ist ausdrücklich als »Verschönerungs-Plan der Umgebung von Boitzenburg« bezeichnet. Er ist einer der großen Pläne zur Landesverschönerung von Lenné und wurde weitgehend ausgeführt. Lenné erhielt zur Unterstützung seiner Arbeit einen Kupferstich von 1780, der den bestehenden Park wiedergab (Kat.-Nr. 406).
Die Umgebung des Schlosses bot die günstigsten Voraussetzungen. Die zum Schloß hin ansteigende Schloßinsel liegt inmitten eines leicht hügeligen Geländes und ist über fünf Brücken zugänglich. Der Garten von 1780 hatte eine barocke Terrassenanlage vor der Orangerie, war aber sonst schon als Landschaftsgarten gestaltet. Lenné hat dann auch Elemente des alten Gartens übernommen, vor allem Sichtbeziehungen. Aber er veränderte die Konturen der Ufer. Vor allem wollte er den rechteckigen Küchenteich mit natürlich erscheinenden, geschwungenen Uferlinien versehen, was aber

72. Aus Duncker 1864/65. Das Schloß Blumberg. (Stiftung Schlösser und Gärten Potsdam-Sanssouci)

nicht ausgeführt wurde. Den Tiergarten, der einen Bestand an Eichen, Linden, Buchen und Kiefern aufwies, ließ Lenné durch Kastanien, Akazien und Linden bereichern. Hier steht die Ruine der Zisterzienserinnen-Klosterkirche, die in die Gestaltung der Landschaft einbezogen wurde.
Weitere Zeichnungen von Lenné wurden notwendig, als 1838–42 das Schloß durch Stüler im gotischen Stil verändert wurde. Es war schon davor eine mächtige Anlage, die bei Merian sehr eindrucksvoll wirkt. Nochmals umgebaut wurde es im wilhelminischen Renaissancestil 1881–84 durch Foflein.
Schloß Boitzenburg wurde in den letzten Jahrzehnten als Erholungsheim genutzt. Die ursprüngliche Wegeführung im Park ist teilweise erhalten, die Sichtachsen sind zugewachsen. Die umliegenden Hänge werden forstwirtschaftlich genutzt. An einigen Stellen im Parkgebiet wurden Bungalows gebaut.

406
Boitzenburg. 1780

»Plan des Hochadel: Freyherrl: von Arnimschen Schlosses und Gartens zu Boytzenburg. 1780.«
Plangrenzen: Tiergarten, Bogenbrücke, Fasanerie und Wirtschaftsgebäude, Landstraße.
Kupferstich, Einzeichnungen in Bleistift. 43,5 x 55 cm.
Planslg. Nr. 3458.

Auf einer Insel, deren Wasserflächen teilweise ganz regelmäßig ausgeformt sind, liegen das alte und neue Schloß, nordöstlich davon Stall- und Wirtschaftsgebäude. In die östliche Hanglage fügt sich der barocke Terrassenbau zwischen dem chinesischen Parasol und der Orangerie ein. Die gekrümmten Wege auf der Schloßinsel und am Hang, die Staffagebauten und Brücken gehören zu einem der frühesten Landschaftsgärten in der Mark Brandenburg, von dem Graf Lehnsdorff 1770 begeistert berichtet: »Es ist ein reizender Ort, England in Vollendung: Wälder, Wasser, natürliche Wasserfälle und Rasenplätze.«

407
Boitzenburg. 1827

»Verschönerungs-Plan. der Umgebung von Boitzenburg.«
Plangrenzen: Fließ, Dorflage, Straße nach Berlin, Hangfläche zur Feldflur.
Signiert: »Lenné 1827.«
Zeichner: Gerhard Koeber, Bleistifteinzeichnungen von Lenné.
Beziffeter Maßstab in Dezimalruten.
Wasserzeichen von 1827.
Feder in Schwarz und Rotbraun, laviert in Grün und Grau, Braun, Ocker, Gelb, Blau und Rosa, Bleistifteinzeichnungen. 42,4 x 61,4 cm.
Planslg. Nr. 3461.
Siehe Tafelteil.

Die Schloßinsel wird von geschwungenen Wegen und meist länglichen, die Sichten begrenzenden Pflanzungen erschlossen, wobei teilweise die verbindenden Brücken fehlen. Auch die Hänge, deren Höhenunterschiede die haarnadelartigen Wegeformen bedingen, werden nur von Gehölzgruppen, keiner dichten Bepflanzung überzogen. Lediglich um die Feldflur legt sich ein undurchsichtiger Gehölzmantel. Den Übergang in die sehr großen Wiesenflächen bilden wuchtige Gehölzgruppen, die sich auch an den Ufern des Fließes dahinziehen. Neben der Schloßinsel werden auch andere Baumformen (Hänge- und Säulen-Typen) vorgesehen. Die alten, noch aus dem Barock- bzw. frühen Landschaftsgarten herrührenden Gebäude behalten ihre Sichtbeziehungen.

408
Boitzenburg. 1838

Plangrenzen: Wasserfläche mit Ufer der Schloßinsel und der Ortslage, Marstall und Gemüsegarten, Hang mit Rotunde, Wasserflächen.
Signiert: »Lenné 1838«.
Zeichner: Gerhard Koeber.
Bezifferter Maßstab in Ruten.

73. Julius Schlegel. Das Schloß Boitzenburg. 1860. (Stiftung Schlösser und Gärten Potsdam-Sanssouci)

74. Julius Schlegel. Das Schloß Boitzenburg, vom Tiergarten aus gesehen. 1860. (Stiftung Schlösser und Gärten Potsdam-Sanssouci)

Bleistift. 37 x 39 cm.
Ehemals im Schloßarchiv Boitzenburg. Seit 1945 verschollen.

Im Vergleich zum Plan von 1827 (Kat.-Nr. 407) ist die Schloßinsel und vor allem das Verbindungsstück zum Marstall und zur Ortschaft feiner durchgearbeitet. Auf der Schloßinsel blieb zwar die Wegeführung im allgemeinen erhalten, doch wird an der Nordwestseite ein leicht erhöhtes Gartengebäude, von Pergolen umgeben, eingefügt, zu dem ein großes, aus sieben Teilen bestehendes Blumenbeet gehört. Östlich des Schlosses verändern sich Wasserläufe und die südöstliche Zufahrt. Eine ganz lockere, höchst elegante Bepflanzung überzieht die sehr unregelmäßigen Flächen. Nur Marstall und Nutzgarten sind dicht eingegrünt. Die im Plan von 1827 noch vorhandene Orangerie, die Terrassen und der Chinesische Parasol finden nun keine Berücksichtigung mehr. Statt dessen zieht sich ein Weg in Haarnadelkurven auf den Hang bis zur Rotunde.

409
Boitzenburg. Nach 1838

»Grf. Arnim zu Boitzenburg«
Plangrenzen: Unmittelbare Umgebung des Schlosses.
Zeichner: Eigenhändig.
Maßstab ohne Angabe der Maßeinheit.
Wasserzeichen von 1836.
Bleistift. 29,5 x 48,2 cm.
Planslg. Nr. 3460.

Entgegen der früheren Planung von 1827 (Kat.-Nr. 407) wird die unmittelbare Umgebung des Schlosses nach dem Stülerschen Umbau von 1838–42 verändert: Eine berankte Pergola umspannt den Bau und verbindet sich, teilweise mit gerade geführten Wegen, mit dem geschwungenen Umgehungsweg. Exedraartige Ausformungen überspielen die Endpunkte, auch eine runde, laubenartige Ausbildung wird an der Nordwestseite eingefügt. An Stelle der früher vorgesehenen Nadelgehölzpflanzung schließen sich an die Pergola zwei terrassenförmige Streifen, regelmäßig bepflanzt auf die Strecken abfallend, an. Die Bepflanzung der Flächen geschieht mit lockeren Gehölzgruppen.

410
Boitzenburg. Nach 1838

Plangrenzen: Schloßhof.
Zeichner: Nur die Bleistiftanmerkungen von Peter Josef Lenné.
Bezifferter Maßstab in Fuß.
Bleistift, Feder in Grau. 33,7 x 42,8 cm.
Planslg. Nr. 3459.
Lit. zu Kat.-Nr. 406–410: Ernst Kirchner: Das Schloß Boitzenburg und seine Besitzer. Berlin 1860. – Duncker. Bd. 6. Nr. 301. – Schmidt-Lötzen: Dreißig Jahre am Hofe Friedrichs des Großen. Aus den Tagebüchern des Reichsgrafen Ernst Ahasverus Heinrich Lehnsdorf ... Bd. 2. Gotha 1913. S. 178, 210, 254. – Kunstdenkmäler der Provinz Brandenburg. Krs.Templin. Bearb. v. Heinrich Jerchel. Berlin 1937. S. 60–69. – Hinz 1939. S. 84–85. – Hinz 1989. S. 244–246. – Rave. S. 147–148. – Günther. S. 99, 101. – Wimmer 1990. Nr. 82.

Im Schloßhof wird zwischen den Zufahrten ein Teppichbeet eingefügt, das außer einem Ziermuster die Monogramme GA und V aufnimmt, die von höher gelegenen Stockwerken zu betrachten wären. In das vorhandene Halbrund fügt sich eine runde, leicht berankte Laube ein.

Chorin, Krs. Angermünde

Im Jahr 1273 wurde der Bau des nach Chorin verlegten Zisterzienserklosters begonnen, der gegen die Mitte des 14. Jahrhunderts abgeschlossen war. Nach der Säkularisation wurde Chorin Domäne. Das Kloster mit seiner Kirche, einem der bedeutendsten Denkmäler der nord-

75. Ludwig Ferdinand Hesse. Das Kloster Chorin. 1826. (Stiftung Schlösser und Gärten Potsdam-Sanssouci)

deutschen Backsteingotik, verfiel. Die neue Einstellung zur deutschen Geschichte nach den Befreiungskriegen hatte zur Folge, daß dem Amtspächter 1815 befohlen wurde, die Bauten zu erhalten. 1828–33 wurden Wiederherstellungsarbeiten durchgeführt, die die Gestaltung der Umgebung nach sich zogen. 1831 übernahm Oberamtmann Meyer als Pächter Chorin. Ein seine Amtseinsetzung betreffendes Schriftstück, das auf den 22. Juni 1831 datiert ist, wurde für ihn beim Oberregierungsrat Meyer in Potsdam abgegeben. Der Choriner Pächter war also mit dem Meyer, der sich am Fuß des Brauhausberges von Lenné einen Garten hatten anlegen lassen (Kat.-Nr. 65), verwandt.
Lenné wurde in einem Brief vom 16.12.1831 beauftragt, »die neue Gartenanlage auf diesem Plan gefälligst zu projectiren« (Lenné-Nachlaß, abgedruckt bei Hinz 1939 und 1989 und bei Günther). Das ist der in Potsdam erhaltene Plan, auf dem Lenné wie gewünscht den »Begräbnisplatz« eingefügt hat. Die 1934 in den Kunstdenkmälern des Kreises Angermünde (S. 55) bei den Bauakten der Potsdamer Regierung erwähnte »farbige Projektzeichnung Lennés für die Herstellung von Gartenanlagen« konnte nicht aufgefunden werden.

411
Chorin. 1832

»Situationsplan von Chorin«
Plangrenzen: Nettelgraben, Amtsee, Straße nach Stettin, Grundstücksgrenze.
Zeichner: Eigenhändige Einzeichnung von Lenné in die Vorlage.
Bezifferter Maßstab in Ruten.
Wasserzeichen von 1830.
Feder in Grau, Einbesserungen in Bleistift, laviert in Grün, Grünblau und Rosa. 36,2 x 50,5 cm.
Planslg. Nr. 3498.
Siehe Tafelteil.
Quellen u. Lit.: BLAP. Rep. 2 a. III. D. Nr. 4842. Chorin. Übergabe Amt 1831–36. – Die Kunstdenkmäler der Provinz Brandenburg. Bd. III. Teil 3: Die Kunstdenkmäler des Kreises Angermünde. Berlin 1934. – Hinz 1939. S. 91 bis 93. – Hinz 1989. S. 254–257. – Rave. S. 150. – Detlef Karg: Die Landschaftsgestaltung Peter Josef Lennés am Kloster Chorin. In: Denkmale in Berlin und in der Mark Brandenburg. Weimar 1987. S. 287–302 (dort weitere Quellen u. Lit.).

Entlang der bis auf das Seeufer dicht bepflanzten Grundstücksgrenzen zieht sich ein sanft geschwungener Weg, der zwischen Backschauer und Schmiede in die Zufahrt zum Wirtschaftshof mündet. Drei Querwege erschließen das Gelände, wobei der obere über eine kleine Anhöhe führt und sich dort im Halbkreis erweitert. So ergibt sich zwischen zwei Baumgruppen eine malerische Aussicht auf den Amtsee. Der kleine Friedhof an der Klosterkirche bleibt im alten, halbkreisförmigen Grundriß bestehen, nach außen mit Strauchwerk und Bäumen abgepflanzt.
Großkronige Baumgruppen gliedern den Park, an den Außenseiten sind auch hainartige Pflanzungen eingefügt, die bis an die Wirtschaftsgebäude heranreichen. Vor das Amtshaus, von einer Pergola eingefaßt, wird ein zierlicher Hausgarten mit gerundetem Mittelteil gelegt; auf den Seitenflächen wachsen Blütensträucher. Auch im Hof und an den Gebäuden beleben Gehölzpflanzungen die Örtlichkeit. An den Blumengarten schließt sich eine Mistbeetanlage an; der Wirtschaftsgarten mit seinem fast ovalen Grundriß liegt zwischen Amtshaus und Backschauer, dicht mit Bäumen und Sträuchern abgepflanzt.

Criewen, Krs. Angermünde

Otto von Arnim erwarb 1816 das Rittergut Criewen. Er ließ das Dorf Criewen nach 1816 abreißen und weiter östlich neu aufbauen. Auf der Dorfstelle legte Lenné den Schloßpark an, der die alte Dorfkirche einbezog. Ein Brief Arnims vom 25.10.1827 hat sich im Lenné-Nachlaß erhalten, in dem Arnim bedauert, daß er Lennés Einladung, nach Sanssouci zu kommen, nicht Folge leisten kann. Der Brief hinterläßt den Eindruck eines großen Engagements des Schreibers, der Mitglied des »Vereins für die Beförderung des Gartenbaues« war, für seinen Park. Der Park wurde zu einem großen Kunstwerk, das in sich auf das Raffinierteste ausgestaltet wurde. Dabei sind die

Kirche mit ihren baulichen Veränderungen, die Formen der Teiche mit den Brücken, der nördliche Abschluß des Parks mit neugotischem Gärtnergebäude und Pavillon sowie die Glasflächen für die Treibereien von außerordentlicher Bedeutung. Die südlichen Partien wurden so durchgearbeitet, daß sie optisch mit den Hängen östlich der Oder verschmelzen.

412
Criewen. 1823

»Plan vom Herrschaftlichen Garten in Crieven«
Plangrenzen: Garten- und Wirtschaftsland, Dorfstraße, Alte Oder, Wiesen und Schloßweg.
Signiert: »aufgenommen im Ocbr 1822 durch Reck«.
Zeichner: Eigenhändige Einzeichnungen von Lenné in das Aufmaß.
Bezifferter Maßstab in Ruten.
Feder in Grau, Bleistift, laviert in Grün, Gelb, Blau, Braun und Ziegelrot. 68,1 x 60,5 cm.
Plansig. Nr. 3513.
Siehe Tafelteil.

Auffallend sind die ungewöhnlich großen Wiesenflächen und die verhältnismäßig kleinen Gehölzgruppen, die meist aus vorhandenen Bäumen (Erlen) aufgebaut werden. Ein langgezogener, elegant geschwungener Randweg umzieht das ganze Parkgelände und ermöglicht die vielen Blickbeziehungen in die Landschaft, wobei Dorfbebauung und Wirtschaftsflächen abgepflanzt sind. Wegekreuzungen liegen wie häufig im Schatten der Pflanzungen, wobei auch ganz ungewöhnliche, jedoch wirkungsvolle Wegebiegungen (zum Beispiel am Obstgarten) eingefügt werden. Vom Randweg ziehen sich immer wieder Verbindungen zum Schloß. Vor diesem liegt eine regelmäßige Partie, aus der später eine parterreähnliche Fläche wird. Eine Erweiterung des kleinen Teichs ist nicht vorgesehen. Die Wiesen zwischen Schloß, Kirche und Oder sind von zwei, den Höhen angepaßten Wegen erschlossen.

Dahlwitz-Hoppegarten, Krs. Niederbarnim

Auftraggeber war Graf Wilhelm Hacke, der, nachdem er an den Befreiungskriegen teilgenommen hatte, 1815 den Abschied nahm. Die Güter Altranft und Dahlwitz übernahm er nach dem Tod seines Schwiegervaters von Marschall.
Im Lenné-Nachlaß ist ein Briefwechsel zwischen Lenné und Hacke aus den Jahren 1821–27 vorhanden, in dem Hacke Lenné immer wieder bittet, zu kommen, um Anweisungen zu geben. Am 12.6.1821 hatte sich Hacke wegen der Gartenanlagen in Ranft und Dahlwitz an Lenné gewandt. Von dem Garten in Ranft bei Schwedt ist kein Plan erhalten. Ein Situationsplan von Dahlwitz, den Hacke 1821 an Lenné schickte, ist ebenfalls nicht mehr vorhanden. Es geht Hacke um den Teil jenseits des eigentlichen Gartens am Schloß, d.h. den Teil, der von den Chausseen nach Berlin und Köpenick begrenzt wird. Dieser Teil ist auf dem »Verschoenerungs-Plan des Herrschaftlichen Gartens und dessen Umgebungen zu Dahlwitz« (Kat.-Nr. 413) zu sehen, der aus dem Gutsarchiv in die Plankammer Charlottenburg gelangte.
Das Schloß wurde 1856 von Hitzig neu erbaut. Der Garten ist heute noch erkennbar.

413
Dahlwitz. 1821

»Verschoenerungs-Plan des Herrschaftlichen Gartens und dessen Umgebungen zu Dahlwitz«
Plangrenzen: Neuenhagener Fließ, Friedrichshagener Chaussee, Köpenicker Straße, Gutsbezirke.
Signiert: »Entworfen von Lenné. 1821.«
Zeichner: Eigenhändig.
Bezifferter Maßstab ohne Angabe der Maßeinheit.
Feder in Grau, laviert in Gelb, Grün und Braun. 61,4 x 101 cm.
Plankammer Charlottenburg.
Siehe Tafelteil.

Der »Verschoenerungs«-Bereich zerfällt in verschöntes Wiesengelände und den eigentlichen Park nördlich der mit Pyramidenpappeln bepflanzten Straße von Mahlsdorf nach Frankfurt/Oder (Reichsstraße 1). Dieser Parkteil, an den sich westlich und südlich die Gutsanlagen anschließen, ist bis auf unwesentliche Abweichungen identisch mit Kat.-Nr. 414.
Die Flächen südlich der trennenden Straße zeigen das dreiseitig von Straßen (Köpenicker Straße, Friedrichshagener Chaussee) begrenzte Gelände, ebenfalls mit Pyramidenpappeln bepflanzt. Das sehr feuchte Terrain wird von Norden her vom Neuenhagener Fließ entwässert, weitere Gräben durchziehen die Wiesen. Unmittelbar neben den Wirtschaftsgebäuden an der Straße schließen sich ausgedehnte Nutzgartenquartiere an, deren Wege mit Bäumen eingefaßt sind. Während der weitaus größte Teil des Geländes Feuchtwiesen mit lichtem Baumbestand sind, die von einem geschwungenen Umfahrungsweg durchzogen werden, ist der im Straßenwinkel gelegene Teil etwas intensiver bearbeitet. Die als Wiese behandelte Fläche wird von Wegen umschlossen, die seitlich teilweise dicht bepflanzt sind. Gleichermaßen ist der Rand zur Straße behandelt. Die farblich abgehobenen Partien sind fast gleichmäßig mit Bäumen besetzt, die der Signatur nach nicht als Parkbäume zu deuten sind. Ein kreisförmiger Reitplatz sowie ein mit Bäumen gerandeter Spielplatz fügen sich in die Anlage ein.

414
Dahlwitz.

»Graf von Hacke zu Dahlwitz«
Plangrenzen: Parkgrenzen, Dorfstraße, Bachlauf.
Zeichner: Eigenhändig.
Wasserzeichen von 1813.
Bleistift, laviert in Grün, Braun, Grau, Blau und Rosa. 54,2 x 70,6 cm.
Plansig. Nr. 3467.
Siehe Tafelteil.
Quellen u. Lit. zu Kat.-Nr. 413 u. 414: Lenné-Nachlaß. Nr. 2. Fol. 5–85. – Duncker. Bd. 14. Nr. 840. – Rave. S. 140. – Hinz 1939. S. 72–73. – Hinz 1989. S. 74. – Plessen. Gartenkunst. S. 117–120. – Wimmer 1990. Nr. 83.

Von der Straße am Gut senkt sich das Parkgelände vom Gutshaus zum Mühlenfließ, das den Park durchzieht. Nur wenige größere Baumgruppen und langgestreckte Pflanzungen, diese vor allem auf hangartigem Gelände, gliedern den Park, der in die weite, wiesenreiche Umgebung übergeht. Von den leichten Höhen und der Einfahrt zum Park sind Sichtbeziehungen eingezeichnet. Die Wege begleiten die Parkgrenzen, vier Brücken ermöglichen den Übergang über das Mühlenfließ und den Zugang zur Insel. Diese trägt in Sichtbeziehung zur Zufahrt ein mit Pyramidenpappeln bepflanztes Rondell. Am Hang vor dem Gutshaus fügen sich auch ein paar Blumenbeete ein.

Frankfurt/Oder

Die sich längs der Oder hinziehende Stadt wurde an ihrer offenen Westseite durch eine sich bis zur Oder führende Stadtbefestigung geschützt. Seit 1816 wurde diese nach und nach abgetragen. 1833 erhielt Lenné den Auftrag, auf dem Gelände eine Gartenanlage zu schaffen, die 1845 vollendet war. Die Pläne dafür haben sich leider nicht erhalten. Das ist um so bedauerlicher, als es sich hier um eines der bedeutendsten Werke von Lenné handelt. Lenné hatte, wie er selber sagte, hier eine »Wüste« vorgefunden. Mit Hilfe eines sich hin und wieder zu einem Teich erweiternden Wasserlaufs, der die ganze Anlage durchzieht, schuf er auf dem bewegten Gelände einen anmutigen Garten, der in seiner nördlichen Hälfte auf der Westseite von der damals angelegten Straße Halbe Stadt gerahmt wird. Der »Lenné-Park« ist erhalten und wird gepflegt, ist aber nach 150 Jahren durch immer wieder dazugekommene Pflanzungen nicht mehr in dem Zustand, den Lenné entworfen hatte.

415
Garten der Loge »Zum Aufrichtigen Herzen«. Um 1846

Die Loge hatte sich 1844–46 an der damaligen Logenstraße (heute Wilhelm-Pieck-Straße) ein Gebäude im Stil des Berliner Klassizismus erbauen lassen, für das Hesse aus Potsdam die Pläne begutachtete. Der Gartenplan, den Lenné dafür entworfen hat, ist nicht erhalten, wohl aber die Vorlage mit der Darstellung des Zustands, die man ihm aus Frankfurt geschickt hatte.

»Logengarten zu Frankfurt«
Plangrenzen: Wilhelm-Pieck-Straße, Nachbargrundstücke.
Bezifferter Maßstab in Ruten.
Feder in Schwarz, laviert in Grün, Rot, Gelb, Ocker und Rosa. 46,5 x 37,7 cm.
Planslg. Nr. 13190.

Der Situationsplan zeigt das Logengelände mit Küche und Wohnung des Ökonomen sowie dem Logengebäude mit dem Speisesaal. Das rechteckige Gelände ist in mehrere recht amorphe Flächen aufgeteilt, deren Rasenteile mit breiten Blumenstreifen, die mit Weinstöcken (Festons?) besetzt sind, eingefaßt werden. Obstbäume und an den Rändern auch einige Waldbäume und Sträucher machen den Gehölzbestand aus.

Garten Lienau

Michael Lienau wurde als Gastwirtssohn in Elmshorn geboren und war dann bei einem Hamburger Weinhändler in der Lehre. Dieser empfahl ihn an die Daub'sche Weinhandlung in Frankfurt an der Oder. 1804 kam Lienau nach Frankfurt, schon 1818 konnte er ein Gartengrundstück erwerben, das dann bei der Anlage der Straße Halbe Stadt die Nr. 29 erhielt. Der Schinkel-Schüler Cantian erbaute 1836 das Wohnhaus, zu dem Lenné den Garten anlegte.
Lienau war Mitglied des »Vereins für die Beförderung des Gartenbaues ...« und hatte in seinem Garten eine Blumensammlung, einige hundert Arten Erika, Magnolien, Rhododendren und vor allem Camelien, für die er ein eigenes Gewächshaus errichtet hatte. Der Komponist Karl Loewe beschreibt den Garten am 15. Juli 1839 in einem Brief an seine Frau: »Man sieht die Oder hinab bis Küstrin hinüber gen Morgen nach Kunersdorf ...« »Im Süden sieht man auch noch die Oder nach Schlesien hinauf. Wir genossen lange der herrlichen Aussicht oben von dem platten Dach des Hauses.« Die beschriebenen Ausblicke ergaben sich durch die Lage des Gartens auf einem ansteigenden Gelände, dessen höchsten Punkt das Haus einnahm.

416
Garten Lienau. 1835

»Situations Plan von dem um der großen halben Stadt belegenen, dem Kaufmann und Stadtrath Herrn Lienau gehoerigen Berge.«
Plangrenzen: Grundstücksgrenzen, im Osten Straße Halbe Stadt an der schmalsten Stelle des Grundstücks.
Signiert: »aufgenommen im Maerz 1835 durch Christ. Reg. Cond.«
Bezifferter Maßstab in Ruten.
Feder in Grau, laviert in Grün, Braun und Rosa, Quadratnetz in Bleistift. 35,7 x 24,6 cm.
Planslg. Nr. 3472.
Siehe Tafelteil.

Der Situationsplan zeigt den Zustand, den Lenné vorfand, ein dreieckiges Grundstück mit der Spitze zur Halben Stadt. Wohnhaus und Gärtnerwohnung liegen im westlichen Gartenteil. Die Grundstücksfläche ist in viele kleine Einzelgrundstücke zerteilt, die untereinander kaum einen Zusammenhang haben. Auf besonders schöne Baumgruppen, beispielsweise drei Fichten oder fünf schöne Linden, wird ausdrücklich hingewiesen. Dieser Situationsplan war die Grundlage für den Gartenentwurf Lennés.

417
Garten Lienau. 1835

»Verschoenerungs Plan zu dem Garten des Stadtrath Herrn Lienau«
Plangrenzen: Wie Kat.-Nr. 416.
Signiert: »Lenné«.
Zeichner: Gerhard Koeber.
Feder in Grau. Auf gelbem Seidenpapier. 54,6 x 52,3 cm.
Planslg. Nr. 3473.
Siehe Tafelteil
Lit. zu Kat.-Nr. 415–417: Hinz 1939. S. 95. – Hinz 1989. S. 257–262. – Rave. S. 152.

Das trichterförmige Grundstück wird von der Straße her von einer großen ovalen Gartenpartie mit Randpflanzung und Mittelbeet erschlossen. Von hier aus führt eine schmale Sicht zum Wohnhaus, an das sich seitlich eine kleine Terrassenanlage (für Weinreben?) anschließt. Die einst vorhandenen höchst merkwürdig geformten kleinen Teilflächen werden in sechs große Partien zusammengefaßt, die meist dicht bepflanzt sind. Das Wohnhaus trägt auf der Nordwestseite eine breite Pergola, vor der sich eine ruhige Rasenfläche ausbreitet, in deren Hauptachse ein Sockel mit Plastik steht. In einer Seitenachse des Hauses, in Verlängerung der Terrasse, liegt eine weitere Gartenarchitektur, deren Hauptachse zum eiförmigen Beet vor dem Gärtnerhaus führt. Die Randung der beiden letztgenannten Sichten ist durch die verschiedenförmigste Bepflanzung sehr bewegt.

Freienwalde, Krs. Oberbarnim

1683 wurde die in Freienwalde entdeckte Mineralquelle zum ersten Mal in einen Brunnen gefaßt. Sie erhielt bald großen Zulauf, da der Leibarzt des Großen Kurfürsten, Menzel, 1689 in seinen *Ephemeridibus naturae curiosorum* über sie berichtete. Der Große Kurfürst förderte das Bad und besuchte es auch. König Friedrich I. ließ nach Plänen von Schlüter 1705 ein hölzernes Badeschlößchen bauen, das 1722 abbrannte. Es war aber nicht nur die Quelle, die die Besucher anzog, sondern auch die anmutige Hügellandschaft an der Oder, die die Maler des friderizianischen Rokoko zu für die Zeit ungewöhnlichen Landschaftsbildern anregte. Friedrich Wilhelm III. erbaute 1798/99 auf einer Anhöhe vor der Stadt für seine Mutter, die Königinwitwe Friederike Luise, ein Schlößchen, für das David Gilly die Pläne lieferte.
1822 soll Lenné den Garten am Schloß neu angelegt haben, doch dafür ist kein Plan erhalten. Die Tätigkeit Lennés für Freienwalde war gewiß sehr viel größer, als die bescheidene kleine Skizze, die sich für das Gelände am Bad erhalten hat, ahnen läßt. Er wollte sich hier sogar am Fuß des Finkenberges, nahe dem Bad, ein Grundstück kaufen. Er schreibt darüber im Herbst 1825 nach Freienwalde: »… auf dem ich mir zu meiner Erholung in Stunden der Muße ein Gärtchen anlegen und für meine Mutter eine Wohnung erbauen kann, die hiernächst meiner Frau zum Witwensitz dienet.« (Schmidt. S. 281.) Das ist aber wohl eine Wunschvorstellung geblieben.
Der Schriftwechsel zu Freienwalde im Lenné-Nachlaß bezieht sich auf die Anlagen am Gesundbrunnen. Am 7.3.1823 wird an Lenné geschrieben: »Ich muß es mir erlauben Sie an Ihre hiesige schön begonnene Schöpfung zu erinnern und Sie bitten die vollendende Hand nun bald anzulegen. Die drei Wasserplätze sind nach Ihren Angaben erbaut und herzlich wünsche ich, daß Sie deren Construction Beifall schenken können, so wie sie da sind, so nakt und kahl, kann die Sache aber nicht bleiben und ohne Ihren Rath kann ich nicht zur Bepflanzung Hand anlegen.«
Lenné verspricht darauf am 10.3.1823 zu kommen und gibt Ratschläge zur Bepflanzung. Die Bergseite soll möglichst Rottannen erhalten und Lebensbäume, die entgegenstehende Ellern und Haselsträucher und zwischen die Steine Farnkräuter.
Auf dem Gelände des Gesundbrunnens, für das Lenné die in Potsdam erhaltene Skizze zeichnete, steht noch das von Langhans erbaute Logier- und Badehaus (1798/99, jetzt Internat). Die Kurhausbauten, darunter der 1817/18 errichtete Saalbau nach Entwürfen Schinkels wurden um 1960 abgebrochen. Die von Lenné geschaffene Anlage ist gut gepflegt. Trotz zahlreicher Änderungen sind seine Gestaltungen in Teilen noch erkennbar.

418
Freienwalde. 1831

»Freyenwalde«
Plangrenzen: Straßen und Berghang.
Signiert: »entworfen 1821 L.«
Zeichner: Eigenhändig.
Bleistift. 26,5 x 44,5 cm.
Planslg. Nr. 3478.
Siehe Tafelteil.
Quellen u. Lit.: Lenné-Nachlaß. Nr. 4. Fol. 66/67. – Rudolf Schmidt-Eberswalde: Bad Freienwalde (Oder). 2. Bd. Freienwalde 1935. – Rave. S. 153. – Hinz 1989. S. 219, 220.

In der sehr schmalen Fläche zwischen Berghang und Straße liegen zahlreiche Gebäude. Ein Teil der Flächen ist mit regelmäßig gepflanzten Baumreihen überzogen; nur vor den Hauptfassaden liegen mehr oder weniger große Flächen. Parkartiger gestaltet sind die Teile mit dem großen Teich sowie den Zu- und Abflüssen. Hier herrschen offene Rasenflächen vor, in die auch vier besondere Sichtbeziehungen eingezeichnet sind.

Görlsdorf, Krs. Angermünde

Görlsdorf gehörte dem Grafen Redern (siehe auch Lanke, Kat.-Nr. 434, 435), einer der reichsten Gutsbesitzer Preußens und einer der bedeutendsten Persönlichkeiten im Berliner Geistesleben. Sein von Schinkel erbautes Palais in Berlin hatte um 1835 einen Garten von Lenné erhalten (Kat.-Nr. 352). Sein Interesse für Theater und Musik zeigte sich auch bei Kammermusikabenden, die er in Görlsdorf veranstaltete. Carl Löwe erwähnte nach einem Besuch in Görlsdorf, daß Redern vor allem Beethoven mit dem »gespanntesten Interesse« hörte.
Rederns erster Kontakt zu Lenné wurde wohl im Jahr 1826 aufgenommen, als er diesen bat, wegen zu verschönernder Gartenanlagen nach Görlsdorf zu kommen. Lenné wollte dem Folge leisten, wenn er sich nach Schwedt begab. Ein zweite Brief vom 31.3.1830 enthält ebenfalls die Bitte des Grafen an Lenné, nach Görlsdorf zu kommen, der dieser aber erst nach Ostern Folge leisten konnte.
Lenné fand ein von der Welse durchflossenes, etwas hügeliges Gelände vor und einen Tiergarten. Aus diesen Voraussetzungen schuf er eine hervorragend gelungene Anlage, die auch ziemlich groß war und weit in die Landschaft hineinreichte. Das Schloß wurde erst 1843 bis 45 von Knoblauch gebaut.
Das Schloß brannte 1945 völlig aus und wurde später abgetragen. Der Park ist ganz verkommen, allein die einstigen Wasserflächen lassen sich noch erahnen. In der Landschaft sind verschönernde Pflanzungen erhalten geblieben.

419
Görlsdorf. 1826

»Situationsplan von dem gräflich von Redernschen Dorfe Görlsdorf angefertigten den 28ten April 1826 durch C. Bischof, Königl. Reg. Conducteur«
Plangrenzen: Dorflage und Straßen nach Steinhöfel und Greifenberg, Parkgrenze und Straße nach Kerkow, See sowie Gräben und Wiesen.

Zeichner: C. Bischof, neuer Garten von Lenné einskizziert.
Bezifferter Maßstab in Ruten.
Wasserzeichen von 1825.
Feder in Grau, laviert in Grün bis Grünblau, Grau und Rosa, Einzeichnungen in Bleistift. 53,7 x 45,2 cm.
Planslg. Nr. 3479.

Die Fülle der vorhandenen Gräben verlockte zu deren Erweiterung in sanft geschwungene Wasserflächen, die in Verbindung mit dem See stehen. Die Vorfahrt zum Schloß wird zur Gutsanlage von einer nierenförmigen Rasenfläche getrennt. Vier Wege führen in den Park, der bis auf die Südseite nach außen dicht abgepflanzt ist. Seitlich des Schlosses liegen Parkteile, deren Ränder bald von üppigen Baumgruppen, bald auch von hainartig gesetzten Einzelbäumen begrenzt werden. Im nordwestlichen Parkwinkel liegt neben der Kirche die Orangerie, die zum Ausgangspunkt einer weiten Sicht quer durch den Park über Wiesenflächen mit Gebüsch, Baumgruppen und Hochstämmen bis in die Landschaft wird. Auch vom Schloß aus gleiten zwei Blickbeziehungen seitlich an der Insel vorbei bis in die offene Landschaft. Auffallenderweise sind die Partien in Gebäudenähe dichter bepflanzt als in den weiter abgelegenen Teilen, wobei fast nur rundkronige Bäume vorgesehen sind.
Eine Bleistift-Skizze zeigt auf der Südseite des Schlosses einen Pergolen-Vorbau (Sonnenschutz?), der auf 16 Pfeilern ruht; seitlich führen Treppen von hier auf die Vorfläche.

420
Görlsdorf. 1829

»Neue Anlage beim gräflichen von Redernschen Schlosse zu Görlsdorf«
Plangrenzen: Straße nach Kerkow, Dorfstraße und Gutsanlage, Straße zum Tiergarten, Wasserläufe.
Signiert: »Gezeichnet von Krüger Görlsdorf im September 1829«.
Zeichner: Krüger mit Einzeichnungen von Lenné.
Bezifferter Maßstab in Ruten.
Feder in Grau, Bleistift, laviert in Grün bis Grüngelb, Grau und Rosa. 44,2 x 62,4 cm.
Planslg. Nr. 3480.

Vor dem Gutshaus liegt eine von beiden Seiten alleeartig begrenzte Rasenfläche, die den Blick auf Wiesen und Gewässer frei läßt. Beiderseits des Gebäudes ziehen sich Parkanlagen in landschaftlicher Gestaltungsweise hin, die allerdings nicht auf Lenné zurückgehen. Von Lenné dürften nur die in skizzenhafter Weise eingezeichneten Veränderungen der Uferausbildung auf der Südseite herrühren.

421
Görlsdorf. Um 1830

»Görlsdorf dem Grafen von Rödern gehörig«
Plangrenzen: Feldflur Görlsdorf.
Signiert: »gez. v. Gerhard Koeber.«
Bezifferter Maßstab in Rheinischen Ruten.
Feder in Grau, laviert in Grün, Grau, Blaugrün, Braun, Ocker und Rosa. 53,9 x 72,6 cm.
Planslg. Nr. 3481.
Siehe Tafelteil.
Quellen u. Lit. zu Kat.-Nr. 419–421: Lenné-Nachlaß. Nr. 3. Fol. 65 u. 79. – Duncker. Bd. 1. Nr. 60. – Hinz 1939. S. 81. – Hinz 1989. S. 239, 240. – Rave. S. 157. – Die Kunstdenkmäler der Provinz Brandenburg. Bd. 3. Teil 3. Krs. Angermünde. Berlin 1934.

Am Rand der Feldflur, in der Nähe der Wasserläufe, liegt das Gutshaus mit den seitlich angeordneten Wirtschaftsgebäuden. Gestrichelte Linien deuten auf abzureißende Gebäude hin. Der Blick von der Gartenseite

76. Aus Duncker 1857/58. Das Schloß Görlsdorf. (Stiftung Schlösser und Gärten Potsdam-Sanssouci)

des Gutshauses gleitet über eine hainartig gerandete Wiesenfläche und seeartig erweiterte Gräben bis an eine dichte Abpflanzung. Mit der Seite der Vorfahrt zieht sich eine sehr tiefe Sichtbeziehung über Wiesen, entlang lockerer Pflanzungen, bis zu einem vor einer dichten Baumgruppe ausgebreiteten Hain und zu einem runden Gebäude im weiten Landschaftsraum. Ein vielfältiges Wegesystem verbindet den Kern der Anlage mit den Landstraßen der näheren Umgebung. In die sehr ausgedehnten Nutzflächen sind immer wieder hainartige Baumpflanzungen oder dichte Gruppen eingefügt, die Park und Nutzflächen verschmelzen.
Auf den Anhöhen liegen Gebäude, die in Blickverbindung zum Park stehen und gleichzeitig den Horizont betonen.

Groß Cammin, Krs. Landsberg/Warthe (Kamién Wielki; gorz.)

Groß Cammin liegt am Rand des Warthebruchs nordöstlich von Küstrin. Das Gut kam 1822 durch Erbteilung an Amalie von Romberg, geb. Gräfin Dönhoff, verheiratet mit Anton von Romberg. Sie fand noch keinen Garten vor, denn sie sprach nach Antritt des Erbes von dem damals noch so »kahlen« und »unschönen« Camin. 1835 starb ihr Sohn, und das Gut ging durch die Heirat ihrer Tochter an die Grafen von Stolberg-Wernigerode über. Später wurde es aufgesiedelt, so daß nur ein Restgut von 190 Morgen blieb.
Drei der vier in Potsdam erhaltenen Pläne sind nur Detailzeichnungen für die Partien am Schloß. Der fast rechteckige Park mit zwei Teichen lag nordöstlich davon. Hierfür ist nur ein Zustandsplan vor Anlegung des Gartens erhalten (Kat.-Nr. 425), mit dessen Hilfe Lenné den Garten entwerfen sollte. Es war eine umfangreiche Anlage, die auf dem Meßtischblatt aus dem Jahr 1857 schematisch eingezeichnet ist.
Infolge von Umbauten des als Krankenhaus genutzten Schlosses ist auch die weitere Umgebung verändert worden. Der Park ist in seinem Umfang erhalten, der Baumbestand üppig dicht, die zwei Teiche noch vorhanden.

422
Groß Cammin. 1833

»Zeichnung des Schloß Gartens zu Groß Camin, dem Königlichen Obrist Herrn Baron von Romberg gehörig«
Plangrenzen: Spirituskeller, neue Begrenzung des Schloßgartens, Scheune, Gartenmauer mit Treibhaus.
Signiert: »Cüstrin den 13ten Februar 1833. Kaeibs Fortifications Bauschreiber«.
Zeichner: Kaeibs, Einzeichnungen von Lenné.
Bezifferter Maßstab in Rheinischen Ruten.
Feder in Grau, Bleistift, laviert in Gelbgrün, Grün, Rot und Rosa. 45 x 54,7 cm.
Planslg. Nr. 3492.

Zum Schloßportal zieht sich eine fast halbkreisförmige Vorfahrt, von der ein geschwungener Zugang zwischen Gewächshaus und Scheune zum Schloßgarten führt. Im leichten Bogen vorgesehene Wege verbinden die Ausgänge, während in der Mitte eine muschelförmige Freifläche bleibt. Zwei halbkreisartige Sitzplätze fördern die Nutzung des Gartens.

423
Groß Cammin. 1833

»Camin. dem Oberst Herrn v. Romberg gehörig«
Plangrenzen: ähnlich wie Kat.-Nr. 422 ohne die Vorfahrt.
Zeichner: Gerhard Koeber.
Feder in Grau, laviert in Grün und Rosa. 36,3 x 22,2 cm.
Planslg. Nr. 3494.
Siehe Tafelteil.

Der kleine Garten baut sich trotz aller malerischen Details in zwei Achsen auf: von der Gartentreppe des Schlosses zu einem halbkreisförmigen, mit Kletterpflanzen in Form eines Velariums überzogenen Sitzplatzes und im rechten Winkel dazu von einem aus Kreisteilen, mit einer Hecke eingefaßten und sechs Bäumen betonten Sitzplatz über eine Rasenfläche bis zur Abpflanzung. Diese zieht sich um den gesamten Garten herum. Der Reiz dieses überaus malerisch aufgebauten Gartens liegt in der großen Freifläche und dem zum Sitzplatz zugeordneten muschelartigen Beet, das in derberen Formen vor dem mit Kletterpflanzen überzogenen Platz wiederzufinden ist. Vier größere Baumgruppen, mehr als zwanzig Einzelbäume, darunter auch zwei mit hängenden Zweigen und Strauchgruppen, randen die Fläche. Die unterschiedliche Wegebreite läßt erkennen, daß der bogenförmig am Schloß vorbeiführende Weg als Vorfahrt genutzt wird.

424
Groß Cammin. 1834

»Zeichnung von dem herrschaftlichen Baumgarten zu Groß Camin«
Plangrenzen: Felder, Gräben, Scheune, Schloßgarten.
Signiert: »1834 Kaeibs«.
Zeichner: Kaeibs und Lenné (Gehölze und Pflanzen am Erbbegräbnis).
Bezifferter Maßstab in Ruten.
Feder in Grau, Bleistift, laviert in Grün, Blau, Rosa und Blaßbraun. 45,6 x 42 cm.
Planslg. Nr. 3493.

An den bestehenden Schloßgarten und eine Scheune schließt sich nach Norden im ehemaligen Küchen- und Baumgarten ein Parkteil an. Dessen Form ist durch das an der Ostseite liegende Erbbegräbnis bedingt mit seinen der Kreuzform angenäherten Flächen. Vier Gehölzflächen füllen die Kreuzabschnitte aus, während die Grabfläche von sechs Trauerbäumen betont wird. Der Rand des Parkteils ist ziemlich dicht abgepflanzt, auch zum Wasser, an dem sich ein Erlenbruch entlangzieht. Sparsam verwendete große Gehölzgruppen (rote Ziffern von 1 bis 25 deuten auf die am Rand angebrachte Pflanzliste), wechseln mit ganz wenigen Einzelbäumen. In der Nähe des bereits vorhandenen Schloßgartens wird ein Backhaus und ein Gewächshaus von Pflanzungen verdeckt. Der starre Graben erweitert sich seeartig.

425
Groß Cammin. 1836

»Situations-Plan von einem Stück Acker pp in der herrschaftlichen Feld-Mark Groß-Camin Behufs einer englischen Garten Anlage 1836.«

Plangrenzen: »Herrschaftlicher Garten« und »Grenze vom Neuen Garten«.
Signiert: »Kaeibs. f:«
Bezifferter Maßstab in Ruten.
Feder in Grau, laviert in Grün, Blaßbraun und Blau. Anmerkungen in Bleistift. 52 x 42,7 cm.
Planslg. Nr. 3491.
Siehe Tafelteil.
Quellen u. Lit. zu Kat.-Nr. 422–425: Urmeßtischblatt SN 729 Nr. 1773 von 1857. – Amalie von Romberg: Lebensbild der Gräfin Cécile Dönhoff. 2. Aufl. – Die Kunstdenkmäler der Provinz Brandenburg. Bd. 7,3. Stadt u. Landkrs. Landsberg (Warthe). Berlin 1937. – Hinz 1939. S. 90. – Hinz 1989. S. 253. – Rave. S. 159.

Der Plan hat einen anderen Maßstab als die vorangegangenen, wodurch die Täuschung entsteht, daß es sich nur um einen kleinen Acker handelt. Es ist aber ein Aufmaß des gesamten nordöstlich des Schlosses gelegenen Geländes, aus dem der neue Garten entstehen soll.

Hohenlandin, Krs. Angermünde

Schloß und Garten Hohenlandin liegen auf der Hochfläche der südlichen Uckermark, nördlich des Eberswalder Urstromtals. Das Geländeprofil dieser Hochfläche ist geprägt vom Wechsel sanft ansteigender flacher Hügel und Senkungen bzw. kraterartiger Mulden, deren Grund oft sumpfig ist oder in denen kleinere Gewässer stehen.
1818 kaufte Ernst Friedrich Wilhelm von Warburg Hohenlandin. Er war königl. preußischer Generalmajor gewesen und hatte nach seiner Heirat mit Auguste von Blankensee den Dienst quittiert. Schloß und Wirtschaftsgebäude wurden umgebaut, dazu entwarf Lenné den Garten. 1835 verstarb Warburg. Sein Sohn Wilhelm Georg von Warburg ließ 1860/61 das Schloß im »normännischen Style« grundlegend umbauen und erweitern. »Warburg-House« nennt es Duncker, der Baumeister war Ferdinand Neubart aus Wriezen. Nach Duncker war mit der Erbauung des neugotischen Schlosses auch eine »Vergrößerung und Vervollkommnung« des Gartens verbunden, um dem neuen Gebäude »passende Umgebungen« zu verleihen. Von einer Mitarbeit Lennés verlautet dabei nichts.
Jetzt ist das Schloß im Verfall begriffen, die Gartenarchitekturen sind verschwunden. Die Gartenanlage ist in einem verwahrlosten Zustand, z.T. völlig zugewachsen oder in landwirtschaftliche Nutzfläche umfunktioniert. In tiefer gelegenen Südpartien der Anlage mit dem großen Teich ist der von Lenné entworfene Park noch in Andeutungen zu erkennen. Trotz des völlig verkommenen Zustandes läßt sich feststellen, daß der Park nach den Plänen Lennés ausgeführt wurde.

426
Hohenlandin. Um 1822

»Herrn General von Warburg zu Hohenlandin.«
Plangrenzen: Dorfstraße, Parkgebiet.
Zeichner: Eigenhändig.
Wasserzeichen von 1820.
Feder in Grau, laviert in Grün, Grüngelb, Braun und Rosa. 68 x 48,5 cm.
Plansig. Nr. 3486.
Siehe Tafelteil.
Lit.: Duncker. Bd. 4. Nr. 196. – Bau- u. Kunstd. der Mark Brandenburg. Krs. Angermünde. S. 398. – Hinz 1939. S. 79/80. – Hinz 1989. S. 237–239. – Rave. S. 162. – Günther 1985. S. 155/156.

Der Wirtschaftshof und die dazugehörenden Flächen sind dicht mit Bäumen abgepflanzt, so daß sich eine mit Baumgruppen und Einzelbäumen betonte Vorfahrt ergibt. Die schmale Hauptachse verläuft von der Gartenrampe des Schlosses über eine ovale Rasenfläche durch den an dieser Seite kleinräumigen Park; eine Reihenpflanzung säulenförmiger Bäume wird deshalb geöffnet. Ein fast halbkreisförmig um das Schloß geführter Weg grenzt den inneren, dicht bepflanzten Teil von den äußeren, nur galerieartig bepflanzten Partien ab, in denen sehr große Wiesenflächen liegen. Sehr elegant geschwungene Wege ziehen sich entlang der Parkgrenze. Zahlreiche Sichten verlaufen von den verschiedenen Gebäuden und Bänken aus dem Park heraus, dessen Randbepflanzung in diesen Abschnitten unterbrochen ist. Die Bepflanzung besteht etwa zur Hälfte aus Einzelbäumen, zur Hälfte aus dichten Gruppen; es werden auch säulenförmige Bäume und solche mit Trauerwuchs verwendet. Wasserflächen sind einerseits fast regelmäßig, d.h. wie sie vorgefunden wurden (Teich), andererseits in Erweiterung des Baches leicht geschwungen. Auf der Rückseite des Blattes ist in Bleistift ein Aufriß der Giebelfront eines Tempels zu sehen.

Hohenlübbichow, Krs. Königsberg, Neumark (Lubiechów Górny; choj.)

Die dem Handelsstand angehörenden Endells wurden 1840 von Friedrich Wilhelm IV. in den Adelsstand erhoben. Sie erwarben Hohenlübbichow 1821 und haben offenkundig bald danach Lenné mit der Planung für den Garten beauftragt. Lenné fand einen Gutsgarten vor, dessen Wegesystem unter der Koeberschen Zeichnung zu erkennen ist. Der Entwurf wurde ausgeführt. Im Dezember 1830 berichtete der Hofgärtner Kellner aus Schwedt an Lenné, er habe 100 hochstämmige Kastanienbäume für den Herrn Geheimrat Endell zu Hohenlübbichow geliefert.
Der Garten hat eine sehr reizvolle landschaftliche Lage. Von dem erhöht liegenden Aussichtspunkt, den Lenné einzeichnete, öffnen sich die Oderauen in einem weitreichenden Einblick, so daß die sehr fest durchgestaltete Parkanlage in den Oderniederungen mitklingt und ein Ganzes bildet.
Die Parkstrukturen sind heute noch deutlich ablesbar.

427
Hohenlübbichow. Um 1825

»Hohen-Lübbichow«
Plangrenzen: Gutsflur mit Allee, Parkgrenze, Dorflage.
Zeichner: Gerhard Koeber.
Bezifferter Maßstab in Dezimalruten.
Wasserzeichen von 1821.
Feder in Grau und Braun, laviert in Grün, Blaugrün, Grau, Blaßbraun und Rosa. 43,6 x 52,7 cm.
Plansig. Nr. 3487.
Siehe Tafelteil.

77. Aus Duncker 1857/58. Das Schloß Hohenlandin. (Stiftung Schlösser und Gärten Potsdam-Sanssouci)

Im Anschluß an die parallel zur Dorfstraße liegenden Gutsanlagen und zum Gutshaus wird ein ausgedehnter Park mit auffallend großen Freiflächen und kleineren Baumgruppen angelegt. Das an der Straße liegende Gutshaus verbindet sich durch eine kreisförmige Rasenfläche und seitliche Abpflanzungen mit dem Park. Fast axial bleibt jedoch ein Küchengarten, der, etwas fremd, offensichtlich erhalten werden mußte. Entwässerungsgräben, Kanäle und große Wasserflächen lassen sehr hohen Grundwasserstand vermuten, der sich auch in den teichartig ausgebildeten Gräben andeutet. In weitem Bogen geschwungene Wege durchziehen das Gelände, in dem sich größere Baumgruppen an den Wegegabelungen zusammenballen. Kleinere Bäume sind als Vorpflanzungen verstreut, lassen jedoch stets ausgedehnte Wiesenflächen frei. Von der Dorflage entfernt, wird ein waldartiges Gebiet mit geschwungenen Wegen erschlossen, die zu einem erhöht liegenden Aussichtspunkt führen.

Königshorst, Krs. Osthavelland

1718 hatte Friedrich Wilhelm I. die Domäne als holländische Wirtschaft im Havelländischen Luch gegründet. Unter Friedrich II. entstand die »Akademie des Buttermachens«. 1802 übernahm Oberamtmann Meyer die Domäne. Vielleicht stammt er aus der Familie der Meyer in Potsdam (Kat.-Nr. 65) und Chorin (Kat.-Nr. 411).
Der Garten war nicht viel mehr als ein großer parkähnlicher Hausgarten hinter dem Wohnhaus des Domänenpächters. Das Haus steht noch, doch der Garten dahinter ist mit landwirtschaftlichen Gebäuden besetzt. Nur der alte Baum, im Plan von Lenné links besonders angegeben, erinnert noch daran, daß hier einmal eine Gartenanlage von Lenné bestand.

428
Königshorst. Um 1830

»Garten des Oberamtmann Meyer zu Koenigshorst.«
Plangrenzen: Grenzen des Gartens und Vorfahrt.
Zeichner: Eigenhändig.
Bezifferter Maßstab in Schritten.
Wasserzeichen mit Bildnis Friedrich Wilhelms III.
Feder in Braun, Bleistift. 57,4 x 35,1 cm.
Planslg. Nr. 3507.
Siehe Tafelteil.

Das fast quadratische Gartengrundstück ordnet sich zur Hälfte dem Haus des Oberamtmanns zu, so daß ein sehr langer, bis in die Niederungslandschaft reichender Tiefenzug entsteht. Dessen seitliche Kulissen sind sehr wirksam aufgebaut: Derbfesten Pflanzungen stehen in fast ähnlichem Ausmaß Baumhaine gegenüber, so daß der Blick nicht aalig-glatt hindurchschlüpft, sondern durch unterschiedliche Laubmassen berührt wird. Die andere Gartenhälfte gliedert sich in zwei Gartenräume, wobei der entferntere durch die optische Beziehung eines Sitzplatzes an das Haus gebunden wird. Bis auf den Tiefenzug ist der Garten dicht abgepflanzt; an der linken Seite muß zur Verstärkung der Abgrenzung eine gleichmäßig gesetzte Baumreihe bis zum Sitzplatz nachhelfen, der durch Pappeln herausgehoben ist. Ein schräg im Garten stehendes Gebäude wird mit Gehölzen ummantelt, die den Rand der Schrägsicht ausmachen.

Königs Wusterhausen, Krs. Teltow

Friedrich Wilhelm I. hatte die 1698 erworbene Burg Wusterhausen der Nutzung als Jagdschloß anpassen lassen. Danach ist sie von regierenden Herrschern nicht wieder genutzt worden. Als Lenné seine Entwürfe von 1832 zeichnete, war das Schloß dem Prinzen August von Preußen zugewiesen worden. Er war ein Sohn des jüngsten Bruders Friedrichs II., des Prinzen Ferdinand. Der Prinz ist als Militär bekannt geworden. 1806 nahm ihn Napoleons Heer gefangen, und er wurde in Frankreich festgehalten, von wo aus er 1807 Madame de Staël auf ihrem Schloß Coppet bei Genf aufsuchte. Hier lernte er Madame Recamier kennen, mit der ihn bald eine von den Zeitgenossen viel beachtete Neigung verband. Nach Deutschland zurückgekehrt, nahm er an den Befreiungskriegen teil. Schinkel hat ihm sein Palais in der Wilhelmstraße in Berlin 1814–17 umgebaut und wurde von ihm stets in Kunstangelegenheiten zu Rate gezogen. Ob die geplante Verschönerung von Königs Wusterhausen mit einer seiner vielen Liaisons zusammenhing, ist nicht bekannt.
Die Pläne liegen in doppelter Ausführung vor, die Situationspläne sind identisch, während der zweite Verschönerungsplan in geringfügigen Details von dem ersten abweicht.
Die Pläne wurden nicht ausgeführt.

429
Königs Wusterhausen. 1832

»Situations Plan von dem Königlichen Schloß Garten zu Königs Wusterhausen aufgenommen im Monat Mai 1832 durch Claude Königl. Reg. Condt.«
Plangrenzen: Dahme und Wassergräben, Straße am Schloßhof, Schloßnebengebäude.
Bezifferter Maßstab in Rheinischen Ruten.
Wasserzeichen von 1829.
Feder in Schwarz und Grau, wenig Bleistift, laviert in Grün, Blau und Zinnoberrot. 33,7 x 55,5 cm.
Planslg. Nr. 3508.

Um das von vier Großbäumen umstellte Schloß liegt eine unbegrünte Freifläche, die wiederum mit einem breiten, fast regelmäßig mit kleinen Bäumen umstellten Rand umgeben wird. Nach Westen schließt sich der Schloßpark an, in dem noch die frühere regelmäßige Anlage erkennbar ist. Ein langgestrecktes ehemaliges Bassin mit halbkreisfömigem Abschluß ist verlandet, zwei regelmäßige Reihen sowie ein Rest der alten Baumpflanzungen sind noch erkennbar. Nach Süden schließen sich die Gebäude der Schloßnebenanlagen sowie Wiesen und Wassergräben an.

430
Königs Wusterhausen. 1832

»Situations Plan von dem Königlichen Schloß Garten zu Königs Wusterhausen aufgenommen im Monat Mai 1832 durch Claude Königl. Reg. Condt.«
Plangrenzen: Wie Kat.-Nr. 429.
Bezifferter Maßstab in Rheinischen Ruten.
Feder in Schwarz und Grau, wenig Bleistift, laviert in Grün, Blaßbraun, Blau und Zinnoberrot.
Planslg. Nr. 3509.

431
Königs Wusterhausen. 1832

»Verschönerungs Plan vor dem Königl. Schloß Garten zu Königs Wusterhausen entworfen vom Königl. Garten Director Herrn Lenné 1832«
Plangrenzen: Wie Kat.-Nr. 429.
Zeichner: J. E. Koschny.
Bezifferter Maßstab in Ruten.
Feder in Schwarz, laviert in Grün bis Gelb, Grünblau und Rosa. 58,8 x 40,6 cm.
Planslg. Nr. 3510.

Der große Schloßvorplatz wird von einer ovalen Rasenfläche ausgefüllt. Seitlich des Schlosses liegen lockere Pflanzungen aus Laub- und Nadelbäumen, durch die ein Weg hindurchführt. Durch die ganze Tiefe des Parks zieht sich fast gleichlaufend zur Dahme und durch eine große Wasserfläche mit ihr verbunden ein in Teilen teichartig erweiterter Graben. Er mündet in die beiden ehemals regelmäßig, jetzt in geschwungenen Uferformen ausgebildeten Teiche, die nach Süden in einen Graben auslaufen. Fünf leichte Brücken überqueren die Wasserläufe. An der Süd- und an Teilen der Nordseite ist der Park verhältnismäßig dicht abgepflanzt. Wege ziehen sich entlang der Parkgrenzen und um die Teiche. An der Westseite enden sie in einem runden Platz. Die Bepflanzung besteht fast nur aus schmalen, länglichen Baumriegeln, dazu vielen Einzelbäumen (meist riesige Eichen), auch Pyramidenpappeln und Trauerweiden.

432
Königs Wusterhausen. 1832

»Verschönerungs Plan vom Königl. Schloßgarten zu Königs Wusterhausen«
Plangrenzen: Wie Kat.-Nr. 429.
Signiert: »fec. Lenné. 1832.«
Zeichner: J. E. Koschny.
Bezifferter Maßstab in Ruten.
Wasserzeichen von 1830.
Feder in Schwarz, laviert in Grün bis Gelb, Grünblau und Rosa. 49,5 x 33,5 cm.
Planslg. Nr. 3511.
Siehe Tafelteil.
Lit. zu Kat.-Nr. 429–432: Rave. S. 165. – Hinz 1939. S. 69. – Hinz 1989. S. 222.

Der Unterschied zum vorangegangenen Plan liegt nur in der Form sowie den verschiedenen Gehölztypen der Bepflanzung. Gehölzgruppen sind bald größer, bald kleiner; auch schwankt die Anzahl der Einzelbäume.

Kunersdorf, Krs. Oberbarnim

Kunersdorf hatte der gebildeten und tätigen Frau von Friedland gehört, nach deren Tod im Jahr 1803 es an ihre Tochter Henriette Charlotte fiel, die 1792 mit Graf Alexander von Itzenplitz vermählt worden war. Die Grabdenkmäler der Familie, darunter solche von Schadow, Rauch, Tieck und Schinkel, finden sich noch heute in einer klassizistischen Grabanlage auf dem Friedhof.
Das Ehepaar Itzenplitz hatte in Holland und England die landwirtschaftlichen Verhältnisse studiert. Kunersdorf wurde nach den Befreiungskriegen ein Zentrum der modernen Landwirtschaft, aber auch eines der Literatur und Kunst. Hier weilten die Brüder Humboldt, Savigny und Ranke. 1821 lobte Karl Friedrich Zelter in einem Brief aus Kunersdorf die dortige Landwirtschaft. Chamisso war nach Kunersdorf gerufen worden, um die seltenen Pflanzen im Park zu katalogisieren. Hier schrieb er 1814 den *Peter Schlehmihl*. Albrecht von Thaer, der Begründer der modernen Landwirtschaftslehre, war mehrfach in Kunersdorf gewesen. Er war auf Anregung des Ehepaares Itzenplitz von Friedrich Wilhelm III. nach Preußen geholt worden und erhielt 1806 das in der Nähe von Kunersdorf gelegene Gut Möglin an der Oder bei Wriezen, wo er eine landwirtschaftliche Lehranstalt mit Versuchsgut gründete. Seit 1807 war er Staatsrat und hatte Einfluß auf die Neuordnung der bäuerlichen Verhältnisse. Er setzte sich vor allem für die Fruchtfolge, den Kartoffelanbau und die Schafzucht ein. Die Verbindung des Grafen Itzenplitz zu Thaer war so eng, daß er neben ihm auf einem Relief des Thaer-Denkmals in Berlin erscheint (siehe auch Kat.-Nr. 438). Seine Frau setzte nach seinem Tod sein Werk fort. 1843 erscheint sie unter den Ehrenmitgliedern des »Vereins für die Beförderung des Gartenbaues ...«. Bedauerlicherweise wissen wir nicht, wie der Auftrag, den durch seine botanischen Kostbarkeiten berühmten Park umzugestalten, an Lenné kam.
Das Schloß wurde nach 1945 zerstört. Die Parkteile um den Schloßteich sind leidlich erhalten, der Teich durch Auffüllen mit Bauschutt verändert. Die nördlichen Randpartien des Parks im Übergang zur Feldflur lassen noch etwas vom einstigen Reiz des Parks erkennen. Die Anlagen südöstlich der Straße sind, bis auf wenige Bäume, verschwunden. Bleibt uns die Beschreibung von Fontane in den Wanderungen durch die Mark Brandenburg: »Hinter dem Garten steigt der Park auf und mitten durch den Park hin, in gerader Linie auf das Schloß zu, zieht sich kanalartig, ein breiter Teich. Die Bäume zur Rechten des Wassers stehen dicht und dunkel; aber nach links hin lichten sie sich und durch die Lichtungen hindurch, über weiße Birkenbrücken hinweg, blicken wir weit in das offene Wiesenland hinein.«

433
Kunersdorf. 1825

»Cunersdorf Gr. v. Itzenplitz«.
Plangrenzen: Umgebung des Gutes.
Zeichner: Gerhard Koeber.
Maßstab ohne Angabe der Maßeinheit.
Bleistift. Auf dunkelbraunem Pauspapier. 45,5, x 54,7 cm.
Planslg. Nr. 3518.
Lit.: Theodor Fontane: Wanderungen durch die Mark Brandenburg. 2. Teil. Das Oderland. Berlin 1976. S. 210. – Hinz 1939. S. 90. – Hinz 1989. S. 251–253. – Rave. S. 150. – Konrad Gründler: Aus Kunersdorfs Vergangenheit. In: Heimatkal. f. d. Krs. Freienwalde. 1977. S. 122 bis 131. – E.-O. Denk: Adalbert von Chamisso in Kunersdorf. In: Heimatkal. f. d. Krs. Freienwalde. 1982. S. 54 ff.

Die vorhandenen Gräben sind so geführt, daß sie in der Nähe des Gutshofes und vor dem Gutshaus seeartig erweitert werden können. So ergibt sich vom Gutshaus aus über eine kurze Rasenfläche ein Tiefenzug über den See, seitlich von locker stehenden Einzelbäumen und Baumgruppen gerahmt, bis zu einer Brücke. Dahinter setzt sich eine malerisch geschwungene Wasserfläche fort, deren Rand mit Bäumen unterschiedlicher Wuchs-

78. Aus Duncker 1861/62. Das Schloß Lanke. (Stiftung Schlösser und Gärten Potsdam-Sanssouci)

form bepflanzt ist. Seitlich der Wasserfläche liegen weiträumige Parkteile, die nur an den Rändern dicht begrünt sind, während im Inneren langgestreckte Baumgruppen weit in die Landschaft reichende Blickbeziehungen rahmen. Auffallend ist die Verwendung hainartig gepflanzter Einzelbäume und die häufige Verwendung von Pyramidenpappeln.

Lanke, Krs. Niederbarnim

Zum Auftraggeber, dem Grafen Redern, siehe Kat.-Nr. 419–421. Lanke kam 1827 an Redern. Das Schloß wurde 1856–59 von Eduard Knoblauch im Renaissancestil umgebaut, ist also nicht mehr der Bau, den Lenné vorfand. Der Park lebte von seiner Lage am Hellsee, an dem er sich entlangzieht. Duncker berichtet, daß er nicht wie ein künstlich geschaffener, sondern wie ein prachtvoller Naturpark wirkte. Im See liegt eine kleine Insel mit dem 1798 errichteten Grabmal v. Wülknitz. Der Park ist nicht gepflegt und durch Wildwuchs stark beeinträchtigt. Das Schloß wird als Krankenhaus genutzt. Das Grabmal v. Wülknitz ist zerstört.

434
Lanke. 1827

»Situationsplan der Schloß- und Gartenanlage auf dem Gräflich von Rederschen Guthe Lanke, a coup d'oeil und mit Hülfe der Gutskarte de Anno 1755 durch Bischof aufgenommen Anno 1827 durch den Conducteur Ermeler«
Plangrenzen: Straße nach Biesenthal, Hellsee, Allee zur Schloßachse, Straße nach Berlin, Wassermühle.
Zeichner: Einbesserungen in Bleistift von Lenné.
Bezifferter Maßstab in preußischen Ruten.
Feder in Grau, Bleistift, laviert in Grün, Hellbraun, Blau, Rosa und Grau. 50,7 x 100,3 cm.
Plansig. Nr. 3519.

Neben den großen Vorwerksgebäuden steht das Schloß, in dessen Umgebung noch die Reste regelmäßiger Barockanlagen zu erkennen sind: ein halbkreisförmiger Wassergraben, ein rundes Bassin, eine Ruine mit anschließender langer Allee. Seitlich der Schloßgebäude liegen die Kruggehöfte, die Brauerei, ein Begräbnisplatz, Eiskeller u.a.m.
Von der ehemals barocken Gartenanlage zweigt der Kanal zum Hellsee ab, an dem ein kreisrundes Lusthaus liegt. Östlich davon schlängelt sich von einem Ruheplatz ein Weg durch das Gehölz bis zu zwei Lauben. Frühbeetanlagen südlich der Schäferei dürften Teil einer Gärtnerei sein. Es handelt sich um eine Aufnahme des Zustands vor Lenné, der schon mit Bleistift einige Veränderungen angedeutet hat.

435
Lanke. 1827

»Graf Redern in Lanke«
Plangrenzen: Wie Kat.-Nr. 435.
Zeichner: Gerhard Koeber, Bleistifteinzeichnungen von Lenné.
Feder in Grau, Bleistift, laviert in Grün, Grau, Blaßgelb, Grünblau, Rosa und Braun. 100,7 x 48,2 cm.
Planslg. Nr. 3520.
Siehe Tafelteil.
Lit. zu Kat.-Nr. 434 u. 435: Duncker. Bd. 4. Nr. 193. – Die Kunstdenkmäler der Provinz Brandenburg. Krs. Niederbarnim. Berlin 1939. – Rave. S. 166. – Hinz 1939. S. 81–82. – Hinz 1989. S. 240–242.

Vor dem Schloß (die Nebengebäude des vorhergehenden Plans sind nur noch punktiert eingezeichnet, sollten also abgerissen werden) liegt eine regelmäßige Baumpflanzung, die in eine ebenso bepflanzte Vorfahrt übergeht. Eine Freifläche, Buschwerk betont deren Mitte, bildet den Freiraum vor dem Gebäude. Von der Vorfahrt und der Schloßterrasse gehen Wege aus, die den sehr langgestreckten, um den See liegenden Park erschließen. Entsprechend der Situation sind die Partien um das Schloß – drei Sichten gehen von hier aus – kleinteiliger durchgearbeitet als die weiten Landschaftsräume um den See. Die lange Barockachse im Anschluß an das übergroße Fontänenbecken wird als Sicht vom Schloß zugepflanzt. Der weiterführende Weg bleibt erhalten, seitlich von Baummassiven begrenzt. Die sich anschließenden Teile sind offener; die Pflanzungen begleiten vielfach die Wege, Einzelbäume sind kaum vorgesehen. Die Führung der Gräben zum Hellsee lockert auf und erweitert sich innerhalb einer Sicht teichartig. In gedehnten Schwüngen umziehen die Wege den See, greifen auch auf die Insel am Ende des Sees über. Von dem Wülknitz-Grabmal auf der Insel erstrecken sich breite Freiräume auf das Ufer; sie haben ebenfalls Architektur bzw. Sitzplätze als Zielpunkt.

Liebenberg, Neulöwenberg, Krs. Templin

Der Auftraggeber für die Umgestaltung des Barockgartens in Liebenberg war Karl von Hertefeld. Er hatte an den Befreiungskriegen teilgenommen und war 1814 von Paris aus nach London gereist. Er wurde zu einem Verehrer Englands und vor allem der englischen Landwirtschaft. 1839 war er Vorsitzender der Versammlung der Deutschen Land- und Forstwirte.
Fontane erwähnt die Reste des Barockgartens und vor allem eine »dichte, zehn Fuß hohe Buchsbaumhecke«. Das in Schräglinie nur mäßig ansteigende Terrain ist durch Abstechung in drei große Stufen umgewandelt worden, auf deren jeder wieder ein quadratischer Teich aufblitzt. In einer Umrahmung oft seltener und jedenfalls immer schöner Bäume gewähren diese Wasserflächen einen großen Reiz.
Unmittelbar an die letzte Terrasse schließt sich der Außenpark, ein Waldhügel, der mit seinen hohen Eichen und Weißbuchen den Innenpark überragt und beherrscht. Er hat die Form eines Topfkuchens, von dessen höchstem Punkt aus eine Menge heller gefärbter Linien nach allen Seiten hin niederlaufen. Dies sind die Wege. Das Ganze führt den Namen das »Kapphölzchen« oder auch der »Obristenberg«. 1833/34 ließ Hertefeld das Schloß umbauen, und es ist sehr wohl möglich, daß er danach Lenné noch einmal zu Rate gezogen hat. Von dem Park sind noch zugewachsene Teile vorhanden.

436
Liebenberg. 1829

»Parck des Baron von Hertefeld zu Hertefeld bei Oranienburg« (spätere irrtümliche Bezeichnung)
Plangrenzen: Park und Feldmark.
Signiert: »Copiert z. 14: Novebr. 1829 p Lenné.«
Zeichner: Gerhard Koeber.
Wasserzeichen von 1827.
Bezifferter Maßstab in Ruten.
Feder in Schwarz und Grau, Einbesserungen in Bleistift, laviert in Grün, Grau, Braun, Blau und Rosa. 45,5 x 55,5 cm.
Planslg. Nr. 3526.
Siehe Tafelteil.
Quellen u. Lit.: Theodor Fontane: Wanderungen durch die Mark Brandenburg. Fünf Schlösser. Berlin 1987. S. 347. – Hinz 1939. S. 77. – Hinz 1989. S. 234, 235. – Rave. S. 167.

Seitlich des Wirtschaftshofes und des Schlosses mit Vorfahrt lag der ehemalige Barockgarten. Dessen strenge Wegeführung wird nun aufgelöst, und nur die barocken Wasserstücke sowie die Terrassen bleiben erhalten, auch ein geringer Teil der Pflanzungen am Kanal (Tannen und Fichten) sowie am anschließenden Wegestern. An den Rändern des früheren Barockgartens schwingen zwischen einer hainartigen Baumpflanzung Wege, in den äußeren Teilen auch zwischen ganz dichten Pflanzungen. Drei Querwege verbinden den Park mit der Feldmark, in der verschiedentlich größere Baumgruppen, entlang der Gräben auch hainartige Pflanzungen, vorgesehen sind.

Marquardt, Krs. Osthavelland

Herr von Bischofswerder, der Günstling Friedrich Wilhelms II., kaufte 1795 Marquardt. Er legte schon einen Garten an und bezog Gewächse dazu aus Dessau, so daß wir auch bei dem Garten Einfluß aus Anhalt annehmen müssen, wie wir ihn am Hof Friedrich Wilhelms II. häufig finden. Sein Sohn Hans Rudolf Wilhelm Ferdinand von Bischofswerder erweiterte den Garten und ließ ihn von Lenné umgestalten, wobei ein Bauwerk der Zeit seines Vater übernommen wurde, die »Blaue Grotte«.
Nach Bischofswerders Tod kam Marquardt durch dessen Tochter an Herrn von Dewitz, und schließlich wurde es an die bekannte Berliner Familie Ravené verkauft, die in Berlin eine berühmte, der Öffentlichkeit zugängliche Gemäldegalerie besaß. 1932 pachtete es der Hotelier Kempinski, um es zu einem Hotel auszubauen. Das Herrenhaus von 1791–95 war schon vorher mehrfach verändert worden. Der durch die verschiedenen Besitzer veränderte Park ist seit 1987 besser gepflegt.

437
Marquardt. 1823

»Herrn von Bischofswerder zu Marquardt Sept. 1823.«
Plangrenzen: Grundstücksgrenzen.
Zeichner: Eigenhändig.
Maßstab ohne Angabe der Maßeinheit.
Bleistift. 50,9 x 68,7 cm.
Planslg. Nr. 3537.
Siehe Tafelteil.
Lit.: Hinz 1939. S. 70. – Hinz 1989. S. 225, 226. – Rave. S. 170.

Die Zufahrt führt – für Lennés Entwürfe fast befremdend – auf das Wohnhaus zu, während der Wirtschaftshof seitlich dicht abgepflanzt bleibt. Das gestreckte, zum Ufer des Schlänitzsees leicht abfallende Gelände wird von auffallend vielen Wegen erschlossen, die schmale Sichten zum See freilassen. Bemerkenswert ist, daß sich diese nicht auf Architekturen ausrichten. Im Parkgelände bereits vorhandene Gebäude, auch die Grotte, werden von dichten Abpflanzungen umhüllt, so daß teils inmitten des Parks dichte Pflanzungen heranwachsen. Das tiefer liegende Seeufer wird von einem Weg begleitet, der zu einem Sitzplatz auf einer vorspringenden Halbinsel führt.

79. Karl Ludwig Frommel nach Karl Blechen. Das Schloß Neuhardenberg. Um 1830. (Stiftung Schlösser und Gärten Potsdam-Sanssouci)

Neuensund, Krs. Strasburg

Neuensund war im Besitz von Hans Carl Friedrich von Arnim, Linie Lützlow-Neuensund, als Lenné den Auftrag erhielt, den Garten zu gestalten. Sein Vater Hans Anton Joachim von Arnim gehörte zum engeren Kreis der in Preußen um eine moderne Landwirtschaft bemühten Persönlichkeiten. Besonders eng waren seine Beziehungen zu Albrecht von Thaer. Er erscheint an dem Denkmal Thaers, das nach einem Entwurf von Rauch 1856 bis 1859 für den Schinkelplatz in Berlin entstanden war, auf einem der Sockelreliefs neben Thaer mit der Bezeichnung »Arnim von Neuensund« (jetzt in der Lichthalle der ehemaligen landwirtschaftlichen Lehranstalt, Invalidenstr. 42, getrennt vom Denkmal an der Wand angebracht). Thaer könnte die Bekanntschaft zwischen den Arnims und Lenné vermittelt haben, aber ebenso auch der Neuensunder Pfarrer Johann Martin Wohlfahrt. Wohlfahrt, der zwischen 1809 und 1837 in Neuensund wirkte, war seit 1827 Mitglied der Märkischen Ökonomischen Gesellschaft zu Potsdam.
Dazu kommt, daß Arnim seit 1840 mit Marie Auguste Wilhelmine Sophie von Heyden aus Cartlow verheiratet war (siehe Kat.-Nr. 457, 458).

438
Neuensund. Um 1840

»Verschönerungs Plan von Neuensund Herr v. Arnim«
Plangrenzen: Parkgrenzen und Teil der Dorflage.
Zeichner: Gerhard Koeber.
Bezifferter Maßstab ohne Angabe der Maßeinheit.
Feder in Grau. Auf Seidenpapier. 49,2 x 51 cm.
Planslg. Nr. 3540.

Kern des Parks ist die sehr intensiv gestaltete Zieranlage in unmittelbarer Umgebung des Gutshauses. Hier entspringt auch ein weitreichender breiter Weg, der den größten Teil des Parks erschließt. Seitlich des Gutshauses, in einem Winkel des Parks, liegt eine kleine regelmäßige Anlage, eine Gedenkstätte für die Befreiungskriege und Grabdenkmäler, eines davon für den 1813 gefallenen Bruder. Der verhältnismäßig großflächige Park wird von zwei Straßen geteilt, die offensichtlich alleeartig bepflanzt sind. Während der eine Abschnitt fast völlig von einem großen Teich mit recht simplem Umriß ausgefüllt wird, füllt sich der andere mit großen malerischen Baumgruppen, zwischen denen Wege zu einem mit Bäumen regelmäßig bepflanzten Rondell führen.

Neuhardenberg, Krs. Lebus

Karl August von Hardenberg hatte seinen Besitz Quilitz, den er 1814 als königliches Gnaden- und Ehrengeschenk erhalten hatte, in Neuhardenberg umgenannt. Hardenberg hatte sich im preußischen Staatsdienst bereits Verdienste erworben, als er 1810 Staatskanzler wurde und sein Amt nutzte, um die Steinschen Reformen fortzuführen. Er gehörte zu denen, die die Erhebung gegen Napoleon 1813 vorbereiteten und Preußen auf dem Wiener Kongreß vertrat. In der Folgezeit entwickelte er sich zum Anhänger Metternichs.
1801 war das Dorf Quilitz abgebrannt, und der junge Baukondukteur Karl Friedrich Schinkel erhielt die Aufgabe, dessen Aufbau zu leiten. Heute noch sind zahlreiche der Schinkelschen Raseneisensteinbauten erhalten, wenn auch verputzt und umgebaut. Hardenberg ließ dann von Schinkel 1814–17 die abgebrannte Kirche neu errichten. Auch hat dieser 1820–22 das Schloß umgebaut, zu dem Lenné den Garten anlegte. Hardenberg gehörte zu den frühesten Auftraggebern von Lenné. Schon 1816 bat er ihn, den Garten seines damaligen Besitzes in Glienicke umzugestalten. Der Garten in Neuhardenberg wurde nach den Plänen Lennés angelegt. Um 1930 wurde er von G. Potente in Teilen rekonstruiert, was auch jetzt wieder geschieht, um den Garten in seinen ursprünglichen Zustand zurückzuversetzen.

439
Neuhardenberg. 1821

»Verschönerungs Plan des Schlossgartens zu Neuhardenberg«
Plangrenzen: Gutsflur, Wasserlauf, Gutshof, Dorfaue mit Kirche.
Signiert: »Lenné fecit 1821«.
Zeichner: Eigenhändig.
Bezifferter Maßstab in Ruten.
Feder in Grau, laviert in Grün, Braun und Rosa, wenig Bleistift. 61 x 73,5 cm.
Planslg. Nr. 3541.
Siehe Tafelteil.

Vor den Gutsgebäuden liegt die langgestreckte Dorfaue, die auf der einen Seite mit sechs Reihen Bäumen bepflanzt ist, deren Mitte einen Blick auf die Kirche freiläßt. Auf der anderen Seite ist nur eine einreihige Bepflanzung vorgesehen, hinter der Bauern- und Wirtschaftsgebäude sowie bis an den Park reichende Gärten liegen. Die Zufahrt zum Schloß füllen eine kreisrunde und eine ovale Rasenfläche, die einen großen Schloßhof freilassen. Die Schloßumgebung ist als Pleasure-Ground behandelt. Auch für diesen Gartenteil wurden 1822 in Berlin »50 Sorten Blumensamen« bestellt, dazu »gefüllte Astern diverser Couleur«, Wicken, Lupinen, Nelken, Reseden und Rittersporne. Lockere Baumpflanzungen wechseln mit sehr dichten und fast regelmäßig eingeordneten Blumenbeeten. Nach außen sind diese Teile bis auf zwei Durchsichten dicht abgepflanzt. Der kleine Wasserlauf erweitert sich hier zu tiefgebuchteten Wasserflächen, die an den Schmalstellen überbrückt sind. Dichte Pflanzungen sind von lebhaften Vorpflanzungen aufgelockert, wobei neben Nadelgehölzen auch viele Hängeweiden verwendet werden.
Der wesentlich größere Parkteil schließt sich seitlich an und bildet die fließende Grenze zur Feldmark. Sehr große, meist langgestreckte Freiräume werden von dichten Baumgruppen und auffallend vielen hainartig gepflanzten Bäumen gerandet. Die Wege sind in eleganten Schwüngen teils entlang der Grenzen, teils entlang der bewegten Wasserläufe angelegt. Im Tiefenzug liegen nur wenige Querwege. Der Übergang in die Feldmark ist sehr geschickt gelöst.

440
Neuhardenberg. 1821

»Anlage des Staatskanzlers v. Hardenberg«
Plangrenzen: Wie Kat.-Nr. 439.
Signiert: »Lenné fecit 1821.«

Zeichner: Eigenhändig.
Bezifferter Maßstab in Ruten.
Feder in Grau, laviert in Grüngelb, Grünblau und Rosa, Verbesserungen in Bleistift. 69,8 x 86,5 cm.
Plansig. Nr. 3542.
Quellen u. Lit. zu Kat.-Nr. 439 u. 440: BLAP. Pr. Br. Rep. 37. Neuhardenberg. Nr. 538, 541, 543, 808, 1640. – Hinz 1939. S. 88. – Hinz 1989. S. 250, 251. – Rave. S. 171. – Schinkel-Werk. Kania und Möller 1960. S. 13, 15, 23, 30.

Dorfaue und Bauerngärten sind nicht bearbeitet, so daß die Kirche als Blickpunkt einer Parkansicht berücksichtigt werden kann. Die Wegeführung ist bis auf geringfügige Abweichungen wie auf dem vorangegangenen Plan; ähnlich ist es mit den Wasserflächen, die lediglich in der Nähe des Schlosses vereinfacht werden. Der wesentliche Unterschied liegt in der Bepflanzung, vor allem in der Verwendung der Einzelbäume und der hainartigen Zusammenstellungen. Einzelbäume werden weniger zahlreich, Haine kleiner und durchsichtiger ausgewiesen. Der Übergang zur Feldflur ist in der gleichen Weise wie in Kat.-Nr. 439 gelöst.

Neumühle, Krs. Ruppin

1838 kaufte der Kaufmann Karl Friedrich Kohlbach das Gelände mit der Mühle und ließ diese völlig erneuern. Auch das zugehörige Wohnhaus wurde von einem Schinkel-Schüler neu erbaut. Für die Gartenanlage wurde Lenné engagiert.

441
Neumühle. 1840

»Besitzung des Herrn Kaufmann Kohlbach zu Altenplathow« (später irrtümliche Bezeichnung von Lenné)
Plangrenzen: Parkränder, Wasserläufe, Küchengartenmauer.
Signiert: »gez. von Koschny 20.2.40«.
Maßstab in Ruten.
Feder in Grau. Auf Seidenpapier. 59,9 x 49,6 cm.
Plansig. Nr. 3443.
Lit.: Duncker. Bd. 16. Nr. 933. – Hinz 1939. S. 85, 87. – Hinz 1989. S. 249.

Zwischen zwei Wasserläufen, der eine kanalartig mit seitlichen Abzweigungen zur Mühle und einem großen Parkteich, der andere leicht geschwungen und teichartig erweitert, liegt ein langgestreckter Park, der sich auf das Schloß mit vorgelagerter Terrasse bezieht. Eine regelmäßige Pflanzung kleinerer Bäume füllt eine verhältnismäßig umfangreiche Fläche. Vom Terrassensitzplatz, betont durch üppige Teppichbeete, laufen neben der breiten Hauptachse seitlich jeweils zwei Nebenachsen. Die Bedeutung dieser Sichtachsen nimmt von der Mitte nach den Seiten ab: Die eine läuft über den axial langgestreckten Teich beziehungsweise zu dem auf einem Hügel stehenden Pavillon, die beiden anderen Sichten zielen durch leichte Vorpflanzungen in die Landschaft. Sehr lockere und malerische Pflanzungen rahmen Sichten und gedehnte Gartenräume ein, durch die sich fein geschwungene Wege ziehen.
Die mit Pyramidenpappeln bepflanzte Zufahrt zum Schloß führt über eine Insel mit der Mühle in einen großen Wirtschaftshof, in dessen Mitte eine ausgedehnte, hippodromartige Rasenfläche liegt. Sie wird von zwei Reihen kleinkroniger Bäume begleitet, die dem Hof eine betonte Längsrichtung geben. Ein regelmäßig eingeteilter Küchengarten endet in einem von Pergolen eingefaßten Ziergarten, der mit Plastiken und vielen Beeten geschmückt ist. Das Gegenstück dazu bildet ein regelmäßiger Sitzplatz, der laubenartig mit Klettergehölzen überzogen ist.

Neuruppin

Am südlichen Befestigungsring der Altstadt von Neuruppin erhebt sich die Dominikanerkirche, die mit ihren neugotischen Türmen weit über den Ruppiner See blickt. Die Backsteinkirche der zweiten Hälfte des 13. Jahrhunderts wurde 1836–41 unter der Leitung von Karl Friedrich Schinkel restauriert, der die Hinzuziehung von Lenné für die Gestaltung ihrer Umgebung gefordert haben dürfte.
Der Landrat von Zieten und der Oberstleutnant Chlebus wandten sich im Januar 1840 an Lenné, der seine Bereitschaft erklärte, zu kommen, wenn er im Februar oder März zum Kaufmann Kohlbach nach Neumühle fahren würde (Kat.-Nr. 441). Unser Plan wurde vom Landrat an Lenné gesandt, der ihn mit Einzeichnungen zurückschickte. In dem Begleitbrief vom 8.3. erwähnt v. Zieten die Vorstellungen Schinkels, die sich auf den Blick nach Wuthenow und Alt-Ruppin (über den Ruppiner See hinweg) beziehen und auch auf Details der Bepflanzung. Lenné hat dann noch in einen anderen ihm überreichten Plan Grünanlagen an den Wällen eingezeichnet und ihn am 8.4. an Chlebus gegeben. Über den Verbleib dieses Plans ist nichts bekannt.

442
Neuruppin. 1840

»Plan der Kloster Kirche und deren Umgebungen zu Neu Ruppin.«
Plangrenzen: Ruppiner See, Kasernenhof/Bergstraße, Klosterstraße, Siechenstraße/Stadtmauer.
Signiert: »angefertigt im Maerz 1840. durch den Maurermeister Seiffert in Ruppin. Original Entwurf des Herrn Gartendirector Lenné.« »Lenné«.
Zeichner: Gerhard Koeber, Bleistifteinzeichnungen von Lenné.
Bezifferter Maßstab in Fuß.
Feder in Grau, laviert in Grün, Braun und Blau, Bleistift.
Auf Leinen aufgezogen. 62 x 67,1 cm.
Plankammer Charlottenburg.
Quellen u. Lit.: Lenné-Nachlaß. Nr. 33. – Hinz 1939. S. 95 bis 98. – Hinz 1989. S. 262–268. – Plessen. Gartenkunst. S. 117–120. – Wimmer 1990. Nr. 83.

In das von Maurermeister Seiffert angefertigte Aufmaß, das auch die auf Schinkel zurückgehende Barriere und die Wegeführung an der Kirche zeigt, trägt Lenné die Neugestaltung ein. Dazu gehören die Abpflanzung der Baulichkeiten östlich der Kirche (Kasernenhof und Eckgrundstück) und die alleeartige Bepflanzung der Poststraße, die sich zur Südseite der Kirche trichterförmig erweitert. Das südöstliche Ende der hier geschwungenen Baumreihe wird zur Stadtmauer dicht mit Gehölzen abgepflanzt, so daß der Ausblick auf den See überraschend wirkt. Dazu verlängert Lenné die Öffnung der

Stadtmauer, die auf etwa 80 cm Höhe heruntergenommen wird. Der Landrat v. Zieten hatte bereits vor, die Mauer zu öffnen; Lenné erweitert jedoch den Durchblick um mehr als die Hälfte. Innerhalb der Barriere bleiben die von Schinkel vorgeschlagenen Wege erhalten; die Freiflächen sind mit dichten Gehölzgruppen und Solitärbäumen besetzt worden, die südlich auch auf die Flächen außerhalb der Barriere übergreifen.

Pieske, Krs. Meseritz (Pieski)

Zum Plan von Pieske befindet sich in der Plankammer ein schriftlicher Vorgang. Der Kaufmann Lienau aus Frankfurt/Oder (siehe Kat.-Nr. 416, 417) bat Lenné, seinem Freund, dem Färber Carl August Schröder in Meseritz (»ein sehr wohlhabender Mann«), den Garten zu entwerfen, und fügte einige Materialien bei, vermutlich Pläne, die nicht mehr vorhanden sind. Erhalten hat sich aber der Erläuterungsbericht zu einem damals von Schröder für seinen Garten abgelehnten Plan. Dieses unbefriedigende Ergebnis des Auftrags an einen nicht genannten Gärtner hat Schröder veranlaßt, Linau um Hilfe zu bitten. Der Brief von Linau an Lenné stammt vom 3.1.1840; schon am 2.3. bedankt sich Linau bei Lenné für den Plan. Da Koeber dessen Durchzeichnung am 8.2.1840 signiert hat, dürfte wohl sicher sein, daß Lenné in diesem Fall den Entwurf ohne Ortskenntnis geschaffen hat. Er muß sofort Koeber eine Skizze gegeben haben, die dieser dann ins Reine zeichnete. Schröder machte sich auch um die Verschönerung des Ortes verdient.

443
Pieske. 1840

»Rittergut Pieske bei Meseritz: Herrn Färberei Besitzer Schröder zu Meseritz gehörig«
Plangrenzen: Grundstücksgrenzen.
Signiert: »8.2.40«
Zeichner: Gerhard Koeber.
Unbezifferter Maßstab in Dezimalruten.
Feder in Grau. Auf Seidenpapier. 75,7 x 49,7 cm.
Planslg. Nr. 3546.
Quellen: Unterlagen in der Plankammer.

Vor dem Haus breitet sich eine mit Weinpergolen gerahmte Terrasse aus, deren Fläche wie auch die drei kleine Treppen tiefer liegende Ebene mit reich bepflanzten Teppichbeeten überzogen ist und in einem vierpaßartigen Wasserbecken endet. Die Mitte des Gartens, gleichzeitig auch die tieferliegende Fläche, wird von einem buchtenreichen See ausgefüllt, der durch den Mühlgraben frisches Wasser erhält. Die Bepflanzung ist hier niedriger gehalten, um den Blick – vorbei an einer sehr alten Solitäreiche – auf den ansteigenden Hang freizuhalten. Ein exedraartiger Sitzplatz, dicht von waldartigen Pflanzungen umgeben, ist der Endpunkt der Blickbeziehung vom Wohnhaus aus. Verständlicherweise sind vor allem die Seiten entlang der sanft geschwungenen Wege dicht bepflanzt, auch die Kreuzungen stark eingegrünt. Nur wenige Öffnungen der Randbepflanzungen lassen den Blick in die Umgebung, auf die Wassermühle, schweifen. Auf der Ostseite, schon auf ansteigendem Gelände, ermöglicht es ein Gartenpavillon, Park und Landschaft zu überblicken.

Radensleben, Krs. Ruppin

Radensleben war Familiengut der Quasts. 1830 übernahm es Ferdinand von Quast. Er war gründlich als Architekt ausgebildet und stand in Verbindung mit Schinkel, Stüler und Strack. Seine kunstgeschichtlichen Kenntnisse gaben Veranlassung, ihm 1843 das neugeschaffene Amt des Konservators der Kunstdenkmäler des preußischen Staates anzuvertrauen. Er lebte in Berlin und im Sommer in Radensleben. Auf unzähligen Reisen sammelte er Material über die Kunstdenkmäler Preußens und versuchte die Inventarisation in Gang zu bringen. In Radensleben fand er ein altes Gutshaus vor, das er seit 1833 nach und nach im Inneren umbaute. Der heutige auffällige Backsteinbau wurde erst 1894 bis 96 errichtet. Außergewöhnlich ist der Park, den Lenné für ihn entwarf, denn er enthält seitlich kleinteilige architektonische Gartenräume, die durch Heckenwände und Pergolen gebildet wurden. Diese Anlagen waren sicher der Wunsch Quasts gewesen, denn hier stellte er seinen Besitz an antiken Marmorstatuen auf. Die architektonischen Gartenräume sind verschwunden, aber sonst ist die Grundidee des Gartens mit Terrasse und Wasserbecken noch zu erkennen.
Aus der Verwechslung Lennés von Radensleben mit Fredersdorf muß man schließen, daß in einem Fredersdorf (drei kommen in Frage) ein Garten von Lenné war. Es handelt sich aber doch wohl um Fredersdorf bei Berlin (Bez. Frankfurt/Oder, Krs. Straußberg), wo zwar heute kaum etwas zu sehen ist, aber noch 1939 ließ die Beschreibung des Gartens in den Kunstdenkmalen der Provinz Brandenburg (Krs. Niederbarnim) die Lennésche Anlage erahnen: »Der ehemals groß angelegte Gutspark ist heute verwildert; er ist von einem breiten Wasserlauf durchzogen. In der Achse des Hauses durchzieht den Park eine breite Kastanienallee. Sonst zeugen nur die großen Platanen in der Nähe des Hauses noch von der einstigen gepflegten Anlage.«

444
Radensleben. 1839

»v. Quast zu Fredersdorf« (spätere irrtümliche Bezeichnung von Lenné)
Plangrenzen: Dorfstraße, Grundstücksgrenzen.
Signiert: »19/9 39 gez: G. Koeber«.
Beziffertes Maßstab in Fuß.
Bleistift, Feder in Grau, laviert in Braun. Auf Seidenpapier, auf festes Papier aufgezogen. 49 x 37,6 cm.
Planslg. Nr. 3477.
Siehe Tafelteil.
Lit.: Rave. S. 175. – Hinz 1939. S. 86–87. – Hinz 1989. S. 246, 247.

Der Plan zeigt dicht nebeneinander zwei Gartenpläne: der erste den Garten vom Haus bis hinter das große Wasserbecken, der zweite den Gartenteil vom Wasserbecken bis zur Grundstücksgrenze.
1. Vor der Freitreppe des Hauses liegt eine breite Terrasse, zu der auch zwei Sondergärten am Haus gehören. In ihren verhältnismäßig reichen Grundrißformen ordnen sie sich wie fast alles in diesem Garten sehr stark der Architektur unter. Ein rechteckiger Garten wird von drei Seiten der verlängerten Flügelbauten des Hauses umschlossen und von einem Gewächshaus begrenzt. Der andere, aus drei Teilen bestehend, lehnt sich an das

Haus und ein seitlich sich anschließendes Gewächshaus an und wird von einer pergolaartigen Einfassung umgeben. Von der mit einer Balustrade abgegrenzten Terrasse führen zwei Treppen zu einem Rondell mit rundem Wasserbecken, das zu einer großen rechteckigen Rasenfläche gehört. Diese wird von einem breit gelagerten, mit einer Balustrade eingefaßten Wasserbecken begrenzt, das in der Tiefenachse halbkreisförmig erweitert ist. Ein wuchtiger Laubengang grenzt diese Ausrundung ab. Regelmäßige Gartenteile schließen sich an. Die die Rasenfläche begleitenden Wege sind seitlich mit je vier Nischen für Plastiken bereichert und laufen in je einem im Wasser stehenden Pavillon aus. Seitlich reihen sich kleine, sehr reich gestaltete Sondergärten, die außerordentlich architekturbezogen sind. An der einen Schmalseite des großen Wasserbeckens ordnet sich eine Orangerie ein, an deren Rückseite zu einem Pavillon ein regelmäßiger Gartenteil gehört.
2. Der Entwurf setzt beim großen Wasserbecken an, dessen dem Haus zugewandte Ecken halbrund in die Wasserfläche stoßen. Auf der einen Seite liegt ein regelmäßiger Garten, auf der anderen Seite führen aus einem Laubengang zwei Treppen ins Wasser. Hinter der Orangerie liegt wiederum ein gleichförmiger Gartenteil. Wesentlich ist jedoch die Fortsetzung der Tiefenachse vom Halbrund des Wasserbeckens: Ein breiter Rasenstreifen begrenzt von zwei Seiten ein fülliges Rondell mit Plastik, das Ganze von einem sehr wirksamen Laubengang umschlossen, dessen Endpunkte sich auf die halbrunden Sitzplätze am Wasserbecken beziehen, während die Tiefenachse in Form der Rasenfläche frei bleibt und in einem kleinen Rondell mit Plastik endet. Die übrigen Teile werden von Wegen erschlossen und meist nur zu den Rändern bepflanzt.
Der Garten wurde in wesentlichen Teilen ausgeführt und gehört zu den eigenwilligsten Entwürfen Lennés; der Einfluß des Besitzers von Quast ist vermutlich sehr groß.

Schorfheide, Krs. Angermünde

Die Schorfheide liegt am Nordwestufer des Werbellinsees. Hier war schon in kurfürstlicher Zeit ein Jagdrevier mit Jagdschloß. Das war bereits lange verschwunden, als Friedrich Wilhelm IV. den Entschluß faßte, einen Neubau zu errichten. Persius berichtet, daß sich der König am 1.1.1845 weitläufig über das Projekt für ein Jagdschloß in der Schorfheide ausließ. Das kleine Schlößchen wurde dann Hubertusstock genannt und im Stil eines bayrischen Hauses errichtet.
In der Plansammlung befand sich eine Zeichnung »Der Steinpfuhl in der Schorfheide bei Grimnitz«, von der jedoch nur noch das Negativ vorhanden ist. Es hat sich aber der schriftliche Vorgang dazu in der Plankammer erhalten. Der Hofjägermeister Pachelbel schrieb am 20.1.1851 an Oberförster Schmidt in Grimnitz, daß Lenné die Form des auszuhebenden Steinpfuhls festlegen wird. Schmidt wandte sich daraufhin am 23.5. an Lenné, der den Brief mit der Anmerkung versah: »Zur Rücksprache mit Herrn Conducteur Meyer.« Am 2.6. schrieb er dann an Schmidt folgenden Brief, von dem das Konzept in Sanssouci erhalten blieb:
»Nachdem ich Sr. Majestät über die Austiefung des, beim Jagdhause am Hubertusstock belegenen, Steinpfuhles sowie über die damit zu verbindende Aufschmückung dieser Waldpartie Vortrag gehalten und allerhöchstdieselben die Ausführung beifolgenden Entwurfes genehmigt haben, beehre ich mich, indem ich Ewr Wohlgeboren hiervon benachrichtige, ergebenst zu bemerken,
1) daß bei der Auskarrung des Pfuhles möglichst die auf dem Plane bezeichnete Form für dasselbe eingehalten,
2) daß die aus der Ausgrabung gewonnene Erde nicht nur zur Aufhöhung der trocken zu legenden Flächen des Sumpfes sondern auch zur Aufschmückung von Hügeln zunächst der Ufer so verwendet werden daß steile und hohe Abböschungen mit flachen, in dem Charakter des vorhandenen gehaltenen abwechseln, und das Wasserbecken den Charakter eines Kessel erhalte, sowie
3) daß die vorhandenen und neu anzupflanzenden Baumbestände so geordnet werden, daß dieselben eine freie Durchsicht vom Jagdhause nach dem zu erbauenden Tempel bei der Quelle gestatten, und daß dieselben überall den Waldcharakter beibehalten.
Wo dergleichen Hügel vom Ufer aufzuschütten sein möchten, und welche Ausdehnung ihnen gegeben werden möchte habe ich durch dunkleres Grün auf dem Plan bezeichnet.
Indem ich glaube, daß die zunächst zu bewirkende Austiefung des Beckens und die Verwendung der hierbei gewonnenen Erde für jetzt meine Anwesenheit dort nicht erfordern wird, habe ich die Absicht erst zum Herbst zu weiteren Anordnungen nach Grimnitz zu kommen, um insbesondere sodann Näheres über die Bepflanzung festzustellen.«

445
Schorfheide. 1851

»Der Steinpfuhl in der Schorfheide bei Grimnitz. (Project.)«
Plangrenzen: Waldgebiet um den Steinpfuhl beim Jagdhaus Hubertusstock.
Zeichner: Wohl Eigenhändig.
Bezifferter Maßstab in Ruten.
Feder.
Ehemals in Potsdam. Seit 1945 verschollen, jedoch Photographie vorhanden.

Die bewegten Ufer des Steinpfuhls, durch hängiges Gelände zum Teil besonders reizvoll, werden von einem Weg umzogen, der den Uferlinien folgt. Offene Flächen erfahren durch Einzelbäume einen parkartigen Charakter. Der verhältnismäßig schmale Uferweg verbindet sich mit den breiten Fahrwegen, die u.a. nach Grimnitz führen. Am Rand des Steinpfuhls liegt das Jagdhaus Hubertusstock.

Sonnenburg, Krs. Oststernberg (Słonsk; gorz.)

1426/27 kamen Schloß und Stadt Sonnenburg an den Johanniterorden. Als Ergebnis der napoleonischen Politik wurde der Orden 1810 aufgehoben, in Preußen 1812 neu gegründet. 1852 wurde Carl Prinz von Preußen hier Herrenmeister. Der Orden, der sich seit seiner Gründung mit der Krankenpflege befaßt hatte, ließ seit 1856 in Sonnenburg ein Krankenhaus errichten, für das Lenné den Garten anlegte.
Das Krankenhaus entstand auf einem Schäfereigelände, das am Bassewitz-Kanal liegt, am Ende einer alten Lindenallee. Diese führte vom Schloß Sonnenburg zum Gasthaus Charlottenhof.

446
Sonnenburg. 1857

»Situations-Plan von der Lage der Parcelle VII, 2. bei der Schaeferei zu Sonnenburg«
Plangrenzen: Privatgrundstücke, Lindenallee nach Sonnenburg, Kanal.
Signiert: »Aufgenommen im Juni 1856 Schmolling Deich-Inspektor.«
Zeichner: Einzeichnungen von Lenné.
Bezifferte Maßstab in Ruten.
Wasserzeichen von 1854.
Der Plan ist gesüdet.
Feder in Grau, laviert in Rosa, Gelb, Braun, Blau und Grau, Einzeichnungen in Bleistift, mit schwarzem Strich umrandet. 50 x 86 cm.
Planslg. Nr. 3552.
Siehe Tafelteil.
Lit.: W. v. Obernitz: Das Johanniter-Ordens-Krankenhaus in Sonnenburg. In: Heimatkal. Oststernberg. 10.1935. S. 123–125. – Hinz 1989. S. 268, 269.

Am Fuße des leicht ansteigenden Geländes liegt das neue Krankenhaus, dessen unmittelbare Umgebung parkartig behandelt ist. Die sich östlich anschließenden Teile sind sehr offen gehalten. Erst die vorhandene Kirschbaumpflanzung schließt die Freiräume. Das gesamte untere Terrain wird von Wegen erschlossen, die dann in den regelmäßig gestalteten Gemüsegarten führen.

Wolfshagen, Krs. Prenzlau

Auftraggeber war Graf Johann Christoph Hermann von Schwerin, der seit 1827 Erbherr der Besitzungen Wolfshagen in der Mark und Mildenitz in Mecklenburg war. 1816 heiratete er Rosalie Ulrike von Dönhoff-Döhnhofstaedt, Erbherrin der Tamselschen Güter in der Neumark.
In Wolfshagen hatte es schon einen barocken Park gegeben, der aber bereits 1790–95 im englischen Stil verändert und erweitert worden war. So beschreibt ihn Marie von Clausewitz am 22.10.1808 in einem Brief an ihren Mann: »Ich habe einige Tage in Wolfshagen bei der Schwerinschen Familie zugebracht ... Wolfshagen ist wirklich ein sehr schöner Ort, die Kunst hat nicht viel für denselben getan, aber die Natur desto mehr ... Ein See von einer sehr malerischen Form, umgeben von einem Walde von den schönsten Buchen und Eichen, überrascht sehr angenehm und die Ruinen einer alten Burg, die dem Haus gegenüberliegen und sich im Wasser spiegeln, machen den Anblick ordentlich romantisch.«
Der Brief beweist, daß Wolfshagen schon damals in einem Zustand war, der günstige Voraussetzungen für eine Neuanlage bot. Das sehen wir auch auf den Zeichnungen, die der Berliner Landschaftsmaler Johann Gottlob Samuel Rösel 1821 von Wolfshagen schuf. Er war Zeichenlehrer bei den Gräfinnen Dönhoff gewesen und wird durch sie nach Wolfshagen gekommen sein. Als Mitglied des Vereins für Gartenbau stand er in Verbindung mit Lenné. 1829 schrieb Graf Schwerin an Lenné, daß er nicht das Vergnügen habe, mit ihm bekannt zu sein und bittet um Neuanlage seines Gartens in Wolfshagen. Er hatte dann Lenné auch in dem ihm von seiner Frau mitgebrachten Tamsel beschäftigt. Der Plan für Wolfshagen ist auf 1832 datiert, vorher mag der vielbeschäftige Lenné keine Zeit gefunden haben, hinzukommen, und ohne Kenntnis des Ortes war in diesem Fall ein Entwurf unmöglich. Der Park ist am Haussee gelegen, und die Landschaft, die ihn umgibt, ist hügelig bewegt. Das Gelände ist zum Teil sumpfig. Lenné mußte bei seinen Planungen einen Entwässerungsgraben und den natürlichen Abfluß des Sees mit einbeziehen. Er hat die vorhandene Anlage wohl nur durch neue Wegeführungen geordnet und weiter um den See herumgelegt. Die Besonderheit von Wolfshagen ist, daß der Park sich als schmales Band am See entlang zieht und von seiner Spiegelung im See und der bewegten Uferlinie lebt. Die Sichten über den See ergaben sich aus den Gebäuden. In deren Mitte stand das Schloß mit Bastion, im Westen der Bergfried der mittelalterlichen Burg und im Osten auf einem hohen Hügel das Denkmal der Befreiungskriege (1828). Dazu kam der Aussichtspunkt an der östlichen Landspitze im See.
Der Auftrag an Lenné fällt zusammen mit der Umgestaltung von Wolfshagen zu einer Musterwirtschaft. In diesem Zusammenhang wurden auch das Preußische Zollhaus, das Fischerhaus und das Gartenhaus errichtet. In ihrer Verbindung von Feldstein und romantischen oder gotischen Backsteinornamenten sind diese Bauten besonders reizvoll. 1835–36 wurden Landarbeiterkaten gebaut und schließlich 1850–58 eine neugotische Kirche, so daß sowohl der Garten als auch Schloß und Dorf verschönt waren.
Die Parkanlage ist in großen Zügen noch gut zu erkennen. Zum Teil ist das Parkgelände in Gärten umgewandelt. Der Baumbestand ist nur noch teilweise ursprünglich. 1945 wurden das Schloß, die Orangerie und das »Schweizer Schloß« zerstört. Der Eigentümer des Parks ist die Gemeinde Wolfshagen, die sich um eine teilweise Rekonstruktion der Anlage bemüht.

447
Wolfshagen. 1832

»Wolfshagen dem Grafen von Schwerin gehörig. 1832.«
Plangrenzen: See, Dorfstraße.
Zeichner: Gerhard Koeber.
Bezifferter Maßstab ohne Angabe der Maßeinheit.
Feder in Grau, Bleistift, laviert in Grün, Gelb, Grau und Rosa. 66,5 x 98,7 cm.
Planslg. Nr. 3562.
Siehe Tafelteil.
Quellen u. Lit.: Lenné-Nachlaß. Nr. 3. Fol. 61 a. – Duncker. Bd. 8. Nr. 431. – Kunstdenkmäler der Mark Brandenburg. Bd. 3. 1. Krs. Prenzlau. 1921. – Vor hundert Jahren. Erinnerungen der Sophie Schwerin, geb. Gräfin von Dönhoff ... Zusammengestellt von ... Amalie von Romberg. Berlin 1909. S. 23, 41. – Hinz 1939. S. 82, 83. – Hinz 1989. S. 242, 243. – Rave. S. 186. – R. Meyerhöfer: Rund um die Wolfshagener Königssäule. Neubrandenburg 1985. – Günther. S. 167.

Der Park klammert sich in teils ganz schmalen, besonders in der Nähe der Gutsanlage fast nur aus Weg bestehenden Zügen an das Seeufer. Vor dem Gutshaus mit Pergola liegt ein zierlicher Hausgarten mit axialem Teppichbeet und seitlichen exedraartigen Sitzflächen. Die Seitenteile des Parks erweitern sich großflächiger, wobei regelmäßige Wegeteile erhalten bleiben. Im rechten Winkel gliedern längliche Pflanzungen die Blicke auf die weite Wasserfläche. Die Wiesen sind nur sparsam entlang der Wege gepflanzt, wobei sich dichte Baumgruppen mit Hainen abwechseln. Im linken Teil bleibt eine ältere Anlage erhalten, in deren Nähe dichte Pflanzungen recht nahe zusammenrücken, während auf der anderen Seite des in sehr malerischen Formen ausgebildeten Wasserlaufs die Wiesen leerer werden. Nur die unmittelbare Umgebung der Turmruine wird dichter bepflanzt.

Zuetzen, Krs. Angermünde

Das Gut Zuetzen wurde um 1816 von Amtmann Lüdecke erworben, dessen Familie es 1828 durch den Ankauf des vorher herrschaftlich Schwedtschen Vorwerks Meyenburg vergrößerte, das nördlich von Zuetzen, jenseits der Straße nach Schwedt liegt. In Zuetzen war um 1820 ein schlichtes, zweistöckiges Wohnhaus in klassizistischen Formen errichtet worden.
Zwei Pläne liegen uns für Zuetzen vor, die insofern wenig aufschlußreich sind, als sie die Beziehung zur Oderlandschaft nicht zeigen. Der Park geht vom Gutshaus aus nach Osten bis zur Hohensaaten-Finower Wasserstraße und bietet Sichten über die Wasserlandschaft zwischen Kanal, Alter Oder und Oder bis zum Dorf Nieder-Saathen auf der östlichen Seite der Oder. Die beiden Pläne tragen Daten, die nur durch einen Tag unterschieden sind. Seltsam ist dabei, daß die Skizze von Koeber vor das gelieferte Aufmaß datiert ist. Auch zeigt sie Abweichungen von der wohl von Lenné selber in das Aufmaß eingezeichneten Anlage. Die Einzeichnung Lennés entspricht mit der Insel im das Gut rahmenden Wasserlauf mehr der Ausführung als die Skizze Koebers.

448
Zuetzen. 1832

»Versch: Plan v. Zuetzen a/O.«
Plangrenzen: Am Dorf vorbeiführende Straße, Parkanlage.
Signiert: »Fc G Koeber 16.11.32«.
Bezifferter Maßstab in Ruten.
Bleistift. Auf Seidenpapier. 40,4 x 27,9 cm.
Planslg. Nr. 3568.

Im Gegensatz zum folgenden Plan (Kat.-Nr. 449) wird hier nur der an das Gut anschließende Garten gezeigt und nicht die Verbindung zu Dorf und Feldflur.
Der kleine Park schmiegt sich an das Gut, dessen Wirtschaftsgebäude dicht abgepflanzt sind. Nur vom Gutshaus mit der Freitreppe geht – etwas angeschrägt – eine Sicht in Park und Oderlandschaft: Über drei Beete, an locker stehenden Bäumen, in weiterer Entfernung auch an Baumgruppen vorbei, gleitet der Blick über eine optisch sehr breit wirkende Wasserfläche in die umgebende Landschaft. Die Anlage weist auffallend große Wiesenflächen und vielfach umfangreiche Hainpflanzungen auf. Nur in Gebäudenähe, begleitet von einem leicht gebuchteten Graben, finden sich schwerere Pflanzungen.

449
Zuetzen. 1832

»Situations-Plan von den Herrschaftlichen Garten und einen Theil der Dorflage zu Zuetzen dem Gutsbesitzer Lüdicke gehörig d. 17. Nobr 1832.«
Plangrenzen: Dorflage, Gutshaus, Parkanlage, Feldfluren.
Zeichner: Unbekannter Vermesser, Einzeichnungen von Lenné.
Bezifferter Maßstab in Dezimalzoll.
Feder in Braun und Grau, laviert in Grün, Braun, Grau, Grünblau und Rosa, Einbesserungen in Bleistift und Pinsel. 61,2 x 79 cm.
Planslg. Nr. 3567.
Siehe Tafelteil.
Lit. zu Kat.-Nr. 448 u. 449: Hinz 1939. S. 79. – Hinz 1989. S. 235, 236. – Rave. S. 188.

Die Wirtschaftsgebäude werden dicht abgepflanzt, und nur vom Gutshaus aus entwickelt sich leicht angeschrägt und seitlich von Bäumen gerahmt ein Blick in Park und Oderlandschaft. Vor der Seitenfassade wird ein kleiner, regelmäßiger Blumengarten angelegt. Die zahlreichen, meist geraden Gräben erfahren im Bereich des Parks recht bewegte, in Bezug auf die Seitenachse des Gutshauses auch seeartige Umrisse. Der an sich nur sehr schmale Park geht in auenartiges Wiesengelände über; die dorthin führenden Wege erhalten leicht geschwungene Formen. Auch ein Verbindungsweg zum Dorfeingang schwingt in gefälliger Form, seitlich bepflanzt, über Wirtschaftsland, wobei die Bepflanzung so geordnet ist, daß ein abgeschlossener Bereich entsteht.

Unbekannt

Der Plan gibt nicht Lübbenau wieder, obwohl er für den Schloßgärtner Tretschke in Lübbenau bestimmt war. Man könnte aus der Beschriftung schließen, daß es sich um ein Schloß der Grafen Lynar handelt, für die Tretschke in Lübbenau arbeitete. Aber solche von einem Graben umgebene Schlösser finden sich nicht nur im Spreewald oder der Niederlausitz. Die Altmark käme vor allem noch in Frage, auch die Mark Brandenburg und Mecklenburg.

450
Um 1840

»Für den Schloß Gärt: Tretschke. zu Lübbenau.«
Plangrenzen: Unmittelbare Umgebung des Schloßgrabens.
Zeichner: Gerhard Koeber.
Bezifferter Maßstab in Rheinischen Ruten.
Wasserzeichen von 1832.
Feder in Grau, Bleistift. 40,6 x 52,2 cm.
Planslg. Nr. 3529.
Siehe Tafelteil.

Der Schloßgarten wird von einem breiten Graben umschlossen, der in den entfernteren Teilen vielfach teichartig ausgebuchtet ist. Die Bepflanzung sowie ein breiter Weg greifen über die Inselsituation hinaus. Die Zufahrt führt über eine Brücke um einen runden Vorplatz mit Teppichbeet, der verhältnismäßig frei in einem sonst kleinteiligen Park liegt, zum Schloß. Viele kleine Gruppen und zahlreiche hainartige Pflanzungen, auch Einzelbäume, rahmen die jeweiligen kleinen Gartenräume. Fünf Sichten in die Landschaft sind besonders vermerkt. Freie Flächen diesseits des Grabens sind jenseits vielfach dicht abgepflanzt. In einem Winkel des Grabens ist eine Orangerie mit breitem Vorplatz eingetragen.

1.4. Provinz Pommern

Die Tätigkeit Lennés für Pommern geht weitgehend auf den Einfluß von Johann August Sack zurück. Sack stammte aus Cleve und begann hier seine juristische Laufbahn unter dem Freiherrn vom Stein, der 1793 in Cleve Kammerpräsident geworden war. 1798 kam Sack ins Generaldirektorium nach Berlin, 1806 wurde er Zivilgouverneur der Stadt. Bei der Verwaltung der verbliebenen preußischen Provinzen versuchte er nach Steins Sturz, dessen Reformen weiterzuführen. 1814 wurde er Generalgouverneur am Niederrhein mit Regierungssitz in Aachen, doch schon 1816 veranlaßte man ihn, das Oberpräsidium in Stettin zu übernehmen, da er reaktionären Kreisen in der Regierung nicht genehm war. In Pommern fand Sack ein Tätigkeitsfeld, das seinen Fähigkeiten entsprach.
Sach interessierte sich für Gartenbau und war Mitglied des »Vereins für die Beförderung des Gartenbaues«. In den Mitteilungen des Vereins wird im Jahr 1828 berichtet, daß der Oberpräsident Sack Nachricht über die Provinzial-Baumschule zu Stargard gab, die 1818 auf seine Anregung hin angelegt worden war. Ferner hatte er eine Beschreibung des Schützenplatzes in Stargard in Hinsicht auf die dabei befindlichen Gartenanlagen eingereicht. 1824 bat Sack Lenné, nach Stettin zu kommen, weil er dort eine Filiale der Landesbaumschule zu gründen wünschte, für die Lenné den Einrichtungsplan machen sollte. Lenné teilte mit, daß er kommen wolle, aber noch nicht wisse, wann. Weiteres geht aus dem Vorgang nicht hervor (Lenne-Nachlaß. Nr. 3. Fol. 113). Als Schinkel an Entwürfen für den Ottobrunnen in Pyritz arbeitete, einem von Sack geförderten Unternehmen, wurde Lenné hinzugezogen.
Bei einem Besuch in Greifswald im Jahr 1825 hatte der Kronprinz Friedrich Wilhelm (IV.) die Erhaltung und Restaurierung der malerisch vor der Stadt gelegenen Ruine der Kirche des Zisterzienserklosters angeregt. Der für die Gestaltung der Umgebung von Lenné gezeichnete Plan ist nicht erhalten, in diesem Fall ein besonders bedauerlicher Verlust. Noch einmal kam Lenné 1856 mit Greifswald in Verbindung, als Friedrich August Stüler das Denkmal des Universitätsgründers Heinrich Rubenow entworfen hatte und sicher auf seinen Wunsch Lenné für die Anlage des Platzes vor der Universität hinzugezogen wurde. Auch dafür ist kein Plan erhalten. Die pommerschen Anlagen Lennés sind häufig nicht durch Pläne belegt. Auch für den Schloßpark Putbus ist keine Zeichnung vorhanden, obwohl berichtet wird, daß Lenné mehrfach hinzugezogen wurde.
Die Gutsgärten in Pommern sind zum Teil früh entstanden. Das hat mit der Tätigkeit von Bethe in Reichenbach (Kat.-Nr. 464, 465) zu tun, ebenso wie mit Lennés Reisen nach Stettin und seiner Freundschaft mit Stettiner Familien wie den Dohrns und den Kuglers. Dann kam ein neuer Höhepunkt der Tätigkeit von Lenné für pommersche Gutsgärten um 1840. Hier hat vermutlich ein Auftraggeber den anderen nach sich gezogen. Zudem mußte der inzwischen mit Arbeit überlastete Lenné möglichst auf einer Reise mehrere Orte besuchen. Der wohl bedeutendste der pommerschen Gutsgärten ist der von Brook. Das Schloß liegt in der Tollenseniederung, und die Anhöhen über dem Gut mit ihren Blicken auf die Tollense wurden in die Verschönerung einbezogen, so daß ein zwar nicht sehr großes, aber doch besonders gelungenes Beispiel für Landesverschönerung entstand.

Behrenhoff, Krs. Greifswald

Der Besitzer von Behrenhoff, Carl Felix Georg von Behr, starb im Jahr 1838. Er hatte wohl schon das Schloß errichten lassen, das dann später mehrfach umgebaut wurde. Seine Frau war eine geborene von Heyden aus dem Hause Cartlow (siehe Kat.-Nr. 457, 458). Sie ließ durch Lenné den Garten anlegen, da sie die Verwaltung des Gutes übernommen hatte, bis ihr 1835 geborener Sohn mündig wurde.
Das Gelände des Parks ist eben, nur im südwestlichen Teil fällt es zum künstlich angelegten Teich leicht ab. Im nördlichen Teil ist die rund 200 Jahre alte Lindenallee erhalten, die von der Dorfstraße ehemals auf das Schloß zuführte. Ein großer Teil der Wohnhäuser entlang der Dorfstraße entstand im Zusammenhang mit der Gutswirtschaft.
Die Zeichnung von Lenné zeigt die Anlage am Schloß. Das schmale, nur halb so breite Gelände, das sich südlich der heutigen Straße nach Greifswald anschließt, ist noch nicht in die Planung einbezogen. Es besteht nur aus dem im moorigen Gelände künstlich angelegten See, um den ein Weg herumführt. Zweifellos ist dieser Parkteil wenig später angelegt worden. Er war vor allem für die Sicht von der Giebelseite des Schlosses über das große Blumenbeet hinweg von Bedeutung. 1945 brannte das Schloß ab, und auch die alten Wirtschaftsgebäude wurden vernichtet. Nur der Marstall aus dem späten 19. Jahrhundert ist stehengeblieben. Der Park befindet sich in einem sehr schlechten Zustand, aber die Wegeführung wie auch einzelne Baumgruppen sind noch vorhanden. Auf der großen Freifläche im nordöstlichen Teil wurde ein Fußballplatz angelegt. Aber es sind noch viele seltene Gehölze erhalten, von denen Christusdorn, große Blutbuchen, Helmlocktannen, Eßkastanien und Virginischer Wacholder genannt seien.

451
Behrenhoff. 1840

»Situations-Plan von der Dorfstraße und dem Hofe des Gutes Behrenhoff, der Frau von Baer gehörig«
Plangrenzen: Parkgrenze, Gutsgebäude, Dorfstraße mit Kirchhof, heutige Straße nach Greifswald.
Signiert: »aufgemessen 1840 von Kaempling«.
Zeichner: Kaempling, die Parkplanung von Lenné mit Bleistift eingezeichnet.
Bezifferter Maßstab in Ruten.
Wasserzeichen von 1837.
Feder in Schwarz, Rot und Braun, Bleistifteinzeichnungen.
67 x 67,5 cm.
Planslg. Nr. 3453.

Vom Gutshaus eröffnet sich – durch kleinere Gehölze geleitet – ein dreifacher Sichtenfächer in den Park, der in der Mitte nur von hainartigen Pflanzungen begrenzt ist. Vor der Schmalseite des Hauses liegt vor einem kleinen Treibhaus (Wintergarten) ein übergroßes, sehr reiches Teppichbeet. Geschwungene Wege erschließen den Park, der auch vom Wirtschaftshof, dem sich ein Nutzgarten anschließt, zugänglich ist. Bleistifteintragungen deuten darauf hin, daß auf dem Wirtschaftshof Veränderungen vorgenommen werden sollen. Östlich von Gut und Park zieht sich die Dorfstraße entlang, der runde Kirchplatz ragt nach Westen in das Gelände des Parks hinein.

Broock, Krs. Demmin

Auftraggeber Lennés war der Landschaftsrat Hans Carl Franz Alexander von Seckendorf. Seine Frau hatte das Gut von ihrem 1840 verstorbenen Bruder Karl von Gentzkow geerbt.
Gleichzeitig mit der Anlage des Gartens wurde das barocke Gutshaus umgebaut. Durch Vorblenden einer neugotischen Fassade mit Zinnenkranz erhielt es ein zeitgemäßes Aussehen.
Wie aus dem Urmeßtischblatt von 1835 hervorgeht, fand Lenné hinter dem Schloß einen kleinen Barockgarten vor, weiterhin die »Carlslust«, eine bewaldete Anhöhe südlich des Gutes. Das Gelände, das gestaltet werden sollte, wird im Süden von Höhenzügen gebildet, zu deren Füßen der Gutshof in der Tollenseniederung liegt. Jenseits der Tollense (im Plan links unten angeschnitten) erstrecken sich tiefliegende Wiesen. Im Westen und Osten ist das Gebiet von der offenen Flur begrenzt, im Norden durch eine Lindenallee. Eine weitere Lindenallee führt vom Gut her in südöstlicher Richtung durch die Anlage und setzt sich als einfache Straße zu dem auf dem Plan nicht eingezeichneten Dorf Hohen Büssow fort.
Seckendorf muß zu den großen Garten- und Landschaftsliebhabern der Zeit gehört haben. Er ließ sich nicht nur einen Park an seinem Schloß anlegen, sondern auch die Felder und Wiesen schmücken, die sich südlich an den Hängen hochziehen, und schloß auch das südwestlich gelegene Dorf Buchholz und das Bachtal ein. Die Beziehungen Seckendorfs zu Lenné waren von Dauer. Noch 1861 bat er Lenné um einen Gärtner, der ihm den Kaul schickt, der vorher in Jarocin war.
Schloß Broock steht noch, und der Garten ist trotz Zerstörung und Aufteilung noch als ein Werk Lennés zu erkennen. Geblieben ist zum großen Teil die Verschönerung der Landschaft. Gepflegt und erhalten wird die Anlage nicht, deren Bedeutung als ein Werk der Landesverschönerung bis jetzt verkannt wurde.

452
Broock. 1840

»Baron v. Seckendorf zu Broock«
Plangrenzen: Parkgrenzen, Teile der Gutsflur, Carlslust, Dorf Buchholz.
Signiert: »Gez.: G. Koeber 40«.
Beziffeter Maßstab in Ruten.
Feder in Grau, Bleistift. Auf Seidenpapier. 50,3 x 69,4 cm.
Plansig. Nr. 3463.
Siehe Tafelteil.
Quellen: Urmeßtischblatt SN 729 Nr. 675. – Lenné-Nachlaß. Nr. 10. Fol. 826, 830.

Gutshaus, Wirtschaftshof und Küchengarten sind von einem fein durchgearbeiteten Park umgeben, der sowohl zur Tollense als auch zum Dorf Buchholz hin in eine »aufgeschmückte Landschaft« übergeht. Hinter dem Gutshaus liegt neben einer alten Allee ein intensiv gestalteter Parkteil, aus dessen barocken Resten der inzwischen in landschaftlichen Formen gestaltete Wasserzug herrührt. Die geschwungenen Wege durch die Gutsflur sind an den Wegerändern bepflanzt; sie umschließen größere Felder. Zum südwestlich gelegenen Dorf Buchholz schlängelt sich in einem Tal ein kleiner Bach, der teilweise seeartig angestaut ist. Nach Süden steigt das Gelände an; die Ränder der Hügellandschaft, besonders die noch aus der Barockzeit herrührende Anlage Carlslust, ist in die Landschaftsgestaltung einbezogen.

Gültz, Krs. Demmin

Axel Freiherr von Maltzahn heiratete 1838 Auguste von Lützow und zog im selben Jahr nach Gültz. Zweifellos entsprach das, was er vorfand, nicht seinen Ansprüchen.
Auf dem Meßtischblatt von 1835 gab es noch keine Parkanlage in Gültz, und das Schloß lag östlich von dem der Lennézeit.
Gültz liegt in dem flachen ebenen Gelände zwischen Kummerower See, Tollense und Ostpeene. Lenné fand also genug natürliches Gewässer in dem Gelände vor, und er brauchte es nur seinen Vorstellungen gemäß zu verändern. Daß das Schloß einen neuen Standort erhielt, mag wohl auf eine Anregung Lennés zurückgehen, weil es so eine günstige Lage innerhalb des Gartens erhielt.
Der heute existierende Park stimmt mit Lennés Entwurf kaum überein. Dies ist darauf zurückzuführen, daß Helmut Ludwig Wilhelm von Maltzahn nicht nur ein neues Herrenhaus bauen ließ, sondern auch einen neuen Park anlegte. Von diesem Park ist der nordwestliche Teil relativ gut erhalten, während südwestlich vom Schloß keine Parkanlage mehr zu erkennen ist. Zum ursprünglichen Baumbestand gehören Blutbuchen, Stieleichen, Kastanien.

453
Gültz. 1840

»Situation des herrschaftlichen Hofes zu Gültz«
Auf der Rückseite: »M. v. Maltzahn, Baron, zu Gültz in Pommern«
Plangrenzen: Gutshof mit der unmittelbaren Umgebung bis zur Dorfstraße.
Feder in Grau und Grün, laviert in Dunkelgrau, Grau, Blau und Grün, Bleistift. 32,5 x 39,8 cm.
Plansig. Nr. 3482.

Situationsplan mit Wohnhaus, Acker und Wiesen.

454
Gültz. 1840

»Verschönerungs Plan von Gülz Baron v. Maltzahn. 19/11 40.«
Plangrenzen: Guts- und Parkgelände.
Zeichner: Gerhard Koeber.
Beziffeter Maßstab in Ruten.
Feder in Grau. Auf Seidenpapier. 49,5 x 76 cm.
Plansig. Nr. 3483.
Siehe Tafelteil.
Quellen u. Lit. zu Kat.-Nr. 453 u. 454: Urmeßtischblatt SN 729 Nr. 856. – Duncker. Bd. 13. Nr. 763.

Vom neu erbauten Schloß zieht sich in gerader Linie ein sehr weiter Blick in die Landschaft, auffallenderweise über eine gedehnte, kaum von Bewuchs beunruhigte Wiese. Zwei schräge Seitenansichten führen über lockeren Bestand bzw. einen kleinen Teich, dem weiche Formen verliehen werden. Auch die Seitenachsen des Schlosses sind betont: einerseits ein Rechteck mit regelmäßiger Pflanzung, andererseits die denkbar üppigste Blumenanlage. Die weitgeschwungenen Wege gleiten meist entlang der Parkränder, wo sich derbere Gehölzpflanzungen finden als in der Nähe, wo die Bäume zierlicher zusammengefaßt sind. In den Partien des früheren Fasanengartens – schon vorher »mit Holz bestanden« – sind die Baummassive fast so groß wie die Freiflächen.

Höckendorf, Krs. Greifenhagen

Höckendorf liegt an der von den Stettinern als Ausflugsziel beliebten Buchheide, einem sich südöstlich von Stettin hinziehenden Höhenzug.
C. W. O. Zitelmann war Justiz-Kommissionsrath beim Generaldirektorium in Stettin. Die Zitelmanns waren eine bekannte, alteingesessene Stettiner Familie, aus der meist Juristen hervorgegangen sind, die sich aber auch der Dichtkunst widmete. Zitelmann hat Lenné möglicherweise auf dem Kuglerschen Gut Eckerberg oder bei seiner Tätigkeit für den Regierungspräsidenten Sack kennengelernt.
Das Grundstück der Familie Zitelmann liegt am südlichen Ende des langgestreckten Dorfes (in Kat.-Nr. 456 wiedergegeben). Die Lennésche Anlage ist kein eigentlicher Park, sondern eine Verschönerung der an das Dorf grenzenden bewaldeten Ausläufer der Buchheide und des östlich anschließenden Wiesentals. Offenkundig sind die von Lenné geplanten Verschönerungen ausgeführt worden.
Der Stettiner Kaufmann Carl August Dohrn gehörte zu den Freunden, die Lenné in Potsdam zu besuchen pflegten. Der Garten, der wohl den alten eingezeichneten ersetzen sollte, ist offenkundig nicht ausgeführt worden, ist, wie man aus der unbenutzten Vorlage schließen muß, nicht einmal entworfen worden.

455
Höckendorf. 1826

»Höckendorf«. »Justiz Rath Zittelmann«
Plangrenzen: Dorf, Bach, Buchheider Höhenzug.
Signiert: »gezeichnet den 27ten April 1826.«
Zeichner: Einzeichnungen von Lenné.
Feder in Grau, laviert in Grau, Braun, Grün und Rosa, Bleistifteinzeichnungen. 43,7 x 66,3 cm.
Planslg. Nr. 3484.
Siehe Tafelteil.

Vor dem Haus liegt eine leicht ovale Rasenfläche, an den Rändern mit Neupflanzungen versehen, von der zwei Wege abgehen, die in weiten Schwüngen die große, fast flache Fläche umschließen. Der eine Weg führt am großen Stein vorbei, auf eine Höhe bis zu einem Sitzplatz. Verschiedentlich sind Baumgruppen eingezeichnet. Der zweite Weg zieht sich entlang des Baches, der an einer Stelle im Lauf leicht geändert wurde. Gute Baumpflanzungen begleiten sowohl den Weg als auch den Bach, so daß neben zahlreichen hainartigen Pflanzungen ein Rand zur großen Freifläche entsteht. Diese enthält im Gegensatz zu den übrigen Partien keine wesentlichen Einzeichnungen.

456
Höckendorf. 1853

»Plan von den dem Kaufmann Dohrn gehörenden separierten Pfarr-Grundstücken zu Höckendorf nach der Ullmannschen Copie der Hintzeschen Karte im doppelten Maßstab copirt und ergänzt durch Francke Feldmesser im Januar 1853«
Plangrenzen: Ortslage Höckendorf.
Zeichner: Feldmesser Francke, keine Einzeichnungen.
Wasserzeichen von 1851.
Feder in Grau und Rot, laviert vor allem in Grün, Rosa und Grau. 67,2 x 97,5 cm.
Planslg. Nr. 3485.

Neben der Kirche und dem Friedhof liegt inmitten einer regelmäßigen Anlage das Gut. Leicht geschwungene Wege führen zu einem höher gelegenen Rundplatz. Der Plan ist ein Aufmaß, in das die neue Gestaltung eingetragen werden sollte. Bis auf einen kaum mit Bleistift angedeuteten Weg finden sich aber keine Einzeichnungen. Im Friedhof ist das Erbbegräbnis der Familie Dohrn eingetragen. Das Dorf ist genau mit seinen Gebäuden wiedergegeben.

Kartlow, Krs. Demmin

Der Auftraggeber Lennés war Wilhelm Woldemar von Heyden. Er war im Staatsdienst als Generallandschaftsrat und Abgeordneter des Kreises Demmin tätig. Das Gut Kartlow war bis 1945 im Besitz der Familie.
Lenné fand noch das alte barocke Wohnhaus vor, das 1853 durch einen eindrucksvollen Neubau mit Türmen von Hitzig ersetzt wurde. Der Plan von Lenné ist noch auf das alte Schloß bezogen, durch das neue änderte sich die räumliche Situation, denn der Neubau wurde in westlicher Richtung vor das alte Haus gesetzt.
Das Gelände ist eben, ein kleiner Wasserlauf – der Graben – fließt durch das Dorf. Der Gutshof befindet sich an der nordöstlichen Grenze des Ortes, östlich der Bauernhöfe an der Straße Krukow–Völschow. Lenné fand einen See mit zwei Inseln vor. Er schlug vor, daraus zwei kleinere, miteinander verbundene Seen zu schaffen. Bis 1852 konzentrierten sich die Arbeiten im Park auf die Umgestaltung des Sees. Der Park umfaßte in westlicher und östlicher Richtung Gebiete, die bei Lenné nicht einbezogen sind. Die Bäume im Park waren vor allem Steineichen, Rotbuchen, Sommerlinden und Roßkastanien.
Der Park ist noch erkennbar. Auf dem Gelände des ehemaligen Pleasure-Ground wurden Kleingärten angelegt. Die Seen sind jetzt kleiner und die Uferkonturen verschliffen. Fast alle Blickbeziehungen sind zerstört, die Bäume aber zum Teil erhalten. Bemühungen um den Park sind im Gange.

457
Kartlow. 1840

»Cartlow«
Plangrenzen: Dorflage und Parkgrenze.
Zeichner: Gartenanlage von Lenné eingezeichnet.
Bezifferter Maßstab in Rheinischen Ruten.
Feder in Grau bis Schwarz, laviert in Grün, Gelb, Blau und Rosa.

Bleistifteinzeichnungen. Auf Leinen aufgezogen. 48,1 x 65,4 cm.
Planslg. Nr. 3495.
Siehe Tafelteil.

Am östlichen Ende des Dorfes liegt der Wirtschaftshof mit dem Gutshaus, vor dessen Nordostfassade sich die bis zum See reichende Parkfläche ausdehnt. Mit Bleistift ist ein kleiner, seitlich dicht abgepflanzter Park angedeutet. Der langgrestreckte See soll bewegtere Ufer erhalten. Mit Bleistift sind weitere Verbesserungen eingetragen (Querverbindung durch den See); am linken Blattrand ebenfalls mit Bleistift ein Grundriß mit einem exedraartigen Abschluß mit Fontäne.

458
Kartlow. 1840

»v. d. Heyden zu Cartlow«
Plangrenzen: Gutshaus, Parkgrenze.
Signiert: »Fec G Koeber, 40«.
Bezifferter Maßstab in Ruten.
Feder in Grau. Auf Seidenpapier. 34,4 x 49,6 cm.
Planslg. Nr. 3496.
Lit. zu Kat.-Nr. 457 u. 458: Duncker. Bd. 1. Nr. 58.

Der Plan umfaßt gegenüber der Vorlage (Kat.-Nr. 457) nur den eigentlichen Parkbereich, das Dorf ist weggelassen.
Seitlich des Gutshauses liegt ein reich ausgestatteter Ziergarten, der zum Park hin durch dichte Pflanzungen abgegrenzt ist. Vom Ziergarten und vom Gutshaus her entwickelt sich ein Umgehungsweg, der eine große, ruhige Rasenfläche einfaßt. An der Innenseite des Weges lockern einzelne kulissenartige Pflanzen die weiten Sichten über den See auf, während die Außenseite dicht zugepflanzt ist. Ufervorschübe und eine Brücke teilen den See, so daß die breite Seefläche optisch zur Guts-Rasenfläche gehört. Ein Weg zieht sich um den See und bindet an dessen Zuflußgraben an die Dorfstraße an. Die Bepflanzung läßt keinen Einblick in die Wirtschaftsflächen seitlich des Gutes, dafür um so größere von Baumgruppen gerahmte Aussichten in die Landschaft.

Klein Küssow, Krs. Pyritz (Koszewko; pyrz.)

Klein Küssow liegt am Ostufer des 3 km breiten Madü-Sees, der sich in einer Länge von 12 km von Nord nach Süd erstreckt. Der Auftraggeber Lennés dürfte der 1832 geadelte Kgl. Preuß. Regierungsrat Karl Wilhelm Ludwig Geibler gewesen sein. Der Plan ist nicht datiert, doch man kann wohl annehmen, daß er nicht sehr viel später als der für das nahegelegene Linde entstanden ist, dessen Vermessungsplan von 1832 stammt.

459
Klein Küssow. Um 1830

»Plan zum Garten in Klein Kuessow aufgenommen von Maaß I. nach einem vergrößerten Maßstabe gezeichnet von Maaß III.«
Plangrenzen: Dorfstraße, Gutsgebäude, Hoflage, Parkgrenzen, Madü-See.
Zeichner: Vermesser Maaß, Einzeichnungen von Lenné.
Feder in Schwarz, farbig laviert, Bleistifteinzeichnungen.
Auf Leinen aufgezogen und mit grünem Band eingefaßt.
54,7 x 77,6 cm.
Planslg. Nr. 3517.
Siehe Tafelteil.

Zum neu anzulegenden Parkgelände ist ein noch zu bauendes Wohnhaus mit Ausblick auf den Madü-See vorgesehen. Die Südseite des Gartens mit einem kapel-

80. Aus Duncker 1857/58. Das Schloß Kartlow. (Stiftung Schlösser und Gärten Potsdam-Sanssouci)

lenartigen Bau wird sehr dicht bepflanzt, davor finden sich bald lockere Haine, bald undurchsichtige Pflanzungen. Die sehr breite Sicht zum See wird in der Mitte ein wenig eingeschnürt und am Seeufer wirkungsvoll durch locker stehende Bäume geteilt. An der Einmündung liegt südlich in einem früheren Rondell ein projektiertes Gebäude, von dem wenigstens vier Sichten, darunter zum Wohnhaus, zum See, nach Stargard und nach Groß Küssow, abgehen. Gegenüber wird ein kleiner Hügel an der Kirche Ausgangspunkt von wiederum mindestens vier Sichten, einer zum kapellenartigen Bau, einer zum See und einer nach Verchland. Da auch ein Teil des Gartengeländes mit in den Park einbezogen wird, ist eine sehr elegante Wegeführung möglich, die selbst das Seeufer auf das gefälligste erschließt sowie See und Park vereint. Wie so oft, sind die Wegegabelungen (in Dreieck- oder in Hosenform) dicht eingegrünt, so daß der Gegensatz zwischen den ausgedehnten Freiflächen und den kräftigen Gehölzgruppen um so spürbarer wird.

Kruckow, Krs. Demmin

Der Auftraggeber Lennés war Wilhelm von Sobeck. Die Zeichnung, die Lenné geliefert wurde, zeigt, daß es bereits vor Lenné westlich des Hauses einen kleinen Park und nördlich davon einen Nutzgarten gab. Lenné veränderte die Führung der Kanäle und Teiche und bezog Nutzflächen in die Parkgestaltung ein. Durch das Anlegen einer kleinen Erhebung gab er die Möglichkeit zu Blickbeziehungen. Das bis 1949 existierende Herrenhaus ist mit dem auf dem Plan nicht identisch. Es wurde 1884 bis 86 neu errichtet, 1949 brannte es ab.
Die noch erkennbaren Hauptwege der ehemaligen Parkanlage können möglicherweise auf Lenné zurückgeführt werden, sie sind jedoch geradliniger. In dem Park wurde offensichtlich zwischen 1860 und 1880 und um 1900 viel verändert. Der Park ist nicht gepflegt, und nur Steinhäufungen zeugen von der damaligen Existenz verschiedener Parkarchitekturen.

460
Kruckow. 1840

»Plan der Hoflage und der angraenzenden Grundstuecke zu Krukow zum Behuf einer Park-Anlage vermessen im Juli 1840 von G. Berlin Reg Conducteur«
Plangrenzen: Wiesen, Plantage, Wirtschaftshof und Koppelstraße von Demmin, Wiesen.
Zeichner: G. Berlin, Einzeichnungen von Lenné.
Bezifferter Maßstab in preußischen Ruten.
Feder in Schwarz, Gartenanlage in Bleistift, laviert in Gelb, Rosa, Grün, Blau, Braun und Rot, schwarz unmrandet.
55,4 x 98,3 cm.
Planslg. Nr. 3515.
Siehe Tafelteil.

Der Zustandsplan zeigt vor dem Wohnhaus einen kleinen von Schlängelwegen durchzogenen Garten. Südlich und östlich des Wohnhauses liegen die verschiedenen Wirtschaftsgebäude mit anschließenden Koppelflächen, westlich schließen sich Wiesenflächen an, offensichtlich sehr feucht und von geraden Entwässerungsgräben durchzogen. Diese Wiesenflächen faßt Lenné mit einem Umgehungsweg zusammen und gliedert sie durch große Baumgruppen, wobei er auch bereits vorhandene Gehölze mit einbezieht. Ein Teil der geraden Gräben im Westen bleibt erhalten, während in der Nähe der Wohnhäuser erhebliche Veränderungen bzw. Neuanlagen der Wasserzüge erforderlich werden. Unter Einbeziehung der vorhandenen Teiche entsteht ein vielfältig geschwungener Wasserlauf, so daß der Blick vom Wohnhaus über eine Wasserfläche mit sehr bewegten Ufern, gerahmt von Baumgruppen, über die Wiesen weit in die Landschaft läuft. Im südlichen Parkteil soll in der Nähe alter Bäume ein Hügel aufgerichtet werden, von dessen Pavillon Sichten in die Landschaft verlaufen.

Leistenow, Utzedel, Krs. Demmin

Der Auftraggeber Lennés war Johann Detloff Hermann von Heyden. Nach einem Jurastudium wurde er 1839 Regierungsassessor in Stettin und 1840 Regierungsrat. Als er Landrat des Kreises Demmin wurde, zog er 1841 nach Leistenow. Im Januar 1851 wurde er nach Berlin berufen, da ihn Friedrich Wilhelm IV. zum Landwirtschaftsminister ernennen wollte, was sein unerwarteter Tod verhinderte. 1842 ließ er an veränderter Stelle ein schlichtes zweigeschossiges Gutshaus errichten, während der Vorgänger zu wirtschaftlichen Zwecken genutzt wurde. Aus dem Umzug nach Leistenow 1841 und dem Hausbau 1842 ergibt sich das Datum für Lennés Plan. Der Gutshof liegt nördlich der Straße Utzedel–Buschmühl. Südwestlich davon befinden sich die Bauern- und Tagelöhnergehöfte. Das für den Park vorgesehene Gelände zeichnet sich durch eine lebhafte Bodenmodel lierung aus. Es wird von einem kleinen Wasserlauf durchflossen, der nach Lennés Vorschlag zu zwei miteinander verbundenen Seen angestaut wurde. Ein sich nördlich an den Hofkomplex anschließender Wald ist über einen Weg, der die Fortsetzung eines Parkwegs ist, zu erreichen. Steineiche, Sommerlinde, Rotbuche und Flatterulme sind die bevorzugt für diesen Park verwendeten Baumarten.
Der Park wurde schon zu Beginn unseres Jahrhunderts beeinträchtigt, als die nördliche Hälfte des Geländes für wirtschaftliche Zwecke in Anspruch genommen wurde. Gehölze und eine verschilfte Niederung lassen vermuten, daß auch dieser Teil zum Park gehörte. Jetzt sind zum Teil auf dem Parkgelände Kleingärten angelegt. Die Überreste des Parks sind nicht gepflegt, doch ist der dendrologische Bestand immer noch interessant.

461
Leistenow. Um 1841/42

»v. d. Heyden Reg: Rath zu Leistenow.«
Plangrenzen: Koppeln, Gutsflur, Gutsanlage.
Zeichner: Gerhard Koeber.
Maßstab ohne Angabe der Maßeinheit.
Feder in Grau. Auf Seidenpapier. 49,6 x 44,3 cm.
Planslg. Nr. 3524.
Siehe Tafelteil.

Manschettenförmig schmiegt sich der Park um das Gutshaus und die seitlich abgepflanzten Teile des Wirtschaftshofes. Das Gutshaus ist durch einen Gang mit dem Nachbargebäude verbunden, in dessen Winkel ein Blumengarten vorgesehen ist. Vom Gutshaus aus führen zwei Wege unmittelbar in Wiesen und Koppeln, wobei der linke von Pflanzungen gerahmt ist und im Wald endet. Der den Park durchfließende Bach wird zu zwei sehr buchtenreichen Teichen angestaut; drei Brücken überspannen die schmalsten Stellen. Die Freiflächen des Parks sind außerordentlich groß, zumal sich die raumbildenden Baumgruppen meist in Wegenähe und an den Wegekreuzungen befinden. Hainartige Pflanzungen lockern den strengen Rahmen, behindern jedoch nicht den weiten Blick in die Landschaft.

Linde, Krs. Pyritz (Lipka; pyrz.)

Linde liegt auf einem erhöhten Gelände südwestlich der Ihne und ihrer sumpfigen Niederung. Das ergab bei Anlage des nicht sehr großen Gartens weite Sichten über die Wiesen der Ihne zu den umliegenden Dörfern. Im Rücken des Gartens liegt das Gut und die Feldmark, die in die Anlage nicht einbezogen wurde. Auftraggeber war Wilhelm Eben, der 1816 Linde kaufte. Er stammte von der Potsdamer Kunsttischlerfamilie Eben ab, die in der Neumark auch das Gut Schlagenthin bei Reichenbach besaß, wo seit 1855 nach einem Entwurf des Gärtners Neide aus Charlottenburg ein Garten angelegt wurde.

462
Linde. Um 1830

»Situations-Plan des Herrschaftlichen Gehöftes nebst Garten zu Linde«
Plangrenzen: Alleen und Gräben zur Ihne-Niederung, Umgebung der Hoflage Linde.
Signiert: »aufgenommen im Herbst des Jahres 1823 durch Behm Regr. Condtr.«
Zeichner: Behm, Einzeichnungen von Lenné.
Beziffertер Maßstab in Ruten.
Feder in Grau, laviert in Grau, Blau, Rot und Gelb, Einzeichnungen in Bleistift. 69,8 x 88,4 cm.
Planslg. Nr. 3527.
Siehe Tafelteil.

Vom Gutshaus und den seitlich sich anschließenden Wirtschaftsgebäuden senkt sich ein leichter, seitlich von Baumgruppen und Wegen begrenzter Hang bis zu einem fast rechteckigen Teich. Das zur Verfügung stehende Gelände wird nur von wenigen, meist am Rand entlang geführten Wegen erschlossen, wobei immer wieder Sichten, wegen des fallenden Geländes auch über Pflanzungen hinweg, nach Suckow, Zadelow und Zachan, desgleichen auf einen bedeutenden Solitärbaum im Osten, verlaufen. Der Überlauf eines höher gelegenen Teichs, von fünf Brücken überquert, wird teilweise erweitert. Östlich der Wirtschaftsgebäude liegt regelmäßig geformtes, in Nordsüdrichtung von Pflanzungen begrenztes Wirtschaftsland. Die vorhandenen riesigen Bäume bleiben als Solitäre erhalten, die verhältnismäßig ausgedehnten offenen Flächen sind locker mit Bäumen durchstellt, so daß die Verbindung von Park und Ihne-Niederung nicht verlorengeht.

Pyritz

Im Jahr 824 hatte Bischof Otto von Bamberg an einer Quelle in der Nähe des späteren Pyritz zum ersten Mal die Heilige Taufe an Bewohnern von Pommern vollzogen. Bei einem Besuch in Pyritz im Jahr 1822 wurde der Kronprinz Friedrich Wilhelm (IV.) auf das nahende Jubiläum hingewiesen. Daraufhin erhielt Schinkel den Auftrag, Entwürfe für einen Brunnen zu zeichnen, der als Denkmal errichtet werden sollte. Ausgeführt wurde der Entwurf von 1823, der die Quelle rechteckig rahmt. Schinkel schreibt in seinen Erläuterungen: »Die vier großen Linden, die den Platz jetzt bezeichnen, sollen auf das sorgfältigste konserviert werden und bei dem Fundamentieren sehr in acht genommen werden, daß die Wurzeln dieser Bäume nicht leiden.«
Die Pläne, die Lenné 1825 der Stettiner Regierung einreichte, sind nicht erhalten. Unser Plan ist nur die erste Skizze, die vermutlich nur eine Durchzeichnung eines Teils des Schinkelschen Entwurfes von 1824 ist.

463
Pyritz. Wohl 1823

»Grundriß des Otto Brunnen zu Pyritz«
Plangrenzen: die Rahmung des Brunnens.
Zeichner: Eigenhändig.
Beziffertер Maßstab in Fuß.
Bleistift, Feder in Braun. 75,7 x 54,8 cm.
Plansig. Nr. 15130.
Lit.: Schinkel-Werk. Vogel 1952. S. 49–56. – Hinz 1989. S. 354–356.

Die Skizze zeigt die Rahmung des Brunnens – ein Quadrat mit Rundapsis. Die vier alten Linden sind eingezeichnet.

Reichenbach, Krs. Pyritz (Radaczewo; pyrz.)

Seit 1820 beabsichtigte der Besitzer des Gutes Reichenbach, Carl Gottlieb Bethe, seinen Besitz zusammen mit Lenné umzugestalten. Es ging darum, Schönheit und Nutzbarkeit zu vereinen. Wir sind über dieses Unternehmen besonders gut unterrichtet, weil Bethe selbst, in Übereinstimmung mit Lenné, die Pläne für Reichenbach mit Erläuterungen veröffentlichte (Verhandlungen des Vereins für die Beförderung ... 2. 1825. S. 270–349). Bethe war Vorsitzender des Vereins, der ein Preisausschreiben für die Ausschmückung ganzer Feldmarken erlassen hatte, aus dem keine preisfähigen Ergebnisse hervorgegangen waren. Bethe und Lenné hielten also die Verschönerung von Reichenbach für mustergültig. Spätere Zeiten haben sie kritisiert, und man hat sogar angenommen, daß Lenné die Entwürfe ohne Kenntnis des Ortes gemacht hätte. Das ist nun gewiß nicht so, denn Bethe berichtet selbst von »meist an Ort und Stelle genommenen Rücksprachen«, auch gibt es im Lenné-Nachlaß einen Brief, in dem Lenné am 8.8.1824 gebeten wird, nach Reichenbach zu kommen. Schließlich sind in der Zeit der Arbeiten für Reichenbach auch andere Gartenanlagen in der Nähe von Lenné entworfen worden.

464
Reichenbach. 1820

»Plan von einem Theile, des, dem Herrn Geheimen Ober-Regierungs-Rath Bethe zugehörigen Guthes Reichenbach nach der Kempeschen Karte und dem Schmidtschen Plan zusammengetragen von H. Albrecht unter Aufsicht des Conducteur Krause im Jahre 1820«

Plangrenzen: Teil der Gutsflur.
Zeichner: Kondukteur Krause.
Bezifferter Maßstab in Ruten.
Feder in Schwarz, laviert in Grün, Rot, Gelb, Blau und Grau. Auf Leinen aufgezogen. 72,8 x 125,5 cm.
Planslg. Nr. 3547.

Der Plan zeigt das Gelände zwischen der Dorfstraße und der Flurgrenze nach Schlagenthin. Ausgewiesen sind die Gutsanlagen, die Schäfereien, die ausgedehnten Felder und Hütungsreviere, Gräben, Bäche und Wegeverbindungen, bevor die Verschönerungsarbeiten eingesetzt haben.

465
Reichenbach. 1825

»Bepflanzungs-Plan von dem Gute Reichenbach.«
Plangrenzen: Feldmark Schlagenthin, Schönwerder, Petzenick.
Signiert: »Entworfen und gezeichnet von Gartendirector Lenné.« »Gez: u. gravirt von Schwarzkopff.«
Bezifferter Maßstab in Ruten.
Radierung. 79,2 x 55,7 cm.
Das Blatt ist die Taf. XIV aus der Veröffentlichung von Bethe.
Planslg. Nr. 3548.
Siehe Tafelteil.
Quellen u. Lit. zu Kat.-Nr. 464 u. 465: Lenné-Nachlaß. Nr. 3. – Carl Gottlieb Bethe: Ueber Trift- und Feld-Pflanzungen. In: Verhandlungen des Vereins für die Beförderung des Gartenbaues ... 2. 1825. S. 270–349. – Hinz 1977. S. 50. – Günther. S. 91–98. – Michalowski. S. 154.

Die Flächen südlich des Dorfes bis zum Arnswalder Weg erfahren besonders in der Nähe des Gutshauses eine parkartige Gestaltung mit auffallend vielen Wegen und zahlreichen Baumgruppen. Südlich des zu einem kleinen gestreckten See erweiterten Mühlbachs folgen Felder, sehr große Obstpflanzungen, auch Nutzgärten, wobei auffällt, daß diese wirtschaftlich genutzten Flächen parkartige Formen erhalten haben. Die sehr weitreichende Feldmark wird an den Rändern mehr oder weniger dicht bepflanzt, wobei auch zahlreiche Nadelgehölze, wohl meist Fichten, verwendet werden. Am Rande liegende kleine Häuser haben große, regelmäßige Gärten. Die langgestreckte Feldmark wird von leicht geschwungenen Wegen durchzogen, die von Wiesenstreifen und Baumpflanzungen begleitet werden. Neben den offenen Feldern sind große Obstfelder und Koppeln sowie Flächen für Futter- und Handelsgewächse eingefügt.

Rottmanshagen, Krs. Demmin

Der Intendant der Königlich Preußischen Schlösser und Gärten, Burchard Friedrich Freiherr von Maltzahn, schrieb am 23.10.1828 an Lenné, daß sein Bruder in Rottmannshagen einen Gärtner brauche. Er erwähnt dann noch die schöne Lage des Gutes im Park, mit einem See 500 Schritt vom Hause sowie Buchen- und Eichenwald. Um die Anlage eines Gartens ist es damals noch nicht gegangen, erst aus dem Jahr 1840 liegt uns ein Plan dafür vor. 1837 hatte Ludwig von Maltzahn Rottmannshagen gekauft und Lenné 1840 den Auftrag zum Anlegen des Gartens gegeben.

Auf dem Urmeßtisch von 1835 sieht man Schloß und Gut. Vor dem Schloß erstreckt sich ein Tiergarten in den Wald; östlich der Straße, die den Park hier begrenzt und durch den Wald nach Rützenfelde führt, liegt der See. Der Tiergarten begann direkt hinter der Gartenfront des Schlosses. Nur aus dem ihm zunächst gelegenen Teil schuf Lenné einen Garten, an den nach Süden zu der Tiergarten ansetzte. Deswegen ist auch mitten durch die Anlage ein Zaun geführt.
Das Barockschloß wurde 1945 zerstört, stehengeblieben sind nur ein Kavaliersgebäude und die Gutsgebäude.

466
Rottmannshagen. 1840

»Plan von Rothmannshagen«
Plangrenzen: Wirtschaftsanlagen, Schloß, Straße nach Rützenfelde, Tiergarten.
Signiert: »gez. Koeber 40«.
Bezifferter Maßstab in Dezimalruten.
Feder in Grau. Auf Seidenpapier. 49,6 x 59,3 cm.
Planslg. Nr. 3550.
Siehe Tafelteil.
Lit.: Duncker. Bd. 9. Nr. 507.

Unmittelbar vor dem Schloß breitet sich ein vom weiterab liegenden Park durch einen Zaun getrennter Pleasure-Ground aus, der vor allem am Gebäude sehr reich ausstaffiert ist. Auch auf die Seitenflügel beziehen sich durchgestaltete Gartenteile: vor einer Pergola ein in sich geschlossener Parkteil, dessen halbrunder Sitzplatz das Ende der Hauptsicht ist, und eine regelmäßige Pflanzung (Obstbäume?) auf der anderen Seite, wo sich die Sichtachse auf eine Plastik richtet. Der weitgedehnte Freiraum vor dem Schloß gliedert sich – unterteilt durch Pflanzungen – in drei Sichten, die in die Landschaft auslaufen. Die mittlere Sicht setzt sich in einer alten alleeartigen Schneise durch den Tiergarten fort, die seitlich dicht bewachsen ist. Die äußeren Achsen, vor allem die rechte, verbinden sich in behäbiger Breite mit der Landschaft.

Rützow, Krs. Cöslin (Rusowo; koł.)

Die Vorlage (Kat.-Nr. 467) zeigt einen Garten der Zeit um 1770, doch altmodisch-spätbarock. Der Entwurf von Lenné ist nicht datiert. Seine Entstehung ergibt sich aber aus einer irrtümlichen Anmerkung Lennés auf dem Plan für Rutzau (Kat.-Nr. 485). Lenné nahm später an, es handele sich um dieselbe Anlage und verbesserte dort falsch ein: »Consul Schröder an der Ostsee den 8. Aug. 1828 gez. Lenné«. Das Jahr 1828 stimmt sicher für Rützow, denn Lenné wird sich die alte Anlage auf einer Reise von oder nach Flatow 1827 angesehen haben. Rützow liegt aber nicht an der Ostsee, sondern landeinwärts. Der ausgeführte Garten ist auf dem Urmeßtischblatt von 1836 zu sehen.

467
Rützow. Um 1827

»Plan von dem Herrschaftlichen Garten zu Rützow«
Plangrenzen: Ortslage, Felder, Waldung, Gutsgebäude mit spätbarockem Garten, Horstberg.

Bezifferter Maßstab in Rheinischen Ruten.
Feder in Grau und Schwarz. 70,2 x 52,7 cm.
Planslg. Nr. 3464.

Der Plan zeigt eine genaue Aufnahme des spätbarocken Gartens und die zur Erweiterung des geplanten Parks zur Verfügung stehenden Flächen.
Eine Legende erläutert die Verwendung der Gebäude und erwähnt vor allem die vielen Skulpturen, die den Garten beleben: Figuren des Merkur, der Ceres, ein schlafender Amor, Minerva, Diana, die vier Jahreszeiten und einen Schneckenberg mit einem chinesischen Schirm.

468
Rützow. 1828

»Garten der Frau Consul Schröder zu Rutzow bei Colberg«
Plangrenzen: wie Kat.-Nr. 467.
Zeichner: Gerhard Koeber.
Bezifferter Maßstab in Fuß.
Bleistift, Feder in Grau. Auf Seidenpapier. 53 x 41,2 cm.
Planslg. Nr. 3466.
Quellen zu Kat.-Nr. 467 u. 468: Urmeßtischblatt SN 729 Nr. 522 von 1836. – Meßtischblatt SN 730 Nr. 522 von 1889.

Das Gutshaus wird mit einem Pflanzstreifen umgeben. Drei tiefe Sichtachsen führen durch den früheren Barockgarten auf die Orangerie, seitlich über den nun mit geschwungenen Ufern ausgebauten See und in die Wiesenlandschaft, deren Gräben teilweise teichartig erweitert wurden. Baumgruppen sind so gesetzt, daß die Sichtachsen sicher geführt werden. Vor dem Gutshaus gibt es eine Art Pleasure-Ground mit einer sehr lockeren Bepflanzung. Das Seeufer ist teils mit Trauerweiden bepflanzt. Seitlich der Dorfstraße wird noch eine Parkerweiterung mit drei Plastiken eingefügt. Weitere Plastiken, die aus dem Barockgarten stammen, sind zwischen Gutshaus und Orangerie verteilt. Die Parkerweiterung in bewegtem Gelände läßt wieder die Mitte sehr frei, die Ränder sind dagegen dichter bepflanzt. Von einem kleinen Hügel gehen Sichtbeziehungen in Park und Landschaft.
Eine Sichtachse geht von der Orangerie zum Endpunkt einer Allee, die zum Horstberg führt. Dieser ist auf der Vorlage mit seinem an den Garten angrenzenden Teil eingezeichnet, Lenné hat ihn weggelassen, wohl weil er unverändert blieb. Auf dem Horstberg ist im Meßtischblatt von 1889 das Erbbegräbnis eingezeichnet. Am oberen Ende des Plans ist ein Gewächshausschnitt eingezeichnet, der beschriftet ist: »Herrn Treskow zu Friedrichsfeld.« Warum, konnte nicht geklärt werden.

Sarow, Krs. Demmin

Der Plan wurde bisher als Bad-Saarow-Pieskow gedeutet (Hinz 1937. S. 76 – 77), aber aus dem Auftraggeber ergab sich, daß es sich um Sarow in Mecklenburg handelt. Gustav von Maltzahn, seit 1836 Erblandmarschall von Alt-Vorpommern, heiratete 1840 Cäcilie von Maltzahn und zog im selben Jahr nach Sarow. Schon 1849 verkaufte er das Gut an Friedrich von Meyenn, der dieses Gut schon einige Jahre in Pacht gehabt hatte. Damit dürfte der Entwurf Lennés sicher in die Zeit um 1840 zu datieren sein.
Die Anlage geht von zwei vorhandenen Voraussetzungen aus, der Alle, die vom Schloß durch den Park führt, und von der schräg nach hinten heranführenden Dorfstraße. Das regte Lenné zu der ungewöhnlichen Gestaltung mit drei sich in der Blickachse des Schlosses treffenden Alleen an. Die Anlage wurde ausgeführt, ging aber rechts nur in ihrem oberen Teil so weit, wie Lenné sie gezeichnet hatte.

469
Sarow. Um 1840

»v. Pl. v. Saarow Lordmarschall Baron von Maltzahn gehörig«
Plangrenzen: Grundstücksgrenzen.
Zeichner: Gerhard Koeber.
Bezifferter Maßstab in Ruten.
Feder in Grau. Auf Seidenpapier. 51 x 43,2 cm.
Planslg. Nr. 3551.

Hinter einer locker bepflanzten Vorfläche liegt das langgestreckte Gutsgebäude, dessen eine Giebelseite mit einer breiten Pergola und einem sehr reichem Teppichbeet aufgewertet ist, während die andere von einem Treibhaus abgeschlossen wird. Zwei Teppichbeete und Abpflanzungen leiten zu Wirtschaftsgebäuden, hinter denen Gemüsegärten liegen. Vor dem Altan des Hauses befinden sich, fast in gleicher Flächengröße wie am Haus, opulente Teppichbeete, die über ein halbkreisförmiges Beet in eine lange Rasenfläche, seitlich von Blumenbeeten begleitet, überleiten. Von hier aus läuft alleeartig ein gerader Weg bis zu einem halbrunden Sitzplatz. Zwei weitere, diagonal von hier aus laufende Alleen sind an das leicht geschwungene Wegeführungssystem angeschlossen. Die Wege erschließen das Gelände vom Rand her; nur ein Diagonalweg teilt den Park. Die Pflanzung großer Baumgruppen mit lockeren Vorpflanzungen ermöglicht malerische Durchblicke.

Stettin (Szczecin)

Die preußischen Könige waren stets an der Verschönerung von Stettin interessiert. 1820 hatte Friedrich Wilhelm III. die Stadt besichtigt, und sein Sohn Friedrich Wilhelm (IV.) war schon seit 1815 Chef des 1. Pommerschen Infanterieregiments und kam so immer wieder nach Stettin. So war es wohl auch sein Einfluß neben dem des Oberpräsidenten Sack, daß Lenné eine umfangreiche Tätigkeit für die Stadt entfaltete, für die wir aber bis jetzt noch keine ausreichenden Nachweise haben. Die zwei bescheidenen kleinen Pläne, die sich in Potsdam befinden, sind nur zufällige Belege für seine Tätigkeit. Da es aber noch Aktenmaterial zur Stadtgeschichte gibt, dürften weitere Forschungen immer noch Unbekanntes zu Tage bringen.

470
Anlage vor dem Frauentor. Um 1825

»Anlage vorm Frauentor zu Stettin.«
Plangrenzen: Friedhof der reformierten Gemeinde, Glacisanlagen, Wege nach Grabow und Unterwick.

81. Friedrich Wilhelm Klose. Swinemünde. Um 1850.
(Stiftung Schlösser und Gärten Potsdam-Sanssouci)

Zeichner: Eigenhändig.
Bezifferter Maßstab in Ruten.
Feder in Grau, laviert in Grün, Grüngrau, Hellocker und Grau. 36,6 x 45,4 cm.
Planslg. Nr. 3558.
Siehe Tafelteil.

Die Altstadt von Stettin war bis 1873 durch die inneren Befestigungsanlagen eingeengt. Ein Teil von ihnen zeigt die Geländeaufnahme, in die auf dem dreieckigen Grundstück die Neuanlage eingetragen ist. Die Wege führen meist entlang des Randes, der teils durch langgestreckte Pflanzungen abgedeckt wird; auch die Reste der Befestigung werden bepflanzt. Ein vorhandener kleiner Hügel wird – von Wegen erschlossen – rings mit Bäumen und Sträuchern eingegrünt. Die Anlage wurde ausgeführt, und 1833 errichtete hier die Stettiner Kaufmannschaft ein Denkmal für den Oberpräsidenten Sack.

471
Königsplatz. 1848

»Situationsplan vom Königsplatz«
Plangrenzen: Platz vor dem Schauspielhaus.
Zeichner: Vorlage mit Einzeichnung von Lenné.
Maßstab ohne Angabe der Maßeinheit.
Feder in Braun, Bleistift. Auf blaugrauem Schreibpapier. 27,9 x 22,1 cm.
Planslg. Nr. 3557.
Lit. zu Kat.-Nr. 470 u. 471: Hinz 1977. S. 49–50. – Hinz 1989. S. 336–342.

Die Flächen um das axial vor dem Schauspielhaus stehende Denkmal Friedrich Wilhelms III. (von Friedrich Drake) werden regelmäßig geordnet. Zu den Straßen liegt eine dichte Abpflanzung, in die zwei exedraartige Sitzplätze als Endpunkt einer Querachse eingefügt sind. Um das Denkmal liegt in angemessenem Abstand eine gleichförmig gestaltete schmale Grünanlage. Auf der Rückseite des Plans findet sich eine Anmerkung mit der Bitte an Lenné, einen Vorschlag für die gärtnerische Gestaltung zu machen.

Swinemünde (Swinoujście)

Der Bau und die Vertiefung des Swinemünder Hafens 1818–23 geht auf den Oberpräsidenten Sack zurück. 1824 wurde das Seebad Swinemünde gegründet. Sack dürfte auch die Veranlassung gegeben haben, Lenné um die Gestaltung der Anlagen im Bad zu bitten. Hier war 1825/26 von Landbaumeister Gottgetreu das Gesellschaftshaus errichtet worden. Für die Parkanlagen war die sog. Plantage vorgesehen, ein nördlich von Swinemünde gelegenes Waldstück mit Sternwegen, die Lenné zum Teil beibehalten wollte. Am 12.7.1826 war Lenné nach Swinemünde gekommen, am 13.7. besichtigte er die Plantage. Am 4.10.1826 schickte er den Verschönerungsplan mit den Erläuterungen.
Im Februar 1827 bewilligte Friedrich Wilhelm III. 2000 Taler für die Anlage. Aber die Kosten waren in dem zum Teil sumpfigen Gelände viel höher als geplant. Der König gab nochmals 2000 Taler, aber auch damit gelang es nur, die nächste Umgebung des Gesellschaftshauses zu verschönen.
1838 erhielt das Gesellschaftshaus einen Saalanbau, und damit wurde ein neuer Plan für seine Umgebung notwendig. Zu diesem Vorgang ist im Lenné-Nachlaß ein Brief erhalten, worin Lenné gebeten wird, den beiliegenden Situationsplan anzusehen und zuzusenden. Damals entstand die Skizze Kat.-Nr. 473.
Der große Verschönerungsplan Lennés war schon 1931, als Burkhardt sein Buch über Swinemünde schrieb, nicht auffindbar. So ist unsere Skizze auf Seidenpapier (Kat.-Nr. 472) die letzte Erinnerung an die von Lenné so groß gedachte Anlage. Burkhardt bringt jedoch die von ihm aufgefundenen Erläuterungen Lennés zum Verschönerungsplan für Swinemünde, die Hinz 1989 nochmals abdruckte.

472
Seebad Swinemünde. 1826

»Verschönerungsplan von den Umgebungen des Seebades zu Swinemünde«.
Plangrenzen: Ostseeküste, Swine, Stadt Swinemünde.

Signiert: »entw. im Aug. 1826 Lenné«.
Zeichner: Eigenhändig.
Feder und Bleistift. Auf Seidenpapier. 68 x 83 cm.
Plansig. Nr. 3560.

Im Anschluß an den Ostseestrand folgt ein tiefes Waldstück, das von Sternwegen und den dazugehörenden Rondellen gegliedert wird. Nur in den stadtnahen Teilen wird das regelmäßige Wegesystem in eine moderne geschwungene Wegeführung verwandelt. In vielen Teilen bleibt die boskettartige dichte Bepflanzung erhalten; in den Partien zur Stadt und zur Swine wird der Baumbestand aufgelockert. Es entstehen hainartige Baumgruppen und Wiesenflächen. An den Teichen stehen Pyramidenpappeln und Trauerweiden.

473
Gesellschaftshaus Swinemünde. 1838

»Verschönerungs-Plan der Umgebung des Königl. Schiffahrts-Amtshauses mit denen des Gesellschaftshauses Swinemünde.«
Plangrenzen: Ostsee, Stadt Swinemünde.
Zeichner: Eigenhändig.
Bezifferter Maßstab ohne Angabe der Maßeinheit.
Bleistift, Beschriftung Feder in Braun. 41,7 x 49,4 cm.
Plansig. Nr. 3559.
Quellen u. Lit. zu Kat.-Nr. 472 u. 473: Lenné-Nachlaß. Nr. 38. – Robert Burkhardt: Geschichte des Hafens und der Stadt Swinemünde. II. Teil seit dem Jahre 1806. Swinemünde 1931. – Hinz 1989. S. 345–351. – Michalowski. S. 153–154.

Die an die Stadtbebauung angrenzende Fläche wird vor dem Gesellschaftshaus ganz regelmäßig gestaltet. Die sich anschließenden sehr unregelmäßigen Teile erhalten nur an den Rändern lockere Baumpflanzungen, im übrigen größere Rasenflächen. Nur das Schiffahrts-Commissionsland erhält einen architektonisch gestalteten Gartenbereich: Ein Laubengang umschließt eine halbkreisförmig abgeschlossene Fläche, um die ein gerader Weg auf eine Plastik zuführt. Die seitlich liegenden Teile sind mit Strauchgruppen und Blumenbeeten belebt.

Tentzerow, Hohenmocker, Krs. Demmin

Tentzerow befand sich 1799–1839 im Besitz der Familie von Krause. Auftraggeber Lennés war der 1817 geadelte Gottlieb Ferdinand Krause. Er war der Sohn des Postkommissarius Christian Gottlieb Krause aus Anklam. 1835 ließ Krause die Kirche in Tentzerow renovieren, verkaufte Tentzerow aber schon 1839 an Carl von Sekkendorf, der wahrscheinlich ein Bruder von Hans von Seckendorf auf Broock war (siehe Kat.-Nr. 452).
Im Lenné-Nachlaß findet sich ein Brief Gottlieb Ferdinand Krauses vom 31.1.1828 vor, in dem dieser Lenné bittet, ihm seinen im barocken Stil angelegten Garten zu verändern. Er hat davon eine Skizze anfertigen lassen und schlägt Lenné vor, in Tentzerow vorbeizukommen, wenn er sowieso auf dem Wege nach Boitzenburg und Strelitz sei.
Wenn auch der barocke Park noch vorhanden war, so ist doch das Gutshaus Anfang des 19. Jahrhunderts neu erbaut worden. Es liegt in einem ebenen Gelände mit Gewässern. Hier veränderte Lenné die Uferlinien, sie erhielten einen fließenden, geschwungenen Verlauf. Die Seen im nördlichen Parkteil wurden so umgestaltet, daß eine künstliche Insel entstand, die über eine Brücke zugänglich ist. Die uns vorliegende Skizze von Lenné ist von hoher zeichnerischer Qualität. Der Park wurde nach Lennés Entwurf ausgeführt.
Das Gutshaus ist erhalten und wird vom Rat der Gemeinde und als Wohnung genutzt. Auch die Wirtschaftsgebäude werden genutzt. Die Parkanlage ist zu einem sehr kleinen Teil noch erkennbar, einige Bäume sind erhalten: Roßkastanie, Rotbuche, Wacholder, Stechfichte, Douglasie, Eibe, Sommerlinde. An den Seeufern ist noch ablesbar, daß die Lennésche Planung ausgeführt war.

474
Tentzerow. 1829

»Verschönerungs Plan des Ritter Gutes Tencerow dem Herrn von Krause gehörigt angefertigt im Jahre 1829 von Lenné«
Plangrenzen: Parkgrenzen.
Zeichner: Eigenhändig.
Beziffert Maßstab in Ruten.
Feder in Grau und Braun, laviert in Grün, Blaugrün, Grau, Ockergelb und Rosa. 54,8 x 61,6 cm.
Plansig. Nr. 3561.
Siehe Tafelteil.
Quellen: Lenné-Nachlaß. Nr. 3. Fol. 6–7.

Die neue Anlage ist in ein altes Aufmaß eingezeichnet. Vor dem Schloß liegt eine große Rasenfläche, seitlich von Bäumen eingefaßt, die auch die offensichtlich vorhandene Allee leicht kaschieren. Seitlich dieser zentralen Anlage entwickeln sich ähnliche, sehr breite Wiesenflächen, die mit großen Baumgruppen, aber auch vielen Einzelbäumen besetzt sind. Sehr große Teiche liegen seitlich des Wirtschaftshofes und prägen nahezu die Hälfte des Parks. Der vorhandene Küchengarten bleibt erhalten, wird aber an den Grenzen abgepflanzt. Die vom Gut wegführende Allee, die den Park in zwei Hälften teilt, geht nach Westen in Richtung Hohenmocker.

Zarrenthin, Krs. Demmin

Zarrenthin gehörte dem Freiherrn Karl von Sobeck. Das Dorf war sehr klein und auch die Gutsgebäude nicht umfangreich. In diesem Fall hat Lenné darauf verzichtet, in das ihm gelieferte Aufmaß eine erste Idee hineinzuzeichnen. Der Garten, den sich Sobeck hinter dem Hause schaffen ließ, war eine kleine, von einer Mauer umzogene Anlage, mehr einem städtischen Garten ähnlich als einem Gutspark. Auf dem Meßtischblatt von 1885 sieht man den Garten in der Form, die ihm Lenné gegeben hat. Heute ist davon jede Spur verschwunden.

475
Zarrenthin. 1840

»Baron v. Sobeck zu Zarrenthin«
Plangrenzen: Parkgrenzen.
Signiert: »October 1840«
Zeichner: Gerhard Koeber.
Beziffert Maßstab in Ruten.

Feder in Grau. Auf gelblichem Seidenpapier. 31,6 x 40,5 cm.
Planslg. Nr. 3565.
Siehe Tafelteil.

Der von einer Mauer eingefaßte Garten wird ganz ungewöhnlich reich ausgestattet, wobei eine Reitbahn und ein großes Spargelbeet hinter dichten Pflanzungen versteckt werden. Zwei riesige Teppichbeete beziehen sich auf die Gebäude, beide durch Pflanzungen optisch voneinander getrennt. Das breitere Beet ist zum Garten hin von Büschen eingefaßt, so daß keine weiterführende Blickbeziehung möglich erscheint. Die Wege ziehen sich entlang der Gartenmauer hin, wobei das vorhandene regelmäßige Wasserbecken geschwungene Ränder erhält und auch durch einen Sitzplatz betont wird. Das zweite Teppichbeet – es gehört mit zu den größten in allen Lennéanlagen – bezieht sich auf ein selbständiges Gebäude mit vorgelagertem Treibhaus (Wintergarten?), wobei der Ausblick über die Fülle der Teppichbeetpflanzen, über eine schmale Wiesenfläche und ein Aha, das die den Garten umschließende Mauer durchbricht, in die Landschaft schnellt. Auch vor der Breitfront dieses Gebäudes liegt ein nahezu regelmäßig bepflanzter Gartenteil mit Pergola und ebenmäßigen Pflanzstreifen am Rand.

Zettemin, Krs. Demmin

Für Zettemin liegt uns ein Blatt vor, auf dem der Auftraggeber Helmut von Maltzahn folgendes vermerkt hat: »Ich sende diese schlechte aber akurate Nachzeichnung, da das Original in Bleifeder auf weichem Papier sehr ausgelöscht ist. Sehr würde ich einen ungefähren Bepflanzungs Plan erkennen; die beiden mit Platanen und Akazien bezeichneten Parthien können ja wohl als solche vollendet werden? Der hiesige Forst hat hauptsächlich schöne Eschen, alle Pappel-Arten, auch Balsam-Pappeln, manche Weiden Arten, Ahornen, Rüster, Prunus padus, junge Birken, Eichen und Buchen; Kastanien und Linden sind auch, sowie Lerchenbäume u. die meisten Tannen Arten in der Nähe zu haben; Jasmine, Goldregen u. Flieder Arten sind auch in ziemlicher Menge nahe bey versprochen. Es versteht sich aber daß ich auf Heranschaffung eines mehreren zum Frühjahr aus Potsdam gleichwohl rechne. Zettemin, September 1832. v. Maltzahn.«
Auf das Blatt hat Lenné einen Vorschlag für die Anlage einskizziert. Sie wurde aber offenkundig niemals ausgeführt, denn weder auf dem Meßtischblatt noch an Ort und Stelle läßt sich eine Spur davon finden. Helmut von Maltzahn hatte der diplomatische Dienst in viele Länder Europas geführt. Nach dem Tod seines Vaters 1828 verließ er den Staatsdient und übernahm seine Güter. Schon in den dreißiger Jahren geriet er in finanzielle Schwierigkeiten, die ihn 1853 zwangen, Zettemin zu verkaufen. So ist es wohl nie zur Anlage des Gartens gekommen. Heute steht von dem barocken Herrenhaus (1728–32) nur noch das linke Kavaliersgebäude.

476
Zettemin. 1832

»Zetmin, dem H. Baron von Maltzahn in Mecklenburg«
Plangrenzen: Schloß, Grundstücksgrenze.
Zeichner: Einzeichnungen von Lenné.
Feder in Braun, Bleistift. 44,6 x 33,5 cm.
Planslg. Nr. 3566.

Der Hof der regelmäßigen Schloßanlage ist teils ganz regelmäßig mit Bäumen bepflanzt, teils mit Buschgruppen besetzt. Vom Wohnhaus aus gehen zwei Sichtachsen in den eher breiten als tiefen Park, dessen Mitte eine lokkere Gehölzpflanzung, erweitert mit Solitärbäumen, ausmacht. Die Seitenpartien sind ziemlich dicht abgepflanzt, die sich am Rand recht bewegt dahinziehenden Wege durch Einzelbäume mit der dichteren Pflanzung verbunden. Die Gärtnerei mit dem Treibhaus verbirgt sich hinter dichten Bäumen. Der auf einer kleinen Anhöhe davor liegende Sitzplatz, betont durch sieben regelmäßig gepflanzte Bäume, wird zum Ausgangspunkt der Quersichten im Park, die – teils über einen kleinen Teich – in die Landschaft reichen.

1.5. Provinz Posen (Poznań)

In der Provinz Posen beschränkte sich die Tätigkeit Lennés auf die Verschönerung der Gärten der meist deutschen Großgrundbesitzer. Obwohl er nach unseren heutigen Kenntnissen dort mehrere Gärten angelegt hat, ist nur für einen ein Plan erhalten, der für Lischkowo. Da er aber vor der Arbeit für diesen Katalog nicht identifiziert war, hat noch niemals jemand erforscht, ob dort etwas von dem Entwurf Lennés ausgeführt worden ist, denn der Ort liegt am Netzebruch fern der großen Straßen.
Bei einigen Gärten wissen wir wenigstens mit Sicherheit, daß Lenné ihr Urheber war, so von dem malerisch über der Warthe angelegten von Radojewo. Duncker gibt ihn in einer besonders anmutigen Ansicht wieder (Bd. 3 Nr. 156). Auch in Owinsk, wo Karl Friedrich Schinkel das Schloß für die Treskows umbaute, dürfte die Mitarbeit Lennés sicher sein. Für Jarocin hat Lenné 1857 einen Plan gezeichnet. Der wohl größte und bedeutendste Garten Lennés in der Provinz Posen ist der rechts der Weichsel gelegene von Ostrometzko. Er gehörte einem Graudenzer Kaufmann. Vor dem Ersten Weltkrieg war er im Besitz der Alvensleben, die, wie Udo von Alvensleben berichtet, dort den Sommer zu verbringen pflegten. Leider ist die Ansicht von Ostrometzko bei Duncker wenig aufschlußreich (Bd. 11. Nr. 624).

Lischkowo

Lischkowo mit dem Wald Clebno liegt nördlich des Netzebruchs in einer hügeligen, mit Eichen bewaldeten Landschaft in der damaligen Herrschaft Lobsens. Jobst von Witzleben hatte Lischkowo nach 1830 erhalten und es in Witzleben umgenannt (zu Jakob von Witzleben siehe Kat.-Nr. 358). Er scheint eine weitgehende Verschönerung der Landschaft vorgehabt zu haben, doch verstarb er bald, und seine Nachkommen verpachteten das Gut.

477
Lischkowo. Um 1835

»Karten von der sogenannten Clebno eines zur Herrschaft Lobsens gehörigen Forst Districts.«

Plangrenzen: Grenzen des Forstdistrikts.
Zeichner: Bleistifteinzeichnungen von Lenné.
Bezifferter Maßstab in Ruten.
Feder in Schwarz und wenig Rot, Pinsel in Blau, Rot und Grün, Einzeichnungen in Bleistift. 57,8 x 57 cm.
Plansig. Nr. 3499.
Siehe Tafelteil.

Südlich des Vorwerks Clebno liegt ein bewegter, mit Eichen bestandener Forstdistrikt, an dessen Grenzen sich zwischen nassen Wiesen ein Bach zum Lischkowoer See schlängelt. Nordöstlich des Sees ist auf sehr hügeligem Gelände eine parkartige Gestaltung eingetragen, die vermutlich in Wegeverbindung zum Vorwerk steht. Am Rand des Eichenwalds ziehen sich Wege hin, deren Führung in der Nähe des Sees offensichtlich Aussichtspunkte betont, aber auch freie Flächen zeigt.

1.6. Provinzen Ost- und Westpreußen

Schon in den Anfängen seiner Laufbahn im Jahr 1822 kam Lenné in die Provinz Preußen, als der König in Flatow sein Vorwerk verschönern lassen wollte. Aufträge für die Verschönerung von Königsberg mögen ihn später noch häufig hierhergebracht haben, ohne daß wir seine Reisen belegen können. Einmal könnte ihn ein Auftrag noch weiter geführt haben, zum Lipphardschen Schloß Ratshof bei Tartu in Estland. Eine Quellenangabe bringt die Literatur dafür nicht, doch zeigt die Gartenanlage in der Tat den Stil Lennés.
Wie wenig der erhaltene Bestand häufig über die Wirksamkeit Lennés aussagt, zeigte sich, als 1991 aus dem Nachlaß der Gärtnerfamilie Jancke ein Plan für Bosemb in den Masuren auftauchte, der nach der Art und Weise, wie Gerhard Koeber ihn gezeichnet hat, um 1840 entstanden sein muß. Zu jener Zeit vermuteten wir bisher Lenné nicht in dieser Gegend.

Bosemb

Das nicht bezeichnete Blatt ließ sich durch die angrenzenden Feldmarken von Weißenburg und Marienhof als das nordöstlich von Sensburg gelegene Bosemb in den Masuren identifizieren. Es handelt sich um eine Planung, von der der vorgesehene neue Schloßbau nicht ausgeführt wurde, der Park vielleicht zum Teil. Lenné wollte die Gegebenheiten der an Gewässern und Hügeln reichen Landschaft nutzen, um einen vollkommen von Wasser durchzogenen Park zu schaffen. Später wurde das Projekt noch einmal aufgenommen, als Jancke, aus dessen Nachlaß das Blatt stammt, um 1865 einen neuen Plan zeichnete, der Ideen des Entwurfes von Lenné aufnimmt.

478
Bosemb. Um 1840

Plangrenzen: Weißenburger und Marienhofer Feldmark.
Zeichner: Gerhard Koeber.
Bezifferter Maßstab in Ruten.
Feder in Grau, laviert in Blaßgrün, Blau und Rosa, wenig Bleistift. Auf Leinen aufgezogen. 48 x 67 cm.
Plansig. Nr. 5666.
Siehe Tafelteil.

Um einen ungewöhnlich buchtenreichen See, der in einen weiteren See übergeht, führt ein belebtes Wegesystem, das die hügelige Landschaft erlebbar macht. Ein Tempel betont die Kuppe eines solchen Hügels. Unmittelbar am Seeufer, an einem von Weißenburg kommenden Weg, liegt das Schloß mit einem großen Nebengebäude, bei dem es sich vermutlich um die geplante Orangerie handelt. Sehr regelmäßige Gartenteile umgeben das Schloß, seitlich um den Blumen- und Rosengarten nach Osten erweitert. An der Südseite folgt der Wirtschaftshof mit Stallungen und Wohnungen. Ein weiterer Wirtschaftshof liegt am Rand des Parks, wo auch die Kirche mit dem Friedhof eingezeichnet ist.
Gustav Meyer hat den Plan in etwas abgewandelter Form in seinem »Lehrbuch der Schönen Gartenkunst« als Idealentwurf aufgenommen.

Flatow (Złotów)

1820 kaufte König Friedrich Wilhelm III. die Herrschaft Flatow. Das Vorwerk Flatow, um das es bei den Arbeiten von Lenné geht, liegt nordwestlich der Stadt Flatow. Das hier vorbeifließende Petziner Seefließ verbindet den Petziner See mit dem Flatower Stadtsee und dem Babba-See. Über eine Brücke, die das Fließ überquert, kommt man zum Vorwerk mit Schloß, dessen Tiergarten sich zwischen dem Flatower See und dem Petziner See erstreckt. Am 27. 2. 1822 ordnete Friedrich Wilhelm III. an, daß der Garten des Vorwerks Flatow neu gestaltet werden müsse: »der Lenné muß sich indessen darauf beschränken, den Schlosgarten blos in einen ordnungsmäßigen Zustand zu setzen, ohne irgendeine kostspielige Anlage, worauf Ich, bei der großen Entfernung dieser Güter, gar kein Gewicht lege, machen zu wollen.« Am 3. 3. 1822 wird dem Intendanten der Königlichen Schlösser, von Maltzahn, mitgeteilt »daß des Königs Majestät die Herstellung des Schloßgartens zu Flatow in Westpreußen nach einem von dem Garten Inspektor Lenné an Ort und Stelle zu entwerfenden Plane zu genehmigen geruhet.« Lenné fügte sich den Wünschen des Königs insofern, als er in der Tat dem eigentlichen Schloßgarten verhältnismäßig wenig Aufmerksamkeit widmete, um so mehr aber die Verbindung von Gut und Dorf mit der Landschaft. Die Lage an den Seen gab hervorragende Voraussetzungen, die Lenné zu nutzen wußte. Seine Gedanken dazu legte er in den Erläuterungen zu seinem Plan fest. Eine Bleistiftskizze und eine farbig angelegte Skizze finden sich ebenso wie die Erläuterungen im Lenné-Nachlaß im ehemaligen Hausarchiv. Die letzteren geben einen vorzüglichen Einblick in die Vorstellungen Lennés. Hinz hat diese Erläuterungen abgedruckt, aber nur den Anfang, wo Lenné die allgemeine Idee ausführt. Die Ausführungen zu den einzelnen Teilen des Gutes, den geplanten Pflanzen- und Samenschulen, dem großen Obstfeld, dem Plateau am Vorwerk mit dem zu erbauenden Lusthaus, dem Tiergarten usw. hat er weggelassen. Lenné widmete sich gerade den praktischen Seiten seines Plans in grundlegender Weise.
Partner Lennés in Flatow war Regierungsrat Schirmeister. Da aber in Flatow kein Gärtner war, dem Lenné die Ausführung seines Plans anvertrauen konnte, sandte er F. Nain, von dem unsere Zeichnung stammt, die hier wegen der engen Verbindung Nains mit Lenné veröffentlicht wird. Nain erfreute sich der Protektion Lennés, der seine Ausbildung geleitet hatte. Er schrieb mehrmals aus Flatow an Lenné, grüßte seine Frau und Schwester

und erwähnte, daß er die alleinige Stütze seiner sich durch ihrer Hände Arbeit ernährenden Mutter sei. Lenné teilte am 2.11.1822 dem späteren Minister Rother mit: »Einen zur Leitung und Vollführung der Anlagen fähigen Gärtner, findet sich hier vor; er nennt sich Nain, und ist von mir selbst für diesen Zweck angelernt worden.« Am 26.11.1822 berichtete Lenné an Rother: »Der Gärtnergehilfe Nain, welcher bis her bei dem hofg. Lud. Sello in Condition stand, zeichnet sich durch Geschicklichkeit und Kenntnis so vorteilhaft aus, daß ich in ihm ein sehr brauchbares Subject zur Ausführung der Flatower Garten Anlagen, aufgefunden zu haben glaube ...«
Am 4.12.1822 berichtete Schirmeister an Lenné, daß Nain glücklich angelangt sei. Er begleitete eine Gehölzfuhre aus Potsdam. Seine Aufgaben in Flatow fanden bei ihrer Durchführung manche Schwierigkeiten. So stellte man ihm nicht genügend Arbeitskräfte zur Verfügung. Auch war es schwierig, mit dem dort ansässigen Gärtner zurechtzukommen, dessen Ausbildung und Kenntnisse nicht denen Nains entsprachen, der aber mit dem Ort vertraut war. Die nicht ausreichende Kenntnis des Ortes und seiner Witterungsbedingungen ließ zweifellos von vornherein einen Teil der Vorschläge Lennés undurchführbar werden. Darauf bezog sich Schirmeister, als er am 10.5.1828 an Präsident Rother schrieb: »Die bei Flatow mit bedeutenden Kosten angelegten Baumschulen und Plantagen gedeihen so schlecht, daß ich es zweckwidrig halte, noch irgend beträchtliche Summe darauf zu verwenden, weil nie ein angemessener Ertrag davon zu erwarten ist.« Schirmeister gab zu, daß das nicht die Schuld von Nain ist, aber er möchte statt seiner »einen wohlfeilen und tüchtigen Menschen« anstellen, der nicht so viel Lohn bekommt wie Nain. Rother trug das Problem Lenné vor, der mitteilte, daß er keine Stelle für Nain hätte, aber da er ein brauchbares Subjekt sei, wolle er ihn an einen Privatgarten vermitteln.
1825 hatte Nain einen Plan für den Friedhof in Flatow gezeichnet, den er Lenné nach Potsdam schickte und den wir hier wegen seiner erstaunlichen Nähe zu Lenné veröffentlichen. Der Friedhof sollte am Flatower See vor der Stadt liegen und wurde wohl so ausgeführt.

479
Flatow. 1822

Plangrenzen: Umgebung des Vorwerks Flatow mit dem Petziner See und dem Tiergarten am Stadtsee.
Zeichner: Eigenhändig.
Bleistift. 65 x 50,2 cm.
Geheimes Staatsarchiv, Berlin. HA. Rep. 192. Lenné-Nachlaß. Nr. 23. Flatow. Fol. 17.

Skizze, die die zeichnerische Grundlage für Kat.-Nr. 480 bildet. Das Blatt ist zur besseren Übertragung mit numerierten Quadraten überzogen.

480
Flatow. 1822

Plangrenzen: Wie Kat.-Nr. 479.
Signiert: »Lenné 1822.«
Zeichner: Eigenhändig.
Bezifferter Maßstab in Ruten.
Feder in Grau, laviert in Grün, Braun, Grau und Rosa. 65,5 x 62,7 cm.
Geheimes Staatsarchiv, Berlin. HA. Rep. 192. Lenné-Nachlaß. Nr. 23. Flatow. Fol. 16.
Siehe Tafelteil.

Kern der Anlage ist nicht das Schloß mit den unbedeutenden anschließenden Gärten, sondern das leicht erhöht liegende Lusthaus, von dem sieben Sichten ausgehen. Ähnlich gelagert ist das ebenfalls geplante Forsthaus, von dem drei wichtige Sichten ausgehen. Der alte Schloßgarten B wird umgestaltet, die alten Obstbäume bleiben jedoch erhalten. Die Partie zwischen Lusthaus und Schloß erfährt Änderungen, wird seitlich auch alleeartig bepflanzt. Entlang des Schloßsees fügt sich ein dem Ufer leicht folgender Weg ein, der zum Tiergarten dicht abgepflanzt ist. Die geplante Brennerei erhält eine Nutzfläche, seitlich mit Baumgruppen und Obstbäumen bepflanzt. Es fällt auf, daß Lenné immer wieder auf wirtschaftliche Belange Rücksicht nimmt. Auch die andere Seite des Tiergartens wird dicht bepflanzt, der sehr schön von der Försterwohnung ausgehende Weg mit dichten Gruppen und Einzelbäumen besetzt, wozu vielfach Pappeln und Weiden verwendet werden. Zwischen die beiden Brücken des langen vertieften Wasserstücks kommen Gitter, um Fischwirtschaft zu betreiben. Die große Insel, von einem Rundweg erschlossen, bleibt der wirtschaftlichen Nutzung zum Obstbau vorbehalten, wobei die Sichten freigehalten werden. Der Uferweg entlang des Petziner Sees läßt breite Sichten über die Insel zu, ohne die Schönheit des vorhandenen üppigen Obstgartens zu verbergen. Obstgärten galten stets als reizvolles Gartenelement.

481
Friedhof von Flatow. 1825

»Verschönerungs-Plan des Gottesackers bei Flatow in Westpreußen«
Plangrenzen: Flatower See, Kirche, Weg zum Friedhof, Friedhof.
Signiert: »entworfen von Nain im November 1825«.
Vermerk: »Dieser Verschönerungs-Plan unseres Gottesackers wird hierdurch gnehmigt. Flatow d. 12ten Januar 1826. Der Kirchen vorstand Kobold Voss. Werner.«
Bezifferter Maßstab in Ruten.
Feder in Grau, laviert in Grün und Braun. 35 x 44 cm.
Planslg. Nr. 13189.
Lit.: Hinz 1977. S. 60–62. – Hinz 1989. S. 357–368.

Neben der Pyramidenpappelallee wird axial zur Kirche eine Allee, wechselnd mit Laub- und Nadelbäumen bepflanzt, zum Friedhof angelegt. Der entstandene Winkel füllt sich mit Laubbäumen. Der nahezu quadratische Friedhof besteht aus einem alten und einem neuen Teil. Der Rand ist nur sehr locker bepflanzt, um die Verbindung mit der Umgebung (Vorwerk Flatow mit Lusthaus) erhalten zu können. Strauchreihen fassen einzelne Grabquartiere zusammen, der größte Teil der Flächen bleibt jedoch als Wiese offen.

Königsberg (Kaliningrad)

Lenné muß mehrfach in Königsberg geweilt haben. Es ist nicht sicher, ob wir alle Gärten, an denen er mitgewirkt hat, kennen. Das früheste diesbezügliche Blatt in seinem zeichnerischen Nachlaß ist eine Aufnahme des

botanischen Gartens von 1832 (Kat.-Nr. 482). Wir wissen aber nicht, ob er an dessen Anlage mitgewirkt hat oder ob ihm das Blatt nur zur Begutachtung eingereicht wurde.
Aus dem Jahr 1835 gibt es in Lennés schriftlichem Nachlaß (Nr. 28. Fol. 1) einen Brief des Grafen Kanitz, in dem sich dieser bei Lenné für den Einrichtungsplan für den altstädtischen Kirchplatz bedankt und mit dem Bepflanzungsplan gleichzeitig um Nachricht bittet, welche Grasart zu wählen sei. Das Drahtgitter soll nach einem Potsdamer Vorbild gemacht werden. Der Plan ist nicht erhalten, aber auf einer Lithographie von Heinrich Mützel nach einem Gemälde von C. Hübner von 1836 ist der neuangelegte Platz zu sehen. Er ist in der Tat von einem Gitter umgeben, an dessen Innenseite eine Baumreihe wächst. Die fast quadratische Rasenfläche ist in der Art eines Pleasure-Ground behandelt. Um ein Mittelbeet liegen sechs Rundbeete, mit aufstrebenden Pflanzen besetzt, dazwischen kleinkronige Bäumchen. Auch die Ecken des Platzes werden von großen Rundbeeten betont. 1835 war in Königsberg ein Gartenverein gegründet worden, der es sich zur Aufgabe machen wollte, die Grünanlagen der Stadt zu pflegen. Nach 1842 gab Professor Simson den Plan seines Gartens an Lenné (Kat.-Nr. 483).
Die bedeutendste Arbeit Lennés für Königsberg liegt uns in dem großen Umgestaltungsplan für die Umgebung des Schloßteiches vor, der wohl der Abschluß der Tätigkeit Lennés für Königsberg gewesen sein mag.

Botanischer Garten

Der Botanische Garten lag im Nordwesten der Stadt, nach außen begrenzt durch den Verlauf der ehemaligen Stadtbefestigung. 1809 war er durch August Ferdinand Schweigger angelegt worden. Ob Lenné etwas mit einer Neugestaltung zu tun gehabt hat, ist nicht bekannt. Jedenfalls erhielt er aber diesen Plan aus Königsberg geschickt, der von Schondorff, dem späteren Garteninspektor von Oliva, gezeichnet wurde.

482
Botanischer Garten. 1832

»Der Königliche botanische Garten in Königsberg«
Plangrenzen: Grundstücksgrenzen.
Signiert: »aufgenommen und gezeichnet von G. Schondorff 1832«.
Beziffferter Maßstab in Ruten.
Feder in Grau und Schwarz. 46 x 54,4 cm.
Planslg. Nr. 3505.

Die etwas unregelmäßigen Grenzen des Grundstücks sind dicht mit Gehölzen bepflanzt. Der Garten setzt sich aus nur wenigen Rasenflächen und zahlreichen Nutzflächen für die Pflanzensammlungen zusammen.

Garten Simson

Eduard von Simson war in Königsberg geboren, aufgewachsen und hatte hier Jura studiert. 1829 promovierte er und ging danach auf Studienreisen, die ihn über Weimar bis nach Bonn und Paris führten. Entscheidende Erlebnisse waren für ihn die Begegnungen mit Goethe und Niebuhr und vor allem die Julirevolution in Paris. 1831 begann er seine bis 1860 währende Lehrtätigkeit an der Universität Königsberg. Er vertrat die Stadt in der deutschen Nationalversammlung, wo er dank seiner glänzenden Redegabe und seines hervorragenden Auftretens eine wichtige Rolle spielte; 1848 wurde er zu ihrem Präsidenten gewählt. Seit 1860 war er Vizepräsi-

82. Unbekannter Künstler. Der Altstädtische Kirchplatz in Königsberg. 1836. (Stiftung Schlösser und Gärten Potsdam-Sanssouci)
83. Heinrich Mützel nach Karl Hübner. Der Altstädtische Kirchplatz in Königsberg. 1845. (Stiftung Schlösser und Gärten Potsdam-Sanssouci)
84. Alfred Hindorf. Der Schloßteich in Königsberg. 1845. (Stiftung Schlösser und Gärten Potsdam-Sanssouci)

dent und dann Präsident am Apellationsgericht in Frankfurt an der Oder. 1879 wurde er Reichsgerichtspräsident.
Simsons Grundstück lag im Nordwesten vor der Stadt in dem hügeligen Gelände der Huben (Hufen), gegenüber den Hufenterrassen. Auf dem Stadtplan von 1861 ist der Garten in der Gestalt zu sehen, die ihm Lenné gegeben hat, wenn auch sehr schematisch. Die hier veröffentlichte Zeichnung zeigt den Zustand des Gartens, bevor sich Lenné mit ihm befaßte.

483
Garten Simson. Um 1845

»Professor Simson zu Königsberg«
Plangrenzen: Grundstücksgrenzen.
Signiert: »aufg. u. gez. von F Hotep«.
Beziffterter Maßstab in Fuß.
Wasserzeichen von 1842.
Feder in Grau, laviert in Grün, Blau und Rosa, Blumenbeete bunt getupft. 56,5 x 78,5 cm.
Planslg. Nr. 3606.

Das langgestreckte Grundstück – ein Zustandsplan – zerfällt in den Obst- und Gemüsegarten mit Teich, Gärtnerwohnung und kleinem Orangeriegebäude sowie den Ziergarten am Haus und weitere Nutzflächen. Seitlich des Hauptgrundstückes liegen weitere Gebäude sowie Nutzgärten und Wiesen.

Schloßteich

Der Entwurf für die Gestaltung des Schloßteichs beschränkt sich nicht nur auf gärtnerische Anlagen, sondern schlägt auch städtebauliche Lösungen mit neuen Gebäuden vor, die zweifellos der alten Stadt einige Akzente im Sinn des Klassizismus geben sollten. Ausgeführt wurde nichts davon.

484
Schloßteich. 1857

»Situation des Schloß Teiches zu Königsberg in/Pr. nebst Umgebung 1857 und Project zur Anlage von Schmuck- und Straßen-Zügen längs der Ufer desselben«
Plangrenzen: Schmaler Streifen rund um den Schloßteich, in einzelnen Grundstücken, die in Privatbesitz sind.
Signiert: »Entworfen von Lenné, General-Direktor der Königlichen Gärten.«
Zeichner: Gustav Meyer.
Bezifferter Maßstab in Rheinischen Ruten.
Feder in Grau, laviert in Grün, Grau und Blau, Bleistifteinzeichnungen. 40,3 x 142 cm.
Planslg. Nr. 3504.
Siehe Tafelteil.

Bis auf den nördlichen Teil wird um den ganzen, sehr langgestreckten See ein breiter Promenadenweg gelegt, in den die einzelnen Straßen münden. Bei der projektierten Schloßteichbrücke wird auch das Vorgelände platzartig gestaltet und mit Bäumen eingefaßt. Im allgemeinen sind die Grundstücksgrenzen ganz dicht zugepflanzt, zum Schloßteich sind dagegen immer wieder breite Streifen offengehalten. Zu einzelnen Grundstücken (zwei Kirchen und drei Wohngebäude) sind hübsche kleine Hausgärten eingezeichnet, die meist reich geschmückt sind und auch zahlreiche Teppichbeetmotive aufweisen.

Rutzau

Das Rittergut Rutzau liegt an der Putziger Wieck im damaligen Regierungsbezirk Danzig. In Lennés Plan sind landeinwärts die Wirtschaftsgebäude eingezeichnet. Hier dürfte ursprünglich auch das Herrenhaus gestanden haben. Park und Schloß sind eine einheitliche Neuanlage, die die wunderbare Situation an der Ostsee nutzt. Das von Stüler 1840–45 in schlichten gotischen Formen auf der Höhe über der See errichtete Schloß nutzt mit seinem Turm die günstigen örtlichen Gegebenheiten voll aus.

485
Rutzau. Um 1842

»Project eines Gartens zu Rutzau dem H. v. Röder gehörig.« Lenné verbesserte später: »Consul Schröder an der Ostsee den 8. Aug. 1828. gez. Lenné«; er verwechselte hier Rutzau mit Rützow (siehe Kat.-Nr. 467, 468).
Plangrenzen: Grundstücksgrenzen, Ostsee.
Zeichner: Gerhard Koeber.
Bezifferter Maßstab in Ruten.
Bleistift. Auf Seidenpapier. 42,5 x 54,5 cm.
Planslg. Nr. 3465.
Siehe Tafelteil.

Gleichlaufend zum Steilufer der Ostsee verläuft in geschwungenen Zügen ein Weg, der über eine Treppenanlage und ein Aussichtsplateau zu dem Schloßneubau führt. Die schmale Fläche zwischen Steilufer und Lindenallee wird in fünf große Freiflächen aufgeteilt; Querwege und Bepflanzungen gliedern diese Feiräume, die immer wieder Ausblicke zur See ermöglichen. Wirtschaftseinrichtungen, Schäferei und Küchengarten werden zu Seiten des Parks und der Feldflur mit lichten Gruppen und Einzelbäumen abgepflanzt.

Sensburg (Mragowo)

Zu dem Garten hat sich im Lenné-Nachlaß ein Brief des Auftraggebers vom 17. 8. 1824 erhalten. Darin bittet Landrat v. Lysniewski um einen Rat, welche Anlagen auf seinem Grundstück außerhalb der Stadt auf einer Anhöhe anzubringen seien. Er habe dort gebaut und schicke eine Zeichnung: »Die mitkommende Zeichnung, welche nicht ganz vollständig jedoch zum beabsichtigten Zweck hinreichend seyn dürfte, wird die Lage entnehmen lassen. Zur Vervollständigung der Zeichnung ist ein Promemoir beigefügt und sind in demselben meine ungefähren Ideen enthalten ...« Das ist unsere Zeichnung, in die Lenné seinen Vorschlag einskizziert hat. Die Anhöhe liegt nördlich von Sensburg (Norden ist links im Plan) an der von Sensburg nach Rastenburg führenden Straße. Sie fällt nach Osten zum Czoos-See hin ab. Auf dem Meßtischblatt von 1869 ist nichts von einer Gartenanlage zu erkennen, so daß man daran zweifeln muß, daß sie ausgeführt wurde.

486
Sensburg. 1824

»Lysniesky«
Plangrenzen: Straße von Sensburg nach Rastenburg, Weg nach Rhein, Czoos-See, Grundstücksgrenze.
Zeichner: Einzeichnungen von Lenné.
Bezifferter Maßstab in Rheinischen Fuß.
Feder in Schwarz, wenig Braun und Rot, Bleistift. 51 x 53,7 cm.
Planslg. Nr. 3793.
Siehe Tafelteil.
Quelle: Lenné-Nachlaß. Nr. 1. Vol. 19/20.

Vorhanden ist ein größeres Wohnhaus mit seitlich zugeordnetem Wirtschaftshof. Vor dem Haus liegen in brei-

85. Aus Duncker 1857/58. Das Schloß Rutzau. (Stiftung Schlösser und Gärten Potsdam-Sanssouci)

ten, sich leicht zum See senkenden Flächen Blumen- und Gemüsebeete, auch ein großer Obstgarten.
Vor dem Haus werden eine halbrunde Zufahrt und geschwungene Wege zum Wirtschaftshof und Garten angelegt. Die Wege ziehen sich besonders entlang der Grundstücksgrenzen. An der Nordseite des Gartens entsteht ein Sitzplatz mit Pavillon; von hier aus gehen Sichten zum See und in die Landschaft nach Sensburg.

1.7. Provinz Schlesien

Der Einfluß Lennés auf die Gärten in Schlesien beginnt mit seinen Aufträgen für die königliche Familie in den dreißiger Jahren. Da hier seine Anwesenheit häufig notwendig war, hat er manchen anderen Auftrag mit übernommen, so daß er bis in die fünfziger Jahre hin und wieder nach Schlesien kam.
So war er auch für die großen schlesischen Städte Görlitz und Breslau tätig. 1855 legte er auf Bitten des Magistrats von Görlitz einen Entwurf für den Alten Stadtpark vor, der aber nicht mehr auffindbar ist. Die Ausführung des Projektes litt unter manchen Mißhelligkeiten. In Breslau nahm Lenné an den Stadtplanungen der 60er Jahre teil und wurde mit der Gestaltung des Scheitning-Parks beauftragt. Seine Tätigkeit für die Stadt wurde für so bedeutend gehalten, daß auf einem der Blätter des goldenen Lorbeerkranzes, den Lenné zu seinem fünfzigjährigen Dienstjubiläum erhalten sollte, das Wort »Breslau« steht.

Erdmannsdorf (Mýsłakowice)

Die schlesischen Schlösser Erdmannsdorf, Kamenz, Schildau und Fischbach waren die liebsten Sommeraufenthalte der preußischen Königsfamilie vom Ende der Regierungszeit Friedrich Wilhelms III. bis zur Regierung Friedrich Wilhelms IV. Die anmutige Hügellandschaft des Hirschberger Tals mit der Silhouette des Riesengebirges im Hintergrund gab die Voraussetzung für die von Lenné angelegten Gärten. Die Schlösser waren aus verschiedenem Besitz angekauft, Schinkel und seine Nachfolger leiteten die notwendigen Umbauten. 1831 erwarb Friedrich Wilhelm III. Erdmannsdorf und 1839 Schildau. Schon 1822 hatte Prinz Wilhelm von Preußen, ein Bruder Friedrich Wilhelms III., Fischbach gekauft. Auch in Schildau wurde der Garten von Lenné entworfen, doch dafür sind keine Pläne bekannt. Alleen verbinden die Anlagen im Hirschberger Tal miteinander und verschönern die Landschaft.
1832 besuchte Schinkel Erdmannsdorf, um ein Gutachten über die vorhandenen Baulichkeiten anfertigen zu lassen. Das Schloß wurde in drei Etappen umgebaut und erweitert. Unter dem Einfluß von Schinkel entstand 1840–44 nach Plänen von Stüler ein Bau in zurückhaltend gotischen Formen und ein Speisesaalanbau. Schinkel selbst hat die neue Kirche in Erdmannsdorf errichtet; seit 1836 arbeitete er an den Entwürfen, 1840 wurde die Kirche eingeweiht. Vor allem ihr weit in die Landschaft wirkender Turm war für die Gartenanlagen von Bedeutung. 1909 verkauften die Hohenzollern Erdmannsdorf. Heute ist die Anlage zwar nicht gepflegt, aber doch noch erkennbar.
Im Lenné-Nachlaß ist einiger Schriftwechsel zu Erdmannsdorf erhalten, der mit einem Brief von Minister Rother vom 26.10.1835 beginnt. Der König beabsichtigte, verschiedene neue Anlagen auf dem Gut Erdmannsdorf ausführen zu lassen. Rother bat Lenné, ihn, wenn er gelegentlich in Berlin ist, zu besuchen, denn »Sr. Majestät der König haben bei Allerhöchster Anwesenheit in Erdmannsdorff so viel Interesse an den dortigen Gartenanlagen genommen.« Am 11. 7.1836 erinnerte Rother Lenné daran, daß er ihm in Erdmannsdorf versprochen hatte, die Zeichnungen zu liefern, die der König nun sehen will. Lenné hatte zwar die Anlagen entworfen, aber zur Durchführung wurde Koeber nach Erdmannsdorf entsandt. 1836 berichtete dieser an Lenné, daß viele der gewünschten Gehölze in Schlesien nicht zu beschaffen und daß auch die klimatischen Verhältnisse für einen Teil der Pflanzungen nicht günstig seien. Auch die Erdarbeiten an den Gewässern gestalteten sich schwierig. 1837 verlangte Rother wiederum die Anwesenheit Koebers in Erdmannsdorf, wo der Hofgärtner Teichler die Arbeiten leitete, auch später selbständig Entwürfe anfertigte.

487
Erdmannsdorf. 1836

»Situations-Plan von dem Königlichen Schlosse und dessen nächsten Umgebungen zu Erdmannsdorf.«
Plangrenzen: Mühlgraben, Lomnitzbach, Schloßteich, Feldfluren mit Teichen, Wege.
Signiert: »copirt durch Beseler Berlin 9/2 36«
Zeichner des Gartens: Lenné eigenhändig.
Feder in Schwarz, laviert in Rot, Blau, Grün und Rosa, Einbesserungen in Bleistift. 37,9 x 50 cm.
Planslg. Nr. 13178.
Siehe Tafelteil.

In den rein technischen Situationsplan ist ein Gartenentwurf eingezeichnet.
Der Tiergarten ist abgepflanzt, und die Flächen bis zur Schule sind als Park vorgesehen. Die Pflanzungen sind sehr schmal und durchsichtig angelegt, da sie nur den Blick in die wundervolle Berglandschaft zur Schneekoppe rahmen sollen. Auf einer leichten Anhöhe ist die Kirche vorgesehen, die sich in einem breiten, quer zur allgemeinen Blickrichtung laufenden See spiegeln soll. Auch die unmittelbare Umgebung der Teiche soll bepflanzt und durch Wege erschlossen werden.

488
Erdmannsdorf. 1836

»Situationsplan von dem Königl. Schlosse und Park zu Erdmannsdorff.«
Plangrenzen: Wie Kat.-Nr. 487.
Signiert: »G. Koeber 1836.«
Bleistift, wenig Feder in Rot. Auf Leinen aufgezogen. 64,5 x 45,2 cm.
Plansig. Nr. 13179.
Siehe Tafelteil.

Vor dem Schloß – noch ohne Speisesaalanbau – liegt zum Schloßteich hin eine breite, nur seitlich bepflanzte Rasenfläche. Auch zu den Ökonomiegebäuden hin liegen dichte Abpflanzungen. Vor der anderen Schloßfassade gleitet der Blick über ein großes Teppichbeet und das Bassin zur Kirche. Vom Vorplatz aus entwickelt sich eine weitere Sichtachse über seitlich ziemlich dicht bepflanzte Wiesenflächen über den Großen Teich in die

86. Johann Heinrich Hintze. Erdmannsdorf. 1844. (Stiftung Schlösser und Gärten Potsdam-Sanssouci)

Landschaft. Weitere Baulichkeiten, zum Beispiel die Gärtnerei und deren Gewächshäuser, sind vielfach von Baumpflanzungen abgeschirmt. Der Park wird von sieben Teichen beherrscht. Die verhältnismäßig kleinen Parkflächen sind meist nur am Rand bepflanzt, einzelne kleine Baumgruppen lockern das Gefüge, das stets Ausgangspunkt für die Blickverbindungen in die wundervolle Umgebung ist, auf.

489
Erdmannsdorf. 1838

»Erdmannsdorf ad C. für das Jahr 1838.«
Plangrenzen: Umgebung der Kirche mit dem breiten Randweg.
Zeichner: Gerhard Koeber.
Feder in Braun. Auf Seidenpapier. 27,7 x 17,6 cm.
Geheimes Staatsarchiv, Berlin. HA. Rep. 192. Lenné-Nachlaß. Nr. 21. Fol. 1.

Die Skizze zeigt die jeweiligen Gehölzgruppen und deren Zusammensetzung. Die in der Akte vorhandenen Bepflanzungsregister stimmen damit nicht immer überein, wobei mit Verwunderung festzustellen ist, daß vielfach seltenste Gehölze verwendet werden.

490
Erdmannsdorf. 1843

»Situations Plan von dem Königl. Schlosse zu Erdmannsdorff.«
Plangrenzen: Unmittelbare Umgebung des Schlosses.
Signiert: »Lenné 1843.«
Zeichner: Gustav Meyer.
Bezifferter Maßstab in Fuß.
Feder in Grau und wenig Rot, laviert in Grün, Grau, Rosa und Blau. 59,8 x 52,8 cm.
Plansig. Nr. 13180.
Siehe Tafelteil.

Der Plan zeigt zwei Entwürfe für den Garten unmittelbar am Schloß und am Speisesaalanbau, dessen Fertigstellung eine Neuanlage des Gartens vor dem Schloß notwendig machte.
Der linke Entwurf (mit Bleistift durchgestrichen und vermerkt »ungültig«) sieht eine Bepflanzung an den Gebäuden vor, desgleichen vor der südöstlichen Hecke; der Rundung an der Tiefenachse (Sicht Schneekoppe) folgt nur eine Hecke. Der Garten besteht aus zwei vertieft liegenden Rasenflächen, an deren tieferliegendem Rand sich eine Blumenpflanzung herumzieht. Die Ecken sind mit je einem Gehölz bepflanzt. Eine Vierpaßfontäne mit senkrechtem Strahl und ein rundes Fontänenbecken mit Wasserglocke betonen die Längsachse. Zwei Schnitte am unteren Rand des Blattes verdeutlichen dies.
Der rechte Entwurf ist nur im Detail verändert. Vor dem Schloß entsteht eine kleine freie Fläche, die Fontänen liegen weiter auseinander, so daß die halbkreisförmige Ausbuchtung der Tiefenachse entschiedener wird. Die Querachsen werden von nischenförmigen Sitzplätzen aufgefangen. Die den Abschluß der Tiefenachse im Hausgarten bildende Hecke wird von sechs Kugelbüschen aufgelockert.
Die Ausführung entspricht, wie aus den späteren Plänen hervorgeht, keinem der beiden Entwürfe, folgt ihnen aber im wesentlichen.

491
Erdmannsdorf. 1845

»Situations Plan von dem Koeniglichen Schlosse und den uebrigen Koeniglichen Gebaeuden mit ihren naechsten Umgebungen in Erdmannsdorf.«
Plangrenzen: Wie Kat.-Nr. 487, nur nördlich des Schloßteichs geht er bis zum Obstgarten.
Zeichner: Gustav Meyer.
Bezifferter Maßstab in Ruten.
Feder in Grau, laviert in Grau, Rosa, Blau und Grün, 41,2 x 51,6 cm.
Plansig. Nr. 13181.

87. Johann Heinrich Hintze. Das Schloß Erdmannsdorf. Um 1850. (Stiftung Schlösser und Gärten Potsdam-Sanssouci)

Der Plan zeigt die Situation der Anlage, ohne auf Feinheiten der Bepflanzung einzugehen. In Erweiterung der bisherigen Pläne ist die Umgebung des Schloßteichs eingetragen. Wesentlich anders als auf den späteren Plänen ist die Umgebung des »Wohnhauses der Fürstin von Liegnitz« gestaltet. Hier ist ein »Ziergarten« an Stelle des Gemüsegartens eingezeichnet, der dann 1862 wieder Gemüsegarten ist und nur gegen das Haus der Fürstin abgepflanzt wird.

492
Erdmannsdorf. 1862

»Koenigl. Schloss Garten Erdmannsdorf«
Plangrenzen: Wie Kat.-Nr. 487.
Signiert: »fec. Bruno Teichler 1862«.
Bezifferter Maßstab in Ruten.
Feder in Grau und Schwarz, laviert in Grün, Braun, Blau und Rosa. 130,6 x 73 cm.
Planslg. Nr. 13182.

Der Plan geht auf den von Koeber gezeichneten von 1836 zurück (Kat.-Nr. 488), erweitert und ergänzt durch zahlreiche Details, zum Beispiel die Gärtnerei, das Inspektorhaus und seinen dazugehörigen Garten. Anders als bei den übrigen Plänen wird zwischen Laub- und Nadelgehölzen unterschieden. Auch die Zierbeetformen wie am Intendantenhaus oder an der Inspektorwohnung sind vermerkt.

493
Erdmannsdorf. 1866

»Königlicher Schloss-Garten Erdmannsdorf«
Plangrenzen: Wie Kat.-Nr. 487.
Signiert: »fec: B. Teichler 1866«.
Feder in Schwarz, wenig Blei- und Farbstift, laviert in Grün, Blau und Rosa. 77,5 x 52 cm.
Planslg. Nr. 13183.

Der Plan wiederholt den von 1836 (Kat.-Nr. 488). Es zeigt sich, daß in der Ausformung des Parks kaum Veränderungen eingetreten sind. Die inzwischen neu errichteten Gebäude sind beachtenswert, ebenso die wenigen Gebäudeabrisse. Der Plan wurde von Teichler während seiner Tätigkeit in Potsdam am Neuen Palais gezeichnet.

494
Erdmannsdorf. 1872

»Königlicher Schloß-Garten zu Erdmannsdorf«
Plangrenzen: Wie Kat.-Nr. 487.
Signiert: »Aufg: u. gez. v. B. Teichler«.
Bezifferter Maßstab in Metern.
Feder in Grau, wenig Blei- und Farbstift, laviert in Rosa, Blau und wenig Hellocker. 59,7 x 97,2 cm.
Planslg. Nr. 13184.
Quellen u. Lit. zu Kat.-Nr. 487–494: Lenné-Nachlaß. Nr. 21. – Schinkel-Werk. Grundmann 1941. S. 56–70. – Michalowski. S. 154.

Dieser technische Plan zeigt die Wege, Teiche und Gebäude. Besonderer Wert ist auf verschiedene Leitungssysteme gelegt worden.

Kamenz (Kamieniec)

Prinzessin Marianne der Niederlande hatte die Herrschaft in Schlesien von ihrer Mutter geerbt. Verheiratet war sie mit Prinz Albrecht von Preußen, der sich in Berlin von Schinkel sein Palais umbauen und von Lenné den Garten anlegen ließ (Kat.-Nr. 340–346).
Schinkel war auch der Architekt des Schlosses, das sich Prinzessin Marianne auf dem Harthaberg in Kamenz erbauen ließ. 1838 wurde der Grundstein gelegt. Schinkel – und vor allem auch sein Bauleiter Martius – errichteten einen von den preußischen Ordensschlössern angeregten gotischen Bau. Differenzen mit der

Bauherrin gab es über die Frage der Wohnlichkeit, die der eindrucksvolle Bau kaum bot. Friedrich Wilhelm IV. war allerdings hingerissen von dem Werk seines großen Architekten, dessen Vollendung Schinkel nicht mehr erlebt hatte. Nach einer Bauunterbrechung beendete Martius den Bau 1853.
Vom 15. bis 17. 7. 1858 war Lenné in Kamenz, um Pläne für die Terrassen anzufertigen, die, gärtnerisch gestaltet, den Berg hinabführen sollten. Der große Schauplan von 1860 (Grundmann. Abb. 80) ist verschollen. Martius hatte die Terrassen der Talseite 1859 angelegt, nicht ohne sich dabei mit Lenné zu verständigen.
Das Schloß ist als Ruine erhalten, der Garten wird nicht gepflegt.

495
Kamenz. 1860

»Schloß Kamenz in Schlesien. Die Erweiterung der Terrassenanlagen, entworfen am 26. September 1860 von Lenné«
Plangrenzen: Terrassenanlagen des Schlosses.
Zeichner: Gustav Meyer.
Feder, aquarelliert. 165 x 61 cm.
Ehemals auf Schloß Kamenz. Seit 1945 verschollen.

Zum Berghang hin liegt seitlich der Vorfahrt eine von einem breiten Laubengang zusammengehaltene regelmäßige Anlage mit einem sehr großen Wasserreservoir. Der Laubengang endet an einem Altan, der einen weiten Ausblick gewährt.
Vor der Talseite des Schlosses liegen seitlich der Freitreppe die drei kleinen Terrassen für die Aufstellung der Orangenkübel. Eine sehr große rechteckige Terrasse folgt, um deren Mitte, ein rundes Fontänenbecken, sich vier üppig bepflanzte Beetquadrate ordnen. Von hier führen seitliche Treppen zu je einem Fontänenplatz; sie schließen wiederum eine ganz regelmäßig geordnete Zierfläche ein. Erneute Stufen führen auf die tieferliegende Terrasse mit Zierbecken und Blumenanlagen. Seitlich dicht eingegrünt führen Treppen und Gänge über eine weitere Terrasse mit vorgelagertem Becken bis zum größten, teils in den Hang eingefügten Fontänenbecken. Breite und schmale Wege verbinden die unteren Terrassen mit dem umgebenden Park. Es ist die großartigste Terrassenanlage, die Lenné je plante.

496
Kamenz. Um 1860

»Schloss Camenz«.
Plangrenzen: Terrassenanlage am Schloß (Talseite).
Zeichner: Gustav Meyer.
Bezifferter Maßstab ohne Angabe der Maßeinheit.
Wasserzeichen von 1856.
Feder in Grau, Blei- und Farbstift. 53,7 x 34,2 cm.
Plansig. Nr. 13185.
Siehe Tafelteil.

Seitlich der breiten Freitreppe liegen drei tiefe Stufen zum Aufstellen der Orangeriepflanzen. Die Treppen führen auf ein rechteckiges Fontänenplateau, das seitlich von Pergolen gerahmt wird. Um das Fontänenbecken herum liegen vier quadratische Beete mit betonter Mitte. Bemerkenswert ist die Verwendung gotischer Motive bei der Verzierung der Beete. Gewinkelte Treppen senken sich zur nächsten, wieder üppig verzierten Terrasse, von der, wie auch von den übrigen Plateaus, ein weiter Ausblick ins Tal möglich ist. Auch eine dritte nimmt nochmals Beete mit gotischen Schmuckformen auf, ehe der letzte Treppenabstieg auf eine Straße mündet.

88. Eduard Biermann. Das Schloß Kamenz. Um 1855. (Stiftung Schlösser und Gärten Potsdam-Sanssouci)

89. Aus Duncker 1864/65. Das Schloß Kratzkau. (Stiftung Schlösser und Gärten Potsdam-Sanssouci)

497
Kamenz. Um 1860

»Schloß Camenz«
Plangrenzen: Oberste Schloßterrasse.
Zeichner: Gustav Meyer.
Bezifferter Maßstab in Fuß.
Feder in Grau, Blaustift, laviert in Blaßrosa. 34,2 x 42,2 cm.
Planslg. Nr. 13186.
Lit. zu Kat.-Nr. 495–497: Schinkel-Werk. Grundmann 1941. S. 71–122. – Hinz 1989. S. 381–385. – Michalowski. S. 155–156.

Unmittelbar um das Gebäude werden schmale Pflanzstreifen angelegt, auf denen eine Strauchbepflanzung vorgesehen ist. Auf der Bergseite des Schlosses ordnen sich Zierbeete ein, die im Zeitgeschmack mit schmalen Pflanzstreifen und kleinen Formgehölzen versehen sind.

Koitz (Kawice; leg.)

Christian Rother hatte die Herrschaft Rogau und Koitz nach ihrer Säkularisation erworben. Er war gebürtiger Schlesier und stammte aus einfachen ländlichen Verhältnissen. Als Finanzfachmann gelangte er zu Ansehen, wurde Chef des Staatsschuldenwesens, Präsident der preußischen Seehandlung und 1836 Staatsminister. Er war mit Schinkel befreundet, der ihm das Schloß in Rogau umbaute und in Koitz eine neue Kirche errichtete. Nach den Ereignissen des März 1848 zog sich Rother nach Rogau zurück. Am 16.10.1836 berichtete Koeber an Lenné aus Erdmannsdorf und erwähnt, daß er dann noch die zu machenden Sachen in Lissa (siehe Kat.-Nr. 500) und Rogau besichtigen will (Lenné-Nachlaß. Nr. 21. Fol. 11 und 15).

498
Koitz. Um 1840

»von Rother zu Koitz in Schlesien«
Plangrenzen: Parkgrenze.
Zeichner: Gerhard Koeber.
Bezifferter Maßstab in Ruten.
Feder in Grau. Auf Seidenpapier. 49,6 x 41,5 cm.
Planslg. Nr. 3512.
Siehe Tafelteil.

Das am Rand des Wirtschaftshofes liegende, nicht sehr große Schloß verbindet sich durch eine Pergola mit dem Gasthof. Während in der Nähe der beiden Gebäude zierliche, fast hausgartenartige Formen, darunter ein Teppichbeet, verwendet werden, folgt darauf ein kleiner Park. Die Mittelachse läuft – ermöglicht durch ein Aha – in die Landschaft aus, die beiden Seitenachsen enden je an einem Sitzplatz. Die Pflanzung schließt fast den ganzen Gartenraum ein. Die von leicht geschwungenen Wegen eingefaßte Mittelfläche wird durch dichte Baumgruppen und locker stehende Einzelbäume gegliedert.

Kratzkau (Krasków)

1848 übernahm Georg Gustav von Salisch Kratzkau. Er fand hier ein Barockschlößchen aus dem Jahr 1747 vor, das nicht verändert wurde, während er den Garten sofort von Lenné umgestalten ließ. So berichtet jedenfalls Duncker, der erwähnt, daß Lenné den Plan 1848 entworfen hätte. Dann weist er auf eine Anhöhe in der Nähe des Schlosses hin, von wo aus man über das Eulengebirge und die Waldenburger und Landshuter Berge bis zum Riesengebirge sehen kann. Es war eine recht aufwendige Anlage geplant, und so mag es sich wohl noch um die Ausführung der Zeichnung von 1848 handeln, wenn Salisch am 9.5.1865 an Lenné berichtet: »Sonntag den 14ten läuft des Herrn Könnenkamp bewilligter Urlaub ab; obgleich täglich 50 Arbeiter beschäftigt worden sind... war es nicht möglich... die beabsichtigte Terrainbewegung herzustellen.«

499
Kratzkau. 1848

»Von Salisch in Kratzkau. bei Schweinitz«
Plangrenzen: Grundstücksgrenzen.
Zeichner: Gustav Meyer.
Wasserzeichen von 1844.

Feder in Grau, wenig Rot, laviert in Grün, Blau und Rosa, wenig Bleistifteinbesserungen. Auf Leinen aufgezogen. 68,1 x 77,2 cm.
Planslg. Nr. 3514.
Siehe Tafelteil.
Quellen u. Lit.: Lenné-Nachlaß. Nr. 10. Fol. 874. – Duncker. Bd. 7. Nr. 391.

Gutshaus und Wirtschaftshöfe liegen auf sehr nassen, von Bächen durchzogenen Flächen des Weistritztales. Das Gutshaus erhält eine regelmäßige Umgebung: ein architektonisch gefaßter Garten mit Fontäne, eine nahezu ovale Fläche an der Fassade zum Wirtschaftshof. Von den beiden anderen Seiten gehen Blickbeziehungen in die Umgebung. Der Park gliedert sich längs der Weistritz; ein kleinerer Bach wird vermutlich durch Anstauungen teichartig erweitert. Die Bepflanzung ist gleichlaufend zur Flußrichtung geordnet, so daß besonders in der Nähe des Gutshauses schmale, lange Sichten heranwachsen.

Lissa, Breslau (Wrocław-Leśnica)

Wir haben es mit dem außergewöhnlichen Fall zu tun, daß Lennés Mitarbeiter Koeber selbständig einen Garten entwerfen durfte, den dann Lenné nur billigte. Koeber konnte den Auftrag gut mit seinen Reisen zur Beaufsichtigung der Anlagen in Erdmannsdorf (Kat.-Nr. 487 bis 494) verbinden. Lissa ist eine mittelalterliche Wasserburg, die bis zum Barock immer wieder umgebaut worden war. Der hier vorhandene Garten bestand in seinem großen nördlichen Teil nur aus einer Sternschneisenanlage. Auftraggeber war der Staatsminister Graf Lottum, der sich auch in Buchholz bei Berlin einen Garten hatte anlegen lassen (Kat.-Nr. 397–399).

500
Lissa. 1836

»Plan von dem Park zu Lissa nebst Environs und einem Theil des Marchwitzer Terrains im Neumarkter Kreise.«
Plangrenzen: Straße des Ortes Lissa, Straße nach Marschwitz, Marschwitzer Terrain, Das Schweidnitzer Wasser.
Signiert: »Speciell vermessen und aufgetragen im Monat September 1836, durch den Königl. Regierungs Geometer Geißler«. »Entworfen G. Koeber«. »Mit vorliegendem Verschönerungs Plane vollkommen einverstanden Lenné«.
Bezifferter Maßstab in Ruten.
Feder in Grau, laviert in Grün, Grau, Blau, Ocker und Rosa, Gebäude ziegelrot umrandet. 71,2 x 118,2 cm.
Planslg. Nr. 3525.
Siehe Tafelteil.
Quelle: Urmeßtischblatt Nr. 2827 von 1826.

Die Schloßinsel wird nur an den Rändern bepflanzt, so daß sich eine breite Sicht über den teichartig erweiterten Schloßgraben ergibt. Zwischen dem Schweidnitzer Wasser und dem Gutshof mit Ziergarten breitet sich nach Norden der Park aus, der verhältnismäßig dicht bepflanzt ist. Lang geschwungene Wege führen entlang sehr wuchtiger Baumgruppen und binden an Wege an, die in die Feldfluren führen. Am hohen Ufer des Flusses ist die Bepflanzung lockerer, so daß der Blick in die Landschaft ermöglicht wird.

Sagan (Żagań)

Sagan war preußisches Lehnsfürstentum und seit 1846 Herzogtum. 1787 kam es an Herzog Peter von Kurland und von ihm 1844 an seine dritte Tochter Dorothea. Sie war mit dem Neffen Talleyrands verheiratet und gehörte zu dessen nächster Umgebung. Auf dem Wiener Kongreß spielte sie eine große Rolle. In späteren Jahren zog sie sich nach Sagan zurück.
Der Plan des Gartens zu Sagan, von dem in Sagan als Hofgärtner tätigen Teichert – einem Schüler der Gärtnerlehranstalt in Potsdam – gezeichnet, zeigt einen Zustand, der offenkundig Lenné vorgeführt werden sollte. Ob Lenné in die Gestaltung des Parks eingegriffen hat, ist nicht bekannt. 1862 wurde Lenné im Namen der Herzogin gebeten, einen Gärtner zu empfehlen: »Es liegt nun der Frau Herzogin sehr daran, ihren Park nicht länger unsicheren Händen Preis gegeben zu sehen, und sich durch Anstellung eines gebildeten und ehrenwerten Garten Dirigenten baldigst die Gewißheit zu verschaffen, daß Ihre Schöpfung fernerhin gesichert sei.« Lenné schickte daraufhin Gireoud, ebenfalls ein Schüler der Gärtnerlehranstalt.

501
Sagan. 1853/54

»Sagan«
Plangrenzen: Stadtrand von Sagan mit der Bober und dem anschließenden Waldrand.
Signiert: »gez. F. T. 1853/54«.
Bezifferter Maßstab in Rheinischen Ruten.
Feder in Schwarz, laviert in Grau. 62 x 82 cm.
Planslg. Nr. 3552.
Lit.: H. Jäger: Der Park zu Sagan. In: Gartenflora. 8. 1858. S. 207–217. – Friedrich Maecker: Der Herzogliche Park zu Sagan. In: Hamburger Garten- und Blumenzeitung. Hamburg 1866. S. 468–473. – Walter Irrgang: Bemerkenswerte Parkanlagen in Schlesien. Dortmund 1978.

Vor dem hufeisenförmigen Schloß breitet sich der Blick über die vertieft liegende Orangerie und große Teppichbeete, weiter über den Mühlengraben bis an den Scheitel des Boberbogens. Dieser von Bober und Mühlgraben umflossene Parkteil ist waldartig und nur von einer Quersicht von der Clara-Hütte bis zur Wilhelminen-Wiese durchzogen. Die Partien um das Schloß sind auffallend weniger bepflanzt und in der Art eines Pleasure-Ground behandelt. Zierbeete liegen vor allem an der Ost- und Nordseite des Schlosses.

Unbekannter Garten in Schlesien

502
Graf Hacke. Um 1825

»Graf Hacke in Schlesien«
Plangrenzen: Wasserlauf, Teich, Gutsgebäude und regelmäßiger Garten, Gutsallee.
Zeichner: Einzeichnungen von Lenné.
Bezifferter Maßstab in Schritt.
Wasserzeichen von 1819.
Feder in Grau, laviert in Blau und Rosa, Bleistifteinzeichnungen. 37,3 x 48 cm.
Planslg. Nr. 13187.

Der Plan erweist sich als eine Geländeaufnahme, in die Lenné mit verhältnismäßig wenigen Strichen eine neue Wegeführung eingezeichnet hat. Sie folgt in ruhigen Schwüngen dem Wasserlauf.

1.8. Provinz Sachsen

In der Provinz Sachsen hat Lenné eines seiner bedeutendsten Werke geschaffen, die Grünanlagen für die Stadt Magdeburg, die in der Zeit zwischen 1824 und 1829 entstanden. Magdeburg war von Potsdam aus verhältnismäßig leicht zu erreichen, und Lenné war in dieser Zeit noch nicht so überlastet, konnte sich also der Magdeburger Aufgabe voll widmen. Zweifellos sind die Magdeburger Entwürfe neben denen für Sanssouci frühe Höhepunkte des Schaffens von Lenné. Die Arbeiten für Magdeburg sind im Zusammenhang mit der Beziehung Lennés zu dem Magdeburger Johann Gottlob Nathusius zu sehen, der in Althaldensleben und Hundisburg Industrien entwickelte und die Landschaft verschönte. Nathusius' Briefwechsel mit Lenné aus den Jahren 1821–24 ist erhalten. Nicht belegt ist Lennés Einfluß auf die Gartenanlagen von Nathusius.
Ein weiterer Schwerpunkt der Arbeit von Lenné in der Provinz Sachsen liegt in der Umgebung von Genthin: Hier entstanden die Gärten in Altenplathow, Parchen und Zabakuk.
Von Altenplathow und Zabakuk ist je ein Plan erhalten. Doch der ehemals wohl schönste Gutsgarten in der Provinz Sachsen liegt bei Alsleben an der Saale in Beesenlaublingen, damals Neubeesen. Hier verwaltete der Oberamtmann Dietze die Königliche Domäne. Von dem Garten ist kein Plan vorhanden. Wir wissen von ihm durch einen Bericht des Magdeburger Lehrers Immisch in den Mitteilungen des Vereins für Gartenbau aus dem Jahr 1855. Er muß nach der Beschreibung ganz bezaubernd gewesen sein, mit Blicken auf die Saale und die nahen Städte Bernburg und Alsleben. Vor allem enthielt er reiche Rosenanlagen. Er ist heute noch als Anlage zu erkennen, ist aber ganz verkommen.
Nicht sehr gut belegt sind die Arbeiten von Lenné für Merseburg und Schulpforte, die zweifellos durch verwandtschaftliche Beziehungen zustande kamen. Jedenfalls ist es sehr wohl möglich, daß in der besonders großen preußischen Provinz Sachsen noch mehr Lenné-Gärten vorhanden waren, von denen wir noch nichts wissen. Besonders in der nahe an Brandenburg gelegenen Altmark wäre das denkbar.

Altenplathow, Genthin

Der Magdeburger Kaufmann C. Pieschel hatte 1808 in Altenplathow eine Zichorienfabrik gegründet und besaß dort auch eine Schrotgießerei sowie eine Holländermühle. 1812 kaufte er vom Fiskus den Papenbruch, den Finkenherd und das vordere Hasenholz. Das alles vereinte er mit dem Grundstück, das er 1807 in Altenplathow erworben hatte. Er erstand dann noch das Rittergut Klein-Demmin und das Krakauer Mühlfeld. Friedrich Wilhelm III. ließ den verdienstvollen Mann 1840 adeln.
Das Grundstück hat eine ungewöhnliche Form, die sich aus den einzelnen Ankäufen ergibt. Der westliche Teil, der eigentliche Park, liegt zwischen dem Dorf Altenplathow und dem Plauener Kanal. Hier befinden sich an der Fabrikstraße ein altes, sicherlich zum Vorgängergarten gehörendes Wohnhaus und die Fabrikgebäude. Sein neues Wohnhaus ließ Pieschel an der Jerichower Straße (Hamburg-Magdeburger Chaussee) errichten. Der Garten hängt durch ein schmales Verbindungsstück mit dem Park zusammen.
Auf das Gelände um das Wohnhaus folgt nach Süden der nicht als Park angelegte »Weingarten«, der um 1930 mit Einzelhäusern bebaut wurde (Parkstraße). Im Park befindet sich ein klassizistischer Pyramidenbau mit Innenraum im Stil der frühen Gotik von hervorragender Qualität. Er muß schon im Vorgängergarten gestanden haben. Dessen Wegeführung ist im Plan unter der Neuplanung zu sehen. Noch heute stehen sowohl das alte wie das neue Wohnhaus, aber durch Umbau und Putz bis zur Unkenntlichkeit verändert. Von der Fabrikanlage ist die Holländermühle erhalten. Einige äußerst qualitätvolle Mauerpfeiler – wohl von der Firma Feilner stammend – lassen ahnen, daß das neue Wohnhaus ursprünglich reich geschmückt war.
Trotz Verwilderung und teilweise völliger Veränderung ist der Kern der Lennéschen Gestaltung und Pflanzung zu erkennen. Der kleine Wasserlauf wurde leider mit Unrat verfüllt, Brückenreste sind noch erkennbar. Nur der Teil am alten Gutshaus ist in einem guten Pflegezustand.

503
Altenplathow. 1839

»Extract aus der Spielhagenschen Karte de 1836 von den bei Altenplatow belegenen Pieschelschen Grundstücken. Behufs Änderung der innern Anlagen des alten, neuen und Gemüse-Gartens, vom 30^{ziger} auf den 10^{ner} Maaßstab construirt im Monat August 1839 durch den Feldmesser Kotschedoff.«
Plangrenzen: Schäfereigelände, Hamburg-Magdeburger-Chaussee (Jerichower Straße), Plauener Kanal, Grundstücksgrenzen.
Zeichner: Einzeichnungen von Lenné.
Wasserzeichen von 1835.
Feder in Grau, Bleistift, laviert in Grün, Braun und Blau, Wohnhaus rot, die übrigen Gebäude grau schraffiert.
65,1 x 82,2 cm.
Planslg. Nr. 3442.
Siehe Tafelteil.
Lit.: Friedrich Wernicke: Chronik des Dorfes Altenplathow. München 1909.

Der vom Ort, dem Kanal und der Chaussee begrenzte Park enthält als große Freifläche einen Weingarten sowie die sehr nasse Fischerwiese. An mehrere alte Gärten schließt sich eine Neuanlage mit Wohnhaus und Stallungen an. Das Wohnhaus ordnet sich in regelmäßige Gartenteile (Blumenanlagen) ein, die von lockeren Gehölzpflanzungen ummantelt werden. Zwei Wege verbinden diesen Teil mit den anderen Gärten, in denen ein Kanal zu einem langgestreckten See umgewandelt wird. Entlang der abgepflanzten Grenzen zieht sich ein breiter Weg, während schmalere Nebenwege das Gelände erschließen.

Magdeburg

Für die durch Festungsanlagen eingeengte Stadt Magdeburg waren Gärten außerhalb der Stadt ein besonders dringendes Bedürfnis. 1824 war das südlich an der

Elbe gelegene Gelände des 1813 zerstörten Klosters Berge erworben worden. Gleichzeitig erwies sich die Einrichtung eines neuen Friedhofs als notwendig, damit die Friedhöfe an den Kirchen in der Altstadt aufgehoben werden konnten. Die Berufung von Lenné zur Durchführung dieser Pläne förderte der Kommandant der Festung Magdeburg, Graf Hake, der die Anregung zum Ankauf des Klosters Berge gegeben hatte, der Kaufmann Johann Gottlieb Nathusius und Regierungsdirektor Sack.
Graf Georg Leopold Gustaf Hake war 1815, nachdem er an den Befreiungskriegen teilgenommen hatte, Brigadekommandeur in Magdeburg geworden, 1824 wurde er Kommandeur der Festung Magdeburg. Johann Gottlieb Nathusius hatte sich in Magdeburg zum reichen Kaufmann emporgearbeitet und die Güter Althaldensleben und Hundisburg erworben, die er durch eine Parklandschaft miteinander verbunden hatte. Die staatlichen Interessen vertrat Regierungsdirektor Sack.
Auf Anraten dieser Gewährsmänner setzte sich Oberbürgermeister Francke am 23.8.1824 mit Lenné in Verbindung. Aus den Briefen geht nur hervor, daß er den Kloster-Berge-Garten und den Friedhof in Auftrag geben möchte. Eine Neugestaltung der Friedhöfe an den Kirchen der Stadt als Grünanlage mag wohl Lenné vorgeschlagen haben, der wie immer die Dinge im Zusammenhang sah. Zum ersten Mal hatte er hier die Gelegenheit, die Gärten einer Stadt entsprechend den Bedürfnissen der Bevölkerung einheitlich zu planen.
Zweifellos ging es auf seine Anregung zurück, daß dem Kloster-Berge-Garten im Süden der Stadt der entgegengesetzt im Norden liegende Friedhof entsprach, wodurch die Grünanlagen des zu den Festungswerken gehörenden Glacis, die in weitem Bogen um die Stadt herumführten, Endpunkte erhielten. Von der Glacis berichtet Hoffmann in seiner Geschichte der Stadt Magdeburg: »In das Jahr 1816 fallen die Anlage der an der Glacis hinlaufenden Chaussee zwischen dem Kröcken- und Sudenburgerthore, welche die beiden nach Barleben und Ottersleben führenden Kunststraßen miteinander verbindet, und der Anfang der mehrere Jahre hindurch fortgesetzten Bepflanzens der Glacis rings um die Stadt mit Bäumen und Sträuchern, wodurch Magdeburg ein ebenso schöner als schattiger und überdies ganz naher Spaziergang geschaffen worden.« Auf diesem Werke seiner Vorgänger konnte Lenné aufbauen. Die Glacis war ihm dabei besonders wichtig, denn er schrieb 1824: »Ueber die Einrichtung der Festungs Glacis behalte ich mir vor bei meiner nächsten Anwesenheit in Magdeburg einen vollständigen Plan zu entwerfen, von dessen Verwirklichung ich mir recht viel verspreche, da hierdurch ein Ganzes mit den einzeln verschönten Theilen der Umgebung Magdeburgs hergestellt werden kann; vorzugsweise werden die Eingänge der Stadt hervorgehoben und durch passende Pflanzungen aufzuschmücken sein.« Lenné scheint aber eine grundlegende Verbesserung der Anlagen nicht durchgesetzt zu haben.
Für den Nordfriedhof ist kein Plan von Lenné erhalten. 1823 hatte die Stadt das Gelände erworben. Hoffmann schreibt: »Über dem sehr mühevollen Ebenen des erkauften Platzes, der Anlage eines Weges zwischen ihm und dem gegenüber belegenen Pionier-Uebungsplatzes, so wie der Schöpfung eines freundlichen Gartens nach dem Plane des königl. Gartendirectors Lenné zu Potsdam auf der früheren Ruinenstätte gingen vier Jahre hin, so daß die Eröffnung des Kirchhofes erst am 21. März erfolgte.« Am 29.7.1824 hatte Regierungsdirektor Sack Lenné brieflich gebeten, bei der Friedhofsanlage mitzuarbeiten, eine Bitte, der Lenné gern nachkam, er schrieb dazu: »Dieser Gegenstand interessiert mich schon längst.« Die Ausführung des Friedhofs leitete der Baukondukteur Wolff, der immer über den Fortgang der Arbeiten an Lenné berichtete. Der aus Potsdam geschickte Gärtner Graiß stand ihm sowohl hier als auch beim Kloster-Berge-Garten zur Seite.
Schließlich legte 1829 Lenné seinen Plan für den Herrenkrug bei Magdeburg vor, der aber schon 1824 in einem grundlegenden, mit Anmerkungen Lennés versehenen Schriftstück mit aufgeführt wird. (Lenné-Nachlaß. Nr. 30. Fol. 11–14.) Hier wurde genau festgelegt, um welche Projekte es in Magdeburg ging: »Kloster Berge«, »die Landesbaumschule«, »die Einrichtung des Festungs Glacis«, »die Einrichtung des neuen Kirchhofes«, »die Einrichtung der Kirchhöfe der Stadt zu freien Plätzen«, »die neuen Anlagen im Herren Kruge«.
Damit ist die gesamte Tätigkeit Lennés für Magdeburg umrissen. Er war häufig dort gewesen, um die Örtlichkeiten zu besichtigen, häufiger, als es sich der vielbeschäftigte Mann später je hat leisten können.
Die Magdeburger Anlagen sind bis auf die Friedhöfe in der Stadt weitgehend nach den Plänen Lennés ausgeführt worden. Noch störte keine Eisenbahnlinie ihre einheitliche Gestaltung. Deren Linienführung beeinträchtigte später den Kloster-Berge-Garten wie auch an zwei Punkten die Anlagen der Glacis beträchtlich. Zudem wurde bei Anlegung der Ringstraße die Anschlußstelle der Glacisanlagen an den Nordfriedhof zerstört. Heute sind, wenn auch verkleinert oder verändert, der Kloster-Berge-Garten erhalten, der Herrenkrug, teilweise die Glacis und der in den Nordpark verwandelte Friedhof.

Kloster-Berge-Garten

Der Kloster-Berge-Garten (auch Friedrich-Wilhelms-Garten) entstand auf dem Gelände des 1813 zerstörten Benediktinerklosters. Die Ruinen seiner Bauten wurden vollkommen abgetragen. Der Festungskommandeur Graf Hake hatte mehrere Sommer mit seiner Familie in dem stehengebliebenen Pfarrhaus verbracht. Er konnte so die Eignung des Geländes für die Anlage eines Gartens würdigen und wurde neben Nathusius und Sack zu den Hauptförderern des Projektes, was sich vor allem dann günstig auswirkte, als Lenné militärisches Eigentum zur Erweiterung des Gartens forderte.
Am 14.9.1824 schickte Bürgermeister Francke die Aufnahmen vom Gelände des Klosters Berge und des künftigen Friedhofs ab, die Lenné als Unterlagen für seine Arbeit dienen sollten. Bereits am 24.10. bestätigte Francke »den Empfang Ihres herrlichen Planes«, von dem Lenné geschrieben hatte, daß er ihn ganz gegen seine Gewohnheit selber gezeichnet habe. Dieser Plan ist verschollen und uns nur in der danach angefertigten Radierung überliefert. Lenné hatte es für nötig befunden, einige Grundstücke der Festung in die Anlage einzubeziehen, um dadurch die Festungswerke zu verbergen und um das Glacis zu einem angenehmen Weg vom Tor bis zur Anlage umzugestalten. Ein vom Baukondukteur Wolff signierter »Plan von den Grundstücken welche zur Bildung des Friedr. Wilh. Garten bei Magdeburg aquirirt sind«, hat sich in der Anhaltischen Gemäldegalerie Dessau erhalten.
1825 waren die Arbeiten an dem Garten in vollem Gang und 1829 weitgehend abgeschlossen; sie wurden aber

90. Karl Hasenpflug. Magdeburg, vom Kloster-Berge-Garten aus gesehen. 1831. (Kulturhistorisches Museum Magdeburg)

noch bis 1835 fortgesetzt. Ihre Leitung hatte Baukondukteur (später Stadtbaumeister) Wolff, dem das Gartenwesen der Stadt unterstand. Lenné hatte aus Potsdam als Sachverständigen den Gartenkondukteur Graiß geschickt.
Im Garten sollte ein Gesellschaftshaus und ein Tempel entstehen. Lenné schlug dafür Schinkel als Architekt vor, der einen Entwurf vorlegte. Man fand ihn aber zu teuer, und so erhielt Wolff den Auftrag, nach dessen Entwurf 1828/29 das Gesellschaftshaus entstand. Schinkel hatte seine Pläne zurückerbeten, denn er wollte weder, daß sein Projekt geändert, noch daß sein Name erwähnt würde. Der Tempel wurde nicht errichtet, ebenso wurde auf die Aufstellung von Denkmälern berühmter Männer, die Lenné gefordert hatte, verzichtet.
1838 wurde der Garten von den Anlagen der Eisenbahn durchschnitten und von der Elbe abgeschnitten. Das »Fort Berge«, meist »Der Stern« genannt, hatte mit seinen Zacken immer in den Garten hineingeragt. Beim Umbau des »Stern« nach 1869 wurden die Gartenanlagen zwischen »Stern«, Eisenbahn und Schönebecker Straße zum größten Teil zerstört und in veränderter Form neu angelegt.

504
Kloster-Berge-Garten. 1824

Der Plan gehört zu Lennés Veröffentlichung »Über die Einrichtung eines Volksgartens bei der Stadt Magdeburg«, die in den Verhandlungen des Vereins für Gartenbau (Bd. 26. 1825. S. 144–146) erschien und als Buch bei August Rücker in Berlin. Außer diesem ist noch ein Plan mit Sichten und ein Plan mit Nivellements beigegeben, die in Potsdam nicht vorhanden sind. Im Lenné-Nachlaß befindet sich ein Exemplar des Bepflanzungsplanes mit Anmerkungen Lennés.

»Verschoenerungs Plan von Klosterberge bei Magdeburg zu einem Volks-Garten«
Plangrenzen: Elbe, Blekenburg, Klinke-Bach, Sternschanze.
Signiert: »Entworfen und gezeichnet von Lenné. 1824.«
Bezifferter Maßstab in Rheinischen Ruten.
Radierung. 52 x 66,8 cm.
Plansig. Nr. 3533.
Siehe Tafelteil.

An der Straße nach Schönebeck führen zwei breite Treppenläufe, seitlich von üppigen Gehölzpflanzungen betont, zum Gesellschaftshaus, das auf der höchsten Stelle des Geländes liegt und die Möglichkeit bietet, nicht nur den Garten, sondern auch die weite Umgebung mit den Elbauen zu überschauen. Sehr ausgedehnte Wiesenflächen werden von Wegen verschiedener Breite, die breitesten in der Nähe des Gesellschaftshauses, erschlossen, wobei die vier etwa gleichlaufend zur Elbe in Nordsüdrichtung verlaufenden Wege den unterschiedlichen Geländehöhen entsprechen. Die ganz schmalen Wege ziehen sich entlang des Außenbereichs, während die überaus breiten, fast platzförmigen Wegeflächen, zum Teil mit Baumreihen im Wege, den Höhenunterschied zum Gebäude überwinden. Die verbindenden Querwege schwingen leicht über die Fläche, wobei die für Lenné typischen, im Dunkel der Bepflanzung liegenden Wegeverknüpfungen in Dreieck- oder in sogenannter Hosenform auffallen. Sehr kunstvoll ist die Bepflanzung eingeordnet: nach außen, besonders zur Sternschanze, dicht abgeschlossen, zur Elbe hin dagegen ziemlich offen, wobei vom Gesellschaftshaus fünf Blickbeziehungen ausstrahlen, die den Blick bis zum Wasser zulassen. Aber auch von Norden nach Süden ergeben sich behäbig-breite Freiräume, deren Baumränder bald aus Hochstämmen und festen, bis zum Boden beasteten Baumgruppen, bald aus hainartigen Pflanzungen und säulenförmigen Bäumen (Säulenpappeln und -eichen) gebildet werden. In Folge der Mischung der verschiedenen Wuchstypen in Verbindung mit seltensten Baumarten wuchs auch in dendrologischer Hinsicht eine beispielhafte Pflanzung heran. Die Ausformung des Wassers, besonders der Klinke im Westen, erfolgt in schwach gekrümmten Ufern, wobei die teichartigen Gewässer auch zur Fischzucht genutzt werden. Durch Kaskaden waren die kleinen Seen anzustauen.

505
Kloster-Berge-Garten. 1825

Plangrenzen: Wie Kat.-Nr. 504.
Signiert: »Entworfen und gezeichnet von Lenné.« »Graviert im Königl. lithographischen Institute zu Berlin 1825«.
Bezifferter Maßstab in Ruten.
Radierung, Feder in Rot, Bleistift. 44,5 x 66,3 cm.
Geheimes Staatsarchiv, Berlin. HA. Rep. 192. Lenné-Nachlaß. Nr. 30. Magdeburg. Fol. 44.

Der Plan ist mit dem Verschönerungsplan identisch. Doch sind zusätzlich Anmerkungen gemacht. Es werden die jeweiligen Gruppen der Pflanzungen mit einer Nummer aufgeführt. Eine Pflanzenzusammenstellung läßt dann die Aufschlüsselung in Gattungen und Arten zu. Auffallend ist, daß Lenné ungewöhnlich seltene, oft auch dem Klima nicht standhaltende Gehölze verwendet. Lenné hat eigenhändig etwa 30 Zusätze eingefügt. Die meisten handschriftlichen Zusätze finden sich in der Nähe des Gesellschaftshauses.

506
Kloster-Berge-Garten

»Nivellements Profile vom Kloster Berge«
Plangrenzen: Elbe, Blekenburg, Klinke-Bach, Sternschanze.
Zeichner: Baukondukteur Wolff oder Mitarbeiter.
Beziffeter Maßstab in Ruten und Fuß.
Feder in Grau und Rot, laviert in Blau. 64,5 x 50,5 cm.
Planslg. Nr. 13162.

Zweifellos handelt es sich um die Nivellements, die Baukondukteur Wolff für Lenné anfertigen sollte (Lenné-Nachlaß. Nr. 30. Fol. 9, 10). Sie sind nicht identisch mit denen, die dann in den Verhandlungen des Vereins für Gartenbau veröffentlicht wurden. Nivellements zeigen das stark zerklüftete Gelände mit seinen großen Höhenunterschieden. In Rot ist der Vorschlag eingezeichnet, wie das Gelände neu gestaltet werden soll.

507
Herrenkrug. 1829

Der Herrenkrug war ursprünglich ein städtisches Vorwerk jenseits der Elbe, dessen Pächter eine Gastwirtschaft betrieben. 1812 wurde dort ein Gesellschaftshaus erbaut und im Zusammenhang damit begonnen, dem Garten eine künstlerische Form zu geben. Er bestand ursprünglich aus Obstbaumplantagen und gärtnerischen Nutzflächen. Bürgermeister Francke soll zusammen mit Baumeister Clemens diese Anlagen angegeben haben. 1829 zeichnete Lenné seinen Plan, von dem der sehr reizvoll kolorierte Entwurf erhalten blieb. Das Original ist wie alle Magdeburger Reinzeichnungen Lennés verschollen. Die Anlage wurde 1838 von Rudolf Schoch aus Wörlitz weitergeführt, und 1843/44 errichtete Wolff ein neues Gesellschaftshaus.
Wie zur Zeit von Lenné liegt der Herrenkrug weitgehend frei in der Landschaft, da die ihn umgebende Elbaue nicht für eine Bebauung geeignet war. Auch der Wall ist vorhanden, von dem man nach Westen auf die Elbe blickt und nach Norden auf die Auenwiesen. Der Herrenkrug-Garten wird gepflegt und rekonstruiert. Sein Mittelpunkt, das Gesellschaftshaus von Wolff, wurde abgebrochen, während die Restaurantbauten aus der zweiten Hälfte des 19. Jahrhunderts noch stehen.

»Situation vom Herrenkrug bey Magdeburg«
Plangrenzen: Gartengrenze zur Elbe, Wiesen an der Windmühle, Entwässerungsgraben, Parkgrenze der Stadt.
Signiert: »fecit Lenné d 1t October 1829«.
Zeichner: Eigenhändig über einer aus Magdeburg gelieferten Zeichnung der vorhandenen Anlage.
Beziffeter Maßstab in Ruten.
Feder in Grau, laviert in Grün, Grau und Hellocker. 43,6 x 56 cm.
Planslg. Nr. 3534.
Siehe Tafelteil.

Die von Magdeburg heranführende breite Allee endet an einer überaus großen Vorfahrt, deren eiförmige Rasenanlage die ausgedehnte Fläche in ein besseres Verhältnis zum Gesellschaftshaus bringt. Seitlich der Zufahrt erstrecken sich Wiesen mit langgezogenen Gehölzgruppen, die teils Wege, teils Sichtbeziehungen nach Magdeburg (Friedrich-Wilhelm-Garten, Dom, Kirchtürme) begrenzen. Die von einem Bewässerungsgraben, gespeist von Schöpfrädern nahe der Windmühle an der Elbe, durchzogenen Wiesen werden als Weide und zum Obstanbau (Kirschen, Birnen und Äpfel) genutzt. Auf der Rückseite setzt sich die Zufahrtsachse in geringerer Breite bis zur Gartengrenze fort und läuft dann in einen Wiesenweg aus. Die Wiesen sind hier wesentlich kleiner, dafür die Baumgruppen (Eschen, Eichen, Pappeln, auch Pflanzschulen) viel größer. Achsen zur Neustädter Kirche, zum Vogelsang und zur Neustadt verbinden den Herrenkrug mit der Umgebung. In der Nähe des Gesellschaftshauses befinden sich ausreichende Flächen zum Sitzen und Promenieren, während geschwungene Wege zum Spaziergang einladen.

St. Johannis, St. Ulrich, St. Jakobi, St. Katharinen

Die Friedhöfe bei den vier nach der Zerstörung im Dreißigjährigen Krieg 1631 wieder aufgebauten gotischen Pfarrkirchen der Altstadt sollten jetzt, nach Anlage des Nordfriedhofs außerhalb der Altstadt, in Grünanlagen verwandelt werden. Am 20. 4. 1825 bedankt sich Oberbürgermeister Francke für die »neuerlicht mitgetheilten trefflich bearbeiteten Verschönerungs-Pläne der Kirchplätze in der Stadt«. Die in der Plankammer aufbewahrten Pläne sind die Entwürfe für die nach Magdeburg abgesandten Blätter; es sind zwei, auf denen je zwei Kirchen erscheinen. Die Pläne wurden nicht ausgeführt, erst 1865 wurden von der Stadt der St.-Johannis- und der St.-Katharinen-Friedhof angekauft, 1867 der St.-Jakobi-Friedhof. Die Verwandlung der Friedhöfe in Gartenanlagen hätte für die enge, außer dem Domplatz unbegrünte Altstadt Magdeburgs eine ganz wesentliche Verschönerung bedeutet.

508
St. Johannes, St. Ulrich. 1825

»Kirche St. Johannis.« »Kirche St. Ulrich & Levin.«
Plangrenzen St. Johannis: Bauten am Alten Markt, Straße zur Stephansbrücke, West-Straße (erweiterte Kirchhoffläche mit Begräbnisplatz).
Plangrenzen St. Ulrich: Kleine Münzstraße, Ulrichstraße, Kutscherstraße (Kirchhoffläche).
Zeichner: Gartenanlage eigenhändig.
Beziffeter Maßstab in Ruten.
Wasserzeichen von 1823.
Feder in Grau, Bleistift, laviert in Blaßrosa, Blaßgelb, Grau und Blaßgrün. 98,5 x 59,2 cm.
Planslg. Nr. 3535
Siehe Tafelteil.

St. Johannis: Östlich des Rathauses entsteht eine regelmäßig mit Hochstämmen (Spitzahorn) bepflanzte Platzfläche, an der nur die Gebäudeseiten durch Pflanzungen kaschiert sind. Gleichlaufend zu den Gebäuden der nördlichen Grundstücksgrenze und zur Kirche St. Johannis verlaufen zwei weich geschwungene Wege, die

ein Verbindungsweg verknüpft. Die bereits vorhandenen Pflanzungen werden durch weitere (Baumgruppen und Einzelstämme, Gebüschgruppen) ergänzt, so daß sich ein Tiefenzug von West nach Ost entwickelt, der erst in einer kleinen Fläche an der Straße zur Stephansbrücke endet.
St. Ulrich: Die Kirchhofsmauer wird teilweise entfernt, und es werden schön geschwungene Verbindungswege als Zugang zu den jeweiligen Straßen geschaffen. Es entstehen so größere Wiesenflächen mit lockerer Bepflanzung. Nur in der Südwestecke fügt sich eine kreisförmige Fläche ein. Höhenmeßpunkte deuten auf möglicherweise beabsichtigte Bodenbewegung hin. In einzelnen Gruppen finden sich auch Ziffern, die wahrscheinlich mit einem Pflanzplan in Verbindung zu bringen sind.

509
St. Jakobi, St. Katharinen. 1825

»Kirche St. Jacobi.« »Kirche St. Catarinen.«
Plangrenzen St. Jakobi: Frönsbergstraße, Jakobistraße, Blaubeilstraße, Durchgang (alte Kirchhoffläche).
Plangrenzen St. Katharinen: Katharinenstraße, Querweg zur Schopenstraße, Schopenstraße, Breiter Weg (alte Kirchhoffläche).
Zeichner: Gartenanlage eigenhändig.
Bezifferter Maßstab in Ruten.
Wasserzeichen von 1823.
Feder in Grau, Bleistift, laviert in Rosa, Blaßgelb, Grau und Blaßgrün. 96,6 x 58,2 cm.
Planslg. Nr. 3536.
Siehe Tafelteil.
Quellen u. Lit. zu Kat.-Nr. 504 – 509: STAM. Rep. C 28. I e I. Nr. 1774 I. Acta der Königlichen Regierung in Magdeburg betr. den Volksgarten bei Magdeburg. – Lenné-Nachlaß. Nr. 30. Magdeburger Anlagen. 1824–1827. – Peter Joseph Lenné: Ueber die Anlage eines Volksgartens bei der Stadt Magdeburg. In: Verhandlungen des Vereins für die Beförderung des Gartenbaues. 2. 1825. S. 144 bis 162. Als Buch: Rücker 1825. – Friedrich Wilhelm Hoffmann: Geschichte der Stadt Magdeburg. Magdeburg 1845 bis 1850. – Günther. S. 127–133. – Gabriele Schulz: Lennés Entwürfe für die Gestaltung von Volksgärten. In: Peter Joseph Lenné. Gartenkunst im 19. Jahrhundert. Berlin und München 1992. S. 86–120. – Rolf Weinrich: Peter Joseph Lennés Volksgartenplanung Kloster Berge zu Magdeburg. Ebd. S. 121–146.

St. Jakobi: Gleichlaufend zum Kirchenschiff wird auf beiden Seiten ein breiter, in einem Halbkreis zur Jakobistraße endender Weg gelegt, von dem auch Zugänge zu den Kirchportalen führen. An der Nordseite nimmt ein Diagonalweg die Fortsetzung der Großen Storckstraße zur Trönsbergstraße auf. Hier fügt sich eine rings abgepflanzte Exedra ein, die einen von Baumgruppen gerahmten Blick auf den Chor ermöglicht. Lockere Gehölzgruppen und Hochstämme, in der Nähe der Portale auch regelmäßig gepflanzt, verwandeln den Friedhof in eine Grünanlage.
St. Katharinen: Die vorhandenen Zugänge bleiben erhalten. Die Grenzmauern werden mit Bäumen abgedeckt. Nur die größere Fläche am Chor lockert sich durch Baum- und Buschgruppen auf. Gleichlaufend zur Katharinenstraße entstehen fast quadratförmige Teile, die von zwei langen Baumreihen begrenzt sind.

Merseburg

Im Lenné-Nachlaß findet sich ein Briefwechsel zu Lennés Vorschlag der Veränderung des Schloßgartens in Merseburg aus dem Jahr 1826. Die verbesserte Zeichnung wurde von Lenné nach Merseburg geschickt. 1825 hatte Lenné die Anstellung seines Vetters Peter Lenné nach Merseburg vermittelt. Dieser beklagte sich noch am 1.9.1827 bei Peter Joseph über die Ungewißheit seiner Stellung.
Eine Zeichnung zum Merseburger Schloßgarten ist in Potsdam nicht erhalten, wohl aber ein Stich des Schlosses mit Schloßgarten, der für eine Folge mit Grundrissen der Königlichen Schlösser bestimmt war. Er gibt den neuangelegten Garten wieder, und obwohl der Zeichner der Wiedergabe des Gartens technisch nicht ganz gewachsen war, erkennt man doch die Gestaltungsweise Lennés.
Merseburg war 1815 preußisch geworden und wurde zum Sitz der Regierung des Bezirks Merseburg bestimmt. Das spätgotische, in der Renaissancezeit umgebaute Schloß der Bischöfe von Merseburg war Amts- und Wohnsitz der Regierungspräsidenten. Nördlich des Schlosses hatte um 1660 der sächsische Administrator Herzog Christian einen Schloßgarten auf dem Gelände des alten Königshofes anlegen lassen. Als Abschluß der langgestreckten Anlage war als Entsprechung des Schlosses auf der ihr gegenüberliegenden Seite durch Johann Michael Hoppenhaupt 1727–38 der Schloßpavillon mit Orangerie errichtet worden. Zweifellos wünschte der preußische Regierungspräsident, an Stelle des Barockgartens über einen Garten zu verfügen, der dem von Lenné in Potsdam und Berlin geschaffenen entsprach.

510
Merseburg. Um 1850

»Grundriss des Königlichen Schlosses zu Merseburg«
Plangrenzen: Von einer zweireihigen Allee sowohl zur Saale als auch zur Stadt gerahmte Fläche, an deren Schmalseiten das Schloß und die Orangerie liegen.
Bezifferter Maßstab in Rheinischen Fuß.
Wasserzeichen von 1846.
Stich. 42,4 x 57,7 cm.
Planslg. Nr. 13 163.
Quellen: Lenné-Nachlaß. Nr. 1. Fol. 41–42. – Ebd. Nr. 10. Fol. 16, 17.

Die langgestreckte Fläche wird durch die alten Alleen fest gerahmt und vom Schloß zusätzlich von einer dichten Abpflanzung getrennt. Die Mittelachse des Gartens, die sich auf die Orangerie bezieht, bleibt frei. Nur die kleine Wasserfläche mit einem auf einer leichten Höhe geplanten Denkmal, im Hintergrund mit einem Gehölzquerriegel, unterbricht den Tiefenzug. Etwa an den Ecken der Orangerie teilen leicht geschwungene Wege die Flächen in eine breite Mittelfläche und die schmalen Seitenteile. Sparsam verwendete Baumgruppen, an einigen Wegen schmale Gehölzriegel, bilden die Gartenräume, die lange Durchsichten ermöglichen; von der Allee und einem Altan wird der Blick ins Saaletal frei, zu dem eine Wegeverbindung besteht.
An der Nordseite des Gartens bleibt ein kleiner Sondergarten erhalten.

Schulpforte, Bad Kösen

Das berühmte Zisterzienserkloster Pforte wurde 1540 aufgehoben. Kurfürst Moritz von Sachsen ließ hier 1543 eine Schule gründen, in der Pfarrer und Beamte für das Kurfürstentum erzogen wurden. Die Schule war reich, da sie außer dem Klostergut Pforte auch noch den Besitz des Klosterguts Memleben erhielt. 1815 kam der Teil Sachsens, in dem Schulpforte liegt, an Preußen. In den alten Kloster- und Schulgebäuden befindet sich heute ein Internat.
Im Lenné-Nachlaß befinden sich zwei Blatt »Acta Commissionis die Anlagen bei der Unterrichts-Anstalt zu Schulpforte betreffend.« aus dem Jahr 1822. Die Akte enthält einen Brief, in dem Lenné am 16. 2. 1822 gebeten wird, »in der hochberühmten Erziehungsanstalt Verschönerungen vorzunehmen, wozu der Spielplatz für die Jugend gehört«.
Schulpforte hatte mehrere Gärten, darunter Kräutergärten und einen für den Rektor. Ob Lenné sich um alle bemühen sollte, ist nicht eindeutig. Die Zeichnung ist jedenfalls für den »Kleinen Schulgarten« in der Südostecke des mauerumschlossenen Geländes, das im Westen von den Klostergebäuden begrenzt wird, bestimmt. Auf einem Stich von 1843 ist er mit seinem Turnplatz wiedergegeben, der schon bei Lenné als Rechteck eingezeichnet ist. Der Garten entspricht nicht dem flüchtig einskizzierten Entwurf von Lenné, ist aber gegenüber dem ihm zur Verfügung gestellten Aufmaß verändert. Vielleicht gehen die neuen Pflanzungen doch auf seine Anregung zurück.

511
Schulpforte. 1822

»Situationsplan vom Schulgarten zu Pforta«. Auf der Rückseite: »B. Zum Schreiben des Herrn Krüger d. d. Merseburg z. 16. Februar 1822 gehörig. vide Act. Com. Schulpforte betreffend.«
Plangrenzen: Grundstücksgrenzen bis zur Kleinen Saale.
Zeichner: Bleistifteinzeichnungen von Lenné.
Bezifferter Maßstab in Rheinischen Ruten.
Feder in Schwarz, laviert in Bräunlichgelb, Ziegelrot und Blau, Einbesserungen in Bleistift. 45,6 x 53,5 cm.
Plansig. Nr. 3553.
Quelle: Lenné-Nachlaß. Nr. 36. Fol. 1, 2.

In den Situationsplan sind mit sehr bewegten Bleistiftstrichen derbe Baumgruppen und Wege eingezeichnet. Die Wege führen von den Gebäuden entlang der Kleinen Saale bis zum sogenannten Sumpf und über den Knabenberg wieder zurück. Die große freie Fläche wird nur von ganz wenigen Wegen erschlossen.

Zabakuk, Krs. Genthin

Als Lenné den Auftrag erhielt, für die Byerns in Zabakuk einen Garten anzulegen, war er vermutlich mit ihnen schon bekannt, denn er hatte für einen ihrer Verwandten im nahegelegenen Parchen den Park verschönt. Der Briefwechsel mit Rudolf von Byern auf Parchen ist erhalten. Er beginnt 1830. Wir besitzen keinen Plan von Parchen, aber es gibt davon eine sehr schöne Ansicht bei Duncker. Lenné ging es vor allem darum, in Parchen vor dem erhöht gelegenen, von Stüler umgebauten Schloß, eine weite Wiesenfläche zu schaffen und die Teiche umzugestalten. Der Auftraggeber war mit dem Entstandenen nicht ganz einverstanden, denn der Garten war ihm zu schattenarm. Lenné vertröstete ihn auf die Ausführung, wo das alles noch geregelt werden würde, hat aber dann offenkundig nach seinem eigenen Ermessen gehandelt, denn der Park, dessen Randbepflanzung (Buchen und Eichen) und einige Solitärbäume noch erhalten sind, ist heute ebenso schattenarm wie 1833. Durch Anstau entstandene Teiche sind teilweise durch Zuschütten in ihren Umrissen verändert, doch ist die Anlage insgesamt noch erkennbar.
Der Auftraggeber des Gartens in Zabakuk war Kurt von Byern. Es handelt sich nur um eine kleine Anlage. Wir besitzen die Skizze, die Lenné in das ihm geschickte Aufmaß einzeichnete. Er gibt vorhandene Bäume an, von denen noch heute vor dem Wohnhaus eine große Platane steht. Das Wohnhaus ist ein Neubau der Lennézeit, der nördlich vor dem Gut errichtet wurde. Lenné fügte mit Bleistift noch eine Loggia an, auf die er die Blickrichtungen in die Landschaft bezieht, die sämtlich nach Westen in die havelländische Felder- und Wiesenlandschaft gehen. Die Loggia ist vorhanden und der Bau gepflegt (Kindergarten), aber sämtlicher Schmuckformen beraubt.
Auf dem Urmeßtischblatt von 1842 ist der Park noch nicht zu sehen. Auch das neue Wohnhaus steht noch nicht, aber die Gutsgebäude sind bereits vorhanden. Demnach dürfte die Anlage in Zabakuk um 1845 entstanden sein.
Der Park ist – wenn auch sehr verändert – erhalten. Der vom Schloß entfernt liegende nördliche Teil wurde schon am Ende des vorigen Jahrhunderts aufgeforstet. Einzelne Bäume, darunter eine riesige Platane vor dem Schloß (schon im Situationsplan eingetragen) und die von Lenné häufig verwendeten Lampenputzer-Spiräen stammen aus der Zeit der Anlage. Seitliche Parkteile werden als Tierpark genutzt und sind dementsprechend verändert.

512
Zabakuk. Um 1845

»Situations-Zeichnung von den neu anzulegenden Park-Anlagen des Herrn von Byern zu Zabakuk«
Plangrenzen: Weideflächen, Wald, Straße nach Gussow, Wirtschaftshof.
Zeichner: Einzeichnungen von Lenné.
Bezifferter Maßstab in Zoll.
Feder in Braun, Bleistifteinzeichnungen, wenig laviert in Gelb, Grau, Blau, Grün und Hellocker. 50,6 x 67,1 cm.
Plansig. Nr. 3563.

Vor dem Gutshaus liegt eine neben der eigentlichen Vorfahrt ausgebreitete regelmäßige Vorfläche. Der hippodromartige Grundriß bezieht sich auf die Schloßfassade, vergrößert sich jedoch in der Längsrichtung durch einen kleinen, rechteckigen Gartenteil mit exedraartigem Abschluß. Der zwischen Feldern sowie einer schmalen Senke und der Straße liegende Park wird in der Mitte von Bäumen frei gehalten, wirkt jedoch wegen des abschließenden Kiefernbestandes nicht sichtartig. Die Blickbeziehungen gehen vielmehr von einer Loggia aus seitlich durch den Park zu den Baulichkeiten am Ende der Gutsflur.

1.9. Rheinprovinz

Lenné wurde im Rheinland geboren, doch kaum war er nach seinen Ausbildungsjahren zurückgekehrt, wurde er nach Potsdam berufen. Der Briefwechsel mit seinem Vater hielt zwar die Verbindung aufrecht, aber Aufträge für die Rheinprovinz erhielt er zunächst nicht mehr, denn Friedrich Wilhelm III. beschränkte seine gärtnerischen Interessen auf die alten preußischen Gebiete. Das wurde mit der Thronbesteigung seines Nachfolgers anders. Friedrich Wilhelm IV. interessierte sich für die alten Burgen am Rhein und ließ auch die Gärten der im königlichen Besitz befindlichen Schlösser verschönern. Durch zahlreiche Pläne besonders gut belegt ist die Erneuerung des Schloßgartens von Brühl. Als Lenné der berühmte Generalgartendirektor geworden war, erhielt er auch Aufträge von Städten wie Aachen, Köln und Neuenahr.
Lenné scheint nach seinem langen, erfolgreichen Leben in Berlin und Potsdam immer noch so an seiner rheinischen Heimat gehangen zu haben, daß er sich hier zur Ruhe setzen wollte. Er erbat sich vom König die Erlaubnis, sich im Koblenzer Festungsrayon ein Haus erbauen zu dürfen. Durch seinen Tod im Jahr 1866 wurde diese Absicht vereitelt.

Aachen

Krankenhaus

Der Weingartsberg ist eine der Anhöhen, die die im Tal liegende Stadt Aachen umgeben. Hier wurde 1848–55 durch Stadtbaumeister Friedrich Ark ein Krankenhaus erbaut. Durch seinen roten Backstein und die Mittelkuppel hatte der Bau eine gewisse Fernwirkung zur Stadt. Der zugehörige Garten wurde nach einem Plan Lennés angelegt. 1852 war Lenné in Aachen gewesen. Am 18. 2. 1853 schickte er die Reinzeichnung, die von dem Potsdamer Entwurf etwas abweicht, an den Oberbürgermeister von Aachen und fügte eine Erläuterung bei, die Hinz abgedruckt hat. Die Ausführung leitete der in Potsdam ausgebildete Stadtgärtner Carl Jancke. Inwieweit der Plan Lennés ausgeführt worden ist, sieht man an einer Kopie von Jancke aus dem Jahr 1877 mit dem Titel »Situations-Plan des Hospital-Gartens nebst Project zur Vergroesserung desselben« (Stadtarchiv Aachen. J 3). Das Krankenhaus wurde bereits 1914 abgerissen, und die Anlage Lennés, der heutige Stadtpark, zeigt nur noch wenig von dem ursprünglichen Zustand.

513
Krankenhaus. 1853

»Krankenhaus zu Aachen. Januar 1853.«
Plangrenzen: Krefelder Straße, Monheimsallee, Jülicher Straße.
Zeichner: Gustav Meyer.
Bezifferter Maßstab in Ruten.
Feder in Grau, Bleistift, laviert in Grau und Rosa. 60,8 x 69,9 cm.
PlansIg. Nr. 3439.
Siehe Tafelteil.

Das ansteigende, um das Krankenhausgebäude herum überaus reich, ja überladen ausgestattete Gelände gliedert sich in regelmäßige und in landschaftlich gestaltete Partien. Vor der Hauptfassade des Gebäudes liegen eine breite Terrasse mit einem Altan und ein üppig gestaltetes Parterre. Dies setzt sich in zwei Halbkreisen in die davor liegende Wiesenfläche fort. Auch die Hauptachse wird regelmäßig bis an den Grundstücksrand vorgezogen, bestehend aus einem langen Wasserbecken und gleichmäßigen Pflanzungen. Auf der Rückseite des Hauses sind die Flächen einfacher ausgeformt, dafür der ansteigende, grottenartige Neorenaissance-Aufbau um so üppiger. Rechts vom Gartenplan ist dessen Aufriß gezeichnet, wohl von Lenné selber. Während sich seitlich des Krankenhauses weite Wiesenflächen mit geschwungenen Wegen, teils breitere Fahrwege, teils schmale Promenadenwege, ausbreiten, liegt in einem Abschnitt mit einem vorhandenen Gebäude eine weitere regelmäßige Anlage. Erneut ist der Gedanke des Hippodroms aufgenommen, an dessen einer Schmalseite ein Gartengebäude mit Pergolen vorgesehen ist. Durch die Mitte des Hippodroms verläuft hangabwärts eine Sichtachse, die von einer exedraartigen Form aufgefangen wird.

514
Krankenhaus. 1853

»Project zu den Gartenanlagen um das neue Krankenhaus zu Aachen.«
Plangrenzen: Krefelder Straße, Gelände an der Monheimsallee, Jülicher Straße.
Signiert: »entworfen vom Gartendirector Lenné im Januar 1853.«
Zeichner: Gustav Meyer.
Bezifferter Maßstab in Ruten.
Feder, Bleistift, laviert in Grün, Blau und Rosa. 56,6 x 66,3 cm.
Stadtarchiv Aachen. J 2.
Siehe Tafelteil.
Quellen u. Lit.: Stadtarchiv Aachen. Protokoll des Gemeinderaths zu Aachen. 9.2.1853. – Hinz 1967. S. 194 bis 207. – Hinz 1989. S. 484, 486. – Wimmer 1990. Nr. 78.

Das große Krankenhaus, zu dem eine doppelte Allee mit reichen Schmuckanlagen führt, liegt auf ansteigendem Gelände. Eine parterreähnliche Zieranlage breitet sich vor dem Krankenhaus aus. Zwischen Allee und Krankenhaus liegen höhere, nur zum Rand hin dichte Pflanzungen, die ausgewogene Freiräume offen lassen; im Süden ist ein Teich vorgesehen. Ziemlich gleichförmige Wege erschließen das Gelände, dessen lichten Punkt ein Aussichtspavillon betont. Im östlichen Teil des Geländes ist ein Botanischer Garten eingefügt. Die Anlagen greifen auch über die Monheimsallee hinaus, doch dieser Teil wurde nicht ausgeführt.

515
Garten Dubusc. Um 1853

Carl Gerhard Dubusc heiratete 1852; der Auftrag zur Anlegung seines Gartens dürfte mit seiner Eheschließung und dem Aufenthalt Lennés wegen des Krankenhausgartens zusammentreffen. Dubusc war ein einflußreicher Bürger mit zahlreichen Ämtern und Ehrenämtern. Der Garten wurde fast genau nach Lennés Plan angelegt. Er ist heute noch, wenn auch verwildert, vorhanden.

»Grundriß des Garten-Terrains des H. Staats-Prokurators Dubusc in Aachen.«
Plangrenzen: »Kleiner Garten v. Loewenich«, »Große Garten-Anlage v. Deusner«, »Garten v. Blankenhorn«, »Hofraum des H. Wintgens«, »Garten des H. Scherer«, Hof Dubusc.
Zeichner: Garteneinzeichnung von Lenné.
Bezifferter Maßstab in Rheinischen Fuß.
Feder in Grau, Bleistift, laviert in Rosa. 68,9 x 51,2 cm.
Planslg. Nr. 3440.
Lit.: E. Arens u. W. Jensen: Geschichte des Club Aachener Casino. Aachen 1937.

Das Gartengrundstück ist rings mit einer Mauer bzw. mit Gebäuden umgeben. Vom Seitenflügel des Wohnhauses führt vom Gartenzimmer ein Zugang in den Garten, dessen fast halbkreisartiges Hauptstück einer seitlich an der Mauer angefügten Pergola zugeordnet ist. Vom Gartenzimmer bleibt der Zugang zur Pergola gewährleistet, deren halbkreisförmiger Abschluß von einem Brunnen betont wird. Geschwungene, am Rand entlang geführte Wege lassen einen Mittelraum auch von Bepflanzung frei. Zwei exedraartige Sitzplätze sind so eingeordnet, daß sich Blicke durch die Tiefe des Gartens ergeben, der am Übergang zum Hof von einem großen Teppichbeet abgeschlossen wird.

Bonn

Lenné wurde 1789 in Bonn geboren, wo sein Vater Hofgärtner und Vorsteher des Botanischen Gartens der Universität war. Als die Stadt Schwierigkeiten bei einem Streit mit der Universität um ein Grundstück hatte, das für die städtischen Grünanlagen wichtig war, wandte man sich im Jahr 1858 um Hilfe an den großen Sohn der Stadt. Lenné nahm sich des Problems an und soll schließlich 1863 einen Verschönerungsplan für die Anlage in Verbindung mit dem Hofgarten ausgearbeitet haben. Der Plan ist nicht erhalten, ebensowenig der für den hinteren Teil des Friedhofes, den der in Bonn ansässige Garteninspektor Sinnig nach einem Plan von Lenné ausgeführt hat.

516
Garten Miderle. 1859

Der Garten Miderle liegt in Endenich, das damals noch nicht zu Bonn gehörte, wo aber schon Villen reicher Bonner Bürger entstanden. Das Grundstück ist noch vorhanden. Hier befindet sich jetzt das Institut für Obstbau der Universität.

»Project zur Garten Anlage des Hrn. Miderle zu Endenich bei Bonn«
Plangrenzen: Straße nach Endenich, Chaussee nach Bonn, Grundstücksgrenzen.
Signiert: »Angefertigt im October 1859. Der Geometer Schmitz.«
Zeichner: Schmitz, Einzeichnungen von Gustav Meyer.
Bezifferter Maßstab in Ruten.
Wasserzeichen von 1858.
Feder in Grau und Schwarz, laviert in Grün und Rosa. 67,5 x 100,3 cm.
Planslg. Nr. 3470.
Siehe Tafelteil.

Seitlich des sehr großen Wohnhauses liegt erhöht ein Sitzplatz mit Wasserbecken und runder Fontäne. Eine breite Pergola führt zum Sitzplatz und randet den Ziergarten. Der Hauptblick des Hauses senkt sich nach Nordosten, wobei je drei kräftige Baumgruppen und dazugehörende Vorpflanzungen den Blick führen. Auch seitlich fügen sich längliche Gartenräume ein, die von einem Gartenhaus bzw. von einer Rundbank mit Brunnenbecken ausgehen. An den Grundstücksgrenzen entlang schwingende Wege erschließen das Gelände, wobei an der Chaussee nach Bonn ein breiter Vorfahrtsweg beginnt. Ein geplanter Eiskeller ummantelt sich mit großen Bäumen. In einem vorspringenden Grundstücksteil wird ein hippodromartiger Garten mit Einzelbäumen ausgebaut. Das Gartengelände senkt sich nach Nordosten und gibt über dichte Ränder den Blick auf Bonn und in die Landschaft frei.
Unten sind neun Nivellements des recht bewegten Geländes aufgezeichnet.

517
Gut Oberkassel. Um 1814

Das Gut Oberkassel war durch Heirat 1770 an die Grafen zur Lippe gekommen. Damals stand schon das 1764 nach Plänen von Johann Conrad Schlaun errichtete Landhaus. Auf dem Plan sieht man nur die Mauer der Gartenseite und die Freitreppe des Baus, der nach der Straße zu einen von zwei Flügeln gebildeten Hof hatte. Den damals angelegten Garten sollte Lenné teilweise neu gestalten.

»Idee über den Garten Ihrer Excellenz der Frau Gräfin zur Lippe in Ober Cassel, wobei nach Vorschrift die Größe des sich vorfindenden Küchen- und Baumgartens beybehalten, und die Blumenparthien zu beyden Seiten des Obern Lusthäuschens angebracht wurden.«
Plangrenzen: Grundstücksgrenzen.
Signiert: »Lenné«.
Zeichner: Eigenhändig.
Bezifferter Maßstab in Fuß.
Feder in Grau, laviert in Grün, Gelb und Grau. 50,8 x 45 cm.
Über den mittleren Teil ist eine Variante geheftet.
Planslg. Nr. 3497.
Siehe Tafelteil.

Wohnhaus und Lusthäuschen, die durch eine Obstallee verbunden sind, liegen innerhalb eines mit Mauern begrenzten Grundstücks, dessen Aufteilung höchst merkwürdig ist.
Seitlich des von Bäumen eingefaßten Mittelstücks liegen am Randweg Teile des Küchengartens, je ein Cabinet mit einem »Canapé«. Der Hauptküchengarten seitlich der Obstallee wird von zwei fischgrätenartigen Wegen erschlossen, seitlich liegt eine Frühbeetanlage. Im Anschluß an den Nutzgarten folgt zum Lusthaus ein Baumgarten, dessen Ränder mit Blütensträuchern bepflanzt sind. In der Nähe des Lusthauses liegen die »Blumenparthien«, deren Grundriß sehr aparte Formen aufweist.
Für den »Hauptküchengarten« ist ein Deckblatt mit einer Grundrißvariante vorgesehen. An Stelle der fischgrätenartigen Wege sind viertelkreisförmige Wege vorgesehen; auch die »Gartencabinetten« sind in veränderter Form mit Bank und Plastik beibehalten.

91. Johann Gabriel Friedrich Poppel nach Georg Osterwald. Das Schloß Augustusburg in Brühl. Um 1840. (Stiftung Schlösser und Gärten Potsdam-Sanssouci)

Brühl

Das Kurfürstentum Köln war von Napoleon aufgelöst worden und kam nach dessen Niederlage 1815 an Preußen. Das berühmte spätbarocke Schloß in Brühl hatte in der Franzosenzeit schwer gelitten.
Ein Schüler von André Le Nôtre, Dominique Girard, hatte den Garten seit 1728 angelegt. Vor dem Nordflügel entstand ein Gartenparterre, im Süden ein Parterre mit Fontänen, an das sich der Tierpark mit strahlenförmigen Alleen anschloß. Kanäle bereicherten die Anlage. 1842 besuchte Friedrich Wilhelm IV. Brühl und befahl die Instandsetzung der Wohnräume für den Besuch der englischen Königin. Eine weitere Veranlassung zu Bemühungen um den Garten war die Trassenführung der Eisenbahnlinie Köln–Bonn durch die östliche Ausbuchtung des Parks. Lenné berichtete am 30.10.1842 im »Verein zur Beförderung des Gartenbaues ... « über Gartenplanungen für die Rheinprovinz und erwähnte, daß »der 300 Morgen große, herrliche Buchenwald bei Brühl« als Park hergestellt werden soll, um den Bewohnern von Köln als Erholungsort zu dienen. Mit Brühl war Lenné seit seiner Jugend vertraut, denn hier hatte er 1805 bei seinem Onkel, dem Hofgärtner Clemens Weyhe, die Gärtnerlehre angetreten. Im Oktober 1842 legte er seinen großen »Verschönerungs Plan der Garten- und Parkanlage bei dem Königl. Schlosse zu Brühl« vor, dem weitere folgen sollten. Lenné hat die Parterreanlagen des 18. Jahrhunderts beibehalten, nur ihre Bepflanzung im Sinn seiner Zeit angeordnet. Der Tiergarten wurde in einen Landschaftsgarten umgestaltet. Beträchtlich veränderte sich der Teil, den die Eisenbahnlinie durchzieht, deren Weg sehr wirkungsvoll zwischen zwei Seen hindurchführt. Damals mochte das noch als interessante Bereicherung des Gartens gelten. Der Bahnhof, zwischen Schloß und Ort Brühl gelegen, wurde vom Schloß aus durch eine Allee erreicht. Der Plan von 1842 ist im wesentlichen ausgeführt worden. Vor allem das Aussehen des Tiergartens und des Ostteils des Parks wird heute noch vom Lennéschen Entwurf bestimmt. An den Parterres sind 1933–35 durch Georg Potente sehr beachtliche Rekonstruktionsarbeiten durchgeführt worden.

518
Brühl. Um 1842

»Flächen-Register«
Plangrenzen: Brühl/Comesgasse, Bahnhof, Hofgarten, Schloßanlage.
Signiert: »Original von Mark«.
Feder in Grau, Bleistift, laviert in Grün, Blau und Rosa. Auf Seidenpapier. 40,5 x 58,8 cm.
Planslg. Nr. 13 165.

Für 13 Flächen, teils privat, teils königliche Domäne, werden die Größen in Morgen, Ruten und Fuß angegeben.

519
Brühl. Um 1842

»Nivellement der Mauer um den sogenannten Treibhausgarten bei Brühl«
Bezifferter Maßstab in Fuß für die Höhen, in Ruten für die Längen.
Wasserzeichen von 1837.
Feder in Schwarz und Blau, laviert in Rot und Grau. 33,2 x 82,6 cm.
Plansig. Nr. 13166.

Das Nivellement zwischen der ehemaligen Gärtnerwohnung und der Brücke an der Falkenluster Allee zeigt den Wasserstand am 21.10.1842. Es wurde für die Projektierung der Eisenbahn (Schienenhöhe) im sogenannten Treibhausgarten angefertigt.

520
Brühl. 1842

»Situations-Plan über das Königliche Schloss zu Brühl mit Umgebungen«
Plangrenzen: Stadt, Mühle, Weg nach Berzdorf, Palnsdorfer Höhe, Allee nach Falkenlust, Südgrenze des Parks, Weg nach Pinsdorf.

Signiert: »Angefertigt im Monat Januar 1842, durch den Geometer, H. Krieger.«
Zeichner: H. Krieger, Einzeichnungen von Gerhard Koeber.
Bezifferter Maßstab in Ruten.
Wasserzeichen von 1841.
Feder in Grau und Schwarz, wenig Bleistift, laviert. Auf Leinen aufgezogen. 60,8 x 94 cm.
Plansig. Nr. 13168.

Die Aufnahme des Plans erfolgte offenbar vor Beginn der Veränderungen im Park und des Baus der Eisenbahn und des Bahnhofs. Bleistifteintragungen finden sich nördlich des Schlosses, östlich des Lehrerseminars und im Weiher.

521
Brühl. Um 1842

»Situations Plan vom Koeniglichen Schlosse und Park zu Brühl nebst dem vor dem Schlosse anzulegenden Bahnhof der Bonn–Coelner Eisenbahn«
Plangrenzen: Straße von Schwadorf, Stadtmühle, Chaussee nach Köln, Bahnsdorfer Höfe, Falkenluster Allee.
Bezifferter Maßstab in Ruten.
Feder in Schwarz, wenig Rot, laviert in Schwarz und Rot, wenig Bleistifteinzeichnungen. Auf Leinen aufgezogen. 34,4 x 48 cm.
Plansig. Nr. 13167.

Der Situationsplan zeigt den Tiergarten, den Schloßpark mit dem Schloß, die Teiche und Gräben sowie die Allee und den Ort. Die projektierte Eisenbahntrasse ist rot eingezeichnet.

522
Brühl. 1843

»Situations und Nivellements-Plan über einen Theil des Thiergartens zu Brühl, und von dem Pinsdorfer Bache bis in den Krautgarten Teich.«
Plangrenzen: Weißweiher, Spiegelweiher, Parkmauer, vormaliger Großer Teich.
Signiert: »Aufgenommen im Monat Januar 1843 durch den Königl: Geometer Mack«.
Feder in Schwarz, wenig Rot, laviert in Grün, Blau und wenig Rot. Auf Leinen aufgezogen. 53,8 x 74,2 cm.
Plansig. Nr. 13169.

Der Plan zeigt den Zustand des genannten Geländes unter besonderer Betonung der Teiche, Gräben und Bäche. Es ist vorgesehen, einen neuen Bach anzulegen, der vom Krautgartenteich zum Pinsdorfer Bach führt. Das Projekt ist in Zusammenhang mit der Überarbeitung des Gartens zu sehen.

523
Brühl

»Plan des Thiergartens am Koeniglichen Schlosse zu Brühl«. »Copia nach Schopens Karten vom J. 1824«
Plangrenzen: Parkgrenzen.
Zeichner: Einzeichnungen von Lenné.
Wasserzeichen von 1839.
Feder in Grau, Bleistift, laviert in Grün und Rosa. 46,5 x 65,2 cm.
Plansig. Nr. 13170.

Der Tiergarten ist noch mit wenigen Wegen durchzogen, wobei der Neue Weiher, eine hippodromartige Rasenfläche, mit einem Randweg an die neuen Anlagen im früheren Treibhausgarten verbunden wird. Dieser umgestaltete Gartenteil erhält zwei recht große Wasserflächen, die an der schmalsten Stelle von der Eisenbahnbrücke, die auch als Fußgängerbrücke benutzbar ist, überquert wird. Vom früheren regelmäßigen Graben bleibt nur der östliche Teilabschnitt erhalten, der – seitlich alleeartig bepflanzt – auf eine rechteckige Rasenfläche zuführt. Bleistifteintragungen lassen erkennen, daß hier im Halbrund eine Plastik aufgestellt oder davor ein Pavillon gebaut werden soll. Am südwestlichen Seeufer zeigen Bleistiftkorrekturen, daß eine größere Insel abgetrennt werden soll. Die geplanten Bahnhofsanlagen nehmen durch Wege und Alleepflanzungen Bezug auf Schloßvorhof und Schloß. Das wegen des Wegfalls des Treibhausgartens erforderliche Gärtnereigelände entsteht auf der Inselfläche zwischen Bahnhof und Parterre.

524
Brühl. Um 1842

»Situations Plan des Thiergartens am Königlichen Schlosse zu Brühl«
Plangrenzen: Parkgrenzen, Bahnlinie, Schloß.
Wasserzeichen von 1837.
Feder in Schwarz, laviert in Grün, Blau, Grau und Rosa. 56,8 x 82,8 cm.
Plansig. Nr. 13171.

Im Plan werden besonders die östlichen und westlichen Teile der Anlage berücksichtigt. Der große Weiher (im Westen), der langsam ausgetrocknet war, wird schon als Neuer Weiher ausgewiesen; der »Thier-Garten« ist nur als Übersicht eingetragen. Die östlichen Teile zeigen eine genaue Bearbeitung der Flächen zwischen Bahnhof und Schloß, des Gärtnereigeländes mit Gebäuden und Nutzflächen und vor allem des neuen landschaftlichen Teils im früheren Treibhausgarten. Der Garten, dessen einst regelmäßige Wasserflächen höchst bewegte Uferformen zeigen, wird durch die neue Bahnlinie geteilt. Die Insel, die im vorangegangenen Plan einskizziert wurde, ist hier ausgeführt. Nicht alle in der Erklärung aufgeführten Buchstaben sind eingezeichnet.

525
Brühl. 1842

»Verschönerungs Plan der Garten- und Parkanlage bei dem Königl: Schlosse zu Brühl.«
Plangrenzen: Parkgrenzen, Bahnhofsanlagen.
Signiert: »Entworfen von Lenné im October 1842.«
Zeichner: Gerhard Koeber.
Bezifferter Maßstab in Ruten.
Wasserzeichen von 1841.
Feder in Grau, laviert in Grün, Grau, Blau und Rosa. Auf Leinen aufgezogen. 59 x 82 cm.
Plansig. Nr. 13172.
Siehe Tafelteil.

Im Tiergarten sind das alte Wegesystem und auch die Alleepflanzungen im wesentlichen beibehalten. Die ausgedehnten waldartigen Flächen sind aufgelockert worden, wobei etwa zwei Drittel zu dichten Beständen zusammengefaßt sind und der übrige Teil hainartig aufgelockert erscheint. Die Wasserspiegel und Wasserkünste des berühmten Parterres bleiben ebenso erhalten wie die Laubengänge. Das Parterre wird zur Rasenfläche, an deren Rand je sechs rechteckige Blöcke aus Gehölzen liegen, dazu sechs kreisrunde Beete und in der Übergangszone zur Schloßterrasse flächige Beete. Der ehemalige Krautgarten ist regelmäßig gegliedert und an das Seminar verpachtet. Der einstige Weiher, schon längere Zeit ausgetrocknet, wird als hippodromartige Rasenfläche, mit einer Allee eingefaßt, ausgewiesen. Die projektierte Eisenbahnlinie zerschneidet den ehemaligen Treibhausgarten in zwei Teile. Die ohnedies sehr nassen Partien werden in zwei buchtenreiche Seen umgestaltet, über deren schmales Verbindungsstück die Eisenbahnbrücke führt. Drei Inseln beleben die große Wasserfläche. Die Bahnhofsanlagen richten sich auf das Schloß aus und sind mit Alleen an das vorhandene Wegesystem angebunden. Das vorgesehene Gärtnereigelände bleibt regelmäßig gegliedert und wird mit zwei Bäumen versehen.

526
Brühl. 1842

»Schloss zu Brühl«
Plangrenzen: Parkgrenzen.
Zeichner: Gerhard Koeber.
Bezifferter Maßstab ohne Angabe der Maßeinheit.
Wasserzeichen von 1838.
Feder in Grau, Bleistift, laviert in Grün und Rosa. Auf Seidenpapier, aufgezogen auf festes Papier. 43,9 x 52,8 cm.
Planlsg. Nr. 13173.

Der Plan entspricht der von Lenné im Oktober 1842 signierten Kat.-Nr. 525.

527
Brühl. Um 1845

»Schlossgarten zu Brühl.«
Plangrenzen: Parkgrenzen.
Signiert: »Lenné«.
Zeichner: Emil Sello.
Bezifferter Maßstab ohne Angabe der Maßeinheit.
Wasserzeichen von 1842.
Feder in Grau, laviert in Grün, Braun und Rosa. 44,9 x 62,4 cm.
Planslg. Nr. 13174.
Siehe Tafelteil.

Die Planung fußt auf dem Plan vom Oktober 1842 (Kat.-Nr. 525). Der alte Tiergarten (dessen Freiflächen größer geworden sind, auch tauchen zum ersten Male Nadelgehölze auf) ist im Vergleich zu den veränderten Teilen (bräunlich getönt) und den zartgrünen Parterreflächen unterschiedlich dargestellt. Der frühere Weiher, schon längere Zeit ausgetrocknet, wird jetzt zum »Volks-Tummelplatz«. Die Randpartien entlang der Mauer bilden den Übergang zum Tiergarten, verstecken jedoch die Mauer hinter einem dichten Gehölzstreifen. Die veränderten Partien des umgestalteten Treibhausgartens, der neuen Gärtnerei und des Bahnhofsgeländes sind gleichfalls farblich ausgewiesen. Lateinische Ziffern auf den Wegen deuten auf technische Angaben eines Wegebauprojekts hin.

528
Brühl. Um 1845

Plangrenzen: Parkgrenzen.
Zeichner: Emil Sello.
Feder in Grau, wenig Bleistift, laviert in Grün und Rosa.
Auf Leinen aufgezogen. 43 x 54,3 cm.
Planslg. Nr. 13175.

Die Darstellung geht auf den vorangegangenen Plan zurück, wurde jedoch zur Skizzierung geplanter Veränderungen benutzt. Vom Mönchsweiher ist ein Abfluß nach Süden und ein weiterer nach Osten zum Weißweiher vorgesehen, letzterer teils verrohrt. Die Wegeführung im Tiergarten wird durch Entnahme einiger Wege vereinfacht, hier sind auch statt dichter Laubholzgruppen Nadelgehölzpartien eingetragen. In der Umgebung des Parterres und der Gärtnerei begleiten geschnittene Hecken die Wege. Im früheren Treibhausgarten wird die Uferführung ruhiger.
Bleistiftstriche lassen den geplanten Verzicht auf die große Insel erkennen.

529
Brühl. Um 1845

»Schloß Brühl«
Plangrenzen: Parkgrenzen.
Zeichner: Gerhard Koeber.
Feder in Schwarz, wenig Bleistift, laviert in Grün, Braun und Grau. 52,3 x 54,8 cm.
Planslg. Nr. 13176.

Der etwas schematisch gezeichnete Plan läßt ganz deutlich die schlichtere Wegeführung erkennen, macht auch die Veränderung durch Wegfall der Insel deutlich. Die Eisenbahnbrücke bleibt ohne Fußgängerverkehr. Das Gärtnereigelände verbleibt ohne Bauten, die Orangerie in einem seitlichen Schloßflügel. Der frühere Weiher hat eine schmale Randbepflanzung und zeigt sich als bloße Wiesenfläche. Für den ehemaligen Krautgarten trifft gleiches zu.
Unten rechts ist ein kleines Bambusrundtempelchen eingezeichnet.

530
Brühl. 1859

»Schloßpark zu Brühl«
Plangrenzen: Parkgrenzen.
Signiert: »H. Vollert 1859«.
Bezifferter Maßstab ohne Angabe der Maßeinheit.
Wasserzeichen von 1858.
Ein Zettel mit Legende ist angeheftet.
Feder in Schwarz und Grau, laviert in Grün, Braun, sowie Hellocker und Blaßviolett, wenige Bleistiftanmerkungen.
54,7 x 48,6 cm.
Planslg. Nr. 13177.

Lit. zu Kat.-Nr. 518–530: Hinz 1989. S. 474–477. – Wilfried Hansmann: Lennés Schloßpark in Brühl. In: Leben und Werk Peter Joseph Lennés. Internationales Kolloquium 1989. Berlin 1991. S. 198–200.

Der Plan entspricht Kat.-Nr. 529, jedoch sind die Baumgruppen des Tiergartens wesentlich größer, so daß kaum Freiflächen übrigleiben. Auch ist die Anordnung der Nadelgehölze verändert und entspricht der Ausführung. Der Plan wurde als Grundlage zu einem Vorschlag verwendet, die Führung von Ab- und Zuflüssen zu verändern. Als Folge wären einige Flächen trockener und könnten als Futterwiese genutzt werden.

Köln

531
Klettenberg. 1804

Klettenberg liegt im Südwesten Kölns. Die Skizze für den Garten Gengruben ist wohl von dem Vater Lennés gezeichnet worden. Lenné der Jüngere scheint das Blatt dann für Zeichenübungen genutzt zu haben, wofür vor allem die Verwendung der Rückseite spricht.

»Herrn Gengruben bey Colln den Klettenberg genannt den 23 oct 1804«
Plangrenzen: Grundstücksgrenzen.
Zeichner: Wohl Peter Joseph Lenné d. Ä.
Feder in Grau und Braun. 38,5 x 59,2 cm.
Planslg. Nr. 13191.

Der alleeartig bepflanzte Hauptzugangsweg führt auf ein Fontänenbecken zu, über dem neben amöboiden Beeten eine Rundbank steht. Von hier aus verbreiten sich geschwungene und geschlängelte Wege, die teils erhebliche Freiflächen, teils auch verhältnismäßig große Wasserflächen einschließen. Die Partien vor den großen Nutzflächen sind mit sehr verschlungenen Wegen durchzogen, die zu kabinettartigen Sitzplätzen und kleineren Gartenräumen führen.
Auf der Rückseite: »Plan geographique Plan geogr Département de Rhin & Moselle Arrondissement des Coblenz Canton de R« (wirkt wie eine Schreibübung) und daneben »Baumgarten von Gen. Moneley zu Bodorf 1808«. In einem offensichtlich regelmäßigen Park wird ein Ziergarten eingefügt, dessen fast halbkreisförmiger Weg teils durch kabinettartige Sitzplätze, teils unmittelbar mit den Wegen der Umgebung verbunden ist. Das Innere führt in muschelartiger Verschlingung zu einem Mittelpunkt (mit Vase oder Plastik).

Flora

Im Stadtteil Riehl liegen drei Parkanlagen nebeneinander, der Botanische Garten, der 1860 angelegte Zoologische Garten und der von Lenné entworfene Garten der Aktiengesellschaft Flora.
Das Grundstück wurde 1862 von Kölner Bürgern erworben, einer der Hauptförderer des Unternehmens war der Bankier Eduard von Oppenheim, dessen Villa am Rheinufer in unmittelbarer Nähe lag. Gewünscht war eine Ausstellung, die ästhetische und belehrende Aufgaben erfüllen sollte. Darum waren Gartenanlagen im französischen, holländischen, englischen und norddeutschen Stil gefordert, und eine Vielfalt von pflanzlichen Kostbarkeiten sollte das Publikum erfreuen. Lenné ist es glänzend gelungen, diese verschiedenen Forderungen zu vereinen. Im Oktober 1862 war sein Entwurf fertig, am 14. 8. 1864 konnte die Einweihung der Flora stattfinden. Lenné hatte einen seiner Schüler aus der Gärtnerlehranstalt, Julius Niepraschk, zur Anleitung nach Köln geschickt. Die Anlage enthielt auch Vergnügungsstätten, und in der Folgezeit bildete sie einen der Mittelpunkte des gesellschaftlichen Lebens in Köln.

532
Flora. 1862

»Situations Plan über die projektierte Anlage eines Botanischen Gartens von der Actien Gesellschaft Flora«
Plangrenzen: Amsterdamerstraße, Florastraße, Lennéstraße, Zoologischer Garten.
Signiert: »Lechenich im September 1862. Der Königliche Kataster Controleur und Vermeßungs Revisor Claas«.
Zeichner: Claas, Einzeichnungen von Lenné.
Bezifferter Maßstab in Ruten.
Wasserzeichen von 1861.
Feder in Grau, Bleistift, laviert in Blaßgelb und Rosa. Auf Leinen aufgezogen. 66,5 x 101,5 cm.
Planslg. Nr. 3503.

In das zwischen zwei Straßen und zwei Privatgrundstücken liegende Floragelände wird in der Diagonale der Wintergarten eingeordnet, in dessen Achse das Dampfmaschinengebäude (auch als Belvedere vorgesehen) und ein Gartenpavillon stehen. Es findet sich auch eine kleinere geschlossene Hallenanlage (als Promenade). Die übrigen Flächen sind mit kräftig geschwungenen Wegen durchzogen. Bepflanzungen werden angedeutet. Auch die langgestreckten Gewächshäuser für Warmhauspflanzen sind vorgesehen.

533
Flora. 1862

»Situations-Plan des Gartens der Gesellschaft Flora in Cöln.«
Plangrenzen: Amsterdamerstraße, Florastraße, Lennéstraße, Botanischer Garten.
Signiert: »Lenné im October 1862.« »Lith. Anst. v. Leopold Kraatz in Berlin.«
Bezifferter Maßstab in Ruten.
Lithographie in Grau und Braun. 49,1 x 63 cm.
Planslg. Nr. 3501.
Siehe Tafelteil.
Lit. zu Kat.-Nr. 532 und 534: H. Jäger: Der neue Garten der Gesellschaft Flora in Köln. In: Gartenflora. 13. 1864. S. 273, 274. – Niepraschk: Holländisches Blumen-Parterre im Floragarten in Cöln a. Rh. In: Illustrierte Gartenzeitung. 15. 1871. S. 180. – Günther. S. 174. – Hinz 1989. S. 490–492.

Zwischen dem Eingang (gegenüber dem Zoologischen Garten und dem Wintergarten) liegt ein sehr reich ausgestattetes Teppichbeet mit rundem Fontänenbecken. Dem auf einer Terrasse liegenden Wintergarten schließt sich eine geschlossene Wandelhalle mit einem Platanenhain im Inneren an. Die Querachse geht vom Dampfmaschinenhaus (als Belvedere zu nutzen) über sehr reiche

Zierbeetanlagen bis zu einem Pavillon. Die übrigen Flächen sind durch elegant geschwungene Wege erschlossen. Die Bepflanzung, bestehend aus dichten, meist rundlichen Baumgruppen und zahlreichen Vorpflanzungen, ist so verteilt, daß sich schmale, verhältnismäßig tiefe Raumzüge ergeben. Vor dem seitlich eingefügten Gewächshaus liegen Anzuchtflächen des Botanischen Gartens und eine Handelsgärtnerei.
Diese Wiedergabe des ausgeführten Parks zeigt wesentliche Unterschiede zu dem ersten Projekt, die einesteils auf veränderte Lage der Gebäude, andererseits zweifellos auf Wünsche der Auftraggeber zurückgehen.

Bad Neuenahr

1851 wurde die Quelle des Apollinarisbrunnens entdeckt, was zur Gründung von Bad Neuenahr führte. Am 28. 7. 1858 fand die Einweihung statt. Der Aufbau des Bades zog sich dann bis 1863 hin. Die Geldmittel waren nie groß, und so konnte bis 1859 nur ein kleiner Teil des großen Gartenplans von Lenné durch den Kurgärtner F. Schroeder ausgeführt werden. 1861 sollte nach einem neuen Kostenanschlag weiter gearbeitet werden. Aber am 4.11.1861 schrieb Schroeder an Oberhofmarschall Graf Pückler, daß vorläufig wegen Geldmangels die Gartenanlagen abgeschlossen wären, »denn die ganze Sache, sowohl Bauten als Garten Anlagen, sind dem vorhandenen Capital gegenüber viel zu weit gegriffen, und müssen deshalb nothwendig eingeschränkt werden«. 1862 wurde dann an Lenné der Plan von Holters geschickt (Kat.-Nr. 535), was wohl bedeutet, daß man die Erweiterung der Anlage noch nicht aufgegeben hatte. Schließlich wurde von dem Vorschlag Lennés so wenig ausgeführt, daß man in Neuenahr nur in Grenzen von einem Lennégarten sprechen kann. Übrigens war ein Neffe Lennés 1863–93 Kurdirektor von Bad Neuenahr.

534
Bad Neuenahr. 1857

»Bad Neuenahr 1tes Project«
Plangrenzen: Ortslage und die Ahr.
Signiert: »Lenné 1857.«
Zeichner: Gustav Meyer.
Bezifferter Maßstab in Ruten.
Wasserzeichen von 1855.
Feder in Grau, laviert in Grün, Blau, Blaßbraun und Rosa. 66,1 x 92,7 cm.
Planslg. Nr. 3538.
Siehe Tafelteil.

Im Anschluß an die Bebauung folgen die Kuranlagen, die eine ausgeprägte Tiefenachse (hippodromartiger Vorplatz – Kurhaus – Wandelhalle mit den seitlichen Bädern – Rondell mit reichem Teppichbeet) aufweisen. Die sehr malerisch aufgefaßte Gestaltung beginnt am Rand des Ortes und führt in sanft geschwungenen Wegen entlang der Ahr bis in die westlichen Feldflächen. Es bleiben sehr große Wiesenflächen unbepflanzt. Die westlichen Partien sind dichter bepflanzt (und die Wege somit schattiger) als die östlichen. Auch ein Stück Feldflur wird locker, mehr park- als alleeartig, behandelt. Ganz gegensätzlich steht dazu die sehr üppige Behandlung der Flächen um Kurhaus und Bäder, die zur Aufmunterung der Kurgäste gedacht sind.

535
Bad Neuenahr. 1862

»Mineralbad Neuenahr Situations-Plan zur Anlage von Straßen welche an die Gartenanlagen der Actiengesellschaft grenzen«
Plangrenzen: Straßen am Rand der Kuranlagen.
Signiert: »Holters 26.3.1862«.
Feder in Grau, laviert in Grün, Gelb, Braun, Blau und Rosa. 32,7 x 40,4 cm.
Plansig. Nr. 3539.
Quellen u. Lit.: Lenné-Nachlaß. Nr. 10. Fol. 807, 808. – Hinz 1967. S. 205–206. – Hinz 1989. S. 488–490.

Zwei je vierreihige Alleen begrenzen eine rechteckige Rasenfläche, zu der ein regelmäßiges Wasserbecken gehört; es ist mit der Ahr durch einen Graben verbunden. Das Alleemotiv setzt sich jenseits eines breiten Weges fort und umschließt eine viereckige Rasenfläche, die in Zierform aufgeteilt ist. Die vorhandenen Straßen werden unter geringer Berücksichtigung der Bebauung begradigt oder neu projektiert.

1.10. Provinz Westfalen

Unbekannter Ort

536
Garten Croy. Um 1840

Der Major und spätere Generalleutnant im preußischen Heer Prinz Philipp Croy ließ sich den Plan von Lenné in seine Wohnung Pariser Platz 6 in Berlin bringen. Der Entwurf ist nicht für Berlin bestimmt. Der Hauptsitz der Familie ist in Dülmen in Westfalen, aber auch hierfür ist der Entwurf nicht gezeichnet worden, sicher aber für einen Besitz der Croys. Für welchen er bestimmt war, konnte nicht geklärt werden.

»Prinz v. Croy. Königl. Major. Pariser Platz No 6«
Plangrenzen: Wassergraben, Grundstücksgrenzen.
Zeichner: Gerhard Koeber.
Bezifferter Maßstab ohne Angabe der Maßeinheit.
Bleistift. Auf Seidenpapier. 44,6 x 60,4 cm.
Plansig. Nr. 3632.

Ein nahezu rechteckiges, von einem breiten Wasserlauf umgebenes Grundstück ist über eine Brücke und mehrere kleine Zugänge zu erreichen. Fast gleichlaufend zum Ufer zieht sich ein Randweg hin, während vier geschwungene Diagonalwege die Gartenfläche erschließen. Ein Wasserlauf erweitert sich in der Mitte in langen, seeartigen Zügen. Am Bogen dieses Wasserlaufs ist ein Gartenhaus eingeordnet, zu dem ein kreisrunder, regelmäßig bepflanzter Garten gehört. Schräg gerichtete Sichten und Freiflächen werden von recht dichten Baumpflanzungen eingerahmt.

537
Bad Oeynhausen. 1847

Im damaligen Neusalzwerk ließ Friedrich II. um 1750 eine Saline einrichten, an der sich der Ort entwickelte. Zum Bad wurde der Ort 1848 auf Wunsch Friedrich Wilhelms IV., der mit dem Namen den verdienten Berg-

hauptmann Carl August Ludwig von Oeynhausen ehren wollte. 1851 wurde das erste Kurhaus gebaut.
1847 zeichnete Lenné den Plan für den Kurpark, der aber erst 1853 angelegt wurde. Aus dem Jahr 1858 ist ein Briefwechsel zwischen dem Minister von der Heydt und Lenné erhalten, bei dem es um den Bebauungsplan von Bad Oeynhausen geht. Der Park in Oeynhausen ist erhalten, doch dichter bebaut, als Lenné es vorgesehen hatte.

Plangrenzen: Herforder Straße, Corso.
Signiert: »Angefertigt vom Garten Direktor Lenné zu Neu-Salzwerk am 26. August 1847.«
Zeichner: Gustav Meyer.
Feder, aquarelliert. 133,5 x 93,5 cm.
Nordrheinwestfälisches Staatsarchiv Detmold. D 73. Tit. 5. Nr. 3394.
Siehe Tafelteil.
Lit.: Hinz 1989. S. 451–456. – Cornelia Jöchner: Peter Joseph Lenné und die Geschichte des Kurparks Bad Oeynhausen. Bad Oeynhausen 1989. – Wimmer 1990. Nr. 80.

Südlich der Herforder Landstraße wird ein nahezu kreisförmiger Corso angelegt, in dessen Randbezirke eingepunktete Villengrundstücke eingefügt sind. Die Innenfläche dieses Corsos ist erst zu zwei Dritteln in die Gestaltung einbezogen, da die restlichen Flächen noch nicht angekauft werden konnten. Offensichtlich sollten baumbestandene Wiesen, durchzogen von geschwungenen Wegen, entstehen.
Der Kurbetrieb wird in eine von streng gereihten Bäumen gefaßte Anlage eingeordnet, in der zwischen Kurhaus und Theater ein großer Spielplatz als Freiraum liegt. Seitlich des Kurhauses fügt sich das Badehaus mit den heilkräftigen Solen ein. Eine fast hippodromförmig geführte Allee hält diese Einrichtungen zusammen. Verschieden breite Alleen und Wege gehen von hier aus. Südöstlich schließt sich eine üppig gestaltete Zieranlage an.
Nördlich der Herforder Straße liegen, von Grünanlagen umgeben, die Gleise und der Bahnhof der Köln–Mindener Eisenbahn.

Lengerich

Am 11.10.1863 schrieb Finanzminister Karl v. Bodelschwingh an Lenné: »Ew. Hochwohlgeboren dürfte vielleicht Sich entsinnen, daß vor mehr als Jahresfrist Sie die große Güte hatten, bei einer Rücksprache auf einem großen Hoffest Sich bereit zu erklären, der ständischen Commission für den Bau einer evangelischen Provinzial-Irren-Anstalt für Westfalen, an deren Spitze ich damals stand, und noch stehe, hinsichtlich der auf einem Theil des Anstalts Terrains vor und nach herzustellenden Anlagen, Ihrem sachkundigen Rathe gern ertheilen zu wollen...« Lenné sah offenkundig keine Möglichkeit, nach Westfalen zu reisen und schrieb an Bodelschwingh: »Wenngleich ich es stets als zweifelhaftes Unternehmen bezeichnen muß einen Einrichtungs-Plan für eine Lokalität zu entwerfen, welche ich durch den Augenschein nicht näher geprüft habe, so habe ich mir es doch nicht versagen wollen den Versuch zu wagen.«
Der Bau des Krankenhauses wurde 1862–67 nach Plänen von Max August Nohl errichtet. Die von Lenné entworfenen Gartenanlagen sind nicht erhalten.

538
Lengerich. 1863

»Copie des Entwurfs der Garten- u. Parkanlagen der II^{ten} Westfälischen Heil- u. Pflegeanstalt bei Lengerich«
Plangrenzen: Grundstücksgrenzen.
Signiert: »gezeichnet: Lenné im December 1863.«
Zeichner: Kopie nach Lenné.
Bezifferter Maßstab in Ruten.
Feder in Grau, laviert in Grün und Rosa. 82,8 x 55,4 cm.
Planslg. Nr. 3525.
Siehe Tafelteil.
Quellen: Lenné-Nachlaß. Nr. 29. Fol. 1–6.

Innerhalb und in der unmittelbaren Umgebung der sieben Gebäude der Pflegeanstalt liegen ganz regelmäßige, meist kleinere Gartenteile, die sich aus Kreisen, Rechtecken und hippodromartigen Teilen zusammensetzen. Um die Gebäudegruppe sind Nutzgärten eingeordnet (für »die höheren Verwaltungsbeamten der Anstalt«). Die Mittelachse verläuft über ein rechteckiges Zierbeet, dessen Kern ein vierpaßartiges Teppichbeet ausmacht, bis zu einer Fontäne mit Exedra. Von hier ist über einen seitlich von Baumgruppen begrenzten Hang ein weiter Blick in die Landschaft gedacht. An der Westseite der Anlage schlängelt sich durch ein Wiesental ein teilweise etwas verbreiterter Bach. Die in langen Schwüngen angelegten Wege sind meist von Bäumen begleitet.
Auch der nordöstliche Gartenteil ist, entsprechend der Lage, in der Mitte freigehalten, während die Ränder und Teile der Abhänge dicht bepflanzt sind. Zwei Rundplätze werden wohl als Sitzplätze freigehalten.

1.11. Hohenzollerische Lande

Burg Hohenzollern

Die Burg Hohenzollern, die alte Stammburg der Familie Hohenzollern, hatte Friedrich Wilhelm IV. schon als Kronprinzen bei einem Besuch des Rheinlands 1819 beeindruckt. 1850 kamen die Fürstentümer Hohenzollern an Preußen, und damit war dem König eine direkte Einflußnahme auf die Geschicke der malerischen alten Überreste der Burg möglich. In seinen Absichten bestärkt hatte ihn der Historiker und Hofbeamte Rudolf von Stillfried, der auch die Art mitbestimmte, in der die Burg neu errichtet wurde. Stüler erhielt den Auftrag, die Entwürfe anzufertigen. Bis 1867 entstand ein spätromantischer Burgenbau in gotischen Formen.
Der Auftrag an Lenné, Burgberg und Burghof zu gestalten, ging auf Friedrich Wilhelm IV. zurück. Die Aufgabe betand auch in einer Aufforstung des Berges, wobei Sichten ins Land bedacht werden mußten. Der Burggarten im Hof sollte um einen Brunnen herum entstehen. Der Umriß des Burgenneubaus war den Formen der 1618–23 entstandenen Befestigung gefolgt; dadurch waren auch Basteien zu bepflanzen. Auf den Baustil der Burg wurde eingegangen, indem z. B. Fliederbüsche in Drei- und Vierpaßformen angepflanzt wurden. Die Ausführung der Arbeiten leitete Johann Flach. Dabei wurde der Lennésche Entwurf etwas vereinfacht, wohl wegen seiner Kostspieligkeit.
Heute ist der Burgberg zugewachsen und der Burggarten zerstört, so daß von dem Werk Lennés kaum etwas zu ahnen ist.

92. Lütke jun. Die Burg Hohenzollern. Um 1840. (Stiftung Schlösser und Gärten Potsdam-Sanssouci)

539
Burg Hohenzollern. 1855

»Burg Hohenzollern«
Plangrenzen: Stützmauerwerk der Burg.
Bezifferter Maßstab in Württembergischen und Preußischen Fuß.
Stich mit Bleistifteinzeichnungen von Lenné. 48,5 x 105 cm.
Planslg. Nr. 3488

Am Fuß der Gebäude ziehen sich teilweise schmale Grünflächen entlang. Die Mitte des Burghofs füllen eine kreisrunde und eine längliche Grünfläche, betont von einem Baum bzw. von einem Baumpaar. Der Burggarten besteht aus einer gestreckten Rasenfläche mit einem halbkreisförmigen Zierbeet als Abschluß. Einerseits wird dieser Gartenraum von einer Pergola begrenzt, andererseits von einem Baumgang, der in einem Oktogon endet. Zwischen Michaelsbastei und Spitzbastei liegt eine lange Pergola.

540
Burg Hohenzollern. 1855

»Rayonplan der Burg Hohenzollern.«
Plangrenzen: Waldartige Umgebung der Burg, Straße von Hechingen, Wege nach Boll, Mariazell.
Signiert: »Entworfen von Lenné August 1855.«
Zeichner: Gustav Meyer.
Bezifferter Maßstab in Würtembergischen und Preußischen Ruten.
Feder in Grau, wenig Rot und Blau, laviert in Grün, Graugrün, Braun und Grau. Auf Leinen aufgezogen. 62,5 x 67,3 cm.
Plansig. Nr. 3489.
Siehe Tafelteil.

Während die weiter entfernten Flächen dichtbewaldet sind, ist die nähere Umgebung der Burg, auch an der Zufahrt zu Hechingen, parkartig behandelt, um die großen Felsen zu verdecken. Sehr große Baumgruppen mit zahlreichen Vorpflanzungen lenken (trotz der Höhenlage der Burg) den Blick in die weite Ebene. Die Ausgangspunkte der Sichten sind besonders die Michaels- und die Gartenbastei. Die gärtnerischen Anlagen auf der Burg decken sich mit denen in Kat.-Nr. 541.

541
Burg Hohenzollern. 1855

»Burg Hohenzollern«
Plangrenzen: Stützmauerwerk der Burg.
Signiert: »August 1855«.
Zeichner: Gustav Meyer.
Bezifferter Maßstab in Rheinischen Ruten.
Feder in Grau. Auf Seidenpapier. 42,5 x 68,6 cm.
Plansig. Nr. 3490.
Quellen u. Lit. zu Kat.-Nr. 539–541: Rolf Bothe: Burg Hohenzollern. Berlin 1979. Dort weitere Literatur und Quellenangaben. – Lenné-Nachlaß. Nr. 26.

Die bescheidenen Freiflächen um die Burg sind in unmittelbarer Gebäudenähe nur mit Strauchwerk überzogen. Die einzelnen Bastionen, vor allem die Michaelsbastei, die Gartenbastei und die Spitzbastei, werden mit teppichartigen Pflanzungen ausgefüllt. Während im Schloßhof nur die Mittelfläche begrünt ist, wurde die Fläche des Burggartens in einen regelmäßigen Garten verwandelt. Neben einem Brunnen führen Treppen zu einem Umgehungsweg um ein langgezogenes, mit Teppichbeeten und Strauchwerk ausgeschmücktes Rasenstück. Seitlich zieht sich ein mit sechs Baumpaaren bepflanzter Weg über eine weitere Treppe zu einem von Bäumen umstandenen Rondell.

2. Großherzogtum Mecklenburg-Schwerin

Basedow, Krs. Malchin

Basedow ist wohl der umfangreichste Auftrag, der Lenné und Stüler zu einem gemeinsamen Verschönerungswerk zusammengeführt hat. Lennés Anteil ist durch Pläne belegt, allerdings nur durch die in Potsdam verbliebenen Skizzen, bei denen ungewöhnlicherweise eine Reinzeichnung ist, der Blumengarten der Gräfin Hahn (Kat.-Nr. 543).

Von den nach Basedow gegangenen Reinzeichnungen hat sich nichts auffinden lassen, obwohl sie vermutlich bis 1945 im Archiv der Grafen Hahn auf Basedow gewesen sein dürften.

Von Stüler kennen wir nur eine Zeichnung für den Umbau des Schlosses, einen malerisch-romantischen Entwurf mit Giebeln und Terrassen (Börsch-Supan 1977. Abb. 512). Er hat aber sämtliche neu errichtete Gebäude entworfen, den großen Marstall, das Landhaus aus rotem Backstein, die Brauerei, das Haus des Sekretarius und das Forsthaus. Schließlich wurden auch die Häuser des Dorfes erneuert. Den Schlußpunkt bildete 1855 der Kirchturm, dessen Helm als spitze Nadel auf die mittelalterliche Kirche gesetzt wurde, um in der Landschaft wirksam zu werden.

Der erste erhaltene Plan Lennés aus dem Jahr 1835 liegt zeitlich vor diesen Bauten, aber der geplante Marstall und die Schloßterrassen – in anderer als der ausgeführten Form – sind eingezeichnet. Lenné lagen also die Entwürfe Stülers vor. Beide haben sich zweifellos immer abgesprochen, sind vermutlich auch mehrmals gemeinsam in Basedow gewesen, denn die Arbeit des einen bedingte die des anderen.

Das Ehepaar, das sich diese kostspielige Verschönerung seines Besitzes geleistet hat, war Friedrich Wilhelm Adolph Graf von Hahn und seine zweite Frau Agnes. Die erste Frau des Grafen ist die bekannte Schriftstellerin Ida Gräfin Hahn-Hahn gewesen. Nach seiner Scheidung von ihr heiratete Graf von Hahn 1830 Agnes Gräfin von Schlippenbach. Das ist die Gräfin Hahn, auf die sich Lenné bezieht. Ihre zweimalige Erwähnung in der Beschriftung von Plänen (Kat.-Nr. 543 und 546) läßt darauf schließen, daß vor allem sie am Park interessiert war. Sie stammte aus Arendsee, wo Lenné 1840 ebenfalls einen Park angelegt hat. Doch auch Graf Hahn dürfte Verständnis für die Arbeit Lennés gehabt haben, denn Bildungsreisen hatten ihn nach England, Frankreich und Italien geführt. Seine Leidenschaft für Pferde dokumentiert sich in dem außergewöhnlich großen Marstall, den Stüler für ihn errichtete.

Das Schloß Basedow liegt in einer Talsenke am Südostrand des Malchiner Beckens. Der westliche und östliche Rand des heutigen Parks wird durch leichte Höhenzüge markiert. Nach Norden zu steigt die Anlage ganz allmählich an, über die Plangrenze (Kat.-Nr. 542) hinausgehend bis zur Basedower Höhe. Südlich wird die Anlage durch die Malchiner Straße begrenzt. Der Park umfaßt auch Weideflächen und Wiesen und geht in landwirtschaftlich genutztes Gelände über. Das Schloß ist ein mächtiger Bau, der noch auf die mittelalterliche Burg zurückgeht. Der äußere Eindruck wird durch die Renaissancegiebel bestimmt, die nach einem Brand, der den Stülerschen Bau beschädigte, 1901 von Haupt aufgesetzt wurden. Lennés Plan von 1835 war im wesentlichen ausgeführt worden, nur der Wasserlauf geht früher, als er es geplant hatte, als einfacher Bach weiter. Der Park ist in seiner Grundgestaltung heute noch gut erkennbar. Wildwuchs und Verlandung des Wasserlaufs führten jedoch teilweise zu einer Entstellung der Lennéschen Konzeption, besonders in dem schloßnahen Bereich. Die schon von Lenné entworfenen Weideflächen werden noch als solche genutzt. Seit Frühjahr 1987 wird intensiv an der baulichen Sicherung des Schlosses sowie an der Wiederherstellung des Parks gearbeitet.

542
Basedow. 1835

»Plan von dem Hochgräfl. von Hahnschen Schloßgarten Basedow.«
Plangrenzen: Parkgrenzen, Weg an der Pferdekoppel, Malchiner Straße, Marstall, Gutsgebäude.
Zeichner: Gerhard Koeber.
Bezifferter Maßstab in Ruten.
Feder in Grau, laviert in Grün, Ocker, Blau und Rosa, Einbesserungen in Bleistift. 74,5 x 66,8 cm.
Plansig. Nr. 3448.
Siehe Tafelteil.

Die verschiedenen Gutsgebäude sind zum Park durch Pflanzungen verdeckt. Der hohe Bau des Schlosses, vor allem der von Stüler umgebaute Teil, wird von allen Seiten in den Park einbezogen. Zwischen Schloß und Teich liegt die »Ruine«, ein Überrest der mittelalterlichen Burg, der nun durch künstliche Ruinenbauten noch malerischer gestaltet wurde. Zwischen Schloß und Malchiner Straße wird der Blumengarten (in Bleistift eingezeichnet) angelegt. Vom Schloß steigt der Hang nach Osten zum Marstall an mit Rahmung durch seitliche Baumgruppen und Einzelpflanzungen sowie dem weiten Blick in den Park über teichartig erweiterte Wassergräben bis in die offene Landschaft, die durch machtvolle Eichengruppen optisch zum Park gezogen wird. Die sehr vorteilhafte Führung des Wassers und die wenigen, in weiten Schwüngen gezogenen Wege lassen große Wiesenflächen offen, die von bewegten, jedoch meist in Längsrichtung der Wege vorgesehenen Baumgruppen gerahmt werden.

543
Basedow. 1835

»Gräfin v. Hahn's Plan zum Blumengarten.«
Plangrenzen: Weg zum Gestütshof, Stallgebäude, Kanal am Schloß, Gasthof.
Signiert: »gez: G. Koeber«. »Lenné 35«.
Bezifferter Maßstab in Dezimalruten.
Wasserzeichen von 1832.
Feder in Grau, laviert in Grün, Grau, Braun, Rosa, Rot, Blau, Gelb und Hellbraun. 39 x 38,3 cm.
Plansig. Nr. 3446.
Siehe Tafelteil.

Es handelt sich um die Reinzeichnung eines Entwurfs für den Blumengarten, der in Kat.-Nr. 542 mit anderer Wegeführung in Bleistift einskizziert ist. Die freie Fläche zwischen Gebäuden, Kanal und Straße wird fast halbkreisförmig von einem 1,5 m breiten Weg erschlossen, an dessen Scheitelpunkt ein Gartenhaus liegt. Entlang der äußeren Wegekante ziehen sich Hochstämme mit girlandenartig gezogenen Kletterpflanzen vor einer locker gesetzten Buschabpflanzung hin. Die regelmäßig aufgebauten Beete mit Blumen und Blütengehölzen ordnen sich um ein zentrales Beet; sie haben ähnliche, jedoch keine spiegelbildlichen Formen. Hochstämmchen, die auch um das Vierpaßbeet am Gartenhaus stehen, springen ebenfalls auf das Gartenstück am Schloßkanal über, dessen muschelartiges Beet bunt bepflanzt ist.

544
Basedow. Um 1836/37

»Zu Basedow gehörig«
Plangrenzen: Grundstücksgrenzen zwischen zwei Gräben und einem Feldweg.
Bezifferter Maßstab in Ruten.
Bleistift, Feder in Grau. 25,4 x 42,5 cm.
Planslg. Nr. 3449.
Siehe Tafelteil.

Mittelpunkt des geplanten Parkteils ist ein Monopteros (von dem unten links in der Ecke ein Aufriß gezeichnet ist), zu dem von den Randwegen her drei Wege verlaufen. Die Ränder des Geländes, auch ein Mittelweg, sind dicht bepflanzt. Nach Lennéscher Art sind auch die Wegekreuzungen von Gehölzen ummantelt. Die Freiräume zwischen den Wegen sind von zum Teil recht großen Gehölzgruppen ausgefüllt, von denen einige ausgekreuzt wurden. Neben Obstbäumen sind Lärchen, Silberpappeln, Schwarzpappeln, Rotbuchen, Gleditschien, Birken, Akazien (Robinien), Ulmen, Zürgelbäume, Ahorn, Schwarze Walnüsse, Linden und Ebereschen vorgesehen.

545
Basedow. Wohl 1837

Plangrenzen: Wege zum Marstall, Schloß, Kanal und Wiesenflächen.
Feder in Grau. 36,7 x 55,7cm.
Planslg. Nr. 3447.
Siehe Tafelteil.

Es handelt sich um einen Bepflanzungsplan für die Umgebung des Schlosses. In das fast starr gezeichnete Wegesystem sind die zu pflanzenden Gruppen eingezeichnet, so daß einer der wenigen von Lenné erhaltenen Pflanzpläne entstand. Auf der verhältnismäßig kleinen Fläche wurden rund 80 verschiedene Arten verwendet, u.a.: Feldahorn, Syringen, Ginster, Spiräen, Hartriegel, Kastanien, Silberpappeln, Traubeneichen, Chinesischer Flieder, Ulmenblättrige Weide, Salix rubra, Virginische Traubenkirsche, Traueresche, Duftende Trauerkirsche, Kornelkirsche, Schneeball, Perückenbäume, Pyramideneichen, Geisblatt, Sibirischer Holzapfel.

546
Basedow. Um 1836/40

»Gräfin Hahn zu Basedow«
Plangrenzen: Grundstücksgrenze, Straße nach Stäckersahl.
Bezifferter Maßstab in Dezimalruten.
Bleistift, Feder in Braun. 32,3 x 40,3 cm.
Planslg. Nr. 3451.

Von der Landstraße führt eine Auffahrt entlang des Baumschulengeländes zur Oberförsterei. Davor breitet sich ein regelmäßig von Wegen erschlossenes Garten- und Baumschulengelände aus. Der Hang zur Landstraße ist dicht abgepflanzt, die anschließenden Partien sind mit lockeren Randpflanzungen versehen.

547
Basedow. 1843

»Theilweiser Situations Plan vom Schloß und Dorf Basedow«
Plangrenzen: Wege nach Stäckersahl und Seedorf, Garten um die Kirche, Stallungen, Schloß, Straße nach Gessin, Windmühle.
Signiert: »aufgenommen im Februar 1843 von A. E. Schmiedekampf C., Ing.«
Zeichner: A. E. Schmiedekampf, Einzeichnungen von Lenné.
Bezifferter Maßstab in Ruten.
Feder in Grau, Bleistift. 67 x 63,4 cm.
Planslg. Nr. 3452.

Um die Vorfläche des Schlosses (einschließlich Blumengarten und Teich) sind in skizzenartiger Form Pflanzungen angedeutet. Von hier zieht sich in leicht geschwungener Form, einem Hügel ausweichend, ein Weg zur Straße nach Seedorf. Pflanzungen mit Büschen und Bäumen grenzen Acker- und Gartenflächen ein, sie verbinden die einzelnen Teile zu einem Ganzen.

548
Basedow. Um 1844

Plangrenzen: Scheuer, Torhaus zum Schloßhof, Kanal, Gasthof, Teich, Dorfstraße, Viehställe.
Zeichner: Einzeichnungen von Lenné.
Bezifferter Maßstab in Ruten.
Feder in Braun, die einzelnen Objekte farbig umrandet, laviert in Blau, Grün, Blaßocker und Grau, Einbesserungen in Bleistift. 49 x 61,2 cm.
Planslg. Nr. 3450.
Lit. zu Kat.-Nr. 542–548: Stefan Pulkenat: Untersuchungen der Planungen Lennés für Ort und Park Basedow. Belegarbeit an der TU Dresden. 1983. Hier zum ersten Mal die umfassende Tätigkeit Stülers für Basedow behandelt. – Günther. S. 101–103. – Hinz 1989. S. 273–280.

In den Situationsplan sind zur Abpflanzung der Gebäude kleinere Pflanzungen eingezeichnet. Nur am Teich und in Erweiterung der Dorfstraße ist eine etwas aufwendigere Pflanzung eingetragen. Ein sehr breiter Grünstreifen wird von kleineren Bäumen eingefaßt. Auf der Rasenfläche sind drei großflächige Buschgruppen vorgesehen. Eine breite Pflanzung deckt die Mauern zu den Stallungen ab.

Bredenfelde, Krs. Malchin

Der Auftraggeber von Lenné war der in Cartlow geborene Ernst Hans Heinrich von Heyden-Cartlow.
Die auf dem Plan eingezeichneten Gebäude sehen so aus, als ob nicht nur der Garten, sondern auch das Gut einheitlich und regelmäßig errichtet wurde. Die an der

westlichen Plangrenze eingezeichneten Häuser waren schon am Ende des vorigen Jahrhunderts verschwunden, dagegen hat sich das Dorf östlich vom Gut weiterentwickelt. Das Gelände ist hügelig, an der Parkseite des Schlosses fällt das Gelände ab. Das ergibt für das Schloß eine exponierte Stellung mit weitem Ausblick über den Park und die umgebende Landschaft. Das jetzt noch stehende Schloß ist aber nicht von 1840, sondern wurde nach der Inschrift der Wetterfahne am großen Turm erst 1851 errichtet. Der Baumeister war Friedrich Hitzig.
Der größte Teil des Parks ist heute in eine landwirtschaftliche Nutzfläche umgewandelt. Zwei größere Gehölzgruppen in der Nähe des Schlosses weisen auf die frühere Parkanlage hin.
Seit etwa zehn Jahren unterliegt das bis dahin gut erhaltene Schloß einem rapiden Verfall und befindet sich heute in ruinösem Zustand.

549
Bredenfelde. 1840

»v. d. Heyden zu Bredenfelde – Mecklenburg«
Plangrenzen: Parkgrenze.
Signiert: »Gez. G. Koeber 40«.
Bezifferter Maßstab in Ruten.
Feder in Grau. Auf Seidenpapier. 49,7 x 54,5 cm.
Planslg. Nr. 3462.

Seitlich des sehr regelmäßigen Gutshofes liegen zwei Wirtschaftsgärten für Gemüse und Obst. Der Park ist nur in der Nähe des Gutshauses intensiver gestaltet, an der Giebelfront sogar mit einem fülligen Teppichbeet aufgewertet. Der Blick vom Gutshaus reicht tief in die Landschaft, geteilt durch Baumbepflanzungen, die in der Entfernung an Größe zunehmen. Am Rand des Parks zu den Feldern zieht sich ein breiter Weg hin, von dem nur in Gebäudenähe Nebenwege abzweigen. Eine gesonderte Gartenpartie entwickelt sich von einem Gartenhaus seitlich des Gutshofes, die durch ihre Diagonale eine beachtliche Tiefenwirkung erhält. An der Übergangsstelle zu den Feldern bilden große Baumgruppen die Grenze.

Ludwigslust

Ludwigslust hieß ursprünglich Klenow und war ein Dorf mit einem Schloß der Herzöge von Mecklenburg-Schwerin. Herzog Friedrich erhob Klenow zur Residenz und nannte es zur Erinnerung an seinen Vater Ludwigslust. Sein Nachfolger Friedrich Franz I. behielt Ludwigslust als Residenz bei, und erst der ihm folgende Großherzog verlegte sie wieder zurück nach Schwerin. Aber damals war aus dem Dorf schon eine kleine Stadt mit großem Schloß und Park geworden, eine sehr wirkungsvolle spätbarocke Anlage, in die im Lauf der Zeit Einflüsse englischer Gartenkunst aufgenommen worden waren. 1843 hatte Wilhelm Benque einen Plan zur Umgestaltung des Parks vorgelegt, der nicht ausgeführt wurde. Aber er wurde Lenné als Unterlage übergeben, denn ein Exemplar von ihm befindet sich in der Potsdamer Plankammer. Der Lennéplan von 1852 übernahm Elemente der Barockanlage, vor allem die Kanäle und Wasserkünste.
Der Park ist erhalten und wird gepflegt.

550
Ludwigslust. 1852

»Verschönerungsplan für den Großherzoglichen Schloßgarten zu Ludwigslust«
Plangrenzen: Grenzen des Schloßparks mit seitlichem Gärtnereigelände, Schloßvorplatz und Kaskadenwasserbecken.
Signiert: »Lenné. Februar 1852«.
Zeichner: Gustav Meyer.
Bezifferter Maßstab.
Feder in Grau, laviert in Grün, Blau und Rosa.
Schwerin.
Lit.: Hinz 1989. S. 300–311.

Der Plan von Lenné hat gewisse Ähnlichkeiten mit dem Plan von Benque von 1843. Während bei Benque besonders die große Sicht nach Nordosten betont ist, ordnet Lenné die Pflanzungen neu und gewinnt eine Vielzahl von Quer- und Nebensichten.
Erhalten bleiben die alten spätbarocken Achsen, auch die Randbepflanzungen des Parks bestehen weiter und öffnen sich nur an wenigen Stellen für die tiefen Sichtbeziehungen. Die Randwege werden stark betont, wobei die Sichtbeziehungen immer wieder über die Wiesen im Kern des Parks streichen. Eine erstaunliche Fülle hainartiger Pflanzen lockerte zur Entstehungszeit den Park auf, führte jedoch nach über 100 Jahren zu einer völligen Verdichtung des Parks. Die Wasserzüge reichen durchgehend von der Kirche bis zum Karauschenteich. Zahlreiche Sondergärten, die zum Teil auf frühere Bestände zurückgehen, bleiben erhalten oder werden neu eingefügt.

Remplin, Krs. Malchin

Remplin war im Besitz der Grafen Hahn gewesen (siehe Kat.-Nr. 542 – 548), deren Macht und Reichtum die Anlage des Barockgartens, den Lenné vorfand, möglich gemacht hatte. 1816 wurde Remplin dem Fürsten Georg Wilhelm zu Schaumburg-Lippe verkauft, der es 1847 an den Landschaftsdirektor Carl von Maltzahn auf Sommersdorf veräußerte. Im Januar 1851 erwarb es Georg Friedrich Karl Josef Großherzog von Mecklenburg-Strelitz, der Bruder der Königin Luise von Preußen. Der Großherzog beauftragte den Berliner Baumeister Friedrich Hitzig mit dem Neubau des Schlosses im Stil der französischen Renaissance. Im Juli 1851 legte Lenné nach Kenntnis der Baurisse von Hitzig seinen Plan mit Erläuterungsbericht vor.
Remplin liegt am Rand einer weiten Wiesen- und Flußlandschaft zwischen dem Malchiner und Kummerower See und wird nördlich von einer hochgelegenen Grundmoräne begrenzt. Westpeene und Dahmer Kanal verbinden im Süden die beiden Seen und umschließen die Rempliner Flur. Der Ort liegt an der Malchin–Teterower Chaussee, die sich am Fuße der Hügellandschaft hinzieht. Sie bildet auch die nördliche Grenze des Barockparks aus der Mitte des 18. Jahrhunderts.
Lenné bezog den bestehenden, streng architektonisch gegliederten Garten in seinen Plan ein und schuf eine ebenmäßige, langgestreckte, aber verhältnismäßig schmale Anlage, an die im Süden die Weidelandschaft anschließt. Wie Lenné dabei vorging, hat er in seinem Erläuterungsbericht geschildert, der bei Hinz (1940) abgedruckt ist. Die Reinzeichnung des Plans für Remplin

befand sich früher im Rentamt Remplin und ist jetzt im Besitz der Staatlichen Schlösser und Gärten Schloß Charlottenburg in Berlin.
Im Jahr 1944 brannte das Schloß ab, geblieben sind nur der nördliche Seitenflügel, der Torturm mit Durchfahrt, das Verwalterhaus und die Wirtschaftsgebäude. Auf dem Schloßhof wurden vier mehrgeschossige Neubauten errichtet, auf dem Gelände des Südflügels entstand eine Schule.
Vom Garten ist nur noch der östlich des Schlosses liegende Teil erhalten. Jenseits des Torturms wurde das Gelände aufgesiedelt. Durch Pflegemaßnahmen seit 1980 ist das von den Kanälen umflossene mittlere Areal mit den parallel laufenden Alleen erhalten. Die kleinen Teiche im nördlichen und südlichen Abschnitt erinnern an die Lennésche Planung, indessen ist die Wegeführung auf Grund der denkmalpflegerischen Zielstellung, die auf die Anlage des 18. Jahrhunderts orientiert ist, nicht rekonstruiert worden. Das Rasenparterre des Mittelteils wird als Sportplatz genutzt.

551
Remplin. 1851

»Die Parkanlagen zu Remplin; im Juli 1851 entworfen.«
Plangrenzen: Parkgrenzen, Dorfstraße.
Zeichner: Gustav Meyer.
Bezifferter Maßstab in Preußischen und Hamburgischen Ruten.
Feder in Grau, Bleistift, laviert in Rosa und Blau. Auf Seidenpapier, aufgezogen auf festes Papier. 73,5 x 140 cm.
Planslg. Nr. 3549.

Lenné machte es sich zur Aufgabe, die wundervollen alten Lindenalleen mit modernen Gartenmotiven zu verbinden. (Im Erläuterungsbericht: »Die vollständige und sorgsamste Erhaltung der herrlichen Alleen und Baumhallen, welche die alten Anlagen schmücken, und deren Hervorhebung und Einrahmung durch einen weiteren Kreis neuer Schmuckanlagen war der leitende und maßgebende Grundsatz.«) Von der Gartenseite des Schlosses geht eine breite Sichtachse in je eines der Lindenquartiere, deren Freiraum von Wasserläufen und leichten Baumgruppen aufgelockert ist. Unmittelbar vor dem Mittelbau des Schlosses und vor den Seitenflügeln sind üppig ausgestattete Blumengärten eingefügt, die zum Teil als Pleasure-Ground, zum Teil sehr streng ausgebildet sind.

552
Remplin. 1851

Plangrenzen: Parkgrenzen, Dorfstraße.
Signiert: »Entworfen im Juli 1851 vom Gartendirektor Lenné Sans Souci.«
Zeichner: Gustav Meyer.
Bezifferte Maßstab in Ruten.
Feder in Grau, Bleistift, laviert in Grün, Blau und Rosa. Auf Leinen aufgezogen. 81,3 x 132,5 cm.
Plankammer Charlottenburg. Nr. 3010.
Siehe Tafelteil.
Quellen u. Lit. zu Kat.-Nr. 551 und 552: Lenné-Nachlaß. Nr. 37 (Erläuterungsbericht). – Hinz 1940/42. S. 113–119, 165–170. – Hinz 1989. S. 280–289. – Buttlar 1989. S. 224 bis 225. – Wimmer 1990. Nr. 85

Die Zeichnung läßt deutlich drei Teile erkennen: den Ostteil mit der vierreihigen Zufahrtsallee, den Mittelteil mit dem Schloß und den Westteil mit der wiederum vierreihigen Allee, die in einer Grotte ihren Abschluß findet. Die große Schloßhoffläche wird von breiten Zierflächen, einem regelmäßig bepflanzten Oval und vier Rasenspiegeln gefüllt, deren Randbepflanzung mit kleinkronigen Bäumen sich an den Abschlußhalbkreis der östlichen Zufahrtsallee anschließt. Die weiten Flächen seitlich dieser Allee werden von geschmeidig gezogenen Wegen erschlossen, die eine Verbindung nach allen Seiten ermöglichen. Eine an den Rändern dichte, sonst lockere Bepflanzung bildet bewegte Gartenräume.
Der mittlere Teil behält die wundervollen barocken Alleen und Gräben als Rahmen bei, füllt jedoch den rechteckigen Freiraum, durch zwei zweireihige Alleen dreigeteilt, mit landschaftlichen Motiven. Auf der Westseite antwortet dem breitgelagerten Schloß zunächst ein zwischen die Alleen gespanntes Zierbeet mit betonter Mitte. Damit wird die Hauptsichtachse aufgenommen, im ersten Drittel landschaftlich gerahmt, dann durch die alte Barockallee fortgeführt. Geschwungene Wege, an den Rändern breiter zum Fahren, im Inneren schmaler zum Promenieren, setzen sich im westlichen dritten Teil vereinfacht fort. Die Bepflanzung in wuchtigen auslaufenden Gruppen läßt im nördlichen und südlichen Teil je eine Schrägsicht vom Schloß aus frei.
An den Seitenflügeln des Schlosses liegen kleine Ziergärten. Die nach Norden führende Allee, vierreihig mit breitem Rasenspiegel, endet in einem regelmäßig bepflanzten Rondell. Nach Abschluß der Planungen sind mit Bleistift neue Wege, Baumgruppen und Wiesen eingezeichnet, die sich eng mit den anschließenden Viehweiden verbinden.
Ein Schnitt läßt einen alten, in den Böschungen zu verändernden Graben erkennen. Eine Wallseite ist buschig bepflanzt, auf der anderen Seite schließen sich pergolenartige Baulichkeiten an.

Schwerin

Bei seinem Regierungsantritt im Jahr 1837 verlegte Großherzog Paul Friedrich von Mecklenburg-Schwerin seine Residenz nach Schwerin, womit sowohl städtebauliche als auch landesverschönernde Maßnahmen verbunden waren. Er war mit Alexandrine, Prinzessin von Preußen, einer Schwester Friedrich Wilhelms IV., verheiratet. 1842 folgte nach seinem Tod sein Sohn Großherzog Friedrich Franz II. in der Regierung. Beide standen in Kunstangelegenheiten unter dem Einfluß Friedrich Wilhelms IV. Das tritt am deutlichsten in der Berufung Stülers und Lennés nach Schwerin zutage. 1840 waren beide erstmals in Schwerin, wie ein Postschein auf drei Extrapostpferde Berlin–Schwerin vom 19. September dieses Jahres beweist. Auch für den 23./24.11.1842 ist die Anwesenheit Lennés in Schwerin durch den Befehl einer Extrapost belegt.
Die Landschaft um Schwerin war mit ihren großen Seen und sanften Höhenzügen für eine Verschönerung hervorragend geeignet. So hat Lenné gewiß über das hinaus, was uns an Akten und Plänen belegt ist, Ratschläge zur Gestaltung der Umgebung der Stadt gegeben. Daß er auch bei den städtebaulichen Aufgaben mitgewirkt hat, ist durch einen Stadtplan Georg Adolph Demmlers von 1840 belegt, in den er mit leichten Bleistiftstrichen einiges einskizziert hat (Kat.-Nr. 553).

Sehr viel später wurde Lenné auch in Ludwigslust zugezogen, wo es um die Veränderung des barocken Schloßgartens ging. Er war inzwischen zum Großherzoglich-Mecklenburgischen Gartendirektor ernannt worden, gewiß mehr ein Ehrentitel, der aber doch für die Bedeutung zeugt, die man seiner Tätigkeit beimaß. Unter Beibehaltung der barocken Grundstruktur hatte Lenné in Ludwigslust weite Flächen mit Baumgruppen und Ausblicken in die Landschaft geschaffen. Auch in Schwerin ging es um die Veränderung des barocken Schloßgartens, dessen wesentliches Element, der Kreuzkanal, 1752 von dem aus Potsdam nach Schwerin gekommenen Legeay geschaffen worden war.
Schloß Schwerin liegt südlich der Stadt auf einer Insel zwischen dem Schweriner See und dem Burgsee. Die mittelalterliche Burg war zu Zeit der Renaissance prächtig ausgebaut worden. Nach der Thronbesteigung Friedrich Franz II. im Jahr 1842 wurde das alte Schloß modernisiert. Der Schweriner Hofbaumeister und Schinkel-Schüler Demmler bezog in seine Entwürfe auch Anregungen von Semper, Stüler und Lenné ein. Nach Demmlers Entlassung im Jahr 1852 führten seine Nachfolger Hermann Willebrandt und Stüler den Bau bis 1857 mit verändernden Eingriffen zu Ende.
Demmler verwandelte die Situation von Burg- und Schloßgarten grundlegend. Er ersetzte die bisher nur als Schloßzugänge dienenden Brücken durch neue verkehrsgerechte Bauwerke und verband sie mit einer durchgängigen Straße, die außerhalb des Schlosses auf der Burgseeseite über die Schloßinsel führte. Damit waren erstmals Stadt und Schloßgarten direkt verbunden, während der Burggarten zu einem intimeren Bereich zwischen Schloß und Schweriner See wurde.
Lenné hat auf seinem Plan, der vor dem Baubeginn entstand, eine Vergrößerung des auf der Insel gelegenen Burggartens durch Aufschüttung angedeutet. Möglich, daß er später bei der Gestaltung des Burggartens mitgewirkt hat. Aber unser Plan befaßt sich erst einmal mit der Umgestaltung und Erweiterung der Barockanlage jenseits der Schloßinsel, die vom Schloß her über eine Brücke zu erreichen war. Lenné hat den Kreuzkanal mit dem wirkungsvollen Blick von der ihn begrenzenden Anhöhe im Nordosten auf das Schloß übernommen. Er wollte ihn aber in ein Wasserspiel verwandeln. Das unterblieb wohl wegen der Kosten. Nicht ausgeführt wurde auch der Teil zwischen der heutigen Johannes-Telling-Straße und dem Ostorfer See, womit dessen Anbindung an den Park wegfiel. Ansonsten wurde im wesentlichen nach dem Plan verfahren. Die Ausführung leitete der Schweriner Hofgärtner Klett. Der Park ist erhalten und wird gepflegt.

553
Schloßbezirk. 1840

Plangrenzen: Großer Moor, See, Schloßinsel, Collegiengebäude.
Signiert: »G. A. Demmler 1840«.
Bezifferter Maßstab in Hamburgischen Fuß.
Wasserzeichen von 1837.
Feder in Grau, Bleistifteinzeichnungen. 96,7 x 129 cm.
Planslg. Nr. 3554.

Im Zusammenhang mit dem Ausbau von Schwerin zur Landeshauptstadt des Großherzogtums Mecklenburg-Schwerin errichtete Demmler einen Marstall auf der Wadewiese genannten Insel am Ende der Straße Großer Moor und plante ein Neues Palais für die Residenz des Großherzogs (hier als »Das neu zu bauende Schloß« bezeichnet) am Alten Garten.
Der vorliegende Plan diente wohl als Diskussionsgrundlage zwischen Demmler und Lenné für die Gestaltung des Alten Gartens und der Marstallumgebung. Bleistifteinskizzierungen zeigen Vorschläge zur Veränderung der Uferlinien von Altem Garten, Schloßinsel und Marstallinsel. Geplant sind ferner auf die Schloßinsel gerichtete Aussichtspunkte (Pavillons?) an der Südecke der Marstallinsel und südöstlich des Neuen Palais, die Beseitigung des die Marstallinsel abtrennenden Grabens und eine geschwungene bepflanzte Zufahrt vom Alten Garten zwischen Neuem Palais und Theater zum Marstall (letztere Einzeichnung eindeutig von Lenné) und außerdem die Verlegung der Schloßbrücke in die Achse der Schloßstraße bei gleichzeitiger Verbreiterung. Die westliche Umfahrt des Schlosses fehlt noch, ebenso die spätere auf den seeseitigen Turm des neuen Schlosses orientierte Verlängerung der Werderstraße zwischen Marstall und Großem Moor bis zum Alten Garten.

554
Schloßgarten. Um 1840

»Alter und neuer Schloßgarten zu Schwerin«
Plangrenzen: Ostorfer See, barocke Anlage, Schloßinsel, Schweriner See, Parkgrenze.
Zeichner: Gerhard Koeber.
Bezifferter Maßstab in Ruten.
Wasserzeichen von 1835.
Feder in Grau, laviert in Gelb, Grün und Rosa, Bleistift. Auf Seidenpapier. 70,6 x 48,2 cm.
Planslg. Nr. 3555.
Siehe Tafelteil.

Die Schloßinsel (Burggarten) zeigt Bleistifteinzeichnungen, die wesentliche Veränderungen erkennen lassen. Die barocken Teile bleiben dennoch in der Grundsubstanz erhalten, die bedeutenden Alleepflanzungen geben weiterhin den Rahmen. Das ansteigende Gelände bis zur Ludwigsluster Chaussee wird von verhältnismäßig vielen Wegen durchzogen, die einen Blick in die Landschaft ermöglichen. In den lockeren Formen des Pleasure-Ground mit Zierbeeten und Fontänen ist der Greenhouse-Garten ausgestaltet, wobei die Verbindung zu den höher liegenden Teilen beachtet bleibt. Die sehr umfangreichen Gewächshausanlagen bilden einen ganz wesentlichen Teil dieses Gartens. Entlang der Ludwigsluster Chaussee sind weiträumige Parkpartien vorgesehen, an deren Rändern sich der Lage anpassende Wege hinziehen. Ganz dichte Baumgruppen rahmen Blicke über den Faulen See. In diesen Blickachsen ist – wie bei Lenné üblich – der Boden leicht ausgemuldet, jedoch nicht so feinfühlig, wie unter Lennés Aufsicht in den Potsdamer Gärten. Von Baumpflanzungen ummantelt, wird ein Ziergarten, von einer Pergola gerahmt, eingefügt.

555
Greenhouse. Um 1840

Die Zeichnung stammt aus dem Nachlaß Lennés und wurde deshalb in das Verzeichnis aufgenommen. Sie gibt Ansichten und Grundrisse des von Carl Heinrich

93. G. C. F. Lisch. Varchentin. Um 1860. (Stiftung Schlösser und Gärten Potsdam-Sanssouci)

Wünsch erbauten Greenhouse an dem von Lenné gestalteten Greenhouse-Garten vor der 1840 von Demmler unternommenen Erneuerung wieder.

»Schwerin«
Beziffeter Maßstab in Mecklenburgischen Fuß.
Feder in Braun, Bleistift. 44,2 x 54,8 cm.
Planslg. Nr. 13 164.
Lit. zu Kat.-Nr. 553–555: Hinz 1940/42. S. 105–112 (in Nr. 55, 1942). – Hinz 1989. S. 312–327. – W. Ohle: Schwerin-Ludwigslust. Leipzig 1960. – Heinz Schönemann: Georg Adolph Demmler (Ms.). – Ders.: G. A. Demmler – Ein Baumeister in seiner Zeit. Schwerin 1986. – Günther. S. 150, 151, 153, 156.

Der Gebäudegrundriß zeigt einen großen Mittelbau und je einen Seitenflügel, in denen Ananas- und Blumentreiberei durchgeführt wird. Der Aufriß ergibt eine zur tieferliegenden Gartenseite in Glaswände aufgelöste Fassade.
Demmler erneuerte das Dach (worauf sich möglicherweise die einskizzierten Vasen beziehen) und errichtete einen turmartigen Bauteil an der höherliegenden Straßenfront, von dem aus das Greenhouse mittels einer eisernen Brücke mit dem ebenfalls 1840 von Demmler erbauten Kavalierhaus verbunden war.

Varchentin, Krs. Malchin

1836 kaufte der Bankier Gottlieb Jenisch Varchentin. Er stammte aus der berühmten Hamburger Reeder- und Kaufmannsfamilie Jenisch, die als Kapitalanlage nicht nur in Mecklenburg, sondern auch in Holstein und Dänemark Besitzungen erwarb.
Gottlieb Jenischs Bruder, Martin Johnn d. J., hatte sich in Hamburg 1831–34 ein Landhaus unter Mitwirkung Schinkels erbauen lassen. Die Beziehungen Gottlieb Jenischs zu Lenné mögen durch Schinkel vermittel worden sein. Aber in Varchentin entstand das Schloß erst 1847 durch den Baumeister Auguste de Meuron aus Neuchâtel, der 1842–68 in Hamburg tätig war, vor allem auch für die Familie Jenisch.
Varchentin liegt auf dem hügeligen Land zwischen dem Großen und dem Kleinen Varchentiner See. Das Parkareal wird nach Nordosten vom Gutsdorf begrenzt, während das nach Westen zum Teil abfallende Gelände sich bis zum Ufer des Kleinen Sees erstreckt. Im Süden wie im Norden schließen sich sanft ansteigende Flächen an, so daß sich der Park in einer malerischen Hanglage ausbreitet. In der Vermessungskarte von 1756 ist das Gutshaus unmittelbar am Ufer des Sees gelegen, von dessen Ruinen Lisch berichtet. Eine alte Parkanlage wird aus diesem Plan nicht ersichtlich. Schloß und Wirtschaftsgebäude erstrecken sich weitläufig auf einer von Nordwesten nach Südosten verlaufenden Achse, die heute auf die Stavenhagener Chaussee führt. Nach der Vermessungskarte von 1756 zu schließen, erfuhr das gesamte Park- und Schloßgelände damals eine Neugestaltung. Der Grundriß des auf dem Lennéplan gezeichneten Schlosses ist jedoch nicht mit dem ausgeführten identisch. Es ist aber wohl nicht anzunehmen, daß dieser 1838 gezeichnete Bau tatsächlich errichtet wurde, um schon 1847 einem Neubau zu weichen.
Die nördlichen und südlichen Teile des Parks wurden nach 1945 aufgesiedelt bzw. bebaut, so daß jetzt nur der westliche Teil rekonstruiert werden kann.

556
Varchentin. 1838

»Jänisch. auf Varchentin in Mecklenburg-Schwerin.«
Plangrenzen: Dorfstraße und Wirtschaftshof, Parkgrenze, Seeufer, Dorf mit Kirche.
Signiert: »Juli 1838.«
Zeichner: Gerhard Koeber.
Beziffeter Maßstab in Lübecker Ruten.
Feder in Grau, Bleistift. Auf Seidenpapier. 49,6 x 67,7 cm.
Planslg. Nr. 3545.
Siehe Tafelteil.
Lit.: Günther. S. 166–168.

Vor dem Schloß senkt sich ein Hang zum See, seitlich sehr großzügig von bewegten Baumgruppen eingefaßt, denen einzelne, locker stehende Bäume vorgesetzt sind. Ein breiter Weg führt durch den Park und weiter in die Landschaft am See. Ein ebenso breiter Querweg zieht sich an der halbrund eingerichteten Gärtnerei vorbei zu einem durch Verbindungsgänge vereinten Sommerhaus. Auch seitlich der Hauptsichten liegen eindrucksvolle Nebenachsen, die sich durch besonders breite Freiflächen auszeichnen.

3. Großherzogtum Mecklenburg-Strelitz

Krumbeck, Krs. Neustrelitz

1797 kaufte Otto von Dewitz Krumbeck. Er war Geheimer Ratspräsident in Mecklenburg und seit 1792 Königl. Preußischer Kammerherr. Er gründete den Nebenhof Krumbeck von seinem Haupthof in Miltzow aus, wohl für seinen Sohn und Nachfolger Ulrich Otto von Dewitz, der Großherzoglich Mecklenburgischer Staatsminister war.
Ein Garten war schon vorhanden. Lenné erhielt eine Zeichnung des Terrains, das einen See, den Seegraben, den Tiergarten, verschiedene Wiesen und den »Petersilienberg« umfaßt. Das Gelände ist flach, nur die kegelförmig ansteigende Insel ragt heraus. Die Gutsgebäude waren zahlreich, und ihre Geschichte ist nicht ganz zu klären.
Die Anlage wurde in den letzten Jahren notdürftig gepflegt. Die Insel ist noch vorhanden, aber der geschlossene Wasserring ist im nordwestlichen Teil verlandet, von den vier Brücken ist eine in sehr schlechtem Zustand erhalten. Die Eichen der Lennézeit stehen noch, die Wegeführung wäre rekonstruierbar, aber inzwischen ist der gesamte östliche Teil des Lennéplans überbaut und anderweitig genutzt. Die »Lerchen Allee« ist wohl mit der heutigen asphaltierten Straße identisch, die durch den Ort führt.

557
Krumbeck. 1832

»Plan von der Gartenanlage des adelichen Gutes Krumbeck theils neu vermessen theils von der Gutskarte vergrößert abgetragen im Herbst 1832 von W. Becker«
Plangrenzen: Vermessungsgrenzen, Straßen nach Neugarten und Rehberg.
Zeichner: Einzeichnungen von Lenné.
Beziffeter Maßstab in Mecklenburgischen Ruten.
Wasserzeichen von 1828.

Feder in Grau, laviert in Grün, Rosa, Grau, Gelb, Hellocker und Blau. 55,5 x 76 cm.
Planslg. Nr. 3516.
Siehe Tafelteil.

Die Aufnahme der Flächen zeigt die Grenzen des zu bearbeitenden Geländes, die Wege und Straßen sowie die Wasserzüge. In diesen Aufnahmeplan zeichnete Lenné den neuen Entwurf ein.
Der Park liegt westlich der Gutsanlage mit dem Wohnhaus, von dem die wesentlichen Wege ausgehen. Die Ränder des Parks sind bis auf wenige freie Stellen, auch diese von hainartigen Pflanzungen überspielt, dicht bepflanzt; Nadelgehölze werden reichlich verwendet. Ein Randweg schwingt von diesen Pflanzungen, während kürzere Wegeschlingen die Gehölzgruppen, in denen auch ein Sitzplatz liegt, verbinden. Der vorhandene grabenartige Wasserzug wird vor der Gutsanlage und am Tiergarten teichartig erweitert, in weiterer Entfernung von den Gebäuden jedoch in seinem alten Zustand belassen.

Neustrelitz

In Neustrelitz regierte seit 1816 Großherzog Georg von Mecklenburg-Strelitz. Seine Schwester war die Königin Luise von Preußen. Die engen Verbindungen zu Preußen erklären die Hinzuziehung Lennés bei der Gestaltung des Schloßgartens in Neustrelitz.
Um 1825 muß Lenné den Auftrag zur Umgestaltung des Parterre-Bereiches vor dem Schloß erhalten haben. Das Schloß, in seinem Ursprung ein dreiflügliger Fachwerkbau von 1726–31, wurde mehrfach umgebaut. Zwischen Schloß und Zierker See legte Julius Löwe aus Braunschweig seit 1732 im Auftrag Herzog Adolf Fied-rich III. eine regelmäßige barocke Anlage an, deren Aussehen wir durch einen Stich kennen. Ihr Kern war eine Rasenfläche, die sich nach dem Zierker See zu verengte, um in der Perspektive eine größere Ausdehnung des Gartens vorzutäuschen.
Aus den zwei Plänen, die wir besitzen, geht hervor, daß Lenné eine schon anglisierte Fassung des Parterre-Bereiches vorfand, deren Schlängelwege eingezeichnet sind. Sie entstand am Ende des 18. Jahrhunderts und mit ihr der Rundtempel am Ende der Mittelachse, die Lenné beibehielt. Er verstärkte sogar ihre Wirkung durch seitliche Alleen. Am Rand der Anlage erhob sich damals noch die alte Orangerie, die 1840–42 durch einen bedeutenden Bau von Friedrich Wilhelm Buttel ersetzt wurde.
Die Umbildung des Parterre-Bereiches wird der Anfang von Lennés Tätigkeit für Neustrelitz gewesen sein, deren weiteren Verlauf wir nicht kennen. Man weiß, daß der Hügel, auf dem 1891 die Gedächtnishalle für die Königin Luise errichtet wurde, schon um 1830 aufgeschüttet worden ist. Zweifellos war Lenné auch mit der Gestaltung der Landschaft um die Stadt beauftragt worden. Ein Zögling der Gärtnerlehranstalt in Potsdam, Starcke, wurde in Neustrelitz angestellt. Daß die Tätigkeit Lennés für Neustrelitz bedeutend war, geht daraus hervor, daß eines der Blätter des silbernen Lorbeerkranzes, den Lenné zum 50jährigen Dienstjubiläum erhielt, den Namen Neustrelitz trug. Hinz fand im Schweriner Archiv einen Vorgang aus dem Jahr 1852, wo es um die neuen Anlagen neben der Seufzer-Allee geht. 1860 wird Lenné sogar wegen eines Details, der Mauer am Schloßgarten, zu Rate gezogen. Doch sind das alles nur zufällige Erwähnungen, eine grundlegende Bearbeitung der Tätigkeit Lennés für Neustrelitz steht noch aus.
Das Schloß wurde 1945 zerstört. Damit ist dem Parterre sein Ausgangspunkt genommen; es ist aber mit der Orangerie erhalten und wird gepflegt.

558
Neustrelitz. Um 1825

Plangrenzen: Gelände vor dem Schloß, Allee am Abhang zum Zierker See, seitlich anschließende Anlagen.
Zeichner: Einzeichnungen von Lenné.
Bezifferter Maßstab in Ruten.
Wasserzeichen von 1819.
Feder in Grau, wenig laviert, Bleistift. 48 x 37,8 cm.
Planslg. Nr. 3543.

Im vorliegenden Zustandsplan sind die Terrassen vor dem Schloß, die Gebäude und eine Fülle von Wegen eingezeichnet. Die Längsseiten des Parks sind im neuen Entwurf dicht abgepflanzt. Wenige geschwungene Wege ermöglichen größere, freie Rasenflächen, wobei Pflanzungen schmale, meist schräg gerichtete Freiräume rahmen. Die im Plan liegenden Gebäude (links Oktogontempel, rechts ein Gebäude an Stelle der alten Grotte; beide nicht mehr vorhanden) werden von freien Flächen umgeben, wobei besonders vor der Orangerie ein großer ovaler Platz zum Aufstellen der Orangeriepflanzen offengehalten wird.

559
Neustrelitz. Um 1825

»Schloßgarten zu Neu Strelitz«
Plangrenzen: Wie Kat.-Nr. 558.
Zeichner: Einzeichnungen von Lenné.
Bezifferter Maßstab in Ruten.
Wasserzeichen von 1819.
Feder in Grau, wenig laviert. 48,5 x 38,4 cm.
Planslg. Nr. 3544.
Lit. zu Kat.-Nr. 558 und 559: Hinz 1940/42. Nr. 54. S. 71 bis 76. – Hinz 1989. S. 290–299.

Die mittleren zwei Schloßterrassen sind mit sehr beweg-ten, fast barocken Beeten (wohl für Sträucher) überzogen. Für die seitlichen Terrassen erkennt man andeutungsweise einfachere Gestaltungsformen. Im südlichen Parkteil sind lang gestreckte Wege, die von den jenseitigen Ecken ausgehen, eingezeichnet, die in die kreisförmige Umgebung des Oktogontempels münden. Gehölzpflanzungen begrenzen lange Gartenräume. Auf der Nordseite ist lediglich der ovale Freiraum vor der Orangerie eingezeichnet.

4. Herzogtum Anhalt

Im Gartenreich Anhalt-Dessau hat Lenné niemals Aufträge erhalten, denn hier beschränkte man sich darauf, die Gärten aus der Zeit der Regierung des Fürsten Franz zu pflegen und zu erhalten. Ganz anders lagen die Verhältnisse in Anhalt-Bernburg. Man wußte mit Sicherheit, daß die Linie mit dem Tod des nicht regierungsfähigen Herzogs Carl Alexander aussterben würde und Anhalt-

94. Julius Tempeltei nach Stoll. Der Apollotempel im Schloßgarten von Neustrelitz. Um 1840. (Stiftung Schlösser und Gärten Potsdam-Sanssouci)

Bernburg aller Wahrscheinlichkeit nach mit Anhalt-Dessau vereint werden würde. Die Regentin Herzogin Friederike wollte offenkundig mit dem Auftrag an Lenné zur Anlage eines Schloßgartens in Ballenstedt ein Denkmal ihrer Regierungszeit setzen. Der preußische Einfluß im Land war stark, was sich auch darin dokumentierte, daß der entscheidende Mann in der Regierung der Herzogin, der Minister Schätzell, von Friedrich Wilhelm IV. empfohlen worden war.
So war die Berufung Lennés eine Folge der Einflüsse und Verhältnisse. Er ist ihr gewiß gerne nachgekommen, denn die Aufgabe, den Burgberg von Ballenstedt mit seinen historischen Bauten zu verschönern, war ausgesprochen verlockend. Der Tod des Herzogs trat 1863 ein. Ob das sehr weit gefaßte erste Konzept Lennés (Kat.-Nr. 561) ohne dieses Ereignis ganz ausgeführt worden wäre, wissen wir nicht.

Ballenstedt

Ballenstedt war der Schauplatz eines spätbiedermeierlichen Idylls, dessen künstlerischer Mittelpunkt die Malerin Karoline Bardua und ihre Schwester Wilhelmine waren sowie vor allem Wilhelm von Kügelgen, erst als Hofmaler, dann als Kammerherr. In den Briefen und Tagebüchern der Barduas und Kügelgens können wir das alles nacherleben. Auch der Lennésche Garten wird erwähnt. Wilhelmine Bardua schrieb am 19.5.1862: »Wie schön wird das alles! Lenné schafft da wirklich sein Meisterwerk. Ganz prächtig wirken die großen Rasenflächen, die jetzt in üppiger Frische prangen.« (Die Schwestern Bardua. Hrsg. v. J. Werner. Leipzig. 1929. S. 304.)
Wilhelm von Kügelgen hatte schon am 6.9.1859 an seinen Bruder Gerhard berichtet: »Unser Schloßgarten wird jetzt beträchtlich erweitert und ganz neu angelegt. Die große Terrasse ist mit Pavillons verziert, die durch einen bedeckten Gang miteinander verbunden sind. Mitten auf der Terrasse ist ein schön geformtes Bassin entstanden mit einer Hebe, welche das Wasser aus einem Kruge in die Trinkschale gießt, aus der es dann ins Bassin strömt. Etwa 100 Fuß tiefer speit ein gigantisches Ungeheuer einen starken Wasserstrahl aus, der bis 80 Fuß Höhe aufsteigt und wieder in ein weites Bassin fällt; von hier aus stürzt ein schöner Wasserfall in die Tiefe und führt das Wasser in ein drittes Bassin, das jetzt noch mitten im Gemüsegarten liegt, der aber im nächsten Jahr verschwinden und freien englischen Anlagen Platz machen wird.« (Wilhelm von Kügelgen: Lebenserinnerungen des Alten Mannes. Berlin 1925. S. 279.)
Das unter Verwendung einer romantischen Benediktinerklosterkirche erbaute Schloß Ballenstedt liegt am Endpunkt einer vom Städtchen hochführenden Straße. Nach Westen fällt der Felsen steil ab, hier schließt sich die Harzlandschaft an. Auch der Nordhang, den Lenné gestalten sollte, ist ziemlich steil, und so bot sich hier die Anlage einer Folge von Wasserbecken und Fontänenanlagen nach italienischem Vorbild an. Nach Westen sollte eine Landschaftspartie angefügt werden, die aber nicht ganz vollständig ausgeführt wurde.
In Ballenstedt war der Hofgärtner Sinning tätig, ebenso der Gärtner H. Vollert, der 1860 Lenné den »von mir angefertigten Situations-Plan des zu verändernden Ballenstedter Schloßgartens« in Potsdam überreichte (Lenné-Nachlaß. Nr. 10. Fol. 612, 627). Der Plan ist nicht mehr nachweisbar, und der große, schöne Entwurf von Lenné, der sich in Dessau befand, ist seit 1945 verschollen. Erhalten blieben nur der kleine, relativ belanglose Potsdamer Plan und der Situationsplan von Feldmesser Schneitler, in den Lenné und Meyer ihre Vorschläge einskizziert haben.
Die Gartenanlage in Ballenstedt ist in ihren Grundzügen erhalten und wird seit 1981 rekonstruiert.

560
Ballenstedt. 1857

»Brouillon des Situations: Planes von dem Herzogl: Schlossgarten zu Ballenstedt.«
Plangrenzen: Gelände des teils durch Mauern begrenzten Schloßgartens bis zum südwestlich gelegenen Röhrkopfschlößchen, die anliegenden Straßen.
Signiert: »vermessen und gezeichnet im Jahre 1839 von Schneitler Feldmesser«
Zeichner: Schneitler, Einzeichnungen von Lenné und Gustav Meyer.
Bezifferter Maßstab in Ruten.
Feder in Grau und Schwarz, laviert in Blaugrün, Einzeichnungen Feder in Blau, Bleistift und wenig Rötel. Auf Leinen aufgezogen. 82,7 x 77,9 cm.
Anhaltische Gemäldegalerie Dessau.
Siehe Tafelteil.

Als Planmaterial für die geplanten Veränderungen im Schloßpark wurde ein Situationsplan von 1839 verwendet, der den Zustand in diesem Jahr zeigt. Die Einzeichnungen von Lenné und Gustav Meyer dienten offensichtlich als erste Vorschläge für die künftig auszuführenden Arbeiten.
Meyer zeichnete die Terrassenausformungen am Schloß ein: eine regelmäßige Anlage mit einem Vierpaßfontänenbecken, Exedren und Pflanzungen unmittelbar am Haus. Der steile Schloßhang sollte nur wenig verändert werden, jedoch wurde wohl schon in diesem Planungszustand der kreisförmige Sitzplatz erhalten und in seiner Bedeutung herausgehoben. Ganz auffallende, jedoch in völlig anderer Form ausgeführte Umgestaltungen sollte der nach Nordosten zur Gärtnerei leicht geneigte Garteil erfahren. An die Ränder der freigehaltenen Rasenfläche sind in bewegten Formen feste Baumgruppen gesetzt, Vorpflanzungen passen die dichten Gruppen dem Gelände an. Östlich greifen diese Baumpflanzungen über die Wasserbecken bis in den Nutzgarten hinein.
In diesem mit feinen, ganz leichten Strichen gezeichneten Vorschlag trägt Lenné mit festem Strich weitgeschwungene Wege ein. Dieser Wegezug setzt an der Ostseite des Gartens ein, führt an der Gärtnerei vorbei bis zum Abfluß des Schloßteichs, in dessen Nähe eine Wegekreuzung eingefügt wird. Von hier aus führen elegant geschwungene Wege zum Schloßteich, zum nördlichen Parkausgang, und – am wichtigsten – in weit geschwungener Form zum Jagdhaus Röhrkopf. Dieser Wegeschwung verläßt den Park und greift in das Waldgebiet über. Vom Röhrkopf zieht sich der Weg durch Wiesenflächen, bindet eine kleine, offensichtlich vorhandene Zieranlage mit ein und endet an der Zufahrt zum Marstall. Die vorhandene – noch heute bestehende – Obstallee zum Röhrkopf sollte anscheinend herausgenommen werden.
Die Planvorschläge sind in die spätere Ausführung nicht eingeflossen.

561
Ballenstedt. 1860

Plangrenzen: Nordseite von Schloß und Schloßkirche, Parkgrenzen (Parkmauer).
Signiert: »Lenné im September 1860.«
Zeichner: Gustav Meyer.
Feder, aquarelliert.
Ehemals Anhaltische Gemäldegalerie Dessau. Seit 1945 verschollen, jedoch Photographie vorhanden.

Vor dem steilen Schloßhang breitet sich im Tiefenzug eine Folge von Fontänenbecken aus: Drachenfontäne, Schwanenfontäne, Kreuzkanal, Runde Fontäne. Dazwischen liegen zwei reichbepflanzte Beete. Ausgangspunkt der Achse ist ein Pavillon ähnlich dem im Pleasure-Ground in Glienicke. Vor dem Schloßflügel liegt eine große Terrasse mit einem Vierpaßfontänenbecken und Exedra, ringsum reich bepflanzt. Der Hang wird von schmalen Wegen erschlossen, an denen zahlreiche Sitzplätze mit schönen Ausblicken eingeordnet sind. Bis auf die dicht abgepflanzten Parkmauern ist die ganze Fläche mit einer Fülle von lockeren Baumgruppen besetzt, die meist langgestreckte Freiräume begrenzen und von höher gelegenen Standorten den tiefen Blick in den Vorharz freigeben.

562
Ballenstedt. 1860

»Project zu den Anlagen auf der grossen Terrasse neben dem Herzogl. Schlosse zu Ballenstedt«
Plangrenzen: Nordseite des Schlosses, oberste Terrasse.
Signiert: »Copia«.
Zeichner: Gustav Meyer.
Maßstab in Fuß.
Feder in Grau und Rot, Blaustift, wenig Rotstift. 41 x 46,4 cm.
Planslg. Nr. 3444.
Lit.: Immisch: Der Schloßgarten zu Ballenstedt in seiner neuen Gestalt. In: Blätter für Handel, Gewerbe ... Beibl. z. Magdeb. Zeitung. 13. 1861. S. 357, 358. – H. Hartung: Der Schloßgarten zu Ballenstedt am Harz. In: Jahrbuch f. Gartenkunde u. Botanik. 6. 1888/89. S. 119–122. – Julie Harksen: Der Ballenstedter Schloßgarten. In: Der Goldene Reiter. 2. 1939. S. 208, 209. – Günther. S. 153–158. – Hinz 1989. S. 414–420.

Vor dem Nordflügel des Schlosses wird axial vom Zugang eine Terrasse in regelmäßigen Formen aufgebaut. Mittelpunkt ist ein Vierpaßbecken, um das acht Sockel für Vasen bzw. Kleinplastiken stehen. Sie betonen den Zugang zu den zwei halbrunden Bänken, während die große Exedra den Terrassenabschluß nach Norden bildet. Die Terrasse wird von einer Rasenfläche, überzogen von Gebüschgruppen, ausgefüllt, durch die ein Weg, fast gleichlaufend zum Terrassenrand, führt. Regelmäßig angeordnete Gehölze betonen den Rand der Rasenfläche. Sie werden nur vor der überdachten Sitzfläche, die mit zwei Zugängen dem nordwestlichen Schloßflügel (Kirche) zugeordnet ist, ausgespart.

5. Königreich Sachsen

Drehsa, Krs. Bautzen

Drehsa war im Besitz der Berliner Familie Magnus. Johann Matthias Magnus besaß in Berlin ein großes Handelshaus. Er hatte sechs Söhne, darunter der Maler Eduard Magnus und der Physiker Heinrich Gustav Magnus. Sein Geschäftsnachfolger wurde sein Sohn Friedrich Martin Magnus. Er wurde 1853 geadelt und besaß

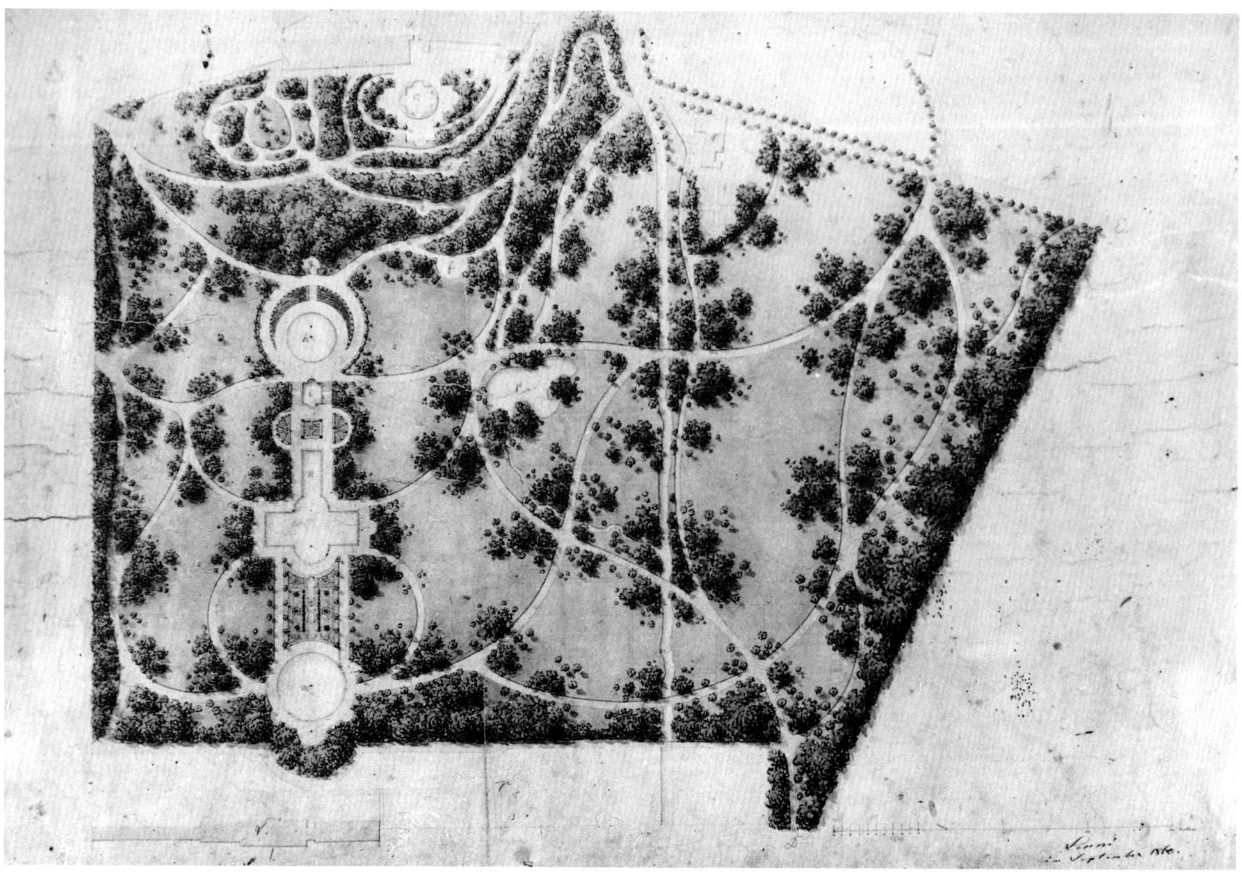

95. Peter Joseph Lenné. Der Schloßgarten in Ballenstedt. 1860. (Anhaltische Gemäldegalerie Dessau)
96. Anna von Kügelgen. Das Schloß in Ballenstedt. Um 1860. (Stiftung Schlösser und Gärten Potsdam-Sanssouci)

außer Drehsa auch Kühna und Wendisch-Ossig in der Oberlausitz.
Der Garten des Gutes Drehsa wurde im wesentlichen so ausgeführt, wie ihn Lenné in seiner Skizze angedeutet hatte. Heute ist nur noch wenig davon zu sehen.

563
Drehsa. Um 1840

»Plan über die Gebäude der Dom. Drehsa mit Umgebung«
Plangrenzen: Unmittelbare Umgebung des Gutshofes bis zum Weg nach dem Dorf Drehsa.
Zeichner: Einzeichnungen von Lenné.
Bezifferter Maßstab in Ellen.
Feder in Schwarz, laviert in Grün, Braun, Blau und Rosa, Bleistifteinbesserungen. 91,2 x 74,6 cm.
Planslg. Nr. 3468.

In den Situationsplan sind die Veränderungen eingetragen, die sich auf die Anlage eines Parks östlich des Gutshauses beziehen. Im Gelände des Obstgartens, des Mühlgrabens und der Wiesen soll ein Park entstehen. Der Küchengarten bleibt bestehen und wird durch geschwungene Wege mit der Neuanlage verbunden. Neben kleinen Zierflächen am Gutshaus wird ein zweites Haus mit Zieranlagen umgeben, die jedoch nicht die zwei großen Sichten vom Gutshaus in den Park berühren. In der Skizze sind nur große Baumgruppen, wie so häufig meist an Wegkreuzungen, eingetragen. Erstaunlicherweise wird der Mühlgraben nicht teichartig erweitert.

Dresden

Nach Schleifung des Festungsringes um die Dresdener Altstadt gewann die im Südosten vor der Stadt liegende Bürgerwiese an Bedeutung, denn jetzt konnte sie mit der Stadt verbunden werden. Der ihr nahe gelegene Teil wurde 1843–46 von Hofgärtner Terschek umgestaltet. Als das auch mit dem zum Großen Garten hin gelegenen Teil geschehen sollte (in Dresden herrschten dazu unterschiedliche Vorstellungen), wurde Lenné durch Stadtrat Hempel um ein Gutachten gebeten. Lenné war vom 21. bis 24. 2.1859 in Dresden, um das Terrain zu besichtigen. Er kritisierte die Arbeit seines Vorgängers, der die günstigen Voraussetzungen, die die dem Kaitzbach benachbarte Niederung bot, durch Aufschütten des Geländes zerstört hatte. Lenné widmete sich in seinem Vorschlag nicht nur der Bürgerwiese, sondern auch den anschließenden Straßenzügen, für die er eine konkave, dem Umriß der Grünflächen angepaßte Form vorschlug. Es ging aber nicht nur um die Bürgerwiese, sondern auch um die Gründung eines Zoologischen Gartens, der am Großen Garten unter Nutzung eines Teiles desselben entstehen sollte. So ergab sich ein einheitlicher Grünzug von der Bürgerwiese bis zum Zoo und zur Barockanlage des Großen Gartens. Lenné schuf 1859 den »Entwurf zur Einrichtung der öffentlichen Anlagen und eines Zoologischen Gartens auf dem Terrain der dortigen Bürgerwiese bis zum Königlichen Großen Garten.«, der dem König Johann von Sachsen vorgelegt wurde. Der König war eng befreundet mit Friedrich Wilhelm IV. von Preussen. Wenn sich in ihrem Briefwechsel auch kein Hinweis auf Lenné und seine Gärten findet, so ist doch gewiß, daß Johann von seiner Bedeutung für die Potsdamer Gärten wußte. Vom König kam der Plan zurück in die Kreisdirektion und ist seitdem verschollen.
Am 1.3.1860 hatte Lenné den Bepflanzungsplan geschickt. Er war 1860 und 1861 in Dresden, um die Arbeiten zu inspizieren. Gartendirektor Gustav Krause und Gärtner Gröpke leiteten 1858–65 die Arbeiten an dem Verbindungsstück zwischen Bürgerwiese und Großem Garten. Sie hatten sich so lange hingezogen, weil es erst 1864 gelang, die dazu notwendigen Grundstücke anzukaufen. Der Zoo wurde schon am 9.5.1861 eröffnet, ohne ganz fertig zu sein. H. Jäger kritisierte schon 1863 die Art, wie manche Feinheiten der Planung Lennés nicht beachtet wurden, vor allem bei der Anlegung des Gewässers, das den Zoo in der Mitte teilt. Ursprünglich war hier ein regelmäßiger Wassergraben, wie er noch auf der ersten Skizze Lennés für den äußeren südöstlichen Teil erscheint. Diese Skizze (Kat.-Nr. 564) ist eine großzügig und genial angelegte Zeichnung, die offenkundig die ersten Ideen Lennés zum Dresdener Zoo zeigt. In dem Entwurf für den nordwestlichen, der Bürgerwiese zugelegenen Teil läßt er daraus eine malerische Anlage mit Seen entstehen. Es blieb aber bei einer ungeschickten Veränderung des geraden Wasserlaufs. Auch sonst hatten nicht vorhergesehene Schwierigkeiten und die hohen Kosten manche Änderungen des Plans von Lenné verursacht. Bürgerwiese und Zoo sind erhalten und werden gepflegt.

564
Zoologischer Garten. 1859

Plangrenzen: Tiergartenstraße, Zoogrenzen (Kaitzbach), Großer Garten (Westseite).
Zeichner: Eigenhändig.
Bezifferter Maßstab in Dresdener Zoll.
Feder in Grau, Bleistift, laviert in Grün, Blau und Rosa. Auf durchsichtigem Leinenpapier. 51,8 x 94 cm.
Planslg. Nr. 13161.
Siehe Tafelteil.

Der Plan umfaßt die jenseits des Wassergrabens gelegene südöstliche Hälfte der Anlage. Die Gebäude und ihre Lage stimmen nicht mit der Ausführung überein. Die Hauptzugänge liegen an der Südseite (Tiergartenstraße) und an der Westseite, wo ein repräsentatives Hauptgebäude mit aufwendigen Schmuckanlagen vorgesehen ist. Der vorhandene, von einem Rundbecken ausgehende gewinkelte Kanal wird an der Südseite erhalten, an der Westseite zugeschüttet und mit der Schmuckanlage des Hauptgebäudes überzogen. Ein in gewundenen Formen ausgebildeter Bach, der sich in Teilen zu zwei kleinen Seen erweitert, verbindet Kanal und Kaitzbach. Mehrere dicht beieinander liegende, sehr breite Wege, vielfach von breiten Gehölzpflanzungen begleitet, erschließen das Gelände. Die Tiergehege sind meist am Rand oder in den Pflanzungen untergebracht.

565
Zoologischer Garten. Um 1862

»Grundriß des zum zoologischen Garten gezogenen Areals«
Plangrenzen: Zoogrenze zum Großen Garten (Kaitzbach), Adlerhaus, Tiergartenstraße, Großer Garten.

Signiert: »K. S. Verpel Feldmesser A. W. Goerner«.
Bezifferter Maßstab in Ellen.
Feder in Grau, laviert in Grün, Grünblau, Braun und Blau.
Auf durchsichtigem Leinenpapier. 53,5 x 54,7 cm.
Planslg. Nr. 3595.

Der Plan umfaßt die nordwestliche Hälfte der Anlage bis zum Wassergraben. Er entstand wohl als Vorarbeit für den folgenden, mit dem er weitgehend identisch ist. In den von Lenné geplanten See ist die dann ausgeführte Form des Wasserlaufs eingezeichnet.
Vom See ausgehend entwickelt sich ein neuer Gartenteil, der auch von der Tiergartenstraße Zugang hat. Ein Randweg (nahe des punktiert eingetragenen Grenzzauns) und ein Rundweg erschließen das Gelände; zahlreiche untergeordnete Wege führen zu den Tiergehegen. Zwei bedeutende Hauptsichten (vom See zum Winterhaus und vom Südwesten des Großen Gartens zu den Gehegen vor dem Hühnerhaus) gliedern den Garten. Die Bepflanzung ist an den Rändern sehr dicht und lockert sich zu den Innenräumen auf.

566
Zoologischer Garten. Um 1862

»Project zum zoologischen Garten zu Dresden«
Plangrenzen: Tiergartenstraße, Zoogrenzen.
Bezifferte Maßstab in Dresdener Ellen.
Feder in Grau und Schwarz. Auf Seidenpapier. 27,8 x 40,1 cm.
Planslg. Nr. 3469.
Lit. zu Kat.-Nr. 564–566: H. Jäger: Die Zoologischen Gärten und ihre scenische Anordnung. In: Beilage zur Illustrirten Zeitung Leipzig. Bd. 40. Nr. 1018. 1863. – Georg Beutel: Die Bürgerwiese in Dresden. Dresden 1938. – H. Sulze: Die Bürgerwiese zu Dresden. In: Jahrbuch zur Pflege der Künste. 4. 1956. S. 141–166. – Günther. S. 132, 135–139. – Hinz 1989. S. 430–442.

Der Plan ist weitgehend mit dem identisch, den Jäger abgebildet hat.
Von den Haupteingängen in der Tiergartenstraße aus baut sich das Wegesystem des Zoologischen Gartens auf, das auch Verbindung zum Großen Garten hat. Eine Vielzahl geschwungener Wege und eine verhältnismäßig dichte Bepflanzung schaffen kleinteilige Gartenräume, in die die Käfige für die zahlreichen Tiergattungen eingefügt sind. Besonders dicht ordnen sie sich an den nördlichen Rand zum Großen Garten ein. Größere Freiräume liegen lediglich im nordwestlichen Teil; sie stehen in Verbindung mit der malerisch ausgebauten Wasserfläche und dem sogenannten Winterhaus.

Leipzig

Leipzig war im Mittelalter von einer Stadtbefestigung umgeben gewesen, die im 16. und 17. Jahrhundert immer wieder erneuert worden war. Ihre Verwandlung in Gärten und Spazierwege begann schon im ersten Drittel des 18. Jahrhunderts. Die weitsichtige Leipziger Bürgerschaft begriff nach Beendigung des Siebenjährigen Krieges, daß diese Art der Verteidigung nicht mehr der Zeit entsprach und beschloß die Schleifung der Festungsanlagen. Es entstanden schon damals an deren Stelle Gartenanlagen. Dazu kamen außerhalb dieser Promenadenanlagen die Gärten der wohlhabenden Leipziger Bürger. So war es das Ergebnis einer reichen Tradition, daß sich der Rat der Stadt im April 1857, als es um die Gestaltung der Gegend vor dem Petritor und am Roßplatz ging, an drei berühmte Gartenkünstler wandte: Borchert aus Herrenhausen, Lenné aus Potsdam und Petzold aus Muskau.
Aus den erhaltenen Akten ist ersichtlich, wie schnell es Lenné gelang, den Auftrag zu erringen, um den er sich gewiß nicht wegen des Gewinns, sondern aus anderen Gründen bemühte, wie aus einem Schreiben vom 28.4.1857 hervorgeht: »Bitte aber schon jetzt die Bemerkung anzunehmen, daß er nur solche Projecte bearbeite, die ihm Freude und Ehre brächten und mit denen er etwas Schönes zu realisieren gedenke.« Am 3.6. 1857 reichte Lenné den Plan ein, der sich im Stadtarchiv Leipzig befindet, während in Potsdam ein weiterer Plan blieb, der ein geringeres Areal umfaßt.
Damit war aber erst der Anfang gemacht, denn Lenné hatte es hier nicht mit einem einzigen Auftraggeber zu tun, sondern mit der ganzen Bürgerschaft, die lebhaft in den Tageszeitungen ihre Meinung dazu äußerte. Noch dazu hatte Lenné Verstimmung erzeugt, als er den Zustand des Augustusplatzes als »lüderlich« bezeichnete. Nicht ganz wurde begriffen, wie wichtig die zu schaffende Bodenbewegung für die Anlagen war. Die Pläne zeichnete Gustav Meyer, der auch nach Leipzig geschickt wurde, um die Arbeiten zu beaufsichtigen. Am 28.11.1860 erhielt er 20 Friedrichsdor Honorar.
Der Rat der Stadt blieb auch nach Abschluß der Planung für die Anlagen am Roßplatz mit Lenné in Verbindung. Vom 9.10.1861 liegt ein Schriftstück vor, in dem Lenné die Schwierigkeiten der Bepflanzung des Augustusplatzes geschildert werden. Dabei ging es vor allem um die Querallee über den Platz. Lenné teilte beruhigend mit, daß die im Plan auffällige Abweichung von der Parallelität zum Museum sich in Wirklichkeit nicht so auswirken würde und daß hier eine schattige Allee notwendig wäre. Gleichzeitig billigte er die vorgeschlagene Randbepflanzung mit amerikanischer Rüster. Für die noch lange währende Mitwirkung Lennés in Leipzig spricht der Plan von 1863 (Kat.-Nr. 569), der in Leipzig gezeichnet wurde und in den Lenné einiges eingezeichnet hat. Er zeigt die Planung für die Neugestaltung der Anlagen um den Schwanenteich, die wegen der Errichtung des Theaters in den Jahren 1864–67 durch C. F. Langhans notwendig wurde. Zu dem Plan ließ sich in den Leipziger Akten kein Vorgang auffinden. Die Anlagen sind erhalten.

567
Promenadenanlagen. 1857

»Plan der Anlagen zu Leipzig«
Plangrenzen: Roßplatz, Königsplatz, Schillerstraße, Moritzbastei.
Zeichner: Gustav Meyer.
Bezifferter Maßstab in Ellen.
Wasserzeichen von 1856.
Feder in Grau, laviert in Grün, Grau, Rosa und Ocker.
65,2 x 95,7 cm.
Planslg. Nr. 3521.
Siehe Tafelteil.

Die zwischen einer Randbebauung liegende Freifläche wird auf zwei Seiten von Bäumen gerahmt. Es entsteht durch Bepflanzung an den Wegeeinmündungen eine schmale lange Sicht, die einesteils auf das Museum, andererseits auf eine vierpaßartige Fläche, auf einem lichten Hügel liegend, Bezug nimmt. Da die Mitte der Sicht leicht vertieft ist, ergibt sich – dem Marlygarten in Potsdam vergleichbar – eine vorzügliche Freiraumwirkung. Bleistiftergänzungen betreffen die Flächen seitlich des Museums, den Vorplatz und den Augustusplatz. Höhenprofile gehören zur kleinen Erhebung und zur Schillerstraße.

568
Promenadenanlagen. 1857

Plangrenzen: Wie Kat.-Nr. 567.
Signiert: »Entworfen von Generaldirector Lenné, Sans Souci im Mai 1857.«
Zeichner: Gustav Meyer.
Bezifferter Maßstab.
Feder in Grau, laviert in Grün, Grau und Rosa. 70 x 89 cm.
Stadtarchiv Leipzig. RRA (Kap.) 767.

Der Plan ist zierlicher gezeichnet als der vorangegangene (Kat.-Nr. 567), hat auch geringfügige Änderungen in der Gestaltung der Flächen.
Vor allem aber ist im Gegensatz zum vorangegangenen Plan die Anlage vor dem Museum und der Augustusplatz ausgeführt. Vor dem Museum liegt eine quadratförmige Ziergartenfläche mit einem Vierpaßfontänenbekken. Die seitliche Alleebepflanzung ist auf der Seite der Moritzbastei sehr üppig ausgestattet und endet an der Bastei in einem Halbkreis, dessen einzelne Teile sehr reich mit Pflanzen ausgeschmückt sind.
Die große Fläche des Augustusplatzes wird mit zwei Reihen Bäumen eingerahmt. Nur die Straßeneinmündungen bleiben offen, desgleichen die im Halbkreis ausbuchtende, mit einem Fontänenbecken betonte Tiefenachse.

569
Promenadenanlagen. 1863.

»Situations-Plan von der südöstlichen Promenade zu Leipzig«
Plangrenzen: Oberer Markt, Schillerstraße, Bahnhofstraße, Roßplatz, Königsplatz.
Signiert: »d 15. Mai 1863«.
Bezifferter Maßstab in Sächsischen Ellen.
Wasserzeichen von 1862.
Feder in Grau, laviert in Grün, Ocker, Rosa und Blau. 67,8 x 166,2 cm.
Planslg. Nr. 3522.
Quellen zu Kat.-Nr. 567–569: Stadtarchiv Leipzig. XXVII (Kap.). Nr. 11. Vol. I u. II. – Ebd. XXVII (Kap.). Nr. 7. Bd. 5. Fol. 139 b–140 a/b, 141 a/b. – Hinz 1989. S. 421–424.

Der Königsplatz wird von einer nahezu ovalen Anlage mit dem Denkmal des Königs Friedrich August eingenommen. Die langgezogene Grünfläche zwischen Museum und Petersstraße zeigt die Ausführung des Lennéschen Plans. Der Augustus-Platz hat nur eine einreihige Randbepflanzung sowie eine Querallee in Verlängerung der Grimmaischen Straße. Jenseits des eingezeichneten, neu zu erbauenden Theaters mit seinen Terrassen an der Südseite folgen hier die Grünflächen um den Schwanenteich, der eine feingeschwungene, langgezogene Form hat. Sie sind in den verhältnismäßig schmalen Randteilen von Wegen durchzogen. Nur zum Dresdener Bahnhof (im Hauptbahnhof aufgegangen) zu liegt eine größere geschlossene Fläche, die zur Grünanlage Am unteren Park überleitet.

570
Johannapark. 1859

Der Bankier Wilhelm Seyfferth wünschte 1859 einen kleinen Park anlegen zu lassen, den er nach seiner verstorbenen Tochter »Johanna« nennen wollte. Der Park ging, gemäß Seyfferths Testament, nach seinem Tod im Jahr 1891 in den Besitz der Stadt über. Lenné übernahm den Auftrag, forderte aber sofort den Erwerb weiteren Geländes, »um die Anlage in einer gewissen Bedeutung auszuführen.« Die Ankäufe zogen sich bis 1861 hin. Zahlreiche Pläne der Grundstücke sind in der im Stadtarchiv Leipzig vorhandenen Akte zum Johannapark abgeheftet. Durch die Nachbarschaft zur Alten Pleiße war auch Wasser in genügendem Maß vorhanden, um die Anlage zu beleben.
Der Johannapark wurde im wesentlichen entsprechend des Lennéschen Plans ausgeführt. Er ist noch jetzt, an den Clara-Zetkin-Park angrenzend, eine der wichtigen Grünanlagen Leipzigs.

»Project zu einer Garten Anlage des Hr. Seyfferth zu Leipzig«
Plangrenzen: Bebauung Moritzstraße bis Weststraße, Thomasschulwiese, Kuhstrangwassergraben.
Zeichner: Gustav Meyer.
Bezifferter Maßstab in Ellen.
Feder in Grau, laviert in Grün, Hellblau und Rosa. Auf durchsichtigem Leinenpapier. 51 x 61,5 cm.
Planslg. Nr. 3523.
Siehe Tafelteil.
Quellen u. Lit.: Stadtarchiv Leipzig. Kap. 26. Nr. 5. – Hinz 1989. S. 424–429.

Etwa ein Viertel der langgestreckten Parkanlage nimmt der sehr buchtenreiche See ein, in dem eine große Insel liegt. Der Hauptzugang erfolgt aus der Richtung der Moritzstraße; von hier verläuft eine leicht vertiefte, breite Sichtachse, deren Endpunkt eine halbrunde Bank jenseits des Sees bildet. Etwa ein halbes Dutzend Baumgruppen, erweitert durch Einzelbäume, bildet den seitlichen Kulissenrahmen, der die Tiefenwirkung maßgebend verstärkt. Breite Wege erschließen jeweils im äußeren Viertel die Parkfläche, wobei sich neben der Hauptsicht auch Diagonalsichten aufbauen. Schmalere Wege verbinden die Hauptwege und schlängeln sich als leicht geführte Promenadenwege durch die dichter angelegten Partien um den See, dessen Wasser von Zu- und Abflußgräben frisch gehalten wird.
Im Prinzip wiederholt sich der Typ Marlygarten in Potsdam. Dafür spricht auch die Verwendung üppiger Blumen- und Teppichbeetanlagen seitlich des Eingangs, wo sich dem Beschauer bewährte Beetformen auf ganz leichtem Hang zeigen und den Gedanken des Pleasure-Ground aufnehmen. Gleichzeitig sind diese Farbbeete auch ganz wesentliche Blickpunkte aus den Diagonalsichten.

10. Königreich Bayern

Feldafing

König Maximilian II. von Bayern erwarb 1850–53 das Gelände bei Feldafing, um sich ein Schloß mit Terrassenanlage zum Starnberger See erbauen zu lassen. Das Schloß wurde nie gebaut, doch ist der Park nach Lennés Entwurf ausgeführt worden. Er ist bis heute gut erhalten, wenn auch die Nutzung durch einen Golfklub nicht günstig ist.

575
Schloßpark. 1853

Plangrenzen: Parkgrenze, Starnberger See, Roseninsel.
Signiert: »Entworfen von Lenné, Director der Königl. Preuß. Hofgärten. München, im Oktober 1853.«
Zeichner: Gustav Meyer.
Bezifferter Maßstab in Fuß.
Feder in Grau, laviert in Grün, Blau und Rosa. 66,4 x 78,9 cm.
Bayerische Verwaltung der staatlichen Schlösser, Gärten und Seen, München. Hist. Pläne. C 29/15.
Siehe Tafelteil.

Dem Seeufer folgt in gehöriger Entfernung ein breiter Weg, von dem Verbindungswege ins Innere des Parks führen; schmale Wege ermöglichen den Zugang zum Seeufer. Auffallend ist die Bepflanzung in sehr großen, aufgelockerten Gruppen, die auch die Wegkreuzungen betonen. Vor dem Schloß breitet sich eine reichverzierte Anlage in mehreren Stufen zum See aus. Seitlich führen umfassende Wegearme bis an das Ufer; sie schließen architektonisch gefaßte Plätze ein.
Im Starnberger See liegt in seitlicher Blickrichtung vom geplanten Schloß die Roseninsel mit ihrer regelmäßigen Rosenanlage inmitten von Rasenflächen.

576
Schloßpark. 1855

»Parkanlage zu Feldafing«
Plangrenzen: Nordwestlicher Teil des Schloßparks, Ufer des Starnberger Sees.
Signiert: »Entworfen von Lenné, General-Director der Koenigl. Preuß. Hofgärten. Im März 1855.« »C. Mühlthaler«.
Zeichner: C. Mühlthaler.
Es handelt sich vermutlich um eine Kopie eines verschollenen, von Gustav Meyer gezeichneten Originals. Außerdem existieren noch zwei weitere Varianten dieses Plans von fremder Hand in München.
Bezifferter Maßstab in Fuß.
Feder, aquarelliert. 60,5 x 109,5 cm.
Bayerische Verwaltung der staatlichen Schlösser, Gärten und Seen, München. Hist. Pläne. C 29/4.

Sehr elegant geschwungene Wege erschließen das Schloßparkgelände, wobei südwestlich des Schlosses eine bedeutende Wegkreuzung entsteht. Die Bepflanzung folgt auffallend schmal den Wegen, immer wieder offene Durchsichten freigebend. Durch diese wegebegleitende Pflanzung ergeben sich bei parallel verlaufenden Wegen große Freiräume. Das Schloß, besonders die Terrassen, sind seitlich dicht abgepflanzt, so daß eine in sich geschlossene Anlage entsteht.

577
Schloßpark. 1855

Plangrenzen: Unmittelbare Umgebung des Schlosses bis zum Seeufer.
Signiert: »Entworfen von Lenné, General-Director der Koenigl. Preuß. Hofgärten. Im Maerz 1855.«
Zeichner: Gustav Meyer.
Bezifferter Maßstab in Fuß.
Feder, aquarelliert. 48,6 x 57,6 cm.

Bayerische Verwaltung der staatlichen Schlösser, Gärten und Seen, München. Hist. Pläne. C 29/16.
Siehe Tafelteil.
Lit. zu Kat.-Nr. 575–577: Hinz 1989. S. 514–517. – Wimmer 1990. Nr. 87–89.

An der breiten Schloßvorfahrt, deren Kreuzungen dicht bepflanzt sind, liegt gegenüber dem Schloß eine halbkreisförmige Ausbuchtung. Auf der ersten Schloßterrasse ordnen sich üppige Zierbeete ein. Auf der zweiten setzt sich diese Gestaltung etwas vereinfacht fort, wobei die Tiefenachse über ein halbkreisförmiges Wasserbecken und eine Kaskade bis zu einem runden Fontänenbecken führt; dieses liegt auf einer regelmäßigen Terrasse im See. Geradlinige Laubengänge und leicht geschwungene Wege führen zu einer Uferpromenade. Zwischen Schloß und Ufer liegt dichter Baumbestand, in dem regelmäßige Sichten freibleiben.

578
Roseninsel. 1850

»Insel Wörth im Würmsee«
Plangrenzen: Inselgrenzen im Starnberger See.
Signiert: »für Herrn Civil-Architecten Kreuter entworfen von Kgl. Preuß. Garten Director Lenné. 1850.«
Zeichner: Eigenhändig.
Bleistift, aquarelliert, Beschriftung in Bleistift sowie roter und schwarzer Tusche. 56,7 x 65,8 cm.
Bayerische Verwaltung der staatlichen Schlösser, Gärten und Seen, München. Hist. Pläne. C 29.
Siehe Tafelteil.
Lit.: Wimmer 1990. Nr. 86

Dem Ufer der Insel, das immer wieder offene Blicke über den See ermöglicht, folgen breite Wege. Vor dem Casino breitet sich ein großer Pleasure-Ground aus, während auf der Gegenseite ein Bowling-Green bis zu einer mit Schlingrosen überzogenen Uferlaube reicht. In der Längsachse liegt eine rechteckige, mit kleinen Hochstämmen umrandete Rasenfläche; eine vorgelagerte exedraähnliche Fläche ragt in den See. Auf der Gegenseite liegt ein großer Rosengarten, wie er bereits in Charlottenhof ausgeführt worden war.

Hohenschwangau

579
Hohenschwangau. 1853

»Kön: Park zu Hohenschwangau.«
Plangrenzen: Schloßberg, Kienenberg, Straße nach Füssen, Schwansee.
Signiert: »Entworfen von Lenné, Director der Königl. preuß. Hofgärten; im November 1853.«
Zeichner: Gustav Meyer.
Bezifferter Maßstab in Fuß.
Feder, aquarelliert. 57 x 67,5 cm.
Bayerische Verwaltung der staatlichen Schlösser, Gärten und Seen, München. Hist. Pläne. B 18/4.
Siehe Tafelteil.
Lit.: Hinz 1989. S. 511–513. – Wimmer 1990. Nr. 90.

Das Parkgelände wird von breiten Rand- bzw. Uferwegen erschlossen, von denen aus weitere Wege zu einem zentralen Kreuzungsplatz führen. Auffallend ist, daß sich die Pflanzungen fast ausschließlich entlang der Wege hinziehen oder sich um Wegkreuzungen bzw. Abzweigungen ordnen. So entstehen breite Sichten, deren Ränder aus wenigen Vorpflanzungen bestehen. Auf der Westseite des Parks wird ein Beet wesentlich verbreitert und erhält dadurch sehr buchtenreiche Uferzonen. Im Südosten liegt das Schloß (im Plan nicht eingetragen), dazu eine sehr aufwendige Ziergartenanlage, die sich der Form eines Hippodroms nähert.

11. Österreich

In Österreich verbrachte der junge Lenné nur wenige, aber entscheidende Jahre. 1812 war er in Schönbrunn bei Hofgärtner Boos tätig, der ein Freund seines Vaters war. Von da aus konnte er an den großen Auftrag gelangen, einen Entwurf für den Schloßgarten von Laxenburg zu zeichnen. 1815 legte er den Plan dafür vor, verließ aber noch im selben Jahr Österreich.
Erst 1852 erhielt Lenné wieder einen Auftrag aus Österreich, die Verschönerung der Kaltenbachau bei Bad Ischl. Den Schlußpunkt seiner Tätigkeit bildete die Beteiligung am großen Wettbewerb für Wien im Jahr 1858.

98. Lorenzo Quaglio. Feldafing. 1854. (Stiftung Schlösser und Gärten Potsdam-Sanssouci)
99. Ferdinand Jodl. Das Schloß Hohenschwangau. Um 1836. (Stiftung Schlösser und Gärten Potsdam-Sanssouci)
100. Johannes Rabe. Bad Ischl. 1855. (Stiftung Schlösser und Gärten Potsdam-Sanssouci)

Bad Ischl

Zur Zeit Lennés war Bad Ischl eines der großen Modebäder. Die Entwicklung hatte in den 20er Jahren des 19. Jahrhunderts eingesetzt und gipfelte darin, daß hier Kaiser Franz Joseph von Österreich seine Sommerresidenz hatte. Das zog den Hochadel Europas in das Bad. Auch der preußische König Friedrich Wilhelm IV. pflegte nach Bad Ischl zu reisen, und in der Aquarellsammlung seiner Frau Elisabeth findet sich manche Erinnerung an den Ort.
Die Kaltenbachau war eine Auenlandschaft an der Traun westlich des Ortes. Durch Vermittlung des Königl. Preuß. Oberhofmeisters fertigte Lenné 1852 einen Verschönerungsplan für die Au an und überließ ihn unentgeltlich dem Verschönerungskomitee von Bad Ischl. 1853 wurde unter Leitung des Ingenieurs Kreuter mit der Rodung störenden Bewuchses begonnen, Wege und Brücken wurden angelegt und 65 große Bäume verpflanzt. Die Arbeit wurde nicht abgeschlossen. Es reichten wohl die Mittel nicht, wie es bei den aufwendigen Projekten Lennés häufig der Fall zu sein pflegte.
Die in Potsdam erhaltene Zeichnung ist ein an Lenné geschicktes Aufmaß der Au, in das er am oberen Rand mit einigen Bleistiftstrichen eine erste Idee einskizziert hat.

580
Bad Ischl. 1852

»Kaltenbach-Au in Ischl«
Plangrenzen: Kaiser Ferdinand-Straße, Traun, Schloßberg, Waldung, Kaltenbach.
Signiert: »Aufgenommen Johann Mich; Ramsauer K. K. Wehrmeister.«
Zeichner: Geringfügige Einzeichnungen von Lenné.
Bezifferter Maßstab in Wiener Zoll.
Feder in Grau, laviert in Grün, Blau und Hellocker. 22 x 116,7 cm.
Planslg. Nr. 13192.
Lit.: Hinz 1989. S. 503–505.

Das westlich der Traun gelegene Kaltenbachtal wird von einem Nebenarm der Traun und dem Kaltenbach durchflossen. Neben drei großen Privatgrundstücken sind nur wenige Wiesen, dafür mehr oder weniger stark bewachsene Auenwaldflächen vorhanden.

Laxenburg

Laxenburg gehörte seit dem 18. Jahrhundert dem österreichischen Kaiserhaus. Es war ursprünglich nur von Wiesen umgeben und wurde vor allem zur Reiherbeize genutzt. Joseph II. ließ nach 1782 den Park vergrößern und begann ihn in einen Landschaftsgarten zu verwandeln. Seine entscheidende Umgestaltung erlebte der Park unter Kaiser Franz I. Er ließ 1798–1801 die Franzensburg im mittelalterlichen Burgenstil auf einer Insel inmitten des Parks errichten. Dadurch wurden ganz neue Blickbeziehungen möglich, denn die früheren Schloßbauten hatten am Rand des Parks gelegen. Lennés Entwurf geht auf diese neuen Gegebenheiten ein. Ausgeführt wurde von ihm vor allem der östliche Teil mit seinen Wasserläufen um die Franzensburg.

581
Laxenburg. 1815

Plangrenzen: Parkgrenzen.
Signiert: »P. J. Lenné Kunstgärtner. Im Jahre 1815.«
Zeichner: Eigenhändig.
Feder, aquarelliert. 200 x 280 cm.
Ehemals in Laxenburg. Bei einem Hochwasser vernichtet.
Lit.: Hinz 1989. S. 499–503. – Wimmer 1990. Nr. 91.

Die vorhandene alte Barockanlage wird zugunsten eines sehr kleinteiligen, noch den Einfluß von Thouin zeigenden Landschaftsgarten umgewandelt. Erhalten bleiben einige barocke Elemente, die Jagdremisen mit dem Forstamt und der dazugehörenden Allee im Südwesten, der alleeartig bepflanzte Kanal mit dem dicht dabei liegenden Turnierplatz und die Allee südöstlich des neuen

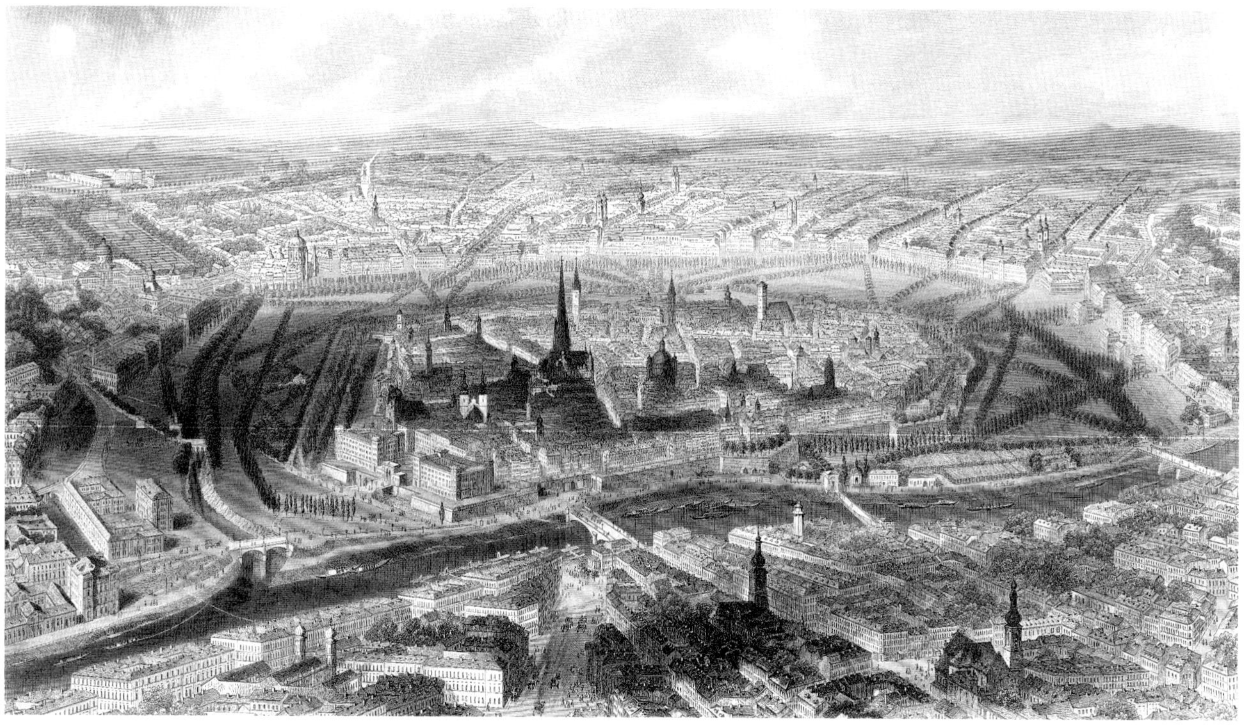

101. Eltzner. Wien. Um 1850. (Alfred Schinz)

102. Ladislaus Eugen Petrovits. Die Ringstraße in Wien. Um 1890. (Alfred Schinz)

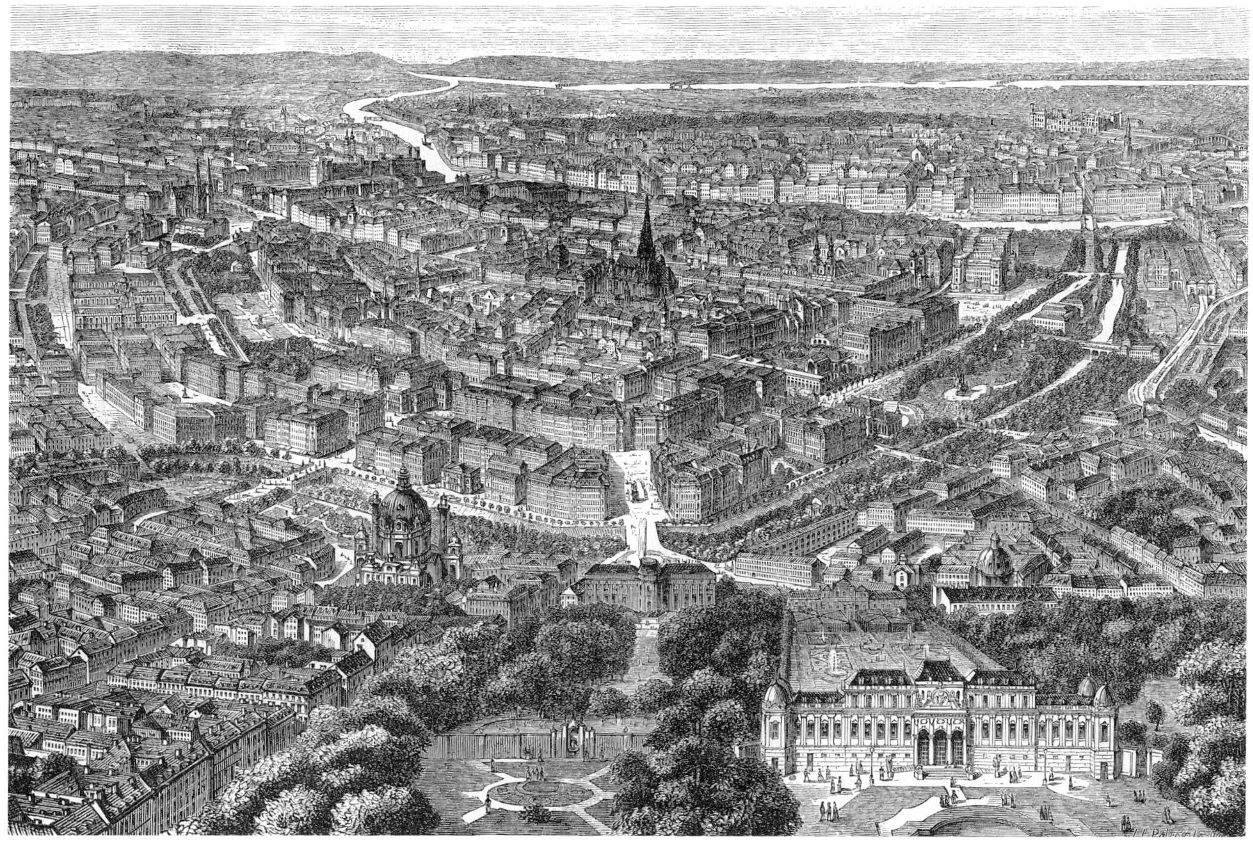

Schlosses. Eine im Verhältnis zur Länge schmale Sichtachse seitlich des alten Schlosses trennt den Park in zwei Teile. Sie entwickelt sich teilweise aus einer Alleeplanung und hat den vergleichbaren Gedanken der Umwandlung der Hauptachse in Potsdam-Sanssouci in eine Sichtachse als Grundlage. Die etwas kurz geschwungenen Wege sind von locker eingefügten, aber ganz dichten Pflanzungen umgeben; Hainpflanzungen sind nur sparsam verwendet.
Die östlichen Teile sind in der Wegeführung wesentlich ruhiger, folgen in gewissen Abständen dem sehr schön geformten Ufer des Großen Teichs. Diese reizvolle Verwendung des Wassers wird auch in die westlichen Teile übertragen, in denen ein Teil des Kanals in schlank geformte Wasserflächen umgewandelt wird.

Wien

Der Festungsring von Wien war schon seit der Zeit Napoleons aufgelockert, und die vor ihm liegenden Wiesen des Glacis waren mit Straßen versehen worden. Aber immer noch blieb das Gelände der ehemaligen Befestigung eine Reserve für die Stadtplanung. So ließ 1858 Kaiser Franz Joseph einen Wettbewerb für die Erweiterung der inneren Stadt Wien mit gewissen Vorgaben wie Anlegung einer Ringstraße und der Forderung nach Standorten für repräsentative Bauten ausschreiben. Auch Lenné reichte einen Entwurf ein. Leider sind die zweifellos besonders schön gezeichneten Pläne nicht erhalten, so daß wir uns nur durch einen Druck einen Eindruck von seinem Vorschlag verschaffen können. Lenné gehörte nicht zu den drei ersten Preisträgern. Der Hauptvorwurf, den man gegen seine Planungen erhob, war der, daß er dem Verkehr auf der Ringstraße nicht genug Platz einräumte. In der Tat hatte er besonders reiche und schöne Grünanlagen vorgesehen, die den Fluß des Verkehrs sicherlich behindert haben würden.

582
Wien. 1858

«Lennés Project für die Umstaltung der k. k. Residenzstadt Wien nach Abtragung der Wälle.«
Plangrenzen: Stadtkern mit geplantem Grüngürtel.
»Typographischer Farbendruck aus der k. k. Hof- und Staatsdruckerei in Wien. Juni 1859.«
Beilage zur »Wiener Zeitung« vom 23.6.1859.
Lithographie. 29 x 38,6 cm.
Geheimes Staatsarchiv, Berlin. HA. Rep. 192. Lenné-Nachlaß. Nr. 39. Fol. 1.
Siehe Tafelteil.
Quellen und Lit.: Lenné-Nachlaß. Nr. 39. – Hinz 1989. S. 504–512. – Hermann Reining: Lennés Wettbewerbsentwurf für Wiens Stadterweiterung 1857. In: Leben und Werk Peter Joseph Lennés. Internationales Kolloquium 1989. Berlin 1991. S. 122–129.

Um den Stadtkern legt sich ein schmaler Grüngürtel, der bald aus großen, zum Teil mit Bäumen eingerahmten Grünflächen besteht, sich bald aus schmalen, landschaftlich aufgefaßten Partien zusammensetzt. Trotz der geringen Größe des Plans läßt sich erkennen, daß das schattenreiche Marlygarten-Motiv aus Potsdam vielfach verwendet worden ist.
Reizvolle Promenadenpartien sind an den Stadtkern eingefügt, vor allem an der Seite des Wien-Flusses, während in Schloßnähe streng regelmäßige Anlagen die langgestreckte Schloßfront auffangen und dann mit einem dreistrahligen Alleestück nach außen ausklingen, ohne daß eine Fortsetzung in Straßenzügen erkennbar wird. Auch die geplante Oper verbindet sich durch eine wuchtige gestreckte Hufeisenanlage mit der Altstadt.

Verzeichnis der abgekürzt zitierten Quellen und Literatur

BLAP. Brandenburgisches Landeshauptarchiv Potsdam.

Börsch-Supan. Eva Börsch-Supan: Ludwig Persius. Das Tagebuch ... München 1980.

Buttlar 1989. Peter Joseph Lenné. Volkspark und Arkadien. Hrsg. von Florian von Buttlar. Berlin 1989.

Duncker. Alexander Duncker: Die ländlichen Wohnsitze, Schlösser und Residenzen der ritterschaftlichen Grundbesitzer in der preußischen Monarchie... Berlin 1857–83 (16 Bände).

Geist/Kürvers. Johann Friedrich Geist u. Klaus Kürvers: Das Berliner Mietshaus 1740–1862. München 1980.

Günther. Harri Günther: Peter Joseph Lenné. Berlin 1985.

Haeberlin. C. L. Haeberlin gen. Belani: Sanssouci, Potsdam und Umgebend. Mit besonderer Rücksicht auf die Regierungszeit Sr. Majestät König Friedrich Wilhelms IV. Berlin und Potsdam 1855.

Hinz 1937. Gerhard Hinz: Peter Joseph Lenné und seine bedeutendsten Schöpfungen in Berlin und Potsdam. Berlin 1937. (Wiederabdruck in: Hinz 1989.)

Hinz 1939. Gerhard Hinz: Peter Joseph Lennés märkische Parkanlagen. In: Brandenburgische Jahrbücher. 14/15. 1939. S. 68–100.

Hinz 1940/42. Gerhard Hinz: Ein Beitrag zur Kenntnis der Mecklenburgischen Parkanlagen unter besonderer Berücksichtigung der schöpferischen Tätigkeit des Peter Joseph Lenné. In: Gartenkunst. 53. 1940. S. 113 ff., 165 ff./54. 1941. S. 71 ff./55. 1942. S. 105 ff.

Hinz 1967. Gerhard Hinz: Peter Joseph Lennés Schöpfungen im Rheinland. In: Rheinische Heimatpflege. N. F. 3. 1967. S. 194–204.

Hinz 1977. Gerhard Hinz: Peter Joseph Lenné. Landschaftsgestalter und Städteplaner. Göttingen, Zürich, Frankfurt/Main 1977.

Hinz 1989. Gerhard Hinz: Peter Joseph Lenné. Das Gesamtwerk des Gartenarchitekten und Städteplaners. Hildesheim, Zürich, New York 1989.

Lenné–Nachlaß. Geheimes Staatsarchiv Preußischer Kulturbesitz, Berlin. Rep. 192. Nachlaß Lenné.

Michalowski. Andrzej Michalowski: Garten- und Parkanlagen von Peter Joseph Lenné in Polen. In: Peter Joseph Lenné. Leben und Werk. Internationales Kolloquium. Berlin 1991. S. 152–162.

Plessen. Gartenkunst. Gartenkunst in Berlin-Brandenburg. Hrsg. von Marie Luise Plessen. Berlin 1985.

Rave. Paul Ortwin Rave: Verzeichnis der alten Gärten und ländlichen Parke in der Mark. In: Brandenburgische Jahrbücher. 14/15. 1939. S. 143–190.

Rave/Wirth. Bauwerke Berlin. 1955. Die Bauwerke und Kunstdenkmäler von Berlin. Bezirk Tiergarten. Einführung von Paul Ortwin Rave. Bearb. von Irmgard Wirth. Berlin 1955.

Schinkel-Werk. Grundmann 1941. Karl Friedrich Schinkel. Lebenswerk. Günther Grundmann: Schlesien. Berlin 1941.

Schinkel-Werk. Sievers 1942. Karl Friedrich Schinkel. Lebenswerk. Johannes Sievers: Bauten für den Prinzen Karl von Preußen. Berlin 1942.

Schinkel-Werk. Rave 1948. Karl Friedrich Schinkel. Lebenswerk. Paul Ortwin Rave: Berlin. Stadtbaupläne, Brücken, Straßen, Tore, Plätze. Berlin 1948.

Schinkel-Werk. Vogel 1952. Karl Friedrich Schinkel. Lebenswerk. Hans Vogel: Pommern. Berlin 1952.

Schinkel-Werk. Sievers 1954. Karl Friedrich Schinkel. Lebenswerk. Johannes Sievers: Bauten für die Prinzen August, Friedrich und Albrecht von Preußen. Berlin 1954.

Schinkel-Werk. Kania und Möller 1960. Karl Friedrich Schinkel. Lebenswerk. Hans Kania und Hans-Herbert Möller: Mark Brandenburg. Berlin 1960.

Schinkel-Werk. Rave 1981. Karl Friedrich Schinkel. Lebenswerk. Paul Ortwin Rave: Berlin. 3. Teil. Bauten für Wissenschaft, Verwaltung, Heer, Wohnbau und Denkmäler. München 1981.

Schinz. Alfred Schinz: Berlin, Stadtschicksal und Städtebau. Braunschweig 1964.

Stabi. Staatsbibliothek Berlin.

STAM. Geheimes Staatsarchiv Preußischer Kulturbesitz, Berlin (ehemals Zentralarchiv der DDR, Merseburg).

Wendland. Folkwin Wendland: Berlins Gärten und Parke von der Gründung der Stadt bis zum ausgehenden neunzehnten Jahrhundert. Frankfurt/Main, Berlin, Wien 1979.

Wimmer 1990. Clemens Alexander Wimmer: Bestandskatalog der Berliner Pläne von Peter Joseph Lenné mit Anhang: Bundesrepublik Deutschland und Österreich. Berlin 1990.

Register der Zeichner

Hesse, Ludwig Ferdinand, geb. 1795 in Belgard, gest. 1876 in Berlin. Besuchte die Bauakademie in Berlin. Zuerst Baukondukteur in Berlin, ab 1840 in Potsdam.
142

Humbert, C. J. von. Vermesser.
3, 4

Klengel, August Gottfried, geb. 1809, gest. 1843. Besuchte von 1824–28 die Gärtnerlehranstalt und war danach im Entwurfsbüro von Lenné tätig. Ab 1833 (oder 1834) arbeitete er im Tiergarten. 1837 schlug ihn Lenné als Nachfolger von Förster Fintelmann zum Tiergarteninspektor vor. 1838 erhielt er die Stelle und führte dort bis 1839 die Lennéschen Neugestaltungen durch.
34, 35, 42, 43, 186–188, 275, 321, 322, 343–345, 350, 351, 354

Koeber, Gerhard, gest. 1852. Kam aus Magdeburg nach Potsdam und besuchte 1826–30 die Gärtnerlehranstalt. Lenné bat am 27.6.1834 um eine Stelle für ihn, wobei er sein vorzügliches Zeichentalent erwähnte und daß er in den letzten drei Jahren die meisten Zeichnungen für ihn angefertigt hätte. Am 30.6.1834 wurde Koeber Obergehilfe an Stelle von Gustav Meyer. Von 1843 bis zu seinem Tod betreute er den Berliner Tiergarten.
1, 7, 8, 21–24, 29, 32, 33, 36, 40, 41, 44–50, 56–58, 62, 64, 77–80, 87, 94–96, 106, 107, 119, 128, 133, 136, 152, 159, 160, 184, 190–192, 198–200, 209, 211, 221, 222, 225–227, 236–249, 251, 252, 254–256, 258, 260, 261, 263, 266, 270, 272, 274, 280, 281, 283–285, 290, 293–296, 298–302, 310, 314, 320, 325, 331, 332, 335, 341, 342, 353, 357, 362, 363, 369, 370, 372, 376, 377, 380–383, 385, 386, 389, 390, 393, 395, 396, 404, 405, 407, 408, 417, 421, 423, 427, 433, 435, 436, 438, 442–444, 447, 448, 450, 452, 454, 458, 461, 466, 468, 469, 475, 478, 485, 488, 489, 498, 500, 520, 525, 526, 529, 536, 542, 543, 549, 554, 556, 571, 572

Kohles. Königl. Feldmesser und Katastersekretär.
2

Koschny, J. E., geb. 1812 in Kulm, gest. 1863 in Potsdam. Besuchte 1829/30 die Gärtnerlehranstalt. War 1829–36 als Zeichner für Lenné tätig, vor allem für die Pfaueninsel, Glienicke, Nikolskoe und den Tiergarten in Berlin. Später Sekretär der Gärtnerlehranstalt.
124, 125, 215, 221, 229–234, 250, 268, 364, 373–375, 379, 384, 431, 432, 441

Krause II. Vermesser in Potsdam.
14, 201

Legeler, Wilhelm, geb. 1801 in Treuenbrietzen, gest. 1873 in Potsdam. 1824–26 Gärtnerlehrling am Botanischen Garten in Schöneberg. 1828–66 Lehrer an der Gärtnerlehranstalt und 1852–66 Hofgärtner. Seine Bedeutung liegt vor allem darin, daß er das Vermessen und Zeichnen lehrte und so Lennés Zeichenstil weitergab.
373, 378

Lenné, Peter Joseph d. Ä.
531

Lenné, Peter Joseph.
3, 4, 10, 27, 31, 39, 60, 61, 65, 67, 69–76, 85, 86, 90, 93, 105, 116, 135, 157, 158, 168, 170, 181–183, 193, 196, 201, 210, 218–220, 223, 253, 272, 289, 297, 329, 330, 339, 340, 345, 348–356, 358–361, 363, 365, 375, 388, 394, 397, 399, 401, 409–414, 418–420, 422, 424, 426, 428, 434, 437, 439, 440, 442, 445, 446, 449, 455, 457, 459, 460, 462, 463, 465, 470–474, 475, 476, 477, 479, 480, 486, 487, 502–505, 507–509, 511, 512, 515, 517, 523, 532, 533, 539, 547, 548, 557 bis 560, 563, 564, 578, 580

Meyer, F. W. Vermessungsrevisor in Berlin.
276, 277, 301–303, 312, 313, 316–319

Meyer, Gustav, geb. 1816 in Frauendorf, gest. 1877 in Berlin. Erhielt seine Ausbildung an der Gärtnerlehranstalt und war danach im Entwurfsbüro von Lenné tätig. 1859 wurde er Hofgärtner im Ananasrevier, zu dem u.a. auch der Marlygarten gehörte. Ab 1870 Gartendirektor von Berlin. Der Friedrichshain, der Humboldthain und der Treptower Park entstanden nach Meyers Plänen.
20, 25, 26, 37, 38, 51–54, 59, 63, 66, 82–84, 91, 92, 97, 108, 109, 129–131, 134, 137–141, 143, 145–151, 153 bis 156, 165, 166, 169–176, 178–180, 194–196, 203 bis 208, 210, 211, 213, 214, 267, 271, 278, 282, 289, 291, 292, 304–309, 315, 324, 327, 328, 338, 367, 368, 371, 387, 392, 484, 490, 491, 495–497, 499, 513, 514, 516, 534, 537, 540, 541, 550–552, 560–562, 567, 568, 570, 573–575, 577, 579

Nain. Wurde nach Lennés eigenen Worten von ihm selbst in Potsdam ausgebildet und war zuerst dem Hofgärtner Ludwig Sello unterstellt. 1822 wurde er nach Flatow geschickt, um dort die Ausführung der Lennéschen Planung zu leiten. Der ursprüngliche Name der Familie Lenné war im 17. Jahrhundert le Nain gewesen. Ob eine Verwandtschaft zwischen Nain und den Lennés besteht, war nicht feststellbar.
481

Passow. War Forstkommisarius und lieferte für Lenné Aufmaße von Ländereien in Berlin, die dem Forst unterstanden.
257, 293, 311, 348

Persius, Ludwig, geb. 1803 in Potsdam, gest. 1845 in Potsdam. Besuchte die Bauakademie in Berlin. Baukondukteur in Potsdam. Von Friedrich Wilhelm IV. für Bauten zur Verschönerung der Potsdamer Landschaft herangezogen.
273

Prüfer. Baukondukteur.
55

Schmid, Johann Karl Ludwig, gest. 1849. Ab 1819 Assessor bei der Oberbaudeputation, später Oberbaudirektor. Leitete die Stadtplanung Berlins vor Schinkel und Lenné.
305

Schondorf, Gustav, geb. 1810 in Berlin, gest. 1884 in Oliva. Besuchte 1826–28 die Gärtnerlehranstalt und ging dann auf Bildungsreisen. 1833 wurde ihm die Inspektion der Chausseepflanzungen in Westpreußen unterstellt. 1837 war er Garteninspektor in Königsberg, später in Oliva bei Danzig.
482

Sello, Emil, geb. 1816 in Caputh, gest. 1876 in Potsdam. Betreute über Jahrzehnte als Oberhofgärtner die Anlagen um das Neue Palais, wo er u.a. die Nutzgärten in den Heckenquartieren in Ziergärten umgestaltete.
88, 89, 98, 99, 101–103, 132, 161–164, 527, 528

Sello, Hermann, geb. 1800, gest. 1876. Berichtete 1823 von seiner Studienreise aus Paris an Lenné. Dann Hofgärtner in Charlottenhof und in dieser Zeit als Zeichner an Lennés Planungen beteiligt. Später übernahm er die Leitung des Terrassenreviers. Er unterstützte Lenné bei den Arbeiten für die Verschönerung der Insel Potsdam und bemühte sich, sie nach seinem Tod fortzusetzen.
6, 14, 17–19, 64, 110–115, 117, 118, 120–123, 126, 127, 197, 201, 202, 216, 223, 277, 360, 397, 398

Stüler, August, geb. 1800 in Mühlhausen, gest. 1865 in Berlin. Der Baumeister Stüler hatte ein freundschaftliches Verhältnis zu Lenné. Er muß nach dem Tod Schinkels bei vielen Bauunternehmungen des Königs mit Lenné zusammengearbeitet haben. Am 11.12.1850 entschuldigte er sich bei Lenné, daß er dessen Pläne so lange behalten hat, woraus man ersieht, daß sie beide gewohnt waren, ihre Pläne auszutauschen.
349

Teichler, Bruno, geb. 1842 in Erdmannsdorf. Teichler machte seine Lehrzeit in Erdmannsdorf durch. 1862/63 besuchte er die Gärtnerlehranstalt. 1863/64 war er am Botanischen Garten in Berlin tätig, dann ging er nach Kew Gardens in London und anschließend an den Jardin des Plantes in Paris. 1867 arbeitete er an den Gärten am Neuen Palais, 1868/69 war er beim Fürsten Pückler in Branitz, 1869 finden wir ihn als Vertreter des Hofgärtners in Erdmannsdorf. Schließlich ging er an die Kgl. Gärtnerlehranstalt in Geisenheim/Rh. 1876 wurde er Obergärtner und später Hofgärtner in Erdmannsdorf.
493, 494

Teichert, Friedrich, geb. 1804 in Niebusch, Schlesien. Wurde 1829 Hofgärtner in Sagan, eine Tätigkeit, die erst Bedeutung erlangte, als die Herzogin Dorothea von Talleyrand-Périgord Sagan zu ihrer Residenz machte. 1852 erhielt Teichert die Oberaufsicht über sämtliche Gärten der Herzogin. Zweifellos wurde Lenné zu Rate gezogen, aber sein Anteil an der Gestaltung der Gärten in Sagan ist noch nicht erforscht.
501

Vollert, H. Unbekannter Gärtner. Ob er identisch ist mit dem H. Vollert, der 1860 in Ballenstedt arbeitete (siehe vor Kat.-Nr. 560) konnte nicht geklärt werden.
530

DER WEISSE SEE
Nedlitz
Bornim
Neu Bornim
Grube
Nierhäuser
LEISTE
Golm
Eiche
Bornstädt
Col. Alexandrowka
BRANDENBURGER
VORSTADT
TELTOWER VORSTADT
GROSSE
ENTENFANG
WERDER
Geltow
Neu Geltow
Marianenhof
DIE HAVEL
DER SCHWILOW
Caput

1. Insel Potsdam. 1833.

S. 228, 229
2. Insel Potsdam. 1842 und 1869.
4. Insel Potsdam. Um 1850.

KARTE
von der Halbinsel
POTSDAM
Gemarkung Ütz
Gemarkung Alt-Töplitz
Schlänitz See
Gemarkung Marquardt
Gemarkung Fahrland
Der weiße See
Forst Fahrland
Gemark. Fahrland
Gemark Fahrland
Gemarkung Leest
Die Wublitz
Grube
Vierhäuser
Golmer Bruch
Golm
Gr. Zern See
Schlangen Bruch
Domainen Vorwerk Bornim
Bornim
Nedlitz
Jungfern See
Das Bornstädter Feld
Exercier platz
Das Katharinen Holz
Bornstädt
Eiche
Kuhfort
Heilige See
Stadt Potsdam
Berliner Vorstadt
Brandenburger Vorstadt
Stadt Werder
Gallin
Der Königliche Wildpark
Alt Geltow
Neu Geltow
Die Pirschheide
Die Havel
Gemarkung Pelzow
Der Schwielow See
Der große Wendorf
Gemarkung Caputh
Königliche Forst Caputh
Königliche Forst Potsdam
Rittergut Potsdam
Städtische Feldmark Potsdam

Neuer Plan
von der Insel POTSDAM
auf S. Königl. Maj. von Preußen Allerhöchsten Befehl
aufgenommen im Jahre 1799.
wozu die vorhandenen Vermeßungen der Eleven der
Königl. Ingenieur Academie zu Potsdam wie auch die
Aufnahmen des Ingen. Lieut. v. Reiche benuzt worden.
von C. I. von Humbert.
Erklärung der Stadt.
von Sansouci u. Neue Palais.
Die Pfauen-Insel
K. Nietner
Kgl. Hofgärtner
Schlosspark Babelsberg
DIE HAVEL
WERDER
Golm
Geltow
Neu Geltow
Caputh
Der Templin
Bornim
Bornstädt
Nedlitz
Marquard
Sacrow
Glinicke
Neudorf
Fahrlandsche See

8. Potsdam. Wildpark mit Fasanerie. 1840.
9. Potsdam. Wildpark. 1842.

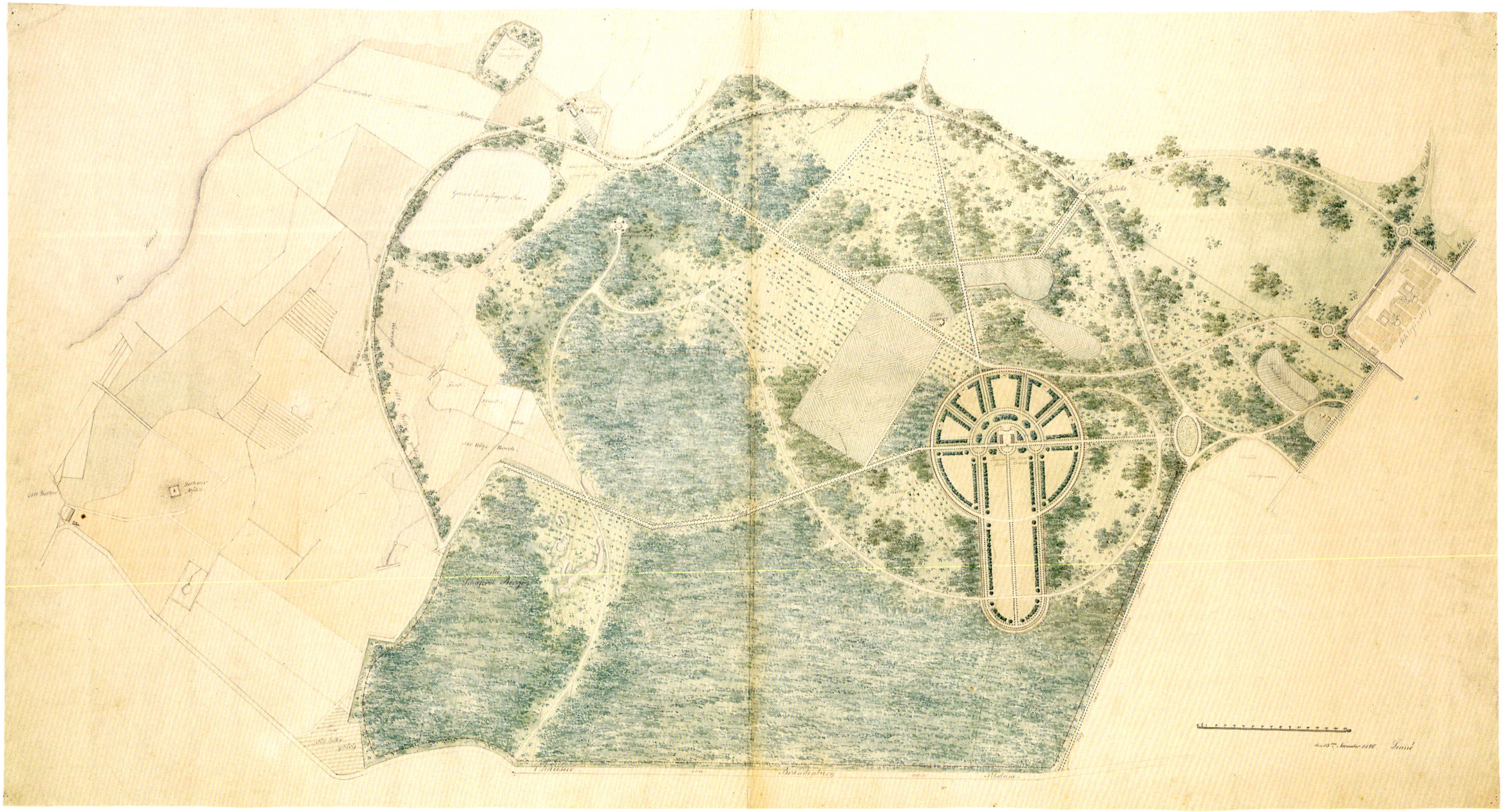

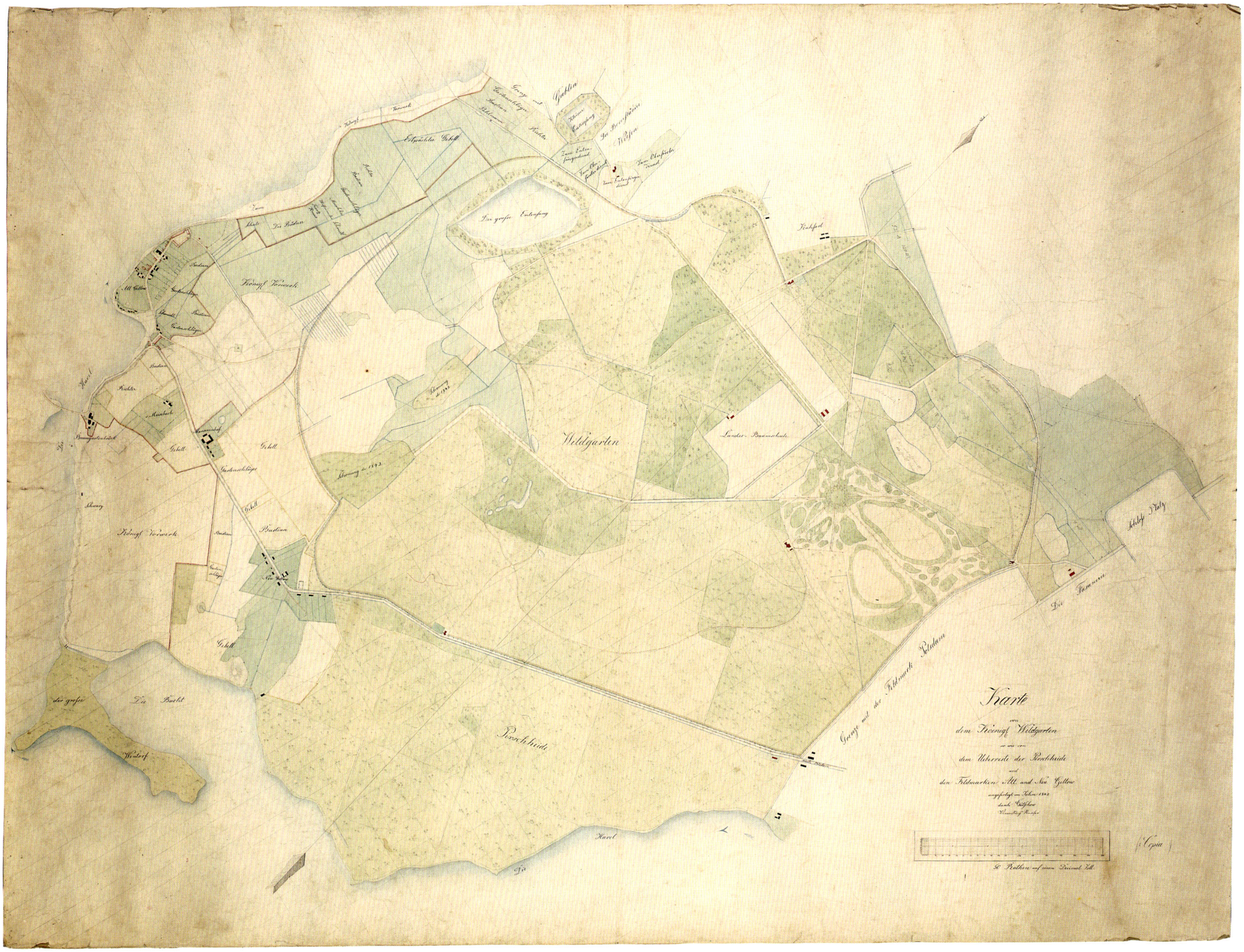
Karte
von
dem Königl. Wildgarten
dem Ueberreste der Pirschheide
und
den Feldmarken Alt und Neu Geltow
angefertigt im Jahre 1842
(: Copia)
50 Ruthen auf einen Decimal Zoll
Grenze mit der Feldmark Potsdam
Wildgarten
Pirschheide
Havel
Die Bucht
Königl. Vorwerk
Die große Entenfang

19. Potsdam. Das Gelände westlich des Neuen Palais.
Um 1865.
20. Potsdam. Das Gelände westlich des Neuen Palais.
Um 1865.

Baumschule
Die Communs
Fasanerie

23. Potsdam. Der Tornow. 1841.
26. Potsdam. Der Tornow. Nach 1845.

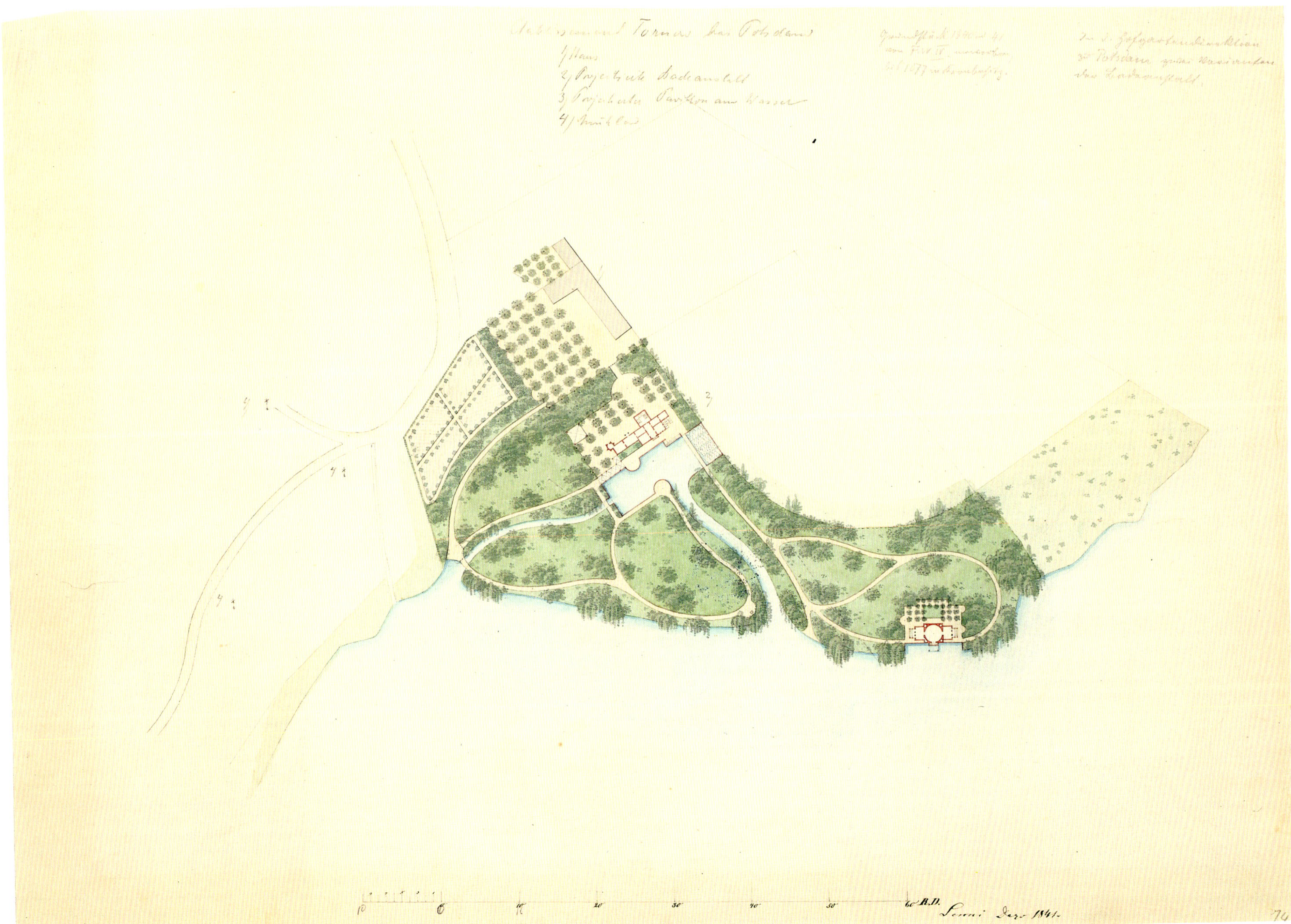

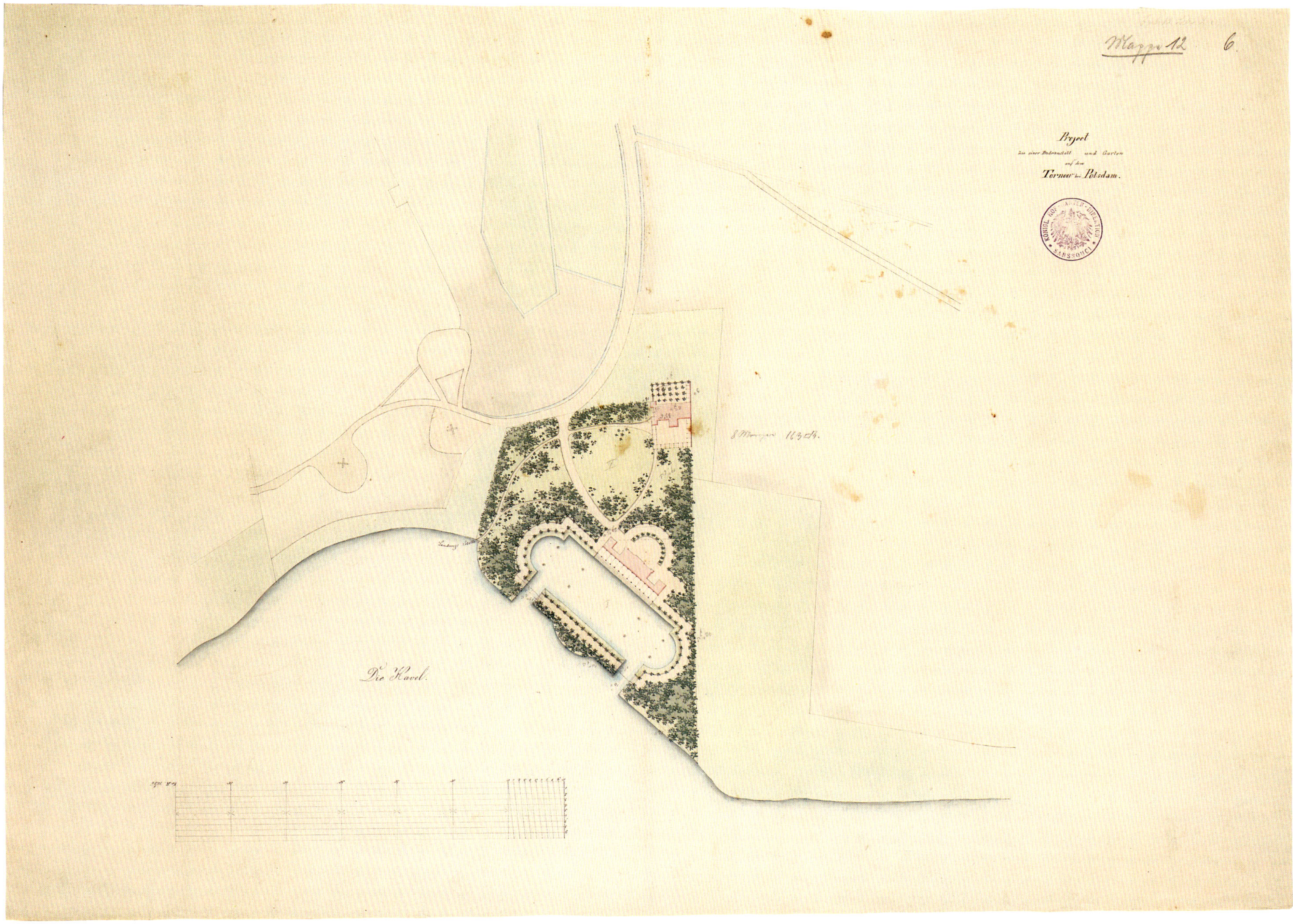

Mappe 12 6.
Project
zu einer Badeanstalt und Garten
auf dem
Törnow bei Potsdam.
KÖNIGL. HOF-GARTEN-DIREKTION SANSSOUCI
8 Morgen 163 □R.
Die Havel.

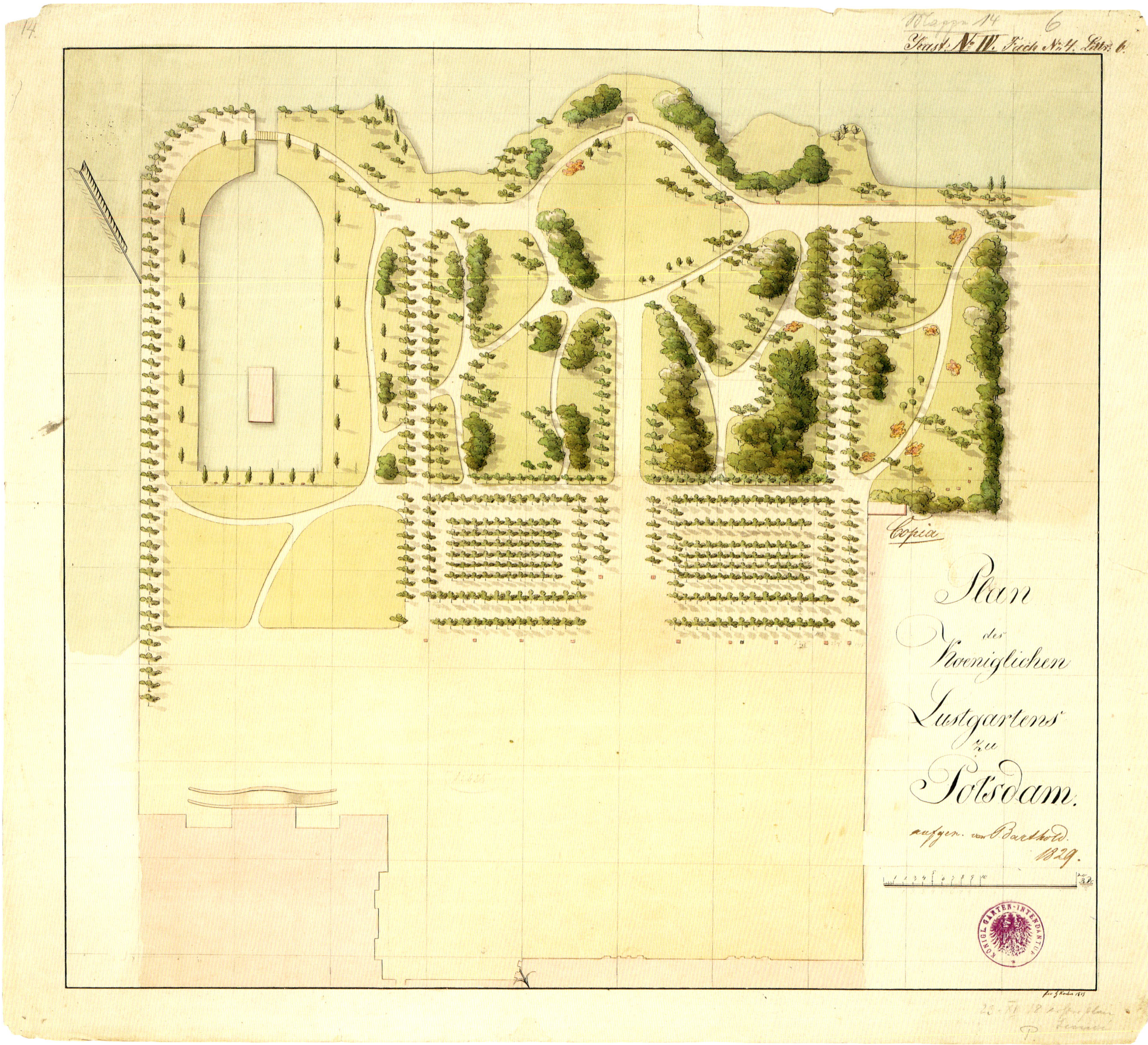
Mappe 14
6
Trast. № IV. Fach № 4. Litt. b.
Copia
Plan der Koeniglichen Lustgartens zu Potsdam.
aufgen. von Barthold 1829.
KÖNIGL. GARTEN-INTENDANTUR

29. Potsdam. Lustgarten. 1829.
33. Potsdam. Lustgarten. 1831.

S. 238, 239
39. Potsdam. Bassinplatz. 1825.
40. Potsdam. Bassinplatz. 1825.

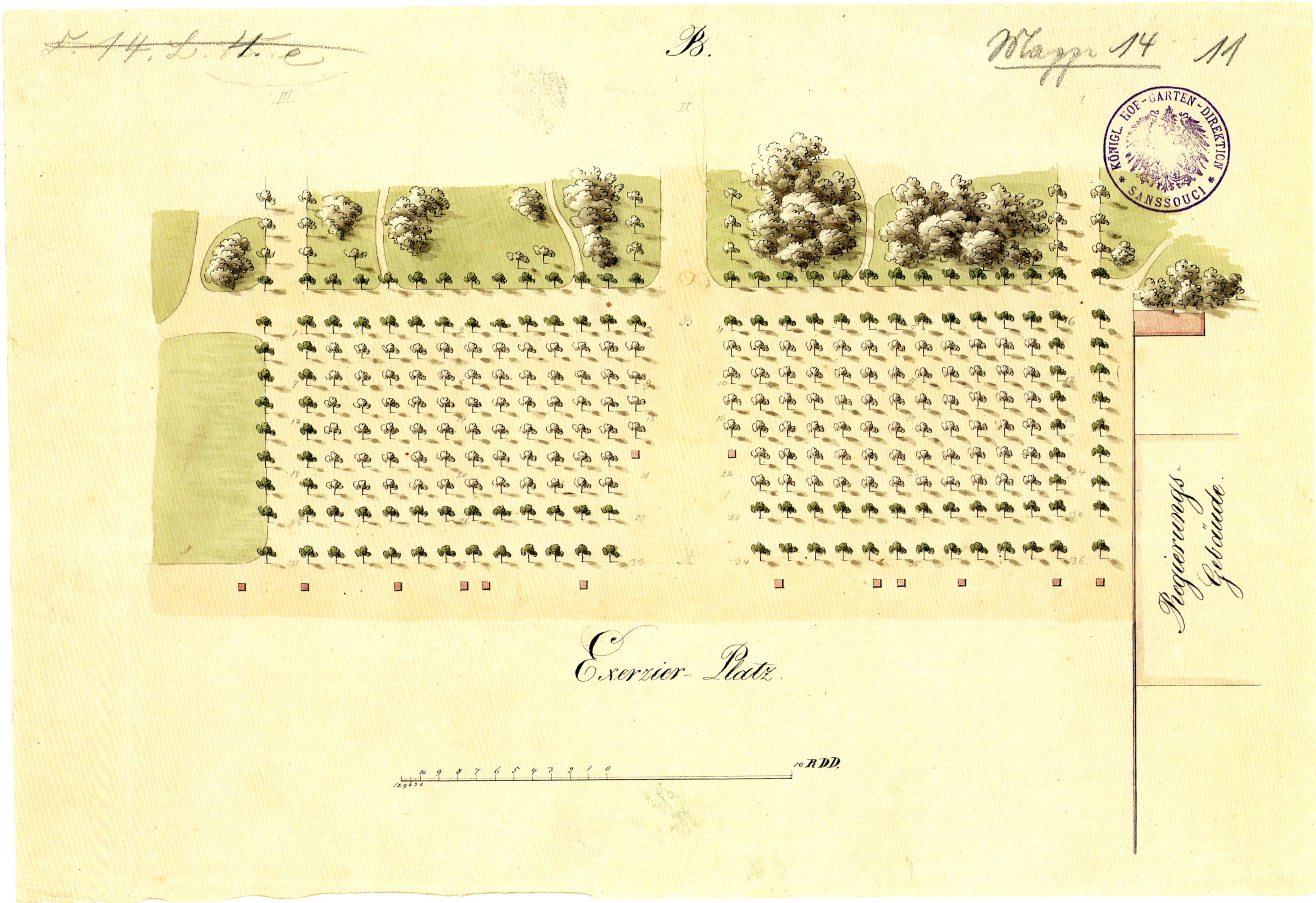

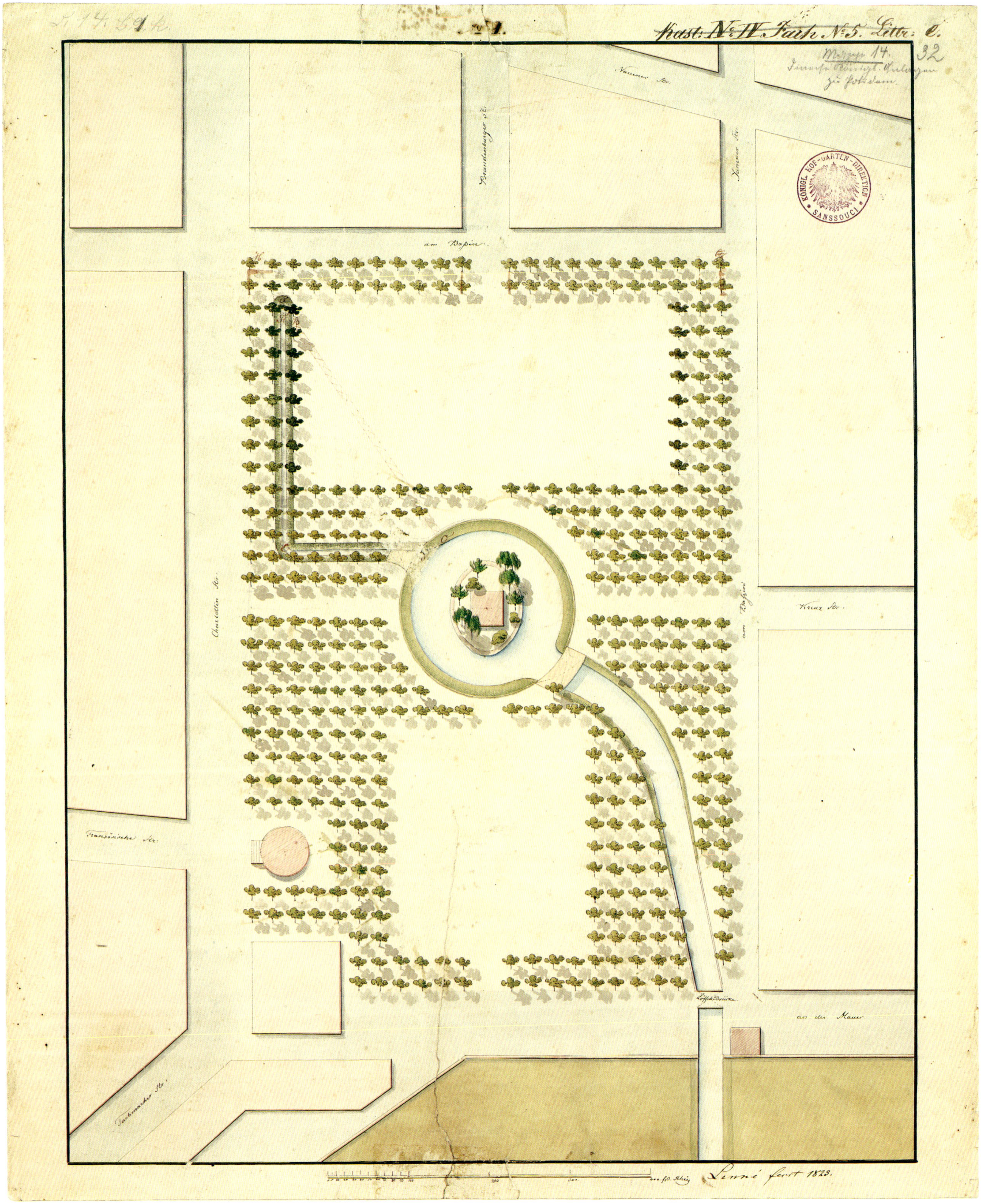
Kast: No IV. Fach No 5. Litt: C.
32
Naunener Str.
Brandenburger Str.
am Bassin
Charlotten Str.
Kreuz Str.
am Bassin
Französische Str.
Tuchmacher Str.
an der Mauer
KÖNIGL. HOF-GARTEN-DIRECTION SANSSOUCI
Lenné fecit 1823.

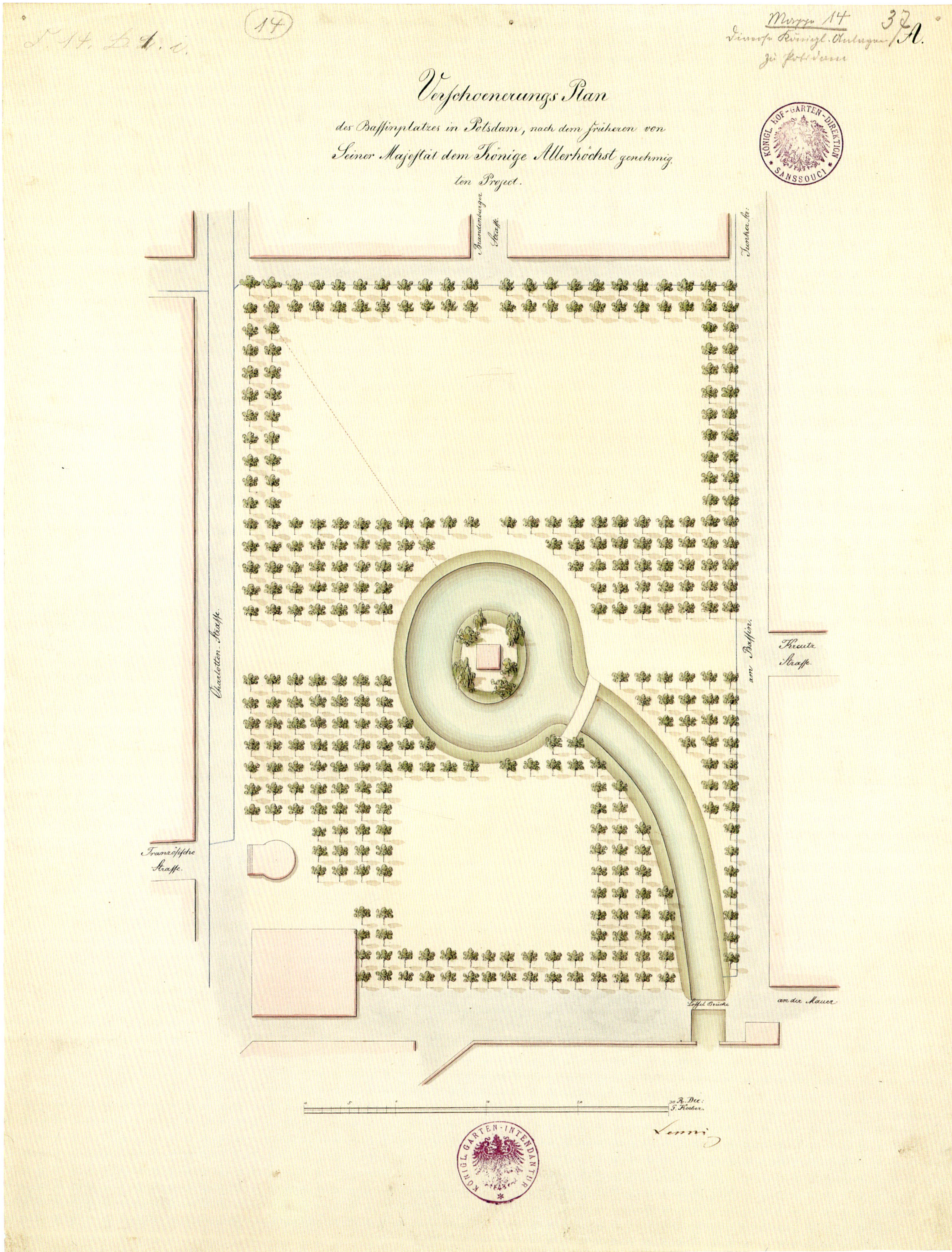
Verschoenerungs Plan
des Bassinplatzes in Potsdam, nach dem früheren von
Seiner Majestät dem Könige Allerhöchst genehmig
ten Project.
KÖNIGL. HOF-GARTEN-DIRECTION SANSSOUCI
Brandenburger Strasse
Charlotten Strasse
Französische Strasse
am Bassin
Kreutz Strasse
an die Mauer
KÖNIGL. GARTEN-INTENDANTUR

Mappe 14. 27
Kast: No IV. Fach No 5 Littr: C.
KÖNIGL. HOF-GARTEN-DIRECTION SANSSOUCI
Französische Straße
An der Mauer.
Projekt zur Verschönerung der
Bassin Platzes in Potsdam.
1825.

41. Potsdam. Bassinplatz. Nach 1828.
51. Potsdam. Platz der Einheit (Wilhelmplatz). 1862.

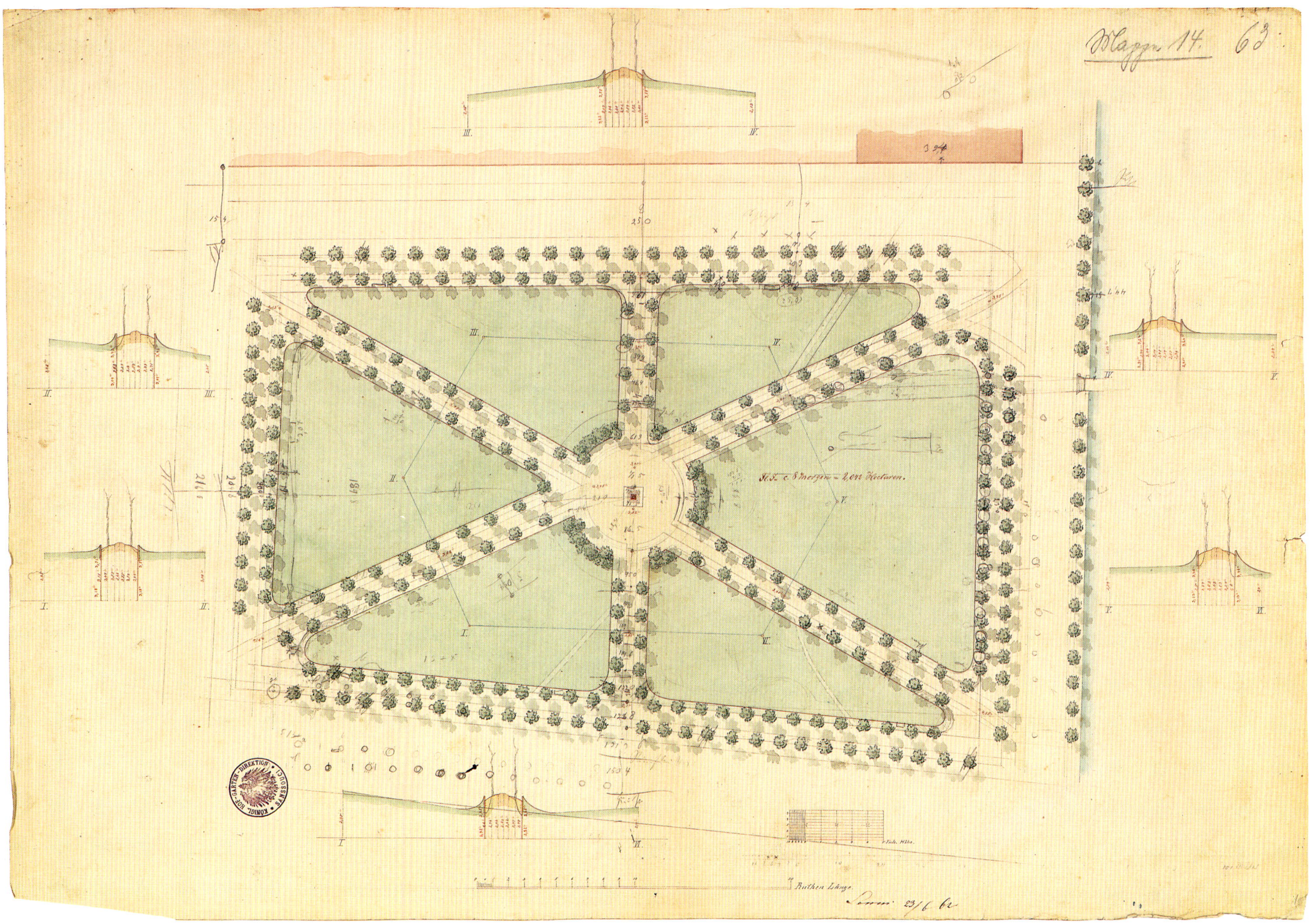

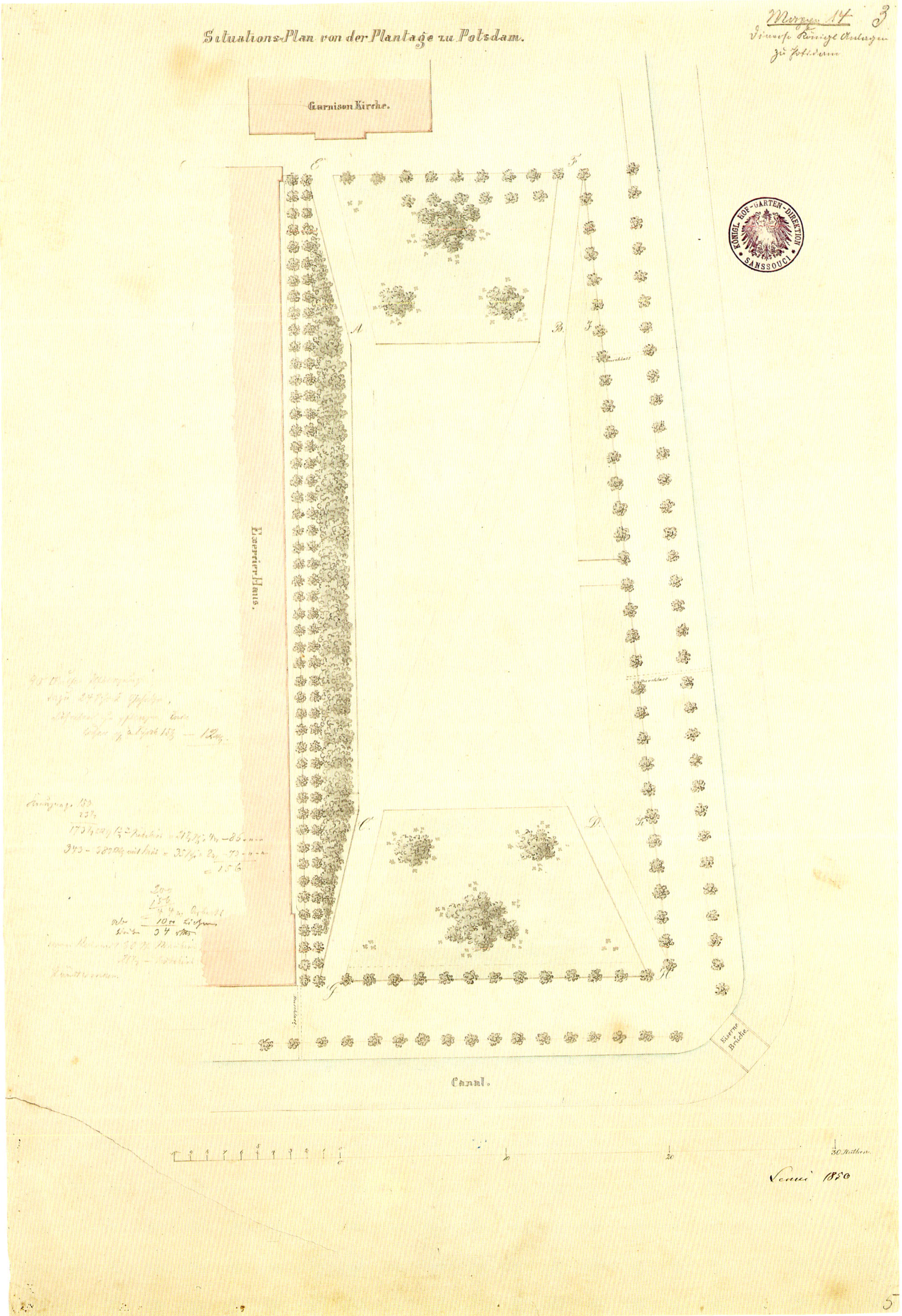
Situations-Plan von der Plantage zu Potsdam.
Morgen 14
3
Garnison Kirche.
Exercier-Haus.
KÖNIGL. HOF-GARTEN-DIRECTION SANSSOUCI
Eiserne Brücke
Canal.
30 Ruthen
Lenné 1850

54. Potsdam. Plantage. 1850.
55. Potsdam. Berliner Straße mit Glienicker Brücke. Um 1835.
S.244, 245
56. Potsdam. Leipziger Dreieck. Um 1840.
57. Potsdam. Straßenplanung am Obeliskportal. Um 1840.

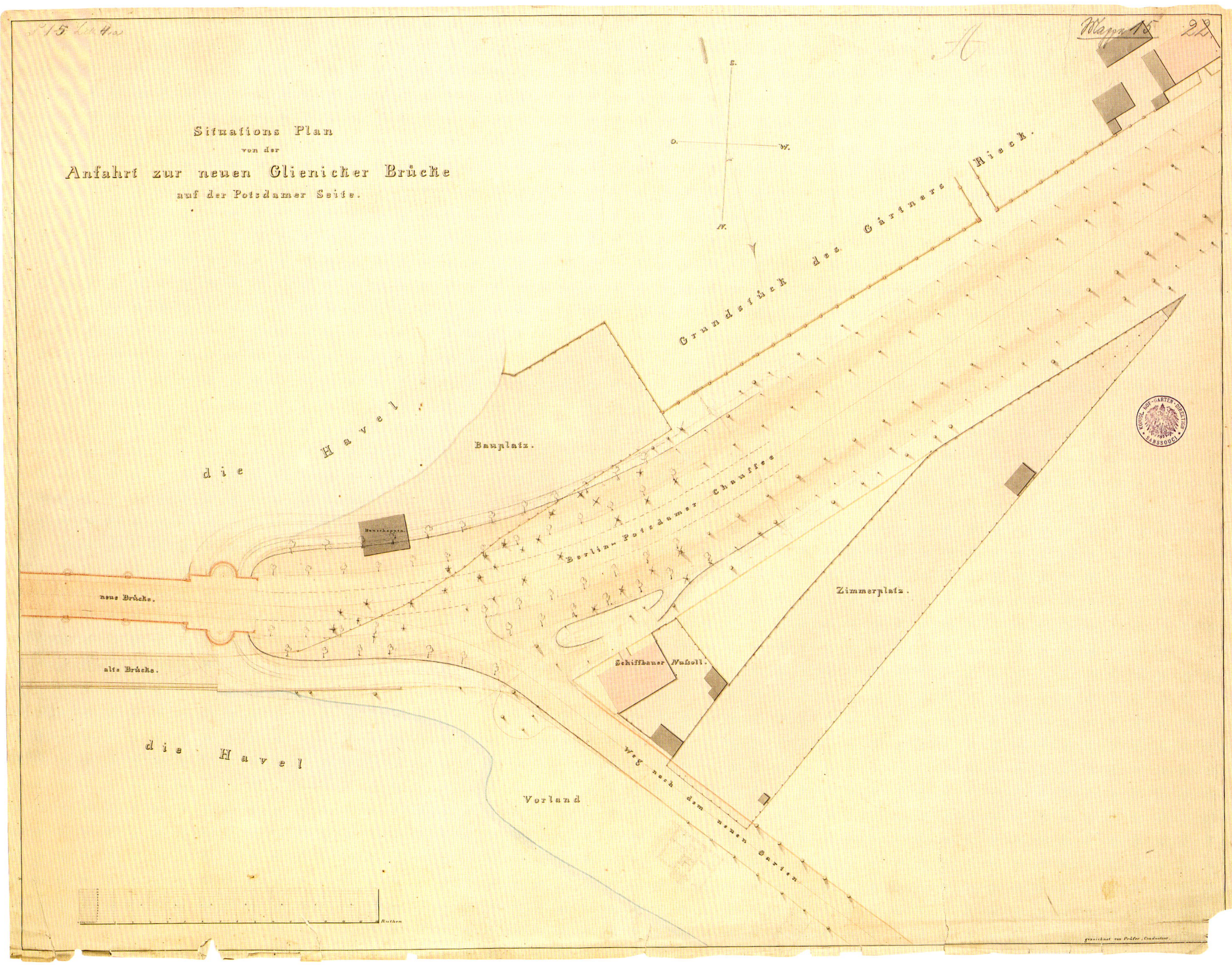

62. Potsdam. Kaserne des Lehrinfanteriebataillons. Um 1826.
63. Potsdam. Kaserne mit Russischer Kolonie.

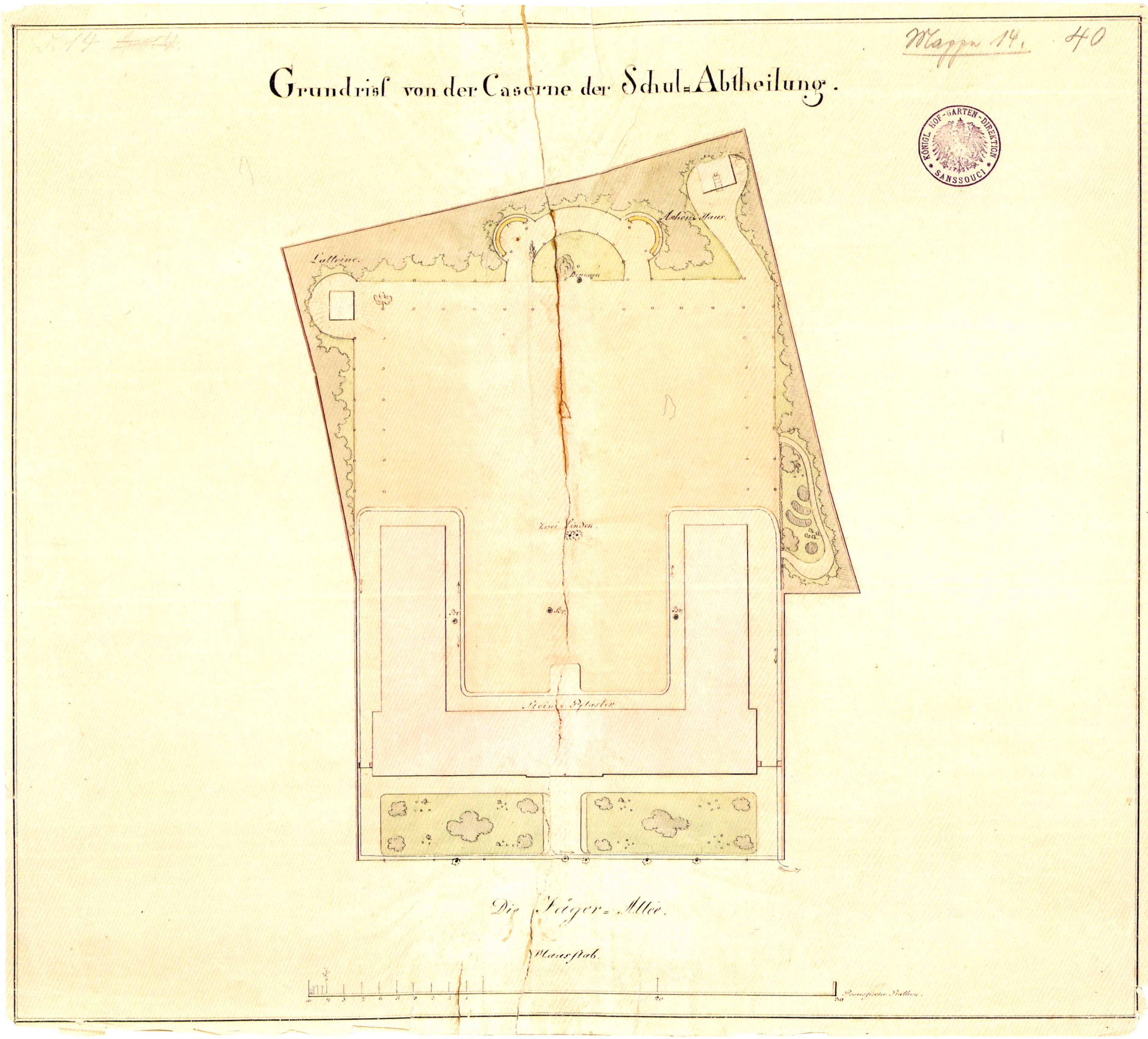

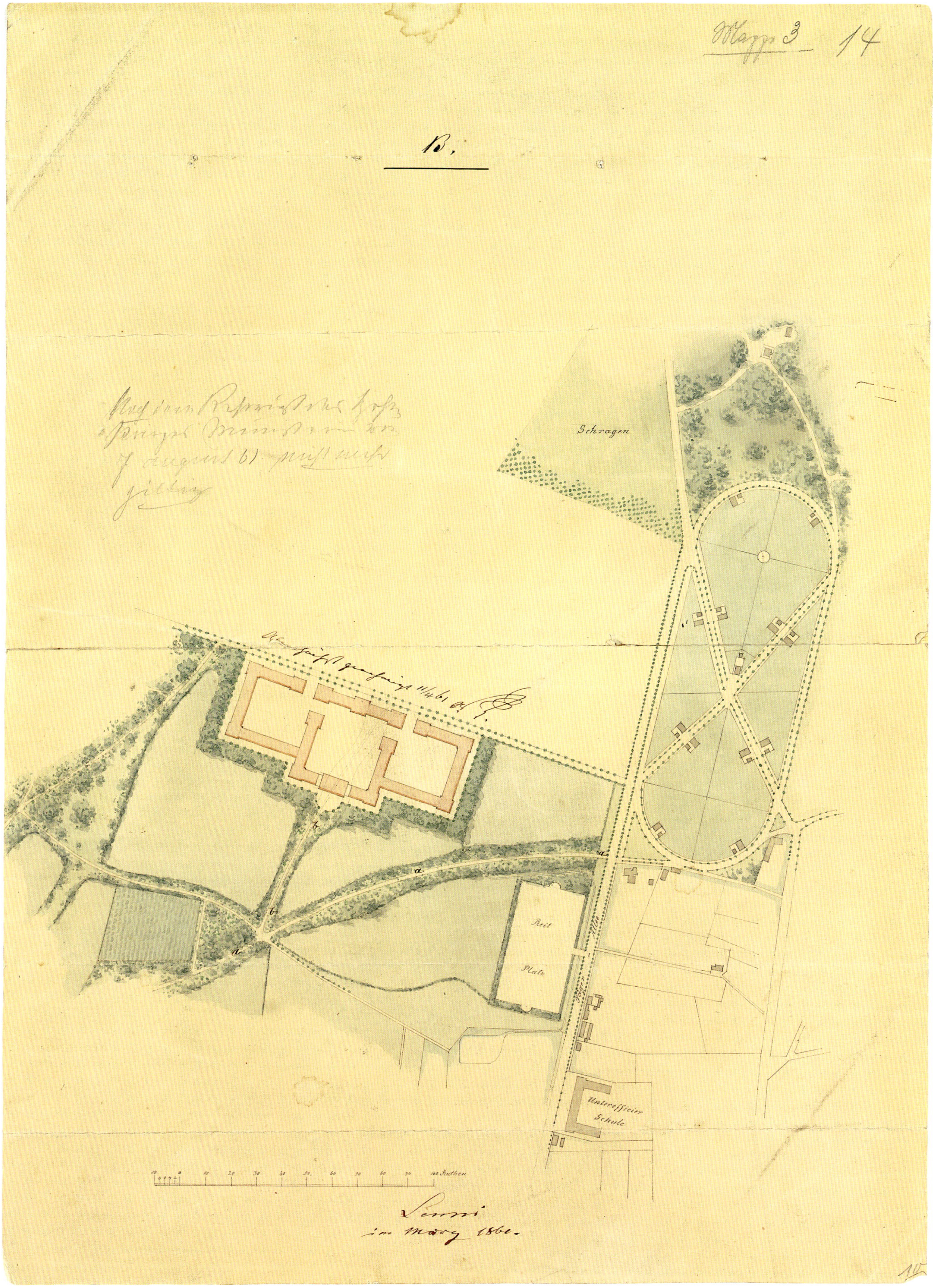
Mappe 3
14
B.
Schragen
Reit
Platz
Unteroffizier
Schule
im März 1860.

64. Potsdam. Garten Jacobs. 1835.
65. Potsdam. Garten Meyer. Um 1840.

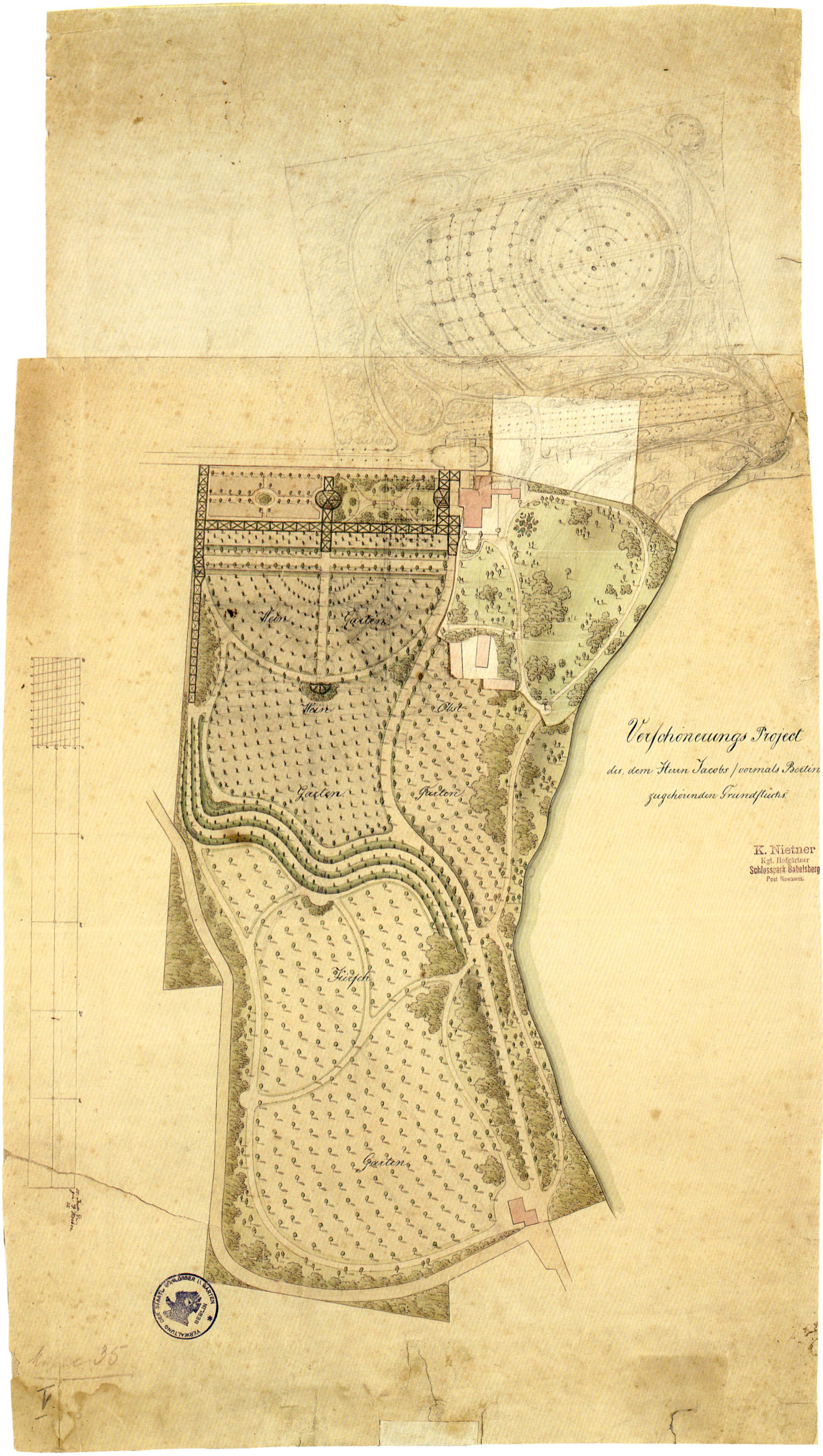

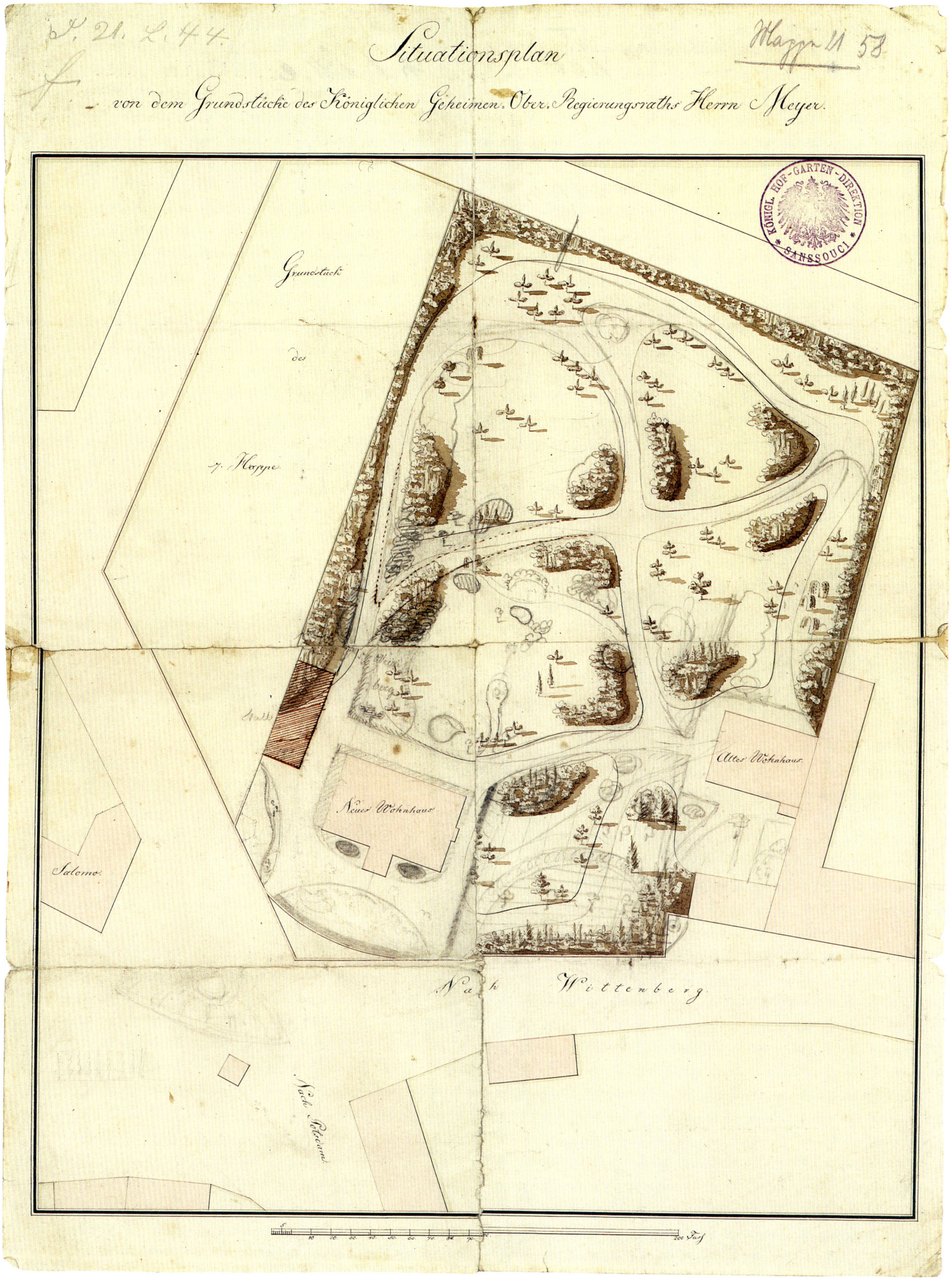
Situationsplan
von dem Grundstücke des Königlichen Geheimen Ober Regierungsraths Herrn Meyer
Mappe 11 58
KÖNIGL. HOF-GARTEN-DIRECTION SANSSOUCI
Grundstück
des
7. Happe
Neues Wohnhaus
Altes Wohnhaus
Salomo
Nach Wittenberg
Nach Potsdam

67. Potsdam. Park Sanssouci. 1816.

69. Potsdam. Park Sanssouci. 1816.
70. Potsdam. Park Sanssouci. 1816.

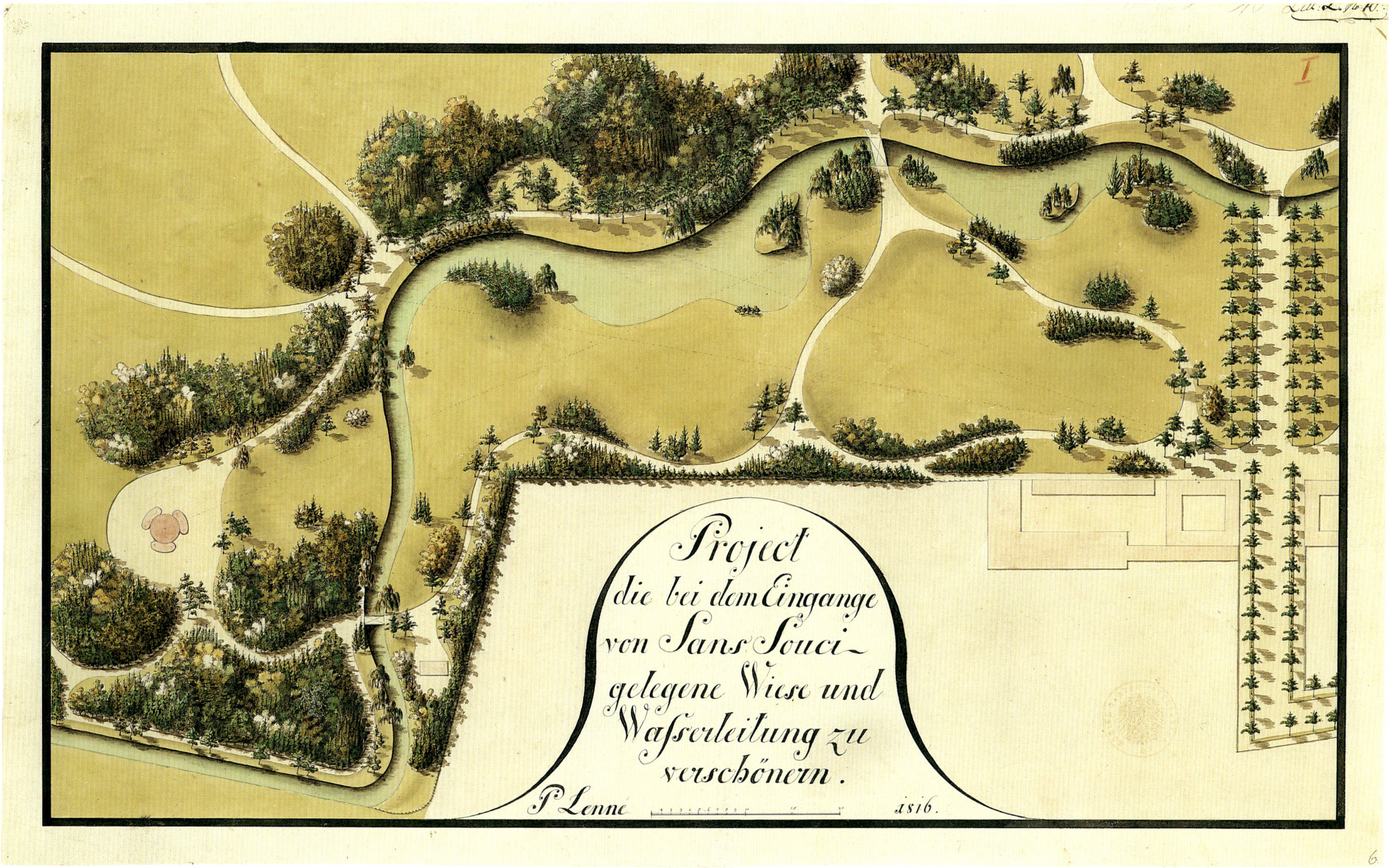
Project
die bei dem Eingange
von Sans Souci
gelegene Wiese und
Wasserleitung zu
verschönern.
P. Lenné
1816.

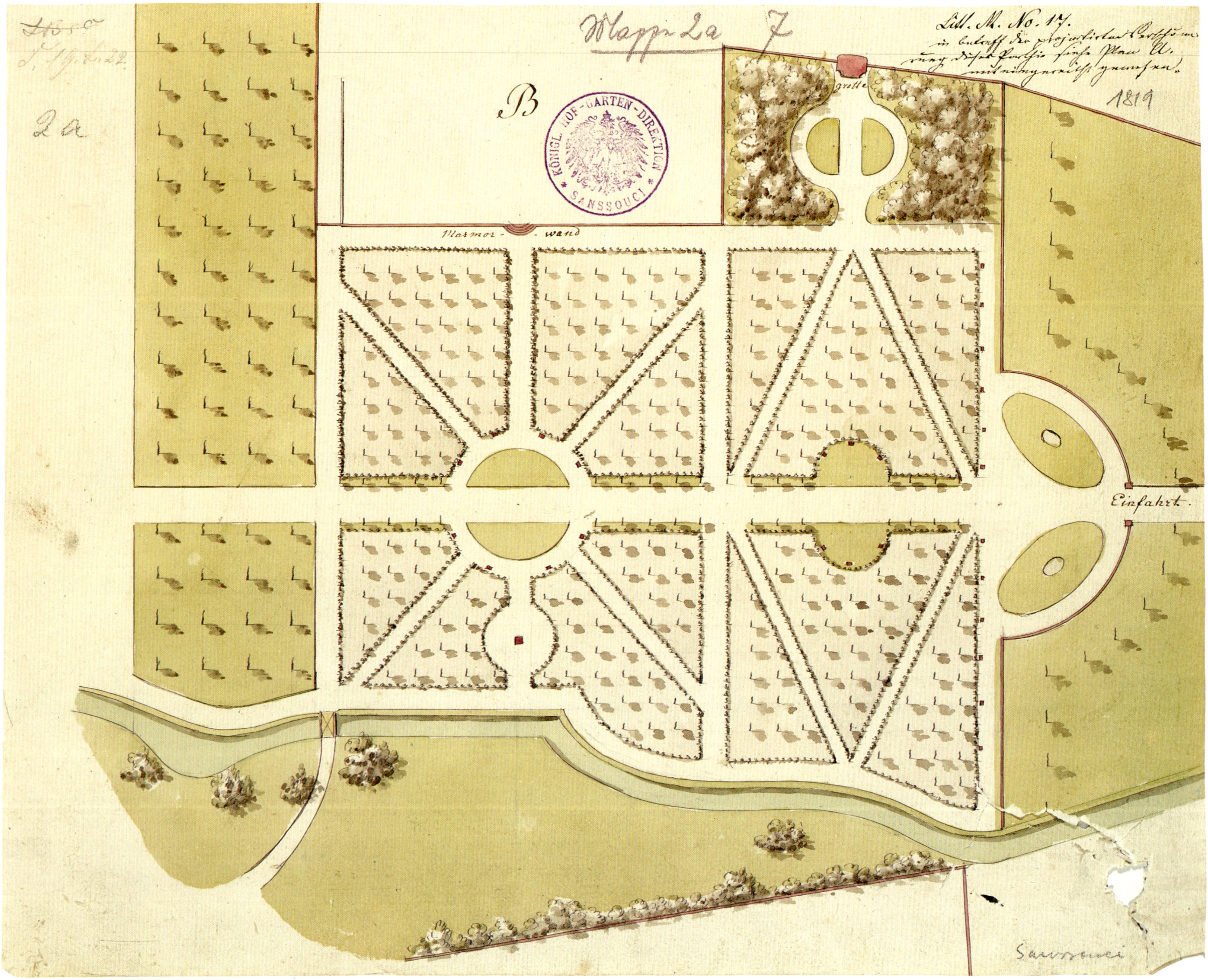
Mappe 2a
7
Litt. M. No. 17.
1819
2a
B
KÖNIGL. HOF-GARTEN-DIRECTION
SANSSOUCI
grotte
Marmor-
-wand
Einfahrt.
Sanssouci

71. Potsdam. Park Sanssouci. Östlicher Lustgarten. 1819.
73. Potsdam. Park Sanssouci. 1819.

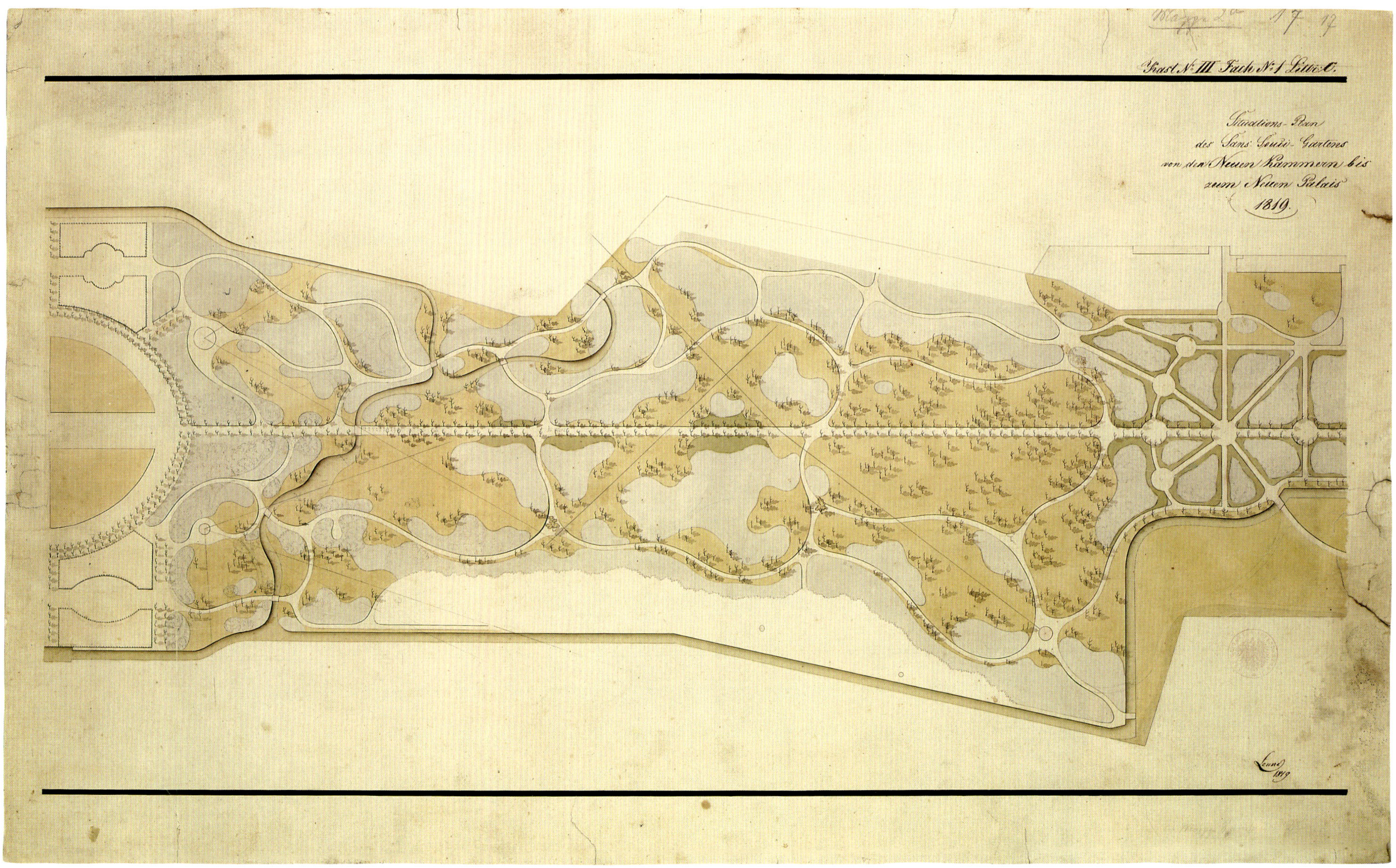

74. Potsdam. Park Sanssouci. 1819/20.
75. Potsdam. Park Sanssouci. 1820.

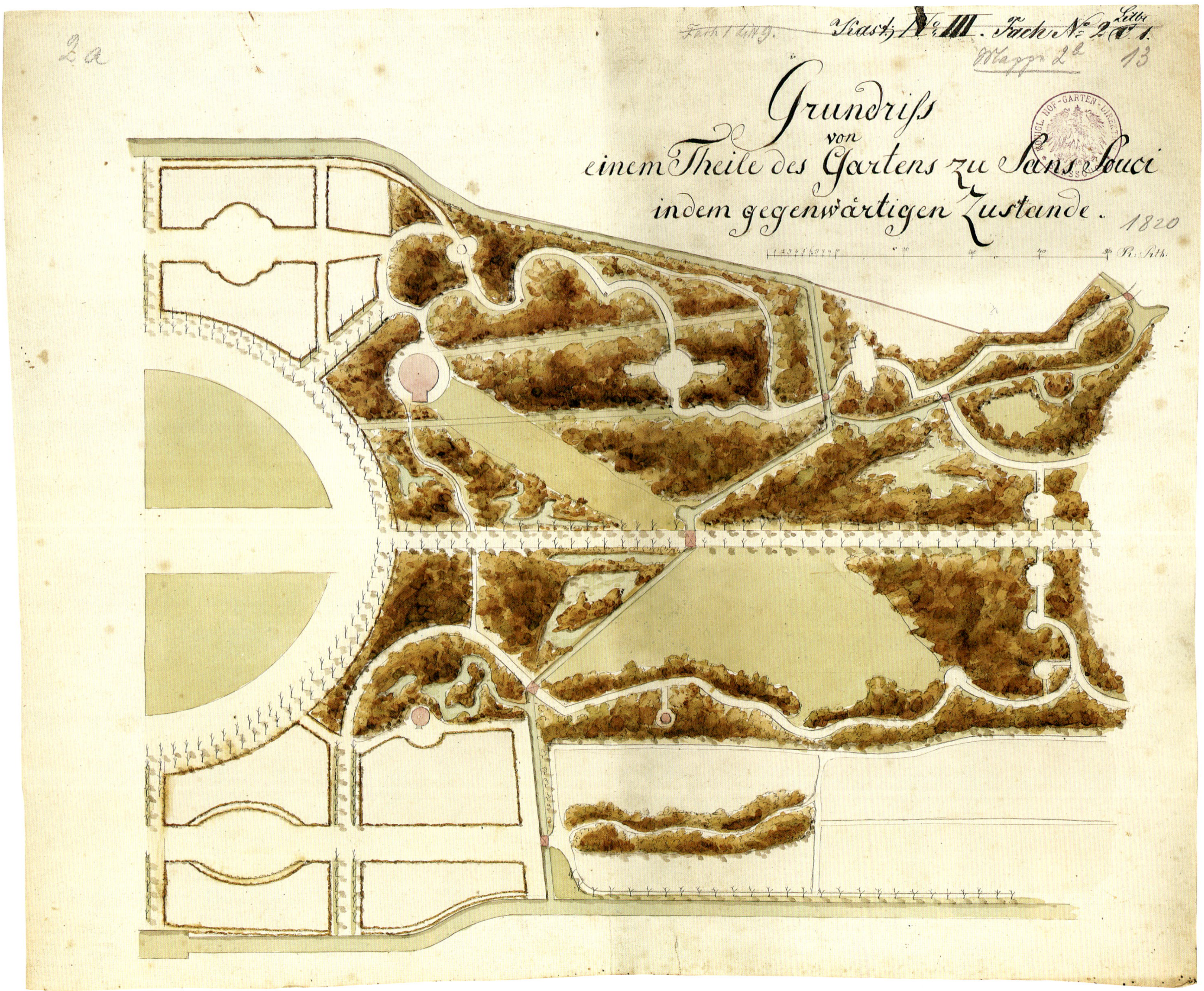

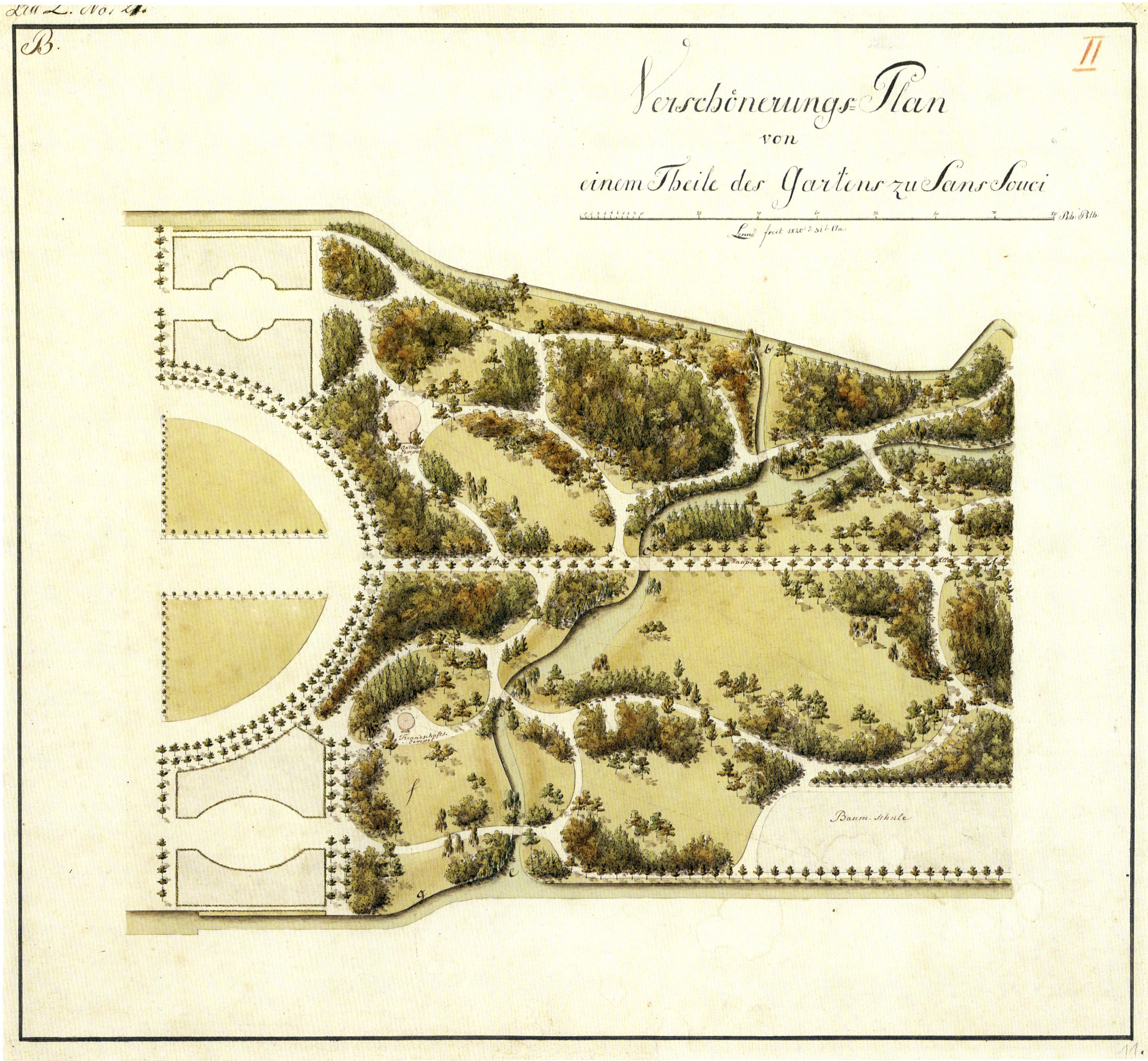

B.
II
Verschönerungs-Plan
von
einem Theile des Gartens zu Sans Souci
Baum-schule

76. Potsdam. Park Sanssouci. Um 1825.
80. Potsdam. Park Sanssouci. 1836.

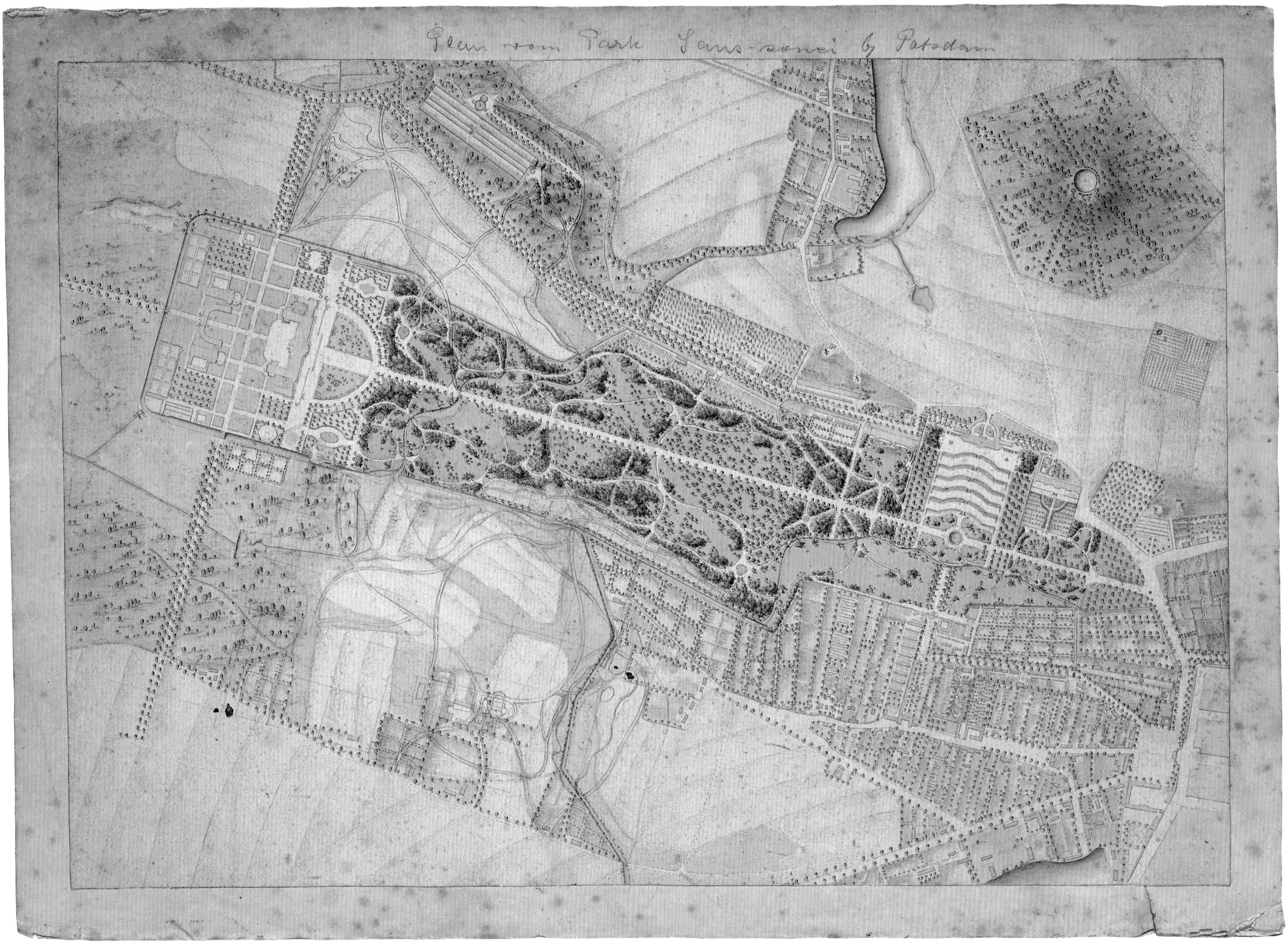

PLAN
von Sans-Souci und
Charlottenhof.
1836.
Dorf
Bornstaedt
Remise
Communs
Neue
Palais
Wache
Brandenburger Thor
Stadt
Potsdam

82. Potsdam. Park Sanssouci. Um 1845.
83. Potsdam. Park Sanssouci. 1853.

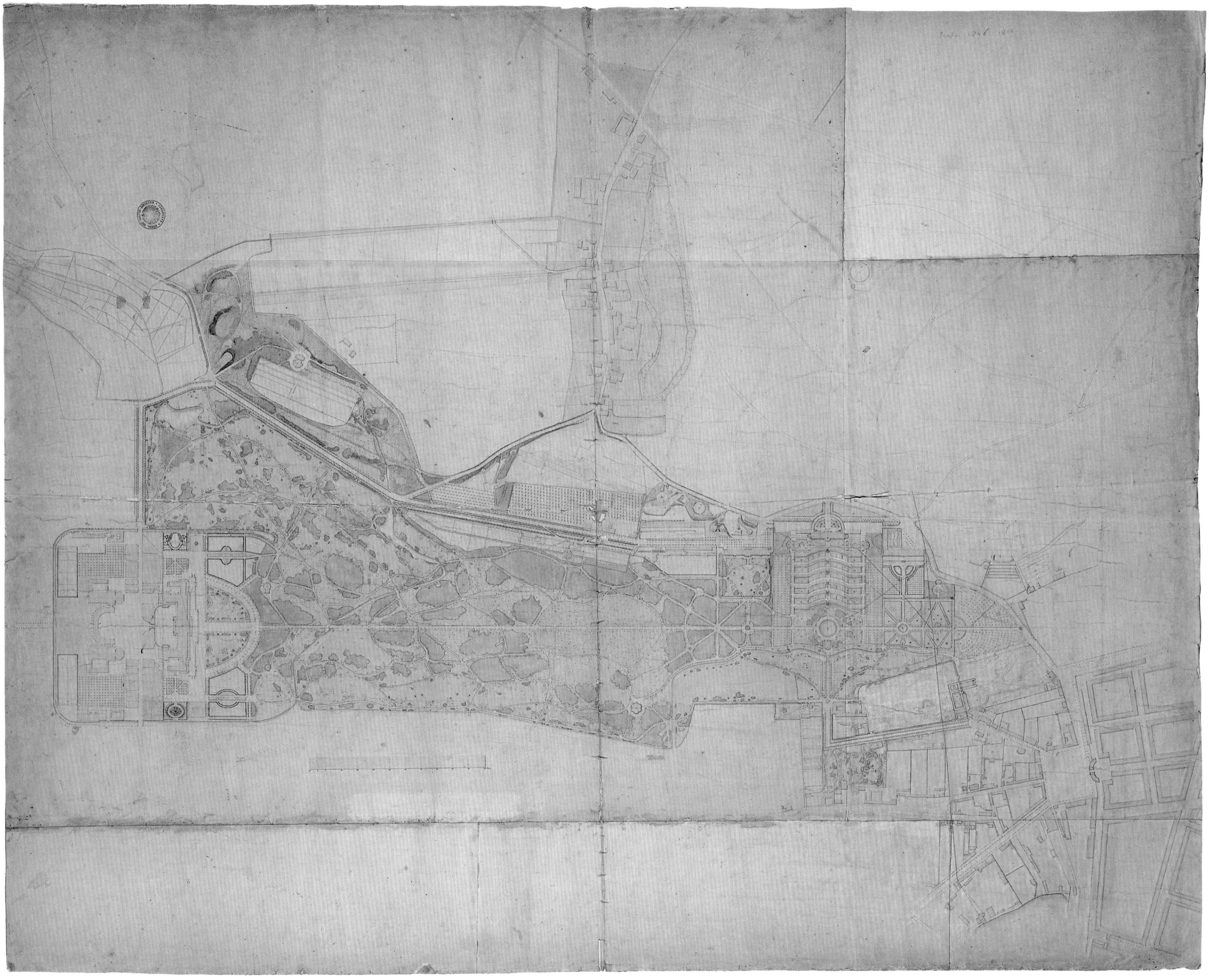

DIE KOENIGLICHEN GAERTEN UND PARKANLAGEN BEI POTSDAM IM JAHRE 1853.

85. Potsdam. Park Sanssouci. Neue Kammern. Um 1820.
86. Potsdam. Park Sanssouci. Neue Kammern. Um 1820.

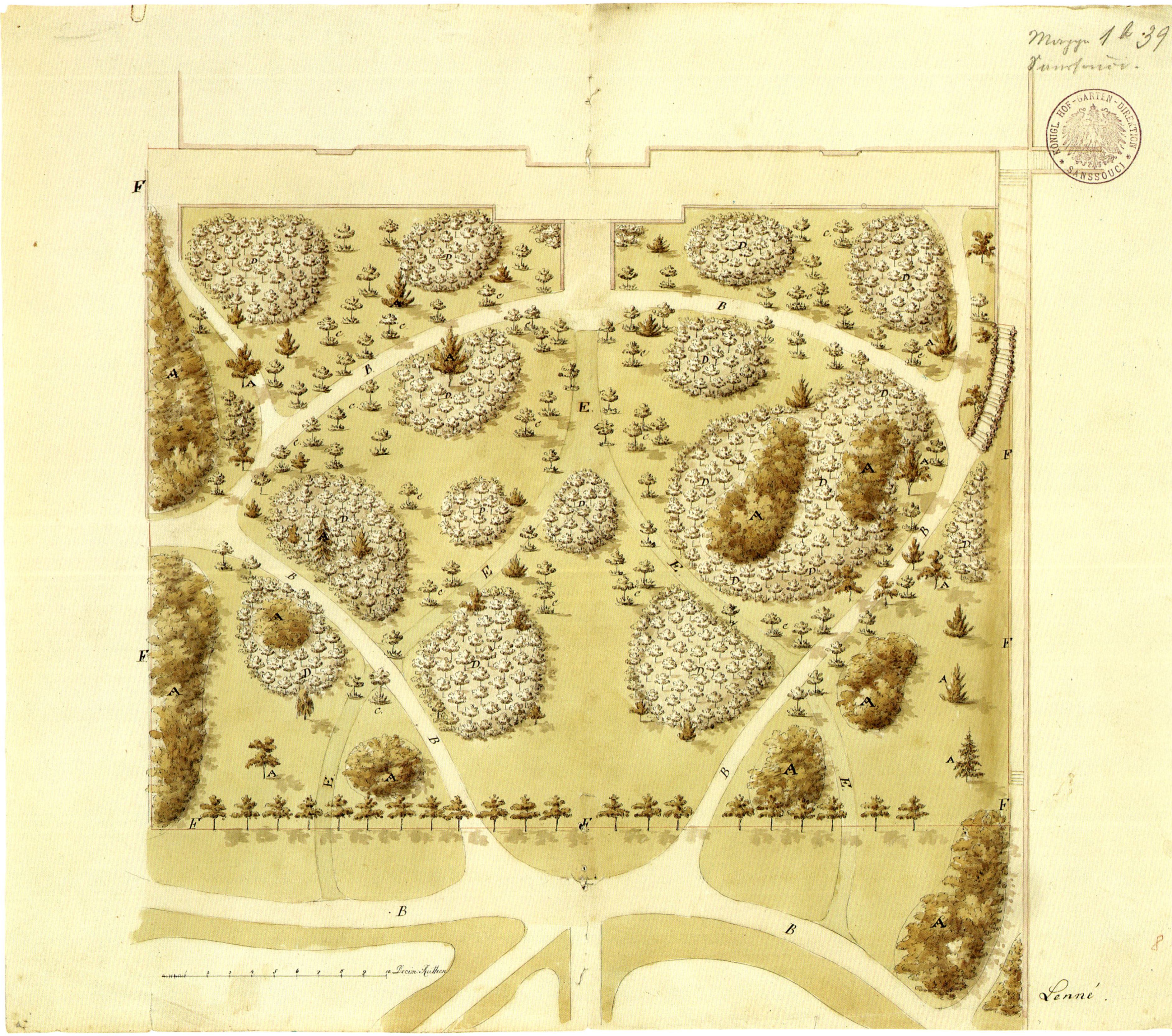

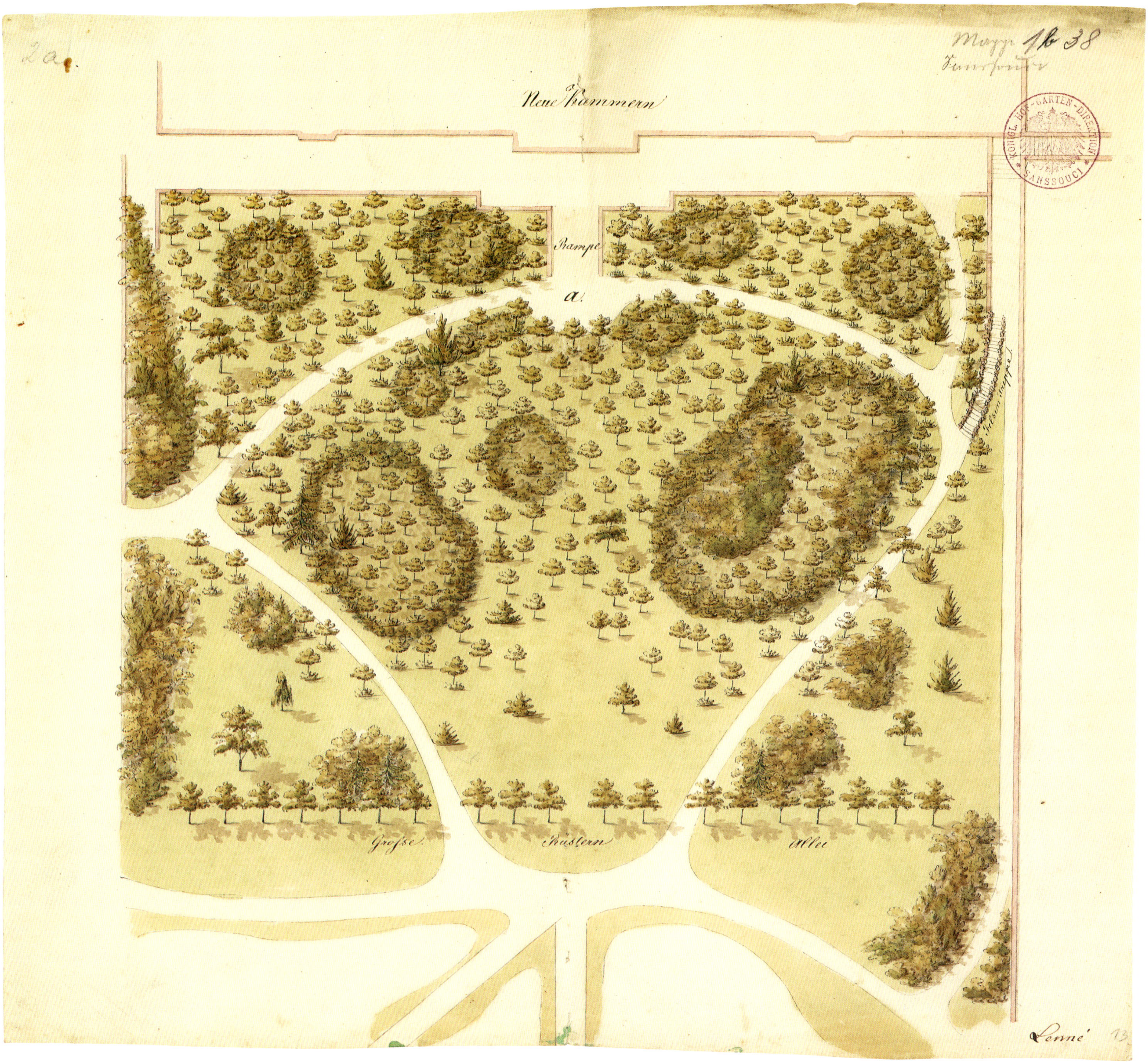
2a
Mapp 1b 38
KÖNIGL. HOF-GARTEN-DIREKTION SANSSOUCI
Neue Kammern
Rampe
a.
Grosse
Kastern
Allee
Lenné
13

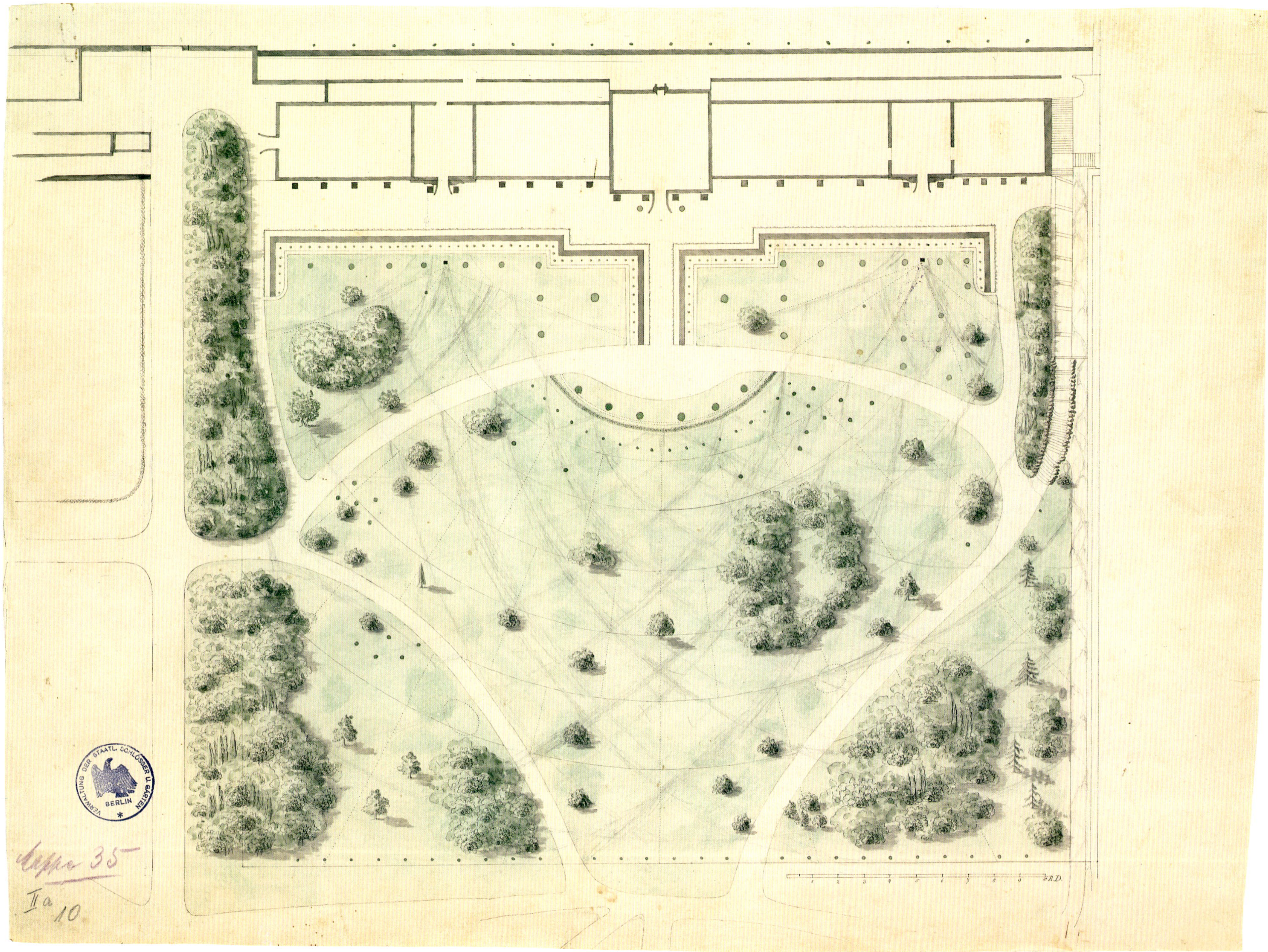
VERWALTUNG DER STAATL. SCHLÖSSER U. GÄRTEN
BERLIN
Mappe 35
IIa
10

89. Potsdam. Park Sanssouci. Neue Kammern. Nach 1845.
90. Potsdam. Park Sanssouci. Parterre am Neuen Palais. 1822.

91. Potsdam. Park Sanssouci. Parterre am Neuen Palais. 1846.
97. Potsdam. Park Sanssouci. Privatgarten am Neuen Palais. 1863.

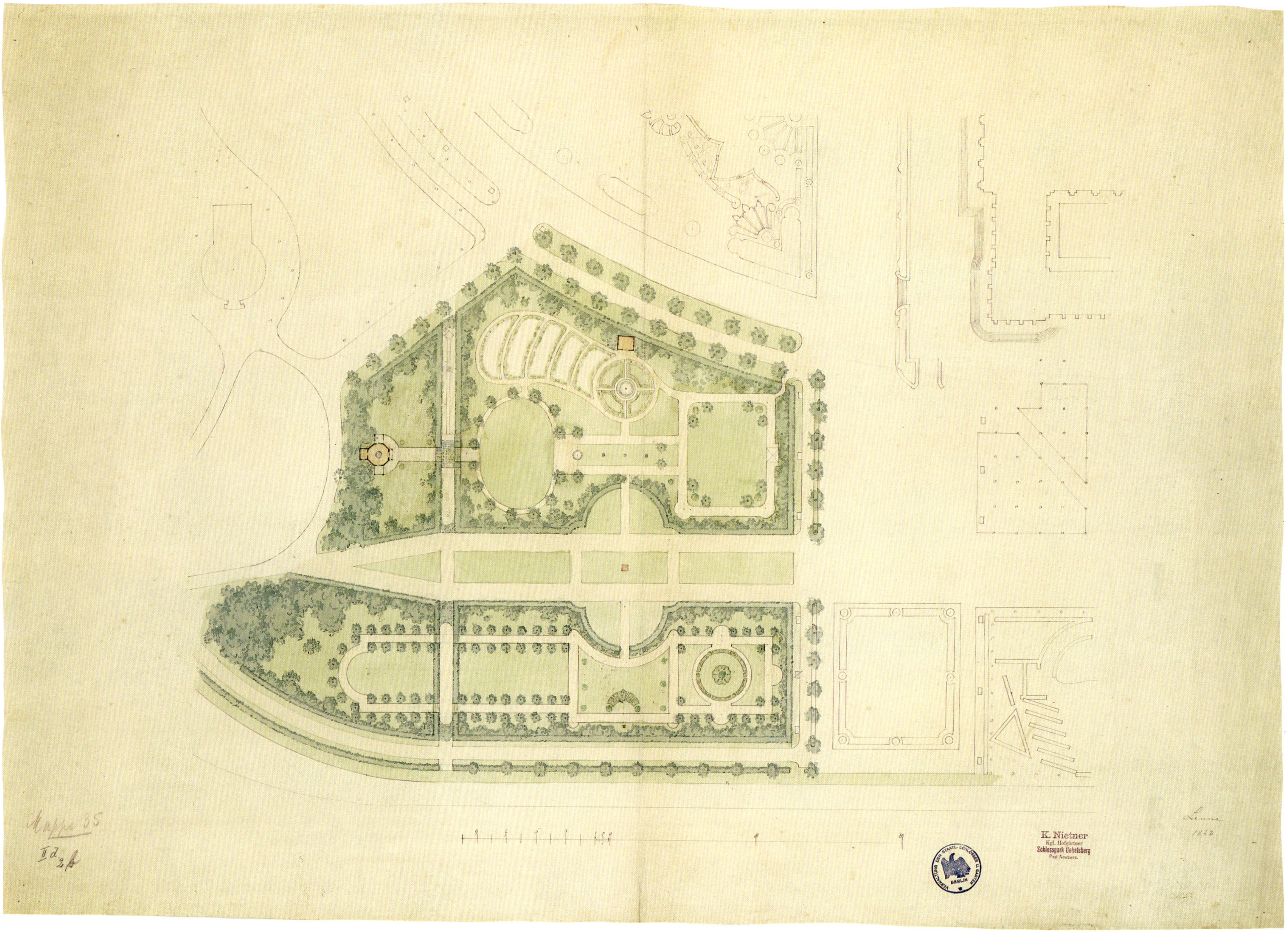
Mappe 35
K. Nietner
Kgl. Hofgärtner
Schlosspark Babelsberg
Lenné

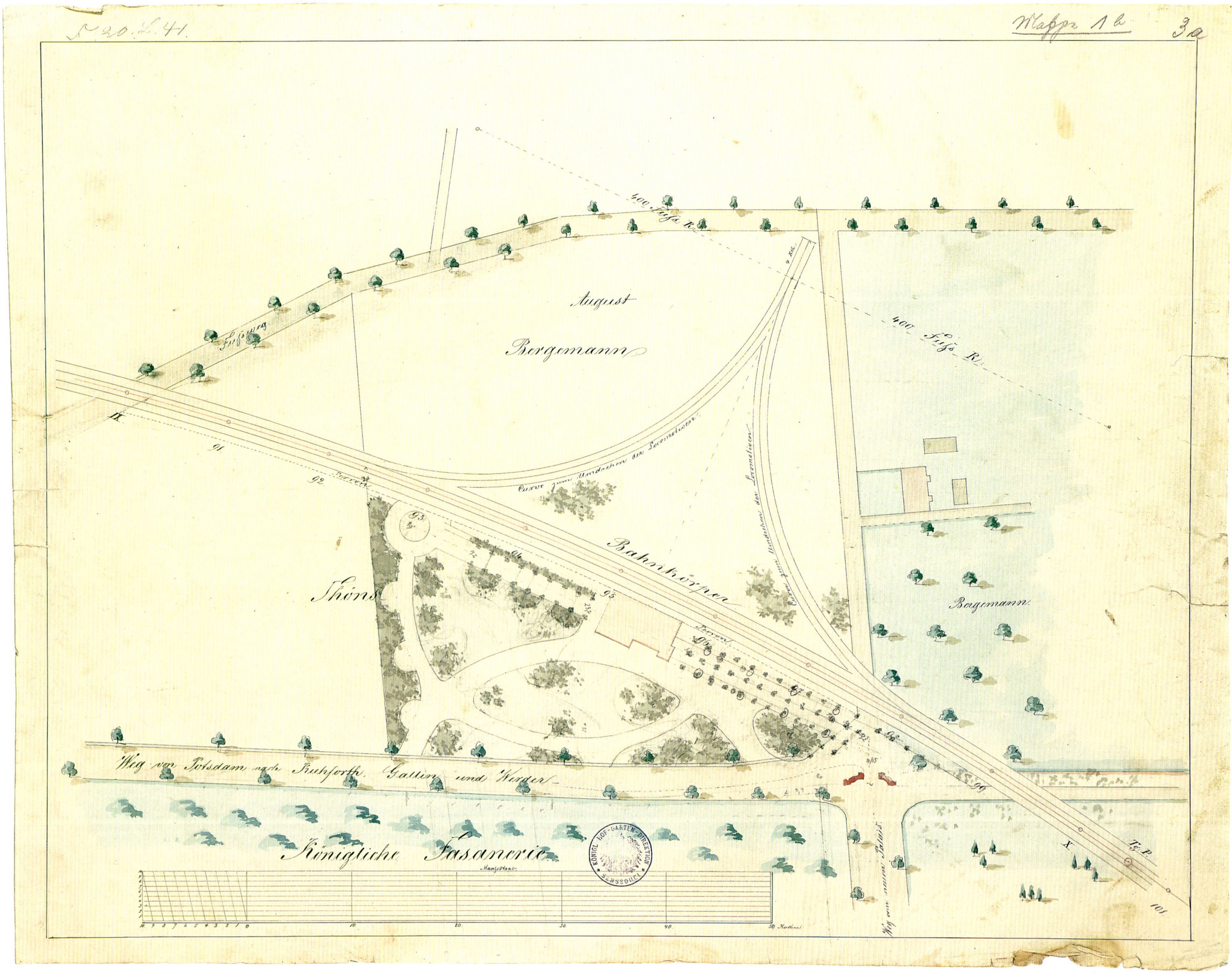
Mappe 1a
3a
August
Bergemann
Bahnkörper
Schöns
Bergemann
Weg von Potsdam nach Kuhforth, Gallin und Werder
Königliche Fasanerie

104. Potsdam. Park Sanssouci. Bahnhof Wildpark. Um 1848.
108. Potsdam. Park Sanssouci. Hopfengarten. Um 1850.

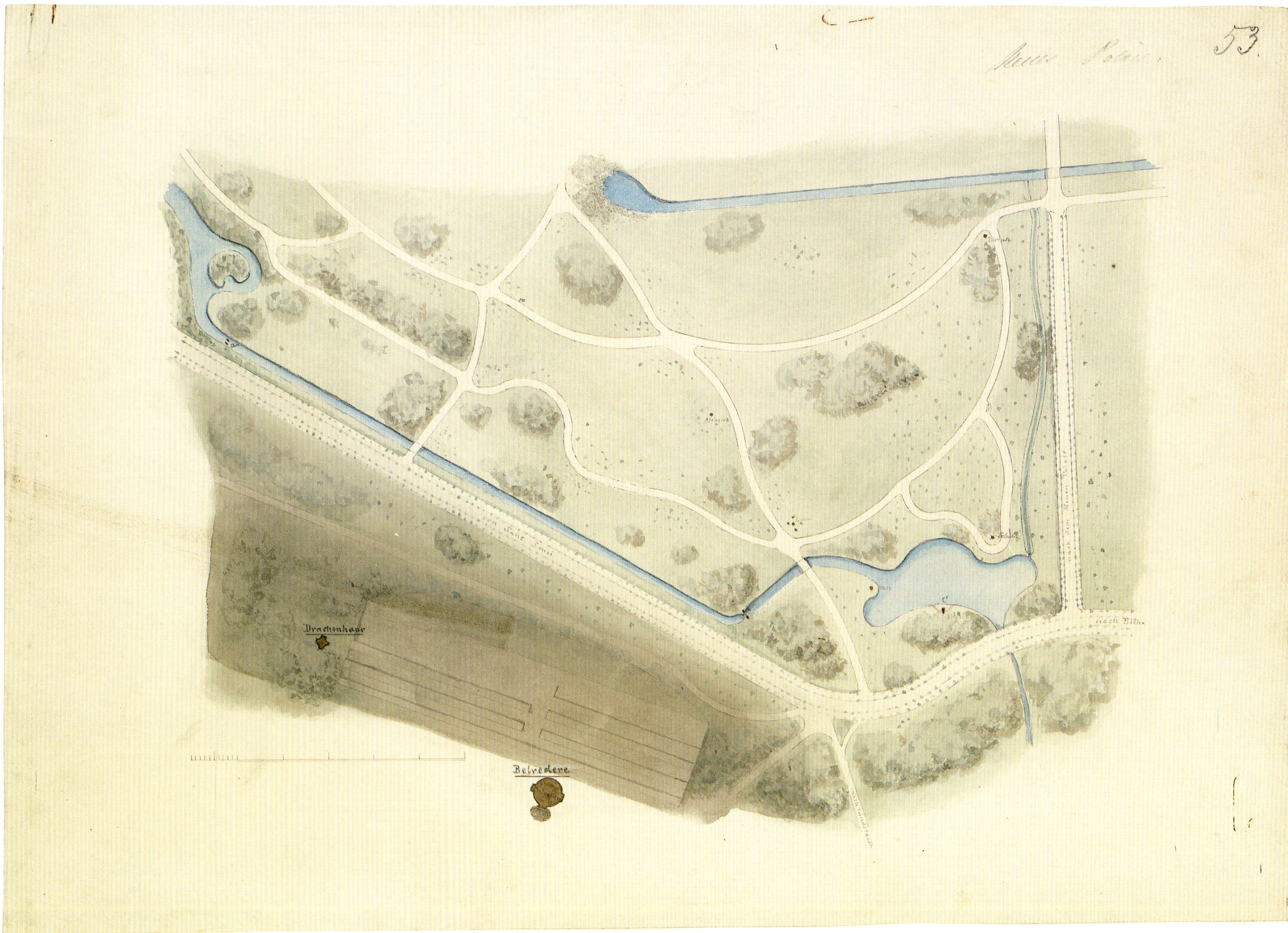

111. Potsdam. Park Sanssouci. Hofgärtnerei. 1846.
115. Potsdam. Park Sanssouci. Hofgärtnerei. 1846.

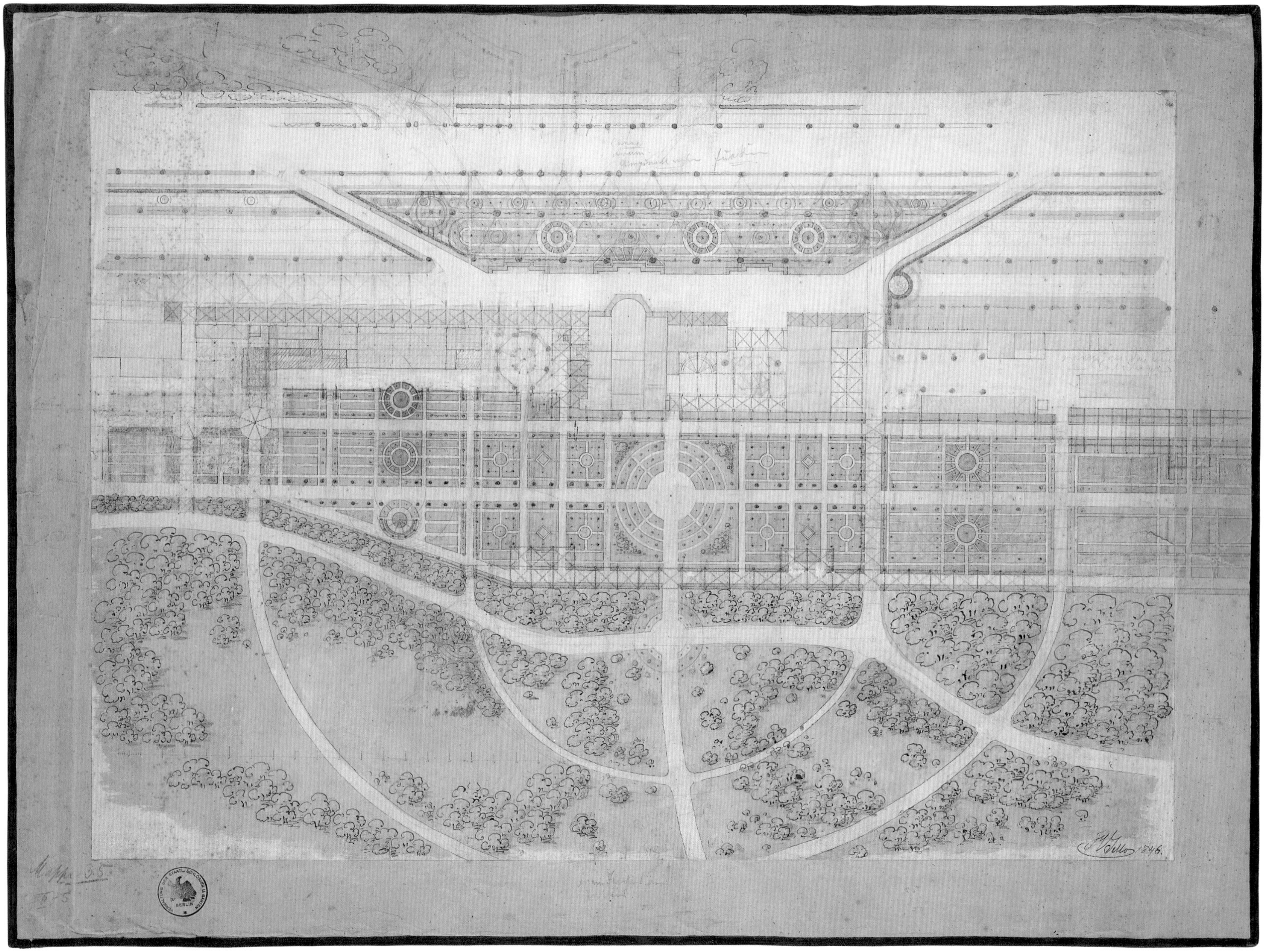

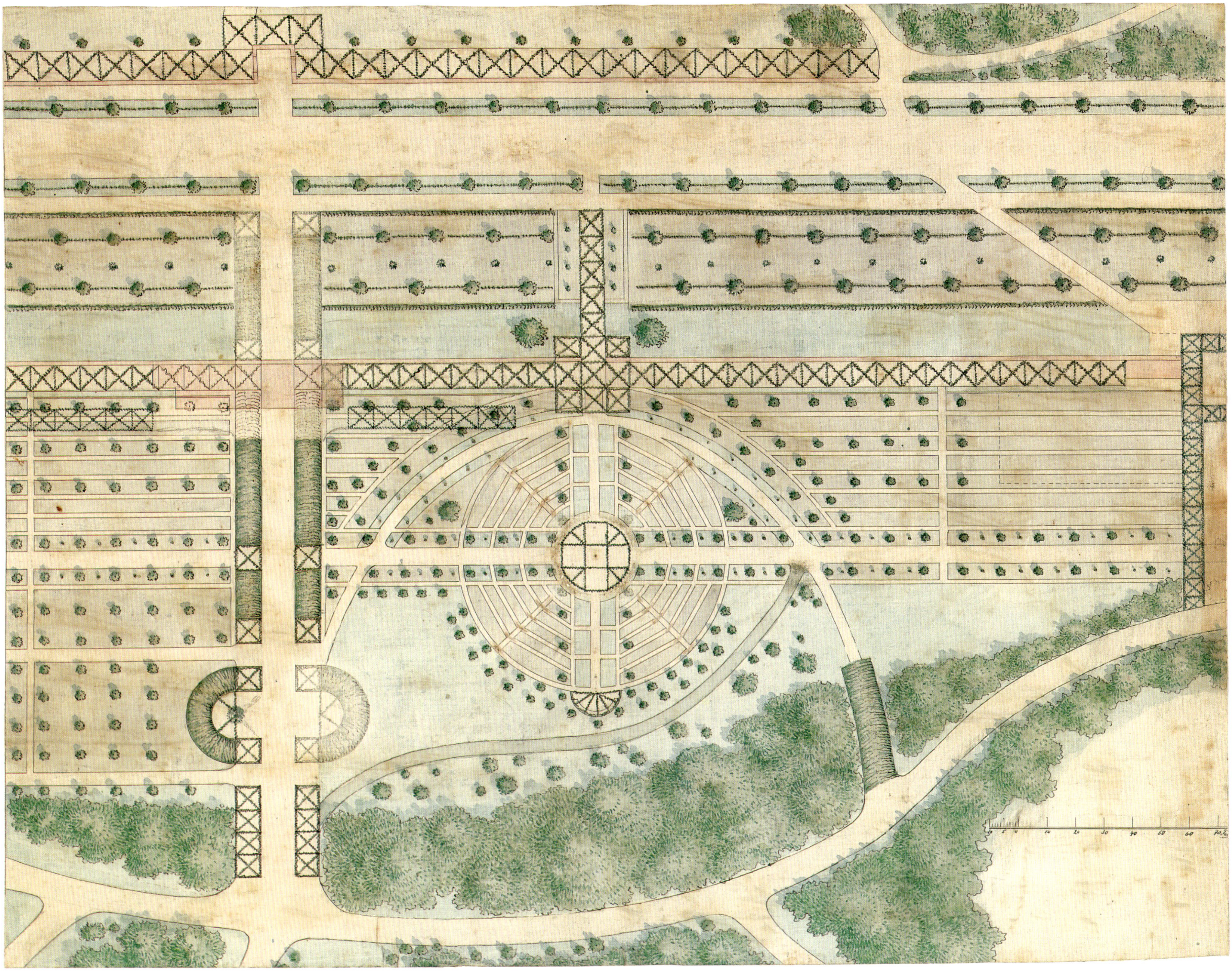

S. 272, 273
116. Potsdam. Park Sanssouci. Charlottenhof. 1825.
117. Potsdam. Park Sanssouci. Charlottenhof. 1825.

Lenné fec: 1825.

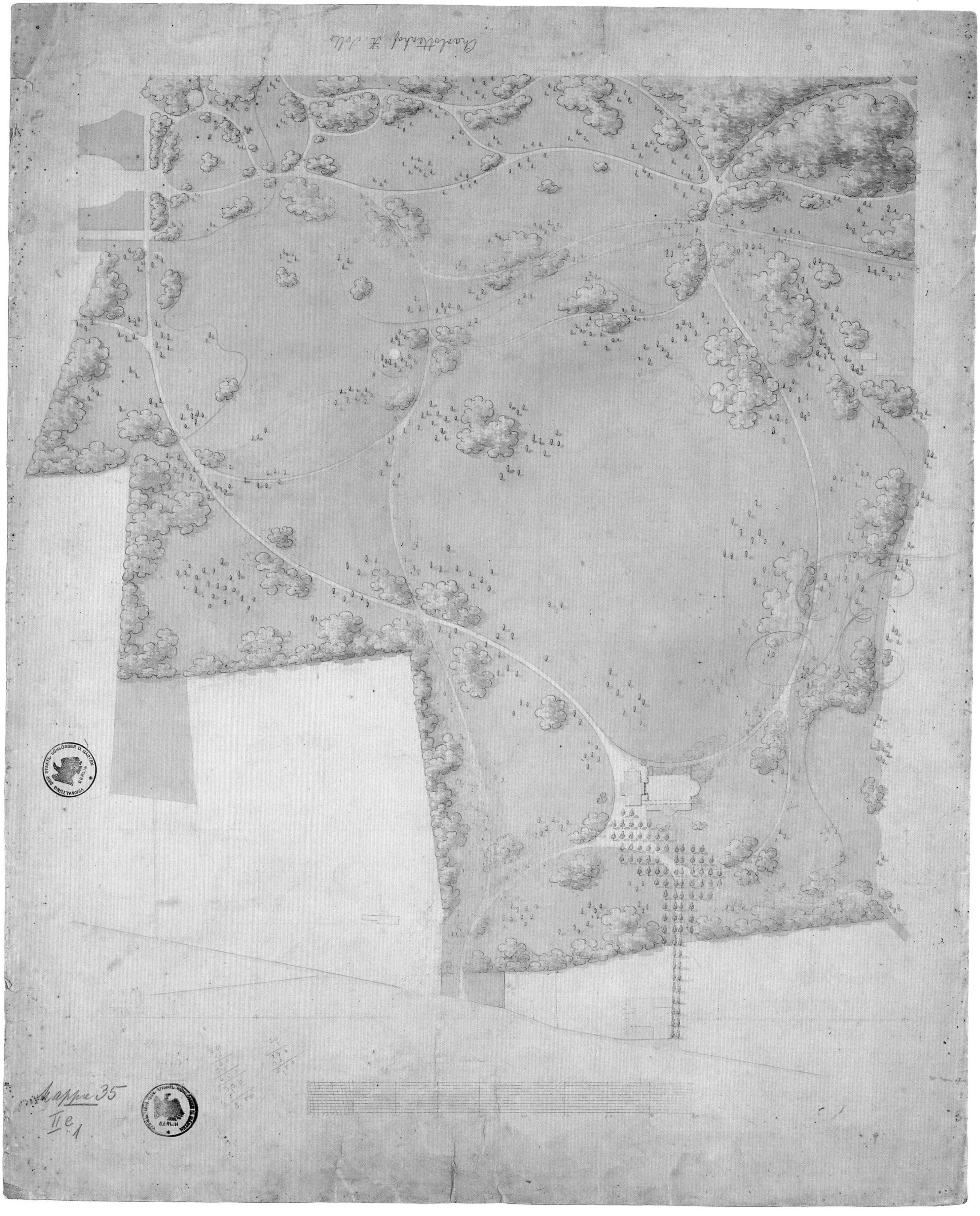
Mappe 35
IIe 1

118. Potsdam. Park Sanssouci. Charlottenhof. 1825.
119. Potsdam. Park Sanssouci. Charlottenhof. 1826.

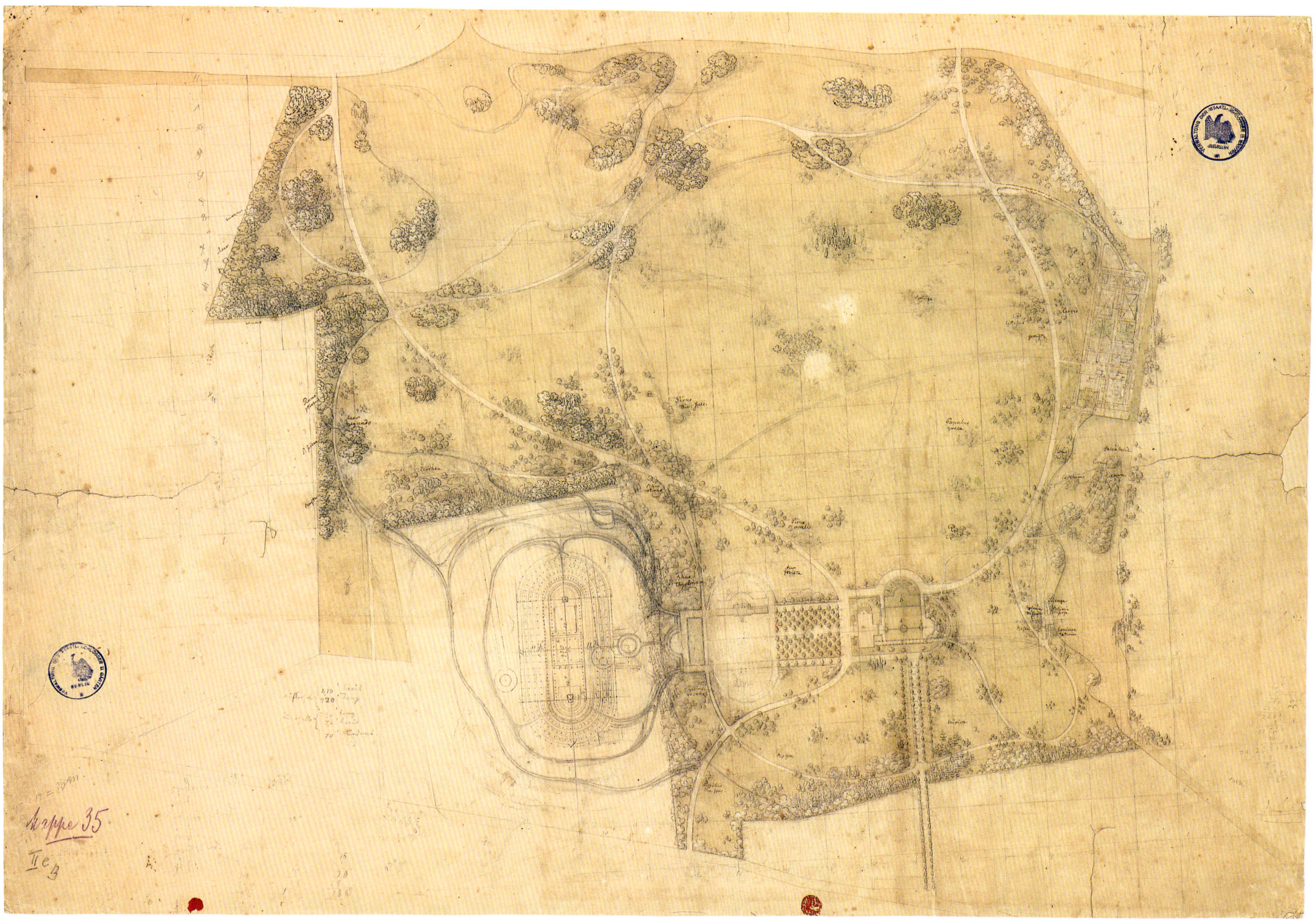

120. Potsdam. Park Sanssouci. Charlottenhof. 1835.
121. Potsdam. Park Sanssouci. Hippodrom. 1835.

VERWALTUNG DER STAATL. SCHLÖSSER U. GÄRTEN
BERLIN

122. Potsdam. Park Sanssouci. Charlottenhof. 1835.

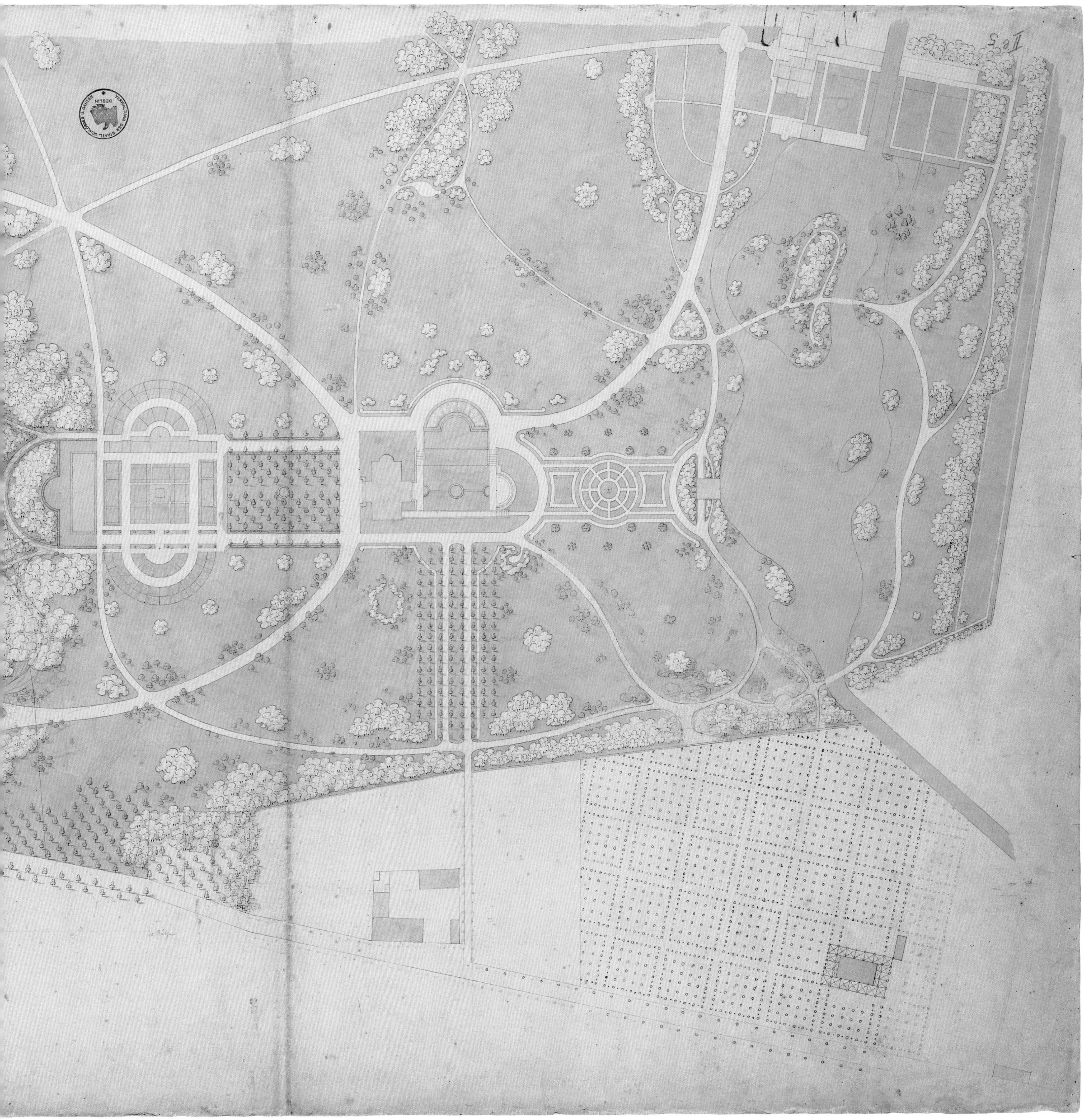

124. Potsdam. Park Sanssouci. Meierei. 1834.
125. Potsdam. Park Sanssouci. Meierei. 1834.

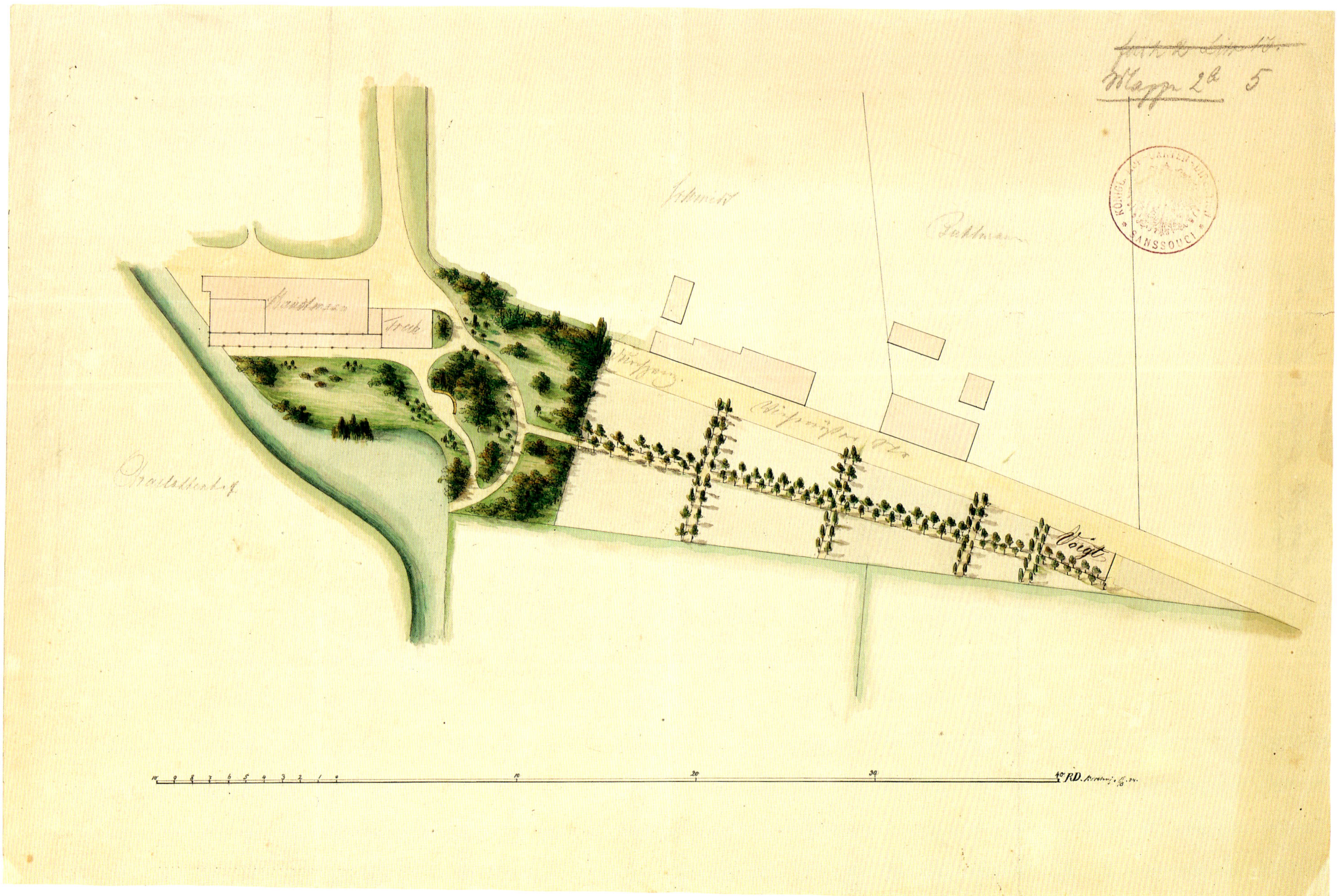

Mappe 2b 7
KÖNIGL.
SANSSOUCI

127. Potsdam. Park Sanssouci. Charlottenhof. 1835.
128. Potsdam. Park Sanssouci. Charlottenhof. 1839.

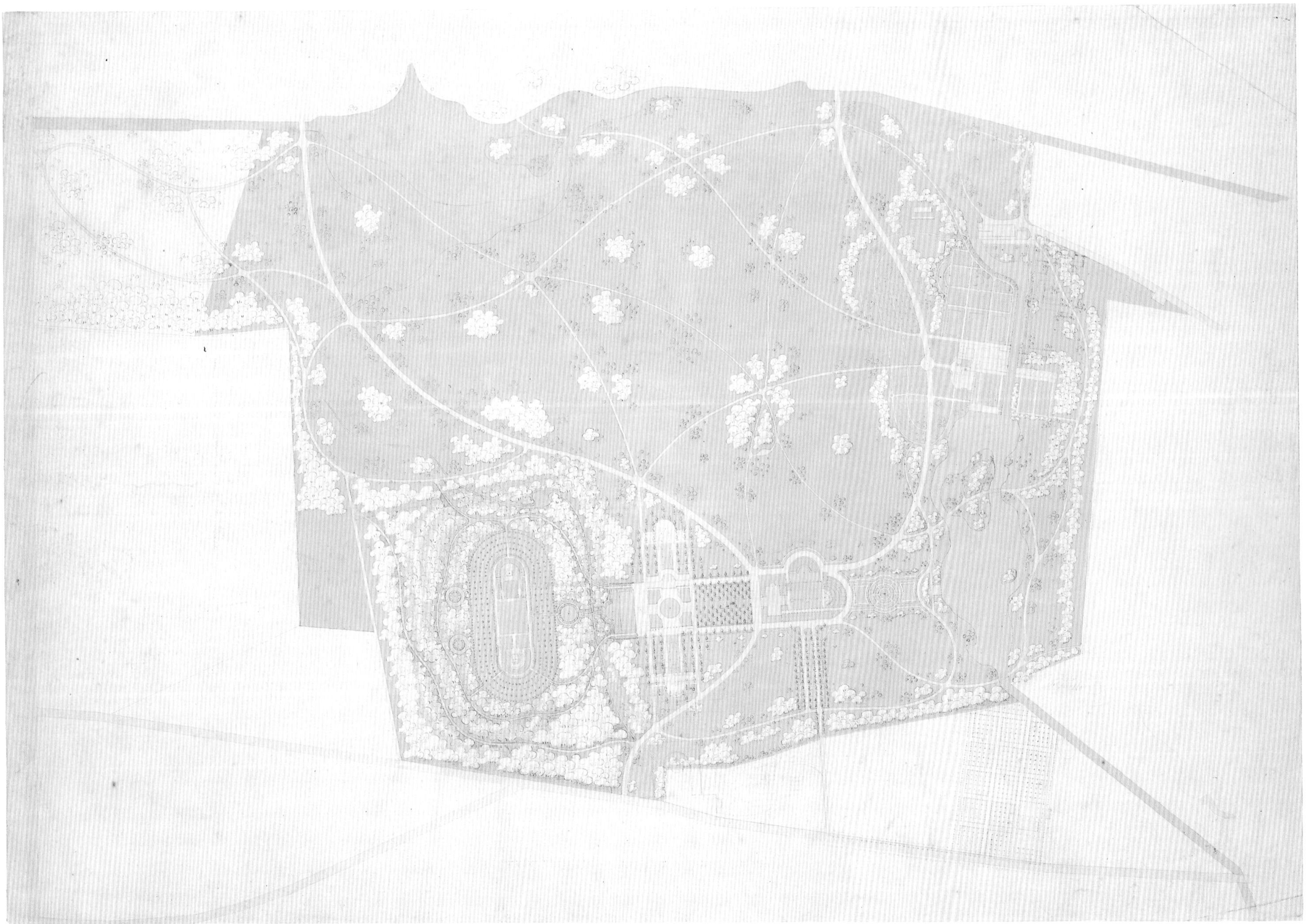

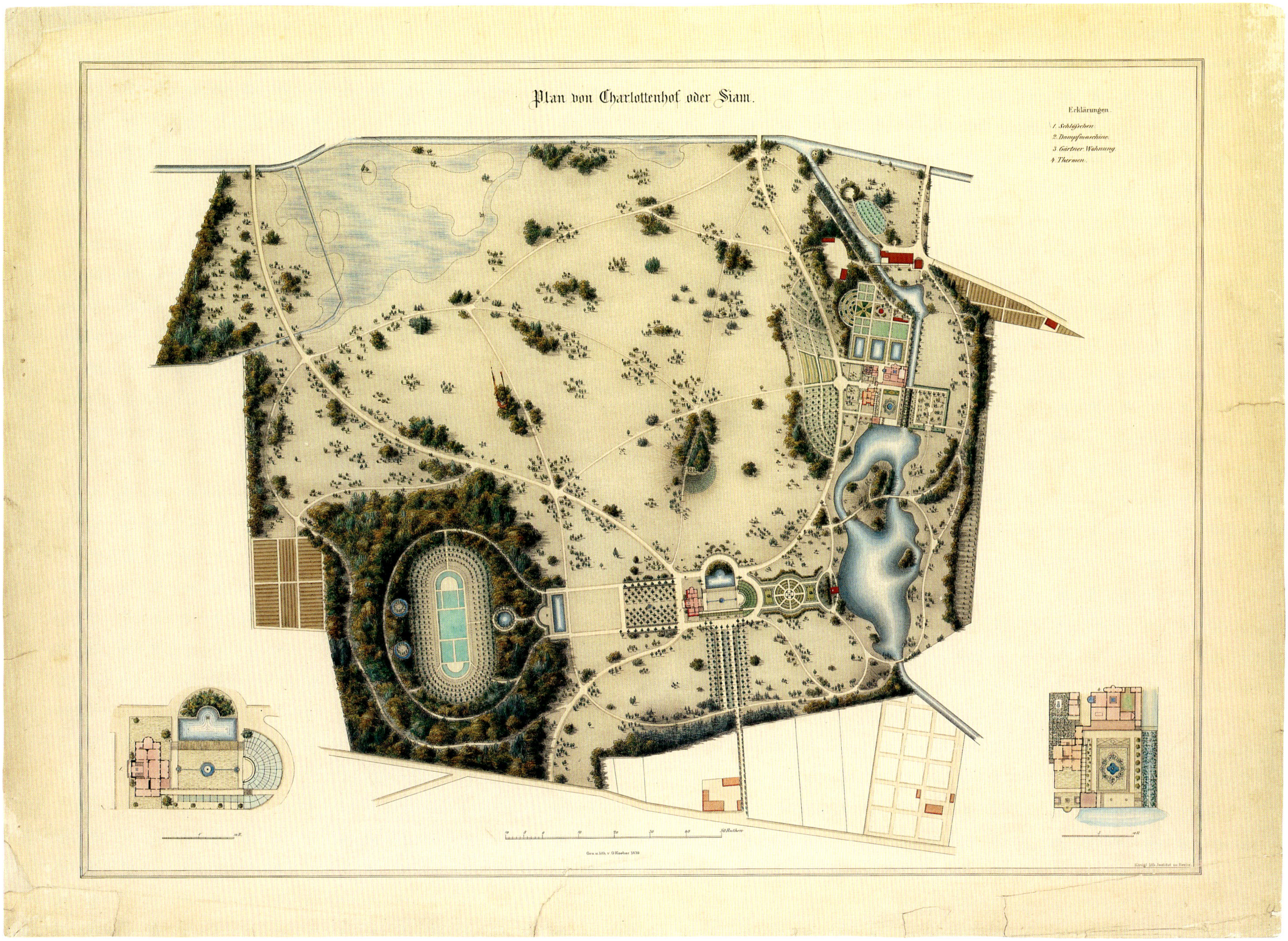
Plan von Charlottenhof oder Siam.
Erklärungen.
1. Schlößchen.
2. Dampfmaschine.
3. Gärtner Wohnung.
4. Thermen.
10 5 0 10 20 30 40 50 Ruthen
Gez. u. lith. v. G. Koeber 1839

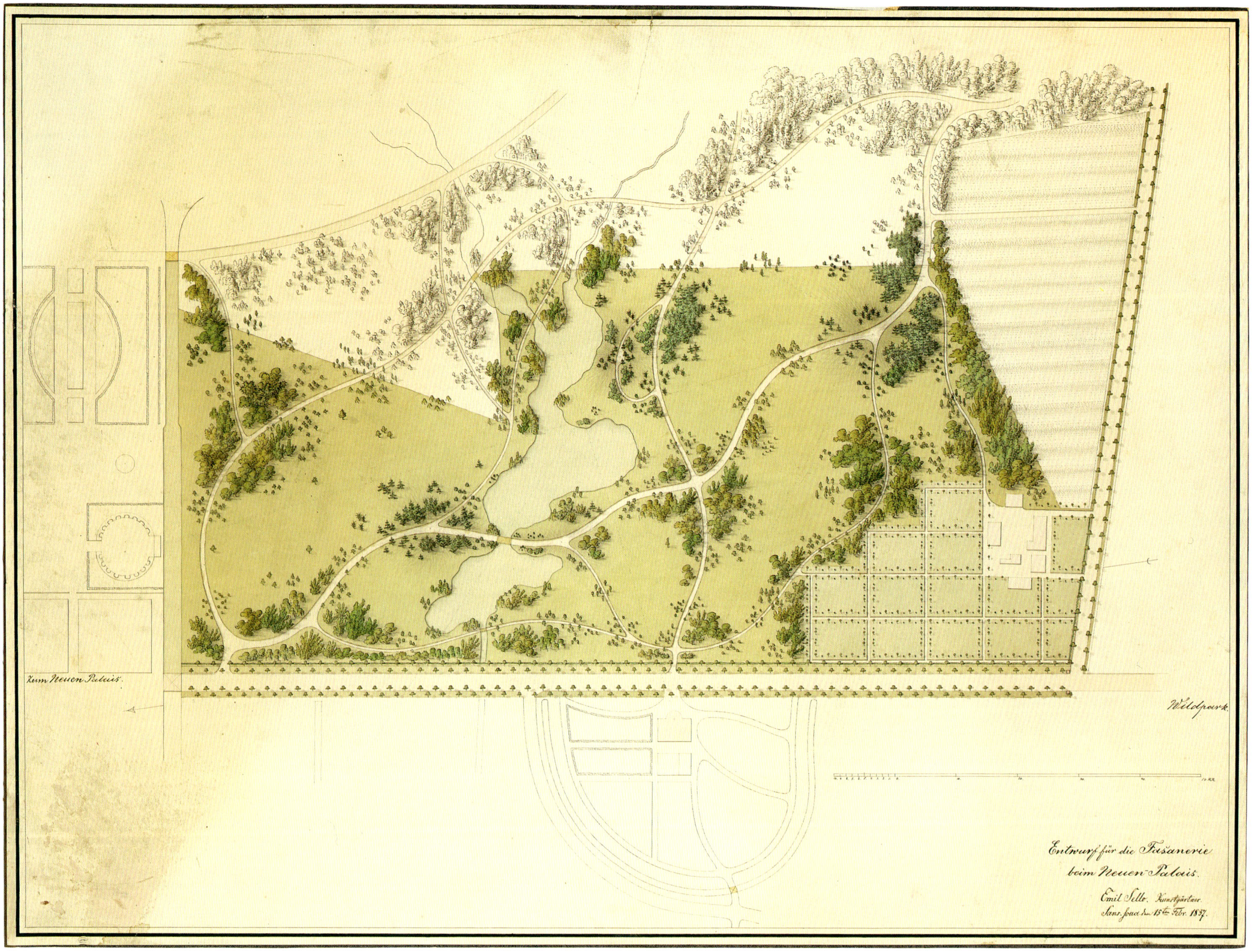
Zum Neuen Palais.
Wildpark.
Entwurf für die Fasanerie
beim Neuen-Palais.
Emil Sello. Kunstgärtner.
Sans-souci den 15ten Febr. 1837.

132. Potsdam. Park Sanssouci. Fasanerie. 1837.
134. Potsdam. Park Sanssouci. Fasanerie. 1848.

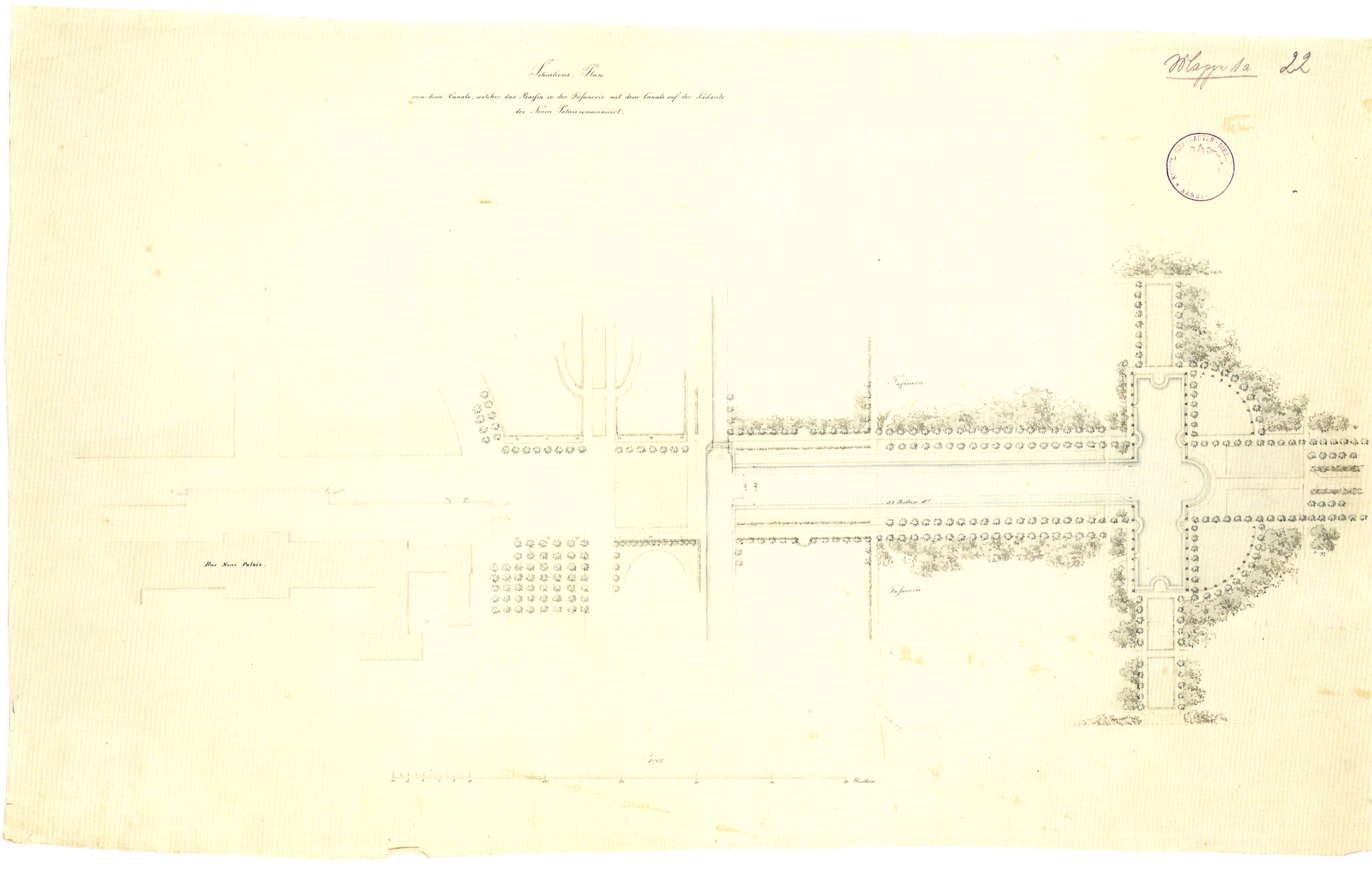

137. Potsdam. Park Sanssouci. Ruinenberg. Nach 1841.
143. Potsdam. Park Sanssouci. Orangerie. Um 1865.

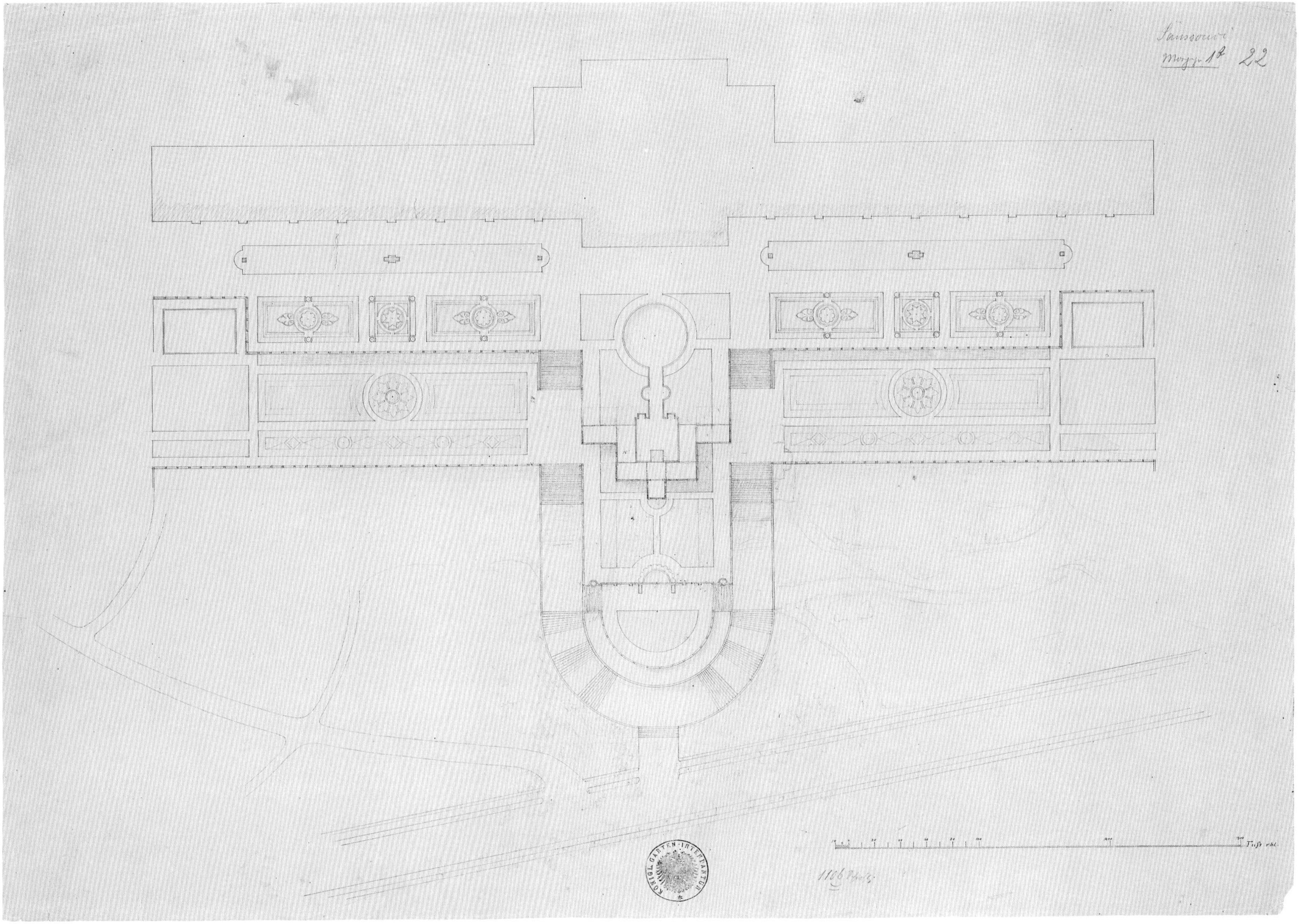
Sanssouci
22
KÖNIGL. GARTEN-INTENDANTUR

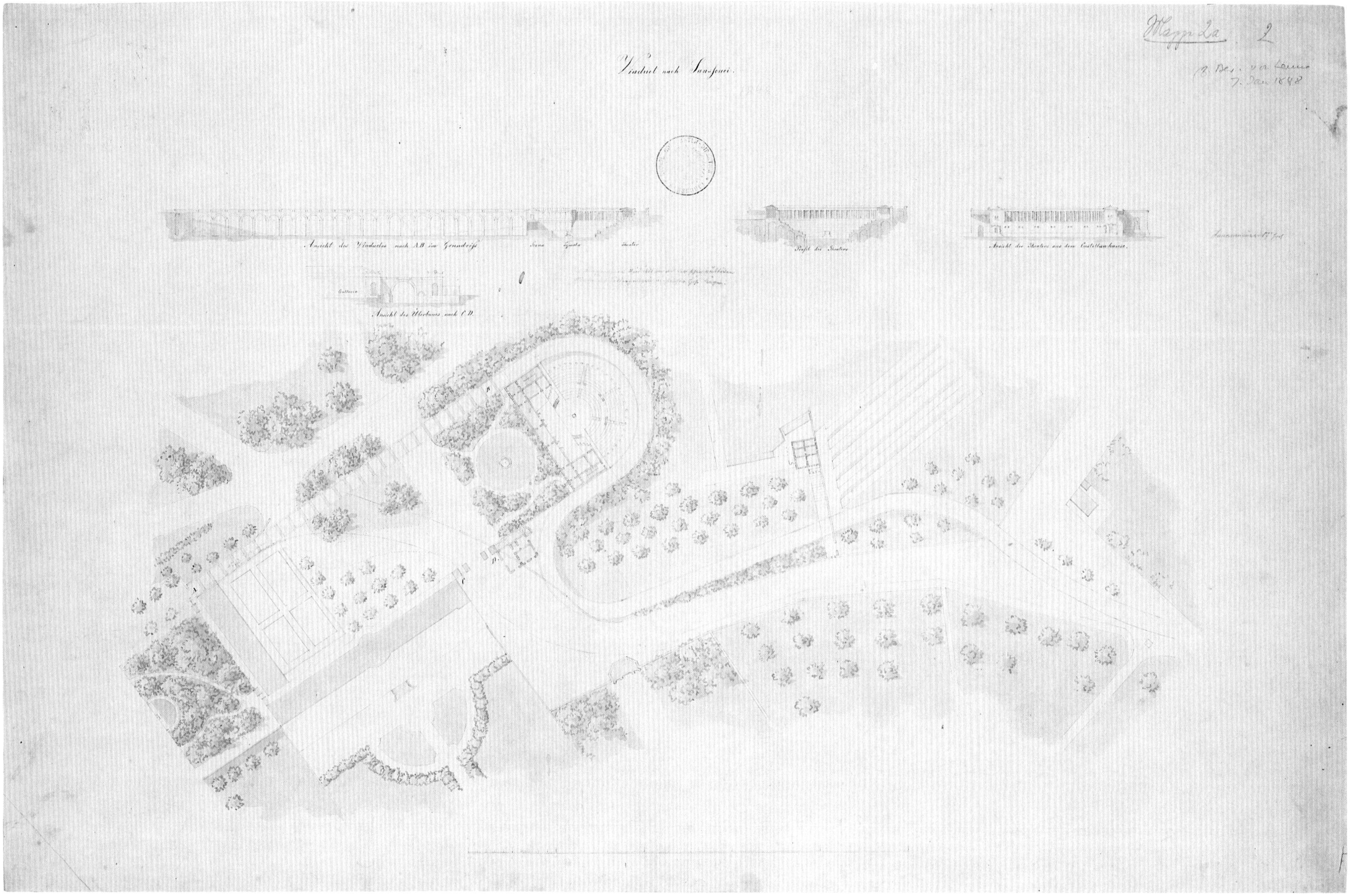

147. Potsdam. Park Sanssouci. Triumphstraße. 1848.
148. Potsdam. Park Sanssouci. Triumphstraße. 1848.

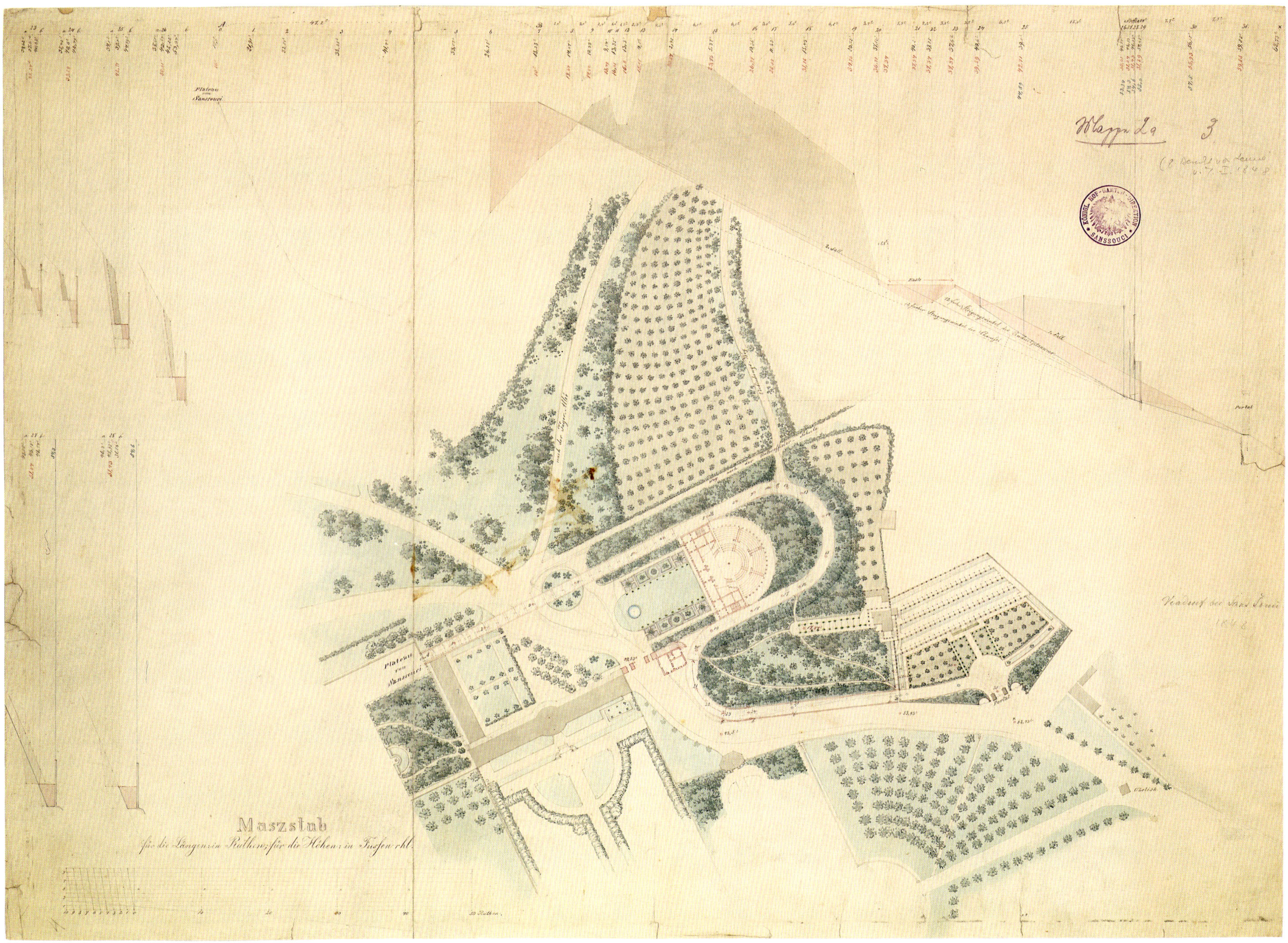

149. Potsdam. Park Sanssouci. Paradiesgarten. Um 1865.
151. Potsdam. Park Sanssouci. Nordischer und Sizilianischer Garten. 1860.

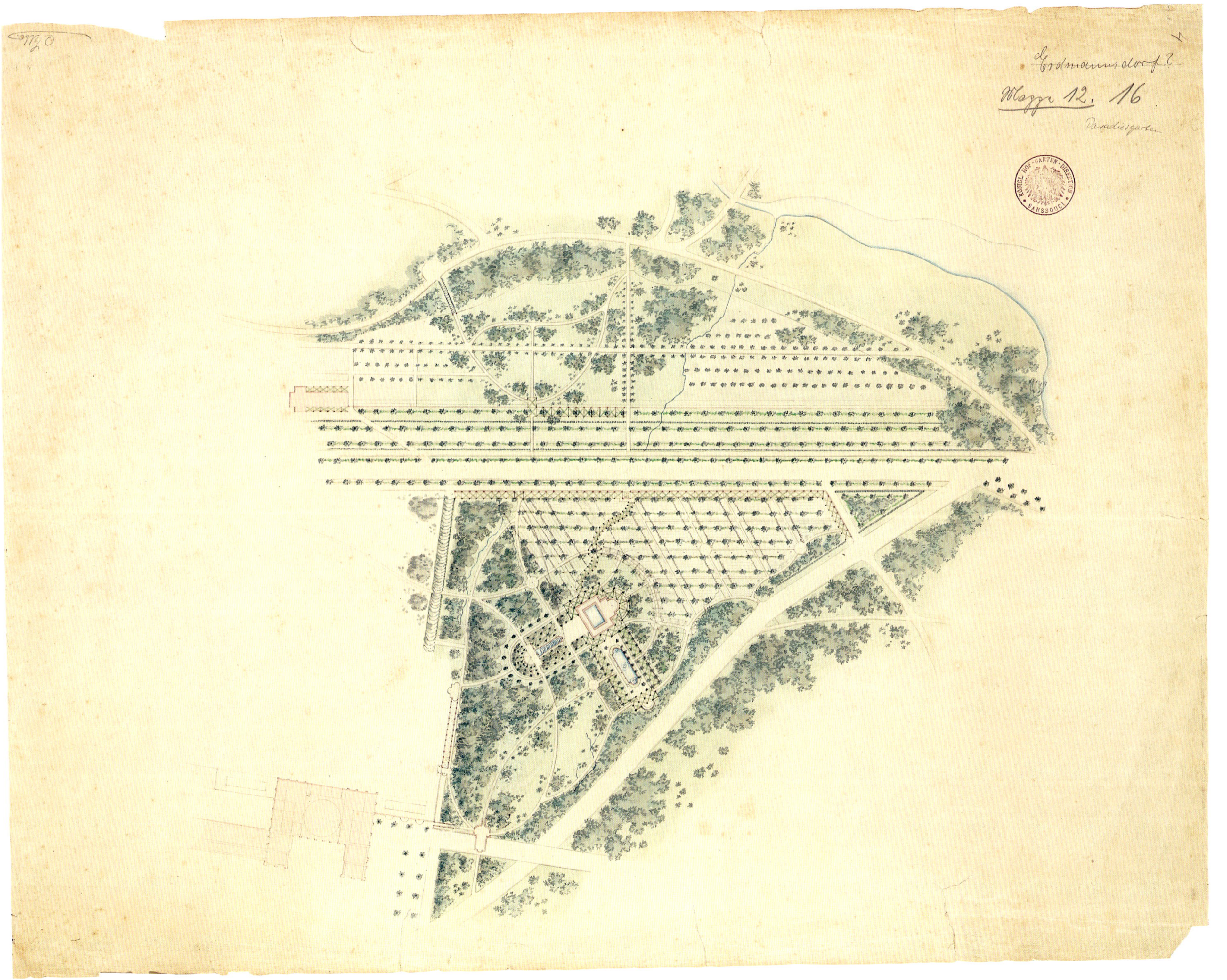

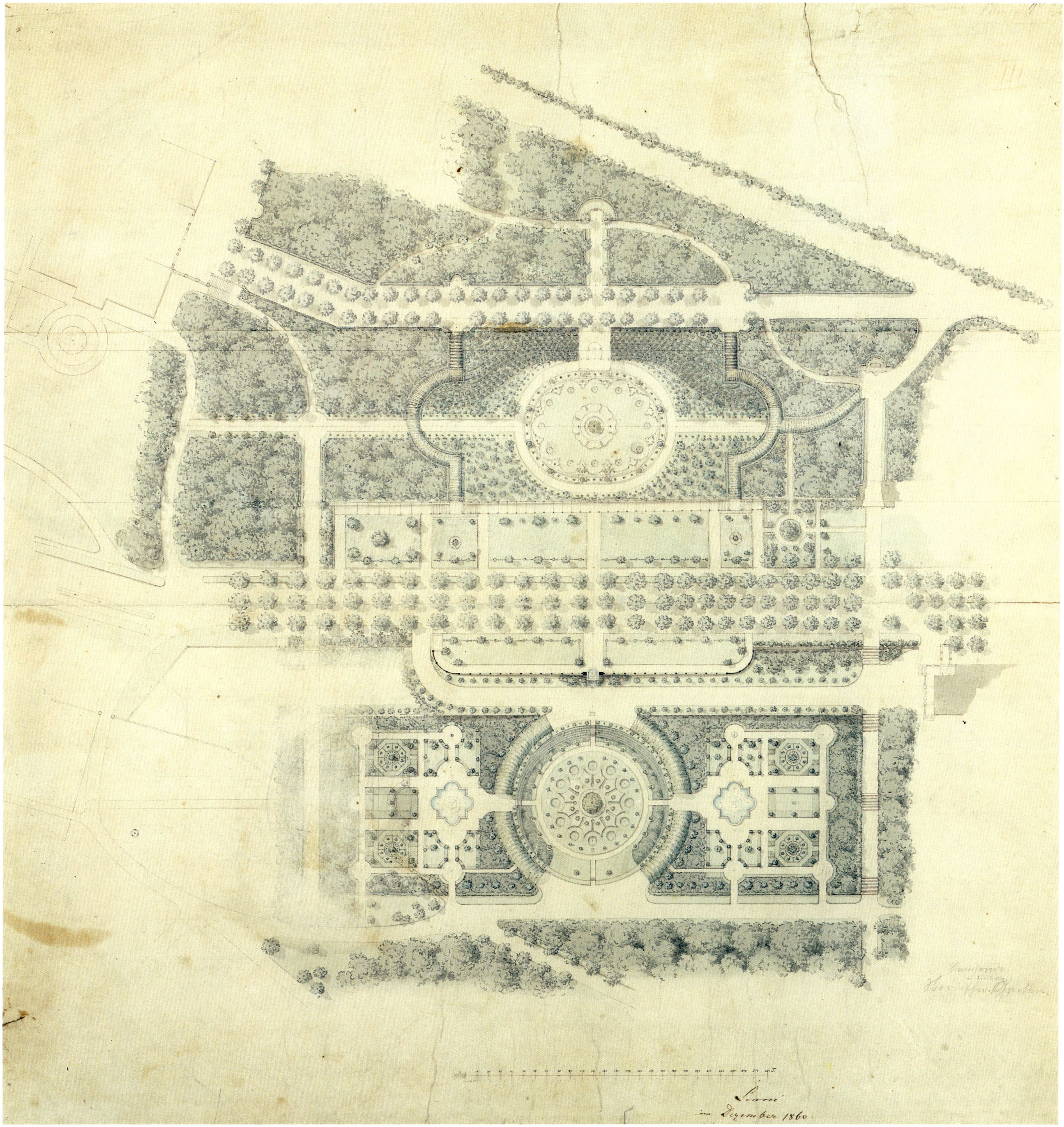
Lenné
im Dezember 1860

154. Potsdam. Park Sanssouci. Marlygarten. Um 1855.
155. Potsdam. Park Sanssouci. Marlygarten. Um 1860.

S. 294/295
159. Potsdam. Neuer Garten. 1828.

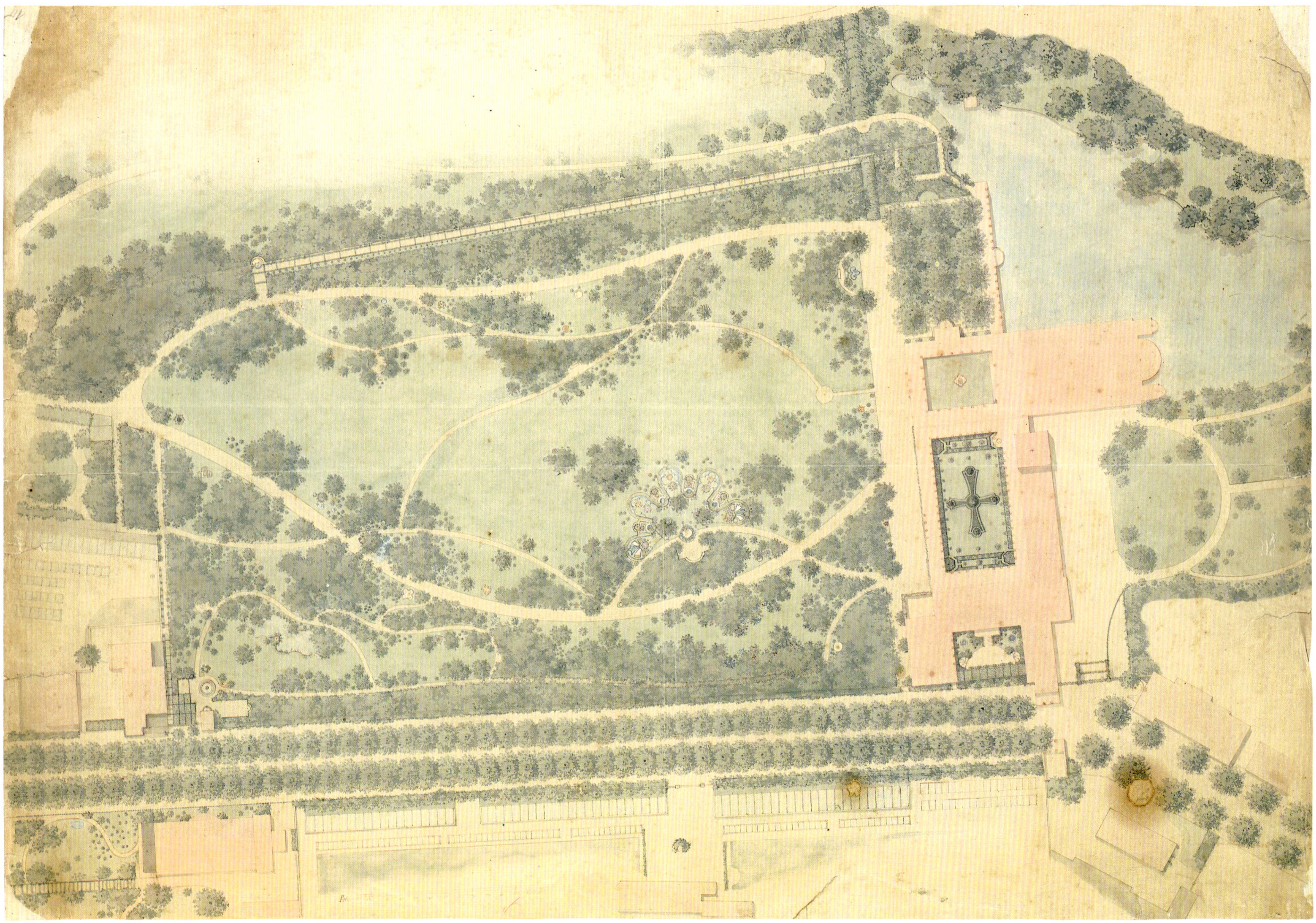

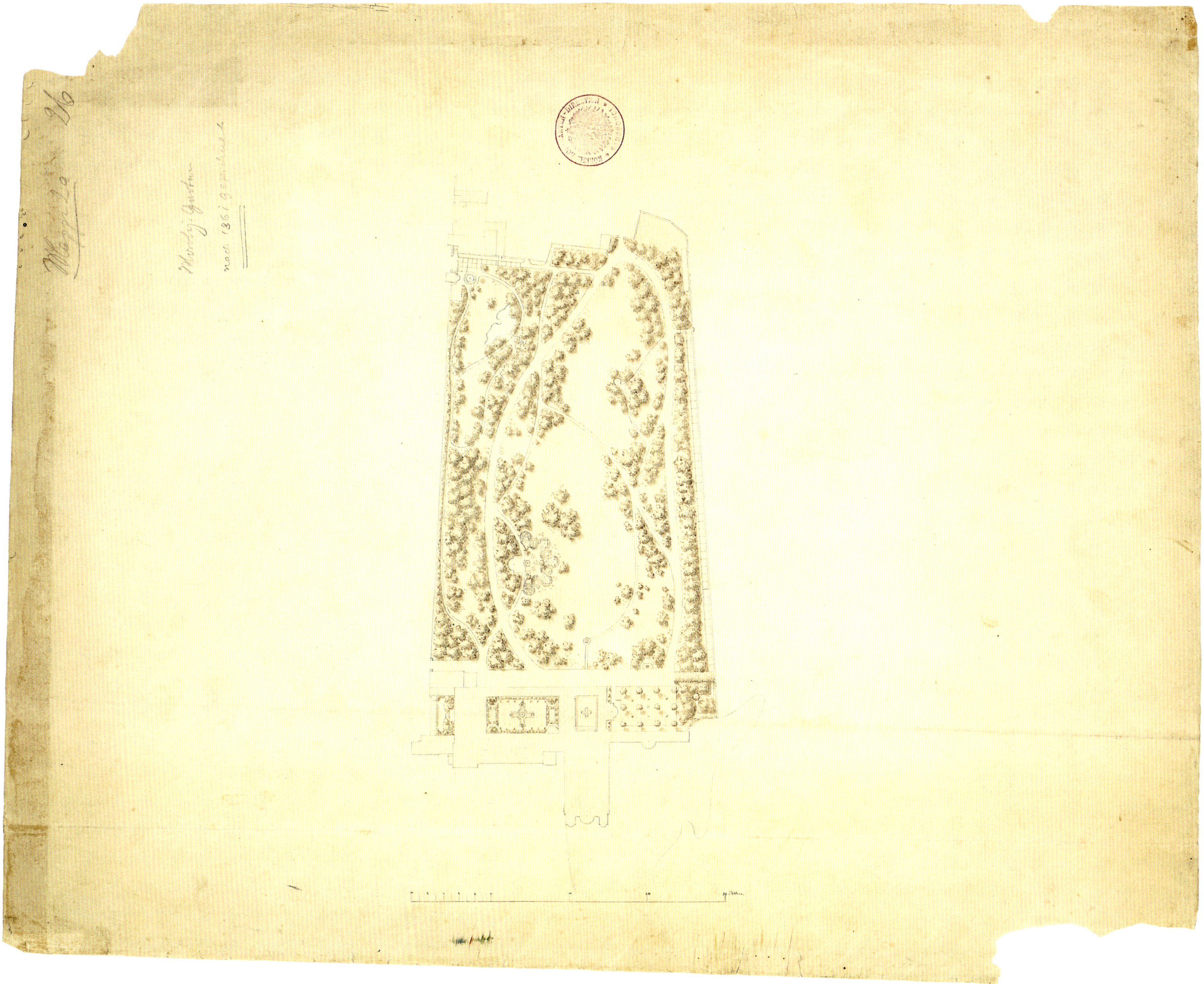

Plan von
Der Heilige
Lenné 1828.

Neuen Garten.
Jungfern-
See.

160. Potsdam. Neuer Garten. Um 1830/40.
165. Potsdam. Neuer Garten. 1846.

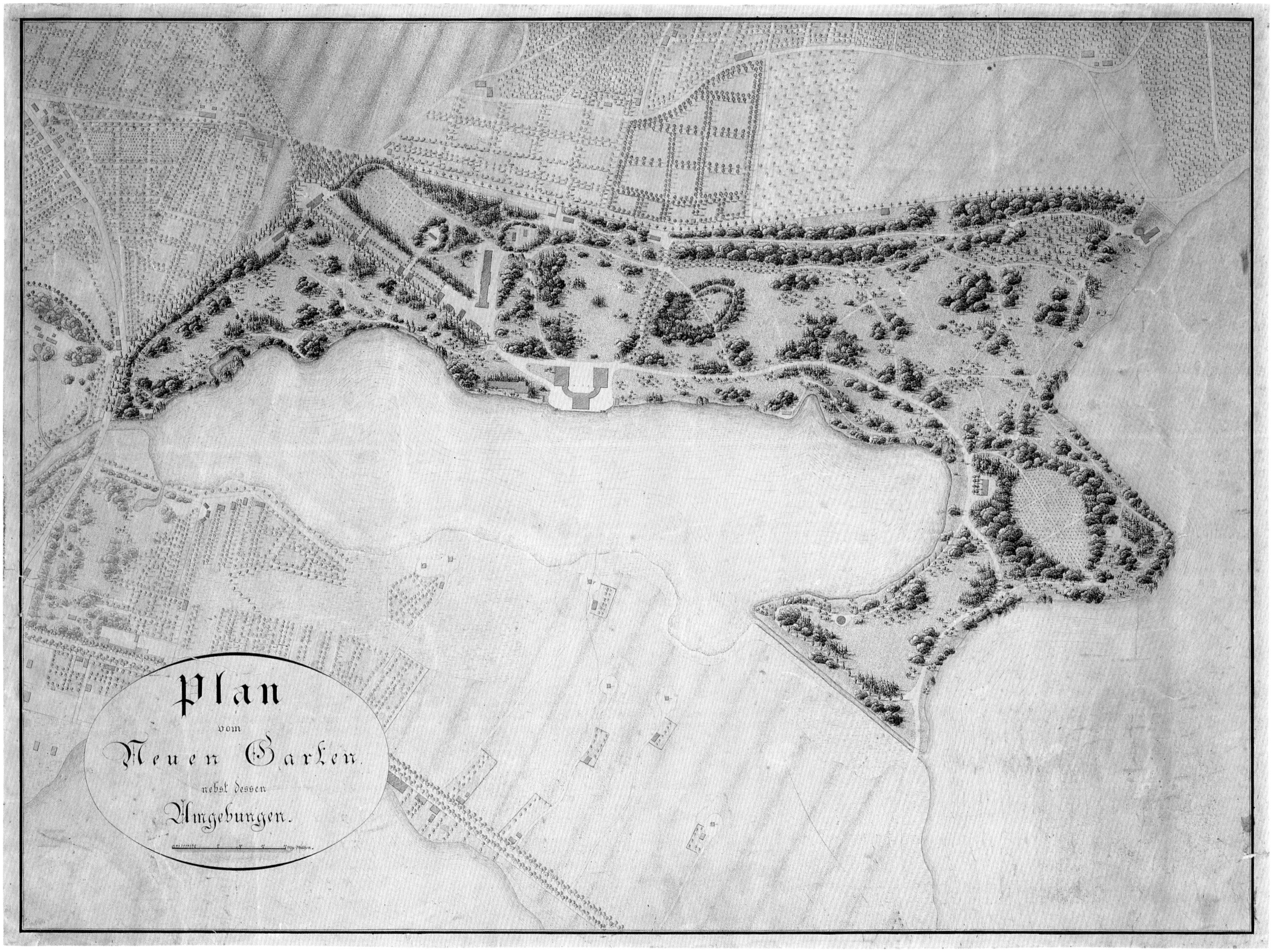

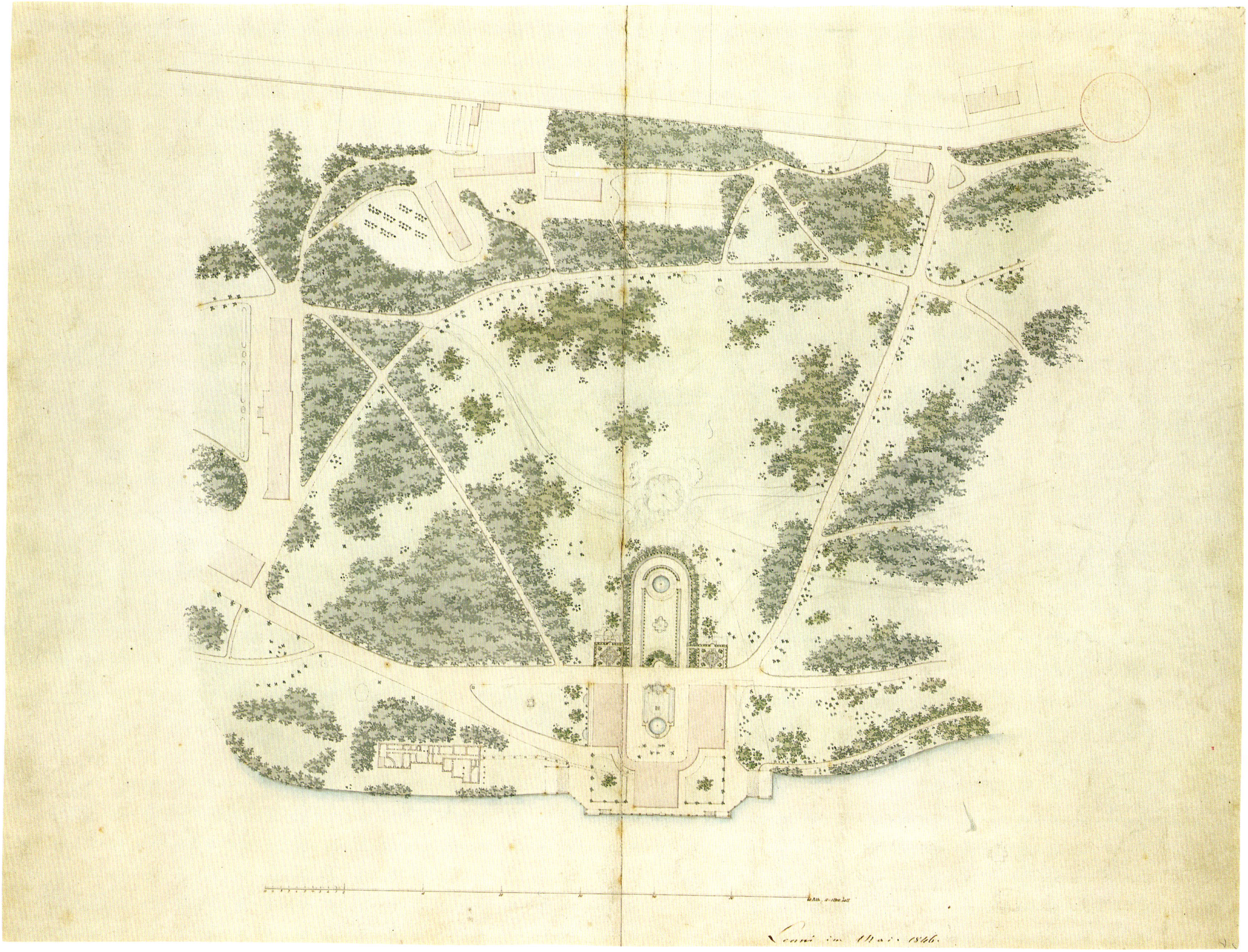
Lenné im Mai 1846.

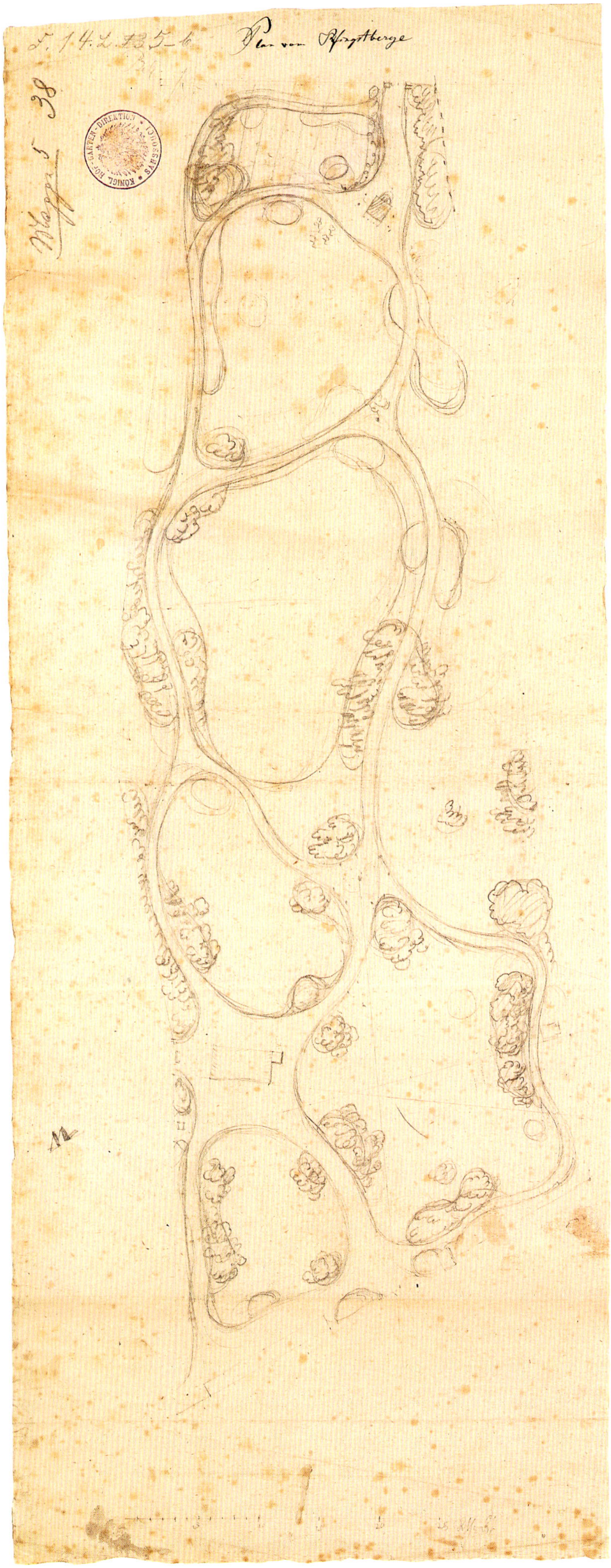

168. Potsdam. Pfingstberg. Um 1830.
178. Potsdam. Pfingstberg. 1862.

S. 300, 301
181. Potsdam. Russische Kolonie. 1826.
182. Potsdam. Russische Kolonie. 1826.

S. 302, 303
183. Potsdam. Russische Kolonie. 1826.
185. Potsdam. Russische Kolonie. Um 1828.

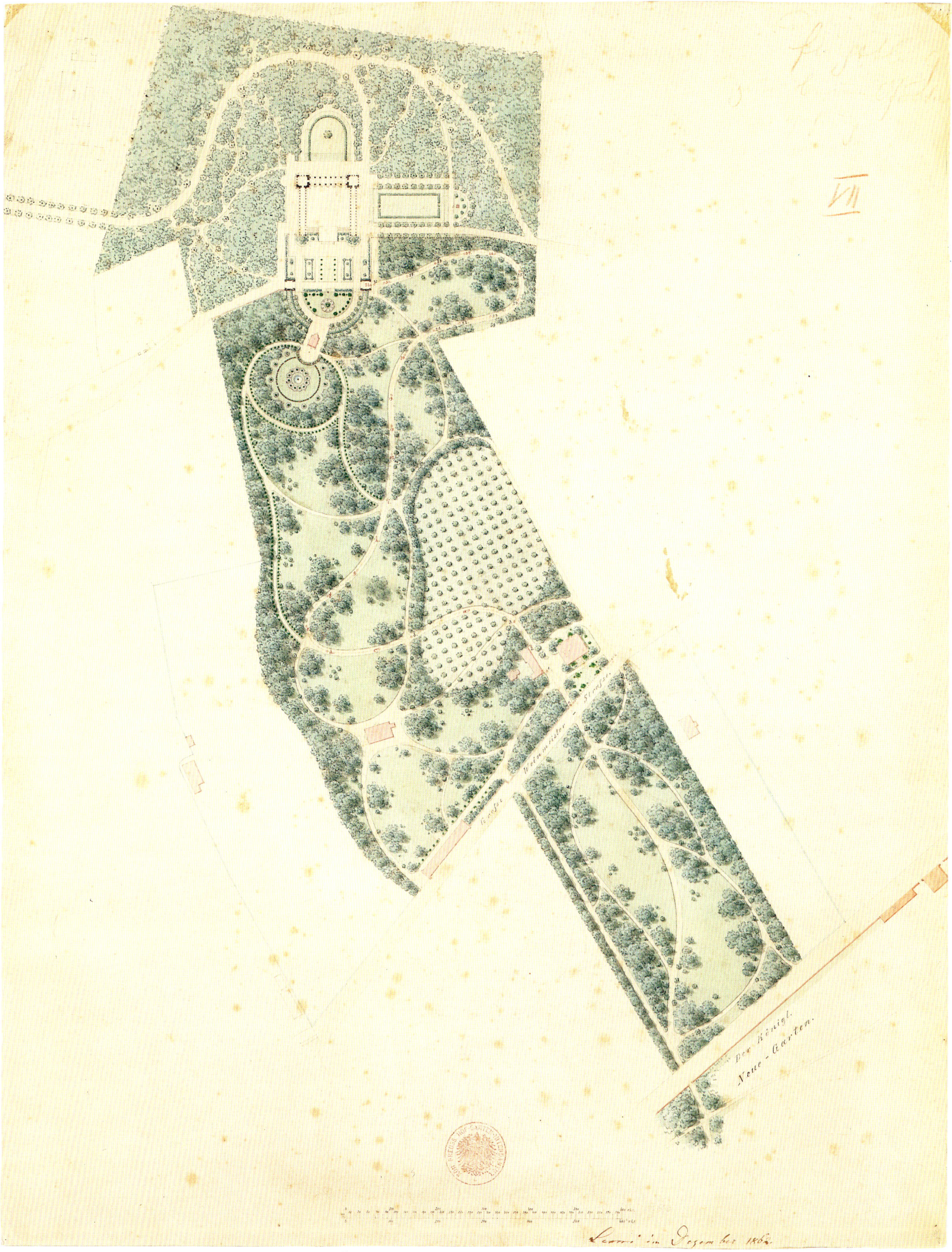
VII
Der Königl.
Neue-Garten.
Lenné im Dezember 1862

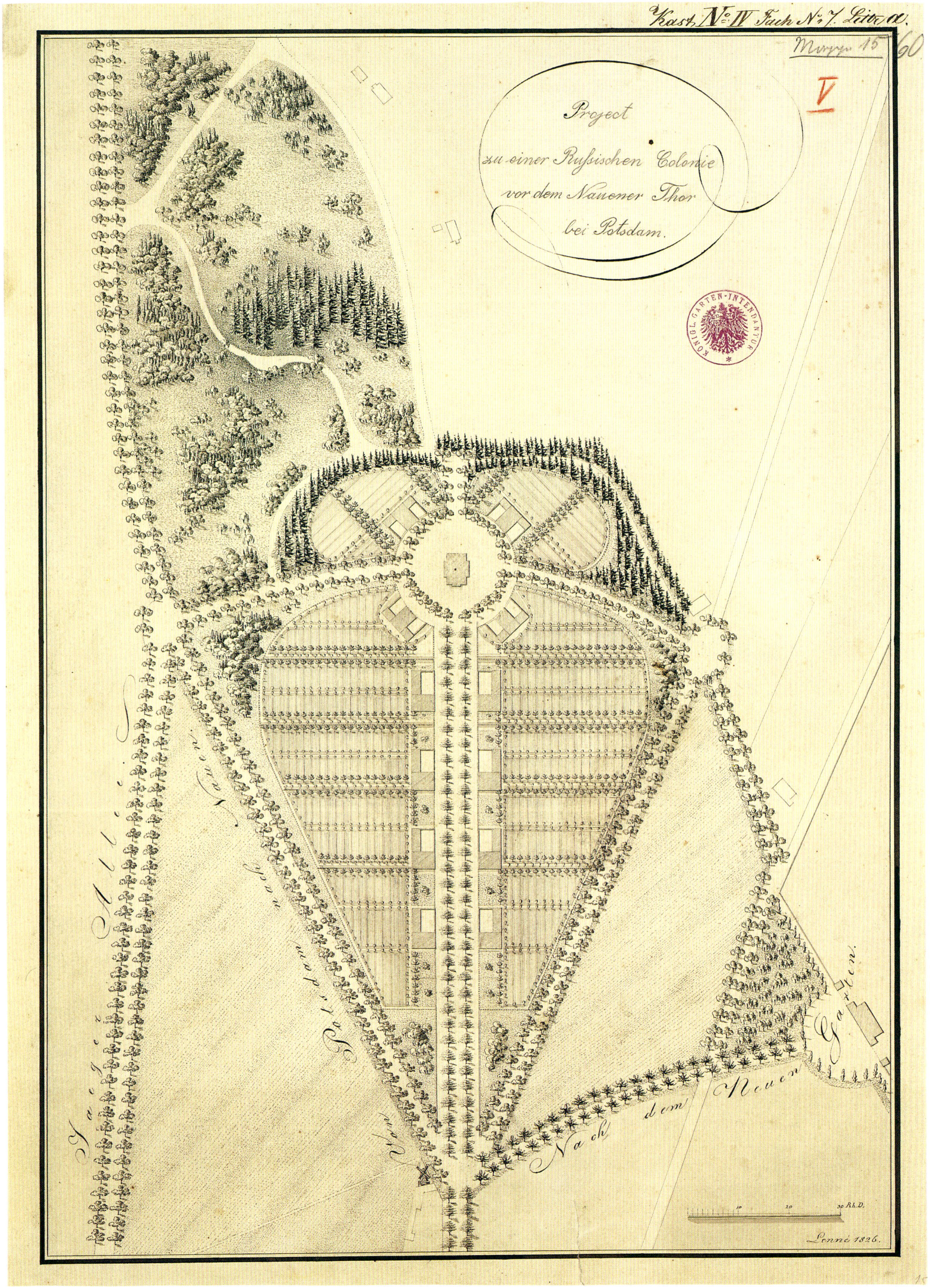
Kast. No IV Fach No 7. Litt. a.
Morgen 15
V
Project
zu einer Russischen Colonie
vor dem Nauener Thor
bei Potsdam.
Jaeger Allee
Von Potsdam nach Nauen
Nach dem Neuen Garten.
Lenné 1826.

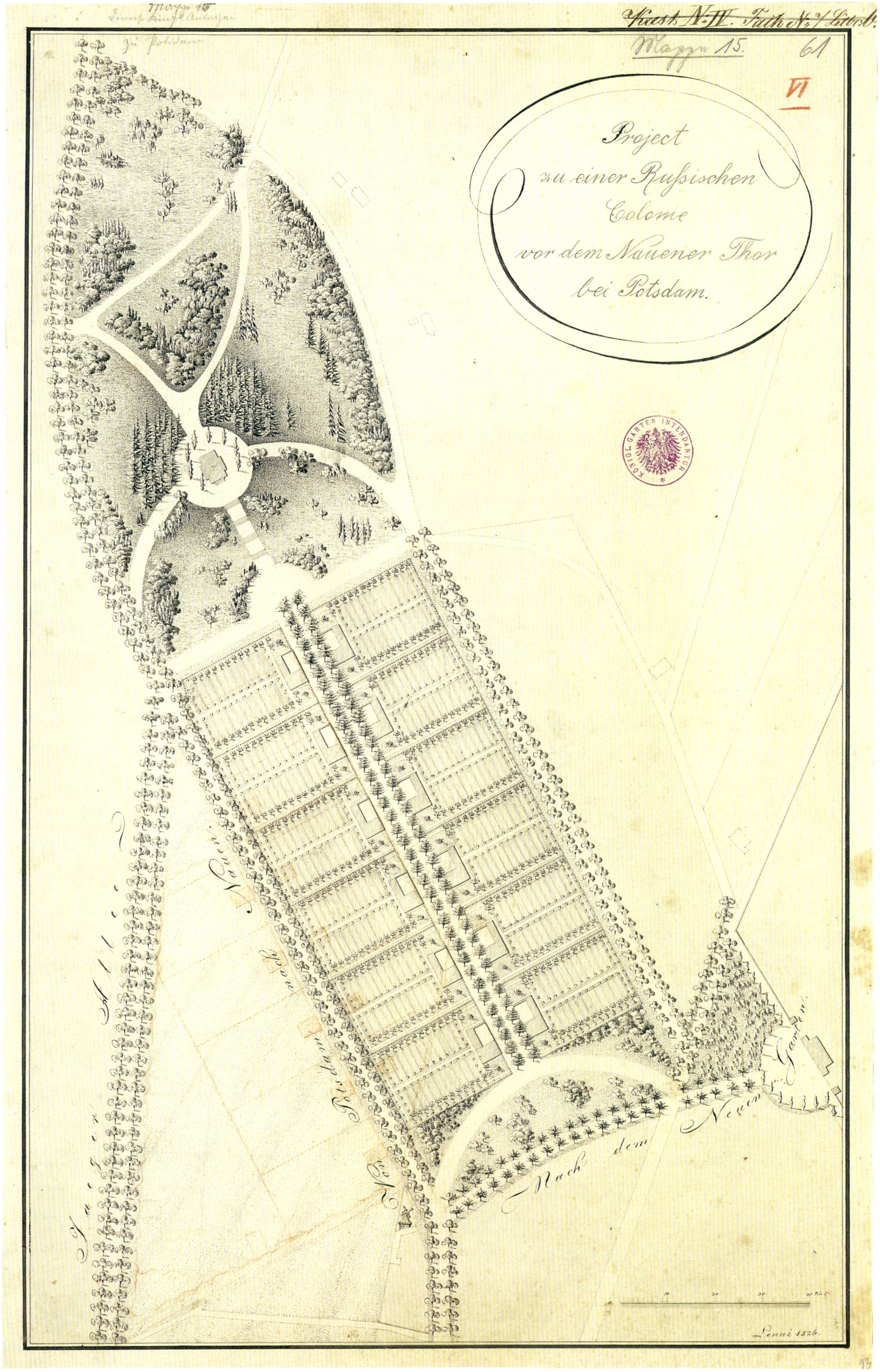
Project
zu einer Rußischen
Colonie
vor dem Nauener Thor
bei Potsdam.
Mappe 15.
61
VI
Nach dem Neuen Garten
Lenné 1826.

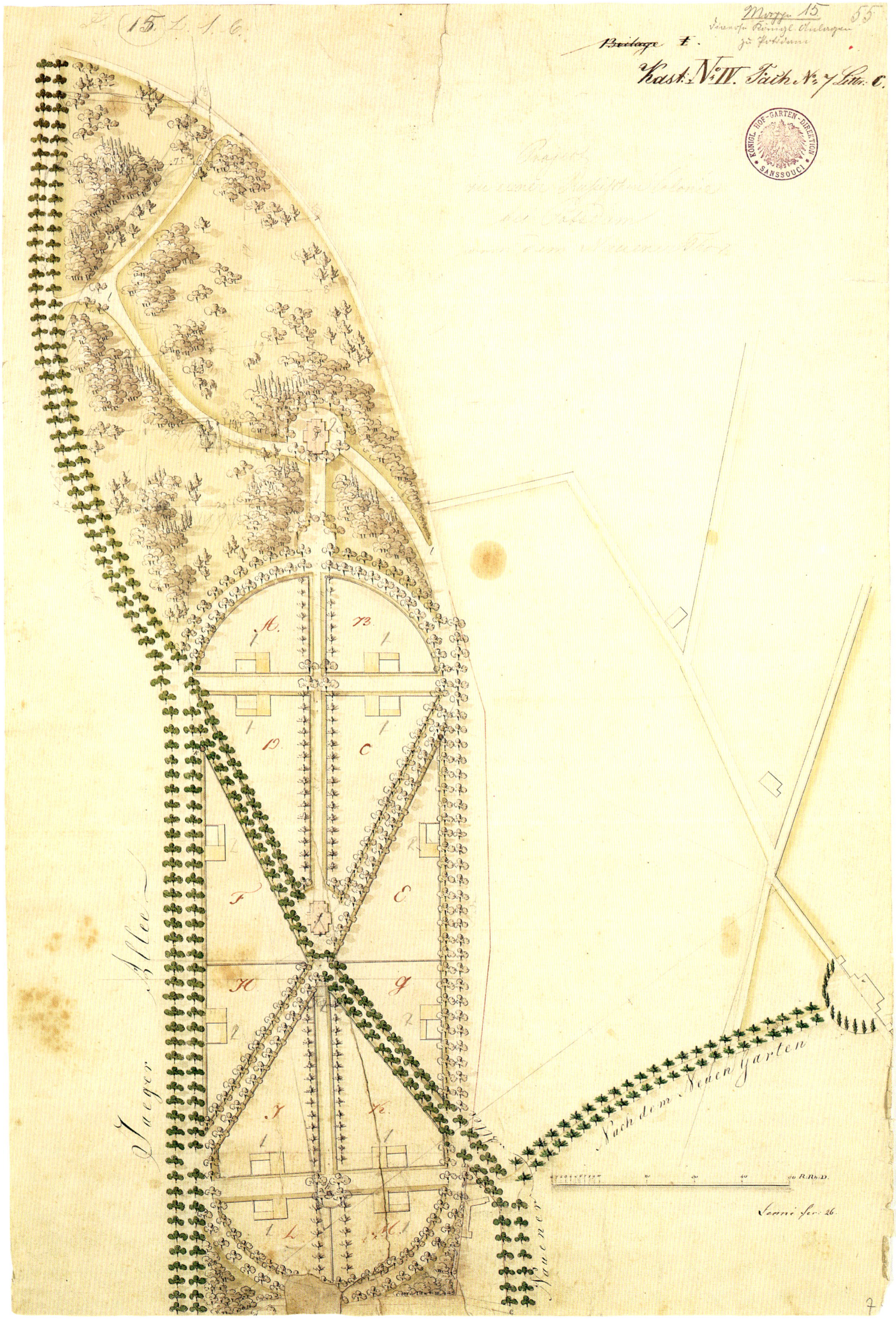
Kast: No IV. Fäch No 7 Litt: C.
KÖNIGL. HOF-GARTEN-DIREKTION SANSSOUCI
Jaeger Allee
Nach dem Neuen Garten
Lenné fec. 26.

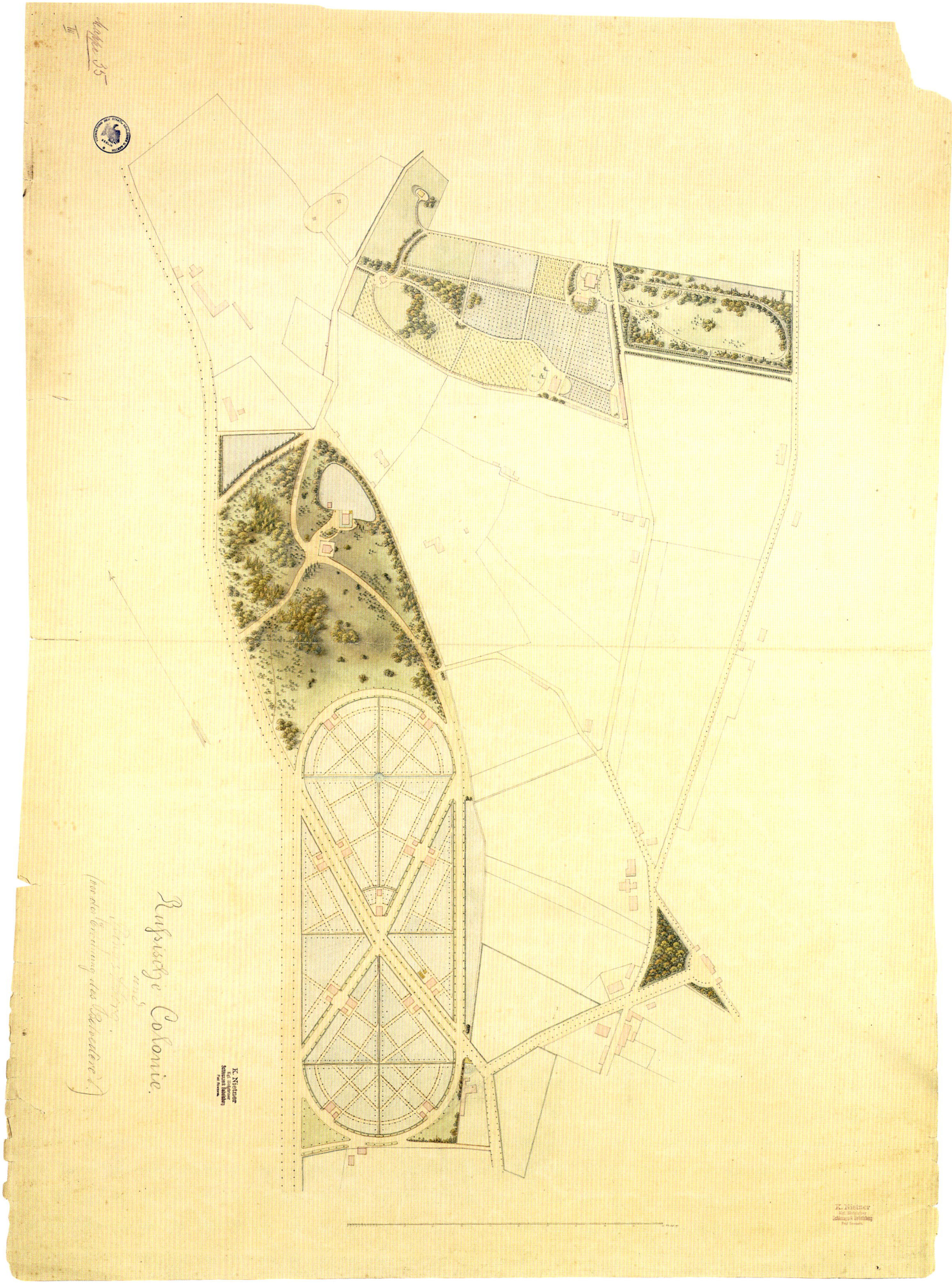
K. Nietner

194. Potsdam. Babelsberg. Um 1850.

Babelsberg
Mappe 15.
29
Telegraph
Belvedere
Belvedere
H. G. Thurm
Garnison Thurm
H. G. Thurm

197. Potsdam. Lindstedt. 1828.
199. Potsdam. Lindstedt. 1840.

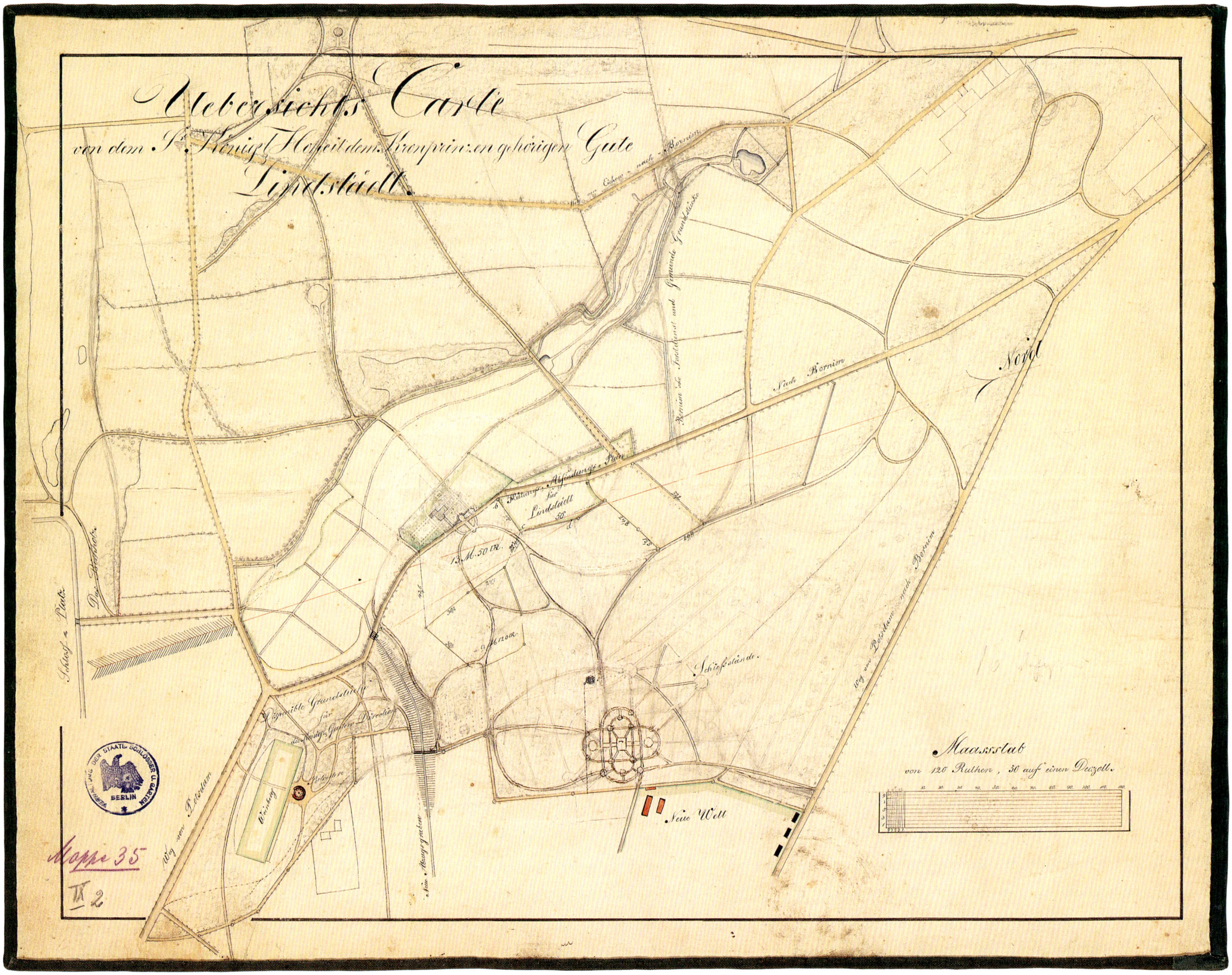

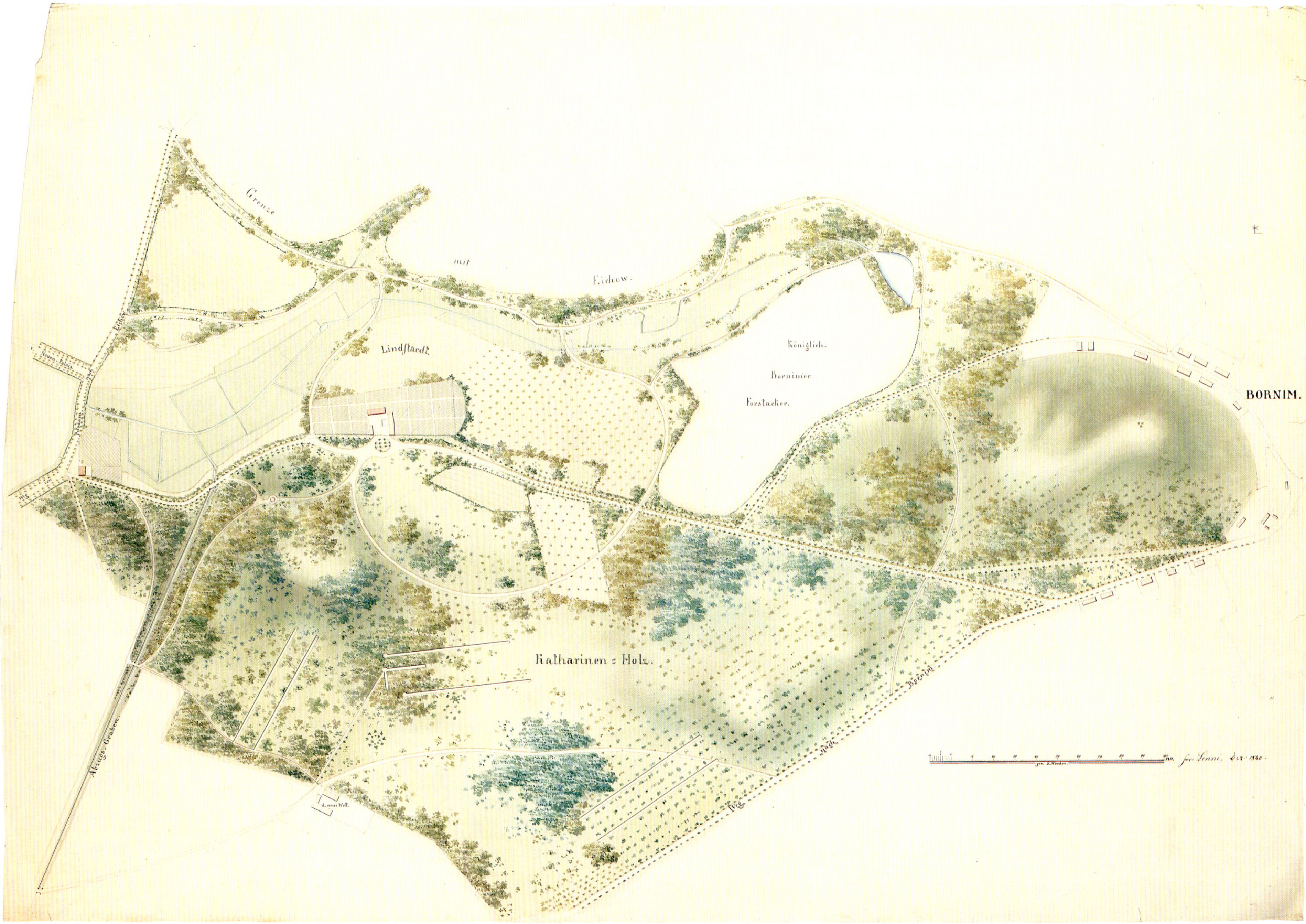
Grenze
mit
Eichow.
Lindstaedt.
Königlich.
Bornimer
Forstacker.
BORNIM.
Katharinen = Holz.

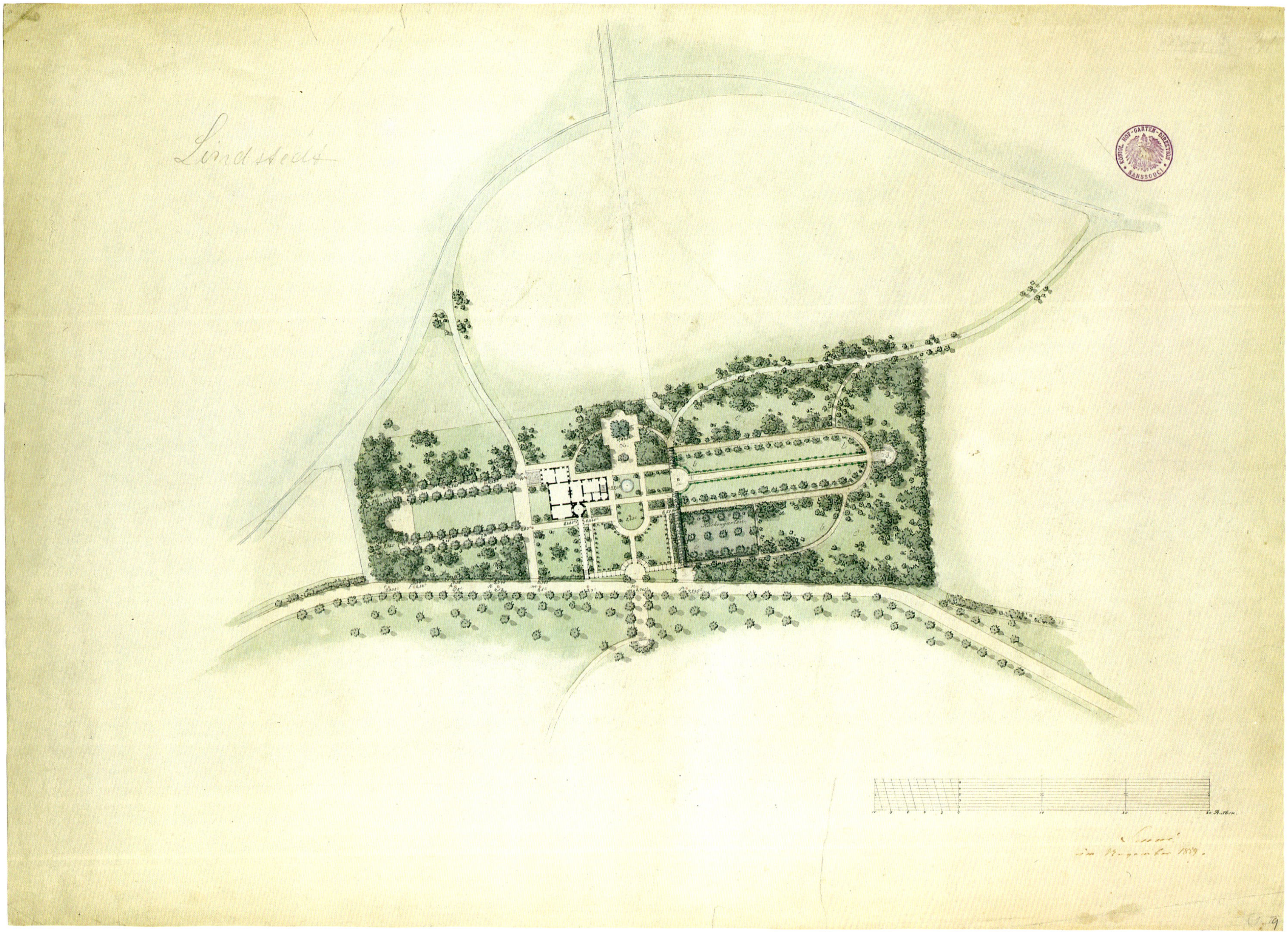
Lindstedt
30 Ruthen
Lenné
im November 1859

205. Potsdam. Lindstedt. 1859.
209. Potsdam. Sacrow. 1842.

S. 310, 311
210. Potsdam. Sacrow. 1843.
211. Potsdam. Sacrow. Um 1845.

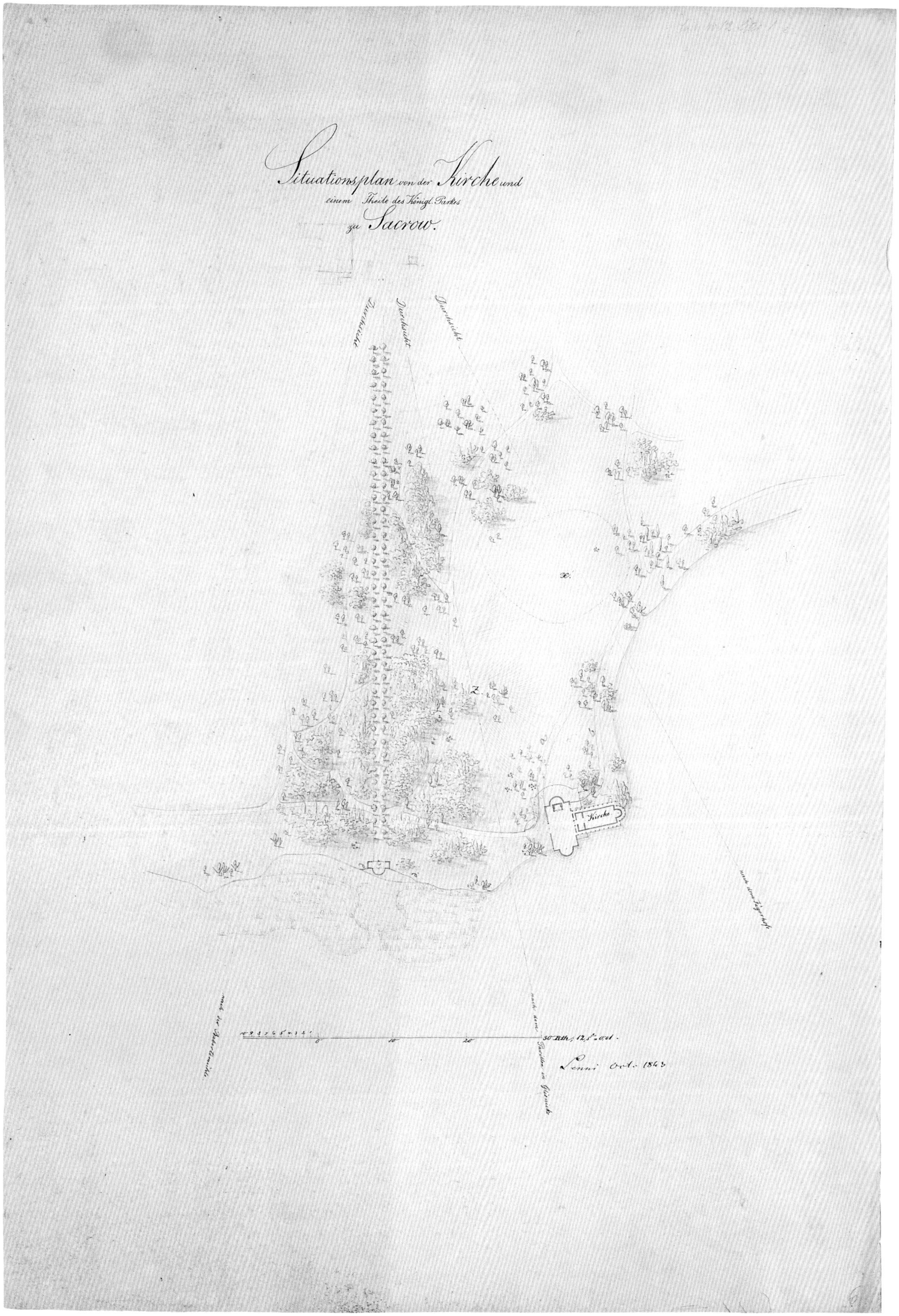
Situationsplan von der Kirche und
einem Theile des Königl. Parkes
zu Sacrow.
Durchsicht
Durchsicht
Durchsicht
Kirche
nach dem Pavillon in Glienicke
Lenné Oct. 1843

Grundriss von der Kirche und einem Theile des Königl: Parkes zu Sacrow.
I.
Kirche
n
m
II.
Kirche
a
d
b
c
f
0
10
20
30
40
50
60 Rth.
Lenné
Anmerkung. Die rothe Linie ist die Grenze des jetzigen Wasserstandes mit dem Königl: Park
Der zwischen der rothen und gelben Linie belegene Theil der Havel ist mit Binsen und Schilf bewachsen, und durchschnittlich 1 Fuss tief.
Der zwischen der rothen und grünen Linie belegene Raum ist jetzt trocknes Terrain, bei hohem Wasserstande aber überschwemmt,
da es nur durchschnittlich 1½ Fuss über dem jetzigen Wasserstande liegt.
9.

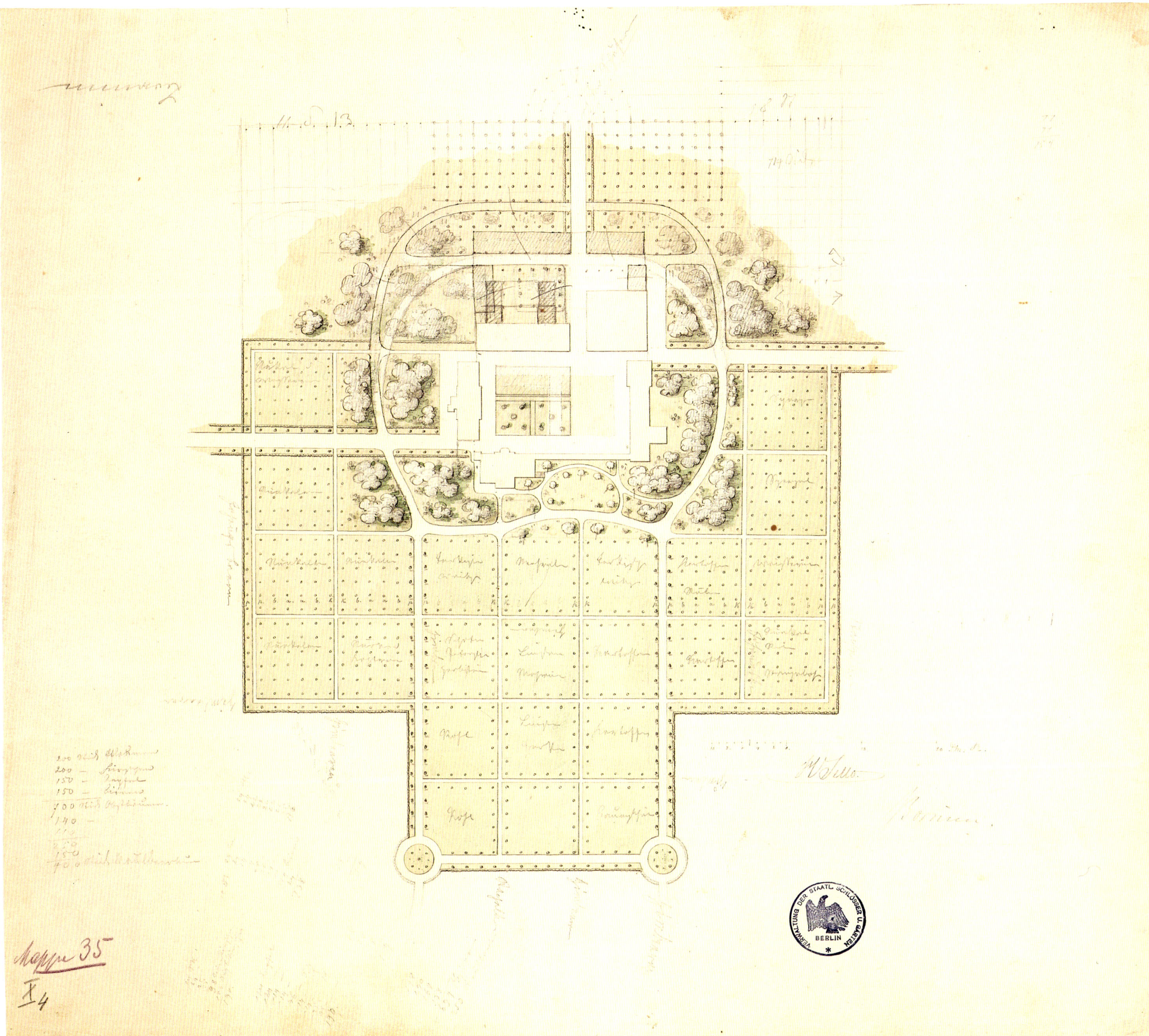
VERWALTUNG DER STAATL. SCHLÖSSER U. GÄRTEN
BERLIN
Mappe 35
X 4

216. Potsdam. Bornim. 1844.
217. Potsdam. Caputh. Um 1828.

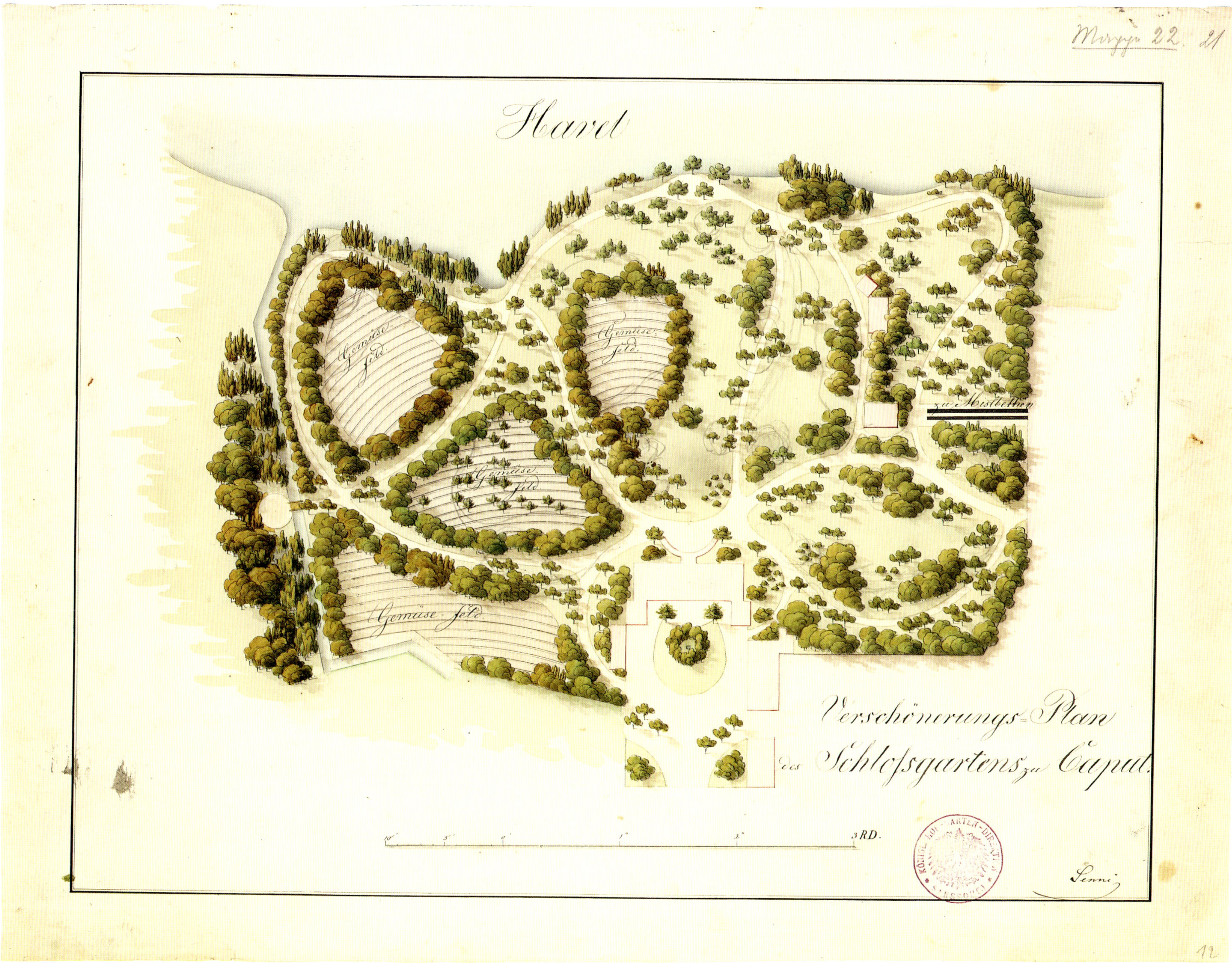

218. Berlin. Tiergarten. 1818.

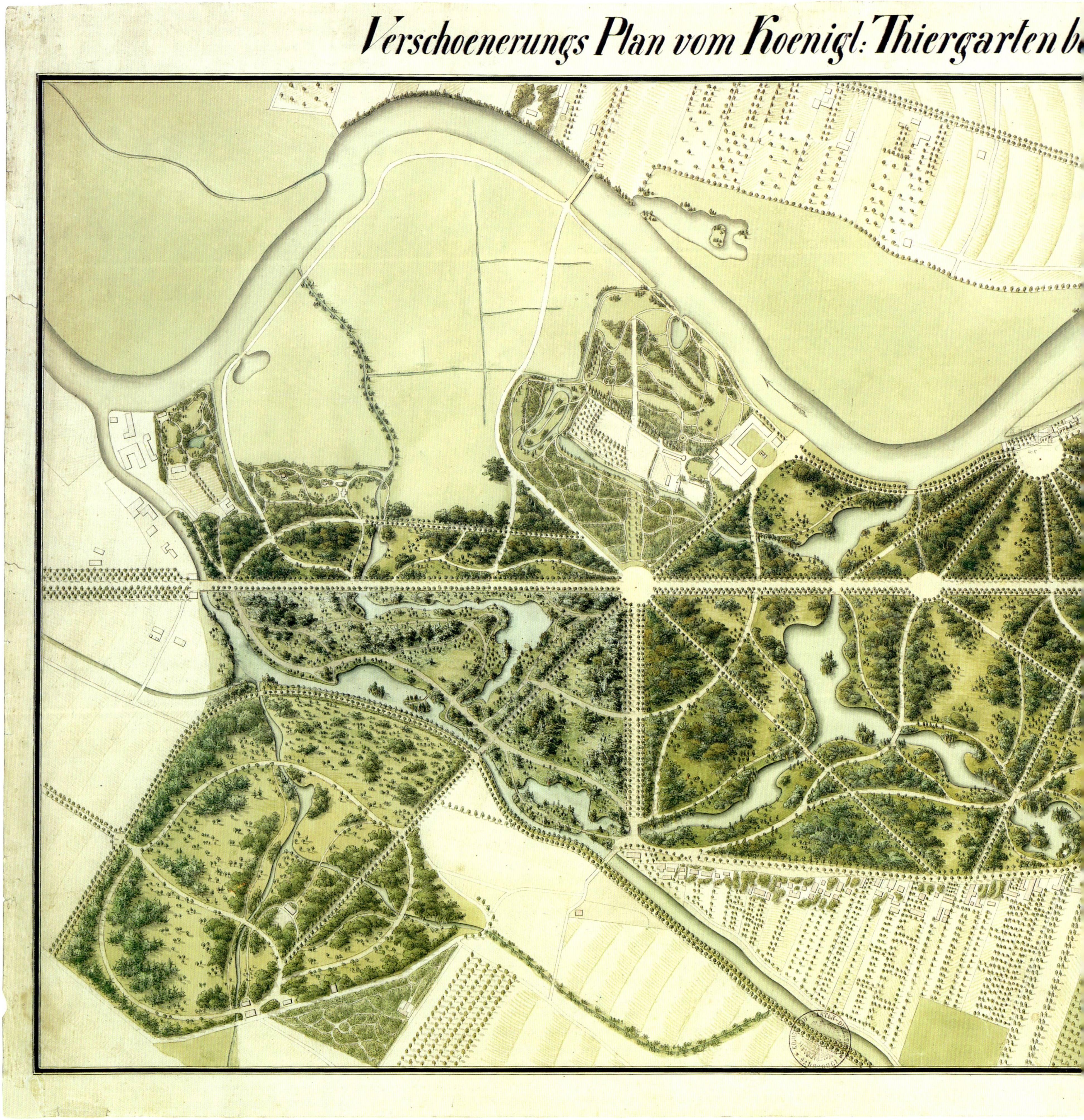
Verschoenerungs Plan vom Koenigl: Thiergarten b

221. Berlin. Tiergarten. 1832.

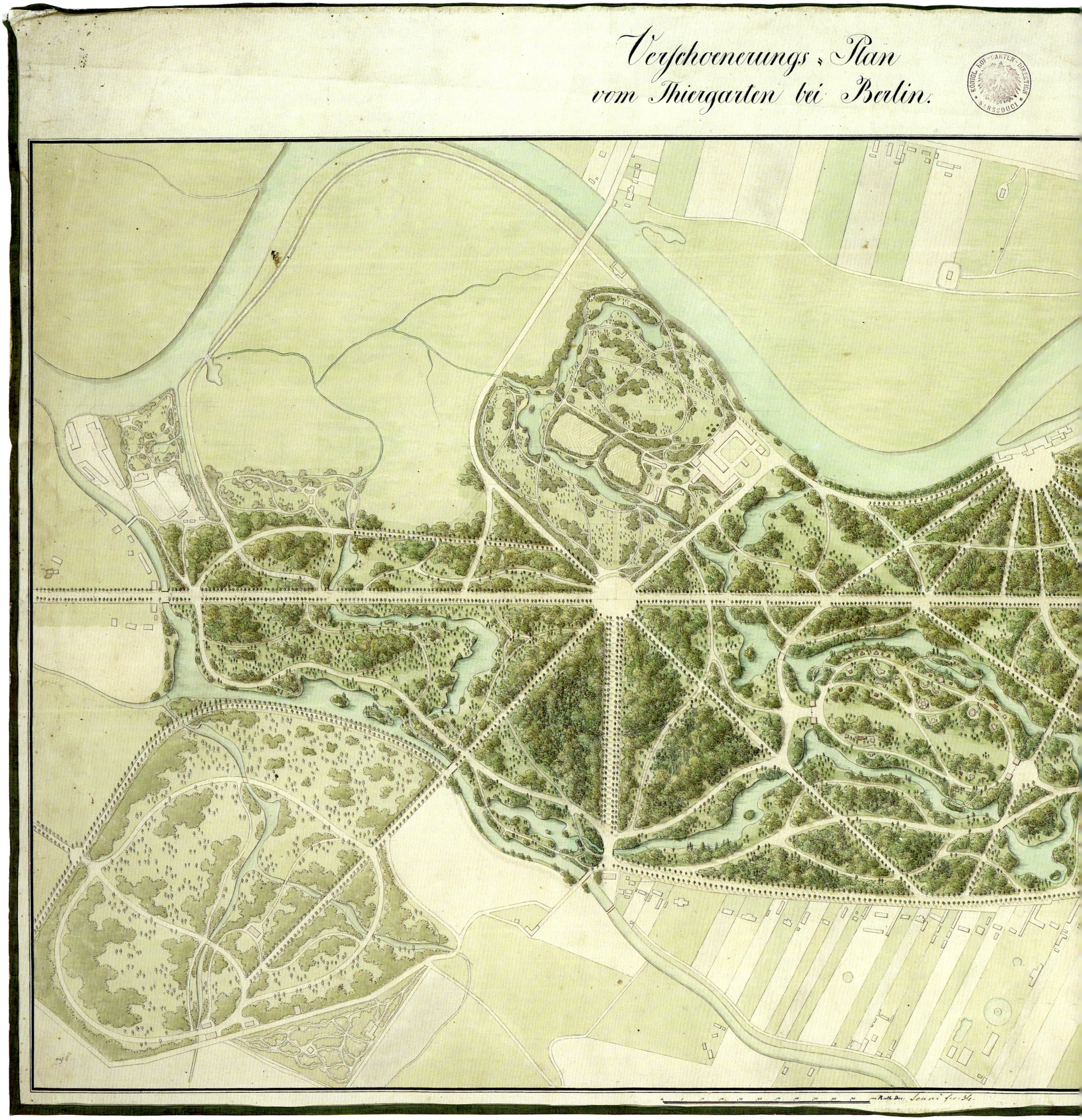
Verschoenerungs = Plan
vom Thiergarten bei Berlin.
100 Ruth. Dec.

222. Berlin. Tiergarten. 1834.

232. Berlin. Tiergarten. Partie Nr. 1. 1833.
233. Berlin. Tiergarten. Partie Nr. 2. 1834.

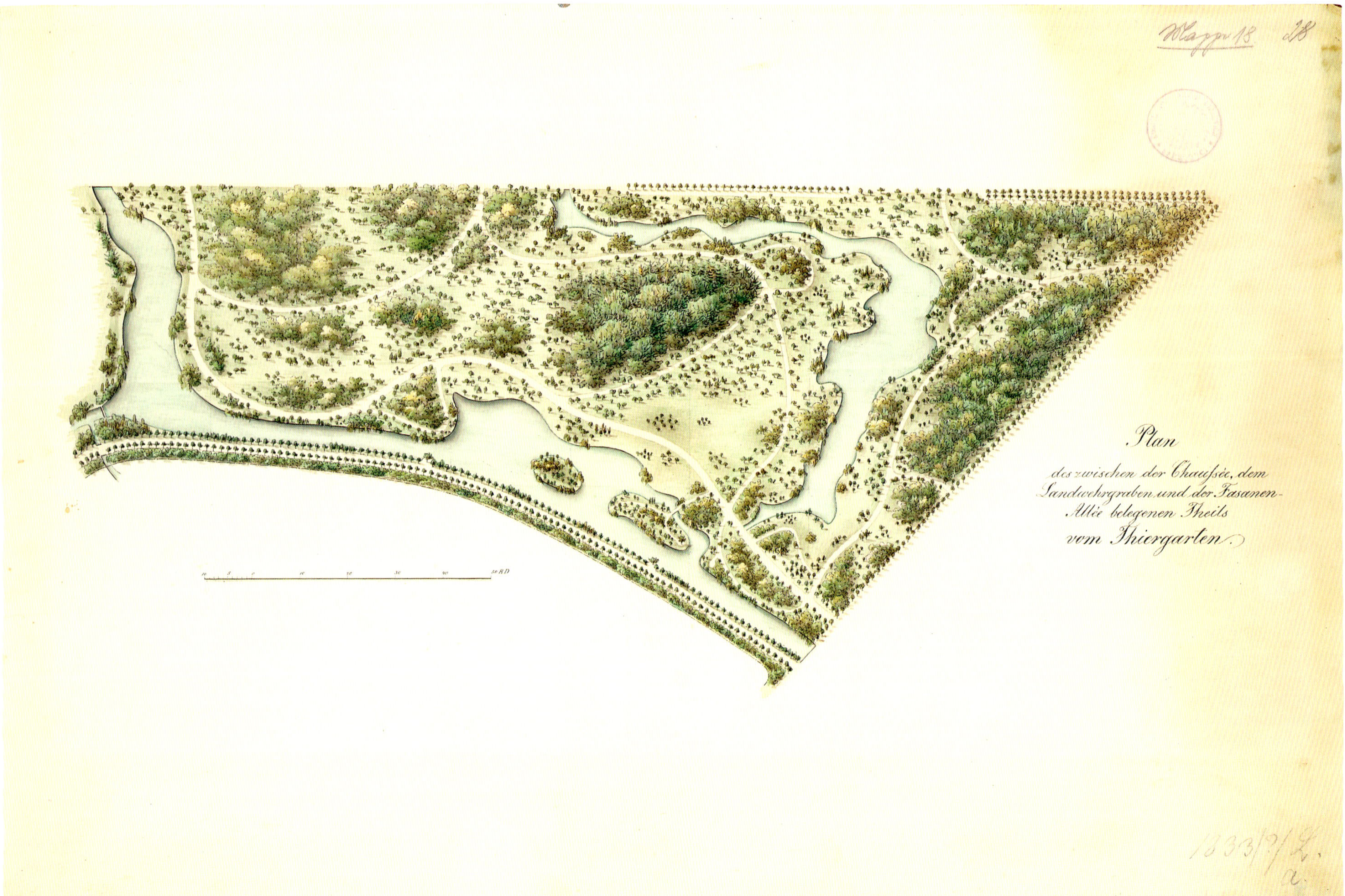

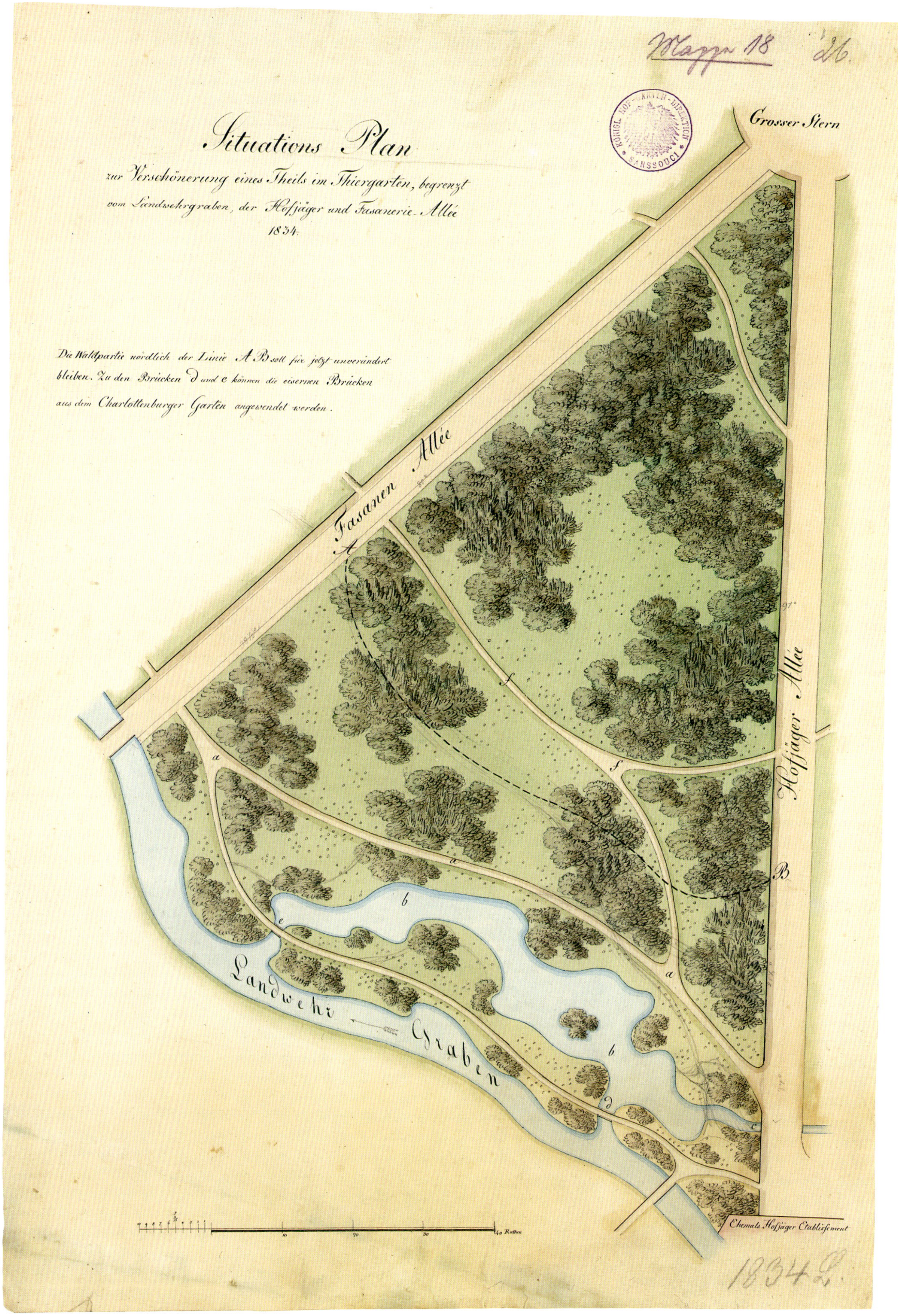
Mappe 18 26.
Situations Plan
zur Verschönerung eines Theils im Thiergarten, begrenzt vom Landwehrgraben, der Hofjäger und Fasanerie-Allée
1834.
Grosser Stern
Die Waldpartie nördlich der Linie A B soll für jetzt unverändert bleiben. Zu den Brücken d und c können die eisernen Brücken aus dem Charlottenburger Garten angewendet werden.
Fasanen Allée
Hofjäger Allée
Landwehr Graben
Ehemals Hofjäger Etablissement
1834 L.

243. Berlin. Tiergarten. Partie. Nr. 5. 1839.
251. Berlin. Tiergarten. Partie. Nr. 6. 1836.

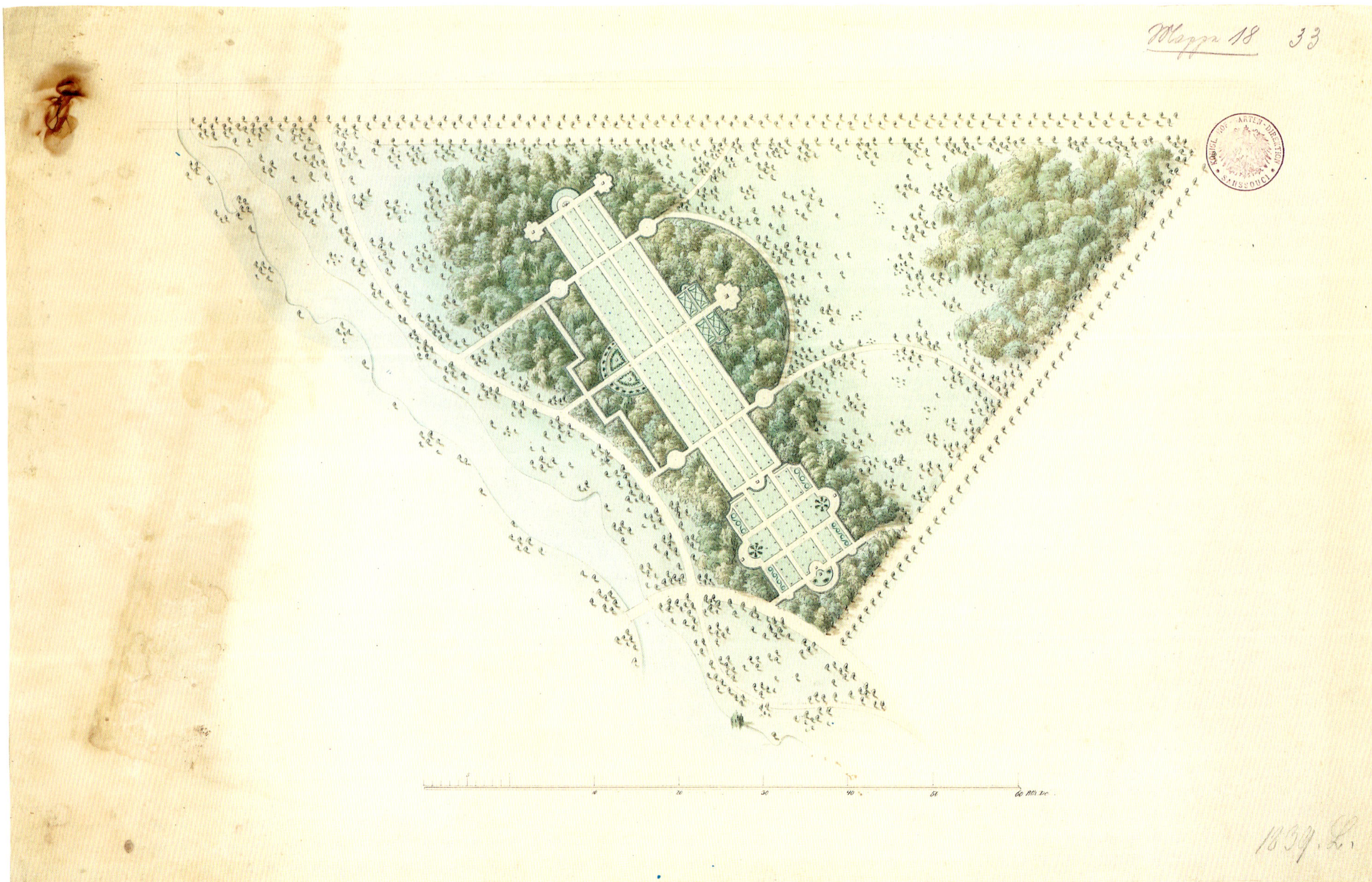

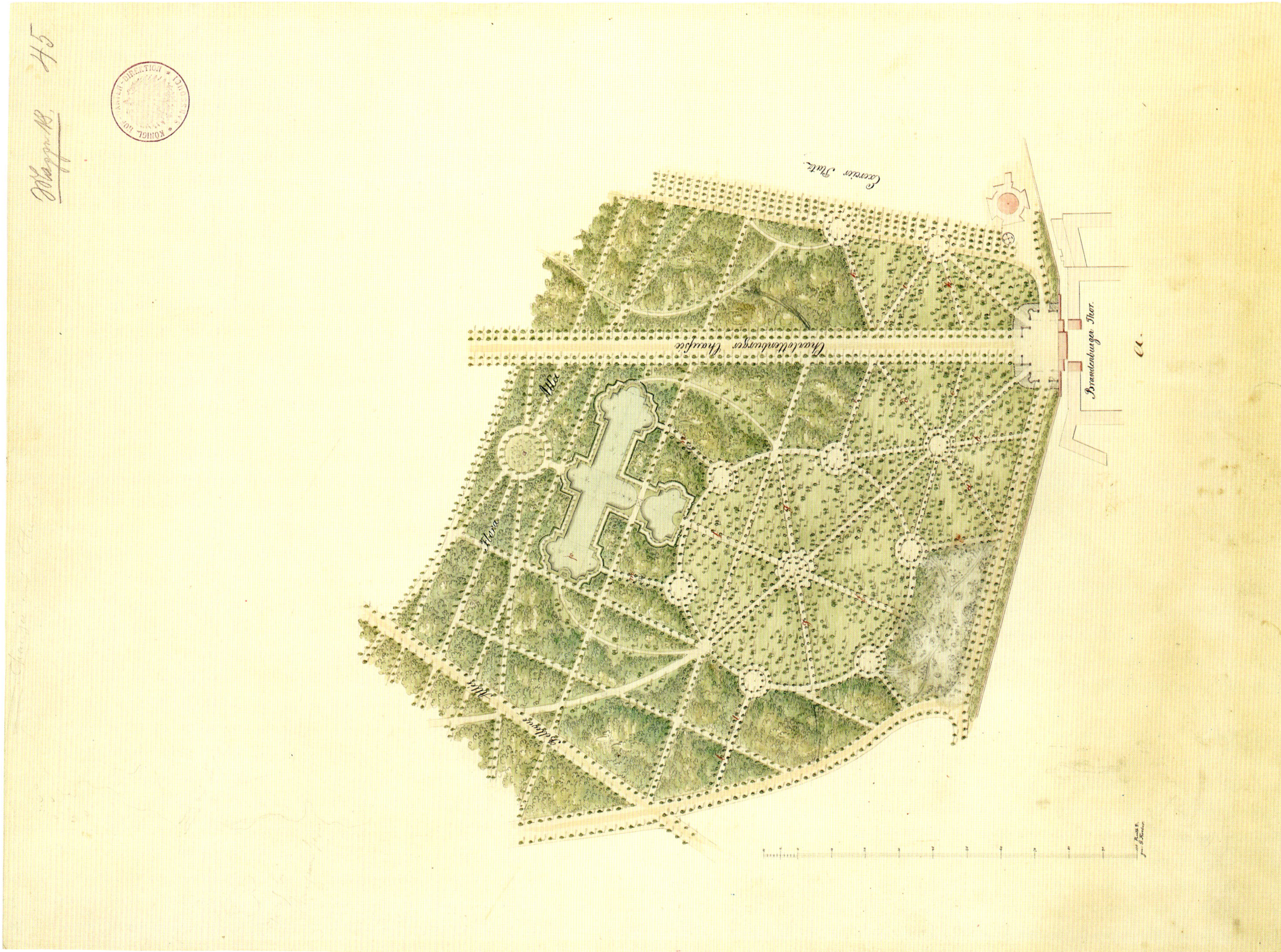
Charlottenburger Chaussée
Brandenburger Thor

257. Berlin. Tiergarten. 1838.
261. Berlin. Tiergarten. 1842.

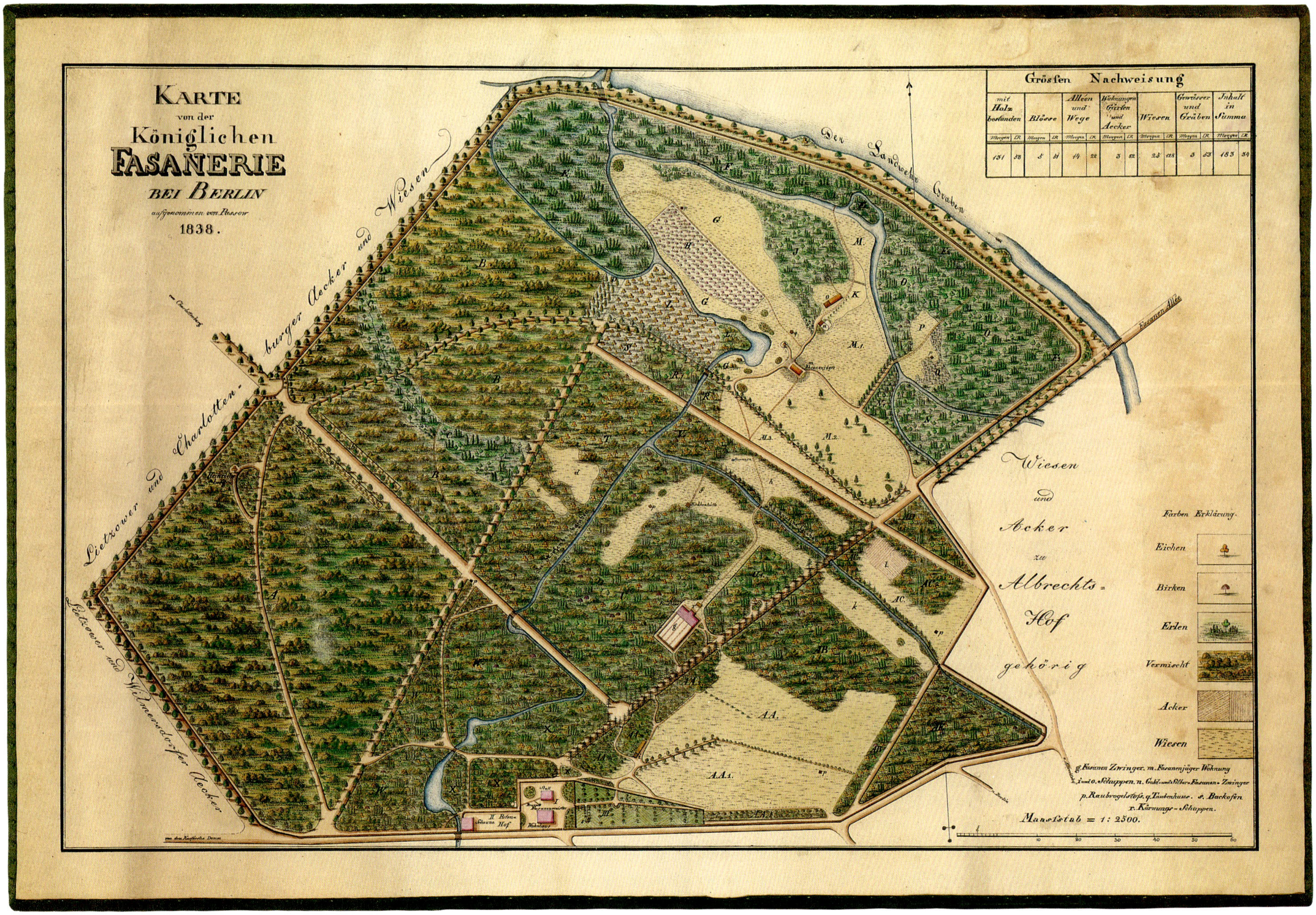

Verschoenerungs Plan
des zwischen dem Landwehrgraben und projectirten Schiffscanal belegenen Theils der ehemaligen Fasanerie bei Berlin.
Charlottenburger Chaussee
Königlicher
Thiergarten.
Zoologischen
des
Gartens.
Grenze
1842

263. Berlin. Tiergarten und Zoologischer Garten. 1841.
273. Berlin. Wohnhaus von Lenné. 1838.

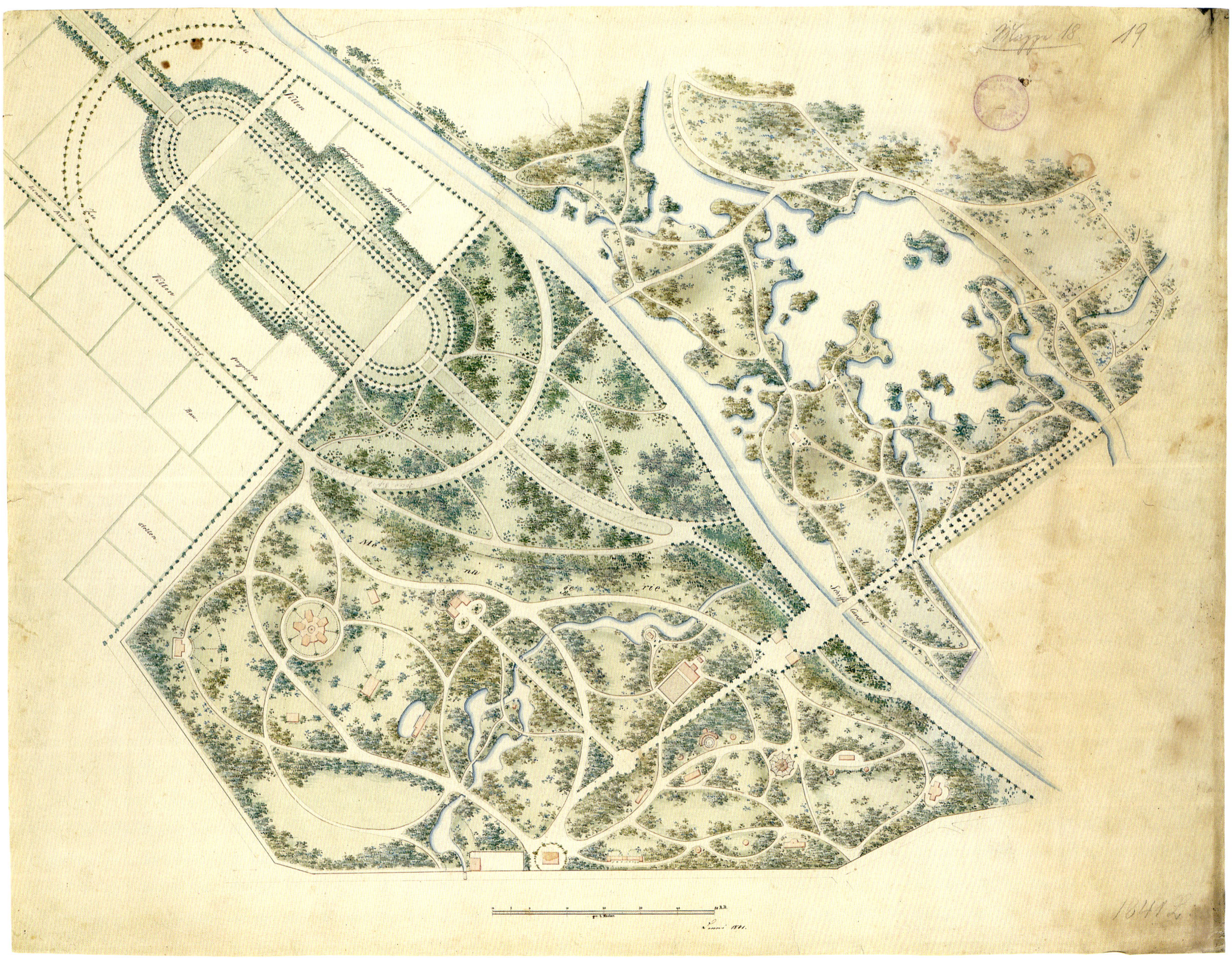

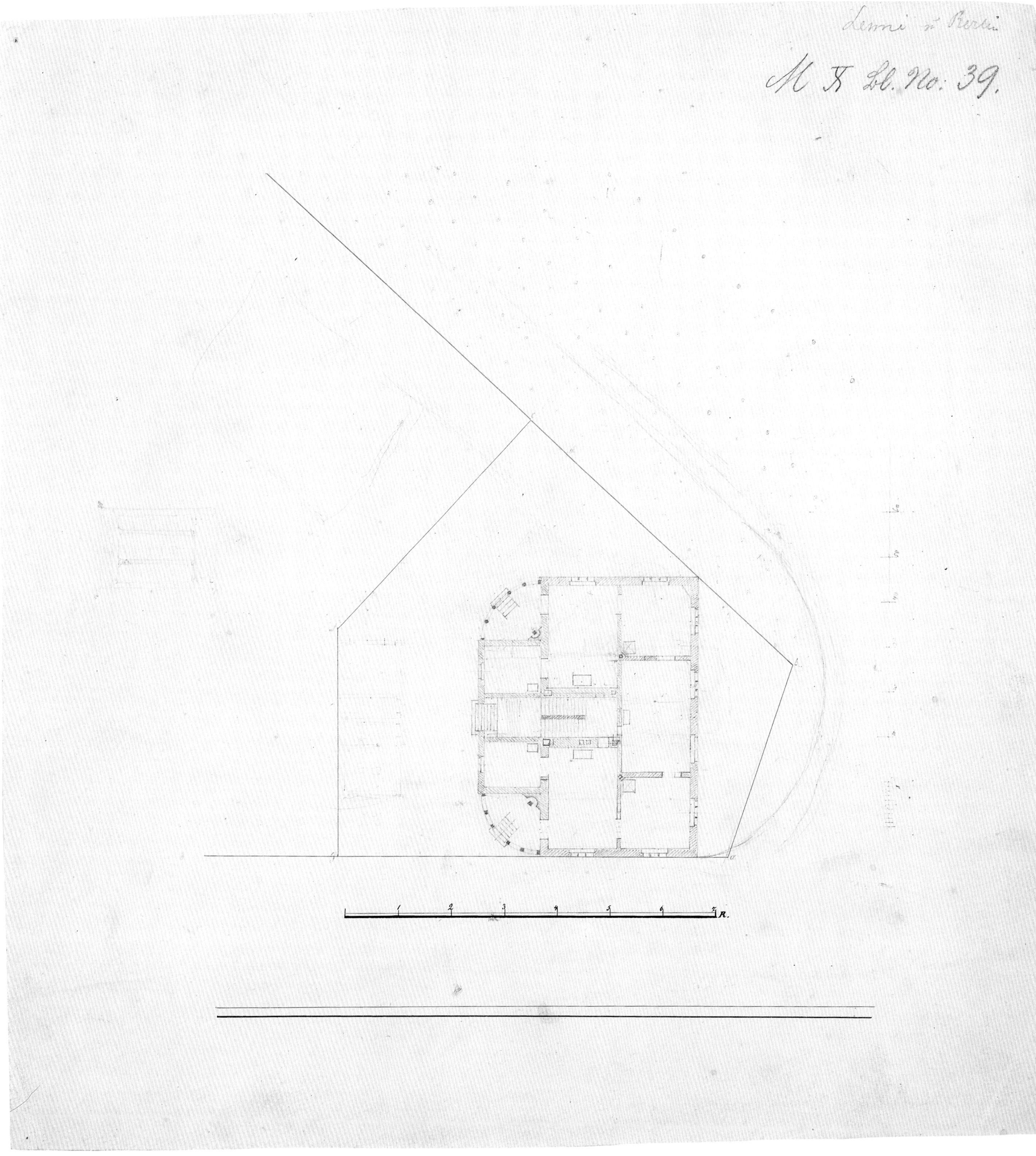
M X Bl. No: 39.
1
2
3
4
5
6
7 R.

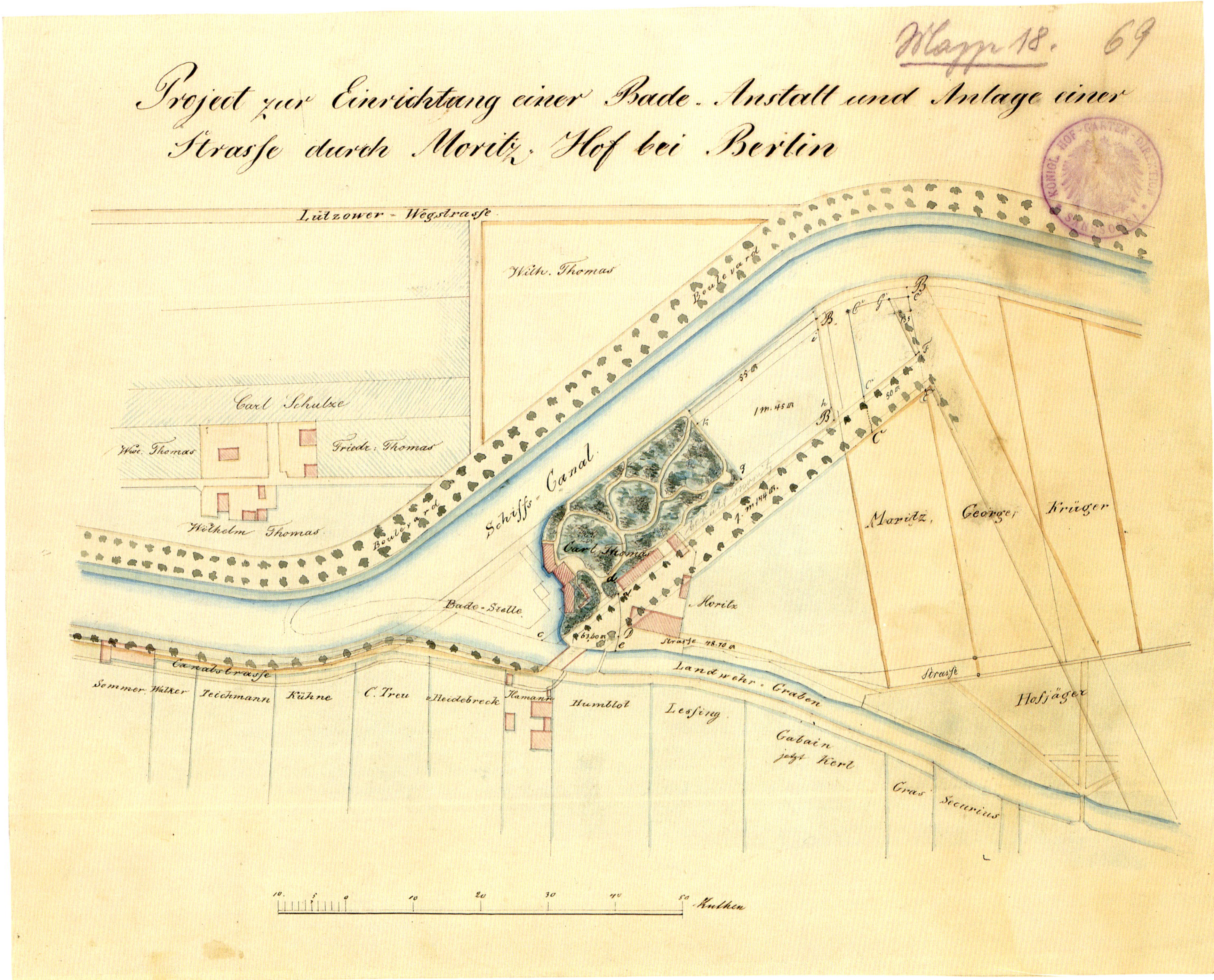

Mapp 18. 69
Project zur Einrichtung einer Bade-Anstalt und Anlage einer Strasse durch Moritz-Hof bei Berlin
Lützower-Wegstrasse
Wilh. Thomas
Carl Schulze
Friedr. Thomas
Wilhelm Thomas
Boulevard
Schiffs-Canal
Carl Thomas
Bade-Stelle
Moritz
Canalstrasse
Landwehr-Graben
Moritz
George
Krüger
Hofjäger
Sommer
Walker
Teichmann
Kühne
C. Treu
Neidebreck
Hamann
Humblot
Lessing
Gabain jetzt Kerl
Gras
Securius
Strasse
Ruthen

276. Berlin. Grabenstraße und Moritzhof. Um 1846.
279. Berlin. Kemperplatz. 1856.

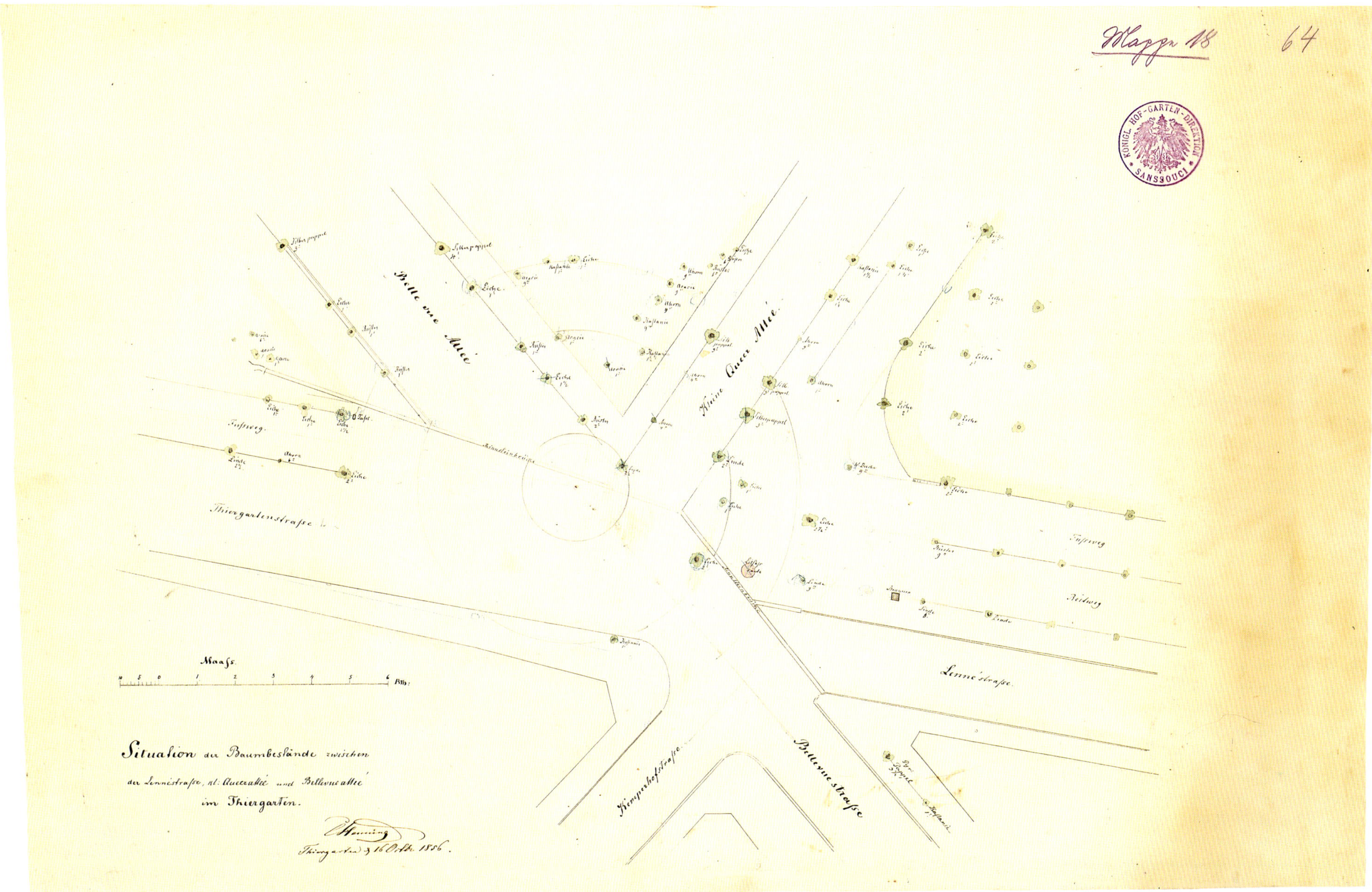

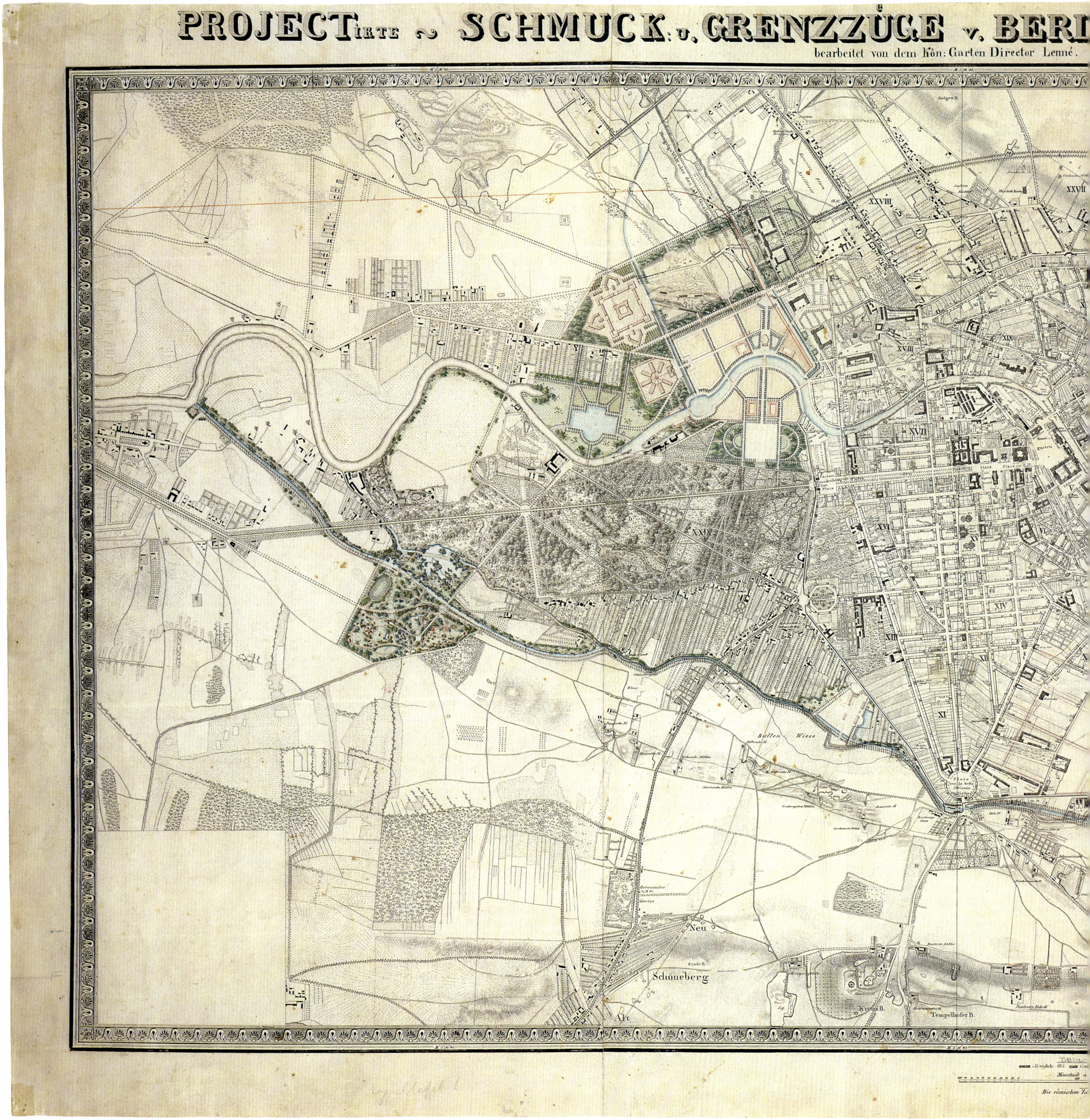
PROJECTirte Schmuck u. Grenzzüge v. Berl
bearbeitet von dem Kön: Garten Director Lenné.
Neu
Schöneberg
Alt
Kreuz B.
Tempelhofer B.

282. Berlin. Schmuck- und Grenzzüge. 1840.

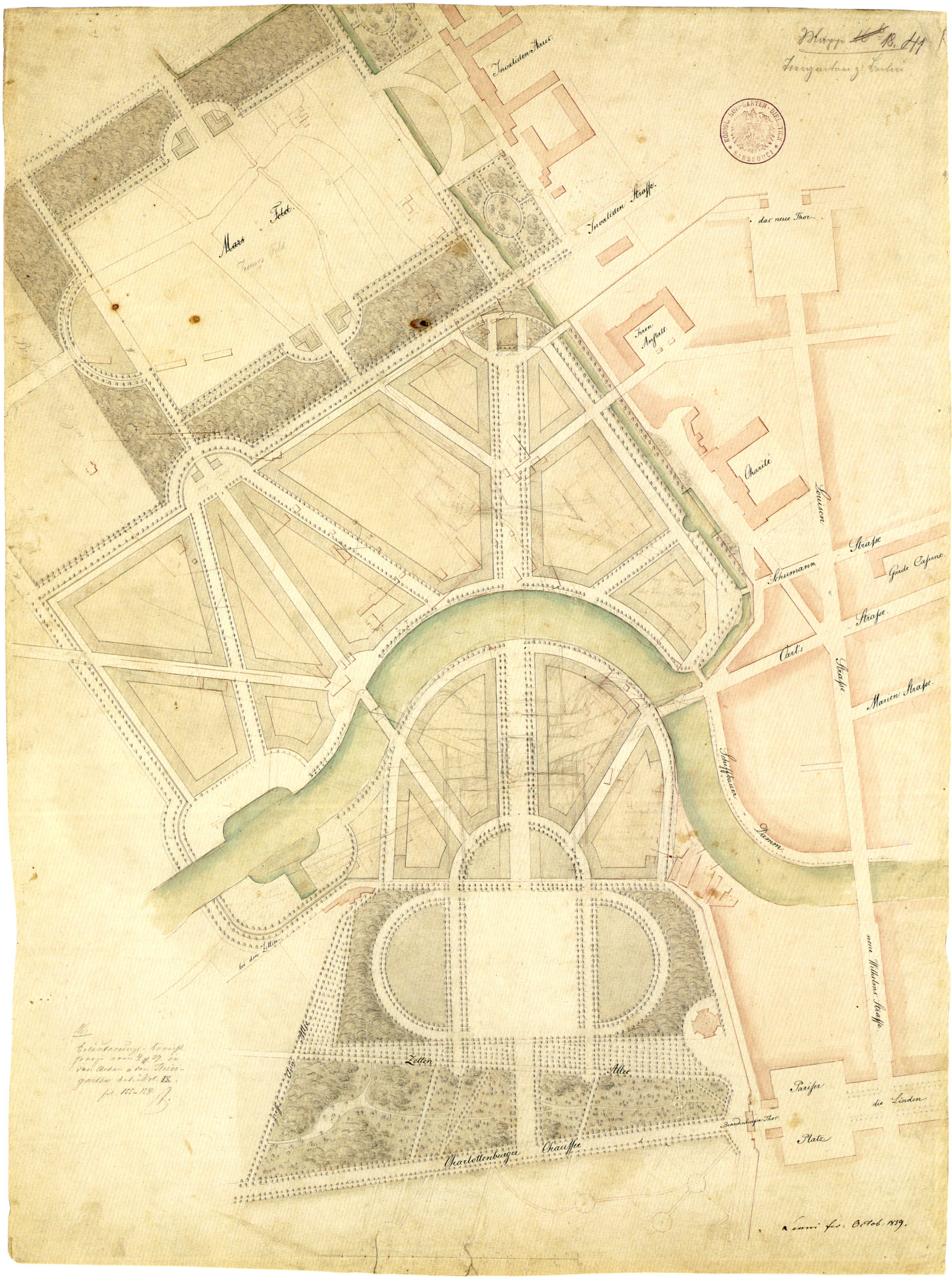
Mars Feld
Invaliden Haus
Invaliden Straße
das neue Thor
Charité
Louisen Straße
Schumann Straße
Garde Caserne
Carl's Straße
Marien Straße
Schiffbauer Damm
neue Wilhelms Straße
Pariser Platz
die Linden
Brandenburger Thor
Charlottenburger Chaussee
Zelten Allee
Lenné fec. Octob. 1839.

285. Berlin. Königsplatz und Exercier-Platz. 1839.
286. Berlin. Königsplatz und Exercier-Platz. 1840.

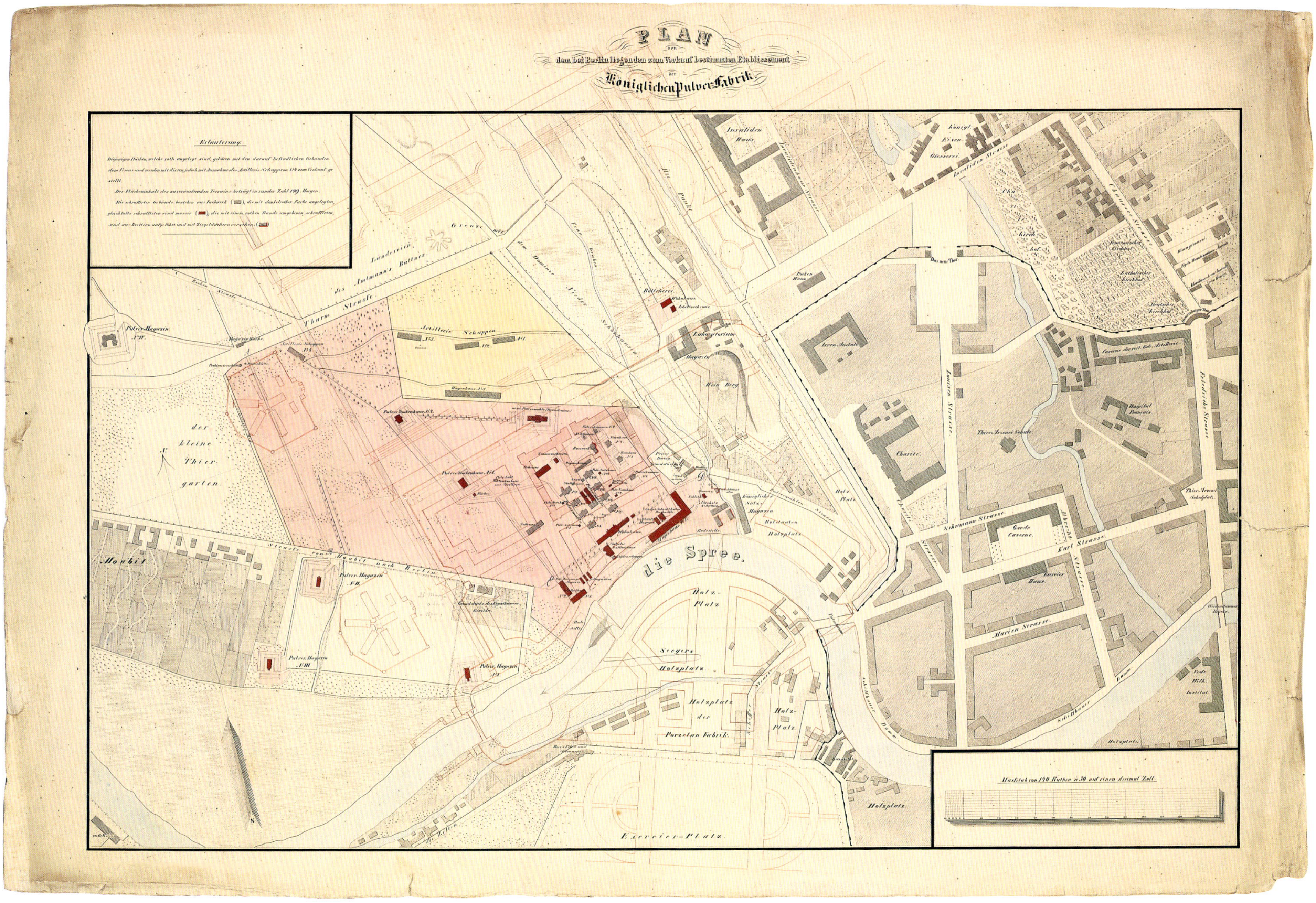

289. Berlin. Königsplatz. Um 1844.
291. Berlin. Pulvermühlengelände. 1843.

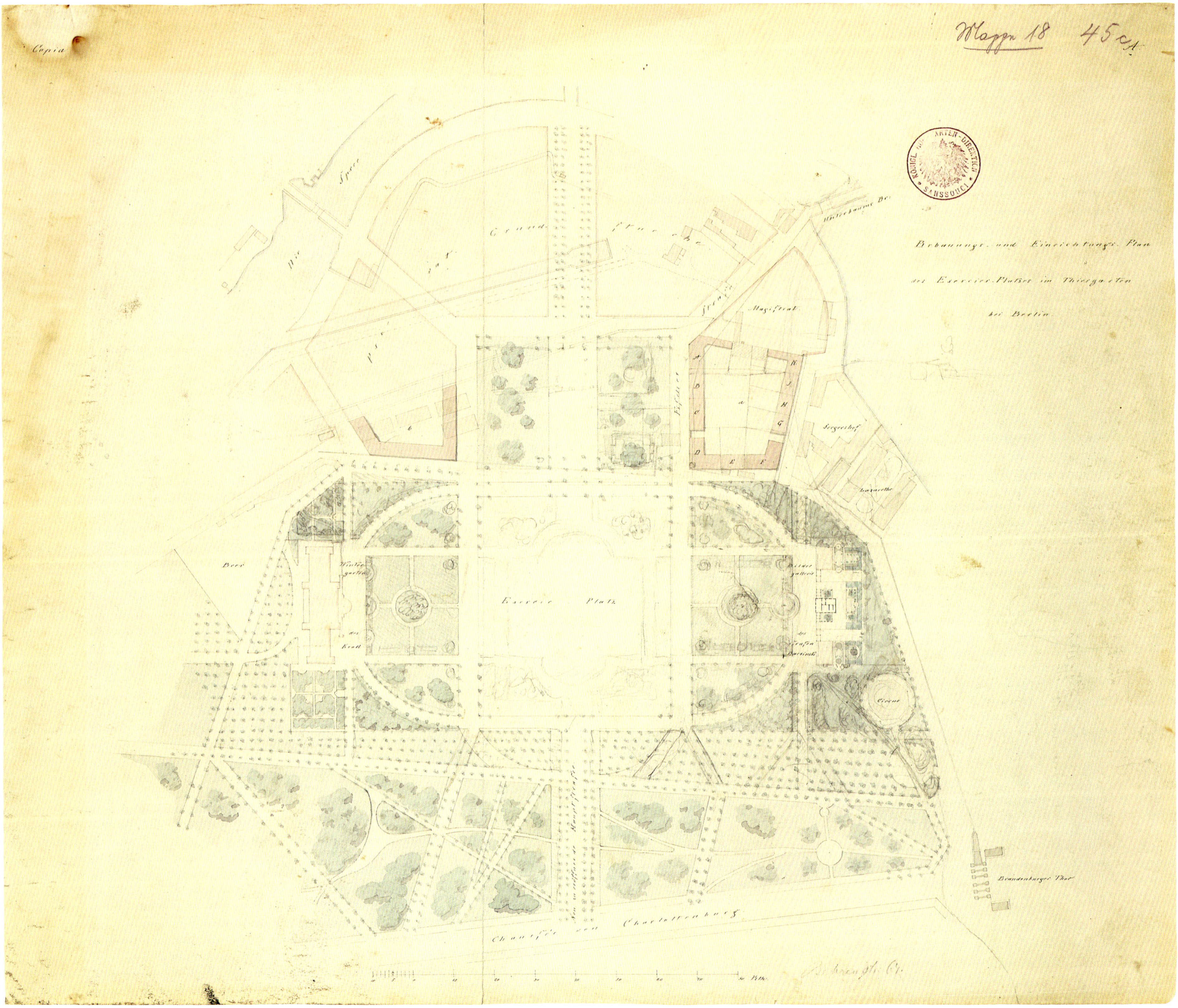

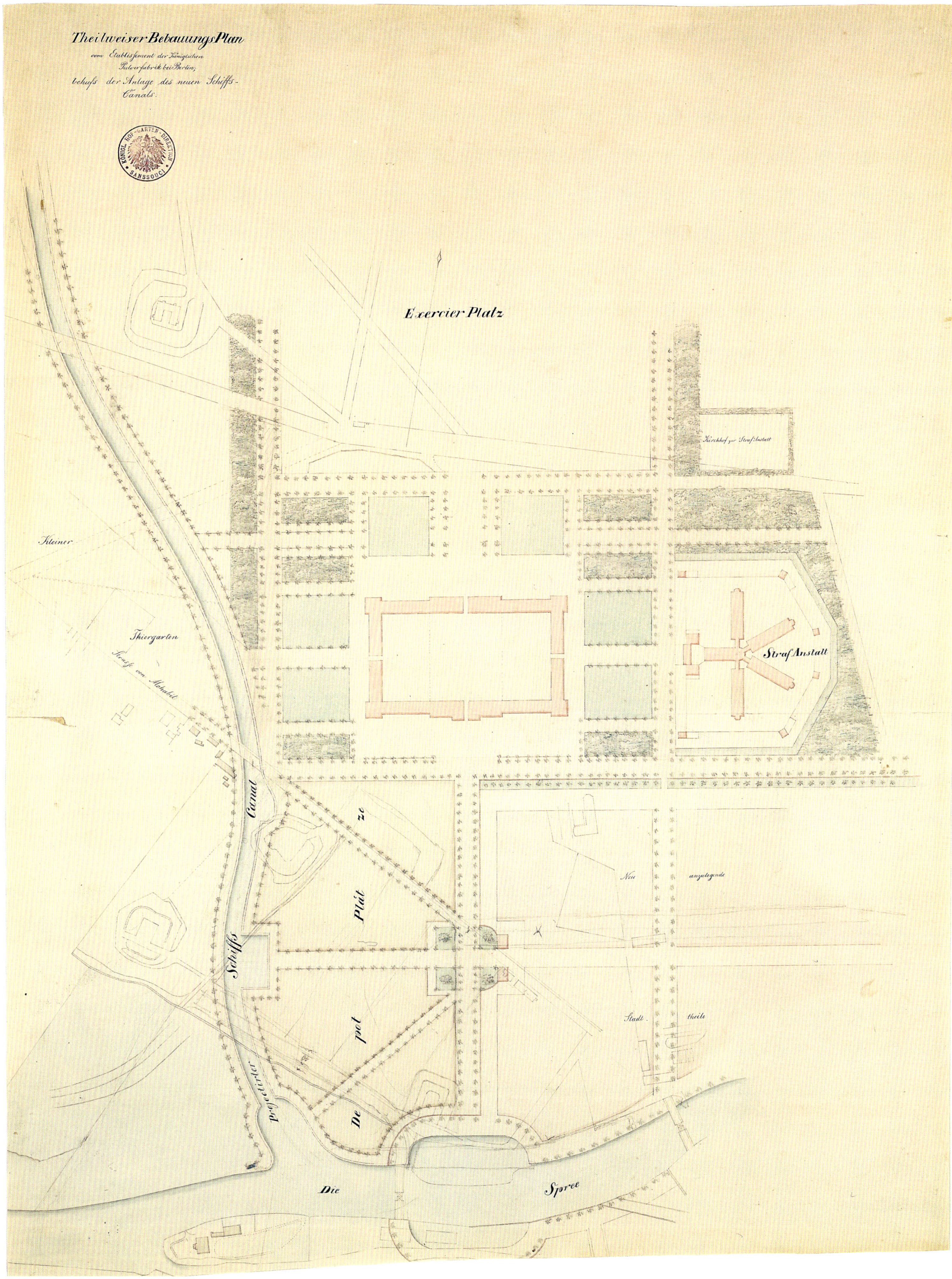
Theilweiser Bebauungs Plan
vom Etablissement der Königlichen
Pulverfabrik bei Berlin;
behufs der Anlage des neuen Schiffs-
Canals.
KÖNIGL. HOF-GARTEN-DIREKTION
SANSSOUCI
Exercier Platz
Kirchhof zur Straf Anstalt
Kleiner
Thiergarten
Straf Anstalt
Schiffs Canal
projectirter
Plätze
De pot
Neu anzulegende
Stadt theile
Die Spree

294. Berlin. Kleiner Tiergarten. 1839.
296. Berlin. Kleiner Tiergarten. 1841.

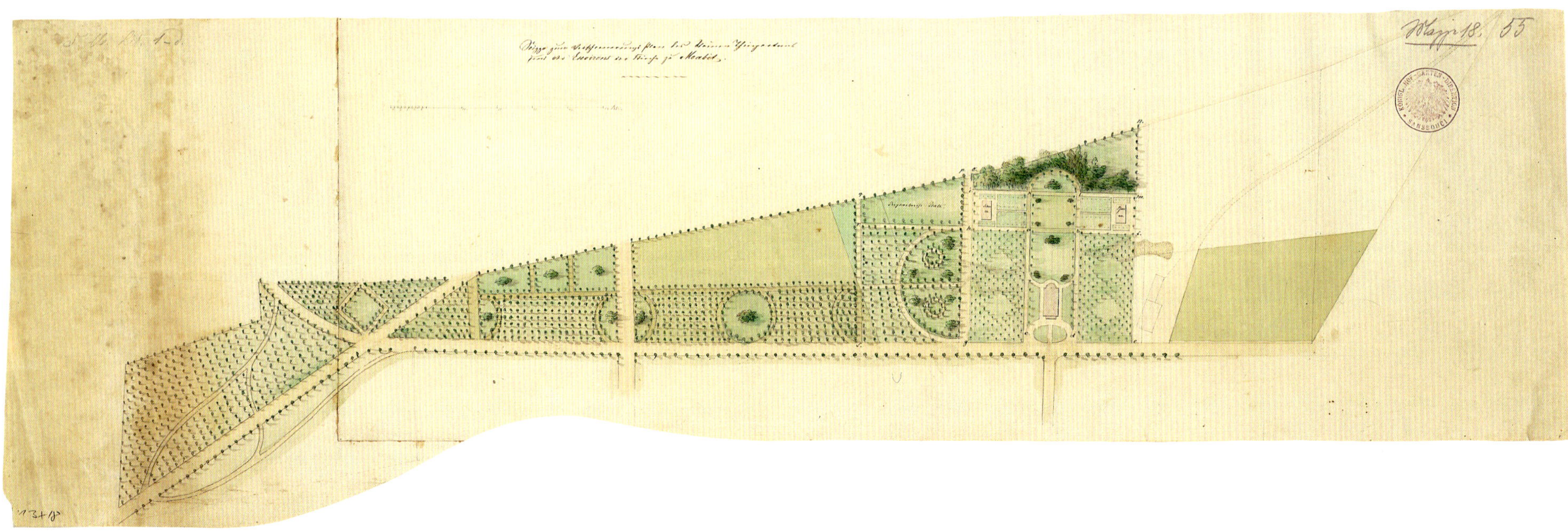

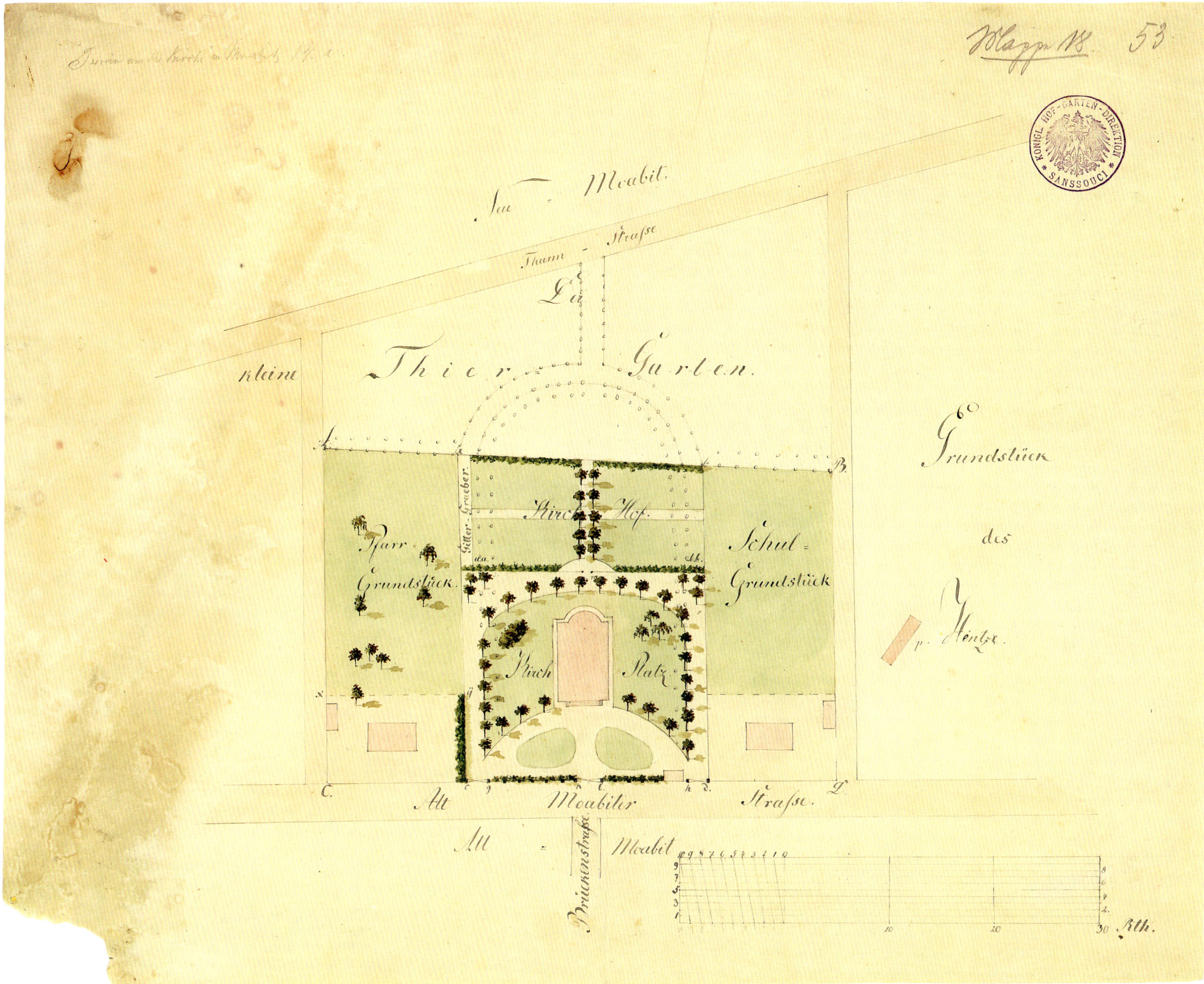
Mappe 18
53
KÖNIGL. HOF-GARTEN-DIRECTION
SANSSOUCI
Neu Moabit
Thurm Strasse
kleine
Thier Garten
Grundstück
des
Kirch Hof
Gitter-Graeber
Pfarr-Grundstück
Schul-Grundstück
Kirch Platz
Alt Moabiter Strasse
Alt Moabit
Brückenstraße
Rth.

299. Berlin. Köpenicker Feld. 1840.
301. Berlin. Köpenicker Feld. 1841.

Bebauungs Plan
für das
Cöpnicker Feld.

305. Berlin. Tempelhofer und Schöneberger Ufer (Urbanufer). 1846.
306. Berlin. Mariannenplatz mit Bethanien. 1851.

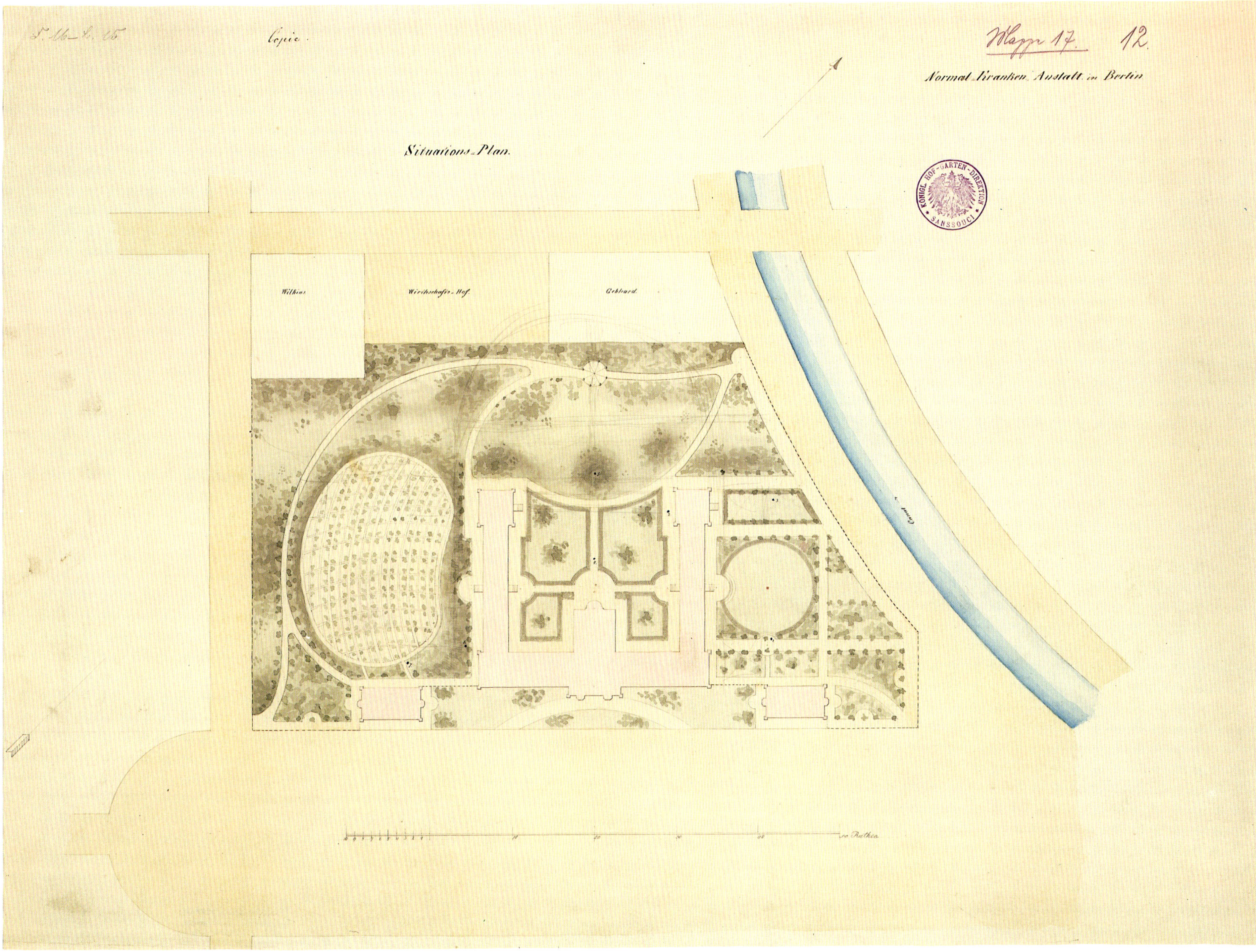
Copie
Mappe 17. 12.
Normal Kranken Anstalt in Berlin
Situations Plan
Wilkins
Wirthschafts Hof
Gehlsurd

314. Berlin. Schöneberg. 1849.
315. Berlin. Tempelhofer und Schöneberger Feldmark.
Wohl 1844.

Schöneberg
Belle Alliance Platz

KÖNIGL. HOF-GARTEN-DIREKTION SANSSOUCI

317. Berlin. Tempelhofer und Schöneberger Feldmark. Wohl 1857/58.
319. Berlin. Tempelhofer und Schöneberger Feldmark. Um 1857.

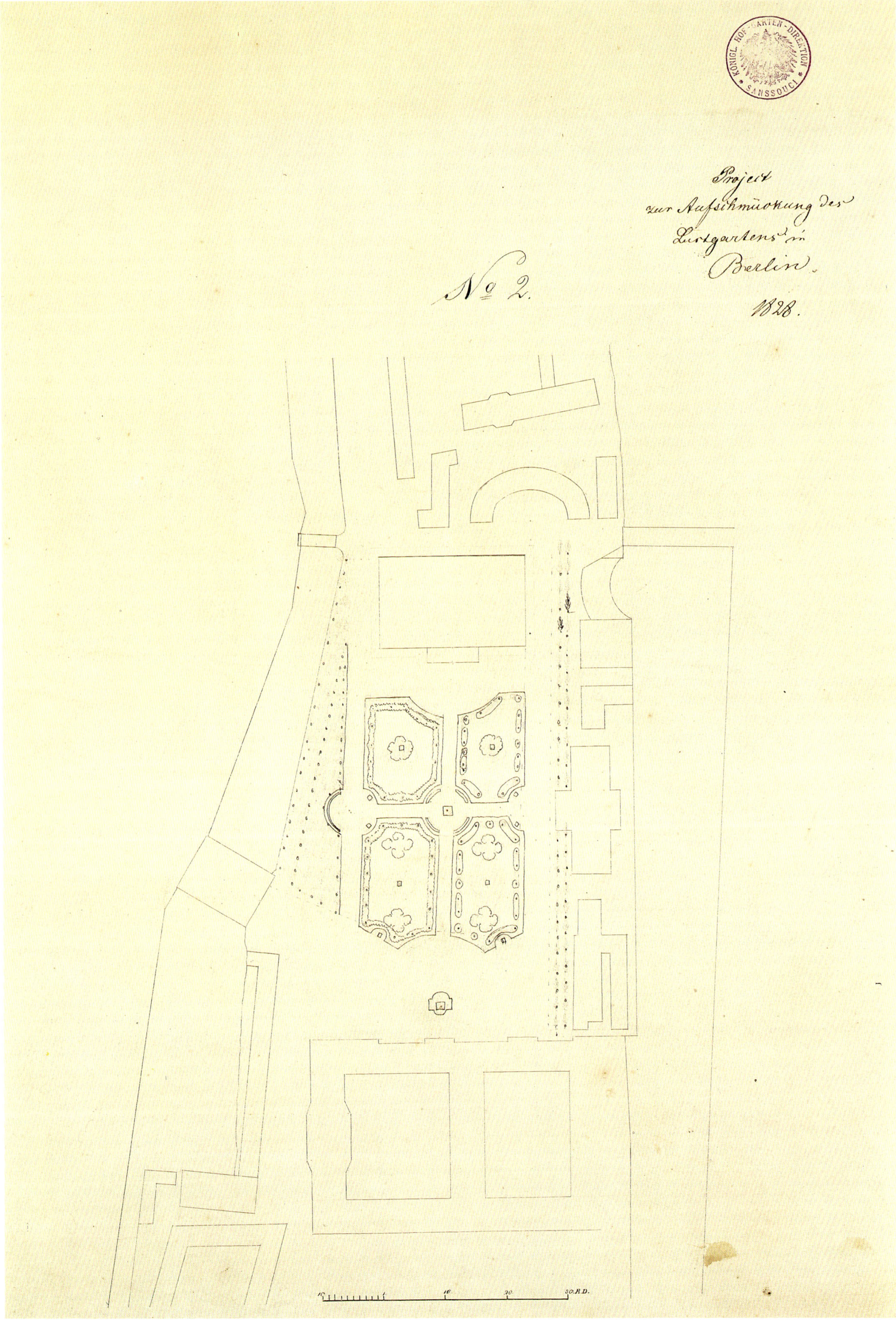
KÖNIGL. HOF-GARTEN-DIRECTION
SANSSOUCI
Project
zur Ausschmückung des
Lustgartens in
Berlin.
1828.
No 2.
10 20 30 R.D.

322. Berlin. Lustgarten. 1828.
323. Berlin. Schloß. 1847.

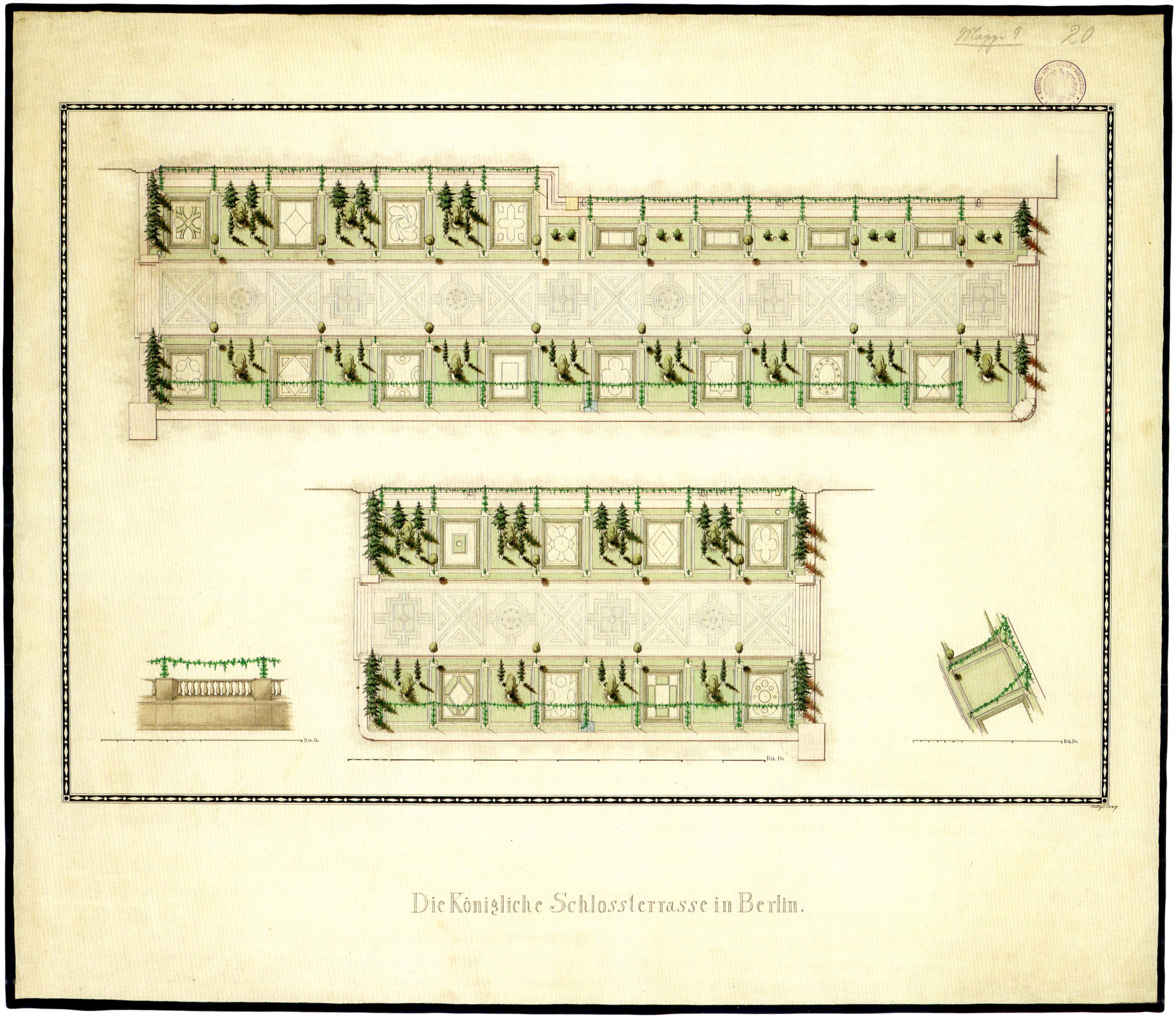

324. Berlin. Schloßfreiheit. 1852.
332. Berlin. Alte Charité. 1834.

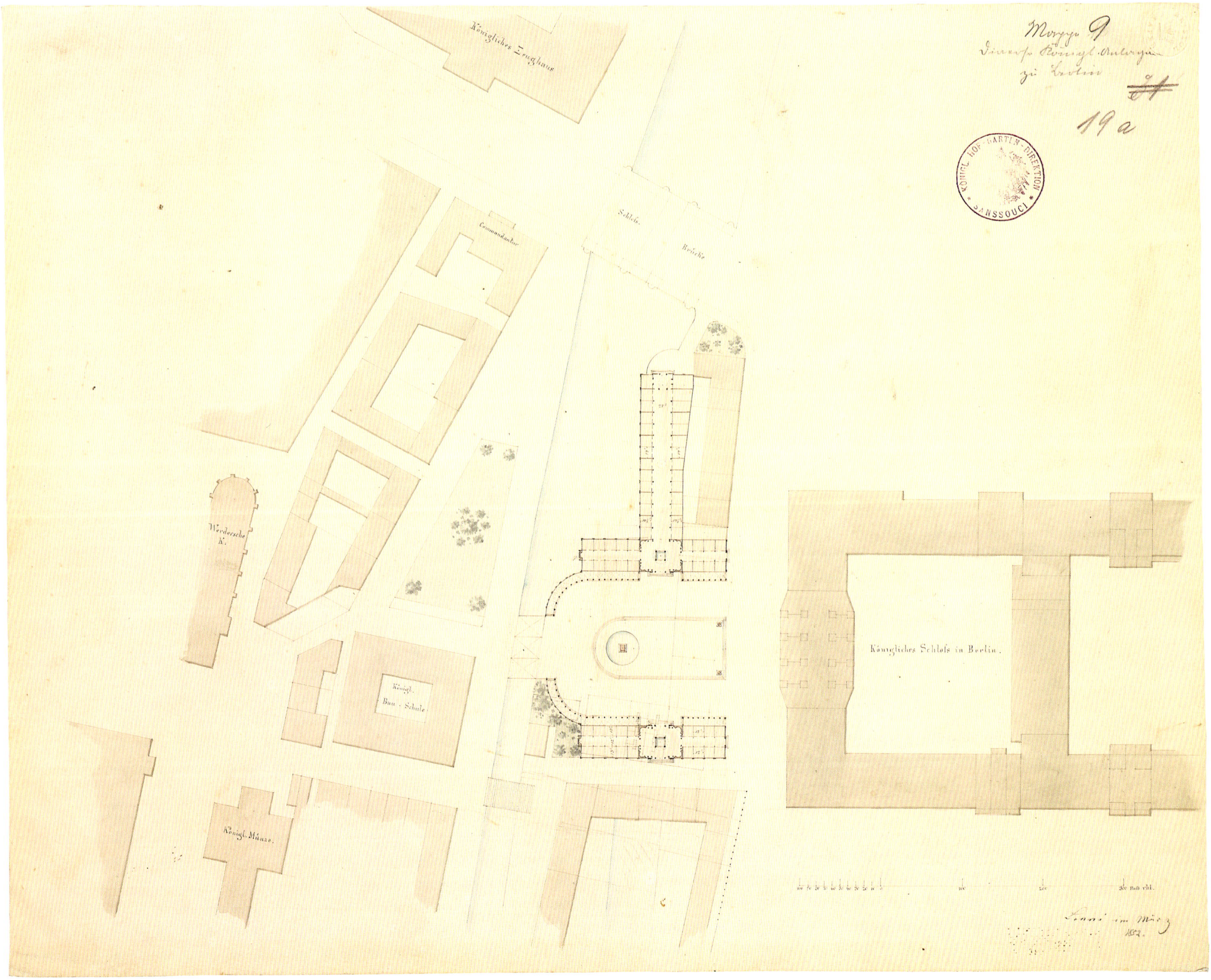

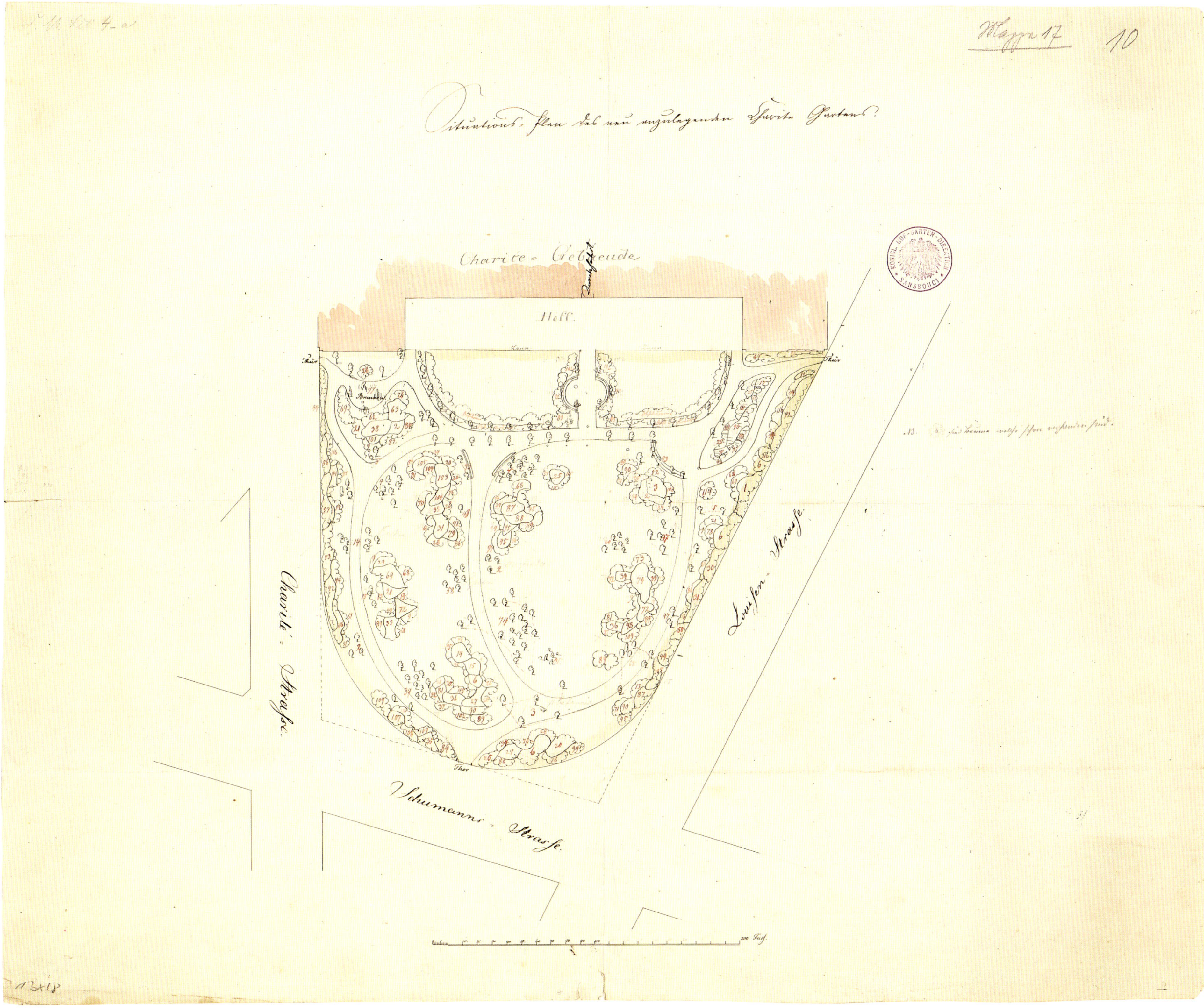

Mappe 17
10
Situations-Plan des neu anzulegenden Charité Gartens
Charite = Gebäude
Charité = Straße
Louisen = Strasse
Schumanns = Strasse
Thor
SANSSOUCI

333. Berlin. Belle-Alliance-Platz (Mehringplatz). 1863.
336. Berlin. Leipziger Platz. 1828.

S. 352, 353
340. Berlin. Garten des Prinzen Albrecht. 1820.
343. Berlin. Garten des Prinzen Albrecht. 1830.

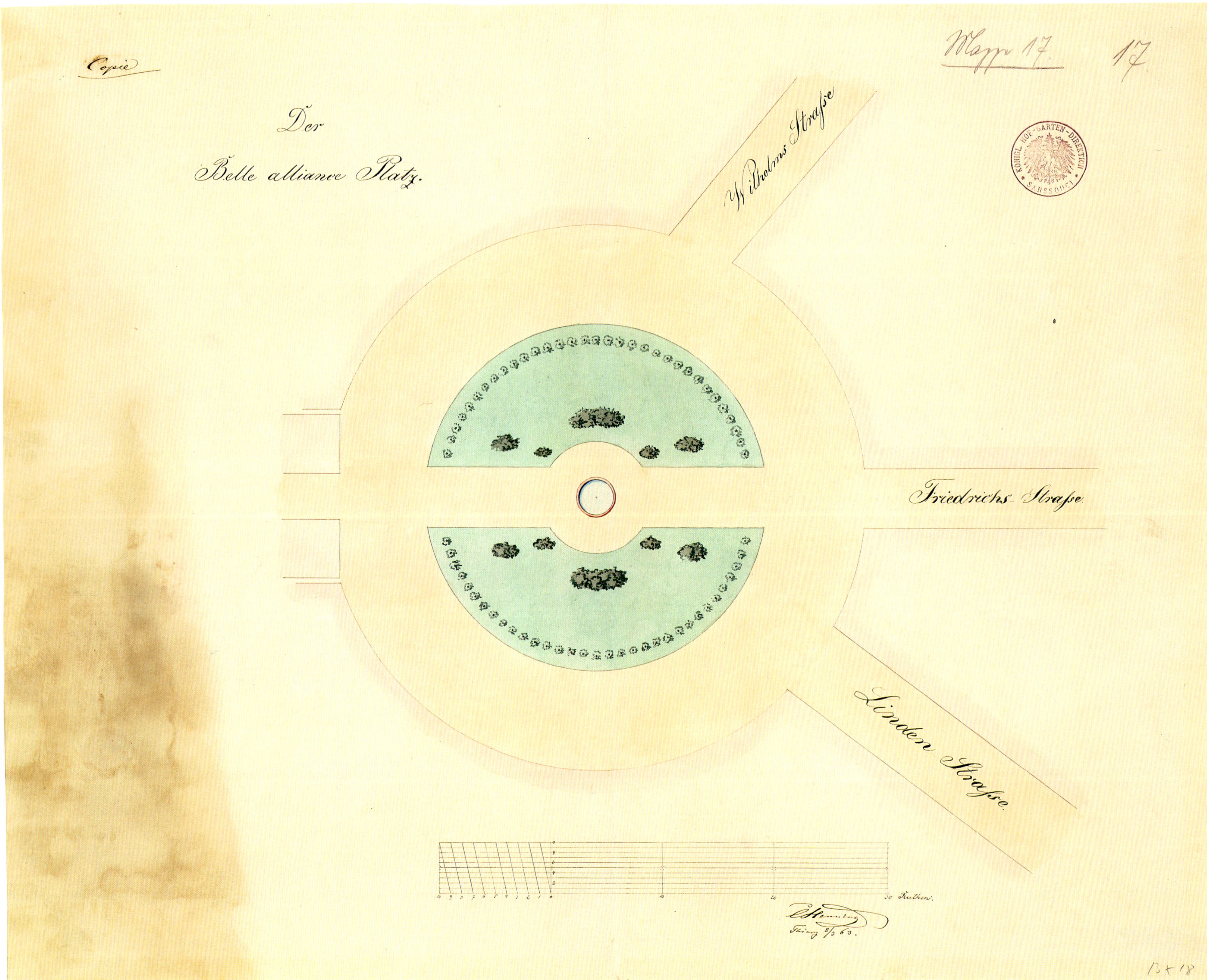

Leipziger
Leipziger — Strasse
Platz
Potsdamer-Thor.
Lenné 1828

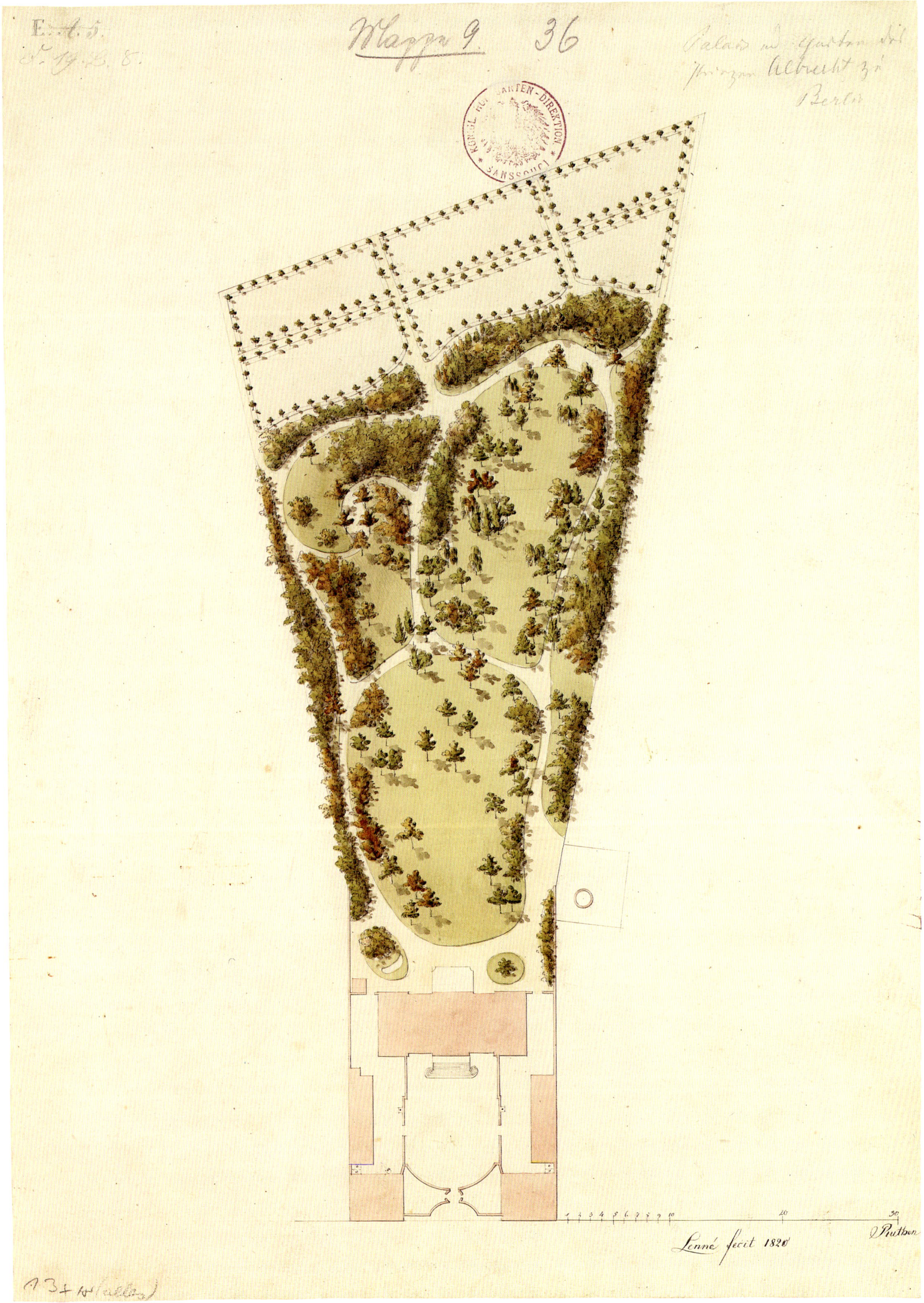
Mappe 9 36
Lenné fecit 1820
Ruthen

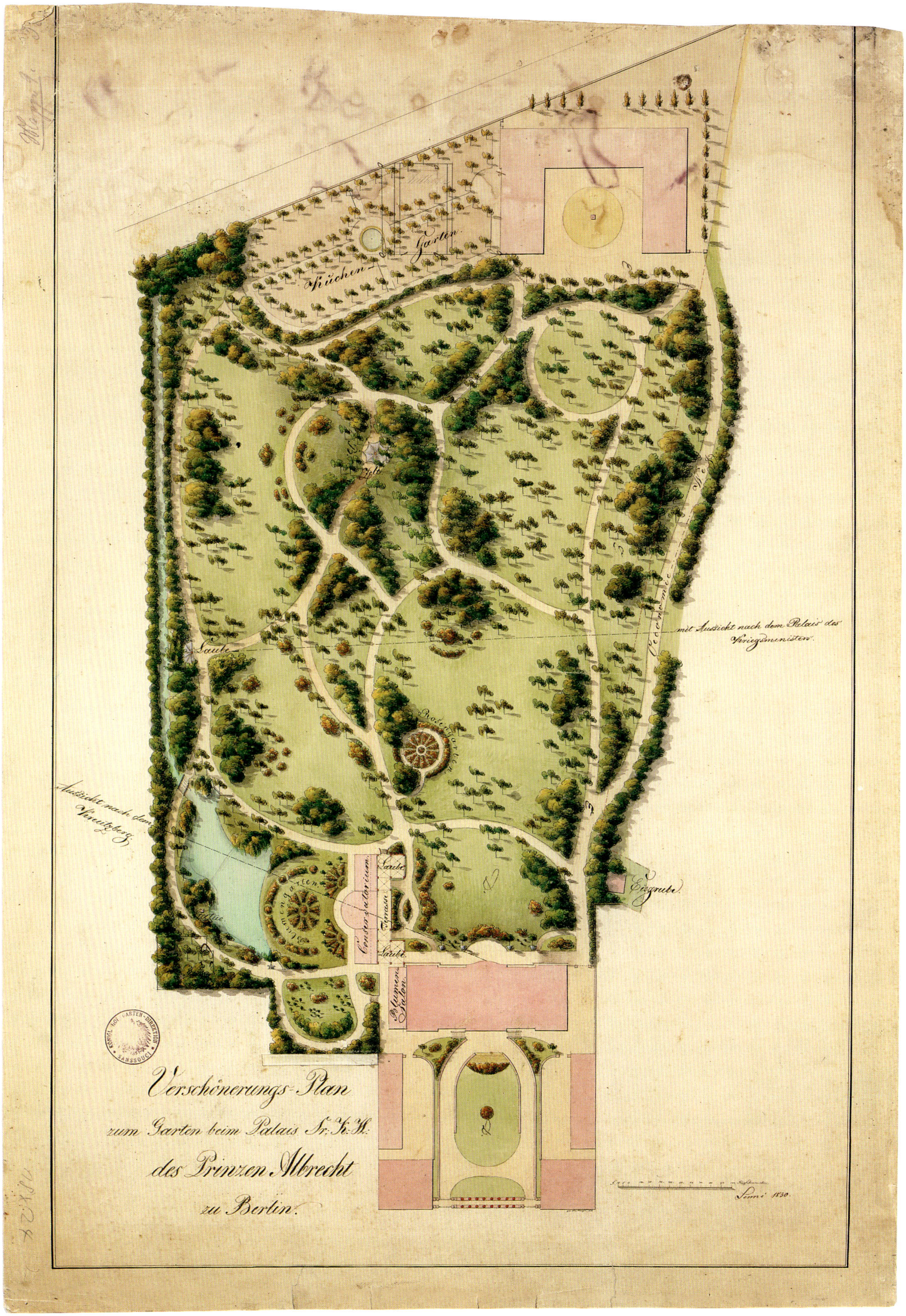
Verschönerungs-Plan
zum Garten beim Palais Sr. K. H.
des Prinzen Albrecht
zu Berlin.
Küchen Garten
Laube
mit Aussicht nach dem Palais des Kriegsministers
Conservatorium
Eingang

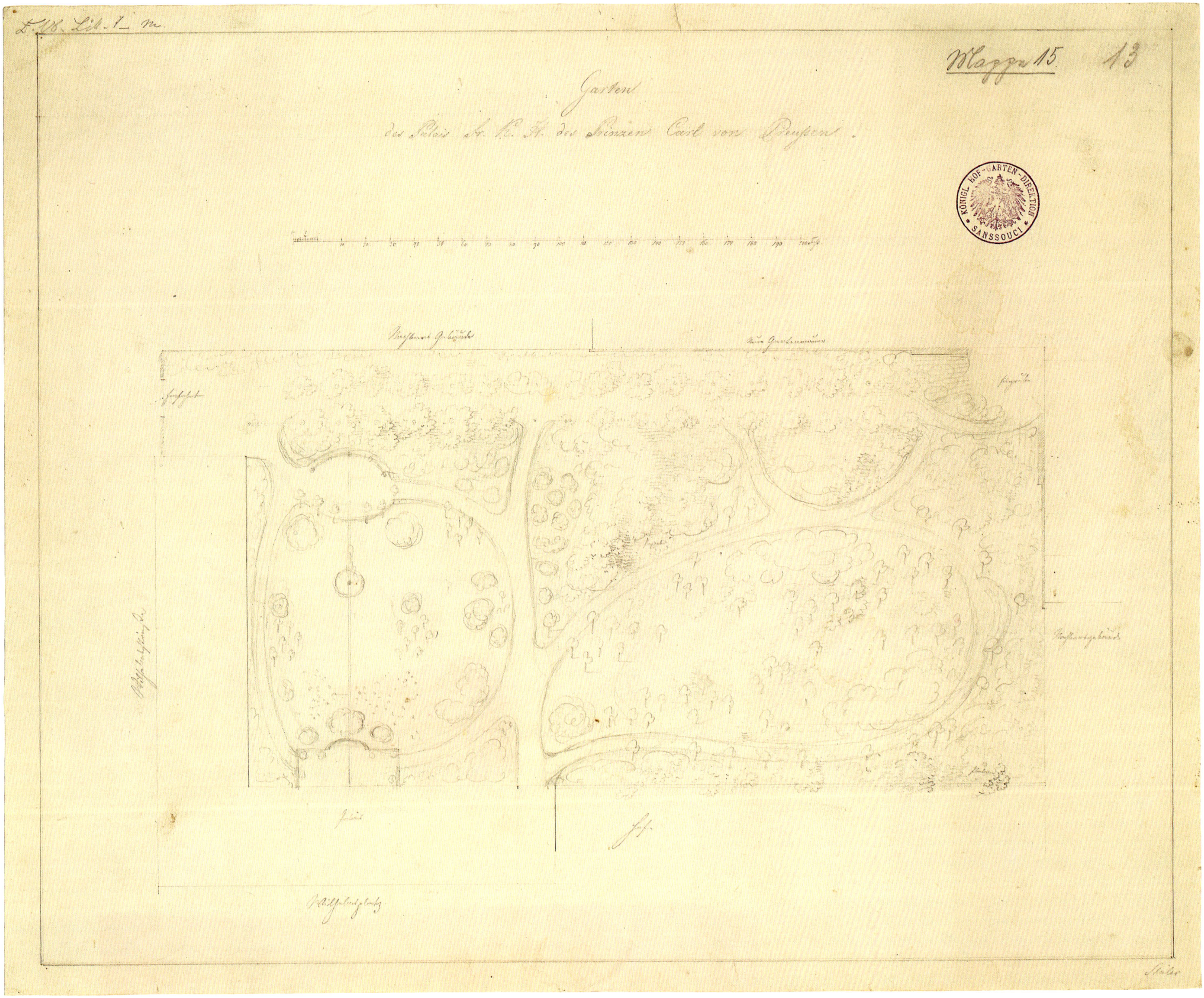

Mappe 15.
13
Garten
des Palais S. K. H. des Prinzen Carl von Preußen.
KÖNIGL HOF-GARTEN-DIRECTION SANSSOUCI

349. Berlin. Garten des Prinzen Carl von Preußen. Um 1828.
350. Berlin. Garten Begas und Stier. 1829.

S. 356, 357
351. Berlin. Garten Kerll. 1831.
352. Berlin. Garten des Grafen Friedrich Wilhelm von Redern. Um 1835.

S. 358, 359
353. Berlin. Garten des Freiherrn von Stein zum Altenstein. Um 1839.
355. Berlin. Garten Karl Heinrich Ludwig von Borstel. Um 1840/43.

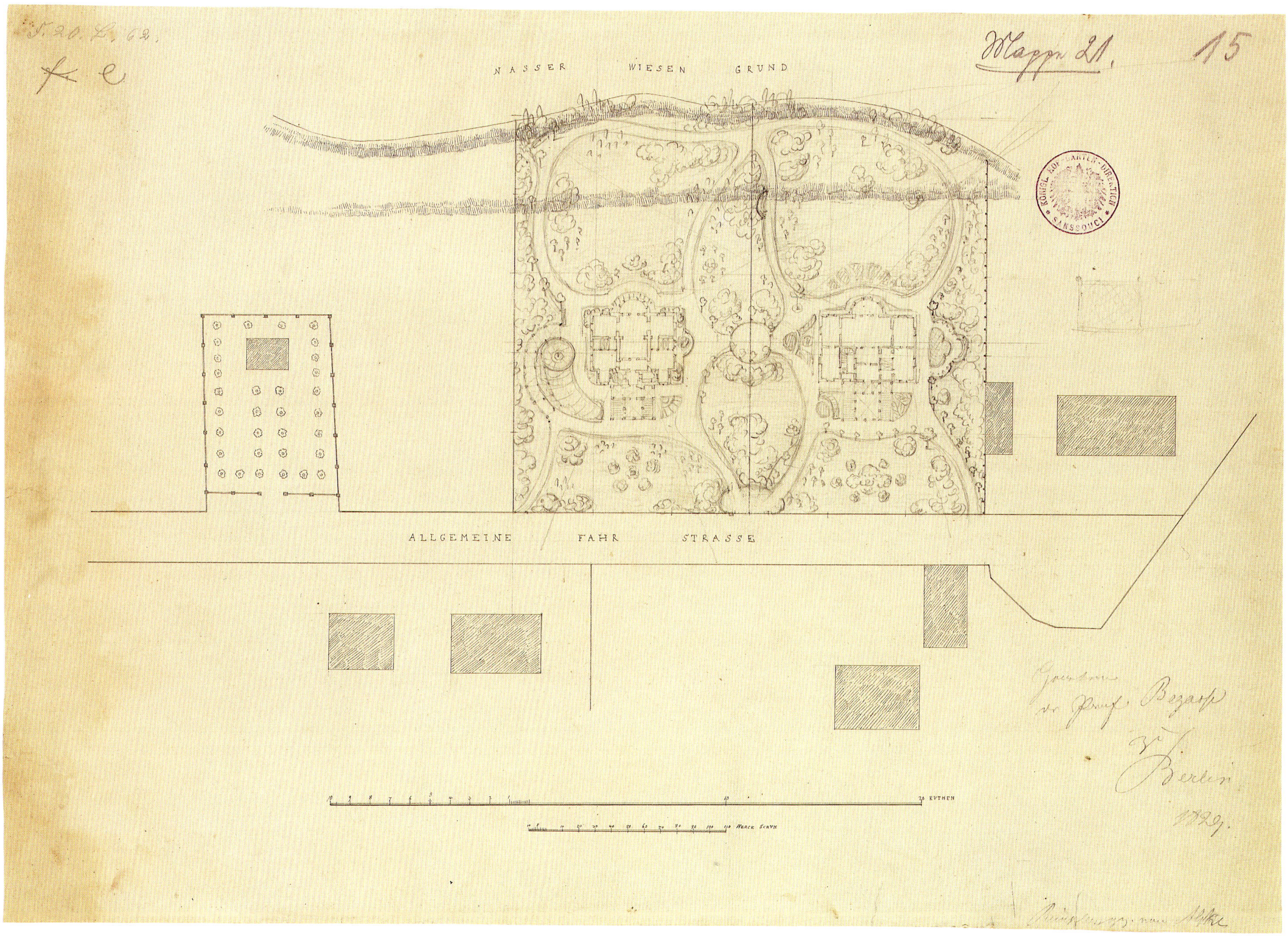

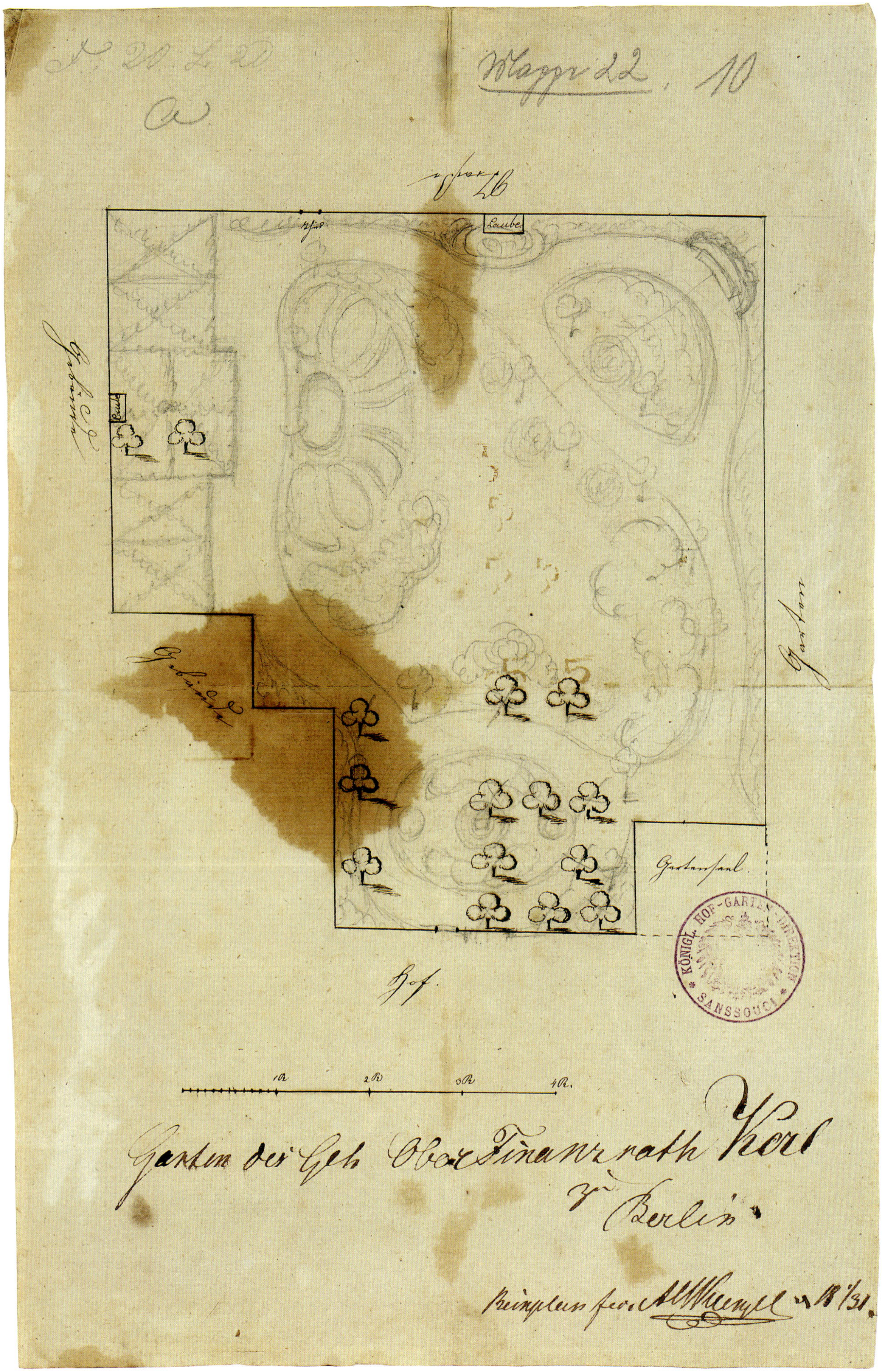
Mappe 22. 10
Laube
Hof
Gartensaal
KÖNIGL. HOF-GARTEN-DIRECTION
SANSSOUCI

Mappe 22. 59
6.
KÖNIGL. HOF-GARTEN-DIRECTION SANSSOUCI
Hausgarten des Grafen von Rödern in Berlin.
10 20 30 40 50 60 70 80 90 110

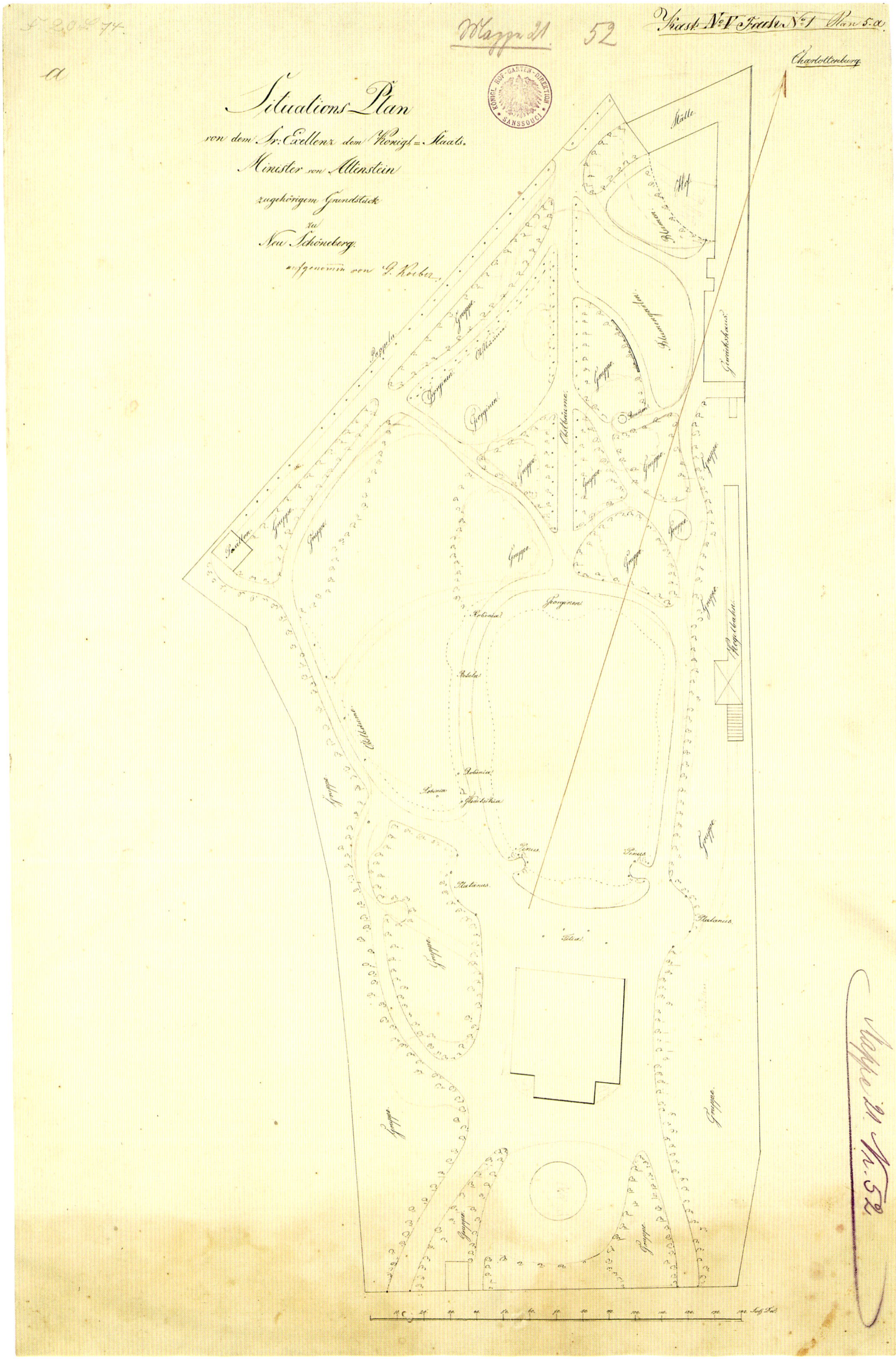
Situations Plan
von dem Sr. Excellenz dem Königl. = Staats.
Minister von Altenstein
zugehörigem Grundstück
zu
Neu Schöneberg.
Charlottenburg
Gruppe
Pappeln

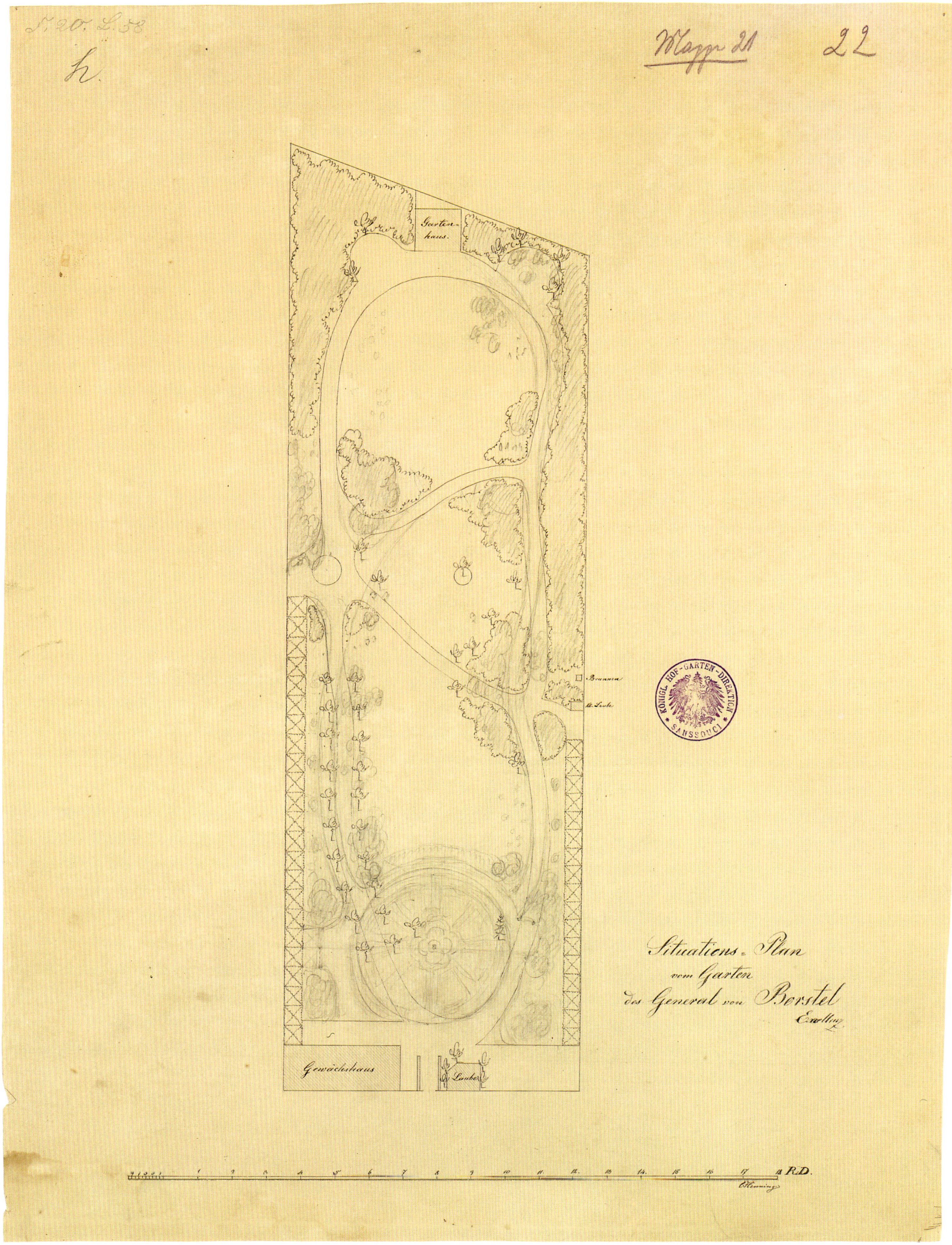
Mapp 21
22
Garten-
haus.
Brunnen
Gewächshaus
Laube
Situations-Plan
vom Garten
des General von Borstel
R.D.
SANSSOUCI

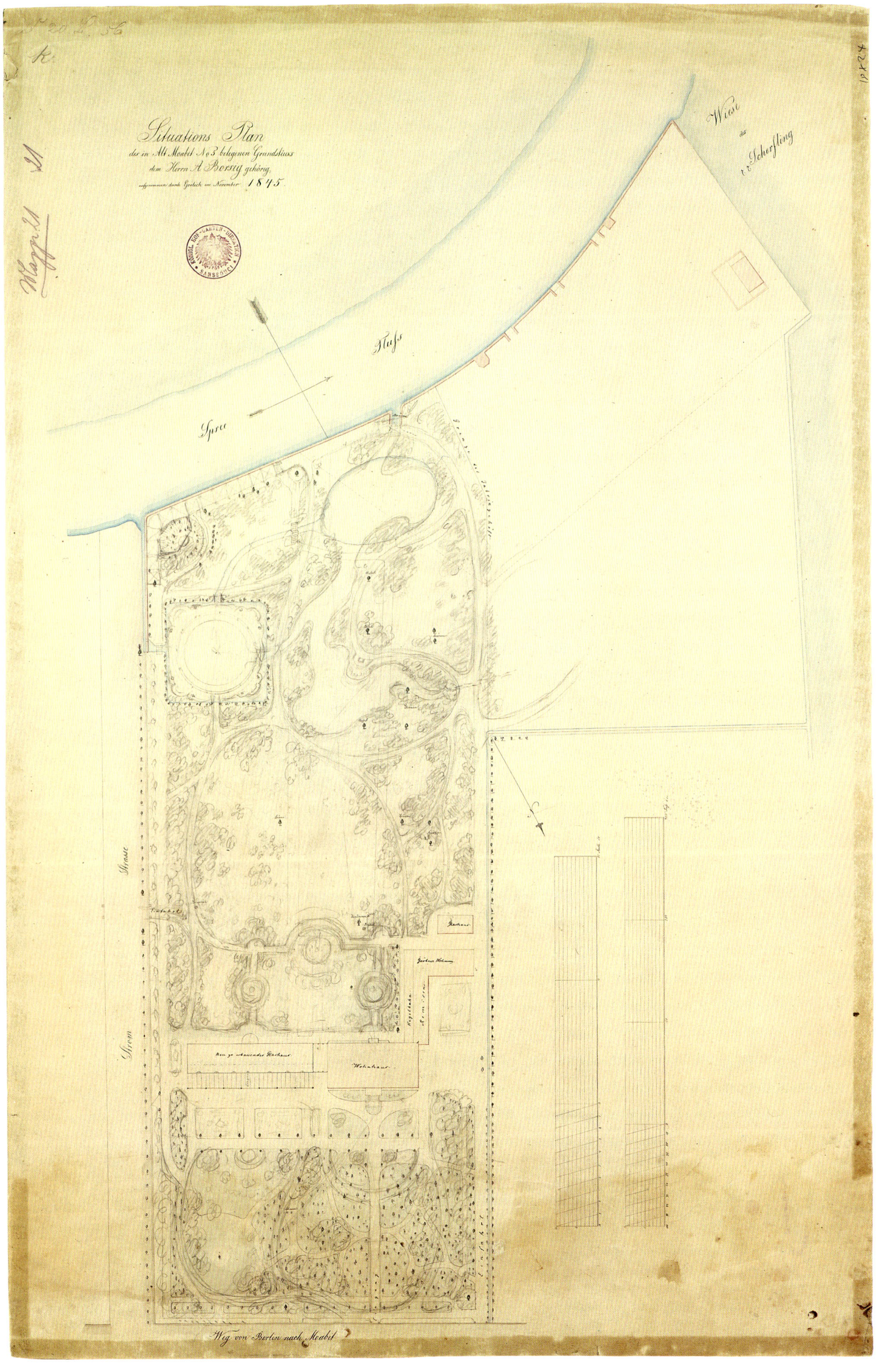

Situations Plan
des in Alt Moabit No 3 belegenen Grundstücks
dem Herrn A Borsig gehörig,
aufgenommen durch Gretsch im November 1845.
Spree
Fluss
Weg von Berlin nach Moabit

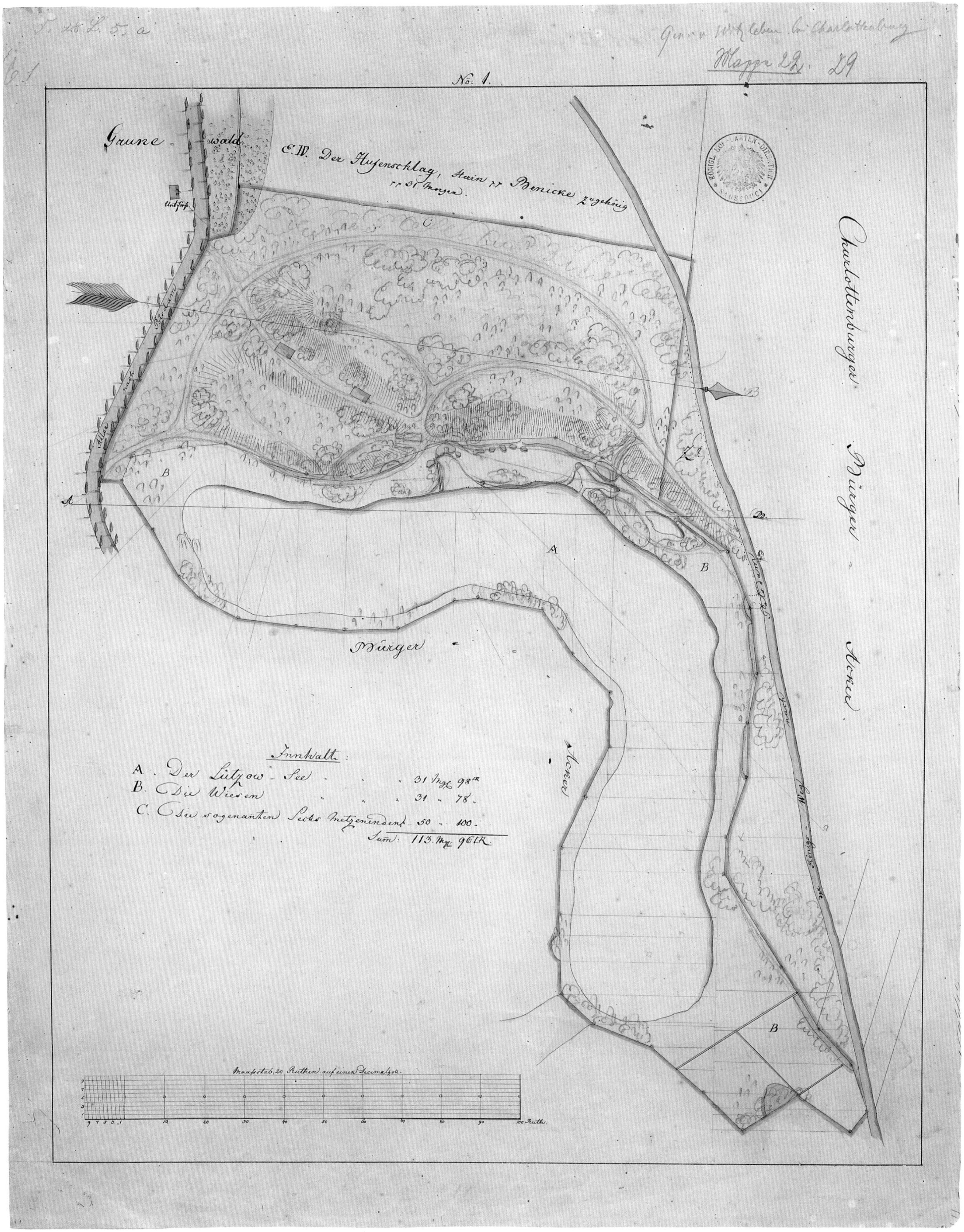
No. 1.
Grune - wald
Charlottenburger Bürger - Acker
Bürger
Acker
Innhalt.
A. Der Lützow - See 31 Mg 98
B. Die Wiesen 31 78
C. Die sogenannten Sechs Metzenenden 50 100
Sum: 113 Mg 96

S. 360, 361
356. Berlin. Garten Borsig. Um 1850.
358. Berlin. Garten v. Witzleben. 1824.
359. Berlin. Glienicke. 1816.
360. Berlin. Glienicke. 1817.

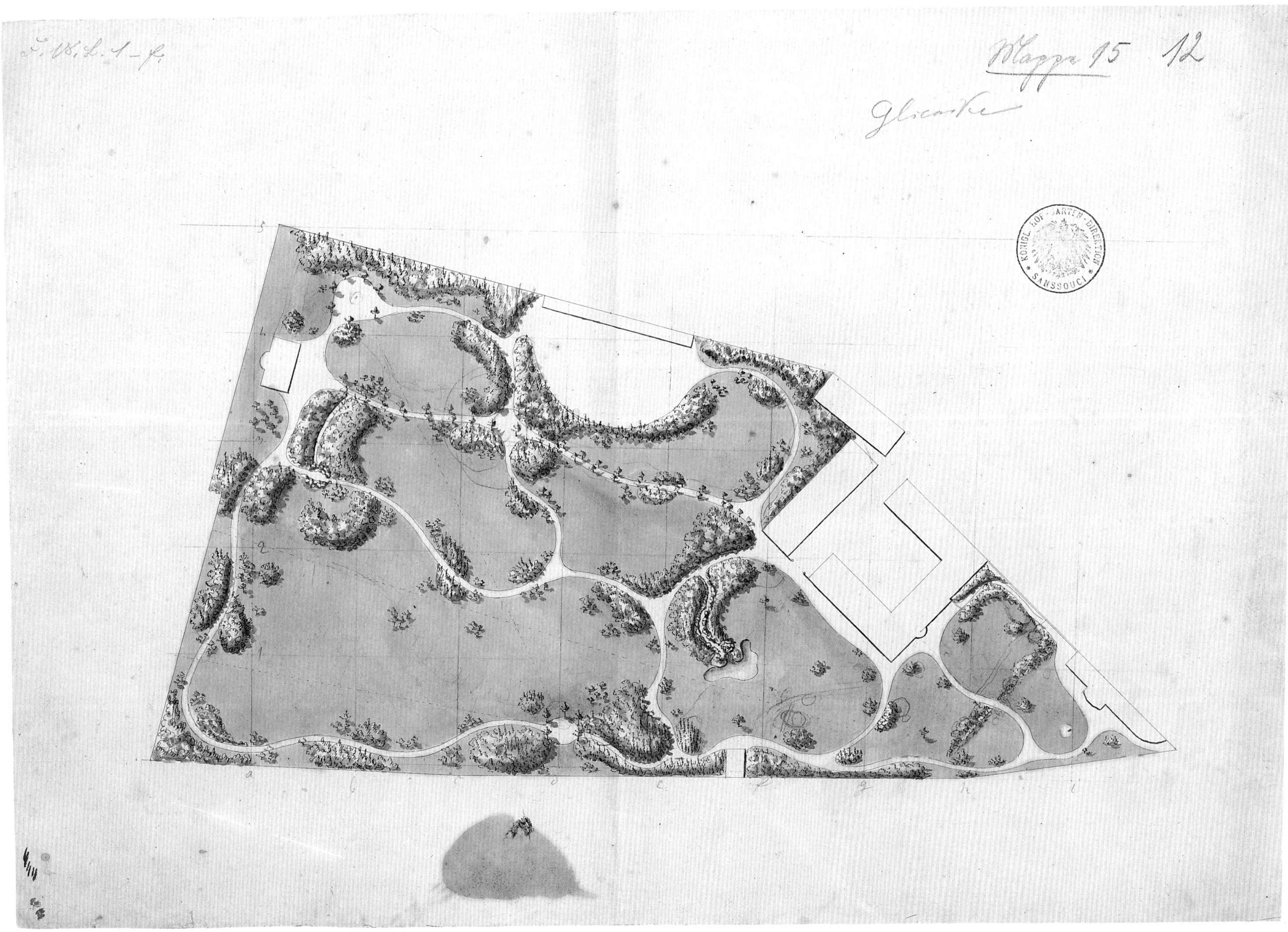

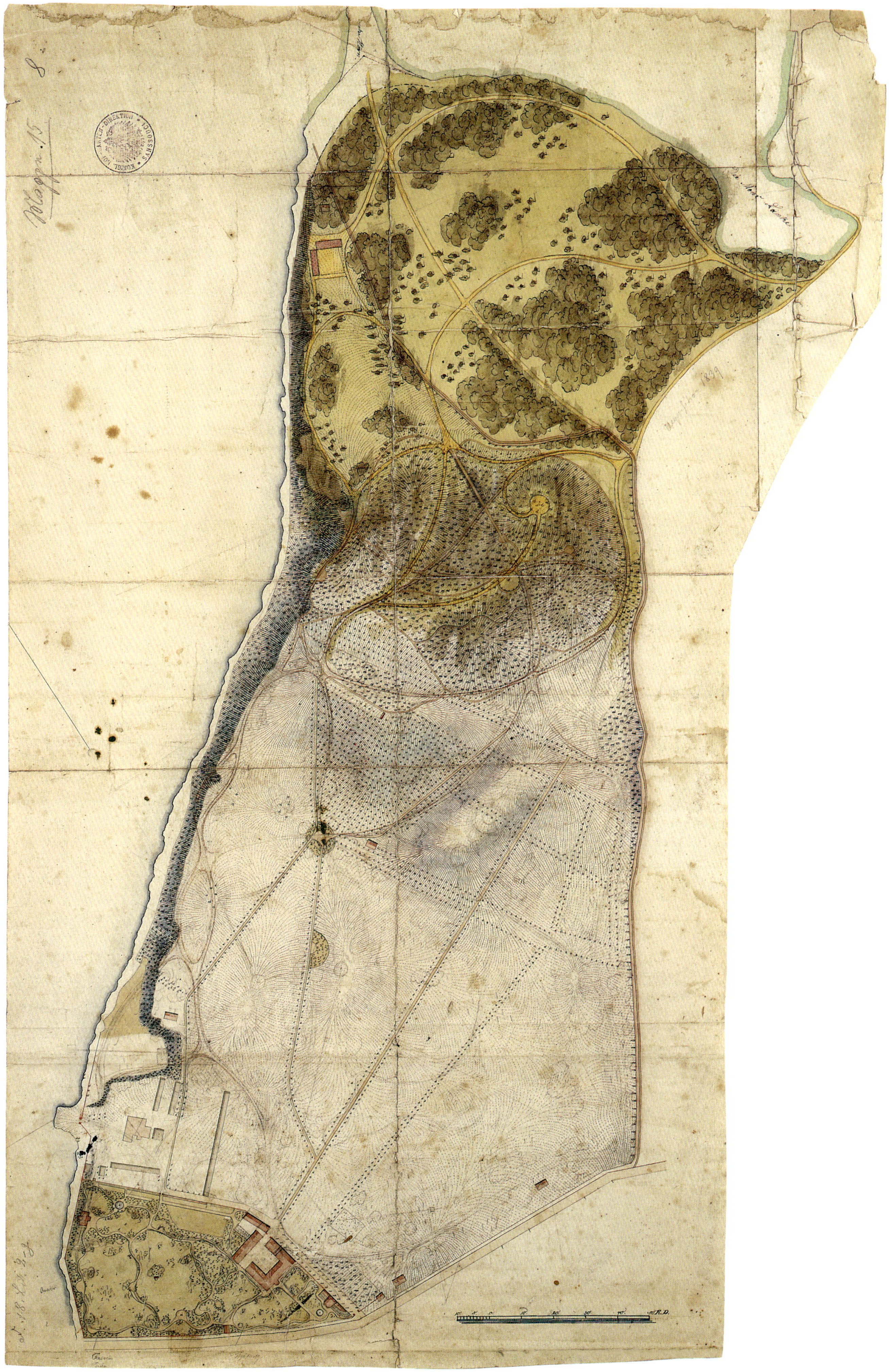

364. Berlin. Glienicke. 1831.
379. Berlin. Nikolskoe. 1836.

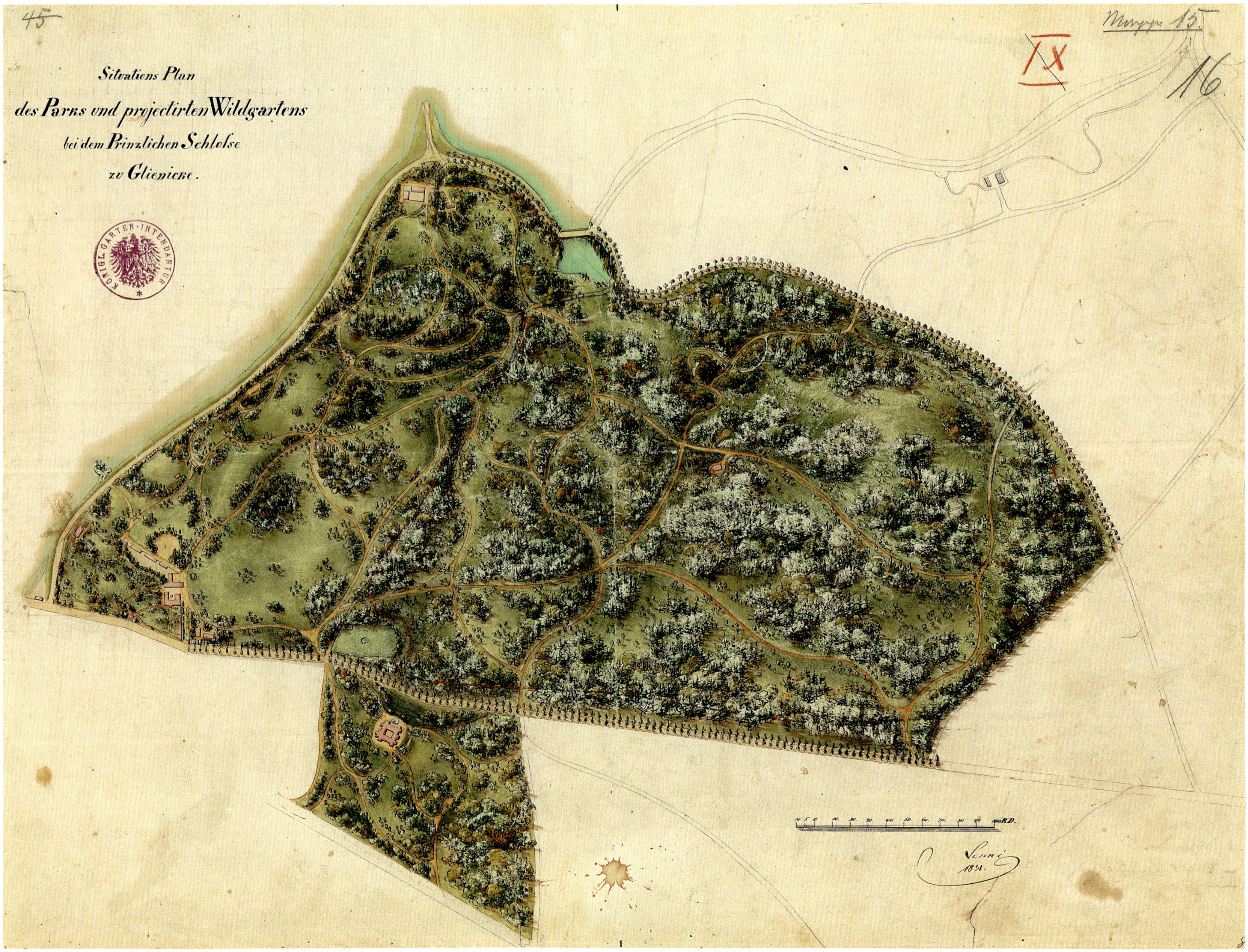

Allgemeiner Situations Plan
der Umgebungen bei
Nikolskoë.
Schullehrer Gehöft
neue Kirche
Nikolskoë
Waldweg auf der Höhe von der Pfaueninsel nach Potsdam.
Unterer Weg von der Pfaueninsel nach Potsdam
Königl. Stallungen
Ueberfahrt zur
Pfaueninsel
VIII

384. Berlin. Pfaueninsel. 1829.
399. Berlin. Buchholz. 1829.

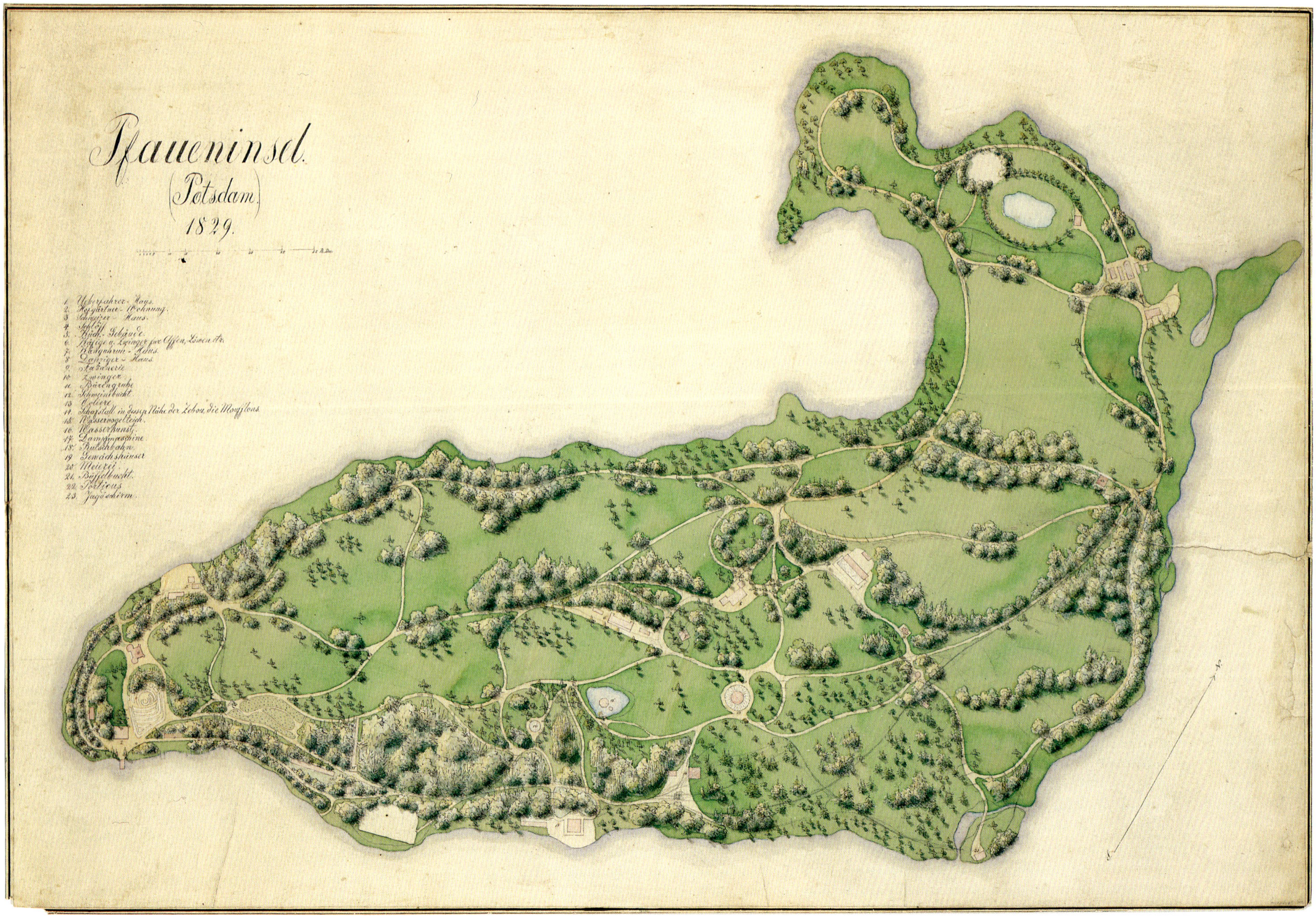

Besitzung
des Königs u. Geh. St. Minister v Lottum
Exll. zu Fr. Buchholz.
Lenné 1829.

401. Provinz Brandenburg. Baruth. 1838.
402. Provinz Brandenburg. Berkenbrügge. 1825.

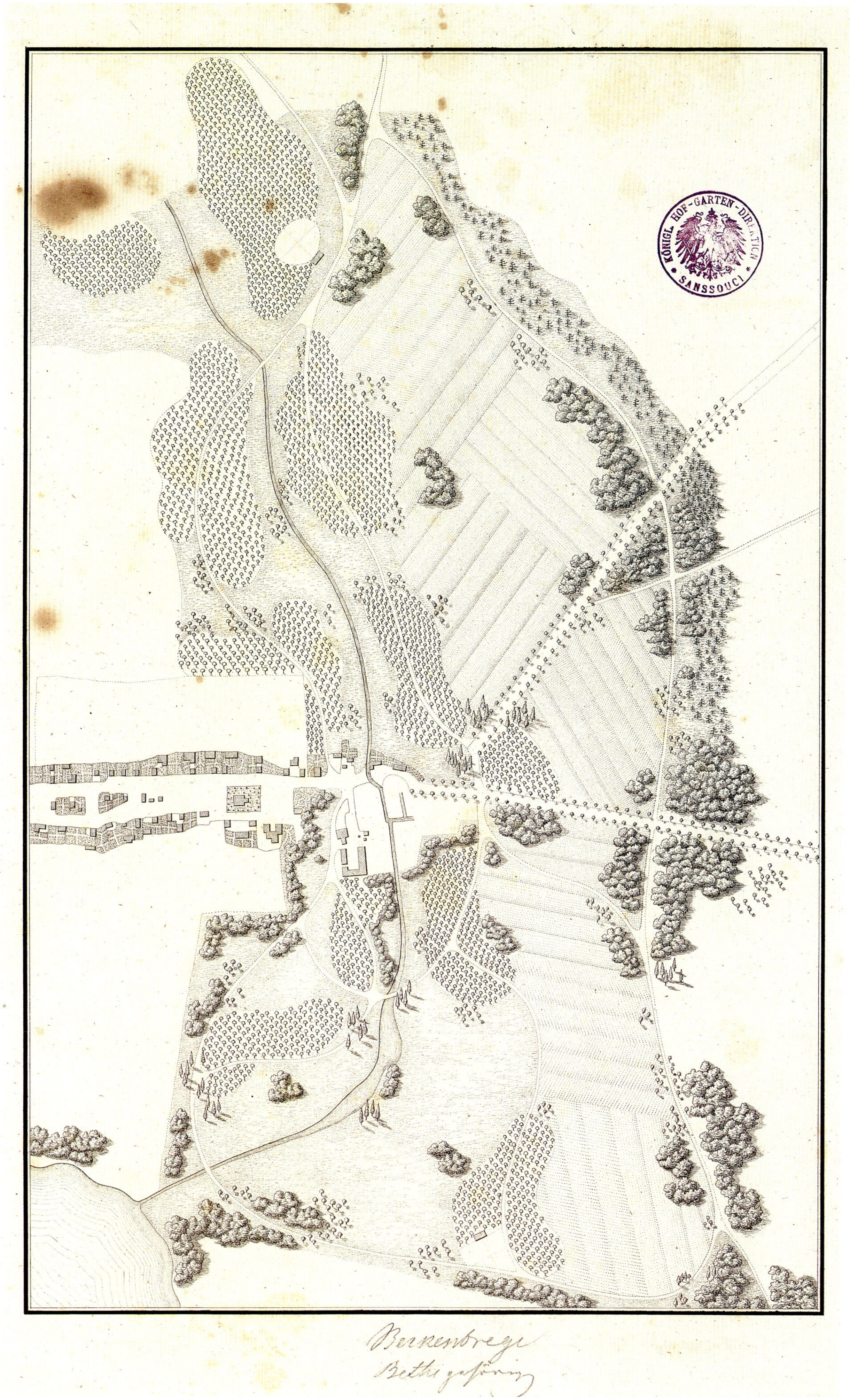
KÖNIGL. HOF-GARTEN-DIRECTION
SANSSOUCI
Berkenbrege

404. Provinz Brandenburg. Blankensee. 1832.
405. Provinz Brandenburg. Blumberg. 1836.

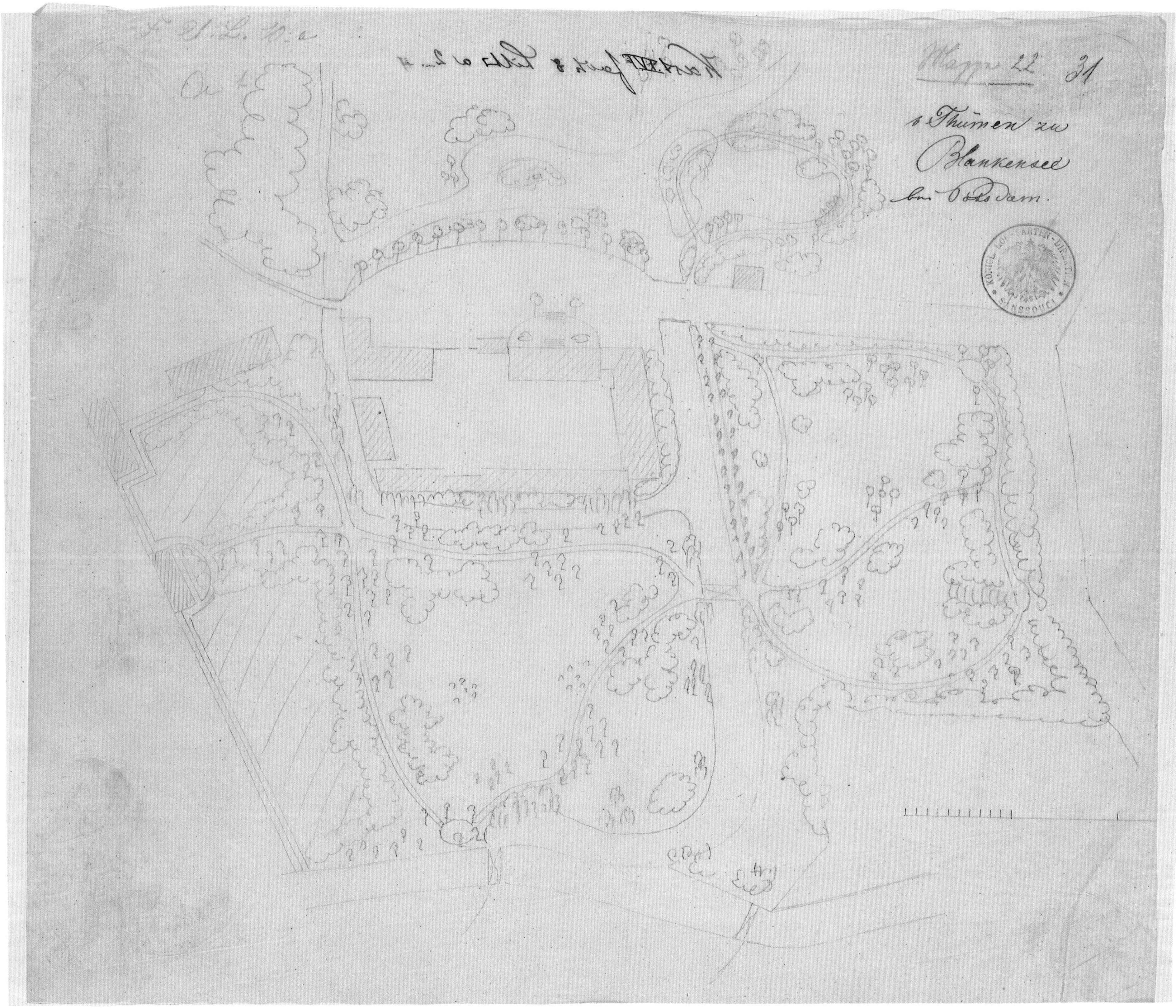

Blumenberg
bei Berlin
dem Gr. v. Arnim gehörig

407. Provinz Brandenburg. Boitzenberg. 1827.
411. Provinz Brandenburg. Chorin. 1832.

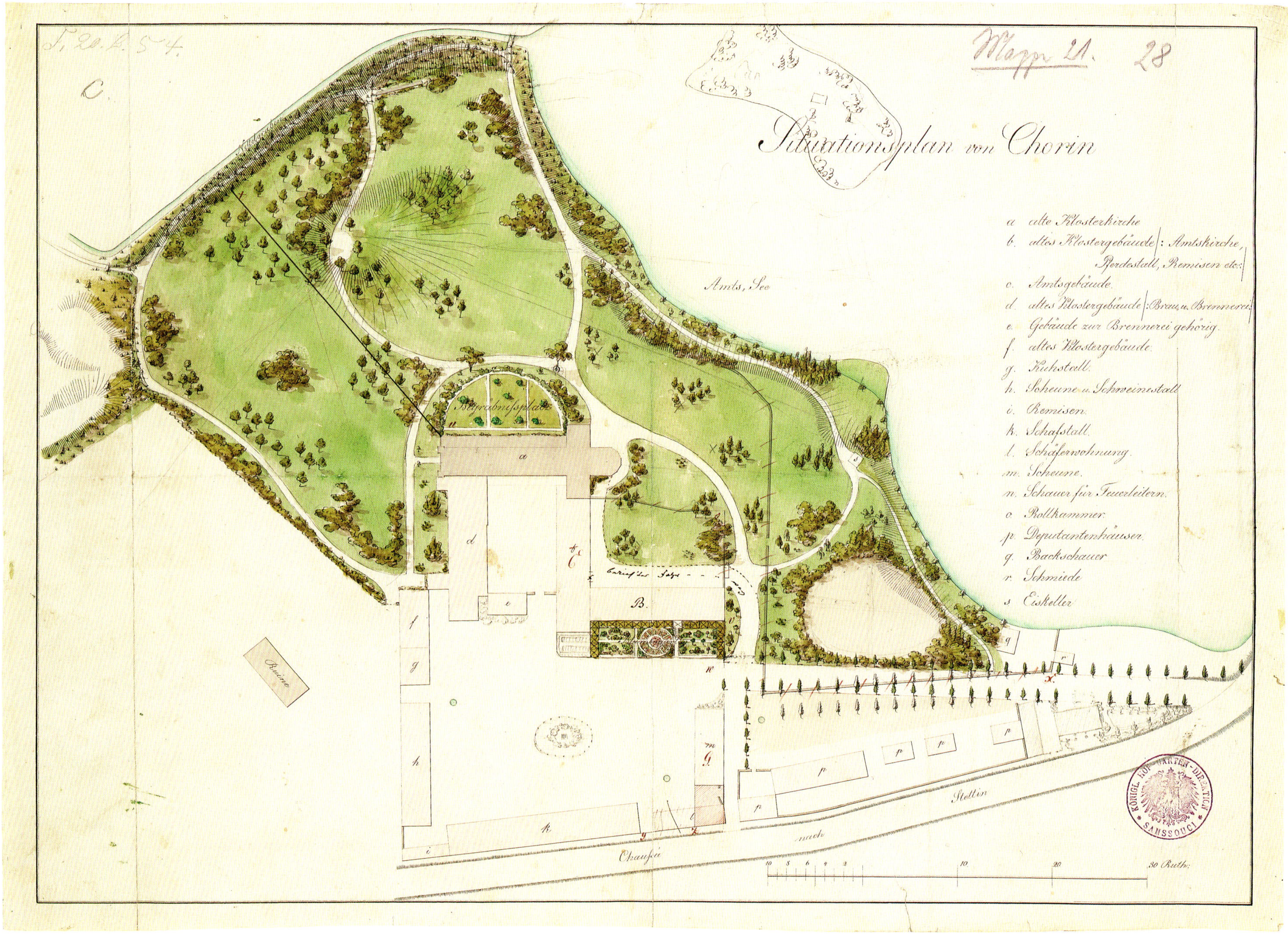

Mapp 21.
28
Situationsplan von Chorin
a alte Klosterkirche
b. altes Klostergebäude |: Amtskirche, Pferdestall, Remisen etc: |
c. Amtsgebäude.
d. altes Klostergebäude |: Brau u. Brennerei: |
e. Gebäude zur Brennerei gehörig.
f. altes Klostergebäude.
g. Kuhstall.
h. Scheune u. Schweinestall
i. Remisen.
k. Schafstall.
l. Schäferwohnung.
m. Scheune.
n. Schauer für Feuerleitern.
o. Rollkammer.
p. Deputantenhäuser.
q. Backschauer
r. Schmiede
s Eiskeller
Amts See
Begräbnißplatz
Ruine
Chaussé nach Stettin
30 Ruth.
KÖNIGL. HOF-GARTEN-DIRECTION SANSSOUCI

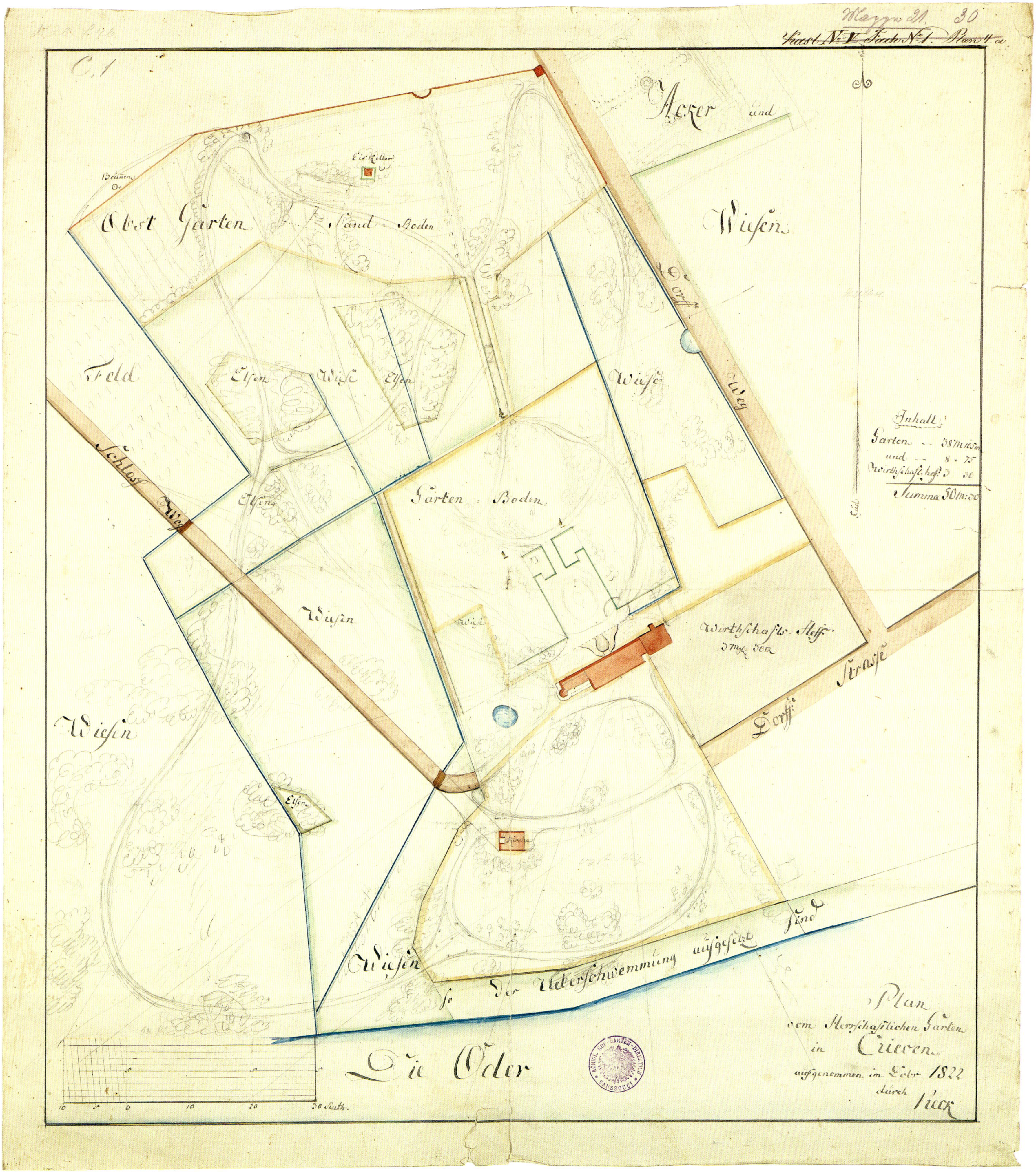
C. 1
Obst Garten
Sand Boden
Eis Keller
Acker und
Wiesen
Feld
Elsen
Wiese
Garten Boden
Schloss Weg
Dorff Weg
Wirthschafts Hoff
Dorff Strasse
Wiesen
Wiesen so der Ueberschwemmung ausgesetzt sind
Die Oder
Inhalt
Garten
und
Wirthschafts hoff
Summa
Plan
vom Herrschaftlichen Garten
in
Crieven
aufgenommen im Octbr 1822
durch
30 Ruth.

412. Provinz Brandenburg. Criewen. 1823.
413. Provinz Brandenburg. Dahlwitz. 1821.

414. Provinz Brandenburg. Dahlwitz.
416. Provinz Brandenburg. Frankfurt/Oder. Garten Lienau.
1835.

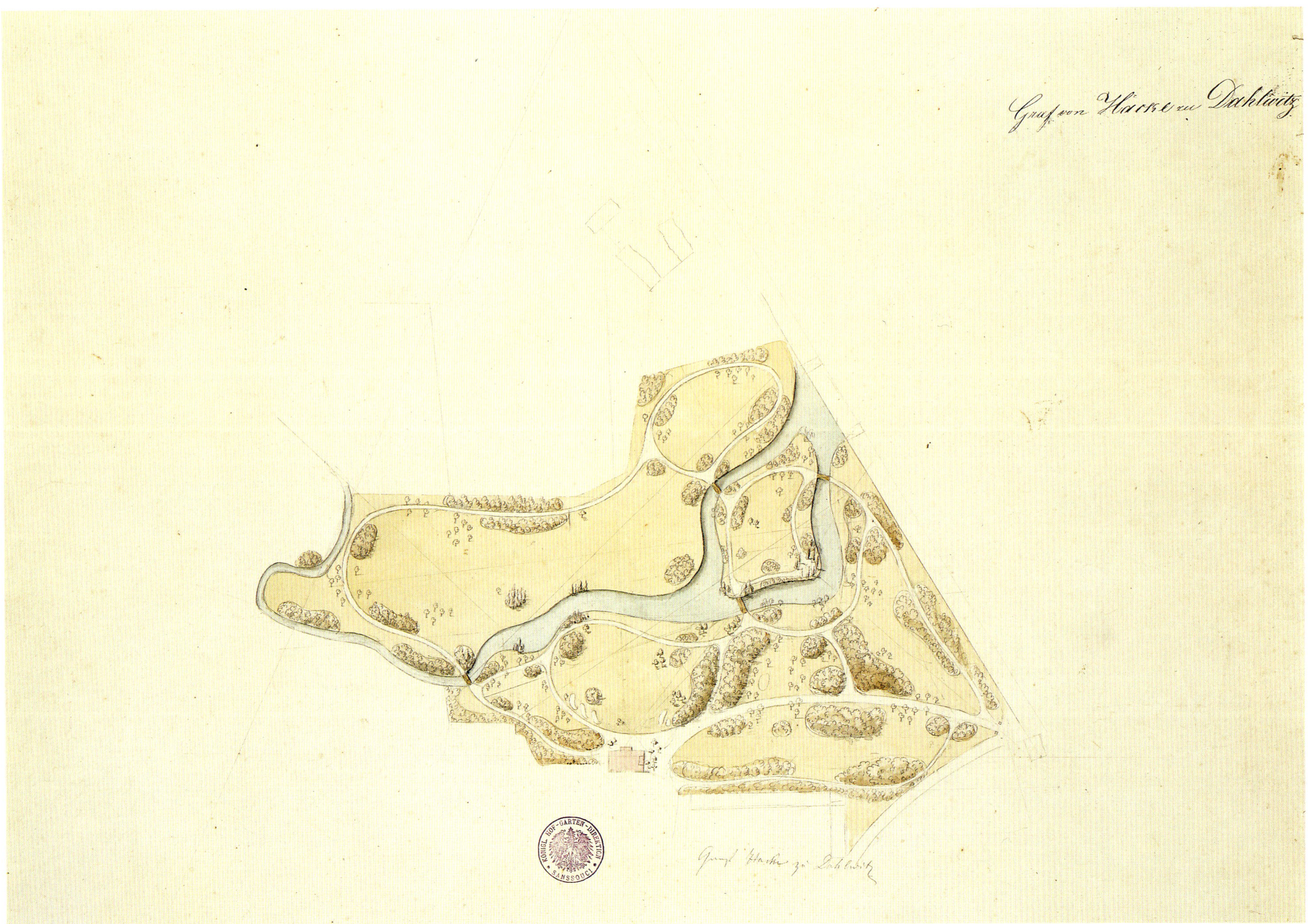

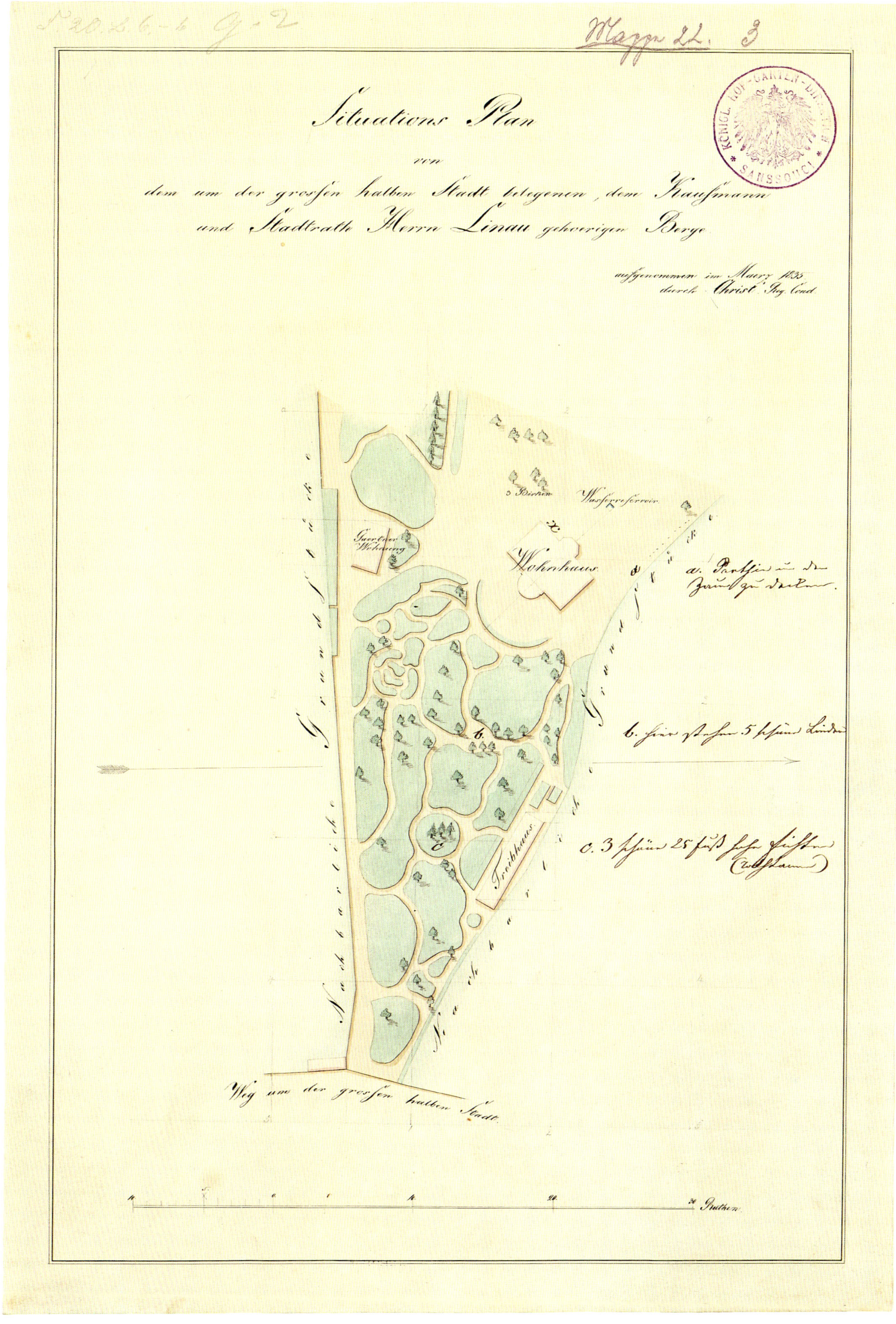

Mappe 22. 3
KÖNIGL. HOF-GARTEN-DIR. SANSSOUCI
Situations Plan
von
dem um der grossen halben Stadt belegenen, dem Kaufmann
und Stadtrath Herrn Linau gehoerigen Berge
aufgenommen im Maerz 1835
durch Christ Reg. Cond.
Wohnhaus
Treibhaus
Gaertner Wohnung
Wasserreservoir
Weg um der grossen halben Stadt
Ruthen

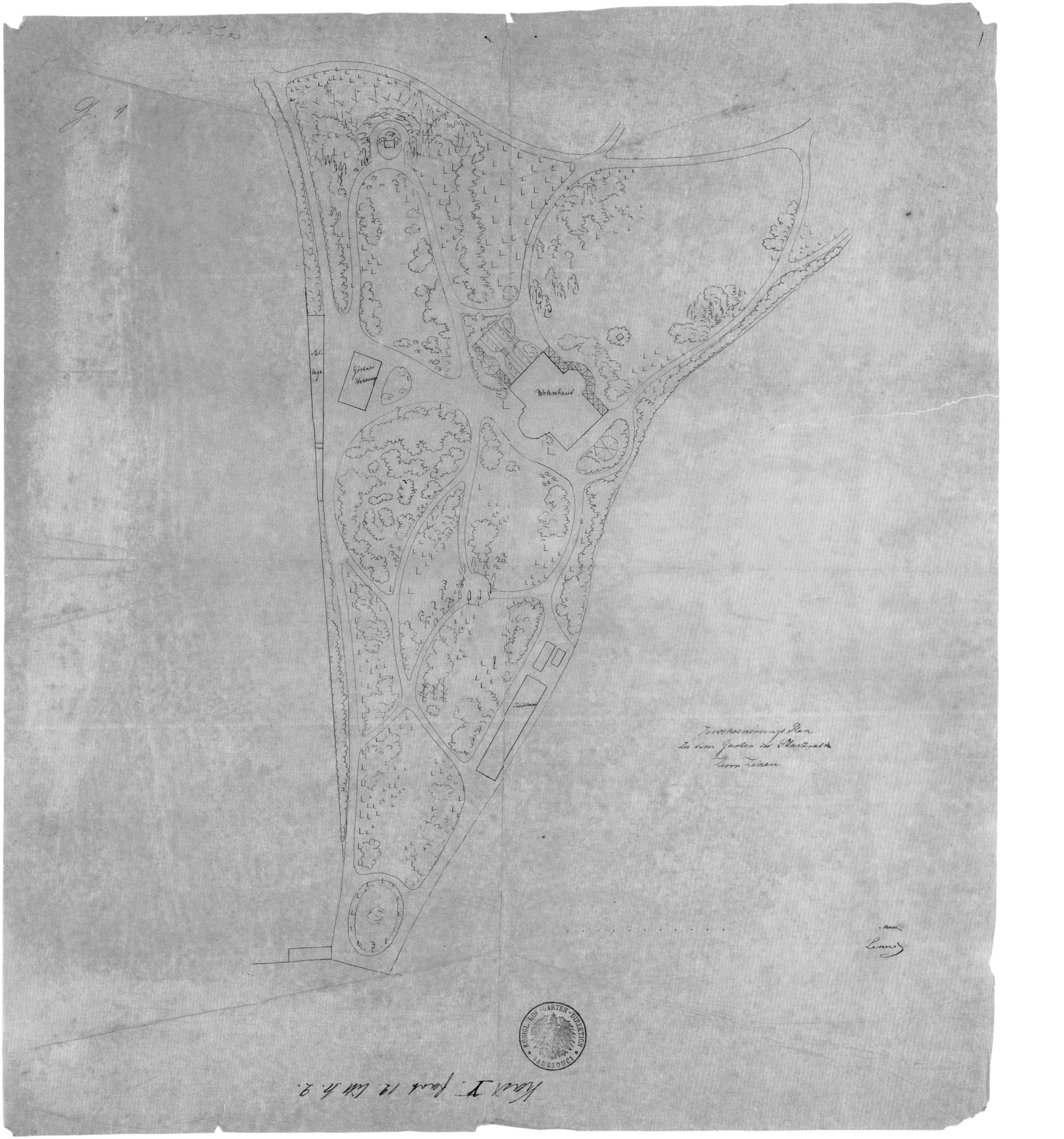
Wohnhaus
Verschoenerungs Plan
Lenné
KÖNIGL. HOF-GARTEN-DIRECTION
SANSSOUCI

417. Provinz Brandenburg. Frankfurt/Oder. Garten Lienau. 1835.
418. Provinz Brandenburg. Freienwalde. 1831.

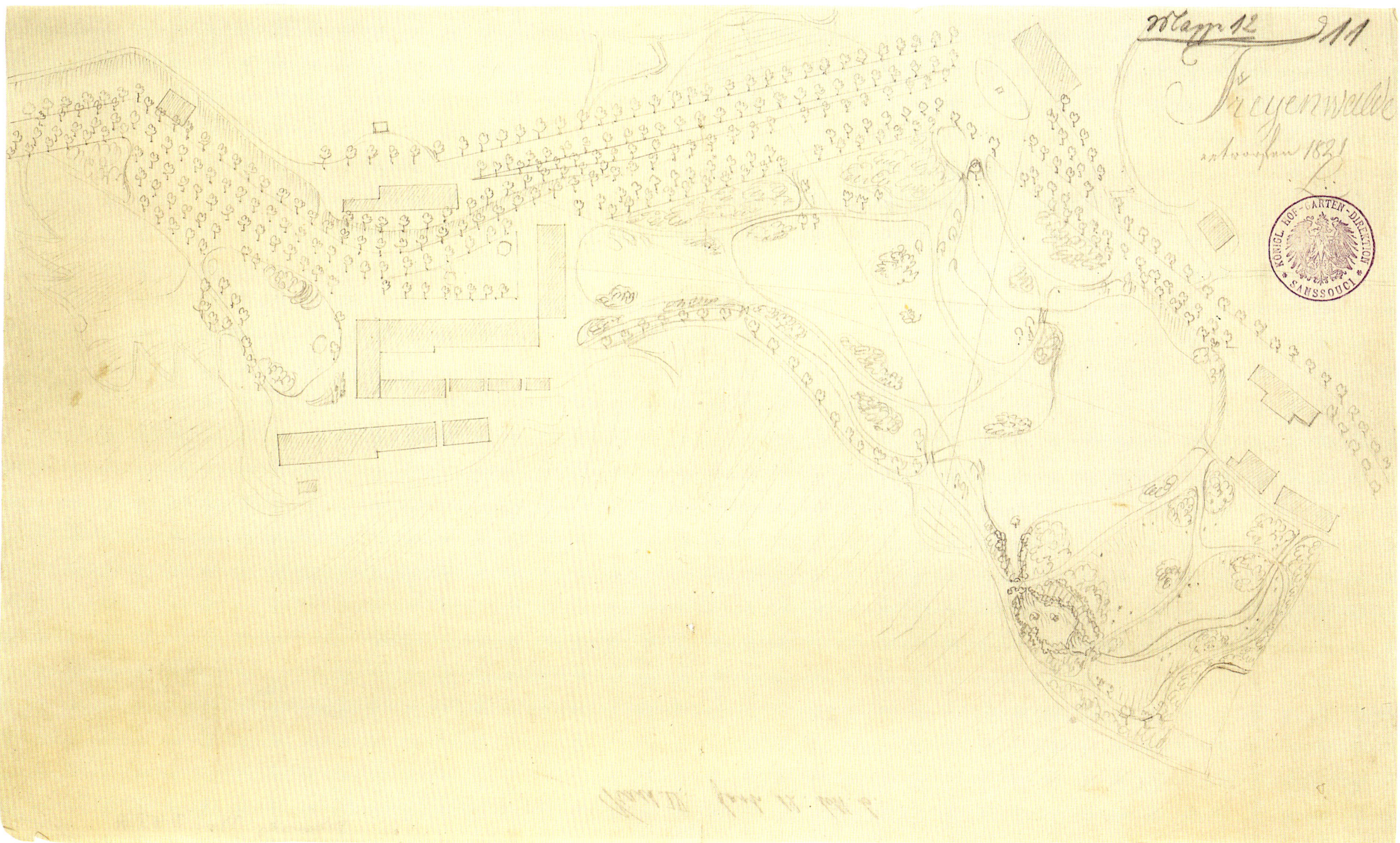

421. Provinz Brandenburg. Görlsdorf. Um 1830.
423. Provinz Brandenburg. Groß Cammin. 1833.

S. 382, 383
425. Provinz Brandenburg. Groß Cammin. 1836.
426. Provinz Brandenburg. Hohenlandin. Um 1822.

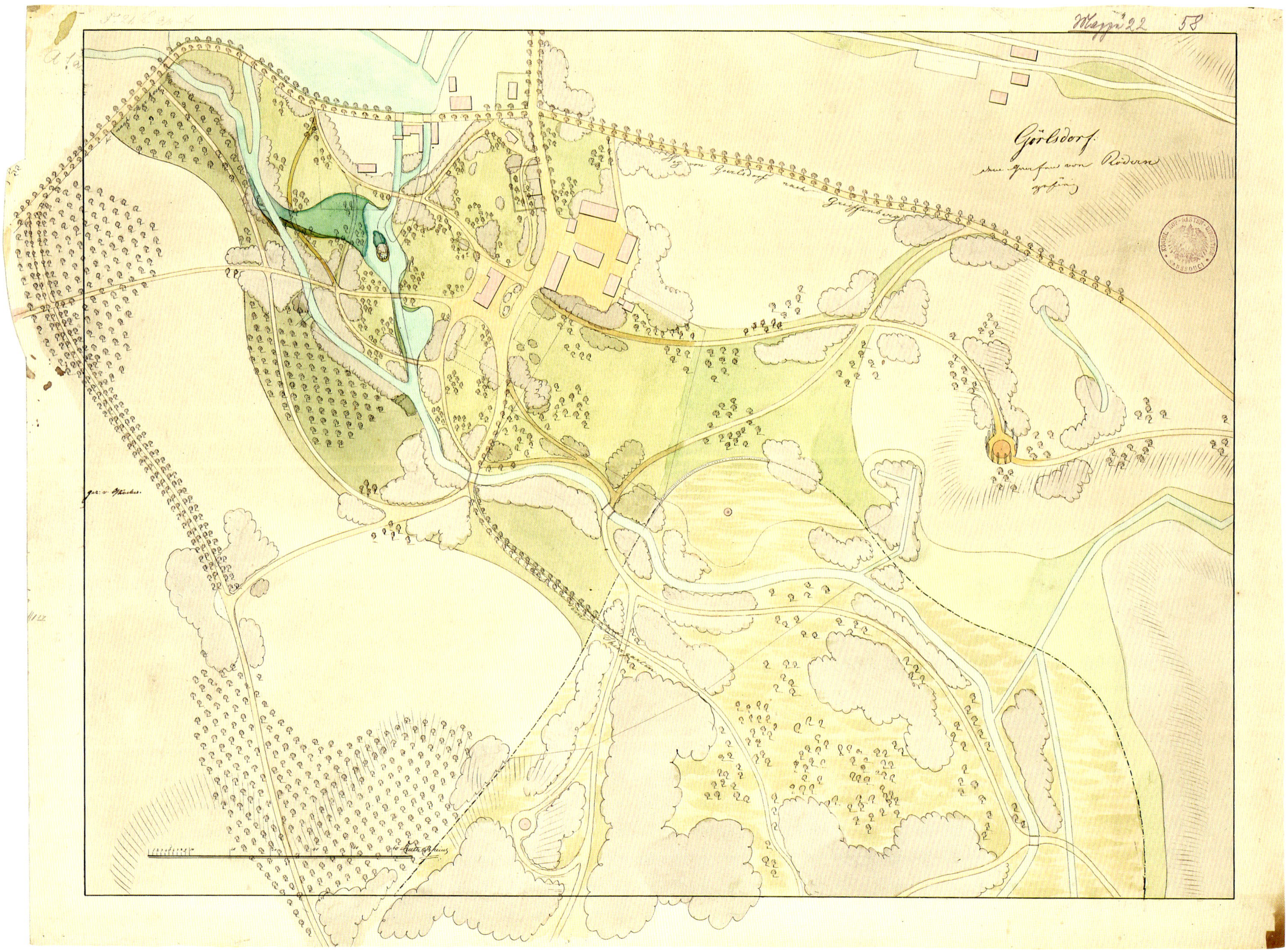

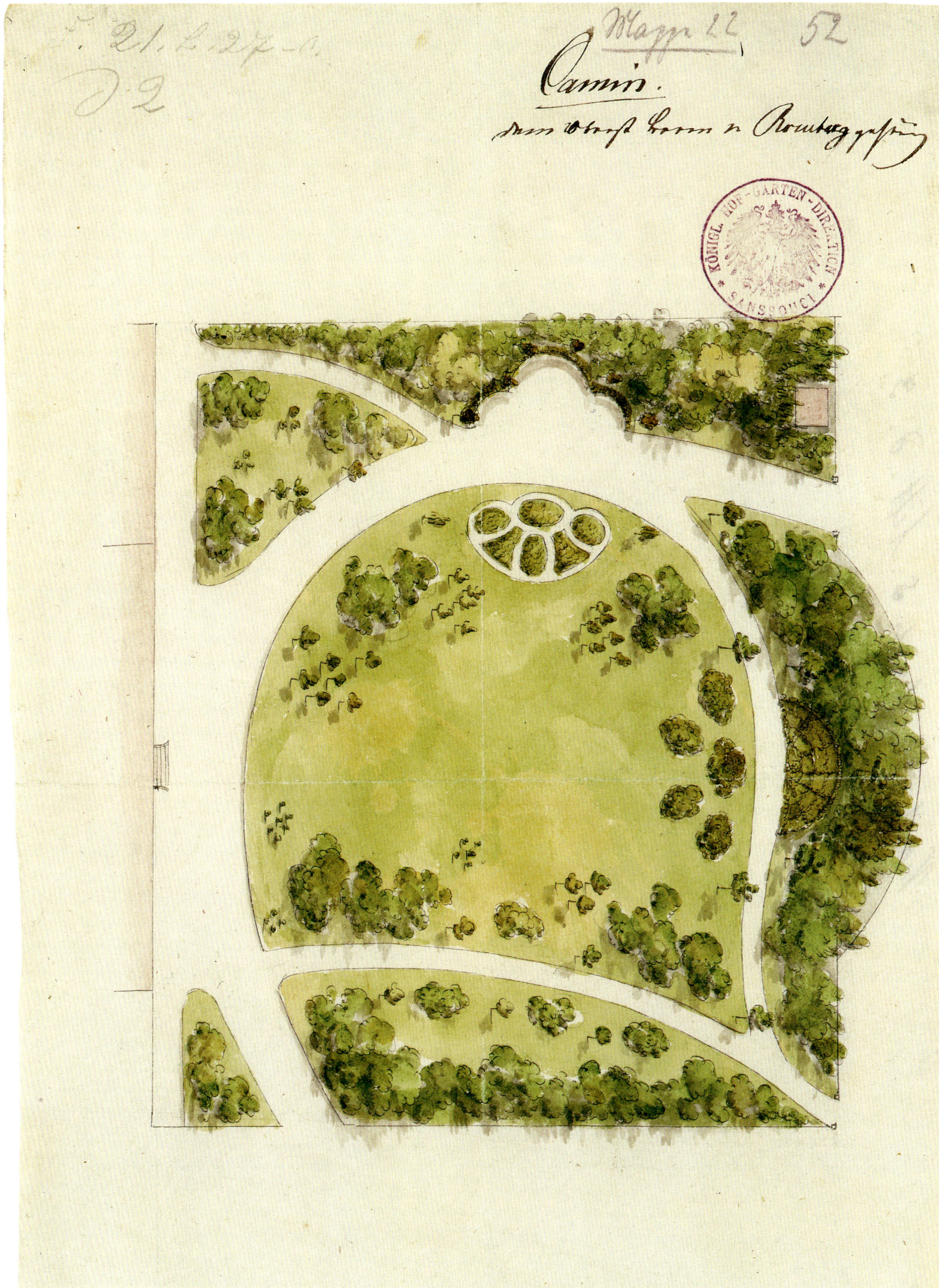
Mappe 22
52
KÖNIGL. HOF-GARTEN-DIRECTION
SANSSOUCI

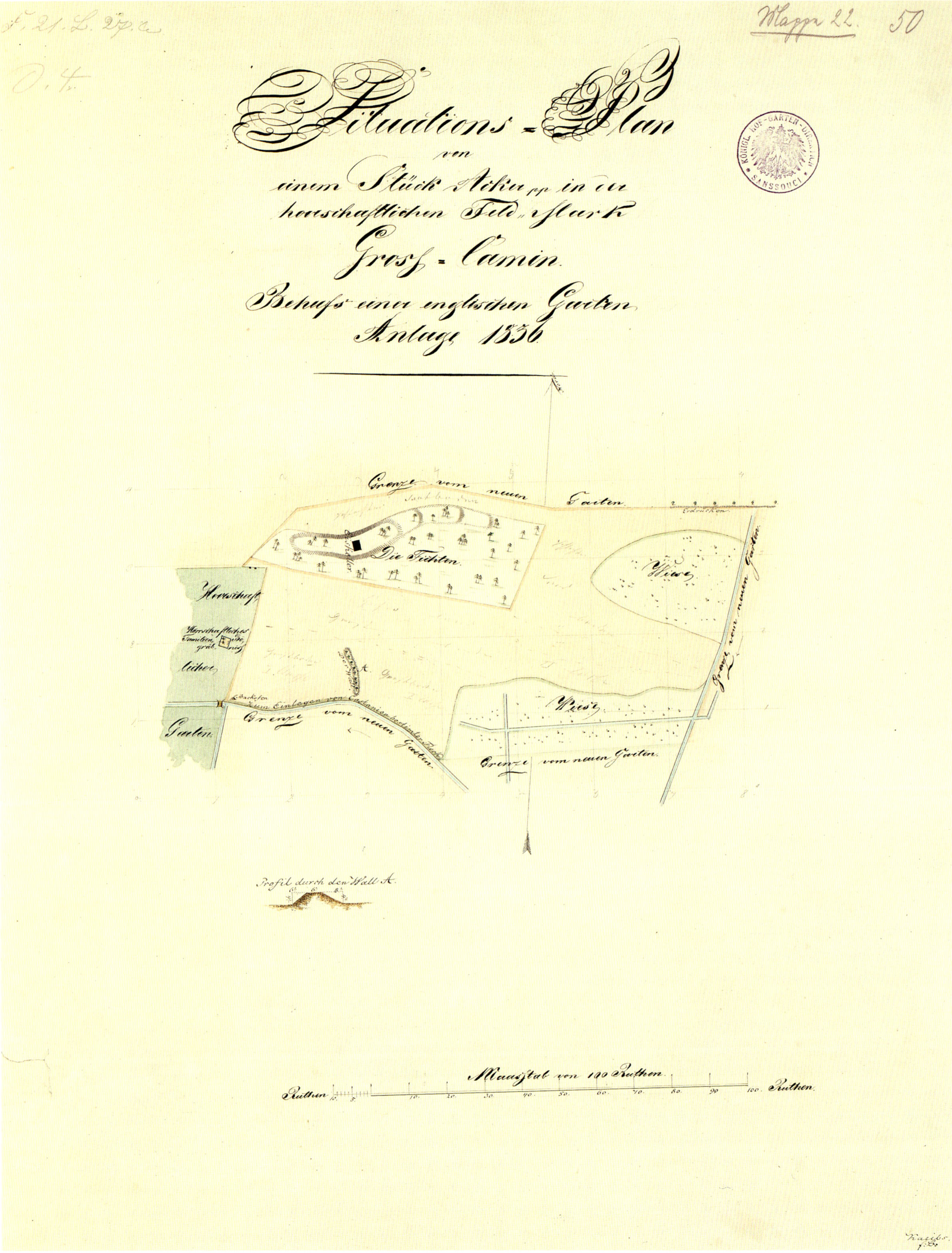
Mappe 22.
50
Situations = Plan
von
einem Stück Acker pp in der
herrschaftlichen Feld=Mark
Grosz = Camin.
Behufs einer englischen Garten
Anlage 1836.
Grenze vom neuen Garten
Die Fichten
Wiese
Wiese
Grenze vom neuen Garten
Grenze vom neuen Garten
Grenze vom neuen Garten
Garten
Profil durch den Wall A.
Maaßstab von 100 Ruthen
Ruthen
Ruthen

F. 21. L. C.
Mappe 22
26

427. Provinz Brandenburg. Hohenlübbichow. Um 1825.
428. Provinz Brandenburg. Königshorst. Um 1830.

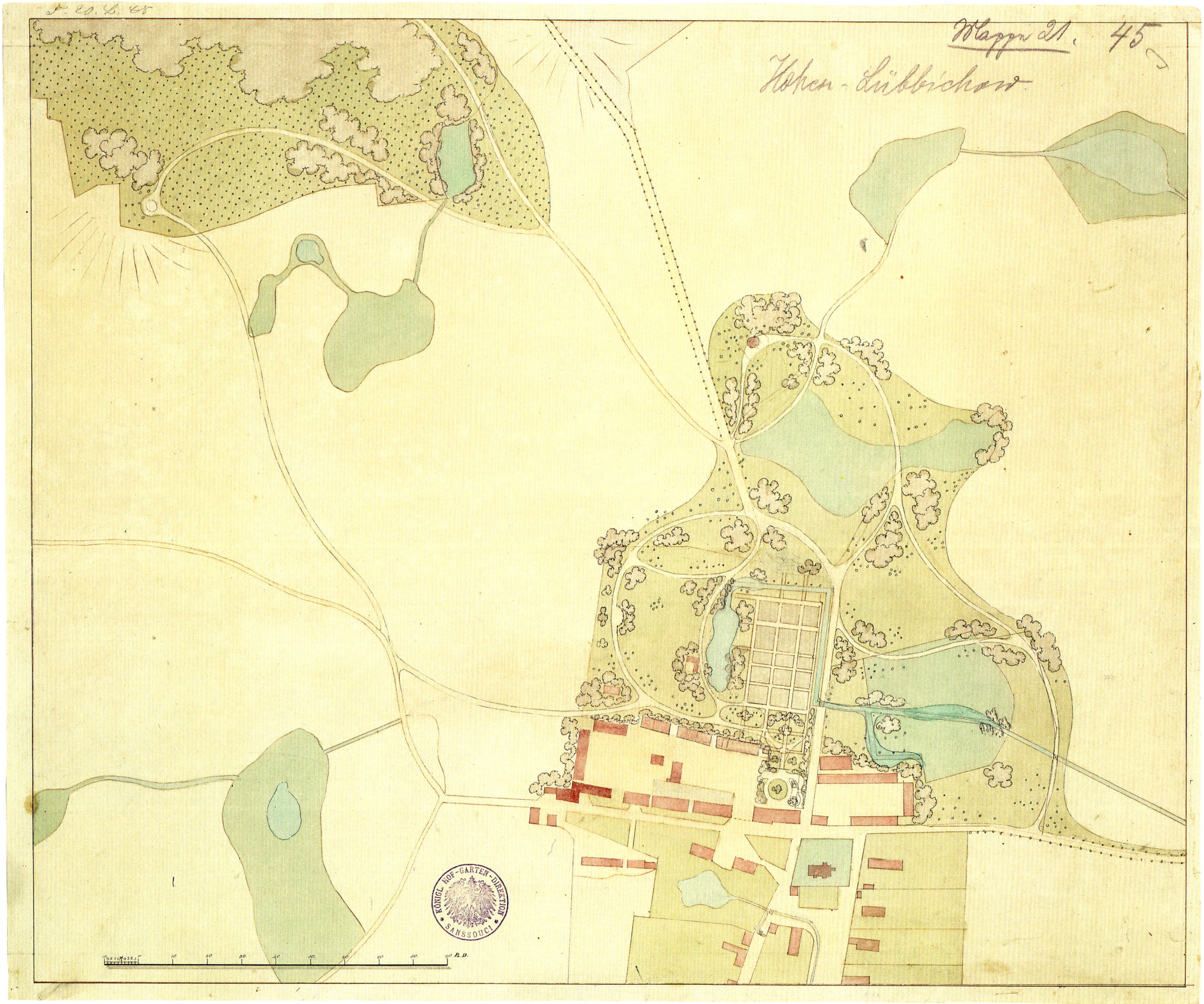

Mappe 11 59
Garten
des Oberamtmann Meyer
zu Koenigshorst
KÖNIGL. HOF-GARTEN-DIRECTION SANSSOUCI

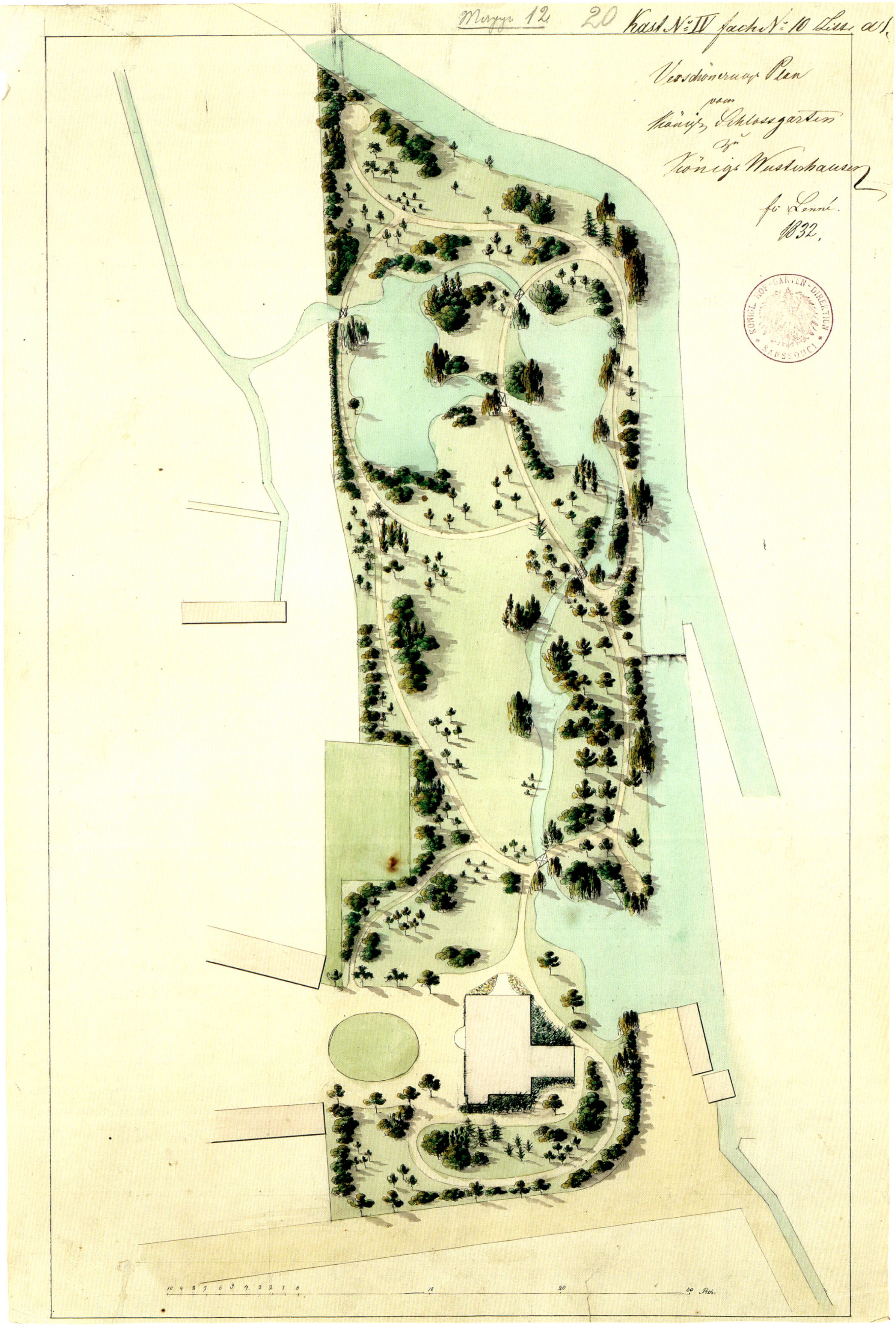
20
Kast No IV fach No 10 Litt. a 1.
Verschönerungs Plan
vom
Königl. Schlossgarten
zu
Königs Wusterhausen
für Lenné.
1832.
KÖNIGL. HOF-GARTEN-DIREKTION SANSSOUCI

432. Provinz Brandenburg. Königs Wusterhausen. 1832.
435. Provinz Brandenburg. Lanke. 1827.

436. Provinz Brandenburg. Liebenberg. 1829.
437. Provinz Brandenburg. Marquardt. 1823.

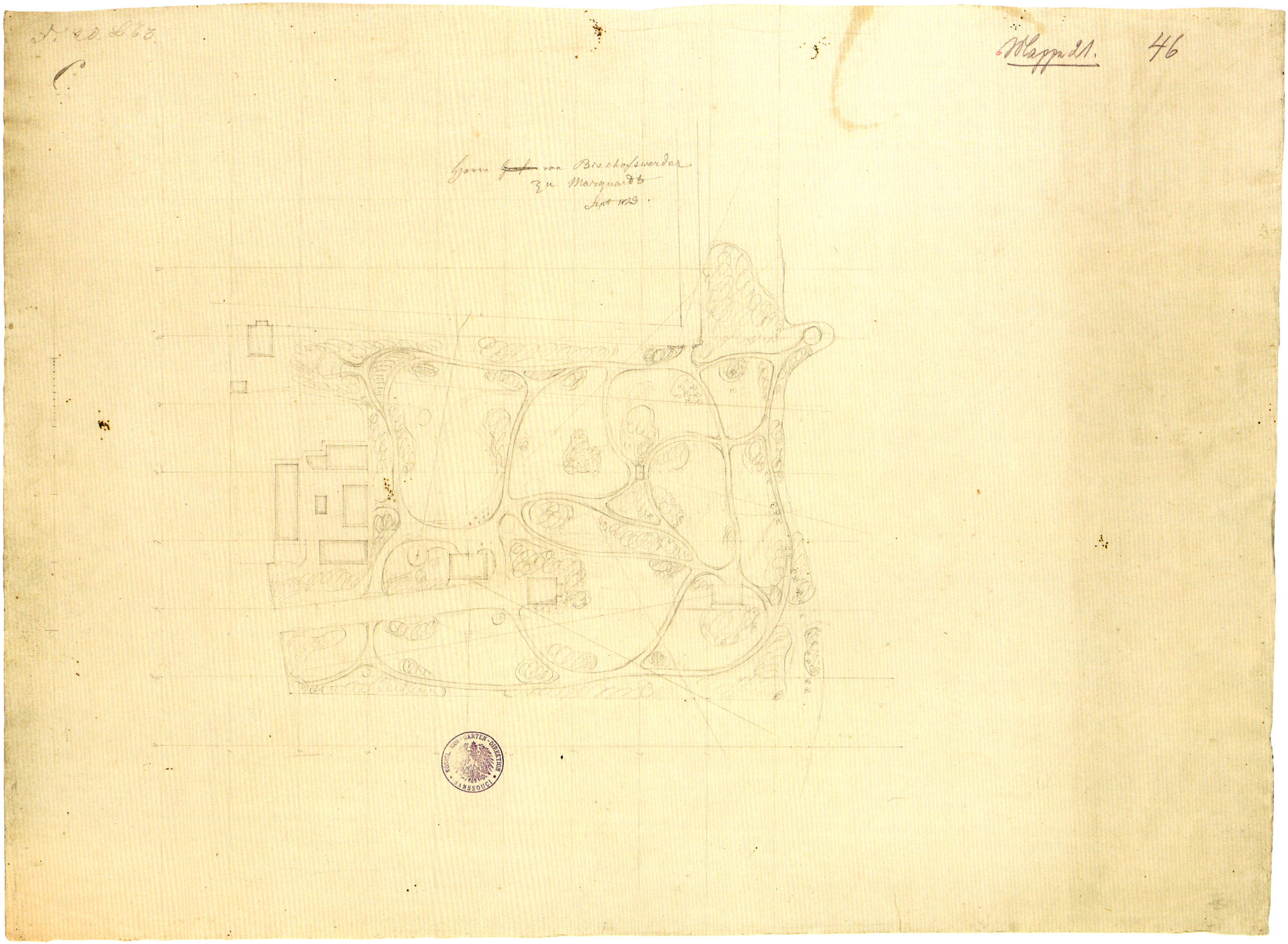
Mappe 21.
46
Herrn von Bischofswerder
zu Marquardt
Sept 1823

439. Provinz Brandenburg. Neuhardenberg. 1821.
444. Provinz Brandenburg. Radensleben. 1839.

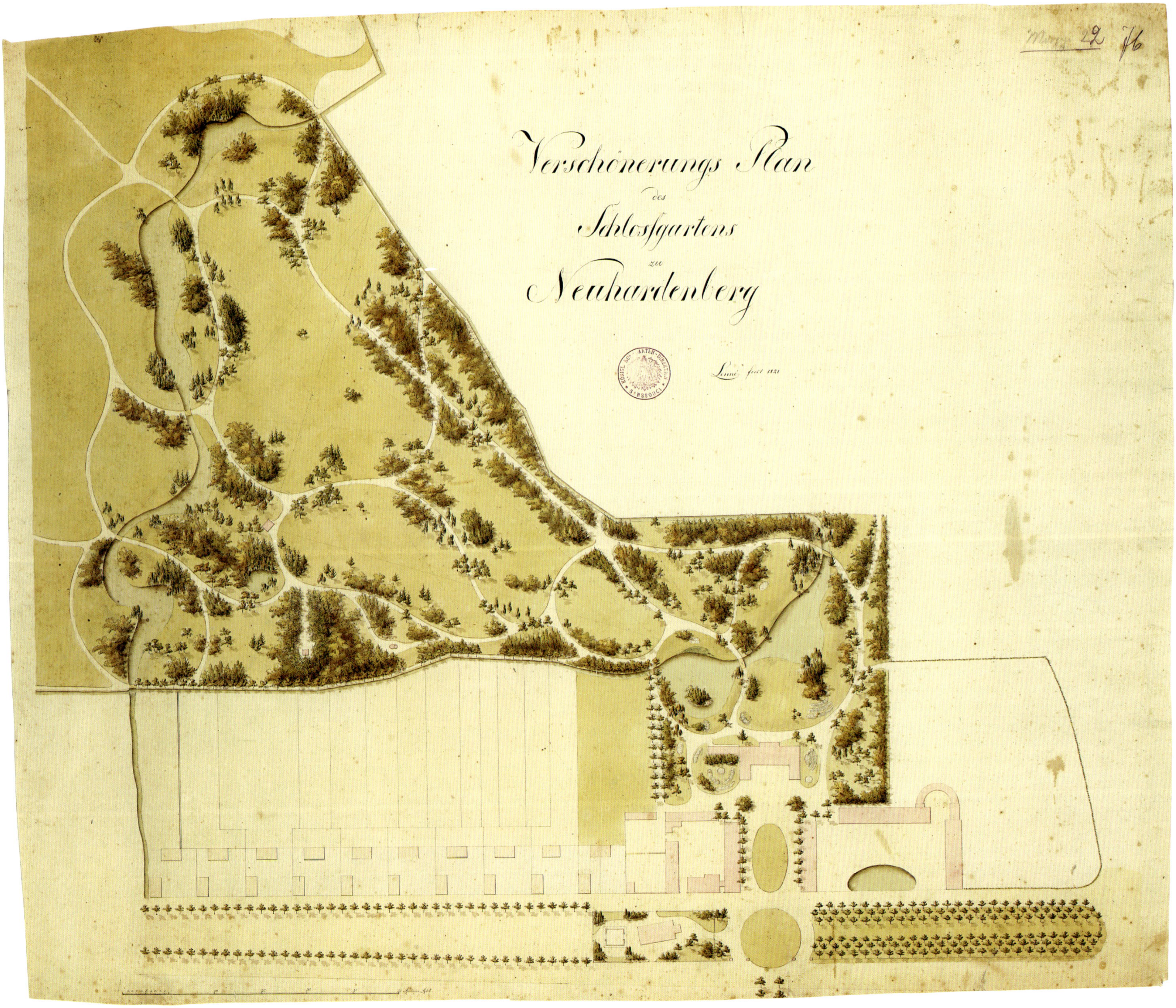

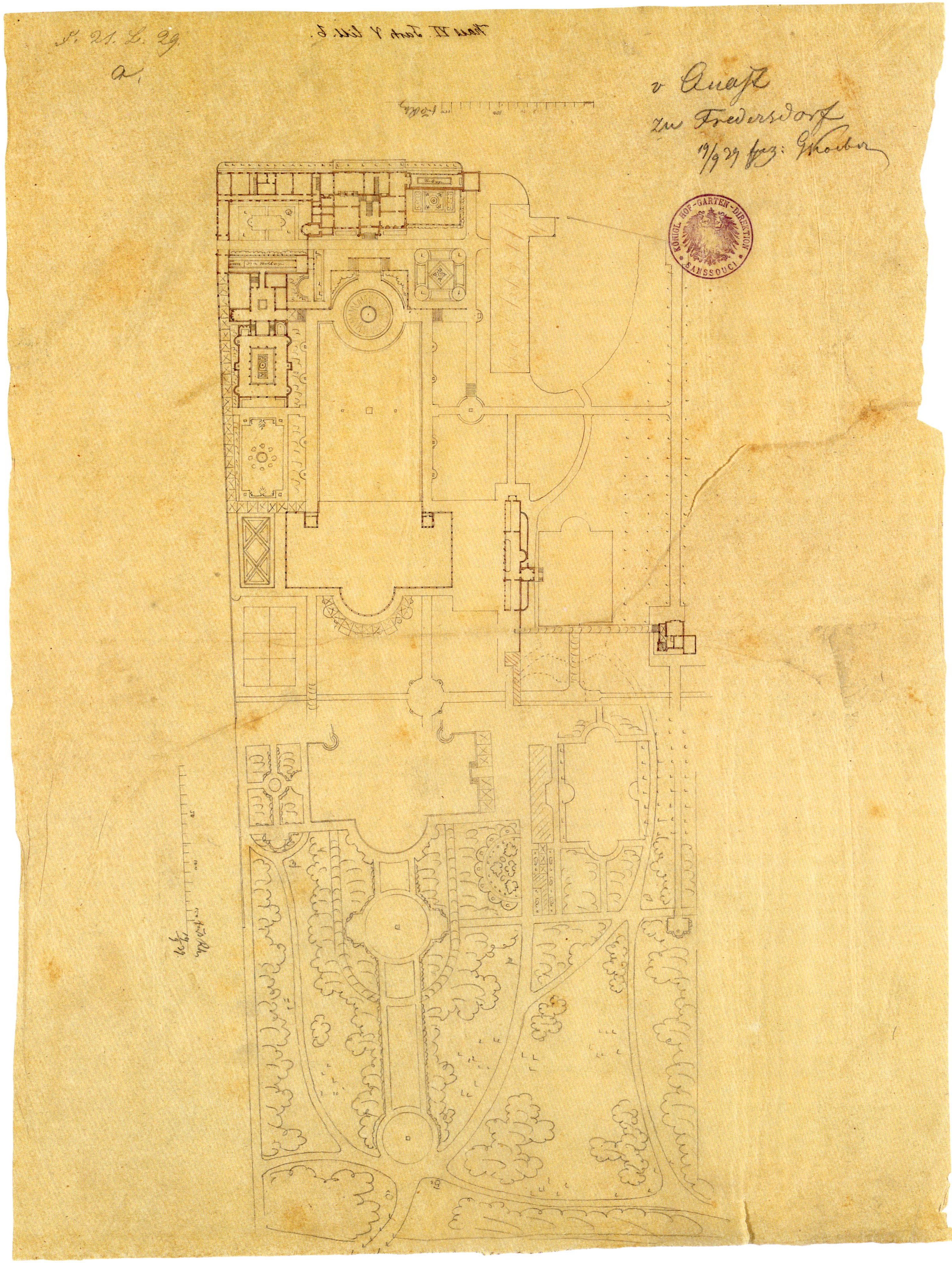
v Quast
zu Fredersdorf
KÖNIGL. HOF-GARTEN-DIREKTION SANSSOUCI

446. Provinz Brandenburg. Sonnenburg. 1857.
447. Provinz Brandenburg. Wolfshagen. 1832.

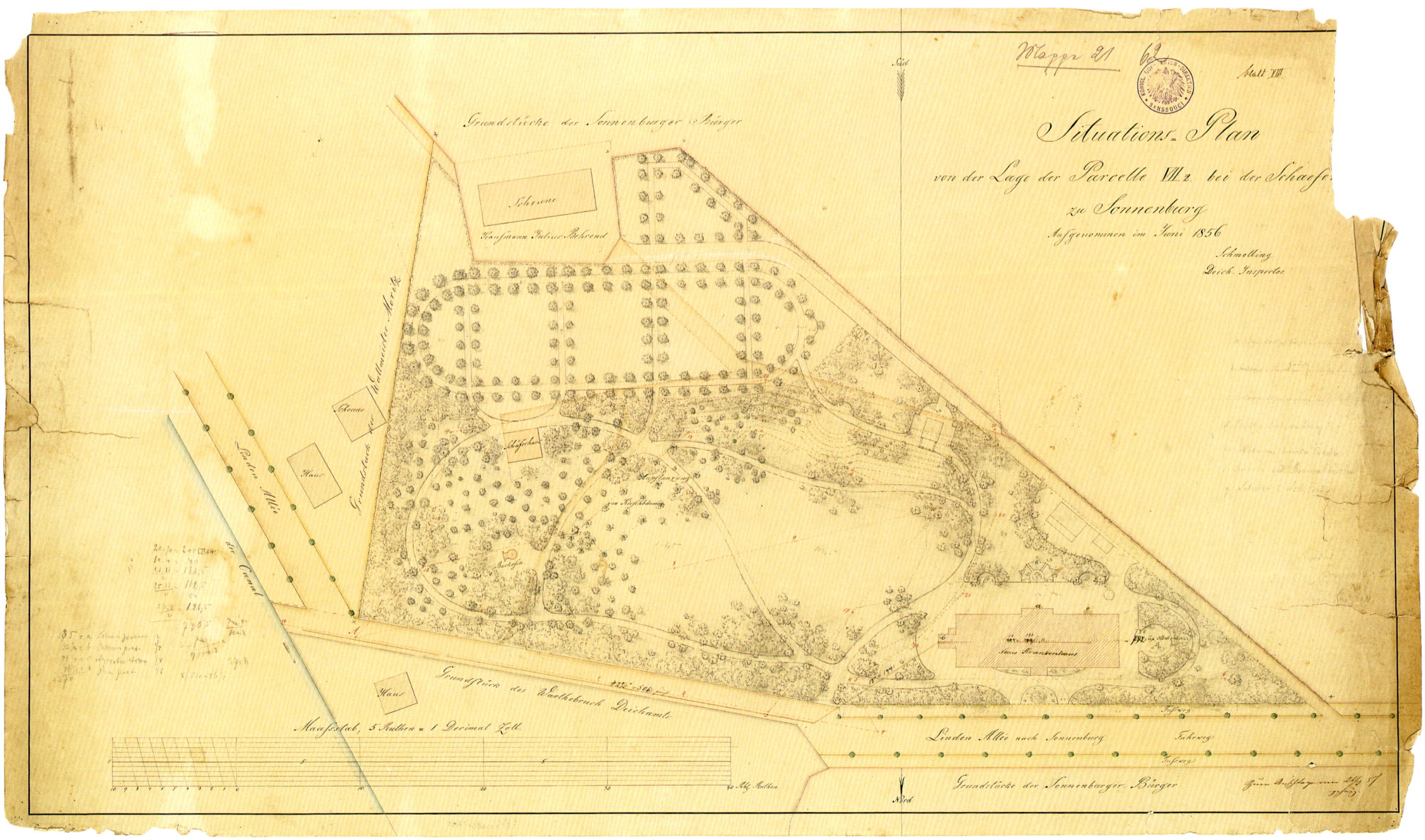

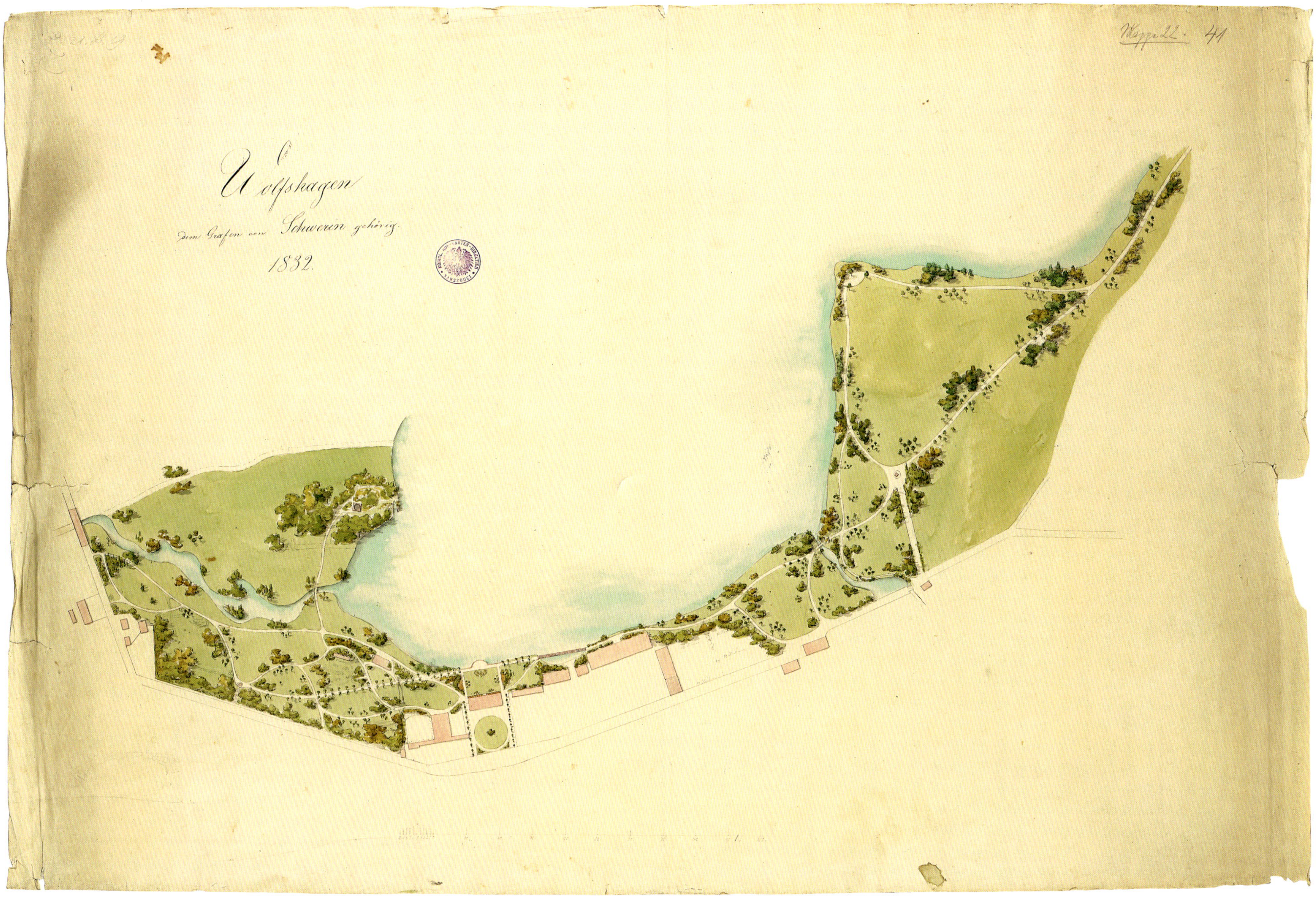
Wolfshagen
dem Grafen von Schwerin gehörig
1832.
Mappe 22. 41

449. Provinz Brandenburg. Zuetzen. 1832.
450. Provinz Brandenburg. Unbekannt. Um 1840.

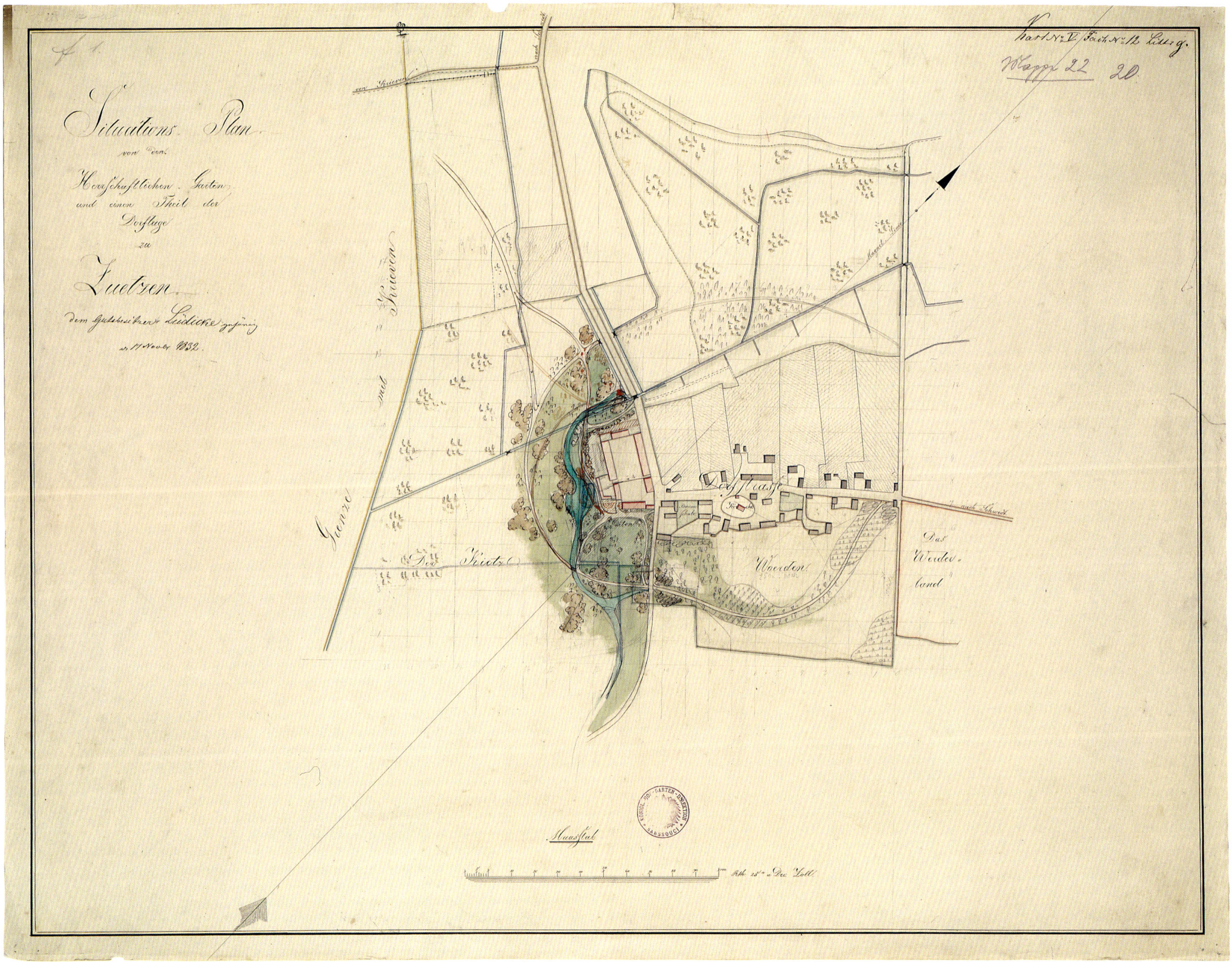

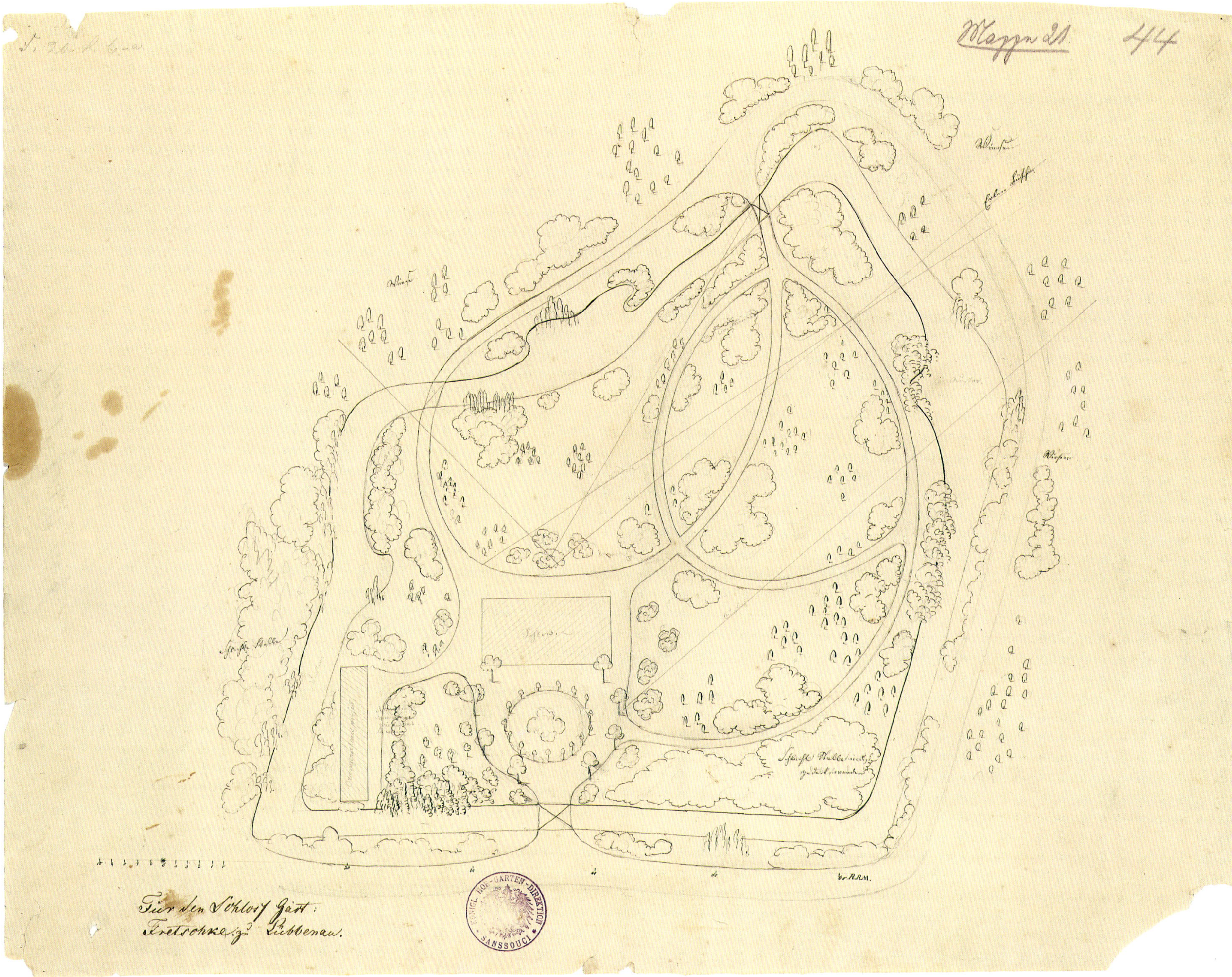

Mappe 21
44
Für den Schloß Gärt:
Fretschke zu Lübbenau.
SANSSOUCI

452. Provinz Pommern. Broock. 1840.
454. Provinz Pommern. Gültz. 1840.

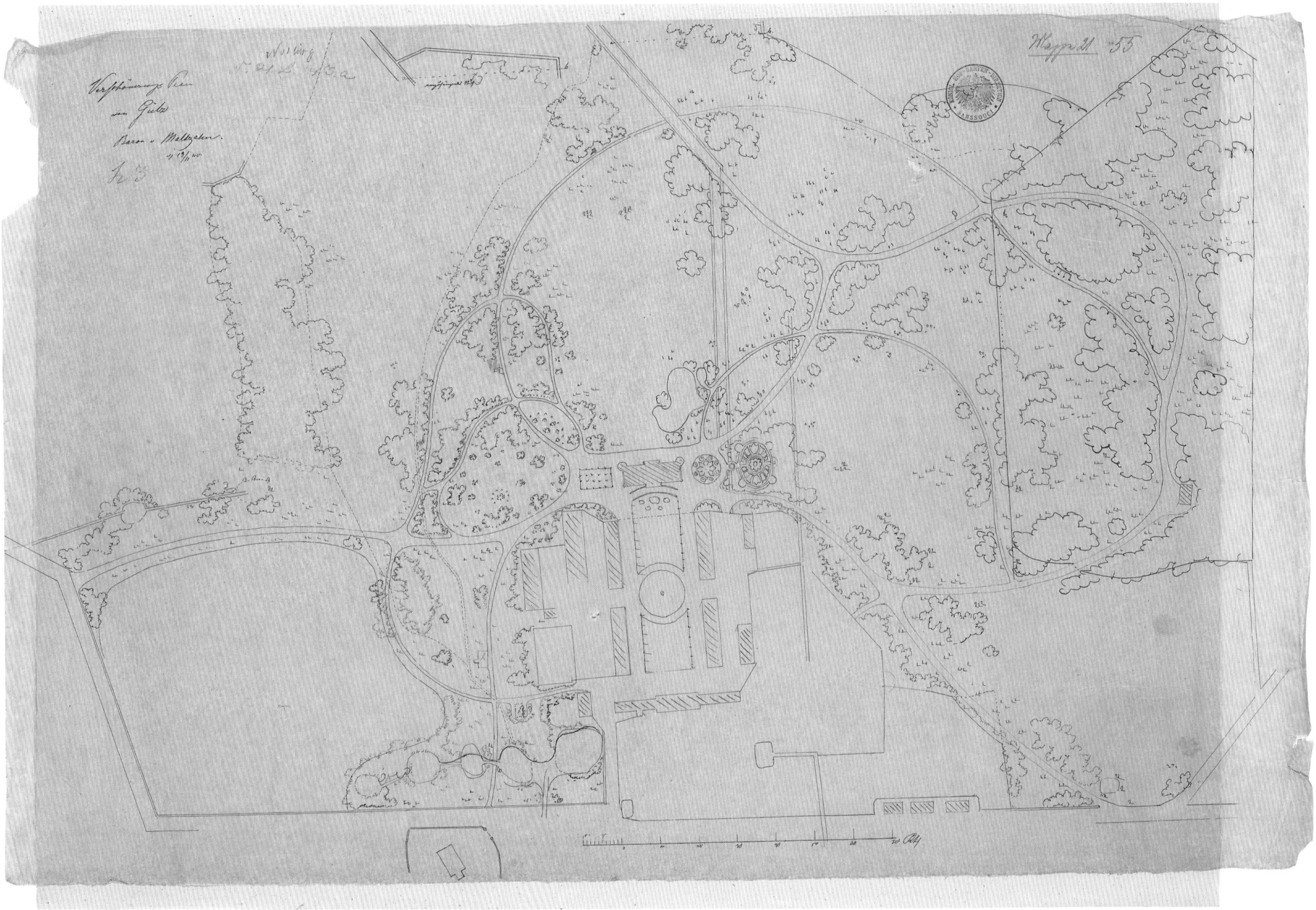

455. Provinz Pommern. Höckendorf. 1826.
457. Provinz Pommern. Kartlow. 1840.

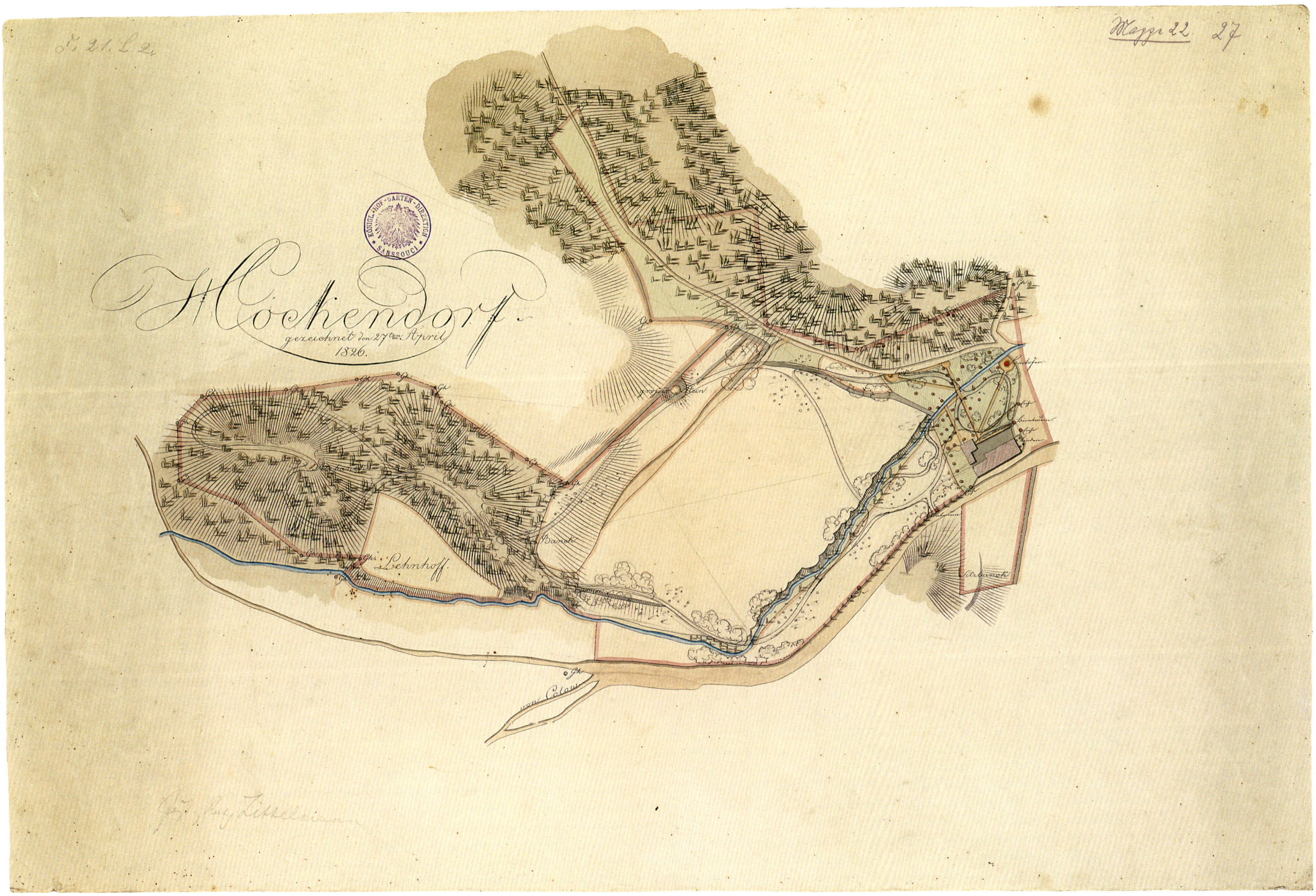

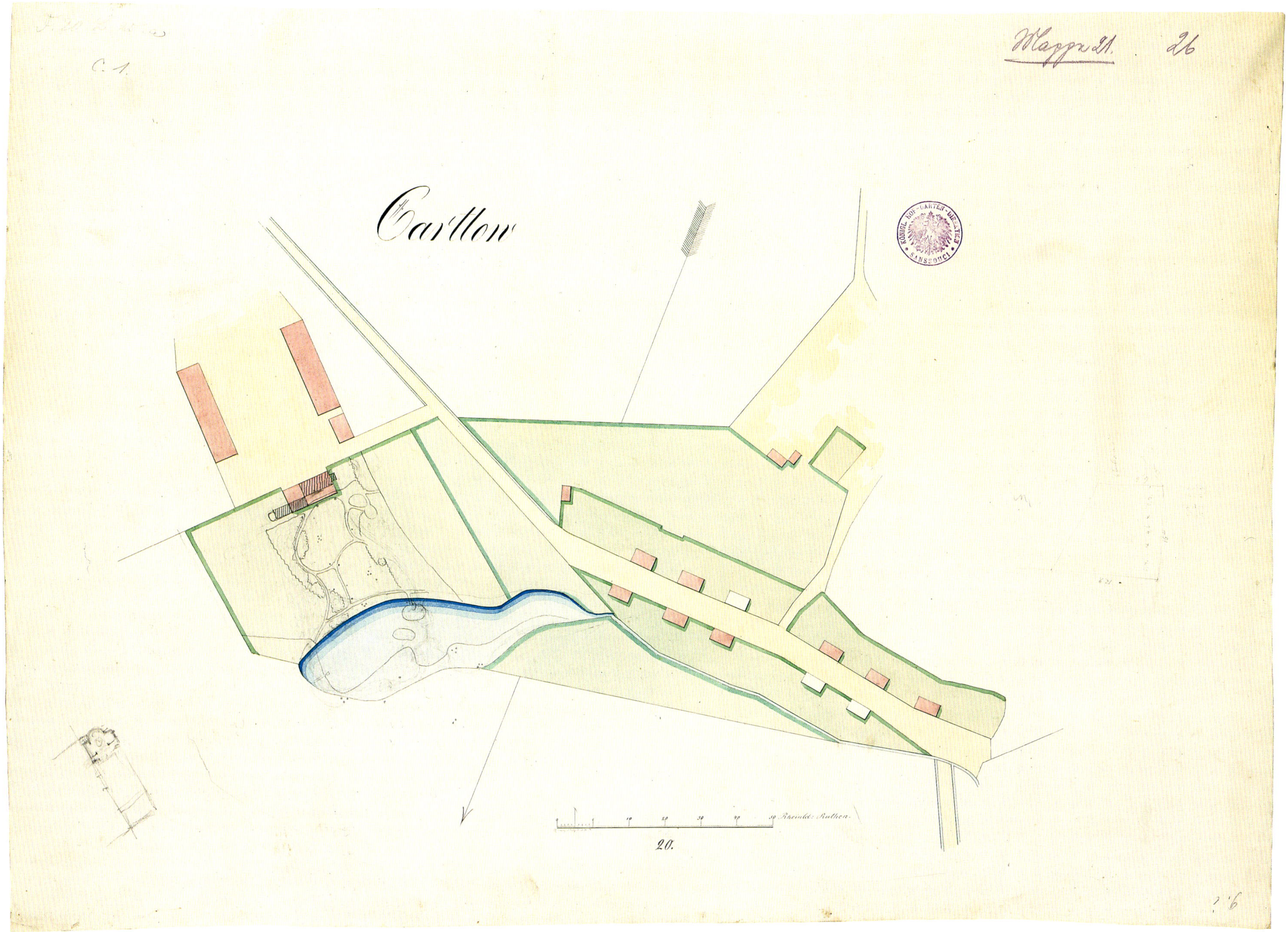

Carllow
10 20 30 40 50 Rheinld: Ruthen.
20.

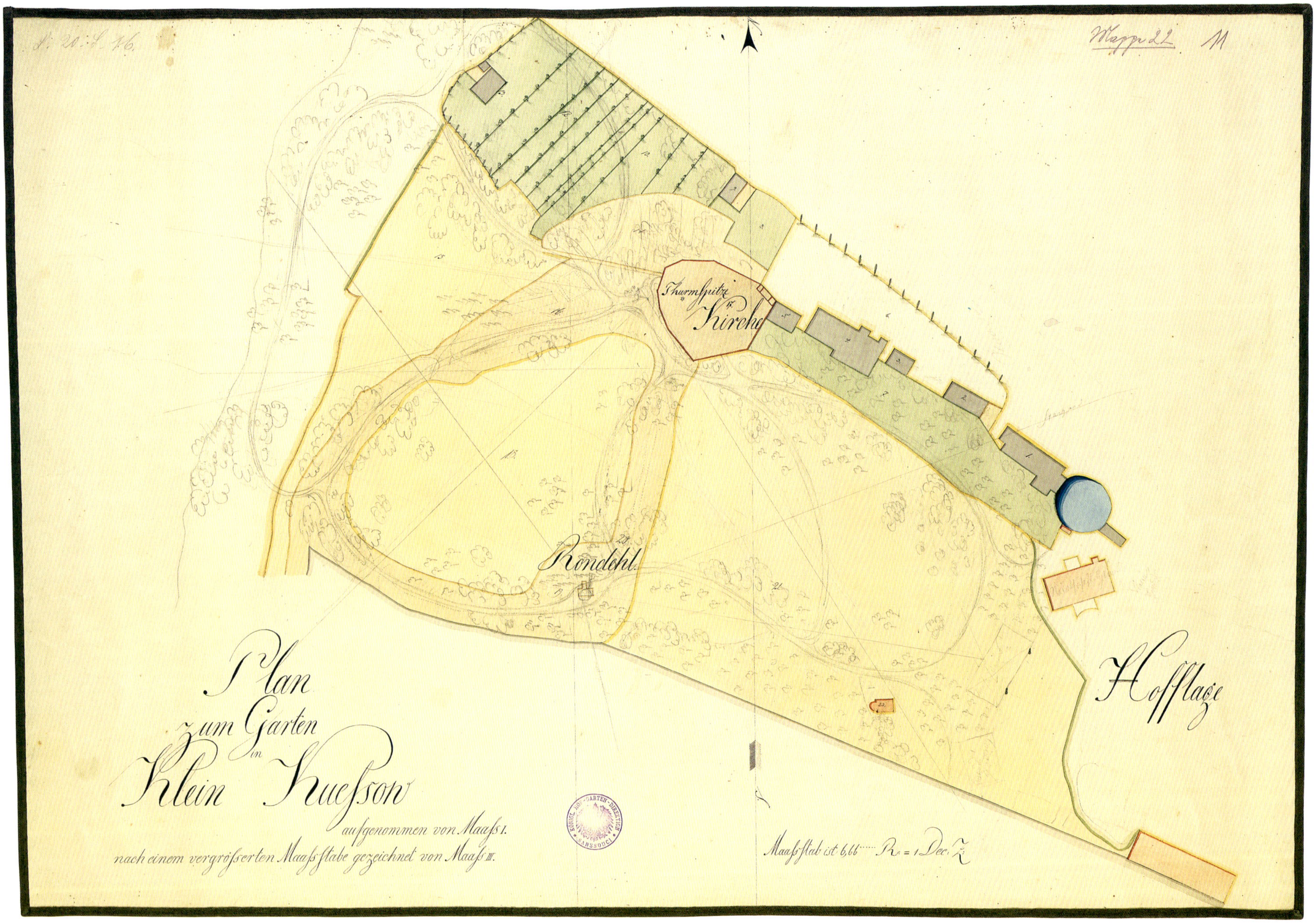
Mappe 22
11
Thurmspitze
Kirche
Rondehl
Hofflage
Plan zum Garten in Klein Kuessow
aufgenommen von Maass I.
nach einem vergrösserten Maassstabe gezeichnet von Maass III.

459. Provinz Pommern. Klein Küssow. Um 1830.
460. Provinz Pommern. Kruckow. 1840.

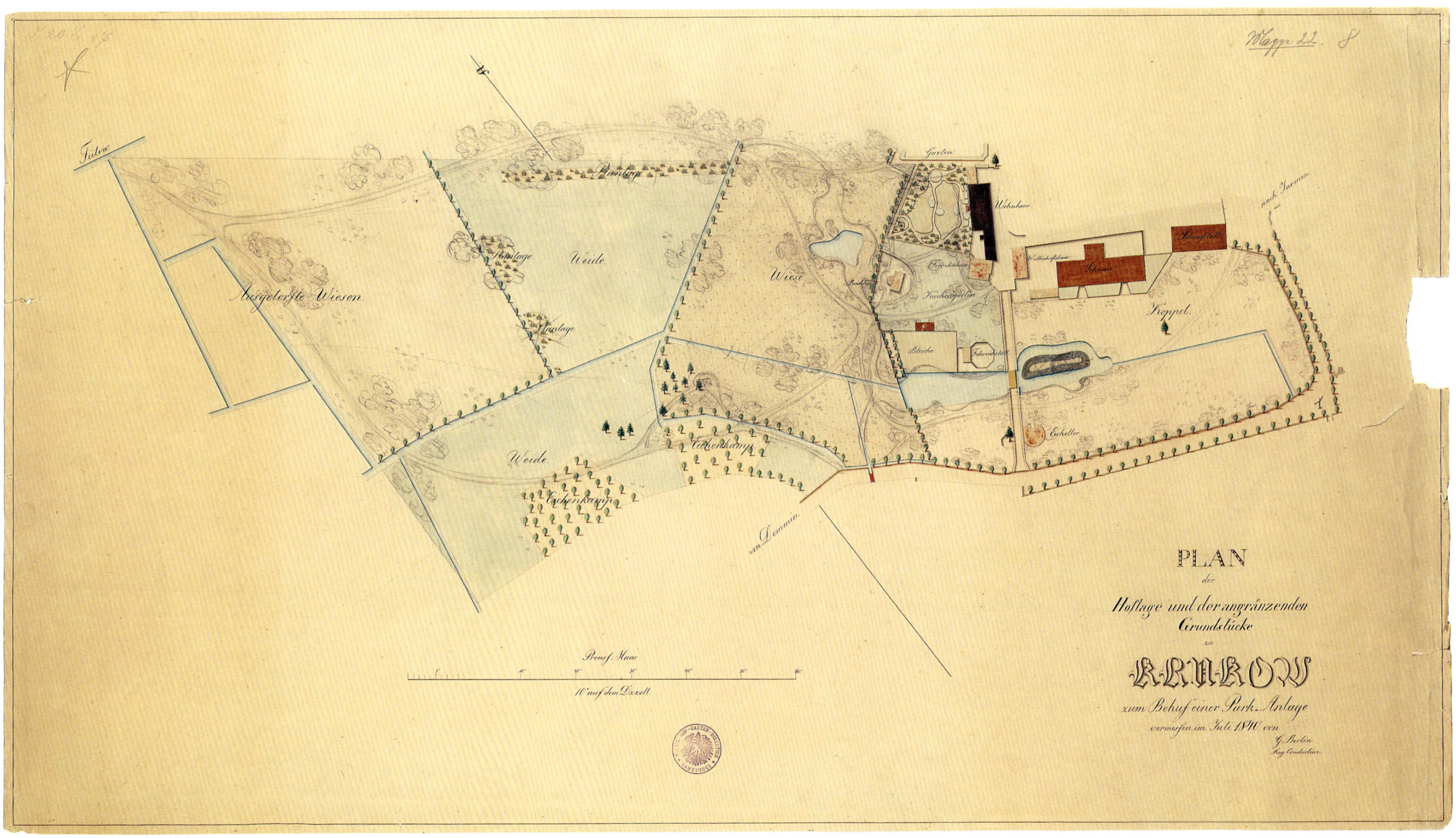

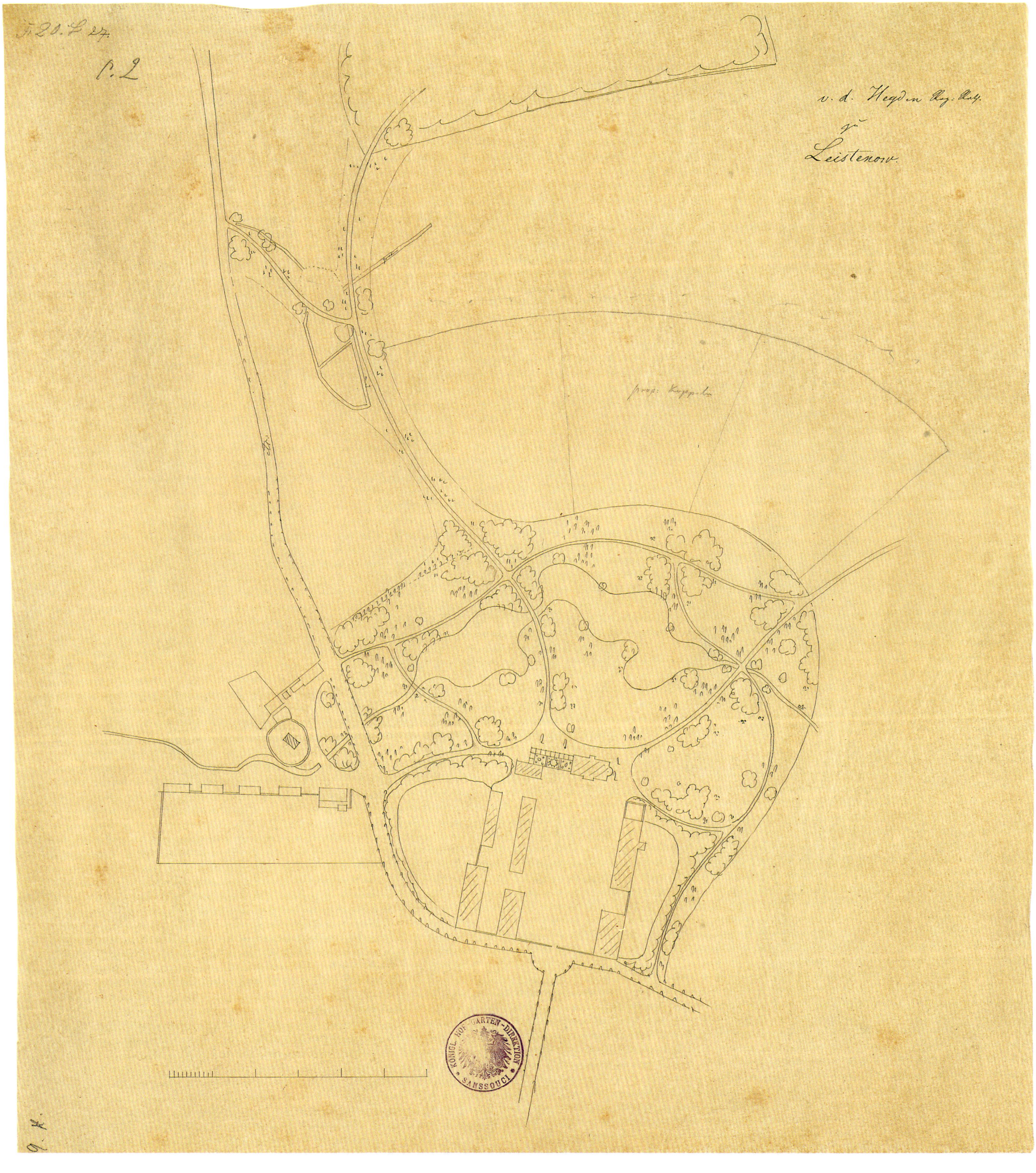
Leistenow.
KÖNIGL. HOF-GARTEN-DIREKTION
SANSSOUCI

461. Provinz Pommern. Leistenow. Um 1841/42.
462. Provinz Pommern. Linde. Um 1830.

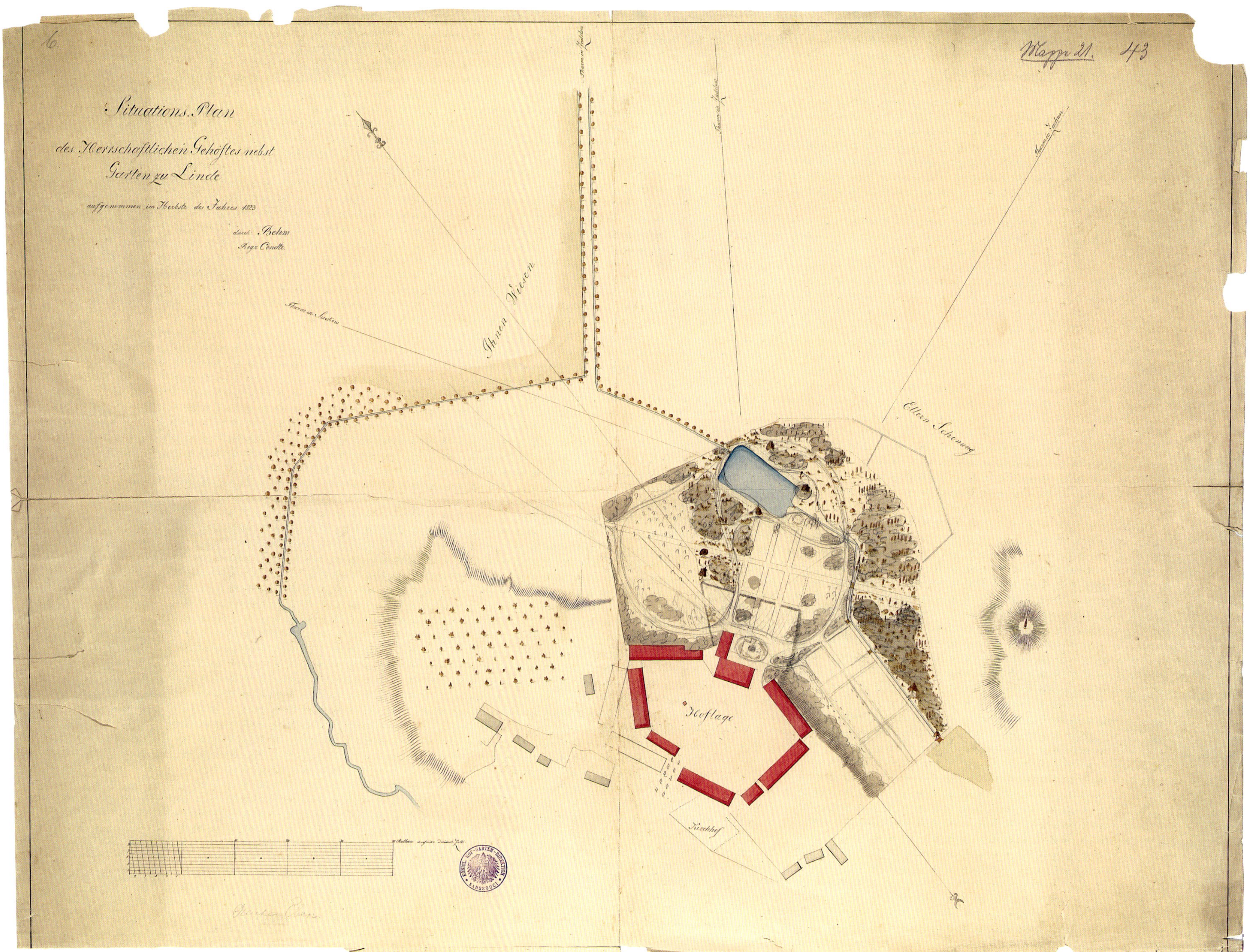

Bepflanzungs-Plan
von
dem Gute
Reichenbach.
Entworfen und gezeichnet
vom
Gartendirector Lenné.
Taf. XIV.
Schœnwerder.
Feldmarck
Petzenick.
Plag See
Feldmarck
Schlagenthin.
Grenze
mit
der
Erklærung
der Signaturen.
Offene Felder.
Park.
Niederung
Obstfelder.
Waldgruppen.
Maasstab

465. Provinz Pommern. Reichenbach. 1825.
466. Provinz Pommern. Rottmannshagen. 1840.

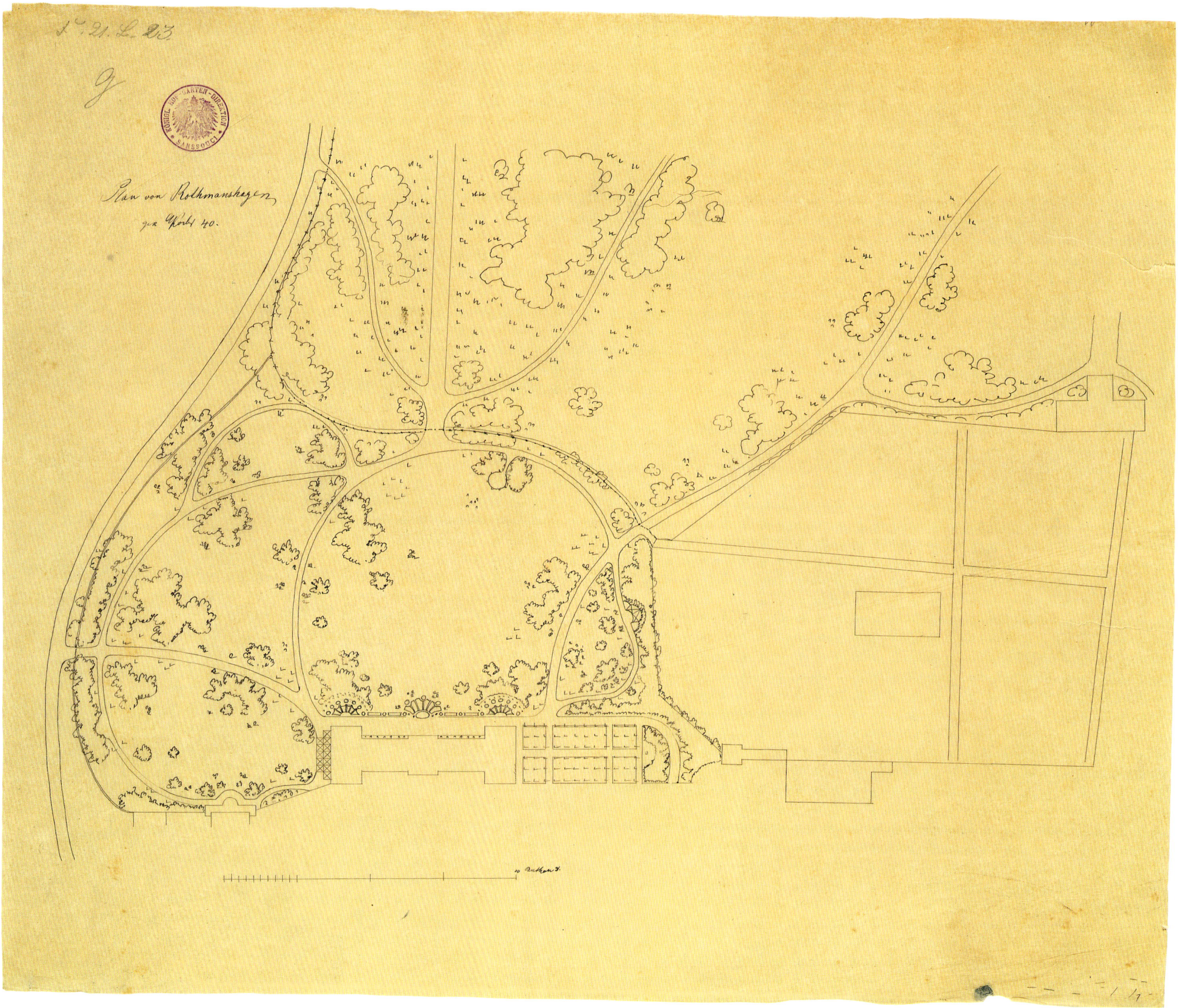

470. Provinz Pommern. Stettin. Anlage vor dem Frauentor.
Um 1825.
474. Provinz Pommern. Tentzerow. 1829.

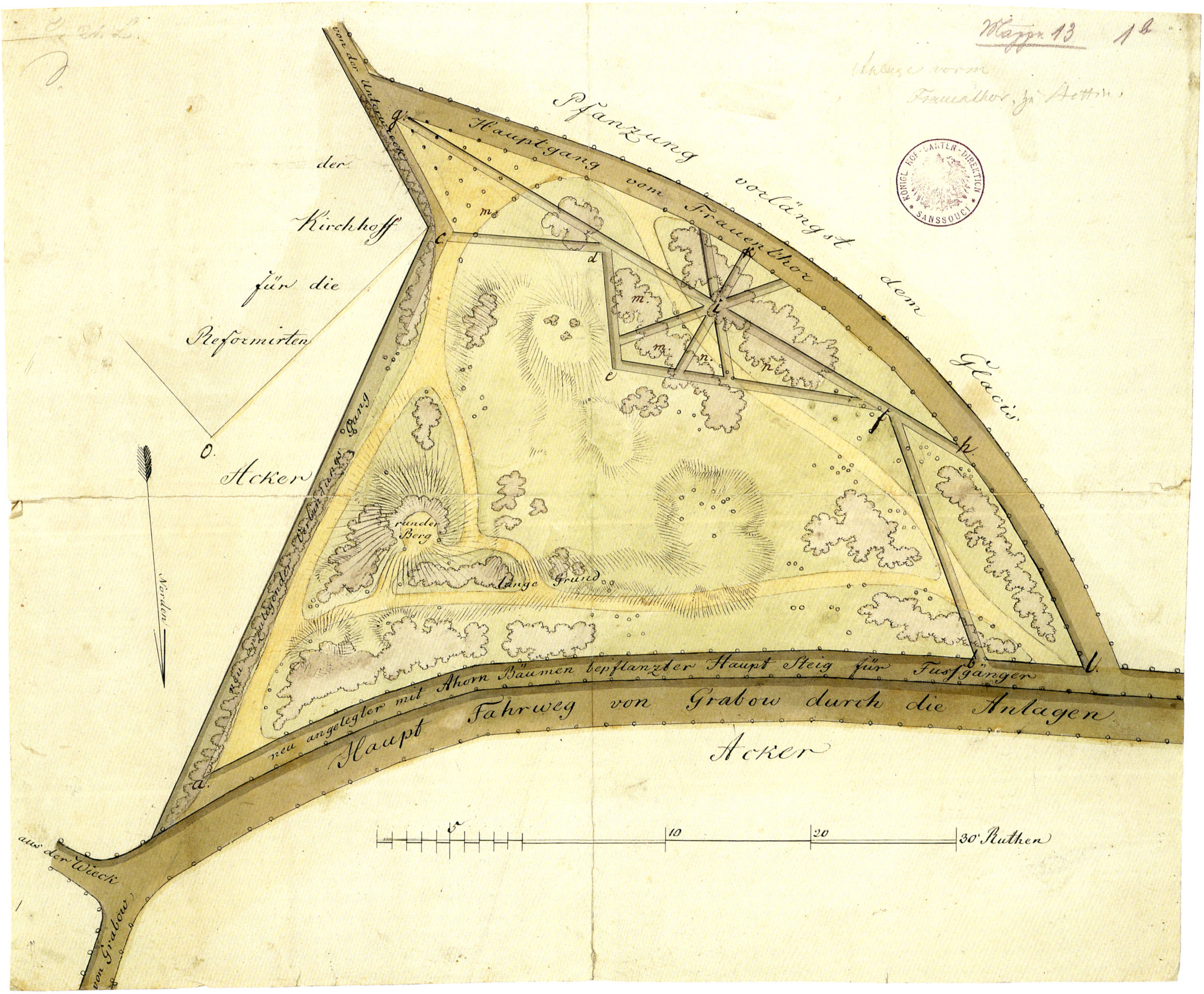

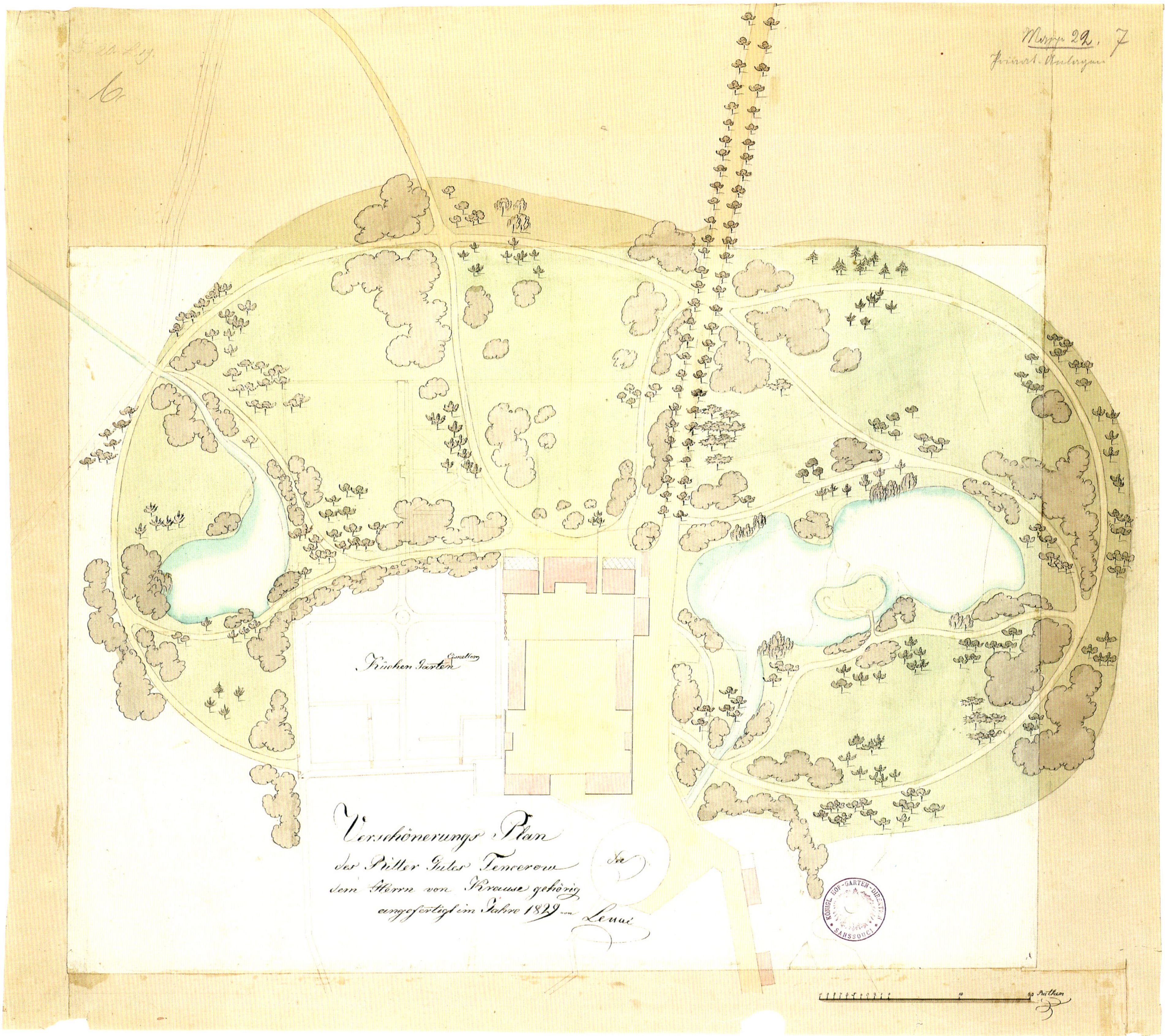

Küchen Garten
Verschönerungs Plan
des Ritter Gutes Tenczerow
dem Herrn von Krause gehörig
angefertigt im Jahre 1829 von
Lenné
See

475. Provinz Pommern. Zarrenthin. 1840.
477. Provinz Posen. Lischkowo. Um 1835.

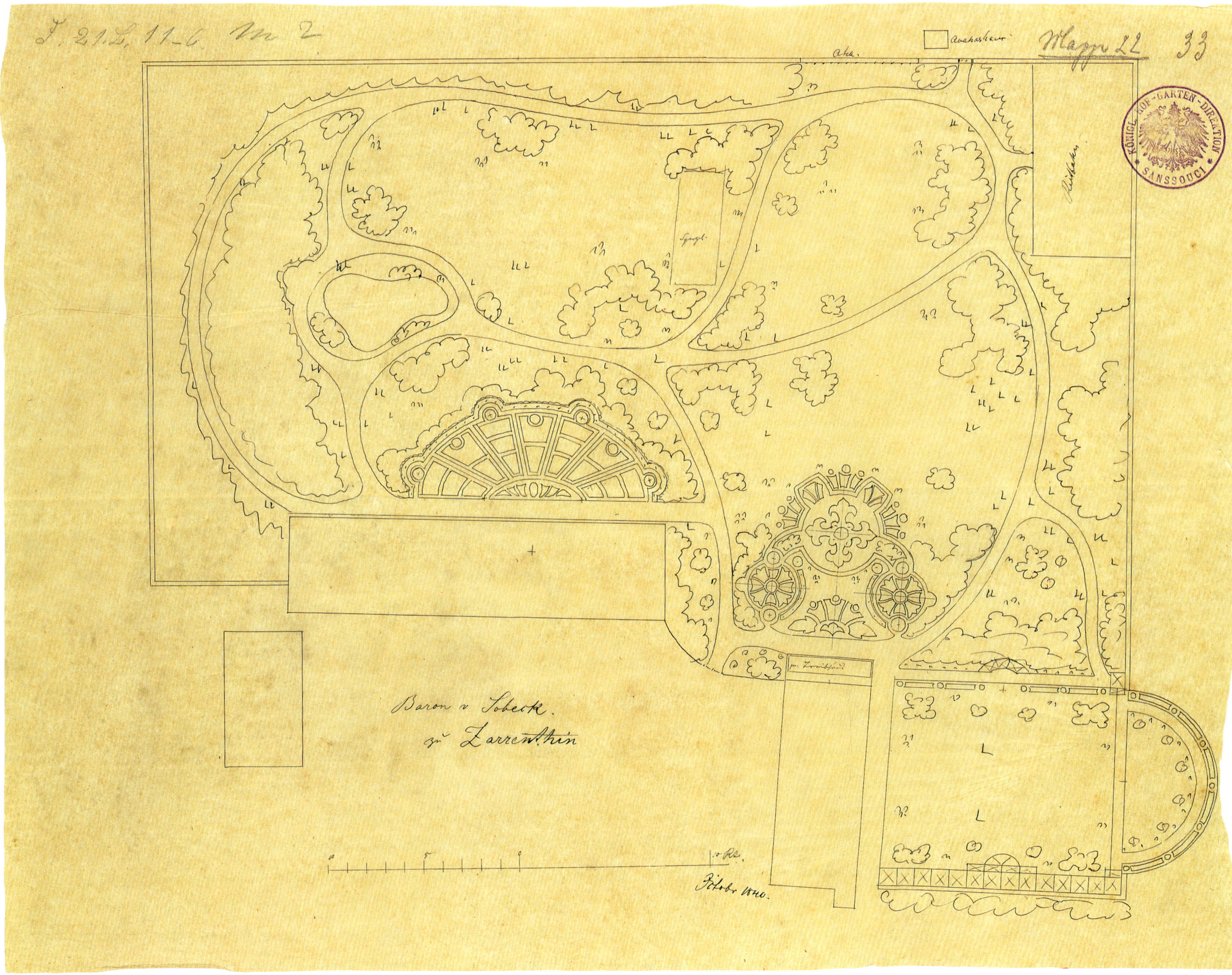

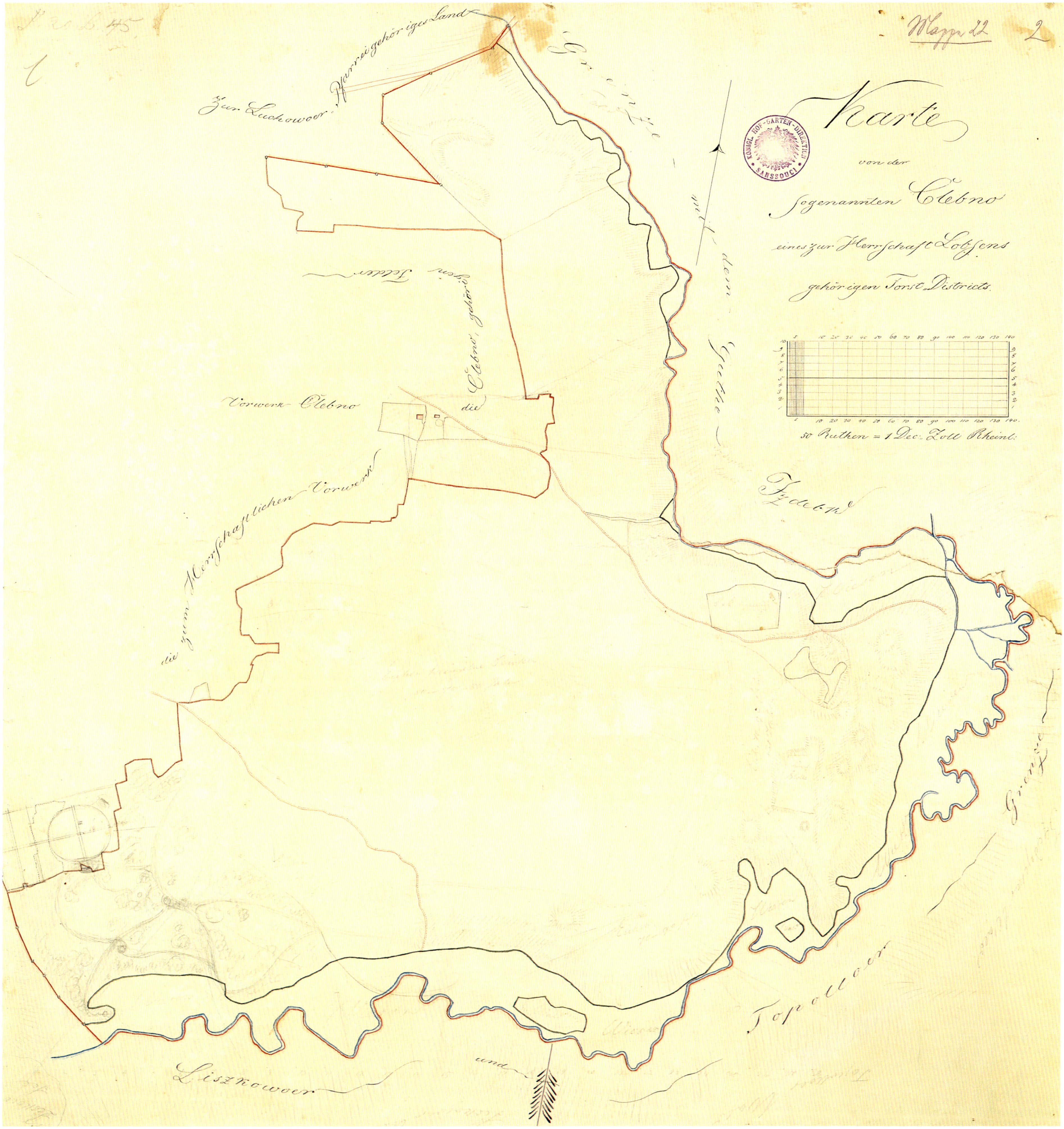
Mappe 22
2
Karte
von der
sogenannten Clebno
eines zur Herrschaft Lobsens
gehörigen Forst-Districts
50 Ruthen = 1 Dec. Zoll Rheinl.
Zur Luchowoer Pfarreigehöriges Land
Vorwerk Clebno
die zum Herrschaftlichen Vorwerk
die Clebno, gehörigen Felder
Grenze mit dem Gute
Zdebno
Liszkowoer
und
Topolloer
Grenze

478. Provinzen Ost- und Westpreußen. Bosemb. Um 1840.
480. Provinzen Ost- und Westpreußen. Flatow. 1822.

Katholische Kirche
Thiergarten

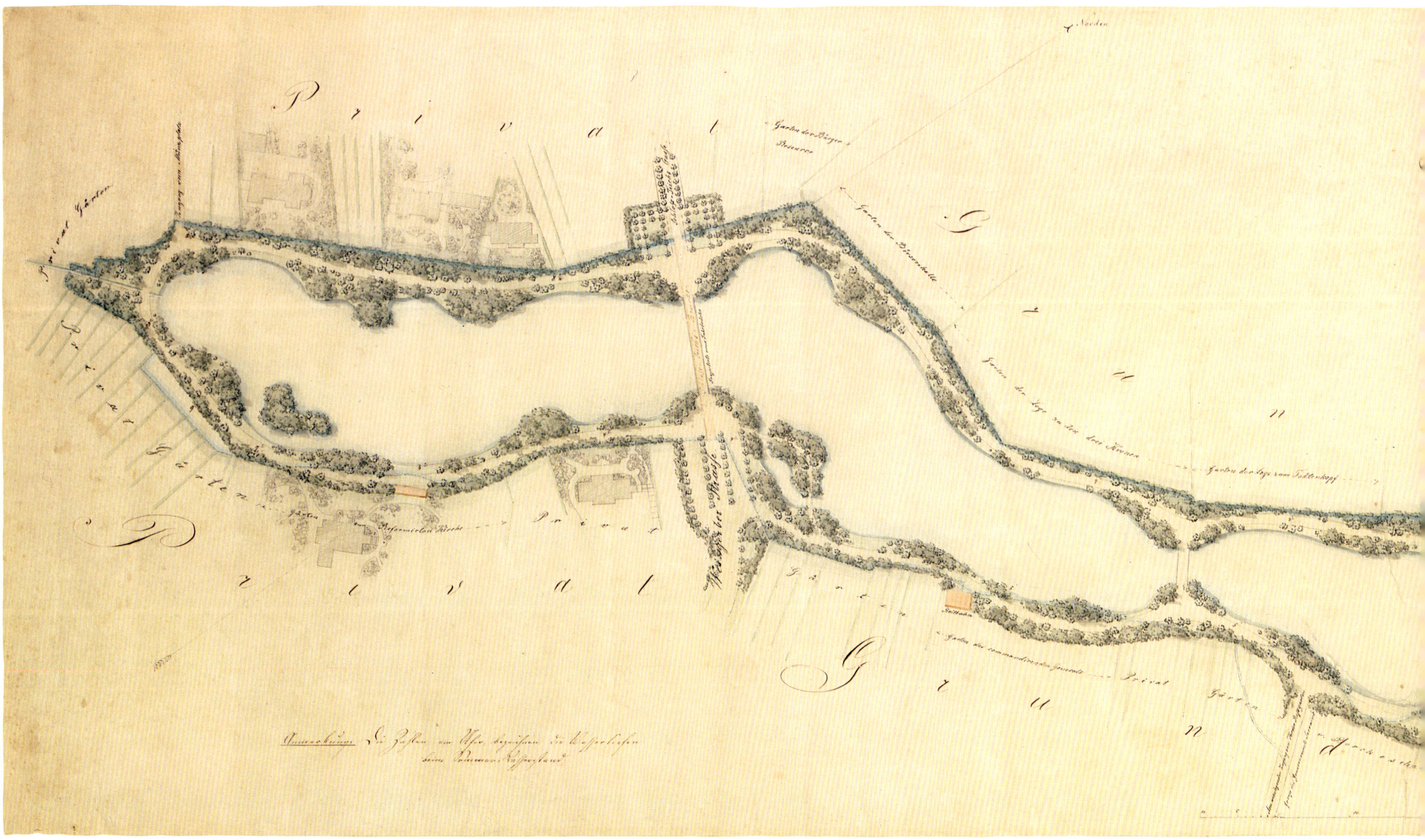

484. Provinzen Ost- und Westpreußen. Königsberg.
Schloßteich. 1857.

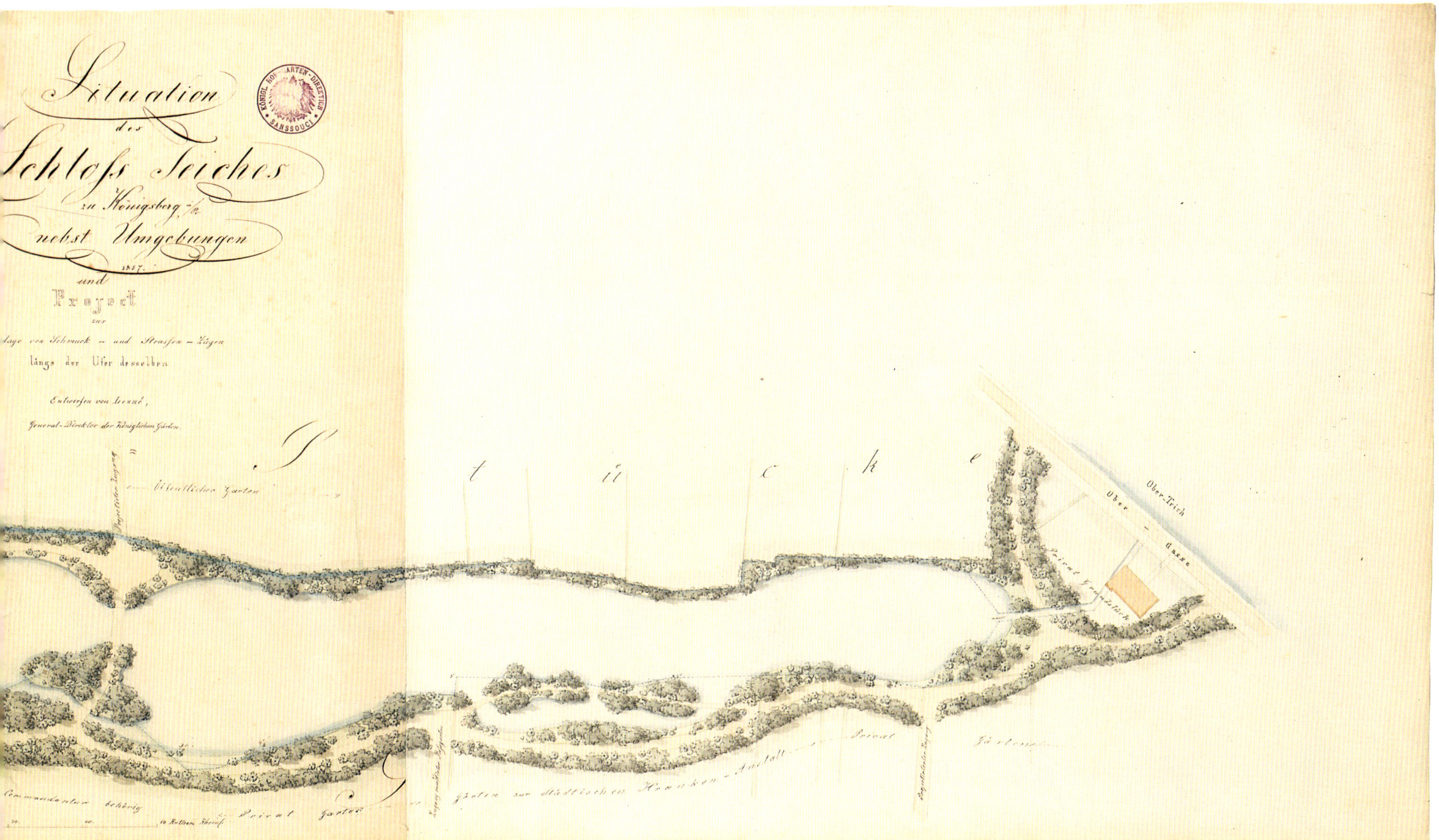

485. Provinzen Ost- und Westpreußen. Rutzau. Um 1842.
486. Provinzen Ost- und Westpreußen. Sensburg. 1824.

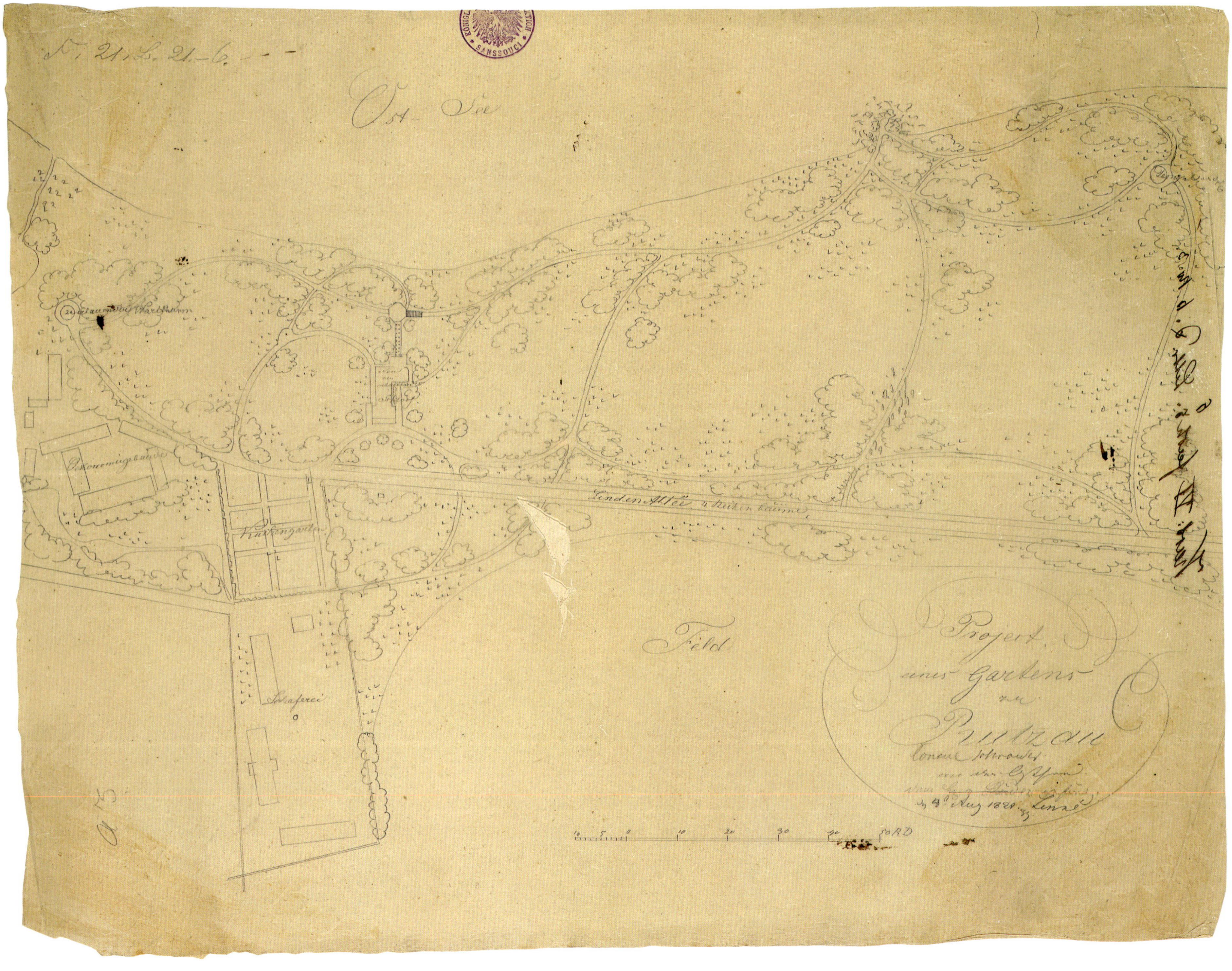

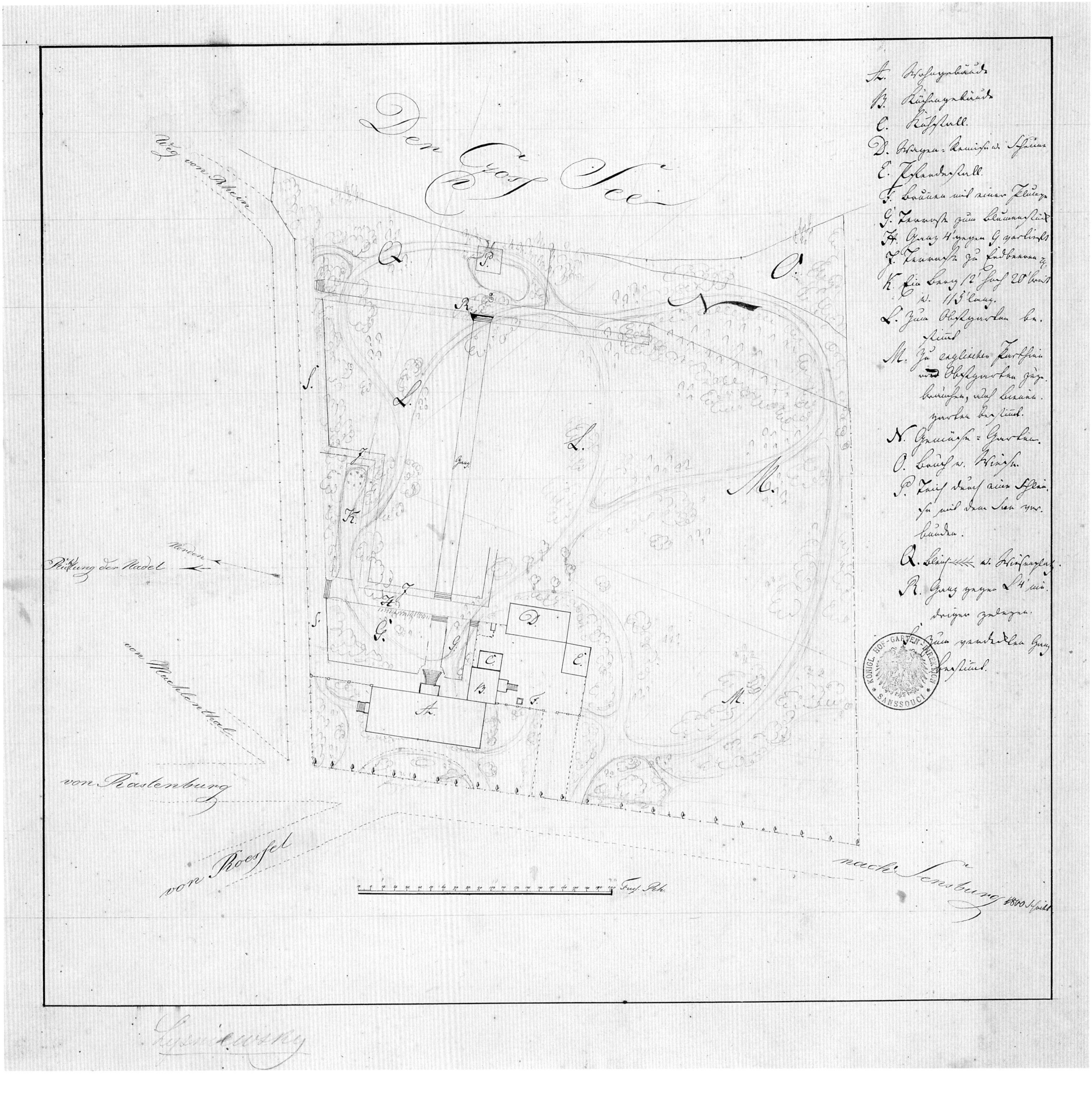
Den Groß See
Weg von Rhein
Norden
Richtung der Nadel
von Muehlenthal
von Rastenburg
von Roessel
nach Sensburg
KÖNIGL. HOF-GARTEN-DIRECTION SANSSOUCI

487. Provinz Schlesien. Erdmannsdorf. 1836.
488. Provinz Schlesien. Erdmannsdorf. 1836.

S. 418, 419
490. Provinz Schlesien. Erdmannsdorf. 1843.
496. Provinz Schlesien. Kamenz. Um 1860.

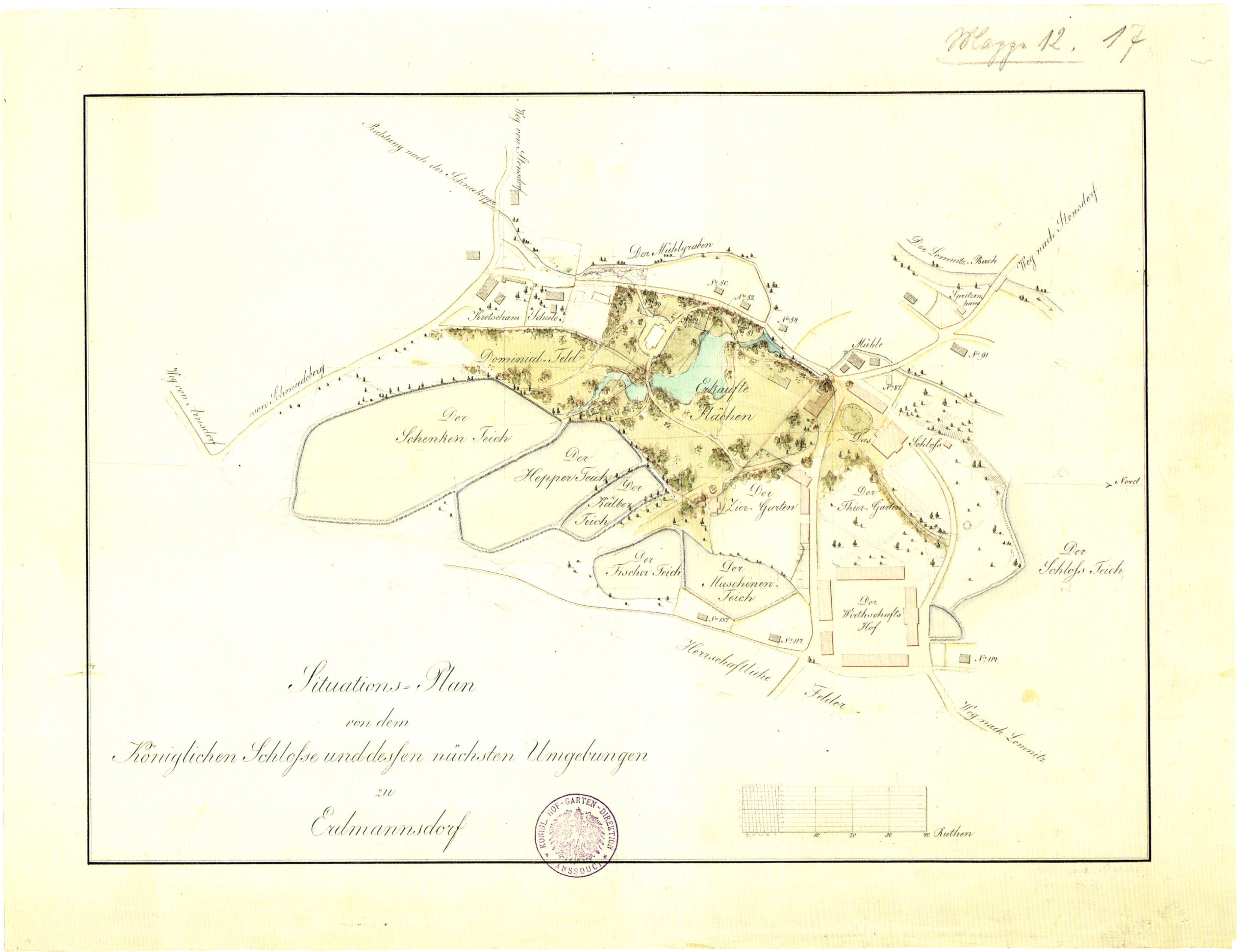

Mappe 12 16 a
KÖNIGL. HOF-GARTEN-DIREKTION
SANSSOUCI
Gemüse Garten
Oeconomie Gebäude
Treibhäuser
Schule

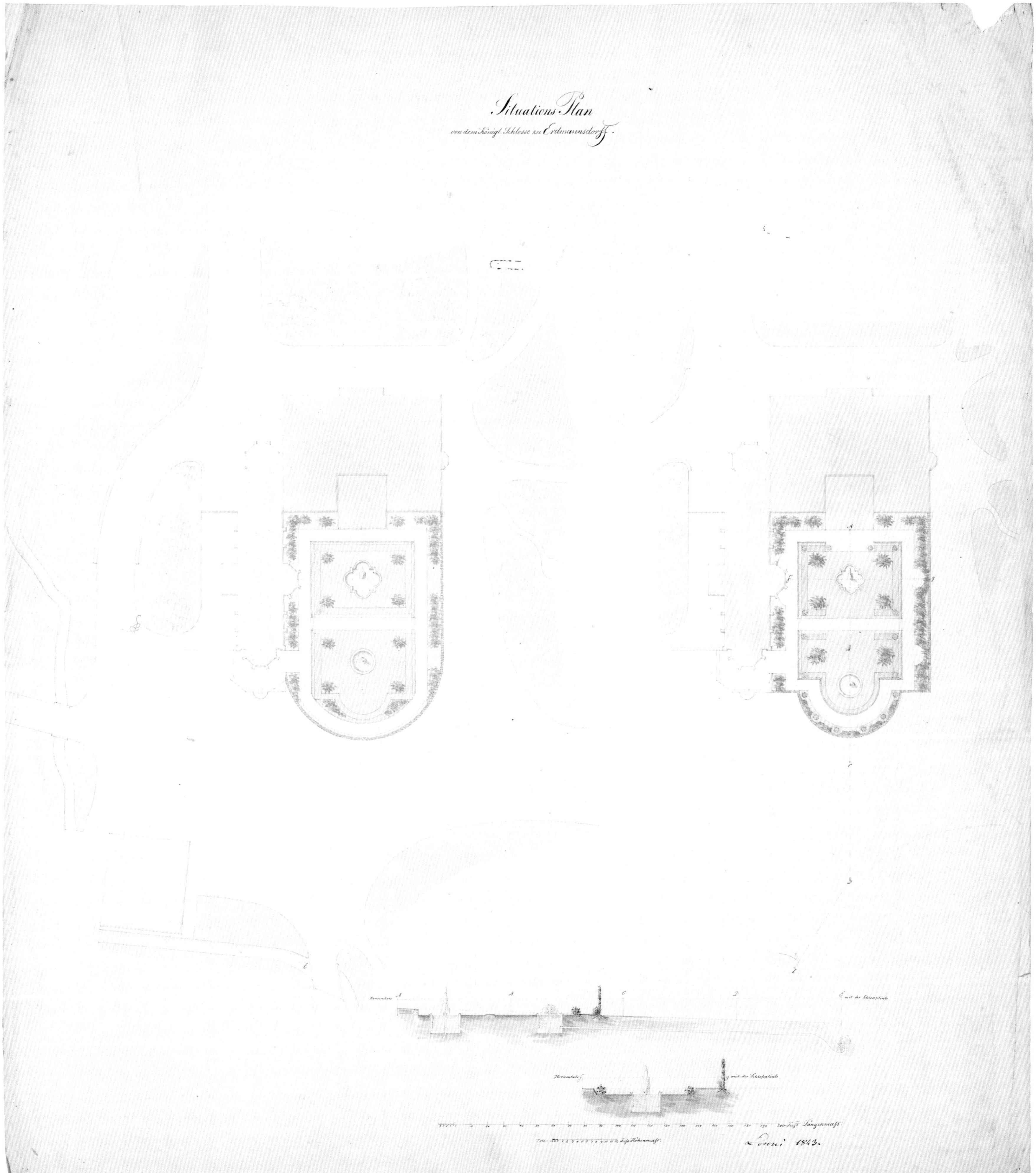
Situations Plan
von dem Königl. Schlosse zu Erdmannsdorff.
200 Fuß Längenmaß.
Fuß Höhenmaß.
Lenné 1843.

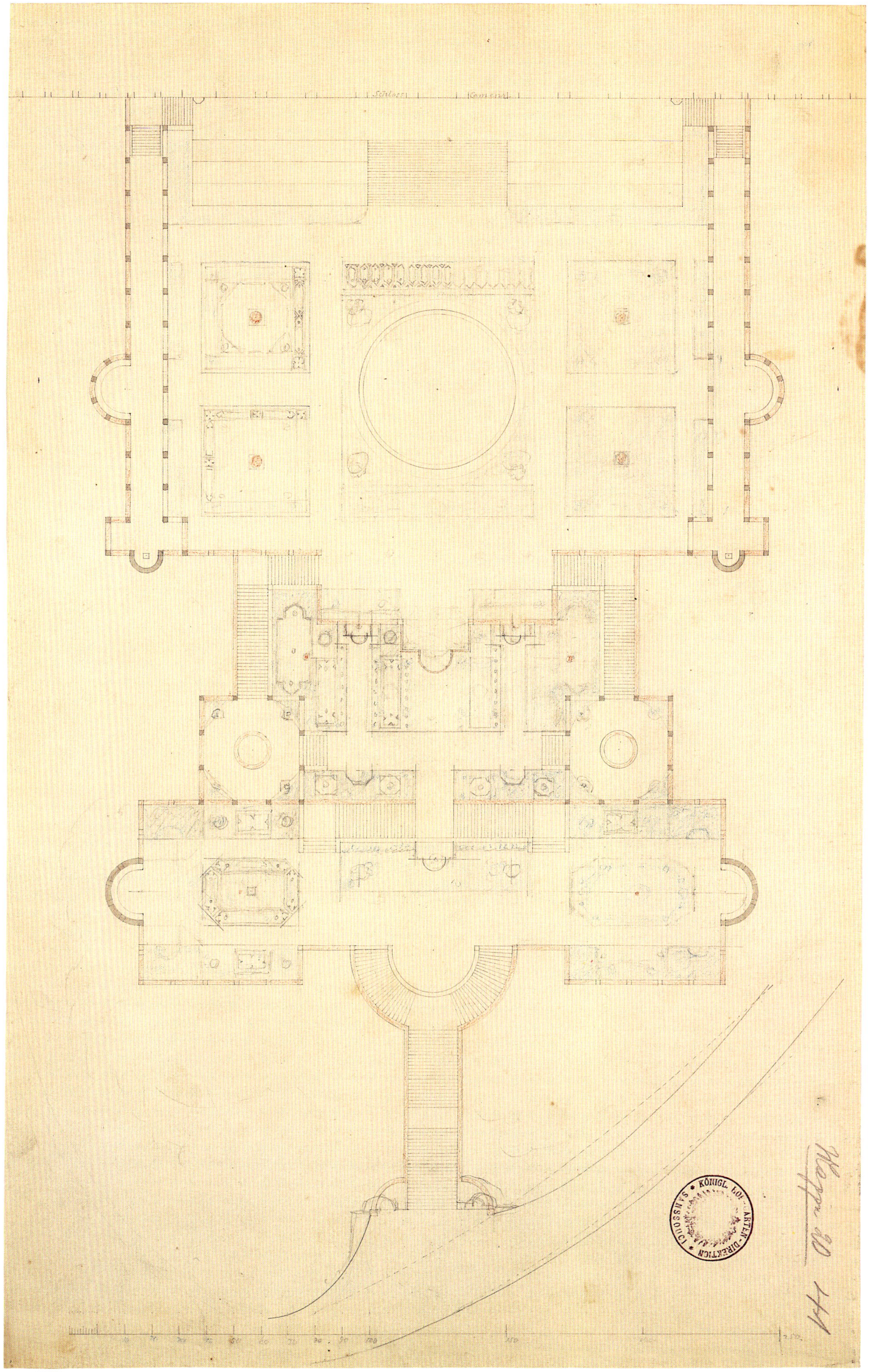
Schloss
KÖNIGL. HOF-GARTEN-DIREKTION SANSSOUCI
Mappe 80 144

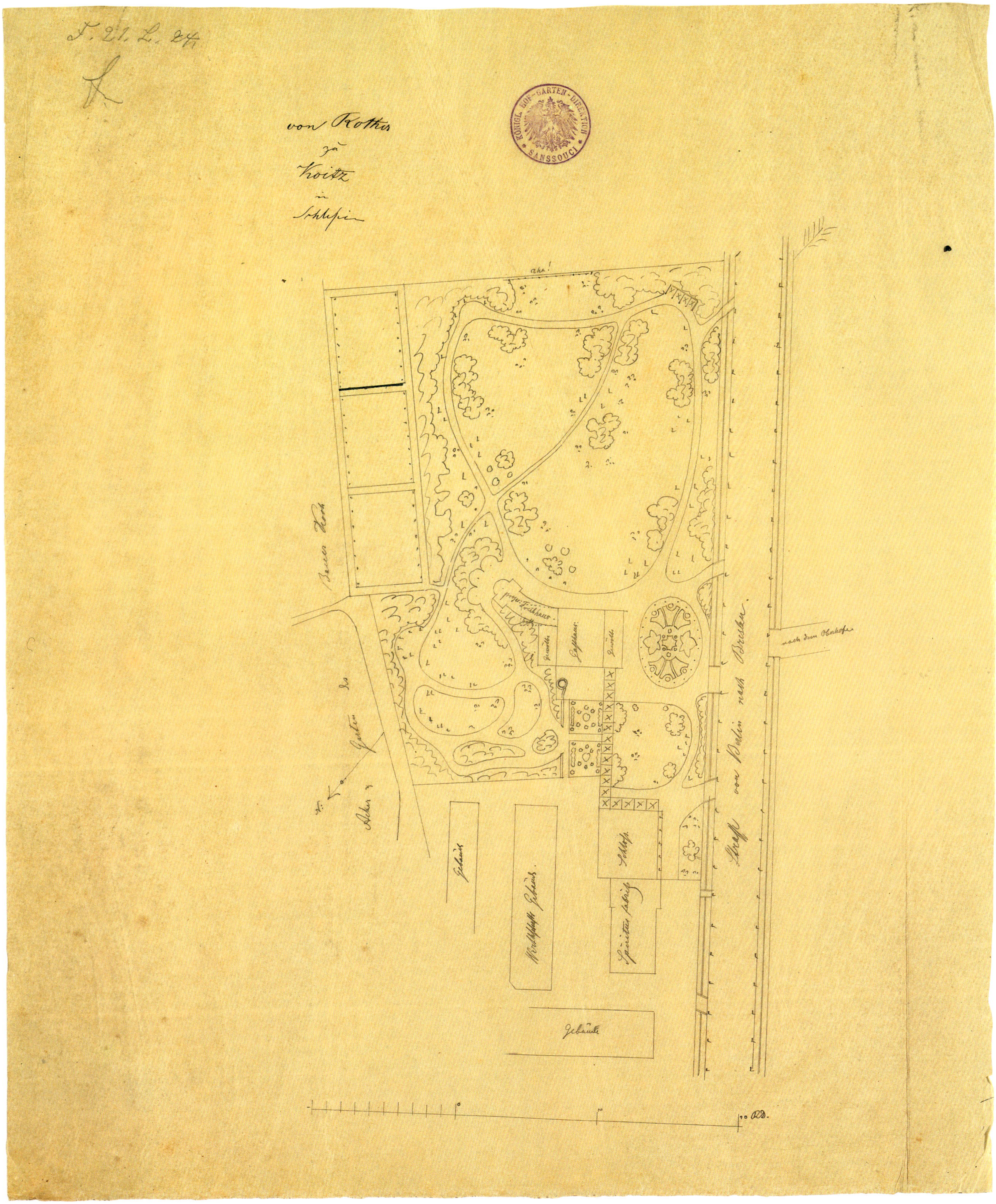

von Rother
zu
Koitz
in
Schlesien
KÖNIGL. HOF-GARTEN-DIRECTION SANSSOUCI
Schloss
Gebäude

498. Provinz Schlesien. Koitz. Um 1840.
499. Provinz Schlesien. Kratzkau. 1848.

500. Provinz Schlesien. Lissa. 1836.
503. Provinz Sachsen. Altenplathow. 1839.

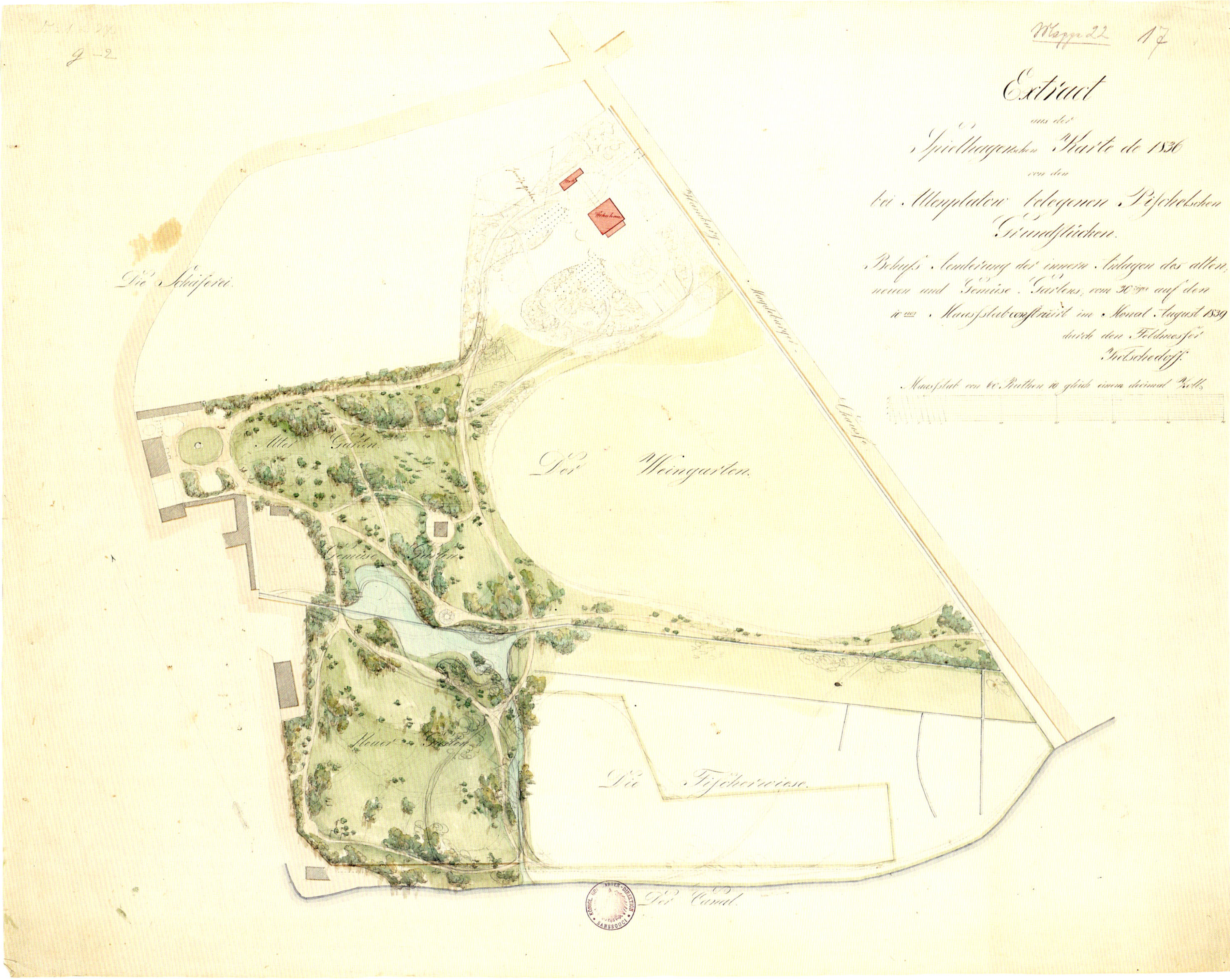
Extract
aus der
Spielhagenschen Karte de 1836
von den
bei Alleuplaten belegenen Pischelschen
Grundstücken.
Behufs Aenderung der innern Anlagen des alten,
neuen und Gemüse Gartens, vom 30 zigen auf den
10 ner Maasstab construirt im Monat August 1839
durch den Feldmesser
Tretschedoff.
Maasstab von 60 Ruthen 10 gleich einem decimal Zoll.
Die Schäferei.
Alter Garten
Der Weingarten.
Gemüse Garten
Neuer Garten
Die Fischerwiese.
Der Canal.
Chausée

504. Provinz Sachsen. Magdeburg. Kloster-Berge-Garten. 1824.
507. Provinz Sachsen. Magdeburg. Herrenkrug. 1829.

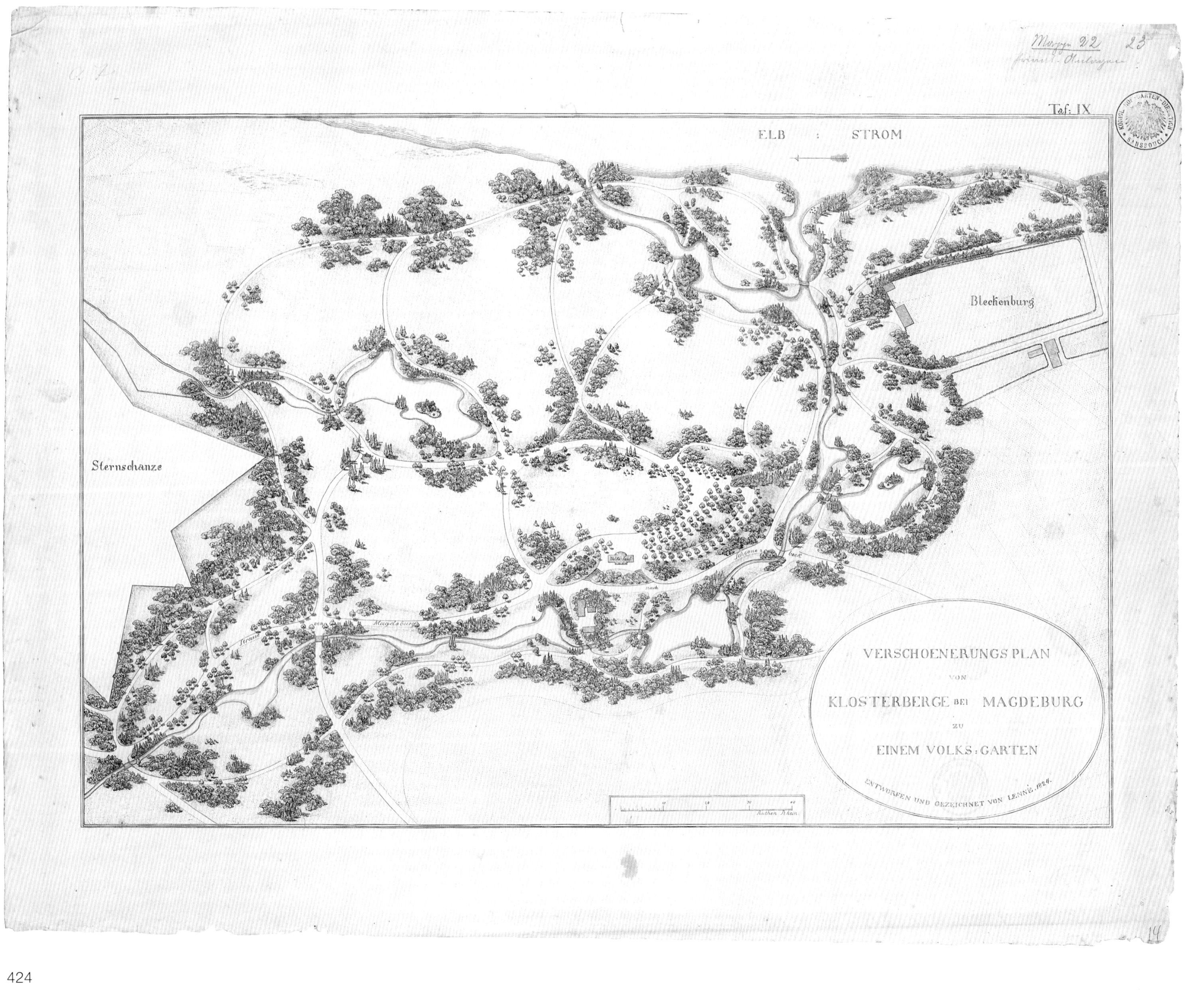

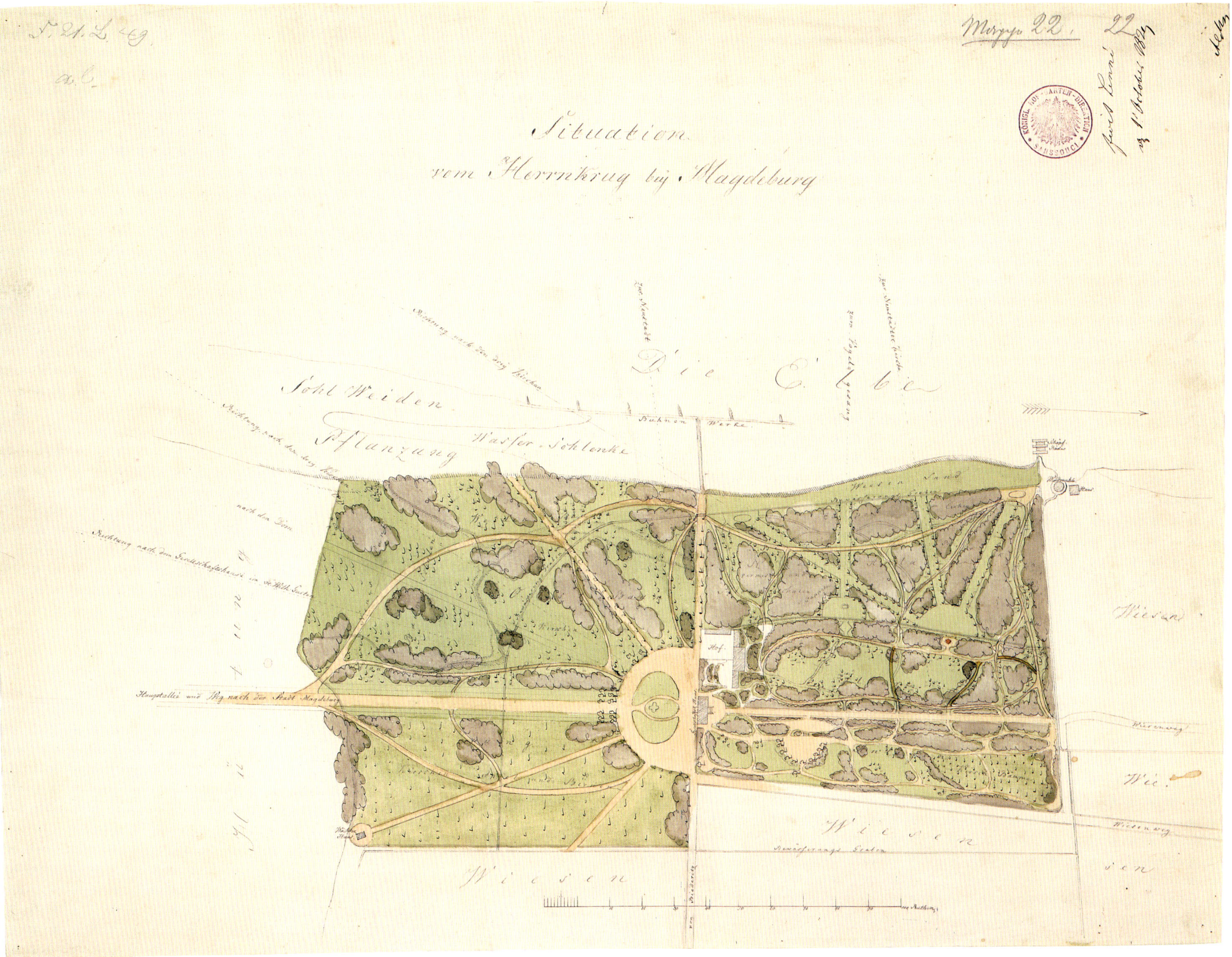
Situation
vom Herrnkrug bey Magdeburg
Die Elbe
Söhl Weiden
Pflanzung
Wasser Schlenke
Buhnen Werke
Wiesen
Hof
Wiesen Land
Hauptallee und Weg nach der Stadt Magdeburg

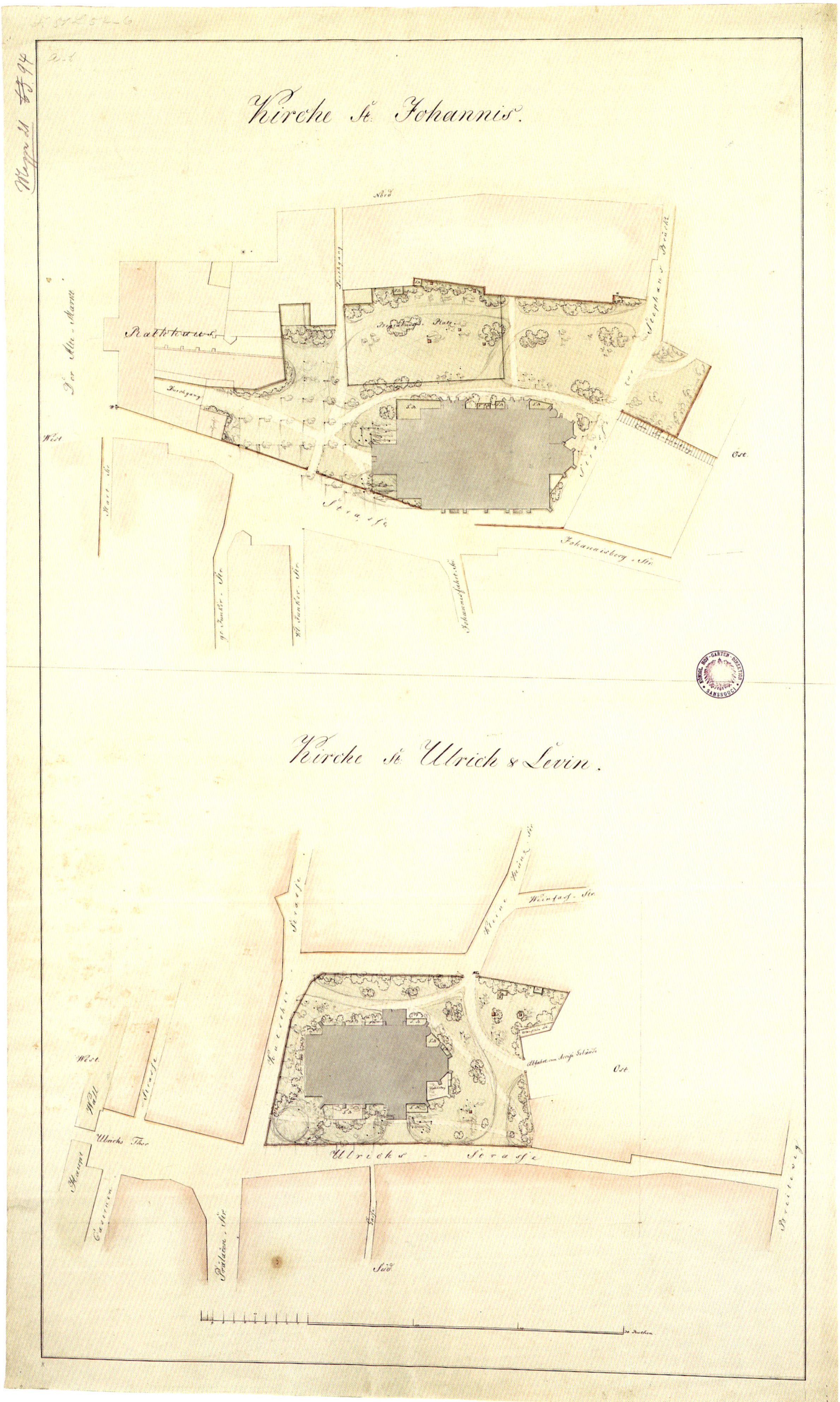
Kirche St. Johannis.
Nord
Rathhaus
West
Ost
Strasse
Johannisberg Str.
Kirche St. Ulrich & Levin.
Weinfaß Str.
West
Ost
Ulrichs Thor
Ulrichs Strasse
Süd

508. Provinz Sachsen. Magdeburg. St. Johannis und St. Ulrich. 1825.
509. Provinz Sachsen. Magdeburg. St. Jakobi und St. Katharinen. 1825.

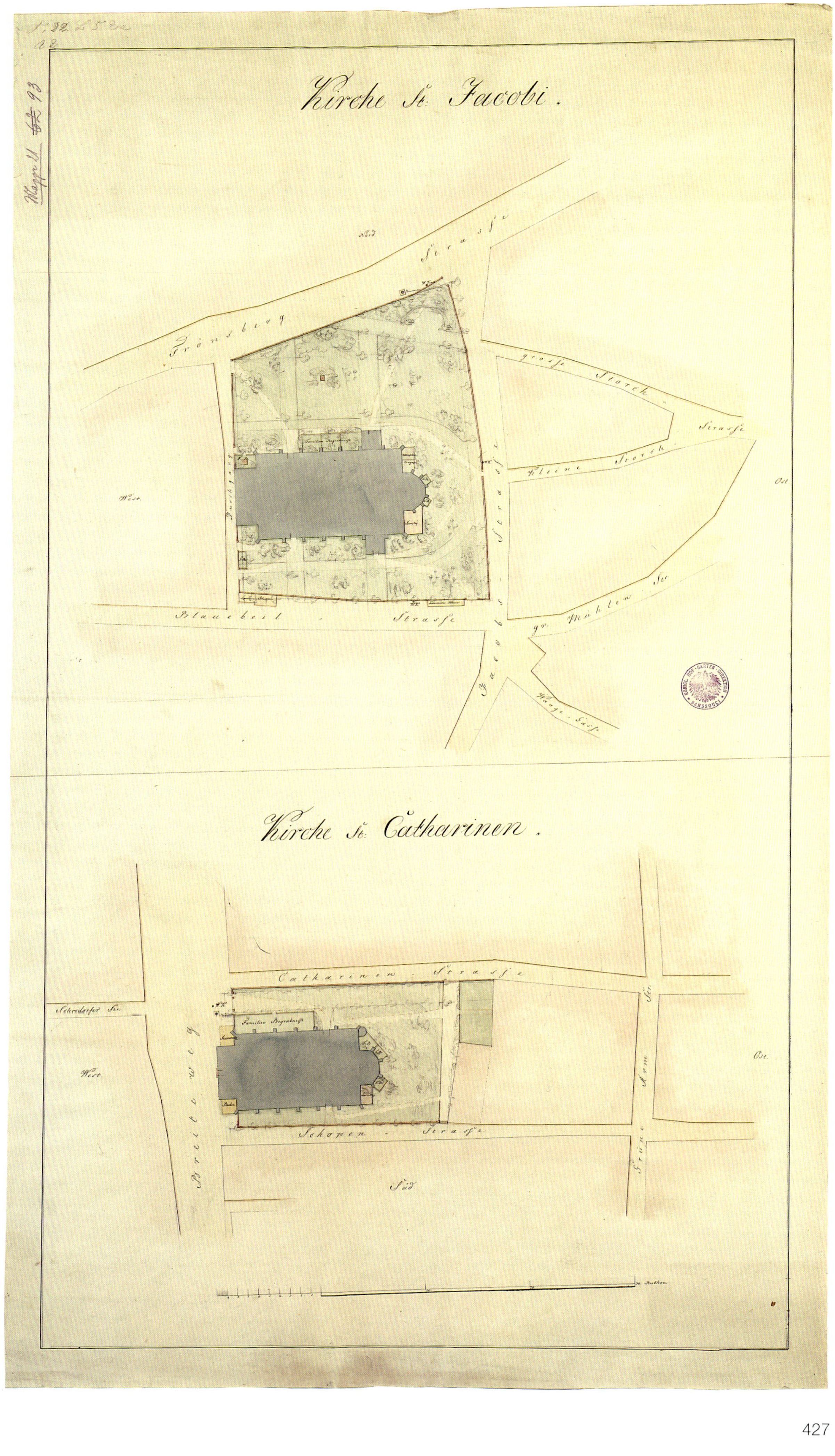

513. Rheinprovinz. Aachen. Krankenhaus. 1853.
514. Rheinprovinz. Aachen. Krankenhaus. 1853.

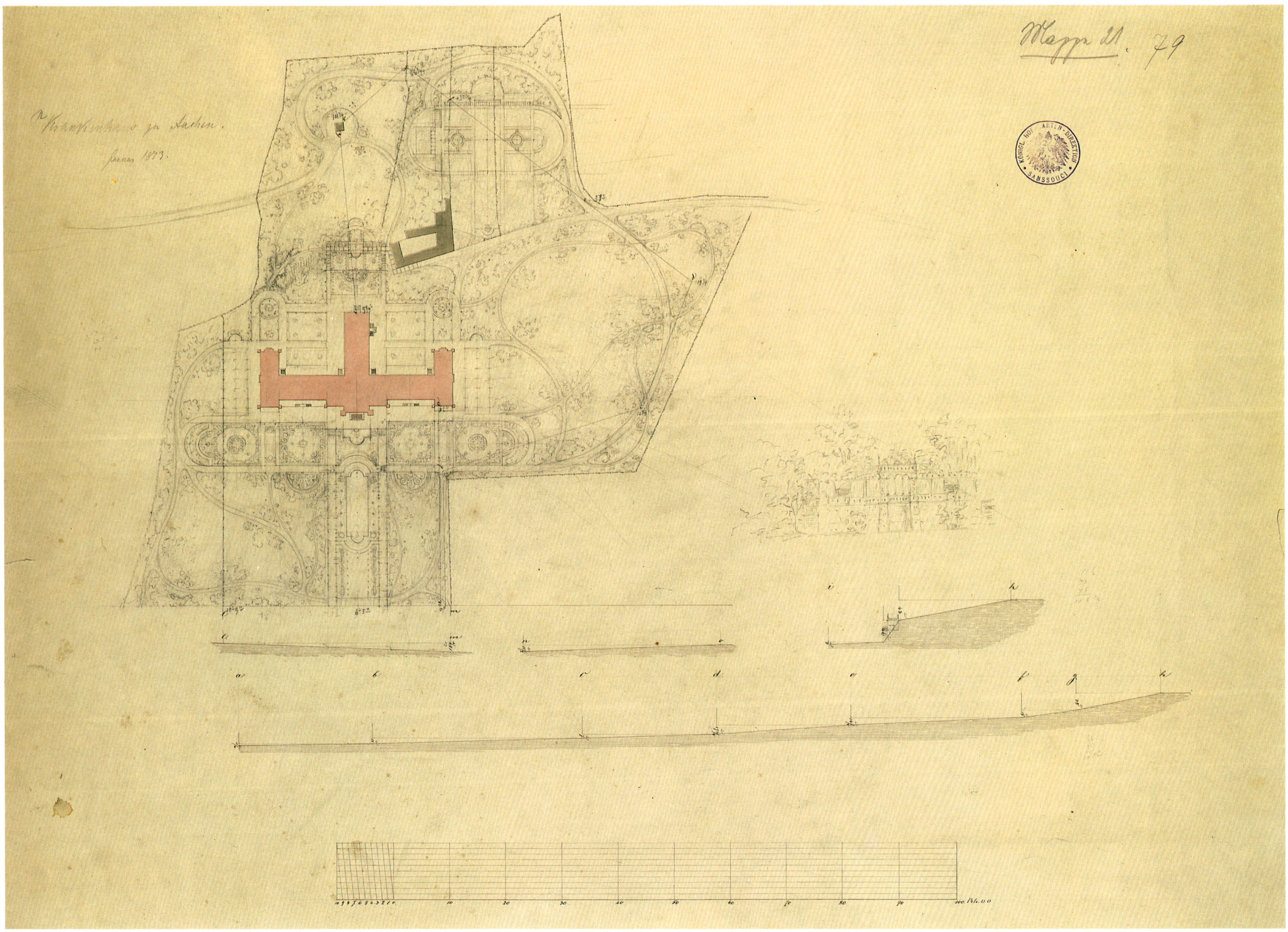

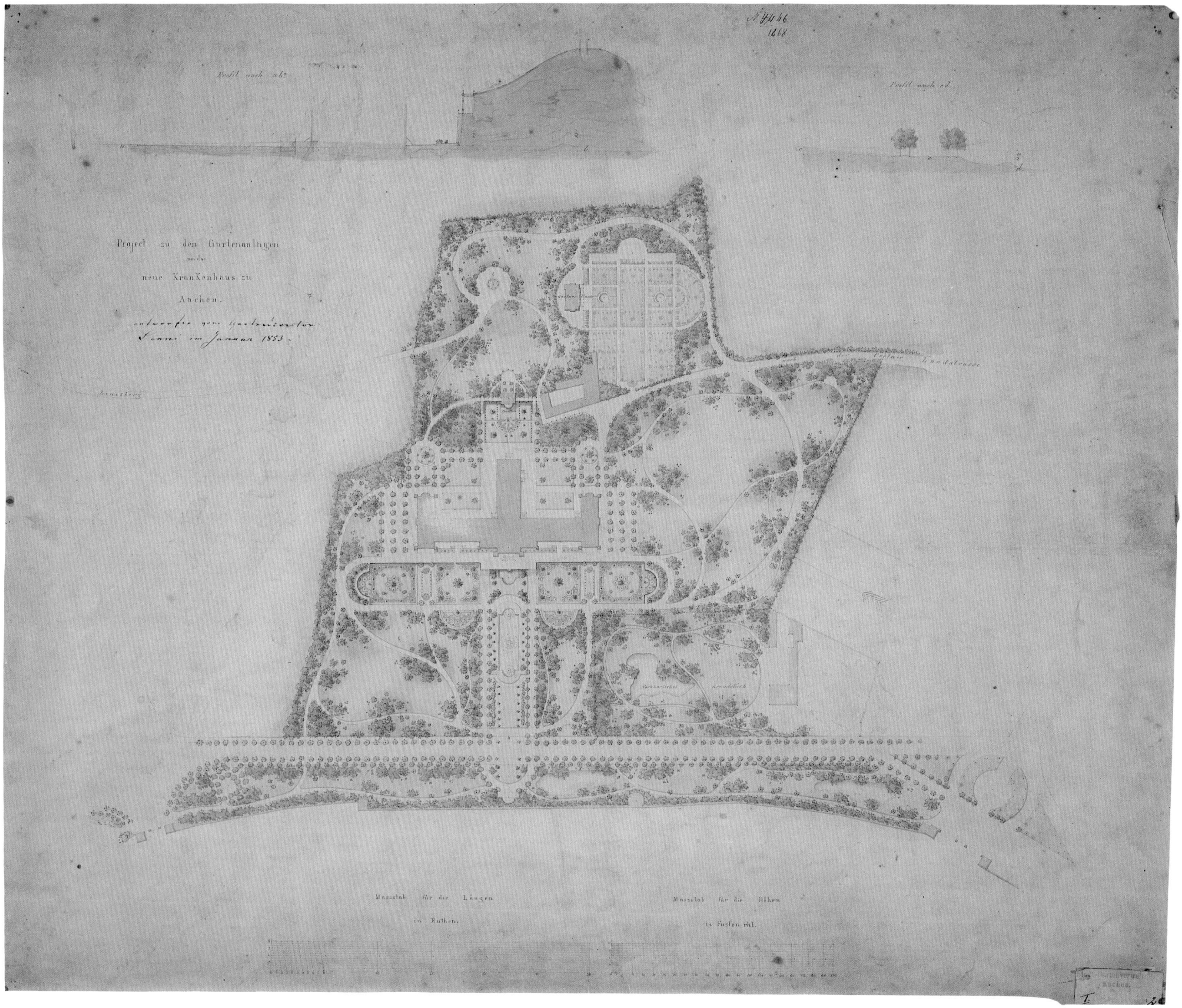

Project zu den Gartenanlagen
um das
neue Krankenhaus zu
Aachen.
entworfen vom Gartendirector
Lenné im Januar 1853.
Maasstab für die Längen
in Ruthen.

516. Rheinprovinz. Bonn. Garten Miderle. 1859.
517. Rheinprovinz. Bonn. Gut Oberkassel. Um 1814.

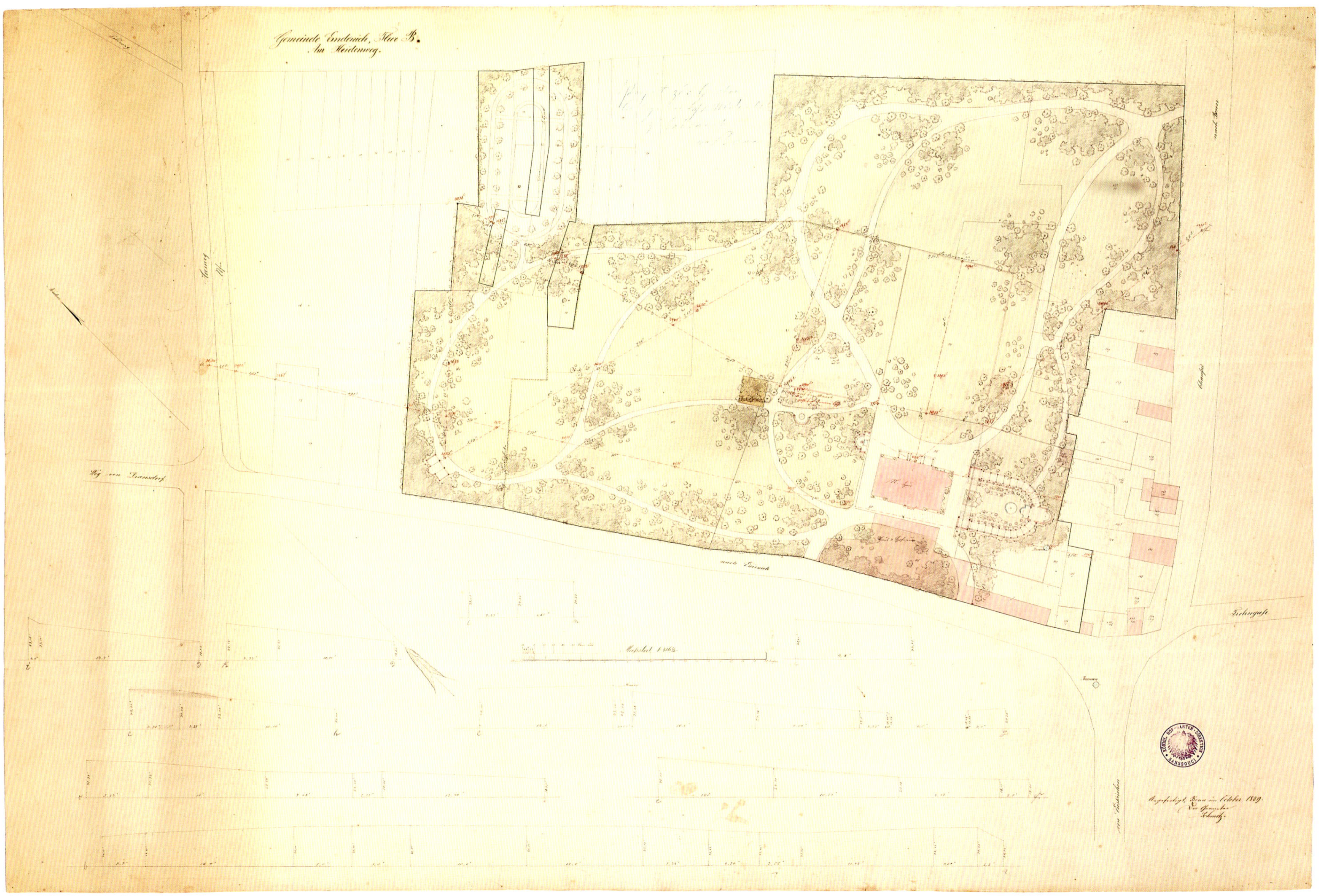

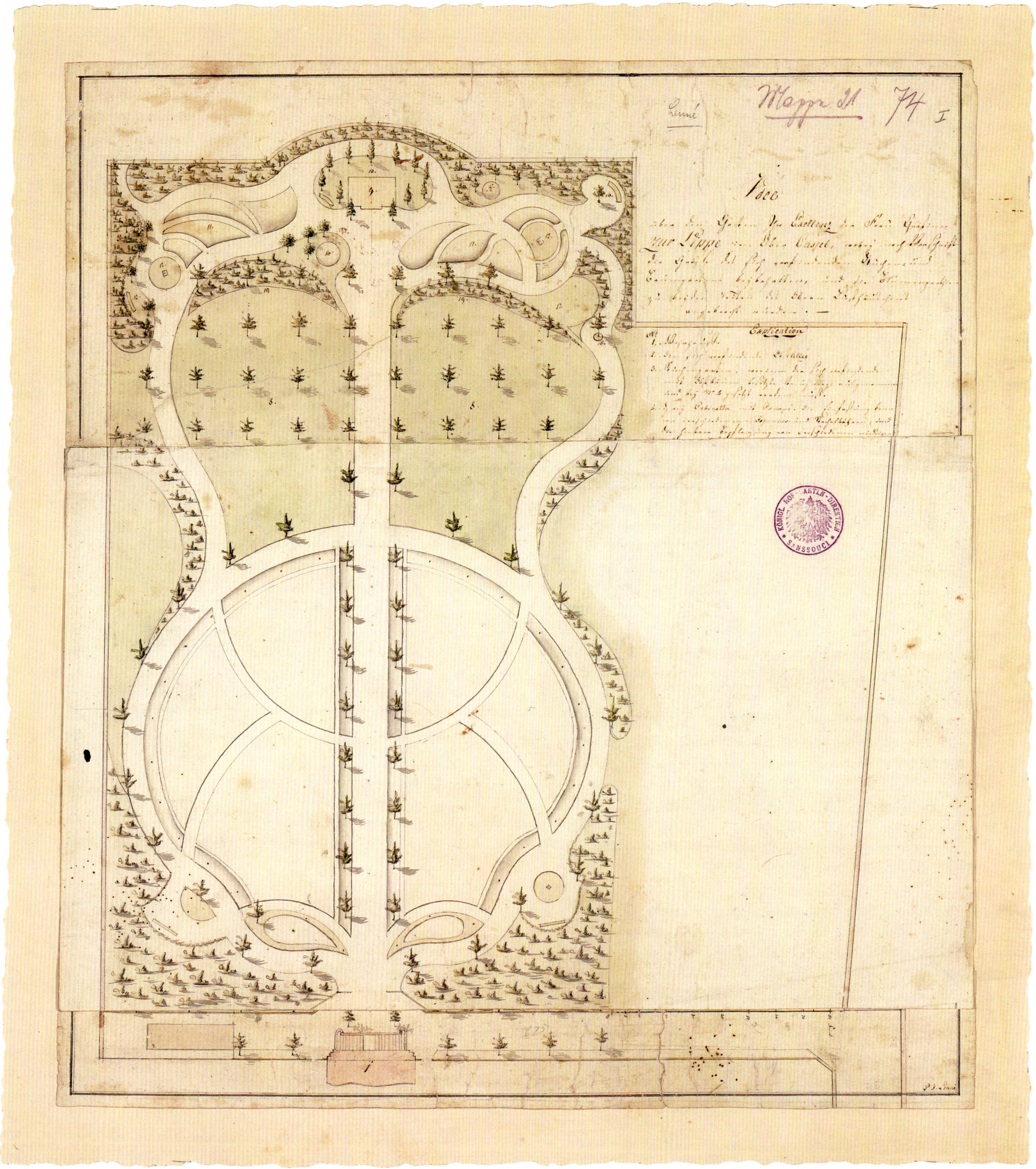

525. Rheinprovinz. Brühl. 1842.
527. Rheinprovinz. Brühl. Um 1845.

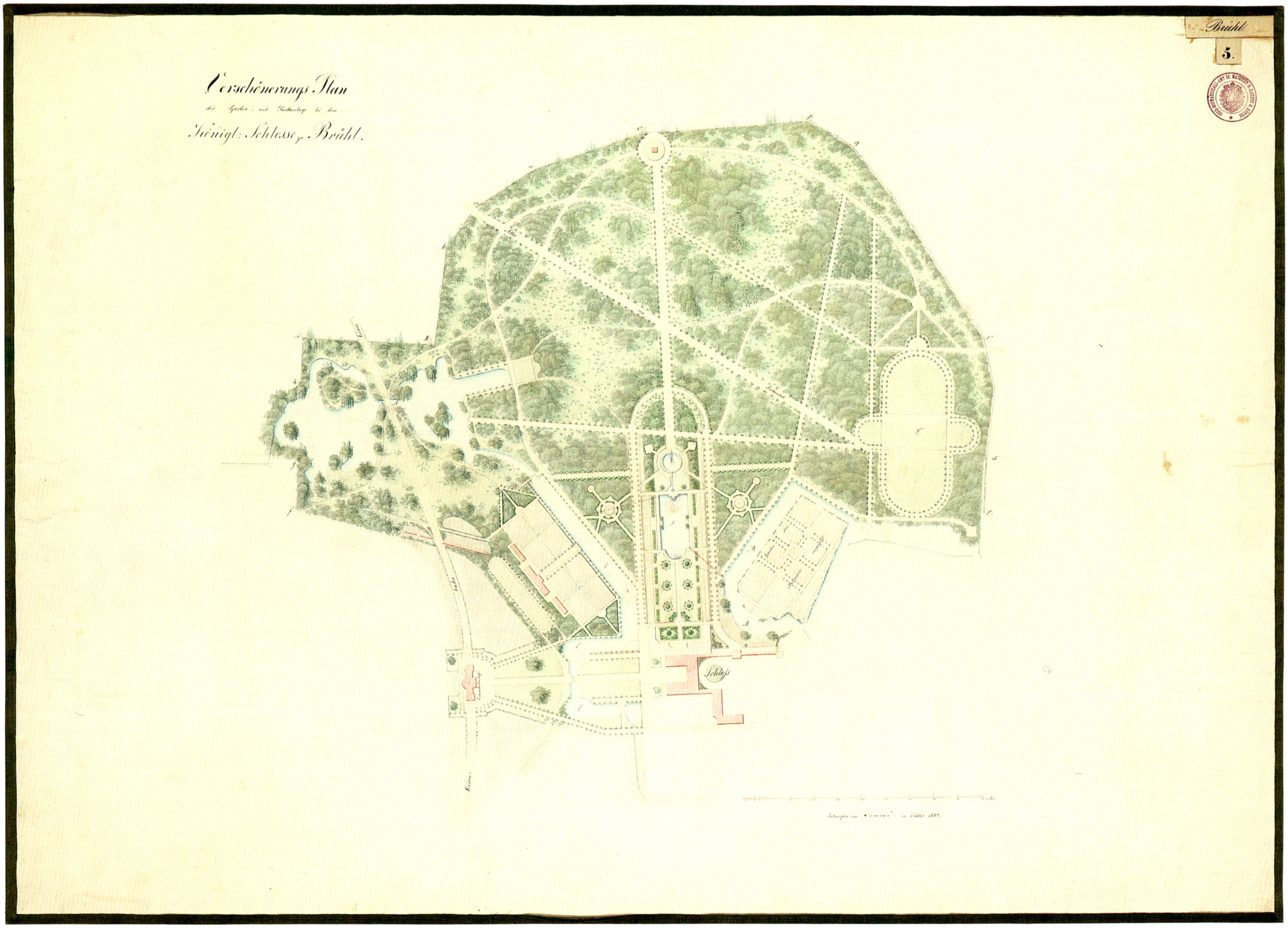

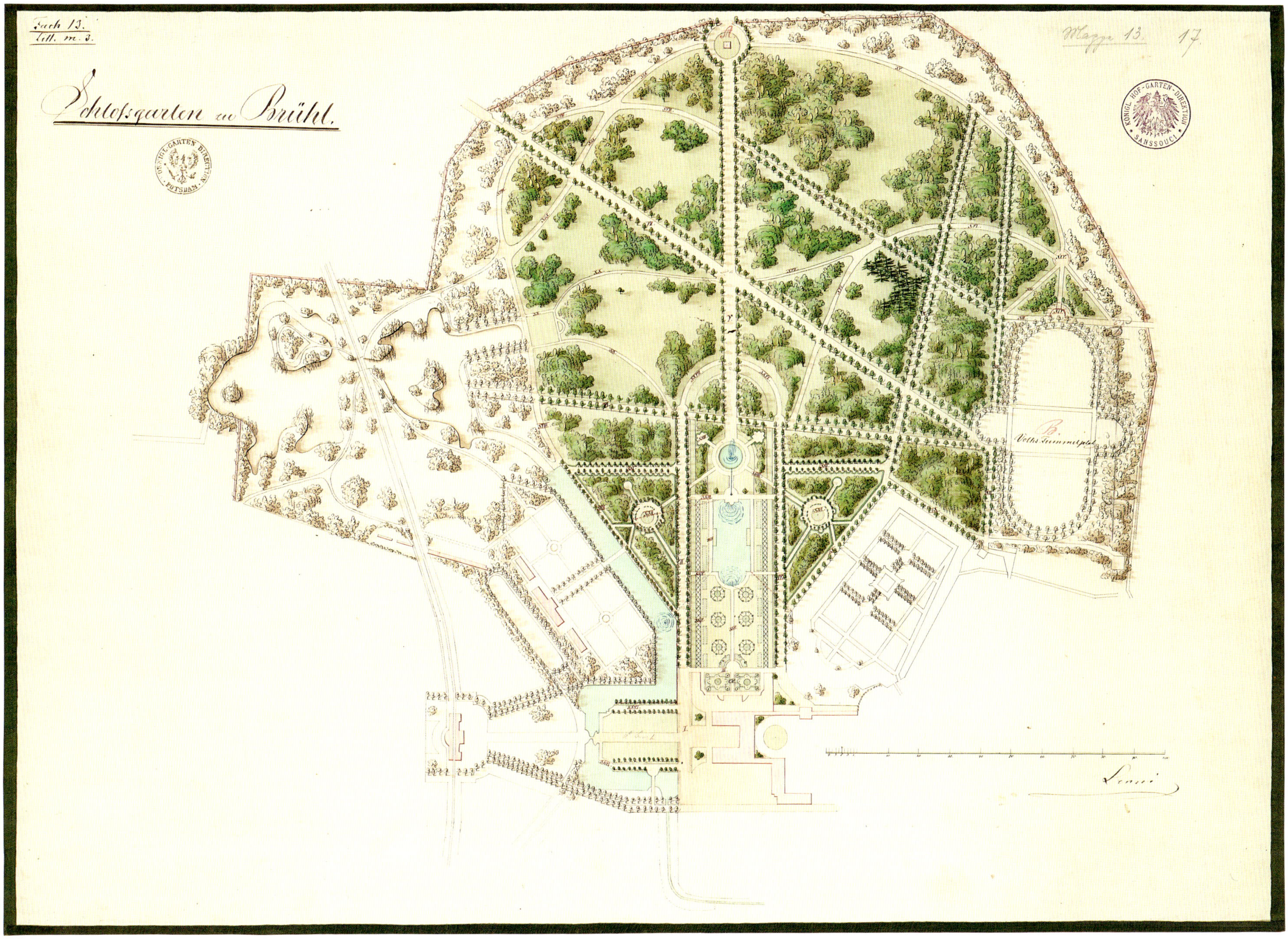
Fach 13.
Litt. m. 3.
Schlossgarten zu Brühl.
KOENIGL. GARTEN DIRECTION POTSDAM
Mappe 13.
17
KÖNIGL. HOF-GARTEN-DIREKTION SANSSOUCI

533. Rheinprovinz. Köln. Flora. 1862.
534. Rheinprovinz. Bad Neuenahr. 1857.

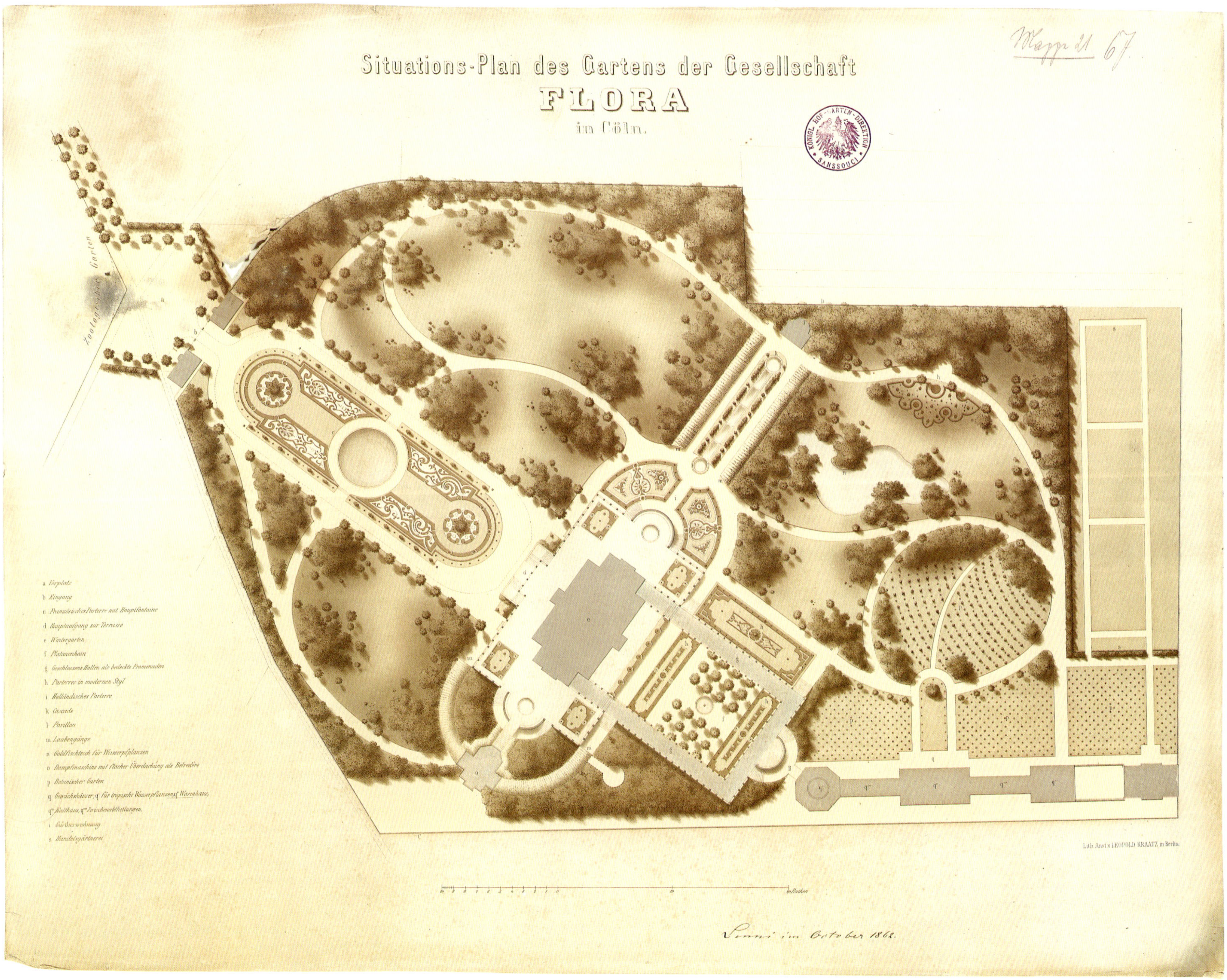

S. 436, 437
537. Provinz Westfalen. Bad Oeynhausen. 1847.
538. Provinz Westfalen. Lengerich. 1863.

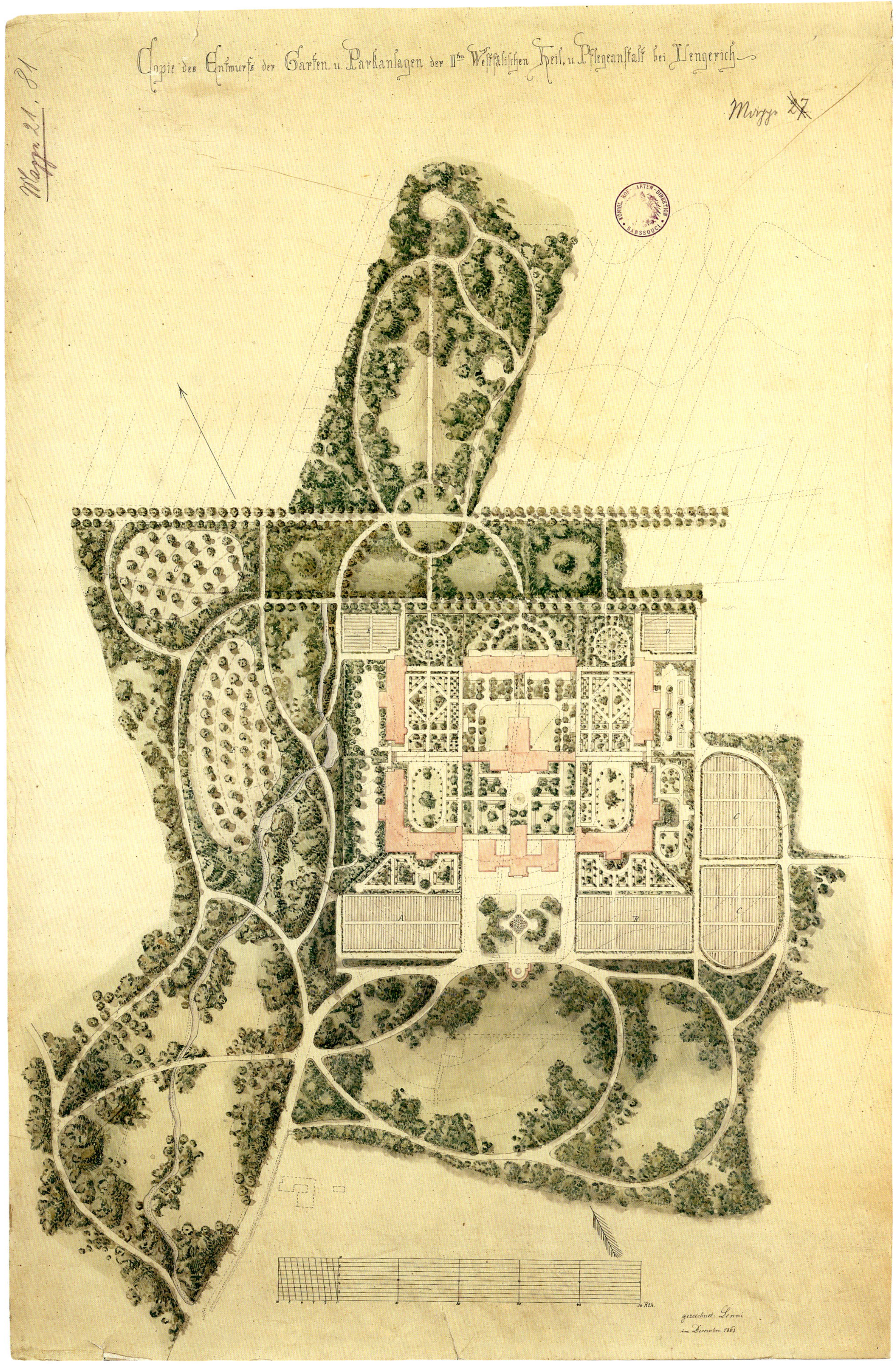
Copie des Entwurfs der Garten u. Parkanlagen der IIten Westfälischen Heil. u. Pflegeanstalt bei Lengerich
gezeichnet Lenné
im December 1863.

540. Hohenzollerische Lande. Burg Hohenzollern. 1855.

S. 440, 441
542. Mecklenburg-Schwerin. Basedow. 1835.
543. Mecklenburg-Schwerin. Basedow. 1835.

Mapp 21.
13
Feld
Wiesen
Schloss
Wirthschafts und sonstige Gebäude
Gemüse Garten

Mapp. 21.
KÖNIGL. HOF-GARTEN-DIRECTION SANSSOUCI
Gräfin v. Hahn's
Plan zum Blumengarten.
Lenné 35.

544. Mecklenburg-Schwerin. Basedow. Um 1836/37.
545. Mecklenburg-Schwerin. Basedow. Wohl 1837.

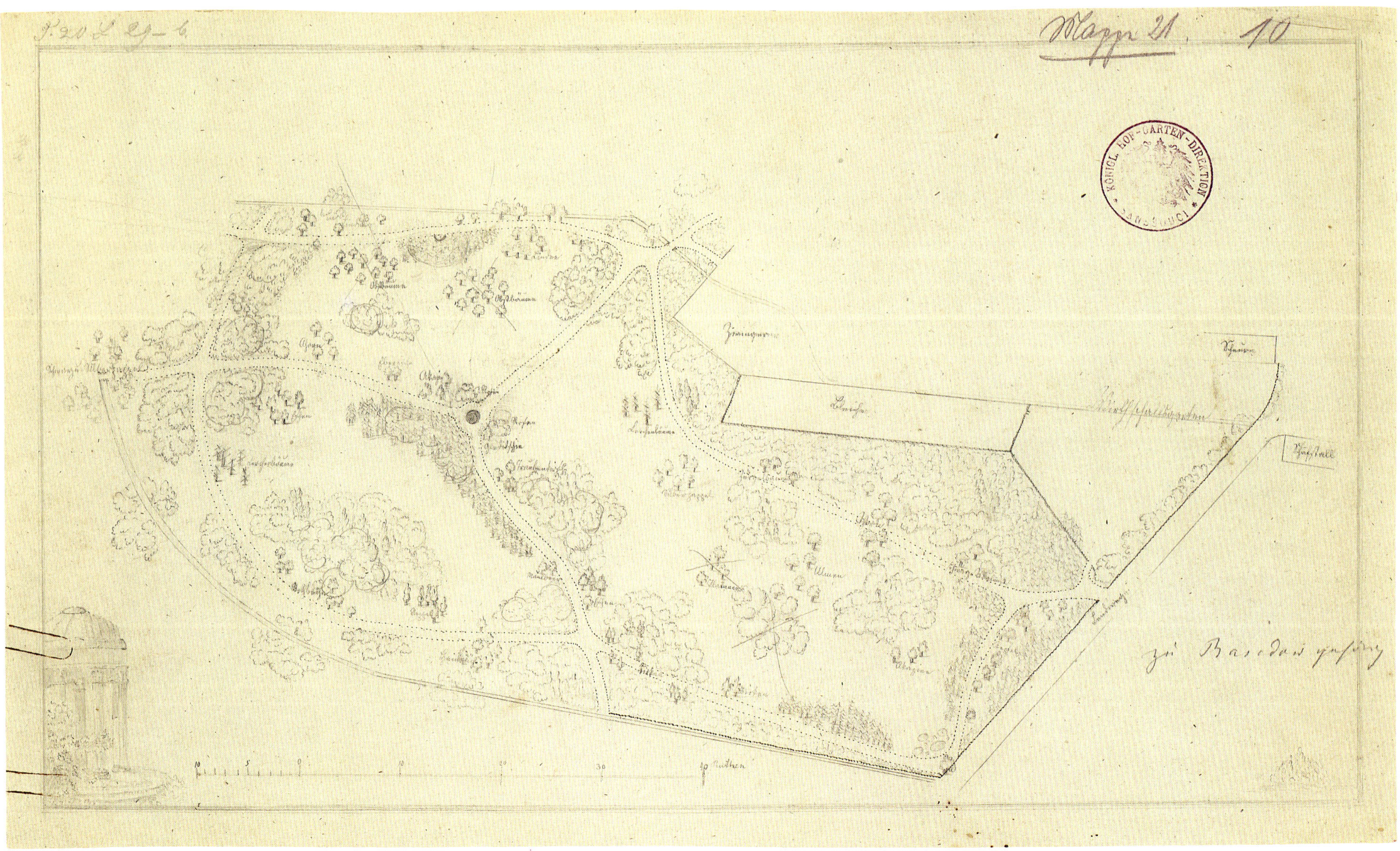

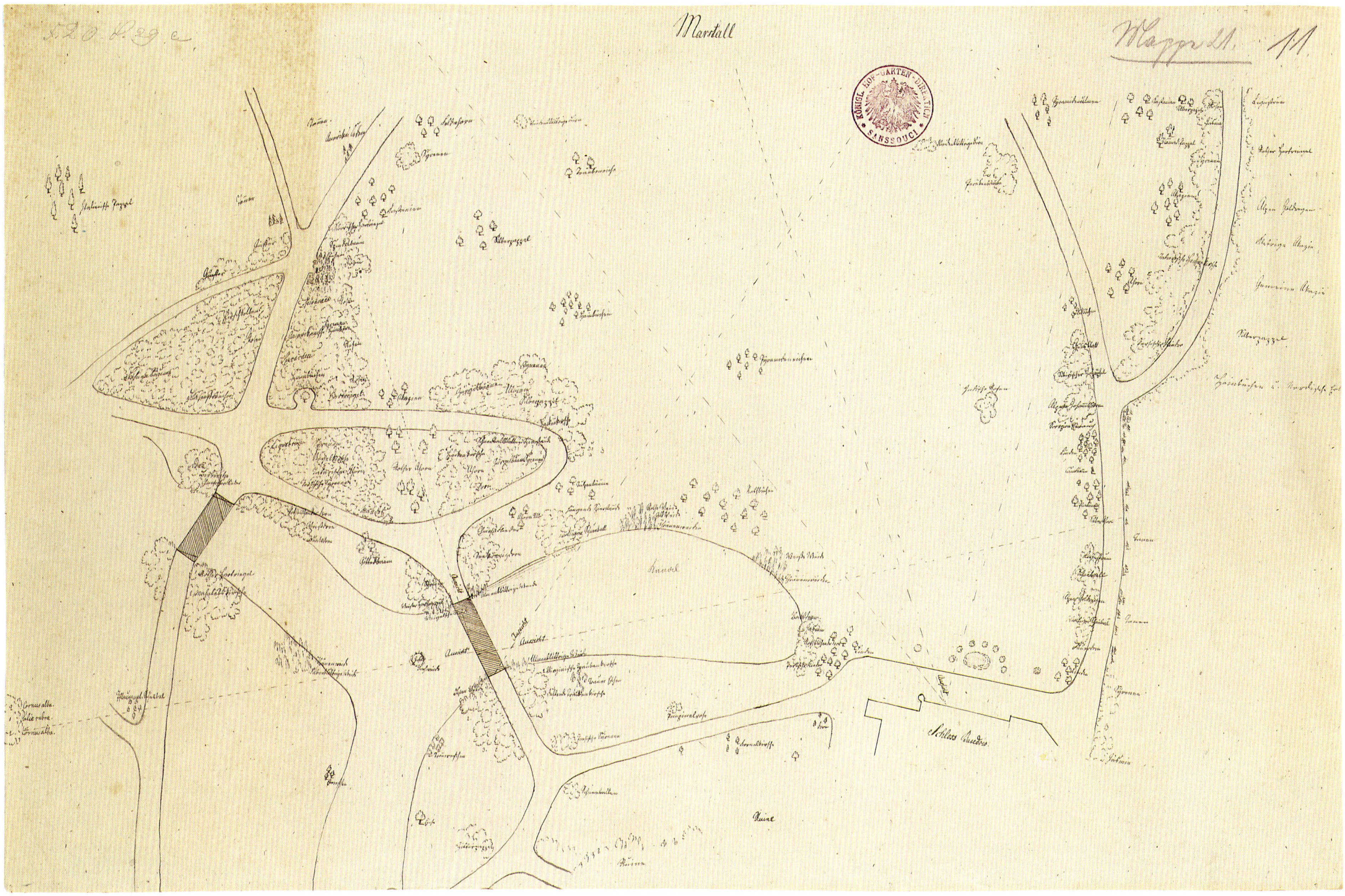

Marstall
Mappe 11.
11
KÖNIGL. HOF-GARTEN-DIRECTION SANSSOUCI
Schloss Basedow
Ruine

552. Mecklenburg-Schwerin. Remplin. 1851.

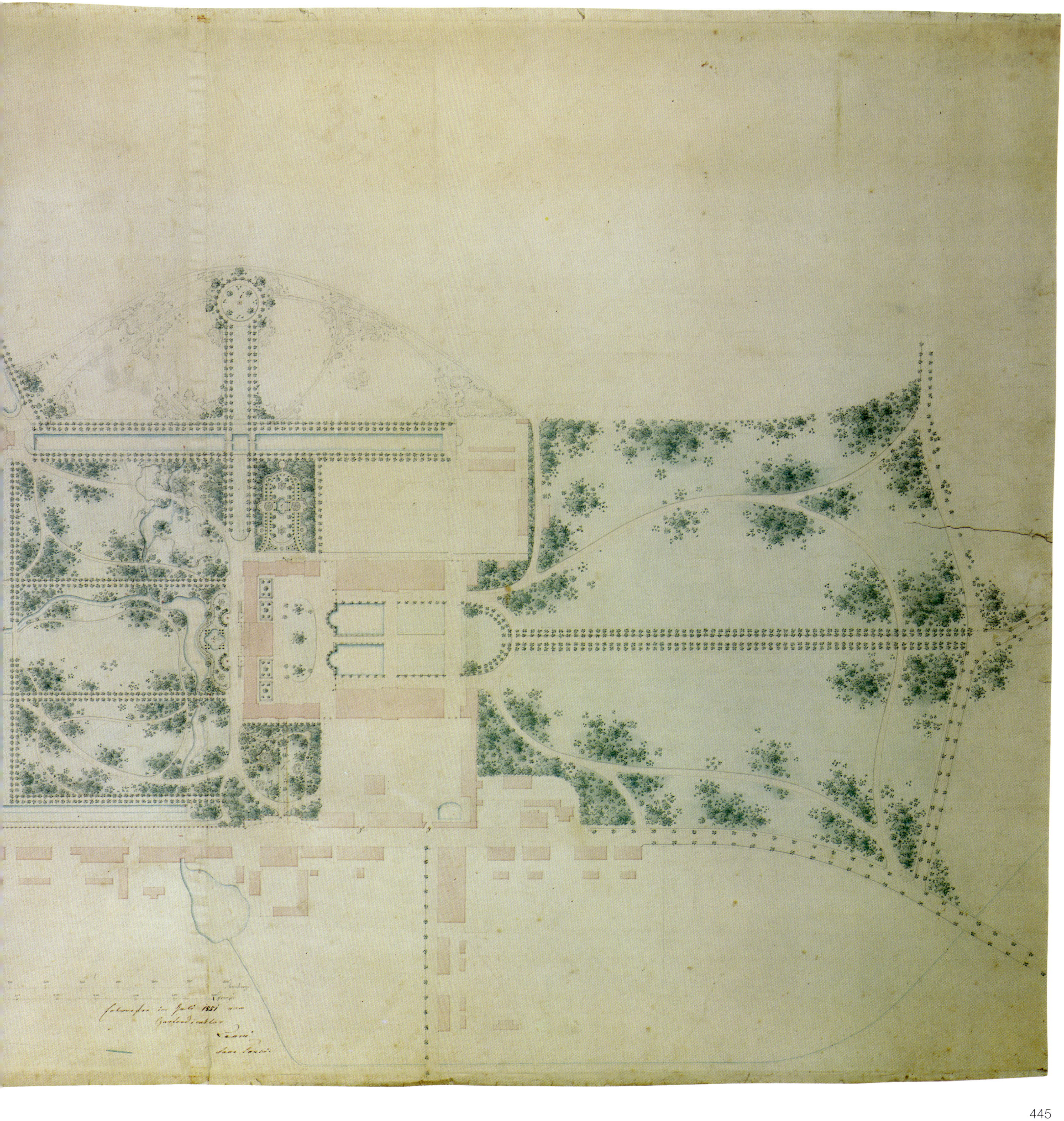
1851

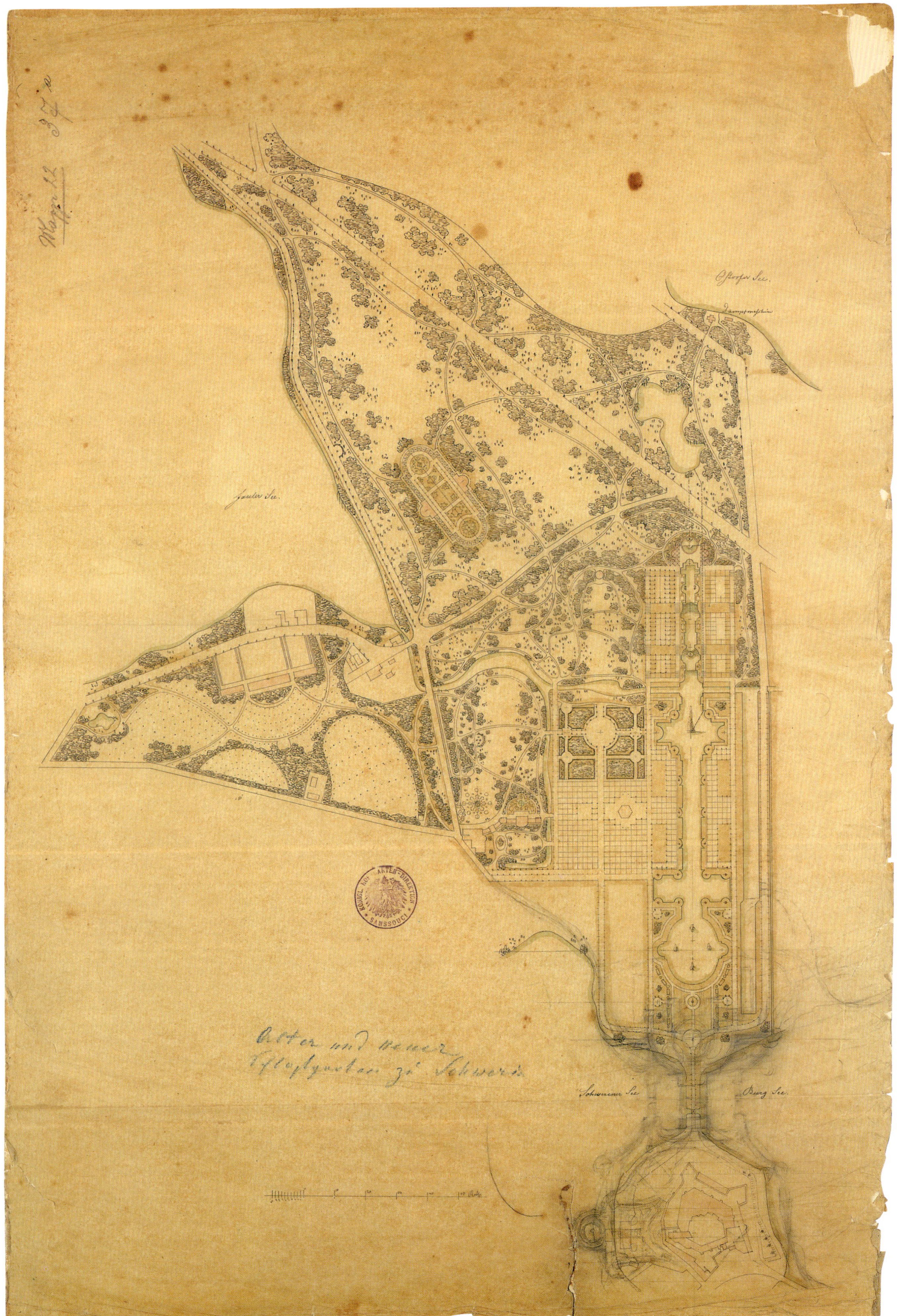
Alter und neuer
Schloßgarten zu Schwerin
Schweriner See
Burg See

554. Mecklenburg-Schwerin. Schwerin. Schloßgarten. Um 1840.
556. Mecklenburg-Schwerin. Varchentin. 1838.

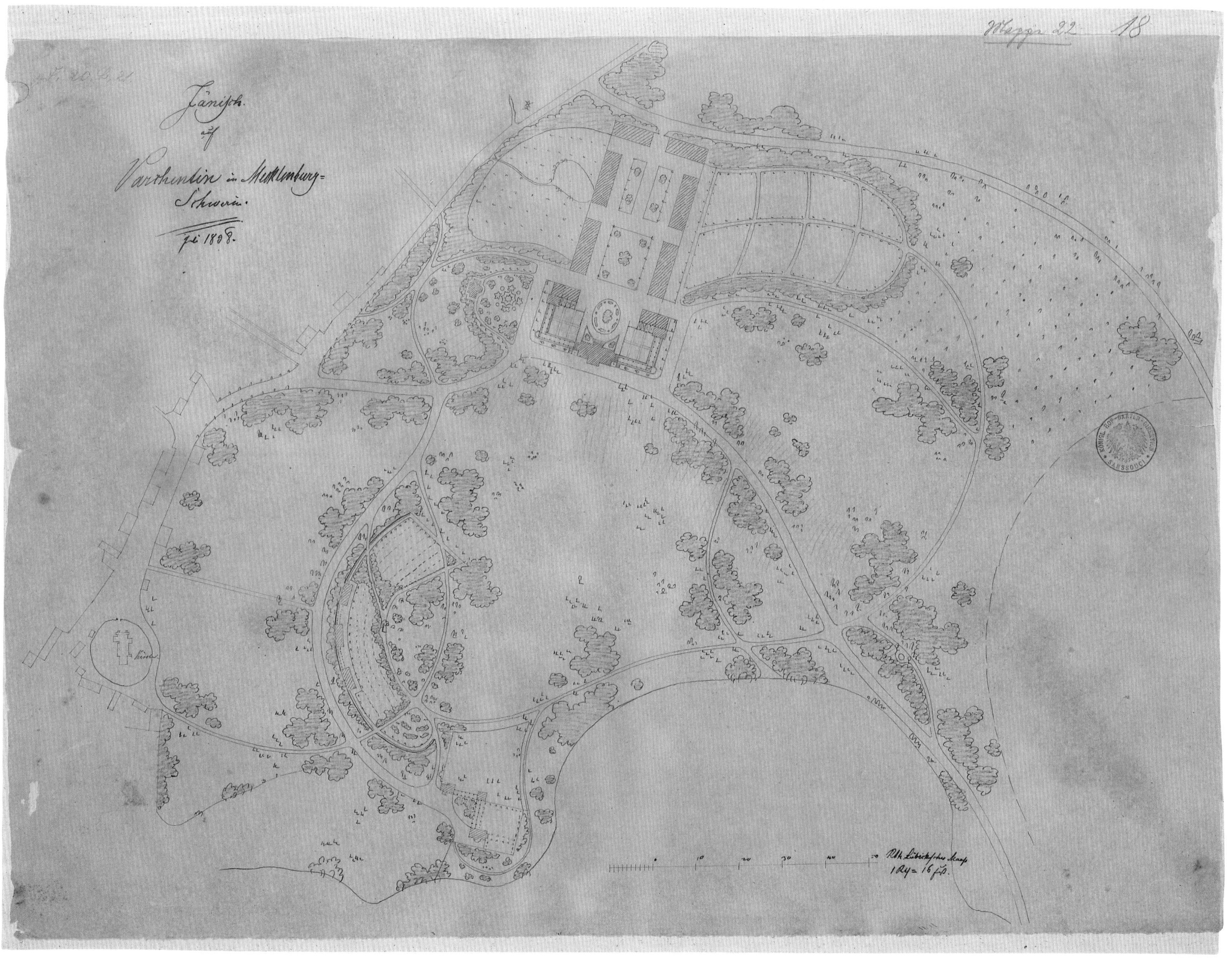

557. Mecklenburg-Strelitz. Krumbeck. 1832.
560. Herzogtum Anhalt. Ballenstedt. 1857.

S. 450/451
564. Königreich Sachsen. Dresden. Zoologischer Garten. 1859.

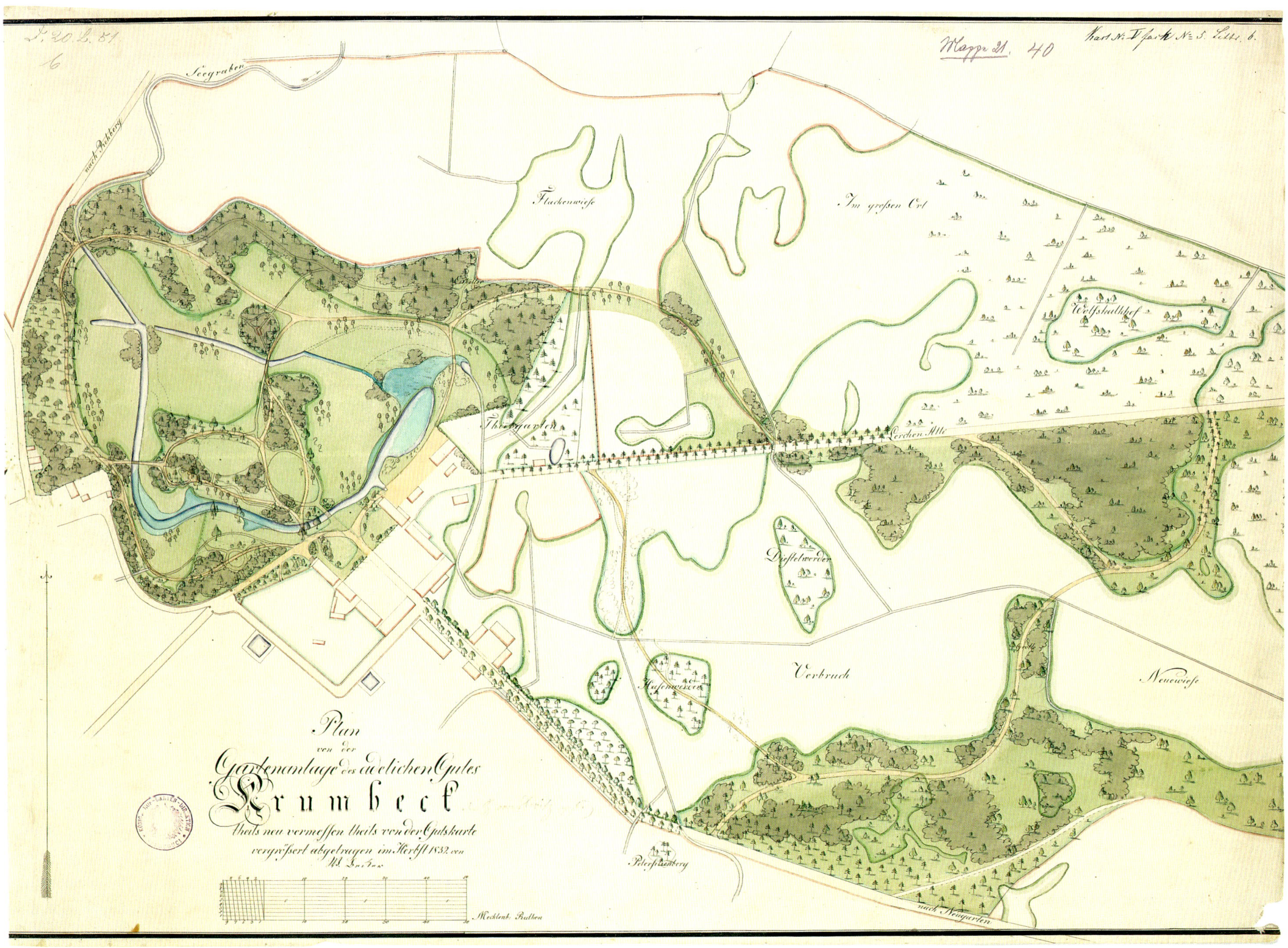

Brouillon
des Situations-Planes
von dem Herzogl. Schlossgarten
zu
Ballenstedt.
vermessen und gezeichnet im Jahre 1839
von
Schneitler
10
20
30
40
50
60
70 Ruthen

Kietz – Wach
90 80 70 60 50 40 30 20 10 0.
100.
KÖNIGL. HOF-GARTEN-DIREKTION
SANSSOUCI

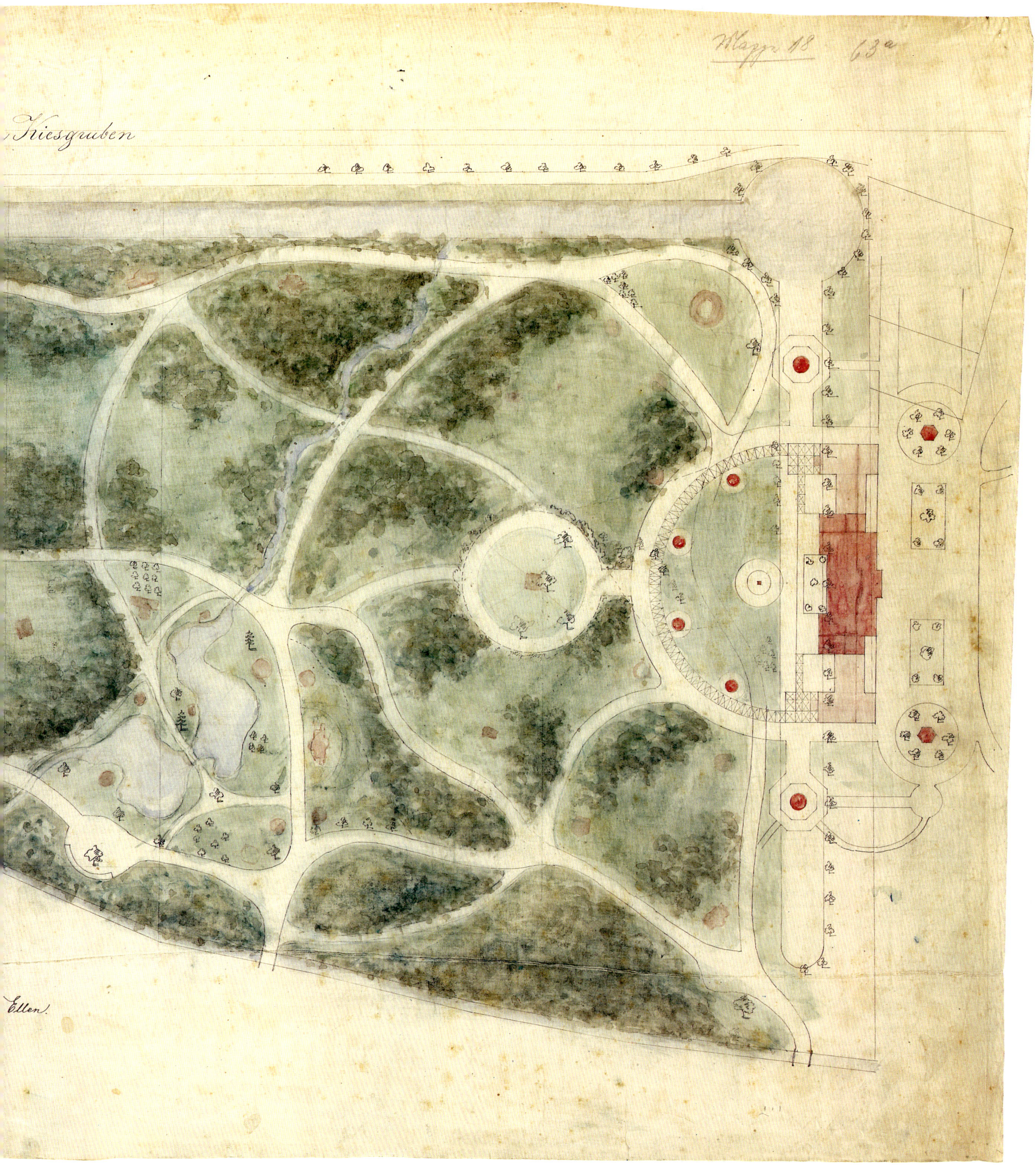
Mappe 18
63a
Kiesgruben
Ellen

567. Königreich Sachsen. Leipzig. Promenadenanlagen. 1857.
570. Königreich Sachsen. Leipzig. Johannapark. 1859.

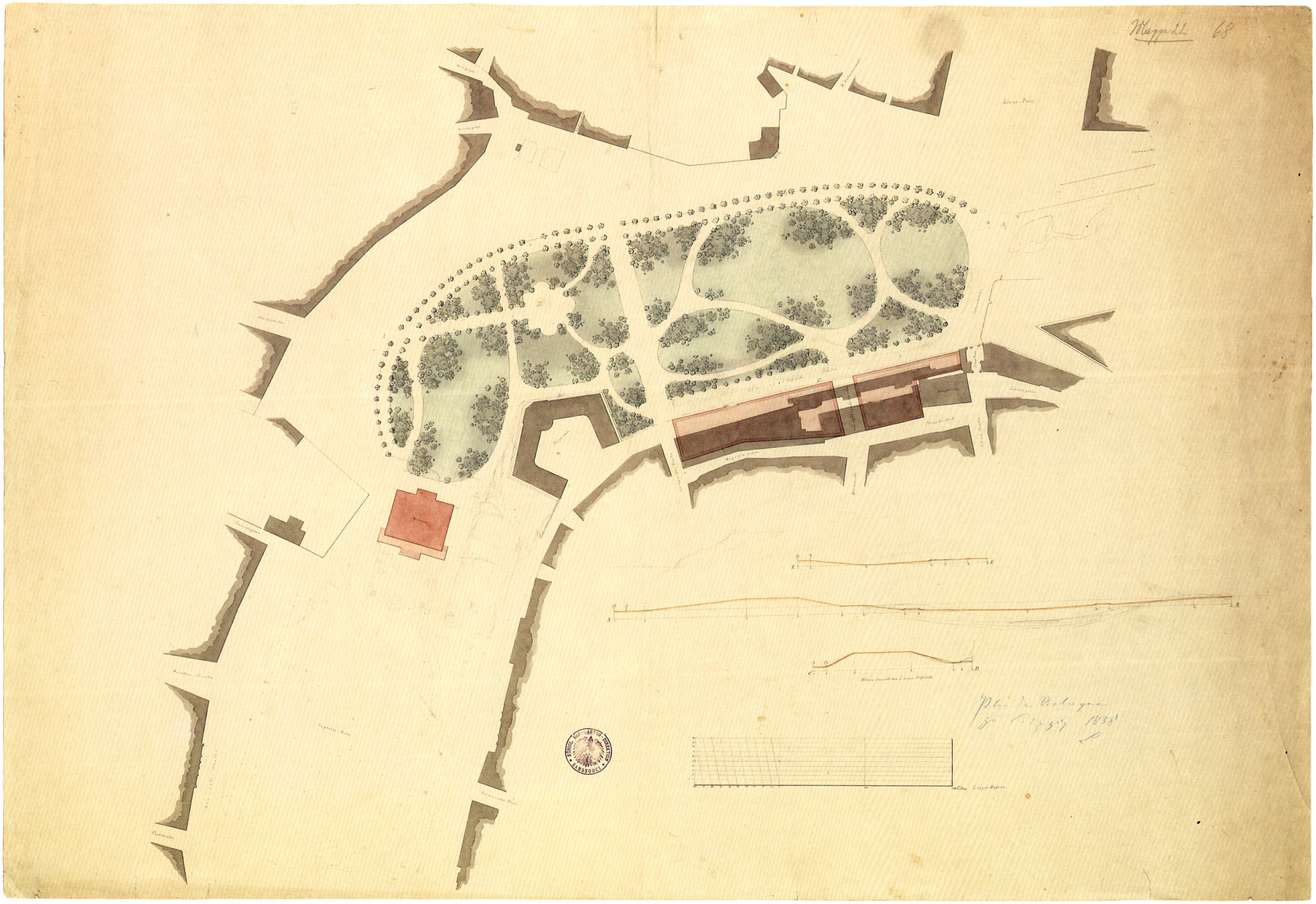

Mappe 22
69
KÖNIGL. HOF-GARTEN-DIREKTION SANSSOUCI
Ellen

574. Landgrafschaft Hessen-Homburg. Bad Homburg. 1854.

DIE NEUEN PARKANLAGEN ZU HOMBURG v. d. HOEHE.
Fig. B.
Fig. C.
Fig. D.
Entworfen von Lenné,
Director der Koenigl. Preuss. Hofgaerten

575. Königreich Bayern. Feldafing. Schloßpark. 1853.
577. Königreich Bayern. Feldafing. Schloßpark. 1855.

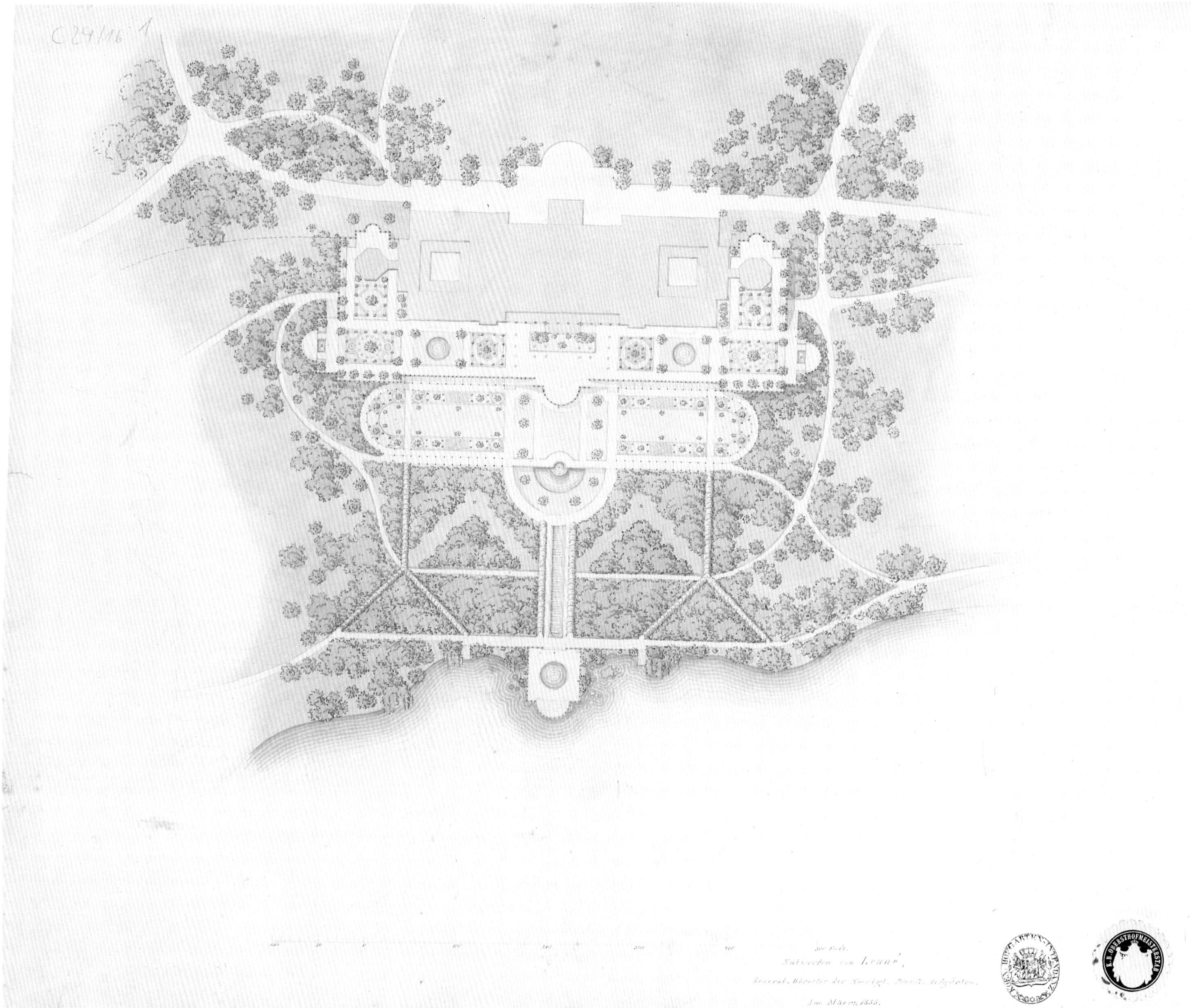
Entworfen von Lenné,
K. B. OBERSTHOFMEISTERSTAB

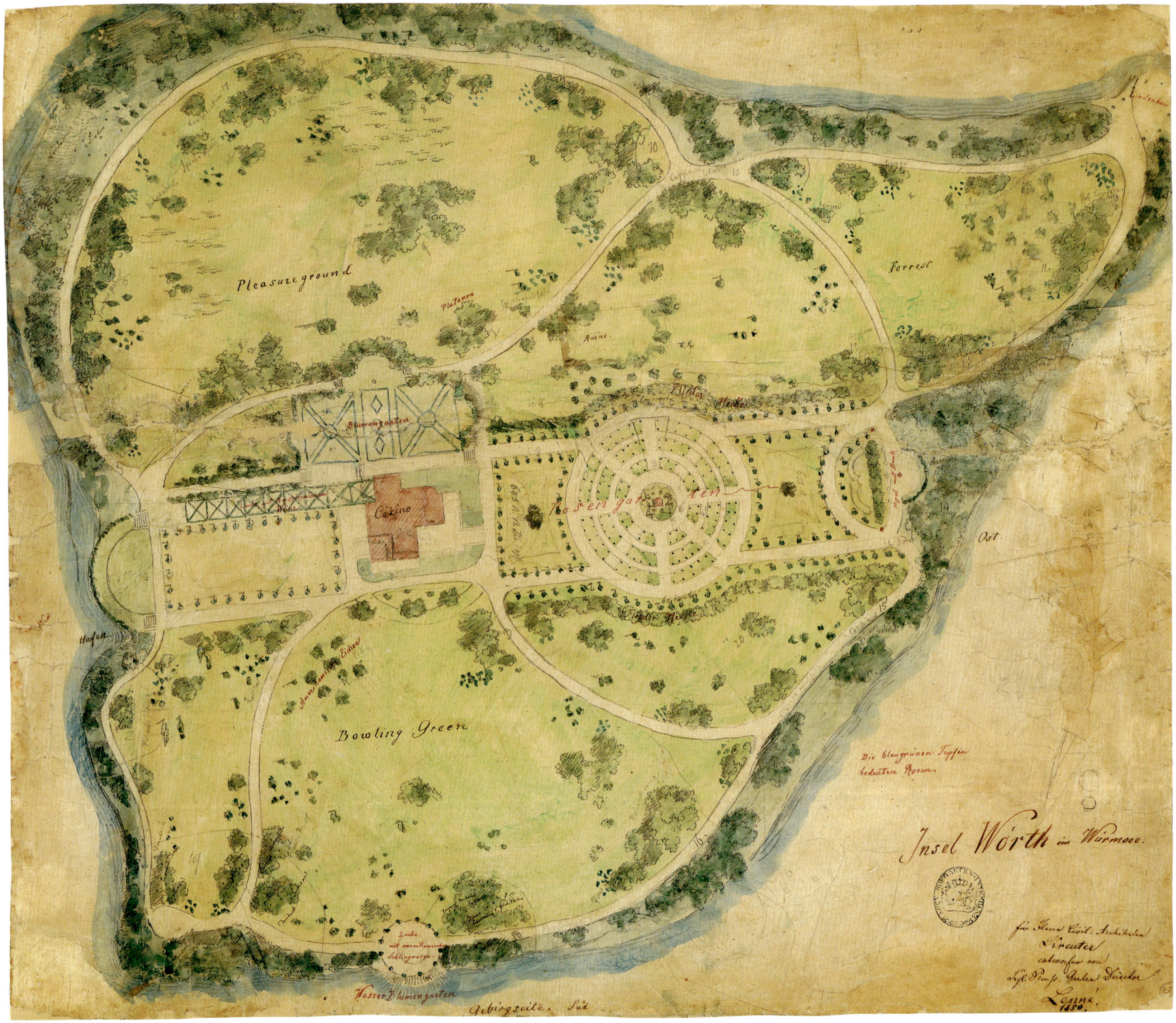
Pleasureground
Forrest
Platanen
Ruine
Blumengarten
Casino
Rosengarten
Hafen
Ost
Bowling Green
Die blaugrünen Tupfen bedeuten Rosen.
Insel Wörth im Würmsee.
Lenné
1850.
Wasser Blumengarten
Gebirgseite. Süd

578. Königreich Bayern. Feldafing. Roseninsel. 1850.
579. Königreich Bayern. Hohenschwangau. 1853.

582. Österreich. Wien. 1858.

Lenné's
Project
für die
Umstaltung der k. k. Residenzstadt
WIEN
nach Abtragung der Wälle.
Erklärung.
1. Kaserne.
2. Wachthaus.
3. Markthallen.
4. Bibliothek.
5. Staatsbauten, allgemeiner Art.
6. Museum u. Gallerie.
7. Generalcommando.
8. Oper.
9. Reichsarchiv,
10. Arcierengardehof.
11. Stadthaus.
11
2

Ortsregister

Wir können nicht allen Institutionen und Kolleginnen und Kollegen danken, die uns bei unserem Katalog geholfen haben, doch die uns in außergewöhnlichem Maß unterstützt haben, sollen nicht unerwähnt bleiben.
Für das Lennéjubiläum 1989 hatte Clemens Alexander Wimmer die damals bekannten nicht in der DDR befindlichen Pläne bearbeitet. Seine Arbeit ist ganz in unserem Katalog aufgegangen, und wir haben vieles übernommen, vor allem die technischen Daten. Für die Genehmigung dazu sei ihm herzlich gedankt.
In dem 1989 in Potsdam erschienenen Katalog »Peter J. Lenné. Pläne für Stadt und Land« hatten Mitarbeiter und Studierende der Universität Greifswald unter Leitung von Professor Hannelore Gärtner den nördlichen Teil der DDR bearbeitet. Auch hier geht das Ausmaß der Hilfe weit über das normale Maß hinaus. Diese Zuarbeit aus dem Kunstgeschichtlichen Institut der Universität Greifswald war uns eine außerordentliche Hilfe.
Das Archiv, das uns am meisten unterstützte, war das damalige Zentralarchiv der DDR, Abt. Merseburg (jetzt Geheimes Staatsarchiv Preußischer Kulturbesitz). Da hier der schriftliche Nachlaß von Lenné liegt, haben wir über viele Jahre im Archiv gearbeitet und sind dabei stets gefördert worden. Dasselbe gilt für das Brandenburgische Landeshauptarchiv in Potsdam. An dieser Stelle sei auch der Kartensammlung der Staatsbibliothek Berlin für die langjährige Hilfe Dank gesagt.
Schließlich sei Axel Menges, dem Spiritus rector des Projektes, und Helga Menges für die liebevolle Bearbeitung des mühsam zu handhabenden Manuskriptes sehr herzlich gedankt, ebenso Helga Danz für die Arbeit am Layout des Buches.

Harri Günther und Sibylle Harksen